中国哲学社会科学学科年鉴
CHINESE ACADEMIC ALMANAC

ALMANAC OF ANCIENT CHINESE HISTORY

中国社会科学院古代史研究所 编

中国古代史年鉴

2022

中国社会科学出版社

图书在版编目（CIP）数据

中国古代史年鉴. 2022 / 中国社会科学院古代史研究所编. -- 北京 : 中国社会科学出版社, 2024. 10.
ISBN 978 - 7 - 5227 - 4303 - 5

Ⅰ. K22 - 54

中国国家版本馆 CIP 数据核字第 20245VV263 号

出 版 人　赵剑英
责任编辑　王鸣迪
责任校对　韩海超
责任印制　张雪娇

出　　版　中国社会科学出版社
社　　址　北京鼓楼西大街甲 158 号
邮　　编　100720
网　　址　http://www.csspw.cn
发 行 部　010 - 84083685
门 市 部　010 - 84029450
经　　销　新华书店及其他书店

印刷装订　三河市东方印刷有限公司
版　　次　2024 年 10 月第 1 版
印　　次　2024 年 10 月第 1 次印刷

开　　本　787 × 1092　1/16
印　　张　44
插　　页　2
字　　数　930 千字
定　　价　378.00 元

凡购买中国社会科学出版社图书，如有质量问题请与本社营销中心联系调换
电话：010 - 84083683

《中国古代史年鉴》编辑委员会

编辑说明

《中国古代史年鉴》由中国社会科学院古代史研究所编写。古代史研究所为保证年鉴编纂的稳定性，制定了专门的管理办法，集全所之力，由各研究室承担撰稿，古代通史研究室承担编辑工作。本卷的“史学理论与史学史研究综述”板块，特别邀请了史学理论研究所的相关同志完成撰稿。

“特稿”栏目除年度性的《2022 年的中国古代史研究》外，还刊发了谢保成先生《郭沫若的学术思想》一文。该文是谢保成先生在古代史研究所第四期“鼎堂讲坛”所作的学术报告，以此纪念郭沫若诞辰 130 周年。“研究综述”栏目概述了从先秦至明清八个断代史，以及思想史、文化史、社会史、中外关系史、历史地理、史学理论与史学史六个专门史的年度学科发展情况。“学术动态”“重大学术工程及重大课题”“学科动态”等栏目汇辑 2022 年度重要的古代史研究会议信息、重要研究计划、重要的学术交流活动，包括学术会议、重大课题等。“著作选介”“论文观点摘编”“新出考古材料与文献整理”等栏目介绍 2022 年度中国古代史研究的重要学术专著、重要论文的创新性观点，以及文献整理与出版等方面的重要成果。“学人”栏目回顾 2022 年度离去的重要史学家的生平与成就。“国外研究动态”栏目则约请韩国的金钟希博士综述了近两年韩国在先秦、秦汉简牍学方面研究的新进展。“大事记”栏目对 2022 年度中国古代史研究的重大事件进行了梳理。

《中国古代史年鉴》自 2020 年起创办，旨在努力为学界提供重要的、有价值的各类资讯和资料文献线索，推动中国古代史学科繁荣发展，为构建中国特色、中国气派、中国风格的历史科学作出贡献。

目　　录

特　　稿

研究综述

学术动态

重大学术工程及重大课题

学科动态

著作选介

论文观点摘编

新出考古材料与文献整理

学　　人

国外研究动态

大事记

特　　稿

郭沫若的学术思想

谢保成[*]

2019—2022 年，中国古代史研究取得了巨大进展，出版了大批学术资料，刊发了大量学术论著，在各个领域都取得了巨大进步。

再过半个月，就是 11 月 16 日郭沫若 130 寿诞纪念日，所里要我来做《郭沫若的学术思想》的讲座，实际是来和全所同仁一道，共同缅怀我们的第一任所长——郭沫若。

先说一说与主题相关的题外话。高中时我就读过郭老的著作，读的是文物出版社 1959 年第三版《蔡文姬》，为的是与改编成京剧的《蔡文姬》对照。上北大时听说过郭老与陈寅老的“龙虎斗”与“马牛风”的对联，见到过郭老为翦伯老家补壁写的《满江红》。

我开始了解郭沫若，完全是出于偶然。1982 年 11 月首都史学界拟召开纪念郭沫若 90 寿诞学术报告会，发言者多为与郭老共过事的学术大家，有侯外庐、尹达、胡厚宣、张政烺、夏鼐、刘大年等先生，还有北大、人大的先生。尹达先生因病住院，让我 10 月 20 日下午到协和医院病房听口授，我根据记录整理出一份五六千字的发言稿，经先生和所里审定，11 月 10 日上午在近代史所院内的学术报告厅代表尹达先生宣读。会后，在发言稿基础上为尹达先生写成两篇文章，一篇发表在《史学月刊》，一篇收入中州古籍出版社出版的《中国史学家评传》。写作过程中，尹达先生将胡厚宣、张政烺、夏鼐先生引荐给我，让我在甲骨文、金文、考古方面遇到问题随时向他们几位请教。有如此多的前辈大师指点，给了我研究郭沫若极佳的机遇。我渐渐从学术方面阅读郭沫若的著作，开始发表一些文章，成为中国郭沫若研究会会员。

那时，郭沫若研究起步不久，大部分研究都是分方面进行的，直至 1992 年郭老百年寿诞，还很少见有综合性的研究成果。尹达先生在审定我起草的文稿时，向我提出对郭沫若作综合研究的希望。1995 年我出版《隋唐五代史学》的同时出版了《郭沫若评传》，又以此为“新起点”（林甘泉先生语），费时四年，1999 年出版了《郭沫若学术思想评传》。虽然是我的一本代表作，但我把它看作我研究郭沫若“票友”阶段的总结。

---

* 谢保成，中国社会科学院古代史研究所研究员，中国郭沫若研究会原副会长，研究方向：中国史学史、隋唐史。

在这本新的评传中，我对郭沫若虽然还是分方面研究，但已经有了综合研究的想法。早年郭沫若称中国的孔子与德国的歌德为“球形天才”，后来周扬借“球形天才”形容郭沫若。我在书的“前言”中明确表示，要想对“球形”有全面认识，必须进行多视角的综合。因为每个人的视角有异，都不可能看到球体表面的每一个部位，球体越大，每个人的视野所及就越小，也就更缺乏整体性。若对球体表面分部位直视，必然丢掉球体“三维空间”的基本形态。

参加编纂《郭沫若年谱长编》，主要是借助获得的素材，从基本史实、思想认识两个方面增进积累，进一步完善和充实对郭沫若学术思想体系的认识。除此之外，我的另一个认识是，研究近现代史学必须熟悉中国古史，因为近现代史学大家们研讨的主要问题都是中国古史问题。民国年间，郭沫若几乎接触过当时的主要史学“派别”：1920 年 2 月读柏格森《创化论》后写信给宗白华，1921 年 8 月为朱谦之《革命哲学》作序，1923 年 6 月发表《论中德文化书》以“文化形态”论“世界文化”，1924 年介入过“整理国故”的讨论，1930 年肯定古史辨的“层累说”，1933 年运用“生物史观”解释“青铜时代之进化”，1941 年批评“战国策派”，1946 年推崇王国维和鲁迅为“‘虽与日月争光可也’的一对现代文化上的金字塔”。1928 年至 1948 年与历史语言研究所交往 20 年，被评选为中央研究院院士。自 1928 年社会史论战至中国马克思主义历史学成为主流，始终是代表人物。从纵、横两方面对郭沫若进行研究是一种综合，把郭沫若作为“联络站”弄清 20 世纪前半纪史学走向是更大范围的综合。研究郭沫若，必须进行综合研究，是我最主要的一点体会。

其次，研究郭沫若，要读懂郭沫若。不管是批评还是赞扬，都要真正读懂他的著作，弄清楚他的本意。陈寅恪强调要“与立说之古人，处于同一境界”，不论研究历史人物，还是研究郭沫若，都要将其置身于所处时代的社会环境和学术环境当中，“对其持论所以不得不如是之苦心孤诣，表一种之同情，始能批评其学说之是非得失，而无隔阂肤廓之论”。演员进入角色才能演得像，研究历史进入人物所处时代才可能读得懂，是同一个道理。对郭沫若《李白与杜甫》的议论多，很主要的一个原因是都没有认真读过李白诗、杜甫诗，只是道听途说、人云亦云。写李白政治活动的第一次失败，郭沫若引用了《答高山人》中“谗惑英主心，恩疏佞臣计”两句。现存李白诗千余首，这首诗并不起眼，为什么会引起郭沫若的注意？写李白道教的觉醒，郭沫若把《下途归石门旧居》“认为是李白最好的诗之一，是他六十二年生活的总结”。研究唐诗、研究李白诗，从未见有谁把这首诗看作是李白最好的诗之一，更没有谁认为这是李白人生的总结，郭沫若为什么要这么说、这么写？唯有弄清本意，读懂郭沫若，才有可能知道写作年代郭沫若的真实想法。此类事例，在郭沫若研究、现代学人研究中，尤其应当注意。

再就是，如何看待郭沫若学术研究中出现的失误。由于时代背景、人生经历、学术环境、治学风格等原因，每位学人的学术研究都难免存在这样或那样的问题。我们研究历史，特别是研究学术史，是要从前辈学人那里汲取经验教训，发掘历史精神和文化精髓，避免重犯曾经出现过的错失，而不是贬低前人，借以抬高自己。即便考论其错失，也应具体分析，弄清楚哪些是时代或环境所致，哪些是其个人存在的问题，尤其应该避免用几十年后的思想观念去挑几十年前研究中的思想认识问题。对《甲申三百年祭》有不同声音，其中不乏指责其史料运用问题。《甲申三百年祭》引《明季北略》最多，其次是《明史》相关传记、《甲申传信录》、《剿闯小史》，再次是《烈皇小识》《明亡述略》，还有戏曲《芝龛记》，后来写《关于李岩》又增加了《罪惟录》《梼杌近志》。这在 20 世纪 60 年代至 80 年代用农民战争史研究发掘出的诸多新史料情况下看，的确显得单薄。但回到 40 年代，对明清史毫无学术积累的郭沫若，在重庆能够联络到的明清史专家除了柳亚子之外再无他人。柳亚子 1947 年曾称谢国桢《晚明史籍考》为“研究南明史料的一个钥匙”，“要知道南明史料的大概情形，看了这部书，可以按籍而稽，事半功倍”。两相对照，《甲申三百年祭》引书是超出了《晚明史籍考》著录的，超出的几部史籍至 1981 年《增订晚明史籍考》才增补进来，总不能苛责初版本《晚明史籍考》有问题吧。总之，考察前辈学人的研究是否存在失误，要进行具体分析，有些在当时未必是问题。

以上三点，综合、读懂、客观看待失误，是我研究郭沫若的主要体会。我就是这样研究郭沫若的，逐渐从“票友”到“下海”。下面，讲今天的主题——郭沫若的学术思想。

郭沫若的学术思想，用他自己的话说就是“创造民族新文化”。这七个字概括了他自 1919 年登上文坛至 1978 年去世整整六十年所走学术文化之路，贯穿他的整个人生和全部文化历程。围绕如何创造、创造的要求和目的，形成一个完整的学术思想体系，即吞吐中西的世界文化观、科学的中国化的思想、追求艺术与社会双重价值的美学思想，三位一体的学术思想体系。具体表述就是：唤醒我们固有的文化精神，吸吮欧西的纯粹科学的甘乳，以中国的传统考验其适应度，促进民族新文化的创造，创造出符合科学精神、社会审美、艺术审美三者相结合标准的真、善、美的民族新文化，以此去填写世界文化史的白页。这既是郭沫若一生的学术文化追求，也是他学术思想体系的精髓所在。

先说吞吐中西的世界文化观

郭沫若自幼接受中国传统文化的熏陶，又十分关注世界文化，是名副其实的学贯中西。少年和学生时代，他非常注重中西文化的同步学习，读司马迁的《史记》，喜欢《史记》中许多人物，又读梁启超的《意大利建国三杰传》。读庄子，不忘与斯宾诺莎泛神论相比。治今文经学，又看严复的《天演论》。

郭沫若“国学”方面有很深的造诣和成就，检索一下他的研究成果，就会发现他对中国传统的“四部”研究有着诸多的成就。经部，对“六经”中“五经”都有研究，《易》《诗》《礼》《乐》有专门著述，《尚书》虽无专著，《中国古代社会研究》中有对《书》的专门论述。史部，先秦史研究大家都熟知，甲骨、金文等古文字研究更不必说，历史人物研究自先秦至明清，包括近代。子部，儒、道、法、名、墨、杂的研究自成一系，有成一家言的《十批判书》。集部，有屈原与楚辞研究、《胡笳十八拍》研究、唐诗研究（李、杜）、弹词研究（《再生缘》）。不仅做到“经史子集会通和合”，还要“跳出国学的范围认清国学的真相”，这都是超越其他国学研究者的过人之处。校订近六十万字的七言长篇叙事诗《再生缘》，能够根据平仄押韵发现诗句是否有遗漏或后人增补，足以显见其国学功底之深厚！

在研究郭沫若和出版郭沫若著作方面，有一个长期为人们忽略或重视不够的领域。大家都熟知郭沫若是文学家、戏曲家、古文字学家、历史家等，却忽略或不知道他还是非常了不起的翻译家。他翻译著作多达三十种，包括德、英、美、俄、日本、印度、爱尔兰、挪威、荷兰等十个国家的六十多位作者的作品，体裁有诗歌、小说、戏剧、艺术、科学、理论等。这些译著已经编辑完成，总页码超过《郭沫若全集·文学编》，尚待出版。对这么多作品进行翻译，需要社会、风俗、人文、地理、历史、典故、制度等多方面的专门知识，而且国别不同，情况各异。郭沫若对西方国家了解之广泛、知识体系之庞杂、涉及内容之丰博，都是少有人能超越的。

但郭沫若并不盲从，而是用中国的社会、中国的文化、中国的思想去检验外来文化的适用度，认为马克思主义是“泛应曲当的真理，在中国的传统思想中已经有着它的根蒂，中国历史的发展也正是循着那样的规律而来”。《中国古代社会研究》最能体现他的学术思想体系：唤醒中国固有的《诗》《书》《易》、甲骨、金文的文化精神，吸吮马克思主义的科学甘乳，创造出一个中国古代文化体系，作为恩格斯《家庭、私有制和国家的起源》的续篇，填写世界文化史的白页。正因为此，郭沫若成为继鲁迅之后引领民族新文化创造的一面旗帜。

在中华民族进一步同世界各个国家、各个民族深入交往的今天，在“异民族的文化”弥漫中华大地的时候，对于郭沫若创造民族新文化、填写世界文化史白页的学术思想和实践经验，我们应当进一步发扬光大，在不断求新中创造中华民族的新文化，用我们的话语书写新的世界文化史。这是继承和发扬郭沫若学术思想的时代意义。

再说走“科学中国化”之路的科学思想

“接受科学，走‘科学的中国化’之路”，是郭沫若的科学思想。他没有专门的著作论述科学和科学思想，而是在翻译著作中作出论述的。翻译英国威尔士的《生命之科学》，这是一部讲述从生命起源到人类展望的多卷本科学著作。郭沫若的科学思想主要表现在所写序、跋或后记中，另有一些单篇散文，如《科学和文学的关系》《“五四”课题的重提》等。总的来说，郭沫若的科学思想包括以下几方面：一是科学综合化，二是科学大众化，三是科学文学化，四是反对科学的恶用。这些又都融汇在他的世界文化观中。

科学综合化。郭沫若在为“大众科学丛书”所写序中指出：“科学在今天是我们的思维方式，也是我们的生活方式，是我们人类精神所发展到的最高阶段。”人的生活方式，衣食住行、生老病死等要符合科学，人们的思维方式要符合科学，这是科学在最高层面上的综合。就学术思想而言，是人文科学、社会科学与自然科学的综合。

科学大众化。郭沫若提倡科学大众化主要包括两个方面。一是科学知识大众化，二是科学精神大众化。使愚昧迷信无存身之地，是“科学中国化”所要达到的目的。针对当时出现“医术江湖化”，“不仅骗人而且杀人”，“罪恶不可恕”的情况，他一连发表好几篇“关于中医科学化”的杂文，提倡科学知识大众化，包括中医科学化（郎中、医术、中药等的科学化）。针对当时土葬和火化的争论，为破除思想愚昧，提倡科学精神大众化，发表杂文《死的拖着活的》，提倡“用文明来奖励火葬”，并写诗表示，要么“烧成灰”施肥，要么送去解剖。郭沫若去世后，骨灰撒在了山西昔阳大寨的层层梯田中，实践了他 35 年前“预行定下”的遗言。

反对科学的恶用。科学的进步本应造福人类，但在二战时期，军国主义和帝国主义恶用科学，制造杀伤性武器为少数人服务，使科学成为“杀人的科学”。郭沫若极力反对科学的恶用，呼吁“科学回复到为人民服务的本位上来，使它成为不折不扣的人民科学”，造福民生，为人民谋福祉。

关于科学文学化，结合美学思想一起说。

现在来说追求艺术与社会双重价值的美学思想

郭沫若的美学思想是追求艺术之美和社会之美双重价值的融合，没有这方面的专著，其美学思想多反映在一些杂文和诗作中。

艺术审美方面，1943 年郭沫若受李可染之邀，为其画作《村景》题过一首五言律诗：

作诗与作画，难得是清新。
有品方含韵，无私始入神。
悠悠随白鹭，淡淡泛芳醇。
美在蹄筌外，庶几善与真。

首联说写诗和作画，都追求艺术美。颔联巧妙地嵌进中国美学最具特色的几个概念——“韵”和“神”、“含”与“入”、“有品”与“无私”，而且对仗极工。颈联形容画的意境。

尾联两句完整地提出真、善、美相结合的美学命题，极其简要地概述了中国美学思想史。“美在蹄筌外”出自《庄子·外物》，原话是：“筌者所以在鱼，得鱼而忘筌；蹄者所以在兔，得兔而忘蹄；言者所以在意，得意而忘言。”魏晋时期王弼、陆机、南朝刘勰引入美学，形成“情在词外”的命题。晚唐司空图、北宋苏轼、南宋严羽等，又有进一步发挥。“美在蹄筌外”是对中国美学思想的精彩概括，最得中国美学神髓。

社会审美方面。在《走向人民文艺》一文中，郭沫若明确提出：“一切应该以人民为本位，合乎这个本位的便是善，便是美，便是真，不合乎这个本位的便是恶，便是丑，便是伪。”这不仅是他的文艺观，还是他艺术审美的标准，即真、善、美的标准。

郭沫若兼有多重身份，既是学问家又是诗人，把艺术审美与社会审美紧密结合在一起的同时，还将美学思想和科学思维融通。他曾经说过，“哲学家是‘真’的具体，诗人是‘美’的化身”，表示要做“以理智为父以感情为母的宁馨儿”，追求宇宙间之“真”与“美”。

成功实践是“从事研究，也从事创作”，亦即科学文艺化。缜密研究以求“真”，抒情创作以逐“美”，把历史学研究与历史剧创作的关系看作是“科学与艺术”的关系，屈原研究与《屈原》创作结合是经典一例。胡适等怀疑屈原的存在，郭沫若经过严密论证，不仅证明屈原确有其人，还从屈原作品《离骚》《哀郢》等篇中考证出屈原的生卒年，并把屈原推向世界，成为世界四大文化名人之一。当年侯外庐曾表示过，“文学和艺术战胜了史学和哲学。今天，已经抹不去中国人心目中郭沫若所加工的屈原形象”。再看《蔡文姬》演出，长安郊外、亡父墓前，长年流离的悲苦，缅怀故土的深情，母子分离的断肠……随着情节展开，你会逐渐感受到胡笳十七拍中“胡与汉兮异域殊风！天与地兮子西母东。苦我怨气兮浩于长空，六合虽广兮受之应不容”的情景。郭沫若观看演出时落泪，正是他真实情感的表露，如同抗战之初“别妇抛雏”从日本回国的情景再现。

郭沫若将科学与艺术结合的另一成功范例是把青铜器研究纳入“美术的视野”，从器物的形制、花纹等入手进行考察，成就了彝器形象学，将中国青铜器分为四期，为中外学界所接受和沿用，体现出形象思维与逻辑思维、艺术思维与科学思维的完美结合。还有“郑成功大元”的考释，辨认“国姓大木”钱币等。

在创造真、善、美民族新文化，填写世界文化史空白页的学术思想体系下，郭沫若形成其独特的研究系统和创作系统，取得多方面的研究成果和艺术成就，包括创建唯物史观的中国古代文化体系，确立释读卜辞之系统，凿破彝铭“混沌”成大系，构筑研究诸子方法体系及历史人物研究的有机整体，集研究与创作于一体的创作体系以及“苏活”古书生命的认识和实践，等等。这些分方面的研究，有兴趣可以参看我新近出版的《郭沫若学术述论》第二编。

最后，需要强调的是，“以人民为本位”是贯穿郭沫若学术思想体系的一条主线。历史研究以“人民为本位”，艺术创作以符合“人民本位”为真、善、美的标准，“以人民为本位”贯穿郭沫若学术研究的各个领域。不过“以人民为本位”是比学术思想层次更高的思想认识，属于世界观的范围，这一点应当特别注意。

（2022 年 11 月 1 日，中国社会科学院古代史研究所“鼎堂讲坛”第四讲讲座，张玉翠、张沛林整理）

2022年的中国古代史研究

古代史研究所学科动态报告写作组

2022年，中国古代史研究呈现出活跃、稳步推进的态势，在传统领域研究持续深耕、深化的同时，考古发现和新史料不断披露与公布，部分传世文献得以整理与修订，多学科交叉互动研究继续拓展，涌现出新的理论、方法、领域和视角。在这种背景下，学术界出现了若干学术热点，促进了对理论和传统命题的反思和总结，这些都推动了中国古代史研究的进一步发展。

一、新资料与传世文献的整理与研究

2022年度，考古发现、墓志、古文书等新资料不断披露，学术资料的整理与研究工作取得很大成绩，对古代史研究产生了明显的推动作用。

甲骨学、金文和简帛等文献对于先秦、秦汉史研究的学术价值一向为学界所重视。甲骨文方面，黄天树主编《甲骨文摹本大系》（北京大学出版社）细致区分出7万多版卜辞摹本的字体。西周铜器与金文方面，丁进《西周铭文史》（文物出版社），山西省考古研究院编《山西出土青铜器全集·闻喜酒务头卷》（三晋出版社），张翀、刘莹莹《中国古代青铜器整理与研究·青铜觥卷》（科学出版社），刘余力《东周王城出土战国铜器铭文整理与研究》（文物出版社）等多部著作出版。简帛方面，《清华大学藏战国竹简（拾贰）》（中西书局）公布长篇竹书《参不韦》，《安徽大学藏战国竹简（二）》（中西书局）公布《仲尼曰》《曹沫之陈》两篇简文，《银雀山汉墓简牍集成（贰）、（叁）》（文物出版社）主要收录《孙膑兵法》和《尉缭子》，《岳麓书院藏秦简（柒）》（上海辞书出版社）收录秦代各类律令简约400枚，《乌程汉简》（上海书画出版社）为了解两汉时期乌程的政治、经济、文化及社会生活提供了实物资料。

墓志和石刻文献方面，钮因莉、黎毓馨主编《石铭江南：钱氏吴越碑拓》（文物出版社）刊出吴越碑铭拓片88张。介永强编《隋唐僧尼碑志塔铭集录》（上海古籍出版社）集录391篇隋唐僧尼碑志塔铭，并进行校勘考订。仇鹿鸣、夏婧辑校《五代十国墓志汇编》（上海古籍出版社）辑录五代十国墓志共420余方。刘文、杜镇编著《陕西新见唐朝墓志》（三秦出版社）甄选了陕西关中地区新见唐朝墓志拓本223种。陈振濂主编《千唐志斋碑铭全集》（朝华出版社）收录了该馆收藏的全部志文碑刻拓本近 2000 种，以唐代墓志为主。杜建录、邓文韬主编《党项与西夏碑刻题记》（三秦出版社）共整理百余方汉文碑刻题记。

敦煌吐鲁番文献方面，朱雷《吐鲁番出土文书补编》（巴蜀书社）整理了新疆维吾尔自治区博物馆藏的一批未经刊布的文书残片。王三庆《敦煌蒙书校释与研究·语对卷》（文物出版社）对敦煌所见童蒙诗歌教材中的小型类书《语对》进行了整理与研究。

档案与契约方面，本年度，中国第一历史档案馆先后开放馆藏清代邮传部、神机营、国子监等 33 个全宗档案以及 5 万余件的馆藏清代兵部—陆军部档案。哈斯巴根主编的《八旗档案文献汇编》第 1 辑（社会科学文献出版社）影印出版。地方档案方面，胡铁球、李义敏、张涌泉主编的《兰溪鱼鳞图册合集》（浙江大学出版社），是世界上第一次系统出版的以县为单位的完整的鱼鳞图册。

传世文献整理与研究方面，2022 年度有一批传世文献出版了点校本，如刘安志主持的点校本二十四史修订本《周书》（中华书局）、邱居里点校《资治通鉴考异》（上海人民出版社）、仇鹿鸣《大唐创业起居注笺证（附壶关录）》（中华书局）、陈晓伟《〈金史〉丛考》（中华书局）、曹流《〈亡辽录〉辑释与研究》（巴蜀书社）等。

对出土资料和传世文献的研究也成果频出，如丁进《西周铭文史》（文物出版社），杨博《战国秦汉简帛所见的文献校理与典籍文明》（《中国社会科学》第 9 期），杨小亮《五一广场东汉简牍册书复原研究》（中西书局），蔡万进《简帛学论稿》（商务印书馆），黎明钊、刘天朗编《临湘社会的管治磐基：长沙五一广场东汉简牍探索》（香港三联书店），苗润博《元修〈辽史〉契丹早期史观解构》（《中山大学学报（社会科学版）》第 4 期）等论著都对文献的类型、史料价值、生成、流传、整理等方面内容进行了研究。耿洪利《上海图书馆藏古籍纸背明初小黄册复原与研究》（《中国经济史研究》第 4 期），孙继民、孟月《〈艺文类聚〉纸背文书新见明代结状的刊布、复原与定名》（《文史》第 2 期）等对纸背文书进行了研究。

二、传统研究领域的深耕与突破

在文明起源和三代研究中，历史学、考古学与文献学结合，成果丰硕。王巍、赵辉《“中华文明探源工程”及其主要收获》（《中国史研究》第 4 期）总结人类进入文明社会的新标准。山西省文物局、中国社会科学院考古研究所编《中国文明起源陶寺模式十人谈》（科学出版社）论述陶寺遗址的重要地位。李峰著，刘晓霞译《早期中国：社会与文化史》（生活·读书·新知三联书店）概述中国文明的起源，商周国家与社会的特点。王震中《夷夏互化融合说》（《中国社会科学》第 1 期）提出“夷夏互化融合”说。晁福林《“大夷”之力：中华民族形成过程的重要进阶》（《历史研究》第 3 期）考察楚、秦、吴、越等国的历史作用。

三代研究方面，《夏商周断代工程报告》（科学出版社）正式出版。刘绪《夏商周文化与田野考古》（上海古籍出版社）探讨夏文化内涵与夏商分界。李宏飞《稽古夏朝：解读〈试论夏文化〉》（中国社会科学出版社）讲述“二里头文化是夏文化”学术观点的形成与影响。沈长云《寻找夏朝：夏代史与中国早期国家问题研究》（中国社会科学出版社）收录探索夏史与中国早期国家的系列论文。王震中《论二里头乃夏朝后期王都及“夏”与“中国”》（《中国社会科学院大学学报》第 1 期）认为二里头乃夏朝后期王都。

政治史、制度史仍是学界关注的重点。2022 年度，基层社会治理研究继续保持热度，卜宪群《秦汉乡里社会演变与国家治理的历史考察》（《中国社会科学》第 3 期）认为乡里是秦汉国家的社会基础，也是国家治理的重要对象。在四百多年的历程中，秦汉国家在乡里治理上多有创新，开了我国封建社会大一统中央集权国家乡里治理模式之先河。政区研究亦由传统的静态研究逐渐转向注重制度在运行过程中的动态变化及其内在逻辑，如胡恒《边缘地带的行政治理：清代厅制再研究》（社会科学文献出版社）、屈斌《“厅”与清代中期甘边番地治理政策的演变》（《中国历史地理论丛》第 1 辑）等。

经济史则向传统问题回归，出土文献亦广泛应用于经济史研究，如朱丽双、荣新江《出土文书所见唐代于阗的农业与种植》（《中国经济史研究》第 3 期）主要利用和田出土的于阗语和汉语文书对唐代于阗农业生长和种植进行整体考察。许檀《明清时期中国传统市场研究》（中华书局）从区域经济、商品流动、城乡市场三方面，考察了明清时期中国经济发展的轨迹和特点。李昕升《明清以来美洲粮食作物经济地理研究》（中国社会科学出版社）对经济史领域的一个传统问题展开了新研究，认为美洲作物推广作为技术革新之一，是由人口增长决定的，不能倒因为果。

社会史领域持续关注“人”的历史，陈絜、田秋棉《商周宗亲组织的结构与形态》（《中国社会科学》第 4 期），雒有仓《西周金文族徽的地域分布与商周族群的政治认同》（《中国历史地理论丛》第 1 辑），马建红《中古京兆韦氏的变迁》（商务印书馆）等论著都对宗族、婚姻等人群问题进行关注。对八旗人群的关注亦是近年来学界的热点。

区域是历史研究的重要视角和对象。《江西师范大学学报》第 1 期发表了一组笔谈——“从区域中探寻中国历史：问题意识与资料方法”，科大卫、郑振满、刘志伟、赵世瑜对区域社会史研究的理论与方法进行了讨论。华北区域研究近年来开始呈现突起之势，其中山西水利社会史研究成果颇丰。以区域研究为方法的研究论著亦成果颇丰，如于薇《徙封：西周封国政治地理的结构—过程》（上海古籍出版社）分时段地动态研究西周封国布局与王朝政治地理拓展；宋杰《论秦、西汉国家“以关中制山东”的对内防御战略》（《军事历史研究》第 2 期）认为，“以关中制山东”的对内防御战略，仅在西汉获得成功，在秦、新莽时期却遭到完全的失败，至东汉初年被朝廷放弃。

丝绸之路相关研究非常丰富。邵会秋、杨建华《前丝绸之路亚洲草原的文化交往——以金属器为视角的考古学研究》（《故宫博物院院刊》第6期）将中国北方和新疆地区发现的金属器与欧亚草原东部地区出土的同类器进行比较研究，揭示了公元前1千纪中国北方地区与广阔的欧亚草原之间的文化联系和互动，并指出这种互动最终孕育出了丝绸之路。巫新华《重走天山路：东天山吐鲁番古道考察与研究》（广西师范大学出版社），张爽、薛海波《丝路视域下拜占庭、中介民族与中国关系研究》（中国社会科学出版社），黄达远《欧亚时空中的中国与世界》（社会科学文献出版社），万明《丝绸之路上的明代中国与世界》（中国社会科学出版社）均在丝绸之路的视角下研究区域国别关系史。

2022年度，多学科交叉、融合，继续为中国古代史研究提供新的推动力。考古学界使用古基因（DNA）研究，为人类起源、农业起源和文明起源问题的探讨提供了新的视角和手段，刷新了人们以往的历史认知，在学术界引起高度重视。如韦兰海、王懿冰《爱新觉罗家族早期谱系的构建与明末建州女真部统治权的重新整合》（《清史研究》第5期）运用生物人类学方法探究了爱新觉罗家族的生物学父系祖先，有助于我们更准确地理解爱新觉罗家族早期谱系的构建。

地图学史研究继续成为历史地理研究的学术增长点，芝加哥大学出版社的《地图学史》前三卷中译本在2022年度全部出齐（中国社会科学出版社）。此套丛书是目前世界地图学史领域最权威的著作。2020年，以卜宪群研究员为首席专家的国家社科基金重大项目“《地图学史》翻译工程”顺利结项，将此套丛书已经出版的前三卷翻译为中文，构成了完整的地图学史系列。

在国际数字人文潮流的影响与我国历史地理信息等领域研究发展的双重驱动下，中国古代史数字化研究不断深入。学界在历史时期城址、治所、水文、灾害等方面都更深入地利用了GIS研究手段。同时，数字人文、可视化等方法也更多地用于古代史研究，数据库的构建与使用更加普遍，扩展到多个断代和领域，如仇鹿鸣主编的《唐五代墓志专目数据库》正式上线。

三、研究的热点和理论探索

2022年度，对历史时期“中国认同”问题的研究受到学界的重视。田广林、任妮娜《中华民族共同体视域下夏商周王制时代的“中国”认同》（《陕西师范大学学报（哲学社会科学版）》第1期）指出，夏朝成为王朝大国的根本内在机制是同姓和异姓邦国对夏朝的政治、文化认同；商代的“中国”认同，则与内外服制度的推行相辅相成；西周时期宗法分封制度的推行，使西周王朝超越夏、商而达到王制国家的全盛，“中国”认同也获得同步发展。李青峰《石勒的华夏共同体建构》(《晋中学院学报》第1期)指出，石勒通过国号的选择、改名运动、推崇佛教等政策来消除民族差异，促成民族融合和华夏共同体建构。崔明德、王硕《十六国时期各民族共创中华的形式及路径》(《西北民族研究》第2期)指出，十六国时期是各民族共创中华历史进程中的关键阶段，文章归纳了各民族共创中华的六种形式、三种路径和三大认同基础。

《北京师范大学学报（社会科学版)》第2期设专栏探讨铸牢中华民族共同体意识问题。其中，瞿林东《论中华民族形成和发展的历史》回溯了中华民族共同体形成、发展、壮大与巩固的发展阶段，从四个方面深入总结了中华民族形成发展的理论认识。晁福林《导夫先路：中华民族形成过程中的观念认同》认为，以伦理道德和天命观念为核心的观念认同是中华民族形成的思想基础，观念认同是诸族交往与融汇的十分重要的先决条件。

一些传统的重要命题在2022年度得以重新探讨，张帆《圈层与模块：元代蒙古、色目两大集团的不同构造》(《西部蒙古论坛》第1期)认为，蒙古部族集团内部，以成吉思汗家族为核心，其他氏族、部落依附于外围，蒙古部族集团外的其他集团在被征服过程中逐渐向核心贴合，形成了一种包含核心、外围与边缘的圈层式结构。过去史学界普遍认为元朝存在“四等人制”，其实并不准确，称“四圈人”更恰当，“四圈人”与其说是高低上下的差别，不如说是核心与边缘的差别。赵轶峰《明清史的大时代特征与明清史研究基本问题》(《清华大学学报（哲学社会科学版)》第5期)从更为宏观的视角，探讨了明清中国自身历史主题与全球历史变迁主题的交融纠结。长期以来，“闭关锁国”作为明清时期对外政策标识性概念存在，中国历史研究院课题组《明清时期“闭关锁国”问题新探》(《历史研究》第3期)则指出，“闭关锁国”不是中国古代既有概念，也不是西方对中国的固有认知，而是晚清中日语言嫁接产生的历史名词，不是对明清时期对外政策的客观描述。在此基础上，文章进一步提出了“自主限关”的概念，认为这一政策没有阻断明清时期中国对外贸易的发展和中西文化交流互鉴，但造成了消极防御和漠视西方先进科技的负面影响，在一定程度上为近代中国陷入被动挨打局面埋下了伏笔。

关于多年来始终是学界关注焦点的“唐宋变革论”，2022年度涌现了一批重要的新成果。《北京大学学报（哲学社会科学版)》第4期组织“多元视野中的唐宋变革”笔谈，包括包伟民《“唐宋变革论”：如何“走出”?》、张泰苏《从“唐宋变革”到“大分流”：一种假说》、罗祎楠《认识论视野中的唐宋变革问题》。《唐宋历史评论》第九辑也邀请参与2021年“跨学科视野中的唐宋变革”学术圆桌会议的学者撰写笔谈，主要从海外学术视角展开讨论。

环境史在过去十余年间成为新兴分支学科，随着环境史学科本身的发展，再加上新冠肺炎疫情的挑战和生态环境的压力，学界对环境史的关注也越来越密切。如刘祥学《明清以来珠江中上游山地的人类活动与环境效应》（科学出版社）、孙景超、张蕾《江南传统圩田的景观与分析：以芙蓉圩为例》（《中国农史》第3期）等。《社会科学战线》第7期组织了圆桌讨论“环境史衰败论再思考”，反思了环境史研究中的衰败论叙事倾向。灾害相关及气候与区域社会互动的研究也较多，如张健《清代以来黄河中游气候变化及其社会响应》（中华书局），李军、胡鹏、黄玉玺、马烈《气候变化对清代华北地区粮食生产及粮价波动的影响》（人民出版社），刘继刚《甲骨文所见殷商灾害研究》（科学出版社），以及段伟《历史政治地理对水患的响应：以明清时期的黄淮平原为中心》（复旦大学出版社）等。展龙、李争杰《明代地方农灾信息奏报及其决策价值研究》（《中国农史》第3期）分析了明代灾害信息的收集奏报对于农业灾害治理的价值。有学者注意到明代中后期仓储体系的重构，借此分析国家治理能力在大灾大难面前的革新（李秋芳、鞠明库《嘉靖初特大灾荒与明代地方备荒仓储体系的重构》，《江西社会科学》第10期）。

2022年度，对个人生命历程的研究成为热点之一，成果主要有鲁西奇《喜：一个秦吏和他的世界》和罗新《漫长的余生：一个北魏宫女和她的时代》（均由北京日报出版社出版）等。

总体来看，2022年，在传统领域持续深入研究的同时，多学科方法的交叉融合、新发现文献的披露，都推动着中国古代史研究向着更广阔的领域拓展，也推动了对若干传统命题的反思与探讨。同时，如何更好地进行宏观思考和理论研究，避免研究“碎片化”的状况，建立符合新时代史学发展规律的学科体系、学术体系、话语体系；如何处理新发现史料与传世文献之间的关系；如何更好地进行与其他区域文明历史的比较；如何更好地做好历史普及工作，都是中国古代史研究者需要进一步思考和努力的问题。

研究综述

先秦史研究综述

刘　源　周昕妍　刘承坤*

2022年，先秦史学科发展迎来大好形势。党和国家高度重视甲骨文等古文字和考古研究，强调做好中华文明探源工作。古文字与中华文明传承发展工程顺利开展，甲骨文、金文、战国秦汉竹简等史料的整理与研究取得显著成绩。2022年度的学术创新，仍主要受到新发现与新材料的激励。传统疑难问题，如甲骨文地理也稳步推进。学术集刊的编辑出版日益繁荣，促进了具体细微研究和成果发表，也体现了各个学术机构的传统和特色。

文明起源与华夏民族形成研究方面，成果丰硕。王巍、赵辉《"中华文明探源工程"及其主要收获》(《中国史研究》第4期)总结"中华文明探源工程"开展过程和主要成就，高度肯定了良渚、陶寺、石峁、二里头等约20个中心遗址及其周边聚落群的系统发掘和研究工作，指出距今5800年至4000年前后，可概括为古国时代，文明起源进入加速阶段，并根据中国考古材料归纳出人类进入文明社会的新标准，即农业和手工业显著发展，人口集中和社会分化形成城市和贵族，出现掌握军事和宗教权力的王，常见暴力和战争，形成服从王权的官僚机构等。中原地区成为中华文明的核心，有一个逐渐发展的过程。山西省文物局、中国社会科学院考古研究所编著《中国文明起源陶寺模式十人谈》(科学出版社)分别从考古、历史、天文、建筑等方面讨论陶寺遗址在中国文明进程中的重要地位。赵辉《认识中国文明的起源和早期发展》(《江汉考古》第5期)以"古国"发展至"王朝"的思路，概括近40年考古学对中国文明形成问题的探索，指出良渚、陶寺、石峁等最早一批国家，其技术显著发展，有复杂的社会分化和等级，出现城市、王权和区域性政体。同时中国文明形成也非常复杂，史前文化有多元一体的特色。杨林旭《文明起源的理论之争——酋邦理论与古国理论对比研究》(《江汉考古》第4期)认为酋邦理论注重社会发展层面，古国理论则以考古区系类型为基础，两种中外理论尚无法共通互译，文明起源研究仍要寄望新的、视野更丰富的理论方法。戴向明《考古学视野下的中华文明起源与早期发展》(《历史研究》第1期)指出考古学证实中华文明有5000余年的连续发展，并形成以中原华夏文化为中心

---

* 刘源，中国社会科学院古代史研究所研究员，先秦史研究室主任，研究方向：先秦史、甲骨学。
周昕妍，中国社会科学院大学历史学院博士研究生。
刘承坤，中国社会科学院大学历史学院本科生。

的多元一体格局。陈胜前《早期中国社会权力演化的独特道路》(《历史研究》第2期)认为中国文明的演进可划分为玉石、青铜、铁器三个阶段。玉石时代大体对应新石器时代晚期，这一阶段大量使用玉石礼器，出现国家组织雏形。青铜时代大体对应夏商周三代，产生王权国家。铁器时代从春秋战国时期开始，经济成为国家主导力量。韩建业《论早期中国的“一元多支一体”格局》(《社会科学》第8期)认为早期中国存在“多支”文化系统和多种文明起源子模式，形成以中原地区为中心，以黄河、长江、西辽河流域为主体的多层次“一体”文化格局，既长期延续主流传统又开放包容。相应的文明起源模式可称为“天下文明”模式。郭立新、郭静云《从稻作起源到中华文明成长的早期历史图景》(《齐鲁学刊》第4期)指出中国是最早的稻作农业发祥地，其中典型例证是1万年前澧阳—洞庭平原的十里岗文化和彭头山文化，此地在公元前4千多年出现城市，形成国家。中华文明以平原农耕文化为主流，也吸收了山地猎民文化、半农耕文化和草原游牧文化。彭邦本《早期文明时代形成标志的再认识》(《齐鲁学刊》第1期)提出最能代表文明本质的标志存在于制度层面，早期文明形成的主要标志是君主世袭制。

中国文明道路、华夏民族形成等问题研究，论著较多。李峰著、刘晓霞译《早期中国：社会与文化史》(生活·读书·新知三联书店)既论述中国文明的起源，也分析商周国家与社会的特点，阐述国家形成、书写的起源、官僚组织、法律和政体、诸子百家、战争性质的演变、帝国的缔造等问题。王震中《夷夏互化融合说》(《中国社会科学》第1期)提出“夷夏互化融合”说，着眼于古族交往融合，阐释华夏民族形成进程，为解读考古史料提供新的思维模式，有利于重新认识中华文明形成与发展之路。晁福林《“大夷”之力：中华民族形成过程的重要进阶》(《历史研究》第3期)借用董仲舒的说法，将春秋战国时代处于强盛期的楚、秦、吴、越等国称为“大夷”，将其他“蛮夷”国家称为“小夷”。大夷有选择地吸引华夏文化，通过兼并实现区域统一，率先采用郡县制，破除华夷界限，有力推动了国家统一和中华民族形成进程。相关论文如下。雍际春《嬴秦非戎族新考》(《中国史研究》第2期)指出据史料记载，无论周人、六国、西戎还是秦人自己，均不视秦人为戎族。从考古学和人类学也可证明，秦人源自东方，与西方戎族差异明显。刘玉堂、薛源《多元一体：先秦、秦汉蛮夷族群关系认同演变》(《江汉论坛》第11期)考察中原王朝对周边蛮夷族群的政治统治措施与服制体系，指出战国时秦王用诸侯名号来称谓蛮夷首领，是为了巩固自己“天下共主”的地位；秦汉边郡普通夷民已成为国家编户。赵东升《多元一体格局下百越集团中原化进程研究论纲》(《南方文物》第4期)认为百越集团的中原化进程是中央王朝有计划的“国家”行为，而非“主动辐辏”，可从考古、文献等多学科角度加以考察。胡平平《湖南地区楚、越文化融合过程研究》(《江汉考古》第3期)以墓葬文化为研究基础，探讨湘资两岸地区春秋战国时期楚、越文化融合过程，提出“细水长流”、“花开两朵”

和“取而代之”三种模式。潘明娟《畿服制与择中立都》（《中国历史地理论丛》第1期）依据文献记载，将畿服制分为三种类型：五服描述，五服模式，理想圈层结构。理想圈层结构体现了居中而治的政治控制观。此外，《亚细亚生产方式与中国道路（笔谈）》（《文史哲》第6期）也涉及中国文明模式与先秦社会形态问题。郑永年《“亚细亚生产方式”与西方思考“东方”的方法论传统》认为西方学术传统对东方社会的认识，没有区分远东、中东、近东，同时也有预设“非自由”的思维。沈长云《谈中国古代的亚细亚社会形态》主张从夏商周到鸦片战争以前的社会属于亚细亚生产方式，认为其可分为前后两个阶段：夏商周是早期，此后为典型，其特点是土地国有，长期保存农村公社。何怀宏《周文与汉制：传统中国的道路》认为周代政治原则是亲亲、尊尊、贤贤，重视人文。鲁西奇《王朝国家权力“构造”传统中国社会》提出在中国古代社会，王朝国家权力在建构社会秩序与话语方面发挥了主导性作用。叶小文《“多元一体”与“多源一体”辨析》主张中华文明格局可表述为多“源”一体。孔令栋《亚细亚生产方式理论是解释中国社会历史发展独特性的一个有效工具》认为在中国古代小农经济占统治地位，国家和小农是相互对立又相互依存的关系。

夏史研究有新进展。河南省文物考古研究院、河南省夏文化研究中心编《夏文化考古文献存目》（大象出版社）收录了截至2019年的资料和研究论著。刘绪《夏商周文化与田野考古》（上海古籍出版社）多篇论文探讨夏文化内涵与夏商分界问题。李宏飞《稽古夏朝：解读〈试论夏文化〉》（中国社会科学出版社）讲述“二里头文化是夏文化”学术观点的形成及其影响。沈长云《寻找夏朝：夏代史与中国早期国家问题研究》（中国社会科学出版社）收录探索夏史与中国早期国家的系列论文。沈长云《夏朝的建立与其早期国家形态》（《齐鲁学刊》第1期）认为夏朝建立在古河济之间，是一个大邦统治的众邦的联合体。其国家制度主要是“家天下”和内外服。其内部各个族邦仍是血缘组织，可看作早期国家。王震中《论二里头乃夏朝后期王都及“夏”与“中国”》（《中国社会科学院大学学报》第1期）认为二里头遗址第一至四期^{14}C数据应在公元前1880—前1500年的范围内，与文献记载夏朝年代范围一致，可证明二里头乃夏朝后期王都。乔凤岐《禹都阳城地望再论》（《中州学刊》第5期）认为据^{14}C数据和考古发现的聚落群，以及城址规模来看，禹都阳城应该在登封王城岗。张国硕《太康居斟寻事件与后羿代夏遗存的确认》（《中原文化研究》第5期）认为二里头遗址是夏都斟寻，始于太康时期，终于夏桀时期。新砦期遗存与后羿代夏无关，可从二里头文化第一期中去寻找后羿代夏遗存。张溯《海岱考古与古史新证》（《南方文物》第1期）指出海岱地区大汶口文化和龙山文化与中原文化的交流与融合，反映了夷夏族群的交流与融合。夏王朝属于夏夷联盟。盛伟《从盘龙城遗址兴废看夏商时期中原文化在江汉平原及周边地区的进退》（《四川文物》第4期）指出盘龙城随二里头文化的进入而兴起，在二里岗文化进入后，发展为江汉平原及周边地区等级最高的中心城市，并对外强势扩张。资源获取是中原文化向南扩张的重要动机。中商偏晚阶段，盘龙城遗址遭到废弃，中原文化向北撤出，当地青铜文化随后兴起和发展，并与中原保持联系。

商周史领域，涉及考古、古文字、历史学多学科合作与交叉，理论与实证研究均广泛开展，论著层出不穷。首先，考古新发现提供新材料，并引发学界热烈讨论。今年出版的考古报告有：河南省文物考古研究院编《荥阳小胡村商周墓地》（中华书局）整理公布了58座晚商墓葬和64座周代墓葬材料。报告据晚商舌族墓地铜器铭文“亚韦舌”推测，舌族与韦地（夏代方国“韦国”属地）联系紧密，舌族有可能受封而世居于此。安徽省文物考古研究所、宁国市文物管理所编著《宁国灰山土墩墓》（科学出版社）整理公布了36个土墩86座单体墓葬材料。墓葬以浅坑竖穴为主，出土遗物共360余件，以原始瓷器和印纹硬陶器为主。山西省考古研究院、长治市文物旅游局、黎城县文博馆编著《黎城楷侯墓地》（文物出版社），整理公布了10座春秋早期墓葬材料。M1和M10墓葬规模较大，应该是楷侯墓葬。

曾侯墓地之研究，杜勇、王凯《康宫年代问题的方法论检讨》（《中国史研究动态》第3期）据曾公㖍编钟铭文“王客我于康宫”，是成王分封曾侯的实录，据此否定唐兰康宫断代原则。韩巍《今天的铜器断代研究本质上是考古学研究——兼论新材料能否挑战“康宫说”》（《中国史研究动态》第3期）认为曾公㖍编钟铭文是对西周历史的追述，掺入春秋时人的想象，不适合拿来研究西周金文断代问题。嬭（芈）加编钟的器主和相关史事也引起学者的持续讨论，2021年吴毅强、王学森等学者曾提出芈加是器主。2022年度，李春桃、凡国栋《嬭加编钟的定名、释读及时代》（《江汉考古》第6期）释读“余乳（孺）小子加嬭”，论证嬭加是器主。王晖《加嬭编钟铭文研究——兼论曾国从周之方伯到楚之附庸的转变》（《中国史研究》第1期）认为加嬭以女主身份亲政，是在春秋中期楚庄王时期。

酒务头墓地的研究，朱凤瀚《酒务头墓地与“天黽獻”器群》（《中国国家博物馆馆刊》第10期）认为此墓地可能是天黽氏上层贵族墓地，天黽氏承担商王朝西部边域防卫，这一观点为探讨天黽一族的活动区域提供了考古线索。孙亚冰《商周时期的献侯》（《甲骨文与殷商史》第11辑）根据刻有“天黽献”族徽的铜器，将献侯地望定在山西闻喜、曲沃一带。

北白鹅墓地相关研究，《山西垣曲北白鹅墓地M2、M3发掘简报》（《文物季刊》第1期）公布夺簋、匽季甗等材料，推断此处属于召公宗族的一支。陈光鑫《说北白鹅墓地“太保”——兼谈宪鼎铭文》（《文博》第1期）认为“太保”是族名，源于召公官称。杨博《北白鹅“大保匽中”器铭与南燕》（《古文字研究》第34辑）则指出匽仲为姞姓南燕。黄国伟、胡宁《垣曲北白鹅墓地与周代的“西燕”》（《湖州师范学院学报》第3期）吸收韩巍观点，提出匽氏源自嬴姓京氏小宗的膳夫克家族，使用华字族徽，称匽是以地为氏。张昌平《从北白鹅墓地看周人东迁后的社会变局》(《文物季刊》第4期)认为此遗址随葬青铜礼器普遍劣质或拼凑,解释为当时社会经济困顿的体现。徐良高《北白鹅墓地出土虎纹铜罐的性质与历史意义刍议》(《文物季刊》第1期)认为此器是华夏与戎狄族群互动交融的实证。总之,学界对大保匽仲的家族和身份虽有各种不同观点,但集中讨论促进了北白鹅墓地性质的认识。

商周青铜器材料的公布与整理研究,也是考古学与先秦史领域的重要工作。山西省考古研究院编《山西出土青铜器全集·闻喜酒务头卷》(三晋出版社)全面公布酒务头墓地青铜器的照片、拓片、线图和铭文释文等资料,按墓坑排序,分为M1、M2、M3、M4、M5、M6、M9、M10、车马坑、流散铜器等十个部分。张翀、刘莹莹《中国古代青铜器整理与研究·青铜觥卷》(科学出版社)是首次全面收集传世著录和考古出土的商周青铜觥材料,综合研究其形制、年代、地域分布等问题的专著。刘余力《东周王城出土战国铜器铭文整理与研究》(文物出版社)收录并研究有铭铜器18件,主要是20世纪90年代以来东周王城及附近新出土或新发现的战国资料。[日]林巳奈夫著,[日]广濑薰雄、近藤晴香译,郭永秉润文《殷周青铜器综览(第三卷)——春秋战国时代青铜器之研究》(上海古籍出版社)是名著新译。

另外,出土文献研究仍是商周史热点,全国性学会与科研机构编辑出版多部集刊和论文集,汇集研究甲骨文、金文、简帛等出土文献的最新成果,为先秦史料解读提供大量新知。这些集刊包括:中国古文字研究会与西南大学汉语言文献研究所和出土文献综合研究中心合编《古文字研究》第34辑(中华书局)、中国文字学会编《中国文字学报》第12辑(商务印书馆)、复旦大学出土文献与古文字研究中心编《出土文献与古文字研究》第10辑(上海古籍出版社)、西南大学出土文献综合研究中心编《出土文献综合研究集刊》第15辑(巴蜀书社)、中国社会科学院甲骨学殷商史研究中心编《甲骨文与殷商史》新12辑(上海古籍出版社)与《殷周历史与文字》第1辑(中西书局)、北京大学出土文献研究所编《青铜器与金文》第8辑(上海古籍出版社)、安徽大学汉字发展与应用研究中心编《战国文字研究》第5辑(安徽大学出版社)、邹芙都主编《出土文献与先秦秦汉史研究论丛》(科学出版社)等。谢明文《商周文字论集续编》(上海古籍出版社)收录作者释读甲骨文、金文等古文字论文33篇。王沛主编《甲骨、金文、简牍法制史料提要》(上海古籍出版社)属于专题性出土文献史料整理著作。甲骨史料整理方面,蔡哲茂编著《甲骨缀合三集》(台湾"中央研究院"历史语言研究所、万卷楼图书公司)收录190组甲骨缀合成果,兼有拓本、摹本、释文和检索。

年代学研究方面,《夏商周断代工程报告》(科学出版社)正式出版,为三代历史、古文字与考古研究提供了基本的时间框架。殷墟甲骨断代与字体分类有密切关系,黄天树主编

《甲骨文摹本大系》（北京大学出版社）贯彻甲骨两系说理论与字体分类方法，细致区分出7万多版卜辞摹本的字体，是首次彻底落实字体分类方法的甲骨著录书。赵鹏《从胛骨钻凿布局再谈师组、宾组、历组卜辞的关系》、刘源《试论甲骨文是殷代正规文字的一种变体》（此2篇见《古文字研究》第34辑，中华书局），以及赵孝龙《科学技术在甲骨学研究中的应用》（《甲骨文与殷商史》新12辑，上海古籍出版社）等文章分别从钻凿布局、正体变体、显微照相等角度为卜辞字体分类和断代提供新方法。

西周铜器与金文断代方面，新见义方彝（或称义卣）等材料，与矢令方彝的时代早晚关系，引起学界热烈讨论。近年，西周铜器断代的进展，主要是由一些新见高王年金文史料推动，如韩巍提出“共王长年说”等观点。义方彝则促进了西周早期铜器断代的细致研究，其铭文记录“赐贝”等时代特色，也备受学者关注。作册矢令器，郭沫若、陈梦家均定在成王世，唐兰则提出康宫说，主张令彝等器在昭王时代，这两种不同观点至今未有定论，义方彝的发现促进了令器时代的讨论。张懋镕《新出义方彝和义尊的年代学意义》《再谈义方彝和令方彝的年代问题》（《中国社会科学报》4月7日、11月17日）认为义器形制早于令器，支持唐兰康宫说。沈长云《也谈义方彝和令方彝的年代问题》（《中国社会科学报》11月17日）则强调令器时代较早，在成王之世。刘义峰《微史家族世系新议》（《中国史研究》第2期）参照作册祈器（按：即学者常说的作册折），把矢令诸器时代定在成王。李峰《令方彝、令方尊及新出土曾公𤬪编钟所见“康宫”年代质疑》（《张长寿、陈公柔先生纪念文集》中西书局）也认为作册折在康王世，令方彝时代因此要提前。此外，丁进《西周铭文史》（文物出版社）专门论述西周青铜器铭文的发展、分期，可以参考。

清华简与战国古书和学术思想研究方面，《清华大学藏战国竹简（拾贰）》（中西书局）公布长篇竹书《参不韦》，参不韦是天帝使者，本篇记述他以“五刑则”训诫夏启。石小力《清华简〈参不韦〉概述》、程浩《清华简〈参不韦〉中的夏代史事》、贾连翔《清华简〈参不韦〉的祷祀及有关思想问题》、马楠《清华简〈参不韦〉所见早期官制初探》（以上4篇均见《文物》第9期）对这篇重要文献做了介绍和研究。黄德宽《清华简〈参不韦〉“赢明”解——兼说金文中的“彝明”》（《出土文献》第4期）认为[illegible]字即赢的讹变，赢明表示敬慎黾勉。

清华简《四告》《五纪》研究成果颇丰，如刘国忠《据清华简释〈中庸〉“武王未受命”》认为是说武王最终接受天命，黄德宽解读《清华简〈五纪〉篇建构的天人系统》，程浩考察《清华简〈五纪〉中的阵法、仪仗与军舞战歌》（此3篇见《学术界》第2期）。袁青《清华简〈五纪〉思想探微》认为这是黄帝书，其思想为五德。曹峰《清华简〈五纪〉的“中”观念研究》认为“中”就是所要实现的目标、最佳行动方式，不必通假为“忠”（此2篇见《江淮论坛》第3期）。陈民镇《清华简〈五纪〉蕴含阴阳家思想》认为《五纪》思想庞杂，其主体观念是阴阳家思想（《中国社会科学报》9月14日）。何家兴《清华简〈迺命〉〈四告〉与诸梁钟合证及其他》认为这些均是训诰之辞。李均明《清华简〈五纪〉之象神观》提出“象”指物质存在，包括人类活动，“神”指精神和神明（此2篇见《出土文献》第2期）相关研究论文还有不少，由于篇幅限制，无法一一缕述。

清华简其他篇章的研究，数量也较多。阮明套《清华简〈赤鹄之集汤之屋〉所见古史传说》（《中国史研究》第3期）认为此篇保存的古史记载有二，即商汤祭祀上帝，伊尹间夏，且在战国时期有改编与重构。侯乃峰《清华简〈赤鸠之集汤之屋〉篇笺释衍说》（《文史哲》第5期）将赤鹄读为赤鸠，指出此篇是脱胎于神话和古史的小说，并受到儒家道德教化思想的影响。刘书惠、杨栋《清华简〈赤鹄〉篇的性质及文化背景》（《民族文学研究》第6期）认为《赤鹄》是夏遗民传颂其祖先的异闻逸事。刘光胜、陈以凤《克绍文武：走出周公遮蔽的成王形象——以清华简〈厚父〉为中心的考察》（《孔子研究》第2期）认为《孟子》引书更近于《成人》而非《厚父》，据文本分析《厚父》中时王应是成王。郭永秉《先秦古书源流的二重证据研究试探——以清华简〈厚父〉与传世经籍的关系为例》（《中国文化研究》第3期）考察《厚父》与《吕刑》《孟子》引书的渊源关系，认为《厚父》撰写晚于《吕刑》。程浩《周人所受“大命”本旨发微》（《文史哲》第4期）指出据《程寤》篇可知文武是从皇天上帝处承受大命，《厚父》《成人》的大命是指替上天统治下土和人民。刘子珍《清华简〈成人〉灾异观的内涵与性质探析》（《国学学刊》第3期）探讨《成人》灾异观时提出，“刑”有效法之义，“德”指上天运行规律和自然法则，其刑德观体现为规范和法度在天人合一观念下的共通和融合。姚小鸥、李文慧《〈周公之琴舞〉“视日”“视辰”与商周天道观之传承》（《中原文化研究》第2期）认为相关材料反映顺天时行事的天道观。刘伟《清华简〈系年〉与千亩之战结局再考察》（《中州学刊》第11期）认为研究千亩之战，《国语》《左传》是基本史料，清华简《系年》可印证《国语》记载的准确性。

清华简对《尚书》《诗经》研究有重要推动作用，学者均较重视。冯胜君《清华简〈尚书〉类文献笺释》（上海古籍出版社）论述清华简书类文献学术价值，对14篇书类文献详加考证注释，反映学术前沿观点，并为周史研究提供了扎实可信的资料。陈民镇《简牍〈诗〉类文献的发现与研究》（《古代文学前沿与评论》第2期）较全面介绍了上博简、清华简、安大简、海昏简、夏家台简《诗经》的发现与研究情况。姚小鸥《诗经与楚简诗经类文献研究》（商务印书馆）结集相关论文，有助于《诗经》研究。

安徽大学汉字发展与应用研究中心编《安徽大学藏战国竹简（二）》（中西书局）收录《仲尼曰》《曹沫之陈》两篇文献，有释文注释和字形表。这是今年公布的另一部重要的战国竹书史料。季旭昇《季旭昇学术论文集》（台北花木兰出版社）共5册，主要汇集研究清华简、郭店简和上博简的文章，也涉及甲骨、金文、玺印。

各专题探讨，均有深化与突破。殷周文明继承与发展研究方面，朱凤瀚《甲骨与青铜的王朝》（上海古籍出版社）收录作者论文80余篇，多角度阐述商周文明的面貌与发展。孙庆伟《礼以玉成——早期玉器与用玉制度研究》（北京大学出版社）结集研究史前和夏商周三代用玉制度的成果，揭示中国早期礼制传统。张辛《礼与礼器：中国古代礼器研究论集》（上海古籍出版社）也探讨礼与礼器的发展，研究对象包括玉器、青铜器和陶器。刘源《商末至西周早期赐贝研究——兼论册命制度的历史渊源》（《历史研究》第5期）考察商周重要行政制度赐贝的兴衰，指出西周制度在继承殷代文明的基础上，又有“扬弃”与发展，如册命制度即由殷之赐贝脱胎而出。徐凤仪《商周“作冊”析辨——兼论周人对殷商遗留职官文化的改造》（《中山大学学报（社会科学版）》第6期）考察商周作册的任用和职责，认为西周王朝保留了商代作册一类重要贵族，将其改造为作册内史，并进一步更改为内史。西周对商代制度既有继承，又有改造，同时随着时代的发展，殷制因素也逐渐式微。程浩《西周王臣附属初命王的观念与君臣彝伦的重建》（《史学月刊》第8期）从分析重臣称先王“我辟”并自称“烬臣”着手，论证西周王臣因“策名委质”而产生的附属于初命之王的观念，认为这是利用宗法制改造商代君臣观念的重要革新。

殷商地理研究方面，陈絜《试说商末征人方路线中的几个未释地名》（《故宫博物院院刊》第9期）释几个卜辞地名为泚、蝍、絳，再通过形、音联系到《春秋》《左传》的费、菆、郕邦（封）等地，以此证明商纣东征涉及鲁南。陈絜《晚商兹地与洹水》（《中原文物》第5期）认为卜辞兹邑即《左传》莒地，洹为齐鲁间某河。陈絜、聂靖芳《甲骨金文中的朿族与商周东土族群流动》（《史学月刊》第1期）依据朿和相关复合族徽出土地等史料，认为朿族原居泰安、泗水一带，其分族在殷周又徙居安阳、成周、宗周等地。这一系列文章已触及以东土为核心重构商周史的大问题。徐熠《商周时代的朿族》（《青铜器与金文》第8辑，上海古籍出版社）也据考古遗址考察了朿族在商周的迁移情况，并论及周初对待殷遗民的政策。王旭东《卜辞“攸侯”都鄙之规划与商王朝的“体国经野”》（《殷都学刊》第1期）考证“攸侯”领地在今山东莱芜东南，商王朝将攸侯属地转化为直属公邑，强化在东土的统治。唐英杰、邹芙都《晚商“畿内田猎区”考论》（《历史研究》第1期）认为研究卜辞地理可将黄河古河道作为参照，把田猎区定在安阳、鹤壁、濮阳一带，称为畿内田猎区。马盼盼《百年甲骨地名研究的回顾与展望》（《出土文献》第1期）指出地望考证方法，首先要正确吸收甲骨文字考释、字体分类断代和缀合成果，再综合利用文献、考古信息，结论才较可靠。总之，甲骨文地理研究之重要，在于复原古史发生的空间，但目前学界尚无公认的定点标准，仍需结合考古发现的重要遗址和墓地，进一步考察和探讨。

周代政治地理研究方面，王晓鹏《从彭阳姚河塬卜骨刻辞看西周早期西北边域族群关系》（《古代文明》第 2 期）认为此则史料反映西周早期姬周族与姜戎、西羌、犬戎等西北族群的复杂关系与文化交流情况。于薇《徙封：西周封国政治地理的结构—过程》（上海古籍出版社）分时段地动态研究西周封国布局与王朝政治地理拓展。王恩田《商周史地发微》（商务印书馆）是作者文集，对先秦古国多有专题论述。曹斌《周代的东土：山东地区西周时期的考古学文化谱系》（文物出版社）分期分域考察鲁南、鲁北、胶东、鲁东南的西周考古学文化。傅玥《长江中游西周时期考古学文化研究》（文物出版社）研究西周对长江中游的控制。任乃宏《〈山海经〉与〈穆天子传〉地理研究》（中国书籍出版社）结合现代地理学考察古书中的山川和地名。周博《西周金文“五邑”及其相关问题》（《中国史研究》第 4 期）指出“五邑”是岐周东边鄙野上的五个邑，处在广义周原与狭义周原（即歧周）之间的地带，其职官或职事任命均直接来自周王，受周王统辖，具有特殊的政治地位。严志斌《金文所见西周都城建筑简论》详细梳理考证金文中周、宗周、成周的宗庙宫室建筑，指出周（周原）一直是周王朝政治、礼仪中心，宗周（丰镐）和成周则有陪都性质。田伟《叔虞封地探索》认为其范围大致在今浮山以南、夏县以北、汾河以东的山前、山内地带。肖威《由师卫诸器看召公南征》释读诸器铭文，认为其时代在成康之际，历史背景为大保省南国，反映周王朝对江汉流域的控制。（此 3 篇见《青铜器与金文》第 8 辑，上海古籍出版社）。赵庆淼、周颖昳《况盆铭文与周伐淮夷的史地背景》（《考古》第 5 期）认为厉王二年这次交战地点为山即《左传》蔿地，在今泌水上游左近。赵庆淼《不𡢁簋“畧”地与〈系年〉“少鄂”——兼论猃狁侵周的地理问题》（《江汉考古》第 5 期）考证𡢁地即《系年》之少鄂，在宗周西北的泾河上游附近，位于西北边陲一带。但猃狁活动范围较广，不局限泾水流域。何艳杰《赤狄新考》（《殷都学刊》第 1 期）以伯硕父鼎等出土文献为依据，论证西周晚期赤狄可能居于泾河上中游一带，后奉晋国为霸主，使用晋系文字，助晋伐楚。其内部社会有王至平民的分层现象。雷晋豪《西周昭王南征的重建与分析》（《文史》第 3 期）考证相关地名与族群，认为南征推动者是臣服周人的殷士，南征失败引起王朝中衰。杜杨、黄一哲《西周王朝经略南方的动态观察》（《四川文物》第 3 期）考察西周早中晚期对江淮、江汉的控制。春秋地理研究方面，笪浩波《清华简〈楚居〉与楚国都城探研》（武汉大学出版社）考证春秋楚国都城地望及其迁徙原因。此外，周秦汉《陶唐氏后裔四系新考》（《古代文明》第 2 期）指出陶唐氏原居晋南，其后裔有古唐国、刘累、唐尧和丹朱四系。古唐国是商周姚姓“昜伯”之国，“刘累—范氏”一系在周代是祁姓杜氏，尧早年活动于丹水，丹朱后裔在东周为狸姓傅氏。马立志《春秋梁国史补考三则》（《古文字研究》第 34 辑，中华书局）据梁伯戈等史料，认为梁国是秦襄公之子春秋初期的别封，其地望可在韩城西南寻找。张敏《两周时期东南诸越探赜》（《南方文物》第 4 期）考察钱塘江、衢江、瓯江、闽江流域诸越建立国家及其中原化进程。吴桐《山海之间：两周时期“江南—

岭南”的文化交流线路及其变迁》（《东南文化》第3期）指出此种文化交流以江南因素南传为主，从陶器特点看，呈现“东南沿海—内陆赣江流域—东南沿海”的循环往复的态势，反映越、吴文化面向海洋与陆地的影响，也使二者“中华一体”进程产生差异。

商周政治史与职官研究方面，陈剑《甲骨金文用爲“游”之字补说》（《出土文献与古文字研究》第10辑，上海古籍出版社）将裘锡圭旧训为商王镇抚周边方国的“毖”字，改释为从臾的“游”字，训为田游。周博《卜辞所见商代寇贼的犯罪与惩罚》（《四川大学学报（哲学社会科学版）》2期）认为甲骨文有的“寇”字可理解为寇贼，以此为前提讨论寇贼的犯罪、抓捕和惩罚。李伯谦《晋侯晋都晋文化》（三晋出版社）收录作者研究晋侯墓地与晋国史论文22篇。王坤鹏《越在外服：殷商西周时期的邦伯研究》（商务印书馆）认为研究商周国家结构要重视邦，伯本义为邦君，体现了新的学术理念。李秀亮《先秦乡里制度与早期文明》（商务印书馆）侧重考察基层组织结构与管理。［韩］沈载勋《晋国霸业——从晋之分封到文公称霸》（上海古籍出版社）通过晋国崛起探讨春秋政治格局。曹斌《礼乐征伐：西周国家的双重权力建制》（《东岳论丛》第11期）认为其军事、文化双重权力建构，既可应对内忧外患，又创建了新的社会秩序。王沛《审判权与西周国家权力的构建》（《四川大学学报（哲学社会科学版）》第2期）认为西周未建立司法体系，采取个别授予审判权的方式，此种模式对于国家权力，兼有强化与弱化的两重性。程平山《“共和行政”历史再解读》（《历史研究》第4期）指出共伯和行政属于临时摄政。陈英杰《西周王号谥称说申论》（《古文字研究》第34辑，中华书局）逐一考察金文所见西周王号，认为王号为死称应无问题，如只有王号而不见时王则属于追述往事。于薇《从朝覲站班“五爵三等”看周代封国政治的血缘性——基于〈逸周书〉的解读》（《史学月刊》第7期）认为诸侯因同姓、异姓和庶姓而存在“三等”政治身份。谢乃和《新见女性册命金文嫚鼎及相关史实考论》（《史学集刊》第2期）指出此材料记载两名女性之间的一次改命。贾海生《铭文所见王后以服册命命妇的礼典》（《殷都学刊》第1期）据嫚鼎论述王后册命诸侯夫人之礼，认为当时实行夫受命于宗庙、妻受命于内宫之制。张磊《周代司徒与早期文明》（商务印书馆）综合研究司徒的起源与演变。王子杨《叶家山邓监簋铭文考释——兼及周初的监官制度》（《江汉考古》第2期）考释此器为邓监所作，认为周代设监主要集中于边陲异姓诸侯。黄国伟《同簋铭文中的地名与西周的王朝虞官层级结构》（《殷都学刊》第3期）考证铭文里河、虒、玄水三处地名，认为可反映当时王畿范围，并指出此材料显示西周虞官系统的分层情况。王晖《西周春秋周王册命方国卿士之制初探》（《陕西师范大学（哲学社会科学版）》第5期）认为西周与春秋早期存在此制，至春秋晚期此制不复存在。王晖、绳克《战国始年考辨》（《史学集刊》第4期）认为发生在周元王元年前后的陈、吴两国的灭国事件，开始呈现战国时代战争以兼并为目的及谋诈迭用等特征，从而解释司马迁何以选择此年为战国始年。

商周姓氏和宗法、婚姻研究方面，朱凤瀚《商周家族形态研究》（商务印书馆）是再版，是研究商周宗族、宗法的重要参考书。韩巍《青铜器与周史论丛》（上海古籍出版社）收录多篇论文，逐个考察荣氏、南宫氏等家族，进一步论证赐姓制度在西周的实行情况。严志斌《关于殷墟的“族邑”问题与“工坊区模式”》（《中国国家博物馆馆刊》第10期）指出殷墟作为晚商都城，其主要特征在于：在商王族（包括多子族）的控制下，有更多的超血缘关系的人群在殷都从事手工业生产活动。陈絜、田秋棉《商周宗亲组织的结构与形态》（《中国社会科学》第4期）从亚族、小子的角度，阐述宗族内部形态及其动态发展，强调亚族较为独立，受母族控制小，且有其氏名。小子则没有氏名和祭祀权，其家庭是宗族内部组成部分。雒有仓《金文族徽兴起发展与夏商族群融合认同》（《中原文化研究》第2期）主张族徽兴起于夏代晚期，至商代晚期族徽数量大增，出现用人、地、官名为族徽现象，反映了地缘政治的影响。雒有仓《西周金文族徽的地域分布与商周族群的政治认同》（《中国历史地理论丛》第1期）指出西周早期金文族徽数量增加，分布地域扩大，反映政治布局与迁移殷民的历史背景；中晚期族徽急剧减少，说明商周文化融合且政治认同加强。左勇《从仲爯父簋铭看周代宗法》（《考古与文物》第1期）认为簋铭中南申伯，其字是仲爯父；伯有族长和嫡长子两重含义，此处伯是表示宗子身份，然并非嫡长。赵庆淼《仲爯父簋铭文所见人物关系与宗法史实——兼论“南申”“西申”的名号问题》（《中国史研究》第3期）认为南是仲爯父的家宰，申有重申之义，但也同意仲爯父为宗子。钱杭《西周单氏〈逨盘〉铭文中的世系性质与宗法问题》（《史林》第3期）提出此铭记载的是称颂祖先功绩的家族“英雄”世系，其中“新室仲”非指另立新宗，而是说迁处新居，伯仲叔季也不能简单用来区分大小宗。黄益飞《天子嫁女与同姓主婚——略论山西绛县横水墓地M2158所出媵器》（《考古》第5期）认为芮伯作王姊与芮伯作倗姬诸器反映当时姪娣媵。张淑一《周代妇女与娘家关系探论》（《中国史研究》第2期）指出所谓“娘家”指女方出嫁前一切血缘与非血缘亲属关系。孙岩《父家与夫家：从山西横水毕姬墓谈西周贵族女性的身份构建和文化认同》（《青铜器与金文》第8辑，上海古籍出版社）指出毕姬墓葬俗反映倗氏与姬姓望族联姻的政治需求。白国红《叔妘为郑武公元配及两周之际相关史事考论》（《中原文化研究》第2期）认为叔妘与郑武公婚姻是两周之际政治形势的产物。李忠林《先秦时期的族武装考论》（《陕西师范大学学报（哲学社会科学版）》第4期）考察族武装在夏代、商周的出现、发展与消亡。

周代礼制研究方面，杨向奎《宗周社会与礼乐文明》（北京出版社）是名著再版。景红艳《西周王室赏赐礼制研究》（中华书局）系统考察赏赐礼制及其社会功能。张闻捷《东周青铜乐钟制度研究》（厦门大学出版社）从音乐考古角度探讨周代礼制。阎步克《先秦礼书中的“五十养于乡”、“五十而爵”——一个基于“父老体制”的观察》(《中华文史论丛》第1期)指出乡饮酒礼规定，年至五十完成身份转换和礼制转换，五十而用杖，五十而称伯仲，从堂下侍立转为在堂上执爵坐饮，可称为“五十而爵”，是“爵”或“爵位”的本义，相对于冠礼可称为爵礼。阎步克《〈仪礼〉饮酒礼、丧礼所见“诸公”与春秋“寄公”》(《北京大学学报(哲学社会科学版)》第5期)认为饮酒礼及丧礼上有一种来宾称“诸公”，即寓公又称“寄公”，系失国寄寓的国君之称，其礼数高于卿大夫，然属于观礼者，可有可无。朱凤瀚《论所谓昭穆制》(《中国社会科学》第1期)认为《左传》《国语》中所见“昭穆”，本义指同姓男性宗族成员间之“辈分”，也引申指子辈。礼书与汉人注释，进一步将“昭穆”界定为隔代的固定辈分，并运用到宗庙、墓葬和祭祀用尸等制度中。礼书所谓昭穆制尚无法被出土文献和考古等史料所证实，是战国中期至汉代儒家社会秩序理念与宗法观念的演绎与发挥。胡新生《周初大分封与宗周礼制的传播》(《中国社会科学院大学学报》第7期)认为周初分封具有传播宗周礼乐文明的作用。赫德川《周代“宴飨”铭文青铜礼器用器观念变化》(《华夏考古》第3期)认为其使用对象的范围扩大，有从祭祀、公务向着私人、生活化扩展的趋势，反映了礼制下移与拓展普及。

商周经济史研究方面，侯亮亮《殷土芒芒：先商文化人群的生业及迁移活动研究》(上海古籍出版社)研究豫北冀南家畜饲养与人群迁移活动。刘继刚《甲骨文所见殷商灾害研究》(科学出版社)考察当时灾害与社会应对。孙周勇《玦出周原：西周手工业生产形态管窥》(上海古籍出版社)考察西周制玦产业。卢中阳《先秦指定服役制度述论》(《四川大学学报(哲学社会科学版)》第4期)阐述了指定服役的内涵，即国家向被征服的血缘群体强制推行的税役，其产生与社会分工不发达及族组织普遍存在有关。认为先秦各种劳役，包括官制和服制，都与指定服役有关。左勇《“妇姘受年”卜辞辨析》(《文史》第3期)指出殷墟卜辞只有妇姘受年的记载，妇姘是负责王室农业生产的王妇，为商王管理王田。不能理解为妇姘受封、拥有自己的农田。任文洁《小麦的推广种植与先秦时期“四时”观念的强化》(《史学月刊》第3期)认为小麦种植的推广促进产生春夏秋冬四时观念。李雪山、吕懿净《耒耜为耕礼制先声：商代籍田礼研究》(《中国农史》第3期)指出商代的籍不仅指耕作，而且形成礼制，籍田礼有礼前、礼中、礼后一套程序。张兴照《因势而造，因地制宜——试论商代邑聚营建的环境适应性》(《殷都学刊》第3期)认为商代都邑建造设计时注重地形地貌，并适应自然环境，如选址于高地，顺应山川形势等特征。杜勇、李玲玲《西周中后期土地关系变化的再认识》(《中原文化研究》第5期)指出当时土地交换是以田易物，不影响王室赋税。贝币不是交换媒介，只用于估价。土地赏赐由诸侯转向功臣，贵族采邑是永久性生活资源，所谓“恩惠换忠诚”并不成立。菊地大树、党张隆史、刘杲运、张嘉欣、尤悦《西周王朝的牧业经营》(《南方文物》第4期)分析当时马的饲养与管理情况。王艳杰、魏国锋、张爱冰《庐枞地区与商周时期“金道锡行”关系试析》(《中国国家博物馆馆刊》第4期)通过考古勘探,推断商周时期皖南矿料过江后,与庐枞地区矿料汇合,到达六安地区,再北上运至淮河、黄河流域。

殷周宗教祭祀方面,郑杰祥《殷墟卜辞所记“[illegible]示”即“鲧示”新探》(《河南社会科学》第8期)认为[illegible]示是商人祭祀鲧的记录。庞苗、李发《从殷商合祭系统看历组卜辞和花东卜辞中几位先王的指称问题》(《出土文献综合研究集刊》第15辑,巴蜀书社)认为历组卜辞三祖、父丁指阳甲、般庚、小辛、武丁,花东卜辞祖辛、祖庚、祖甲、祖乙分别指小辛、般庚、阳甲和小乙。腾兴建《武丁三配与三子的对应关系》(《中国史研究》第4期)认为妇好(妣辛)是祖甲生母,妣癸是孝己生母,而妣戊是祖庚生母。腾兴建《由新见卜辞看商代“帝某”之“帝”的内涵》(《文献》第1期)认为帝己是孝己,称帝意在加强王权。王桢楠、王荣《燎玉祭祀的卜辞研究》(《中原文物》第2期)分为用玉祭祀、燎祭对象和用玉种类进行考察。张晓慧《浅谈商代乐舞〈大濩〉》(《殷都学刊》第3期)认为《大濩》与卜辞濩祭有关。阴崔雪《甲骨文中关于“殷商子弟学医”卜辞新释》(《历史教学(下半月刊)》第9期)解释为殷商子弟举行祭祀希望商王病有好转。张雁勇《祭祖经邦:〈周礼〉天子宗庙祭祀研究》(研究出版社)探讨《周礼》所载天子宗庙祭祀制度。胡新生、白杨《周代尸祭礼与中国祖先崇拜观念的转型》(《文史哲》第5期)认为尸祭是周邦特有礼俗,可拉近祭者与祖先的距离,祖先神灵因此成为宗族保护神。

商周思想史研究方面,[日]池田知久著,曹峰、孙佩霞译《郭店楚简〈老子〉新研究》(江苏人民出版社)将出土文献与道家研究相结合。类似著作有郭永秉《〈老子〉通识》(中华书局)。陈成吒《先秦老学史》(上海古籍出版社)论述先秦诸子对老子思想的传承和转化。刘梦溪《〈尚书〉是三代之治的经纶大法》(《文史哲》第2期)提出《尚书》是虞夏商周时期的政治典籍,其要义是“为政以德”。张宏斌《“莫非王臣”与“能夏则大”——家国、天下的政治与文化内核》(《中原文化研究》第2期)认为“莫非王臣”界定了华夏的政治疆域,“能夏则大”赋予了中国的文化属性,二者可视为中华政治与文化基础。刘玉堂、薛源《中国早期占梦的思想渊源与制度变迁——兼论占梦类书籍的形成》(《民俗研究》第4期)总结先秦占梦发展,指出商代尚鬼是占梦的基础,西周占梦已成制度,东周占梦书已脱离《日书》单独成为一类。宁镇疆、卜易《由周人的“巧利”之弊说到〈老子〉的“绝巧弃利”》(《中原文化研究》第1期)主张《老子》所谓巧利指巧诈、货财。周人尊礼尚施造成巧利之弊,周政有重利的一面,这是《老子》欲绝弃之的原因。曾振宇、刘飞飞《从华夷之辨到价值认同:重审儒家天下观》(《史学月刊》第6期)主张儒家天下观是把仁义视为华夷共同认可的价值理念,提倡施行仁政获得民心,维系天下,并克服“国家”的强力色彩。古人的“天下”与“国家”是两个根本对立的价值体。梁立勇

《“中庸”朔义刍议》(《中国史研究》第1期)认为中庸之义为记心之为用。“中庸”既是儒家修身处事的方法，也是儒家王道政治的必由之路。高华平《墨家远源考论——先秦墨家与上古的氏族、部落及国家》(《文史哲》第3期)指出墨家起源于司空之官。上古共工曾任司空，此后奚仲一族居薛，以工巧著称，产生墨翟、公输般等巧匠，孕育出墨家思想。葛志毅《〈管子·五行〉代表的齐阴阳家说及其黄帝崇拜与稷下黄老之渊源考论》(《中原文化研究》第4期)指出稷下黄老道家上承管子学派的道法自然等早期道家思想。张秋芳《周代梦与命祀关系考述》(《殷都学刊》第2期)认为因梦而祀逐渐受到政治的影响，春秋时代梦的作用减弱，释梦由政治需求所决定，理性因素增强。

周代文化史方面，张闻玉《铜器历日研究》(广西师范大学出版社)研究西周历法，强调月相定点。范常喜《出土文献名物考》(中华书局)收录29篇文章，考证战国、秦汉简牍及周秦汉魏金石材料所见名物。严志斌《战国时期巴蜀文化双戈戟形符号的考察》(《四川文物》第3期)指出双戈戟形符号出现于战国中晚期，流行时间较短是对双戈戟的摹写，只见于铜剑与铜矛上，使用者有巴人，也有蜀人。巴蜀符号组合应该有文字的功能。

先秦学术史方面，赵伯雄《经史文存》(中华书局)收录作者论文31篇，集中讨论经学史与儒学问题，也涉及先秦史研究。研究先秦史著名学者的专著有两本：谢保成《郭沫若学术述论》(社会科学文献出版社)、周书灿《徐中舒史学研究》(科学出版社)。杨博《战国秦汉简帛所见的文献校理与典籍文明》(《中国社会科学》第9期)指出简帛所见的文献校理技能丰富多样。典籍文献的“同篇异制”“同卷异文”“复本多见”，简牍文书的钩校、合计、题示等文献校理形式以至汉初律典分门、别类、序次的整理，均显示出刘向等校理群书的现实渊源。孙闻博《“二重证据法”与王国维的史学实践》(《中国史研究动态》第2期)认为王国维“二重证据法”主要针对“疑古”提出，意在扩充史料，且与考古学仍关系密切。今天使用此方法，要注意“二重”的层次与界限把握。

秦汉史研究综述

于天宇*

2022年度，秦汉史研究成果丰硕。本年度，公布了较多的新史料，研究成果数量亦可观。政治制度史、出土文献与简帛研究仍为热点研究领域，社会史与文化史等研究呈现稳步推进的态势。因新冠肺炎疫情影响而数度推迟的中国秦汉史研究会第十六届国际学术研讨会，于10月中旬在桂林市成功举办，是秦汉史学界的年度大事。现将2022年秦汉史研究的学术成果和学术动态择要分述。

一、政治制度史

政治制度史研究依然是学界关注的重点，尤其是基层社会治理方面研究成果颇丰。注重宏观研究与微观分析相结合成为研究的一大亮点。

2022年度秦汉政治制度史研究的重点聚焦以下方面。

一是探讨基层社会演变与国家治理方式的关系。指出春秋战国以降的社会变革推动了国家在基层治理上的积极探索，国家在乡里社会建立了多系统、多元的行政管理网，对基层社会形成强有力控制。

二是总结秦汉乡里社会治理的特点。认为国家对乡里社会结构变化所带来的社会问题的治理、对宗族组织兴起的管控与治理等，体现了秦汉乡里社会治理的主要特点。

三是从不同角度对比秦汉两朝基层治理模式差异及其产生的影响。

（一）学术论文方面：卜宪群《秦汉乡里社会演变与国家治理的历史考察》（《中国社会科学》第3期）认为乡里是秦汉国家的社会基础，也是国家治理的重要对象。在四百多年的历程中，秦汉国家在乡里治理上多有创新，开了我国封建社会大一统中央集权国家乡里治理模式之先河。孙闻博《令史与秦及汉初的县乡行政》（《河北学刊》第3期）认为县乡行政呈现为县廷与作为诸官之一的乡之间的政务往来。而“廷—官”模式进入实际运作层面时，令史在县乡行政中发挥着重要作用。一方面，令史居于县廷之内，“直”曹审计乡官事务；另一方面，令史又常被外派至乡，监督县下的物资出入、商品买卖与业务处理。臧知

* 于天宇，中国社会科学院古代史研究所秦汉史研究室助理研究员，研究方向：秦汉史、军事史。

非《秦汉宗族政策与基层社会治理——兼论商鞅变法离散宗族的历史内涵》（《史学集刊》第1期）认为秦汉是中国统一王朝建立和大发展时期，是历代统一王朝基层社会治理理念、模式的奠基时期，宗族力量与国家力量经历了分与合、合与分的历史过程，直接影响着基层社会秩序与统一国家建立、分裂的历史变迁。陈侃理《秦汉里吏与基层统治》（《历史研究》第1期）在厘清"里吏"概念的基础上，通过对秦统一前后法律规定的比较，揭示了里父老担任者身份的变化及其所反映的社会变迁。单印飞《秦至汉初县行政机构设置辨析》（《中国史研究》第1期）通过对县廷内的曹和县廷外的官的考察，得出称曹者并不都是县廷内的列曹、称啬夫者未必都是官啬夫及县行政机构中存在层级之分的结论。边疆治理是秦汉时期的大问题，卜宪群、袁宝龙《秦汉边疆治理思想的演进历程、实践经验与教训》（《河北学刊》第1期）认为秦汉边疆治理思想继承了先秦以来夷夏之辨的历史文化传统，同时又充分彰显出大一统的时代特征，秦汉统治者对大一统精神的坚持、适度保证"因俗而治"的制度机动性，以及妥善处理好民族观念，是其取得成功的重要原因，对于当下之边疆治理亦具有重要的借鉴意义与参考价值。孙家洲《秦二世继位"迷案"新考》（《史学集刊》第1期）认为《秦二世元年文书》文本尽管是真实的，但是所述历史内容却不足以凭信。《史记》关于秦二世"继位"出于阴谋篡夺之说，应该是符合史实的。邹水杰《从虎溪山汉简〈计簿〉看汉初县属啬夫的分化》（《史学月刊》第4期）认为汉文帝之时，县属啬夫分化成了"有秩啬夫"和"斗食啬夫"，这是汉代官秩体系的重大变化。冉艳红《秦代行政体系中的里及其典、老》（《史学月刊》第11期）从秦代里的典、老关系和行政参与两方面来解释里在当时的行政体系及行政运作中究竟处于什么位置、发挥什么作用，以及里组织的性质问题。冉艳红《秦代乡里编组的形成：聚落设计与行政体制》（《中国历史地理论丛》第4辑）关注秦代乡—里编组的组成，兼论乡的政区化趋势。牛敬飞《东汉郊祀新论》（《社会科学战线》第2期）认为与王莽元始仪稍有不同，东汉更重视皇帝亲郊、合祭天地之礼，相对忽视二郊之别祀。薛小林《秦汉时期宴饮活动中的政治秩序与权力运作》（《中国史研究》第1期）认为秦汉时期，皇帝经常利用宴饮来构建皇帝权威、维护政治秩序，并规训臣民的服从意识。徐畅《东汉三国长沙临湘县的辖乡与分部——兼论县下分部的治理方式与县廷属吏构成》（《中国史研究》第4期）依据出土汉、吴简牍对长沙郡首县临湘辖乡与分部情况进行的研究，先借助统计手段，考证东汉、三国临湘辖乡的数量和名称、乡部属吏的设置；继而考察县下方位部的划分。王尔《光武"受命"与永平制礼》（《历史研究》第3期）以永平制礼为中心，通过其与现实政治关系的考察，揭示了东汉王朝在开创与继承之间探索的独特发展道路。刘自稳《秦代地方行政文书的形态——以里耶秦简为中心》（《文史哲》第5期）结合已公布里耶秦简的详细资料，全面梳理了其中所反映的秦代地方行政文书的形态。邓骏捷《试论汉文帝朝三大政治势力及其权力互动》（《中国人民大学学报》第 3 期）认为当时中央权力结构大体可分为文帝集团、权臣集团和文官群体三部分。文帝通过招揽和拉拢文官群体抗衡权臣集团，稳固和发展自己的政治势力。王绍东《西汉盐铁会议上的“过秦”与“道秦”》（《史学史研究》2011 年第 2 期）认为以桑弘羊为首的部分执政者一改汉代“过秦”的旧论，突破对秦朝历史“不敢道”的藩篱，在对秦朝历史的研究与评价上是有贡献、有突破的。陈光《简牍所见秦新地统治政策——兼论秦朝骤亡的原因》（《古代文明》第 3 期）认为秦在“故地”和“新地”实行了不同的统治政策，可能是导致秦骤亡的重要结构性原因。

（二）学术著作方面：陈苏镇《从未央宫到洛阳宫——两汉魏晋宫禁制度考论》（生活·读书·新知三联书店）对宫中各种机构分布、职责、权利及相互关系进行了深入探讨，系统揭示了该时期宫禁制度的演进线索，是古代皇宫制度研究领域的新突破。侯旭东《汉家的日常》（北京师范大学出版社）在政治史、制度史之外另辟蹊径，立足关系思维，聚焦两汉时期上自朝廷，下至临湘侯国、西北边地的候官与各地传舍运作的日常形态，为作者倡导开展的日常统治研究提供了一系列精彩个案。田丰《“孝宣情结”与东汉政治》（上海古籍出版社）认为汉宣帝中兴汉朝的幻景与汉朝难以复兴之现实的抵牾，使得“孝宣情结”从对王朝的归属与对治道的认同走向了更加纯粹的治道认同与异象比附。秦铁柱《西汉列侯》（九州出版社）从《汉书》列传中所收录的数百位列侯中选择了 37 位具有代表性的人物进行阐述，展现了西汉历史的全貌。既有惊心动魄的历史描写，又有鲜活生动的人物形象，兼具学术价值与历史价值。张燕蕊《汉代与孙吴国家基层管理手段比较研究：以出土简牍为中心》（华夏出版社）综合汉代及孙吴的大部分相关简牍，将它们进行各角度各层面的比较，对简牍中所反映的汉代至孙吴的社会状况进行更深层次的梳理。

二、经济史

2022 年度经济史研究除社会现象复原研究之外，田税的研究是一大亮点：凌文超《孙吴田租改制考》（《历史研究》第 4 期）尝试综合利用吴简与《三国志·吴书》等相关记载，一方面发掘孙吴田租制的独特性，探讨其在秦汉魏晋田租制变迁中的历史地位及影响；另一方面系统分析孙吴田租改制的整体情况，揭示其多变性，以期加深对三国政权经济基础的认识。李恒全、许欣《论秦汉田税征收方式及其变化过程》（《史学月刊》第 3 期）认为秦汉时期的田税征收，方式并无本质变化，东汉末曹操和孙权先后改变了田税的征收方式，由按实际产量征收的浮动税变成了定额税。魏振龙《汉代张掖郡肩水塞的仓储设置》（《文史》第 1 辑）以肩水塞为研究对象，考察其仓储设置详情，并借此重新审视汉代边塞屯戍机构中的仓储体系。杨怡《秦及汉初契券中的券书凭证——以简牍材料为中心》（《中国经济史研究》第 4 期）认为券书是秦汉时期一种信誉凭证，常见于买卖交易、借贷债务、抵押典当、罚款赔偿等经济活动。与民间相比，官府买卖交易具有公开性。民间借贷、官府间债务均有相应债书，官府常将其作为诉讼评判的重要依据。丁孟宇《中古中国的生产模式转型与国家治理形态变迁——以冶铁业为中心的考察》（《中国经济史研究》第5期）以冶铁业发展的过程及生产模式转型的特点为基础，重点分析了生产模式转型对国家治理形态变迁的影响。指出这一转型在中央政策、冶铁生产组织和基层个体与社会共同体行为三个层面引起国家治理形态分散化、地方化变迁。王子今《周秦汉时期关中的蚕桑业》（《中国农史》第2期）认为对关中地区蚕桑业生产规模和生产水准的考察，有益于全面认识当时经济发展的全局，对于丝绸之路史研究也有积极意义。

三、社会史

社会史研究呈现稳步发展态势。王子今《“亡秦”“逃秦”“避秦”“遁秦”：秦代人口流失现象》（《中国社会科学院大学学报》第3期）认为社会人口“亡秦”“逃秦”“避秦”“遁秦”等情形的普遍出现，可以看作秦王朝行政控制力严重削弱、社会动荡和政治危机发生的重要原因。王子今《〈史记〉“农”“农民”“农夫”身份论》（《西北大学学报（哲学社会科学版）》第5期）认为《史记》对“农”“农民”“农夫”的社会身份判定与历史表现记叙，对后世历史文献的写述方式与史学认识的基本理念有一定影响，同时也表现出鲜明的文化个性。凌文超《秦汉注籍身份异同论——以簿籍分类为前提》（《中国史研究》第1期）认为分类整理簿籍、辨析文书性质、判断男女身份之异同，是研究秦汉各类身份之内涵的基本前提。符奎《闾里化与自然性：秦汉聚落形态的演变》（《中国史研究》第2期）认为秦汉基层社会控制政策的差异是聚落形态闾里化与自然性特征产生的主要原因之一，而地理环境差异、风俗习惯不同等因素决定了聚落形态具有多样性特征。钟良灿《家国之间：秦汉时期的私家奴婢》（《史学月刊》第5期）认为私家奴婢处于主家与国家之间，其编户化与反编户化，直接影响着秦汉国家控制下的编户齐民的数量和质量。杨博《芮国墓葬与“周余民”族群的相关问题》（《殷都学刊》第3期）认为芮国墓葬在形制规模、随葬器用诸方面的等级差别，显示出西周晚期“礼制改革”之后周人遵行的礼制情况，也成为东迁后“周余民”所坚守的族群特性。董祯华《论秦及汉初的临时性供役方式“冗”》（《古代文明》第3期）认为“冗”这种供役方式很好地解决了事务性机关的吏员短缺问题，能够在短时期内给官府提供大量劳动力，同时也能够使事务性机构人员更为精简，减少政府开支，提高行政效率。张韶光《试论秦代小家庭背景下的吏卒涉丧问题》（《中国社会经济史研究》第1期）从吏卒死亡时归葬与吏卒亲属死亡时奔丧这两个问题入手，分析独立个体小家庭的兴起对吏卒涉丧问题的影响。王萍《简牍所见秦代徭戍程序考论》（《中国社会经济史研究》第2期）结合岳麓秦简《徭律》的相关内容及传世文献等，从徭戍的计划、徭戍的实施及徭戍的文书工作等三个方面，对秦代徭戍的具体程序进行研究。鲁西奇《喜——一个秦吏和他的世界》（北京日报出版社）、王准《战国秦代的乡里组织与地方社会：以简牍资料为中心的考察》（武汉大学出版社）以出土文献为中心，通过对战国秦代地方社会的乡里组织结构，乡里职官、行政，乡民义务，社会秩序，乡里生活形态等问题的研究，勾勒出国家和民众多重视野下战国秦代地方社会的不同面貌，揭示了战国到秦代、由分封制向郡县制演进背景下地方社会的变迁。刘尊志《物宜人和：考古学视角下的秦汉家庭》（上中下）（科学出版社）以秦汉考古资料为基本参考，结合文献等资料，运用考古学及相关的研究理论和方法，从多个方面对秦汉时期家庭进行了全面细致的研究和分析。从考古学的视角多维度地复原了秦汉时期家庭的内容、特征及内涵、外延，是秦汉社会生活考古的一项重要内容。白振奎《观风察政：汉代歌谣与政治的互动研究》（上海古籍出版社）以汉代民间时政类歌谣为研究对象，紧密围绕汉代国家治理模式“观风察政”而展开，通过对汉代歌谣的内容、功能、传播、艺术形式等方面全方位的探讨，阐明了汉代民间时政歌谣与汉代政治间的互动关系。

四、法制史

法制史的研究延续了以往与出土资料紧密结合的路径。齐继伟《简牍所见秦代“为不善”罪——兼述秦代法律与伦常秩序》（《史学月刊》第1期）认为“为不善”罪渗透着礼的精神，表现出森严的社会等级性和浓厚的家族伦理性。秦汉以后“为不善”罪的分类条目日益明细，周齐与隋唐时期的“重罪十条”以及“十恶”之罪名，当与其有一定的承续关系。陈侃理《弃市新探——兼谈汉晋间死刑的变迁》（《文史》第1辑）则尝试另辟蹊径，论证秦汉“弃市”的处死方式是“以锋刃割颈”。宋磊《秦汉律中的以爵抵罪非“官当”辨——兼论官爵法律特权的儒家化》（《古代文明》第3期）认为官当起源于秦这种观点只关注了直观上的爵的法律特权的普遍性，却忽视了不同官爵制度的法律特权之间的差异性。只有对官当的本质和官爵关系的发展历程进行全面准确的把握，才能对其成制时间作出正确的判定。姚琴《“与盗同法”与秦代官吏经济犯罪惩治》（《古代文明》第3期）认为从对官吏为盗、治狱官吏受财及新地吏受财的惩治中，可见“与盗同法”罪对“数罪从重”“官吏犯罪从重”两个原则的应用。这不仅证实了官吏的经济犯罪惩治要重于百姓的同等犯罪，同时也能反映秦法治吏的详密与灵活。陈伟《胡家草场汉简律典与汉文帝刑制改革》（《武汉大学学报（哲学社会科学版）》第2期）利用新出土的简牍资料，探究文帝刑制改革的原貌。张新超《院墙内外：秦汉时期关于住宅的法律规定》（《西南大学学报（社会科学版）》第2期）认为院墙在秦汉住宅法律中有特殊作用，是判定行为人是否违法的重要参考物。通过研究秦汉住宅法律文献，不仅可以丰富对秦汉法律和基层治理的认识，也有利于推进秦汉土地制度研究。海外成果方面，韩国淑明女子大学任仲爀《古代中国的统治机制与其设计者们——商鞅、秦始皇和汉高祖》（景仁出版社）是作者多年以来秦汉法制史方面的蒐集。

五、军事史

军事史研究成果仍然相对较少，但也出现部分佳作。宋杰《论秦、西汉国家“以关中制山东”的对内防御战略》（《军事历史研究》第 2 期）认为，“以关中制山东”的对内防御战略，仅在西汉获得成功，在秦、新莽时期却遭到完全的失败，至东汉初年被朝廷放弃。马俊亚《楚末潜营吴都与项刘部属考辨》（《中国史研究》第 2 期）认为刘项之争是楚国旧式武人集团与七国才智之士的对垒，而非泛泛的旧贵族与新兴地主的斗争。汉兴将相大多出身于社会中上层，真正的社会底层为数甚鲜。王子今《论“郦山徒”“授兵”：秦大型工程的军事化营作》（《秦汉研究论丛·秦史与秦文化研究专集》，西北大学出版社）认为，通过“郦山徒”“授兵”的历史记载，可以看出秦王朝大型土木工程的施工组织形式可能采用军事化管理体制。

六、思想文化史

2022 年度的秦汉思想与文化研究成果众多，涉及面较广。晋文《汉民族的形成及其民族意识》（《中国社会科学院大学学报》第 4 期）认为，秦汉时期的文化认同意识使炎帝和黄帝成为中华民族认同的共同先祖，这标志着各民族的进一步融合，汉民族已初步形成，并铸就了民族团结和国家统一的巨大凝聚力。陈侃理《如何定位秦代——两汉正统观的形成与确立》（《史学月刊》第 2 期）认为汉代的正统观主要表现在对秦的历史定位上，在守冢安排、纪年以及帝王称谓的变化中呈现出从无到有、从无意识到有意识的发展过程。田天《在县道与郡国：论秦及西汉宗庙制度的演进》（《史学月刊》第 10 期）以设置在县道与郡国的宗庙为线索，重新梳理秦与西汉宗庙发展的历程，并论证了宗庙制度与秦汉帝国形成之间的关系。刘尊志《崇神祭物与求吉辟邪——基于考古资料的汉代相关社会风俗探讨》（《南开学报（哲学社会科学版）》第 2 期）认为考古资料所体现的“崇神祭物”与“求吉辟邪”的社会风俗及其观念、内容等十分丰富，对研究汉代社会风俗乃至汉代社会均具有相应的参考价值。杨继承《生物分类与〈洪范五行传〉灾异体系的构建》（《文史》第 2 辑）全面利用战国秦汉时期的阴阳五行文献，梳理与生物有关的五行关联系统；同时充分发掘汉儒旧注旧说，尽可能展现《洪范五行传》中“五行”灾异体系的思想渊源，并揭示“五行”“五事”“皇极”与相关灾异类型配比的数术逻辑。徐建委《郑玄的出现：永元改革与汉代学术形态之变迁》（《文史哲》第1期）从汉王朝实际的行政决策、权力运作与学术发展之间的关系的视角对汉代学术形态之变迁进行了观察和分析。冯璇、游自勇《从项羽封王到汉家记忆：秦汉王号字数分等现象初探》（《首都师范大学学报（社会科学版）》第1期）以先秦两汉王号为中心，讨论王号字数分等的缘起，以及在汉代的沿革、变化。王齐洲《王莽奏立〈乐经〉管窥》（《中山大学学报（社会科学版）》第1期）认为王莽奏立《乐经》，既体现了王莽政治改革和文化改良的政教理念，也反映了王莽"制礼作乐"追迹周公的理想追求，这使古文经学被今文经学压制一个半世纪后获得突破性发展。杨博《出土简牍与西汉中期以前流传的"礼"书形态》（《中州学刊》第8期）认为出土简牍为西汉中期以前流传的"礼"书形态的探索提供了实物证据。西汉中期以前《仪礼》《礼记》诸种"礼"书文本形态的不均衡性，日渐由层出不穷的简牍典籍所揭示。宋艳萍《公羊学与汉代政治——由海昏侯墓所出〈春秋〉类简牍引发》（《东方论坛》第1期）认为海昏侯墓《春秋》类简牍，反映了西汉中期公羊学的发展状况，折射出公羊学与汉代政治的密切关系。蒋晓光《汉赋与汉代礼制》（中华书局）用礼制发展的脉络将现存的汉赋篇目串联起来，在两汉礼制构建、发展的宏阔历史文化语境中，将汉赋作为"礼—文"集合体来进行考察，通过对礼制与汉赋关系的研究，进一步揭示汉赋与制度互动的典型意义，并从新颖、独特的角度更为细致地呈现了汉赋发展的全貌。杨继刚《汉代鸿都门学研究》（人民出版社）着重于综合研究，将"鸿都门学"放置于汉末文学、政治的大背景下作全面客观的观察，通过对文学与儒学、文学与艺术、选举制度、政治斗争态势等方面的多维度考察，阐明了汉末世人对赋体文学、艺术的社会评价，对于从更深层次理解"鸿都门学"提出了新的观点。冯鹏《西汉经学与灾异思潮》（中华书局）以灾异思想为切入点，对于经学灾异思想何以会在西汉建立、经学灾异思潮缘何会在西汉爆发、经学灾异论造成了怎样的历史影响，以及如何评价灾异论氛围中的西汉儒学与儒生群体等问题也进行了系统的反思，并提出了一系列新的见解。王仁湘《南藩海昏侯》（生活·读书·新知三联书店）持续关注海昏侯墓的发掘与成果发布，采取历史文献记载与出土文物相结合的方法，通过对诸多物质文化传统（玉器、青铜器、货币、饮食）的研究，揭示了古人的信仰世界。李零主编《历史记忆与考古发现》（商务印书馆）结合文献与考古发现，聚焦秦汉时期重要的祭祀遗址、仪轨及其政治意义。海外成果方面主要有平泽步《汉代经学中五行说的变迁》（『漢代経学に於ける五行説の変遷』，汲古书院），水口拓寿《术数学研究的课题与方法》（『術數學研究の課題と方法』，汲古书院）。

七、历史地理

历史地理研究成果较为丰富。宋杰《三国的庐江战局与江北孤镇皖城》（《史学集刊》

第5期）认为皖城道路水陆相间，船只不能直航江淮；同时地处平川，无险可守，因此，只是作为吴魏相争的一个次要战场。徐卫民《自然环境因素影响下的秦长城修建》（《中原文化研究》第6期）认为秦人在修建长城时采用“因地制宜”“因材施修”的有效方法，充分利用当地的自然环境特征，取得事半功倍的良好效果。尚宇昌《“故塞”“故徼”的由来与秦并天下》（《中国边疆史地研究》第1期）认为秦代的“故塞”“故徼”是秦统一后初期的边界，是传统的“华夏”地区与“蛮夷”地区的分界线。不仅承担着军事防御、控制人员出入等边境职能，还发挥着“严夷夏之防”的现实作用。僧海霞《两汉之际“河西五郡”共同体的建构与解体——兼论金城郡的地缘关系》（《中国历史地理论丛》第1辑）认为“河西五郡”地域共同体的形成，是多区域结构性关联的结果。两汉之际人们对河西自然区地理界线认识的模糊，是金城郡被纳入“河西五郡”体系的直接原因，而窦融集团的政治需要则是其重要推动力。马孟龙《张家山汉简〈二年律令·秩律〉“酆”县考》（《中国历史地理论丛》第2辑）通过梳理今西安市渭河沿岸战国晚期至西汉初年的县级政区设置，指出秦国在渭水南岸设有豐（酆）县，即秦封泥所见“豐”“酆”。汉末流传“新豐”为刘邦仿建故乡“豐”的说法不可信，张家山汉简《二年律令·秩律》“酆”应为刘邦故乡。宋杰《三国军事地理与攻防战略》（中华书局）收录了近年写作的6篇专题，分别探讨了曹操在赤壁之役后的战略防御部署，蜀汉刘备与诸葛亮统治时期最高军政机构的演变，蜀魏战争中的武都，孙策攻占江东的经过与作战方略，孙权统治时期都城、兵力部署与主攻方向的变化等专题，并就当时经济区域、地形、水文及交通状况以及政治力量的分布态势对三国各方攻防路线与用兵策略所起的制约影响作了深入考察。邢义田《Google地球与秦汉长城》（三民书局）借Google地球，搭配前人的研究以及史书中的记载，考察出长城的经纬度，也找到许多以往研究及实地调查中未曾报道过的长城遗址，对今后的长城研究及考古发掘有所助益。书中使用了许多经纬度资料、空照图、地形图，以及数百张Google地球的截图，以图像及数据，带领读者一探秦汉长城的遗迹。海外成果方面主要有黄晓芬编集《古代东亚都市的构造与变迁》（『古代東アジア都市の構造と変遷』，同成社）。

八、民族史

民族史研究仍有进展。王子今《汉代中原的“胡毡”：民族文化交融的见证》（《中华文化论坛》第4期）认为对中原社会生活中“胡毡”的考察，可以深化丝绸之路史的研究，对于民族关系史和经济史、生活史，也可以增益新的知识。“胡毡”，可以作为中华民族共同体形成进程中体现积极意义的物证。蒙家原《从“夷狄之国”到“九州一隅”：秦汉时期巴地的华夏化》（《中华文化论坛》第4期）以秦汉时期巴地的华夏化为主题，通过梳理郡县制度、户籍制度、赋役制度和选官制度等一整套华夏式政治体系在巴地的建立过程，进而对秦汉时期巴地华夏化的具体状况展开详细考察。朱圣明《秦汉边民与“亡人”“蛮夷”的演生——以东北边塞为例》（《学术月刊》第 4 期）从对越塞所引致的族群身份变迁出发，考察边民越塞后的身份演生路径，并探究其背后动因和机制。张韶光《试析郡县制在秦南部蛮夷边地的实施》（《中央民族大学学报（哲学社会科学版）》第 1 期）认为随着统一国家的形成，时人世界观的变化，秦对边地不同民族的统治，一改先秦时期的羁縻政策，将边地民族地区纳入国家的统一管辖之中，将普通郡县的统治方式推行至边地民族地区，并通过逐渐渗透的方式，最终完全确立郡县制。史党社《秦与“戎狄”文化的关系研究》（上海古籍出版社）在理论思考基础上，从考古资料出发，结合文献、古文字资料，利用已有的研究成果，从宏观与微观两个方面对二者的关系史作了初步的重构。

九、科技史

王子今《论墨学技术理念与秦文化的关系——以“连弩”为标本》（《史学月刊》第 5 期）认为墨学之“秦墨”的社会存在和文化影响，可以通过有关“连弩”的考察从一个侧面有所说明。衣抚生《战国秦汉算术材料的跨学科研究》（光明日报出版社）提出两种整理出土算术文献文本的新方法；证明清华简《算表》有开平方功能；为简牍性质问题提供了新线索。

十、哲学史

田立刚、樊鹏飞《思辨性与实践性：秦汉时期的推类原则思想研究》（《西北大学学报（哲学社会科学版）》第 4 期）认为在秦汉时期，推类的方法仍然被思想家们广泛采用并深入研究，体现出鲜明的思辨性与实践性双重特征，既关注抽象的逻辑思维规律，也注重具体的政治伦理原则。

十一、文献整理与研究

随着新出土文献的不断整理公布，简帛研究仍为秦汉史研究领域内的热门话题，简牍文献的整理与研究工作也在不断深入。文献整理研究方面，仍以对传世文献的解读与考辨为重点，但注重利用新资料解决重大历史问题则是其中的亮点。

传世文献解读与考辨方面，程苏东《郑玄经学体系中的〈洪范五行传〉注》（《文史》第 2 辑）认为郑玄对《五行传》的阐释虽多有迂曲，但整体上可谓精巧细密，极大地提升了汉代《洪范》五行学的系统化和经学化水平。周金泰《许负故事所见相人术与文景政局书写——兼论历史故事的叙述本源》（《中国史研究》第 2 期）选取《史记》所载汉初女相师许负的相人故事为个案，着重讨论了其与文景政局书写的关系。认为许负故事产生于文景朝特定的政治语境中，并参与了文景之治的建构过程。杨振红《战国后期几场重要的战役与秦南阳郡的设立——兼论〈史记〉与〈战国策〉的关系及史料价值》（《中国史研究》第4期）认为《史记》中源于《战国策》的内容须加以严格辨析。孙晓、卜宪群《正史与〈今注本二十四史〉》（《中国社会科学评价》第2期）认为历史研究是一切社会科学的基础，二十四史是中国历史研究最基本的典籍。对这部典籍的系统整理，是中华文化传承的重要工作。池昌海《〈史记〉词汇研究》（浙江大学出版社）系统地对西汉史学家司马迁撰写的中国历史上首部纪传体通史、古代大型文献《史记》的词汇系统做了非常全面的调查和分析，归纳出具有认识价值的秦汉词汇的系统构成与特点，并在此基础上，对汉语词汇学，特别是古汉语词汇学的基本理论问题和方法作了衍生研究，具有较大的学术价值。朱露川《中国古代史书叙事的风格：从班荀二体到范袁二家》（社会科学文献出版社）立足中国史学上关于“叙事”之术语、概念、命题的提出与运用，以相互关联的四部史学名著《汉书》《汉纪》《后汉纪》《后汉书》为分析对象，从中国古代史学主干之皇朝史的叙事经验，窥探中国古代史书叙事重“事”、主“人”、寻“美”、用“意”之紧密结合的突出风格，揭示中国古代史书叙事之理论反思的路径和主流。王勇《宋刻〈汉书〉庆元本研究》（中华书局）在调查历代《汉书》版本研究情况的基础上，详细梳理了庆元本《汉书》的基本特征、版本关系、底本问题。卜宪群、周天游主持校注《今注本二十四史・后汉书》（中国社会科学出版社）对《后汉书》进行了大规模的校勘和注释。

出土文献整理研究方面，曹天江《〈岳麓书院藏秦简（肆）〉“县官上计执法”令文考释——兼论汉以前的“上计制度”》（《出土文献》第3期）认为通过调整、辨析《岳麓书院藏秦简（肆）》“县官上计执法”令文的句读和结构，解读其内涵，并参证其他简牍材料，可勾勒出秦县上计事务的面貌。王辉《简帛为臣居官类文献考论》（上海古籍出版社）主要研究对象是出土战国秦汉简帛材料中的为臣与居官的文献资料。杨小亮《五一广场东汉简牍册书复原研究》（中西书局）以长沙五一广场东汉简牍为研究对象，以原为册书但现已散乱然且保存较好的木质两行简为切入点，对其中部分册书进行复原研究，进一步揭示了五一简册书的基本面貌，为相关整理研究工作提供扎实可靠的册书文本和样例。蔡万进《简帛学论稿》（商务印书馆）既专注于中国境内出土的简牍帛书资料，亦涉及中国以外世界其他国家出土简牍的整理研究与国际合作；既关注东亚范围内汉文简牍的出土，亦留意我国古代民族文字简牍的价值与意义，具体研究实践与理论凝练提升并重，立足中国与全球视野并举，基本代表和反映了作者各时期简帛研究所取得的阶段性成果，以及长期以来从事简帛研究的学术心路历程，对推进当前我国简帛学的学科建设乃至国际简帛学体系的构建等具有一定的理论指导意义。黎明钊、刘天朗编《临湘社会的管治磐基：长沙五一广场东汉简牍探索》（生活·读书·新知三联书店）收录的十二篇论文皆以长沙五一广场东汉简牍为核心史料，分别从政治制度、司法案件、社会生活等层面，讨论东汉临湘县地方社会的日常运作。海外成果方面主要有韩国尹在硕主编《东亚木简总览》（包括韩国篇、中国篇、日本篇，共3卷6册，韩语版）（韩国周留城出版社）。

十二、名物研究

名物研究是近年兴起的学术热点，成果较多。如孙闻博《东汉熹平三年中尚方铁剑考——兼论中国古代的灌钢工艺》（《出土文献》第3期），汪桂海《秦汉官文书装具》（《出土文献》第3期），刘照建《汉代玉衣起源问题研究》（《考古》第5期），杨勇《云贵高原出土汉代铜钟研究》（《考古》第9期），王煜《重庆丰都东汉至蜀汉墓葬出土陶塑戴冠头像初探》（《江汉考古》第3期），蒋迎春《论汉代漆器的价格及其生产和贸易——从刘贺墓漆笥、漆盾铭文谈起》（《江汉考古》第4期），张小虎《秦简所见餟祭及其相关问题》（《江汉考古》第3期），冉万里、李明、赵占锐《咸阳成任墓地出土东汉金铜佛像研究》（《考古与文物》第1期），韩茗《东汉连弧纹镜相关问题研究》（《考古与文物》第4期），洪石《堂上置樽酒——论西汉两类漆酒具及相关问题》（《考古与文物》第1期），陈徐玮《汉长安城瓦当研究》（《考古学报》第1期），白云翔《汉代中韩交流的最新实物例证——韩国庆山阳地里汉镜及相关问题》（《文物》第1期），张玲、彭浩《湖北江陵凤凰山M168出土西汉"明衣裳"》（《文物》第6期），王楚宁《江西南昌西汉海昏侯刘贺墓出土"孔子镜屏"复原研究》（《文物》第3期），黄可佳《江西南昌西汉海昏侯刘贺墓出土丹画盾研究》（《文物》第3期），周博、王小琴《南昌汉代海昏侯国遗址博物馆藏西汉铜镜》（《文物》第3期），［美］侯格睿著，丁波译《青铜与竹简的世界：司马迁对历史的征服》（商务印书馆）等。

十三、形象史学

形象史学研究拓宽了传统史学的研究领域，使古人物质世界和精神生活的展现更为直观。

相关研究成果包括霍巍、齐广《四川地区汉代画像砖的排列、组合与意义》（《考古》第4期），梁轩《陕西靖边渠树壕东汉壁画墓天文图中的"星"与"象"》（《形象史学》2022春之卷），齐广《宫殿与墓葬传统的交融：东汉地上石人的起源与意义》（《形象史学》2022春之卷），胡文峻《汉代狮子雕刻——兼论"洛阳刘汉风格"及其外来师助》（《形象史学》2022夏之卷），姜生《鲁南汉儒对夏桀管叔之私见》（《形象史学》2022夏之卷），张雁勇、杨宇鲲《圣王与神仙：论汉代黄帝形象增衍的文化支点》（《形象史学》2022 夏之卷），练春海《汉代壁画的艺术考古研究》（科学出版社）等。

另外，东汉史研究呈现出采用专题的方式撰写断代史的特点。臧知非《刘秀“退功臣而进文吏”与东汉政治建设》、晋文《东汉光武帝的度田问题》、史党社《东汉时期的民族交融及历史启示》、凌文超《出土文献与东汉史研究》（均载《中国史研究动态》第 4 期）多角度、多层次地对东汉历史与文化进行了新的考释与论述。

此外，在出土文献专业集刊方面，《简帛研究》《简帛》《出土文献》《出土文献研究》《出土文献与古文字研究》《简牍学研究》等在本年度均有新刊。这些刊物发表的重要成果已成为本领域研究的重要参考文献。

总结

2022 年度的秦汉史研究，东汉史研究呈现出采用专题的方式撰写断代史的特点；政治制度史研究方面，基层社会治理方面研究成果颇丰，注重宏观研究与微观分析相结合成为研究的一大亮点；经济史研究除社会现象复原研究，田税的研究是一大亮点；思想与文化史研究、名物制度研究、形象史学研究成果丰硕；文献整理与研究，仍以对传世文献的解读与考辨为重点，但注重利用新资料解决重大历史问题则是其中的亮点。

魏晋南北朝史研究综述

戴卫红　刘　卓　章泽玮*

2022年的魏晋南北朝史研究，新视角层出、新成果丰硕。政治史和制度史一直受到重视，而且对其研究的方法和范式都进行了反思。在魏晋南北朝史的研究中，一般重北轻南，目前这一趋势并没有改变，之前不太受重视的十六国、北周史焕发新意。宗教史、图像史等也都方兴未艾，异彩纷呈。

魏晋南北朝史本是国际化程度比较深的断代史，在资料使用、讨论议题、交流方式等方面国际化趋势呈现得更加明显。刘安志主持的点校本二十四史修订本《周书》（中华书局）出版，新增校记三百一十九条，主要是据新出材料而增补新增的文献资料，其中就有日本所藏唐抄本《周书》卷一九残卷、日本静嘉堂文库藏南宋建安刊本《北史》（存八十一卷）等。国外著作，尤其是日本魏晋南北朝史研究成果的译介增多。川胜义雄《魏晋南北朝》（九州出版社）、川合安《南朝贵族制研究》（复旦大学出版社）中译本在2022年出版，日本学者关于"贵族制"研究的专著基本出版齐全，为今后的中日学界深入交流、反思解除了语言文本的限制。在《中外论坛》第2期"皇帝统治"专号中有4篇日本学者的论文被译介，林晓光翻译了越智重明的《宋孝武帝及其时代》，并译介了两篇关于越智重明的学术成果和观点的文章；肖承清翻译了川本芳昭《北魏迁都洛阳与孝文帝改革——关于孝文帝改革在中国史上的位置》。川本芳昭《魏晋南北朝时代的社会与国家》（复旦大学出版社）也被译成中文。李凭《北魏平城时代》也被翻译为日文，由日本京都大学出版社（2021）出版。

关于2022年研究成果的刊布，专业性杂志《中国魏晋南北朝史学会会刊》第三卷正式出版，武汉大学中国三至九世纪研究所主办的《魏晋南北朝隋唐史资料》第45、46辑出刊。《北朝研究》第十三辑出刊，共收录17篇专业论文，涉及北魏的君主继承制、财政与民族融合、地域文化、北朝碑刻、墓葬和壁画等。《中外论坛》第1期"地方政治"专号刊

* 戴卫红，中国社会科学院古代史研究所研究员，魏亚南北朝史研究室主任，研究方向：魏晋南北朝史、简帛学。

刘卓，厦门大学博士研究生，研究方向：秦汉魏晋南北朝史。

章泽玮，中国社会科学院大学历史学院博士研究生，研究方向：魏晋南北朝史，出土文献。

出的4篇专论中便有王安泰《十六国时期诸燕的地方行政制度与天下秩序》，姜望来《南北之间：东晋刘宋与北魏对峙时期之五岳归属与政治形势》。《新史学》第十四卷为“中古时代的知识信仰与地域”专号，共收入11篇论文，分为“知识的分类与利用”、“信仰与生命史”、“山林世界”、“认知南方”以及“北境族群与政治关系”五组，其中有6篇关于魏晋南北朝史研究。

一、对重要理论、研究范式反思和方法论创新的高度自觉

中日学者对贵族制、唐宋变革论的反思。日本学者柿沼阳平、饭山知保编著的《贵族与士大夫——青年学者眼中的中国史》（上海古籍出版社）以“贵族”与“士大夫”为线索，集中于中日唐宋变革论研究反思，并探讨跳出贵族及士大夫框架下获取新的时代认识的可能性。

对孙吴建国历程、东晋门阀政治等重要问题研究的反思。关于孙吴建国历程，唐长孺、田余庆等学术大家都有撰文论述。成祖明、张洪玮《孙吴立国的结构性矛盾与文治化转型》（《南京大学学报（哲学·人文科学·社会科学）》2021年第6期）指出孙吴政权的结构性矛盾在于军功集团尾大不掉威胁着政权的统治，但打击这一集团势必动摇国本，于是军功集团文治化转型遂成孙吴长期国策。王越《关系思维视角下的孙吴建国历程》（《史学集刊》第3期）从关系思维视角出发，指出孙吴建国历程即是孙吴君臣关系的形成过程。李文才《东晋“门阀政治”说献疑》（《江汉论坛》第1期）认为东晋社会的主要矛盾仍然是“皇权与吏民”的矛盾，故东晋仍是皇权政治时代，而非“门阀政治”时代。

历史书写、历史叙事的研究范式已为学者所熟知，从而运用自如。游自勇《“弃常为妖”：中古正史〈五行志〉的灾异书写》（《历史研究》第2期）指出魏晋以后正史《五行志》灾异书写基本遵循了《汉书·五行志》的叙述模式，异象在《五行志》语境下都会以各种方式被转化为“妖”象加以理解，经过经史家的重新解说与现实政治紧密联系起来，这是史家希望以此掌握对君臣警诫的话语权。胡胜源《帝纪微言：〈魏书〉北魏末诸帝的书写与东魏北齐正统性的建构》（《文史哲》第1期）、《党派之争与颜之推的历史书写》（《社会科学战线》第6期）两文从历史书写的视角审视了北朝的正统性建构和党派之争。胡颀《裨史之阙——〈西京杂记〉中的记忆断片与历史书写》（《清华中文学报》第26期）、黄一明《历史书写的显与隐：〈陈书〉所见陈初皇位继承考论》（《中国文化》上卷）以历史书写的角度对两书中的内容记载进行分析。王倩《“天命”与“不死”：南北朝皇族神话叙事体系》（《贵州社会科学》第5期）认为“天命”和“不死”共同建构了作为共同体的南北朝皇族神话。岡田和一郎、永田拓治编《何为汉朝》（『漢とは何か』，东方书店）分析了汉唐间每个朝代的汉朝形象，进而揭示了汉朝是如何被认识和规范的。

二、十六国北朝、南朝史研究

关于十六国时期的史料流传少，研究难度大，但学者们仍然孜孜不倦，追求新成果。尹波涛《后秦史》（社会科学文献出版社）出版，该书主要叙述后秦政权的历史，包括“建国前史”、“建立与兴盛”、“衰落与灭亡”及“政权结构”四个部分。李磊《永嘉之乱后汉国的权力结构及其变化——从后宫、前朝的联动到内朝、外朝的对立》（《苏州大学学报（哲学社会科学版）》第1期）、《后赵政权建构中的路线冲突与政治危机——兼论十六国建政与延祚的内在困境》（《社会科学战线》2021年第12期）、《中华体制下匈奴政治传统的延续与发展——以匈奴汉国的政治模式为中心》（《西南民族大学学报（人文社会科学版）》第9期）系列论文着眼于十六国之匈奴汉、后赵的权力结构及其变化、政治模式等，认为王国及王朝体制与匈奴传统并非对立关系，汉国权力体制正是二者相融合的结果。宋祖雄、薛海波《石虎夺权、冉闵之乱与后赵灭亡新论》（《内蒙古社会科学》第4期）、桑东辉《五胡政权对儒家文化的认知与接受——以后燕君臣关于儒圣和忠德的讨论为例》（《河南社会科学》第2期）、岳凯峰《“五胡次序”与“自造正统”：十六国政权的玉玺之争》（《咸阳师范学院学报》第1期）、范英杰《西凉亡国梦谶新解》（《历史文献研究》第1期）分别论及五胡十六国的政治史、思想观念等。

北魏史仍是学者们用力甚多的时段。胡克森《北魏在中华文明连续发展链条中的地位研究》（中国社会科学出版社）收录的7篇文章展现了北魏在中华文明连续发展链条中的重要地位。张文平《北魏六镇新论》（《魏晋南北朝隋唐史资料》第45辑，上海古籍出版社）辨析了北魏六镇军事防御体系变化的四个阶段。春本秀雄《图谶与北魏废佛——李弘、刘洁、盖吴的图谶之祸》（『図讖と北魏の廃仏について——李弘と劉潔・蓋呉の図讖禍』，『大正大學研究紀要』第107期）探讨了太武帝时期图谶流行与禁绝的历史、图谶与谣言的关系。廖基添《对〈魏书〉所记北魏开国史真实性的质疑》（《史学月刊》2021年第12期）、黄桢《论北魏孝文帝太和十八年之北巡》（《文史》第2辑）、陈超《权力、价值与信仰：北魏宣武帝高皇后出家事件探析》（《宗教学研究》第3期）、陆帅《北魏中后期的青齐地方社会——以“土民”的分化、对立问题为中心》（《中国区域文化研究》第1期）对北魏史中的重要问题进行了论证。

北周是南北朝隋唐历史发展进程中一个十分重要的王朝，诚如周一良先生所指出：“宇文周为我国南北朝隋唐间承上启下之一大枢纽，时代虽暂，而影响于后代之政治社会各方面者綦巨。”刘安志主持修订《周书》出版，之后在“上海书评”发表了一组文章，包括刘安志《谈〈周书〉的编纂、点校与修订》（11月27日）、刘学《〈周书〉点校本出版拾零》（11月28日）、薛海波《“关陇集团”理论与西魏北周史研究的反思》（11月29日）、王丹

《南北争胜与经国致用——北朝文学时代的书写视野》（11 月 30 日）、陈悦新《璀璨瑰宝异彩纷呈——西魏北周的石窟寺艺术》（12 月 1 日）、林一翀《西魏北周墓志中的被隐诛者》《西魏北周墓志中的“边缘人”》（12 月 2 日）、方圆《“汪汪何殊净土”——周武帝思想统一运动》（12 月 3 日），形成井喷之势。另外，胡胜源《反宇文护联盟的集结与离析——北周明帝朝的潜流》（《许昌学院学报》第 1 期）指出北周明帝亲政不过一年四个月，却不动声色地笼络人才、培植亲信，组织了一个以己为核心、旧魏室一党为羽翼的反宇文护联盟，令宇文护忌惮万分，最终不得不毒杀明帝，瓦解联盟。此外，学者对西魏北周的“大诰体”较为关注。庄芸《西魏北周“大诰体”兴废考论》（《北京大学学报（哲学社会科学版）》第 2 期）指出西魏大统年间奏行的《大诰》是模仿《尚书》文体改革官文书，试图改造秦汉以来突显皇帝权威的“王言”传统，实践宇文泰霸府权力话语的构建，后为宇文护全面继承，最终被明帝废止，从中可见西魏北周长期存在的帝室与霸府权力之争。王丹《苏绰〈大诰〉书写与西魏政权更替》（《民族文学研究》第 4 期）指出“大诰体”为宇文泰集团提供了撰写礼仪文书的捷径，亦标志着新的文化话语权的建立。

南朝虽然偏安，却在文化、制度的传承方面有重要的作用，学界关于南朝的研究也有较大进展。吉川忠夫《刘裕：江南英雄宋武帝》（『劉裕：江南の英雄宋の武帝』，法藏館）对刘裕进行了详细的考察。李磊《门阀政治传统与陈朝的王朝建构》（《历史教学问题》第 6 期）指出陈朝成立于“天下分崩”之际，政权性质与东晋、宋、齐、梁有别，但陈霸先及其后继者仍然延续门阀体制。李浩搏《陈霸先东讨三吴与建康抗齐》（《绍兴文理学院学报》第 5 期）指出陈霸先两次击败北齐与东讨三吴有着密切关系，东讨三吴的关键在于取得“三吴之路”，使得齐军难以进入江南腹地，也为建康提供了稳定的后方粮源地。崔永强《陈太建中甘露符瑞发微》（《魏晋南北朝隋唐史资料》第 45 辑，上海古籍出版社）指出南朝的符瑞处理流程与前代基本相同，在延续汉魏以来符瑞传统的同时也有所发展，梁、陈之时出现了分赐瑞物的情况。除了上述考察个别政权的文章外，林郁迢《禅让与贰臣：南朝四史的政治论述与道德价值》（辅仁大学出版社）探讨了四位贰臣史官沈约、萧子显、以及姚察、姚思廉父子如何在南朝四史中诠释及评价贰臣行为，甚而如何记录政权转移、改朝换代，美其名谓之“禅代”的过程。庞博《“叙资”与“带禄”：两晋南朝郡县守令的两种品位功能及其消长》（《社会科学》第 12 期）探索两晋南朝郡县守令品位功能自“叙资”至“带禄”的转变，并指出两者的消长过程并非孤立，守令“带禄”功能的高涨进一步触发了其本身“叙资”功能的低落，也使得原本出自军事考量的僚佐带督府下辖守令、在京官员遥带守令这两类制度现象，在南朝演变为官员“带禄”的重要方式，且守令职位之上的品位功能消长，还影响了南朝十八班的官阶面貌。孙雅洁、尚永亮《南朝贬官之时空分布及“北奔”现象》（《江汉论坛》第 1 期）着眼于南朝整体，考察共性，指出南朝贬官具有贵族之贬的总体特征，以齐梁之际为转折点，贬官数量明显下降，且贬官主要集中在江南、岭南、东南一带，并进一步揭示了贬谪制度之施行与国家政治之兴衰间的同步关系。川手翔生《关于六朝岭南统治者评价的考察：以士燮、赵妪、陶璜、李贲事例所见》（『六朝期の嶺南統治者・指導者への評価に関する一考察：士燮・趙嫗・陶璜・李賁の事例から見た』，『東洋文化研究』第23期）以六朝岭南地区的实际统治者士燮、赵妪、陶璜、李贲为研究对象，考察了他们古今形象的评价差异和变迁，进而探究越南自立的认同感。杨雅婷、王铿《论晋末南朝时期的“岭南之弊”》（《中南大学学报（社会科学版）》第2期）则指出晋末南朝时期岭南官吏贪墨盛行，从主政者对“岭南之弊”的处理中，可以看到帝制时代皇权与官僚权力既相互依存又相互钳制的共生关系，岭南地域自身的发展程度、政治形势、为政风气、国家财政情况，则是影响主政者对“岭南之弊”态度的重要因素。

三、制度史研究方兴未艾，兼有新意之作

陈苏镇《从未央宫到洛阳宫：两汉魏晋宫禁制度考论》（生活·读书·新知三联书店）充分利用最新考古研究成果和历史、经学文献中的相关资料，探讨了西汉未央宫、东汉南北宫、魏晋洛阳宫的形制格局、主要建筑、机构分布等问题，揭示了汉晋时期宫禁制度的演进线索。官品制度研究仍有新见，周文俊《魏晋南朝官品与官资制度秩序研究》（高等教育出版社）系统辨析了官品的建构原理、体制渊源、文本形态、制度过程。杨鑫《梁陈官品中“不言秩”的品位意义》（《唐都学刊》第2期）指出“不言秩”这一特殊的秩级安排是梁武帝秩级改革的产物，目的在于协调秩级与官品之间的矛盾，而与官职是否有朝廷发放的俸禄并无直接的对应关系。张鹤泉本年度出版了四部专著：《秦汉史论稿》《魏晋南北朝史论稿》《魏晋南北朝将军制与都督制论稿》《北朝封爵制度论稿》（长春出版社），对秦汉魏晋南北朝官制、礼制、区域、兵制等进行了全面的考察。李正君《两晋南朝中央监察体制监督范围探讨》（《历史教学（下半月刊）》第8期）从三个维度对两晋南朝监察体制的监督范围进行了考察，指出两晋南朝监察制度日趋完备，然而在六朝门阀政治的背景下，监察效能难以充分发挥。

四、知识·思想·宗教

“知识史”作为一个课题，深入研究者的视野。6月17—18日，由中山大学历史学系等主办的“知识的生产、交流与媒介”工作坊，以知识为切入点，从历史、思想、文学、语言、哲学等不同层面理解与探讨“知域”和“地域”复合视域下的“亚洲”。滨下武志的《亚细亚知识再思考——知识的空间：地域与知域》讨论了不同历史时期媒介与知识生产、

交流的关系，知识交流的机制与秩序格局以及知识史研究中的人与群体等。韩国成均馆大学金庆浩的《汉晋时期知识、情报的交流及东亚秩序》以东亚范围内的出土文献和书目为史料，说明战国到魏晋时期书籍普及率的大幅增长，这种书籍的普及不仅限于中国内部，还传播至周边各国。戴卫红的《三至九世纪东亚知识的交流与大写数字的使用》由大写数字在古代中国、日本和百济新罗社会中的使用情况，探讨了知识在东亚的传播和使用。

学者们关注玄学对整个魏晋六朝思想的影响，并对与玄学相关的魏晋名士进行了深入研究。肖能《魏晋名士志》（学林出版社）选取28位具有代表性的魏晋名士，勾勒出了整个时代的“风流谱系”。袁晶《漏船载酒：“言意之辨”与魏晋六朝思想学术研究》（上海人民出版社）由“言意之辨”洞见魏晋名士在本体论、认识论和人生哲学等方面的一系列矛盾和冲突。王云飞《魏晋南北朝十二家〈论语〉注研究》（中国社会科学出版社）以魏晋玄学影响下的十二家《论语》注残篇为研究对象，充分挖掘这些残篇在中国思想史中的重要价值和意义。玄学方面，主要集中在对王弼思想的研究，此外，还有关于嵇康、阮籍、皇侃、谢灵运等人的研究。王晓毅《嵇康传》（上海古籍出版社）融知识、感悟、体验于一体，系统性地还原了嵇康的生命历程与思想道路，深入分析了魏晋这个禁锢与纵欲并存、醉意与清醒共处的特殊时代。

佛教方面，2021年5月，考古工作者在陕西咸阳成任村一座东汉晚期墓中发现了两件金铜佛像。发掘者和部分学者认为，这两件金铜佛像是墓葬本身的随葬品，因而是目前国内考古出土年代最早的金铜佛像，也是年代最早的独立佛像。姚崇新《关于咸阳成任东汉墓出土金铜佛像的几个问题》（《文博学刊》第2期）从各种证据综合分析判断，这两件造像既不是年代最早的金铜佛像，也不是年代最早的独立佛像，应属十六国时期的作品，系十六国时期的盗墓者的遗留物。2月下旬，陕西省考古研究院与加州大学洛杉矶分校针对这两件佛像联合举办了“发现中国最早的金铜佛像”线上研讨会，有十余位中外学者参加，观点仍有分歧。

学者们对北魏僧官、平城时代佛教发展、寺院经济、佛刹修建、进行了探讨考察；对部分重要的佛教史人物及其思想进行了总结；比丘尼研究逐渐与妇女史、社会史等领域相结合；还从佛教故事、佛教思想、佛教文献中索隐发微，勾勒出中古佛教发展的侧面。孙英刚《中古政治史上的月光童子》（《中国史研究》第1期）、夏德美《佛教平等思想与南北朝社会观念变迁》（《世界宗教研究》第2期）透过南北朝时期重要的政治、文化和宗教事件，勾画出佛教平等思想影响社会观念变迁的具体细节和曲折历程。另有对《高僧传》研究的著作，刘学军《张力与典范：慧皎〈高僧传〉书写研究》（商务印书馆）探讨了中古僧传书写的系统性特征，从一个全新角度诠释和思考了“佛教中国化”的命题。姜望来《从天安寺到永宁寺：刘宋、北魏皇家大寺与南北形势》（《中国史研究》第3期）、《名僧入史与佛教中国化——〈宋书·夷蛮传〉所附四僧传考论》（《佛学研究》第 1 期）从寺庙建筑、四僧传探讨了刘宋时代佛教中国化。柿沼阳平《魏晋南北朝时期的佛教与剃发》（『魏晋南北朝時代における仏教と剃髪』，『東洋学報』第 104 卷第 2 期）、《魏晋南北朝时代的佛僧与商人》（『魏晋南北朝時代の佛僧と商人』，『東方學』第 144 卷）考察了有关佛教剃发的争论以及僧人与商人的关系。南朝佛教研究出现了代表性的著作。李猛《齐梁皇室的佛教信仰与撰述》（中华书局）以齐梁皇室的佛教活动与相关撰述为主要线索，深入讨论了齐梁时期的佛教、佛教影响下的士人思想变迁与诗文创作，以及内外典籍编撰等诸多领域的问题。

南北朝时期造像碑的研究成果不断涌现。陈志远《中古佛教造像碑铭整理方法刍议》（《中外论坛》第 3 期）检讨了近年出版的七种大型录文集体例得失，进一步提出了编订造像记综合目录的若干方法和原则。王连龙、黄志明《南北朝造像记著录源流述略》（《形象史学》秋之卷）呼吁加强南北朝造像记的基础整理，并建立南北朝造像记研究体系。

道教方面，学者们主要在三教交涉的背景下展开相关研究。韩吉绍《我命在我——道教科技史探索》（上海古籍出版社）注重历史学、科技史和宗教学的跨学科交叉研究，对道教科技史的诸多问题的探讨都具有相当的前瞻性和创新性。孙齐《中古道教碑刻概述》（《中国魏晋南北朝史学会会刊》第三卷）指出相比《道藏》经典而言，碑刻材料更能体现基层道教活动的实态以及地域和时间的差异，更能反映出中古道教的变迁，但碑刻材料也有许多缺陷，多是偶然存留的历史碎片，缺乏完善的汇聚和整理，故对于它们的研究，还要从仪式史、图像史等不同角度进行处理。李龢書《晋唐道教的发展与三教交流》（『晉唐道教の展開と三教交渉』，汲古書院）将当时的历史背景、儒、道、佛三教的交涉情况等纳入视野进行考察，围绕重玄思想的成立、佛教般若学对道教思想的影响、“三清”信仰体系的形成、北朝时期道教的展开、三教交涉等问题，分析了魏晋南北朝隋唐时期道教的形成过程及其思想的展开。唐普《中古时代阆中石室与地方道教》（《魏晋南北朝隋唐史资料》第 45 辑，上海古籍出版社）指出当地天师道家族何氏、侯氏保持家族修道传统，在南齐和唐代又进入道观修道，呈现了家庭奉道与道观修道的反复过程。

民间信仰，学者们关注某些历史人物在后代形象的演变。荷兰学者田海《关羽：由凡入神的历史与想象》（新星出版社）从时间和空间两个维度追溯了关公崇拜的历史性演变。

五、家族·身份·社会

魏晋南北朝时期出现了门阀政治的特殊政治形态，由此引发了学者们对家族、出身、婚姻和地域认同等问题的思考。马建红《中古京兆韦氏的变迁》（商务印书馆）对中古世家大族京兆韦氏从汉代到唐末五代的历史变迁进行了系统考察。传统文献与墓志等石刻材料相结合，成为研究家族史的基本方法。吴庆、刘孝珍《北魏时期“齐地”侨流豪族与区域社会变迁——以武威贾氏为例》（《山东理工大学学报（社会科学版）》第3期）、沈国光《〈东魏赫连明墓志〉考释——兼论北朝至唐赫连氏的发展》（《河北师范大学学报（哲学社会科学版）》第3期）、南泽《尉氏家族墓志研究》（《书法研究》第1期）、李忠魁《北朝尉景一支家族世系及其相关问题考述——以〈尉茂墓志〉〈尉州墓志〉等为例》（《云冈研究》第2期）丁宏武、刘伟强《新出北周刘义夫妇墓碑墓志考释》（《甘肃社会科学》第1期）聚焦了出土墓志，对齐地的武威贾氏、大夏灭亡后赫连氏、北齐尉氏、北周苑川刘氏家族进行了深入的分析，从而探讨了家族与区域社会的深层次变迁。吕春盛《“吴人”与“南人”：六朝时期地域意识转变之考察》（《台湾师大历史学报》第66期）探析了“吴人”与“南人”人群称呼的变化背后隐含的复杂的政治社会情境。洪斌《六朝的“伧”》（《南京晓庄学院学报》第4期）在探析六朝时期的“伧”有多种语义及其变化的基础上，分析了建康人群与江北人群之间的区分。

六、民族史

近年来，不少学者对民族史研究中的一些术语进行了反思，倾向于用“王化”“华化”“华夏化”等词语代替传统的“汉化”，本年度中外学者围绕这一问题继续进行了探讨。石硕《胡入中华：“中华”一词的产生及开放性特点——东晋南北朝至隋唐胡汉融合与“中华”词意嬗变》（《清华大学学报（哲学社会科学版）》第4期）从胡汉交融的视角分析了“中华”一词的产生与词意嬗变。堀内淳一《“华化”与“汉化”：从北魏孝文帝改革谈起》（『“華化”と“漢化”：北魏孝文帝の改革から』，『東洋文化研究』第23期）指出“汉化政策”并非史料用语，在非常长的一段时间内，孝文帝的政策都是用“用夏变夷”这个词来表示的，大概在1944年，“汉化政策”才逐渐更替了“用夏变夷”，文中揭示了“汉化”一词的背后有某种结构性的东西，使得我们在当今时代不由自主地去使用它。

近年来在中古民族史领域成绩突出的胡鸿，在论文《族群分类的史相与史实——以〈宋书〉对“蛮”的分类为中心》（《新史学》第十四卷）中，以《宋书·夷蛮传》为线索，对汉代以来南方对蛮族的认知和书写进行了细致的梳理，廓清了以往的诸多误解。近年来简牍资料的出土释读以及对传世文献的解析，无疑是使“南蛮”“蛮”研究重获生机的重要契机，而族群理论下“华夏化”的研究视角也使得这一研究展示出了与之前不同的面貌，王万隽《“南蛮”或“蛮”？“蛮夷”或“夷”？——中国古代长江中游非华夏族群称号与族群知识的演变》（《中国中古史研究》第九卷）对中国古代长江中游非华夏族群称号进行了梳理；周能俊《孙吴荆州的“王化”与“蛮化”析论——从吴简所见“叛走”现象谈起》（《华中国学》第14卷）指出，吴简所见“叛走”现象是孙吴国家临时征役过于繁重的反映，“叛走”后的居民易于融入非汉民族群体，从而被“蛮化”，孙吴政权则利用武力等手段使之出山附籍，推动“王化”的实现，不过“王化”与“蛮化”存在反复的拉锯。崔明德、王硕《南朝对诸“蛮”的认识及治理方式》（《湖北民族大学学报（哲学社会科学版）》第1期）一文指出南朝对诸“蛮”的认识与治理方式，既有浓重的功利性色彩，又在发展变化过程中趋于理性，武力因素减少而人文关怀增加，这种趋势使南方诸族的反抗情绪逐渐降低，互相认同、相互合作的意识逐步强化。

北方民族的研究依旧是民族史研究的热点。周伟洲《敕勒与柔然》（商务印书馆）、罗新《内亚渊源：中古北族名号研究》（社会科学文献出版社）两书都出版了增订本。安仕博《前秦民族政策与统一政权建构研究》（《长江师范学院学报》第3期）指出苻坚采取的徙豪酋杂夷于关中、崇儒修教、笼络汉官、恩抚各族首领等措施有利于维护政权的统一，但是其氐本位政策以及难服众心等痼疾，在日久之弊、有限获益和儒法悖论的深层影响下，使苻坚“混同六合”的理想最终陨灭。郭硕《拓跋氏“代王”号兴废考论》（《烟台大学学报（哲学社会科学版）》第3期）考证了拓跋氏“代王”号兴废的复杂过程，指出在十六国时期，拓跋氏并没有以“代王国”的形态稳定存在，猗卢死后“代王”号一度被拓跋氏废置，在臣服石赵的背景下，拓跋氏还可能使用过“上洛公”这一与“代王”性质类似的称号，“代王”废置背后的史事不见于《魏书》，是由于与北朝的正统观不相符合而被北魏史官删芟。小野響《大单于的复活与消亡：魏晋南北朝时代的“单于”》（『大单于の復活と消滅：魏晉南北朝時代における「单于」』，『集刊東洋学』第127卷）考察了魏晋南北朝时期的“单于”称号。李磊《北魏民族融合中的江南认同》（《人民论坛》第5期）指出孝文帝的文教改革以江南文化为标尺，起到了缝合内部分歧、确立改革目标的重要作用，借由改革所建的门阀体制，促成了鲜卑贵族与汉人士族的精神融合，江南认同由此成为北魏民族融合的重要观念基础。宋艳梅《十六国北朝的正统建构与中华民族共同体的演进》（《民族论坛》第2期）指出十六国北朝的正统建构，打开了汉人接受非汉政权的突破口，推动“大一统”成为各民族的共同期待，推动各民族融合成了一个全新的民族或族群，为中华民族多元一体的自在发展奠定了坚实基础。董义强《中华民族共同体视域下的北朝黄帝祖源记忆建构与认同》（《西北民族大学学报（哲学社会科学版）》第5期）一文指出北朝晚期黄帝祖源记忆已超越单纯的“攀附”内涵，成为“天下一家”四裔各族共享的集体记忆，这种记忆更深层次地体现了中华民族共同体意识潜在的情感价值与文化凝聚力。

刘森垚《分流与冲突：中古达奚氏源流考述》（《中央民族大学学报（哲学社会科学版）》第1期）指出中古时期达奚氏经历了“由胡到汉、由武入文、由北向南、由贵变庶”的发展脉络，正是这一时期多民族汇聚与融合、新的共同体“钟摆式”凝聚的一个例证。冯立君《中古辽西所见胡汉互动与交融》（《中央民族大学学报（哲学社会科学版）》第3

期）梳理了秦汉魏晋南北朝时期辽西地区的北方民族与中央的政治互动，指出鲜卑诸政治体传承了一种带有“辽西烙印”的政治遗产，促进了辽西对中原与东北的联通，映射出中古胡汉统一与融合的历史脉络。王石雨《高车诸族称来源及关系探析》（《内蒙古社会科学》第3期）针对高车一族，分析了敕勒、高车、丁零三个名称的区别与联系。蔡丹君《〈洛阳伽蓝记〉都城书写的多民族思想文化特质》（《民族文学研究》第4期）指出《洛阳伽蓝记》采用了“剪辑”末世侧影来进行实录的书写策略，以传说人物穿梭于古今洛阳，实现了对都城地理和人文空间的多维建构，展开了多民族的历史对话，这种书写策略不仅关注上层权力，也全景式地歌颂多民族聚居与融合状态中的都城日常生活与城市文明，超越了唯歌颂皇权正统的都城书写传统。

崔明德等对民族政策、民族认同、胡汉交融、大一统思想等问题进行了系列的深入探讨。《南齐民族关系思想述论》（《东方论坛》第4期）一文指出南齐民族关系思想具有承上启下的历史地位，并具有三个特点：一是以儒家思想为指导方针，二是以妥协让步为重要准则，三是以和平和好为基本目标。《十六国时期各民族共创中华的形式及路径》（《西北民族研究》第2期）一文指出十六国时期各民族共创中华主要有六种形式、三种路径，并指出各民族本为一家的族源认同，各美其美、美美与共的文化认同，统一的多民族国家的政治认同，是十六国时期各民族共创中华的三大认同基础。《西魏北周时期处理民族关系的政策和实践》（《民族研究》第4期）一文指出西魏北周时期处理民族关系的政策和实践具有四个特点：儒家思想是主要思想来源，“和”是处理民族关系的核心理念，“抚”是处理民族关系的重要方式，以及善于从多方关系思考和处理民族关系。《论范晔的“大一统”思想》（《北方民族大学学报》第3期）一文指出范晔的大一统思想的形成既受到晋宋更迭与南北对峙的时代影响，又受到司马迁、班固思想的影响，进而促进了刘宋大一统思想的形成，其中蕴含着朴素的中华民族共同体意识，对促进统一的多民族国家的巩固、中华民族大团结具有理论价值和现实意义。

七、军事·历史地理·中外交流

军事史的研究主要集中在各政权分立时期，涉及西晋统一战争、南北对立时期军事冲突等。朱子彦《晋武帝延缓灭吴之因辨析》（《史学集刊》第3期）指出西晋之所以延缓灭吴，至少面临着四大问题：一是以贾充为代表的反对派力量十分强大，二是秦凉之变迫使西晋投入大量的人力、物力和财力来平叛，三是疫病大流行导致人口大量死亡，四是缺少水军和战船。李永生《度支校尉与西晋军粮转运制度》（《江西社会科学》第3期）指出度支校尉产生于曹魏时期，在西晋时期发生了一些变化，杜预制定了一种由度支尚书领导、度支校尉执行的军粮转运制度，该制度在平吴之战中发挥了重要作用，并成为西晋掌控地方资源、加强中央财政的一种手段。汪舒桐《论太建北伐陈与北齐在淮南的攻守——兼释“他家物，从他去”》（《安徽史学》第1期）指出太建北伐中，陈军展现出严密的战略部署，而北齐的军事指挥混乱、地方军与中央援军合作不协，这是其失败的主要原因，此外，韩长鸾的“他家物，从他去”一语反映出陈与北齐虽然长时间划江而治，但双方在心理上的分界线仍是淮河。李广洁《北朝时期太行山的战略地位》（《山西大同大学学报（社会科学版）》第1期）指出，从地理区位来讲，北魏、东魏、北齐180多年的历史，主要是以太行山为轴线展开的，具体到太行山的军事地理来看，是以北制南、以西制东。刘勇《周壁摩崖造像题记考——东魏北齐与西魏北周河东争夺战的实证》（《许昌学院学报》第4期）指出周壁摩崖造像题记是目前发现的唯一记述东魏北齐、西魏北周边境冲突的实物石刻史料，内容涉及两次边境冲突中的地方豪强、双方军事力量调动、冲突过程等历史细节，经与文献互证考释，极具研究价值。

在著作方面，宋杰有两部作品出版《三国军事地理与攻防战略》（中华书局）以及《中国古代战争的地理枢纽》（北京科学技术出版社）。前书探讨了曹操、刘备、孙权三方在赤壁之役后的战略防御部署，就当时经济区域、地形、水文及交通状况以及政治力量的分布态势对三国各方攻防路线与用兵策略所起的制约作用作了深入考察。后书对中国古代战争的策略、部署、路线等做了全面系统的研究，并以中国历史发展脉络为主线，研讨各个时期兵家要地的转移情况，剖析其中的社会背景与原因。鲁力《魏晋南北朝方镇年表新编（汉季魏晋卷）》（上海古籍出版社）编写了《汉季方镇年表》《魏方镇年表》《西晋方镇年表》《东晋方镇年表》，有助于对魏晋南北朝地方行政区划、地方行政制度及中央与地方的关系等问题进行研究。

学者考察了魏晋南北朝时期西北边疆的治理以及中外交流。霍巍《梁元帝〈职贡图〉与“西戎”诸国》（《民族研究》第4期）指出南朝与西域各国的交流不仅并未中断，反而与“西戎”各古代民族之间积极交往互动。李磊《刘宋的“东服”秩序与东亚的多边关系》（《上海师范大学学报（哲学社会科学版）》第4期）指出刘宋建构的“东服”秩序，将百济、高句丽、倭国等东亚政权皆纳入其中，塑造了东亚的地缘政治结构，维持了东亚半个多世纪的稳定。韩香《波斯锦与锁子甲：中古中国与萨珊文明》（社会科学文献出版社）则考察中国与萨珊波斯作为丝绸之路东西两大文明策源地源远流长的关系。李世荣《丝绸之路与古代固原地区历史变迁研究》（中国社会科学出版社）探究了古代固原地区行政区划沿革、军事地位嬗变、经济开发、民族大融合、文化交流与传承等方面的历史变迁轨迹。学者们还将中古文学与丝绸之路相联系，探讨中外思想文化的交流。孔旭荣 *Fu Poetry Along the Silk Roads: Third－Century Chinese Writings on Exotica*（《丝路上的咏物赋：三世纪的中西交流》，Arc Humanities Press）通过对《咏物赋》以及早期丝绸之路与三世纪中国诗歌创作之间的联系的研究，探讨了欧洲和中国之间早期丝绸之路的思想和信息传播以及中国文化对世界的影响等问题。

八、经济·法律·礼乐·文化

经济史研究成果较少，张翼《三国蜀汉铸币与财政问题——基于出土钱币的视角》（《魏晋南北朝隋唐史资料》第45辑，上海古籍出版社）分析了“蜀钱吴用”的奇怪迹象。李磊《宋齐之际的王朝财政与三吴经济》（《西北大学学报（哲学社会科学版）》第3期）指出三吴自刘宋后期便已出现严重的经济衰退，建元、永明年间又频遭水灾，但齐高帝、武帝仍以赋税征收为首要考虑，加之南齐以货币征收租布诸调，却缺乏解决货币短缺的能力，以致三吴民户还要承受货币市场波动带来的经济损失，南齐国祚短促未尝与之无关。张孙小大《种桑与十六国政治文化转型》（《中国农史》第4期）指出种桑与提倡汉化的方向一致，是秩序恢复的象征，北族波浪式次第南下的历史，使桑树经历了不断种植、不断焚毁的波折，在北魏才正式回归到应有序列，种桑作为华夏化历史进程的缩影，折射出北族向中原政治文化转型的历史动向。刘美云《北魏前期平城农业经济开发与发展状况》（《史志学刊》第1期）指出拓跋鲜卑进入平城后，采取迁徙人口、劝课农桑、屯田等措施，使农业经济有了一定的发展，反映出拓跋鲜卑从游牧经济向农耕经济的转变。薛瑞泽《秦汉魏晋南北朝黄河中下游地区的盐业经济》（《史志学刊》第2期）指出秦汉时期黄河中下游地区盐业经济的发展与盐的经营即官营与私营交织在一起，折射出皇权与豪强势力角逐的历史场景；魏晋南北朝时期的盐业经济则以国家经营为主，但在特殊的情况下，私营盐业经济仍然存在。

张国文、易冰《拓跋鲜卑生计方式综合研究》（《考古》第4期）分析了鲜卑的生计方式以及南迁过程中生计方式的多元化趋向。赵义鑫《吴简所见社会群体与社会经济研究综述》（《中国魏晋南北朝史学会会刊》第三卷）回顾了二十年来吴简所见社会群体与社会经济的相关研究，社会群体包括诸吏、私学、复民、奴、客、师佐、其他群体，社会经济包括农业经济开发、租税征收、赋役征发、“直”“稟”等其他经济活动，在回顾的同时，也指出了研究的局限，并认为未来的吴简研究中，除了文书行政这一主流方向，对吴简所见社会结构问题的研究或许会成为一个新方向。

陈侃理《弃市新探——兼谈汉晋间死刑的变迁》（《文史》第1期）从秦汉“弃市”出发，指出魏晋时期的死刑出现弃市改绞、斩首入律、腰斩出刑的特点。周鹏《北魏死刑制度立法刍议》（《山西大同大学学报（社会科学版）》第1期）指出北魏的死刑制度已不仅仅是推崇严刑酷法，儒家法制理念的渐趋融入赋予了其法治化、文明化的色彩，且在不同时期呈现出不同的特征。水間大輔《魏晋南北朝的不道罪》（《魏晉南北朝の不道罪》，《中央學院大學法學論叢》第 2 期）探讨了魏晋南北朝时期各政权关于不道罪的内容，揭示了汉律到唐律不道罪的变迁。

礼制方面的研究，不仅涉及各朝代礼俗、礼仪、礼制的方方面面，还涉及礼制变迁与权力机构的关系、礼制变迁与社会政治集团的关系、礼制变迁与思想（宗教）的关系、礼制变迁与民族关系、礼制变迁与域外（国外）影响之关系、礼制转型与社会性质演变关系、中华传统礼制的内在价值和意义。汤勤福总主编《中华礼制变迁史》（中华书局）全四卷出版，该书为第一个礼制类国家社科重大项目“中国礼制变迁及其现代价值研究”的结项成果，是对先秦至近现代礼制变迁的一次系统梳理和总结，分为先秦编、秦汉魏晋南北朝隋编、唐五代辽宋金编、元明清近现代编四册。刘凯《北魏礼制研究综述——以王朝祭礼为中心》（《中国魏晋南北朝史学会会刊》第三卷）回顾了 20 世纪以来中外学界对北魏礼制的研究，文章网罗广泛，既回顾了研究成果，又指出了研究的空白与新方向。刘凯另有《杂祀、天象与皇权：东晋哀帝欲行“洪/鸿祀”考》（《中国史研究》第 4 期）一文，考察了东晋哀帝“洪/鸿祀”事件。赵永磊《制造“周制”：北周蜡祭的构建理路发微》（《中国史研究》第 3 期）指出西魏北周所行五郊迎气礼、蜡祭合祀五方的天地神祇，反映出其天下观并非局限于关陇一隅，而是以九州为基本范畴，象征君主君临天下之意，折射出西魏北周强烈的华夏正统观念。柴栋《魏晋南北朝隋唐时期禅让的即位仪礼——以即位场所与告代祭天为线索》（『魏晉南北朝隋唐期の禅譲における即位儀礼——即位場所・告代祭天を手がかりに』，『東洋学報』第 104 卷第 1 期）指出隋唐时期通过禅让方式取得政权的皇帝，其即位礼仪与魏晋南北朝有所不同，通过分析两个时期相府、南郊、正殿的位置，指出这一变革受到了政治形势等因素的影响。顾涛《魏晋以降的礼俗与观念变迁——从〈北齐校书图〉中的坐姿说起》（《艺术学研究》第 4 期）通过对魏晋以降坐姿的考察，指出坐姿的演变折射出的是中国社会礼俗与民生日用方面的悄然变迁，更反映了制度整体上的结构性变迁。关于葬礼、葬仪，韦正《南北朝墓葬礼制研究》（上海古籍出版社）将南北朝墓葬礼制研究与其他学科的研究成果相结合，探究了南北朝时期社会内部的自发调适在丧葬文化领域的表现。另有刘可维《汉晋葬仪中吉凶卤簿的形成与变迁》（《魏晋南北朝隋唐史资料》第 45 辑，上海古籍出版社）一文考察了汉晋时期葬仪所见吉凶卤簿的形成与礼制化问题。

之前沉寂多年的乐、舞研究，今年呈现新的趋势。刘奕璇、曾智安《魏晋南朝元会雅舞考》（《北京舞蹈学院学报》第 1 期）指出魏晋南朝时期，元会仪雅舞表演在食举乐之后，宴会正式开始之前，开场的雅舞有文、武两支，魏晋时期舞制基本定型，各朝立国后，会对舞名、舞辞进行改造，以适应新朝元会的政治内涵。周杨《汉唐墓葬遗存中的鼓吹乐》（《考古学报》第 3 期）指出汉唐墓葬中的鼓吹乐组合，事实上具备了汉唐帝国礼乐符号之内涵，墓葬鼓吹乐组合的塑造经历了自发期和自觉期两个阶段，与汉魏南北朝至隋唐礼制重建相同步。他的另一篇文章《礼乐文化视角下北魏王朝的华夏化——以墓葬中具有音乐内容的文物为中心》（《故宫博物院院刊》第9期）指出北魏出土墓葬中的音乐内容可以归纳为“鼓吹乐组合”“燕乐组合”与“百戏组合”三类，分别呈现出“戎华兼采”“胡汉并流”“整合重建”三种特点。小林聡《汉唐间鼓吹与女乐的下赐：国家与音乐的关系的考察》（『漢唐間における鼓吹と女楽の下賜：国家と音楽の関係の一考察』，『埼玉大学紀要・教育学部』第71期）对汉唐之间的鼓吹和女乐进行了分析，指出鼓吹和女乐在礼制上和乐制上的性质完全不同，但天子仍会出于政治考量，以各种形式向臣下赐乐人。

九、墓葬・简牍・碑刻

齐东方《行走在汉唐之间》（上海古籍出版社）从九个视角观察隐藏在文物背后的汉唐时期社会生活、精神世界和文化面貌。张铭心《出土文献与中国中古史研究》（广西师范大学出版社）对中古中国的碑形墓志、墓表、神道、墓砖书式等书法问题，墓砖墓志的出土时地，吐鲁番出土文书的总体性等学术议题提出了独到见解。

学界对十六国时期墓葬文化的研究逐步推进，北朝墓葬文化的研究也取得了新进展。王银田《回望桑干：北朝、辽金考古研究》（上海古籍出版社）、倪润安《北朝至隋代墓葬文化的演变》（《社会科学战线》第2期）、《北魏平城时代中期平城墓葬的发展线索》（《云冈研究》第1期）指出北朝至隋代墓葬文化的演变经历了相对完整的分合过程。六朝墓葬尤其是孙吴墓葬的研究较为集中，对新近出土的苏州虎丘路孙吴墓的墓主人讨论也引人注目。张铁军、朱晋訸《苏州虎丘路孙吴墓及墓主身份考证》（《大众考古》2021年第12期）认为苏州虎丘路孙吴墓M1墓主可能是孙策，M5墓主是孙绍的可能性最大。常泽宇《苏州虎丘路新村土墩M5“吴侯”小考》（《东南文化》第4期）则认为M5文字砖所见的“吴侯”当指都亭侯吴纂，属“姓氏＋侯”类爵称，而M1墓主也绝非孙策。

三国时期的图像本不多见，苏州虎丘黑松林三国墓石屏风画像的发现为研究孙吴的绘画提供了重要的出土材料。王学雷《来自东吴的画作：苏州虎丘黑松林三国墓石屏风画像考》（《美术大观》第5期）通过对石屏风上人物图像的叙事主题进行考证，认为这是以春秋时期“吴越之事”为题材的叙事性绘画创作，且其中的绘画技法，已经具备了后世绘画技法中的一些鲜明特征。李文平、朱浒《苏州黑松林出土孙吴石屏风图像新考》（《南京艺术学院学报（美术与设计）》第4期）认为苏州黑松林出土孙吴石屏风的上、中、下层分别刻绘的是“有虞二妃”“周室三母”“泰伯奔吴”故事图像，指出这是汉代历史故事图像传统在三国时期的延续，体现了图像的道德训谕功能。

《敦煌研究》第3期发表王煜、陈姝伊《敦煌佛爷庙湾魏晋壁画墓鹦鹉图像初探》、张兆莉《敦煌莫高窟北朝兽面图像浅议》，对河西魏晋壁画墓中的单个图像如鹦鹉图像、兽面图像等进行了探讨。后文还指出敦煌莫高窟北朝后期第248、249、285窟所出现的兽面图像，是在中原新风影响下，不同文化背景的工匠在已有佛教艺术传统上，融合河西地区魏晋十六国壁画墓的照墙兽面构成法则和墓室壁画创作传统，产生的具有敦煌地域特色的新样式，其本质是以汉代艺术语言组织画面的方式来改造外来的佛教主题图像，在信仰的形式和内容方面体现了向中原及本土转化的历史性变革。

东晋南朝的拼镶砖画持续受到学者们的关注。王汉《南京宫山墓竹林七贤砖印壁画与五世纪丝绸之路》（《故宫博物院院刊》2021年第12期）指出南京西善桥宫山墓竹林七贤及荣启期砖印壁画人物的程式可能受到了丝绸之路上河西走廊、西域地区艺术程式的影响。王煜《南京东晋墓“虎啸山丘”砖画新考——也谈南朝墓葬拼镶砖画高士隐逸题材的另一种渊源》（《南方文物》第4期）指出南京东晋墓出土的“虎啸山丘”砖画是目前所见最早的关于高士隐逸文化的表现。

石椁壁画是北朝墓葬中的一种独特形式，学者们充分挖掘了其意义和价值。韦正《大同北魏吕续墓石椁壁画的意义——在汉晋北朝墓葬壁画变迁的视野下》（《美术大观》第4期）指出吕续墓石椁壁画中的四神、千秋、万岁、羽人等形象皆见于汉晋时期，且富于系统性，集中表达了升仙主题，但有别于汉晋北朝墓葬壁画以现实题材为主流的途径，是理解北魏平城时代文化多样性和汉晋文化在十六国北朝时期走向的重要材料。黑田彰在佛教大学文学部编《文学部論集》第106期发表《张洹氏藏北魏孝昌三年田阿赦石床：附洛阳市文物考古研究院藏北魏永安元年曹连石棺孝子传图》（『張洹氏蔵北魏孝昌三年田阿赦石床について：付洛陽市文物考古研究院蔵北魏永安元年曹連石棺の孝子伝図』）、《张洹氏藏北魏石床：孝子传图与竹林七贤图》（『張洹氏蔵北魏石床について：孝子伝図と竹林七賢図』）两文，介绍了上海张洹所藏两件北魏石床的情况，并从图像学角度分析了孝子传图和竹林七贤图。

北朝壁画中的佛教因素越来越受到学者们的重视，学者们着眼于此，进而探讨壁画的源流与文化的交融等问题。李裕群《佛殿的象征——山西大同仝家湾北魏佛教壁画石椁》（《文物》第1期）介绍了北魏平城地区墓葬中首次发现的佛教题材壁画，指出石椁壁画与炳灵寺第169窟西秦壁画存在密切关系，故壁画的粉本可能源于长安，同时也能看到壁画中蕴含的凉州因素和西域因素，反映了丝绸之路与平城地区的佛教文化有着频繁的交流。王姝《东魏北齐时代的爱马别离像与树下思惟像中的双树》（『東魏・北斉時代の愛馬別離像及び樹下思惟像に見られる双樹について』，『早稲田大学大学院文学研究科紀要』第67期）论述了东魏北齐时期爱马别离像及树下思维像中双树的形成过程和意义，指出东魏北齐时期的爱马别离像中，所有与太子出家有关的传说都有意识地被放入爱马别离的场景中，树下思维像也可能受到这一系列趋势的影响。王俊铮《北朝石窟视阈下高句丽墓葬壁画中的佛教元素——以长川1号墓为中心》（《敦煌研究》第3期），从侧面反映了飞天这一中古时代重要的佛教元素在中国北方的传播和流变。此外，《故宫博物院院刊》第3期刊发两篇关于中古壁画中改绘现象的研究，李梅田、郭东珺《中古墓室壁画的改绘现象》指出在考古发现的壁画遗存中，常见逻辑混乱、主题模糊的反常现象，它们可能是壁画改绘的结果，改绘现象与丧葬行为有关，合葬是壁画改绘的重要原因，此外，对前代建材的改造、画工失误等也会导致改绘。耿朔《太原北齐徐显秀墓图像改动现象探析》指出北齐徐显秀墓图像存在数处改动，并从技术和礼仪角度对改动现象进行了分析，推测出徐显秀墓修建过程较为仓促。

综合性的图像研究。白炳权《班剑仪卫：北魏洛阳时代墓葬门卫图像研究》（《形象史学》春之卷）、《从属吏侍奉到将军守门：南北朝墓葬披甲门卫图的诞生》（《南京艺术学院学报（美术与设计）》第4期）对南北朝时期墓葬中门卫图像进行了研究，指出南北朝时期平城和建康地区墓葬中兴起的披甲世俗门卫形象与两汉、魏晋十六国河西、辽东地区的门卫图像迥异，极有可能是图像、武士俑、镇墓文等多种因素叠压生成的产物。李梅田《汉唐之间的墓主受祭图及其流变》（《中国美术研究》第1期）认为汉唐之间墓室画像中流行的墓主宴饮场景应称作墓主受祭图，并指出由于礼仪行为的变化，汉唐之间墓主受祭图的叙事方式由不对称的过渡性叙事变成了对称的场景式叙事。葛承雍《新出中古墓葬壁画中的下层胡人艺术形象》（《故宫博物院院刊》第8期）利用新出土墓葬壁画上的胡人图像，探讨了中古时期下层胡人的生活状态，并指出胡人形象在中古壁画中的集中涌现，说明墓葬壁画不仅仅是追祭纪念的媒介，也是审视中国中古时期胡汉融合、构筑国家形态的图像依据。

自走马楼吴简出土以来，吴简逐渐成为学者深耕熟耘的领域。张燕蕊《汉代与孙吴国家基层管理手段比较研究：以出土简牍为中心》（华夏出版社）从户籍、赋税、给贷三个方面分析了汉代至孙吴国家的基层管理手段。陈荣杰《走马楼吴简词语研究丛稿》（西南师范大学出版社）综合运用传统训诂学、现代语言学词汇学以及历史学、经济学、文书学等相关学科的科学理论和方法，重点研究了吴简中学界未达成共识的词语以及未被学界考释的词语。《中国中古史研究》第九卷（中西书局）出版，本卷为吴简专号，收录了13篇高质量的吴简研究论文，涉及孙吴地方族居形态、某类简的复原整理、赋税的转运方式、乡里丘等问题，虽然没有新的论题，但研究方法和深度都趋于成熟。徐畅《东汉三国长沙临湘县的辖乡与分部——兼论县下分部的治理方式与县廷属吏构成》（《中国史研究》第4期）对“长沙太守中部督邮书掾”以及东汉三国长沙临湘县的辖乡与分部进行了研究。此外，还有学者对吴简中的“长沙太守中部督邮书掾”“二年常限田”“肿足”“鱼贾米”“池贾米”“攻捕米”等字词进行了考释。

石刻材料是魏晋南北朝史研究的重要依靠，通过石刻尤其是墓志的记载，可以做到补史证史，对研究家族史、制度史，尤其是官制有至关重要的作用，而造像碑造像记则向我们展示了当时的社会风尚以及流行的艺术范式。南京大学博物馆编著，程章灿、张学锋、童岭解说《南朝气韵：六朝石刻碑帖讲演录》（凤凰出版社）收录了南朝陵墓石刻中仍存文字的拓片和部分汉代至唐代的重要碑拓。郑炳林主编《凉州金石录》（甘肃文化出版社）收录今武威市境内及其外与凉州相关碑刻共473方。罗新《漫长的余生：一个北魏宫女和她的时代》（北京日报出版社）利用墓志等史料讲述了宫女王钟儿漫长而又跌宕起伏的一生，并以微观史学的视角去观察她身处的时代。10月29日复旦大学举办了“碑之转身——中古中国石碑与石刻文化学术研讨会”，孙正军总结出近年来中古碑志研究的六个新动向：一是谱系的发现及建构过程之探讨；二是碑志的历史书写与“异刻”研究；三是碑志的个体生命史研究；四是碑志的历史记忆研究；五是碑志的政治景观研究；六是碑志所见地域社会史研究（林一翀《西魏北周墓志中的被隐诛者》）。徐冲《“碑禁”与曹魏西晋的石碑文化》（《文史》第3期）指出所谓“碑禁”，并不是要禁绝石碑这一纪念装置本身，也未必一定对门生、故吏所代表的非血缘性政治团体抱持敌对态度，而是要在“重器化”石碑的基础上，将互为表里的二者制度性地纳入皇帝权力结构之中，成为精英阶层可操控的政治资源。魏军刚《出土墓志与五凉史研究》（《档案》第4期）指出了出土文献和文物对五凉史研究的推进，墓志所记载的信息对研究五凉人物官爵籍贯、郡县、十六国官制以及五凉政区设置及沿革有重要价值。杨建林、张海斌《新见十六国时期“宁西将军云中王”葬母石铭初释》（《中国国家博物馆馆刊》第2期）通过对石铭的考释，揭示了十六国时期贺兰部的多元文化，并确认了史学界一直存疑的贺兰部世居领地在百灵庙。

隋唐五代十国史研究综述

赵　洋*

隋唐五代十国是中国古代史研究的重点时段，学界在2022年出版和发表该时段研究成果依然丰富，并结合实际情况，采取线上、线下相结合的方式，举办了多次全国性的、重要的学术会议，学术交流频繁。总体而言，2022年度在文献整理、政治制度、经济文化、边疆史地等多方面都有重要的学术成果，深化了该时段研究的精度、拓展了该时段研究的广度。碑刻文献整理与敦煌吐鲁番文书研究依然是该时段研究独特之处，也是目前重要的学术关注点。现将2022年有关重要成果分为以下几个方面进行综述。

一、传世与出土文献整理研究

2022年度隋唐五代十国史的史料整理与研究热点在传世文献、出土碑刻文献和敦煌吐鲁番文献上多点开花。

（一）传世文献整理。邱居里点校的《资治通鉴考异》（上海人民出版社）为该书首次单独整理出版，可以帮助我们更好地了解《资治通鉴》在编修过程中史料的考订意见与取舍依据。袁晓聪、曹辛华主编《柳宗元文献辑刊》（北京燕山出版社）则搜辑整理汇编柳宗元著作文献各种版本四十余种，以方便学界利用。仇鹿鸣《大唐创业起居注笺证（附壶关录）》（中华书局）对目前存世最早的起居注《大唐创业起居注》及记载唐初李密事迹的杂史《壶关录》进行了校勘注释。

传世史籍的书写、编撰与版本等问题不仅是文献学议题，也是历史学的核心议题。游自勇《“弃常为妖”：中古正史〈五行志〉的灾异书写》（《历史研究》第2期）指出中古《五行志》的灾异书写是以反常之道表达常态下治道理念的一种途径。唐雯《〈旧唐书〉中晚唐人物列传史源辨析——以〈顺宗实录〉八传为中心》（《中华文史论丛》第2期）通过比较《顺宗实录》和《旧唐书》中对应八篇传记，发现五代史臣在《旧唐书》的编纂上并非单纯抄掇材料，而是做过相当有效的整合工作。闻惟《〈旧唐书·职官志〉编纂及史源综考》

* 赵洋，中国社会科学院古代史研究所隋唐五代十国史研究室助理研究员，研究方向：隋唐五代史、敦煌吐鲁番学。

(《文史》第1期)则检讨了《旧唐书·职官志》各卷的史源,并由该志的移录与拼缀探讨了传统史志“规范化”的问题。罗亮《〈太平御览〉中的“唐书”考辨》(《中山大学学报(社会科学版)》第4期)认为不应将《太平御览》所引“唐书”视为某一特定书籍,而是多种史籍的通称。崔壮《正统观与宋以后的五代史编纂》(《史学理论研究》第1期)认为五种正统观念各有其依据,推动着五代史的编纂走向多样化。王圣琳《三种〈五代会要〉旧抄本考论》(《新世纪图书馆》第8期)探讨了现藏于中国国家图书馆与台北“故宫博物院”三种《五代会要》抄本的价值。李凤艳《〈旧唐书〉标点勘误一则》(《中国史研究》第1期)指出中华书局点校本《旧唐书·穆宗纪》中“南诏王丘佺”应从“南诏”后点断而非“南诏王”后点断。张峰《出土史料与唐修〈晋书〉相关问题再考察》(《淮阴师范学院学报(哲学社会科学版)》第4期)还利用近年来出土的唐人墓志所载信息,认为《晋书》的编纂受到了政治影响,《新唐书》在整合前代史料过程中对《晋书》撰人有所误判。此外,补阙正史之书也有所整理,如宋初王禹偁撰《五代史阙文》以补五代史料之阙就曾得到后世史臣的高度评价,别海燕《〈五代史阙文〉所引〈五代史〉版本考》(《天中学刊》第5期)通过细致比对,认为王禹偁并非为薛居正《五代史》补阙,其所本当为建隆间昭文馆大学士范质所撰360卷《五代实录》。李南晖《唐修国史研究》(中山大学出版社)围绕唐国史的编纂展开,旨在理清唐国史的来龙去脉。

(二)石刻文献整理。钮因莉、黎毓馨主编《石铭江南:钱氏吴越碑拓》(文物出版社)展出吴越碑铭拓片88张。介永强编《隋唐僧尼碑志塔铭集录》(上海古籍出版社)集得391篇隋唐僧尼碑志塔铭。刘文、杜镇编著《陕西新见唐朝墓志》(三秦出版社)则甄选了陕西关中地区新见唐朝墓志拓本223种。陈振濂主编《千唐志斋碑铭全集》(朝华出版社)收录了该馆收藏的全部志文碑刻拓本近2000种。仇鹿鸣、夏婧辑校《五代十国墓志汇编》(上海古籍出版社)辑录历代出土的五代十国墓志共420余方,由仇鹿鸣主编的《唐五代墓志专目数据库》也于2022年正式上线。

近年来,利用源源不断出土的碑刻墓志材料对唐代史籍著述以及学界前贤论著进行校补已然成为风尚。如霍志军《出土石刻文献中新见唐人著述辑考》(《古籍整理研究学刊》第4期)利用了新出土唐代墓志材料考证出13位新见唐人著述,以补《全唐文》之失。还有诸多学者在利用不断出土的墓志材料对前贤论著再做匡正补校,如郁贤皓《唐刺史考全编》作为唐代研究者不可或缺的工具书,如今看来已有所疏略。王守芝、严寅春《〈唐刺史考全编〉续补——以〈西南大学新藏墓志〉为中心》(《西藏民族大学学报(哲学社会科学版)》第1期)、牛红广《〈唐刺史考全编〉考补——以〈洛阳流散唐代墓志汇编〉为中心》(《唐山师范学院学报》第5期)和曾涧《〈唐刺史考全编〉斠正》(《昆明学院学报》第4期)均对郁书进行了相关补校。同时,姚波、吴晓萍《〈唐仆尚丞郎表〉校补》(《魏晋南北朝隋唐史资料》第45辑，上海古籍出版社）也以新出墓志等资料为依据对严耕望《唐仆尚丞郎表》进行考释补校。

2022年单篇墓志的考释也有不少，多以之来补隋唐五代十国国史之阙或建构不同家族的谱系。如王连龙、黄志明《唐代高句丽移民〈李仁晦墓志〉考论》（《文物季刊》第2期），傅清音、王其祎、王治《唐〈乙速孤行俨墓志〉及相关史事考》（《文博》第3期），马健涛《南京新见南唐阅武殿使张思恭墓志考略》（《南京晓庄学院学报》第1期），李宗俊《吐谷浑喜王慕容智墓志及相关问题》（《烟台大学学报（哲学社会科学版）》第4期）等。以下除重要论题相关的碑志考释外，不再一一具列。

（三）敦煌吐鲁番文献整理。2022年度敦煌吐鲁番研究也有重要进展，朱雷《吐鲁番出土文书补编》（巴蜀书社）系统整理了新疆维吾尔自治区博物馆所藏一批未经刊布的吐鲁番出土文书残片。王启涛《朱雷新刊布吐鲁番文献研究》（巴蜀书社）则是对朱雷《吐鲁番出土文书补编》一书的研究和解读之作。王三庆《敦煌蒙书校释与研究·语对卷》（文物出版社）主要对敦煌文献中童蒙诗歌教材中的小型类书《语对》进行整理与研究。王亚丽《敦煌写本医籍与日本汉籍比较研究》（上海古籍出版社）选取敦煌写本医籍中的药名等内容，与日本汉文医籍进行对比研究。刘安志主编《吐鲁番出土文书新探》（第二编）（武汉大学出版社）为唐长孺先生110周年诞辰纪念专辑，收录20余篇纪念性及专题性学术论文，不仅是对唐长孺先生的怀念，也展示了当前学界对吐鲁番文书的最新研究成果。

中国人民大学藏西域文书的整理进展也相当引人注目。《中国人民大学学报》第1期"新资料·新视野——中国人民大学藏西域文书研究"专栏的数篇稿件介绍了人大藏西域文书的大体情况，其中段晴《中国人民大学藏于阗语文书的学术价值》展示了这批文书中于阗语文书对于了解西域历史的重要意义；孟宪实《中国人民大学藏西域汉文文书及其学术价值——以镇守军相关文书为中心》通过文书记载研究了于阗镇守军与于阗王府的互动关系、镇守军如何在与中央联系断绝的条件下守卫边疆等问题；毕波《粟特人在于阗——以中国人民大学藏粟特语文书为中心》则使学界重新认识到于阗在粟特人商业世界的地位；段真子《汉籍抄本在于阗——以中国人民大学藏西域汉文文书为中心》讨论了中原的传统典籍在唐代和田地区所扮演的角色。我们十分期待未来这批文书能够揭示更多此前不为人知的历史细节。

《中国国家博物馆馆刊》第4期"馆藏文物研究"栏目也发表了一组中国国家博物馆藏敦煌吐鲁番文书整理的研究成果，向学界初步展示了该馆所藏敦煌吐鲁番文书的史料价值与史学史方面的意义。孟彦弘《中国国家博物馆藏经录考释》考证了中国国家博物馆藏西域写本C14.1341裱册中所夹照片的《大唐内典录》唐写本，意如、朱玉麒《中国国家博物馆藏段永恩旧藏文书题跋释录》对中国国家博物馆馆藏段永恩旧存写本残片册页（藏品号

C14. 1341）进行过录，王湛《中国国家博物馆藏“唐人真迹”文书题跋与递藏考》考证了中国国家博物馆藏罗惇㬊旧藏两卷“唐人真迹”文书的发现与流传经过，赵洋《中国国家博物馆藏“唐人真迹”中三件转运坊文书考释》对中国国家博物馆馆藏唐兰先生旧藏“唐人真迹”卷轴中的三件转运坊文书进行了考释。

学界已出版不少敦煌吐鲁番文献的整理成果，其中或多或少会有误释、缺录、误录等问题，相关校补工作的开展也具有文献学补辑的价值。乔二虎《〈中国文化遗产研究院藏西域文献遗珍〉释文校补》（《西藏民族大学学报（哲学社会科学版）》第 1 期）针对《中国文化遗产研究院藏西域文献遗珍》进行了修订补正的工作。宁稼雨《唐写本〈世说新书〉残卷考述》（《文史哲》第 2 期）梳理了唐写本《世说新书》残卷的相关版本情况，并对前人学说多有批驳。宋雪春《敦煌本 S. 3227 + S. 6208V 文献考辨》（《中国典籍与文化》第 2 期）对 S. 3227 + S. 6208V 缀合处文献进行重新释录，认为该文献为“寒食篇”的大部分内容。任占鹏《日本天理图书馆藏敦煌〈石室遗珠〉新释》（《敦煌研究》第 3 期）根据其新获高清复印本对天理图书馆藏《石室遗珠》的相关形制和内容进行重新校释。刘振刚《敦煌写本 P. 2522 的性质及〈贞元十道录〉逸文问题》（《敦煌研究》第 1 期）指出敦煌写本 P. 2522 并非《贞元十道录》或其缩编本，《太平寰宇记》引《贞元十道图》和《十道录》的文字才是《贞元十道录》的逸文。杨富学、熊一玮《“敦煌”得名考原》（《敦煌研究》第 2 期）还提出河西曾为突厥语分布区，将敦煌解释为突厥语 tawuz 的音译，或许更接近敦煌地名起源之真义。张琴、黄征《敦煌所见 P. 2492 + дх. 3865 诗册异文的特征与价值》（《兰州文理学院学报（社会科学版）》第 3 期）指出我们不能简单地将 P. 2492 + дх. 3865 诗册定性为符合传统集部概念的诗歌选集或别集。邓强、王敏《晚唐五代西北方音现象考辨二则》（《西南交通大学学报（社会科学版）》第 4 期）根据敦煌写卷中的别字异文发现两个特殊方音现象。

敦煌文书中宗教典籍的整理成果也有不少。郜同麟《龙谷大学藏吐鲁番道教文献拾补》（《西域研究》第 1 期）对八件龙谷大学藏吐鲁番道教文献进行定名与考释。武海龙、张海龙《唐代中原与西州佛教之交流——以吐峪沟新出〈唐护法沙门法琳别传〉残片为中心》（《西域研究》第 1 期）考证了 2015 年吐峪沟石窟考古发掘出土的一件《唐护法沙门法琳别传》残片。尤澳《日本杏雨书屋藏两件“太子成道”敦煌变文研究》（《文津学志》第 1 期）将日本杏雨书屋所藏两件“太子成道”文书分别定名为《八相押座文》和《八相变》，并进行初步录文。计晓云《孤本〈净土盂兰盆经〉（P. 2185 号）研究》（《浙江大学学报（人文社会科学版）》第 3 期）对敦煌文献中保存的《净土盂兰盆经》唯一存世孤本展开研究。张新朋《俄藏敦煌文献中的两片〈盂兰盆经讲经文〉残片考辨》（《中国典籍与文化》第 3 期）则新认定了 2 件《盂兰盆经讲经文》，并以此探讨《盂兰盆经》演化的意义。徐浩

《敦煌本汉文〈大般若经〉同纸兑废稿缀合七例》（《郑州航空工业管理学院学报（社会科学版）》第5期）则对七例用同一纸抄写的敦煌汉文《大般若经》兑废稿加以缀合和讨论。彭慧《敦煌写本〈丑妇赋〉校注补遗》（《河西学院学报》第4期）对敦煌写本P. 3716V《丑妇赋》10处文字的形义问题加以探讨和补充。张雨《法藏P. 4745V〈观心论〉写本残卷录校及研究》（《法音》第6期）依据高清彩色图版对敦煌所存禅宗早期文献P. 4745V《观心论》进行重新过录。

敦煌吐鲁番出土的回鹘文文书考释有数篇论文发表。《敦煌学辑刊》第2期的吐送江·依明、阿不都日衣木·肉斯台木江《敦煌研究院旧藏回鹘文〈十业道譬喻故事花环〉残卷研究》和张铁山《敦煌研究院旧藏三件回鹘文"阿毗达磨论藏"残片研究》两篇论文都是对敦煌研究院旧藏回鹘文文书残卷的释读研究。阿依达尔·米尔卡马力、张戈《中国国家图书馆藏两件回鹘文〈圆觉经〉注疏残叶研究》（《宗教学研究》第1期）考证了中国国家图书馆藏新发现的两叶回鹘文《圆觉经》注疏残片（GT15－39、GT15－20）。李刚《吐鲁番新获回鹘文书探究》（《敦煌学辑刊》第2期）介绍了新获的吐鲁番回鹘文书。路虹、杨富学《敦煌文献中的回鹘名称考》（《宝鸡文理学院学报（社会科学版）》第2期）则对敦煌文献中多种多样的回鹘称呼一一进行考辨。

2022年学界对于敦煌吐鲁番文献中医方文书也颇感兴趣。如《中医药文化》第2期中"丝路医药专题"专栏有张如青《法藏敦煌写本P. 3960新校释》，沈澍农、陈陗《敦煌文献P. 2661V佚方考》和于业礼《俄藏敦煌一组妇人医方残片缀合及相关研究》三篇专题论文。《中国中医基础医学杂志》第3期"中医多学科研究"专栏也有刘冉、李铁华《敦煌脉书〈玄感脉经〉研究》。薛欣、杨鹏斐、李廷保、蔺兴遥《近二十年敦煌古医方研究概况》（《中医药临床杂志》第11期）更是对近二十年来关于敦煌医方的相关研究进行了充分总结。朱国立、马托弟《唐宋节俗中的卫生防疫——以敦煌本〈珠玉抄〉〈大唐新定吉凶书仪〉为中心》（《节日研究》第19辑）和李艺宏、王兴伊《吐鲁番涉医文书所见晋唐时期儒家思想及其文化认同研究》（《贵州民族研究》第5期）也分别对敦煌吐鲁番涉医文书所体现的观念等展开讨论。中医研究也与敦煌吐鲁番学相交叉，产生学术碰撞。

二、传统政治制度史的回归

政治制度史一向是隋唐五代十国史研究的大端，也是积累最为深厚的研究方向，可惜一直未有足够亮眼的理论论著出现。著作方面，2022年以五代十国史的研究较为突出，如戴仁柱《火与冰：后唐庄宗李存勖》（刘广丰译，重庆出版社）为终结朱梁、复兴唐室的开国君主后唐庄宗李存勖作传。山口智哉等编《五代的文武僧庶》（广西师范大学出版社）通过解读具有代表性的五代文武僧庶等五代众生相的墓志碑铭，考察五代时期各阶级阶层的社会流动。罗亮《权力与正统：五代政治史论稿》（中国社会科学出版社）以五代王朝更迭时发生的权力动荡和统治者对正统性的追求为线索，分析五代政权所面临的诸多政治问题以及其应对策略。此外，岳鹏《唐代河东道军政关联问题研究》（线装书局）对河东道在唐朝边疆防御和内疆重塑方面发挥着重要的作用进行研究。

（一）政治史。传统政治史的讨论，主要集中于皇权、宦官政治等传统议题。卜天舒《文武分野：隋朝废太子杨勇与晋王杨广政策路线考论》（《史林》第5期）发现虽然杨广即位后大搞南朝化的政策路线，但其在晋王与太子时期持明显的亲关陇政策立场。何静苗《“汉朝故事”与唐高宗、武则天政局》（《天水师范学院学报》第4期）认为高宗利用“汉朝故事”的政治依据强化自身对于政局的影响力。丁俊《聚焦与错位：唐宋人视野中的开元、天宝》（《中原文化研究》第2期）认为唐玄宗在位时期包含“治世”与“盛世”两个阶段，其最佳状态是在开元二十五年制度改革完成之后。郭海文、米家鑫《〈高安长公主神道碑〉再考——兼论高安公主受到唐玄宗礼遇的原因》（《古籍整理研究学刊》第1期）则指出唐玄宗礼遇高安长公主的举措，既是对后宫不得参政的警告，又能拉拢朝臣和宗室的人心。白述礼《唐肃宗在固原——灵武即位平叛中兴的前奏》（《宁夏师范学院学报》第8期）指出唐肃宗在固原九日是灵武即位领导平叛兴复唐朝的前奏。邢云《再论沙陀李氏的崛起》（《史林》第5期）借对晚唐时期沙陀反叛前大同军防御使人选的梳理，探讨沙陀的早期历史和晚唐时期北方边疆的治理。

黄楼《唐兴福寺半截碑考微》（《魏晋南北朝隋唐史资料》第45辑，上海古籍出版社）考证兴福寺半截碑碑主为玄宗朝内侍陈忠盛之父陈文叔，并据此讨论唐前期的宦官政治。许超雄《唐宪宗元和时期中枢政治关系研究——以吐突承璀领兵之争为核心》（《史林》第2期）以吐突承璀领兵之争为核心，探讨了“朝廷制度”与宦官权力之争，“朝廷制度”在一定程度上促使皇帝在宦官与大臣中协调政治关系。刘益民《唐宪宗、神策左军与安国寺——元和末年法门寺舍利迎奉的权力纽带》（《史林》第4期）认为法门寺舍利迎奉是唐宪宗在其最为看重的安国寺及其僧人与神策左军的推动与执行下完成的，且这一权力纽带的形成早有渊源。丁义珏《中晚唐至宋初的亲随迭代与宦官升沉》（《苏州大学学报（哲学社会科学版）》第5期）中晚唐五代宋初的宦官政治因亲随纽带在政治中的作用而沉浮。

唐代藩镇问题的讨论一直在持续，中央与藩镇以及藩镇与藩镇之间的博弈关系的探究从未停歇。王广通《论唐代张孝忠家族身份认同之转变》（《青岛农业大学学报（社会科学版）》第2期）以张孝忠家族从幽州到易定再到长安的迁移历程，推定唐代自安史之乱后至宪宗时期，唐廷在河朔地区的朝藩关系中，逐渐取得了优势地位。秦中亮《地域空间与政治博弈：中晚唐河朔政区变迁刍议》（《社会科学》第5期）则认为长庆年间以后，唐廷改行“放弃河北，控制其余”的政策，唐廷与河朔之间双方由敌对关系转变为共生关系。尤李《从长安到河北：〈唐恒岳故禅师影堂纪德之碑〉考释》（《地域文化研究》第5期）梳理了李唐皇室的近亲智力禅师的经历，发现智力兼习诸派禅宗，成为长安佛教与河北佛教、唐中央政权与河北政治势力联系的桥梁与纽带。李佳哲《唐代“河北故事”的文本起源、历史内涵及确立过程——以韩愈〈魏博节度观察使沂国公先庙碑铭〉为线索》（《黑龙江社会科学》第6期）认为“河北故事”并非历史当事人对唐代河北藩镇事务的现场表达，而是河北藩镇与唐廷在“叛乱与平叛”关系结束后形成的新的相处模式。周鼎《晚唐五代的军吏与基层治理体系转型》（《史林》第4期）聚焦藩镇体制下的军职胥吏群体，钩稽此时期基层治理的运作机制。何开雨、周元曦《中晚唐藩镇体制下的西南边疆经略——以唐与南诏的关系为中心》（《乐山师范学院学报》第10期）还探讨了在藩镇体制下的中晚唐时期，西南边镇在唐朝与南诏的关系中扮演着重要角色。

（二）制度史。杜文玉《宋承唐制还是五代之制》（《山西大学学报（哲学社会科学版）》第3期）全面总结提出宋制是全面系统地直承五代制度，推翻以前宋承唐制之说，尚待其他学者的讨论。而职官制度和政务运作，向来是隋唐制度史研究的重中之重。其中科举制是隋唐职官制度研究之始，周奇、金滢坤《论隋代察举制向科举制的转变》（《人文杂志》第5期）认为科举不是具体起源于某一科目创设，而是一个整体性的制度演进。同时，隋朝至五代职官职掌的性质变化与沿革变迁也有不少辨析，李文才《隋代通守事迹及其职掌考略》（《贵州社会科学》第2期）将隋代通守的诸般职能及其事迹做细致考述，认为隋炀帝创设通守一职，是强化对地方的控制而进行的地方行政机构改革的一项重要内容。王冰慧《唐集贤学士“分掌制诰”考述——兼涉其性质与影响》（《华北电力大学学报（社会科学版）》第3期）认为唐集贤学士“分掌制诏”导致学士与撰写活动之间存在疏离感以及学士与其他官职之间存在联系，从而促成集贤书诏罢、而翰林学士“专掌内制”的局面。张凯旋《唐河东节度使设置探析》（《西部学刊》7月上半刊）论述了唐代河东节度使如何从武德元年到开元十八年，因为并州以北地区防御体系不断变化、完善、加强而设置的过程。钱毓山《五代排阵使述论》（《西夏研究》第1期）通过对五代排阵使的梳理看出五代宋初军事使职系统开始向着标准化、皇权集中化发展。曹万青《唐五代“随身”“随使”性质及其与“随军”之关系——汉唐“军吏”问题研究之一》（《江汉论坛》第8期）认为“随军”是一种军吏，“随身”一般也是军吏，但到中唐以后又是武官俸禄“杂给”中的一种，“随使”则多用作晚唐五代军府幕职的前缀性词汇。马龙祥《唐五代都虞候的职权与地位演变》（《河北北方学院学报（社会科学版）》第3期）发现唐五代都虞侯的职权不断扩大、地位急剧上升，认为这是唐后期至五代时期军事体制变革与地方武力崛起导致的结果。

尚永亮2022年发表了一系列关于唐五代诸州贬流官的考释论文，如《唐五代永州流贬官考》（《中国文学研究》第1期），《唐代忠、万二州贬流官考》（《长江学术》第2期），

《唐五代夔、归二州贬流官考》(《武汉大学学报(哲学社会科学版)》第 2 期),对唐代诸州贬流官制度有所梳理。

官印制度的变迁也涉及政务运作。管俊玮《从国图藏 BD11178 等文书看唐代公文钤印流程》(《文献》第 1 期)对唐代四等官制下公文钤印的一般流程进行了复原。赵耀文《印制变迁视域下唐宋政务的使职化运作》(《社会科学》第 8 期)则指出从"出使之印"到"奉使之印"的嬗变,标志着国家治理模式溢出常规结构向任务型组织模式的转变。

礼制史的讨论不多,但都十分重要。著作方面,张琛《唐代皇帝行幸礼仪制度研究》(上海三联书店)探讨了唐代皇帝行幸礼仪,既还原礼仪形态又研究其实际运作。沈睿文《墓葬中的礼与俗》(上海古籍出版社)重点关注中古时期墓葬中的礼制与具体践行,分析不同政治生态、宗教信仰导致的葬礼差异。论文方面,张萌萌、曹虹《庙学之间:论唐代孔庙碑的时空结构》(《民俗研究》第 2 期)认为唐代孔庙碑营构了圣俗混成的多元空间秩序,在文教领域依学设庙、重庙轻学、就庙兴学的观念变动,为观察唐宋思想文化变革提供了细致、切实而生动的例证。刘喆、李梅田《五代社会变革下的丧葬礼俗研究》(《文物》第 5 期)认为五代时期的丧葬礼俗呈现出相互交融的特点,丧葬活动也日趋自由化。

至于法制史研究,黄正建《唐代的两种格及其演变》(《史学月刊》第 5 期)指出唐代的格分为制敕编辑类和非制敕编辑类,讨论研究时不应忽视任意一种。雷明波《唐律"犯时不知"律考辨》(《宁夏社会科学》第 1 期)认为唐律"犯时不知"律所提供的冲突解决方法是在身份重法与身份轻法之间选择身份轻法适用,排除身份重法的适用,其性质上属于法律冲突适用规则。吕志兴、张颖《唐律"常赦所不免"原则的源流及影响》(《西南政法大学学报》第 4 期)指出唐律"常赦所不免"原则渊源于汉魏以来的"谋反大逆不用此书"及"诸不当得赦者",其内容包括会赦犹处死、会赦犹流、会赦除名、会赦免所居官、会赦移乡五种情形。

三、边疆民族与丝路文化传播

东北边疆民族史的研究以藩属与朝贡体制的探析为主流,西北边疆民族史的讨论则以唐廷对西域的经营及其与该地区政权关系的辨析为核心。

(一)东北边疆民族史。相关著作有权悳永《古代韩中外交史:遣唐使研究》(楼正豪译,台湾:秀威信息)系统性探究新罗、百济、高句丽与渤海国派往唐朝使节的往来涉及人员、职官设置、往来名目界定、陆海路线、往返所需时间及其在唐期间活动。森公章《遣唐使的选行踪与古代对外关系:日唐、日宋的交流》(『遣唐使と古代対外関系の行方:日唐・日宋の交流』,吉川弘文馆)对遣唐使计划施行过程进行充分检讨,以复原日本的对唐、对宋的外交政策全貌。李大龙、刘清涛主编《中国古代藩属与朝贡研究》(华夏出版社）更是收录研究古代中国藩属与朝贡制度的论文28篇，主题涉及有关中国古代藩属与朝贡的理论探讨和体制研究。

专题论文的细致讨论有，丁雨琪《论日本遣唐使团在唐代文明传播中的作用》（《唐都学刊》第6期）概论了两百余年日本遣唐使活动对推动中日文化的交流互鉴所产生的积极而深远的影响。程尼娜《渤海国朝唐贺正使考论》（《中国边疆史地研究》第3期）具体考察了渤海国朝唐贺正制度，揭示了渤海政治制度的变革与政权效仿唐制改革深化的轨迹。拜根兴《〈唐故余杭郡太夫人泉氏墓志〉考释》（《文博》第3期）依据《泉氏墓志》探讨了入唐高句丽泉氏家族融入唐人共同体之过程，并推证泉氏夫人转换籍贯可能与开天时代朝野政治有关。辛时代、赵小贵《契丹对唐朝贡述论》（《渤海大学学报（哲学社会科学版）》第3期）将契丹对唐朝贡分为初兴、活跃、重构和衰落四个阶段，其变化与东北政局密切相关。冯立君《中古辽西所见胡汉互动与交融》（《中央民族大学学报（哲学社会科学版）》第3期）梳理了辽西对中原与东北的联通，指出该地区繁复的政治变化和人群流移映射出中古胡汉统一与融合的历史脉络。

（二）西北边疆民族史。孟宪实《唐代于阗的四个历史时期》（《西域研究》第3期）着重讨论了从贞观到贞元，唐朝管辖于阗约170年的四个历史时期，由此反映唐朝经营西域曲折不平的历程，以及治理水平不断提高的过程。景凯东《王言所见唐与民族政权的“父子”“兄弟”关系》（《北京社会科学》第5期）认为虚拟亲属关系通过王言来建立、维持和调整，是唐朝册封体系的重要补充。张安福《天山廊道与唐朝治理西域研究》（《社会科学战线》第6期）则指出唐朝充分发挥了天山廊道东、中、西三地各自的区位优势，开创了中国古代治理西域的经典范式。

关于敦煌归义军的讨论也比较集中。此前关于大中年间张议潮遣使中原献捷已有很多讨论，但其实当年张议潮同时也曾派遣使团出使吐蕃，魏睿骜《大中初年张议潮遣使活动探究——以P. 2686V、P. 3481Vc为中心》（《敦煌学辑刊》第1期）依据P. 2686V、P. 3481Vc两件文书的记载，对相关出使活动进行了论述。何美峰、陆莎莎《晚唐西北边镇与沙州归义军使团关系问题》（《中北大学学报（社会科学版）》第1期）认为唐中央与归义军之间围绕凉州经营引发的利益问题，最终促成了灵州、凉州对沙州使团态度的转变。何美峰《俄藏敦煌文献Дх. 06031号文书研究》（《黑龙江社会科学》第1期）讨论了俄藏敦煌文献Дх. 06031号唐代归义军进奏院上给当道长官的状文。米文靖《以姻亲视角看归义军张氏政权的兴衰》（《西夏研究》第2期）认为前期张氏家族与敦煌各大世族建立的姻亲关系值得肯定，后期张承奉舍近求远的联姻政策加剧了其政权衰亡。

与此同时，敦煌古藏文文书的整理与释读，也使得唐代吐蕃历史的相关研究成为近年来民族史方面比较有亮点的热点论题。8世纪末，吐蕃占领于阗，但关于占领于阗的年代与路线则众说纷纭。沈琛《8世纪末吐蕃占领于阗史事钩沉》（《西域研究》第3期）考证出吐蕃在贞元十四年（798）闰四月自北道南下占领于阗，而占领于阗的吐蕃将领没庐乞力欺徐滥铄次年即率军征讨南诏。同时他还认为该兵律既是吐蕃赞普赤都松为廓清噶尔家族在军队的影响而创制，是吐蕃在唐朝律令体制影响下逐步完善军政体制的重要步骤。（《敦煌吐蕃兵律文书补考》，《文史》第3辑）唐朝高度发达的礼仪与制度建构，对于当时周边政权具有极强的吸引力，刘凤强《“ཕྱག（致礼）”与吐蕃对唐朝“宾服四方”的效仿》（《西藏民族大学学报（哲学社会科学版）》第3期）指出古藏语“致礼”一词的出现是吐蕃效仿唐朝宾礼的表现，反映了吐蕃建立“宾服四方”天下观的愿望。陆离《唐吕温出使吐蕃诗文及相关史事考》（《中国藏学》第5期）考察了吕温在出使吐蕃期间的多篇诗作，及其所反映的当时吐蕃治下的政治、社会情况。张旭《吐蕃按户征兵制度研究》（《中国边疆史地研究》第3期）指出吐蕃大行政管理的最后环节是按户征兵，前期行政措施包括清查户籍和制作户籍册。贡保扎西《敦煌出土藏汉雇用契约文书比较研究》（《西藏大学学报（社会科学版）》第2期）和罗将《敦煌出土吐蕃时期契约文书中的担保探析——以买卖、借贷契约文书为中心》（《河西学院学报》第3期）都通过敦煌出土古藏文契约文书，分析和研究了汉藏契约文书相互借鉴、相互影响的实际状况，进而揭示汉藏文化交往、交流、交融的历史脉络。张福慧、陈于柱《敦煌藏文本P. 3288V〈宿曜占法抄〉题解与释录》（《敦煌学辑刊》第2期）和《敦煌藏文写本P. 3288V（1）〈沐浴洗头择吉日法〉的历史学研究》（《中国藏学》第4期）公布了经过整理的法国国家图书馆藏敦煌藏文写卷P. 3288V《宿曜占法抄》《沐浴洗头择吉日法》的相关古藏文与汉译文，揭示了吐蕃移民转型发展以及汉藏民族融合的历史进程。

（三）丝路文化传播。中古时期丝绸之路是中外经济文化交流的重要纽带，荣新江主编《丝绸之路上的中华文明》（商务印书馆）以汉唐之间丝绸之路上中国文化的西传为主要研究主题，对早期丝绸之路上中国文化遗迹、遗物进行了深入探讨。王乐、赵丰《丝绸之路汉唐织物上的狮子纹样及其源流》（《艺术设计研究》第5期）整理了在中国境内考古发现及相关博物馆收藏的汉唐时期的狮子主题织物，以梳理这些狮子纹样的题材、造型、风格，进而探究其来源及演变规律。宗世昊、丛振《唐代丝绸之路上的饮宴游艺与娱乐》（《云冈研究》第1期）讨论了丝绸之路饮宴游艺所反映的当时的社会生活，据此窥见中西中古社会与文化交流情状。薛正昌《唐代海上丝绸之路与广州港口》（《石河子大学学报（哲学社会科学版）》第5期）围绕唐代广州港的发展、功能及事件，论述了唐代海上丝绸之路的繁荣景象。林梅村《龟兹五铢钱考——兼论公元前5世纪至7世纪丝绸之路流通货币》（《故宫博物院院刊》第2期）发现西域古币龟兹五铢钱受中国货币体系的影响而出现，至7世纪初仍在丝绸之路北道流行。袁炜《唐王朝及西突厥治下的巴克特里亚文钱币》（《中国钱币》第4期）则讨论了唐王朝治下的巴克特里亚文钱币，认为其铭文与西突厥时期的巴克特里亚文铭文钱币密切相关。刘志《唐代老子经像西传考——敦煌文化与丝绸之路典范探析》（《世界宗教文化》第1期）考察了老子经像由长安向敦煌、西域以至天竺传播的情况，道教在老子经像西传中应当发挥着重要的作用。

四、道教、佛教与民间信仰

隋唐时期多种宗教以及民间信仰混杂，尤其宗教与皇权、信仰的传播等问题更是遍布于整个中古时期的社会发展历程当中。雷闻《隋唐时期的聚众之禁——中古国家与宗教仪式关系之一侧面》（《文史哲》第4期）指出隋唐的聚众之禁趋向严厉，与隋唐王朝重新统一全国、重建中央集权的国家秩序有关。魏道儒《隋唐五代宗教态势与思想发展》（《世界宗教研究》第9期）认为隋唐五代形成的儒释道三教平等并立、并盛、并行的新态势，历经整个封建社会而没有本质变化。余欣《物质性·仪式性·艺术表现：经巾在中古佛道二教中的信仰实践》（《世界宗教研究》第6期）从知识—信仰—制度整体观照器物，指出经巾为佛道二教宗教实践所共用，并探讨其宗教符号性、仪式性与供养实践的关系。周奇《唐代的度牒文书》（《史林》第3期）从古文书样式、形态和相关机能等角度集中对唐代度牒进行了复原。

（一）道教信仰。孙伟杰《星历、星命与星神：南北朝至五代宋初道教对七曜、九曜、十一曜的接受史考察》（《世界宗教研究》第4期）认为道教对域外星曜新思想的回应十分迅速，显示出道教对外来文化的敏锐和包容。唐普《中古时代阆中石室与地方道教》（《魏晋南北朝隋唐史资料》第45辑，上海古籍出版社）依据四川阆中石室观保留的几方南朝隋唐的碑刻，探讨了当地天师道家族在家庭奉道与道观修道之间反复的过程。何安平《以回归为转型——中唐至五代时的茅山宗师及其地方活动》（《魏晋南北朝隋唐史资料》第45辑，上海古籍出版社）梳理中晚唐五代道教茅山派的发展，认为中晚唐茅山道教的“回归地方”称之为“转型”更为适当。马新广《唐五代两京地区道观壁画创作考论》（《宗教学研究》第2期）根据相关文献揭橥了唐五代两京地区的道观壁画概况。刘显、龙冬玉《〈中华道藏〉所录敦煌道经校补》（《社科纵横》第3期）对《中华道藏》所收敦煌道经部分进行了修订补正。张鹏《敦煌本〈登真隐诀〉考论》（《世界宗教文化》第1期）以敦煌写本P. 2732的《登真隐诀》卷中之佚文证实了《登真隐诀》卷中与《真诰》“第三篇”即《协昌期》的对应关系。

（二）佛教信仰。佛经的翻译及流传不仅关涉相关信仰的传播，同时也推动了配套仪轨和佛教信仰中国化的进程。湛如《〈十轮经〉与唐代地藏信仰——兼议佛教中国化》（《佛学研究》第1期）就考察了新译本《十轮经》为唐代地藏信仰展开所作出的贡献，指出

《十轮经》不仅在唐初“沙门拜俗”和“沙门治罪”两个事件中发挥作用，还在信仰层次上将地藏信仰进行归结，为后期净土信仰从民间层次上吸收地藏信仰提供了可能。同时，《十王经》为印度佛教观念与中土传统儒家葬礼相结合的产物，由于其流行广、影响大，历来备受学界广泛关注。近年来浙江台州与陕西耀州均发现了塔藏经本，蕴含极为重要的信息。张总《新见〈十王经〉所示之拓展变化》（《佛学研究》第 1 期）和《〈十王经〉经本系统再谈——以新见耀州、台州经本并敦煌本而查观》（《宝鸡文理学院学报（社会科学版）》第 3 期）对耀州神德寺塔存残经同类经本进行综合性分析。王侃《重组梵华：中古佛教类书研究的新视角》（《宗教学研究》第 1 期）从梵华文化融合角度重新审视了中古佛教类书编纂的作用与意义。

佛教如何通过大众化的方式进行广泛传播这一问题，也越来越得到重视。童玲《开皇神光与大业沸腾——道宣〈集神州三宝感通录〉的隋代书写》（《社会科学战线》第 2 期）从《集神州三宝感通录》的北周末年至隋代的佛教史“感通”叙述中，探究道宣对于隋代重兴佛法的深意。陈怀宇《中古时期敦煌燃灯文与石灯铭文比较研究》（《世界宗教研究》第 7 期）比较了敦煌出土燃灯文与中原石灯铭文的异同，以帮助我们了解中古时期燃灯实践的复杂性。武绍卫《敦煌本 P. 4980〈秋吟〉新探》（《文史》第 3 辑）考察了僧人化缘所用唱本《秋吟》，在揭示敦煌僧众对外来文本的学习借鉴及僧团生活形态的变迁方面颇具价值。廖小红《敦煌写本 P. 3093 综合研究》（《佳木斯大学社会科学学报》第 2 期）则判定 P. 3093《佛说观弥勒菩萨上升兜率天经讲经文》的创作时间为 820 年至 835 年，并阐明讲经文是如何通过说白、唱词、经文等方式达到讲解佛经、宣传佛教思想的效果。韩焕忠《民间孝道观念的儒佛融合意蕴——敦煌文献〈故圆鉴大师二十四孝押座文〉浅析》（《湖北工程学院学报》第 1 期）对敦煌文献《故圆鉴大师二十四孝押座文》所具有的强烈儒佛融合意蕴的民间孝道观进行了论析。此外，张雪松《晚唐以来佛教阴司祭祀信仰的中国化发展》（《佛学研究》第 1 期）发现晚唐以来佛教试图改变民间信仰杀生祭祀为佛教正统所能接受的斋供。雷天宇《秽迹金刚信仰与唐五代剑侠传奇》（《浙江学刊》第 1 期）认为唐五代剑侠传奇的创作有可能受到了秽迹金刚信仰的影响，并反映出唐代密教信仰已经渗入民间生活各个方面。迟鲁宁《唐代鬼魂小说与〈金刚经〉》（《哈尔滨工业大学学报（社会科学版）》第 1 期）也是从唐五代传奇小说的叙事来讨论佛教《金刚经》的传播信仰功能。太史文《仪礼与佛教研究》（余欣、翟旻昊编译，生活·读书·新知三联书店）则通过“患文”写本梳理本土化仪礼中贯穿的佛教基本观念及仪礼逻辑和仪礼结构。

（三）基督教、摩尼教信仰。唐晓峰《唐元间基督教史述评——兼论早期中国基督教史的连续性》（《世界宗教研究》第 8 期）认为唐元及其之间的基督教史具有连续性，与基督教聂斯托利派在东方的扩张步伐一脉相承，也与中国西北地区的政局变迁、民族融合等因素密切关联。杨富学、熊一玮《唐代开教福建摩尼僧呼禄法师族出回鹘新证》(《西域研究》第2期)利用新出材料证明了“呼禄慕阇”又被称作“嗣教明师”,当指法师将波斯摩尼教转化为中土摩尼教,只有开摩尼教于福建的回鹘高僧“呼禄法师”才符合。沈琛《再论吐蕃与景教、摩尼教的联系》(《敦煌研究》第3期)辨析摩尼教与景教的知识可能从敦煌和拉达克两条路径传入吐蕃宫廷,但未能在吐蕃腹地获得实质性的传播。

(四)民间信仰。唐代出现出了许多祈福梦告于华岳神庙的故事,王永平《祈福梦告:唐代华岳神信仰的一个独特面相——从建唐功臣裴寂“谒岳神以徼福”谈起》(《陕西师范大学学报》第5期)认为祈福于华山神庙故事在唐代的大量涌现,是与华山所处的特殊地理位置和岳神所具有的预告世人前程命运的民俗信仰功能有关。余欣《占灯术源流考:德藏吐鲁番出土文献Ch1634发微》(《浙江大学学报(人文社会科学版)》第7期)据德藏吐鲁番出土文献Ch1634《杂占要抄》中的“占灯吉凶法”,认为占灯术的重新发现有助于重建中国数术文化的世界史。

五、社会史的日常与经济史的出土研究

(一)社会史的日常讨论。吴中博物馆编《长安:考古所见唐代生活与艺术》(上海古籍出版社)利用考古材料再现唐代长安人的生活空间、器用与意蕴、科举与文学等维度,展现大唐的物质生活与精神气象。于赓哲《唐朝人的日常生活》(上海文化出版社)则通过史料还原唐代民众的日常生活,包括大唐饮食、大唐语言、大唐文化等等。赖瑞和《品味唐朝:唐人的文化、经济和官场生活》(中西书局)试图从四大面向——职官、日常生活、碑志和地理,来还原唐人的文化、经济和官场生活。

朱红《规则的对应与逾越——唐五代笔记小说中人物的饮食行为与道德形象》(《复旦学报(社会科学版)》第1期)梳理了颇为丰富的饮食书写资料,阐述了唐人的道德书写与饮食行为之间所存在的对应规则。韩婷《界限与张力:唐代女性形象的理想建构与多元共存》(《宁夏大学学报(人文社会科学版)》第2期)发现唐代早期对妇女形象持宽容开放自信的态度,唐代晚期女性形象渐趋保守变形,而宗教信仰在某种程度上为理想女性的德操提供了疏解路径。马建红《中古京兆韦氏的变迁》(商务印书馆)不仅厘清和陈述了京兆韦氏家族变迁史实,还结合中古政治社会的变化阐释其变迁的原因。霍斌《唐以前砒霜入药说质疑》(《中医文献杂志》第2期)根据目前存世的可靠文献记载,认为唐代以前没有关于砒霜可以入药的准确记载。

民俗研究方面,魏迎春、朱国立《敦煌节日风俗所见多民族文化交融》(《西北大学学报(哲学社会科学版)》第6期)以敦煌节日风俗为切入点,通过对节俗行事的具体考察,从日常生活的层面揭示了敦煌地区的多元文化共存。赵洋《乞巧与狂欢——制度与民俗互

动下的唐代七夕乞巧》（《民间文化论坛》第 2 期）以唐代七夕乞巧为例，探讨了在制度与民俗的互动下，七夕乞巧活动如何经由丝绸之路被不同人群通过直接仿效或书仪写本传抄进行传播。王晶波、马托弟《学科交叉视野下的敦煌社会史研究及其展望》（《西北大学学报（哲学社会科学版）》第 6 期）还提出敦煌社会史研究应走向学科交叉。

（二）经济史的出土研究。利用出土文献讨论经济史相关议题的成果现已层出不穷。孙宁《户贯与唐代国家治理》（《魏晋南北朝隋唐史资料》第 45 辑，上海古籍出版社）以出土户籍文书为观察重心，讨论了普通唐人的户贯与社会控制之间的基本情况。耿元骊《结社相资：唐五代宋初乡村生存秩序的自我维系》（《河北学刊》第 3 期）具体考述唐五代宋初的“社邑”体系，从微观行为解读基层运转机制以窥国家运行的底层逻辑。丁俊《唐开元时期军政体制下的西州财务收支蠡测》（《敦煌研究》第 2 期）推测西州的赋税收入留州供军，所缺部分由中央调拨的给士兵衣赐与和籴匹段等来补足，开元时期西州的一兵之费需要八至十户的正赋来支撑。吴树国《唐前期色役的资课合流及其影响》（《经济社会史评论》第 1 期）认为唐前期色役的纳资与纳课存在差异，最终在开天之际形成人身役使关系松弛的趋势。朱定芬《唐前期兵士承担色役问题探析》（《西安文理学院学报（社会科学版）》第 1 期）则指出兵士通过不役纳资输课，作为官府的开支或充当官员的俸料，这是唐前期行政部门财政收入的重要来源。顾成瑞《唐前期驿丁应役方式的转变——兼论力役征派的色役化》（《史学月刊》第 10 期）认为唐前期驿丁应役方式经历了由正役向色役的转变，而力役征派色役化是“徭役国家”向“赋税国家”过渡的重要环节之一。王聪延《从“大索”“貌阅”溯源唐初户籍制度的形成和发展》（《和田师范专科学校学报》第 1 期）认为唐朝初期就形成了一套相对科学、完整且缜密的户籍管理制度，对唐朝更好地依据户籍信息合理地征发课役赋税、实现社会控制提供了重要的依据。蒋洪恩、武海龙、王广超、王博《晋唐时期吐鲁番盆地的谷物种植与收获时间考证——基于吐鲁番出土文献》（《中国农史》第 1 期）根据吐鲁番出土文献所提供的谷物种植、收获的大致日期，结合朔闰表和史日对照表，推定了晋唐时期吐鲁番盆地居民大麦、小麦、糜与粟的大致播种与收获时间。

关于敦煌吐鲁番民间契约文书的研究，王祥伟《再论敦煌写本“便物历”的起源与性质——与简牍资料的比较研究》（《中国经济史研究》第 4 期）指出便物历与政府的救济借贷密不可分，也与契约在功能和性质方面密切相关。巨虹《敦煌吐鲁番文书中民间契约保障制度探究》（《宁夏师范学院学报》第 6 期）发现敦煌吐鲁番契约实际文书及样文中会详略不等地规定保障制度、指明违约责任，充分体现了民间防御意识的加强。潘春辉、赵雪静《归义军时期敦煌贷绢契研究》（《石河子大学学报（哲学社会科学版）》第 3 期）集中讨论了敦煌民众借贷绢物时使用的借贷文书——贷绢契，并认为公元 10 世纪的敦煌民间借贷经济在整个瓜沙地区社会经济发展中占有十分重要的地位。

除敦煌吐鲁番文献之外，新疆和田地区出土的于阗文书的整理与研究工作，取得不少突破性进展，这也带动了唐代于阗地区经济史的研究。朱丽双、荣新江《出土文书所见唐代于阗的农业与种植》（《中国经济史研究》第3期）主要利用和田地区出土的于阗语和汉语文书，揭示了唐朝于阗地区的农业种植情况及其物产的比重，以及于阗王国范围内不同区域的不同情况。孙炳晗《安史之乱后于阗地区征税体系研究》（《西域研究》第3期）利用和田地区出土汉文文书及于阗语文书，证明于阗内部存在“国—州—乡—村”的征税体系，各级行政单位分别有官员负责征税。安史之乱后，唐朝镇守军由于与中央的联系被切断而无法获得供给，故利用于阗王国内部的征税体系在当地获取所需物资，直至8世纪末9世纪初于阗被吐蕃占领。范晶晶《对一件于阗语税收文书的考释》和张湛《一件8世纪后半于阗语房产抵押契约释读》（《西域研究》第3期）分别对中国人民大学博物馆藏GXW0404于阗语征税文书和Shanghai1房产抵押契约于阗语文书进行考订。

除出土文献的经济史研究之外，陈明光《唐朝“两税法”税制要素欠缺析论》（《厦门大学学报（哲学社会科学版）》第4期）借用现代税收学的“税制要素”概念，指出“两税法”存在诸多要素欠缺，并非规范且完善的国家税法。此外，五代宋初地方经济发展也开始得到重视。张亦冰《财政集权与五代宋初幕职、州县官料钱制度演进》（《中国经济史研究》第2期）通过考察五代宋初官料钱制度，指出朝廷财政集权的制度意图，在各方互动中才形成较务实的实施办法。刘儒《唐志所记本土商人政治地位及士商融合考探》（《河南科技大学学报（社会科学版）》第1期）则还原唐代本土商人群体的社会地位及政治追求，揭示出商人向士人身份趋近的主流态势。此外，五代两宋是荆湖地区商业起步和商业城镇发展的重要时期，袁钰莹《五代两宋荆湖地区商业城镇发展及其格局演变》（《中国经济史研究》第5期）和《五代两宋政局变动下的淮南商业格局》（《南京大学学报（哲学·人文科学·社会科学）》第5期）分别对五代两宋时期荆湖、淮南地区的区域商业发展和格局进行解析。土贡制度执行的好坏与中央对地方的控制力相关联，唐宋时期是土贡制度发展完善的重要时期。陈丽《地方土贡在唐宋时期的变化》（《中国经济史研究》第2期）认为唐宋时期地方土贡的发展变化见证了土贡从体现统治者权威的象征，渐变为中央和地方争夺财政权力的手段，最后又回归皇权至上的工具。

六、书籍传抄与文化教育

隋唐时期文化高度繁荣，传世书籍的传抄、存佚等问题也引发学者长期关注。朱姝民、刘全波《唐司农少卿宋遵贵与隋东都洛阳经籍散亡汇考》（《榆林学院学报》第5期）以司农少卿宋遵贵生平事迹考释为切入点，分析其仕宦履历，并对其之所以会担负此次河运经籍之缘由做初步分析，再现隋末唐初时代图书典籍大聚集又大流散的诸多片段与细节。曹珍

《隋唐五代类书存佚考略》（《古籍整理研究学刊》第 2 期）则总结出隋唐五代曾先后编纂类书达 180 种，可惜大多已亡佚，今仅残存 17 种。周生杰《江苏唐五代刻书述略》（《徐州工程学院学报（社会科学版）》第 4 期）关注印刷术使用早期时代江苏的刻书成就与特征，认为唐五代时期江苏刻书事业已走在全国前列。

隋朝国运短祚，隋代的历史教育成就长期以来一直被学术界忽视。程源源《继往开来的隋代历史教育及其对唐代的影响》（《陕西师范大学学报（哲学社会科学版）》第 3 期）总结认为隋代历史教育继承了魏晋南北朝分裂时期私学教育的成就。黄志立《唐抄本〈赋谱〉撰年及相关问题考论》（《北方论丛》第 6 期）则指出为适应科考之需，唐抄本《赋谱》正是在这一时风影响下而产生的"教科书"式的赋学指南，旨在为应举士子提供创作律赋的范式与门径。陈飞《敦煌唐写本明〈诗〉习业策残卷读释》（《河南师范大学学报（哲学社会科学版）》第 1 期）认为英藏敦煌文献 S. 6082 是问答结构相对完整的唐代明经科"分经修业"制度之产物。

敦煌蒙书的整理与研究，是分析隋唐教育发展不可绕过的议题。金滢坤《唐代〈武王家教〉中的儿童"自知"教育解析——以"三痴"为中心》（《甘肃社会科学》第 5 期）和《敦煌蒙书〈武王家教〉中唐代童蒙"形象"教育解析——以"八贱"为中心》（《浙江师范大学学报（社会科学版）》第 6 期）分别揭示《武王家教》中的"三痴"和"八贱"的文化内涵，并解析唐代家教、童蒙教育与个人、家庭和家族命运的关系。任占鹏《从"顺朱"到"描朱"看学童习字方法的演进——以习字蒙书〈上大人〉为中心》（《首都师范大学学报（社会科学版）》第 1 期）发现因唐五代时期的纸张较厚、印刷术不普及，学童习字普遍使用"顺朱"，但宋以后出现了薄且白的纸，朱字亦可印刷，重在"描""摹"的"描朱"成为习字常态。李殷《礼俗之间：唐代的女教伦理与敦煌蒙书的女子教育》（《江西社会科学》第 1 期）认为唐代社会前后时期对女子教育的一个突出变化便是对"贞洁""节烈"操守的日渐推重，但敦煌社会两性关系约束却不甚严格且贞节观念也相对淡薄。常荩心《敦煌本〈千字文注〉之编撰特征——兼与上野本〈注千字文〉比较》（《敦煌学辑刊》第 1 期）推测敦煌本《千字文注》的成书时间大约在唐玄宗之后到吐蕃占领敦煌时期。吴元元《敦煌蒙书〈兔园策府〉的流传与散佚》（《中国考试》第 4 期）梳理了《兔园策府》由科举参考书到童蒙教材的转变。

至于敦煌类书，郑炳林、刘全波《敦煌类书研究的知识史方法与博物学进路》（《西北大学学报（哲学社会科学版）》第 6 期）探讨了敦煌类书研究的新发展路径问题，提出了从知识史与博物学的视角拓展敦煌类书研究的新构想、新计划。刘全波、何强林《敦煌写本 P. 3622V + P. 4034V 佚名类书考释》（《敦煌学辑刊》第 1 期）还讨论了以 P. 3622V + P. 4034V 佚名类书为代表的类语类书，并借此认知中古时期士大夫、读书人的知识结构与博物观念。高天霞、马婕茹《论敦煌类书〈籯金〉写本〈储君篇〉与〈诸王篇〉的分野》（《河西学院学报》第1期）通过考察敦煌类书《籯金》写本《储君篇》和《诸王篇》录事与叙文的关系，说明唐代私修类书在编纂实践中或已逐步形成一些常设部类，部类内或已逐步凝聚了一批核心事例。

七、历史地理与军事战争

（一）历史地理。对于城市建筑与城市空间功能的讨论，是了解隋唐长安、洛阳等城市历史面貌最直接的取径。隋大兴城是中国古代城市建设的杰作，王天航《定鼎之策：隋大兴城的规划方法复原》（《中国历史地理论丛》第1辑）发现隋大兴城采用了“先定点，再画线，点线结合”的城市规划方法。赵原《东都视角下的唐前期“两京”模式变迁》（《黑河学刊》第3期）则分析了李唐王朝创制到安史之乱前长安—洛阳“两京”地位的消长与平衡。梁克敏《空间竞争视域下隋唐长安城佛寺与住宅的转换——以隋大业年间大兴城融并佛寺为中心》（《西安建筑科技大学学报（社会科学版）》第1期）认为佛寺与宅第之间的转换，实质上是城市宗教职能与居住职能之间的一种空间竞争。葛永海《长安—临安：唐宋“都城故事”叙事转向——基于经典作品比较的视角》（《陕西师范大学学报（哲学社会科学版）》第5期）发现从唐到宋的“都城故事”存在明显的叙事转向。

关于西域地区都护府的沿革及管理，学界也有很多细致讨论。虽然关于唐代都护府的研究已相当成熟，但刘亚光《唐代副大都护考》（《魏晋南北朝隋唐史资料》第45辑，上海古籍出版社）指出唐代副大都护随亲王遥领临时而设，并未纳入正式的职官系统，至于两《唐书》对副大都护记载不一，在于殿本修纂时的删减。郭桂坤《唐瀚海、单于二都护府初置年代再考》（《中国历史地理论丛》第3辑）指出唐修《国史》的《突厥传》囿于纪传体例，故形成永徽元年唐朝在北疆分置瀚海、单于二都护府的面貌。梁振涛《唐代北庭行政管理体制的类型及其实质》（《昌吉学院学报》第4期）认为唐代西域地方行政管理体系中存在所谓“北庭类型”，即唐王朝在北庭地区以正州县治编户百姓、以羁縻府州领诸蕃部落的二元行政管理体制。刘子凡《安史之乱前夕的安西与北庭——〈唐天宝十三、十四载交河郡长行坊支贮马料文卷〉考释》（《中国国家博物馆馆刊》第6期）解明了《交河郡马料文卷》所反映安史之乱前夕安西与北庭的交通、人员及军政状况，较为完整地反映了天宝十三载四月至十二月间北庭至安西交通线上官吏频繁往来的情况。此外，侯杨方、贾强、杨林《唐玉门关位置与玄奘偷渡路线的精准复原》（《历史地理研究》第3期）还结合苏联军事地图以及实地考察，认为小宛城遗址很可能就是玄奘记录的唐代玉门关旧址，并对玄奘偷渡路线进行精准复原。

同时，冯雷《新见唐折冲府辑考》（《中国历史地理论丛》第3辑）据唐人墓主新补折冲府40个。蒙长旺、陈启流《唐宋时期钦州徙治事蠡测》（《历史地理研究》第1期）推断钦州治所在唐天宝元年自钦江县初徙灵山县，在今灵山县旧州镇，最后北宋开宝五年徙治安远县，即今钦州市区。董文阳《唐宋“广南”地名演变考》（《中国边疆史地研究》第2期）认为“广南”在唐咸通年间指广管地区而非整个岭南，五代时期被用来指称南汉政权，宋灭南汉之后，与“岭南”混用，宋真宗至道三年始设广南东、西路。敬淼春《唐宋时期吴淞江上游河道的形成》（《中国历史地理论丛》第3辑）指出唐宋时期吴淞江上游河道的形成过程即吴江地貌的塑造过程，其中北部径流河道与南部漫流区域的圩田水网共同构成吴淞江的上游水系结构。李佳《唐中后期河曲地区的黄河水运》（《文史》第2辑）梳理了唐代河曲地区的黄河水运的发展，形成了以代州雁门为中心的河东—振武—天德水陆运输系统。

（二）军事战争。主要以西北地区的战争、战线的讨论为主。胡康《唐蕃松州之战新论——从〈拓拔驮布墓志〉谈起》（《西藏研究》第3期）从新出《拓拔驮布墓志》发现贞观七年时吐蕃势力已经发展到了唐蕃交界附近，双方在党项问题上已经出现了对立的趋势。景凯东《刘涣事件与开元后期西域战事——兼论王言的史料价值》（《甘肃社会科学》第5期）为探析王言史料对于唐史研究的价值，着重讨论了唐开元二十二年（734）北庭都护刘涣杀突骑施市马使者阙俟斤事件，指出王言史料保存了刘涣事件的具体原因和发展过程等细节，难能可贵。丁俊《唐前期营州事件与河北三层防御体系构建》（《北京社会科学》第7期）提出自武则天时期营州事件以来，唐朝相继在河北设置团结兵，最终完成了河北三层防御体系，即所谓河北全境防御模式。但由此带来的地方军事化及节度使争权等问题导致河北最终发生叛乱，也成为河北长期分裂割据的事实基础。防冬兵是唐后期为应对边疆危机、遏制蛮患，而在西南边疆驻防的军队。雒晓辉《唐代防冬兵问题考论》（《魏晋南北朝隋唐史资料》第45辑，上海古籍出版社）考察了防冬兵的建置始末与规模、特性的演变轨迹，以及其所牵引出的政治事件，在一定程度上揭橥出唐后期南疆局势安危、疆域形态变化，以及晚唐政局走势与唐王朝败亡的内在性勾连。李娜、田峰《唐蕃河陇之争与高适的边塞诗》（《边疆经济与文化》第12期）透过高适边塞诗的书写对安史之乱前唐蕃河陇之争提出一些新解。

八、考古发现与博物名物

2022年至少有10余篇考古发掘报告发表。朱超龙《隋炀帝墓的规格、形制与唐初“斟酌汉魏”制度》（《考古》第6期）和余国江《扬州曹庄隋炀帝墓与唐初改葬问题再认识》（《东南文化》第2期）分别对隋炀帝墓所体现的唐初“斟酌汉魏”的制度性因素以及改葬问题提出新的见解。左凯文、王志高《江苏扬州邗江蔡庄五代墓墓主新考》（《江汉考古》

第1期）认为扬州邗江蔡庄墓的墓主不是寻阳长公主，而可能是寻阳长公主的生母皇太后王氏。王建华《洛阳初唐棺床墓研究》（《洛阳理工学院学报（社会科学版）》第3期）对洛阳地区发现的4座初唐时期棺床墓进行了综合讨论与解读。曹永歌《五代墓葬形制研究》（《中原文物》第2期）则认为五代墓葬承袭了唐代葬制的特征，并对北宋墓葬制度产生了重要影响。李宝军《山东东阿唐开元二十五年龙兴寺经幢研究》（《南方文物》第1期）根据对抢救性发掘所获唐开元二十五年龙兴寺经幢的讨论，揭示了山东东阿大秦村遗址的宗教属性以及唐代济州境内的佛教活动。对于唐镜年代的认定也有讨论。王敏凤《洛阳伊川大庄唐墓出土铜镜年代及反映的文化交流》（《中原文物》第4期）重新根据墓内器物特征认定该墓年代应该在唐代早期，从而证明该墓出土的打马球菱花镜早在唐代早期就已出现。陈灿平《关于唐代道教镜的年代问题》（《中原文物》第5期）认为《上清长生宝鉴图》所载镜图或其所代表的实物才应该是《古镜记》之“古镜”的真正来源。

图像艺术史研究如今也十分流行。李昀《梁元帝〈职贡图〉与唐阎立本〈王会图〉——现存〈职贡图〉摹本题跋辨伪》（《中国国家博物馆馆刊》第2期）对比了现存三种梁《职贡图》摹本，厘清梁元帝《职贡图》与唐阎立本《王会图》的关系，兼论现存摹本题跋辨伪。骆如菲《国家图书馆藏敦煌纸本千佛像考》（《世界宗教文化》第4期）分别从多方面分析国家图书馆藏纸本敦煌千佛像的绘画风格样式，认为此图应为西夏佛教艺术遗存。杜鲜《南诏头囊与西藏、敦煌等地吐蕃缠头渊源考——兼论缠头佛教造像》（《敦煌研究》第2期）从勘误《蛮书》所载南诏王红色头囊的对应图像入手，考订以往对《南诏图传》梵僧头饰文图对应和意涵释读的错误，证实《南诏图传》中梵僧红色头饰“赤莲冠”为南诏头囊原型，其源头为吐蕃缠头。马金林《女着男装：唐韦浩墓〈喂鸟侍女图〉图像研究》（《艺术研究》第4期）以文献考据与图像学研究二元互证的方法，分析唐韦浩墓《喂鸟侍女图》中人物形象的服饰特色及其艺术特征，对唐代女着男装现象进行补充说明。刘益民《往生净土的象征——试论晚唐五代宋初敦煌引路菩萨像的起源》（《宗教学研究》第2期）认为敦煌引路菩萨像的起源可能与西方净土九品往生的信仰有关。

宋辽西夏金史研究综述

王　申[*]

2022年的宋辽西夏金史研究没有因疫情影响而停滞不前，而是延续了近年来良好的发展态势，并在通贯性研究和学科理论反思等方面取得了重要成果，其余领域也稳步推进。以下分类述之。

一、“唐宋变革论”再反思

2022年度宋史领域最突出的热点问题是，在经历了若干年的学术发展后，当今学者如何从整体上重新认识宋代这一在传统上被认为是承上启下的时代，尤其涉及如何反思“唐宋变革论”等本领域内最重要的假说理论。不少具有重大影响力的学术期刊、集刊于2022年度邀请宋史领域内的资深学者、年轻新锐，兼顾本土学者与海外学者，组织了旨在重审唐宋变革论的笔谈与专题研究。

《北京大学学报（哲学社会科学版）》第4期组织“多元视野中的唐宋变革”笔谈。包伟民《“唐宋变革论”：如何“走出”?》认为内藤湖南等学者从各自认定的支点出发，将历史演进按阶段切割开来。看似清晰的分期学说，存在着将复杂历史简单化的风险。唐宋之间社会生活不同层面的历史演进步伐，迟疾有异，相互之间明显不同步，需要以演进与延续的视角观察唐宋间历史。张泰苏《从“唐宋变革”到“大分流”：一种假说》认为，唐宋变革所引发的政治精英地方化潮流在之后的数百年里强化了地方社会的自我治理与救济能力，由此为清代的“国退民进”政治模式提供了必要的功能性条件。清代国家能力弱化，是形成中西“大分流”的原因之一。罗祎楠《认识论视野中的唐宋变革问题》从“认识论”的视角将历史学家构造唐宋变革问题的认识模式纳入分析，指出在反思“郝若贝—韩明士”唐宋变革模式的基础上，结合具体作品的研究，可以看到新的认识模式如何引导历史学家呈现历史之变。

《中国社会科学》第7期的“宋史研究专题”邀请八位资深学者就宋代社会的重大问题

---

* 王申，中国社会科学院古代史研究所宋辽西夏金史研究室助理研究员，研究方向：宋代财政史、货币史。

发表论文。姜锡东《宋代生产力的发展水平》统计得到宋代的生产技术和生产对象、生产工具至少有45项发展，其中农业至少有15项，手工业至少有30项的结论。宋代生产力虽然整体发展水平超过前代，但也存在不少局限性。李华瑞《宋代的财经政策与社会经济》指出宋代的财经政策显示出帝制国家干预经济的独特优势，这也是宋代商品货币经济繁荣有别于其他朝代的特质所在。陈峰《宋代的文官掌军制度及其效应》认为宋代文官掌军制度的立意在于求稳，特点是以文驭武，宗旨则是防范军事将领危害国家乃至反噬政权。这项制度一方面降低军事效能，另一方面有助于维护统治秩序与文治路线的稳定。包伟民《“乡役论”与乡里制的演变》认为马端临对于乡役的认识不完全符合历史事实，秦汉以来里胥这一层级从来都是从民户差发充任。至南宋民户因役破产的局面遂愈发严重，因此影响了后世的里甲制度。曹家齐《宋代的交通形势与制度》指出宋代交通重心先是东移，继而南移，并形成以京城为中心、连接边防重地的物资运输网络，以及偏重海上的对外交通形势，是国际政治格局与宋朝内部诸因素联动的结果。柴荣《宋代女性的土地权利保护》提出：宋代女性土地权利之所以能得到法律保护，主要在于家庭、劳动地位提高扩大了女性实际权利，孝道提升了女性尊长的法律地位，理学尚未对女性土地权利产生实际约束力。

《唐宋历史评论》第九辑（社会科学文献出版社）则邀请参与2021年“跨学科视野中的唐宋变革”学术圆桌会议的学者撰写笔谈，作者们主要以海外学术视角为基础，带着亚洲史的视野，尝试进行跨学科、跨领域的探索，借此反思既有之分期与分界。陆扬《“唐宋变革论”与唐宋变革：一个史学命题的方法论问题》认为需要对“唐宋变革论”展开历史变化层面和史学史层面的思考；需要截取唐宋之间某些关键时段深描，突破“唐宋变革论”的论述框架。仇鹿鸣《藩镇：一个难以被纳入唐宋变革论的议题?》指出藩镇问题虽然没有延续到宋代，但很多和藩镇密切相关的中晚唐经济、制度方面的变化，却能在“唐宋变革论”的框架下得到体现。张泰苏《唐宋变革与经济转型》认为从“唐宋变革论”的经济转型方面可以伸发出以下两个问题：财政国家是对整体经济结构市场化的制度反应还是驱动力，财政国家的建立是否推动了市场化的发展?刘光临《唐宋变革、资本主义与天道人心——略论陈寅恪保守主义史学思想的魅力》认为从唐宋变革到当代改革开放这一千多年的历史，呈现多种发展路径，而且在选择某种具体路径时又有偶然性。唐宋变革造就了宋代的财政国家，但在被蒙古征服之后就从中国消失了。蒙古的崛起及其征服成功有偶然性，这个偶然性又产生了长期且不可逆转的影响，影响到明清国家建构模式。许曼《唐宋变革中地方精英的转型》重点讨论了三方面的话题：唐宋变革研究中的社会性别视角；长时段历史研究的重要性；地区差异的复杂性，区域研究的多样性，以及相关理论的可持续发展。杨斌《从被动到主动：海洋亚洲中的“唐宋变革”》指出从海洋中国而言，唐宋变革十分明显，宋、元、明初的传承也很明显，而郑和之后则是一大变革。陈丹丹《略论思想与文艺之唐宋转型》、罗祎楠《“唐宋变革”的理论自觉与反思》反思了几个文学领域的命题：第一，宋代是中国的文艺复兴吗？第二，宋代理学是近世哲学吗？“唐宋变革”可能是一个历史的现象，“唐宋变革论”也是近现代中国思想史的一部分。张杨《从历史社会学视角反思唐宋变革论》从三个维度反思了“唐宋变革论”：第一是政治维度，特别是君主制中的贵族与官僚问题；第二是时间维度，包括变革论的目的论时间观，变革重要性的跨时间段比较，以及变革论所蕴含的对于历史变化的间断平衡的时间想象；第三是空间维度问题，以宋朝为中心的唐宋变革论，无法涵盖空间区域这些丰富而重要的历史变化。

《浙江学刊》第 1 期组织了“宋韵文化研究”主题研讨。陈野《试论宋韵文化的认识维度、精神实质和当代价值》将宋韵文化定义为两宋文化中优秀的文明元素、内在精神和传延至今的文化价值。徐吉军《论宋代文明的成就及历史地位》认为宋代中国是当时世界上经济最繁荣、文化最先进的国家，对人类文明的发展作出了重大贡献。何勇强《宋代科技成就的历史地位刍议》评价了若干宋代重要技术发明的历史意义，认为宋代文化主体下移，大量民间科学家为宋朝科技发展作出巨大贡献。王一胜《宋代经济的现代韵味》认为宋代经济变革受商品经济刺激，因而透露出独具特色的现代韵味。刘克敌《关于“宋韵”阐释的几个问题》讨论了如何让“宋韵”概念深入人心，获得学术界和大众认同的若干问题。

上述研究多已超越以往认同、反对、继承、批判“唐宋变革论”的研究路径，而是充分吸收近年来相关专题领域的学术进展，重新反思“唐宋变革论”涉及的重大历史问题的最新成果，充分反映出宋史研究领域的积淀与前沿。

二、历史文本的分析与研究

历史文本的分析与研究是 2022 年度辽西夏金史研究的热点。经过长久的积累，辽西夏金史学界已不满足简单的文献整理工作，近年来逐渐转向研究文本的生成、流传及其衍生出的“史实”，很多历史“常识”由此被颠覆。

这一研究理路的代表性成果是苗润博关于契丹早期历史的系列文章：《元修〈辽史〉契丹早期史观解构》（《中山大学学报（社会科学版）》第 4 期）指出元修《辽史》关于契丹早期史的记载，不仅限于抄撮旧文、敷衍成篇，更是对契丹历史的重构，元朝史官的核心工作方法是杂糅、拼接不同文献系统的材料。《契丹建国以前部落发展史再探——〈辽史・营卫志〉“部族上”批判》（《中国边疆史地研究》第 1 期）关注到《辽史・营卫志》“部族上”的文本来源问题，进一步论证相关叙述是元朝史官将中原、辽朝两个不同文献系统的材料加以杂糅、拼接的结果。《民族记忆抑或家族标识？——契丹漆水郡望探赜》（《中国史研究》第 2 期）分析漆水是辽庆州附近黑水（河）的雅称，承载了阿保机家族对其先祖加入契丹集团以前迁徙轨迹的起源记忆，是辽建国以后增进皇族认同、标举内外之别的重要手段。《“青牛白马”源流新论——一种契丹文化形态的长时段观察》（《北京大学学报（哲学社会科学版）》第3期）认为青牛白马作为盟誓牺牲的核心功能，根植于唐代中后期契丹集团二元汇聚的来源与结构；与天神、地祇的对应祭祀关系则定型于辽朝建国后的改造。《辽朝前期自称轩辕后裔说献疑》（《中国典籍与文化》第4期）称辽皇室自称黄帝后裔晚至道宗、天祚时期才成为一种较为权威且流行的历史叙述，与整个契丹王朝的文化转型进程正相一致。

此外，陈晓伟《试探辽朝佛庆二重体制说》（《世界宗教研究》第9期）、邱靖嘉《改写与重塑：再论金朝开国年代及其相关问题》（《文史哲》第2期）两文也从文本生成的角度指出辽、金二史记载的讹误及其产生的原因。前者提出元朝史官撰修《辽史》改编《契丹国志》时，将“四月八日”篡改作“二月八日”，凭空横生出另一个佛诞日。后者将阿骨打称帝建国、国号大金、建元天辅的时间定为天庆七年。

三、政治制度

和往年类似，梳理宋代政治文化与政治制度依然是研究重点。邓小南《再谈走向“活”的制度史》（《史学月刊》第1期）认为制度初衷与现实折中的张力所带来的“空间”，是制度史研究富有魅力之处。吴铮强、郎启浩《历史记忆的模糊策略：两宋政争与名臣韩琦传的书写难题》（《浙江社会科学》第7期）分析不同时期的历史文本，认为在韩琦政治地位无以动摇的情况下，两宋传记文本对韩琦事迹各有隐讳与扭曲，模糊化了韩琦形象。杜文玉《宋承唐制还是五代之制》（《山西大学学报（哲学社会科学版）》第3期）认为“宋承唐制”之说是宋人出于五德终始的历史观，出于正统论的思想，出于抬高宋朝历史地位的政治需要，刻意淡化五代之制有意追求的结果。张祎《宋代宰相的“当笔”》（《文史》第4期）分析当笔制度的具体内容和相关官员的分工状况，认为其是宋代中枢政务运行的重要环节，是考察日常政治运作、权力博弈很好的切入点。李灵均《宋代任官制度中的零考问题》（《史学月刊》第9期）辨析了零考的概念，官员因离职或满任后仍暂时在职，当年无法满一考，这一部分任职时间称作零考。年慧龙《北宋提举常平司监司地位确立考》（《中华文史论丛》第3期）探明元丰官制改革后，“提举常平司—户部右曹”系统形成，仓司的监司地位正式确立，并分析了元祐、绍圣年间相关政策的反复。龚延明《宋代官品与品官制度》（《中华文史论丛》第2期）运用官品与品官结合的视角重新研究宋代官品问题。韩冠群《从朝堂到相府：南宋史弥远主政时期的中枢政治运作》（《中山大学学报（社会科学版）》第5期）指出史弥远专权期间建立起以都堂和相府为决策中心的中枢决策机制，皇帝为中心的御前决策重要性降低。杨光《谒禁制度与宋代台谏机构的运转》（《史林》第1期）以谒禁制度与宋代台谏制度之运转的关系为重点考察对象，进一步考订宋代针对台谏官的谒禁制度规定，分析其实施效果。孔妮妮《南宋时期权臣秉政与制词书写中的政治博弈》（《学术月刊》第 8 期）论证南宋制词书写展现了君主、权相、词臣之间的政治博弈及其背后的权力斗争，凸显了宋代士大夫政治的发展趋势和演变特征。王晓龙、黄昌付《成本管控与宋代行政官员的贪腐问题》（《宋史研究论丛》第 2 辑）认为宋廷的成本管控举措并未达到理想的效果，惩贪不严成为宋廷优待士大夫付出的巨大代价。

政治、制度以及社会形态的演进也是辽金史研究的焦点。邱靖嘉《“超越北南”：从中枢体制看辽代官制的特性》（《历史研究》第 3 期）论证表明辽代中后期的中枢辅政机制是皇帝与以北、南院枢密使兼中书（政事）令为首的宰辅群体共同“参决大政”，表现出“超越北南”的特征。邱靖嘉另一文《辽金韩知古家族新证》（《中国史研究》第 3 期）则聚焦 2011 年出土的韩知古家族后裔韩瑞的墓志，勾勒辽金两朝韩氏家族的境遇。王善军《女真贵种与金代政治文明的演变》（《中国社会科学》第 6 期）分析了女真贵种的来源和内部分化情况，指出由此形成的政治等级结构随着金朝中后期贵种家族的泛化和民族融合的深化逐渐走向松动失序。程尼娜《〈金史〉“篡改开国史”辨》（《史学集刊》第 1 期）认为《太祖实录》没有虚构和编造金朝建国时间、国号、年号，《金史》记载的金朝开国史是信史。孙建权、兰世林《论金前期国王爵的兴废与女真世爵的演变》（《辽宁师范大学学报（社会科学版）》第 6 期）梳理了金朝国王爵和女真世爵兴废演变的过程与意义。关树东《辽金荐举制度——兼论辽金贵族政治与皇权的关系》（《殷都学刊》第 4 期）指出辽金荐举制度及其运行，反映了皇权与贵族政治的关系，体现了辽金政治体制的共同性与差异性。

四、经济

经济史方面，财政制度是研究重点。代表性研究如下。戴建国《南宋中后期的土地清查和地籍攒造》（《历史研究》第 1 期）分析指出南宋嘉定经界以丈量土地法为主；景定经界推排改为户主自实法。南宋中后期的土地清查是对绍兴经界法的完善和发展，土地簿籍制度更趋成熟，对征调赋税、纾解财政困局发挥了重要作用，对后世田赋制度产生了深远影响。李华瑞《宋代“兼并之家”考析》（《历史研究》第 2 期）区分了“不抑兼并”和“摧抑兼并”中“兼并”一词的含义。前者作动词使用，指土地所有权转移；后者作名词使用，指在土地兼并过程中形成的新兴社会势力。黄纯艳《宋代海洋政策新变及其国内效应》（《中国史研究动态》第 2 期）认为不论从军事防御还是经济贸易角度来看，宋代国家更加重视海洋，海洋对国家和民众的重要性空前增大。黄纯艳、陈娅娜《宋代赋役衍变的制度逻辑》（《思想战线》第 5 期）认为宋朝赋役制度既遵循王朝体制、儒家治国、以农立国的基本原理，也适应财政结构和社会经济新变化，具有保障财政供给和维持社会稳定的双重功能。陈明光、毛蕾《宋代头子钱的类型与财政性质考论》（《文史哲》第 3 期）根据征收环节的不同区分宋代头子钱的财政性质，一是对一部分财政收入的法定正额的附加征收；二是对财政经费调拨或支出的减付。董春林《北宋衙前重难与役法改革》（《社会科学》第2期）认为北宋衙前役法改革勾勒出衙前役从非职业化向职业化转变的理路，基本体现了北宋役法改革乃至差、募役法更迭的实态。董春林另一篇论文《北宋衙前酬奖考论》（《中国经济史研究》第3期）将酬奖视为解决衙前赔费破产，进而推行役法变革的政策。刘世梁《南宋的折帛钱与淮衣再探——以庆元府、临安府为例》（《中国社会经济史研究》第1期）讨论了南宋临安府、庆元府折帛钱演变的过程与结果。骆详译《从纳椽与应役看西夏赋役与籍帐制度——兼与唐宋籍帐制度的比较》（《中国社会经济史研究》第4期）判断西夏税账分为几种类型不同、用途不一的文书，相互间联系紧密。西夏除了独有的民族籍帐制度与唐宋有所不同外，也继承了两税法以来以土地为中心的中原籍帐制度这一历史特征。田晓霈《西夏文契约的担保制度与处罚制度补考——以新译释西夏文契约文书为中心》（《中国经济史研究》第3期）通过对新译释西夏契约文书的梳理和观察，对西夏担保与处罚制度补充如下认识：在担保制度方面，在债权担保的范畴内，除已知的保人担保外，还有合伙担保、同籍担保和中人担保；在对标的物的担保范畴内，有瑕疵担保和追夺担保。张亦冰发表了一系列关于北宋前中期国家财政制度演进的专题论文，包括《财政集权与五代宋初幕职、州县官料钱制度演进》（《中国经济史研究》第2期）、《北宋三司内部行政机制及其演进——以三司长官、三部判官为中心》（《中华文史论丛》第2期）、《北宋前期吏职的"流内官"身份与免役权——以〈天圣赋役令〉宋6条为中心的考察》（《学术研究》第7期）、《论宋神宗朝"朝廷钱物"的封桩与征调》（《史学月刊》第12期）。

《首都师范大学学报（社会科学版）》第5期组织了"古史新视野"专栏，耿元骊《宋末元初湖州乡村的建置、人口与生计——基于〈元代湖州路户籍文书〉的考察》依据新发现的原始资料，首次统计了宋元乡村的基层组织建制、家庭人口、性别比例、家庭生计等情况。俞菁慧《王安石变法中国家经济与财政行为的货币化导向——基于青苗、免役二法的考察》将经济学概念与宋史结合，揭示了王安石变法背后的经济与货币运作逻辑。王申《理想模型：南宋货币议论中的北宋交子形象》澄清了南宋人对于北宋交子制度的误读，认为南宋纸币制度已走出了比较成功的新路。

区域经济研究出现了颇具创新性的新成果，在财政制度研究占据主流的今天尤为亮眼。袁钰莹《五代两宋荆湖地区商业城镇发展及其格局演变》（《中国经济史研究》第5期）认为从五代到北宋再到南宋，荆湖地区主要对外贸易方向从北向转为东—北向，而后又转为东—西向。长沙是湘江流域的商业中心，鄂州则在南宋取代江陵成为长江中游最大的商品集散枢纽。袁钰莹另文《五代两宋政局变动下的淮南商业格局》（《南京大学学报（哲学·人文科学·社会科学）》第5期）以类似的研究方法分析了淮南地区在五代两宋之际由盛转衰的具体过程。金城《宋代明州盐业发展及其原因探析》(《盐业史研究》第2期)统计得出明州盐场从北宋的8所发展到南宋的15所，盐场数量增多，盐业产能得到提升。伍修贤《宋代歙州经济发展格局——基于乡里户口的定量考察》(《河北北方学院学报(社会科学版)》第3期)从户口和户数激增得出歙州社会经济发展迅猛的结论。黄嘉福《南宋时期"稻麦共存"农业景观及其影响》(《中国历史地理论丛》第1期)认为"稻麦共存"农业景观的形成与避乱南下的北人及南宋王朝积极开展的营田活动密切关联，增加了粮食产量和防范自然灾害，推动了南方地区夏麦税的产生与发展。

五、社会

社会史方面，基层治理是研究热点。梁建国《"民力不宜妄有调发"——北宋河防夫役的征调理念与实践》(《中国史研究》第4期)指出调整和优化力役的征派方式，在完成工役与节省民力之间寻求相对的平衡，以减轻民力负担，缓解社会矛盾，体现出宋廷更加理性、务实的治理风格。祁琛云《劝募与捐献：宋代南方桥梁建设中民间资金筹措方式述论》(《史学月刊》第7期)认为民间财富在桥梁众多的宋代南方水乡地区中，是最重要的修桥经费来源。民间资金主要通过官员劝捐、僧侣募捐及民众自捐等方式融入建设经费。祁琛云与苗书梅合作的《下户出钱：宋代南方水利募捐主体的再认识》(《中国农史》第3期)也认为从事农业生产的乡村下层民众是水利兴修经费的主要承担者。从上述两篇论文中可见宋代民间对于建设公共事业的热情。林文勋、田晓忠《再论中国古代"富民社会"的形成》(《思想战线》第5期)指出两税法是"富民社会"形成的一个重要历史节点，确定了"富民"拥有土地财产的合法性，使他们与国家之间结成良性互动关系。廖寅《空间与权力：环城半程空间与宋代官户的活动展开》(《社会科学战线》第12期)通过计算得出宋代官户向环城半程空间迁徙成为时代潮流的结论，认为宋代社会总体上属于"官户"的世界，距离理想的"富民社会"尚有非常大的距离。王瑞来《纵横辨"丁""口"——宋代人口问题再考察》(《社会科学战线》第12期)确定宋朝人口统计的"丁""口"均为承担赋役之人。李贵《汴京气象：宋代文学中东京的声音景观与身份认同》(《学术月刊》第1期)还原北宋东京城的13类声音景观及其对应空间，揭示其产生原因和历史文化意义。许博文《宋代党项日常生活初探》(《西夏研究》第4期)归纳了宋代党项人的多种生活习惯，将其视为民族、多宗教文化交融的结果。

《历史教学(下半月刊)》(第11期)组织了宋代基层社会治理专稿。其中傅俊《宋代乡里组织与村落社会空间》点明地方志中关于各地乡里组织的记载复杂多样，除了制度实施本身因素外，更是编修者地方性知识和书写的多样叠加。陈曦、吕萌园《政治调控与民意传达：论宋代乞留地方官员的双重功效》分析了宋代乞留地方官员现象的变化过程，以及百姓、朝廷在其中的诉求。黄敏捷《以免役诱民而取其钱？——宋代保甲乡役的成因与影响再研究》认为从乡职到乡役再到保甲乡役，反映了近古以来基层治理单位细密化、综合化及基层社会权力转换的趋势，也体现国家、地方官府与基层社会在磨合中形成新的相互依存关系的过程。

家族研究也有新进展。粟品孝《宋元明时期江州周氏宗族的迁徙及相关问题考述——以族谱记载的周敦颐后人为中心》（《西北大学学报（哲学社会科学版）》第 2 期）分析了江州周氏宗族在南宋至元明时期多次迁徙的路线和方式。顾成瑞《宋代义门优免制度的实践——以〈余姚开元刘氏家谱〉所收宋公文书考析为中心》（《文史》第 1 期）从刘氏义门优免权落实过程中的冲突，探究了宋代基层赋役征派纷扰不断的实态。仝相卿、潘梦斯《北宋韩琦家族后嗣疑难问题综考》（《殷都学刊》第 2 期）分析了多个因资料匮乏导致研究未能深入的难题。

程民生继续在宋代色彩领域发力，进一步夯实了对宋代各种色彩的理解，尤其重视强调各种色彩的社会功用。具体成果包括《斑斓集萃：宋锦的色泽及功用》（《江西社会科学》第 5 期）、《宋代紫色奇特的社会功能》（《首都师范大学学报（社会科学版）》第 2 期）、《无彩的奇异：宋代白色的社会功能》（《首都师范大学学报（社会科学版）》第 6 期）、《宋代黑色的地位与功能》（《社会科学战线》第 8 期）、《宋代蓝色的崛起》（《河北学刊》第 5 期）、《惊艳：宋代开封的城市色彩》（《河南大学学报（社会科学版）》第 6 期）。

六、思想文化

思想文化史方面，反思与政治相关的思想问题是研究重点。代表成果如下。陈峰《宋太祖时期以史经世的考察》（《历史研究》第 4 期）认为以史经世成为宋太祖时代朝政的最重要内容，使得宋朝摆脱五代循环战乱的覆辙。田志光、梁嘉玲《镜鉴与变通：宋代士大夫的援史经邦》（《史学史研究》第 4 期）认为士大夫的历史观可根据“时”“势”的不同而变通，以适应复杂多变的政治生活，对现实政治发挥更好的镜鉴作用。胡楚清《两宋时期的兴亡论及其研究价值》（《史学理论研究》第 6 期）将两宋时期的兴亡论视为中国古代兴亡论发展过程中的新高峰，认为它对于宋代历史、中国古代史论和中国古代历史理论研究都具有独到的价值。何玉红《法律分析·政治解释·文化构建——“故事”研究的三种路向》（《西北师大学报（社会科学版）》第 6 期）将研究“故事”的路径概括为法律分析、政治解释和文化建构三种。李昌舒《西方理论视野下的北宋科举》（《学术界》第 1 期）表明与政治改革密切相关的科举改革成为北宋中后期的一个主要现象，徽宗、蔡京等人为了达到思想专制的目的废除科举，北宋也趋于灭亡。江小涛《北宋的文教政策与官方教育理念的变迁》（《殷都学刊》第 4 期）认为北宋政权致力于完善科举制度和振兴官学教育，却使得官学教育始终受到科场效应的制约。江湄《正统、道统与华夷之辨——论南宋的“中国”认同及其历史意义》(《中国哲学史》第3期)指出南宋“中国”认同并非现代的国族意识，而是给出了一套继承汉朝“大一统”而有所变化的“中国”原理，为新的“大一统”准备了思想条件。寇欢《公众视角与地方治理：宋代地方官员德政的书写及功用》(《湖南社会科学》第5期)认为宋人多以地方士民的视角书写地方官员的德政事迹，使得德政书写呈现出走向公众视角的书写特点。陆敏珍《叙事与历史：宋代“废罢〈仪礼〉”的话语空间》(《浙江学刊》第5期)提出朱熹“废罢《仪礼》”的叙事与其说是对历史事实的确认，不如说是对知识体系与知识传承的反思等观点。林岩《北宋“太学新体”考论——以张方平庆历六年科举奏章为中心》(《文艺研究》第8期)认为张方平上奏抨击科场文风的目的不仅是拨正科举文风，且是试图清理“庆历新政”失败后留下的文化遗产。杨晓敏、杨世文《政治阴影下的宋代墓志书写——以〈宋户部侍郎刘忠公墓志铭〉为例》(《中华文史论丛》第2期)探明该墓志直接关涉史嵩之起复问题，也与“三贤暴死”案纠缠，其成文和流播过程都受到政治的强烈影响。成明明《国家形象与市民文化的互渗融合——宋代元宵诗词的集体欢乐书写》(《南京大学学报(哲学·人文科学·社会科学)》第3期)指出在宋代元宵诗词中，以集体欢乐为主题的诗词占比较高，体现出国家形象、儒家理想与市民文化的鲜明因素及其协调融合。曹家齐《弦音惓惓：南宋遗民情怀与元明浙操江操琴曲》(《中山大学学报(社会科学版)》第5期)认为南宋遗民假借潇湘文学意象，重新演绎和再创作大量古琴曲，抒发独具遗民心结的惓惓之情，隐逸、避世、孤独、寄情山水是其中的主题。

民族共同体的研究方兴未艾。赵永春《中华民族共同体视域下金人的“中国”历史认同——以〈大金德运图说〉为中心的讨论》(《陕西师范大学学报(哲学社会科学版)》第1期)认为《大金德运图说》将“五德终始”说改为复线性发展模式，认同汉族和少数民族都可以称正统，并且认为正统和非正统都是“中国”。孙久龙《金朝接待宋使两考》(《史学集刊》第3期)从金朝对宋使接待流程中的特色食品和特色仪轨两个细节出发，透视金宋文化交流及女真入主中原之后对中国北方文化发展演进的影响。杨军《〈北行日录〉反映的宋金饮食文化交融——兼论中华民族文化交融的规律》(《中华民族共同体研究》第4期)发现开封进入金朝后饮食文化发生明显变化，汉族传统食品加入女真饮食文化元素，女真特色食品加入了适合宋人口味的食材与调料。苗霖霖《金朝的儒家认同与中华民族共同体的构建——以衍圣公的封授为中心》(《烟台大学学报(哲学社会科学版)》第4期)指出为赢得汉人支持，金朝统治者提倡“尊孔崇儒”，积极推广儒学，将“衍圣公”和曲阜县令分别作为孔子后裔的世袭爵位和官职，提升了孔子后裔的社会地位，为后世各政权提升衍圣公身份和地位打下基础。彭向前《西夏文献所见黄帝形象研究》(《民族研究》第1期)认为西夏文献中的黄帝形象可以分为两种，一种是指以颜色特征命名的“五色帝”之一，即“黄色帝”；另一种则是为人们所熟知的古代杰出人物的代表，即“轩辕黄帝”。

结合图像分析与政治和社会史的美术史研究是2022年度文化史领域的又一标志。代表性的著作有苗润博《透视阴山七骑：图像、传说与历史记忆》（《美术研究》第2期），该文认为胡瓌《阴山七骑图》中的人物形象并非天然与契丹对应，更不宜将此图与契丹祖源传说建立直接联系。林航《辽代公主嫁仪：库伦1号辽墓墓道壁画新解及其墓主身份考释》（《形象史学》夏之卷）指出该墓墓道壁画是辽代公主嫁仪的一个具体场景，墓主是槊古和萧孝忠。杭侃、赵献超《辽墓壁画里的奉经图》（《美术大观》第4期）认为辽墓壁画中的奉经图是墓主人读经转藏活动的缩影，体现墓主人生前围绕法宝的宗教崇拜活动。张鹏《金代时立爱家族墓葬艺术研究》（《美术大观》第4期）分析了该墓葬营构中的视觉资源，墓室构造的变通、葬仪践行的权衡、树碑立传的滞后延迟，以及文人集团与墓主的身份认同。张廷波《“妇人乳婴”形象身份考——以南宋李嵩画作为例》（《美术》第10期）认为李嵩笔下“妇人”并非普通妇女，而是宋代高度职业化的乳母。此外，金靖之《宋代绘画对日本的影响——以〈潇湘八景图〉为例》（《上海博物馆集刊》2022年）以《潇湘八景图》在日本的接受史为例，看到日本人创造的“和式中国文化”是中日文化交流史上值得注意的重要特征。

七、文献

在文献、资料整理与研究方面，学者们取得了对多种文献的新认识。胡斌《“绍兴旧史”与“淳熙新史”：南宋编纂徽宗朝官修史书的两个文献系统》（《文史》第3期）判定杜大珪《名臣碑传琬琰集》中徽宗朝《实录》附传实为绍兴《徽录》附传，证明《宋史·徽宗本纪》与徽宗朝诸臣列传分属“绍兴旧史”和“淳熙新史”两个文献系统。李焘修正“绍兴旧史”旨在树立元祐党人的正面形象，扭转北宋后期新党的历史书写倾向。高纪春《〈皇朝中兴纪事本末〉与〈中兴小历〉关系再研究》（《文史》第3期）分析得出今见《小历》和《本末》都非熊克原书、彼此之间差异较大的结论。马楠《从杜鹏举、姚应绩二本重审〈郡斋读书志〉》（《文史》第1期）指出《郡斋读书志》杜鹏举本与姚应绩本均非晁公武晚岁罢退归家、从容修订之作；《郡斋读书志》与淳熙五年《中兴馆阁书目》也不存在体系性的关联，并不能作为研究《宋史艺文志》的参考。吴同《明抄孤本〈国朝册府画一元龟〉新考》（《文献》第3期）认为此书现仅赖明抄残本得存，该本应即《文渊阁书目》所记“画一元龟”之副本，清初已残缺，长期置于内阁大库，此后作为北平图书馆甲库善本藏书之一，流转北京、上海、美国、台北多地。王艳、王兆鹏《江阴〈葛氏宗谱〉所载南宋洪兴祖及葛胜仲兄弟佚文辑考——兼论〈丹阳集〉的编刻时间》（《文献》第2期）考知葛胜仲《丹阳集》八十卷编成并初刻于绍兴十七年。葛焕礼《由“义见微旨”注再论陆淳〈春秋微旨〉的撰作时间》(《齐鲁学刊》第6期)由行文的细微之处入手，重新判断了陆淳《春秋微旨》的撰作时间。曹家齐《仪征博物馆藏〈建安仓记碑阴〉释证》(《江苏师范大学学报(哲学社会科学版)》第5期)解读了该碑刻的文字内容，指出其中关于转般仓设置的时间和地点，可补传世典籍之阙，是北宋初年建安军重要地位及转般法实施情况的历史见证。董新林、康鹏、汪盈《辽太祖纪功碑初步整理与研究》(《隋唐辽宋金元史论丛》第12辑)分析了辽太祖纪功碑的形制，缀合了该碑的残片，考订了该文涉及的重大历史问题。陈晓伟《金〈宣宗实录〉考——再议王鹗〈金史稿〉为元修〈金史〉底本说》(《文史》第2期)重探元修《金史》与王鹗《金史稿》的关系。

《文献》第5期组织了“少数民族文献研究”专题，其中涉及西夏文献研究四篇，反映了相关领域的最新进展。张九玲《俄藏西夏文〈五十颂〉考释——兼论西夏的偈颂》在对《五十颂》录文、汉译和校注的研究基础上，揭示其中偈颂存在押韵现象，并判断它很有可能是西夏本土的原创作品。王龙《俄藏7979号西夏文草书佛经考释》考释得出俄藏7979号西夏文草书佛经内容是此前尚未发现过西夏文本的《佛说大迦叶问大宝积正法经》、《广大宝楼阁善住秘密陀罗尼经》和《大乘庄严经论》的摘译。赵江红《西夏星历的定名与考补——以X37、инв. №8085为例》判定西夏星历与星曜行度文献属于同一类文献，皆可定名为“《百中经》残卷”或“《立见历》残卷”。孙颖新《额济纳河三角洲所出梵文陀罗尼刻本补议》考证20世纪在额济纳河三角洲出土的几种梵文陀罗尼集，指出采用汉文题目的陀罗尼不是直接录自梵文原本，而是西夏人据中原汉译本的构拟；采用西夏文题目的陀罗尼应该是据藏文原典的转写。

八、历史地理

历史地理方面，城市研究与城址考订是2022年度焦点。包伟民《行都的意义：南宋临安城研究再思考》(《江西社会科学》第5期)视南宋临安为观察传统时期行政地位与城市发展之间关系的难得例证。来亚文《宋代定海县城市形态研究》(《宁波大学学报(人文科学版)》第2期)指出南宋定海县出现军寨、县城并存，共同促进城市生长的“双子城”格局，催生了新的城市中心，继而为明清县城的形态奠定了基础。祁琛云《宋代城市火灾应对管理研究》(《江西社会科学》第10期)归纳总结了宋廷防范、救援城市火灾的各项政策。杜昊、陈哲、孟诚磊《南宋临安太庙四至及相关地名考》(《华夏考古》第4期)以《咸淳临安志》中《皇城图》为线索，考证南宋临安城太庙与周边有密切关系的地名，提出太庙四至与范围，同时明确了太庙在历史上多次扩建、面积不断增大的过程。宋亮《北宋北边三路的分合》(《中国历史地理论丛》第3期)分析了北宋北边三路数次分合的过程、结果与原因。

赵里萌《辽金信州地望新探》(《历史地理研究》第 3 期)结合新的考古发现与历史文献推断，辽代信州治于五家子古城，而金代信州治于秦家屯古城。迁治时间据《元一统志》所记，可能是在金皇统三年。赵里萌、武松、孟庆旭《农安古城的调查及相关问题研究》(《边疆考古研究》第 1 期)对于农安古城的城址规模、平面形态、时代、性质都有了新认识。冯恩学、赵东海《扶余府城与黄龙府城的城址变迁》(《中国历史地理论丛》第 3 期)分析了扶余府城、黄龙府在高句丽、渤海国和辽代的建制情况。王禹浪、寇博文《金代肇州地理位置再研究》(《石河子大学学报(哲学社会科学版)》第 2 期)认为黑龙江省大庆市青龙山古城无论从文献所记方位、道里、水文环境，还是从城址规模、防御体系，皆与金代肇州吻合。杨浣等《论西夏的区域分野与地理形势》(《西夏研究》第 1 期)在分析西夏的区域分野和地理形势后提出西夏长久存立的原因：于大国对峙的夹缝中求生存，于形势要害之地置监军司，于国小则无所恃而有畏惧。

九、军事

军事史方面，军事制度与军事战略研究仍是主要的研究方向。王军营《两宋班直禁军组织形式与管理体制考论》(《中华文史论丛》第 3 期)认为宋代殿前诸班直禁军有诸班与诸直两类组织形式，因兵种不同、职责差异而区别划分。束保成《宋代武选官住程差遣探析》(《中华文史论丛》第 3 期)认为住程差遣的设立不仅保证了武选官对于差遣职事的需求，也使武选官在实际任职过程中积累行政经验，对于素质的提升有很大帮助。安国楼、宋彦松《宋金时代两次汴京战役中的抛石之战》(《清华大学学报(哲学社会科学版)》第 4 期)指出宋、金先后败于汴京的根本原因不是城址布局、抛石战术和技艺等问题，而在于昏庸政治环境下人事谋划的失策。任娟玲、刘金柱《北宋雄州两属地的赋役制度探析》(《中国边疆史地研究》第 4 期)指出由于雄州两属地特殊的地理位置对于边防安全至关重要，宋辽双方在此长期博弈，北宋在此实行特殊的赋役蠲免政策。李玉君等《辽金上京之战发覆——从〈金史・卢彦伦传〉系年问题说起》(《史学集刊》第 3 期)论证了以往学界认为的金朝“选择辽之五京及辽主为其战略目标”的战略计划并非史实。胡斌《隆兴和议誓书“叛亡”条款与乾道初年宋金外交博弈》(《史学月刊》第 6 期)将宋金两国内部维护和议的力量均占上风视为隆兴和议得以长期延续、双方愿意根据和议条款判定外交是非曲直的前提。

陈俊达《辽朝军事区划体系研究——兼论辽代“道”“路”诸问题》(《史学集刊》第 3 期)认为《辽史・地理志》提及的军事机构可分为高级与中级两个层级。二者辖区加上节镇，共同构成辽朝三级军事区划。武文君《辽代部族军、政二元管理体系研究》(《古代文明》第2期）认为部族“营军”和石烈历经了合一到分离的过程，它们亦可转化为部族。武文君、向燕南《集兵点将：辽朝行军体制研究》（《河南师范大学学报（哲学社会科学版）》第4期）认为辽朝行军体制的发展与演变，与其军事制度、政治制度的发展密不可分，体现了辽朝统治者不断完善国家管理、力图将草原与农耕制度交融互通的过程。

十、考古

考古方面，吴敬等《吉林乾安县辽金春捺钵遗址群藏字区遗址的调查与发掘》（《考古》第1期）基本确认该遗址为辽金时期一处大型聚落，与当时皇室进行的春捺钵活动可能存在密切的关系。杨丫《辽墓出土马镫研究》（《华夏考古》第4期）认为辽代马镫可分为有鼻和无鼻两大类，有鼻类中的圭首形镫受唐文化因素影响明显，“8”字形马镫为突厥文化影响的遗留；无鼻类横梁上直接做穿的马镫为辽代中期新出现的样式。

刘江生、高顺利《湖北襄阳王伙北宋纪年墓》（《江汉考古》第6期）报告了襄阳市王伙村宋墓的发觉情况，认为该墓葬的发掘对于研究宋代襄阳地区墓葬形制及丧葬礼俗具有重要的意义。樊军、王洋洋等《固原西郊宋墓》（《中国国家博物馆馆刊》第11期）对固原博物馆周边区域19座宋墓的发掘情况做了梳理。蒋晓春《四川现存宋代山城城门调查简报》（《中国国家博物馆馆刊》第6期）以蒋晓春所在的课题组实地调查为基础，指出四川现存的宋代山城城门材料，为探讨我国古代城门类型由抬梁式向拱券式转变的时间、地点、原因等问题提供了线索。彭善国、张凯《北宋宜阳窑初探》（《文物》第9期）分析了北宋宜阳窑的兴盛年代和主要烧造器型。徐军《浙江龙泉小梅瓦窑路南宋窑址发掘简报》（《文物》第7期）推断瓦窑路窑应是龙泉窑中比较早的传承官窑风格的窑场。江滔、刘祥宁《四川简阳甘蔗嘴宋代家族墓发掘简报》（《文物》第5期）介绍了四川省简阳市石板凳街道三圣村甘蔗嘴五座宋代石室墓地的发掘情况。

十一、小结

2022年度的宋史研究在该领域重大历史问题和宋代政治、经济、文化、社会等方面的研究中均取得了较多新进展。经历了改革开放后四十余年的发展，学者们愈发自觉地反思该学科中具有牵动性、引领性的重大议题，同时进一步深化、细化各领域的研究，取得了长足的进步。“大处着眼，小处入手”这一研究路径在2022年度的不少成果中得到体现。而不同于许多断代，对宋史研究有帮助的新出史料不多。如何发现新史料或拓展“史料”的范围，如何转换视角在既有史料的基础上展开新论述，并且取得被该领域、其他断代乃至其他学科都接受，并产生学术影响力的研究成果，仍然有待学者们努力。

2022 年度的辽西夏金史研究在文献整理、文本分析以及政治、军事、历史地理、美术、考古等方面都取得了较大进展。长久以来，辽西夏金史研究困于史料匮乏，“上穷碧落下黄泉，动手动脚找材料”成为学界普遍的行为准则。2022 年度辽西夏金史学界不仅拓展了史料的广度，将文献、石刻、图像、考古等资料纳入史学范畴加以考察，同时增强了史料剖析的深度。在文献整理上，不满足于简单的校勘工作，而是分析文献源流，揭示问题症结；在史料运用上，不囿于固有的文献记载，钩沉文本、“史实”产生的渊源，探索文本背后的真实面向。

元史研究综述

申万里　张晓慧*

2022 年，元史学界辛勤耕耘，在政治与法律、经济与社会、思想与文化、民族与中外交流、文献与考古等多方面取得了丰硕成果。据不完全统计，2022 年度中国内地学界在元史领域发表了 300 余篇研究论文，出版了 20 余部学术专著。其中，发表元史论文较为集中的辑刊有《元史及民族与边疆研究集刊》第四十二辑（上海古籍出版社）、《清华元史》第七辑（商务印书馆）、《隋唐辽宋金元史论丛》第十二辑（上海古籍出版社）、《蒙古史研究》第十四辑（上海古籍出版社）。2022 年度召开了“2022 年中国元史研究会年会”，160 余名中国学者线上参会，会后进行了常务理事会换届选举。元史研究延续了重视实证的传统，同时不断探索跨断代、跨学科、跨国界的新文科发展方向。下面将 2022 年度的元史研究成果，分为专著和论文两个部分，进行分类综述（包括 2021 年 12 月发表和出版的部分论著），主要介绍国内学者的研究成果，兼及一些海外学者的研究成果。其中，代表性会议、专著、论文，将在“学术动态”“著作选介”“论文观点摘编”“新出考古材料与文献整理”栏目进行专门介绍，为避免重复，下文不再详述。

一、论著

（一）传世文献与考古材料。2022 年度国内元史学界在传世文献的整理和考古材料的发掘方面，取得了以下新成果。

传世汉文文献方面，伯希和、韩百诗为蒙元史研究重要史料《圣武亲征录》所作法译和校注，翻译为中文出版（《圣武亲征录：成吉思汗战纪》，尹磊译，魏曙光校，上海古籍出版社）。尽管伯希和生前并未完稿，仅译注出《圣武亲征录》一小半内容，但是在词汇考释等方面伯希和旁征博引，使该书对于蒙元史研究的诸方面都有十分重要的参考价值。元代文人胡长孺文集已佚，金华学者程峤志辑录了胡长孺的诗文，整理为《胡长孺集》（上海古籍出版社）。元代笔记文献《南村辍耕录》《至正直记》，均出版了新的整理本（陶宗仪：

* 申万里，武汉大学历史学院教授，中国元史研究会副会长，研究方向：元史、教育史。
张晓慧，中国社会科学院古代史研究所元史研究室助理研究员，研究方向：元史。

《南村辍耕录》，王雪玲校点，上海古籍出版社；孔克齐：《至正直记校笺》，高林广、曹慧民、王一格校笺，上海古籍出版社）。《宋元水利文献七种》收录了元代水利史料《元朝名臣事略·太史郭公传》《河防通议》《河防记》《长安志图·泾渠图说》《治河图略》（单锷、魏岘等著，张宗品整理，湖南科学技术出版社）。《元刊杂剧三十种》（凤凰出版社）影印出版，这是现存元代杂剧的唯一元刊本，保留了元刊杂剧的原始样貌。

域外史料译注方面，《马可·波罗行纪》重要版本之一卡塔兰（Catalane）本的整理本出版（*Le Devisement dou Monde*：*Version Catalane*（*K*），Classiques Garnier）。卡塔兰本是保存在三种不同语言书写的抄本中的一个缩略本，整理本除对三种抄本进行校勘之外，还附有现代法语的译文。伊利汗国哈沙尼所著波斯文史籍《完者都史》译成日文（カーシャーニー『オルジェイトゥ史』，大塚修、赤坂恒明、高木小苗、水上遼、渡部良子訳註，名古屋大学出版会）。拉施特所著《史集·部族志》日译本出版（ラシード＝アッディーン『集史』「モンゴル史」部族篇訳注，赤坂恒明監訳，金山あゆみ訳注，風間書房）。

出土文献方面，樊波主编《陕西出土蒙元时期墓志》（陕西美术出版社）对陕西境内出土的蒙元时期墓志进行了全面而系统的整理，收集了共计 88 方墓志，为元代陕西地区的历史学和考古学研究提供了新资料。周峰《散见宋金元墓志地券辑录三编》（台北花木兰文化事业有限公司）共收录宋金元三代墓志地券 102 种，其中元代 19 种。

考古资料方面，《泉州城遗址考古发掘报告》（科学出版社）整理了泉州南外宗正司遗址 2020 年、泉州市舶司遗址 2019 年至 2021 年考古调查发掘的成果，介绍了清理出来的建筑遗存、水沟等遗迹以及出土器物标本。《钓鱼城遗址考古报告集》（科学出版社）是钓鱼城遗址第一部田野考古报告集，为研究宋元（蒙）战争史、古代城址考古等领域提供了一手资料。日本学者白石典之的《蒙古考古学概说》（『モンゴル考古学概説』，同成社），对石器时代至蒙元时期的蒙古考古学进行了概述。

（二）政治史与通史。政治史研究一直是元史研究的重点领域，2022 年度一些元史学者的学术论文结集出版。周良霄《知止斋存稿》（上海古籍出版社）是其学术论文总集，收录了各个时期代表论文 40 余篇，上册聚焦于蒙元史上的一些重要问题，下册内容涵盖辽、宋、明各朝代史。李涵《宋辽金元史论》（四川人民出版社）由 25 篇独立的学术论文构成，内容涉及蒙元前期的断事官、必阇赤、七万户，郝经其人和元代的枢密院等。李治安《元代政治文化新探》（中国社会科学出版社）分为蒙古草原旧俗与蒙汉交融两大部分，体现了元代政治“内蒙外汉”的特点，揭示了元朝给后世中国社会的复杂政治文化遗产。同氏著《元史暨中古史新论》（人民出版社），收录的论文时间跨度更广，包括元明易代的江南政策和社会发展、中古时期民族融汇等方面的研究。

通史方面，张帆、陈晓伟、邱靖嘉、林鹄、周思成著《辽夏金元史：多元族群的冲突与交融》（三民书局），着眼于这些游牧族群如何建立帝国体制、施行统治技术，以及经过长期的冲突与交融，呈现兼容多元族群的帝国特色。多国学者合作编写的《蒙古世界》（Timothy May and Michael Hope ed.，*The Mongol World*，Routledge），全面呈现了蒙古帝国的兴亡及其对欧亚历史的影响。

（三）经济与文化。江南地域社会与士人阶层是2022年度学者关注的热点议题。包弼德（Peter K. Bol）出版新著《志学斯邑：十二至十七世纪婺州士人之志业》（*Localizing Learning：The Literati Enterprise in Wuzhou，1100－1600*，Harvard University Press），从区域史的视角来探究宋元明三代的学术文化史，聚焦于金华区域性的学术活动，并且与文士的社会网络相关联。于磊的专著《元代江南知识人与社会研究》（上海古籍出版社），分析了江南知识人在朝廷和地方社会的活动，认为他们对稳定元代初期社会秩序起到关键作用，并逐渐确立家族的地方影响。

宗教与文学、艺术、科技方面，沈卫荣、安海燕的专著《从演揲儿法中拯救历史：元代宫廷藏传密教史研究》（中华书局）利用近年发现的大量汉译藏传密教文献，将“演揲儿法”等藏传佛教词汇置于其本来的语言、历史、文化和宗教语境中来理解，解释藏传佛教在元代的传播史。关于元代学术史，朱军《元代理学与社会》（巴蜀书社）认为元代的理学家们为解决当时社会所存在的民族矛盾与社会矛盾，对理学进行了改造与创新，完成了理学的官学化和社会化的发展进程。周春健《元代四书学研究》（商务印书馆）是2008年同名著作的修订本。查洪德《元代文学散论》（东方出版中心）涵盖了元代文学各体裁作家作品及元代文人精神、民族关系、文学思潮、文化现象等研究，深入论述了元代文风、世风和文学观念的变迁。杨亮《混一风雅：元代翰林国史院与元诗风尚》（社会科学文献出版社）梳理了翰林国史院的兴建沿革、基本职能等内容，并探讨了翰林国史院在元代文学与制度之间的关系。周之翰《不浪漫：赵孟頫传》（清华大学出版社）追溯了赵孟頫的家族、婚姻、出任中的诸多难言之隐和沉痛的无奈。此外，上海科学技术文献出版社出版了一系列插图本专门史，包括云峰主编《元代科技史》和《元代建筑雕塑史》，还有史仲文主编《元代绘画艺术史》。陈伟明《元代饮食文化散论》（暨南大学出版社）包含了元代的饮食养生、烹调、粮食加工、食品储存、茶文化、酿酒等内容。

（四）族群、边疆与中外交流。元代是民族交往交流交融空前频繁的时期，2022年度族群与边疆相关的论著如下。乌兰《文献学与语文学视野下的蒙古史研究》（中国社会科学出版社）收入作者四十年的数十篇研究成果，内容包括《元朝秘史》和《蒙古源流》这两部最重要的蒙古史书的文献学研究，并涉及由此展开的多角度历史学研究。姚大力《边疆史地十讲》（复旦大学出版社）出版，收录了十篇有关边疆史地的文章，讨论的范围广泛覆盖了从匈奴时代到蒙元时代，涉及元朝在中国历史上的定位、元代的科举乡试、元明时代的南亚地理知识等。韦兰海、李辉的《蒙古语人群的分子人类学溯源》（上海科学技术出版社）使用现代遗传学的方法，对现代蒙古语诸族（也涉及通古斯语诸族）的各种遗传成分的起源和扩散历史进行研究。对元代唐兀人的专门研究，有邓文韬《元代唐兀人研究》（甘肃文化出版社）。

中外交流史方面，马可·波罗来华持续受到学者的重点关注。瑞士汉学家傅汉思《马可·波罗到过中国：货币、食盐、税收的新证据》中译本出版（党宝海、马晓林、周思成译，北京大学出版社），书中针对英国汉学家吴芳思提出的马可·波罗并未到过中国的质疑，从元代纸币与贝币、盐政、杭州税收等方面，充分证明马可·波罗到过中国。荣新江、党宝海精选了有关马可·波罗的外文研究十余篇翻译成中文，结集为《马可·波罗研究论文选粹（外文编）》（中西书局）。元日战争的研究为中日两国学者所关注。康昊的《神风与铜钱：海岛日本遭遇世界帝国1268—1368》（光启书局）从日本史的角度，讲述元朝的对日战争对日本人的世界想象和自我认识的影响，以及这一时期的元日贸易和文化交流。宫脇淳子《世界史中的蒙古袭来：从蒙古所见高丽与日本》的修订本出版（『世界史のなかの蒙古襲来モンゴルから見た高麗と日本』，扶桑社），从《元史》《高丽史》等史料出发，探讨征日元军的构成、指挥等问题。英国蒙古学家彼德·杰克逊的《蒙古帝国与伊斯兰世界：从征服到改宗的历史大变局》出版中译本（廖素珊、王紫让译，台湾广场出版），内容包含了穆斯林史家对早期蒙古人的记述、蒙古的西征、蒙古帝国的分裂，以及诸汗国改宗伊斯兰教的过程等。伊朗学者纳思霖·达斯坦的专著《伊朗细密画中的中国元素》（大象出版社），认为伊利汗国时期中国与波斯的交往空前密切，波斯画家将中国绘画的技法与自身的艺术观点相结合，形成了独具特色的细密画。日本学者海老泽哲雄的《十三世纪东西交流史研究》（开文社）专门研究蒙元时代前期与欧洲的交往，比较全面地译介了罗马教廷与蒙古交往的史料。

二、论文

（一）传世文献与考古材料。文献整理与校勘方面，学者就元修三史、《元史》等重要史料进行校勘、订误与研究。苗润博《元修〈辽史〉契丹早期史观解构》（《中山大学学报（社会科学版）》第4期）秉持作者一贯的“怀疑正史，正本清源”风格，认为元朝官修《辽史》的史臣是把原先契丹族复杂的世系和制度简单化了。张良《〈元史〉列传部分二次纂修考实》（《文献》第6期）从洪武刻本《元史》版心的数目字，以及总卷数与实际卷次“错位”的情况，分析明初《元史》分两次纂修，纂修尚未结束的时候，雕版工作业已开始。王瑞来《屠城了无痕——以宋末抗元事件为中心的史籍记载与历史真实例论》（《河北大学学报（哲学社会科学版）》第5期），注意到方志记录了宋元战争中元军在江西南安残暴屠城，而《元史》却记“不戮一人”，认为应该注意辨析元代史料对宋元战争记载的真实性。修晓波《〈元史〉昔里钤部、爱鲁列传探源及其补正》（《中国史研究》第1期）认为昔里钤部及爱鲁列传的史源并非出自元人碑文，而有可能源自元廷编辑但已失传的《后妃功臣列传》，此二人传记由不同的人撰写，《元史》昔里钤部、爱鲁列传又分别由不同的人执笔，后经总裁之手合为一处。同氏著《从〈哈剌哈孙传〉看〈元史〉列传的问题》（《社会科学战线》第2期）分析了此传取材碑文却未及甄别，从而带有对传主歌功颂德、讳言真相的痕迹。李春圆《〈元史・兵志〉标点校正一则》（《中国史研究》第2期）指出文中“黎畲”是汀州一地名，元代汀州路“各县际留仓四处”，其中就有“黎畲仓”，不应按民族分成“黎”和“畲”，予以断开。古松崇志著、李京泽译《元代〈辽史〉、〈金史〉、〈宋史〉三史的编纂过程——以修端〈辩辽宋金正统〉为中心》（《欧亚译丛》第六辑）探讨了三史正统之争与三史编纂。王溥《〈元史・食货志〉校勘补遗一则》（《江海学刊》第3期）指出元史修撰者对《经世大典》裁减不当，造成了《元史・食货志》的一处错误。对《元史》的订补还有邓静《〈元史〉列传史源补证——以〈燕铁木儿传〉史源分析为例》、邓进荣《〈元史・史弼传〉史实考补》、姜复宁《〈元史・徐世隆传〉订补一则》、王勇《〈元史・王恽传〉勘误一例》（《元史及民族与边疆研究集刊》第四十二辑），刘丰、范泽龙《〈元史〉订误三则》（《兰台世界》第7期），李翀《〈元史・萧𣂏传〉勘误一则》（《兰台世界》第9期）。

2022年度《马可・波罗行纪》的研究，除专著之外，亦有多篇论文。《国际汉学研究通讯》第二十三/二十四期“马可・波罗专栏”，刊载以下文章。党宝海《马可・波罗所述行在城的夜禁政策》，指出马可・波罗讲述的行在城的灯火管制，根据汉文史料只存在于至元十三年到至元二十八年下半年，《马可・波罗行纪》剌木学本记载了其他本没有的信息，这证明了剌木学本的古老及其独特价值。李心宇《马可・波罗出使云南时间再探》，认为马可・波罗出使云南的时间是至元二十年十一月至二十四年之间。安德烈欧塞著，求芝蓉、颜典译《〈寰宇记〉的编纂过程：以东方地名为例》，认为《马可・波罗行纪》最初编纂是马可・波罗口授，由操托斯卡纳方言的编纂者记录。马晓林《欧洲旅行家所记元朝宫廷节庆》（《浙江大学学报（人文社会科学版）》第5期）认为马可・波罗所记的两大节庆和鄂多立克所记的四大节庆，在元朝具体时段的历史背景中都可以得到解释。何桢《〈马可波罗行纪〉锡兰及马八儿篇探析》（《常州大学学报（社会科学版）》第5期）讨论了亦黑迷失使团、马可・波罗到达锡兰和马八儿的时间，以及取道马八儿前往伊利汗国的原因。姬庆红《〈马可・波罗与世界的发现〉评介——兼论马可・波罗来华的真实性》（《元史及民族与边疆研究集刊》第四十二辑）和《〈马可・波罗行纪〉所记甘州之真实性》（《中国历史地理论丛》第2期），为马可・波罗来华的真实性提供了新的论证。刘振宁《〈马可波罗行纪〉

西南民俗述造解义》（《贵州师范大学学报（社会科学版）》第 4 期），认为《马可·波罗行纪》并不是民俗纪实，虚实相生。

研究者关注较多的文献还有以下数种。黑水城文书方面，杜立晖《日本天理图书馆藏一件黑水城元代文书考》（《敦煌研究》第 3 期）通过对流落异域的黑水城“取状”文书考证，发现了元代“取状”的大致内容、元代亦集乃路独有的“官羊户计”、不曾见诸正史的“塔塔元帅府”等新情况。王阳《黑水城元代汉文法律文书校勘》（《文博》第 1 期）选取十八则释录可商的汉文法律文书，通过复核图版，综合运用语言学、文字学、文献学等学科的方法，对它们进行仔细辨正。魏曙光《黑水城遗址出土 F20：W63a 文书研究》（《赤峰学院学报（汉文哲学社会科学版）》第 3 期）是对黑水城出土编号为 F20：W63a 的波斯语文书的进一步考释。关于元史重要史料《圣武亲征录》，马晓林、艾骛德《〈圣武亲征录〉与近代西北史地学》（《文献》第 5 期）总结了乾嘉和清末民初学者的研究，认为日本、西方学者的研究，受到西北史地学的直接影响。此外还有张斌《评贾敬颜校注、陈晓伟整理〈圣武亲征录（新校本）〉》（《国际汉学研究通讯》第二十三/二十四期），对《圣武亲征录（新校本）》的整理说明和文献价值做了评析，并对其他学者对此书的评述做出纠正。关于元人陈桱的《通鉴续编》，王瑞来《史学史上一个罕见的特例——陈桱〈通鉴续编〉编纂隐衷发覆》［《历史教学》（下半月刊）第 7 期］认为陈桱在编纂时在书中塞入了一些或有或无的先祖事迹。张晓慧《〈通鉴续编〉“蒙元纪事”史源新探》（《中国边疆学》第十五辑）认为《通鉴续编》《亲征录》和《元史》的共同史源都包含《实录》，只不过《实录》经过多次修订，三部史籍所引《实录》的成书先后顺序是，作为《通鉴续编》史源的《实录》早于作为《亲征录》史源的《实录》，又早于作为《元史》史源的《实录》。张斌《〈通鉴续编〉所载 1246—1264 年宋蒙史料考原》（《元史及民族与边疆研究集刊》第四十二辑），认为陈桱对这一时段的记载多抄掇官修《宋史》与元朝《实录》，还参考《元朝名臣事略》《宋史全文》《元典章》等文献。关于《事林广记》，陈广恩《〈事林广记〉版本述略》（《历史文献与传统文化》第 1 期）认为，现存《事林广记》的各种版本共计有 21 种之多，其中 12 种收藏在日本，至今公开的版本仅有 4 种，这些版本无一完全相同，其内容和编排的变化，是不同时期社会变迁的体现，各个版本均有其文献价值，为研究宋元明时期的社会历史提供了宝贵资料。此外还有陈柳晶《〈皇元朝仪之图〉成图出版时间考——兼谈文化政策对〈事林广记〉官制等内容变更的影响》（《蒙古学问题与争论》第 18 期）。

其他传世文献方面，罗鹭《揭傒斯〈忽速忽尔神道碑〉考释》（《元史及民族与边疆研究集刊》第四十二辑）指出，中国国家图书馆藏明抄本《揭文安公文集》附有叶盛所辑揭傒斯佚文四篇，包括木华黎家族的重要史料《忽速忽尔神道碑》，并考释了神道碑的多方面内容。毛海明《〈中州启札〉两种清抄本源流考——兼辨部分信札的收发归属》（《清华元史》第七辑），指出国家图书馆和南京图书馆所藏《中州启札》两种清抄本属于不同系统。蔡春娟《〈读书分年日程〉在元代引发的质疑与论辩》（《河北师范大学学报（哲学社会科学版）》第2期）指出程端礼《读书分年日程》在元代引起一些人的质疑，从这些非议与引发的论辩入手，更客观地看待此书在元代教育中发挥的作用，也可以进一步认识当时的学风、文化趋向与价值取向。宫海峰《〈蒙古译语〉"地理门"研究》（《蒙古史研究》第十四辑）详细考察了《蒙古译语》（又称《至元译语》）中"地理门"收录的20条古蒙古语词汇，与同时期东西方的"译语"类文献和碑刻文献的同义词和亲属语言进行了比较研究，对古今语言变化作了一些分析，并探讨了这些词汇在汉文历史文献中的使用情况。徐潇立《国家图书馆藏元版〈蒲室集〉刊刻时间小考》（《天一阁文丛》第十九辑）从撰者传记材料、正文内证及误刻的年号等方面，纠正了《蒲室集》是元朝后至元年间刻本的传统说法，认为该刻本实际刻于至正年间。高俊《〈四库全书总目·经部〉元人著作提要辨误七则》（《贵州文史丛刊》第2期）考订了《四库全书总目》书名、作者以及作者生平记载错误七则。徐泽林、张稳《和刻本〈授时历〉底本及其日本注解书考述》（《内蒙古师范大学学报（自然科学汉文版）》第5期）认为流传最广的宽文十二年梅花堂刻本是《授时历》最早和刻本。陈斐《〈天地间集〉：赵宋遗民的另一部"心史"》（《中山大学学报（社会科学版）》第5期）阐发了谢翱编《天地间集》的微言大义。盛洁《〈研北杂志〉作者陆友的表字、生平及其书迹考》（《美术学报》第5期）辨析被明清文献混为一谈的陆友（友仁）、陆居仁（宅之）、陆行直（辅之）及陆辅（友仁）四人，考证陆友的生平、收藏、交游、书迹及其过目书画。

石刻资料的挖掘与研究方面，刘友恒《正定隆兴寺〈重修六师殿记〉碑阳碑阴并考》（《文物春秋》第2期）介绍了刻立于元大德五年（1301）的《重修六师殿记》，碑阳主要记至元年间高僧胆巴发心重修六师殿事宜，其中胆巴舍白金千两资助营建的内容可补史籍所记其行状之缺。裴一璞《新见山东泗水元代〈重修泉林寿圣寺记〉碑考释》（《中国国家博物馆馆刊》第2期）介绍了新发现的元代石刻《重修泉林圣寿寺记》碑，碑文对元中前期泗水神信仰、泉林寺建设、会通河疏浚有详细介绍，为研究元代大运河水利信仰及治理活动提供了新史料。杨鹏云《元〈毕显神道碑〉及相关问题考述》（《中国国家博物馆馆刊》第11期），利用巨野县博物馆藏《毕显神道碑》，对元人毕显的生平及其家族事迹进行考释。孔凡一《山西翼城原村元墓买地券补释》（《文物》第3期）对原简报未能识别的部分文字撰文补充，并对相关问题进行研究。费小路《元佥宪奉政真公太平路筑城碑初考》（《文物天地》第9期）对马鞍山市当涂县城出土元代《佥宪奉政真公太平路筑城碑》进行了录文和考释，并附拓片照片。李俊义《〈元皇姊鲁国大长公主文庙金博山鑪碑跋〉考释》（《元史及民族与边疆研究集刊》第四十二辑）研究了全祖望《鲒埼亭集》中的《碑跋》，考释了其中所载弘吉剌部驸马和囊加真、祥哥剌吉二位公主的史事。延保全、郭炳亮《新见〈大元故会福院判王公墓志铭〉考释》（《元史及民族与边疆研究集刊》第四十二辑）对长治市新发现元代会福院判王伯渊墓志铭进行了录文，对相关官制和地方家族进行了研究。李静《元虞城县〈重修宣圣庙记碑〉及相关问题初探》（《元史及民族与边疆研究集刊》第四十二辑）对虞城县新发现的《重修宣圣庙记碑》进行了录文、研究。张晓非《元代〈湖广行省宣使李处贞墓志〉考述》（《元史及民族与边疆研究集刊》第四十二辑）对现存于高唐县图书馆的李处贞墓志进行了录文，补正了回回大臣麦朮丁和元代文人阎复家族事迹。此外的金石研究还有陈广恩和刘敬宜《凤翔紫荆山出土蒙哥时期汗位之争纪事残砖初探》（《元史及民族与边疆研究集刊》第四十二辑）。

考古工作方面，相关论文主要集中在元朝壁画墓、古城遗址等。张光辉、赫志刚《山西朔州官地元代壁画墓发掘简报》（《文物》第1期）从墓斗拱结构与墓壁画上的茶具形制，判断此墓是元墓。李芳、何利、李鑫、邓文龙《山东章丘清源大街元代壁画墓》（《中国国家博物馆馆刊》第6期）介绍了章丘一座元代砖雕壁画墓，为研究元代建筑绘画、砖雕艺术以及当地政治、经济、文化等都提供了实物资料。王巍、曾庆硕、乔保同《南阳桐柏卢寨元代壁画墓发掘简报》（《中原文物》第1期）介绍了南阳桐柏卢寨元代壁画墓出土的保存较为完好的元代壁画，包括夫妻并坐图、二十四孝图等，为研究这一区域元代服饰、家具以及丧葬习俗等提供了直接的图像资料。徐斌《故宫考古视野下的元大内规划复原研究》（《中国国家博物馆馆刊》第11期）采取历史文献、故宫古建基础勘察和考古发掘相互印证的方法，确定元大内关键点的位置，提出新的元大内规划复原平面布局。傅恩凤、王睿、梁源、汪勃、栗建安、楼建龙、黄伟、白晨辰、范佳平《福建泉州市南外宗正司遗址2020年发掘简报》（《考古》第4期）介绍了2020年对南外宗正司遗址的发掘，包括建筑基址与出土文物。程雅玲、房树辉、魏华磊《正定出土元代钱币窖藏》（《文物春秋》第1期）介绍了河北正定县的古钱币窖藏，年代最晚的是元代的至正通宝，说明该钱币窖藏的年代不早于元顺帝至正年间。张文平《元代汪古部砂井总管府、按打堡子故城新考》（《文物》第8期）针对元朝在汪古部领地内设立有三路一府（德宁路、净州路、集宁路和砂井总管府）中的一个史籍称为“按打堡子”的城邑旧址在何处的问题，进行了实地考古调查，认为位于今乌兰察布市四子王旗乌兰花镇古城南村北侧的波罗板升古城，最有可能是“按打堡子”旧址。此外还有高建国《新疆蒙元时期三大古城遗址考察报告》（《蒙古学问题与争论》第18期）。刘丞《首都博物馆藏元代藏传佛教造像撷英》（《文物天地》第9期）选取首都博物馆藏不同风格特点的元代造像精品进行研究评述。孟庆龙《蚌埠市博物馆馆藏元代铭文铜权及相关研究》（《文物鉴定与鉴赏》1月下）针对该市博物馆馆藏十五件元代铭文铜权实物，从形制、铭文、度量衡制度等方面进行了元代社会经济史方向的探讨。郑冬青、李瑶瑶、吴海涛、石慧、张诺、何子晨《青海出土元代纸币的保护修复》（《文物天地》第6期）介绍了对青海省博物馆和青海省文物考古研究所收藏的元代纸币的修复工作。2022年9月23日，福建省漳州市博物馆展出新近水下考古成果——漳州圣杯屿元代海船遗址出水瓷器文物，为研究元代航海史、造船史、海洋贸易史、海上丝绸之路史提供了不可多得的实物资料。

（二）政治。关于蒙古起源传说和世系，刘迎胜《有关早期蒙古史料中的“苍狼白鹿”、阿阑豁阿和孛端察儿叙事》（《清华元史》第七辑）对比了现存诸史料中的蒙古起源传说，指出《秘史》《史集》《太祖纪》的同源关系。王宏宇、魏曙光《〈大元宗室世系〉研究（一）》（《西部蒙古论坛》第2期），通过对照《元朝秘史》《元史》《红史》《史集》等文献对元朝宗室世系的记载，将《大元宗室世系》（陶宗仪《南村辍耕录》卷一）中的八里丹以前的世系进行研究，以期为成吉思汗祖先世系的研究提供参考。白玉冬、赵筱《蒙古部祖元皇帝与太祖元明皇帝考》（《元史及民族与边疆研究集刊》第四十二辑），聚焦于南宋史料中出现的蒙古部首领祖元皇帝和太祖元明皇帝，认为“元明”即屯必乃（Tumbinai）汗，后者是古代突厥语tun（元）bilgä（明）转入蒙古语后的讹音。华涛《乌马里〈眼历诸国行纪〉关于阿阑豁阿“腰”的记载》（《西部蒙古论坛》第1期）辨析了马穆鲁克史家所记的蒙古起源传说。

关于大蒙古国时期的政治制度、历史事件和人物，屈文军《元朝前四汗时期的官制演变》（《历史文献与传统文化》第1期）分析了前四汗时期札鲁忽赤和必阇赤的作用，以及元朝行省制度的滥觞。马海若《早期蒙古材料中的先锋：以“阿勒斤赤”与“莽来”的词义及演变为中心》（《西部蒙古论坛》第1期）认为学界将早期蒙古史料中的“阿勒斤赤”与“莽来”译为“先锋”，但二者各有特性与职能，意涵也随蒙古帝国的扩张而变化。波伊勒著，曹金成译《朮兹札尼〈纳昔儿史话〉所记阿富汗和印度的蒙古将领》（《欧亚译丛》第六辑）考释了《纳昔儿史话》的十八位蒙古将领的名字和事迹。刘清涛《巴勒渚纳饮水誓众情节探析》（《元史及民族与边疆研究集刊》第四十二辑）分析了成吉思汗饮浑水誓众一事的不同版本。李志远《蒙元前四汗时期皇室祭祀不儿罕合勒敦山活动考——兼探衍圣公孔元措跨文化交流中原礼乐的策略》（《西部蒙古论坛》第1期）考察了大蒙古国时期的日月山祭祀。朝克图《关于蒙元时期的札撒兀勒》（《西部蒙古论坛》第2期）对怯薛札撒兀勒进行考察。

关于元代重要政治人物，邱轶皓《重构忽必烈汗以寻求政治合法性叙述》（“Rescuing Legitimate Narrative by Re - imaging Qubilai Qa’an,” in Timothy May and Michael Hope ed., *The Mongol World*, Routledge）着眼于明朝和中亚的帖木儿帝国如何继承蒙古帝国的遗产。它们都将自身的政治合法性追溯到忽必烈身上，通过不同的方式建构忽必烈的历史形象。张晓慧《元武宗拥立集团及其派系变迁》(《隋唐辽宋金元史论丛》第十二辑)将成宗死后皇位斗争的参与者概括为和林定策与大都政变两大群体，前者多为武宗部旧，在武宗即位后，把持了中枢要职；后者非武宗亲信，在政变后多遭排挤或清除。武宗拥立集团在武、仁两朝逐步发生派系分化，影响了关陕之变等政治事件。金世光、乌云高娃《仿佛与威远：元顺帝统治前期奇皇后在高丽修缮佛寺史事钩沉》(《隋唐辽宋金元史论丛》第十二辑)分析了元顺帝统治前期奇皇后出资派使臣到高丽金刚山修缮佛寺之事。党宝海《阔里吉思家族与元末政治》(《清华元史》第七辑)考索了河北沽源县梳妆楼墓葬的主人、元末重臣阔里吉思，以及他的儿子汪家奴和孙子桑哥失里的事迹。乔东山《"吕氏安则赵氏危"——吕氏家族与南宋灭亡》(《宋史研究论丛》第三十辑)研究以吕文德为首的晚宋权势最大、地位最显赫的武将家族吕氏家族，认为南宋亡国吕氏家族负有重要责任。罗玮《世侯还是官僚：元代藁城董氏家族性质再探》(《河北师范大学学报(哲学社会科学版)》第2期)针对藁城董氏家族是元初"世侯家族"的传统说法，摒弃碑传资料、直接从《元史》入手，认为董氏家族只能称为"官僚世家"，被后世学者误解为"世侯世家"，是董氏子孙在碑传资料里的过多溢美之词所致。向珊《元末权臣蔑儿乞氏伯颜家族史事考》(《西域研究》第4期)利用碑传资料考察了伯颜家族。求芝蓉《哈剌䚟与元成宗朝"珍宝政治"——以浙东两通元代摩崖石刻为中心》(《内蒙古师范大学学报》第2期)利用石刻史料考察了哈剌䚟的事迹。王翠柏《金元之际汉人军功家族的形成——暨蒙古政权汉地早期经营形态考述》(《元史及民族与边疆研究集刊》第四十二辑)分析了蒙元时代初期汉人军功家族形成的两个阶段。

关于元代的政治制度，张国旺《元代委任劄付略论》(《河北师范大学学报(哲学社会科学版)》第2期)，探讨了元代委任劄付的颁授机构、所受劄付者、行文特色、书写文体等多方面的情况，进而总结了元代官吏委任文书体系及元代选官制度。陈佳臻《元代六部尚书选拔问题探究——以刑部尚书为例》(《隋唐辽宋金元史论丛》第十二辑)认为六部尚书的选拔呈现出官员为吏时间长、任官时间短、任官期间迁转频率高等特点，这些问题既与皇帝和权臣干预有关，也与中书省、御史台、枢密院等高阶衙门对人才的争夺有关。六部尚书的选拔过程呈现出"蒙汉二元性"，怯薛入官，官、吏界限打破，尚书多员制等现象是其显著表现，构成元代六部尚书选拔的特色。陈希《元代中政院及其政治参与》(《文史》第一辑)认为元代中政院作为服务皇后生活的内廷机构，其权力的变化，与皇后的政治参与程度紧密相关。贾建增《承袭与变通：元朝权摄官制度研究》(《江西社会科学》第3期)从官员种类、地域分布、迁转情况三方面分析了元朝的权摄官制度，认为它是唐宋摄官制度和蒙古贵族"变通祖制"思想结合的产物。李佳《儒户、生员与元明社会管理模式变迁——以基层儒士优免为中心》(《史学集刊》第6期)认为元明易代后，元代实行的儒户制度与生员制度皆得以延续，但前者已经失去了圈定优免对象的功能，后者在明初扩大发展，成为基层儒士获得优免权的主要渠道，儒士特权阶层的形成使14世纪以降的中国社会经历了深刻的变革。苏力《劝农系衔——元代重农政策的制度体现》（《古代文明》第3期）认为元代劝农系衔制度对宋制多有借鉴，又在衔名、系衔官职、南北地域等方面有明显变化，反映出农业是元代地方治理的重心所在。王风雷《元代的令史》（《蒙古史研究》第十四辑）认为元代的令史是蒙古贵族借鉴历朝官品和融合本朝实际创造的职官制度，以翻译为主业的“回回令史”对促进中外文化交流有重要作用。王芳《从〈至正条格〉看元代急递铺与档案文书的递送》（《档案管理》第1期）依据韩国发现的《至正条格》进一步研究元代传递档案文书专用机构急递铺与它的实际运作特点。温旭《也谈元朝皇帝御赐宸翰的历史活动》（《蒙古史研究》第十四辑）认为御赐宸翰既是元朝皇帝对臣子的政治笼络，也是他们受儒家文化熏陶的体现。鲁大维著、郑德长译《明代宫廷与蒙元遗产》（《欧亚译丛》第六辑）从藏传佛教、宫廷中的外国人、展示可汗的形象、蒙古军事人员、墓葬俑等方面分析了明代宫廷继承的蒙元遗产。张良《试论元代晋王内史府与安西王相府的特殊性质》（《兰台世界》第2期）分析了晋王内史府与安西王相府在机构设置、品级职能、官员任命升迁方面的特殊性。顾寅森《元朝诸帝影堂考述》（《元史及民族与边疆研究集刊》第四十二辑）分析了元朝诸帝影堂的分布、沿革和特点。范孙墨一《文化人类学视野下的元代服制研究》（《中国民族博览》第8期）分析了元代服制背后的民族文化观念。

元代地方行政机构和官制方面，郑鹏《元代县级司法运作：时间、空间与参与者》（《湖北社会科学》第9期）认为元代县级司法的圆署制在发挥权力制衡作用的同时，过度的分权使吏员由“职簿书”得以“舞文法”。贾建增《元代上都留守司考论》（《中国区域文化研究》第1期）考察了元代上都留守司的职权和官员选任。薛磊《元代路级官府首领官考论》（《安徽史学》第4期）从元代路级官府首领官制度的溯源、设置和印信、铨选与路级官府的运作四个方面勾勒出元代路级官府首领官的制度设计与实际运行情况。杨晓春《元代左右江地区行政区划问题再探》（《清华元史》第七辑）认为这一地区行政区划的变迁主要表现为从设寨到设路，四路扩为五路，乃至万户府，州县数量逐渐增多，这体现了元朝统治的逐渐深入。张金铣、韩婷《元京兆路总管府建立及其长官考》（《历史文献与传统文化》第1期）考订元代京兆路总管府建置过程，并对京兆路总管府长官名氏进行辑录，增补总管府达鲁花赤四人、总管十二人，考订其生平事迹。伍磊《元代绍熙军民宣抚司建置辨析》（《中国历史地理论丛》第4期）认为元末并未设置绍熙路和绍熙路总管府，地方官员存在虚报绍熙军民宣抚司应辖地域和人口数据的行为，较少的人口、财税收入与设置成本之间的矛盾是绍熙军民宣抚司罢置的主要原因。陈硕、陈文源《元代安南达鲁花赤考述》（《暨南史学》第二十四辑）认为蒙元在安南设置达鲁花赤，并没有真正发挥其本应有的监镇功用，这说明古代中原王朝与周边王国的双边关系并非完全按照中原政权的设想而行，而是经历一番双方的邦交博弈甚至军事对抗，最终形成一种双方均可接受的互动模式。窦相国《元朝地方政府提控案牍初探》（《安徽史学》第5期）认为元朝地方政府提控案牍主要设置在路总管府、散府、上州、中州、宣慰司、万户府等行政机构，负责管理文书、参与圆署、统领吏员等，其设置对于元朝的官方文书管理工作和士人仕进有着双重意义，被明清两代加以继承、改革与借鉴。高弘泽《时势促“城”：元代广西民变与城池修筑》（《广西地方志》第2期）统计了元代广西城池修建的数量，对元代广西城池修建与民变之间的关系予以分析，并对元代广西城池修建的特点及其体现的防御与经略边疆思想做进一步探讨。宋亮《移治城外与寄治城内——金元路治城市附郭县衙署的空间位置》（《宋史研究论丛》第三十辑）认为在金元路治城市中，专司城内的录事司等机构的设立，使附郭县的辖域退至城外，受此影响，元代奉元、大都、集庆等路附郭县出现了或移治或稳定于城外的现象。牛潇考察了元代山东的监察官与儒学政策（『元代山東の監察官と儒学政策—関連碑刻の検討を中心』，『駿台史學』第174号）。钟翀《今存〈永乐大典〉之宋元城市图渊源考辨》（《社会科学战线》第10期）考订了这些地图的成图年代、摹录底本与图源文献，归纳《永乐大典》之地志编例与地图采录原则。计艳波《元代宜兴县升州、树太师太平王碑和再更名的社会背景、原因及意图》（《文物鉴定与鉴赏》第1期上）从俗称、人口迁徙、辖权变更、战事、原兴州城毁并称他名、长期荒芜等方面对现有兴州之称进行整理分析。

军事史方面，李治安《元太宗朝汉军万户整编新探》（《历史研究》第4期）认为元太宗朝汉军万户设置由丛杂走向正规，还增设西路分支，凡获“宣命”者即为朝廷正规万户，以往将帅“承旨”、诸王令旨等滥用者或黜退，或搁置。紧扣“宣命”，不仅能廓清太宗朝汉军万户走向正规的情况，还可探知蒙古汗廷集权与“汉法”两种因素的早期混合。王翠柏《元代“亳州万户府”的形成与演变——兼论汉军万户府体系的历史变迁》（《内蒙古社会科学》第4期）梳理了元初世侯张柔及其家族所统领万户的形成和演变过程，认为其反映了元朝在不同时期对汉人军功家族的不同政治策略。张晟峰《元代军储机构述论》（《元史及民族与边疆研究集刊》第四十二辑）考察了元代军储机构的设置。赵彦风《防宋和御寇：元代海防的发展与演变》（《元史及民族与边疆研究集刊》第四十二辑）认为元代是中国海防史上的重要转折时期，元代后期海防开始转向对外防御。

（三）经济与社会。比较元代政治史而言，元代经济史的研究尤其是个案分析和制度还原稍显薄弱。近年来，围绕黑水城文献、国图纸背文书和元代湖州府户籍文书展开的研究都取得一定成果，经济史研究正在逐渐成为元史研究的新增长点。李春圆《元代的官府放贷及其历史定位》（《“中央研究院”历史语言研究所集刊》第93本第1分）指出元代的官府放贷表现出“蒙汉二元性”的不均衡榫合，渊源自草原商业、宗教传统的“斡脱钱”、皇寺赞助钱的规模膨大；同时元代国家制度供给的消极性导致支持政务、民生的官府放贷比前代大幅萎缩，并表现出“整体无组织”的面貌。耿元骊《宋末元初湖州乡村的建置、人口与生计——基于〈元代湖州路户籍文书〉的考察》（《首都师范大学学报（社会科学版）》第5期），通过对《元代湖州路户籍文书》全部数据的综合探讨，展开微观层面的计量与核算，讨论了安吉州（湖州路）乡村建置，给出了性别比、年龄比、户内平均人口、生育率、户有土地数量种类、住房类型等统计数字，分析了乡民居住之所与谋生之业。杜立晖《元代孤老钱粮放支流程及数量——以中国国家图书馆藏〈魏书〉纸背文献为中心》（《文史》第二辑）根据《魏书》纸背文书，考察了元代救济鳏寡孤独等弱势群体的钱粮放支情况，认为后期存在以放支钱钞为主、物资为辅的现象。同氏著《元代的结揽与官方应对——从国家图书馆藏〈魏书〉纸背文书谈起》（《山东师范大学学报（社会科学版）》第1期）根据新出国家图书馆藏《魏书》纸背文书提及的惩治“结揽”行为，结合其他史料，分析了元代“结揽”行为包括的范围、参与的人员身份，指出其危害性，结果是尽管元廷指派肃政廉访司配合有司进行了惩治，但收效甚微。乔志勇《论蒙元时期人身依附中的“对称结构”——从银延寿奴“杀害”驱口案谈起》（《中华文史论丛》第2期）认为，蒙元时期不同类型的人身依附中存在结构性的相似之处。壬子括户前，种田户、军驱都直接向主人交纳租赋，其婚配通常均由其主人包办。元初“杀害”陪嫁驱口案的判决凸显陪嫁驱口与怯怜口之间的对称结构，体现为两者在各自依附结构中拟同家人的地位，这是蒙古征服在社会制度、社会结构方面所带来的深刻影响。朱建路《元朝和买、括拘马匹及其社会影响》（《经济社会史评论》第2期）指出，元朝始终没有建立官方牧监养马制度，所需马匹往往从民间和买、括拘，和买、括拘限制了民间养马，且过程中贪腐现象层出不穷，给元朝社会发展带来恶劣影响。贾建增《元代大运河运输体系的建立与维护》（《运河学研究》第1期）分析了元代大运河体系在南北经济交往方面的作用，认为与海运漕粮体系相比，元代大运河体系更侧重于递送官物和南北人员往来。关于元代盐业，王青、代雪晶《〈熬波图〉煮盐盘铁的考古学探索》（《盐业史研究》第1期）以考古出土的盘铁遗存为基础，并结合《熬波图》等相关文献记载，分析盘铁的设计、铸造和使用是宋、元、明、清王朝实行盐铁官营制度的重要体现。王青《元代制盐典籍〈熬波图〉作者及成书背景新证》（《盐业史研究》第2期）认为作者应是瞿守义和陈椿二人，成书背景可能还有瞿守义欲仿效楼璹故事进献《熬波图》以加官进爵，从而提高瞿氏家族地位和势力的考虑。

元代社会史研究方面，余辉《皇元献赋——鄱阳周伯琦家族新考》（《隋唐辽宋金元史论丛》第十二辑）揭示鄱阳新发现民国《板桥周氏家谱》载周伯琦家族宋元文献若干，为了解周伯琦家世及其家族在南宋入元时的发展，提供了新的材料。文新宇、李鸣飞《无锡荡口华氏家族元末明初的文化转型》（《隋唐辽宋金元史论丛》第十二辑）认为，无锡华氏从宋元时期的地主家庭到明清的文化世家，旌表陈氏这一事件起了很大的推动作用。卞利

《宋至明徽州歙县罗氏宗族二分支的势力消长》(《古代文明》第 4 期)分析了徽州罗氏家族内部的纷争。女性研究方面，洪丽珠《杀虎与当熊：元代胡烈妇救夫叙事的流变》(《文史》第二辑)认为胡妇因杀虎救夫的故事在正史和民间有着不同的版本，众多士人对同一故事，会因个人学养背景与政治位置不同而表现不同的关怀点。

(四)思想与文化。元代政治文化方面，陈佳臻《三皇庙、儒医合流与元代儒家道统建构》(《中国史研究》第 1 期)认为供奉上古“三皇”(伏羲、神农、黄帝)的三皇庙出现于元朝绝非偶然，它是儒医合流的产物，促使元朝儒家道统的进一步建构与完善。马晓林《元朝太庙祭祀中的“国礼”因素》(《历史研究》第 3 期)分析了元代国家礼仪的变迁、蒙汉文化的互动与融合。侯赛华、张金铣《元代士人与国家的互动——基于藏书的考量》(《宁夏大学学报(人文社会科学版)》第 1 期)分析了元代士人藏书与国家政权之间的关系，认为一方面，元朝皇帝赐书、译书等活动支持了士人藏书；另一方面，由吏入官、皇帝的禁书诏令又对士人藏书造成一定的不利影响。周思成《南宋朝野对蒙古国家及北方社会的文化认知——蒙古政权的“文化威胁”促进了南宋理学官学化么?》(《浙江学刊》第 2 期)认为南宋理学官学化的成因，当于南宋内部政治与思想的发展脉络求证之，而与当时北方社会保存汉文化的努力无涉。邱江宁《13—14 世纪文本中的元大都形象——以孟高维诺书信为中心的讨论》(《浙江大学学报(人文社会科学版)》第 5 期)认为在 13—14 世纪，依靠元朝无与伦比的影响力，元大都不仅成为那个时代最著名的国际大都市，而且也是当时世界文本书写的中心。孟高维诺以书信的方式向教皇表述他在元大都的经历，表达出他对元大都的切身观照。

元代文人与学术方面，王启发《元代吴澄对〈礼记·内则〉篇的改编及相关问题》(《湖南大学学报(社会科学版)》第 6 期)认为，吴澄按照自己对《内则》整体内容和各章段落之间逻辑联系的认识与解读，按照以类相从的原则，以“记父子之礼”“记男女之礼”“记饮食之礼”“记老老之礼”进行归类，对于《内则》原文进行了比较多的调整，体现出吴澄对《内则》一篇具体章次段落内容和通篇逻辑联系应有样式的认识，在理解和处理上有其独到之处，也呈现出礼记学史中比较特别的价值和意义。蔡春娟《元代家训中的童蒙教育理念》(《隋唐辽宋金元史论丛》第十二辑)认为家训将理学倡导的伦理道德简化为通俗易懂的规范条文。周畅《吴澄〈道学基统〉述评》(《隋唐辽宋金元史论丛》第十二辑)分析了《道学基统》的创作、教学主张对宋代道学理念的继承以及吴澄的学术实践等问题。李腾焜《张炎北游南归事迹新考——兼论与其词学的关系》(《文学遗产》第 2 期)认为张炎以善书者身份北上写经，有意求官，但遭遇权臣桑哥倒台后的一系列重大制度改革，官员审核骤然加严，结果意外失官，于次年秋不遇南归。梁建功《元儒刘因从祀孔庙历程考述》(《元史及民族与边疆研究集刊》第四十二辑)分析了元明清三代文人围绕着刘因的争论，刘因的出处进退成为其能否从祀孔庙的焦点。向瑞雪《元初儒士许衡易学思想及实践——兼论元初“时义之退”及“治生说”的理论建构》（《元史及民族与边疆研究集刊》第四十二辑）分析了许衡的易学。樊文波、赵云泽《元朝史籍编纂特点、难点与思想》（《中国出版》第13期）分析了元朝双重修史的制度安排。

元代宗教方面，刘晓《〈元代佛教史论〉评介》（《中国史研究动态》第1期）是为陈高华《元代佛教史论》一书所作的书评，认为其佛教史研究多从统治者佛教政策角度出发，非常注重国家政权与佛教二者的互动关系，考订细腻，论证翔实，对前人观点多有中肯评价。王红梅《从译经到勘经：回鹘译经事业的发展》（《宗教学研究》第1期）认为回鹘佛教徒的译经事业在元朝达到顶峰，他们在元朝初期对勘整理《大藏经》的文化工程中，担任译语及译语疏义工作，为对勘汉藏佛经、促进民族宗教文化的交流发挥了重要作用。闫珠君、杨富学《敦煌回鹘石窟分期断代问题刍议——兼论“六字真言”的概念与使用》（《石河子大学学报（哲学社会科学版）》第1期）探讨了敦煌晚期石窟中的回鹘石窟，并介绍了与之相关的甘州回鹘的立国史。张海娟、胡小鹏《蒙元时期河西地区的文殊信仰初探——以出土文物为中心》（《敦煌研究》第3期）分析蒙元时期河西地区的文殊信仰流行，受到汉藏佛教双力助推及唐末五代以来河西民族交融和文化互鉴的影响。同氏文《元代佛教文化与国家整合——以王权合法性构建为中心》（《西南民族大学学报（人文社会科学版）》第7期）认为元朝皇帝任用帝师与重视佛教，为塑造元朝正统性提供了重要的宗教理论基础与思想意识支撑。郭明乐《以书画为佛事：逃禅视域下元代诗僧释大訢的佛禅文艺思想》（《华北电力大学学报（社会科学版）》第1期）认为元代诗僧释大訢逃禅的原因与其儒家用世之心密不可分。江静《无学祖元赴日相关传说考》（《形象史学》春之卷）分析了日本镰仓圆觉寺无学祖元雕像背后的传说。刘晖《元代集贤院与道教之关系》（《宗教学研究》第3期）检视集贤院对道教管理的缘由、管理权限，以及集贤院管理过程中官员与道士之间的关系。

元代文学、艺术等方面，邱江宁《南北融合与元代文坛格局的建构》（《中山大学学报（社会科学版）》第4期）将元代文坛格局的建构分为四个阶段，即西域文人群崛起、北人南下和南人北上、馆阁文人主导、元末正统文坛中兴。同氏著《西域作家对元代文风的影响》（《清华大学学报（哲学社会科学版）》第4期）认为西域作家的文风不以技法取胜，却善于模写，流丽清婉，在抒情场域层面极大地丰富了元代文坛乃至整个中国传统文学世界。同氏著《元朝的内亚特征与元代文学研究的路径》（《北方工业大学学报》第1期）分析了元代文学背后的内亚特征。张建伟、张志杰《〈天下同文集〉作家地理分布与元代南北文学交融》（《陕西理工大学学报（社会科学版）》第1期）分析了《天下同文集》作家地理分布特点、与元代前期南北文学交融的关系。夏勇、涂佳希《元代遗佚地域总集丛考》

(《杭州电子科技大学学报（社会科学版）》第4期）撷取《睦州诗派》等五种元代遗佚地域总集的存世序文，对其编纂时间、收录范围、编者情况、编纂主旨等基本情况进行考索。凌颂荣《踵金宋余习：苏天爵〈元文类〉中的诗歌史开端探论》(《人文中国学报》第1期）分析了苏天爵如何处理金宋人的遗民诗歌。聂辽亮、邱江宁《元代文人画：妙悟自然澄怀观道》(《中国宗教》第3期）分析了元代崇道之风对文人画的影响。刘怀堂、刘望月《元代宫廷时傩“取缔说”考辨》(《湖北工程学院学报》第4期）认为有元一代，宫傩未被废除，一直都在按时举行。李优鑫《元代“四爱”题材绘画研究》(《文物鉴定与鉴赏》第2期上）认为元代遗民文人用“四爱”题材进行绘画创作，表达了对隐逸生活的向往和对国破家亡的无奈。武君《记忆中的元上都——〈滦京杂咏〉〈元宫词百章〉对元上都的三重书写》(《殷都学刊》第2期）认为《滦京杂咏》《元宫词百章》对元上都的书写是记忆的文学文本化表现。张建伟《北方文学家族与元代文学》(《临沂大学学报》第4期）认为北方文学家族从多个方面体现了元代社会与元代文学的特质。张建伟、张志杰《近三十年元人编选元代诗文总集研究综述》(《宁夏师范学院学报》第3期)，认为近三十年学术界对这些总集的版本、作者考证、文学意义等方面的研究取得了不少成果，目前存在的问题主要是文献整理不够、研究对象不均衡、研究角度不全面等。梁靖麟《论元杂剧士妓爱恋题材的文化意蕴》(《西安文理学院学报（社会科学版）》第2期）认为元杂剧士妓爱恋题材充分展现了元代文人在历经了重大时代、社会变故后的“叛逆”与“固守”。刘伟楠《元代诗歌中的灾害书写》(《阴山学刊》第3期）认为诗人通过诗歌记录灾害发生时的社会现状，表达对生民疾苦的同情与对统治阶层的批判。李文胜《论元代清官及文学书写》(《哈尔滨工业大学学报（社会科学版）》第2期）认为元代诗文中存在大量清官的书写，保存了许多底层清官的勤政为民事迹。马顺平《元仁宗与〈五牛图〉——以赵孟頫题跋为中心》(《元史及民族与边疆研究集刊》第四十二辑）认为《五牛图》上赵孟頫题跋中提到的太子指的是元仁宗。刘岳超《〈元史〉所见移病及其意涵探析》(《中国文化研究》夏之卷）认为元代的政治人物移病呈现多元化，这些案例反映了蒙元时期的时代背景与若干史实。邵万宽《〈至顺镇江志〉与元代镇江饮食文化》(《楚雄师范学院学报》第4期）认为书中的纪事考证，充分展现了元代镇江地区的物产、民风、人口、文化等诸多方面的社会现状。黄二宁《从元宫廷斗驼看13—14世纪东西方体育文化交流》(《第十二届全国体育科学大会论文摘要汇编——专题报告（体育史分会)》)、《13—14世纪中越体育文化交流初探》(《2022年东盟体育科学大会论文摘要集》）研究了元代的体育活动。

（五）边疆、民族与中外交流。元朝是中国历史上第一个由少数民族入主中原建立的大一统王朝。同时，蒙古铁骑通过征服战争，促进了中华文明与欧亚非大陆诸文明的交流与碰撞。因此，边疆、民族史与中外交流史一直是元史研究中的热点。2022年度元史学界在前人研究的基础上，又在一些领域取得新进展。

族群关系方面，张帆《圈层与模块：元代蒙古、色目两大集团的不同构造》（《西部蒙古论坛》第1期）认为蒙古部族集团内部，以成吉思汗家族为核心，其他氏族、部落依附于外围，形成圈层式结构；过去史学界普遍认为元朝存在蒙古、色目、汉人、南人“四等人制”并不准确，称“四圈人”更为恰当。胡小鹏《元代族群认知的演变——以“色目人”为中心》（《西北师大学报（社会科学版）》第6期）认为蒙古语“合里”（qari irgen）指称蒙古帝国治下的所有非蒙古人，反映了蒙古人族群观念的内外二分法，在汉地该词被译写为“色目”。蔡春娟《元朝“四等人制”质疑与新说》（《中国社会科学报》2月23日）总结了近年来学者对“四等人制”的质疑与新说。刘迎胜《“拓跋”与“桃花石”（“絛贯主”）两名关系新探》（《西北民族研究》第3期）通过对“拓跋”异译“秃发”的举证，说明即便“拓跋”名称在传播过程中发生过辅音互置，也并非发生在拓跋语中或记录此名的汉语中。统计数据证实，操突厥语的民族有将词中唇辅音或合口元音置于颚辅音之前的趋向，说明“拓跋”名称在传播过程中的辅音互置发生于突厥语中，“桃花石”的语源就是“拓跋”。乌云高娃《元朝统一多民族国家治理及启示》（《中国社会科学报》5月9日）认为元朝的大一统与多民族交往交流交融，对于当代的国家治理、边疆治理、民族团结有着诸多积极启示。

2022年度专门关注元代色目人的研究较多。白玉冬《元代回鹘语专用称谓 Uluγ Suu（蒙古皇帝）释义》（《清华元史》第七辑）认为回鹘人直接借用蒙古语 suu 来称呼凌驾于回鹘亦都护之上的蒙古皇帝，这种区分对待的特殊用法，喻示回鹘人对元朝皇帝的认同。陈新元《火乞里氏只儿哈郎家族史事考略——元代色目家臣政治地位之一斑》（《中国边疆史地研究》第1期）对元代史籍记载的一个源自灭乞里部的色目家族——只儿哈郎家族进行了考察，认为只儿哈郎家族是一个典型的内廷家臣世家。该家族世代享有高官厚禄和参与治国理政的现象，在相当程度上反映了元代色目家臣的政治地位。付马《航海家亦黑迷失的母语誓愿——泉州〈一百大寺看经记〉碑上的回鹘文题记》（《海交史研究》第3期）对畏兀儿人亦黑迷失在泉州立碑的回鹘文部分进行了考释，指出其内容与汉文部分不同，亦黑迷失用母语表达出一个佛教徒的真挚愿望。马建春、李蒙蒙《元代高丽回回人史事补阙》（《西域研究》第4期）比照国内与高丽文献，钩稽若干活跃于朝鲜半岛的回回人史事。刘嘉伟《元代“三节堂”同题诗文集咏探析》（《西域研究》第2期）考察了元代诗文集中的高昌偰氏。查洪德《元代中后期诗风转变中的萨都刺》（《民族文学研究》第2期）认为直接暴露元朝在帝位争夺中的阴谋与杀戮的时事诗体现了萨都剌的特质。胡蓉、杨富学《元代色目进士与仕宦死节现象考析》（《中原文化研究》第3期）将元末色目官员死节者多的情况归因于理学推崇的节义观，以及色目人受统治者倚重。李雪、查洪德《元代色目人物传记的形与神》（《求是学刊》第 2 期）分析了色目人传记的多元文化。韩中慧《海外学界〈元西域人华化考〉评介》（《国际汉学》第 2 期）对陈垣《元西域人华化考》的海外流传进行考察。李雪《中华民族共同体建构的文学史实践——从元代色目人物传记看多族士人的文化认同》（《西北民族大学学报（哲学社会科学版）》第 1 期）考察了元代色目人物传记。

边疆史地方面，聂鸿音《元明时期京畿地区的党项方言岛》（《宁夏社会科学》第 4 期）认为 14 世纪到 16 世纪初的西夏文字资料证明，在当时的北京和河北保定存在两个“党项方言岛”，方言使用者是被蒙元王朝征调至京畿地区驻防的党项军户后裔。源出河西的党项方音在保定的资料里得到了比较完好的保存，但在北京表现出向官话靠拢的趋势，这是在中央政府为官的党项贵族主动学习当朝蒙古人和汉人语言的结果。胡小鹏、常成《元西平王奥鲁赤家族世系与治藏史事考述》（《中国边疆史地研究》第 2 期）考证了元西平王奥鲁赤后裔、武靖王搠思班之后的世系传承、治藏史事与家族内斗、元亡后其王族成员下落等问题。屈文军《宋元时期岭南地区的族群社会变迁》（《清华元史》第七辑）考证了宋元时期岭南地区各民族在宋元易代时期的活动与变迁，认为元代的编户齐民在宋代基础上继续深入，但岭南地区依然有与中州之人不同的习俗、观念以及生活生产方式，是形成后世岭南文化的重要基础；宋元战争和其后的社会动乱使不少编户齐民脱籍成为各类“蛮僚”，这些不同人群并不是现代意义上的民族。陈虹伊《金元时期京兆仇氏家族考》（《西夏研究》第 3 期）考察了这一女真人家族的仕宦、文化与婚姻。张述友、王世丽《爨僰军与元朝的西南边疆治理》（《湖北民族大学学报（哲学社会科学版）》第 1 期）论述了作为元代西南乡兵的爨僰军，经历了大蒙古国时期的军事征讨、元初屯田守土、元中后期演变为普通民众三个发展阶段，认为元朝对以爨僰军为代表的乡兵运用是成功的。叶成勇《从分到合的深度历史：碑刻所见思州土司辖区国家化进程新探》（《西南民族大学学报（人文社会科学版）》第 4 期）讨论了元代末期思州田氏土司走向分裂的历史细节，认为这是思州地区逐渐融入国家一体化进程中的一种独特形式。刘源《元代靖州路建置与地方治理探蠡》（《中国地方志》第 4 期）认为元代靖州路的行政建置嬗变不定，其变迁伴随着湖广行省民族区域秩序的不断变更。谢信业《元朝经略八百媳妇国政策转变及影响》（《中国边疆史地研究》第 3 期）讨论了元朝对八百媳妇国由“征讨”变为“招讨”再变为“招抚”，最终正式内附，设置宣慰司的过程。全荣《哈剌和林城始建年代考》（《内蒙古社会科学》第 1 期）认为哈剌和林城始建年代应早于 1220 年，而不是 1235 年。希都日古《关于〈蒙古秘史〉记载的速别额台征迤北康邻等十一部落考释》（《蒙古史研究》第十四辑）从语言学角度，考证了速别额台所征服的迤北康邻等十一部落的族源、游牧地、语言、信仰等多方面情况。石坚军《辽金元时期九十九泉与官山考论》（《中国边疆史地研究》第 2 期）认为《辽史》丰州“九十九泉”即《金史》宣宁县官山，泛指武要北原，今内蒙古灰腾梁。其地北魏辽元时期为捺钵、蹛林，为交通枢纽与军事要地。同氏著《元代“木怜等九站”初探》（《中国历史地理论丛》第 3 辑）认为，木怜等九站为木怜驿苦盐泊至宽迭怜不剌一线固定路段，包括苦盐泊至燕只哥赤斤四站、阿察火都至宽迭怜不剌五站，并考证了站的具体位置。

中外交流史方面，元代中国与伊朗交流是 2022 年度的热点议题。陈春晓《波斯农书〈迹象与生命〉中的中国植物——兼论拉施都丁的中国知识与农业实践》（“Chinese Plants in the Persian Agricultural Manual *Āsār va Aḥyā'*, and a Discussion of Rashīd al – Dīn's Chinese Knowledge and Agricultural Practice,” *Chinese Annals of History of Science and Technology*, 6），专门研究 14 世纪初伊朗著名宰相、学者拉施都丁撰著的一部农业生产指导手册《迹象与生命》。书中有近三分之一的篇幅，是关于中国植物及相关知识的介绍，还述及元朝各方面信息，包括赋税制度、货币制度、军事制度、经济贸易、制造技艺、民族风俗、饮食文化等诸领域，为研究 13—14 世纪东西方物种传播、技术交流、民族交往和文化交融提供了重要材料。《国际汉学》推出《中伊文化交流专刊》，其中与元代中伊交往有关的论文有：时光《〈迹象与生命〉所载中国药用植物考》专门研究了书中所载的中国药用植物，分析当时中国药用植物西传伊朗的历史轨迹；穆宏燕《波斯细密画对中国绘画艺术的借鉴》研究了在中国绘画艺术的强势影响下波斯细密画的成熟繁荣历程；纳思霖 · 达斯坦《杭州凤凰寺：中伊文化交流的见证》通过研究杭州凤凰寺及寺内碑文、相关文献，探究杭州城内伊朗人的历史；阳融寒《14 世纪波斯细密画插图本中的元青花图案》认为元朝画局的图样与伊儿汗王朝细密画画家们的蓝本之间有一种交互影响。松田孝一著，求芝蓉、汪莹、马晓林译《印度兰普尔拉扎图书馆藏〈史集〉抄本〈元朝宫殿图〉简报》（《故宫博物院院刊》第 5 期）认为该插图描绘的是每年元旦以及皇帝生日当天朝会开始时，礼仪官引导帝后坐上大明殿御榻的情形。

关于元朝与其他国家的交往交流，杨晓春《元末海商陈宝生家世与海外贸易史事补考——读〈铁网珊瑚〉所载〈陈妇节义集〉〈春草堂记〉〈泉州两义士传〉合册》（《海交史研究》第 3 期）认为明代艺术文献《铁网珊瑚》所载《陈妇节义集》《春草堂记》《泉州两义士传》合册揭示了海商陈宝生家族由商转文的实态，充分说明了社会主流的儒家价值观对海商的深刻影响。杨斌《“无钉之船”：考古和文献中最早往返于西亚与中国之间的海舶》（《海交史研究》第 1 期）认为海洋考古和中西文献中的“无钉之船”这个历史事实以及相关传说，彰显了中国和印度洋（阿拉伯）世界的海上贸易和由此产生的密切文化交流。成思佳《现存最早的越南陈朝史籍文本的发现——北京师范大学图书馆藏抄本〈大越史略〉考论》（《元史及民族与边疆研究集刊》第四十一辑）从文献的角度，勾勒了越南陈朝与大元王朝交往的情况。陈文源、盘俊《元朝安南宣慰司建置与双方关系的困局》（《历史教学

（下半月刊）》第 3 期）指出元朝曾试图经略东南亚，主要举措就是在安南建立宣慰司，然而安南陈朝统治者抗命不从，元朝在动用军事手段失败后，只好接受了安南“贡而不朝”的现实。意大利学者安德烈欧塞著，求芝蓉译《东西方知识的交汇：和德理所记元代矮人传说》（《浙江大学学报（人文社会科学版）》第 5 期）认为鄂多立克笔下的“矮人”指今天湖南道县一带的居民。尹铉哲、王寒《高丽朝使臣与元朝名士之交流》（《东疆学刊》第 3 期）梳理了高丽史臣在元朝的活动，李藏用、李承休、李齐贤是代表人物。

结语

2022 年度的元史研究取得不少成果，元史学者继续重视史料的挖掘整理和文献学研究，在政治史、制度史等传统议题继续深入推进的同时，经济、社会、文化等方面有一些新议题出现，将元朝放在中国历史和世界历史上的通贯性研究也得到加强。当然元史研究未来仍有很大发展空间，经济、社会史等领域较为薄弱，各领域内具有引领和导向作用的新议题也较少。未来元史学科的发展，有赖于从以上诸方面取得新的突破。

明史研究综述

解　扬　吴兆丰*

2022年明史学科在政治制度史领域继续推出新成果。据统计，2022年度国内史学界共出版与明史相关著作128部，整理文献30部，译著24部，发表相关论文400余篇。

在研究视野上，以从长时段中摸索历史演变规律，尤其是探讨明代各领域改革轨迹的研究成为重点，灾荒救济、仓储运行、官员的选拔考核监察等成为热点，明代所反映的国家治理问题与多民族多元一体格局下的边疆问题成为研究者关心的核心问题。相对而言，2022年度在对2021、2020年度新发现民间文书，尤其是小黄册的研究基础上，研究热度继续保持，但在研究深度和问题意识上的推进却并不明显。问题意识最为突出的是经济史领域，以全球化和东亚的视角分析明代历史特点的研究引人注目，着眼点也更为多元。思想史领域则延续了从长时段视角观察重要思想家、思想流派的思路，能从更为宽阔的社会背景下对代表性著作进行诠释。在社会发展进程角度，对用"前近代"的概念理解明代历史是否合乎历史的客观规律，学者从不同侧面进行了深刻反思，说明整体史研究思路逐渐被研究者普遍接受，成为新的学术增长点。

一、围绕国家治理与社会问题的研究

从明史学者研究的问题意识角度来看，2022年度最为显著的特点是从国家治理角度分析明代中国的国家治理与社会问题，覆盖了多学科、多领域研究，"国家—社会"的解释模式不再成为首选。

（一）对中长时段问题的关注与针对具体议题的精细化研究成为2022年度明史研究的两个重要视角。

从长时段观察历史阶段性，集中体现在嘉靖朝政治文化及晚明内阁权力问题上。田澍《正德、嘉靖之际的政局剧变与明朝改革的轨迹》（《西北师大学报（社会科学版）》第6期）认为正、嘉政局剧变的时代特点是连贯性，指出万历初年张居正改革承接的正是嘉靖

* 解扬，中国社会科学院古代史研究所明史研究室研究员，研究方向：明史。
吴兆丰，武汉大学历史学院副教授，研究方向：明史。

革新的“政治遗产”。

在政治制度史研究方面，作为户籍制度重要组成的官籍制度、皇帝或宦官掌控司法权的驾帖制度、兵部白银财政制度、地方官考满制度以及下层宗室贫困性状况等方面研究都有突破。黄谋军《明代官籍再探》(《中国史研究》第1期) 对明代官籍多个侧面的研究有代表性。作者认为，明代官籍多指武官及其家庭的户籍，主要用作武官家庭子弟应考科举时的籍类标记。明代官籍是世籍世役制度下的产物，以亲人为官与身份世袭为前提，是明代户籍制度的重要组成部分，与传统品官之家的概念既有共性又相区分。明代官籍作为带有酬功性质的身份户类，其来源较为多元，从户籍来源看，军、民、匠、医等籍都有凭借某种功绩转化为官籍的可能，尤以军籍为主体，军功为主流；从分布上看，卫所、州县、特殊机构都存在官籍群体，以卫所分布为大宗。官籍是某种社会地位的象征，官籍与民籍、军籍等户籍之间的转化演变还是探测明代户籍制度与社会结构变化的重要窗口。

在明代监察体系的各个侧面成为研究热点后，对驾帖制度的研究继续深入。唐佳红《明代驾帖制度考论》(《安徽史学》第5期) 认为明代驾帖作为诏令的替代品，属于“敕谕”的一种，代表着在各种公私事务中皆得便宜处置的至高无上特权。正统以后，厂卫权力膨胀，驾帖成为厂卫提人缉事的专用文帖。朝臣试图利用制度化措施来限制驾帖的使用范围，却以失败告终，以致明代后期驾帖成为皇帝或宦官掌控司法的工具。驾帖具有平衡特刑机构与法司的司法权及皇帝越权专制刑狱的双重功能，文官集团对驾帖的限制实际上侵犯了皇权，反映了皇帝、厂卫与文官集团三方之间复杂的政治关系和明代社会的司法生态。

黄阿明对地方官考满制度的研究，推进了对明代官吏考核问题的认识。在《明代地方官考满制度》(《社会科学》第9期) 中，作者认为，明代的地方官员围绕“六事”施政，也围绕“六事”三年一考核。由于在具体施政过程中侧重点不尽相同，明廷不同时期的考满政策导向也有所差别。明中期以后，赋税考成与有无奖荐决定着任满官是否具备申请考满给由的资格。在考核时，布、按二司首领官、佐官、属官由正官考核，府州县正官按行政单位从低到高逐级考核，同时接受巡差御史、守备乃至部寺差官考核，再由抚按官覆考，一一填注考语；在完成地方层面考核与覆考后，考满官领凭或差人赍缴赴部考核，吏部引奏给由，决定黜陟复降，方完成一次考满。

在明史议题精细化分析之外，学者努力从精致的个案研究中找寻规律。黄友灏《明万历朝阁臣廷推的定制化及其影响》(《中国史研究》第3期) 对万历年间内阁大臣入阁方式的研究也体现了在具体问题上研究的细致程度。作者认为，万历年间存在由皇帝任命向“廷推”的转变。这一变化改变了皇帝、内阁、吏部与科道的权力关系，是影响当时政治局势的重要制度因素。马子木《明季浙党考》(《文史》第1期) 具有同样的关怀，作者从历史话语的形成视角考察浙党话语的形成史，认为包括浙党在内的晚明群党，多是基于特定利益分野而形成的，具有相当协商余地、变动不居的政治身份集合，为晚明党争研究提供了一个深入细致的观察侧面。

（二）在此前基础上，对纸背文书的考古发现和细致整理，成为2022年度地方文书趋势性研究中一个显著的阶段性特点。

以复原洪武三年处州府小黄册、浙江卫所文书最具代表性。耿洪利《上海图书馆藏古籍纸背明初小黄册复原与研究》（《中国经济史研究》第4期）从上海图书馆所藏公文纸印本《后汉书》和《魏书》的纸背中，复原洪武三年处州府小黄册，内容涉及明初人口管理、赋税征收、徭役摊派，填补了史籍记载的不足和国内明初小黄册原件的史料空白，为进一步研究明初户籍管理和赋役征派提供了重要的实物资料。

在军事史领域，田琳《新见明代洪武初年浙江卫所文书考》（《文史》第1期）考证了上海图书馆所藏《魏书》纸背文书中洪武初年浙江台州卫中千户所向某百户下达上级机关政令的内容，展示了洪武初年卫所基层军事机构文书的实物形态和书写格式，为研究明初大都督府体制下军事系统公文运转流程和皇帝诏命自上而下直至基层的传达方式，提供了珍贵的第一手资料。

循着纸背文书提供的文献线索，研究者可以深入此前难以涉及的领域，借此揭示出一番新的图景。孙继民、孟月《〈艺文类聚〉纸背文书新见明代结状的刊布、复原与定名》（《文史》第2期）利用上海图书馆所藏公文纸印本《艺文类聚》纸背中复原出的明代万历年间山西平阳府结状文书，划分了结状文书行文事由的三个类型，即岁报钱粮类、清理文卷类和稽考仓粮类。深入地方政府处理钱粮、文卷等细节问题，是此前仅关注经、子、集诸部文献的研究所无法触及的，也是史部文献在国家基层呈现的新问题。

（三）对明代灾荒问题相关的文献整理和专题研究显著增多。

明史学者秉持经世致用的时代关怀，对明代历朝应对灾荒、推行荒政的举措，从国家治理角度开展研究。有的选题侧重于分析救灾政策的实践；有的研究从地方基础设施建设角度，分析救灾仓储的建设；有的研究从文献的角度，分析水利碑刻。

展龙、李争杰《明代地方农灾信息奏报及其决策价值研究》（《中国农史》第3期）分析了明代灾害信息的收集奏报对于农业灾害治理的价值与得失，在此基础上，进而讨论了官民协同治理灾害的模式。展龙《多元共治：明代官民协同治灾模式及其实践效益》（《江西社会科学》第10期）指出明代是古代中国灾害治理的成熟期，治灾理念日愈革新，治灾机制日渐完善，治灾能力日益提升，治灾主体日趋多元，并形成官方主导、民间参与的社会化、集体性官民协同治灾模式。

面对灾荒，传统中国作为农业大国，十分注重粮食的储备。有学者即注意到明代中后期仓储体系的重构，借此分析国家治理能力在大灾大难面前的革新（李秋芳、鞠明库《嘉靖初特大灾荒与明代地方备荒仓储体系的重构》,《江西社会科学》第10期)。其中,具有革新性的观点认为,明清时期的水治理已经不是"水利国家"或"水利社会"这种对早期中国治水模式的简单判断,而是呈现出国家与社会"共治"的空间和样态(金安平、王格非《水治理中的国家与社会"共治"——以明清水利碑刻为观察对象》,《北京行政学院学报》第3期)。

在研究具体问题以外,明代灾荒文献的整理在2022年度有所突破。展龙编《明代气象史料编年》(社会科学文献出版社)在文献整理部分,将会详细介绍。

二、围绕国家治理与多民族多元一体格局的研究

从国家治理和多民族多元一体格局角度研究明代多层面问题是2022年度重点议题。

(一)从国家治理角度,2022年度明史研究在明代中国应对灾害、荐举实践、律例体系和水治理等问题上,取得了不少新认识。在个案的选择上,既表现出研究热点的连续性,也显现出观察视角的新贡献。

解扬《从行政整合到政治整合——明代荐举及地方实践》(《历史研究》第1期)通过分析明代荐举在朝廷和地方上发生过的实践主动方变化,认为明代中央政府整合地方资源,经历了从行政整合到政治整合的过程,显示朝廷通过行政手段自上而下整合地方政治和文化资源在国家治理中具有持久性,经过科举以外的荐举,地方主动向朝廷靠拢,为保持中央集权的大一统封建国家贡献了力量。

地方社会在自运行以外,受到国家意识形态、礼仪制度等方面的影响,成为2022年度推进以往研究的趋势性角度。陈海斌《从王阳明与海瑞赣南施政看明代基层社会治理》(《云南民族大学学报(哲学社会科学版)》第2期)对曾经主政南赣的王阳明和海瑞进行了一定的对比分析。认为阳明抚赣,首重思想道德教化,立社学、建书院、联讲会、举乡约,剿抚并用、刚柔并济,建立起以保甲和乡约为一体的基层社会治理体系;海瑞在兴国,重视改善民生,清丈田地,推行一条鞭法,改革地方机构,重整里老人制度,完善基层社会组织。从王阳明与海瑞的赣南施政对比来看,两者虽有举措上的不同,但明代国家治理基层社会的基本路径,却并无大的分别,展现出王朝国家治理地方的基本面貌。

陈宝良、刘国敏《明朝人的礼观念及其行为实践》(《史学集刊》第4期)认为传统中国之礼,或起源于"戏",或起源于宗教祭祀。礼一旦确立,既是道德规范,又是社会秩序。在明代,因社会变迁引发了礼观念也随之变化,进而影响了明朝人的行为实践。在礼与情的关系上,明朝人提出基于人生、人情之上的新见,实现了从"以礼为情"向"礼由情生"的转向;借助于对"礼"与"非礼之礼"的辨析,将礼定义为内心的自觉;无论是朝廷行政,还是学者所论,礼与法无不有趋于合流之势;在礼与俗的关系上,则是礼通过简易

化、通俗化的历程而渗透到地方社会的治理实践之中。明末清初，士大夫开始致力于礼教秩序的重建，礼观随之趋于中庸化。

（二）朝廷的权力在地方的实践，尤其是能否在宗族建构和基层社会治理中，顺利形成“皇权下县”的格局，成为2022年度学界关心的问题。

近年，“皇权不下县”之说影响日渐增大。一些论者强调地域差别，放大基层执行中央政令的迟滞性，乃至地方对中央政策的抵触表现，从而推导出中国古代朝廷与地方、国家与社会相互脱节甚或截然对立的结论。解扬《皇权到底下不下县?》（《历史评论》第5期）认为古代中国的皇权是下县的，它通过法令、制度、礼仪乃至思想观念等多重渠道，以弹性和灵活的方式，实现对基层社会的影响与治理。

陈雪明《明清徽州族约合同与乡村社会治理》（《原生态民族文化学刊》第2期）认为明清时期，徽州宗族在遵守国家法律的同时，不仅制定了本族的族规家法，更是因时、因事、因地制宜地议订了大量的族约合同，对国家法律和本族的族规家法中未能明确规定的问题或事项，提出了具有针对性的管理办法和应对措施，用以加强对本族族众的管理和约束。徽州族约在书写风格、议定事项的数量和约束对象上可以划分为不同的类型，主要包括宗族的祭祀活动、祖先安葬与祖墓维护、族产的管理经营与析分变卖以及宗祠修建、佃仆管理与赋役承办等宗族其他事务，来调整天人和谐、人际和谐以及群己和谐，最终实现身心和谐，在促进宗族和睦发展、强化宗族管理、维护地方社会的稳定和巩固封建统治等方面发挥了巨大作用。

常建华《明代江南的役田、义田与宗族》（《南开学报（哲学社会科学版）》第2期）认为江南常州、苏州等府苦于赋役征收过程中的重赋“虚粮”，设置役田应对。无锡顾氏、华氏的事例说明，设置义田与役田，不仅是为了完役，也是为救济族人。义田与宗法关系的讨论集中于江南地区，唐顺之提出了义田起于大宗之废的观点，王樵特别强调义田统理族人的作用，王世贞认为义田使得社会公平。明代士大夫设置义田，也源于儒家宗法观念中余财归宗、不给资宗与“博施济众”的仁政思想。明代士大夫设置义田也是效仿范仲淹，正统时杨荣与成化弘治时期徐溥、陈宗鲁、华守吉义庄较早设置，模仿者不少，士大夫对此互相激励。徐溥义田事例，导致明廷给予义田明确的政策，影响深远。明代江南义庄是作为宗族建设一环出现的，成为宗族制度的重要有机组成部分。

卞利《宋至明徽州歙县罗氏宗族二分支的势力消长》（《古代文明》第4期）以新发现的文献史料为依据，对徽州歙县呈坎村两支迁徙自豫章的前罗与后罗罗氏宗族之由来、迁徙、形成，以及彼此势力消长、矛盾、纷争与统合的历程进行探讨。作者认为，两支本系同一曾祖的罗氏宗族内部的矛盾与纷争尽管原因复杂，但主要还是源于对村庄资源的竞争。最晚在北宋末年，前罗与后罗之间即已产生矛盾，并随两支宗族政治权力和经济实力的消长而不断激化，以致出现彼此互害、两败俱伤的局面。文章指出，尽管明嘉靖中叶以后两支罗氏宗族逐渐统合，但已很难弥合前罗与后罗族人之间近500年之久的心理创伤，统合的象征意义远大于实际效果。

康健《明清徽州宗族与基层社会治理——以祁门南源汪氏为例》（《原生态民族文化学刊》第2期）认为祁门南源汪氏从北宋初期迁居祁门南源后，很快就成为人丁兴旺、房派众多的望族。从北宋至清代中叶，南源的村落规划建设共有四部曲，并形成了初居聚落、坂上和屋基里三块相互联系的村落格局，完成了生存空间的拓展。明清时期南源汪氏通过兴立文会和订立合同、勒石刻碑等村规民约的方式来教化族众，努力营造良好的乡村社会环境。南源汪氏还以山场诉讼的方式来维护宗族的合法权益，以此来维系乡村社会秩序。南源汪氏采取的多途并举、叠相为用的治理方式是明清徽州乡村社会长期保持超稳定结构的重要保障。

钱国旗、刘坤《从明清家训家规看儒家伦理的日常生活指向》（《北京社会科学》第9期）认为明清时期的家训家规通过“孝”的规约化和强制性，以及积极的家族主义、务实的治生之道、贵生养生与明哲保身、约束与禁戒、善恶与因果报应等内容，把精英化的道德理想转化为大众化的实践伦理，从而在家族层面建构了适应世俗社会的道德规范和行为准则，并通过家族的繁衍生息实现文化的薪火相传。明清家训家规所反映的儒学世俗化、生活化转向，是对精英儒学的调整与纠偏，是把精英化的道德理想转化为大众化的实践伦理的一种有益调适，由此推动了儒家伦理从官样教义进入民间生活，实现了儒家“化民成俗”的教化功能。

（三）对明代边疆的研究，学者也转向国家治理的角度，选取个案进行深入研究。

杜洪涛《洪熙梗化：奴儿干都司史事发覆》（《史林》第5期）认为洪熙元年的奴儿干叛乱是中国边疆史的重大事件，奴儿干都司的历史可以由此分成前后两个不同的时期。在叛乱之前，都司是设在奴儿干的常驻军政机构，其运作机制由镇抚、岁贡两个系统共同维系；在叛乱之后，都司逐渐演变成位于辽东的附属机构。考察奴儿干动乱的社会动因，讨论这次动乱的历史过程，探析明廷的重建计划及都司转型，不但可以重构都司历史的发展脉络，而且有助于理解明初黑龙江下游等地的区域社会。

王浩远《明代北镇医巫闾山崇祀考述》（《中国边疆史地研究》第1期）对北镇医巫闾山崇祀的研究则说明了明代边地也有不断强化国家认同的政治努力。他考察明代通过重建、增修位于辽东地区医巫闾山的北镇庙，并进行常态化祭告活动，起到了尊重各民族神山信仰和强化国家认同的作用。

曾现江、张凯强《明朝隆庆三年西番朝贡制度改革：天下理想与经济理性兼顾》（《西南民族大学学报（人文社会科学版）》第9期）认为朝贡制度是明朝西番治理的核心，然厚赏来使，尤其是对朝贡遣使按员给赏，导致违例进贡，特别是遣使过多过滥的现象屡禁不绝，相应推高了治理成本。隆庆三年的改革，涉及贡期、赏额、贡额，以及对冒名进贡者的惩处等方面，在将西番朝贡遣使的人员限额提高约十倍甚至百倍的同时，着重以大幅减少进京贡使数量和限制近边番僧的朝贡规模等途径来达到节省开支的目的。经此改革，西番违例进贡事件大为减少，进京贡使的限额规定得到较好执行，贡使总人数大幅下降，明朝相关的人力物力财力支出得到节省，在一定程度上实现了西番治理的天下理想与经济理性的兼顾。改革取得积极成效的原因，一是较强的针对性策略，二是提高了地方官员的权责，三是较好地解决了西番贡使在边关驻留期间的管理问题。

胡箫白《明洪武前期河岷洮地区的地缘功能调整与地方秩序变动》（《中国边疆史地研究》第3期）提出洪武前期，明朝经略河岷洮地区的过程可分为三个阶段。自洪武二年至洪武七年，河岷洮地区延续了元代以降对藏交往基站的地缘功能，明朝以河州为中心，向藏地派遣使者、通事，搜集藏地政教情报，推动汉藏交流。洪武六年至洪武十一年，以岐王朵儿只巴为首的北元势力重新渗入河岷洮地区，不仅与西域、藏地建立政教联系，而且策反本地非汉首领，明朝则主动出兵，清除北元势力。洪武十一、十二年，河岷洮地方动乱频发，明朝以军事手段弹压，并重整地方军卫结构。考察河岷洮地区在洪武前期的地缘功能调整与地方秩序变动，是理解明初边疆治理进程的极佳剖面。

此外，西南少数民族编户赋役、土司治理、儒学传播、人才选拔政策等仍是2022年度的热点问题。如吴滔《在免差与应役之间：明清南岭山地瑶长瑶目制之缘起及其运作》（《史学集刊》第1期），任建敏《广西“古田大征”之议与明后期南部边疆政策的转变》（《中国边疆史地研究》第2期），郑维宽、梁妍《明清时期边疆民族地区县域治理方式的多元化演进——以广西宜山县为中心》（《广西民族大学学报（哲学社会科学版）》第2期）。关于回汉、蒙汉、畏（维吾尔）汉、纳（纳西）汉民族融合交流个案研究，也有学者从新掌握的族谱入手，取得了突破。如丁慧倩《从明清时期回族族谱修撰看回汉文化交融》（《中央民族大学学报（哲学社会科学版）》第4期）。

三、围绕乡约、宗族与基层社会治理的研究

对于乡约、宗族在明代基层社会治理中的价值，通过个案研究和基于地域特色的系统性梳理，可以得到进一步阐释。

从乡约的传统上，解扬《古典公共性的生成：乡约的合理性与明代思想史上的和会趋势》（《人文杂志》第9期）认为乡约自身的传衍脉络并不能从根本上解释其得到国家认可，进而受到支持的合理性，因此需要从国家对乡约在道德养成的制度建设上期望其扮演的公共性服务角色入手，对乡约执事者在思想上努力配合予以定位。从吕柟、罗汝芳等所行著名乡

约可见，明代乡约在与《大诰》《明会典》结合并落实于地方自治之后，与明太祖圣谕六条融合，针对社会全体，提供了覆盖面更广的道德训练。这对明代国家而言，在地方自治层面具有特殊的价值。明代的乡约虽然延续了北宋《蓝田吕氏乡约》的传统，但在与国家的关系上，其存在具有更充分的合理性，也符合当时思想史上和会朱子、阳明、甘泉的趋势。

冯贤亮《从寺庙到乡约局：明清江南的思想教化》（《吉林大学社会科学学报》第3期）认为明清时期的乡约教化，是以帝王的“圣谕”为根本指导思想，结合地方传统与乡镇空间区划，自上而下建构起的比较严密的宣讲系统。在江南地区，社会力量比较强大，社会资源比较丰富，社会精英热衷教化，为乡约工作的推展及社会治理奠定了重要基础。从明代初期的社学系统到后期的城乡寺庙，都是乡约所建设的基本选择和乡约宣讲的中心场域。清代继承了明代的乡约教化基础，在社学体系废替后，也以寺庙为中心建构起比较清晰的乡约宣讲网络。清代后期，从州县城市到乡镇地方，建设乡约总局与分局的行动变得非常活跃，加大了思想教化和秩序整顿的力度，为维系地方社会与重建王朝统治发挥了重要作用。

郭永平、曾伟《宗族、乡约与地方社会重构：以山西上党仇氏为例》（《民俗研究》第5期）认为山西上党地区文化底蕴深厚。明初，雄山仇氏家族就秉持同居共财的理念，遵循着大家庭聚居的模式。同时，在族人的合力下，家族经济持续发展，影响力也逐步扩大。正德年间，晋东南地区的“寇乱”结束后，藩府仪宾仇森上书朝廷，吁求对“雄山四贞”旌表，仇氏家族由此实现了对地方事务的介入。嘉靖年间潞安府建立后，仇氏家族所推行的齐家和化乡实践逐步成为正统价值观的一部分。伴随着化乡实践的开展，民间突破了宗法伦理的范围，在“大礼议”之后进行了化礼成俗的活动。上党仇氏在确立家范、建构宗族和乡约庶民化的过程中，不仅实现了对雄山地方社会秩序的重构，而且作为明代华北最早成型的乡约，亦成为全国其他地方乡约的参考与示范而得以推广。

对乡约研究的史料，也从文本向碑刻进一步扩展深入。杨济亮《从碑刻乡约看明清福州地方社会治理》（《福建史志》第3期）认为在地方社会治理中，福州地方乡绅、宗族与官府既合作又竞争，通过乡约族规来主导、参与民间的社会事务，成为国家推行儒家教化、加强赋税征收和地方治安的间接统治工具。同时，他们利用职役的行政化地位，建立自身的权威，在国家动荡、财力匮乏时期攫取土地、人口、文化等资源。

党晓虹、刘新民、莫力《明清以降云南传统乡规民约的历史演进及其逻辑（1368—1949）》（《中国农史》第4期）提出作为有效的乡村治理工具，传统乡规民约主要孕育于汉文化之中，发挥着教化乡民、稳定乡村秩序、管理乡村公共事务以及弥补国家法律不足等作用。多民族地区的传统乡规民约则体现了汉文化与民族文化交往交流交融的特点，彰显了“蒸蒸化洽，淳朴易治”的治理功效，形塑了“多元一体”的文化格局。文章通过对明清以降云南149份传统乡规民约文本内容的量化分析发现，其发展经历了“传入初创期—推广爆发期—稳定发展期”三个阶段，呈现出逐渐增多的时间分布、从腹地向周边辐射的空间分布以及主题趋向广泛、类型日渐多样的演进特征；在国家的强力介入、乡绅的主动邀约以及民族交融等因素的共同作用下，云南乡规民约发生着强制性与诱致性的双重互动变迁。在当代少数民族乡规民约建设之中，应充分吸纳传统乡规民约中的治理智慧，渗入现代法治精神，推进乡村治理现代化；要增强乡规民约的民族特色与文化适应性，铸牢中华民族共同体意识。

唐东辉《罗汝芳的乡约思想及其当代价值》（《原道》第1期）注意挖掘罗汝芳乡约思想的历史资源与时代价值。作者认为罗氏乡约是在明代前中期乡约发展趋势的时代背景下产生的，包括乡约职能从民间教化向官府职役转变，乡约组织与其他基层组织相互融合，乡约规条从吕氏四条向圣谕六条转变，乡约手段从以德礼为主向以政刑为主转变等。罗汝芳的乡约思想既有时代烙印，又有其作为儒者的坚守：前者是指他顺应乡约发展趋势，在乡约组织上融保甲和义仓于乡约组织，在乡约规条上以圣谕六条为核心，并以圣谕六条统摄吕氏四条；后者是指他作为一代大儒，坚守儒学德礼教化的基本立场，在乡约手段上从政令刑罚回归道德礼乐，在乡约仪式上注重寓教化于乡饮酒礼。罗汝芳的乡约思想对当代中国的乡村治理现代化具有积极的借鉴价值：一是以民主参与和组织建设推动乡村自治；二是以道德教化和制度建设促进乡村德治；三是以道德教化和普法宣传助力乡村法治。

四、围绕明代历史定位与文明互鉴的研究

在东亚、亚洲、全球视角下，对明代历史给予重新定位，突出明代在亚洲和世界史上的文明互鉴意义，关注世界史中的明朝以及明代的“前近代”转型，成为2022年度学者关心的热点。赵轶峰《明清史的大时代特征与明清史研究基本问题》（《清华大学学报（哲学社会科学版）》第5期）认为明清中国处于人类历史深刻转变的“大时代”，中国自身历史主题与全球历史变迁主题交融纠结，呈现空前复杂局面。研究这样一个特殊时代的历史，现代性发生、帝制时代收结、中华文明内聚运动构成基本问题系列。现代性起源研究需对现代性本身做清晰界定，清理各种“中心主义”，呈现明清现代性发展的表现与特点，探索现代性与中国文化传统的关系。帝制收结研究需厘清明清国家体制功能与政治文化特征，阐释经济体制与发展水平，呈现社会组织方式与生活情态，评析时人价值与信仰方式及知识状况，解释该时代“盛世”之含义。中华文明内聚运动研究需考察该时代中华文明的空间布局与结构、藩封体制、族裔认同、国家整合，以及前述各项的交错关系。基于明清史学科特性，相关研究应注重实证考察，积极借鉴社会科学而不追求社会科学化，宏观与微观研究并重。作为已经国际化的一个学术领域，明清史研究需承担理解当下人类处境的部分责任，为重新审视当下时代人类社会基本制度之合理性基础、局限与潜能提供一些历史经验资源。

从明代历史的东亚“互文性”角度，于逢春、谭婧霞《宋元海陆双重帝国架构何以樯倾楫摧——明朝之百姓“片板不得下海”国策探析》（《社会科学战线》第11期）认为宋元两朝初步形成了海陆双重帝国架构，但伴随着明朝实施百姓“片板不得下海”（海禁）国策，这番景象随之冰消瓦解。该国策之所以产生，缘于“明太祖本以元末奸民起事”，故“时时以防民防边为念”。“防民”是提防可能取而代之者，朱氏通过戮尽功臣并借此废除丞相制以集权后，其防范重点便转移到士人与百姓身上，尤其是格外防范海商、渔民与游民。“防边”有二：北元与倭寇。因元顺帝及子孙不但拥有标志着王朝正统性的传国玺，还始终没有放弃大元国号，拥有强大武力，逼得明朝修筑万里长城来防范。至于倭寇，明朝虽然拥有当时世界上最强大的海军，却对“长于陆战，短于水战”的倭寇，非但不主动出海犁庭扫穴，反而沿着海岸线修筑防海卫所，借此隔绝民众的海上事业与外贸。“防民”是明朝实施海禁的底层逻辑，可能取朱家而代之的明朝官民、北元王朝均是其“心腹之患”。与之相比，倭寇则属“癣疥之疾”，因为乌合之众的倭寇对明皇权并不构成实质性的威胁。恰恰是这一点，倭寇便成为明廷可资利用的道具。因为只要倭寇存在，朝廷就有了对百姓海禁、让皇室与官府借此垄断海上贸易的理由，这也是各类真假“倭寇”能与强大的明朝共存200多年的内在原因。

此外，壬辰封贡仍然是2022年度学者关心的热点。刘永连、高楠《壬辰战争时期朝鲜王廷对明日封贡议和的反应——以通信使黄慎的遣出为中心》（《北华大学学报（社会科学版）》第4期）认为碧蹄馆之战后，壬辰战争进入相持阶段，明朝和日本不断就议和条件进行交涉，最终日本答应撤军，明朝遣出册封使至朝鲜，准备待日军尽数撤退后渡海赴日。在此期间，朝鲜对于封贡议和极其厌恶，对遣使参与议和的提议更是强烈反对。然其迫于压力，不久动摇，同意遣使。再后议和失败，朝鲜则迅速遣使赴明请兵，积极备战。这些反应及态度变化，既反映出“自我中心”思潮影响下，朝鲜王廷诸多心理、举措与“事大”传统的冲突，又反映出军事受挫情况下，朝鲜在面对日本时更为强调自身文化优越性的心态。黄慎出使日本，记录了册封议和的种种细节。从中可以了解封贡议和活动中朝鲜层面的翔实状态，进而揭示当时多重且多变的东亚国际关系。

林炫羽《14—15世纪明朝与朝鲜倭患的联动效应》（《外国问题研究》第2期）认为14—15世纪明朝与朝鲜的倭患呈现此消彼长的联动效应。高丽一方暗杀倭寇首领藤经光失败，导致倭寇大规模报复，于是1375年起朝鲜半岛的倭患突然严重，而明朝的倭患相应地减轻。1380年代以后，高丽强化海防和大胜倭寇迫使倭寇撤离朝鲜半岛，转而袭击防备较弱的明朝沿海地区。1392年朝鲜王朝建立后实行招抚倭寇政策，使倭寇在劫掠明朝后前往朝鲜半岛，转身为合法的交易者。朝鲜半岛的倭患由此减轻，而其代价是明朝的倭患趋于严重。朝贡体制下中朝政治军事合作机制的匮乏是造成明朝与朝鲜倭患此消彼长的深层原因。

刘晶《万历援朝战争期间东北亚地区地理知识的获取、传递与呈现：以〈华夷沿海图〉为中心的考察》（《历史地理研究》第 2 期）认为万历援朝战争（1592—1598）是 16 世纪末在东亚影响深远的重要历史事件，与之相关的《华夷沿海图》的编纂，在地图学研究中的学术意义亦值得探讨。通过综合分析中朝文献，重点发掘朝鲜王朝实录和地理书籍等资料，可以发现《华夷沿海图》及相关地理论述对中国北部与朝鲜沿海形势详加说明，是当时两国间地理知识交流大为增强的证明。明朝东征经略宋应昌主持创作该图时，除了既往知识和经验积累外，还融汇了自己在朝鲜的见闻，对特定地理信息的选择与处理也有的放矢。因此，《华夷沿海图》有很强的时效性和准确性。他对特定地理信息的选择与处理背后有着深刻的内涵。即使看似微小的信息的呈现与解读也能成为表达政治立场、阐明军事思想的有效工具，并能反映出战时明朝经略渤海、黄海思想之转变。

五、围绕历史人物书写的研究

从人物形象的历史书写中分析历史人物，反映时代变迁。

（一）对于明代名臣与群体形象的历史书写，学者从时代变迁和思想史角度进行深入研究。何孝荣、侯振龙《从功臣到“祸首”：明清时期姚广孝形象的变迁》（《南开学报（哲学社会科学版）》第 4 期）认为明清时期，姚广孝的形象经历了从明代前期道德、学问、人品俱佳的“靖难”和“新明朝”功臣元勋，到宣德中期以后兼具儒学之敌的功臣元勋，再到嘉靖年间作为儒学之敌的功臣元勋的僧人，最后至清朝乾隆年间成为策划“靖难”之役叛乱的“祸首”的曲折变迁。明清时期姚广孝的形象变迁基本上由朝廷主导，官民士人从而衍之，但官民士人的形塑有时也影响了朝廷的形象建构。

罗道福《明代广东方志中冼夫人的历史书写与形象建构》（《历史教学（下半月刊）》第 2 期）分析了梁、陈、隋时期活跃在岭南地区的部族首领冼夫人，认为在明代中后期两广瑶乱与海南黎乱的背景下，明代广东方志的众多编者以《隋书》中的谯国夫人传为蓝本，根据地方社会的需要书写了冼夫人的历史，建构了不同身份的冼夫人形象，凸显了对正史的认同，体现了一定的地方文化意识。通过解构广东方志文本，可以发现编者们建构了一位符合王朝教化标准、对朝廷忠贞和认同的冼夫人，其背后所反映出的是明代中后期广东西南地方社会逐步融入国家大一统的历史进程。

宋立杰《明清商人传记中的侠义书写——以明清碑刻资料为中心》（《西南大学学报（社会科学版）》第 5 期）认为商人地位在明清时期上升，影响了商人的文本形象。商品经济与社会变迁的交融在无形之中拉大了民众之间的差距，从而导致社会对侠的需求愈加强烈，促使困于传统社会结构与社会观念的商人积极扮演“侠”这一角色，他们重然诺、乐于助人、为国事奔走，以期改变自身形象。士人也在有意识地塑造商人的侠义之风，通过文本宣扬商人的侠义行为，重塑商人职业的形象与价值观，号召更多的商人践行商人职业的侠义精神，以期构建新型的社会网络。因此，明清商人传记呈现出充满侠义精神的商人形象。在塑造商人侠义形象的基础上，士人重点强调商人的侠义行为是受到儒家思想的影响。

（二）对历史名号和史书的历史书写，学者从史实的不同角度分析其价值或辨正其正误。孙学堂《“前后七子”并称与“前七子”塑造之完成——以钱谦益〈列朝诗集小传〉为重点》（《文史哲》第4期）认为“前后七子”并称始于明末，此前“嘉隆七子”的名号已广为流传，李开先用过的“弘德七子”之称至此方被主流文坛所知。“前后七子”并称，实质是强调二者的相似性。以此为契机，钱谦益对明代复古派展开了系统的述评，在派系关系方面，把历史上本不清晰的“茶陵派”与“复古派”分野勾勒得轮廓鲜明，并强调“前七子”反对台阁体；在派系特征方面，认为二者皆“摹拟剽贼”缺乏个人面目，相互标榜以猎取声名。复古派的代表性言论“不读唐以后书”则被归于李梦阳名下。这些看法与事实多不相符，但大都被《明史》和《四库全书总目》所继承，产生了深远影响，有些说法流传至今，成为我们的文学史常识。由此可以说，明清之际钱谦益等人把“前后七子”并称，标志着文学史上“前七子”塑造之完成。

南炳文、张磊《清官修〈明史〉一个极其重大的失误——该书〈沙哈鲁传〉所载其国子虚乌有》（《史学集刊》第3期）认为清官修《明史·西域传》中有专传的“沙哈鲁国”，竟是子虚乌有。许多明清权威史籍不记其国，而且有确凿的资料证明《明史》及若干史籍认定的“沙哈鲁国”所在的两个地址本身即不能成立，那里的政权名称一清二楚。《明史》及若干史籍对“沙哈鲁国”的误记，其由来和形成的具体过程亦有迹可循。这是迄今为止关于清官修《明史》史实误记的一个最大发现。

刘小龙《〈明实录〉崇祯朝科举书写探析》（《西南交通大学学报（社会科学版）》第1期）认为《明实录》既包括明代实录，又包括四种崇祯实录。四种崇祯实录记载了朱由检在位期间的历史，科举是其中的重要内容。与明代实录相比，四种崇祯实录的科举书写发生了一些明显变化，如不再试图建构崇祯皇帝科举运行的主角形象、科举不再是人物传记书写的重要素材、某些科举个案却成为书写的焦点。崇祯朝科举史的书写，彰显的不再是明朝皇帝的英明伟大、科举的荣耀图景，也没有再渲染明帝国“天朝”的气象。相反，其反映的是明亡清兴的时代主题、天命属清的意识形态、国亡史存的史家情怀。这些书写方式的变化主要是明清王朝更替、江山易姓后的社会背景、文化氛围、政治环境使然。一切历史都是当代史，四种崇祯实录对科举的历史书写再次诠释了这一命题。

刘小龙、杨德会《名与实：〈明实录〉武举开科的歧异记载及其书写逻辑》（《江西社会科学》第1期）认为明代武举开科于天顺八年，明朝档案所载当年廷议结果是有“实”无“名”的武举。二十余年后，《明实录》记载这一历史时，追认其为武举开科。于是，实录呈现出武举已经开科的面相。然而，在此之前的二十余年间，天顺八年廷议结果始终没有获得正式的“武举”名号。部分官员为之正“名”，也为提高其规格与完备程度作出了种种努力。依据这些官员的奏疏，《明实录》直书相关历史事件。因此，实录又呈现出武举未曾开科的面相。可见，《明实录》存在歧异记载，并呈现出两种截然相反的面相。这是后世史家之笔“追认”“直书”之间的矛盾所致。这例个案的考察，表明理清本体历史“名”“实”关系、文本历史“追认”“直书”关系的重要意义。

董建民《〈明史·河渠志〉“海运”辨正一则——兼论壬辰战争中山东粮草海运成效》（《历史教学（下半月刊）》第7期）认为壬辰战争中山东粮草海运问题，不仅关系海禁背景下明代北方海运的复行，还关系山东在整个战争后勤粮草供应中的地位问题。然而万斯同《明史》与王鸿绪《明史稿》、张廷玉殿本《明史》在有关壬辰战争中山东粮草海运的历史记载上，存在较大差异。考察发现，清官修《明史》时，出于现实政治的需要，在相关内容的历史书写上加以否定。而事实上，壬辰战争中有大量的山东粮草通过海运转运至朝鲜，为战争的最后胜利奠定了物质基础。

清前中期史研究综述

王士皓*

2022年的清史研究在往年的基础上继续稳步推进。近年来成果较为集中的国家认同、国家治理、对重大宏观认识的反思等方面研究，继续成为清史领域的研究热点。同时，在研究的各细分领域，视角更多维、方法更多样，特别是跨学科交叉研究成果日益丰富。由于历史分期原因，本综述所选取的成果，一般是指研究内容的时间起点不晚于1840年的清史研究。另外，本综述对于成果的分类，主要是出于写作归纳的需要，既非唯一，也非最准确的分类。

一、政治

重大理论观点、方法和视角。中国历史研究院课题组、高翔《明清时期“闭关锁国”问题新探》（《历史研究》第3期）指出“闭关锁国”不是中国古代既有概念，也不是西方对中国的固有认知，而是晚清中日语言嫁接产生的历史名词，并提出了明清时期中国当政者采取的是以“自主限关”为主要特征的限制性政策。赵轶峰《明清史的大时代特征与明清史研究基本问题》（《清华大学学报（哲学社会科学版）》第5期）则从明清中国处于人类历史深刻转变的“大时代”这一背景出发，阐释了中国自身历史主题与全球历史变迁主题的交融纠结，指出明清史研究作为已经国际化的一个学术领域，需承担理解当下人类处境的部分责任，为重新审视当下时代人类社会基本制度之合理性基础、局限与潜能提供一些历史经验资源。

皇权。阚红柳《康熙朝北京“一宫多苑”格局的确立与皇权政治》（《清史研究》第4期）认为康熙朝是一宫多苑城市格局和宫苑二元理政模式确立的历史时期，对雍乾以后诸朝有深远影响，对清代宫廷史研究、清代皇家园林史研究具有重要意义。自康熙朝奠基之后，一宫多苑主导着清代北京的城市格局，并深刻影响了皇权政治。林鹄《军机处与清代皇权——与白彬菊教授商榷》（《中国社会科学院大学学报》第6期）指出关于皇权的分析，不能仅仅停留在文书运作的表面程式上，还要深入探讨程式形成的具体原因及其背后的真实

* 王士皓，中国社会科学院古代史研究所清史研究室助理研究员，研究方向：晚清外交史、概念史。

决策过程。赵轶峰《清皇太子制度拾遗》（《清史研究》第3期）探讨了从清初到晚清不同时期皇位继承制度的细节之处。徐诗怡《雍乾时期圆明园造办处初探》（《历史档案》第1期）指出圆明园造办处属京内造办处管辖，机构建制、分布格局与京内遥相对应，最终形成清代宫廷制作“宫苑一体”的造办格局，其本质是宏观层面紫禁城与圆明园两大政治中心对应关系在微观领域的客观产物和具体反映。王嘉乐《雍正朝造办处机构改革与事权扩张》（《历史档案》第2期）认为造办处机构改革与事权扩张的过程，是雍正朝内廷权力伸展的一个侧面。刘国超《清代盛京掌关防佐领考》（《历史档案》第3期）认为盛京掌关防佐领历经顺康雍乾四朝，存续近百年，完成了清廷入关初期盛京皇家事务管理的平稳过渡，在清前期政治活动中发挥了重要作用。

官僚（机构与运行）。王志明《清代督抚选拔地方官人事权探讨》（《安徽史学》第4期）认为督抚的各类非坐缺保举对地方官的选用也很重要，战争时期和晚清变革时期督抚的选官权力更大。清代督抚选拔地方官制度虽然有僵化、徇私等弊端，但总体上促进了地方的有效治理。付永杰《清代“烟瘴缺”制度演变考——以两广所属文官为中心的探讨》（《清史研究》第1期）认为烟瘴缺是清廷于烟瘴地区设立的特殊官缺，督抚在烟瘴缺题补中分割吏部对官员任命权的同时，也被迫承担了原本由吏部承担的责任，呈现出权力与责任趋向成正比的态势。李娜《南书房入值机制考》（《清史论丛》第2辑）认为清代历朝之南书房翰林入值总人数变化最重要的原因，是南书房的发展与清朝国运兴衰紧密相连，嘉庆以后内忧外患的政局使南书房逐渐式微。董嘉瑜《清初四川总督建置与驻地研究》（《清史研究》第2期）依据档案及臣僚奏牍、人物传稿及实录等多种文献，详细考证清初四川总督的设置沿革与治所变迁，认为变迁以军事因素为主导，国家职官体系及地方治理思路也发挥重要影响。胡恒《从理事到抚民：清代归绥地区厅制变迁新探》（《清史研究》第2期）认为厅制亦因应形势而变迁，生动展现了郡县制是如何逐步向边疆拓展的。这一过程并非直线式的，它受到国家整体行政制度的约束，也受到区域社会历史进程的影响。胡存璐《清代州县官署理制度研究》（《史学月刊》第8期）认为清代州县官署理制度的演变对于清代政治产生了深远影响，其演变的具体原因既有署理制度本身的复杂性、督抚借由署理调剂官员以及朝廷对署理缺乏监督等，也与清朝财政结构和官员数量的制约有关。陈章《顶戴羽翎与清代侍卫研究三题》（《历史档案》第2期）梳理了顶戴羽翎授予对象与规则，发现获赐“三眼花翎”者大多侍卫出身或曾长期在侍卫系统任职。谢乐《清代知县改教述论》（《清史研究》第5期）指出雍正帝即位之初借鉴明制，规定将一些才力不及的知县降改为教职，并定为成例，乾隆以降的多位皇帝对此例加以限制调整，将作为铨选制度一部分的知县改教延续到清亡。

法律。胡祥雨《清朝法史研究中的多元论及其反思》（《史学理论研究》第2期）认为运用法律多元论时必须严格界定其定义，并重视法律中心论在清朝法史研究中的作用。邓建鹏《清代州县司法实践对制度的偏离》（《清史研究》第2期）认为自清中后期以降，州县官的司法实践偏离制度规定日益明显。审案只要有助于息讼止争，维持社会稳定，地方官多未守文据法。王学深《清前期基层管控视域下的科场罢考案与律法适用》（《清史研究》第2期）指出科场罢考问题在雍乾时期得到快速而有效的控制，这展现出清前期朝廷对基层管控的有效性和针对科场罢考问题的“宽严之变”。郭文忠、祖浩展《乾隆朝发往新疆遣犯人数估算与研究》（《清史研究》第3期）一文估算当时遣犯及家属总数约为1.93万人，并描绘出发遣人数逐年变化曲线并考察发遣规模的阶段性变化，揭示出与常案遣犯共存的专案遣犯、发遣官犯等群体的历史特征。顾元、孙永亮《清代微服私访与官员司法形象的多重建构》（《史学月刊》第3期）认为“微服私访”在清代民刑疑案、州县治安以及监督监察中起到了侦查取证、缉捕罪犯与司法威慑的作用，但地方一人政府下的权力集中化与证据辨伪困难等因素限制了其适用空间。姜翰《从非刑到常法：清代锁带杆墩源流考》（《史学月刊》第4期）认为锁带杆墩包含了耻辱刑与自由刑双重属性，以及惩罚、限制再犯与改造的功能，在一定程度上改变了传统刑罚体系的执行方式，推动了以监禁为核心的刑罚模式的形成，预示了刑罚变迁的方向。德格吉日呼、刘小萌《乾隆朝京旗移垦中的旗籍遣犯》（《历史档案》第1期）利用中国大陆、台湾地区藏满汉文档案，以移垦旗人中的遣犯为研究对象，重点就遣犯的迁移、遣犯的特征、清廷遣犯政策等问题逐一考察，以期从旗籍遣犯角度审视京旗移垦的影响及意义。茆巍《消失的“黑巫术”？清代司法中之蛊毒案件探究——基于洗冤录文本的考察与展开》（《安徽史学》第1期）认为清代与蛊相关的知识增加与司法没有任何关系，也没有任何案例附入，结合律例的修订可以发现，清代有关蛊毒的法律更多具有宣示性价值。李明、张如星《清代刑部对顶凶问题的治理》（《安徽史学》第1期）指出为治理地方顶凶问题，刑部不仅通过持续的立法工作、修订例文以因应司法实践中出现的新情况，为治理顶凶提供法律依据，还派出官员具体审办地方顶凶疑难案件。邓建鹏《清代循吏司法与地方司法实践的常态》（《文史》第3辑）指出近年来一些涉及清代地方司法审判的重要研究多以判牍文集和官箴书为基础，常见文献《清史稿·循吏传》等反被忽略，具有“掐尖法”或以偏概全的倾向。

军事。吴元丰《清代伊犁索伦营述要》（《清史研究》第2期）依据满文档案，并参考相关汉文文献，就索伦营的设置背景、兵丁来源、建制沿革、生计维系、驻防任务五个方面逐一论述。宝音朝克图《清代漠北金山卡伦考》（《清史研究》第4期）利用蒙古国家档案馆收藏的蒙古文档案及中国第一历史档案馆所藏档案，并结合相关文献，考证清代漠北金山卡伦的名称、设置时间、方位、撤卡及复设等情况，探讨驻卡差役的摊派等相关问题。张楠林《清前中期绿营马匹的买补制度及相关成本的分摊机制》（《清史研究》第5期）认为清朝政府、绿营官兵逐步确定各自在马匹买补事务中的主体责任和义务，进而形成绿营马匹储备成本的分摊机制。王秀峰《康熙朝齐齐哈尔驻防八旗沿革考》（《历史档案》第1期）系统考述康熙一朝齐齐哈尔驻防八旗机构设置及兵丁结构的动态变化情况。金鑫《雍乾时期布特哈八旗"博尔德地方官兵"考》（《历史档案》第3期）认为博尔德一军采用独特的八伍建制，士兵无须移眷，不设城郭、官署，仍归布特哈衙门统辖，带兵官亦均由布特哈抽调来的副总管、佐领、骁骑校兼任。陈贤波《清代平定华南海盗战争（1790—1810）的官方纪念与历史书写》（《清史研究》第4期）指出清代平定华南海盗战争的官方纪念活动，既延续了盛清时期书写"战争征服史"的传统，表现清朝帝国武功的文化建构，也折射出嘉道以降国势衰落期的社会危机和文化变迁。

二、经济

范式与视角。林展《风险应对力——清代经济史研究的新视角》（《清史研究》第6期）指出，已有研究范式没有足够重视经济活动中的波动性，即风险因素，这不利于全面认识清代经济的特征和演进规律。彭凯翔《如何透过风险的视角理解历史？——评〈文明的逻辑：人类与风险的博弈〉》（《清史研究》第6期）指出《文明的逻辑：人类与风险的博弈》将风险应对力视为和生产率同等重要的维度，揭示出为"工业革命"光芒所遮掩的精彩纷呈的文明变迁，但对国家的讨论相对薄弱。

人口与土地。张鑫敏《乾隆朝民数汇报的制度设计及运行》（《中国史研究》第1期）利用奏折、奏折副本、户科题本等清宫及内阁大库档案，廓清了乾隆朝民数汇报制度设计过程的诸多细节，考订出民数汇报先后出现三个截然不同的操作方案，其差别在于如何处理民数汇报与人丁编审的关系。卞利《清代顺治年间徽州的土地清丈与鱼鳞图册攒造——以祁门县为中心》（《安徽史学》第6期）认为官方动员与民间实践相结合，使得顺治年间徽州各地土地清丈工作得以顺利展开，但不同县域，甚至同一县域的丈量组织方式和丈量进度都存在时空差异，说明顺治朝的清丈工作是分阶段展开，呈现出连续性特征。

财税与赋役。刘凤云《由钱粮亏空看康雍乾时期财政制度创设中的因果关系——兼论清朝官僚政治的制度缺陷》（《史学集刊》第1期）通过对清前期钱粮亏空案的考察，可以看到"挪用"与"垫支"、"摊捐俸工银"与"摊捐养廉银"，以及"蠲免"与"捐纳"等制度之间的关联性。这些问题指向了清朝低存留的财政体制，这成为清朝国家难以解决的政治隐患。陈锋《财政与国家治理：清代非常时期财政政策的调整与更张》（《史学集刊》第5期）指出清代前期的非常时期具有"间歇性"特征，主要是清朝入关后的"开国"时期以及清代前中期的三藩之乱和白莲教之役时期，财政政策的变动以赋税的加征、举办捐输、调整起运、存留比例为手段。黄凯凯《清代两淮盐商捐输新探》（《清史研究》第2期）认为清代盐商捐输很少起到补苴国家财政的效果。清代收支定额原则下的会计制度，不能实现对利润、损失的精确核算，是政府财政管理失败的根源所在。裴丹青《嘉道年间河款到工率探析》（《清史研究》第2期）具体探讨了河员贪腐的判断标准，河员可以在哪些环节贪污，以及清廷如何应对。刘文远《“借资民力”与清代四川“按粮津贴”的税收化》（《清史研究》第3期）认为“按粮津贴”的税收化，与其说体现了国家财政现代化的历史大势，不如说完成了一次传统意义上的从“非法”到“合法”的“加赋”旅程。仇慧君《清前期里甲赋役改革——以湖南废甲编区为切入点的考察》（《安徽史学》第2期）认为清初湖南各县的赋役改革方式和结果不尽相同，展现了这一时期里甲赋役改革的丰富面相。张爱萍《清代卫所改制中的户籍编制与徭役承应——以麻阳县为中心的考察》（《历史档案》第1期）指出入清以后，卫所改制，但各卫所裁撤、屯田归并州县的步调并不一致，麻阳县以散附里甲和另立新里的方式将屯户纳入管理，以致屯户的里甲编制呈现为不同形态。

货币（价格）。胡岳峰《清前期国家货币管理体系的内在矛盾及其影响（1644—1795）》（《史林》第3期）利用清代官方文书及货币管理档案，考察了以“银贵钱贱、银贱钱贵、铜贵钱贱、钱贵铜贱”为代表的货币行用实践与“银钱相权、与民为便、君实制之”的货币制度理念间的矛盾。通过进一步阐释矛盾的形成机理可以发现，该管理体系脱胎于发生在中国的“17世纪普遍危机”中，且在清政府的努力维系下将中国带入一个18世纪“盛世”。但“盛世”之后面临的又是以其内在矛盾为代表的“中国的19世纪危机”。中西货币体系间的“大分流”早在17世纪中期就已形成。吕长全《清代京钱考论》（《史学月刊》第9期）指出京钱作为一种区域性货币由来已久，与制钱保持2：1的折算关系，其使用范围主要集中在京师、直隶和山东地区，即华北的运河经济圈内，这与乾隆时期直隶和山东较北方其他省份明显的钱贵银贱有关系。至早于道光时期，京钱才扩散到东北地区。赵士第《清代钱价奏报考论》（《安徽史学》第4期）认为钱价奏报在国家调整货币供给、维护市场稳定、灾时实施钱赈、维持兵丁生计等事宜上起到了重要作用，是清廷适应社会经济日益市场化而推出的新的管理方式，显现了中国王朝管理体制的创新。张景瑞、范金民《清前中期洋钱在江南的流通及影响》（《江海学刊》第5期）认为洋钱盛行加剧了明中期以来白银货币化开启的货币主导权下移的趋势，成为影响江南经济发展和社会生活的双刃剑。吴滔《清代上纳布匹定价机制初探》（《清史研究》第4期）指出自乾隆朝始，额解布和添解布分类派解的体制逐渐成熟，并形成两种完全不同的定价机制。前者的定价长期保持稳定，即便有所上调亦由耗羡银两协贴，几乎不受市价波动的影响。后者在派办之初往往以时价为基础，但在严格的奏销制度下，任何上浮均要通过户部的严格审核，在一次次的驳减中价格弹性渐失。

商贸及消费品。梁仁志《明清以来地域商人对身份的自我超越——以叶开泰叶氏家族为中心的考察》（《安徽史学》第6期）认为叶氏家族通过对“徽州人”身份和“商人”身份的自我超越，不仅实现了商业上的巨大成功，也推动了家族社会地位的显著提升，使其从休宁溜溪一个普通的徽商家族蜕变为驰骋于政商两界的汉口著名世家。叶开泰叶氏家族的发展史，开创了明清以来中国传统商人商业经营和自我发展的新模式，为我们跳出商帮史的视角，超越地域和职业，从“人”的发展的角度去重新理解传统时代的中国商人提供了一个生动案例。灵灵《康熙年间的盛京内务府商人》（《清史研究》第6期）以辽宁省档案馆藏满文《黑图档》为基本史料，就康熙朝盛京内务府商人的补放、管理、贸易范围及特点进行了初步考察，认为盛京内务府商人正式补放于清康熙十年（1671），作为“皇商”的重要组成部分，主要来自盛京内务府包衣。这些商人在盛京境内经营各类铺子，并来往于盛京、吉林地区经商，对于活跃周边经济起到一定作用。廖剑南、廖声丰《清代前期夔关的商品流通研究》（《历史档案》第2期）主要依据中国第一历史档案馆所藏关税档案，对清代前期夔关的商品流通形式进行探讨。范金民、黄泳《清代江南徽州籍收藏家述论》（《安徽史学》第1期）认为清代徽州籍人士的收藏活动较之明代，无论收藏者的居住地、在地身份、专业水准，还是活动地域、收藏动机、表现方式，以至藏品存储地点等均有其独特的特点。魏静怡、杨培娜《全球贸易变动背景下清中后期广东硝石输入的增加》（《清史研究》第4期）认为18世纪末至19世纪初，由于欧洲硝石市场逐渐饱和，中国成为印度硝石新的目标市场，18世纪末广东进口咸砂一事成为中国硝石贸易从出口向进口转变的关键节点。刘巳齐《清入关前对长城沿线的贸易经营——以张家口和归化城为中心》（《历史档案》第4期）认为清入关前对长城沿线地区的开拓始于皇太极时期，主要目的是获取长城沿线内外区域的资源。后金（清）通过两条贸易线路，逐渐掌控了长城沿线东部地区的贸易网络，既为入关前的物资供应提供了保障，又扩充了自身实力。何强《明清时期川藏茶叶贸易模式变迁研究》（《江汉论坛》第5期）认为由明及清，川藏茶叶贸易中心经历了一个由北往南、再向西转移的过程。在茶叶贸易的带动下，内地与各藏区的商品交流日益频繁，渐趋发展为一个相互依赖的经济共同体。李坤《明清时期中国社会对欧洲产品的早期消费》（《国际汉学》第2期）指出以往很多研究强调明清社会排斥、贬低欧洲产品，但对消费欧洲产品的当事人及其消费动机关注不够。事实上明清上层社会的消费文化具有开放性，在欧洲产品消费的早期阶段，上层社会就追捧欧洲产品，上层社会的消费领域就存在促进欧洲产品传播的动力。消费视角有助于全面、深入了解欧洲产品在明清社会的际遇。贾瑞《康雍时期广州对外贸易政策探析——以〈清宫珍藏对外贸易档案汇编〉为中心》（《晋阳学刊》第3期）指出目前学术界对于清代广州对外贸易的研究主要集中在乾隆十五年以后，对此之前的研究较少。文章主要根据《清宫珍藏对外贸易档案汇编》以及其他相关史料，具体分析康熙二十三年至雍正年间清政府在广州地区的对外贸易政策。

三、社会

灾荒和救助。李光伟《康熙天坛祈雨的历史书写与史实考析——兼论康熙雍正灾异观念演变及其影响》（《清史研究》第1期）认为康熙不言祥瑞，对灾异持务实态度，而雍正的灾异观念虽然有助于他加强君主集权，提升统治效能，但很大程度上也造成官僚系统灾情呈报的讳匿风习，对民生吏治与国家治理产生负面影响。萧凌波《清代中期直隶灾后跨省赈粮调度的定量重建与特征分析》（《清史研究》第1期）认为赈粮调度在雍正朝还并非常规赈灾措施，至乾隆朝成为常态，数量上达到顶峰，至嘉道时期则显著衰落；在空间上更偏重于直隶中部的近畿一带，南部则相对易被忽视。王卫平、潘伟峰《清朝雍正时期慈善政策的调整——雍正所谓慈善乃"道婆之政"说驳议》（《江海学刊》第1期）指出以往学术界以雍正在回复地方督抚的硃批中使用"沽名吊誉之举""道婆之政"一类用辞，而认为雍正并不重视慈善事业，这显然是一种误解。实际上，雍正的态度既积极又明确，而在硃批中使用"沽名吊誉之举""道婆之政"一类用辞有其客观原因。雍正的这一"上谕"可视为清朝政府慈善政策的一个转折，推动了民间慈善事业的发展。李伯重《信息收集与国家治理：清代的荒政信息收集系统》（《首都师范大学学报（社会科学版）》第1期）指出清代将粮价奏报与雨泽奏报系统共同组成荒政信息收集系统，通过不断改进，到18世纪，这个系统成为当时世界上最庞大、最有效和最完备的民生福利信息收集系统。

社会组织。常建华《清乾嘉刑科题本所见两湖地区宗族及其纠纷》（《史林》第2期）通过考察清朝乾嘉时期涉及宗族因经济问题发生纠纷的刑科题本土地债务类资料，揭示出湖南、湖北地区宗族内部矛盾与经济问题。张佩国、陈喜钠《清代佛山镇的义仓、祖庙与地方善举》（《清史研究》第1期）认为在清代的佛山镇，义仓几乎承担了所有的地方善举，成为地域社会的"善举联合体"。在社会联结的意义上，围绕北帝信仰的祖庙，在空间和象征上成为佛山镇公共管理的黏合剂。郝平、魏春羊《明清华北乡村组织功能扩大化及其原因探析——以太行山村社碑刻为中心的考察》（《史林》第2期）认为明清时期华北乡村组织功能扩大化既是晚明以来官役劣化的结果，又是民间社会日趋活跃和繁荣的表现。这种扩大化的转变既反映了晚明以来乡村社会发展的总趋势，也体现了清中叶以后社会危机的加重。村社与青苗会的区别也反映了地区之间的差异性。郭睿君《异乡的"熟人"——清代徽人同乡组织救助体系中的保人》（《史学月刊》第4期）认为以熟作保在城镇各类事务中的广泛存在，显示出传统乡村熟人社会在城镇的延续和发展，映射出传统乡村关系网在城镇的迁移和复制。

医疗与病患。刘希洋《检方施治：防疫方书与清代的疫情防控》（《清史研究》第1期）指出抄录、编撰、刊印、传播、参阅防疫方书，是清代疫情期间常见的医疗实践活动。防疫方书的大量涌现是一次次疫病流行激发的结果，是疫情防控实践本身的重要组成部分。相较于其他常见防疫举措，防疫方书深度参与到多种疫情防控实践中，实际构成了一种自发性、分散性、非制度性的疫病应对机制，具有成本低廉、传导性强、覆盖面广、溢出效应大等特征。顾玥《家庭、情感与身份对抗：疾病与疾痛分析模式下的明清女性病患》（《历史教学（下半月刊）》第 2 期）认为疾病与疾痛的分析模式可以揭示患者与医者认知上的差异性，明清时期女性在面对疾病时，相对于医学理论她们会更注重疼痛、情感、精神上的病痛体验，而善于解决疾病表征的非学术性医学常常可以更好地回应女性病患的需求，女性也因此对其产生了某种身份认同，并在家庭医疗决策层面与儒医所代表的学术性医学产生身份对抗。

特殊群体。晏雪莲《清代澳门土生葡人寡妇群体研究》（《清史研究》第 4 期）指出由于社会习俗、婚姻模式、经济形势及军事等原因，清代澳门土生葡人寡妇比例偏高，成为不容忽视的社会问题。葡澳社会为此颁布专门的政策、法律予以保护，并提供资金给予帮助。杜家骥《清代职业等级对人们等级地位的影响及相关问题——以贱业贱役为中心的考察》（《历史教学（下半月刊）》第 5 期）指出清代因职而贱者，似处在四民良人之下，又在奴婢之上的社会等级地位。

家庭。王跃生《清中期立嗣过继中家庭与家关系分析》（《清史研究》第 5 期）指出清代中期的立嗣过继在不同层级的“家”之中进行，基本规则是以同父周亲之“家”为基础，进而形成由亲及疏的扩展格局。胡英泽、郭心钢《明清时期中国家庭的“合家”研究》（《开放时代》第 3 期）认为“合家”是中国家庭再生产的重要方式。“合家”是宗族之外或宗族不发达地区，家庭自身经过调适实现社会救济和保障的方式，国家也通过儒家意识形态宣扬、社会教化加以提倡。这对于重新认识与理解中国家庭和社会的长期变迁具有重大意义。

四、文化

科举和教育。周倩《清代科举议中的史学改革方案》（《史学史研究》第 2 期）认为清代科举议中包含丰富的史学改革方案。清前中期，史学改革方案的主要形式是重视乡、会试第三场策问，旨在通过提高策问的地位引导士人关注史学。王月、张振国《清代大挑一等举人的授官机制》（《清史研究》第 4 期）认为该机制在实际运作中，增强了科举的向心力和凝聚力，维护了清王朝的政治统治和社会稳定；但因形势变化和问题涌现，大挑的公信力和吸引力亦不断减弱，伴随科举制的停废而消亡于历史尘埃中。曾志平《清代官府对乡闱士子的饮食供给》（《历史档案》第 1 期）认为清代各地官府对乡闱的饮水与饭食供给存在不同问题，进而表现出不同特点，既有共性，也有个性。需要合理利用档案文献进行深入研究，才能客观评价官府乡闱饮食供给问题，也有助于从一个侧面完善清代科举研究。特尔巴衣尔《清代科布多官学考》（《清史研究》第1期）认为清朝在科布多设立官学的目的是让各部王公入班帮助参赞大臣处理事务，顺便学习满蒙文翻译和起草文件，以更好地协助参赞大臣，进一步在中央边疆治理中发挥作用。至清末，因清政府财力吃紧，再加上官学未能达到预期效果而被裁撤。陆冰《乾嘉时期地方书院山长课试日常蠡探——以周广业〈广德书院试题考生录〉手稿为中心》（《历史档案》第1期）认为正是清代地方书院山长贯彻执行清廷的科举取士政策与标准，实质性地指导着生童的科举之路，为国家和社会培养人才，从而构成中国传统社会秩序稳定中最基础也是最重要的一环。于爱华《清代西南治理与义学发展》（《历史档案》第2期）认为西南义学发展深入，使儒学教化突破精英阶层和土司壁垒而涉履乡村，实现了对西南土著民族的儒学教化及有效控制，对多民族一统国家的形成产生重要影响。刘盈《雍正帝整顿八旗官学与满汉文化之调和》（《历史档案》第2期）集中探讨雍正帝整顿八旗官学，揭示这一时期八旗官学发展的特点，进而在满汉文化碰撞的视角下深入理解清前期八旗官学的发展及雍正帝的统治思想。鲍丽达《清代宗学述论》（《吉林师范大学学报（人文社会科学版）》第1期）指出清代宗学经历了由各宗亲王自行在府中修建管理到由国家设立两翼宗学统一管理的过程，表明清代统治者开始加强对满洲宗室的控制和管理。虽然宗学也培养出了一些人才，但这与皇帝对其投入完全不成正比。因此，清代统治者希冀靠这部分人来维持以“国语骑射”所代表的“满洲之根本”是不现实的。

思想与学术（不含西学）。孟尧《清代皇权对儒家道统原义的辩难和消解——雍正朝文字狱新探》（《清史研究》第3期）重新考察雍正朝文字狱，发现雍正在承认理学治道观的前提下，诉诸内在心性，辩难士人援引儒家“文字”的道统解释，以“心”的践履为呈露“道”的前提，消解了道统的知识标准，将自身统治安置在儒家学理的内部。这种策略蕴含着以儒家学理为真实知识的深层观念，超越了皇权对道统的摧折或改造，是一种真正的“内部路径”，提示了重审清初政治、思想和政治文化的新视角。罗检秋《盛世隐忧：从乾嘉文治看清朝由盛而衰》（《史学集刊》第2期）指出当时朝廷重视经学，而思想上却不认同民间汉学；虽然承袭庙堂理学，却对其内圣外王鲜有心得，并且压制朝野理学的发展。这也是清朝由盛而衰的重要根源。屈宁《再论明末清初史学思想的嬗变》（《史学理论研究》第2期）认为明末清初的史学不仅对乾嘉史学产生深远影响，奠定了此后“经体史用”“六经皆史”“论古必恕”等学说的思想基础，而且，其史学专门化的研究趋向，历史文本分析过程中所流露出的朦胧的史学史意识，以及历史主义的认识论，都被近代史家继承发扬。胡晓明《乾隆时期“经筵御论”思想探赜》（《历史档案》第3期）指出，对乾隆时期“经筵御论”主题的分析讨论，深入挖掘“经筵御论”的政治价值、思想价值和文化价值，有助于深化乾隆帝的治国理政思想研究，对深入解读乾隆帝的帝王经学体系以及政治实现方式，也具有一定的积极意义。韩超《卢文弨〈群书校正〉的真伪及其价值》(《清史研究》第1期)认为该书是一部尚未被学界利用的校勘著作，对它的作者学界认识多有不足，我们通过与卢文弨传世手校本的比勘，确认《北京图书馆古籍善本书目》的著录是可信的。宣燕华《清初古文〈尚书〉辨伪与理学的关系——兼议余英时“内在理路说”》(《清史研究》第3期)指出清初群经辨伪风潮大盛，其中对古文《尚书》的辨伪最为重要。在当时对古文《尚书》真伪公案的大讨论中，如何处置在理学话语中占据“三圣传心”神圣地位的“虞廷十六字”成为一个十分棘手的问题，这也是观察当时经学和理学关系以及学术转型理路的极佳切入点。林存阳、周轩《雪钞露纂融经史　裒辑四部续前书——桥川时雄的“四库学”研究》(《清史论丛》第1辑)指出桥川时雄将自己的研究成果与《续修四库全书总目提要》相结合，将二者作为关联的整体加以审视，试图构建一个更为宏大的《四库全书》研究体系。苗润博《曲解与泛化：〈四库全书〉纪事本末类衍生史辨》(《清史研究》第4期)认为《总目》对纪事本末体史书概念、范畴的界定绝非无懈可击，这一独立门类的创设亦非一蹴而就，其中可能存在的问题以及背后的致误之由值得我们深入查考。孔定芳、高季红《荀学与乾嘉新义理学的建构》(《中国史研究》第3期)认为在中国传统学术史上，乾嘉时期不仅以朴实考经证史之成就彪炳史册，而且在思想上别创与宋明理学异趣的新义理学。荀学与乾嘉新义理学在意义上的共契，实为乾嘉学人建构义理体系的内在根据。乔治忠《戴震“背师”问题析论》(《史学月刊》第12期)指出戴震于乾隆十九年进京之后，将从江永处学到的天文、历算等知识，反用于阿附“西学中源”说，投靠主流学界和官方以谋求名利，作出许多践踏学术底线的行为，这是无可辩解的背师行径。徐玲英《戴震与皖派朴学关系考察》(《安徽史学》第6期)认为戴震在其《毛诗补传序》中明确的考证名物字义的治经方法和实事求是的治学精神，被不疏园学者奉为圭臬，标志着皖派朴学矩镬的形成。李立民《有关戴名世〈孑遗录〉的一桩史学公案》(《清史论丛》第1辑)通过对《孑遗录》和王雯耀《全桐纪略》的比勘，认为王宪所谓“窃书”之说，确实有其史源学依据。袁法周《清乾嘉〈汉书〉研究的总成绩与检讨》(《河北学刊》第2期)认为清乾嘉时期的《汉书》研究，不仅产生了大量相关专门论著，在通释性研究、表志校注及史汉异同等方面取得了显著成绩，还涌现出大量文集笔记，成为对《汉书》专门性论著的有益补充，并在整体上呈现出集大成式的多元化、多样性研究面貌。罗检秋《从“崇儒”到“重道”——清初朝廷对民间理学的认同及歧异》(《北京师范大学学报(社会科学版)》第4期)认为故清廷的崇儒重道本质上仍是文治策略而非学术信仰，且康熙中期以后治统完全兼并了道统。清廷在转向“重道”及治道合统的过程中体现了对民间学术的认同及二者道统观的歧异。琚小飞《〈四库全书简明目录〉版本考》(《史学史研究》第3期)通过考察中国国家图书馆藏清代内府抄本《简明目录》，发现其应为乾隆四十七年进呈本。王雪玲《四库馆臣对别本的认识、处理及利用——以〈四库全书总目〉为中心的考察》(《社会科学辑刊》第6期)指出，鉴于别本的复杂性、特殊性以及质量参差等问题，在遵循“罕见之书有益于世道者”著录、“俚浅讹谬者”存目之原则的前提下，馆臣采取了正本别本均予著录、著录正本存目别本、正本别本一并存目三种处理办法。

西学。李天纲《守山阁学人群体的崛起与明清“西学”的延续性：以〈几何原本〉为例》(《北京大学学报（哲学社会科学版）》第6期）认为清中叶以降江南地区学术传承脉络证明，以钱熙祚、顾观光、张文虎、李善兰为核心的学者群体在1837年即通过抄录、校勘、刊刻“守山阁丛书”，研究和传承明末耶稣会士翻译的天文、地理、数学等著作，并为战后之“西学”复兴做了铺垫。“守山阁丛书”学人群体的学术自觉，并不能以“冲击—反应论”的模式来解释，而需要某种形式的“内在理路”来说明。韩琦《西学新知与历算传统的再发现——政治文化视域下明清士人对〈周髀算经〉的研究》(《北京大学学报（哲学社会科学版)》第6期）指出康熙皇帝和清初数学家梅文鼎对传统数学文本，尤其是对《周髀算经》产生兴趣，有政治史和文化史的深层原因。《周髀算经》在明清的际遇，可以作为文化交融绝佳的例证，具有重要的学术史、文化史乃至政治史的意义。肖朗《明末清初西学东渐史上的〈穷理学〉》(《浙江大学学报（人文社会科学版)》第2期）认为把《穷理学》置于明末清初西学东渐的历史脉络和文化语境中进行考察，有助于揭示该书所传入的学科知识体系的基本特征及意义，对认识明末清初西学东渐跨文化交流所具有的某些特点也不无裨益。

文本、记忆与概念。高学姣《〈大义觉迷录〉的文本流播与记忆再现》(《清史研究》第5期）认为《大义觉迷录》生命历程的还原展示出清代官修书籍多层次、多维度的流播图景及官修书籍与读者世界相遇的情景，在“书籍社会史”取径外展示出“书籍政治史”的新可能。贾琳《清季士人群体的“明遗民”记忆及其政治文化效应》(《安徽史学》第4期）指出清季士人群体的“明遗民”记忆，不仅作为一种能动性力量参与到当时政治改革讨论之中，还对清末民初的国族认同结构及其生成路径产生持续影响。陈晓峰《清初“文人共同体”的书籍生成与流通——以张潮〈尺牍偶存〉〈尺牍友声〉为考察中心》(《江海学刊》第5期）认为张潮作为这一“文人共同体”的灵魂人物，书籍生产和流通是其交际的手段和塑造个人形象的工具，对群体认同具有辐射效应和积极影响。谢贵安《清至民国“南明”史概念发生与传播探论》(《史学集刊》第5期）指出最终“南明”史概念的传播虽因政治意义消失而退潮，但已成为不可磨灭的史学现象，在课堂讲授和课题研究中，历久弥新。陈章《清代“北五省”与“南五省”地理概念探源》(《中国史研究》第1期）指出两词因科举而生，亦因之而废。随着晚清废科举，南北分闱不复存在，“北五省”与“南五省”亦逐渐成为历史名词。王开玺《“三山五园”说新辨》(《安徽史学》第3期）认为三山五园不但有狭义与广义之别，且有其史料及图绘画作的依据。对于近来的“新说”，颇有值得商讨之处。

语言。秦曰龙、汪银峰《清代汉语语音史谱系建构——“五方元音一系韵书”脞论》（《清华大学学报（哲学社会科学版）》第1期）提出“五方元音一系韵书”概念，指称在编纂形制上韵图与韵书相配合、音系框架上大致反映北方话二十声母、十二韵部、五个声调的音韵学及汉语教科书等语言文献。柯卉《中德早期语言接触史研究——以〈额呼马尼雅语〉与〈德字初桄〉为中心》（《清史研究》第3期）认为《额呼马尼雅语》符合传统朝贡体系背景下双语辞书特点，《德字初桄》更多体现出德语学习文本的近代化要素，两种文本有限的共性体现在以汉字拼读德语单词以及按二十门类选取词汇。赫英忆《清代八旗蒙古人母语教育探析》（《历史档案》第2期）结合满文历史档案，对清代八旗蒙古人母语教育和传承中出现的问题进行分析，探讨导致其传承危机的内外因，并由此引发关于八旗蒙古人“满化—汉化”问题的思考。

五、民族与边疆

多民族国家认同。张伯国《德化推行与认同塑造：乾隆帝严禁“苦累回人”思想及其实践》（《清史研究》第2期）指出，乾隆帝在轸恤回人生计、力促官员廉洁施政、规范办事大臣与伯克关系及严惩回疆官员贪腐等方面所做的努力，又是其宣扬德政以构建回人的清朝国家认同，将回疆地区纳入清朝统一多民族国家体系的政治实践历程。强光美《合璧书写的演变与清朝的国家认同》（《历史档案》第3期）认为合璧书写的动态演变恰恰与清朝国家认同的萌芽、重构、确立以及稳固趋势相一致，其实质是随着“中国认同”不断强化、巩固和自觉，清朝逐步完成了“中国化”进程，并以多民族语文合璧书写为纽带，最终建立起新的“同文”秩序和大一统格局。李学成《清初东北各民族保疆卫土与中华民族共同体意识的发展》（《安徽史学》第3期）指出元明清时代是实现整个中国的大统一时期，统一的多民族国家的进一步巩固促进了东北各民族中华民族共同体意识的进一步发展，也促进了中华民族共同体的不断发展。

边疆治理。吕文利《硬治理：清朝盟旗制度的运行机制及其实施效能》（《河北学刊》第1期）认为清代统治者以“因俗而治”“分而治之”的原则，在蒙古地区实施了盟旗制度，以最小的治理成本达到了“大一统”的治理效能。鱼宏亮《氏族门阀政治与清代满汉关系——以〈满洲认同“法典”与部族双重构建〉的学术贡献为中心》（《人民论坛·学术前沿》第2期）指出从民族关系来解读满汉关系，根本偏离了历史事实，带有现代政治意识形态偏见的色彩。吴昌连、双宝《清朝奏蒙古事侍卫再探》（《清史研究》第5期）认为蒙古事侍卫通过外出办理各类差事，不仅积累了有利于仕途升迁的政治经验和资历，而且在维系清廷与边疆地区政教人士之间情感、促进边疆民族地区安定等方面亦作出了一定贡献。英卡尔·巴合朱力《顶翎与治边：清朝对哈萨克的顶翎政策（1765—1849）》（《清史研究》第2期）以相关满文档案为基础，论述清中期清朝对哈萨克黑骨阶层授予顶翎政策的由来、具体实施及效益，力图呈现清朝对哈萨克授予顶翎的政治行为如何成为一项服务西北边疆治理重要策略的过程。邓涛《清前期长城以南沿边驻防八旗与边疆的关系》（《历史档案》第4期）认为沿边八旗是清朝出兵统一藩部、稳定藩部的重要依托，体现了清朝的“大一统”离不开直省地区的有力支撑。杨栋娟《清代回部地区年班贡赐研究》（《历史档案》第3期）以中国第一历史档案馆所藏新疆伯克年班进贡折赏物品清单为基本史料，梳理清代新疆年班人员贡物的种类、数量等方面特点及清廷的赏赐、年班制度的运行情况，揭示出回部年班贡赐所富含的特殊意义。孙喆、陈雅瑶《从驻扎大臣制度的演进看嘉道时期对新疆的治理》（《云南社会科学》第1期）认为嘉道时期的新疆治理较为有力，新疆驻扎大臣建置沿革、职能行使状况等情况表明，对于乾隆朝始入清朝版图的新疆地区，嘉道时期做了很多制度上的整理工作，使新疆的治理步入规范化和常态化。嘉道时期，南疆变乱迭起，但动乱最终都能得到较为有效的遏制，统治秩序得以较快恢复，说明清廷对新疆依然具有较强的控制能力。

相关考证。赵令志《明末女真卫所衰落与建州女真的崛起——以穆昆塔坦档所载敕书为中心》（《历史研究》第2期）认为敕书所载信息，体现了明末女真卫所官员职级抬升、实权渐失，羁縻卫所制度已行将就木。在此过程中，敕书的政治功用基本丧失，仅成为入边朝贡贸易凭证。赵毅《清朝对土尔扈特等部东归消息的获得与应对》（《清史研究》第2期）从清朝对东归消息的获得渠道出发，分析其如何对各种消息进行辨别并适时给出合理的应对策略，指出乾隆帝在其中起到了至关重要的作用，还考察了留居额济勒河之人再次东归传言的始末。金鑫《崇德八年清军征讨“黑龙江虎尔哈部落”起因及该部族属考辨》（《清史研究》第5期）认为《清太宗实录》天聪九年所见“黑龙江虎尔哈部落”，本指精奇里江口至松花江口之间与满洲同语同源的虎尔哈女真分支。由于与其居地毗连，崇德八年因暴动而为清军杀掠的德都勒姓达斡尔人，遂亦被对黑龙江中游部族构成不甚明了的清廷冠以该称。

跨学科研究。韦兰海、王懿冰《爱新觉罗家族早期谱系的构建与明末建州女真部统治权的重新整合》（《清史研究》第5期）指出，通过生物人类学（父系Y染色体）的高精度分析，提示爱新觉罗家族与福陵觉尔察氏共享在努尔哈赤出生之前200多年（约合7代人）的生物学父系祖先，这说明爱新觉罗家族早期谱系的构建是有坚实依据的。钟焓《历史人类学视角下的清代蒙藏关系再思考——兼论所谓“西藏佛教世界”共同体的成立性问题》（《文史哲》第2期）认为，通过引入历史人类学的观察视角以分析发掘民间口碑材料中承载的历史信息，再将之与传世文献提供的历史背景结合互证，所得出的结论足以揭示所谓

“西藏佛教世界”共同体的理论假说实际上无法解释蒙藏民族在清代经历的复杂历史进程。

海洋治理。胡泰山《康雍乾时期的海岛治策——内附治岛的两种方案》（《中国边疆史地研究》第2期）指出康雍乾时期清朝在统治海南岛和台湾岛的过程中，探索出两种落实和深化内附治岛政策的路径：“海南方案”与“台湾方案”。前者旨在通过设置兼辖海岛与大陆的分巡道与绿营镇以增强海岛与大陆的联系，强化对海岛的统治；后者重在设置专辖海岛的分巡道和绿营镇处理海岛内部事务，辅之以若干配套措施，以强化对海岛的监督和管辖。吴四伍《清代海洋治理的地域文化与协调机制》（《河北学刊》第1期）认为清代海洋治理跟传统海洋文化发展密切相关，深受地域文化争论的严重制约，清代禁海与开海政策，不仅跟政权性质、朝廷决策、国防战略等有关，同时也受制于沿海地方势力、地方文化的深层影响。朝廷未能协调不同区域的良性竞争，尤其是闽粤之争，给清代海洋开发的进程、格局、力度和效果带来诸多实质性影响。郑宁《迁海令与清初海禁政策的变迁》（《史林》第6期）认为迁海令的酝酿过程反映了清初海禁政策的变迁，其间蕴含着中央与地方的利益取向，最终在中央至上的原则下决定了清朝保守退缩的海洋战略。

六、中外交流和比较

巴哈提·依加汉《乾嘉时期写往清廷的三封察哈台文求药信及其反映的文化会通现象》（《清史研究》第2期）对三封求药信所反映的文化现象进行了讨论，指出18世纪下半叶至19世纪初欧亚大陆中部的政治变迁及民族分合，为诸如哈萨克和浩罕等中亚突厥语族民众的文化生活增添了新的内容，使得其文化面貌中出现了各种文化因素（包括欧亚草原游牧社会的固有传统、基于伊斯兰教的中亚穆斯林传统、基于藏传佛教的蒙藏传统以及中原汉地的文化传统）相互交融、会通的时代特征。孙琦《道光二十二年廓尔喀来华表贡使团研究》（《清史研究》第3期）根据多语种史料，尤其是利用了廓尔喀语原始档案，对该使团进行详细考察，包括使团出发前的准备，使团的委派与构成，使团在拉萨的活动，使团在北京的朝觐活动，使团回国与意外事件，使团的经济开支等方面，认为道光二十二年廓尔喀使团的政治性质较为明显，在向清廷表贡的同时，也充当廓尔喀王求援的工具与媒介。施晔《新见马戛尔尼使团档案及相关问题考析》（《清史研究》第5期）指出，新见使团中文文书为第一册第一、二、六、七通及第二册第一通，均未见于《掌故丛编》之“英使马戛尔尼来聘案”及《英使马戛尔尼访华档案史料汇编》。陈玉芳《重新解读清中前期欧洲来华使团与外交礼仪之争》（《史学集刊》第6期）认为清朝拒绝葡、荷、英使臣的要求，却与俄国使臣开展各项谈判并对其诉求作出积极回应，从表面看，这是区别对待西欧各国与俄国使臣的要求，但根本上均是出于消除对统治威胁的考量。李华川《清中前期巴黎外方会张多默（荣）神父考述》（《清史论丛》第2辑）借助巴黎外方会的西文档案，勾勒这位本土神父丰富、曲折的人生遭际，对张多默（荣）神父的生年、出生地做了考证。郭英夫《嘉道时期两广总督阮元对外交涉述析》（《历史档案》第4期）指出阮元在担任两广总督期间，处理过多起中外交涉事件，对清朝的中外交往产生了一定影响，分析阮元在处理对外交涉中所采取的措施和背后的思维意识，可以丰富学界对这位封疆大吏的人物研究。丁晨楠《朝鲜对清缅战争的情报搜集与局势认知》（《史林》第5期）认为朝鲜的“奉清”是有阶层差异的，“奉清”只是决策层的务实外交选择而非各阶层的普遍认知。王正华、仲伟民《清代禁酒演变与酿酒发展——兼论17—19世纪中英禁酒的异同》（《学术界》第3期）认为比照17—19世纪中西禁酒的原因、过程和结果，可以折射出中英历史发展道路的多样性。杨松涛《16—18世纪中国与英格兰乡村治理比较》（《史学理论研究》第4期）指出中英两国都是由当地村民通过担任各种职务来管理本地，在中国就是乡保、甲长和牌头，在英格兰就是百户区警役和堂区警役。过去学者们开展历史比较研究时，贯彻的是求异思路，即着重于探究两者的不同。今后可尝试求取中西之同，会发现别有一番景象。

七、生态与环境

贾国静《黄蓝相会：清代黄河尾闾治理的生态史考察》（《清史研究》第4期）指出，清初黄河尾闾严重受阻，乾隆年间秉持云梯关外“不与水争地”与此密不可分，嘉道时期的治河困境亦与黄河自身演化所受的影响息息相关。从人与自然的关系探讨，有助于深入理解清代黄河问题，进而管窥自然因素作为变量在河工大政中的重要作用。马俊亚《从沃土到瘠壤：明清淮北地名变迁与水患成因》（《史学集刊》第4期）认为明清政府在淮北的治水，首要目的不是防灾减患，而是维持漕运，严重地破坏了淮北的水文和生态环境，使水资源极为丰富的淮北成为一个工程性缺水、水质性缺水，甚至季节性缺水与季节性洪涝并行的地区。以致淮北方言中长期称田为“湖”，民众忘记了田与湖之别。吴漫、王博《清初黄河治理理念、技术与方略》（《郑州大学学报（哲学社会科学版）》第2期）通过考察《清经世文编》、靳辅《治河奏绩书》、陈潢《河防述言》等文献，认为“河防”“全河”“审势”“统行规画”“审全局”等概念，对于推进清初治河技术的创革、方略的实施产生了重要作用，其所具有的指导意义也折射出清初社会经济发展的迫切需求。田一平《雍正朝大运河治理及机构协作研究》（《史学理论研究》第6期）认为通过此次治理，大运河在经济和政治等方面的作用得到了有效提升，有力地维护了清朝大一统政权的稳定与发展。

以上是对2022年度清史研究的综述，由于历史分期、个人学识、选材范围和写作要求等原因，还有很多2022年度清史研究的成果没有介绍，所介绍的内容在分类上也有不准确之处，敬请方家批评指正。

古代思想史研究综述

陈冠华*

2022年度中国古代思想史研究的最新动态，体现在重要理论、观点与方法的突破与推进，对历史时期“中国认同”的理论探索走向全面，对“正统论”“正统观”的探讨持续进行，对中国思想史学科的主体性、范畴与衍生等议题深入拓展，对概念史的引介和研究持续发酵。国内外学者对中国各断代思想史研究继续推陈出新，大大扩宽了中国古代思想史研究的视野。

一、先秦思想

先秦诸子思想研究。先秦诸子思想庞杂，学者在该领域不断精耕细作。在法家思想方面，张倩茹《商鞅法家思想的政治实践——雷厉风行中的灵活与从容》（《管子学刊》第3期）指出，一般而言，先秦法家思想的特点是“刻薄寡恩”“缘法而治”，在其指导下，秦政以峻急著称，商鞅变法即是秦朝政治作为雷厉风行的代表。然而，随着考古和文献资料的充实，秦史呈现更多面貌，商鞅变法在政治峻急之下实具有灵活从容的一面，这与学界长期对先秦法家思想的刻板印象有所不同。在儒家思想方面，梁涛《“天生人成”与政治形上学——荀子天论发微》（《中国哲学史》2021年第5期）[①]以荀子天论为例，指出荀子天论思想有两大主题：一是要否定神学天，批判宗教迷信；二是为礼义寻找形上的根据。荀子提出天君、天官、天情、天养、天政五种天赋，前四种是天赋予人的禀赋和能力，而天政是天的法则，故天政是人间政治的形上根据，是礼法的价值原则。另外，梁涛《儒家道统说再探》（《四川师范大学学报（社会科学版）》第4期）一文指出儒学史上存在“即道言统”与“即统言道”两种道统观，言道统只能“即道言统”，而不能“即统言道”，先秦时期的孔子、曾子、子思、孟子的道统谱系不足以代表儒学发展的全貌，而以新道统为纲领，以新四书为基本经典，才是统合孟荀及儒学创新的关键。沈顺福《天人之辨与中国儒家思想史的主题》（《管子学刊》第2期）指出，中国儒家思想史的主题是天人之辨，即天地自然界

---

* 陈冠华，中国社会科学院古代史研究所古代思想史研究室助理研究员，研究方向：明清思想文化史。

① 部分文章上溯至2021年。

和人类社会之间的关系。春秋战国时期儒家主张天人相分，两汉时期儒家主张天人相副，魏晋时期儒家主张天人一体，宋明理学时期儒家认为人是天地宇宙的主宰。正是在天人关系的探讨中推动了儒家思想或儒家人文精神的发展。具体而言，承载儒家思想的人物是“士”，魏明康、万高潮《析先秦儒家的“士”观念》（《河北师范大学学报（哲学社会科学版）》第1期）分析指出，先秦儒家所谓“士”是指仁义之士兼“异能之士”，即士之为士不仅要有以民为本的政治品德，而且要有安邦治国的行政才能。

先秦政治思想与政治制度的互动研究。雒有仓《西周金文族徽的地域分布与商周族群的政治认同》（《中国历史地理论丛》第1期）指出，商末周初金文族徽由河南向陕西传播，西周早期的金文族徽主要分布在成周、宗周、岐周；西周早期金文族徽的数量增加，地域分布扩大，与分封时大量分散迁移殷遗民、以宗盟制构建王权政治和地缘政治有关；西周中晚期急剧减少，则与商周文化融合、族群结构改变、政治认同加强有关。程浩《西周王臣附属初命王的观念与君臣彝伦的重建》（《史学月刊》第8期）揭示，西周基于宗法制对商代君臣制度进行改造，实行统御臣下的“策名委质”制度，经君王“册命”，臣子与君王建立起“仇匹”关系，臣子要将身心俱付于所命之王，这依附关系不因先王去世而改变。“仇匹型君臣关系”强化了君主对臣子的统御权，成为后世忠君思想的滥觞。刘巍《王霸分张与儒法争流——周秦之际治道的传承、裂变、分化》（《社会科学研究》第1期）从政治文明的角度探讨周秦之际治道的传承、裂变、分化，指出儒家的政治主张以“三代”为典型，提倡王道政治“导德齐礼”；法家则变更“法”意，张扬霸道，主以刑法。“王道”“霸道”持长相争，深远影响中国政治传统。

先秦礼制思想研究。胡新生《周初大分封与宗周礼制的传播》（《中国社会科学院大学学报》第7期）指出，西周初年大行分封不仅具有政治军事意义，也推动了宗周礼乐文明的传播，在宗周和受封诸国之间建立起通畅的思想文化输送管道，促进了华夏各族的文化认同和中华礼教文明的形成。李雪山、吕懿净《耒耜为耕礼制先声：商代籍田礼研究》（《中国农史》第3期）通过分析卜辞，指出商代每年夏历三四月前后在王畿和诸侯、方国内举行籍田礼，籍田礼有礼前、礼中、礼后的行礼程序，籍田礼的参加者一般有商王、贵族和众人，是殷人敬天地重鬼神宗教思想的体现。

公私观念和生死观念的研究。宣柳《帝廷和下都：周代“死后世界”的演变》（《史学月刊》2021年第9期）提出，灵魂观念萌芽于西周，西周“死后世界”存在层级秩序，先王、贵族祖先与“帝”均在“上”；春秋时期“死后世界”的秩序发生变化，“下”“下都”“下土”及“黄泉”等概念出现并流行，“上”和“下”并存。沈骅《从“族天下”到“家天下”——先秦公私观念的历史考察》（《求索》2021年第6期）认为，西周时期“公”有确切的人指或物指，引申为共有义；春秋时期“公”和“私”所指主要是各国国君和国内的卿大夫；随着君权逐步摆脱族权，春秋后期公私观念发生变化，“公”指各国君主和朝廷国家，“私”由春秋时期的卿大夫转变为百官和普通民众，与“族天下”相对的共有含义不复存在，公私观念的道德伦理含义被强化。

该年出版的先秦思想相关研究专著有：渡邉義浩『「古典中國」における史學と儒教』（汲古书院）；渡邉義浩『中国における正史の形成と儒教』（早稻田大学出版部）；胡司德著，郭舒佼译，刘梁剑校《中国思想：从孔夫子到庖丁》（上海文艺出版社）；黄俊杰《孟学思想史论》（台湾“中央研究院”中国文哲研究所）；蜂屋邦夫《中国の水の思想》（法藏馆）；李哲贤《汉学视野下之荀子思想研究论集》（文津出版社有限公司）；伊藤幹彦《儒教思想の研究》（致良出版社有限公司）；祁志祥《先秦思想史：从神本到人本》（复旦大学出版社）；陈成吒《先秦老学史》（上海古籍出版社）；何益鑫《成性存存：孔门成德之学的演进》（上海古籍出版社）；梁启超著，俞国林整理《先秦政治思想史》（中华书局）；等等。

二、秦汉思想

经学及经学思想研究。在汉代经学著作考订方面，孙思旺《马融注〈礼记〉说证伪——兼论马国翰辑佚本之不成立》（《文史》第1辑）考索文献，指出范晔受陈邵影响误读《郑志》，以为马融曾注《礼记》，实际上，马融并未撰《礼记注》；进而，指出清人马国翰所辑《礼记马氏注》不能成立。对汉代《尚书》学的研究日益深化，高中正《文本传流与变异：两汉今古文〈尚书〉新论》（《“中央研究院”历史语言研究所集刊》第九十三本第三分）分析今、古文《尚书》异文，梳理《尚书》文本在战国秦汉间的传抄情况，指出今文《尚书》的底本可能是齐系文字抄本，古文《尚书》的底本是鲁地抄本，进而提出利用文本对读及异文分析等手段探究两汉经书传授的方法论。汉代《尚书》学中的《洪范五行传》引起学者注意，程苏东《郑玄经学体系中的〈洪范五行传〉注》（《文史》第2辑）、《刘向〈洪范〉五行学考论》（《“中央研究院”历史语言研究所集刊》第九十三本第一分）和《经学的数术化与数术的经学化——以汉代〈洪范〉五行学为中心》（《北京大学学报（哲学社会科学版）》第5期）三篇文章系统探讨汉代《洪范》五行学经过刘向和郑玄的传注，将数术知识融入传统经传阐释之中，大大提升了其系统化和经学化的水平。徐建委《郑玄的出现：永元改革与汉代学术形态之变迁》（《文史哲》第1期）指出，东汉马融、郑玄等人的经注与汉章帝推行重视章句、家法的策问改革，共同奠定了后世经学注疏主导的学术形态。

礼学与礼制研究。礼学对礼制，乃至对后世的三代历史认识，有相互影响、循环作用的效果。陈壁生《从“礼经之学”到“礼学”——郑玄与“礼”概念的转化》（《清华大学学报（哲学社会科学版）》第1期）和《经学、历史与历史书写——以郑玄论圆丘礼为例》（《四川大学学报（哲学社会科学版）》第2期）两文指出，在两汉经学中“礼”是五经中的一种，而不是五经的基础，郑玄改造礼经变《周礼》为《仪礼》，使礼乐与制度合二为一构成“礼乐”体系。郑玄将《周官》的圆丘纳入祭天典礼，直接影响魏明帝时期的祭天大礼，郑玄对《周官》的理解更影响了杜佑撰《通典》把《周官》当作周代史料，体现出经学塑造制度和历史的作用。

礼制与治国理政研究。汉代“三老”既属地方治理体系，又属儒家礼制体系，姜生、刘波《“三老民之师”：汉代地方治理与儒家礼制的结合》（《云南民族大学学报（哲学社会科学版）》第5期）分析认为汉代“三老”制的地方职能被虚化分割，在儒家礼制层面形成“三老五更”礼制设想，养老礼由中央向地方下移，呈现“势力上收”与“礼制下移”的双向交互式关系。顾涛《礼制史上的鹊巢鸠居——乡礼的礼义及其历史演变》（《文史哲》第2期）以乡礼为例，提出由乡长亲自主持的乡饮酒礼是西周春秋以来乡治精神的高度表达，乡大夫和乡老决定着乡治运作的良善，属于一种由下而上的社会自发组织模式。西汉成帝以来逐渐重建乡饮酒礼。然而，乡礼的礼义内核在东汉至西晋逐渐为养老尚齿所寄居，隋唐以后则被乡贡尊贤所占据，是礼制史上礼仪的“鸠占化”。田天《在县道与郡国：论秦及西汉宗庙制度的演进》（《史学月刊》第10期）揭示，秦始皇创立的县道庙属帝国宗庙制度的一部分，但它改变了先秦以来宗法制宗庙的定义；西汉设置的郡国庙上承县道庙，但侧重对皇帝道德和功绩的追认；西汉晚期礼制改革重新定义帝国的宗庙，引入血缘关系与继承关系。县道庙和郡国庙的兴与废，是理解秦汉宗庙发展的关键线索。

该年出版的秦汉思想相关研究专著有：俞林波《秦汉杂家治国思想体系研究：以吕氏春秋淮南子为中心》（台湾花木兰文化事业有限公司）；贾尚轩《自由与无为：论西汉初年的帝国体制与黄老思想》（台湾文津出版社有限公司）；等等。

三、魏晋南北朝、隋唐时期的思想

思想与政治的互动研究。有为与无为是汉晋时期重要的政治哲学议题，张学智《汉晋政治中的有为无为之争》（《江南大学学报（人文社会科学版）》2021年第6期）列举王充以天道自然无为为思想武器反击汉代谶纬之学，郭象以贵无与崇有调和魏晋玄学中名教与自然的斗争，东晋鲍敬言就有君、无君与葛洪辩论的三个历史事件，说明汉晋政治中隐含的思想交锋。吴天宇《再论〈古文孝经孔传〉的文本构成与历史语境》（《文史》2021年第4辑）指出，隋初重现的《古文孝经孔传》混杂了东晋至萧梁时期旧《孔传》、受六朝讲经与义疏学影响的解说、借《管子》释《孝经》的“新解”等三种成分，说明《孔传》制作者试图借“孔传”之名介入东晋南朝一直持续的经学与政治思想论辩。周奇《道教与隋末唐初的政治》(《安徽师范大学学报(人文社会科学版)》2021 年第 5 期)则指出，隋末唐初道教在向各方政治军事势力兜售谶言，李唐集团也利用“李氏当王”的谶言来应谶，并冒认老子作先祖为神道设教，道教与李唐王朝共谋，积极介入唐初政治，影响唐代国家治理。

礼仪风俗与观念变迁研究。梁满仓《东晋招魂葬与五礼制度》(《华东师范大学学报(哲学社会科学版)》2021 年第 4 期)指出，晋末士人南迁而亲人丧身北方，于是有人主张实行招魂葬，即墓穴中没有尸体，只有灵魂，这与以儒家形神观念为基础的五礼制度冲突，但南北朝末期至隋唐，招魂葬突破儒家抨击而一度盛行。赵永磊《制造“周制”：北周蜡祭的构建理路发微》(《中国史研究》第 3 期)指出，北周祭祀新制主要依托《周礼》和郑玄注，且改定五郊迎气礼，以及创建蜡祭，均合乎西魏五礼制，折射出西魏、北周具有强烈的华夏正统观念。顾涛《魏晋以降的礼俗与观念变迁——从〈北齐校书图〉中的坐姿说起》(《艺术学研究》第 4 期)认为在魏晋至唐宋间中国的社会礼俗与制度结构发生巨变，以坐姿为例，魏晋出现“踞坐”的过渡状态，并在南朝刘宋时期引发了一场踞食之争，旧礼制在魏晋玄学对“礼教之反动”与佛教等外来文明的冲击下逐渐崩坏。刘喆、李梅田《五代社会变革下的丧葬礼俗研究》(《文物》第 5 期)指出，鉴于唐至五代的丧葬观念和表现形式发生变化，有必要重新检讨五代时期的丧葬礼俗。

儒学与玄学研究。儒学方面，梁满仓《论皇侃经学思想的主体与本质》(《史学集刊》第 6 期)集中分析皇侃《论语义疏》，认为当中虽掺杂玄学和佛道思想但不失儒家主体，关照现实问题，具有鲜明的儒家特性。楼劲《魏晋南北朝儒学的发展》(《历史研究》第 3 期)针对魏晋南北朝“儒学衰落”说，分析总结此期儒学社会化程度、经学发展、儒学前沿讨论和对不同思想理论的兼容能力，指出魏晋南北朝儒学着实拓展了儒学的基础、主干、论域、作用和影响。玄学方面，刘勰娇《“至理”与“无名”——王弼名教革新思想探析》(《中国哲学史》第 3 期)指出，王弼吸收道家《老子》思想资源将名教的正当性诉诸“理”和把名教的有效性从圣人之“正名”转向“无名”，革新了名教思想。罗彩《魏晋玄学对儒学的“接着讲”——以王弼、郭象的圣人观为例》(《现代哲学》第 3 期)则认为郭象在圣人系统、本末体用等议题上借鉴王弼的思路并有所深化，代表了魏晋玄学家坚守并延续儒家社会理想，以孔子为圣人人格、肯定三皇五帝到三王的圣人系统、追求“内圣外王”的圣人政治。抽象的思想主张最终需要通过转化和教化，才能逐步落实到生活中。金滢坤《敦煌蒙书〈武王家教〉中的唐代富贵贫贱观念解析——以“十恶”为中心》(《敦煌研究》2021 年第 6 期)分析唐代《武王家教》等蒙书，认为唐代的童蒙教育、家庭教育和社会教化改变了魏晋以来的门第观念，提倡辛勤劳作、勤事家务的家风。

佛教与道教研究。佛教方面，对佛教中国化问题的探讨，在学界热烈讨论过后曾一度沉寂。江向东《佛教因果学说的中国化——以〈弘明集〉与〈广弘明集〉为中心的研究》

(《西南民族大学学报（人文社会科学版）》第5期）探究了两汉魏晋南北朝佛教义理中国化的过程，认为中国佛教哲学早期因果学说的理论建构经历了三个发展阶段：东汉牟子撰《牟子理惑论》和晋代孙绰作《喻道论》是被动调适的第一阶段，慧远提出“三世报应说”为主动调适的第二阶段，李师政“因缘果报说”则是调适完成的第三阶段。佛教扎根中国后逐渐在各地、在社会各层面发挥影响。夏德美《佛教平等思想与南北朝社会观念变迁》(《世界宗教研究》第2期）揭示南北朝的素食、戒杀、祈愿等行为，梁武帝与北周武帝倡导僧俗平等的主张，北魏确立“国主即是当今如来”的“以政统教”模式，都是受佛教平等思想，特别是《梵网经》的影响。唐宋时期，敦煌地区流行佛教宗派之一的密教信仰。在道教方面，白照杰《中晚唐天台上清正统的重建与赓续——“洞玄灵宝三师”考》(《社会科学》第5期）论述了道教上清系在田虚应、冯惟良、应夷节三代人的努力下从默默无闻的地方教团走向舞台中心的历程。这个道教团体的发展与地方政治势力密切相关。魏道儒《隋唐五代宗教态势与思想发展》(《世界宗教研究》第9期）归纳了隋唐五代时期中国宗教的发展态势，认为从隋朝建立到安史之乱，中国所有宗教都经历了发展的黄金期，从安史之乱到北宋建立，中国六大宗教或者趋于衰落，或潜入民间，或完全灭绝，或在义学落寞中开启生产方式、生活方式、修行方式、传教方式的转型。

该年出版的魏晋南北朝、隋唐时期思想相关研究专著有：李猛《齐梁皇室的佛教信仰与撰述》(中华书局)；苏子齐《名教与新经：东晋袁宏〈后汉纪〉的史论及其思想》(元华文创股份有限公司)；曹晓伟《魏晋南北朝易学思想史》(山东大学出版社)；等等。

四、宋代思想

哲学思想研究。陈来《朱子理气论研究的比较哲学视野》(《船山学刊》第2期）提出把朱子哲学理气论的思想放在比较哲学的视野里加以分析。刘舫《回到理学之前：周敦颐“主静”说的思想史意义》(《云南大学学报（社会科学版)》第6期）分析了周敦颐“主静”说在道德建构上的首创性。周磊《心学批判：基于气学的立场》(《文史哲》第6期）阐述了气学批判心学的基本主张与特色。路传颂《“太虚无形”与“太虚即气”的语言分析》(《哲学研究》第5期）从句法、语境、语义分析张载“太虚无形”与“太虚即气”的逻辑关系。

道统观念研究。“道统”一词出现于唐代，最早是指称道人统领、佛教领袖。郭畑《唐宋“道统”概念的演进》(《哲学研究》第4期）指出北宋张庭坚《念哉圣谟洋洋》是宋人使用“道统”一词的滥觞，用以指王道之统、王统；李侗《罗从彦墓志铭》以“道统”指称儒家道统观念。“道统”本指“道之统”，有时也会被用以指佛、道二教之统。朱熹《中庸章句序》第一次系统阐释“道统”概念，开辟了新的哲学思想领域。接着，朱熹编《伊洛渊源录》确立周敦颐、二程、张载等人宋代理学中的道统地位（杨波、翟若男《朱熹〈伊洛渊源录〉的理学建构》，《中州学刊》第2期）。然而，朱熹建构的道统论也存在疑难，田智忠《传什么与谁来传：对朱子“道统论”的两点辨难》（《哲学研究》第4期）辨析了朱子“道统论”带来的“道统”的传承谱系之争，即周敦颐是否可入道统谱系。文章认为，朱子有意将周敦颐纳入道统谱系，但缺少强有力的证据。随着理学道统的确定，《四书》的地位得到提升，张培高《〈中庸〉地位提升的主因：宋初儒士推崇》（《四川大学学报（哲学社会科学版）》第3期）指出早在宋初经田锡、邢昺、陈充、赵湘等儒士的阐发推崇，《中庸》的地位已呈现上升趋势。

道学群体与人物研究。道学得势与宋代道学家的种种努力分不开。冯明华《汲汲以求道：宋代道学家的夜晚进学现象》（《浙江学刊》第4期）指出，宋代道学家在佛教徒“昼夜不倦”的求道行为的刺激下，重新解释孟子“夜气”说，为日夜进学的合理性提供经典依据，充分把握夜晚时间汲汲进学。李筱艺《圣人何以可学——周敦颐圣人观的理论来源和创新》（《宋史研究论丛》第1期）认为周敦颐重新阐发先秦时期的“圣人”观念，打破了汉唐以来的“凡圣两隔论”，论证了圣人与凡人在本质与本性上的一致性，为士人践履求道工夫奠定理论基础。连凡《“宋明新儒家（学）”概念的流变及其反思》（《清华大学学报（哲学社会科学版）》第5期）从学术史的角度梳理了“宋明新儒家（学）”概念的西方渊源、宗教背景和歧义性。

道学与宗教关系研究。道学的兴起，与佛、道等宗教刺激有关。龚隽《从经史之学到道学：再论北宋思想史上的辟佛说》（《中国哲学史》第3期）考察北宋时期的儒佛关系，指出北宋辟佛说中有“以史辟佛”的类型，如欧阳修、王安石，此外，北宋道学的辟佛论缺乏对佛教哲学的有效批判。因此，宋代儒佛关系十分曲折复杂。

其他相关研究。张建坤《宋儒治道思想研究——基于“本朝百年无事”叙述维度的双重性》（《湖南社会科学》2021年第6期）梳理了北宋“本朝百年无事”叙述的两层意涵：一是描述性叙述，为美化本朝政治，借以讽谏人君；二是解释性叙述，解释百年无事的历史成因，提炼符合现实政治需要的治道准则。王雪梅《祭之在祠：祠堂空间的圣与俗——以朱子〈家礼〉为中心》（《中国哲学史》第1期）分析朱熹《家礼》，指出《家礼》创设了祠堂制度，使祠堂成为士庶行礼的圣凡空间，通过日常仪式的践行与转换，朱熹试图为士庶构建一个儒家正统生活的神圣世界。

该年出版的宋代思想文化相关的研究专著有：施译涵《宋代后妃祭祀之礼研究：以仪式象征、礼仪思想与性别秩序为核心》（台湾花木兰文化事业有限公司）；陆敏珍《宋代家礼》（中华书局）；刘力耘《政治与思想语境中的宋代〈尚书〉学》（中国社会科学出版社）；何复平著，叶树勋、单虹泽译《宋代文人的精神生活（960—1279）》（江苏人民出版社）；刘子健著，刘云军、李思、王金焕译《欧阳修：十一世纪的新儒家》（重庆出版社）；楠本正继著，连凡译《宋明时代儒学思想之研究》（山东人民出版社）；等等。

五、金、元时期的思想

儒、道、佛三教信仰研究。宋、金、元是三教信仰形成的重要历史时期，三教信仰的形式是合祀儒、释、道三教祖师。陈佳臻《三皇庙、儒医合流与元代儒家道统建构》（《中国史研究》第1期）提出，元代以前主流的儒学理论体系中不存在三皇圣人具象，更未将之纳入道统，但由于元朝的推动，儒家道统体系被迫接受三皇形象，并尝试在自己的理论体系提供自洽的解释。元代三皇庙的出现和兴盛是儒家与医家各自理论发展的结果，也是三皇信仰发展的产物，同样是儒医合流的产物。

礼经与礼制研究。王启发《元代吴澄对〈礼记·内则〉篇的改编及相关问题》（《湖南大学学报（社会科学版）》第6期）整理了元代儒者吴澄在《礼记纂言》中对《礼记》诸篇章进行的四十多处的改编和调整，指出吴澄改编《礼记·内则》的思路前承郑玄和孔颖达的提示，且多是受朱熹礼学的影响和对朱熹礼学的回应，也有吴澄自身的礼学意识和感觉的作用。马晓林《元朝太庙祭祀中的“国礼”因素》（《历史研究》第3期）剖析了中原传统礼制中的郊祀、太庙祭祀蒙古传统制度、文化和习俗影响下的承续和嬗变：简化汉礼、改造和扩充汉礼、在不改变汉礼的基础上增加蒙古传统的“国礼”。

其他相关研究。向世陵《宋元明经学的兴起与治经旨趣》（《船山学刊》第1期）认为，宋学兴起是经学史上的标志性事件，宋学批评和否定汉学，从“舍传求经”到“疑经改经”，深入经典内部进行经学变革。宋、元、明诸儒虽自出“新义”，但也“尊经”而重道吸收汉学成果，为完善经典体系作出了贡献。章毅《在朝或居乡：元末明初师儒汪叡的出处选择》（《安徽史学》2021年第6期）修正了晚明史籍对明代开国时期重要的循良师儒婺源汪叡的判断，认为汪叡在元末从默默无闻的乡儒跃升为绥靖地方的精英，虽短暂入仕明廷，但对洪武朝秉持的是疏离态度，始终未建立对新朝的政治认同。这是由个体的心性特质和当事人的身份背景和行事经历决定的。

该年出版的金、元时期思想与文化相关的研究专著有：贾秀云《金代儒学思想探析》（商务印书馆）、朱军《元代理学与社会》（巴蜀书社）等。

六、明代思想

明代哲学思想研究。郑泽绵《王阳明的“良知见在”说与儒家时间意识的突破》（《文史哲》第2期）指出，王阳明“良知见在”化用了禅宗斩截时间的体验工夫，以工夫论之

“断”求本体论之“续”，从而摆脱佛、道，取得新的工夫进路。康宇《理气为一与心性格物：罗钦顺诠释经典的两个向度》（《齐鲁学刊》第4期）认为，罗钦顺思考理气、心性等问题的关键在“统一性”，而非纠缠于谁为“第一性”。周磊《气学重建：以理学批判为中心》（《哲学动态》第8期）指出，明代中期罗钦顺提出的“理气归一”论、王廷相创建的“元气”化生天地万物的宇宙论及“以气为本”的本体论、吴廷翰对“气”的梳理，都旨在通过批判朱熹理气论以重建气学，属于在理学与心学之外探索新道路的尝试。

经学思想与实践研究。谭玉龙、刘国宣《同趋于古：明代中后期经学领域复古思潮管窥——以上海图书馆藏明刊李舜臣〈愚谷集〉为中心》（《湖北师范大学学报（哲学社会科学版）》2021年第5期）结合李舜臣的学术生涯，梳理其《愚谷集》中的复古文风与学风，认为明代中后期出现了一股趋古的经学思潮。谢晓东《明中晚期士人的训蒙理念、实践与多元思想竞逐——以〈小学〉的改本与注本中心》（《汉学研究（台北）》第40卷第3期）论述了明代中晚期士人的训蒙理念及对待《小学》文本的态度出现的新变化：阳明学者提倡“良知”，认为孩童自幼便知爱亲敬长，削弱了阅读《小学》的必要性；程朱学者则努力捍卫“小学”工夫在训蒙领域的正当性，并对《小学》文本进行改动。认为讨论中晚明《小学》与训蒙理念与实践有助于丰富我们对中晚明多元复杂思想世界的认知。

四书学研究。陈寒鸣、刘伟《从〈四书说约〉看晚明鹿善继的儒学思想》（《国学学刊》第3期）通过《四书说约》考查了鹿善继在向在学诸生教授“四书”过程中形成的心学化的经学思想和人格精神的特点。李敬峰《李二曲的〈四书反身录〉与明清之际阳明心学的自我更新和转向》（《哲学动态》第5期）指出，李二曲一方面回向经典，求证于《四书》，推动阳明心学向“经典主义”转进，一方面借朱子学救济阳明心学，援引“主敬穷理”，抉发“明体适用”，促使阳明心学从心性体悟转向经世致用、切实敦行，从阳明心学内部进行自我革新。

儒家经典诠释研究。程水龙《循考亭旧规而述王学思想——评〈说理会编〉的学术思想》（《船山学刊》第4期）揭示阳明后学季本借鉴朱子及其门人的做法，仿效《近思录》的形式，辑录阳明学思想语录，意在辨明时人对王学的质疑，阐发阳明心学思想，构建心学思想纲目，为王学张目。康宇《从刘宗周对经典的诠释看明末新王学的发展》（《中国哲学史》第1期）指出，刘宗周更改“四书”读书次第，重释“虞廷十六字”，解读《大学》《中庸》等文本，提出“慎独说”，修正阳明良知说，批判程朱理气说，意在收拾人心，为世道解弊。

经世思想研究。朱冶《明中期徽州学者汪循的思想志业与乡邦精神重塑》（《安徽史学》第5期）论述了徽州学者汪循受陈白沙、庄昶影响，给明中期徽州学术注入儒学的践行特质，同时，他以格君行道的上层经世行动来践行其理念，并重新发掘徽州理学传统中的实践价值。王菲菲《论李梦阳之经世思想及其实践》（《湖南大学学报（社会科学版）》第6期）有别于以往侧重对李梦阳文学成就的研究，探讨了李梦阳的仕宦经历、经世思想和实践活动。许在元、许建平《由古学、博学、考据学走向经世致用实学——王世贞与明清之际学术思潮的转向》（《福建师范大学学报（哲学社会科学版）》第4期）指出，王世贞从诸多方面推动了明清学术的转型：提倡博学之风，发明史料文献的三史互证法，开创典章制度考述体、反对欲理对立，主张导“欲”于“用”，以“致用”衡定学术，追求“经世致用”的价值观，展现了明清之际由古学、博学到考据学而最终走向经世致用实学的学术思想发展历程。师道运动是宋明理学的一项重要内容。高海波《从“师道”与“君道”关系看晚明清初社会改革理论与实践的三种路向——以王艮、管志道、黄宗羲为中心》（《哲学研究》第5期）指出中晚明师道运动高涨，王艮提倡“出必为帝者师，处必为天下万世师”与黄宗羲在《明夷待访录·学校篇》中的政治主张，代表阳明学师道运动的“下行路线”；管志道、杨起元、张居正反对泰州学派宋明理学的师道运动，企图恢复以皇权为中心的“中央集权”的政教秩序，代表了一种“上行路线”；东林学派和黄宗羲呼吁限制君权并进而与君主分权，则代表“中间路线”。这反映出晚明清初社会改革路向的复杂面貌。曾龙生《再论清代“经世之学”的演变——以明遗民魏禧及其弟子梁份为中心》（《台大历史学报》2021年第68期）指出，三藩之乱对魏禧、梁份等明遗民影响深远，转变了他们对清朝统治者的态度，其探讨的经世之学也随之发生改变：从清初致用于“后世”（“复明之世”）的恢复和重塑故国之学，演变为清中后期致用于“现世”（“清朝之世”）的治国理政之学。

儒学思想与人物研究。李璐楠《明宗与辨异：李材对何为儒学的思考》（《中国哲学史》第1期）剖析李材对《大学》“知止”和“修身”概念的阐释，指出李材为回应晚明迫切的正学与异端问题而提出重建儒家心性、经世合一之学，并以之作为区分三教的标准。黄芳《焦竑对晚明王学的修正及其思想史意义》（《重庆师范大学学报（社会科学版）》第6期）以晚明泰州学派焦竑为个案，认为其面对晚明王学空谈性命、玄虚而荡的现状，用“孝弟”诠释良知，提倡顿渐并重的修养工夫，提揭博学与经世学风，以修正王学流弊。陈畅《方学渐心学的理论特质及其困境——兼论黄宗羲〈明儒学案·泰州学案〉的思想主旨》（《同济大学学报（社会科学版）》第1期）则以方学渐为个案，从《明儒学案·泰州学案》对方学渐的学风描述切入，探究方学渐心学的思想定位、背景与困境，厘清其“朱王调和”形象的理论根源。顾家宁《黄宗羲的泰州批判与晚明儒学转型》（《哲学研究》第3期）阐述了黄宗羲对泰州学派的态度：肯定其师道论，批判吸收其孝弟说的社会教化功能，突出德性与功利之辨。由此，黄宗羲把儒学的内外、心性与政治问题的思考推上了更高的层次，显示出晚明儒学思想转型、经世之学与心性之学的交汇的独特形态。

讲学与讲学社群研究。讲学方面，江右是阳明讲学的重镇，李伏明《安福阳明弟子对阳明学的理解和接受——以刘晓、刘文敏、刘邦采为例的考察》(《赣南师范大学学报》第4期)通过分析江右士人刘晓、刘文敏、刘邦采所处的环境条件、知识基础和拜师动机，探讨他们对阳明学的理解和接受，以及传播阳明学的方式和途径。廖荣谦研究明儒孙应鳌与名儒硕学接触交往的情况，在此过程中，孙应鳌形成了一套独特的思想理论体系，并促成黔中王门学派的形成（《明代“理学名儒”孙应鳌的交游与黔中王门的建构》,《内江师范学院学报》2021年第11期)。焦堃《宋应昌朝鲜讲学活动考——阳明心学在域外的一次“外王”实践》(《文史哲》第1期）论述了万历年间宋应昌经略朝鲜期间与朝鲜官员李廷龟等人讲学，并通过公文的形式与朝鲜国王宣祖论学的情形，指出宋应昌朝鲜讲学除了学术目的外，还有政治意图，即试图劝阻朝鲜处死投降日本的本国民众，并促使朝鲜妥善安置降民。陈寒鸣《阳明居越讲学和越中弟子群的形成》(《中共宁波市委党校学报》第1期）分析王阳明在嘉靖元年至六年间平定宁王之乱的同时居越讲学，培养了一批越中阳明学弟子，如薛侃、黄绾、邹守益、黄梦星、董澐、王畿、王艮等等。明末清初流行“清谈误国”论，认为王学袖手谈心性导致明王朝崩溃，黄振萍《明清之际王学“清谈误国”论质疑》(《清华大学学报（哲学社会科学版)》第3期）回应认为这是特定历史语境的产物，不足以界定王学的性质，他考察王门后学在抗倭中的作为，以及边将翁万达的经历，发现王门后学以国家为己任，勇于任事，远非“清谈误国”所能概括。

讲学社群方面，户华为《传统接续与理学嬗变：明代洛阳“文人结社”浅探》(《社会科学战线》第1期）梳理明代洛阳各种文人会社的情况，指出洛阳的会社主要有两种：一种是耆老之会，如续真率会、惇谊会、初服会、澹逸会、崇雅会、中原奇社等，另一种是结社讲学，主持人有尤时熙、孟化鲤、吕维祺、张信民、王以悟等。王路平、石祥建《明代江门学派在贵州的传播》(《贵州民族大学学报（哲学社会科学版)》第1期）认为江门学派对贵州有三方面影响：一是形成黔中王门学派，二是推动贵州文教事业的发展，三是有利于稳定边疆。方旭东《从同化到自闭——论湛若水对阳明后学的因应》(《复旦学报（社会科学版》第1期）考查了甘泉学派与阳明后学的关系变化，湛若水从号召两派“大同”到刻意回避与阳明后学接触，导致“自闭”的讲学危机。

西学东渐研究。明末是中西儒耶文明碰撞的时代。罗明坚、龙华民、陆若汉坚持批驳理学乃至拒斥儒学，利玛窦虽则批判理学，但他以亚里士多德自然哲学来解释“理”,以阿奎那基督神学来解构理学，并将儒家经典的诠释传统融入《天主实义》中，重构了明末儒学天观的理论。肖朗《明末清初西学东渐史上的〈穷理学〉》(《浙江大学学报（人文社会科学版)》第2期）介绍明末南怀仁编纂的《穷理学》所传来的西学知识包括亚里士多德的形式逻辑学、西方数学以及各门自然科学技术知识。陈拓《伪书背后的西学知识史：托名利玛窦之〈理法器撮要〉考》(《国际汉学》第1期）指出，西学知识从明末传入中国，经过清中叶的所谓“西学东渐史断裂期”，到十九世纪中国社会重新渴求了解西方，于是坊间出现了托名利玛窦的伪作《理法器撮要》。除了科学知识外，西学对儒家伦理也有冲击，陈恩维《李贽、利玛窦的交友与晚明中西友道互鉴》(《东南学术》第5期）比较了李贽与利玛窦的“交友论”差异，李贽交友论受泰州王学左派的影响且以儒家异端自居，利玛窦的交友论则来自欧洲古典友爱观和神圣友爱观。

儒学宗教化研究。王裔慈《三教一道论之伏流——从明儒王道思想中见老子学与儒学交涉的思想史意义》(《汉学研究（台北)》2021年第39卷第4期）分析名儒王道的两次思想转变：先转益理学各家学说，后接触老子学说，从理学转出，转而批判朱、王学说，揭示王道由儒转道，透过对道家思想的诠释，开辟了一条儒道互渗的思想进路。肖清和《儒学的“另一面”：文翔凤与晚明儒学宗教化研究》(《中国文化研究所学报（香港)》第75期）梳理了文翔凤的生平事迹、与老师、同学、官绅、文士、门生的交往，指出文翔凤的儒学宗教化思想内容包括：(1）知天、事天、尊天与畏天，(2）尊孔，(3）辟佛，(4）辟天主教。通过思想与实践，文翔凤建构出一套以天（帝）为至高神，以神鬼、精神为不灭实体，以天堂、地狱为实有的儒学宗教体系。

国际学术界对宋明理学的研究。2022年度邓红、欧阳祯人组织翻译出版了“日本阳明学研究名著译丛”，收录了日本学者近百年来最重要的宋明理学研究论著，包括高濑武次郎《日本之阳明学》、井上哲次郎《日本阳明学派之哲学》、安田二郎《中国近世思想研究》、岛田虔次《朱子学与阳明学》、山井涌《明清思想史研究》、楠本正继《宋明时代儒学思想之研究》、冈田武彦《明代哲学的本质》、荒木见悟《明代思想研究：明代的儒佛交流》。这对我们了解日本学界在该领域的发展极其重要。国内外对宋明理学研究的耕耘，取得了重要的成果，但也形成了一些固化的认知。张倩茹《明代朱子学研究的现状与思考》(《中国史研究动态》第3期）指出，当前明代朱子学研究存在不成体系、欠缺主体性的问题，一些重要人物、著作与理论被全方位反复诠释，已题无剩义，需要跳出西方学术体系的框架，进行跨学科、多角度的研究。

该年出版的明代思想相关的研究专著有：黄威豪《胡居仁理学思想研究》(台湾花木兰文化事业有限公司)；简凡哲《阳明学的异质发展：聂双江“归寂说”之研究》(台湾花木兰文化事业有限公司)；王昌伟著，谭晓君译《李梦阳：南北分野与明代学术》(上海古籍出版社)；焦堃《阳明心学与明代内阁政治》(中华书局，2021)；荒木见悟著，焦堃、陈晓杰、廖明飞、申绪璐译《阳明学的位相》(江苏人民出版社)；张艺曦《彷徨歧路：明代小读书人的选择与困境》(台湾阳明交通大学出版社)；等等。

七、清代思想

明清学术思想转型研究。这是一个学界热门的话题。何善蒙《明清易代之际的批判理学：再论吕留良理学思想的基本定位》（《浙江社会科学》第4期）分析了清初吕留良的“批判理学”思想，认为吕留良是以批判为立场的尊朱学者，他把朱子学当作价值立场来执守，开创了清初朱子学的传统。陈畅《格物与礼法：论阳明学的礼法转向》（《中山大学学报（社会科学版）》第4期）指出清初阳明学派内部催生出两个新发展方向：气学和经史之学（礼法之学），提出了两个具有同构性的问题：心（良知）与气、良知与知识的关系问题。宣燕华《清初古文〈尚书〉辨伪与理学的关系——兼议余英时“内在理路说”》（《清史研究》第3期）围绕古文《尚书》真伪公案，以顾炎武、黄宗羲、阎若璩、毛奇龄为个案，分析清初古文《尚书》辨伪与理学的关系，剖析经学考证风潮中理学的作用和地位。

在宋明理学向清代经学的转型过程中，儒家先贤人物的形象一度被重新塑造。赵四方《孔门传经弟子的形象重塑与清代经学转型——以子夏为中心》（《江海学刊》第4期）以孔门传经弟子子夏为例，说明清初学者调整了孔门七十子的结构，极力将子夏塑造为“圣学正宗”，乾嘉汉学家为子夏的“负面”形象辩诬，视子夏等为“家法之祖”与“汉学之源”，以助力清代汉学复兴。郑任钊《〈春秋正辞〉的成书与清代公羊学的开山》（《湖南大学学报（社会科学版）》第3期）通过对撰著时间、内容表述等方面的细致考订，推翻学界旧说，提出庄存与《春秋正辞》为清代公羊学的开山之作。黄圣修《光绪朝的〈儒林传〉纂修——以〈儒林传〉存三十二卷本为中心的讨论》（《台湾师大历史学报》第67期）指出，缪荃孙修撰《儒林传》时主要参考《明史·儒林传》，以汉宋学术立场分卷，并根据当时外部学术环境，对传稿的体例拟定和传文内容进行调整。

清中晚期学术思想研究。台北《思想史》杂志第11辑出版了一期“清中晚期学术思想”专号，所收录的研究论文颇为可观，有力提升了学界对清代中晚期学术与思想的认识。王汎森的特稿《嘉道咸思想界的若干观察》指出，嘉庆、道光、咸丰时期的思潮，一面围绕政治变革与道德风俗重整的主题，一面包含各种不同层次互相竞合的思想。林胜彩《从隐逸遗民到理学真儒——张履祥学术思想传播的历程》集中讨论张履祥从清初政治文化遗民，经过清代学人刊行其著作、传播其学说，乘着理学复兴的大势，变为崇祀孔庙的理学大儒的历程。何威萱《当顾炎武不再可憎——从方东树对顾炎武的评价重探其学术立场及〈汉学商兑〉的性质》以方东树对顾炎武的评价为中心，展现方东树对顾炎武评价的差异性及成因，深化我们对方东树学术思想复杂性的认识，以及对“汉宋之争”说的价值重估。吕妙芬《王廷佐与潘德舆的“人鬼说”——清中晚期儒学生死观与鬼神论》分析王廷佐四篇《人鬼说》的内容以及潘德舆对之的反驳，说明两人的思想差异，并将之置于吴廷栋、方潜、魏源等儒者构成的生死与鬼神的论述脉络之中进行理解。丘文豪《吴廷栋校订〈《理学宗传》辨正〉的经世意涵》指出，在19世纪经世风潮下朝野士人不分门户重倡理学，而吴廷栋整合刘廷诏和罗泽南的思想，校刊《〈理学宗传〉辨正》，既斥责陆王心学为禅学，又严防理学言“心”，强调为确保道德与政治秩序必须以“理”与“性”作为经世活动的依据和根源。马瑞彬（Magnus Ribbing Gren）《“学问断不能有真是非”：陈澧的儒家多元思想》探讨晚清广州学者陈澧对不同类型学问的态度，陈澧认为汉学与宋学的差异并非方法论的差别，而是不同生活环境、价值观和世界观导致的不同类型的治学方式。陈澧支持治学多元主义的态度，反对将寻求经典本义作为儒学终极目标。

经学学派研究。桐城学派、常州学派和皖派是关注重点。戚学民、唐铭鸿《论〈续文苑底稿〉对桐城派史的续写》（《安徽史学》第1期）讨论台北故宫档案《续文苑底稿》对桐城派续写的内涵和价值，《续文苑底稿》将“桐城派”正式写入国史，增立六位桐城派人物正传，扩大了桐城派的阵营，并记载桐城派学脉在皖苏、岭西的分布状况。李阿慧《重估常州学派的思想谱系及其经学文明观》（《广东社会科学》第4期）考察常州学派的治学传统，指出他们除《春秋》及“公羊学”外还专研《周易》，并据此涵摄“天道与王道”“变与常”“显与隐”，推衍圣人“经世之志”和“性与天道”的微言，发挥六经“经世致用”的宗旨。徐玲英《戴震与皖派朴学关系考察》（《安徽史学》第6期）揭示戴震对张大皖派朴学影响所发挥的作用，他在北京结交学界名流、宣讲皖派朴学，同时，开拓出文字、音韵、训诂、历算和水地等多元考据对象，倡导情感哲学、训诂学、校勘学、方志学和天算学，获得了“皖派宗师”的尊称。

清代人物与思想研究。李敬峰《王吉相〈四书心解〉的学术旨趣、诠释特质及其思想意义》（《中国哲学史》第5期）分析王吉相及其撰著的《四书心解》，《四书心解》是少数以阳明心学作注的经学著作，表达了王吉相对阳明心学的挺立和修正，其注解显示出“重义理轻训诂”、“以四书证四书”、“推阐心解之法”和“排斥异端之学”的诠释特质。张克伟《清初阳明学者彭定求及其〈明贤蒙正录〉》（《赣南师范大学学报》第1期）首先叙述了彭定求仕履实录与彭氏家学，接着论述《明贤蒙正录》之撰述缘由和成书过程，进而指出《明贤蒙正录》鲜少涉及学派学脉传承的问题，贯穿其中的是彭定求绍承王学、融通朱王之用意。刘国宣《彭绍升〈儒行述〉发微》（《中国典籍与文化》第3期）则论述了彭绍升《儒行述》的内容、特色与著述指归，作者认为该书秉笔谨肃、文直事核，使之成为晚出学术史要籍的著述范本与取材依凭。林存阳、周轩《乾嘉汉学与程朱理学之间的抉择——夏炯为学历程及其学术宗尚探析》（《清史论丛》2021年第1期）以夏炯为个案，从乾嘉汉学自我反思的角度，指出他早年致力汉学，后有感于考据之学无益于世道人心，转而猛烈批判汉学宗，尚程朱理学，彰显了清中叶至晚清的学风转变和“汉宋之争”的力量消长。李敬峰《刘沅对朱子〈大学章句〉的辩驳及其思想史意义》(《四川大学学报(哲学社会科学版)》第1期)叙述了嘉道年间刘沅系统辩驳朱子《大学章句》的行为与动机，他全面否定朱子对“三纲领”的解释，用“诚意”取代朱子的“格物”作为“八条目”的统领，试图阻止朱子学在清代中晚期复兴，同时推动了《大学》义理向通俗化、可接受性和具实践性的转化。

该年出版的清代思想相关的研究专著有：川尻文彦《清末思想研究：東西文明が交錯する思想空間》(汲古书院)；山井涌著，陈威瑨译《明清思想史研究》(山东人民出版社)；王东杰《探索幽冥：乾嘉时期两部志怪中的知识实践》(巴蜀书社)；何冠彪《生与死：明季士大夫的抉择》(广西师范大学出版社)；本杰明·艾尔曼著，刘倩译《晚期中华帝国的科举与选士》(香港中华书局)；等等。

八、研究热点分析

(一)历史时期“中国认同”的理论探索。2022年度中国古代思想史学科在发展中出现了对各历史时期“中国认同”问题的理论探讨与实证研究，并呈现出一以贯之的特点，从夏商周至明清各时期均有相关论文发表。历史上“中国认同”问题的理论探讨，从2021年底零星开始，持续到2022年大爆发。田广林、任妮娜《中华民族共同体视域下夏商周王制时代的“中国”认同》(《陕西师范大学学报(哲学社会科学版)》第1期)指出，夏朝成为王朝大国的根本内在机制是同姓和异姓邦国对夏朝的政治、文化认同；商代的“中国”认同，则与内外服制度的推行相辅相成；西周时期宗法分封制度的推行，使西周王朝超越夏、商而达到王制国家的全盛，“中国”认同也获得同步发展。

关于秦汉时期，晋文《汉民族的形成及其民族意识》(《中国社会科学院大学学报》第4期)指出，在两汉大一统时期，“汉人”逐渐取代诸夏或华夏的称呼，成为民族共同体的一个固定和普遍称谓。在文化认同意识上，炎帝和黄帝成为中华民族认同的共同先祖，标志着各民族的进一步融合，汉民族初步形成。在以夏变夷的思想作用下，汉代胡汉一家的思想及实践巩固和推广了汉化的影响。

魏晋南北朝时期，“中国”认同问题表现为中华民族共同体意识的塑造，或者是华夏认同的建构，参与塑造“中国认同”的思想资源各不相同。曹植《神农赞》《黄帝赞》等一系列作品塑造了炎、黄二帝圣人君王、神灵仙人、英雄领袖、典故人物的四种形象，并奠定为后世赞体的范式，反映出魏晋时期士人们的炎黄观和民族共同体观念(赵婧、周洪宇《论曹植的炎黄观与魏晋南北朝时期的中华民族共同体意识》，《信阳师范学院学报(哲学社会科学版)》第1期)。石勒则通过国号的选择、改名运动、推崇佛教的民族共同体政策来消除民族差异，促成民族之间的相互融合(李青峰《石勒的华夏共同体建构》，《晋中学院学报》第1期)。这时期的墓志铭对祖源建构，也处处彰显出“华夏”共同体观念的普遍性存在，比如：中古尉迟氏家族从追溯尉景祖源为秦、汉尉候官，到直接称其为黄帝之后裔，完成了华夏身份的建构和华夷共祖文化心理的认同（董文强、周晓薇《墓志所见中古尉迟氏祖源建构与华夏认同》,《宁夏社会科学》2021年第6期)。有学者归纳指出，追求“正统”与实现“一统”，强调“以德怀远”与“示之信义”；主张“迁徙胡汉”与“胡汉兼用”机制，相互吸纳族体、共同开拓疆域、协力发展经济、维系历史文化传统、丰富中华文化宝库、共育中华民族精神，是魏晋南北朝各民族共创中华历史进程中的关键形式及路径（崔明德、王硕《十六国时期各民族共创中华的形式及路径》,《西北民族研究》第2期)。

宋元明清是缔造“大一统”中国的重要时期。其间，各民族、各政权之间的互动在推动中华民族共同体的建构方面发挥了重要作用。契丹等民族政权在其发展过程中的实践为中国化注入了新的内涵，北方游牧政权通过缔结条约的形式获得与中原王朝平等的地位，各主要民族增强了“中国”意识和正统观念，并接受了“中国”身份（袁琮蕊、于涌泉《论辽宋时期中华民族共同体的建构》，《西北民族大学学报（哲学社会科学版)》2021年第6期)。元代统治者则通过土司制度、赋税安排、文化教育等措施来树立边疆少数民族地区的国家认同（杨甫旺《元代土司制度确立与彝族土司的国家认同》，《楚雄师范学院学报》2021年第6期)。在清代，历史上以中原王朝统治区域为主的“中国”概念得到延展，使中国历史上统一多民族国家最终定型。清朝从后金开始，就接受明朝统治，认同“大中国”的框架。皇太极建立清朝，明确了“大中国”意识。后继者顺治、康熙、雍正、乾隆等诸位清朝皇帝建构了“大中国”概念，发展了“中国”认同意识。“中华民族”实体在乾隆时形成（徐洁《论清前期“中国”认同与实践》,《吉林师范大学学报（人文社会科学版)》第1期)。在文化上，清王朝统治者有意识地突破民族文化差异，将耕耤典礼纳入国家祭祀体系，建构文化认同，从而实现国家认同（王洪兵、张松梅《从文化认同到国家认同：耕耤制度与十八世纪清王朝国家治理的文化策略》,《云南民族大学学报（哲学社会科学版)》2021年第6期)。在制度上，对西南实行改土归流，将土司地方性权威转化为国家性权威，推动王朝国家观念的整体性认同（李良品、葛天博《清代王朝国家观念与云南地区改土归流》,《贵州民族研究》2021年第5期)。

中华民族形成和发展，经过不同阶段，“铸牢了中华民族共同体意识”的民族根基和历史自信（瞿林东《论中华民族形成和发展的历史》，《社会科学文摘》第6期)。晁福林《导夫先路：中华民族形成过程中的观念认同》(《北京师范大学学报（社会科学版)》第2期）认为，中华民族得以形成和发展的思想基础是伦理道德和天命观念。

（二）正统观的持续探讨。学界对历史上中国国家“认同”问题的持续关注，带出了与之相关的历史上的“正统观”或者“正统论”的热点讨论。

王朝正统论出自“商周鼎革”之后，周人提出天（天命）、地（地理）、人（血统）“三才”之道，把商人的“天命不变”论改造为“天命转移”论；为了保有“天命”，周人创造性地提出“敬德”说，并由此发展出“保民论”“民本论”，奠定了王朝与政权“合法性”的基础依据（彭华《王朝正统论与政权合法性——以商周鼎革为例》，《四川大学学报（哲学社会科学版）》2021 年第 6 期）。秦汉时期，政权的正统观念形成，表现为三个标准的确立：一是唯一性，即独享“天下”的最高统治权；二是连续性，即与此前的正统王朝在时间上前后衔接，或在法统上存在联结；三是正当性，即其建立和统治都应该合乎道义。秦汉时正统观逐渐被确立为国家意识形态而被普遍接受（陈侃理《如何定位秦代——两汉正统观的形成与确立》，《社会科学文摘》第 5 期）。南宋时期，“中国”认同是通过三个相关联的思想脉络建构起来的，一是正统论，一是道统论，一是华夷之辨。这并非现代的国族意识，而是一套继承汉代“大一统”而有所变化的“中国”原理，它为新的“大一统”准备了思想条件（江湄《正统、道统与华夷之辨——论南宋的“中国”认同及其历史意义》，《中国哲学史》第 3 期）。

正统论或者正统观念，影响历史书写的内容与形式。金人编写的《大金德运图说》把“五德终始”学说的单线性发展模式改为复线性发展模式，认同汉族和少数民族都可称正统，并且认为正统和非正统都是“中国”，充分反映了金人对“中国”历史的认同意识（赵永春《中华民族共同体视域下金人的“中国”历史认同——以〈大金德运图说〉为中心的讨论》，《陕西师范大学学报（哲学社会科学版）》第 1 期）。五代十国，天下离乱，如何用正统观念撰述这段历史成为史家争论的焦点。宋至清长达 900 多年的五代史编纂中，大致形成了五种看法：第一，以五代相续为正统；第二，以梁为伪，五代史应作四代史；第三，以五代为闰统或无统；第四，以南唐承唐为正统；第五，以南唐继后唐为正统（崔壮《正统观与宋以后的五代史编纂》，《史学理论研究》第 1 期）。关于明清“大一统”观念的研究，杨念群有专著《“天命”如何转移：清朝“大一统”观的形成与实践》（上海人民出版社）分析清朝的“正统论”及其与“大一统”观念之形成的关系。从宏观到微观，可见正统观念对历代历史编纂的深远影响。

（三）中国思想史学科的主体性、范畴与衍生。张宝明《中国思想史学科主体性问题的再思考》（《史学理论研究》第 3 期）注意到，目前中国思想史的界定不够清晰，研究对象、立论范围不够明了，论证方法也不如其他人文学科，于是，提出要确立中国思想史学科的主体性，必须要区别它跟“哲学史、社会史、学术史”的关系，要有问题意识，要重视文本。章清、豆艳荣《探索以“问题”为导向的思想史、知识史——章清教授访谈录》（《历史教学（下半月刊）》第 3 期）也认为“思想史”研究要以问题为导向，需要重视“问题意识”。思想史是一门国际性的学科，定义纷陈。2022 年度《史林》第 4 期刊出了一辑“作为思想史的史学史”的专题论文，探讨把“史学史”纳入“思想史”的范畴来进行研究的可能性。其中，李勇《“史学史是思想史”沉思》认为史学史反思史学，思想史反思包括历史学在内的思想，史学史就是思想史。葛君《“作为思想史的史学史”何以可能？——以东德史研究为视角的思考》认为史学史研究的对象是“史学研究主体自身的思想生成、演变与发展”，这本身就是思想史研究的一部分。吴晓群《作为思想史的史学史：中国西方史学史研究的一个当代视角》则明确提出，史学史研究的重要对象是“历史学家的世界观”，历史学家的思想世界是历史书写的关键。这一下子拉近了史学史和思想史的关系。不同于张宝明的观点，显然也有学者提倡扩大思想史研究的范畴，把史学史纳入思想史，而不是撇清它与其他学科的关系。

（四）概念史研究持续发酵。发表的相关论文有：叶隽《概念史的意义和观念侨易——从〈什么是概念史〉〈概念的历史分量〉看概念史的学域空间与理论阐发》（《社会科学论坛》第4期）、高瑞泉《中国观念史的学科自觉》（《社会科学文摘》第2期）、王志丽《文化史追寻下的概念史研究——黄兴涛关于近代中国新名词之研究》（《中华文化论坛》第1期）、方维规《概念史与历史时间理论——以科塞雷克为中心的考察》（《社会科学文摘》第1期）。同时，“中华思想文化术语研究丛书”也出版了两本中国概念史研究实践之作：冯天瑜《概念的文化史：以“封建”与“经济”为例》（外语教学与研究出版社）、方维规《文必与明合：中国“文明”概念小史》（外语教学与研究出版社）。这些理论探索的示例，虽以中国近代思想史为主，但对于古代思想史研究不无借鉴作用，值得认真参考。

古代文化史研究综述

安子毓　黄若然*

2022 年文化史方向的研究成果非常丰硕。关于文化史理论与方法的论著显著增加，关于神话、宗教与民间信仰的研究以及艺术史研究仍为学界热点。下面从经典著作的修订、译介与经典论文的结集、新著的推出、理论观点与方法、热点问题及相关论文的角度介绍一下 2022 年的文化史研究状况。

一、经典著作的修订、译介与经典论文的结集

经典著作的修订与再版。2022 年，王仁湘《饮食与中国文化》（广西师范大学出版社），张闻玉《铜器历日研究》（广西师范大学出版社），杨泓、李力《美源：中国古代艺术之旅》（生活·读书·新知三联书店），田晓菲《尘几录：陶渊明与手抄本文化研究》（生活·读书·新知三联书店），［法］葛兰言著，赵丙祥译《中国古代的节庆与歌谣》（商务印书馆），［日］田仲一成著，云贵彬、王文勋译《明清的戏曲：江南宗族社会的表象》（江苏人民出版社），［日］村上专精著，杨曾文译《日本佛教史纲》（商务印书馆），［日］松浦友久著，刘维治译《李白诗歌抒情艺术研究》（上海古籍出版社）等多部经典文化史著作再版。巫新华旧著《吐鲁番唐代交通路线的考察与研究》亦以《重走天山路：东天山吐鲁番古道考察与研究》（广西师范大学出版社）为名出版了增补修订本。

经典论文的结集出版。2022 年，还有多部文化史论文集出版，如尹吉男《知识生成的图像史》（生活·读书·新知三联书店）、濮文起《历史与现实：中国民间宗教探索》（商务印书馆）、侯旭东《汉家的日常》（北京师范大学出版社）、王笛《历史的微声》（人民文学出版社）、孙庆伟《礼以玉成：早期玉器与用玉制度研究》（北京大学出版社）皆为其例。

外文著作的译介。国外早期的经典文化史理论著作也被译介到国内。年鉴学派创始人、法国学者吕西安·费弗尔著，高煜译《为历史而战》（译林出版社）所收论文对史学性质、历史认识论、方法论、跨学科研究等提出了自己的观点，并借忆述不同领域的学者，强调了

* 安子毓，中国社会科学院古代史研究所文化史研究室副研究员，研究方向：秦汉史、文化史。
黄若然，浙江农林大学文法学院讲师，研究方向：民间文学。

跨学科研究对历史研究的意义。19世纪末德国著名文化史家卡尔·兰普莱希特等著，王燕编译的《历史学是什么?》（上海古籍出版社）提出现代史学当从社会心理学出发，进而对德国历史背后的社会心理进行了分析，进一步探讨文化转变时期的心理变化机制，最终提出"普遍史"的可能性。周莽翻译的法国学者勒内·基拉尔旧著《祭牲与成神：初民社会的秩序》（生活·读书·新知三联书店）认为，初民社会广泛存在的"活祭"仪式并非源自宗教自身，而是为了化解族群内部矛盾，通过杀死"替罪羊"的方式将对内的暴力隐患对外释放。

二、新著的推出

文化史理论。理论方面，张昭军《中国文化史学的历史与理论》（人民出版社）梳理了近代以来中国文化史学产生与发展的历程。研究方法方面，侯亮亮《殷土芒芒——先商文化人群的生业及迁移活动研究》（上海古籍出版社）利用稳定同位素分析的技术手段，对先商文化时期乃至殷墟文化时期长时段的家畜饲养方式和生业经济进行了分析。

神话与信仰。在对早期神话的世界观研究方面，刘宗迪《众神的山川：〈山海经〉与上古地理、历史及神话的重建》（商务印书馆）认为《山海经》是商代人所著，代表东方地理观念的地理之书。江林昌《中国史诗研究》（中国社会科学出版社）认为，史诗当源自巫诗，与原始宗教渊源颇深。《九歌》《天问》与夏史有关，《商颂》作于商代。何贝莉《仪式空间与文明的宇宙观：桑耶寺人类学考察》（西藏藏文古籍出版社）考察了始建于公元8世纪的西藏历史上第一座"佛、法、僧"三宝齐备的佛教寺院——桑耶寺，认为其"仪式空间"兼有代表佛教宇宙观的"须弥山"和代表苯教宇宙三界观的"拉、鲁、念"。

信仰与政治互动方面。[美] 施姗姗著，邵长财译《小天命：生祠与明代政治》（广东人民出版社）探究了明代生祠制度的起源、演变、效果及其对明代政治的影响。王启元《晚明佛教考：从僧俗互动的视野展开》（上海古籍出版社）通过聚焦晚明史事，阐发其背后政治、宗教势力较量的暗脉，展示高僧与士大夫之间的互动，进而探讨了士大夫居士身上体现的本土宗教对佛教的影响、文学艺术与佛教的联系、藏传佛教对汉地影响等问题。

信仰与社会影响方面，韦兵《储蓄来生：宋代以来的寿生寄库信仰》（巴蜀书社）探讨了寿生寄库信仰中体现出的平等、契约精神、个人主义等观念的现实社会的本源。王东杰《探索幽冥：乾嘉时期两部志怪中的知识实践》（巴蜀书社）对纪昀《阅微草堂笔记》和袁枚《子不语》进行了分析。贾晋华《唐代女道士的生命之旅》（社会科学文献出版社）探讨了唐代女道士如何崛起为性别化的社会宗教团体。

艺术史。绘画方面。朱媛《中国岩画的原始信仰及其审美生成》（中国社会科学出版社）对史前岩画的信仰意义、符咒意义、牲祭意义、偶像崇拜意义及其背后的审美体验进行了总结。练春海《汉代壁画的艺术考古研究》（科学出版社）对汉代壁画的题材、工艺、功能进行了梳理。顾颖《西域古代绘画研究》（上海人民出版社）梳理了古代西域各地区不同的绘画形态，探讨了西域古代绘画的核心技法、形象特征、发展轨迹和形成原因。许玮《自然的肖像：宋代的博物文化与图像》（中国美术学院出版社）对博物学的经学渊源及其在宋代文人中的影响进行了梳理，对与博物学有紧密关联的本草学及相关图画以及宫院画中的博物学因素进行了探究。[美] 高居翰（James Cahill）《致用于娱情——大清盛世的世俗绘画》（生活·读书·新知三联书店）针对晚明至清代的世俗绘画（Vernacular Painting）指出，清代世俗画作者多为职业画家，他们擅长的题材更为广泛，对西来的基于几何学的绘画技术的吸收更为到位。

雕塑与器物方面。杨泓《探掘梵迹：中国佛教美术考古概说》（生活·读书·新知三联书店）对中国古代的佛教美术，如佛寺、造像、舍利容器，尤其是十六国至宋元时期的石窟艺术进行了梳理。洪石《中华早期漆器研究》（社会科学文献出版社）从发掘情况、类型特征、类型组合、生产工艺、流布与器用等多个方面对新石器至夏代的漆器进行了梳理。张宗登《先秦时期楚国设计艺术的多元融合研究》（九州出版社）梳理了楚国的各类典型器物的起源、流变、种类、形制、特征、相关制器技术等问题。范勃《成器之道：史前至宋的陶瓷造型艺术》（生活·读书·新知三联书店）对史前至宋代陶瓷的器形和艺术风格的演变进行了梳理，对陶瓷造型从模仿金属器、融合金属器的器形和纹饰，最终产生了瓷器独有的造型、纹饰、釉色。刘舜强《乾隆时期宫廷唐卡装裱镶做研究》（东方出版社）通过对清宫内务府和故宫博物院材料的整理，探讨了清代宫廷唐卡装裱镶做的选材、样式、工作周期、管理机构和参与人员等诸多重要问题。

音乐方面。赵倩《两汉鼓吹乐研究》（文化艺术出版社）认为，两汉鼓吹乐源自中原周秦音乐，包含两种基本形态——宴享型和仪仗型。在汉魏时形成了固定的宴享音乐形态。仪仗型鼓吹乐则逐渐加入了少数民族乐器，为魏晋时期鼓吹制度的发展奠定了基础。靳雅婷《宋代诗词与士人器乐文化研究》（四川大学出版社）以《全宋诗》《全宋词》为中心，梳理了士阶层在器乐听赏、器乐演奏和器乐交际中所扮演的角色及其与器乐接触的实际渠道。

其他方面。刘鹤翔《湖山公案——苏轼游踪与北宋书法空间》（中国社会科学出版社）分析了苏轼书法活动对谪居地人文世界的影响，探讨其在书法活动中所持有的人文信念。王力春《古代石刻书人身份与书法史研究》（科学出版社）对汉魏六朝石刻书人身份及石刻文献的伪托、附会、错讹和阙疑等加以考释甄别，探讨了隋代部分石刻书人、石刻断代和五代以前的书学问题，梳理了辽金元石刻书人及其身份，对元代奎章阁书家与鉴书博士进行了个案研究。[美] 陈云倩著、梁民译《金石：宋朝的崇古之风》（社会科学文献出版社）以跨学科的方法探究了宋朝尚古学者的金石学著述。

文学与文献。文献方面，魏代富《唐前〈庄子〉论稿》（中华书局）通过细致排比《庄子》及相关史料，对《庄子》底本文字、成书年代、篇目编排、与今本关系、相关注释等问题进行了梳理。郑幸《清代刻工与版刻字体》（中华书局）从版本、刻工的史料出发，与文化、艺术、经济史的研究相结合，对清代出版史的若干问题进行了探讨。书中对清代刻工的数量、分布、组织等问题进行了梳理，对其字体的选择和演变进行了分析，同时还对一些著名刻工的生平交往进行了个案考察。彭燕《宋代巴蜀杜诗学文献研究》（上海古籍出版社）讨论了杜诗的相关编撰体例、刻版、流传、版本、注释、辑佚、伪注、年谱等问题。赵俊玲《汉魏六朝实用文体互渗研究》（上海古籍出版社）通过分析汉魏六朝实用文体之间的互渗，认为其大致遵循如下规律：文学性更强的文体、强势地位的文体向其他文体渗透，功能相近的文体易于互渗，功能改变促使其互渗。李慧玲《阮刻〈毛诗注疏〉研究》（华东师范大学出版社）对清人阮元所刻《毛诗注疏》的学术背景、使用版本、校勘成果、引用诸家等问题进行了探讨，指出其底本非宋本，为元刻明修本，并对阮本的若干校勘错误予以指出。

文学方面。刘奕《诚与真：陶渊明考论》（上海古籍出版社）对陶渊明的相关问题进行了考论。［美］宇文所安（Stephen Owen）著，麦慧君等译《只是一首歌：中国11世纪至12世纪初的词》（生活·读书·新知三联书店）梳理了若干宋代词人的生平，对其作品的艺术意义进行了分析。［新加坡］吴妙慧著，朱梦雯译《声色：永明时代的宫廷文学与文化》（江苏人民出版社）在探析了南齐永明时代诗人的宫廷背景及其所受佛教影响的基础上，一方面关注其在作品中表现出的声音、视觉、空间和动态；另一方面关注其或得意，或失意，或恬静的境遇，通过叠合这两条线索，对“声色”作出了全新的阐释。丁沂璐《北宋边塞诗研究》（上海古籍出版社）对北宋边塞诗的产生背景、边疆军事、恢复情结、忧患意识、民族交流、思想艺术进行了细致梳理。

文学与政治的互动。白振奎《观风察政：汉代歌谣与政治的互动研究》（上海古籍出版社）探讨了汉代“观风察政”活动的文化渊源、制度演进，以及汉代歌谣的传播方式、内容分类、政治功能、艺术形式等多方面内容。杨继刚《汉代鸿都门学研究》（人民出版社）综述了汉灵帝的生平以及鸿都门学创立的原因，进而考证了鸿都门在南宫之中，进而对鸿都门学辞赋题材、文体、鸟虫篆的作用进行了讨论。最后又将鸿都门学与太学、金马门待诏、东观以及唐以后的翰林院制度进行了对比，阐明了类似制度之历史流变。蒋晓光《汉赋与汉代礼制》（中华书局）追溯了汉赋的礼制渊源，探讨了汉代礼制变化对汉赋的影响。

其他方面。王思豪《义尚光大：汉赋与诗经学互证研究》（商务印书馆）考察了汉赋与《诗经》的渊源，对汉赋直接使用《诗》的文字、承续《诗》经义内涵、诗性品格的情况进行了讨论。胡大雷《口辩·文事·笔书：“口笔之辨”与中古文学》（武汉大学出版社）

对先秦至中古的口辩（口语表达）、笔书（书面表达）的起源、流变、影响及相关争议做了梳理。李芳《清代说唱文学子弟书研究》（社会科学文献出版社）对清代说唱文学子弟书的研究现状、创制过程、文体的变化、称谓的嬗变、作者情况、故事题材、演出、文本流动、流播与影响进行了细致的梳理。

文化交流。在研究方法方面。葛兆光《亚洲史的研究方法：以近世东部亚洲海域为中心》（商务印书馆）对以元代以后东部亚洲海域为中心的亚洲史研究方法进行了讨论。

关于世界文化对中国的影响。段晴《神话与仪式：破解古代于阗氍毹上的文明密码》（生活·读书·新知三联书店）认为2007年在新疆发现的一批图像受苏美尔、阿卡德、希腊等地神话的重要影响。韩香《波斯锦与锁子甲：中古中国与萨珊文明》（社会科学文献出版社）对于由波斯输入中国的物质与文化进行了梳理。祁姿妤《佛足迹寻踪：佛教美术样式的跨文化传播》（上海古籍出版社）用画史样式论、艺术风格分析、神话学文本结构分析方法，展现佛教艺术在长时段、跨地域、跨文化发展中的变化原理。

关于中国文化对世界的影响。吴伟明《和魂汉神：中国民间信仰在德川日本的本土化》（生活·读书·新知三联书店）对伏羲、神农、大禹、孔子、关羽、妈祖、石敢当、钟馗等八位汉神在日本的流传进行了梳理，指出这些信仰已产生了日本化的形象、传说、文学、祭祀形态及文艺表现，融入了当地文化。［意大利］佛朗切斯科·莫瑞纳著，龚之允、钱丹译《中国风：13世纪—19世纪中国对欧洲艺术的影响》（上海书画出版社）追溯了13—17世纪中国艺术影响欧洲最终形成“中国风”的过程，进而对18世纪以来欧洲各国的中国风的发展进行了论述。［伊朗］纳思霖·达斯坦（Nasrin Dastan）《伊朗细密画中的中国元素》（大象出版社）认为伊朗细密画中的中国元素当是由参与《史集》插图绘制的元朝画工带到伊朗的。［日］东野冶之著，龚婷译《正仓院：宝物与交流》（社会科学文献出版社）对日本奈良正仓院所藏唐代文物进入日本的途径进行了解读。

法律文化。尤陈俊《聚讼纷纭：清代的“健讼之风”话语及其表达性现实》（北京大学出版社）指出，关于民间对诉讼的态度，传统的“厌讼说”和后起的“健讼说”皆非全貌，存在着片面构建的现象。茆巍《洗冤：清代命案检验取证研究》（商务印书馆）介绍了宋慈《洗冤集录》及其改编版清代《律例馆校正洗冤录》的结构、内容和流变，论述了官员、仵作检验尸体之流程。［美］张婷著，张田田译《法律与书商：商业出版与清代法律知识的传播》（社会科学文献出版社）探讨了印刷术及出版行业的兴盛对法律知识传播、教育的影响。胡永恒《方向与方法：反思中国法律史研究》（社会科学文献出版社）认为法律史研究当兼顾“回归法学”与“史学化”。

生态文化。耿金《形塑地景与人文：9—20世纪浙江宁绍平原水利研究》（社会科学文献出版社）剖析了宁绍平原自然景观、环境演变与人类水利工程间的互动关系。张健《清代以来黄河中游气候变化及其社会响应》（中华书局）指出清代以来黄河中游旱涝变化存在3种多年代际尺度周期。段伟《历史政治地理对水患的响应——以明清时期的黄淮平原为中心》（复旦大学出版社）探讨了自然灾害对中国古代行政区划调整的影响。刘祥学《明清以来珠江中上游山地的人类活动与环境效应》（科学出版社）梳理了明清以来珠江中上游山地的地理概貌，地理知识的流播，人口迁移与政区、地名之演化，灾害影响，生活习俗，林业经济及其对环境的影响。

社会文化。程国斌《明清江南地区的医疗生活》（东南大学出版社）对明清江南地区的历史背景、医疗从业者、医疗服务体系、求医行为、医患关系进行了梳理。黄宗智《国家与社会的二元合一：中国历史回顾与前瞻》（广西师范大学出版社）回顾了美国的中国研究，探讨了中国的国家统治与社会治理的特点，并与欧洲历史进行了比较。［美］孟一衡著，张连伟等译《杉木与帝国：早期近代中国的森林革命》（上海人民出版社）梳理了宋、元、明时期政府对林业的管理、税收及其对经济的影响。［美］高彦颐著，詹镇鹏译《砚史：清初社会的工匠与士人》（商务印书馆）梳理了清初砚台造办、制作、加工、售卖、收藏等流程。

科技与物质文化。鲁西奇《一堂二内：中国古代的平民住宅及其演变》（巴蜀书社）依时间线梳理了中国古代平民住宅的建筑、用地、形制、基本结构及其演变过程。陈志辉《融“西”继“绝”：乾嘉天算专门之学论稿》（上海古籍出版社）对清代天算之学的兴起背景、源流变迁、对科举的渗透、对经学研究的影响进行了探讨，并对相关学者及其著作进行了梳理。赵鲁臻《危机下的变革：晚清陆军战术及训练研究》（人民出版社）指出，由于明军未能发展出标准化、规范化的技战术训练方式及指挥体系，最终为清军的弓马骑射所败。这导致清朝对骑射更为痴迷，军事现代化的过程更为缓慢。邱志诚《宋代农书研究》（凤凰出版社）梳理了中国传统农学、农书含义演变的历史过程，探讨了宋代农书激增现象及其原因，并分类论述了宋代各类农书，尤其是陈旉《农书》。之后又讨论了宋代农书的时空分布、传播方式、对宋代农业发展与后世农书的影响，及其在东亚文化圈的传播和影响。

思想文化。陈成吒《先秦老学史》（上海古籍出版社）梳理了老学对春秋战国诸子的影响及道德、心性、全生、刑名、明王、帝道等不同向度流派的发展。冯鹏《西汉经学与灾异思潮》（中华书局）对汉儒以经学言灾异的历程进行了梳理。张钰翰《北宋新学研究》（北京师范大学出版社）讨论了陆佃、郑侠、耿南仲等新学后学的学术思想和理学、蜀学、北方学者对新学的攻击，并结合孟子升格运动、天地分祭合祭之争等问题，揭示了新学之学术与政治的纠葛。周书灿《徐中舒史学研究》（科学出版社）梳理了徐中舒与傅斯年派、古史辨派的学术互动，及其与郭沫若有关中国奴隶社会的研究。

政治文化。赵鼎新著，徐峰、巨桐译《儒法国家：中国历史新论》（浙江大学出版社）

很大程度是以作者旧作《东周战争与儒法国家的诞生》（夏江旗译，华东师范大学出版社2006年）为核心，大幅扩充增补而成。书中指出东周时期的全面战争改变了中国上古的政治、社会结构，最终形成了秦汉“儒法国家”，并对“儒法国家”在后世的演变进行了梳理。

三、理论观点与方法

文化史。对于文化史的理论探讨依旧是学界热点。邓燕《历史、文化与民族：20世纪前期中国文化史的兴起》（《史学理论研究》第1期）对近代以来文化史在中国的兴起进行了讨论。杨华《二十年来新文化史在中国大陆的传播、影响及实践》（《史学月刊》第4期）梳理分析了近年来新文化史的兴起及其利弊。李恭忠《梁启超的“中国史”自觉及其限度》（《历史研究》第2期）重探19世纪中后期欧美、日、中知识流通的情境，包括文明进步观念下的欧美“万国史”、明治维新后的“万国史”东传与“文明史体”兴起、“中国史”的自觉及其限度。通过挖掘从别国“万国史”到梁启超“新史学”的话语流转脉络，能更加理解20世纪初“中国史”初创时的语境、目标和困难。刘保刚《钱穆对中国天下观的诠释与解析》（《史学月刊》第4期）则对钱穆的“天下观”进行了梳理。

刘中玉《从形象出发：试论沈从文的物质文化史研究路径》（《中国史研究动态》第6期）指出，沈从文在早年积累的传统文史知识与收藏知识的基础上，受新文化运动的影响，以工艺美术切入，开始美术现代化运动的路径探索，最终形成了古为今用的物质文化史研究路径。他强调从形象出发，从历史的变与常中讲清楚文物的本末来源，并将之置于工艺史、美术史乃至中外文化交流的历史全过程中去考察，对研究的内容（物质文化的形态与生产）、方法（实物、图像、文献三结合）、原则（古为今用）、途径（文物、生产、社会发展三结合）、目标（培养全面发展的文化观）均有明确的认知，呈现出清晰的学科意识。黄若然、安子毓《近年来文化史研究的回顾与展望》（《中国史研究动态》第3期）对近年文化史研究的亮点，如深入器物背后的文化史研究、群体心态的阐释进行了梳理，对多学科多角度的交叉研究、形象史料等新材料的拓展、DNA和3D打印等新技术、“人”的回归等新的方法进行了介绍，认为在未来的文化史学发展中，应实现理论与实践结合，微观宏观交融，加强新兴子领域发展等目标。

情感史。王晴佳《性别史和情感史的交融：情感有否性别差异的历史分析》（《史学集刊》第3期）讨论了近年兴起的性别史和情感史的研究。侯德仁、韦金萍《情感史研究在中国的传播实践与若干思考》（《史学月刊》第11期）指出，情感史是以历史上的个人和集体的情感、情绪作为研究对象的一种史学研究范式，大大拓宽了历史学的研究对象和范围。近年来，中国学者除了不断引介外国现有的情感史理论研究成果之外，也就中外史学中的具体问题展开了情感史研究实践。情感史理论范式传入中国并得以实践，既是受到国际史学潮流的影响，也与中国本土的史学传统紧密关联。应当在广泛吸纳已有的情感史理论路径的基础上，针对中国情感历史的实际，建设中国特色的本土化的情感史理论与方法。而且，情感史作为一种跨学科畛域的研究，也应该着重建设自身领域特色的理论和方法。与此同时，情感史研究亦不应画地为牢，应该在坚守自身学术路径的同时，为实现历史学科“总体史”研究目标贡献力量。裴世东、陆勤毅《吴金鼎学术人生的塑造与转向——基于情感史视角的分析》（《安徽大学学报（哲学社会科学版）》第5期）则是利用情感史理论进行的一个个例研究，分析了考古学家吴金鼎的学术人生。

史料甄别与历史书写。李娟《清理与重构：吕思勉的神话研究》（《史学理论研究》第1期）指出，吕思勉利用文献考据、社会从低级到高级的发展规律及“统属思维”塑造的“同质人类群体”的概念，对上古神话进行清理和重构，形成了区别于传统的新解释，并尝试以此取代传统思想中有关上古神话的“旧常识”。这种新旧知识迭代背后隐藏着吕思勉以“统属性思维”取代“关联性思维”的研究理路，是近代新史学打造学科话语体系的尝试，也彰显出历史学家普遍面对的“当下主义”的困境，以及这种困境对于历史知识迭代的意义。廖群《“说体”“托体”与回到“疑古”“信古”之间——以先秦两汉出土文献为例》（《文史哲》第4期）指出，“疑古”派在“层累说”观念左右下对古史人事及相关典籍出现早晚的判断，遭到新出简帛文献的挑战，乃有“走出疑古”一说，但由此又出现了只要是出土文献“便没有辨伪问题”的说法。然而清华简《保训》、上博简《鲁邦大旱》《武王践阼》《季庚（康）子问于孔子》等简文中的种种疑点，又提醒我们对古人所说同样不能信任太过。先秦有些著述存在援用“说体”和采用“托体”以叙事、说理的现象，因而既不能仅凭见于文献早晚以断言人物故事产生时间，也不能轻信古人，而应回到“疑古”与“信古”之间，对于出土文献，同样需要在甄别、辨析基础上加以客观的把握和使用。周金泰《许负故事所见相人术与文景政局书写——兼论历史故事的叙述本源》（《中国史研究》第2期）、洪丽珠《杀虎与当熊：元代胡烈妇救夫叙事的流变》（《文史》第2辑）皆从历史书写的角度对史料进行了分析梳理。

文献学。孙晓《从“汉籍之路”到“史家注史”》（《中国社会科学报》7月1日）指出，古籍整理是具有中国特色的学问，蕴含着优秀传统文化价值观，关乎国家文化安全。古籍整理需要理论思考，如“汉籍”的概念扩充为所有用汉字写就的作品，拓宽了域外汉籍的研究视野。再如《今注本二十四史》应体现文本正误、文义疏通、史料增益、图像证史等“史家注史”的特色。苗润博《曲解与泛化：〈四库全书〉纪事本末类衍生史辨》（《清史研究》第4期）指出清修《四库全书》史部下设的“纪事本末”类展开于乾隆四十六年《总目》初稿的修改过程中，成于乾隆四十七年七月第二次进呈的《总目》之中，其设立过程表明四库馆内部在长时间里并未将纪事本末视作独立的史书体裁，更无专设一类的打算。纪事本末体范畴衍变之根由在于《总目》修订过程中方略、纪略的激增及其归属问题的棘手，对“纪事本末”加以曲解、泛化成为变通之策。这说明学术史上诸多看似积累日久的变革或许只是具体情境中的因应变通，其根由往往较学术为远，离政治更近。

其他。姜锡东《宋代生产力的发展水平》（《中国社会科学》第 7 期）认为宋代人均生产率和发展质量处于古代史最高峰。邓小南《再谈走向“活”的制度史》（《史学月刊》第 1 期）指出，“走向‘活’的制度史”这一说法，自 2001 年提出以来，受到学界广泛关注。就中国古代制度而言，具备恒常标准，而现实情况则复杂多变。稳定的制度，可能“塑造”出不同的行为方式，“开发”出多端的解决问题途径。制度初衷与现实折中的张力，二者矛盾带来的“空间”，是制度史研究富于魅力之处。环绕制度的政治文化氛围、制度生态环境，即所谓“制度文化”，一定程度上决定着制度实施的基本前景。陈凌《通与界的可能》（《中国史研究》第 3 期）回顾东西方史学发展，认为其进展表现为技术微调和视角转化。从清至今的乾嘉学派、王国维“二重证据法”、梁启超和胡适的史学研究方法总结、顾颉刚“古史辨”等属于技术完善，而乾嘉“朴学”、西方“兰克史学”以及 20 世纪 20 年代引入我国的各种史学理论属于解释框架之调适。相较之下，史学界更渴求后者，而这种寻求本身也构成了历史的一部分。由于世界历史的叙事框架最初是由西方建立的，所以近代以来产生了中国历史和文化如何与世界接轨的问题，引出将中西进行类比或强调差异这两种趋向。然而，历史发展充满不确定性，西方中心论的一元解释框架却拒斥了多维度观察。只有使每个区域的历史研究及其特性描述积累足够多的样本，并建立自身完整的解释框架体系，才有可能建立多元的世界史框架。

四、热点问题及相关论文

信仰崇拜。信仰崇拜源流研究方面。孙英刚《中古政治史上的月光童子》（《中国史研究》第 1 期）分析了月光童子与转轮王信仰的关系。沙武田《长安的影响与地方保护神的借用——敦煌石窟于阗瑞像史迹画选择的动机与思想再解读》（《西域研究》第 1 期）认为，敦煌较早出现的几幅和于阗有关的瑞像史迹画受长安影响的可能性更大。而莫高窟第 154 窟作为吐蕃期的第一期洞窟，洞窟的“重构”显示出强烈的保持传统与守护文化的唐人情结，但却出现有可能属于最早的于阗八大神图像，可以看作是于阗守护神向敦煌保护神转变的开端，这一动机和思想直接影响到吐蕃期大量天竺、于阗、河西瑞像集中于一窟出现的现象。宋学立《全真教汇流道教、融合三家的表现及历史影响》（《中国本土宗教研究》第 5 辑，社会科学文献出版社）指出，创教以来，全真教从神仙谱系、宫观建设、宗教地理、心性修炼等多层次逐渐汇流道教大传统，并对之产生了广泛而深刻的影响。全真教倡导“三教合一”，从教理教义、修行实践、教规戒律等维度融摄三家，为其理论建设、传承发展铺垫了较为稳固的思想基础、行动空间。汇流道教、融摄三家的理论和实践是促成全真教成功发迹并长足发展的重要基石。陈佳臻《三皇庙、儒医合流与元代儒家道统建构》（《中国史研究》第1期）指出，祭祀上古三皇——伏羲、神农、黄帝的三皇庙出现并遍地开花于元代，绝非偶然现象，而是医家、儒家各自理论发展的结果。儒家道统的进一步构建在三皇具象问题上与医家理论产生交汇点，这一交汇点促成儒医合流，并在儒医合流后进一步将作为医家始祖、儒家先圣的三皇推广到全民，造成上至天子，下至黎庶，全民参与三皇祭祀的盛况。盖佳择、杨富学《霞浦林瞪公崇拜复论》（《史林》第1期）指出，不管是霞浦、屏南、福清等地发现的摩尼教文献还是福州、霞浦、晋江、屏南等地发现的摩尼教造像，都表现出对“济南法主”林瞪的崇拜。至于林瞪崇拜形成的时间，史无所载，不可确考，推而论之，应在林瞪去世以后，下限则不晚于明初，其中应有一个层累过程。何孝荣、陈文博《出入理学与佛教之间：论明代中期“理学名臣”丘濬的佛教观》（《史学集刊》第6期）认为，明代名臣丘濬尊奉程朱理学，视佛教为“异端”，要求禁绝佛教，强调抑制佛教势力，去除日常生活中的佛教习俗，同时他也赞扬、信奉佛教，宣传慧能及广东地区在中国佛教史上的地位，与僧人交游，出入理学与佛教之间。丘濬的佛教观建立在理学根基之上，因此杂糅矛盾，官职、身份地位以及社会大环境、地域小环境等都发挥着形塑作用。丘濬的佛教观是明代中期官员士人佛教观的缩影。

信仰崇拜与政治互动方面。游自勇《“弃常为妖”：中古正史〈五行志〉的灾异书写》（《历史研究》第2期）认为，魏晋以后正史《五行志》灾异书写基本遵循《汉书·五行志》分类的模式，根据史料来源性质的不同，形成从灾异到灾异、从祥瑞到灾异、从无定性到灾异三种书写策略。不论哪种书写策略，异象在《五行志》语境下都会以各种方式被转化为“妖”象加以理解，经史家重新解说之后与现实政治紧密联系起来。中古《五行志》的灾异书写，是以反常之道表达常态下治道理念的一种途径，史家希望以此掌握对君臣警诫的话语权。刘凯《杂祀、天象与皇权：东晋哀帝欲行“洪/鸿祀”考》（《中国史研究》第4期）指出，“洪/鸿祀”本指天降灾异时，天子祭祀五精帝求得谅宥的仪式，并非《通典》杜佑注所认为的与鸿雁相关联的祭祀。东晋哀帝隆和元年因日食欲行“洪/鸿祀”。升平五年、隆和元年灾异指向，哀帝十二月日食诏及“桓公入石头”童谣，源头皆指向桓温僭逾。哀帝正是以日食为契机，借口合朔救日无效，欲行“洪祀”，意在表明桓温为灾异源头，而他则作为万民代表祭祀五精帝，求取谅宥的同时可端正承统，稳固元、明、成帝再至己的中兴正统谱系。其本意实在颉颃权臣，维护积弱皇权。无果而终后哀帝方回归下诏救日礼，后改元兴宁，并亲行宣示皇权的藉田礼。雷闻《隋唐时期的聚众之禁——中古国家与宗教仪式关系之一侧面》（《文史哲》第4期）指出，从隋朝开始，国家律令就明禁聚众，地方官府切实执行，僧团对此也有清醒的认识。唐代的《永徽留司格》、《垂拱刑部格》与《开元户部格》都有相关禁令，其对象包括了宿宵行道与白衣念佛的佛教斋会，隐逸人的广聚徒众，以及百姓的排山社等社邑组织。唐玄宗严禁僧、道人士在俗家居止，又严禁僧道离开寺观修炼。代宗则下诏不许州县公私借佛寺道观居止，并严禁僧尼道士进行斋会礼谒之外的“非时聚集”。从宪宗元和十年到文宗时，又陆续对两京与诸州寺观的俗讲聚众的时间、寺观数量等做出严格规定。隋唐的聚众之禁趋向严厉，与隋唐王朝重新统一全国、重建中央集权的国家秩序有关。陈支平、孟兆鑫《明代嘉靖朝的灾异与政治生态演变》（《中国史研究》第4期）指出，在明代，因灾陈言本是弭灾的重要组成部分。明世宗即位之初，杨廷和等一度利用灾异成功限制皇帝。之后灾异反而成为明世宗打压护礼派的手段。大礼议定之后，明世宗在灾异的警示下着手调整统治政策，灾异起到消解“祖制”名分和既得利益群体阻力的作用。但一些官员借灾异批评明世宗，论救议礼得罪诸臣，加深了君臣隔阂。嘉靖十年至十一年三次“彗星现”，因灾陈言达到顶峰，终于使明世宗失去耐心，重处上言者，灾异的规谏作用已然失效。此后，弭灾方式由政策调整转向祈禳祭告。至此，灾异的解释权由士大夫转移到皇帝，明朝皇权思想进一步被强化。李光伟《康熙天坛祈雨的历史书写与史实考析——兼论康熙雍正灾异观念演变及其影响》（《清史研究》第1期）指出，康熙早年虔信精诚格天，五次亲诣天坛祈雨，康熙二十六年底为孝庄祈寿未果后，方停止亲诣天坛祈雨，在荒政方面更侧重防灾备灾与人事赈救。《清圣祖实录》纂修者基于雍正的灾异观念，篡改康熙十七年、十九年降雨时间，删削康熙对停止亲诣天坛祈雨的解释，从而维护康熙敬天的“圣君”形象和上天的“灵验”形象。康熙不言祥瑞，对灾异持务实态度。雍正的灾异观念虽然有助于他加强君主集权，提升统治效能，但很大程度上也造成官僚系统灾情呈报的讳匿风习，对民生、吏治产生负面影响。

观念史。姜欢《中古社会“儿童”知识与身份的构建》（《史林》第1期）指出，区分儿童的礼学“冠笄”标准在秦汉以后逐渐失效。从《黄帝内经》开始，数理化、模式化的儿童生长理论成形，对“小儿”施行单独处方表明医学中“儿童”标准的生成，新的医学伦理亦使医者之权威开始广泛介入儿童疾病领域。秦汉到隋唐时期“编户齐民”下的儿童少年，首先是专制国家中具有经济价值的个体。而律令中量刑年龄的设置实际上确定了“法制化”的儿童身份，年龄分层惩罚制度的建立使得专制皇权对“犯罪”儿童的处置更加“经济”与“仁慈”。魏斌《东晋士人的风土阅读与故国认知》（《历史研究》第5期）指出，由于东晋政权的侨寓性，“故国”借由史传、地志、诗赋与口述，成为一种重要文化符号和政治资源。从穆帝永和年间开始，随着东晋军事进展和空间扩张，士人有机会重新目睹或获闻巴蜀、关中、洛阳及黄河下游地区等华夏旧土在政治隔绝数十年之后的现状，与通过阅读、讲述所塑造的想象之域相印证，形成重新“发现”故国风土的文化热情。严耀中

《魏晋南北朝“医”身份辨析》（《史林》第1期）指出，在讲究社会身份上良贱和士庶等区别的魏晋南北朝，医者却保留着身份的特殊性，不仅没有堕入贱户之列，还有机会升至社会的上层。这是由于医道具有业务上的特殊性和普遍性，使从业的医者能够跨越当时社会的不同阶级，也使他们成为促进社会阶层上下流通的特殊群体，有助于减轻这一时期社会的封闭性。刘子凡《重塑“瀚海”——唐代瀚海军的设立与古代“瀚海”内涵的转变》（《中国史研究》第2期）指出“瀚海”本指漠北的大型湖泊，受制度因素影响，后世开始代指沙漠。惠冬《宋人的岭南瘴疾认知与心态》（《史学月刊》第8期）通过考察宋人对岭南瘴疾区域差异的认知以及对其发作规律的因应，以范成大为典型案例，指出随着疾病层面的防治之法和岭南社会文化的祛魅，宋人面对岭南瘴疾的心态从盲目恐惧转向了理性应对，展现出华夏主流文化在岭南传播并将之逐步纳入主流文化圈的历史脉络。刘文明《“大清帝国”概念流变的考察》（《历史研究》第3期）指出，西方人自14世纪以来将古代中国描述为“empire”，日本人自19世纪初开始称清朝为“帝国”，但清政府直至1895年李鸿章交涉中日关系时方首先接受这一“和制汉语”。此后，清政府亦仅偶尔使用。清朝的国家性质并非西方语境中的“帝国”。无论是“帝国史”还是“新帝国史”，其理论和方法均不适用于清史研究。

艺术史。韩鼎《饕餮纹渊源研究》（《形象史学》冬之卷）追溯了饕餮纹的渊源。黄若然《东周至汉代錞于钮部造型演变探析》（《形象史学》春之卷）指出，东周至汉，錞于沿长江一带多点分布并向西南、东南和西北传播，其钮部经历了从无到有、从简到繁、从非兽形到兽形的演变过程，发展出桥、环、圈、虎、龙、马、狮等造型。钮部的增制有助于敲奏和迁移，其动物造型反映了各地的生态文明、信仰文化和交往关系。虎钮在江苏、四川和湖北地区各显特征，战国以后相互影响并传至中原。马钮与狮钮造型作为汉通西域以来欧亚文化输入的结果，表现出西北、中原、西南地区之文化交流及濡化进程。吴旦《孝堂山石祠弋射图像及相关问题考》（《形象史学》夏之卷）从“图像”、“文献”和“器物”三个维度，从孝堂山石祠新见弋射图像切入，考察了弋射概念、弋射图像著录情况以及弋射活动中的具体器物等问题，认为弋射是一种以矰矢配合弓弩一类工具所进行的射鸟活动，射猎对象一般是鸿（雁）、鹄与凫。矰矢、磻卢、磻可被进一步确证，矰弋机或矰缴机则不存在。杨巨平《犍陀罗艺术中的“希腊神”及其在中国的演化——一项基于图像的初步考察》（《西域研究》第1期）对希腊神随犍陀罗艺术传入中国的历史进行了考察。杨富学、刘璟《再论榆林窟第3窟为元代皇家窟而非西夏皇家窟》（《形象史学》夏之卷）评议了有关榆林窟第3窟营建时代之西夏说和元代说的不足，在前作《榆林窟第3窟为元代西夏遗民窟新证》的基础上，结合时代背景和窟中《酿酒图》反映的蒸馏酒的酿制过程，再论榆林窟第3窟为元代西夏遗民在蒙古豳王家族支持下开凿的皇家窟，而非西夏皇家石窟。高云澄《明代江南工艺美术品价格考》（《史林》第1期）对明代江南工艺美术品的价格构成、定价方法、价格变化进行了梳理。承载、刘奥《蒋绍煃〈秋山图〉与晚明时局》（《史林》第1期）以晚明官员蒋绍煃的山水画《秋山图》为中心，从作者的仕途经历、作画意图、赠画对象等多个方面进行了历史与艺术的交叉考察，发现此图不但与晚明政坛纷争相关，还与李衷纯这位在晚明文坛声名颇著的人物密切相关。马君毅《浙派古琴在明代的兴衰及其原因探赜》（《史林》第1期）指出，明前期，浙派与江派旗鼓相当。至嘉靖年间，琴坛出现“尊浙贬江”倾向。这既是浙派琴学发展的结果，又与浙操徐门获得帝王青睐密切相关。明后期，复古思潮高涨，琴坛兴起关于琴曲歌辞存废的论争。受其影响，浙派开始分化为无辞派与有辞派，前者为虞山派继承并取代，后者仍被冠以“浙派”之名。这场论争最终以无辞派的胜利告终，琴曲有辞遂成俚俗的表征。浙派因曲多配辞，饱受非议，日益衰落。

服饰史。2022年是沈从文先生诞辰120周年，一系列纪念活动掀起了服饰史研究的热潮。赵娜《沈从文暨王㐨、王亚蓉服饰研究及纺织考古大事记》（《形象史学》夏之卷）整理了1949年起，沈从文先生在北京历史博物馆近十年的讲解工作、承担周恩来总理交办的编写《中国历代服饰图谱》任务并复写补编、携众完成《中国古代服饰研究》、接受采访、签名赠书和获奖等要事；梳理了1953年以来，王㐨幸遇沈从文讲解并转业参与古墓文物的发掘、保护、修复与研究以及拍摄纪录片和国外演讲等工作；叙述了王亚蓉自1973年结识沈从文和王㐨后参与物质文化史插图工作以及文物清理、复原、保护、鉴定等工作。这些大事纪要回顾了我国的纺织考古学的发展历程，为这一学科史提供了真实记录。王亚蓉《战国服饰的复原研究》（《形象史学》夏之卷）回顾了自身在20世纪60年代的服饰文化考古之路，沈从文、王㐨先生皆鼓励其从事古代服饰的复原研究。湖北省江陵县城外马山砖瓦厂内的楚国贵族墓葬所出土的丝织文物提供了重要的文化实证，使人们对战国出土服饰、染织、刺绣和缝纫工艺作出了初步研究成果与评价。通过复原研究N7对龙对凤纹绣衾（大被）、N－10凤鸟花卉纹绣绵衣、N9龙凤虎纹绣单衣、N2龙凤大花纹彩绣衾，可更加认识战国服饰的染色工艺和设计剪裁结构，其中的矿物朱砂染色和平面剪裁产生立体效应等方面可供今日的服装设计师吸取教益。

池文汇、胡晓《中国步摇源流考辨及形态复原——兼与“步摇西来说”商榷》（《形象史学》春之卷）指出“步摇西来说”存有的三点逻辑问题，梳理了文献所载步摇套件的结构和元素，考证出两汉魏晋步摇套件的复原形态并提出步摇的核心构件为金花与摇叶，考辨了汉式步摇对三燕步摇、匈奴头饰、朝鲜和日本金冠的影响及其与中亚金冠的区别，辨明汉式步摇在后世的演化脉络，从文献和实物综合辨析了汉式步摇从汉到明的源流。黄梓桐《加“襕”之袍与“襕衫”——关于加“襕”之服形象的辨析》（《形象史学》夏之卷）认为，中国古代服装史中加“襕”之服包括加“襕”之袍与“襕衫”。加“襕”之袍的出现可以上溯至北周宇文护，后经过唐代长孙无忌提议，遂成为唐代官服的一种形制特征，影响到宋代至辽金时期的官服制度。襕衫的产生应该与唐代马周直接相关，自唐至明始终是士人之服，其形制特征与加“襕”之袍日渐分明。对其发展脉络也进行了梳理。任怀晟、刘卫《旋类服装再考》（《形象史学》秋之卷）指出，传统服饰中的“旋”实际为衣料围绕下身、首尾叠压，形成筒状的叠门结构，并认为这种具有圆领、窄袖、后叠门特点的服装应出自胡服。无论中原王朝还是少数民族政权都将旋类服饰纳入礼制，可见其具有族群间服饰文化融合的象征意义。

物质文化。种植业与畜牧业方面。沈冬梅《新考古学视野下的茶叶文明起源研究》（《农业考古》第2期）认为早期人类是在寻找药品的时候开始发现利用茶叶。任文洁《小麦的推广种植与先秦时期“四时”观念的强化》（《史学月刊》第3期）指出，借助植物考古学成果与相关文献材料，可以发现其与先秦时期“四时”观念的萌生与演进存在极强的时间继起性与空间重合性。一方面，早期的“二时”观念能够客观反映殷商时期中原地区特定的农业技术水平下固有的农事活动周期，但小麦以其特殊的生长节律，对“二时”观念形成了一定冲击，进而推动“四时”观念的萌生；另一方面，爬梳古文字材料和传世文献，可以发现在“四时”观念中相对晚出的冬、夏两季，皆与小麦存在联系。可见小麦的推广种植是促使先秦时期“四时”观念不断强化的重要因素。文少卿等《新疆阿勒泰地区依希根墓地出土马骨的分子考古研究》（《西域研究》第1期）指出，运用古蛋白质和古DNA分析，对阿勒泰青河县隋唐时期依希根M6石圹墓出土的一匹殉马进行了分子考古综合研究。古蛋白质组学结果明确其为家马，产生的318种肽链均与家马的骨骼形成、发育有关。古DNA结果揭示该殉马极有可能为蒙古马。蒙古马出现在阿勒泰地区的隋唐墓地中，可能反映了当地人群对不同品系的马匹资源的控制，选育蒙古马是一种适应山区环境的选择。李昕升、崔思朋《明代番薯入华多元路径再探》（《历史档案》第1期）指出，对于番薯入华时间问题的讨论，最早可以追溯到明代万历年间。时序渐进，其内涵也逐渐丰富，特别是乾隆以降，新增要素越来越多，构建起纷繁芜杂的多事件链条，最终形成了九条番薯入华路线。除影响最大的长乐陈振龙一线之外，尚有陈益（越南到东莞）、林怀兰（越南到电白）、张万纪（菲律宾到漳州），此外还有无名氏传入舟山普陀、泉州晋江、台湾、云南，众说纷纭。究竟谁是番薯传入“第一人”？番薯入华多元路径问题有必要在充分辨析史料基础上进行重新考索。

手工业方面。刘明杉《从宋至明建盏地位的变迁》（《形象史学》秋之卷）指出，建窑所出的黑釉建盏是宋代皇室和文人士大夫的饮茶佳器，中国茶文化的烟火气是与日本茶道理念的最大区别。宋人对茶碗的审美标准，追求茶器与茶汤的黑白配色，既因其色彩对比鲜明，亦是传统色彩观的体现。入明后茶器改用青花或白釉小盏，明人对建盏等黑釉茶盏的认知逐渐模糊。中国古代窑业信俗中，长期将窑变瓷器视为不祥，因而对“窑变”瓷器普遍排斥，多售与日本，这是日本“曜变天目”盏的由来。现藏日本的所有宋代曜变建盏底部均无“供御”款识，可知它们并非宋廷内府供御品，尽管品相完美，却因发生窑变而落选。黄泳、范金民《明代宫殿金砖的烧造》（《历史档案》第 1 期）指出，明代苏州是窑作极为发达之地，也是北京宫殿所需“金砖”烧造的唯一地方，代表着帝制时代砖瓦烧造的最高水平。金砖烧造缘起于明永乐帝的南都北迁，消歇于清宣统帝退位，可谓与明清北京宫殿营缮相同步，在明清宫廷与江南的关系中具有较为重要的地位。阚红柳《康熙朝北京“一宫多苑”格局的确立与皇权政治》（《清史研究》第 4 期）指出，康熙朝确立了一宫多苑城市格局和宫苑二元理政模式，对其后诸朝影响深远。一宫多苑主导着清代北京的城市格局，并深刻影响了皇权政治。御苑中心经历了从畅春园转至圆明园，再至颐和园的历史变迁；园居理政发展为清代的政治特色，园林的功能被置于皇权的高度，得到政治制度、官僚系统的高度配合，进而成为王朝盛衰的象征。

文献学。徐建委《牍与章：早期短章文本形成的物质背景》（《文献》第 1 期）指出，近年古人执简而书，还是伏案书写的问题，颇受关注。但学者们多忽略了简、牍在日常书写中的分别，未能明确手执书写的往往是牍，而伏案而书的则应为简。牍是先秦两汉时代古人日常书写时的主要用具，著述、文书的起草，记录廷议与师说，牍版都应是原初载体。西汉以前的古书中，短章是一类占比很高的文献类型，古书的篇大多由短章组合而成。出土文献中，短章也最为常见。但先秦两汉时代为何形成以短章为主的文献体制，言之者少。牍的容字范围与古书中短章的字数范围基本重合，鉴于其使用之广，故可判断短章的形成应是受到牍版这种物质载体的潜在影响。刘英华、杨宝玉《P. t. 351、P. t. 1049〈景教卜辞〉〈鸦鸣占〉缀合与研究》（《国学学刊》第 1 期）认为法藏敦煌藏文文书 P. t. 351 与 P. t. 1049 原属同卷，人为撕裂后被做了相反标定。P. t. 351 + P. t. 1049v 可缀合为一篇相当完整的《景教卜辞》、P. t. 351v + P. t. 1049 可缀合为一篇首尾齐全仅中间部分略有缺损的《鸦鸣占卜书》，其中存有未见于其他鸦鸣占卜书序文的内容。进而对与缀合工作有关的原卷的结构内容、敦煌藏文占卜文书的释读缀合与研究现状等进行了分析，进而就景教与景教卜辞，以及藏、汉、古印度鸦鸣占之间关系等问题进行了讨论。

文化交流。刘英军《“骏马出于水”母题在古代亚洲的流布——基于汉文和波斯—阿拉伯文古籍的考察》（《西域研究》第 1 期）指出，“骏马出于水”记述频见于古代亚洲诸多族群的文献记载和民间传说。通过考察古代汉文文献、波斯—阿拉伯文古典史地著作，乃至伊朗和操突厥语诸族群的史诗与民间文学中的有关内容，该文首先大致耙梳“骏马出于水”记述在古代亚洲诸地的分布，进而探讨类似记述之间相互影响的可能性，以及主要母题的流传轨迹，认为在“借助水中奇马求骏马”传说的发生与流传上，中亚草原与绿洲文明结合部地区起到枢纽作用；古代东西亚间海路交通带来的长距离信息传播也促进了“骏马出于水”记述在汉文和波斯—阿拉伯文古籍中的流布。夏德美《东亚佛教视野中的义寂〈菩萨戒本疏〉》（《中国史研究》第2期）对新罗僧人义寂所撰《菩萨戒本疏》的思想、影响进行了梳理。葛兆光《作为一个历史世界——蒙古时代之后的东部亚洲海域》（《文史哲》第4期）指出，由于蒙古时代之后，特别是15世纪起中国与西部世界相对隔绝，加之大航海时代后的全球交通上，海路逐渐超越陆路，因此，“东部亚洲海域”亦即环东海南海区域尽管也有海禁与倭寇、壬辰之役、明清易代、大航海后西人东来等扰动，但在19世纪中叶西方的根本冲击之前，它仍然勉强维持了大体稳定的政治、经济与文化秩序。而从这一秩序的形成、动荡与瓦解过程中，正可以看到东部亚洲海域从传统到近代的历史发展过程。将环东海南海作为一个历史世界进行研究，既回应和补充了传统历史学界的“东亚”研究范式，以及新近流行的“中央欧亚”或“东部欧亚”研究思路，也是打破东北亚和东南亚研究之间的鸿沟，扩大了视野。巴哈提·依加汉《乾嘉时期写往清廷的三封察哈台文求药信及其反映的文化会通现象》（《清史研究》第2期）翻译了中国第一历史档案馆所藏三封察合台文求药信（一封由浩罕伯克额尔得尼于乾隆二十八年呈递清廷，两封由哈萨克汗瓦里苏勒坦分别于嘉庆七年和十二年呈递清廷），对其中的医药、疾病名称等内容做了较为详细的注解。在此基础上，该文对三封求药信所反映的文化现象进行了讨论，指出18世纪下半叶至19世纪初欧亚大陆中部的政治变迁及民族分合，为诸如哈萨克和浩罕等中亚突厥语族民众的文化生活增添了新的内容，使得其文化面貌中出现了各种文化因素（包括欧亚草原游牧社会的固有传统、基于伊斯兰教的中亚穆斯林传统、基于藏传佛教的蒙藏传统以及中原汉地的文化传统）相互交融、会通的时代特征。柯卉《中德早期语言接触史研究——以〈额呼马尼雅语〉与〈德字初桄〉为中心》（《清史研究》第3期）对于代表中德语言最早接触的德汉双语辞书《额呼马尼雅语》与代表德语真正进入公众层面的《德字初桄》进行了介绍与比较。孙琦《道光二十二年廓尔喀来华表贡使团研究》（《清史研究》第3期）根据包括廓尔喀语原始档案在内的多语种史料，对道光二十二年廓尔喀来华进贡的过程进行了梳理，并认为其亦有廓尔喀王向清廷求援之用意。

文化教育。徐建委《郑玄的出现：永元改革与汉代学术形态之变迁》（《文史哲》第1期）指出，汉王朝的行政实践中，用于选拔官员的策问制度，对经学发展尤其具有影响力。汉和帝永元十四年的策问改革，因此就显得特别关键。这项改革是汉章帝时期崇尚古学学风的自然延续，其重视章句、家法的改革，推动了古学的流行，并在以下三个方面深刻地改变了当时的学术形态：其一是经书文本开始标准化；其二是新型的小章句形式的经注开始流行；其三是经注开始注重内在统一性和体系性。与此同时，小章句形式的经注书籍促进了新的经典学习方式的成熟，通过独立阅读注本来研读经典。许多经注书籍因其完备性而开始突破门派限制，在更大范围内流传，并逐渐经典化。这些行政运作带来了学术形态变化，使得东汉中后期出现的马融、郑玄等人的经注，奠定了后世以经学注疏为主导的学术形态。刘盈《雍正帝整顿八旗官学与满汉文化之调和》（《历史档案》第2期）指出雍正帝从扩大入学人数、钦定学习内容、严格考核制度三个方面入手，大力整顿八旗官学，使“国语骑射”成为八旗子弟的必学内容，希冀以此维持满洲传统，扭转汉化趋势，然终未成功。除宏观环境外，清廷为统治利益，在官学中力推儒家教化亦是促成这一点的原因。赫英忆《清代八旗蒙古人母语教育探析》（《历史档案》第2期）对清代八旗蒙古人的母语教育进行了梳理，指出到清中后期，随着“满化—汉化”趋势的发展，蒙古语文传承已在八旗蒙古人中大规模断裂。于爱华《清代西南治理与义学发展》（《历史档案》第2期）指出，与“辅学校所不及”的内地义学不同，调节苗汉矛盾，稳定边疆社会，是清代西南义学的根本目的。在清廷西南边疆治理的深入和推动下，西南义学发展迅速，呈现出阶段性特点。康熙朝以笼络土司、稳定西南局势为治理目标，义学在城市和土司上层中发展；雍正朝通过改土归流强化对土司地区的统治，改流地区成为办学重点，义学达及乡村地区及下层苗民；乾隆朝以后在民族矛盾复杂、局势动荡的社会形势下，义学仍然在西南地区普及。西南义学发展深入，使儒学教化突破精英阶层和土司壁垒而涉履乡村，实现了对西南土著民族的儒学教化及有效控制，对多民族一统国家的形成产生重要影响。曾志平《清代官府对乡闱士子的饮食供给》（《历史档案》第1期）以嘉道以降的江南乡闱（南闱）、浙江乡闱（浙闱）为中心，细考清代官府对乡闱士子的饮食供给。在茶水方面，同治朝以前有用水不足、食水不净、供水无茶的问题，同光年间改供茶水且以西法引水，光绪年间恢复旧况；在饭食方面，尽管官府供给丰厚但执行有弊。饭食的利益空间大于茶水供给，供给过程较茶水的稳固设备而言亦需监督，这使饭食和茶水供给呈现出不同特点，而士子的反应亦有差别。

生态与灾害。灾害影响方面。马俊亚《从沃土到瘠壤：明清淮北地名变迁与水患成因》（《史学集刊》第4期）指出，南宋以后，素有“沃土”之称的淮北逐渐衰落。民谚“江淮熟，天下足”，在宋以后变成了“苏湖熟，天下足”。原来指称淮北的“鱼盐之邦”“鱼米沃壤”“鱼米之乡”，明清后被“穷山恶水”所替代；“鱼米之乡”则成了江南的别称。明清政府在淮北的治水，首要目的不是防灾减患，而是维持漕运，使水资源极为丰富的淮北成为一个工程性缺水、水质性缺水，甚至季节性缺水与季节性洪涝并行的地区。以致淮北方言中长期称田为“湖”，混淆了田与湖之别。贾国静《黄蓝相会：清代黄河尾闾治理的生态史考察》（《清史研究》第4期）指出，清初，黄河尾闾严重受阻，黄淮运水系近于崩溃，河督靳辅成功疏治尾闾，但也引起河海交互作用加大，对治河工程形成了新的制约，乾隆年间秉持云梯关外“不与水争地”与此密不可分，嘉道时期的治河困境亦与黄河自身演化所受的影响息息相关。尾闾涸出的滩地促进芦苇增产，作为工料助力治河实践，并为新区域社会的形成提供空间等，则进一步展现了社会系统与环境系统的复杂适应性。苍铭《清初清廷对西双版纳的经营及烟瘴影响》（《清史研究》第1期）以驻军、烟瘴为切入点，探讨了清初清军在普洱、思茅沿边地区驻军与撤军、改土归流与撤流复土的反复过程，认为烟瘴影响了清廷对西双版纳的经营，不利的自然环境是历史时期西南边疆经营的巨大障碍。付永杰《清代“烟瘴缺”制度演变考——以两广所属文官为中心的探讨》（《清史研究》第1期）指出，烟瘴缺是清廷于烟瘴地区设立的特殊官缺，其条件逐渐由严到宽。康熙时地方督抚题补阶段为掣签，雍正以降，改为督抚、两司“会商”，其实质为地方督抚对题补缺人事权形成垄断。至乾隆初年确立了以保障烟瘴缺官员生命健康为核心的五省籍贯制度，该制为两广部分烟瘴缺所特有，他省未见此制。烟瘴缺俸满升迁方面，由起初列于即升班内，转为部分留于本省升用，说明督抚在获得烟瘴缺官员任命权的同时，也被迫承担了原属吏部之责任，权力与责任挂钩。乾隆中期以降，烟瘴缺制度未有大的变动，说明其时清廷边疆治理体系已相对成熟稳定。

灾害救济方面。萧凌波《清代中期直隶灾后跨省赈粮调度的定量重建与特征分析》（《清史研究》第1期）基于历史文献资料，提取清代中期（1723—1850）直隶灾后朝廷组织的跨省赈粮调度相关记载，对逐年赈粮数量进行定量重建。结合同期水旱灾害强度，对其反映的政府救灾力度的总体变化趋势及时空分布特征进行分析，并进一步讨论其影响因素。结果显示，赈粮调度在雍正朝还并非常规赈灾措施，至乾隆朝成为常态，数量上达到顶峰，至嘉道时期则显著衰落；在空间上更偏重于直隶中部的近畿一带，南部则相对易被忽视。当其兴盛之时，在直隶灾后赈济中发挥的作用不可替代，其演变过程在一定程度上既是清王朝兴衰历程的缩影，亦受到诸如皇帝意志、灾害强度、区位条件、仓储状况、荒政效率等原因的影响。黄鸿山《谢家福与光绪十五年江苏苏属水灾义赈》（《清史研究》第1期）对苏州绅士谢家福举行的一次义赈进行了回顾。刘希洋《检方施治：防疫方书与清代的疫情防控》（《清史研究》第1期）对清代疫情期间的防疫方书的流传、使用、影响进行了梳理。张佩国、陈喜钠《清代佛山镇的义仓、祖庙与地方善举》（《清史研究》第1期）对清代承担地方善举的佛山义仓运营管理方式进行了梳理，并指出围绕北帝信仰的祖庙是佛山镇公共管理的黏合剂。

婚姻文化。张淑一《周代妇女与娘家关系探论》（《中国史研究》第2期）指出，周代娘家在女儿出嫁后，仍通过陪嫁、探望、救助、收留庇护等形式对女儿进行看顾。娘家势力的强弱影响婚姻的主动权。广义的“娘家”可以涵盖出嫁女所从出之族的一切父系、母系、直系、旁系血缘和非血缘亲属关系。女儿婚后亦以归宁、丧悼、重婚、家事照拂、危难救援等形式对娘家进行回馈。但双方关系并没有突破“既嫁从夫”的男权婚姻格局，父系继嗣制度下女儿不具有娘家宗族成员资格是主因。双方关系反映了血缘情感与礼教规范的拉扯。

晏雪莲《清代澳门土生葡人寡妇群体研究》（《清史研究》第 4 期）指出，由于社会习俗、婚姻模式、经济形势及军事等原因，清代澳门土生葡人寡妇比例偏高。葡澳社会为此颁布专门的政策、法律予以保护，并提供资金给予帮助。由于法律和习俗的保护，其中的有产阶级寡妇属于特权阶级，不仅能继承父母和丈夫的财产，影响继子女对父亲财产的继承，还具有其他女性所不具备的海上贸易特权和家主权。她们往往参与到各种社会经济生活中，甚至出现不少叱咤商界的寡妇富豪。因而，富有的寡妇比贫穷的未婚女子更受欢迎，再嫁现象蔚然成风，与同地区华人寡妇守节现象形成鲜明对比。

古代社会史研究综述

王正华*

自20世纪80年代以来，经学界多次讨论，中国社会史的基本概念、研究理论与方法日趋成熟，相关学术成果迭出，研究人员数量、机构设置甚至专业性刊物日益增多，然而对于“什么是社会史”尚未有一明确答案。有称其区别于政治制度史、经济史、思想文化史，为史学一学科分支者（social history）；有将其作为新通史者（the history of society），指向为整体的社会的历史；有认为其应为一研究视角、范式、流派者，社会史是中外近代史学发展中“新史学”的主力军或基本表征，目标走向是综合的历史。另外，社会（society）一词经历了不同语言转换的含义叠加演化，其在学术与日常用语中又内容丰富、含义模糊。可以说，学界对社会史的认知和观点是见仁见智。其实，专门史、通史、范式流派三种对于社会史性质判断的观点，是存在着紧密的内在关联的。三种观点并非矛盾对立的，在具体的社会史研究中，三者是统一的。通过近40年的发展，中国社会史为中国史学的发展进步作出了卓越贡献，主要体现为在研究对象上扩大了历史研究内容、在史料处理上提供了新的解读视角与方法，进而刷新了一些原本的固有认知。社会史的研究内容不是“剩余的历史”（the rest of history），而是以一种新的范式来对待历史，这个历史可能是原来政治制度史关注的内容，亦有可能是在原来视野之外的底层人民的日常生活，关键还是在理论自觉。

那么，如何判断一本学术著作或一篇学术论文是否属于社会史呢？最基本的标准应当是其是否具备社会史的视野或者范式条件。即使属于政治史关注的内容，如果采用社会史的方法来对待，也属于社会史研究；相反，用政治史的视角去处理社会生活，将其视为“剩余的历史”，虽然研究对象属于社会史内容，也称不上是一部社会史的作品。

基于社会史本身的特性，以及与经济史、法制史、文化史天然的和后天的密切联系，也为了便于学术研究成果的直接梳理，以下所论研究内容并不采取“断代——专门”的梳理方式，而是从中国古代社会史研究中提取关键词：区域社会、社会经济、法制社会、人群互动、日常生活、基层社会、民间信仰、医疗社会、书籍知识。这些关键词之间并非并列关系，而是相互重合、渗透的，一部作品可能同时涉及多个关键词内容；关键词内容亦体现了

* 王正华，中国社会科学院古代史研究所古代社会史研究室助理研究员，研究方向：明清社会经济史。

社会史与其他专门史甚至社会科学的交叉。需要交代的是，在著作选介、论文观点摘编部分已经做过详细介绍的著作和论文，文中会做缩略处理，但这并不意味着这些作品不重要，恰恰相反，这些作品反而是2022年度社会史研究的代表性成果。

一、官方档案与民间文献：史料刊布与理论方法

官方档案方面，2022年中国第一历史档案馆先后开放馆藏清代邮传部、神机营、国子监等33个全宗档案以及5万余件的馆藏清代兵部—陆军部档案。另外，中国第一历史档案馆信息化管理平台还向社会开放了军机处满文专档（熬茶档）全文检索数据库和满文《清圣训》全文检索数据库。哈斯巴根主编的《八旗档案文献汇编》（社会科学文献出版社）影印出版，公布了一部分中国国家图书馆馆藏满文档案文献，包括印轴档案和《钦定拣放佐领则例》。胡铁球、李义敏、张涌泉主编的《兰溪鱼鳞图册合集》（浙江大学出版社）完整、系统地搜罗整理了同治时期兰溪县攒造的鱼鳞图册官册，对光绪时期、民国时期的补造情况进行了梳理。曹树基《产权制度与赋役制度研究的新进展——〈兰溪鱼鳞图册合集〉批注初读》（《光明日报》12月26日）利用《兰溪鱼鳞图册合集》中的“批注”材料，讨论了纳税田亩的原额主义、地权变动与田赋变动合一两个问题。栾成显《兰溪鱼鳞图册：一座待开掘的学术富矿》、曹树基《清代田赋制度研究的新进展——〈兰溪鱼鳞图册合集〉“凭条”读后》、张涌泉《探索地方档案文书整理出版的新范式》（《中华读书报》12月7日）分别就兰溪鱼鳞图册的学术价值、具体内容以及整理过程等进行了评述和阐发。

民间文献方面，2022年仍以契约文书、碑刻等资料的刊布为主。包括郑振满主编的《福建民间契约文书》（福建人民出版社），朱忠飞、温春香编著的《赣南民间文书》（广西师范大学出版社），刘永红、吴声军、陈才佳主编的《南岭文书》（广西师范大学出版社），杨国安、赵士第、彭昊博编著的《莲都文书》（广西师范大学出版社），王涛编校的《天海斋藏福建家族契约文书·第一辑》（贵阳人民出版社），吴敏霞等编著的《陕西碑刻文献萃编》（中华书局），广西壮族自治区少数民族古籍保护研究中心、三江侗族自治县人民政府编，梁良主编的《侗族地区碑刻》（三江卷，广西教育出版社）等。

数字人文近年对史学研究影响颇大，一个重要表现即是大量数据库的建立。2022年12月17日，由浙大城市学院历史研究中心主办的“浙藏：地方文书与数字人文”高峰论坛暨《龙泉司法档案选编数据库》发布会成功举行。《龙泉司法档案选编》共96册已于2019年由中华书局出版完毕。2022年度，包伟民教授团队与古联（北京）数字传媒科技有限公司共同开发了《龙泉司法档案选编数据库》。这一数据库的制作，力图为不便制作成全文检索数据库的、图文相兼的档案文书之数据化，提出一个相对周全的范式。

近年来，社会史研究日益繁荣的背后也有不少问题亟待解决。资料挖掘整理刊布之外，2022 年度不少学者对社会史研究展开了理论方法的讨论与反思，主要涉及两个方面。

一是重新回顾百年来中国社会史的发展脉络，从中寻求未来前进的路径，是社会史研究者时刻需要思考的命题。李恭忠《柳诒徵的"社会"发现》（《史学月刊》第 10 期）对近代柳诒徵以古汉语"社会"释 society 解读是否准确、后人理解是否妥当及其原因，柳氏对"社会"重视在现代学术史上的意义等问题进行了辨析。左玉河《中国社会史论战与马克思主义史学的崛起》（《历史研究》第 2 期）围绕 20 世纪 30 年代中国社会史论战的政治诉求与学术定位、唯物史观与论战的关联、论战的学术遗产及中国马克思主义史学的独特品格等问题进行了分析。程鹏宇《后社会史论战时期的学术转向与中国马克思主义史学的形成——以陶希圣、郭沫若、侯外庐为例》（《近代史研究》第 3 期）分析了 1933—1937 年陶希圣转向史料整理而回避马克思主义、郭沫若与侯外庐从史料与理论两方面推动中国马克思主义发展的不同的学术路径。张越《〈中国古代社会研究〉问世前后的学术史考察》（《天津社会科学》第 5 期）对《中国古代社会研究》问世前后郭沫若的理论探索和史学实践、成书过程的历史情景、成书缘起、书的影响等问题进行了全面讨论。周泓《后现代之后：新社会史回归社会科学》（《云南民族大学学报（哲学社会科学版）》第 2 期）在梳理近代史学发展的脉络之后，指出史学的社会科学化倾向，社会史的研究在此方面表现尤为突出。

二是总结中国社会史研究的学科体系、理论方法，提出未来可行的研究路径。王先明《中国近代社会史研究的再思考》（《史学理论研究》第 5 期）从纵通、横通、会通三个方面考察了社会史学科的形成演变，在通史、专门史中的定位及其与社会科学的关系，进而提出建构社会史"三大体系"的可行路径。行龙《中国近代社会史"三大体系"建设刍议》（《近代史研究》第 4 期）从社会史学科的建立发展、专题社会史的研究、社会史与通史的关系、唯物史观于社会史之作用等多方面探讨了中国近代社会史"三大体系"建设的内容。冯学伟《契约文书的归户性研究方法》（《法制与社会发展》第 6 期）对于文书整理的归户性方法与具体研究中的归户性思维进行了总结阐述。代洪亮《中国历史人类学研究的困境与新进路》（《中国社会科学评价》第 2 期）讨论了西方理论中国化的困境、历史人类学方法的局限、中国历史人类学研究的内部调适以及历史人类学研究的中国化问题。班晓悦《加快推进社会史学科建设》（《中国社会科学报》4 月 15 日）从厘清社会史相关概念、通论与专题并行的教学模式、重视实践及跨学科研究三个方面报道了 2022 年 4 月 9 日由苏州科技大学社会发展与公共管理学院主办的"综合素养视野下的中国社会史教学"学术研讨会的讨论内容。

二、区域社会、社会经济与法制社会

（一）区域社会史

社会史研究中近年最为火热、产出成果最为丰硕的是区域社会史。区域社会史研究中的“区域”并非以行政区而划分，而是以研究目的为标准划定的经济区、文化区等，不仅有可能是跨行政区划的，甚至是跨国界的。区域史不是地方史，也不是国家史的地方版本，区域史研究的目的是希望通过对某一区域历史结构过程的讨论来回答具有一定普遍意义的整体史问题，这已经成为区域史研究者的共识。2022 年区域社会史研究仍主要集中于徽州、江南、华南等研究已较为成熟的“典型”区域，华北、西南、西北、东北等地研究仍相对薄弱。另外，跨国界的区域史研究逐渐兴起，尤其对于东亚世界域外汉籍的挖掘受到关注。值得重视的是，区域国别学近年来发展迅速，有关的学科体系、学术体系、话语体系逐渐建立起来。

1. 区域社会史研究的理论与方法

关于区域社会史研究的理论方法方面，《江西师范大学学报（哲学社会科学版）》第 1 期发表了一组笔谈“从区域中探寻中国历史：问题意识与资料方法”，包括科大卫《统一模式书写背后蕴含不同的历史进程》、郑振满《从日常生活的文字传统解读民间文献》、刘志伟《在区域史研究中认识国家历史》、赵世瑜《在辽东体会明清更迭》。刘永华《田野调查与区域社会史研究：一个基于个人的观察》（《公共管理评论》第 3 期）基于个人研究经历，论述了历史学田野调查的学科特点与实践方式，考察了田野调查对区域社会史研究的意义。赵妍杰、沈艾娣、葛兆光、刘永华《在具体时空中把握历史感——全球史视野下的地方近世史》（《探索与争鸣》第 4 期）就时间、空间、微观史与全球史、文献与田野、仪式与社会等问题进行了讨论。

另外，《区域史研究》2022 年第 1 辑、第 2 辑（社会科学文献出版社）出版。其中，王笛、李世鹏《在区域与全球之间追寻历史——王笛教授访谈》一文中，王笛分享了他对区域史研究的方法、区域与全球的联结、中西学术写作的差异、历史学家的公众写作等问题的看法；包伟民、陈明华、冯筱才等《如何研究地方史？——包伟民教授访谈录》一文中，包伟民结合自身多年研究经验，对地方史研究开展的具体问题进行了阐发。此外，温春来《主体何在：西南近代区域史研究的问题与路径》、卜永坚《雍正麻城杨氏案的文本嬗变》、佐藤仁史《被吟咏的地方记忆：从〈南汇县竹枝词〉看清末民初江南的水域社会》、王丹《从“白儿子”到“白族”：西南地区“白儿子”族群的形象书写、族群经验与身份认同探析》等文就区域史研究的路径、各个区域的具体历史问题进行了讨论。

2. 徽州

就各个区域而言，关于徽州和徽学的研究，2022 年成果依然丰硕，其主要内容仍以徽州文书为中心，集中于对徽商、徽州家族、徽州社会经济、新安理学与徽州朴学、徽州与其他区域关系等方面进行研究。专著方面主要是俞江《清代的合同》（广西师范大学出版社）在《徽州合同文书汇编》影印本、点校本的学术成果基础上，对清代各种类型的合同进行了深入研究。《徽学》第十六辑和第十七辑（社会科学文献出版社）出版，栏目均为“特稿”“宗族与社会”“徽商与经济”“学术与文化”“文书与文献”“学术述评”。其中，常建华《清乾嘉时期安徽的社会经济与生活》利用刑科题本等资料，将安徽的人口、婚姻、家庭等基本社会情况、宗族势力、经济发展等与江苏比较，并讨论了牛对安徽人生产生活的重要性、山区移民的经济纠纷与社会问题、外出移民等问题。周绍明（Joseph P. McDermott）著，董乾坤译《明代前半叶的乡村组织》主要解答了明代徽州宗族在乡村组织中如何变得最有权势，宗族如何对村社与佛教机构的利益进行攫取并将之作为后来组织活动的基础这一问题。王日根《明清徽州恤死、济生而助业之社会保障体系的构建——从〈徽宁思恭堂征信录〉出发》以徽宁会馆思恭堂为例，讨论了徽州社会保障体系的有效性。范金民《“水程”与“议单”：清代和州等地房地产文书的书立》利用清代和州等地房地产文书，细致分析了清代安徽社会生活中的房地产文书书立情况。伍跃《清代末年的安徽官场——读〈安徽同官全录〉》利用《安徽同官全录》，以时任官员和候补官员的人事制度为中心展开分析，解析清末安徽省实缺与候补官员的各种问题。王振忠《清末徽州知府与地方社会——以王振声相关文献为例》以《王振声日记》《王振声诗文书信集》等为基本史料，探讨清末徽州知府与地方社会治理。

其他关于徽州的研究纷繁复杂，试以主题言之。理论方法研究方面，王振忠《徽州文书的世界》（《澎湃新闻·上海书评》5 月 2 日）分析了徽州文书的产生、保存情况以及特点和价值；《徽州文书收集、整理与研究的方法及实践》（《澎湃新闻·私家历史》11 月 17 日）一文通过数十年来作者的亲身经验，讨论了关于来自旧书市场的文书之学术价值、文书的“归户性”与“史料环境”、民间文献研究中历史学者的角色等问题。周晓光《徽学何以成“学”》（《江淮文史》第 5 期）从历史上关于徽州自然与人文的探究传统、源远流长且内涵丰富的徽州历史文化、丰富的徽州历史文献和大量的文化遗存尤其是近百万件徽州文书、学术界致力于徽学学科的理论与方法研究、区域史研究的新领域五个方面阐释了徽学成立的基础。

徽商研究方面，王振忠、朱慧敏《从〈做杉木放牌要览〉看清代徽商在钱塘江流域的木业经营》（《历史地理研究》第 2 期）以佚名抄本商业书《做杉木放牌要览》为中心，分析了徽歙商人从事衢港木经营的路线和相关的商业规范。康健《晚明徽州本土木商的一个实例——〈罗时升买山地册〉考释》(《中国经济史评论》总第17辑)对晚明时期歙县城东罗氏族人罗时升50多年在徽州本土经营山林情况的研究，给予我们更多对徽州山区经济结构、民众生计模式、徽州本土经营与外地经营之间互动关系的认识。周晓光、张成儒《近代湖南桐油贸易中的徽州油商——以洪江王万和盛号油店为中心》(《学术界》第6期)利用民间文献抄本《清光绪王万和盛号洪油要诀暨往来书信》，对当时徽商在湖南经营油号的特色、缘由进行了分析。王世华《从明清地方公共事务看徽商“士”意识的觉醒》(《安徽师范大学学报(人文社会科学版)》第1期)揭示了明清徽商在地方公共事务中的作为，徽商是真正的“士魂商才”。王裕明《明代正余利制合伙组织中商人资本的二元结构——基于〈万历程氏染店查算帐簿〉的分析》(《安徽大学学报(哲学社会科学版)》第5期)利用徽商文献《万历程氏染店查算帐簿》，就明代商业正余利制合伙组织中的原本和存本两种资本进行了探讨。梁仁志《明清以来地域商人对身份的自我超越——以叶开泰叶氏家族为中心的考察》(《安徽史学》第6期)以创立了著名的汉口叶开泰药店的叶氏家族为中心，揭示了徽商家族是如何通过对“徽州人”身份和“商人”身份的自我超越来实现其家族更好发展的过程。周伟义、李琳琦《“贾名儒行”与“士风日下”：明清士商关系变动新论》(《安徽史学》第5期)认为士人是明清士商关系中的自变量，商人对士人之道的实践与士人在财富下的异化，导致商人的自信。孙丽、袁为鹏《晚清徽商合伙经营之稳健性特征——以兆成商号史料为中心》(《安徽史学》第4期)通过研究晚清徽商兆成号盘单史料，从经济管理角度认为晚清徽商合伙经营具有稳健性特征。

徽州宗族研究方面，祝虻《公私文书与明代徽州家谱的编修》(《安徽大学学报(哲学社会科学版)》第3期)讨论了明代徽州家谱编修过程中文书入谱现象的缘由以及形式。陈瑞《牖民化俗：晚明徽州乡约实践中地方宗族对太祖圣谕六言的宣讲、演绎与阐释》(《安徽大学学报(哲学社会科学版)》第4期)讨论了晚明徽州宗族对圣谕六言的宣讲、演绎与阐释的文本、主体、过程、效果等问题。陈瑞《明刻孤本文献〈新安林塘范氏宗规〉相关问题考述》(《安徽史学》第4期)对现存北师大图书馆藏明刻孤本文献《新安林塘范氏宗规》的作者、刊刻时间与动机、内容等进行了详细的考证和一定的复原。赵凯欣《联宗、商业与清中后期徽州墓祠的“再发明”——以婺源汪氏湖山墓祠为例》(《安徽大学学报(哲学社会科学版)》第4期)以上海图书馆藏《汪氏湖山墓祠纪》为线索，呈现了湖山墓祠形成的历史及背后汪氏各宗派间的互动，进而阐述了在婺源商人群体兴起的大背景下墓祠复兴的作用和意义。

徽州社会经济研究方面，盛海生、周晓光《危机与应对：曾国藩与近代皖南茶税厘革考论》(《中国农史》第3期)讨论了“咸同兵燹”时期曾国藩对皖南茶税厘改革的核心举措、效果以及遗害。康健《从新发现的民间文书看清代漕运实态——基于〈李泰远抄本路程〉的考察》(《安徽大学学报(哲学社会科学版)》第6期)利用新发现的记载清代乾嘉时期池州帮漕粮从铜陵大通镇经长江、大运河转运到通州相关路程的徽州民间文书《李泰远抄本路程》,勾勒了乾嘉时期漕运的实际运作情形。王灿、周晓光《税制变革、基层行政与近代徽州茶叶贸易》(《安徽大学学报(哲学社会科学版)》第6期)分析了国家税收制度和晚清基层行政运作体制对近代徽州茶叶贸易的影响,并以此为切入点探讨制度和社会环境变迁对商业的影响。卞利《清代顺治年间徽州的土地清丈与鱼鳞图册攒造——以祁门县为中心》(《安徽史学》第6期)以祁门县各类清丈文书暨攒造编制完成的鱼鳞图册为中心,结合《祁门县清丈条约》及相关文书文献资料,对清顺治年间徽州地区的土地清丈和鱼鳞图册编制工作进行了详细的分析,并就学界有关清初徽州土地清丈研究中的部分观点与结论进行了商榷。

徽州基层社会研究方面,黄忠鑫、王玉璐《清代棚民的置产与入籍——基于徽州周家源文书的考察》(《中国农史》第1期)以周家源杨氏为例,考察了棚民在徽州置产和入籍的过程。黄忠鑫《明代徽州民间赋役合同的形成与流行》(《安徽大学学报(哲学社会科学版)》第5期)以徽州为中心,探讨了基层社会以订立合同、合约应对赋役方式的形成与流行过程。黄忠鑫《晚清徽州保甲的官府推行与民间运作》(《安徽师范大学学报(人文社会科学版)》第6期)研究了晚清徽州推行保甲的时空分布以及保甲登记的时效性,解读民间保甲合同的内容与细节,统计保甲册中保甲长群体的特征,揭示晚清时期徽州基层社会应对保甲差役的基本策略。郑小春、陶良琴《投鸣解纷:清代民间纠纷化解的实践及法律意义——以徽州投状文书为中心》(《社会科学》第11期)利用徽州文书中的115件清代投状,指出在民间纠纷发生后至正式面官起诉前,存在一个非常重要的环节——投鸣特定对象调处纷争,并为正式诉讼预留证据,投鸣引发的民间纠纷解决走向有二,一是直接调处成功,二是告官成讼。郭睿君《异乡的"熟人"——清代徽人同乡组织救助体系中的保人》(《史学月刊》第4期)讨论了保人在同乡组织救助体系中的作用、在救助过程中的责任及资格选用等问题。

新安理学与徽州朴学研究方面,卞利、马德璟《从东南邹鲁、程朱阙里到新安理学:宋元明清时期徽州地域文化认同的建构》(《安徽大学学报(哲学社会科学版)》第1期)研究了宋元明清徽州东南邹鲁、徽州学术谱系、程朱阙里和以《文公家礼》为中心的民间礼仪认同的建构过程以及其中的弊端。陈时龙《周汝登与徽州府讲学》(《中国区域文化研究》第五辑)利用周汝登的《新安会语》以及他在徽州之行中的一系列诗作及书信,对万历三十年周汝登在徽州讲学的情况进行了讨论。许家星《"信朱子不如信饶氏"——陈栎、倪士毅四书学对饶鲁的接受及意义》(《安徽大学学报(哲学社会科学版)》第6期)分析了元代新安理学家陈栎、倪士毅对饶鲁之说复杂的态度,反思了视元代前期新安理学为朱学门户株守者这一流行看法。徐玲英《戴震与皖派朴学关系考察》(《安徽史学》第6期)以戴震的活动轨迹为线索,探讨了皖派朴学由安徽传至京师再至全国的发展历程。

徽州与其他区域关系研究方面,张侃、舒满君《清中后期皖籍官员群体的阶段性演变与闽台社会治理》(《安徽师范大学学报(人文社会科学版)》第2期)勾勒了乾隆末年至光绪台湾设省之前皖籍官员群体在闽台地区的活动,揭示了清中后期皖籍官员介入闽台治理的缘起、任职趋势及阶段性特点。

可以说,2022年度徽州地域及徽学研究颇有进展,但同时也面临着一些挑战,主要是如何在既有研究的基础上取得突破性进展、如何从徽州看中国,进而避免零碎化、重复化的研究。

3. 江南

作为区域社会史研究重镇江南史的研究,以往学界主要集中在农业开发、市镇兴起以及社会与文化发展等方面,历史叙事相对单一。赵世瑜《猛将还乡:洞庭东山的新江南史》(社会科学文献出版社)以太湖东山的刘猛将信仰为切入点,对东太湖地区水上人上岸的过程及其对江南社会经济的影响进行了分析,是江南史研究的突破性成果。此外,常建华《明代江南的役田、义田与宗族》(《南开学报(哲学社会科学版)》第2期)研究了明代江南役田、义田设置的缘由以及义田与宗族之间的关系。冯贤亮《清代江南乡村的社会治理及其变化》(《史学集刊》第1期)论述了清代江南乡村社会控制中的治安维护及其清代前后的变化情况。李园《"士绅化"与明代后期的江南役制变革——以华亭县等地的士绅应役当差为例》(《安徽史学》第2期)选取松江府治华亭县为基本考察范围,以县域社会的"士绅化"为背景,对明清江南地区的均役模式做了局部探讨。范金民、黄泳《清代江南徽州籍收藏家述论》(《安徽史学》第1期)缕述了徽州籍人士在江南地域范围的收藏活动,考察了其在书画古玩收藏赏鉴领域的作为。冯贤亮《"朱门白屋,转眼变迁":晚明士大夫的成长及家族发展——以万历二年进士支大纶及其家族为中心》(《社会科学》第11期)结合晚明县域社会的实际情势,以浙江嘉善文人纶及其家族为中心,对晚明家族的发展及其乡居、城居生活的具体表现等进行了讨论。

4. 华南

华南研究方面,萧凤霞著、余国良编《踏迹寻中:四十年华南田野之旅》(香港中文大学出版社)是 *Tracing China: A Forty-Year Ethnographic Journey* (Hong Kong University Press, 2016)的中文版,是作者个人半世纪对华南民族志探索及思想调整的记录。杨培娜《生计与制度:明清闽粤滨海社会秩序》(社会科学文献出版社)从水陆互动的视角,分析了明清王朝体制转变与沿海地区民众生产生活形态和社会组织变化之间的关系。张侃《"闽揽"与明中后期入澳闽商的"污名化"现象——以〈盟水斋存牍〉若干案例为中心》(《学术月刊》

第3期）研究了16世纪葡萄牙人居澳之后闽商入澳的过程、经济活动以及被“污名化”的缘由。郑榕《试论明代福建屯军家族的土地经营——兼及户籍转换与屯制演变》（《中国经济史研究》第1期）运用民间文献，结合政书、方志等，考察屯军家族的地方化进程，揭示军事移民活动不同于民众移民的样态，阐述屯军如何依凭自身的制度性资源实现地方化发展，分析军役（武职）承袭与屯军家族组织发展之关系。

5. 华北

华北区域研究近年来呈突起之势，这与华北研究的学术传统、区域社会史研究的影响，大量华北契约文书、碑刻等资料的发现等密切相关。

专著方面，张利民《百年变局下的华北区域史》（社会科学文献出版社）收录了作者研究近代华北区域史的重要文章，主要涵盖理论前沿与概念解读、区域经济与市场体系、城镇发展与社会流动和日本在华北的经济掠夺等方面。这些文章为研究近代以来华北区域史的奠基之作，引领和带动了相关领域的学术研究。王玉朋《明清山东运河区域社会生态变迁研究》（中国社会科学出版社）主要研究了明清时期山东运河的开挖、维持以及大运河与区域社会互动博弈关系，具体讨论大运河贯通引发的自然环境的连锁反应，山东运河区域社会经济发展动力以及内生性社会力量的演变形态等问题。魏成光、郑妙苗编著，郑妙苗等撰写《故纸浮生：我在清华读文书》（广西师范大学出版社）以清华大学图书馆藏民间文书为基础，着重介绍明清以来的地契、科举试卷、婚书、鱼鳞册、分家书等珍贵的民间文书，以及其内容与形式上的规制和特点，并且阐述它们与时人日常生活的联系。赵珍《浮天载地：清代京畿水环境》（中国人民大学出版社）从环境史和历史生态学出发，着眼于清代京畿水体系统、各项水利工程与社会治理、用水工程治理中的自然与社会、京畿水资源的利用与调控、水资源存量与京城人口等多方面议题，勾勒出了晚期帝制时期京畿地区人—水关系的构建场景。

论文方面，王先明《界域建构中的困境及其反思——立足于近代华北区域史研究的考察》（《近代史研究》第1期）从发展脉络与学术聚焦、研究取向与学理建构、发展困境与学术反思三个层面对华北区域史研究进行了全面剖析，系统展示了目前华北区域史面临的挑战以及解决之道。郭松义《明清以来曲阜衍圣公府的地位、作用与影响——〈孔子博物馆藏孔府档案汇编〉内容简介》（《国际儒学（中英文）》第4期）在介绍新近出版《孔子博物馆藏孔府档案汇编》的基础上，从孔府档案完整或比较完整地反映了中国自明至民国各代统治者通过优遇孔府以示尊孔崇儒的态度、孔府被塑造成为中国封建社会后期宗族制度的一块样板、集中体现了中国封建社会后期贵族地主的特性等方面对明清孔府问题进行了讨论。张文广《孔孟世家日常生活档案研究》（《国际儒学（中英文）》第4期）从孔孟世家日常生活的档案体现、孔孟世家日常生活的档案留存两个方面对孔孟世家日常生活的记载内容进行了分析。孙继民《太行山文书整理的新进展及其学术内涵》（《社会科学论坛》第3期）以《邯郸学院藏太行山文书系列丛刊·明清文书》为中心，讨论了这批材料的特色和整理经验。邹蓓蓓、王永芹《明清以来华北乡村防疫避灾与劝善教化——以太行山文书杂字类文献为中心》（《国际儒学（中英文）》第4期）充分利用太行山文书杂字类文献，就其中的防疫避灾观念进行研究，涉及饮食起居、房屋居所、节日礼俗、民间信仰等方面，认为其中蕴含着惩恶扬善的伦理教化思想，如儒家伦理思想、承负劝善观念、因果报应观念等，在防疫避灾、安定民心及心理治疗、维护社会稳定和谐等方面具有重要的作用。

就目前华北区域内部研究而言，山西地区的成果最为丰硕。郝平、魏春羊《明清华北乡村组织功能扩大化及其原因探析——以太行山村社碑刻为中心的考察》（《史林》第2期）讨论了晚明以来太行山地区村社功能扩大化的表现、与青苗会进行比较，进而分析了乡村组织功能扩大化的原因。郝平、魏春羊《山西灵石县静升村明清聚落格局的变迁》（《历史地理研究》第3期）考察了元末至清山西灵石县静升村"九沟八堡十八巷"的形成过程及影响因素。郝平、魏春羊《儒学的乡村渗透：以宋至清山西乡村文庙为中心》（《湖北大学学报（哲学社会科学版）》第4期）研究了宋至清山西乡村文庙的修建原因、创建选址、创修中的群体参与、文庙式微过程。张俊峰、白如镜《清以来山西沿黄市镇的历史、景观和地域社会——以晋西碛口镇为中心的考察》（《中国经济史研究》第5期）对沿黄市镇碛口的崛起、成熟、空间形塑、管理、地方权力体系进行了全面研究。魏晓锴、刘涛《从山西杂字看山西商人经商职业教育》（《地域文化研究》第3期）以新出版的《清至民国山西杂字文献集刊》史料为中心，讨论了这一时期山西杂字中的基础商业书写、商业记账常识、商业立约规范等问题。张青瑶《清代晋北地区的地权交易》（《中国历史地理论丛》第2辑）利用契约文书、土地调查、民事习惯调查等资料，探讨了晋北地区典地、永佃、普通租佃等传统地权交易特征，以及当地地权结构与区域自然环境、卫所屯田制度、土地垦殖政策、生产方式和风俗习惯等因素的关系。

此外，2022年赵世瑜团队在北京市委宣传部、北京市文联的支持下，对西山永定河文化带内的物质及非物质文化遗产资源进行普查，对区域内的寺庙、碑刻等进行了一定的田野调查，这是社会史研究与现实联系的一种体现。

6. 西南

西南区域近年来逐渐得到学界的关注。卢树鑫《再造土司：清代黔东南的社会治理及变迁》（社会科学文献出版社）以土弁为切入点，讨论了清政府在当地推行王朝秩序的复杂过程。吴声军《契约与森林：清水江锦屏林业契约文书研究》（巴蜀书社）将清水江流域锦屏县文斗寨的林业契约文本与实地考察相结合，认为当地以契约为中心，形成了一整套高效的保障和激励制度，这一制度能确保育林地的所有权和经营权稳定和有序转让。周琼主编的

《中国西南地区灾害响应与社会治理研究》（科学出版社）从灾害史的角度出发，重点探讨了中国西南地区灾害响应和社会治理之间的关系。吴才茂《不止“一线路”：明代卫所制度与贵州地域社会变动》（《晚晴》第7期）对明代卫所分布“一线路”的形成以及作为“文化孤岛”的隆里所进行了分析。王雪莹《明代云南卫所经济中的海肥与银两——兼论云南贝币流通的衰微》（《思想战线》第3期）集中就云南卫所经济活动中的折肥与折银情况做了梳理，探究了一条鞭法的实施与云南卫所屯征制度演变的关系及其对明代云南货币流通的影响。祁志浩《民夷安帖：清代云南社仓及其边疆治理意义》（《思想战线》第3期）系统阐释清代云南社仓推行普及的历史过程，并尝试揭示其作为国家力量的代表嵌入边疆深处所发挥的治理实效。刘灵坪《明清云南土司地区赋役征收及少数民族编户问题探析》（《思想战线》第5期）对元明清云南土司地区赋役征收和少数民族编户的过程与结构进行了讨论。

7. 西北

西北区域研究方面，许檀《清代中叶山陕商人在甘肃的经营活动——以碑刻资料为中心的考察》（《中国经济史研究》第1期）利用清代山陕商人在甘肃境内修建的大量会馆碑刻资料，对清代中叶山陕商人在甘肃的经营活动进行了考察。乌云毕力格《“熬茶”与“回文”：清代蒙藏民间的精神交流方式——以西藏档案馆所藏蒙古文书信档案为中心》（《蒙古史研究》第14辑）通过蒙古信徒写给西藏宗教上层的书信，探讨了蒙藏民间精神交流的方式及其实现的过程。王晶波、马托弟《学科交叉视野下的敦煌社会史研究及其展望》（《西北大学学报（哲学社会科学版）》第6期）以敦煌学和社会史的同步发展为线索，梳理了百余年间敦煌社会史的研究发展脉络，考察了其阶段性特点，探讨分析了其社会文化动力与理论支撑，并总结了规律和展望未来。邓涛《清朝大一统进程与西北民族互市贸易格局的形成》（《西北民族大学学报（哲学社会科学版）》第2期）将西北民族互市贸易格局形成与清朝的大一统进程联系起来进行了考察。

8. 两湖

两湖地区研究方面，杨国安《书差、税收与秩序：明清两湖乡村赋役征收群体考察》（《河北学刊》第3期）考察了明清时期两湖地区县以下乡村赋役征派群体的类型、职能、任期、权力以及变化趋势，这些群体包括户书与粮书、册书与里书、柜书、收头及其他征收人员、里催、甲催及其他催征人员等。杨国安《按亩分堤：清代洞庭湖区的堤垸修筑与徭役摊派——以湖南湘阴县堤亩册为中心的考察》（《中国经济与社会史评论》第10辑）利用地方志、家谱、文集等以及田野调查所获资料，揭示了清代洞庭湖区堤垸“按亩分堤，按堤承役”的水利徭役征派体系、堤垸修筑的具体过程和堤垸社会的运行机制。常建华《清乾嘉刑科题本所见两湖地区宗族及其纠纷》（《史林》第2期）利用乾隆、嘉庆时期的刑科题本土地债务类资料，讨论了两湖地区基层社会普通农民的宗族活动，从祭祀形式、费用来源、“户族”控制等方面讨论了宗族的内部矛盾和经济问题。吴滔《在免差与应役之间：明清南岭山地瑶长瑶目制之缘起及其运作》（《史学集刊》第1期）研究了明清湖南江永县西南境“熟瑶”村落中瑶长瑶目制产生的缘由，与土司制度、排瑶组织的异同以及其实际运作。仇慧君《清前期里甲赋役改革——以湖南废甲编区为切入点的考察》（《安徽史学》第2期）以湖南的“循区编都”“废甲编区”为研究个案，探讨了清代前期湖南基层里甲行政和赋役征收的变动。

9. 台湾

中国台湾研究方面，李文良《契约与历史：清代台湾的垦荒与民番地权》（台湾大学出版中心）讨论了清代台湾官员治理、移民社会下垦荒的演变过程以及垦荒定居所带来的地权主张和社会控制问题。罗烈师主编《qmul rhzyal Tayal？开山打林？逆写北台湾客庄形成史》（阳明交通大学出版社）从方志书写、集体记忆与空间聚落三个视角，反思在众多以客家为主体的地方论述中，如何重新定位原住民族。

10. 跨国区域史

跨国区域史研究方面，宋燕鹏《华风南下：马来西亚华人的信仰与社会》（生活·读书·新知三联书店）对极乐寺与早期槟城华人社会、槟榔屿福建社群的形塑途径、霹雳州华人宗教与帮群结构、近代中国内地对新马地区的认知进行了专门的个案研究，以会馆为例对马来西亚华人历史研究与田野工作做了方法论的阐述。王振忠《18世纪唐通事眼中的中日贸易与长崎社会——新见抄本〈琼浦闲谈〉研究》（《学术月刊》第5期）利用日本东北大学附属图书馆收藏的《琼浦闲谈》这一域外汉籍，勾勒了18世纪的中日贸易与长崎社会实态。张先清、李婉婉《“世藩”的船：郑氏家族的海外活动——以17世纪马尼拉海关记录为中心》（《学术月刊》第2期）通过考察保存下来的一批西班牙马尼拉海关郑氏家族船只文件发现，1662年郑成功逝世之后，郑氏家族的海外活动并未中断。

11. 水利社会史

在区域史研究中，水利社会史的研究近年来相对比较突出。张俊峰《中国水利社会史研究的空间、类型与趋势》（《史学理论研究》第4期）总结了南北方水利社会类型研究，指出了水利社会史研究的创新以及未来的发展方向。张朝阳《秦汉时期水乡的鱼与民生和财政——基于新资料的分析》（《史林》第6期）利用简牍资料等，从作为民众生计的鱼、鱼的消费、鱼与财政三个方面对秦汉时期水乡与鱼有关的社会经济活动进行了讨论。肖启荣《防洪、水运、环境与水利社会：明清淮扬地区基层水利纷争的个案研究》（《史林》第6期）通过对盐城县、东台县、兴化县、泰州海安等地水利纠纷的个案考察，分析了国家治水与地方政府、地方社会的复杂关系以及地方社会的用水机制等问题。行龙主编《社会史研究（第13辑）》（社会科学文献出版社）设“水利社会史专题”，刊出7篇论文，涉及古代史部分6篇，分别是葛剑雄《黄河与中华文明》、张俊峰《明清至民国新绛鼓堆泉域社会的权利、纷争与秩序》、李嘎《山西孝义城关水患问题考论——长时段视角下明清时期与集体化时代的比较研究》、周妮《滨海水乡：历史时期上海金山地区水上信仰的构成与背景研究》、古帅《明清以来鲁西南黄运交织地带的水患、水治理与水纠纷——以鱼台县为中心》、代剑磊《黄河小北干流、山陕省界与区域社会——以平民县的置废为中心》。这些研究表明，关于水、水利的研究已经与区域社会、中国社会进行了有机结合，水利社会史具有广阔的发展前景。

12. 区域国别学

2022年9月，国务院学位委员会、教育部印发《研究生教育学科专业目录（2022年）》，将区域国别学纳入第14类交叉学科一级学科目录，可授予经济学、法学、文学、历史学学位，至此结束了长期以来区域国别学没有明确的学科归属的历史。随着国家政策的推出，学界也结束了以往是否设置区域国别学学科的争论，将讨论逐渐转向区域国别学这一新兴学科的内涵外延、理论方法等。罗林主编《区域国别学学科建构与理论创新》（社会科学文献出版社）收录刘新成、钱乘旦、张蕴岭、罗林、韩东育、李晨阳、刘鸿武等专家学者关于区域国别学的经典论述，分为区域国别学历史使命、学科建设、理论创新、人才培养和研究范式等五个栏目。另外，不少刊物2022年也推出系列文章，讨论区域国别学的学科体系、学术体系和话语体系。《史学理论研究》第2期发表专栏文章“圆桌会议·中国区域国别研究的理论与方法”，包括吴小安《试论中国的区域国别研究：路径选择与专业书写》，张杨《我们需要什么样的区域国别研究——基于美国实践的省思》，程美宝《国别思维与区域视角》，祝湘辉、李晨阳《区域国别视野下的中国东南亚史研究》。《学海》第2期发表两组“建设中国的区域国别研究”的主题研讨文章，分别是“追问区域与区域研究的方法与前设”“中美不同语境下区域国别史研究的展开”。前者文章包括孙江《区域国别学发凡》、汪晖《作为时空体的区域》、陈恒《超越以西方话语霸权和民族国家为中心的区域研究》；后者文章包括韩东育《区域国别学研究的他山经验与自我实践》、王中忱《怎样建立中国区域国别学的知识谱系?》、麻国庆《跨区域社会体系视角下的区域国别研究》、刘超《美国区域研究的历史经验与发展脉络》。《史学集刊》第4期发表了一组“全球视域下的区域国别研究：历史、理论与实践笔谈”文章，包括杨共乐《构建中国特色“区域国别学”学科新体系》、梁占军《构建区域国别学，世界现代史大有可为》、汪诗明《国别史研究的新范式：知识谱系、区域视角与时代意识》、李秉忠《区域国别学的西方传统和中国路径》。另外，《中国社会科学报》也不断推出相关文章。

以上关于区域社会史研究的划分并非绝对，也不全面，比如东北区域研究在上述中未有体现，原因是2022年度的相关研究不多，这从侧面也反映出相关区域的研究还相对薄弱。

各个区域的研究并非独立的，学界已有的研究已表明跨区域的比较对话对于区域社会史研究而言很有必要。在区域的比较对话中，我们可以看到不同区域间的区别与联系，有助于我们从整体上对不同区域有更全面的把握，进而理解传统中国社会的基本结构与运转机制。

（二）社会经济史

从社会经济史、经济社会史的称呼就可看出，社会史与经济史存在着天然的复杂联系，这点在中国学界尤其明显，这与学科领域形成的历史有关。同时，不可否认的另外一点是，在社会经济史研究内部，又存在偏重社会、偏重经济两种不同的学术传统。社会经济史本身关注内容包含户籍赋役、土地与农业、商业、财政税收、人口、货币、金融、市场、产权等，内容丰富，因而只对2022年在该领域取得的重点突出成果做一扼要讨论。

1. 整体研究

赵德馨主编《中国经济史大辞典》（崇文书局）收录中华文明五千年间（截至1949年）经济历史相关词条6002条，140万字。1990年《中国经济史辞典》出版，30年来，中国经济史学科取得了诸多成绩，对之前辞典进行大量增补的《中国经济史大辞典》的出版，是经济史学科工具书的系统化的重要标志。亚细亚生产方式概念理论是历史学甚至人文社会科学的重要命题，《文史哲》编辑部于2022年5月7—8日举办的以“亚细亚生产方式与中国道路”为主题的第十次人文高端论坛部分成果刊出，即郑永年、沈长云、何怀宏、鲁西奇、叶小文、孔令栋《亚细亚生产方式与中国道路（笔谈）》（《文史哲》第6期），学者们就新的时代背景下对“亚细亚生产方式”及其与中华文明和中国道路的关系展开了新的探讨。同期的“中国社会形态问题”专题还刊发了宋培军《马克思“亚细亚生产方式”理论与“中国式现代化”命题》等论文。曹树基、巫能昌、刘训茜《“内史化”：中国史研究的一个新视角》（《江西师范大学学报（哲学社会科学版）》第6期）论述了“内史化专门史”和“外史化专门史”的区别，包括经济史、经济学、历史学之间的联系，认为“内史化专门史”揭示了一种与跨学科不同的学科分析方法。

2. 户籍赋役

陈明光《新资料与新思维：近20年来中国古代赋役制度史研究的重大进展与启示》（《史学月刊》第11期）对近20年来中国古代赋役制度史研究的成果进展进行了总结，并提出了若干可以推进的研究方向。王彦辉、高智敏、王晓欣、黄忠鑫在“笔谈：中国古代户籍制度研究的新进展”栏目中（《中国史研究动态》第6期）从战国秦汉、魏晋、元明清等长时段出发，分析了近期中国古代户籍制度研究方面的突破以及仍需要进一步解决的问题。张荣强《魏晋时期的吏户与吏籍——对“吏户说”争论的回应与反思》（《历史研究》第5期）利用出土简牍等资料，主要对魏晋时期是否存在吏户身份、如何理解吏户与民户在户籍中混编、吏户服役及其身份地位等问题进行了讨论。曹树基《“田亩饱和度”与明代闽赣粤三省毗邻区的人口迁移》(《清华大学学报（哲学社会科学版）》第1期）将“田亩饱和度”这一工具性概念用于测量人口流动的推力与拉力，进而分析认为明代存在黄册户口与田赋实征册户口两套数据，明代闽赣粤三省山区中的所谓“化外之民”，其中绝大多数只是不列入黄册却见于田赋实征册的不承担徭役的纯粹的纳税者，进而提出主要针对异籍者的税役均等与税役一体化，才是明代一条鞭法改革的目的所在这一观点。胡铁球《明代比限制度的流变》(《社会科学》第3期）对以往学界忽视的明代比限制度中的限数流变进行了全面、扎实的考证。郭永钦、申斌《中国赋役史中的理念、制度与技术——从“均平”角度的重新审视》(《南京大学学报（哲学·人文科学·社会科学)》第5期）一文以均平角度，重新审视了中国古代赋役史中政治理念、制度设计和技术性知识三者的深层联系。蒋宏达《“崇祯二十四年黄册”新证》(《史林》第4期）利用上海社会科学院历史研究所图书资料室藏浙江严州府遂安县十二都二图赋役黄册抄本，认为清初官员误读明末黄册“编次格眼”，混淆法定造册年份和预编轮役年份，导致现代学者认为明末黄册失实，其实明末黄册在清初仍被继续沿用并融入赋役体系之中。

3. 土地与农业

龙登高主编《中国土地制度史》(中国社会科学出版社）汇集了其团队十余年来的研究成果，就租佃制度的经济效率、地权市场的制度演化、土地价格的形成机制、地权结构的多样化选择等问题展开具体论述，并以此为基础探讨了传统中国的产权制度与基层秩序。李昕升《明清以来美洲粮食作物经济地理研究》(中国社会科学出版社）认为美洲作物推广作为技术革新之一，由人口增长决定，不能倒因为果。美洲粮食作物价值凸显的时间在19世纪中期之后，已错过人口激增阶段，且主要在山区缓解人口压力。传统粮食作物在中国人口增长的问题上居功至伟。这也证明，博赛拉普的反马尔萨斯理论中的人口压力决定食物生产，更加符合传统中国国情。戴建国《南宋中后期的土地清查和地籍攒造》(《历史研究》第1期）对始于嘉定十五年的经界和始于景定五年的经界推排的过程、数字、册籍等内容进行了充分的讨论。杜正贞《中国传统产权实践中的“界”——区域史视野下的山林川泽产权研究》(《近代史研究》第5期）从区域史角度，分析了山林川泽的“界”与排他性权利的出现、产权之界与政区之界的关系、“产权之界”与区域史研究的关系、如何界定产权区域史研究中的“区域”等问题。胡铁球、杨贤毅《晚清浙江清赋中的土俗亩、藏等亩与土地面积落实——以〈同治兰溪鱼鳞图册〉为中心》(《中国经济史研究》第2期）以《同治兰溪鱼鳞图册》为中心，认为土俗亩与国家标准亩制是一致的，鱼鳞图册所登记的土地面积有效且可信，与此相应，兰溪的纳税亩即“藏等亩”是兰溪县官民都认可的“真实面积”。胡铁球、杨贤毅《晚清兰溪县屋基面积土俗计量标准的确立与落实——以〈同治兰溪鱼鳞图册〉为例》(《史林》第6期）利用《同治兰溪鱼鳞图册》，认为土俗计量屋基面积的形成与落实，是恢复赋役原额、清赋改减与国家标准亩制之间的复杂关系的典型反映。王正华《合与分：清代乡村土地交易中的典与活卖》（《中国经济史研究》第5期）讨论了清代百姓认知和官府视野中对典与活卖认知与实践的差异，纠正了学界关于二者异同的认识误区。耿洪利《小黄册所见明初浙东地区民田考略》（《安徽史学》第1期）利用上海图书馆藏《后汉书》《魏书》纸背明洪武三年（1370）处州府小黄册对其所载民田数量、种类和科则等问题进行了分析；《明初处州府遂昌县某里小黄册人户土地占有情况分析》（《中国经济史研究》第5期）利用同样的材料分析了其所存人户的土地占有情况和身份、农村经济结构和小农经济规模情况。马秀英、曹树基《等额还本付息：清代吐鲁番的葡萄园租卖》（《中国农史》第3期）讨论了清代新疆吐鲁番地区独特的土地租卖制度，即承租者提前交付租价，待承租期满，出租者无偿收回园地的制度。这种制度存在短期租卖、长期租卖、预租卖、续租、租卖转佃等多种模式，体现了吐鲁番土地市场与金融市场的高度融通。

4. 商业

李伯重《明清江南生丝与丝织品的国内外市场及其变化》（《山西大学学报（哲学社会科学版）》第2期）讨论了宋至晚清江南生丝和丝织品供给情况的变化。刘诗古《从租客到铺东：清至民国城市店铺产权形态的演变》（《中国经济史研究》第1期）利用契约文书和诉讼案卷对清至民国铺底权的演变进行了全面讨论。李锦彰、曹树基《传统时代山西当铺账本的复式簿记与会计核算》（《中国经济史研究》第2期）利用作者所藏数十种当铺账簿，讨论了传统会计制度中独特的记账方式，即“同一账，记两簿”这一双重复式簿记。王路曼《中国内陆资本主义与山西票号：1720—1910年间的银行、国家与家庭》（商务印书馆）利用大量一手材料，细致地刻画了山西票号的兴衰历史和它所身处的内外制度环境，摒弃了单一经济视角，考察了票号所具有的家庭、经济、文化复合性的多重面向。

5. 财政税收

魏文享《战争、税收与财政国家建构：近代中国所得税研究》（中国社会科学出版社）一书在近代中国财政转型以及全球所得税扩散的两个视野之下，讨论了近代中国所得税的引介、筹议、立法以及推行进程，进而将经济问题与政治、社会问题结合起来，认为最终中国财政未能实现均衡增长目标。陈锋《财政与国家治理：清代非常时期财政政策的调整与更张》（《史学集刊》第5期）以清代非常时期的财政政策为研究对象，认为清代前期的非常时期具有“间歇性”特征，主要是清朝入关后的“开国”时期以及清代前中期的三藩之乱和白莲教之役时期，财政政策的变动以赋税的加征、举办捐输，调整起运、存留比例为手段。清代咸丰年间以降，大多处于非常时期，由于军费、赔款、外债以及自强新政的推行，导致严重的财政困难，在“就地筹饷”“就地筹款”的税收政策导引下，地方财权渐次扩大，具有近代意义的“地方财政”渐次形成，导致了税捐的乱征、财政的外销以及中央财权的削弱。陈锋《契据与税收：清代前期的税契与契税》（《中国经济与社会史评论》第10辑）利用中国第一历史档案馆藏档案，对清初税契制度的变更、契税税则、征收、额度、拨解、支放等问题进行了全面的讨论。任智勇《晚清财税结构的转型》（《中国社会科学》第11期）从思想、政策层面对晚清政府从农业税到厘金和洋税等商业税征收的转变过程进行了探讨。任智勇、水海刚《厘金起源脞考》（《中国经济史研究》第3期）以雷以諴的行踪为线索，结合朝局、江北大营、兵制、江苏官场等角度，对早期厘金史的诸多问题进行了辨析。倪玉平《清朝咸同时期的政府借债》（《清华大学学报（哲学社会科学版）》第2期）对咸同时期，清政府为解决严重的财政危机，实行对内借债和对外借债的情况进行了梳理，进而与西方的大规模长时段借债实践比较，透析中西财政结构复杂的差异。廖文辉《咸同之际新疆地区的协饷运作与财政困局》（《历史研究》第3期）考察了咸同之际新疆协饷供应危机以及各方应对策略和成效，揭示了清朝多元疆域治理体系之下，财政供应能力对于边疆治理的支撑与制约效应。丁修真《清代“科场之款”的嬗变》（《历史研究》第5期）梳理了清代“科场之款”的形成，辨析相关数额的源流，考察相关款目不同阶段的变化，估算清代国家科举支出的总量，并评价了清代“科场之款”形成与演变的历史意义。王燕《契税在晚清的三大变化》（《中国经济与社会史评论》第10辑）提出了晚清契税税率的加征、附加税使用的多元化、征收过程的严苛三大变化。段旭颖《从杂税加征视角论清代财政非正式制度的表现》（《重庆大学学报（社会科学版）》第4期）梳理了清代常规赋税因受“原额主义”限制而无法大幅加征时，清政府为应对财政危机借助加征经制外赋税的办法来提升税收总额的历史过程。康志傑、吴青《明清耶稣会士的置产契税——在华经济活动的一个侧面》（《南国学术》第2期）讨论了利玛窦、傅圣泽、巴多明等在华传教士置产时学习、利用中国税契程序、方法的过程。

6. 货币

万明《明代中国白银货币化研究：中国早期近代化历史进程新论》（中国社会科学出版社）是作者自20世纪90年代以来关于白银研究的成果总结，从货币本身、明代中国、全球史三个层面对白银货币化的过程及意义进行了全面的讨论。胡岳峰《清前期国家货币管理体系的内在矛盾及其影响（1644—1795）》（《史林》第3期）利用清代官方文书及货币管理档案考察了以“银贵钱贱、银贱钱贵、铜贵钱贱、钱贵铜贱”为代表的货币行用实践与“银钱相权、与民为便、君实制之”的货币制度理念间的矛盾，以及该矛盾为国家整体带来的长期影响。

7. 国家治理及其他

李伯重《信息收集与国家治理：清代的荒政信息收集系统》（《首都师范大学学报（社会科学版）》第1期）认为清代将粮价奏报与雨泽奏报系统共同组成荒政信息收集系统，从而建立起完备的信息收集系统。王正华、仲伟民《清代禁酒演变与酿酒发展——兼论17—19世纪中英禁酒的异同》(《学术界》第3期)对清代酒政演变及过程中的讨论进行了综合性论述，并与同时期英国禁酒情况进行了比较分析。香港科技大学Lawrence Zhang(张乐翔)*Power for a Price*: *The Purchase of Official Appointments in Qing China*(Harvard University Press)对大量新档案与其他印刷品历史证据的突破性研究，包括1798年以来超过10900个买官者及关于买官的陈述，认为与其将捐纳视为那些穷尽管道仍无法为官者的最后手段，不如说它是富裕且有门路的人充分利用社会资源优势的办法。据此，买官不仅是有益国家积累财富的手段，亦为透过对职位的实质投资，与确保地位与权力的可能性，使政府精英与国家的利益更紧密地相连。

8. 海外研究

海外研究方面，岸本美绪《风俗与历史观——明清时代的中国与世界》(梁敏玲、毛亦可等译，广西师范大学出版社)收录的文章分为五部。第一部与“时代划分论”有关；第二部选取了日常的“风俗”；第三部以明末清初剧烈的变动期为中心，讨论国家意识与秩序问题；第四部“契约与正义”是与权利和审判相关的法制史、社会经济史论文；第五部则是以日本的中国史研究为中心的方法论文章。岸本美绪编《历史的转换期Ⅵ　1571年：白银大流通与国家整合》(台湾商务印书馆)收录平山笃子、城地孝、真下裕之、堀井优、和田光司、萨摩真介等人的研究。该书即以1571年西班牙于马尼拉建城的这一年作为全书论述的切入时点，所谓的“世界贸易”正式开展，同时君主专制的绝对主义国家是此时期另一个主要的共同特色。以“共时性”来检视世界史，此时世界各地产生了相同却又不完全一致的变迁，足以比较。松浦章《清代中国商人与海商及其活动》(博扬出版社)对明清时期中国沿海地区的海商积极对外如欧洲、日本、琉球等地开展贸易以及安徽、山西等地商人如何将内陆地区商品与海外进行贸易活动，进行了深入的研究。孟一衡(Ian M. Miller)《杉木与帝国：早期近代中国的森林革命》(上海人民出版社·光启书局)不同意伊懋可(Mark Elvin)《大象的退却：一部中国环境史》中认为中国环境史的趋势是“长期的毁林和原始植被的消失”即“大毁林”(Great Deforestation)的观点，认为1000—1600年中国南方地区环境变迁的主导趋势是“大造林”(Great Reforestation)，森林“弱监管”体系的建立，促进了中国南方人工林培育和木材贸易的发展。早期近代中国南方的林业走上了一条不同于近代欧洲国家的市场化道路，对东亚地区的林业发展产生了重要影响。瑞士汉学家傅汉斯(Hans Ulrich Vogel)《马可·波罗到过中国：货币、食盐、税收的新证据》(北京大学出版社)就马可·波罗是否曾亲自到过元代中国这一经久不衰的学术论争进行了研究，书中对于元代纸币、贝币、赋税等问题的研究具有极高学术价值，因而亦可称之为一本经济史著作。

（三）法制社会史

近年来，法制史研究学者不满足于对律例条文、判例判牍、作幕笔记作简单文本化的解读，而是将其与实际的司法实践过程、地方社会结构等结合起来，讨论传统中国的权利与秩序问题，即法制社会史逐渐兴起。尤陈俊《聚讼纷纭：清代的“健讼之风”话语及其表达性现实》（北京大学出版社）侧重于研究清代的“健讼”话语本身，以及这种话语的现实功能。该书认为，清代的“健讼”话语诞生于基层政府较弱的受理词讼能力和民间不断扩大的诉讼需求这一结构性张力之中。张小也《法律与社会变迁：清代坟山争讼的历史考察》（《南国学术》第 2 期）不同于以往聚焦于民事纠纷与司法审判特点的讨论，而是集中讨论坟山争讼历史过程中制度与观念的变化。赖骏楠《重新认识中国传统地权——从龙登高、曹树基与刘诗古有关传统地权的三部著作谈起》（《厦门大学法律评论》总第 33 辑，厦门大学出版社）认为唐宋变革带来的皇权统治与“编户齐民”间的亲缘关系是宋以后地权市场发达的根本前提，结合龙登高、曹树基等对地权市场经济的最新研究，赖氏认为法史学者可对历史上的契约、族谱、民事习惯调查报告等公私文献进行整理，并重构出能与当代法学沟通的传统财产法乃至民法体系。当然，传统地权习惯带来的诉讼爆炸与征税困局，始终是构成国家权力顺畅运行的一个结构性障碍，这是同时需要注意的。刘沬寒、赖骏楠《清代田房诉讼中的道德话语与自利理性——以四川南部县“余业承买”案件为中心》（《中国经济史研究》第 6 期）考察了清代道光、咸丰、同治三朝（1821—1875）南部县的余业承买案件，分析交易者和县官对待这一习俗的实际态度，进而审视了清代田房诉讼中道德话语与自利理性的复杂交织。赵刘洋《妇女、家庭与法律实践：清代以来的法律社会史》（广西师范大学出版社，2021 年 10 月）深挖诉讼档案，对清代、民国、1949 年至当代中国不同历史时期自杀、离婚案件进行了剖析，还原了大量关于妇女离异、典妻、审判诉讼等历史细节，揭示了近世以来相关法律制度与诉讼实践在妇女权利的保护或损害等方面远为复杂的非线性悖论关系。

三、人群互动、日常生活与基层社会

（一）人群互动

社会史一个重要的研究取向即是对“人”的关注，这本身也是历史学研究的根本主旨。

对于个体生命历程的研究，近年成为社会史研究的热点之一。鲁西奇特别关注“人”的研究，他的《喜：一个秦吏与他的世界》（北京日报出版社）是他试图描述历史进程中一个个体的人的尝试，他在《空间·制度·社会：中国古代史地新探》（崇文书局）的卷三“社会”部分，关注被归属于某一阶层的人的生计与身份，探讨中国古代早期庶人的“名”与“姓名”，以及秦统治下人民的身份与社会结构。罗新《漫长的余生：一个北魏宫女和她的时代》（北京日报出版社）利用墓志等史料讲述了生于南朝官僚家庭而后被掠为宫女的王钟儿的一生，并以她的眼睛去看她身处的时代。

具备某些相同特征的个体构成人群，某一人群及与其他人群之间的互动共同影响着社会节奏的变动。于磊《元代江南知识人与社会研究》（上海古籍出版社）认为经历宋元交替的元初知识人群体在朝廷与地方社会上，皆展现了较为强烈的积极又活跃的认同倾向。毛立平、沈欣《壶政：清代宫廷女性研究》（中国人民大学出版社）充分利用中国第一历史档案馆藏清宫档案史料，对太后、太妃嫔、后妃、公主、宫女、乳保和嬷嬷、妈妈等各类宫廷女性群体进行了考察。强光美《内外之间：清代的总管内务府大臣》（社会科学文献出版社）分析了清代“皇室的大管家”总管内务府大臣的群体特征及其职掌作用。贺晓燕《清代科举落第制度研究》（广东人民出版社）关注清代落第士子这一群体，引用大量官方典籍和民间士子的相关记载，对清代科举落第制度和相关政策进行了全面的考察。李世愉、贺晓燕《从制度建设看科举制度的历史意义》［《光明日报》（理论版）8 月 3 日］从制度建设的全面性、持续性、规范性与适应性四个层面对 1300 年的科举制度史进行了总结。张剑《清代科举文人官年与实年考论》（北京大学出版社）一书对 1091 人、1294 人次的清代科举士人的官年与实年做了翔实的考辨，就官年减岁的比例和岁差、乡会试中式的平均年龄及减岁平均岁差、兼存乡试会试朱卷的文人官年、官年改岁不改月日的现象等予以考辨归纳，就官年现象的文化内因予以深入分析。赵世瑜《乱世下的乡村世界和无法挣脱的梦魇——影印稿本〈退想斋日记〉弁言》（《民俗研究》第 2 期）一文以晚清民国山西乡绅刘大鹏《退想斋日记》为切入点，认为日记除了展示历史上的官场、世风、制度兴废和事变之外，还具有个体化文类的特殊性。晏雪莲《清代澳门土生葡人寡妇群体研究》（《清史研究》第 4 期）通过爬梳大量葡文、英文及中文史料，展现了清代澳门土生葡人寡妇这一特殊女性群体的历史生活图景。

近年来，对八旗人群的关注是学界研究的一个热点。东北大学中国满学研究院主办的年刊《满学研究（东北大学）》（2022）共设“满族家谱研究”“满族碑刻研究”“清代八旗契约及户口档册制度研究”“满族传统古村落调查”“清代民族文化交往与交流”“满族语言文字研究”6 个栏目，从中亦可看出 2022 年关于满人研究除了以往关注的档案之外，亦重视家谱、碑刻、契约等材料的使用，研究内容由八旗制度拓展至八旗人群与地方社会，比如沈林《浓缩驻防八旗历史的广州满族家谱解析》、王国平《滦平满族源流、姓氏及家谱调查》、霍存福《清代旗契中佐领、骁骑校、领催等基层官吏作保现象的分期问题》、潘洪钢《清代八旗驻防户口均齐制度述论》，周喜峰、许静《清朝下嫁蒙古宗室女及其额驸俸禄制简论》等。德格吉日呼、刘小萌《乾隆朝京旗移垦中的旗籍遣犯》（《历史档案》第 1 期）利用中国大陆、台湾藏满汉文档案，以移垦旗人中的遣犯为研究对象，重点就遣犯的迁移、遣犯的特征、清廷遣犯政策等问题进行了考察。关锐、刘小萌《清代东北封禁政策下的流民生计——以吉林珲春为中心的考察》(《贵州民族研究》第2期)利用《珲春档》等史料，以流民入境珲春后的生计问题为切入点，重点就流民生计方式及其与当地旗人的互动关系问题展开并作了初步探讨。韦兰海、王懿冰《爱新觉罗家族早期谱系的构建与明末建州女真部统治权的重新整合》(《清史研究》第5期)借助生物人类学的方法，基于父系Y染色体DNA的证据，确定爱新觉罗家族与福陵觉尔察氏是否确有生物学意义上的父系亲缘关系，进而对爱新觉罗家族的早期世系进行考证，分析爱新觉罗家族构建自身谱系的依据、动因及其后续影响。刘巳齐《清入关前八旗组织的商业性——以皇太极时期为中心的考察》(《中国社会经济史研究》第2期)以皇太极时期八旗组织在后金的商业活动轨迹为中心，分析其在清入关前社会经济活动中所扮演的角色，讨论八旗组织的商业结构、八旗对经济资源及市场的控制、八旗的商业参与同财政的关系。赵令志《明末女真卫所衰落与建州女真的崛起——以穆昆塔坦档所载敕书为中心》(《历史研究》第2期)认为满文老档 mukūn tatan be ejehe dangse 与族籍无关，而是万历三十八年努尔哈赤分配兼并哈达时所得363道和1道买得之敕书，这批敕书体现了明末女真各部势力消长并渐被努尔哈赤统一的历程，明末女真卫所官员职级抬升、实权渐失，敕书政治功用基本丧失，仅成为入边朝贡贸易凭证。李立民《清代八旗子弟的历史教育初探》(《辽宁师范大学学报(社会科学版)》第5期)从官方、私家和家族三个角度考察了清代旗人的历史教育及其意义。

(二)日常生活

无论是对生命个体还是各类人群的关注，都离不开对其日常生活的考察。鲁西奇《一堂二内：中国古代的平民住宅及其演变》(巴蜀书社)全面系统地考察了中国古代平民(普通民户)住宅的建筑、用地、形制、基本结构及其演变过程，特别是平民住宅的基本形式“一堂二内”(一宇二内、一明二暗)与院落的形成、演变，着意观察平民住宅的区域差异与贫富差别。王笛《碌碌有为：微观历史视野下的中国社会与民众》(中信出版集团)以微观和宏观相结合的方法，从故事出发，展现了人口的变迁、衣食住行、农村和城市的形成、秘密社会、风俗习惯、文人与教育、宗教信仰、法律与社会、宗族与家庭等。李孝悌《恋恋红尘：明清江南的城市、欲望和生活》(广西师范大学出版社)在大量文集、情歌、戏曲和图像数据等资料的基础上，通过对余怀、冒襄、王士禛、郑板桥、袁枚等人的研究，展现了明清士大夫文化的城市生活、内心世界等面向，同时，亦对明亡之际的女性人物进行了细腻而生动的描摹。任思梅(Johanna S. Ransmeier)《清末民国人口贩卖与家庭生活》(施美均译，上海人民出版社)讨论了晚清民国华北地区人口贩卖市场背后的缘由、过程以及使其成为可能的社群和亲属网络，呈现出了一个全面且立体的处于历史变革中的底层人口流动图景。冯尔康《社会史从“社会生活”到“日常生活”研究的学术意义——读常建华教授

"日常生活"论文感想》(《河北师范大学学报（哲学社会科学版)》第1期）以常建华近年提倡日常生活史研究为例，认为从"社会生活"进入"日常生活"，意味着从重视群体到突出个人，深化日常生活史研究，需要与制度史、观念史融为一体，从日常生活史出发，下一步就是进入"个性化日常生活"研究。常建华《人生如戏：清嘉庆时期民间演戏纠纷及艺人——以嘉庆朝刑科题本为基本资料》(《学术界》第3期)、《清中叶乞丐的人际纠纷与社会边缘性——以嘉庆朝刑科题本为基本资料》(《东岳论丛》第3期)、《清中叶的剃头纠纷与剃头匠——来自刑科题本的案例》(《河北师范大学学报（哲学社会科学版)》第3期）利用刑科题本讨论了艺人、乞丐、剃头匠这些社会底层人民的历史；《清朝刑科题本里的虎名及其他》(《寻根》第1期）讲述了以虎为名和虎皮的故事。孙闻博、符奎、郭伟涛《出土简牍与秦汉社会生活史研究》(《光明日报》10月31日）中，三位青年学者共同探讨了秦汉简牍对研究王朝日常统治、基层吏员公务活动以及地方民众日常生活的作用和研究前景。韩玉娇《名字中的社会史——新出明止堂藏墓志铭所见宋代民庶之姓名文化》(《兰台世界》第4期）分析《明止堂藏宋代碑刻辑释》中所收录的193方平民墓志，从宋代平民阶层取名用字的若干特点、宋代家族生活模式以及宋代两性地位差异等方面讨论了宋代民庶的姓名文化。

（三）基层社会

除个体、人群之外，还有家庭、家族、里甲、行会等各类社会组织，这与基层社会结构及其运转密切相关，同时亦牵涉到国家治理的相关问题。专著方面，汪士杰《里甲制度考略：一个中国基层财务组织简史》(商务印书馆）认为里甲制度并非产生于明朝前期，而是"在中国存在了几千年"，并进一步解析了商周贡赋、春秋初税亩、两汉租赋、唐宋两税法、明代一条鞭法、清代摊丁入亩等中国各朝代里甲制度的特征及问题，对我国自先秦至民国里甲制度之变迁及基层治理之得失进行了全面系统的梳理。该书虽为民国旧作，但其中不少问题观点仍值得关注和深思，如什么是里甲，里甲与保甲的异同，里甲与赋役制度之关系，里甲与乡政自治之联系，胥吏在国家治理与社会结构中究竟扮演怎样的角色，等等。周叙琪《明清家政书与家庭经济论的新发展》(台湾政大出版社）从"家政"作为"home economics"入手，探讨了明清家政书强调产业经营增殖的重要性。

论文方面，鲁西奇《父老：中国古代乡村的"长老"及其权力》(《北京大学学报（哲学社会科学版)》第3期）讨论了中国古代长老的身份、职能，进而分析了乡村权力结构和国家统治权力的组成。侯旭东《东汉〈曹全碑〉"敦煌效谷人也"发微——兼论家族研究的视角》(《学术月刊》第7期）通过对曹氏生活与发展的效谷县的历史、当地居民与悬泉置、遮要置运行之间的关联、对当地人的仕进方式与当地儒学发展的途径等进行探索，提出仅仅维持数代，甚至仅出现过一两位官吏的"流星家族"的概念。张淑一《社会史视域下〈春秋〉价值新探——以婚姻家庭领域为中心的考察》（《学术研究》第4期）将《春秋》作为一种社会史文献，考察了其关于婚姻家庭内容的记载。常建华《试论明代高攀龙的族谱学》（《安徽史学》第4期）对高攀龙的族谱学理念与实践进行了初步的梳理。胡英泽、郭心钢《明清时期中国家庭的“合家”研究》（《开放时代》第3期）讨论了学界以往忽视的合家的类型、仪式，原因、功能，财产分配等问题。王跃生《清中期立嗣过继中家庭与家关系分析》（《清史研究》第5期）主要探讨了无子者在同宗不同层级“家”范围立嗣过继问题，包括立嗣过继在“家”范围的选择及层级特征，立嗣过程中择继家庭与“家”成员的态度，立嗣过继对家庭、家关系的影响等问题。郭永平、曾伟《宗族、乡约与地方社会重构：以山西上党仇氏为例》（《民俗研究》第5期）以山西雄山仇氏乡约为例，讨论了家范确立、宗族建构、乡约庶民化进而到重构地方社会秩序的过程。刘正刚、张柯栋《冲突与调适：明清永康榉溪孔氏的“圣裔”谱系建构》（《史林》第5期）以浙江永康孔氏在明清两朝“圣裔”身份的变化为例，揭示了宗族建构祖先谱系与地方整体利益的复杂关系。徐嘉露《明代过继规则的民间文书表达》（《中州学刊》第8期）利用判例文书等资料，对明代过继文书类型、过继内容、过继方式等进行了概括性的讨论。陈宝良、周远航《明清会馆的起源及其功能演变》（《安徽史学》第6期）对明清会馆的起源、功能演变趋势进行了概括性的论述。张佩国、陈喜钠《清代佛山镇的义仓、祖庙与地方善举》（《清史研究》第1期）着重研究了清代佛山义仓的运作机制，进而考察义仓如何通过祖庙这一“象征中枢”，而得以展开地方善举的整体实践，由此形成地域社会的整体联结。周荣《明清津梁桥渡碑刻与佛教慈善》（《中国经济与社会史评论》第10辑）通过研究津梁桥渡碑刻，认为修桥梁、置义渡背后有深刻的佛教信仰因素，地方士绅们也是佛教慈善理念的接受者、倡导者和践行者。丁修真《宾兴何为：清代中期的科举、国家与地方社会》（《中国经济史研究》第4期）在前人研究基础上，对嘉道时期宾兴组织兴起的契机问题进行了深入检讨。

四、民间信仰、医疗社会及书籍知识

社会史对多种史料的挖掘以及“眼光向下”的学术转向，带动了新兴学术领域的发展，其中以民间信仰、医疗社会及书籍知识等的研究为代表，这些问题不仅事关普通老百姓的日常生活，同时又与大历史的演进密切相关。

（一）民间信仰研究

廖小菁《裰织仙名：何仙姑信仰与广东增江流域地方社会（960—1864）》（广东人民出版社）聚焦广东增江流域的何仙姑崇拜传统从宋代至清咸同时期的长期演变，借之揭示此一以女性形象为核心的传说话语和庙祀传统，不同人群如何对其进行创造、选择与挪用的过程。王群韬《殊途同归：明清泽州地区三教庙研究》（上海书店出版社）选取明清时期山西泽州地区的三教合祀庙宇为考察对象，以实践层面上的“三教合一”为研究内容，结合田野调查和文献资料记载，对这类庙宇的区域分布、基本类型、规制格局、修建群体以及相关祭祀活动展开了具体的分析与探讨。赵新平《明清至民国五台山境域庙会与村落生活研究》（商务印书馆）在田野调查的基础上，运用了碑刻、题记、村志、家谱等资料，借鉴民俗学、人类学、社会学、宗教学等相关学科理论，较系统地研究了明清至民国五台山境域庙宇在村落的空间分布特征，尤其是庙会与村落精神生活、物质生活和社会生活的内在联系。吴伟明《和魂汉神：中国民间信仰在德川日本的本土化》（生活·读书·新知三联书店）通过对“圣帝明君”“文武二圣”及“守护神灵”这三大范畴中八位“汉神”（伏羲、神农、大禹、孔子、关羽、妈祖、石敢当、钟馗）的个案考察，探讨中国民间信仰如何在近世日本入乡随俗，并产生跟中国不同的形象、传说、文学、祭祀形态及文艺表现。罗友枝、黎安友、姜士彬主编的《中华帝国晚期的大众文化》（北京师范大学出版社）收录了诸多与民间信仰有关的研究成果，包括许舒《乡村社会中的仪式专家和文字资料》、贝琳《宗教与大众文化：〈三教开迷归正演义〉中对道德资本的管理》、欧大年《中国教门文献中的价值体系：明清宝卷》、韩书瑞《中华帝国晚期白莲教的传衍》、华琛《神明的标准化：华南沿海天后的推广，960—1960 年》等。Susan Naquin（韩书瑞）*Gods of Mount Tai: Familiarity and the Material Culture of North China*, 1000 - 2000（Brill）讲述了中国北方最重要的女神碧霞元君信仰以及庙宇的演变。书中展示了大量被忽视的雕像、版画、壁画和在博物馆、拍卖会和调查中发现的神画。王岗（Richard G. Wang）《宗庙网络中的法派：明代道教与地方社会》（*Lineages Embedded in Temple Networks: Daoism and Local Society in Ming China*, Harvard University Asia Center）探讨了道教精英分子在明代社会与文化生活中的重要角色，最主要的是协调地方网络以及国家，他们透过法派的组织以及掌控作为地方社会节点的中央级道观来达成目的。《中国社会历史评论》第 28 卷设“礼俗信仰”专栏，其中尤李《社会史视野下的辽朝军事行动》探讨了辽朝军事行动中的礼仪、占卜、祥瑞和灾异；谢振华《北魏道武帝感生传说中的“埋胞”之谜》讨论了“埋胞”背后多重文化因子以及内亚大陆的文化层叠和碰撞交融；王旭《大运河露筋女信仰的形成与流变》讨论了晋唐至明清大运河露筋女信仰演变背后的缘由与过程；吴泽文《明代理学教化的名实考辨：以泰泉书院的营建为中心》以泰泉书院为中心讨论了佛教佛寺、理学书院、宗族势力三者之间复杂的博弈关系；毛曦《郑国庙历史钩沉》梳理了郑国庙的演变历史。杜正贞《宋代以来东南寺院的结界实践和僧俗认知》（《北京大学学报（哲学社会科学版）》第 2 期）考察了宋代以来东南寺院的结界含义与做法，并将其与世俗明确产权的过程联系在了一起。陈泳超《社神与土地：江南地缘性神灵的双重体系——以常熟为中心》（《史林》第 4 期）借助实地民俗调查，对江南社神、土地的渊源流变、系统功能以及相互关系进行了考察。陈佳臻《三皇庙、儒医合流与元代儒家道统建构》（《中国史研究》第 1 期）对元代三皇庙蓬勃发展背后的儒医合流以及儒家道统建构过程进行了讨论。

（二）医疗社会史

张勇安主编《医疗社会史研究》第 13 辑（社会科学文献出版社）以“中西医学流变与交融”为题，分“专题论文”“学术述评”两个栏目，共收入 15 篇文章，涉及传统医学知识、霍乱流行、鸦片瘾治疗等问题。《医疗社会史研究》第 14 辑（社会科学文献出版社）以“帝国的医学、知识与权力”为题，分“专题论文”“档案选编”“学术述评”三个栏目，共收入 14 篇文章，涉及中国问题的专题文章有三篇：张志云《中国海关医员的中医研究与〈海关医报〉的编纂（1871—1883）》、刘章才《遭遇“灵药”：近代早期传教士对茶叶功效的介译及其在英国的传播》、吴玉娴《中西合作：1862 年澳门霍乱流行及澳葡当局的组织应对》。余新忠、夏明方编《瘟疫与人：历史的启示》（商务印书馆）内容涉及疾病史（历史上的瘟疫）、医疗史（救治、医学、药物）、中医与西医、瘟疫与政治、文化、社会、公共卫生、慈善赈济等诸多领域，以及人类在面临疫灾、应对疫灾的历史过程中所积累的历史经验和财富。朱国立、马托弟《唐宋节俗中的卫生防疫——以敦煌本〈珠玉抄〉〈大唐新定吉凶书仪〉为中心》（《节日研究》第 19 辑）以敦煌文献《珠玉抄》《大唐新定吉凶书仪》为中心，讨论了时人节俗活动中预防和治疗疾病的方式、“防疫思想”，同时童蒙教材、书仪范本等起到了传播医药知识和医疗卫生防疫观念的作用，一些以单验方为主的医药文献，则在一定程度上起到了强化和宣传节日体系的功用。严耀中《魏晋南北朝“医”身份辨析》（《史林》第 1 期）认为由于医道具有业务上的特殊性和普遍性，使得医者具有更强的社会阶层流动性。刘希洋《检方施治：防疫方书与清代的疫情防控》（《清史研究》第 1 期）以清代防疫方书的编撰、流传和应用为基本线索，探究了此类活动究竟是如何开展的，以及医学文本与疫情防控实践的互动关系。刘士永《中国公共卫生史研究的知识建构与分期》（《史学月刊》第 11 期）从公共卫生与现代化、中国卫生现代性与公共性的探讨、外史与内史纠结三个方面对 30 余年来中国公共卫生史的发展做了梳理。

（三）书籍知识史

张婷《法律与书商：商业出版与清代法律知识的传播》（社会科学文献出版社）分析了清代法律知识的商业出版与传播，及其对司法体系和法律文化的冲击。张舰戈《隐于书后：17 世纪江南汪氏书坊经营实录》（文化艺术出版社）以还读斋的发展历程为主线，在纵向研究的同时穿插社会背景、书坊主的朋友圈等横向分析，刻画出了一个立体生动的书坊经营场景。戴思哲著、向静译《中华帝国方志的书写、出版与阅读（1100—1700 年）》（上海人民出版社）将方志视为“活的文献”，从编纂动因、生产过程、传播途径到阅读使用等方面考察了方志的整体“生命史”。Yinzong Wei 的《晚期中华帝国的学者与标注》（*Scholars and*

Their Marginalia in Late Imperial China，Brill）认为从明末清初开始，更多的学者致力于阅读和整理古代文本。他们养成了边读边写的习惯，抄录以及印刷其他读者的旁注，所有这些都形成了一种特殊的学术文化。该书探讨了这种文化是如何发展的，如何获得势头，以及如何塑造了明清学者的风格、生活、思想和精神状态。邓启耀、刘志伟《非文字书写文化史的独特价值》（《中国社会科学报》4 月 20 日）讨论了非文字书写的功能、承载的历史信息、文化表达多样性等内容。蒋建国《晚清士人的西书阅读与意义之网——以日记史料为中心》（《中国社会科学》第 5 期）从主体的角度研究了晚清士人如何阅读西书、西学传播与士人阅读关系以及西书阅读的影响等问题。

总结

从上述内容来看，2022 年中国古代社会史研究在史料刊布、理论方法、专题研究等方面都取得了不错的成绩，成果迭出，既深化了原本的研究内容，又开拓了新的研究领域，并对政治制度史、社会文化史等产生了一定的影响，历史人类学的实践研究为史学研究在方法论上提供了更多的可能性。尽管中国古代社会史近年在诸多领域取得了可喜的成绩，但也面临不少挑战。

一是社会史学科的理论方法亟待总结提升。什么是社会史？如何研究社会史？学界关于这两个问题已有不少回答，但尚未达成共识。而这两个问题对于社会史未来的发展而言并非无关痛痒，而是根本基础。如果不在学术共同体内部达成一致共识，那么社会史的研究就只能是各自为战，社会史对中国古代史研究的益处也会大打折扣。

二是社会史相关史料亟待整理刊布，整理刊布的形式水平亦有待提高。以档案、文书为例，档案公藏部门从收藏而非利用的角度来处理档案，导致学者利用档案方式出现单一、不便的情况，相关部门应加大对于档案的公开力度，提供更多档案利用的方式。近年来，公私藏文书大量公布，但存在整理方式不一、刊布形式以影印为主的弊端。同一地域文书收藏在不同的公私机构或个人手中，整理刊布按照不同的标准，导致成果良莠不齐，学者们在进行系统性研究时使用不便。更有甚者，公私机构或个人将史料吝啬地只“为己所用”，不愿公布于学界。就刊布形式而言，单纯地影印出版较多，下功夫对其进行录文校订者较少。近年虽有一些相应数据库建立起来，但因整理标准形式不一，导致相互兼容性较差，研究者利用起来仍要逐个去找，数据库的作用大打折扣，这不利于系统性研究的开展。因此，学界应继续加大对社会史史料的整理刊布，对于同类文献建立统一的整理标准，增加录文校订内容，并充分利用数字人文优势，建立相应数据库及相互之间的联动机制。

三是社会史研究成果虽多，但存在重复研究、问题碎片化等问题，高质量的代表性成果仍相对较少。第一，部分研究过于追求新材料，而忽视材料的同质性和问题的重复性，没有从问题方面对材料解读下功夫，导致重复研究过多；第二，区域史的研究出现“地方史”或“国家史的地方版”两类低水平的研究取向，研究内容与社会史的初衷背道而驰，未能从根本上对以往学界认知做出突破，仍在既有的研究框架和结论里“打转转”；第三，部分微观史的研究做到了研究对象的“微观”，但并未做到研究内容的“微观”，仍处于描述或在既有框架中做简单化解释层面，“深描”或以小见大的成果不多。

四是社会史研究存在“自说自话”的问题，在开拓新的研究内容的同时，在一定程度上应回归制度史。社会史研究作为新史学的“主力”之一，并非要“另起炉灶”，而是要与制度史结合，回应制度史的一些问题。社会史作为一种方法，其实可以为制度史的研究提供更多的可能路径和思路。离开制度史的社会史研究只能是“无根之木”“无水之源”，导致研究陷入“自说自话”的境地。

古代中外关系史研究综述

李鸣飞[*]

2022年中外关系史学科研究仍然关注“一带一路”、海洋史、内陆欧亚等议题，区域史和文明史研究成为新的热点，除相关论著外，发表了一批区域史和文明史研究理论的文章，对于如何更好地进行区域史和文明史研究提出了新的观点。此外，2022年考古成为热门学科，与中外关系和内陆欧亚相关的考古学研究受到更多关注，出现一批重磅成果，在考古学学科之内，也涌现出新方法和新的技术手段，让人眼前一亮。

一、2022年中外关系史学科发展最新动态

（一）区域国别研究理论的新发展。

区域史研究近年来一直受到重视，2022年对区域史研究有大规模的理论探讨。2022年4月，社会科学文献出版社出版了谢伏瞻、邢广程编《中国与周边国家关系研究（第一辑）》，这是一本边疆所主办的中国周边研究领域的综合性学术集刊，包括“中国与周边国家关系史”“周边国别与区域研究”等栏目，收录中国与周边国家关系理论、历史，边疆、海疆、“一带一路”等研究论文。与此同时，《史学理论研究》2022年第2期发表了一组探讨区域国别研究理论的论文，包括吴小安《试论中国的区域国别研究：路径选择与专业书写》，张杨《我们需要什么样的区域国别研究——基于美国实践的省思》，程美宝《国别思维与区域视角》和祝湘辉、李晨阳《区域国别视野下的中国东南亚史研究》。这组文章提出要改变长期以来以引进、翻译国外重要成果为研究本身，超越教科书式的叙述和“列国志”式的普及研究，要立足于中国本身，形成跨地方、跨族群、跨文化、跨国家、跨地区、跨大洲和跨海洋的新视角和新框架。除此之外，《史学集刊》第四期也发表了一组讨论区域国别研究的理论文章。《中国社会科学报》在2022年度陆续发表了一系列相关论文，表明以中国为出发点的国家关系和区域国别研究成为新的热点。这方面的代表作有吴士存《南沙争端的由来与发展——南海纷争史国别研究》（中华书局），该书围绕南海问题的源头和主要矛盾“南沙争端”，从历史、法理和国别多个维度系统深入地阐释了南海问题的演变过程和

* 李鸣飞，中国社会科学院古代史研究所中外关系史研究室副研究员，研究方向：元史、中外关系史。

驱动因素，做到了立足中国本身进行跨地区、跨国家、跨海洋的研究，具有很强的现实意义。

（二）文明史研究理论和新成果。

文明史，以及与文明史有相当程度交叉的全球史是新史学中的重点话题，其以文明为基本单元而展开的研究路径，因此视野更为宏大，更强调长时段变动，但文明史是欧洲中心论框架下首先提出的概念，因此难免受到陈旧范式的影响。2022 年第 1 期《史学理论研究》发表一组关于文明史研究的理论文章，包括于沛《大历史观视域下的文明史书写》、朱孝远《文明史研究的中国视野》、吴英《以唯物史观为指导书写具有中国特色的文明史》和吴晓群《为他者书写文明史》。《中国史研究》第 3 期发表赵铁峰《文明与文明史》，讨论从中华文明核心区出发的文明史书写。荣新江主编《丝绸之路上的中华文明》（商务印书馆）作为“中华文明传播史研究丛刊”系列丛书中的一种，收录了若干从中华文明核心区出发进行文明史书写的论文，如罗帅《中华文明在中亚南部的流传》，张建林《吉尔吉斯楚河流域出土的唐代佛教遗存》，姚崇新《从西域到中亚：汉地佛教艺术的西渐》，李肖、林铃梅《中亚地区佛教遗存中的中国元素》，荣新江《丝绸之路上的“吴客”与江南书籍的西域流传》等。《全球史评论》第二十二辑（中国社会科学出版社）也发表了一组全球视角的古代中外关系史论文，均从文明交流的角度出发进行研究，如杨斌《马尔代夫来的“宝贝”——先秦时期中原海贝问题新探》、庞纬《西方古典文献中的“厄立特里亚海”：名称、范围、族群与贸易》、陈巍《丝路上的“食铁鸟”：鸵鸟食性传说的跨文化研究》、李强《纸张西传拜占庭：丝绸之路全球史的个案考察》。韩香《波斯锦与锁子甲：中古中国与萨珊文明》（社科文献出版社）也是今年这方面的代表作品，该书利用多语种文献以及中西方考古文物资料着重探讨了萨珊波斯与中国的互动关系，除政治和外交，该书用大量篇幅讨论萨珊波斯与中古中国的物质文明交流，以及由此延伸出的艺术形象、宗教习俗等文化碰撞与融合。

（三）新方法和新材料。

考古学界使用古基因（DNA）研究，为人类起源、农业起源和文明起源问题的探讨，提供了新的视角和手段，刷新了人们以往的历史认知，在学术界引起高度重视。代表作有美国学者 Benjamin Arbuckle 的《古基因和欧亚大陆西部历史：古 DNA 研究揭示新史学的挑战和潜力》（Ancient Genomes and West Eurasian History：Storytelling with Ancient DNA Reveals Challenges and Potential for Writing New Histories，*Science*，2022，Vol377），利用古代基因组测序的新手段，对文献、考古和口述史进行补充，研究欧亚大陆西北部族群系谱的变化，重建从新石器时代到奥斯曼时期的人口流动。古基因组测序还为因缺乏文字记载和考古资料，而难以深究的北方民族族源和迁徙问题，提供了新的解决途径。Zoltan Maroti 等匈牙利、瑞典、土耳其、罗马尼亚等国家的24位学者，共同发表了《匈奴人、阿瓦尔人和征服时期匈牙利人的遗传起源》(The Genetic Origin of Huns, Avars, and Conquering Hungarians, *Current Biology*, 32, pp. 2858 - 2870, ElsevierInc)，探讨匈人、阿瓦尔人和征服（时期）匈牙利人的基因起源，采用古基因测序手段，对5至9世纪先后来到喀尔巴阡盆地的三个游牧部落联盟的核心群体的族源问题进行探讨。结果表明匈人和阿瓦尔人的“移民核心”，很可能起源于今天的蒙古，其起源可以追溯到匈奴。此外，征服匈牙利的“移民核心”，来自早期的曼西斯人（Mansis）、早期萨尔马蒂人（Sarmatians）和晚期匈奴人的后裔。

2022年发布的中外关系史领域最重要的考古新发现，应是哈蒙联合考古队在蒙古国后杭爱省哈沙特苏木的Nomgon地区发现的突厥可汗陵园。根据2022年8月24日，哈萨克斯坦国际突厥研究所和蒙古科学院考古研究所在乌兰巴托新闻发布会上所介绍的内容，这次新发现的突厥陵园遗址，西部有一个外方内圆的石制祭台、一个石人、两个石狮、两只石羊。建筑大门朝东，门外侧有由51个杀人石组成的石列，在其中5个杀人石上发现刻有山羊图案，这一般被认为是阿史那部落的族徽。遗址有瓦当和铺地砖，在陵园前面发现了一块圆首石碑的上半部分以及一个石制龟趺。在石碑的碑额上，线刻狼首龙身的蜷曲图案，正反两面刻有突厥如尼文12列，旁边一侧刻有粟特文。目前释读出了部分词语，如“Tengri（天）”“Turk（突厥）”“Kutlug（骨笃禄）”等，与时代相关的文字有“丑年九月”。通过释读碑文，发掘者初步认为，该陵园是毗伽可汗（Bilge Khagan）和阙特勤（Kultegin）兄弟二人为其父颉跌利施可汗（阿史那·骨笃禄）(Kutluk Elteris Khagan）所建，颉跌利施可汗是后突厥汗国（公元682—744年）的创立者（公元682—691年为汗）。该石碑被认为是目前发现的最早的突厥文石碑，首次出现了“突厥”一词。发掘者认为，此次发现的突厥陵园同毗伽可汗和阙特勤的陵园形制结构非常相似，石碑的样式和纹饰也同毗伽可汗碑和阙特勤碑较为一致，该遗址的考古报告 *Türk Kültürü* 已经在安卡拉出版，其中重点对碑文内容进行了识读。

侯灿《楼兰考古调查与发掘报告》（凤凰出版社）是迟来多年的重要遗迹考古报告，对于认识楼兰王国的史前文化、两汉时代与魏晋时期的历史意义重大。林俊雄《石人考古学——突厥遗绪与欧亚草原的世界》（八旗文化）则对中国西北、蒙古、中亚、东欧与俄罗斯的草原地区石人及相关遗址，进行翔实的考古研究，阐述了欧亚大陆各地竖立石人像的源流发展，以及不同地域间石人遗存的组成、特点与相互关系。[法] 雅罗斯拉夫·莱贝丁斯基著，王策译《唐嘎——草原民族的“纹章”》（故宫出版社）则是一本重要译著。唐嘎(tamga）是阿尔泰语词汇，欧亚草原的游牧民族主要把它用作所有权的标记和“纹章”，唐嘎广泛出现在内陆欧亚的突厥-蒙古语族中，在某些地区一直沿用至今。但对唐嘎的研究非常有限，因此该书的引进对内陆欧亚研究有开拓性意义。作者认为古代操伊朗语的游牧民族，如萨尔马泰（Sarmates）、阿兰（Alains）、塞人（Saces）等使用的唐嘎，极有可能是后来操阿尔泰语（突厥语和蒙古语）的游牧民族所用唐嘎的原型。蒙古国出版的《哈剌和林聂斯托利教形象考古研究》（Хархорумын несторын шашинтны дурсгалын археологийн судалгаа，Т. Батбаяр，乌兰巴托），从宗教图像学角度讨论蒙古帝国的首都哈剌和林的文化史，也是该领域少见而难得的作品。

西域语言文字资料，历年来持续为中外关系史研究提供新的材料。2022 年的代表作有段晴《神话与仪式——破解古代于阗氍毹上的文明密码》（生活・读书・新知三联书店），该书对新疆洛浦县山普拉乡出土的五块氍毹上的图像和于阗文字，进行了长达十年的解读和研究，出版了这部生命的绝响之作。荣新江编著《和田出土唐代于阗汉语文书》（中华书局），收录除中国国家图书馆、中国人民大学博物馆、新疆维吾尔自治区博物馆藏卷以外的，已知海内外所藏和田地区出土的汉语非佛教文书，共计 300 余件。《西域研究》第 2 期和第 3 期，陆续发表了庆昭蓉、荣新江《唐代碛西“税粮”制度钩沉》，段晴《吕珎胡书——对中国国家图书馆藏西域文书 BH1－17 于阗语文书的释读》，孟宪实《唐代于阗的四个历史时期》，孙炳晗《安史之乱后于阗地区征税体系研究》，范晶晶《对一件于阗语税收文书的考释》，张湛《一件 8 世纪后半于阗语房产抵押契约释读》，沈琛《8 世纪末吐蕃占领于阗史事钩沉》等 7 篇对于阗语文献和于阗地区古代政治、制度、经济等方面的研究论文。《中国人民大学学报》第 1 期则发表了 4 篇利用人大藏西域文书进行研究的精彩论文。其中段晴《中国人民大学藏于阗语文书的学术价值》，揭示了于阗语文书的重要意义。毕波《粟特人在于阗——以中国人民大学藏粟特语文书为中心》，利用其中的粟特语文书，考察了粟特人在于阗王国及周边地区的商业活动和商业网络，粟特人与于阗社会汉人、于阗人和犹太人等群体的互动，以及这些粟特人的宗教信仰等问题。乌云毕力格、张闶《同文之盛：〈西域同文志〉整理与研究》（上海古籍出版社），对这部六语对照的大型辞书做了详细整理。《西域同文志》不但是多语言对照辞书，也是一部西域历史地理著作，同时是一部有关卫拉特、回部和西藏贵族的家谱。对其进行整理和研究，对于西域语言文字、历史地理和蒙藏回部各部家谱和高僧传承录的研究都非常重要。白玉冬 2022 年 12 月在上海古籍出版社出版“丝绸之路历史语言研究丛刊”突厥学与突厥语文献著作三种，其中《牢山剑水：鲁尼文叶尼塞碑铭译注》系首次系统整理的鲁尼文叶尼塞碑铭译注成果，依据突厥鲁尼文碑铭图版和前人成果，全面系统排查叶尼塞碑铭，甄别出史料价值较高的 68 方稀见突厥鲁尼文墓志铭，给出录文、换写、转写与中译文，并将国际上关于叶尼塞碑铭的诸多研究成果与主流观点介绍到国内，为国内学术界提供了翔实可信的叶尼塞碑铭文献整理成果，并对伯恩什达姆等多位学者的研究做出回应与反馈；《关山明月：古突厥回鹘碑志写本的历史语言研究》是梳理中古时期回鹘文、鲁尼文、突厥语等民族碑志写本后，对中古时期北方少数民族的历史语言进行的考证研究，揭示了中古时期北方民族历史的诸多细节，展示了北方民族政治制度、经济文化、社会历史等方面的丰富性和复杂性；《古代突厥语语法纲要》则是一部学习古代突厥语语法的简明教材，其语法讲解部分，是白玉冬在其导师森安孝夫所撰古代突厥语语法讲义资料的基础上，翻译修订而成，同时编制索引，辑录鲁尼文字母和回鹘文字母及其换写和转写表，整理参考文献，并给出了选读文献，是一部不可多得的古突厥文学习资料。此外，米热古丽·黑力力《鄂尔浑文回鹘碑铭研究》（中国社会科学出版社）对重要的鄂尔浑回鹘文碑铭《希纳乌苏碑》《塔里亚特碑》《铁兹碑》等转写、注释和再译，探讨碑文所涉及的回鹘汗国历史地理、思想文化以及政治社会变迁。《敦煌学辑刊》第2辑则发表了一组对回鹘文、西夏文、叶尼塞文资料进行研究的论文，张铁山在《敦煌研究院旧藏三件回鹘文“阿毗达磨论藏”残片研究》中，新识读出三件“阿毗达磨论藏”残片，分别对每一残片进行简单介绍，对回鹘文进行转写、汉译和注释，并附以汉文原文。吐送江·依明、阿不都日衣木·肉斯台木江的《敦煌研究院旧藏回鹘文〈十业道譬喻故事花环〉残卷研究》，对敦煌研究院旧藏的两叶回鹘文《十业道譬喻故事花环》残卷进行了研究。阿依达尔·米尔卡马力的《国家图书馆藏一叶回鹘文〈佛说天地八阳神咒经〉研究》，对北京国家图书馆收藏一叶回鹘文《八阳经》写本进行转写、翻译和语文学注释，并将其与伦敦本、京都本等进行对比分析，提出该文献不同于其他版本。李刚的《吐鲁番新获回鹘文书探究》对2015年在吐峪沟西区的中部高台新发现的纸质和木牍等各类回鹘文书进行研究，发现四件木牍回鹘文书中三件都清楚地记录主人姓名等信息，纸质文书一经确定为《佛说北斗七星延命经》，文书二为韵文文体文书，文书四提到讲经师沙弥土都等信息，推进了学界对蒙元时期吐鲁番历史文化的理解。孙伯君、夏立栋的《张掖金塔寺石窟新见的西夏文榜题》确认了东窟塔柱正面残存西夏文墨书题记的分布位置及与临近塑像的内在关联，提出题记题写于早期塑像旁侧，内容为阿弥陀佛的十种化身名号。这一发现重新定义与建构了塔柱原有造像布局，进一步佐证了净土信仰曾盛行于西夏境内。白玉冬、车娟娟《叶尼塞碑铭所见华夏称号“王”考》对不同叶尼塞碑铭中对汉字“王”的不同音译进行分析，梳理了华夏王朝与北方草原民族之间不同的交流途径。

中外关系史研究中使用的材料范围日益扩大，张锐《教廷特使多罗与中梵早期关系（1622—1742）》［*La missione de lprimo Legato pontificio Maillard de Tournon: All' origine delle relazioni tra Santa Sedee Cina*（*1622 - 1742*），罗马：乌尔班大学出版社］以罗马教廷档案为基础，重点考察了梵蒂冈图书馆、梵蒂冈保密档案馆、传信部档案馆和信理部（原宗教裁判所）档案馆的一手史料，梳理了教廷对华政策的变迁路径，审视其在不同时期的重大决策，使人得以窥见中梵政治、外交关系的形成、困境及其复杂发展的历史过程。国外学者在这方面也有很多建树。纳思霖·达斯坦（Nasrin Dastan）《伊朗细密画中的中国元素》（大象出版社）一书，以《史集》（Jāmi'al – Tawārikh）和《列王纪》（Shāhnāmah）等古抄本中的细密画为研究对象，讨论其中的中国绘画元素，提供了非常新鲜的材料和视角。

大塚修、赤坂恒明、高木小苗、水上遼、渡部良子訳註『カーシャーニーオルジェイトゥ史イランのモンゴル政権イル・ハン国の宮廷年代記』（名古屋大学出版会），是2022年最为重要的文献翻译作品。哈沙尼的《完者都史》是《史集》之后伊利汗国历史的关键史料之一，但一直以来没有通行语言译本。日文译注本的出版，对于研究14世纪内陆欧亚史的学者来说，是一件值得庆贺之事。

（四）"一带一路"、内陆欧亚、海洋史、东亚文明交流史等传统研究成果仍然丰富。

"一带一路"仍然是中外关系史研究的最大热点，代表作有美国新泽西大学刘欣如教授主编的《古代丝绸之路的世界》（*The World of the Ancient Silk Road*，Routledge），收录了中、日、英、美、意、德、新西兰及哈萨克斯坦等国28位作者（其中中国学者12位）的32篇论文。该书旨在考察从中国到地中海，古代社会商业和文化交往的发展过程。从青铜时代早期人类社会对中亚的开发，欧亚大陆游牧社会的迁徙，马和骆驼的驯养，语言的传播和转化，各地商栈城市的出现等方面，展现丝绸之路基础设施的形成。与以往丝绸之路史研究注重交通路线或丝绸之路专题研究不同，这本论文集结构宏大，内容丰富，参与的各国学者都是领域内专家，文章论述精湛，是2022年度中外学术界的一项重要成果。

内陆欧亚研究方面，陈浩主编《欧亚草原历史研究》（商务印书馆）值得关注，该书是2018年在上海召开的"第七届中古欧亚草原国际学术研讨会"会议论文集的中译本。文集作者多为国际上研究欧亚草原的名家，他们的文章具有一定的代表性和权威性，文集学术价值很高。相比英文版的27篇论文，中文版多收1篇，全书分为考古、历史、文献、地理、宗教、文化六大板块，书末附有索引。

在海洋史和海洋丝绸之路研究中，值得一提的是《文史哲》2022年第4期发表的葛兆光《作为一个历史世界——蒙古时代之后的东部亚洲海域》。该文将蒙古时代之后亚洲东部海域或环东海、南海区域，作为一个相对完整的历史世界进行研究，提出在蒙古时代之后的全球交通上，海路逐渐超越陆路，因此，"东部亚洲海域"尽管也有海禁与倭寇、壬辰之役、明清易代、大航海后西人东来等扰动，但在19世纪中叶西方的根本冲击之前，它仍然勉强维持了大体稳定的政治、经济与文化秩序，而从这一秩序的形成、动荡与瓦解过程中，正可以看到东部亚洲海域从传统到近代的历史过程。金国平的《"中国大帆船"与"丝银之路"——"Parián"研究》（澳门基金会和暨南大学澳门研究院）一书的亮点是利用大量西班牙语和葡萄牙语文献，论述早期中国与西班牙的海上交流中，澳门的重要地位及其他相关问题。［德］吉乐的《海上丝绸之路的陶瓷：外销瓷如何塑造全球化的世界》（中国科学技术出版社）以中英双语形式出版，追溯了一千年来中国外销瓷走向世界，以及其他国家和地区模仿、创新与追赶的历史，还呈现了200多件中外不同时期的陶瓷器。此外，《海洋史研究》第十八辑（社会科学文献出版社）为印度洋史专辑，收录若干中外学者关于印度洋交流史的专题论文和书评，内容涉及印度洋世界远距离跨海域商业活动、中非瓷器贸易、港城社会与商人群体、华商网络等问题，对以往被忽视的航海与医疗疾病、生态环境史也有新的开拓。爱德华·阿尔珀斯著，吴静译《印度洋研究的回顾与展望——一位历史学家的视角》，以及爱德华·阿尔珀斯著，冯立冰、王玉浩译《从"沿海地区"到"一股清风"：迈克尔·皮尔逊对印度洋史的贡献》，是印度洋研究方面的很好的学术史专论。此外，罗萨妮·马伽丽迪著，罗燚英译《岛屿之海：岛屿、岛国和印度洋的历史》，廉亚明的《〈郑和航海图〉里的南阿拉伯海岸港口》，庞纬的《"失语"者：西方古典视域下的食鱼部落》，唐·瓦耶特著，郭姝伶译《中古时期中国与东非的商品贸易》，秦大树、李凯的《非洲发现的早期中国贸易瓷器及其发展变化》，塞巴斯蒂安·R. 普朗格著，何爱民译《贸易与耻辱无关：12—16世纪西印度洋的海盗、商业和社区》，则是各国优秀学者关于印度洋古代历史和海上交通及贸易的专题论文。此外，这一期专辑还收入了若干书评。

东亚交流史中，陈波的《风说书的世界：东亚视域下的明清鼎革》（上海古籍出版社）一书很有新意。所谓"风说书"，是古代日本的"唐通事"对到日商船进行问询后，采录并上呈江户幕府的有关来船情况及中国内地、东南亚一带消息的报告，可以说是古代日本政府特意搜集的海外情报。以"风说书"为线索的古代东亚区域视角下的思想史和知识传递研究，在国内还属于空白领域。

马可·波罗研究早已成为一个专门的研究领域，在2022年也有重磅译作问世。傅汉思著，党宝海等译《马可·波罗到过中国：货币、食盐、税收的新证据》（北京大学出版社），是为马可·波罗是否亲自到过元代中国，这一经久不衰的学术论争而撰写的，作者凭借其深厚的经济史功底，通过对元代的纸币和贝币、食盐生产、杭州地区的税赋收入、元代行政地理等几个方面的研究，以坚实证据得出结论：马可·波罗确实到过中国，这是一部高水平的马可·波罗相关著作。荣新江、党宝海编《马可·波罗研究论文选粹（外文编）》（中西书局）精选翻译了一批马可·波罗研究的高水平外文论文，对于马可·波罗研究具有推进意义。

在文献整理方面，杜建录、邓文韬主编《党项与西夏碑刻题记》（全三册，三秦出版社）值得关注。该书共整理百余方汉文碑刻题记，包括早期党项碑刻题记整理（22方），西夏碑刻题记整理（15方），宋金境内党项人碑刻题记整理（25方），元明西夏遗民碑刻题记整理（48方）等，是一部方便使用、内容丰富的资料集和工具书。朱雷的《吐鲁番出土文书补编》（巴蜀书社）系统整理了新疆维吾尔自治区博物馆所藏一批未经刊布的吐鲁番出土文书残片，是吐鲁番出土文书整理的最新成果。拜根兴的《七至十世纪朝鲜半岛石刻碑志整理研究》（社会科学文献出版社）收录了7—10世纪朝鲜半岛相对完整的石刻碑志共83件，分“整理篇”和“研究篇”。“整理篇”除校注外，还给每篇碑刻撰写解题，一些重要碑刻收入了前人所写题跋；“研究篇”包括十篇专题论文；附有最新研究动态和石刻碑志简目。

二、2022年中外关系史学科主要成果及重要学术活动

除了第一部分提到的重要成果外，2022年还有大量值得关注的学术作品。2022年出版的河南省文物考古研究院等编著的《高勒毛都2号墓地：2017—2019中蒙联合考古报告》（科学出版社），是一部重要的匈奴墓葬考古报告。青海省文物考古研究所、陕西省考古研究院编著《青海都兰哇沿水库2014年考古发掘报告》（科学出版社），所载发掘的墓葬为吐蕃人或吐蕃治下吐谷浑人墓葬，反映了该地区古代人类的生活、宗教和丧葬习俗。

青海和甘肃的吐谷浑墓葬群作为重大考古发现，为我们提供了丰富的新资料，2022年《考古》第10期发表了陈国科等的《甘肃武威市唐代吐谷浑王族墓葬群》，提出武威南山地区所发现的吐谷浑王族墓群，可分为“阳晖谷”陵区、“大可汗陵”陵区和“白杨山”陵区等，墓群呈现出广集中、大分散、小聚集、有呼应的分布特征。经过考古发掘，确认吐谷浑墓葬有不设封土，死则潜葬的营建特点，并出土一批罕见的唐代珍贵遗物。《考古》同一期发表韩建华的《青海都兰热水墓群2018血渭一号墓吐蕃化因素分析》，文章运用文化因素分析法，从墓葬形制与结构、出土文物、葬制葬俗等方面，讨论了吐谷浑王族的吐蕃化因素，并从身份、文化认同的角度，探讨了吐蕃化的背景与原因。《敦煌研究》第4期发表了沙琛乔等的《甘肃武威唐代吐谷浑王族墓葬群殉牲习俗初探》，《中原文物》第1期发表了韩建华的《青海都兰热水墓群2018血渭一号墓墓主考》，对青海都兰热水吐谷浑墓和甘肃武威吐谷浑墓葬群进行介绍和研究。《江海学刊》第5期周阿根的《吐谷浑喜王慕容智墓志校理》，则对此前发表的墓志考释提出了不同意见。

《考古与文物》第1期发表了三篇关于咸阳成任墓地相关文章（《陕西咸阳成任墓地东汉家族墓发掘简报》《咸阳成任墓地出土东汉金铜佛像研究》《咸阳成任墓地出土东汉金铜佛像科学分析》），对墓地中出土的具有犍陀罗风格和马图拉风格的金铜佛像，进行介绍和研究，认为这两尊金铜佛像的出土，对于佛教及佛教造像艺术的传入、中国化具有重要价值。姚崇新《关于咸阳成任东汉墓出土金铜佛像的几个问题》（《文博学刊》第2期）则认为这尊金铜佛像是十六国盗墓者的遗留物。吴强华、赵超编著《翟门生的世界：丝绸之路上的使者》（文物出版社）收录了翟门生墓墓门、石棺、石屏风、石阙等石刻的大量图片，并对翟门生墓志进行了释读，还包括对石刻文字及画像的研究论文。夏立栋《高昌石窟分期与谱系研究》（《考古学报》第2期），对吐鲁番盆地已发现十四处石窟寺遗址的四百余座

洞窟进行分期，并研究它们之间的谱系关系。

丝绸之路相关研究仍最为丰富。邵会秋、杨建华的《前丝绸之路亚洲草原的文化交往——以金属器为视角的考古学研究》(《故宫博物院院刊》第6期)，将中国北方和新疆地区发现的金属器与欧亚草原东部地区出土的同类器，进行比较研究，揭示了公元前2世纪至公元1世纪中国北方地区与广阔的欧亚草原之间的文化联系和互动，并指出这种互动最终孕育出了丝绸之路。潘玲、谭文好的《呼伦贝尔鲜卑遗存中的西来文化因素——兼谈两汉时期的“草原丝绸之路”》(《考古》第5期)，分析呼伦贝尔南部及毗邻地区鲜卑遗存中，夹金箔玻璃珠、腹部近倒三角形的高圈足铜鍑、鍑形陶罐、飞马纹和奔马纹牌饰，以及回首鹿纹带饰等，所具有的来自南西伯利亚米努辛斯克盆地、图瓦等地的文化因素，提出南西伯利亚与呼伦贝尔及毗邻地区的文化交流传播路线，可视为两汉时期的“草原丝绸之路”。巫新华的《重走天山路：东天山吐鲁番古道考察与研究》(广西师范大学出版社)，以西域历史为背景，以丝绸之路的沙漠戈壁和天山腹地路线为地理依托，以著名历史人物和重大历史事件为主要线索，用探险考察的方法发掘失落的丝路古道，再现古代丝绸之路重要路段灿烂的文化与文明。张爽、薛海波的《丝路视域下拜占庭、中介民族与中国关系研究》(中国社会科学出版社)，突破以往西方学者多注意丝路贸易中的罗马-拜占庭世界，以及中日学者更多地关注丝路东段、注重研究丝路路线、地理、物产、种族的研究模式，将拜占庭、中介民族与中国关系，放置在欧亚陆海交通的广阔场域中，按照地理位置由西到东的顺序，展开篇章设计和布局，采用实证分析方法，勾勒了张骞通西域欧亚丝路开通，至阿拉伯穆斯林势力兴起前的欧亚丝路贸易的实态，是作者试图从世界史角度，宏观构建丝路史研究新理论的有益实践，对国家“一带一路”经济发展战略具有一定参考价值。海老泽哲雄的《十三世纪东西交流史研究》(开文出版社)，利用书信档案和传教士报告，深入探讨了13世纪蒙古和罗马教廷、法王及西里西亚亚美尼亚的关系。此外，还有黄达远《欧亚时空中的中国与世界》(社会科学文献出版社)，万明《丝绸之路上的明代中国与世界》(中国社会科学出版社)等，均在丝绸之路的视角下，研究区域国别关系史。赵丰主编《众望同归：丝绸之路的前世今生》(商务印书馆)，以2020年中国丝绸博物馆主题展览“众望同归：丝绸之路的前世今生”为切入点，由丝路考古与历史领域的知名学者，从历史事实存在的中西交流之路、李希霍芬时代提出的丝绸之路、联合国教科文组织提出的世界遗产丝绸之路等三个角度，讲述丝绸之路的发现史和学术史。

在文明史方面，《敦煌研究》第1期发表了郑炳林、张静怡的《西汉敦煌郡西域间骏马贸易与李广利征大宛》，重新讲述骏马贸易在汉王朝经营西域战略中的重要地位，并分析敦煌的马贸易与李广利征大宛的关系。《敦煌研究》第3期发表了沈琛的《再论吐蕃与景教、摩尼教的联系》，对有关吐蕃与景教、摩尼教联系的5组史料的性质、年代与真伪进行了重新检视，探讨了景教、摩尼教在吐蕃的传播路径与范围，并着重对学界所提出的摩尼教相关知识自剑南道传入吐蕃之说进行了辨析，提出了景教与摩尼教的传播，主要发生在吐蕃新占领的敦煌，未能在吐蕃腹地获得实质性的传播。《唐史论丛》第2期发表丁友芳的《〈西域图记〉：隋朝的西域情报、知识与战略总纲》，该文从《西域图记》所存序言、佚文及裴矩在大业年间所主持的对西域关系的实践活动，推测《西域图记》在隋炀帝经营西域中具有重要的战略意义。《中国社会科学院大学学报》第8期发表的肖超宇《民族志视角下的〈经行记〉研究》，则通过对杜环《经行记》的再研究，指出其现存部分实为以唐代西域及中亚地区多民族社会与多元文化为主的民族志文献，不仅呈现出作者杜环在汉文化背景下，对域外族群与宗教文化的整体性认识，而且反映了中亚、西亚、北非等地区的人们生活与习俗的多元化特征，并提出《经行记》的民族志内容，由整体认知观念与地方性知识构成，它们较为完整地展现了中古时期汉文化关于域外社会的知识体系及其文化认同意识。《中州学刊》第6期发表杨蕤、田文的《10—13世纪丝绸之路上的僧侣往来与中西文化交流》，梳理了10—13世纪陆上丝绸之路上的宗教交流，指出这一时期西域、河陇、河湟、南亚及中亚等地区的僧侣进入中原，或进行贸易谋利，或进行宗教活动，或充当外交使臣，以佛教僧侣为主的宗教信徒以及西来的婆罗门教、摩尼教等宗教教徒在陆上丝绸之路处于低谷的背景下，行走在丝绸之路上，维系着五代北宋时期陆上丝绸之路的持续畅通，丰富了宗教交流的内涵，彰显出沙门僧侣在沟通中西方面的桥梁纽带作用。齐小艳的《从马其顿到马拉坎达：粟特地区的希腊化研究》（中国社会科学出版社），提出在粟特地区与希腊本地、希腊化文化主要中心的联系被隔断之后，该地区仍是希腊化文化影响传播的地区之一。这些希腊化文化信息甚至随着粟特人的经商活动传入中国，这也是古代中亚与古代中国的和平交流与互动的结果。美国学者理查德·W. 布利特著，于子轩、戴汭等译，罗新校《骆驼与轮子》（北京大学出版社），采用考古学、艺术学、人类学及语言学研究方法，利用骆驼饲养业相关的知识，同时运用大量图像证据，探讨了骆驼的使用对人类历史，尤其是中东和北非的历史产生的深刻影响，揭示了其中蕴含的社会、军事、经济、技术因素。

在内陆欧亚学研究方面，《中国历史地理论丛》第3期发表的郭桂坤《唐瀚海、单于二都护府初置年代再考》，指出永徽元年（650）突厥车鼻政权溃亡，唐朝以其余众先后设立新黎、狼山、浑河等羁縻州，隶属于燕然都护府。龙朔三年（663）唐军平定铁勒叛乱，遂将燕然都护府迁至漠北，改称瀚海都护府。与此同时，鉴于燕然都护府北迁后漠南地区缺乏最高羁縻机构，唐朝又新置了云中都护府，主要统辖漠南突厥蕃州。麟德元年（664）又将其改名为单于都护府。诸书所载瀚海、单于二都护府并立于北疆的局面，直到此时才真正出现。唐修《国史》中的《突厥传》，囿于纪传体例，专记与突厥直接相关的史事，略去了部分有关漠北铁勒的动态，故形成永徽元年唐朝即在北疆分置瀚海、单于二都护府的面貌。这种记载方式又为诸书承袭，遂成为长期困扰后人的一种误说。稲葉穣『イスラ－ムの東・中華の西：七～八世紀の中央アジアを巡つて』（伊斯兰之东，中国之西：7—8 世纪的中亚之旅，臨川書店），在 7—8 世纪伊斯兰兴起和中国唐朝的背景下，以最新的考古学、钱币学和语言学研究成果为线索，重新书写玄奘、慧超、悟空之行，描绘了东西欧亚大陆碰撞、交流、融合的历史。D. G. Tor 等编纂的《伊朗和中亚的历史文明：从前伊斯兰到伊斯兰时期》（*The History and Culture of Iran and Central Asia*：*From the Pre－Islamic to the Islamic Period*，Edited by D. G. Tor，MinoruInaba），审视了中亚伊朗世界，从前伊斯兰时期到伊斯兰时期的重大文化、宗教、政治和城市变化。伊朗语世界在伊斯兰兴起之后，产生了彻底的变革，从根本上改变了世界历史的进程，这种转变包括伊斯兰教对佛教、景教和该地区其他宗教的胜利，中国的军事政治影响力从中亚消退，以及中亚在文化和人口方面，从伊朗文明向突厥文明的转变。该书收录了前伊斯兰和伊斯兰时代，伊朗世界的考古学、历史学、语言学和文学领域工作的杰出学者的论文，阐明了这一变革的内容和重要影响。

2022 年有一批从钱币角度出发的研究，视角各有不同。郭云艳的《罗马－拜占庭帝国嬗变与丝绸之路：以考古发现钱币为中心》（中央编译出版社），把考古发现的钱币研究与文献记载以及相关国家和地区的历史研究结合起来，在宏观的历史发展脉络上，解释微观的钱币信息，说明罗马－拜占庭帝国在丝绸之路上的活动与影响，随时代发展而发生变化，梳理了从早期经过印度的海路交通，到拜占庭早期转为途径中亚的陆路交通，再到阿拉伯帝国兴起之后拜占庭帝国的影响急剧收缩，至最终消失的过程。井上正夫『東アジア国際通貨と中世日本：宋銭と為替からみた経済史』（名古屋大学出版会），把宋代钱币作为一种国际货币，以此视角研究宋代货币对东亚世界的影响。

东亚世界的区域史研究也有丰富成果，《唐史论丛》第 1 期发表冯立君的《唐与高句丽、百济道教交流问题新探》，指出编纂于唐宋时期的历史文献，明确肯定了唐与高句丽之间上层的道教交流，高句丽壁画中的神仙思想和道教因子也有迹可循。但是，道家思想和道教文化在高句丽支配层和普通民众中的地位和作用并不明晰。从高句丽文化的综合发展来看，道教乃是在其后期被引入，相对而言受容时间短、影响较浅，并非高句丽文化的核心要素。

森公章的『遣唐使と古代対外関係の行方：日唐・日宋の交流』（吉川弘文馆）和大幅修订后重版的權悳永《古代韩中外交史：遣唐使研究》（楼正豪译，秀威出版），分别从遣唐使的角度研究古代中国与日本、韩国的关系史。

《唐研究》第 27 卷发表的严茹蕙《日本古代七夕节与相扑节的变迁——东亚礼令实施异同的一个侧面》，指出 8—9 世纪的日本在实施律令制的过程中，由于法令不适用于当时日本社会，或是与当时日本政府所重视者有冲突等因素，乃逐步以诏敕、太政官符等方式对唐制加以修正。中国的七夕与相扑从汉至宋历经变化，七月七日作为令制节日之一传至日本，在8世纪中出现节名“相扑节”，成为与中国七夕性质有别的节日，最终于1174年从国家礼仪及官方活动中消失，即是反映此一趋势的佳例。然而文化有软性和具有包容力的层面，回顾日本令中的节日体系，本是外来之物，硬添加本国发源的活动，造成节日性质与起源地迥异，出现易橘为枳的模仿窘态。但在消化吸收唐制后，七夕也成为日本文化的一部分。

王振忠的《18世纪唐通事眼中的中日贸易与长崎社会——新见抄本〈琼浦闲谈〉研究》（《学术月刊》第5期），介绍了日本东北大学附属图书馆收藏的《琼浦闲谈》，这是一册迄今尚未受到学界关注的珍稀抄本，成于唐通事之手，生动地描摹了18世纪的中日贸易与长崎社会实态。通过对这一抄本的研究发现该书所述具有特别的史料价值，由此应充分重视活跃于长崎的福州府属人群之乡土背景。江户时代在长崎的不同人群之信仰彼此交融，既有中国人对日本神明之借用，又有中国各类信仰崇拜移植日本的更多例子。通过对福州府土神“九使”与长崎諏访神社信仰之渊源等的分析，可以管窥传统时代中国文化的传播及其相关影响。罗乐然的《达志通欲：朝鲜汉语译官与十七至十九世纪的中朝关系》（华艺学术出版），通过对中朝文人书写与官方史料的分析，探讨汉语译官在中朝关系中担任的文化代理人的角色，阐明他们的活动如何建构与士大夫不一样的世界观，从而改变两国的关系以及文化交流互动的结果，并借此提出“东亚世界网络”如何交织出新的东亚研究意识。

钱国红的『国家の想像と文化自覚——日中グローバル化の史的研究』（汲古書院）和川本芳昭的『世界秩序の変容と東アジア』（汲古書院），关注全球史角度下的东亚区域。王元崇的《入关前清政权对朝交涉及其正统观念的形塑》（《中国历史研究院集刊》2021年第2辑），提出清朝在“华夷之辨”语境下通过政治话语建设，逐步扭转了长期被明朝和朝鲜视为“夷”的身份，逐渐将周边政权描绘为外围藩属，进而加强了自身的统治合法性。廉亚明、罗茂锐主编 *Tribute System and Rulership in LateImperial China*（Vandenhoeck & Ruprecht Gmbh & Co），陈俊达《从“交邻”到“封贡”：高丽与辽朝交聘研究》（万卷楼图书股份有限公司），岩井茂树著、廖怡铮译《朝贡、海禁、互市：近世东亚五百年的跨国贸易真相》（八旗文化），以朝贡体系为切入点对东亚地区政治和经济、贸易关系进行研究。金文京《汉文与东亚世界》（上海三联书店），从汉字文化圈出发，讨论东亚地区关系和复杂性。黄晓芬等主编『古代東アジア都市の構造と変遷』（同成社），从城市构造的角度，探讨东亚区域内相互之间的影响。古畑徹编『高句麗・渤海史の射程：古代東北アジア史研究の新動向』（汲古书院），收录了2020年3月因疫情未能举办的“日中高句丽渤海史研究会”论文，并附上了近年来日本的东亚史研究动态。

2022年度，古代中外关系史研究室出版了两种欧亚备要丛书《敕勒与柔然（增订本）》

（周伟洲，商务印书馆）和《半山与马厂彩陶研究》（李水城，商务印书馆）。还出版了两种高水平学术集刊，《欧亚学刊（新11辑）》收录10篇学术论文，汇集了内陆欧亚考古、历史、文化及文献研究的最新成果，集中刊发了关于丝绸之路古代多元文化交流、欧亚草原上的突厥语族、《元史》笺证等研究成果。其中既有关于丝绸之路古代多元文化交流的研究，也有关于古代突厥语族在欧亚草原上的发展历史的论文，还收录了史料校勘成果。除上述研究文章之外，还刊发了书评4篇，对近年新进出版的国内外研究著作进行介绍与评价。

《欧亚译丛（第六辑）》共收译文16篇，内容涉及古代内亚考古调查，以及历史地理、社会、族群、史书、人物、文化与社会生活等诸多方面。其中，6篇考古领域的译文比较集中地呈现出以往国内内亚考古学家很少关注的中亚青铜时代末期楚斯特文化的全貌，提供了关于蒙古高原古代考古遗存及其解读的最新学术动态。历史方面的论文基本囊括了古代内亚核心地区的几个重要部落，聚焦于内亚盛极一时的匈奴、突厥、库蛮、哈剌契丹与蒙古等游牧部落的起源、迁徙地理、政治建制、社会结构与人物事迹等问题，为国内在这一领域的相关研究提供了重要参考。总体而言，这一辑所收考古学与历史学论文基本延续了《欧亚译丛》以往的办刊风格。无论外文原文的质量，还是汉译文章的水平，都非常可观。

2022年中外关系史研究室的代表作为李花子研究员发表在《清华大学学报（哲学社会科学版）》第4期的《朝鲜王朝〈西北界图〉考——兼论与清朝舆图、志书的关系》和发表在《清史论丛》2022年第1辑的《法藏〈天下诸国图〉与奎章阁〈舆地图〉比较研究》，均为研究朝鲜王朝地图与中朝关系的重要成果。

三、2022年中外关系史学科发展评价

2022年中外关系史学科发展整体而言繁荣有序，发起了以中国为立足点进行区域国别史和文明史研究的理论探索，同时关注传统丝绸之路、海丝海洋史、东亚和西域区域史等传统学术热点，涌现出大量优秀作品。2022年中外关系史学科发展有以下几个重要特点。

理论性更强，越来越多的学者对传统研究范式进行反思，要求构建新的理论体系，书写从中国出发，以中国为立足点的中外关系史。

跨学科研究逐渐铺开，考古学与历史学，语言学与历史学，自然科学与历史学相结合的研究成果越来越丰富。

研究视域更有弹性，无论是宏观角度还是微观角度都出现了新的成果。从全球史视域探讨小至纸张、鸵鸟等微观问题的学术作品，表现出学者的视野弹性更大。

与国际学界交流更为频繁和深入，中国学者利用域外资料，用外文发表论文和出版著作，域外学者利用中文资料，用中文写作，共同讨论热点学术问题，相互回应观点，都更为

常见，中外关系史学术界的中外关系日益密切。

但不得不说，由于三年疫情的影响，国际交流非常困难，国内外的实地考察很难开展，国内、国际的学术会议也大都转为线上举办，对于中外关系史研究而言是一大障碍。希望在逐步放开的前提下，中外关系史研究能够进行更多的国内外学术交流，达到新的高度。

历史地理研究综述

成赛男*

2022年度，中国历史地理学的进展可以借用“守正与创新”一词来总结。历史地理学研究一方面固守传统阵地，历史政区、水文、边疆等领域成果丰硕且有诸多突破之处；另一方面，环境变化、灾害史、地图学史、历史动物地理、交通地理等领域展露出更深入的学科交叉与拓展的态势。历史地理信息系统等技术手段广泛应用于城址复原、土地覆被、政区沿革、城市交通、水文水利等研究领域，体现出交叉学科方法对历史地理学的重要价值。

一、最新动态与理论问题

2022年度历史地理学科成果的发表，在分支学科上基本承继了往年的态势。以发表数量而言，传统的历史沿革地理、政区地理乃至边疆地理仍然是重要内容。历史自然地理方面，农业、水文、水利等成果较为丰富，其中，讨论运河沿线城镇发展以及水利问题的文章与往年相较偏多。历史人文地理方面，文化地理、军事地理、经济地理、交通地理等领域均有一定成果发表。历史地图与古地图研究近年也愈发兴起。从研究区域而言，除了华北、江南等区域以及东部各省份，受“一带一路”等国家战略的影响，2022年度西北区域历史地理研究也相对较多，还有部分海洋、海疆面向的历史地理研究成果。

环境史在过去十余年间成为新兴学科，随着环境史学科本身的发展，以及疫情的挑战和生态环境的压力，学界对环境史的关注也越来越密切。2022年度的学术热点之一，即为环境史学者对“衰败论”的理论反思。

《社会科学战线》第7期组织了圆桌讨论：“环境史衰败论再思考”，共4篇文章，反思了中国环境史研究中的衰败论叙事倾向。其中，侯深《文明演化的另一种叙事——反思环境史中的衰败论》梳理了西方史学界环境史与衰败论产生的理论与实践源流，认为衰败论提出了一种重要的关于文明演化的叙事，成为我们理解历史的重要路径。但当下已经成为固化的写作范式，需要学人进行反思，从对“适应性”和“恢复力”的探讨中寻求对文明叙

---

* 成赛男，中国社会科学院古代史研究所助理研究员，研究方向：历史气候变迁与环境变迁、环境史与灾害史。

事的新契机。费晟《环境史衰败论叙事的正误及其评判尺度》一文认为衰败叙事论是环境史研究常见且重要的叙事模式之一，其兴起具有历史合理性与必然性。“但是这种叙事不仅容易片面化地理解人与自然环境的复杂互动，也低估了生态系统的内在运作规律”，因此环境史研究应重视具体历史场景，并充分注意时空尺度与价值立场，冲破衰败论局限。曹牧《走出“今不如昔”的困惑：环境史衰败论的缺陷与价值》认为“衰败论”造成了“今不如昔”的错觉，是对传统时期人与自然关系的理想化和过渡崇拜。这种固化叙事模式损害了环境史研究的可信度和创新性，从学科长远发展来看，需要理性评价并谨慎对待。杨长云的《城市环境历史的叙事选择——以衰败叙事为中心的讨论》，认为 19 世纪以来美国城市环境历史中出现的进步叙事、衰败叙事和希望叙事，都是对历史事实的叙事选择，而每一种选择背后皆隐藏着书写者对人与自然、城市与自然关系的不同看法和价值取向。希望叙事是对衰败叙事的反思和挑战，也可能是城市环境史叙事中替代衰败叙事的模式，而左右“衰败”与“希望”的是资本。

无独有偶，20 世纪 90 年代末，国际生态人类学界曾对过去的“Golden Age”（黄金时代）进行反思，认为这是文化生态范式的缺陷之一。所谓“过去的黄金时代”，即认为原始时期人类与自然之间是和谐共生的关系，在这个时期，文化是保持人与自然和谐的“恒温器”。而对此的修正，则需要强调历时性思考的“历史生态学”，即当我们研究有人类作用的生态系统时，我们不仅考察人类作用的元素（如经济、宗教、政治、新的交通路线、医疗等）所带来的变化，同时考虑历时性变化，即我们需要考察结构和功能的历史。实质上，对“过去黄金时代”的反思，不仅是局限于生态人类学内部的一次理论思考，更是建立在社会科学与自然科学都取得进展的学术发展背景之上，对人与自然关系取得更深层次和更客观认识的努力。应该认识到，自然科学学界对历史时期气候与环境演变过程更精密的复原为更客观的考察过去人类与自然的相互关系提供了基础数据，进而促进了人文科学以及交叉学科的发展。然而，直到近年，生态人类学中仍不乏对“重视传统的历时性研究”的呼吁，可见从理论反思到研究实践，还有漫长的路需要走。

“衰败论”作为环境史叙述的重要方式，其产生与环境史兴起时的时代背景密切相关。21 世纪以来，“人类世”概念提出，这意味着气候相对稳定、适宜人类生存的全新世时代的终结，也意味着人对自然的影响已经大大超越了传统时期，人类活动能够对自然生态系统的关键要素做出重要改变。在这样一个新的地质分期和时代发展背景下，重新思考“人与自然关系”，对人与自然交互作用关系书写方式进行反思与修正也是环境史学者乃至社会科学学者新的时代命题。

我国环境史研究中，近代时段相对薄弱。《近代史研究》2022 年第 2 期和第 5 期组织了“近代中国的人与自然”专栏。梅雪芹《在中国近代史研究中增添环境史范式》一文指出，鉴于该刊的地位和影响力，以及近代中国或中国近代历史的特殊性和重要性，此次笔谈构想和举措意义非凡，需要在学理上加以全局性思考并深入剖析。只有这样，才能对“近代中国的人与自然”这一课题本身有更恰当的认识，进而才能从这一视角对中国近代历史做出合乎时代需要的创新性研究。而其中程森《中国共产党领导下的冀西河滩地开发与环境治理（1937—1949）》一文，正是学界反思“衰败叙事”的研究案例：以往华北环境史研究因过于关注生态退化而忽视了人们应对环境变迁的能动性。结构化的生态退化不应单纯被看作束缚区域发展中人的能动性发挥的障碍，华北根据地时期环境史研究也应进一步纳入中国环境史和中国共产党生态文明思想发展史研究的视野之中。另一篇文章则考察了时代背景下人作用于牧草资源的技术实践，张博《民国时期内蒙古畜牧生产中牧草利用方式及其改革》认为民国时期内蒙古畜牧生产中牧草利用呈多元状态，但在当时社会动荡、战乱频发的背景下，以及基于西方与内地农业区经验的牧草利用理念、技术，无法与内蒙古实际的社会制度、多元牧业生产、传统思想文化等相兼容的情况下，相关改革未能得到深入落实。

在国际学界，2022 年度的学术热点是与环境史研究密切相关的动物史研究。2022 年 7 月在波兰召开了“第 23 届国际历史科学大会”，受疫情影响，这场大会推迟了两年。主题报告共三场，其中“动物史和人类史的交互演进”成为会场最为热门的主题报告。全场大会除了传统的政治史、军事史、经济史等议题，特别突出了全球史、比较史、（女性）性别史、环境史和记忆研究等主题。随着国际史学界和理论学界中出现的“走出以人类为中心的历史书写”的努力，以及“超越人类的地理学”思潮，环境史、生态史甚至“地球史”的书写热度不减，也促发了动物史研究的潮流。国际学界的动物史研究致力于发掘动物在历史进程中的“主体性”，关注人类之外其他物种在历史长河中的角色与地位。

与国际学界的“动物史”研究理路不同，我国历史动物研究起源于 20 世纪 70 年代文焕然、何业恒开创的历史动物地理研究，最初主要关注历史时期自然界中受环境气候与人类活动密切影响的野生动物的地理分布与变化规律。进入 21 世纪以来，随着环境史研究的兴起，我国历史动物地理研究也逐步回温。

2022 年度我国历史动物研究所涉及的动物种类、区域和主题都在扩展。涉及的动物种类如鲤鱼、孔雀、鹿、狼、蝗、熊猫等，还有与经济产业密切相关的渔业、蟹业、蠔业，与政治文化密切相关的鹤文化，等等。这些研究成果主要发表在农学相关的期刊，如《中国农史》、《古今农业》以及《农业考古》等。《澳门理工学报》连续两年设立陈怀宇主持的历史动物地理研究专题，成为除农学期刊之外的重要阵地。历史动物地理学者对本学科未来发展理路进行了反思，研究内容也从历史时期动物的分布、变迁及相关经济产业发展，扩展到背后的政治因素和文化内涵，体现出历史动物地理研究在理论与实践层面的进展，以及动物地理研究内在的跨学科属性。

二、热点与研究趋势

“跨学科”在历史地理研究领域不仅体现在研究主题、思路上，也体现在研究方法上。在国际数字人文潮流的影响与我国历史地理信息研究发展的双重驱动下，我国历史地理数字化研究不断深入。2022 年度的发表成果体现出，学界在历史时期城址、治所、水文、灾害等方面都更深入地利用了 GIS 研究手段。同时，数字人文、可视化等方法也更多地用于历史地理研究。

《数字人文研究》2022 年第 1 期组织了“数字历史黄河”专题研究。其中潘威等《基于 TGIS 的专项历史地名库设计与搭建——以“数字历史黄河”地名库为例》一文，将时空框架和大数据技术引入历史地名数据库中，为历史地名信息系统的开发提供一种基于时空框架和时态地理信息系统（TGIS）的思路与方法。李爽、孙涛《基于多源数据的清末民初城镇空间分布及现代经济活力评价——以黄河流域为例》一文从数据、方法层面对历史城市地理等相关研究进行了新的思考与尝试。侯的等《历史时期信息传播网络的重建——以近代黄河流域若干省份的邮政网络为例》一文，基于 GIS 技术数字化了黄河流域若干省份 1936 年邮政舆图，重建了在当时最为重要的民用信息网络，能够突破传统文字史料瓶颈，提高历史空间问题可视化程度与分析精度。

历史城市地理、城址研究对 GIS 技术的运用相对广泛。如贾金晖、韩宾娜《北族都城的分布格局、时空演变与环境选择》（《中国历史地理论丛》第 3 辑）一文，运用 ArcGIS 平台，研究中国古代北方少数民族都城的发展史，通过大尺度的宏观空间分析，发现在 33°N—45°N、100°E—130°E，辽宁至青海东部方向，存在一条北族都城集中分布带。

在古地图和近代地图领域，近年数字化、可视化研究较为突出，不少研究采取了“机器学习”的方法进行数字化。如柴宝惠《基于机器学习和图像形态学的彩色近代地图数字化——以近代上海地区地表水体信息提取为例》（《历史地理研究》第 2 期），以《华东·上海》地图为例，实现并验证了一种基于机器学习和图像形态学的彩色近代地图数字化方法。

2022 年度历史交通地理研究利用信息化技术做了不少尝试。如霍仁龙、任柳《基于 GIS 的南方丝绸之路国内段交通路线网络重建研究》（《地理研究》第 4 期），利用历史文献资料、历史地理学等研究成果、田野调查资料、当代交通和遥感影像数据、DEM 数据等，复原汉晋、唐宋、元、明清 4 个时期南方丝绸之路国内段的交通路线网络，对比了古代交通里程与实测距离之间的比例关系，分析了影响古代西南山区交通路线走向的人文和自然因素。又如，林小标等《历史地理视角下丝绸之路空间格局及影响研究》（《地理研究》第 11 期）运用 OLS、Logistic 回归等手段，定量探讨了丝绸之路路线的形成动因及其对历史和当代的影响。

2022 年度发表的成果中，不仅有 GIS 方法的应用案例，还有理论思考和方法推进。复旦大学历史地理研究中心和哈佛大学东亚学系等机构合作创建的“中国历史地理信息系统（CHGIS）”是我国历史地理信息系统的起步，也是我国目前为止应用最广泛、最成熟的历史地理信息平台。其中，地名“时间切片”与记录“生存期”等概念是 CHGIS 在技术和观念上的重大推进。而李爽、程承旗《基于地理网格的历史地理数据组织方法研究》（《中国历史地理论丛》第 4 辑）一文，通过沿用 CHGIS 中“生存期”概念，采用地理网格来关联空间信息，形成了一套基于地理网格的历史地理数据规范性组织方法。该研究为数据的规范性整合、检索、一体化表达提供了新思路。

三、各分支学科年度学术成果与发展状况

2022 年度国际国内学界出版、发表的学术成果较丰硕。通过系统检索主要历史地理研究机构、作者、研究主题与重要刊物，形成了共近 500 篇文章的 2022 年度期刊发表数据库。下文的分析即基于此数据库。

（一）整体性研究、理论研究、历史地理学学人研究

中华民族共同体意识是国家统一之基、民族团结之本、精神力量之魂。党的十八大以来，以习近平同志为核心的党中央不断强调铸牢中华民族共同体意识的重要性。2022 年度，学界对“中华民族共同体”讨论较多，《云南师范大学学报（哲学社会科学版）》第 1 期组织了“中华民族共同体与中国边疆学研究笔谈”。刊登了马大正《从中华民族一词的产生到铸牢中华民族共同体意识》、林超民《中国历史整体性与中华民族共同体》、王文光《中华民族共同体研究三题》以及刘正寅《中华民族共同体形成发展的历史思考》等文章。它们从历史流变与现实发展的视角梳理“中华民族”“中华民族共同体”“中国历史整体性”等重要概念的内涵与意义，从历史与学术的角度回应了时代号召。此外，夏增民、魏维《中华民族共同体形成与发展的历史地理基础——以疆域与交通为中心的考察》（《华中科技大学学报（社会科学版）》第 3 期）一文，从历史交通地理的角度考察了中华民族共同体的形成与发展。

2022 年度还出现了对“历史地理”以及“历史地理学”从名词与术语的角度讨论学科源流与分类的研究。如李大海、闫笑《我国传统文献中的“历史地理”一词及其内涵初揭》（《中国历史地理论丛》第 4 辑）一文，认为早在 18/19 世纪，已经出现具有相对固定的指向性含义的“历史地理”一词。文榕生《历史地理学分类刍议》（《山东图书馆学刊》第 5 期）则从学科分类的角度，重新强调历史自然地理学研究的重要性。

2022 年是历史地理学创始人之一史念海先生诞辰 110 周年，《中国历史地理论丛》刊登了系列文章纪念史念海先生对历史地理学的贡献，如郭声波、宋健《论史念海先生对中国

历史地理学的开拓与贡献》（第 3 期），王社教《史念海先生对中国历史地理学科建设的贡献》（第 2 期），介永强《史念海先生与唐代历史地理研究——重读〈唐代历史地理研究〉》（第 2 期），徐少华《史念海先生与先秦秦汉历史地理研究》（第 4 期）等。此外，还有纪念其他历史地理学大家的文章，如侯甬坚《侯仁之先生发表〈历史地理学刍议〉一甲子》（《历史地理研究》第 3 期）、韩昭庆《中国历史地貌学开创者张修桂先生学术贡献述评》（《历史地理研究》第 3 期）等。

（二）历史人文地理研究

1. 历史政区地理

历史沿革地理与政区地理一直以来是历史地理研究的重要内容，2022 年度的发表成果体现出学界对传统认识的更深入考察。学者或利用新出土资料，或改变研究思路，对一些问题进行了翔实的考证甚至得出了新认识。如马孟龙《出土文献所见秦汉“道”政区演变》（《民族研究》第 2 期），利用近 30 年发现的出土文献，对秦汉“道”政区演变进行分析。黄学超《悬泉里程简所见河西驿道与政区再议》（《历史地理研究》第 3 期），以政区地理的视角切入，对两枚悬泉汉简所载里程与路线进行比较和计算记载，考察河西驿道和政区情况。又如赵逸才、王开泳《清代县级政区的调整模式》（《中国历史地理论丛》第 4 辑）总结了清代县制在总体稳定的大格局下，县级政区的局部调整不断的模式，认为政区的常态化调整是清代调试地方治理的行政手段。刘森垚《大斗拔谷新考》（《中国历史地理论丛》第 3 辑），从名称演变、地理形势、军事路线等多方面入手，厘清了清代以来，世人把明清时方便且显著的扁都口追认为大斗拔谷的误会。

对政区治所的考察，不少研究结合了 GIS 技术和田野考察方法。李孟龙、张多勇《近五十年西汉上郡诸县治所研究综述》（《西夏研究》第 1 期），认为田野调查是进行古城址研究的根本方法，利用出土文字资料与 GIS 技术限定上郡诸县的位置是目前值得注意的方向。又如赵里萌《辽金信州地望新探》（《历史地理研究》第 3 期）则结合历史卫星图片、历史文献与新考古发现，认为学界以往多误将辽金信州定于吉林省公主岭市秦家屯古城，该城实际上是一座金代新建城址。除了对政区演变的考证，学界还注重对政区边界演变背后政治背景的考察，如张兢兢《孙吴西晋南岭政治地理格局的变迁——以政区边界调整为中心》（《中国历史地理论丛》第 4 辑）。

在当前时代背景下，与历史沿革地理密切相关的历史地名研究更加注重学术研究的实践价值。如华林甫《以古察今：中国“县级市”通名改革研究》（《中国人民大学学报》第 4 期）对“县级市”问题的考量从历史时期县级行政区划调整历程入手，以期我国行政区划调整进一步迈向规范化与科学化。华林甫《地名的历史文脉及其保护路径》（《人民论坛》第 5 期）还指出，历史地名文化是“四史”学习的重要载体，也是中国特色社会主义文化建设的重要内容。

2. *历史边疆地理研究*

2022年度历史边疆地理研究成果较为丰硕。《中国边疆史地研究》是我国历史疆域地理研究的发表重镇，在第3期组织了“唐代边疆研究专稿”，讨论了唐代渤海国羁縻制度、唐与契丹关系以及吐蕃征兵制度等问题。2022年6月23—24日，中国社会科学院中国边疆研究所举办了“第九届中国边疆研究青年学者论坛”，围绕多元一体格局下的中国古代族群互动与融合、清代以来的中国西部边疆、明清以来东南海疆开发与治理、边海疆视域下的中国与周边国家关系、沿边开发开放经验总结与创新实践等议题展开了深入研讨。

学界对边疆及少数民族区域治理的考察越来越深入历史实际，注重其实际运行过程中的动态变化及逻辑，如胡恒《从理事到抚民：清代归绥地区厅制变迁新探》（《清史研究》第2期），以归绥地区为例，展示了清朝对山西、内蒙古交界的蒙汉杂处地带治理过程中的漫长而复杂的探索。作者归纳了理事、分辖、统合、兼辖、抚民、建省等六个阶段，以及厅制因势而变的情形，生动展现了郡县制逐步向边疆拓展的过程。又如屈斌《“厅”与清代中期甘边番地治理政策的演变》（《中国历史地理论丛》第1辑）通过论述清代中期甘边佐贰分辖体制在番地的实践及其变化过程，指出清廷对番地的行政治理经历了一个从“汉化”式的行政变革到专管专辖的“分治”变化过程。该文同样指出对边疆民族地区的治理并不存在恒定的连续的“宏观战略”，而是一个不断试错、不断调适的过程。又如，胡箫白《明洪武前期河岷洮地区的地缘功能调整与地方秩序变动》（《中国边疆史地研究》第3期），考察河岷洮地区在洪武前期的地缘功能调整与地方秩序变动，是理解明初边疆治理进程的极佳剖面。在国家力量进入边疆地区之后，民族融合的历史进程也是考察重点，如方天建《兵防与跨族群混融共生关系的建构——基于明清广南府普梅地区汉夷同村共寨的历史考察》（《中国边疆史地研究》第3期）认为，兵防是国家力量在边界地区的具体展现，也是兵民间在共享地域基础上实现跨族群混融共生的纽带。

土司历史地理研究也是2022年度边疆史地研究的热点。杨伟兵《中国土司历史地理与西南边疆民族史研究》（《思想战线》第5期）一文，指出推进土司研究可采取“世袭职授查其沿革，政体建置考其地理”，纵横经纬结合的历史地理研究方法，从更高、更深视域的疆土管理等中央与地方关系角度审视土司制度。刘灵坪《明清云南土司地区赋役征收及少数民族编户问题探析》（《思想战线》第5期）运用历史政治地理及社会经济史的视角，对明清时期云南土司地区的赋役征收及少数民族编户问题进行考察，可发现元明两朝均已对云南土官、土司征收赋役，并已完成对部分少数民族的编户。少数民族地区编户赋役的实施，是明清王朝国家治理直接深入西南边疆地区的重要标志。

学界越来越重视“海疆”面向的研究。如王泉伟《清代沿海诸厅与海疆管理研究》

(《中国边疆史地研究》第3期) 认为沿海厅的创立是清朝为了适应海洋环境而进行的一种较为成功的制度实践。通过沿海诸厅的研究，可为深入理解清代海疆管理思想与制度提供一个较新的视角。曲金良、朱雄《"海洋江南"：海洋史视野下明代江南经济的"向海"特性》(《浙江社会科学》第3期) 认为，明代"海上丝绸之路"勃兴与江南地区经济结构的"向海型"亦即"海洋性"变迁是双向互动的历史进程，进而提出"海洋江南"这一概念，旨在重新探讨海洋与江南地区的关联性以及海洋在江南地区社会、经济转型和发展过程中所起的作用与影响。

3. 历史文化地理

文化地理方面，综述性研究有沈国光《百年来中国历史佛教地理研究述评与展望》(《中国史研究动态》第3期) 一文，对我国近百年来佛教地理研究做出回顾与总结，并对未来研究方向进行了展望。方言、信仰等主题仍然是文化地理研究的重要内容。如黄鑫权、罗权《明清贵州地区诸葛亮传说建构与信仰形成研究》(《中华文化论坛》第5期) 一文，考察了贵州诸葛传说和武侯信仰的时空分布变迁及其原因。"景观"概念原本主要指自然地貌，后期演变过程中，文化特征也被视为景观的重要内容。除了水文水利研究，2022年度文化地理领域也在运用"景观"概念，如龚俊文、陈业新《历史景观地理视角下的明清福建临水夫人信仰研究——以祠庙为中心》(《中国农史》第6期)，借助GIS技术的可视化功能和历史文献分析方法，复原明清时期福建地区临水夫人祠庙景观的时空状况，并探讨由此呈现的信仰文化特征及影响景观变迁的主要因素。

此外，王加华《形式即意义：重农、劝农传统与中国古代耕织图绘制》(《开放时代》第3期) 一文通对中国古代成体系的耕织图绘制传统的解读，认为这一创作与刊刻行为本身，就说明形式本身即为意义所在。该文虽然不是传统意义上的文化地理研究，但对耕织图这一现象做政治解读，也当属广义上的历史文化地理范畴。

4. 历史经济地理

2022年度历史经济地理研究，成果集中在明清时期，研究主题繁多，对经济作物、价格、市场结构、税收制度、贸易格局等主题均有考察。如吴滔《清代上纳布匹定价机制初探》(《清史研究》第4期)，考察了清代上纳布匹的不同定价机制。

对市场格局和结构变化的研究成果较多。如纪依薇《明清苏嘉湖地区桑叶市场探究》(《古今农业》第3期) 一文，从历史地理学的角度讨论苏嘉湖地区桑叶市场的形成、分布与影响。厘金制度是近代重要的商税制度，影响着商品经济和市场的发展。孙健《清末苏南厘金征收的基层实态与区域市场结构》(《历史地理研究》第3期) 一文，复原了晚清苏南地区的厘金征收实态，借此考察区域市场结构问题。又如沈胜群《以船为市：从运漕丁舵商贸活动看清代京杭运河流动市场的形成》(《运河学研究》第1期) 从水文环境、商业氛围、清廷政策与长途水运特征等方面阐释丁舵利用自身运漕之便进行的货物买卖等活动，以及由此形成以漕船为载体的流动市场。

王元林、肖东陶《驿馆实异：从广州怀远驿之废到十三行夷馆之兴》（《历史地理研究》第4期）一文结合广州对外贸易体制的变化，通过梳理从广州怀远驿到十三行夷馆的转变过程，认为驿馆变异的实质是清代朝贡贸易衰落。

2022年度学者注重将明清经济史置于更广阔的世界史背景下考察，如吴滔《明代价格史研究的价值与意义》（《历史教学（下半月刊）》第4期）在全球史的学术脉络下考察明代价格史，彰显了明代物价研究的意义。李伯重《明清江南生丝与丝织品的国内外市场及其变化》（《山西大学学报（哲学社会科学版）》第2期），认为明清时期江南生丝和丝织品生产曾达到黄金时代，但19世纪末在国际市场上的地位不断削弱，这种经济地位的转变值得深思。张永帅《近代云南鸦片的外销市场》（《中国历史地理论丛》第2辑）一文，认为云南鸦片种植广泛的原因与其市场格局有密切关系，外销市场与鸦片种植互动、互促。又如，方书生《近代中国工业化的渐变与突变》（《上海经济研究》第7期），认为对标全球工业化演进的三个阶段及其表现，从空间和时间两个维度解析近代中国工业化，从中可以发现近代中国工业化历程的关键在于“变化”的方向和力度。

2022年度历史人文地理研究除上述分支成果丰富外，还有关于历史交通、人口、聚落地理的研究，限于篇幅不再详述。值得注意的是，部分域外研究大体属于历史人文地理范畴。这一方面与我国历史地理学研究领域不断开拓有关，也与“一带一路”相关研究的促进密不可分。其中，东亚、东南亚国家地区相关政治地理、军事地理、交通地理和文化地理方面的研究较多，如严赛《整欠：16—19世纪中缅暹间的曼陀罗政权》（《中国历史地理论丛》第4辑）、韩周敬《19世纪越南政区的时空分布与变革特征》（《历史地理研究》第1期）、魏超《地理环境与10—14世纪越南红河平原政治地理的变迁》（《中国历史地理论丛》第2辑）等。还涉及世界其他区域，如李毅铭《试析波斯帝国御道系统的路径——兼论古典文献的作用与局限》（《历史地理研究》第4期）一文，通过对波斯帝国御道系统的路径考察，认为楔形文字材料的解读、考古发掘和历史自然地理学研究有助于御道研究摆脱对古典文献的依赖。同时，2022年度有对域外历史地理学科发展史的介绍，如迈克尔·赫费南等著，丁雁南译《欧美历史地理学的早期传统》（《历史地理研究》第2期）一文，爬梳了19世纪末和20世纪初欧美历史地理学开创的取径和方法，观其学术理路对其他地区历史地理学科发展亦有可借鉴之处。

（三）历史自然地理研究

1. 历史水文地理

韩昭庆、韦凯《近70年来中国河湖水系变迁研究述评》（《中国历史地理论丛》第1

辑）对近70年来中国河湖水系变迁研究做了整体评述，阐述了以往该领域取得的重要成果及意义，并指出未来河湖水系变迁研究应加强量化分析，加强对西部地区、中小型河湖水系及城市水系变迁的综合研究，吸纳环境史的研究视角等问题。

水环境变迁、水利体系的治理和维护是历史水文地理研究的重要内容。如王建革《清代中后期水环境变迁以及引黄济运和灌塘济运》（《江南大学学报（人文社会科学版）》第2期）对明清时期黄运水系交汇的洪泽湖区域清口水利枢纽进行考察，认为以清刷黄的济运系统处于非常脆弱易崩的状态。贾国静《黄蓝相会：清代黄河尾闾治理的生态史考察》（《清史研究》第4期）从人与自然的关系探讨治河问题，认为嘉道时期的治河困境与黄河自身演化所受的影响息息相关。尾闾涸出的滩地促进芦苇增产，作为工料助力治河实践，并为新区域社会的形成提供空间等，则进一步展现了社会系统与环境系统的复杂适应性。龚俊文、陈业新《明清时期福州西湖水环境变迁及其治理研究》（《历史地理研究》第2期），从人地关系的视角，分析了西湖水环境恶化的历史原因。

车群《1世纪至20世纪中期上荆江流域河道与水环境变迁——基于荆江洪水位历史变迁的考察》（《历史地理研究》第3期），着眼微观层面的环境变化与生态响应，考证沮漳河入江口及下游河道变迁与长江沙洲演变、主泓迁移之间的互动关系，并分析洪水位上涨对荆江北岸入江河流（沮漳河、玛瑙河）河道演化与环境变迁的影响，探讨该区域“水高田低”环境特征的形成过程。梁克敏《中古时期鸿池陂的变迁与洛阳水运的兴衰》（《中国历史地理论丛》第3辑）认为鸿池陂的水环境恶化，通航能力下降，水运衰落，是唐宋之际洛阳城市衰落的重要环境原因。此外，河口海岸带变迁也是历史水利地理研究的重要内容。吴俊范《明初以来长江口南岸地理环境的变化与人类活动响应》（《学术月刊》第5期）考察明初以来长江入海口主泓道摆动影响下的海岸带地理环境变化及人类活动响应过程，显示出长江口主泓摆动的历史周期性和相关人地效应。

又如周波、李天良《曹魏时期屯田制度与芍陂水利工程发展延续研究》（《农业考古》第3期）认为，芍陂作为淮南地区的重要灌溉工程，是屯田政策推行的重要水利保障，得到了曹魏政权的重视和修治，这是芍陂得以延续的重要历史关键节点，也是水利工程与政治需求相辅相成的重要见证。祁琛云、苗书梅《下户出钱：宋代南方水利募捐主体的再认识》（《中国农史》第3期）指出，两宋时期，基层农田水利建设资金以民众自筹为重要来源，而从事农业生产的乡村下层民众是水利兴修经费的主要承担者。

近年部分学者通过“景观”变化切入对水利系统的研究，开拓了我国水利史研究的视野与路径。如孙景超、张蕾《江南传统圩田的景观与分析：以芙蓉圩为例》（《中国农史》第3期），研究认为圩田景观是传统时代江南地区人类活动对自然环境的适应与改造的结果，也对江南地区的生产、生活方式乃至价值与审美观念等产生了深远影响。对水利史的研究，也从技术扩展到社会，甚至是全景式的考察。如张俊峰、白如镜《清以来山西沿黄市镇的历史、景观和地域社会——以晋西碛口镇为中心的考察》（《中国经济史研究》第5期）一文，认为在地理环境、经济模式以及行政区划等要素的综合作用下，碛口镇城的空间形塑过程呈现出诸多独特之处，并力图动态展现出传统时期一个山西沿黄市镇的复杂历史全景。

2022年度运河相关研究较丰富，除了对水利体系、漕运制度本身的考察，还有对运河流域经济和社会变迁过程的研究。如高元杰《明代运河"水脊"的形成及其意义》（《历史地理研究》第3期）、又如陈喜波、王亚男《元大都漕运问题新探》（《中国历史地理论丛》第3辑）以及卢勇、尚家乐《元代以来引汶济运水利工程变迁研究》（《农业考古》第3期）等。又如沈胜群《以船为市：从运漕丁舵商贸活动看清代京杭运河流动市场的形成》（《运河学研究》第1期）、高元杰《清代运河水柜微山湖水位控制与管理运作——基于湖口闸志桩收水尺寸数据的分析》（《中国农史》第1期）等研究。

2022年度对西北地区水文地理的研究成果较往年突出，如苏绕绕、潘威《清末民国新疆农田水利建设成果可视化及分析（1909—1935）》（《中国经济史研究》第3期），又如何元博《清代水案治理研究——以甘青水利执照碑为中心》（《农业考古》第1期）一文，以及张莉、薛子怡《晚清吐鲁番〈葡萄沟水善后分水章程〉与乡村水利秩序的变动》（《中国历史地理论丛》第4辑）等文章，都深入考察了西北地区水利与地方社会的互动。

2. *历史气候与历史沙漠研究*

近年，我国历史气候研究取得了丰硕成果，在历史气候变化序列重建的基础上，愈发重视气候变化与社会变迁的相互关系研究。2022年度研究也集中在气候变化对社会的影响方面。如舒展《两汉时期匈奴侵汉的季节特征刍议——结合气候与政治的再认识》（《秦汉研究》第1期）一文，认为两汉时期匈奴侵汉的季节特征反映了气候因素对匈奴军事活动的影响程度。季节性气候对军事行动的限制作用总体与匈奴相对于汉朝政治实力的强弱呈负相关，并受气候环境、自然灾害、入侵目标等因素影响。文彦君、方修琦、萧凌波《中国历史时期气候变化与粮价关系研究进展》（《中国历史地理论丛》第3辑）从研究内容、研究热点、研究方法和研究结论等方面综述了中国历史时期气候变化与粮价关系研究的进展，包括极端气候事件对粮价波动的影响、气候波动与粮价的关联等研究。

自竺可桢先生开拓了以物候学方法研究中国历史气候的科学路径以来，历史气候学界一直比较重视对历史文献中物候信息的利用。近年，尤其对诗歌、文集等文献中系统性的物候信息的挖掘，成为文学史和历史地理学交叉融合的一条途径。大体来讲，近年针对历史气候和环境变化相关的历史文献资料仍继续拓展，尤其体现在笔记文集、诗词、日记等方面。如刘亚辰等《唐宋诗歌中物候记录的规律总结及其对环境的指示意义》（《中国历史地理论丛》第4辑）一文，结合现代物候和地理研究，为诗歌记录在环境演变研究中的应用提供思路。

2022年度历史时期沙漠化研究发表成果较少，李并成《塔里木盆地达玛沟下游古绿洲沙漠化考》（《历史地理研究》第2期）对于人类活动干预下的达玛沟下游古绿洲的演变及沙漠化过程进行探讨。白壮壮、崔建新的《清代以来鄂尔多斯高原的沙漠化及其驱动机制》（《中国历史地理论丛》第2辑），基于鄂尔多斯高原相关历史文献，利用现代多元回归分析法及植被净第一生产力模型，尝试反演清代以来鄂尔多斯高原沙漠化过程及其驱动机制，为历史时期气候、人类活动以及地表景观变动关系的重建，提供定量化的分析路径与可行方法。

3. 历史灾害与疫病研究

对历史时期灾害史、灾荒史的考察，也是2022年度学术热点之一。《清史研究》第1期推出“清史研究前沿·灾害与社会”专题。现代学术意义上的中国灾荒史研究已走过百年历程，学界对如何拓宽灾害史视域、克服“就灾论灾”以及“非人文化”的惯性思维，更深入地探讨人与自然的互动做出有益尝试。综述性研究有阿利亚·艾尼瓦尔《近十年清至民国时期新疆自然灾害研究综述》（《西域研究》第4期）以及刘雅仙、赵成彬《2000年以来明清疾疫史研究综述》（《锦州医科大学学报》第5期）等。

2022年度灾害史研究成果集中在水旱灾害、报灾制度、灾后救济等方面。如李德楠《气候与漕运：〈清口灵运碑〉所见1626年的南旱北涝》（《淮阴师范学院学报（哲学社会科学版）》第6期），通过记录了天启六年（1626）气候异常与通漕不畅的《清口灵运碑》，反映出传统时代治黄为保漕的国家治水理念。灾害信息的收集奏报是国家治理灾害的前提基础和关键环节。清代粮价奏报与雨泽奏报系统是清代政府荒政信息获取的重要来源，李伯重《信息收集与国家治理：清代的荒政信息收集系统》（《首都师范大学学报（社会科学版）》第1期）一文，认为在清代前半期，有效的信息收集系统是达到较好的国家治理的关键之一。展龙、李争杰《明代地方农灾信息奏报及其决策价值研究》（《中国农史》第3期）指出，明代灾害奏报制度不仅可以确保朝廷及时获取翔实的农灾信息，而且有利于朝廷作出有效的决策应对，以纾解灾民颠危、保障灾区生机、恢复农业生产、稳定统治秩序。

对灾后应对措施的考察一直以来是灾害史的重点，如夏方胜《灾害危机与地方官活动：南宋朱熹治理南康军旱灾研究》（《农业考古》第3期）、朱艳梅《明清时期安庆地区的水旱灾害与应对措施》（《古今农业》第3期）等。除了灾后直接的应对与救助，灾后的长期重建也是灾害史研究领域之一。如张力《垦荒与还仓：“丁戊奇荒”后山西省善后经费的筹措与使用》（《中国农史》第4期）指出，山西省在扶持垦荒和买谷还仓之间的调整与变动，体现了地方政府在善后经费使用上的谨慎态度。最终，来源稳定的部拨款使用在风险较小的买谷还仓上，而本应为善后首务的扶持垦荒，因散发风险较大，以地方筹措的赈济余款与善后款为主要来源。

除了往年学界对水、旱、蝗、寒、沙等灾害类型的考察，还有学者考察历史时期的凌汛与应对，如王宇谦《凌入中泓：清代黄河下游的凌汛与应对》（《中国历史地理论丛》第2辑）。

2022年度学界对华北平原中部的环境与灾害有生动的案例研究。如卜凡《文安遥堤之争：明清冀中地方社会治水矛盾考察》（《中国农史》第3期）指出，文安遥堤的修筑与摧毁，是明清冀中地方社会治水矛盾的一个典型案例，文安遥堤之争反映出当时政治、经济等方面的社会危机，而以晚清时期表现得最为突出。

近年，部分学者以性别史、知识史、记忆史的思路考察历史灾害，2022年度有学者从历史书写的角度考察灾害记录。如李光伟《康熙天坛祈雨的历史书写与史实考析——兼论康熙雍正灾异观念演变及其影响》（《清史研究》第1期），认为康熙不言祥瑞，对灾异持务实态度，而雍正的灾异观念虽然有助于他加强君主集权，提升统治效能，但很大程度上也造成官僚系统灾情呈报的讳匿风习，对民生吏治与国家治理产生了负面影响。又如游自勇《"弃常为妖"：中古正史〈五行志〉的灾异书写》（《历史研究》第2期），指出《汉书·五行志》建立起一套基于分类原则的叙述框架，并在以后的正史书写中得到延续。中古《五行志》的灾异书写，是以反常之道表达常态下治道理念的一种途径，史家希望以此掌握对君臣警诫的话语权。

在新冠疫情的影响下，历史时期的疫病研究不断深入，对历史时期的疫病研究从序列重建、分布格局到防疫、救治制度探讨皆有成果。如单丽《循海而来：清代霍乱大流行的地域分布与变迁》（《地方文化研究》第1期）认为，霍乱传入中国后，受社会环境及气候等自然因素的影响，数次霍乱流行蔓延的速度、疫点分布区域差异甚大。开埠通商后随着沿海港口的次第开放，区域港口与腹地的商业体系轮廓逐渐成形，以海路为主的交往模式使得人口交往密度大增，沿海开发成为不可阻挡的趋势。如刘希洋《检方施治：防疫方书与清代的疫情防控》（《清史研究》第1期）指出，相较于其他常见的防疫举措，防疫方书深度参与到多种疫情防控实践中，实际构成了一种自发性、分散性、非制度性的疫病应对机制，具有成本低廉、传导性强、覆盖面广、溢出效应大等特征。姜文浩《晚明南直疫灾："大变迁"下的环境脆弱与社会拯救》（《农业考古》第1期）指出，在晚明"大变迁"的背景下，南直隶的自然环境和社会环境日趋脆弱，成为疫灾的高发地区；以各级政府为代表的官方力量和以士绅、宗族、医家为主体的民间力量形成了社会性的防疫救灾网络。

4. 历史农业地理与历史动、植物地理研究

上文虽已提及国际学界动物史的研究热潮，以及我国历史动物地理的发展，但鉴于我国历史动、植物地理研究跟历史农业地理、经济地理的密切关系，这里仍一并论述。

从研究主题来看，针对野生动物研究整体性论述如张鹏卜《中国鹿科动物与人类社会关系演变研究综述》（《古今农业》第 3 期）梳理了中国学术界对人—鹿关系演变研究的不同层面和历程。具体案例如程森《资源利用与灾害应对：陕甘宁边区人与野生动物的关系》（《中国历史地理论丛》第 4 辑）一文指出，陕甘宁边区时期人与野生动物关系的持续紧张状态，是当时人与自然竞争、斗争结果的外化表现，是在战争环境下人类面对严重生存危机的背景下发生的，具有特殊的时空尺度特性。

历史时期渔业、水产业研究比较兴盛。整体性研究有蔡佳镟、衷海燕《谁为渔业写史：中国渔业史研究的回顾与展望》（《古今农业》第 3 期），从整体上梳理了中国渔业史从发端到新时期的研究历程，认为近年受环境史等相关理论与方法的影响，渔业史研究出现“生态转向”，在 21 世纪呈现出新的研究面貌。具体研究有武强《历史地理变迁语境下的黄河鲤鱼研究》（《中国农史》第 5 期）认为，黄河鲤鱼虽然享有盛名，但因沿线社会经济相对落后，并没有真正获得大规模的市场化经营，直到现代交通方式出现之后，这一格局才有所改变。宋超等《明清闽粤沿海养蠔技术演进历程与特点考论》（《中国农史》第 2 期）一文，认为随着明清闽粤沿海居民对蠔的生物习性认识发展、市场需求拉动、人多地少矛盾加剧、环境与气候变化，尤其是水土流失、冬冷寒害频发，促使养蠔技术不断演进。又如戴汉廷、衷海燕《清至民国时期珠江三角洲的池塘渔业》（《农业考古》第 3 期）通过梳理珠江三角洲池塘渔业的历史变迁，认为其发展受到多种因素的影响：自然生态环境发挥着基础性制约作用，而宗族社会和商品经济则是池塘渔业发展的内在结构性要素。

历史植物地理研究的主体主要仍集中在重要的农业、经济作物品种上，如张凤岐《文化、市场与技术：10—13 世纪柑橘在中国的扩张》（《中国农史》第 5 期）、李秋芳《明代华北平原的粟谷种植及其在粮食种植结构中的地位》（《农业考古》第 1 期）、朱锁玲等《基于地方志的江苏地区水稻品种及时空分布研究》（《中国农史》第 5 期）等。

还有一些文章在实证研究基础上对以往的理论进行回应和反思。如李德楠、王聪明《近代淮河下游地区的水旱田分界——基于“清河不产稻而人食米”现象的解读》（《农业考古》第 4 期）认为“清河不产稻而人食米”现象印证了胡焕庸关于近代淮河下游南北农业地理分界表述的准确性。又如王保宁、耿雪珽《利从江南来：明清时期华北地区的豆类作物更替》（《中国农史》第 2 期）一文，认为华北大豆扩种的根本原因并非传统的“人口压力——提高复种——引入大豆”阐释模式，而是江南经济和贸易发展对华北区域农业生产的重塑。李晓幸《族群互动与共生：清代以来玉米在广西山地的本土化进程——兼论斯科特“佐米亚理论”在中国的适用性问题》（《中国历史地理论丛》第 2 辑）一文，反思了西方理论在中国的适用性问题，认为玉米引种过程中政府与民间的互动，使得玉米促进了山地族群的共生。

部分研究从全球史视野考察物种的社会和文化影响问题，如陈巍《丝路上的“食铁鸟”：鸵鸟食性传说的跨文化研究》（《全球史评论》第 1 期）。又如王林亚《改变世界的奎宁：全球环境史视野下人类对金鸡纳的认知、引种及影响（1853—1939）》（《史学月刊》2022 年第 3 期），通过对药用植物金鸡纳引种和认知过程的分析，认为欧洲对金鸡纳的探索、认知和移植，是一场关于金鸡纳生态知识的跨国流动，也重塑了南美洲和东南亚的生态结构。

（四）古地图研究

古地图研究在近年可谓历史地理学新的学科增长点。从图源、制图史的角度考察古地图的编绘是重要研究路径之一。如李花子《朝鲜王朝〈西北界图〉考——兼论与清朝舆图、志书的关系》（《清华大学学报（哲学社会科学版）》第 4 期）一文，详细考证了《西北界图》的中国底图来源，并以此入手，分析图中“穆克登碑址”标在小白山附近的原因，以及该图所表现的中朝边界认识。又如孙景超《台北故宫博物院藏〈云南舆地图说〉考论——兼及〈伯麟图说〉的版本与流传》（《文献》第 4 期）一文，在考辨《云南舆地图说》过程中，发现其图册可能是失传已久的《伯麟图说》中的《舆地图说》部分，并初步考订出《伯麟图说》的版本谱系。又如牟振宇《英国皇家地理学会所藏上海开埠早期英租界地图考释》（《历史地理研究》第 3 期）一文，考察了目前所见近代上海英租界最早的一幅城市地图的绘制时间。

利用信息化手段考察古地图的编绘方法也成为近年古地图研究的一个重点。与此同时，仍有部分学者重视考察中国古地图在“科学性”价值之外所体现的文化背景和时代特征。如高瑞艳《以图示古：解读中国古代方志地图——以洪武〈平阳志〉地图为例》（《中国地方志》第 2 期），认为中国传统地图是中国传统学术的产物，在中国所独有的概念之下，地图具有知识的价值。希望通过解读《平阳志》中地图的内容和价值作为个案，增加古地图研究跨学科、多视角的研究模式。又如孙景超《德藏晚清吉林〈蜂蜜山招垦四至地图〉考释》（《历史地理研究》第 1 期）一文，通过解析《蜂蜜山招垦四至地图》所标绘图例，认为此图反映了清末从移民招垦到政区设置过程中清代东北边疆开发的关键场景。进一步的，通过静态的地图解读历史断面，结合地图之外动态的宏观历史背景，有助于更加深刻地理解地图所反映的区域历史进程背景。又如刘晶《万历援朝战争期间东北亚地区地理知识的获取、传递与呈现：以〈华夷沿海图〉为中心的考察》（《历史地理研究》第 2 期）一文，探讨明朝如何凭借跨国战争的发生及与朝鲜的密切接触丰富和细化对东北亚地区的地理认知，以及相关知识如何与明廷政治决策、外交交涉与边疆经略产生互动，可在区域史视域中考察 16 世纪末东北亚的历史发展和知识交流。

古地图的研究范围不断拓展，如吴松弟《晚清民国时期的中国旧海关地图探析》（《历史地理研究》第 4 期）对近千幅旧海关地图的绘制时间、地图数量的空间差异、记载内容的分类，以及海关地图的来源、绘制特点，都做了比较全面的介绍，以便于学者开发利用旧海关地图。

古地图研究理论思考也逐步加强，2022 年度有从具体研究中引发的对宏观理论问题的思考。如成一农、陈涛《王朝是“帝国”吗？——以寰宇图和职贡图为中心》（《云南大学学报（社会科学版）》第 1 期）一文指出，将中国历代王朝称为“帝国”，在学术界以及大众之中基本已经成为一种习惯，但基于对以职贡图和寰宇图为代表的图像史料的分析可以看出，在中国古代的文化中，王朝的空间范围与通常认为的有着疆域范围且可以并立的“帝国”存在本质的不同。因此建议今后在有关“王朝”时期的研究中都应当避免使用“帝国”一词，且要慎用“国家”一词。

四、历史地理学著作

2022 年度历史地理学科著作方面成果丰硕，历史人文地理与自然地理均有不少成果。历史人文地理如周振鹤《中国历史政治地理讲义》（上海人民出版社）、邹振环《世界想象：西学东渐与明清汉文地理文献》（中华书局）、杨念群《“天命”如何转移：清朝“大一统”观的形成与实践》（上海人民出版社）以及胡恒《边缘地带的行政治理：清代厅制再研究》（社会科学文献出版社），宋杰《三国军事地理与攻防战略》（中华书局）等。此外，还有历史地理学大家的旧作重新结集出版，也很令学界关注，如史念海著《中国的河山》（陕西师范大学出版社），谭其骧著，葛剑雄、孟刚选编《谭其骧历史地理十讲》（中华书局）。

历史自然地理领域，如刘祥学《明清以来珠江中上游山地的人类活动与环境效应》（科学出版社），吴俊范《长江三角洲海岸带历史地理考察研究》（科学出版社），周琼、耿金《中国环境史纲》（高等教育出版社），耿金《形塑地景与人文：9—20 世纪浙江宁绍平原水利研究》（社会科学文献出版社）等。

2022 年度历史农业地理成果丰硕。张开《西北地区唐代农牧业地理研究》（齐鲁书社）对西北地区唐代的农牧业地理进行了专门探讨。杜新豪主编的《播厥百谷：中国作物史研究》（中国农业科学技术出版社）出版，是以作物为中心的农史研究论文集。李昕升《明清以来美洲粮食作物经济地理研究》（中国社会科学出版社）一书，颇有创新，根据美洲粮食作物的自然社会两重性特征，努力从美洲粮食作物角度探讨人与自然的复杂互动，揭示作物生命史和人生命史的关系。曾雄生《中国稻史研究》（*A History of Rice in China*）由汉学家 Shelly Bryant 翻译，于 2022 年由 Royal Collins Publishing Group 出版英译本。

此外，气候变化、灾害与区域社会互动相关的研究也较多。如张健《清代以来黄河中游气候变化及其社会响应》（中华书局），李军、胡鹏、黄玉玺、马烈《气候变化对清代华北地区粮食生产及粮价波动的影响》（人民出版社），段伟《历史政治地理对水患的响应：

以明清时期的黄淮平原为中心》（复旦大学出版社）等都值得关注。此外，刘继刚出版《甲骨文所见殷商灾害研究》（科学出版社）一书，是利用甲骨文研究殷商时期灾害与社会应对的专著。

历史交通地理方面，2022年度出版了李昆声教授主编的《南方丝绸之路研究丛书》（安徽人民出版社）系列研究。丛书首批四卷主题分别为历史地理、考古、民族、民俗，推进了我国南方丝路研究。历史城市地理、军事地理方面，有牟振宇《道契与地籍图册：近代上海城市空间形态研究（1843—1943）》（上海人民出版社）、宋杰《三国军事地理与攻防战略》（中华书局）以及张多勇《西夏监军司遗址及军事布局》（中华书局）等著作。

2022年度出版的最引人注目的历史地理学学科发展整体性系列研究，是《中国顶尖学科出版工程（第一辑）·复旦大学历史地理学科》，目前已出版“学术经典系列”四种：《谭其骧卷》《邹逸麟卷》《葛剑雄卷》《周振鹤卷》，“学术前沿”三种：王大学《政治、技术与环境：鱼鳞大石塘形成史的考察》、孙涛《明清黄河故道流路变迁研究》以及袁慧《江淮关系与淮扬运河水文动态研究（10—16世纪）》。该丛书旨在立足学科发展前沿，系统总结和展现复旦大学中国历史地理研究所在相关领域取得的成果，目前尚有部分系列图书即将付梓。

历史地图与古地图研究方面，2022年度出版了《地图学史》丛书的部分汉译本。《地图学史》丛书（*The History of Cartography*）由约翰·布莱恩·哈利和戴维·伍德沃德主编，芝加哥大学出版社出版，是已经持续了30多年的“地图学史项目”的主要成果，是目前世界地图学史领域最权威的著作。2020年，以卜宪群研究员为首席专家的国家社科基金重大项目“《地图学史》翻译工程”顺利结项，将此套丛书已经出版的前三卷翻译为中文，构成了完整的地图学史系列。此外，陈熙编著了《美国哈佛大学图书馆藏中国古旧地图提要》（广西师范大学出版社）一书，分别从区域和专题等不同角度披露了丰富的古地图资料整理成果。

2022年度也有历史地理学者撰写的科普类读物较为引人关注。如胡阿祥《大地有名》（浙江人民出版社）、吴鹏《水运与国运》（浙江人民出版社）等。2022年度译著较多，其中与历史地理学科最密切相关的，有［美］劳伦斯·C. 史密斯《河流是部文明史》（中信出版集团）、［美］孟一衡《杉木与帝国：早期近代中国的森林革命》（上海人民出版社·光启书局）等著作反响较大。

五、重要学术活动

受疫情影响，今年历史地理学科重要的学术活动仍然是在线上线下都有举行。最重要的学术活动有两场。其一，复旦大学历史地理研究中心围绕建所40周年开展了系列学术报告，召开了纪念大会。6月11—12日，“赓续传统　求实创新”复旦大学中国历史地理研究所建所40周年大会在线上举行，分十六组进行学术报告，涵盖了历史地理研究的主要分支，报告也代表了不少领域的最新研究成果。此外，系列学术报告分为四个主题，体现了历史地理学近年重要的研究取向和热点问题，即“地理环境与经济社会”“自然地理与灾害研究”“社会人群与区域历史地理”以及“历史政区与地理信息研究”。其二，7月30—31日，在陕西师范大学召开了“守正与创新——纪念史念海先生诞辰110周年暨2022年中国历史地理学术研讨会”。来自全国各地高等院校、科研机构的220余位专家学者参加了此次会议，以纪念我国现代历史地理学的开创者之一——史念海先生，并回顾与展望历史地理学的发展。围绕会议主题设置13个分主题36场分组报告，此次研讨会的报告体现了“承前启后，守正创新”之意，是历史地理学科发展历程中的又一重要节点。

六、2022年度本学科发展评价

2022年度历史地理学无论从论文发表数量还是著作出版质量上看，都成果丰硕。“守正与创新”一词较贴切地展现出2022年度学科发展状态。在传统优势学科领域上，如政区地理、疆域地理都有大量成果。2022年度河流海岸、水利研究也成果丰硕。值得注意的是，2022年度我国西北地区区域历史地理出现不少成果，与此同时，域外历史地理也稳步发展。

在研究方法上，历史地理学者积极利用新技术与新手段，通过历史地理信息系统、大数据与可视化研究为深化认识、增进交叉学科合作提供了可能。

从发表成果来看，2022年我国历史地理学研究方法更加多元化，研究的广度与深度得以深化。学界不但在传统研究分支上深化了研究，同时，还出现一些新观点或新视角的思路，学科发展方向也在拓展。

2022年度不少论文在以往研究基础上提出了新的思考与见解，同时，在研究方法、研究视角上也有所开拓与创新。然而，在研究问题上还是有一定的“碎片化”倾向。虽然对不少问题的认识在逐步深化，还结合多学科方法得到了新视角和不同以往的认识，如对景观、认知等的考察更为深入；但从学科整体发展来看，宏观研究和理论思考仍有待加强。

史学理论与史学史研究综述

孙广辉*

2022年，国内学界在中国史学理论与史学史的研究上呈现出了积极进取的态势，学者们在中国历史理论、中国史学理论、中国史学史研究及其学科发展等问题上进行了深入的思考，提出了很多新观点、新思路，继续推动着本学科的创新发展。本文选取2022年该领域相关的代表性论著，综述如下。

一、中国历史理论相关问题的考察和继续探讨

历史理论是新时代中国特色历史学基本理论构建的重要组成部分，对其系统梳理和深入研究关乎史学遗产的创造性转化和创新性发展。2022年，历史理论依然备受学界重视，诸多研究成果面世，既有通史性研究成果，也有对某一视角的认识，如对正统论的探讨、对"大一统"理论的进一步思考及对中华民族历史文化认同的关注等。

在通史性研究方面，瞿林东贡献卓著。2022年度瞿林东先生的旧作《中国古代历史理论》（上、中、下）由人民出版社再版。《中国古代历史理论》（上、中、下）全书共三卷，130万字，上起先秦，下迄明清（1840年前），以历史时代为纲，以重大历史问题为目，对中国古代历史理论作了系统梳理和深入研究。上、中、下三卷分别论述中国古代历史理论的产生与形成、丰富与发展、繁荣与嬗变，全面展现了中国古代历史理论的面貌和成就。该书以横、纵向相结合的方式探究了中国古代的历史理论成果，向我们展示了中国史学拥有丰富的历史理论遗产，且历史理论是深刻的，但它并不神秘，它就存在于历代历史著作或其他著作中，并呈现出"未尝离事而言理"的特点。该书是历史学在理论研究领域的一个重要突破，具有很强的前沿性和创新性，学术价值和社会意义十分突出。廉敏《"历史理论"一词在中国语境中的使用及其意义》（《史学理论研究》第6期）探讨了"历史理论"一词在中国语境中的使用及其意义问题，指出在中国语境中，"历史理论"总体而言既是一个学术专有名词，更是一个具有重大社会实践意义的思想概念；既指导着史学理论研究，又与史学理论研究相区别；既是一个外来的概念，又日益丰富着中国历史文化的内涵。

---

* 孙广辉，中国社会科学院历史理论研究所博士后，研究方向：中国史学理论与史学史、清代史学史。

正统与国家政治统治密切相关，在中国历史上备受关注，正统论是历史理论遗产的重要构成。陈侃理《如何定位秦代——两汉正统观的形成与确立》（《史学月刊》第 2 期）聚焦秦和西汉时期，探讨了唯一性、连续性和正当性三者兼备的正统观念如何形成，如何被确立为国家意识形态以及如何被普遍接受的问题，指出包含唯一性、连续性、正当性三个标准的王朝正统观念，是在两汉时期逐渐形成和确立的。汉代的正统观主要表现在对秦的历史定位上，在守家安排、纪年以及帝王称谓的变化中呈现出从无到有、从无意识到有意识的发展过程。崔壮《正统观与宋以后的五代史编纂》（《史学理论研究》第 1 期）分析了宋以后的五代史编纂所秉持的正统观问题，认为在宋至清长达 900 余年时段内大致出现的以五代相续为正统、以梁为伪、以五代为闰统或无统、以南唐承唐为正统、以南唐继后唐为正统五种撰史理念，各有依据，传授、疆域、姓氏、道义等诸种因素相杂其间，既展现了传统史学精神的延续不绝和古代学者对于正义矢志不渝的追求，也凸显出正统观之多样化在推动史学发展中的重要作用。

“大一统”是中华民族共同体意识形成的思想基石和文化底蕴，深入挖掘其思想内涵与考察其历史作用是新时期提升中华民族历史自信与文化自信的重要途径。陈跃《论中国古代“大一统”内涵的发展演变》（《中国边疆史地研究》第 1 期）考察了中国古代“大一统”内涵的发展演化及“大一统”对我国古代历史发展及疆域治理的历史意义与现实启迪，指出从“大一统”内涵的发展演变可见，实现政治统一、疆域统一的含义是一贯到底的。需要注意的是，作为“大一统”思想内涵之一的“华夷互动”是中国古代历史发展的基本线索，更是中国疆域和中华民族形成与发展的重要动力。娄梦然《清前期“大一统”的多重内涵》（《中国民族报》5 月 17 日）论述了清前期“大一统”的多重内涵，指出清前期“大一统”事业在疆域开拓、民族融合、社会治理、文化建设等多方面取得突出进展，各族人民增进了对统一多民族国家的认同，推动了中华民族共同体发展壮大。龚艳《大一统意识与〈魏书·西域传〉的书写》（《宁夏社会科学》第 3 期）探讨了儒家大一统思想与《魏书·西域传》文本之间的双向联系，认为《魏书·西域传》的生成受到了大一统思想的影响，其书写塑造了北魏位处中央的大国形象，配合了北魏建构大一统王朝的需要。

随着 21 世纪初史学界中国历史上各民族间历史文化认同传统问题的提出，相关研究随之展开。2022 年，中华民族历史文化认同仍然得到极大关注。石硕、曾现江、黄博等著《共同书写的历史：藏文史籍的中原历史记叙研究》（四川人民出版社）一书对藏文史籍中对先秦到清代中原历史的记载进行了系统梳理和解读。这是响应当今筑牢中华民族共同体意识，即从中华民族的整体格局与视野来开展我国民族研究的典范之作，不仅对进一步认识藏族古代史学写作的某些基本特点与规律，从而推动藏族史学史、藏族文化史的深入研究具有重要意义，而且为进一步认识藏族的中原知识的来源、中原认知及其中华民族意识的形成发展提供了一个新的观察视角。晁福林《论中华民族形成过程中的国家认同》(《北京师范大学学报(社会科学版)》第5期)探讨了中华民族形成过程中的国家认同问题,指出国家认同包括了对于中心权力和对于夏商周三代王朝的认可与服从,这是诸氏族、部落列为中华民族成员的必要条件。刘正寅《中国历史上华夏认同的演进与升华》(《历史研究》第3期)考察了中国历史上华夏民族认同观念的演进及升华问题,认为经过历代的交融发展,中华民族共同体意识日渐清晰,并在近代各族人民救亡图存的民族解放斗争中得到升华,凝聚为中华民族的强大精神力量。江湄《正统、道统与华夷之辨——论南宋的"中国"认同及其历史意义》(《中国哲学史》第3期)考察了南宋的"中国"认同及其历史意义,认为正是正统论、道统论和华夷之辨的互相配合,构成了南宋"中国"意识的完整面貌。南宋"中国"认同并非现代的国族意识,而是给出了一套继承汉朝"大一统"而有所变化的"中国"原理,为新的"大一统"准备了思想条件。王文光、胡明《隋唐时期民族共同体思想与中华民族共同体意识研究》(《思想战线》第3期)分析了隋唐时期民族共同体思想对中华民族共同体意识孕育与发展的影响,指出隋朝君臣在处理民族问题时提出了"混一戎夏"的民族共同体思想,唐太宗等皇帝在处理民族问题时形成了"天下一家""华夷一家"的民族共同体思想,这些民族共同体思想就是自在的中华民族共同体意识,对于中华民族共同体的形成发展意义重大。田广林、赵永春、孙红梅均以中华民族共同体为视域,分别探讨了夏商周、金朝、元代的"中国"认同问题。田广林、任妮娜《中华民族共同体视域下夏商周王制时代的"中国"认同》(《陕西师范大学学报(哲学社会科学版)》第1期)指出夏商周三代王朝的相继出现,均是在原有邦国基础上,获得天下诸邦政治与文化认同的产物。赵永春《中华民族共同体视域下金人的"中国"历史认同——以〈大金德运图说〉为中心的讨论》(《陕西师范大学学报(哲学社会科学版)》第1期)认为金人在德运讨论时形成的"继唐""继宋""继辽"意见是金人对唐代历史、宋代历史和辽代历史均具有认同意识的一种表现,促使金人逐步形成了中国历史复线性发展观念。孙红梅《中华民族共同体视域下的元代"中国"认同》(《陕西师范大学学报(哲学社会科学版)》第4期)指出元朝时的"中国"已经超越了地域和民族的限制,成为多民族共有之"中国",并逐步内化凝聚成为一个政治共同体。

此外,兴亡论反映了史家对历史上重大问题的认识,是中国古代历史理论的一个方面,2022年仍然受到了关注。胡楚清《两宋时期的兴亡论及其研究价值》(《史学理论研究》第6期)详细考察了两宋时期兴亡论的内容、核心议题、突出特点及深刻意义,指出两宋时期的兴亡论是中国古代兴亡论发展过程中的一个新的高峰,它对于宋代历史、中国古代史论和中国古代历史理论研究都具有独到的价值。

二、中国史学理论重要问题的关注和持续研究

重视史学理论是我国史学的优良传统。2022 年，学界中国史学理论的研究成果主要体现在中国古史分期和社会性质问题、通史家风、史学功用、史家修养、史学方法和史学批评上。

中国古史分期和社会性质关乎历史认识和价值判断，是历史撰述中的重要问题。李勇《“西周封建说”首创之问题探析——关涉吕振羽、范文澜和吴玉章之学术影响》（《云南大学学报（社会科学版）》第 1 期）考察了“西周封建说”的首创问题，认为吕振羽最先从马克思主义社会形态学角度提出了“西周封建说”。可是，由于范文澜的地位和威望高于吕振羽，且其关于“西周封建说”的论述更为系统，因此学界从马克思主义社会形态学角度讨论“西周封建说”皆以范文澜为代表。范文澜在“西周封建说”问题上推崇吴玉章，造成是吴玉章首创“西周封建说”的印象。但是，即使说是吴玉章提出“西周封建说”，那也应是在吕振羽之后。同时，说吴玉章受到吕振羽的影响，则还需作更为深入和细致的探讨。

“通史家风”仍是学界探讨的议题，并得到了新的诠释。陈其泰《贯通古今　交光映衬——司马迁如何出色地实现“通古今之变”》（《史学理论研究》第 4 期）论述了司马迁《史记》如何实现“通古今之变”著史宗旨的问题，指出司马迁成功著成通史的原因在于：一是司马迁凭借本纪的纲领性记载，做到包举大端、贯通古今。二是十篇史表的设置匠心独运，与本纪共同起到全书纲领的作用。三是多层面配合，以记载典章制度和反映社会情状的八书，以及生动记载人物事迹的众多列传，为本纪凸显的历史主线作了重要补充。如今，我们要大力发扬司马迁开创的优良传统，在史著中既突显历史的大趋势，又要写出历史活动的丰富多样和生动性，有效地克服历史研究的主观随意性和“碎片化”倾向，有效地改进历史叙事单调乏味的现象，并且要认真发掘《史记》的思想精华，为新时代史学理论体系建设增深助力。王记录《“通史家风”与章学诚的通史思想》（《史学史研究》第 4 期）探讨了章学诚“通史家风”的内涵及其通史思想，认为，“通”和“家”是认识章学诚“通史家风”及其通史思想的两个核心概念，缺一不可。章学诚重“通”，他讨论“通史”问题，总是从“家学”“家法”出发来认识“通”。章学诚重“家”，他讨论“家学”问题，总是从“通”的角度思考和推演。以“通”论“家”，“家”因“通”而明源流；以“家”衡“通”，“通”因“家”而分类例，这是章学诚通史思想的最大特点。

史学功用问题历来备受关注，其主要体现在学术、社会及知识与审美三个层面，至今仍有突出的现实价值。周文玖《论中国史学的垂范精神》（《史学理论与史学史学刊》第 1 期）剖析了中国史学的垂范精神，指出垂范精神体现了中国史学的高洁气质和崇高追求，是中国历代史家独立人格在学术上的反映，表现为史家以史明志的著述目的、以史立言的治

学旨趣、以史立德的职业操守。垂范精神将史家外化的社会志向和内在的品德修养融为一体，决定了中国史学具有经邦济世、激扬正气、陶冶情操、启迪智慧的功用和旨趣高远、气象宏大的特色。张绪山《论以史为鉴有效性的限度》（《清华大学学报（哲学社会科学版）》第3期）讨论了以史为鉴有效性的限度问题，认为“以史为鉴”的有效性在本质上是或然的，而不是必然的。其有效性乃基于人类的理性与永恒的人性。但人类借鉴历史经验教训时，不单单受理性的支配，更受到与生俱来的欲望（物欲、情欲与权欲）的强力干预，故人们对于“以史为鉴”的选择不是必然的。人类历史上发生的悲剧本质上大多归于欲望泛滥。锁住权力导致的欲望泛滥是近代政治的核心问题之一。田志光、梁嘉玲《镜鉴与变通：宋代士大夫的援史经邦》（《史学史研究》第4期）分析了宋代士大夫历史观形成的原因，以及在治国理政中的功用，士大夫对历史再诠释的目的等问题，指出士大夫的历史观可根据“时”“势”的不同而变通，以适应复杂多变的政治生活，对现实政治发挥更好的镜鉴作用。

史家修养是史家积累的思想与道德遗产的反映，对今天史学工作者修养提升和学风建设仍有借鉴意义。王嘉川《清代对史才三长论的运用与探讨》（《史学理论与史学史学刊》第1期）考察了清代对史才三长论的运用与探讨问题，认为史才三长论在清代更加深入人心，逐渐发展成为通论人才标准的代名词。一些学者对史才三长论的内涵进行了探讨，只是除了将三长由作史者扩及对读史者的要求外，没有太多新意。章学诚在三长之外补以“史德”的概念，虽然其本旨是以封建纲常伦理为准则的道德标准，在当时已是迂腐和落后的东西，但后人可以对这一概念做出符合时代发展的思想阐发，而不必舍弃这一简洁明了的概念术语。

修史方法理论得到了创新性的阐发。陈其泰《别识心裁　辩证分析——读〈文史通义〉札记》（《廊坊师范学院学报（社会科学版）》第2期）选取《文史通义》“内篇四”之《言公上》《言公中》《知难》对章学诚“别识心裁辩证分析”的修史方法理论进行了剖析，指出章学诚在考据之风极盛的学术背景下，勇于补弊救偏，撰著《文史通义》，其间所体现的别识心裁和探索精神、使命意识对后人极具启发。

史学批评是史学理论研究的重点，备受瞩目。朱露川在这方面贡献突出，其《中国古代史书叙事的风格——从班荀二体到范袁二家》一书于2022年3月由社会科学文献出版社出版。该书深入阐述了中国史书叙事的风格，全书共六章，通过对中国历史上四部史学名著进行个案与整体相结合的研究，总结它们在叙事形态、叙事主线、“人”之呈现、叙事主体观念彰显、“美”的追求等方面的特点和经验。在此基础上，对四者之间相互关联的叙事形态辩证发展脉络作整体考察，重点揭示“二体”皇朝史叙事典范的生成、流变及其如何推动史书叙事原则在唐代的初步形成。该书全面深入地考察了中国古代史书叙事的风格，既填补了史学理论与史学史学术领域关于史书叙事问题的研究空白，又为当今中国历史学科发展

“三大体系”建设增添了助益。此外，秦艳君《钦定〈明史〉的初检视：清人的〈明史〉研究》（《史学理论与史学史学刊》第1期）探讨了清朝官私史家对《明史》的修订、考证与评价问题，指出清人的《明史》研究，是清官方和私家对钦定《明史》的初步检视，是清人对本朝所修前代正史的评述与考证，具有鲜明的时代特点，清理了《明史》中的部分问题，为估定《明史》及其进一步研究提供重要参考。袁法周《清乾嘉〈汉书〉研究的总成绩与检讨》（《河北学刊》第2期）考察了清乾嘉时期《汉书》研究的主要成果、研究方法与特征，认为《汉书》研究作为一个专题和个案，是乾嘉学术乃至整个清代学术、中国传统学术不可或缺的组成部分，它的研究特点和表现形式与中国传统学术总的发展规律是一致的，但是其在具体的研究方面又具有某些独特的内在理路和研究内涵。况明祺《树立史家模范——刘知几班马批评的特点与价值》（《理论与史学》第8辑）借由当代荷兰学者赫尔曼·保罗的“学者角色”理论探讨了刘知几班马批评的特点与价值，指出刘知几班马批评“散见全书、各有千秋、前后相抵”的特点表明，刘氏在某种程度上将司马迁和班固理想类型化为两种具有竞争关系的史家模范，从而在历史编纂层面之外，于史家集体认同的思想层面对传统史学作了一次总结。

三、百花齐放的中国史学史研究

中国史学史是一门学术专史，它关注史学的发展和社会作用，对历史学发展和社会历史进步具有推动作用。学界2022年的中国史学史研究成果呈现出百花齐放的特征，在中国史学史通史性研究成果外，也有单一方面的认识，其内容涉及史学思想、历史编纂学、官方修史活动、幕府学术活动、史家的史学活动。

着眼于中国古代史学发展全过程的研究，瞿林东《中国史学史举要》一书于2022年4月由商务印书馆出版，该书由瞿先生早年参与撰写的《中华文明史》中辑出，全书共九章，依次为史学的兴起（先秦时期）、“正史”的创建（秦汉时期）、史学的多途发展（魏晋南北朝时期）、史学发展的新转折（隋唐五代时期）、通史撰述和历史文献学的发展（两宋时期）、多民族史学演进的深入（辽夏金元时期）、史学走向社会深层（明时期）、古代史学的总结与嬗变（清前期）、史学在社会大变动中的分化（清后期）。此书为瞿先生多年研究中国史学史的重要成果，为反映和阐述中华文明发挥了积极的作用。

在通史的史学思想研究方面，汪高鑫积多年研究心得，于2022年相继推出了两部力作：《中国史学思想史新论》和《中国经史关系通史》（四卷）。《中国史学思想史新论》由北京师范大学出版社7月出版，该书选取34篇论文，分为综合研究和专题研究两个部分，其中综合研究的内容包括历史思维、历史教育、史学功用、经史关系、社会思潮与史学思想、历史文化认同、史学近代化、史学与统一多民族国家以及二十四史民族史撰述等重大理论问题的探讨；专题研究则主要是以论述历代史家、史著的史学思想为主，也有关于具体历史时期的时代思潮与史学思想、史学正统观念、目录学的发展等一些具体问题的研究。该书为作者近 10 年（2010—2019）关于中国史学思想史研究的“新论”，涉及相关研究的一些新论题、新观点和新方法。论文集涉及的历史与史学的思维特征，史学与统一多民族国家的关系，史学与社会、思潮的关系，史学与经学、子学的关系，等等，对于扩大中国史学史的研究范围，推进中国史学思想史的深入研究，作出了一些新的尝试。《中国经史关系通史》（四卷）以通史的视角，详细梳理了自先秦特别是汉代经学兴起以来至 20 世纪初经史关系发展演变的历史过程。经史关系属于中国经史之学发展史上的一个重要问题，从史学角度而言，它属于中国史学思想史研究的范围。汪高鑫教授多年前已开始关注中国经史关系问题，并陆续推出了一些成果，以 2011 年吴怀祺先生主编的六卷本《中国史学思想通论》中《经史关系论卷》、2017 年黄山书社出版的《中国经史关系史》为代表。在这个过程中，汪教授萌生了写作一部多卷本的中国经史关系通史的想法，于是带领团队付诸实践，于 2022 年 9 月由福建人民出版社推出了这部 173 万余字的四卷本《中国经史关系通史》。该书系统阐释了经学在发展过程中，对中国传统史学在价值取向、致用理念和编纂方法等方面的深刻影响和推动，以及史学通过以史证经等方式，对经学演变的潜在作用，揭示经史之间源远流长的关系，向世人展现了中国史学精神的深厚底蕴，阐明了中国史学在世界史学史上的地位。

在某时期的史学思想研究上，屈宁《再论明末清初史学思想的嬗变》（《史学理论研究》第 2 期）进一步考察了明末清初史学思想的嬗变特征及近代转型的意义，指出明末清初史学思想的嬗变表现在经史关系、史学逻辑和方法、历史认识三个方面，明末清初的史学对乾嘉史学、近代史学都产生了深远的影响。

有关史家的史学思想研究，汤勤福《朱熹的史学思想》一书由中国社会科学出版社于 2022 年 3 月出版，该书是朱熹史学思想研究的重要成果。此著从历史哲学、治史态度、史学方法论、历史编纂学、史学批评等方面系统论述了朱熹的史学思想，同时对朱熹史学思想形成的历史背景、朱熹史学思想的历史地位以及后世对日本、东南亚诸国之影响皆加论及。汤勤福先生该书结构宏大、论述精谨，填补了朱熹史学思想研究的空白，是一部颇为坚实的力作。谢辉、汪高鑫均以易学为视角，分别探讨了蜀中二李（李焘、李心传）、欧阳修的史学思想。谢辉《蜀中二李的易学与史学》（《史学史研究》第 2 期）指出蜀中二李的治史而兼治易，既反映了理学背景下的宋代易学的巨大影响力，也是宋代史学易理化倾向在学术实践中的具体体现。汪高鑫《易学视域下的欧阳修史学思想》（《史学史研究》第 3 期）认为欧阳修的史学成就与其丰富而深邃的史学思想密不可分，而其史学思想又以其易学思想为哲理基础。其史学思想具体表现在历史变易观、历史盛衰观、道德史观三个方面。王记录《经学与黄宗羲的史书编纂观》（《史学理论与史学史学刊》第 1 期）系统考察了黄宗羲的史书编纂观，他指出因为受明末清初特殊时代与学术的影响，黄宗羲的史书编纂观呈现出价值判断与事实判断既抵牾又统一的特征。邱锋《历史与逻辑：王充史学观念探微》（《天津社会科学》第3期）从知识论的角度探讨了王充的历史观，他指出，王充史学观念的深刻之处在于为人们展示出历史知识作为一种经验模式所应具有的逻辑原则，他倾向于从认知和逻辑的角度检验历史作为一种特殊的经验知识所具有的实在性和有效性，同时包含了“知类”“推类”等推理推论的展开。

历史编纂学方面的研究成果，主要表现在对修史动机、史书的体裁体例、史料、史书编纂过程、历史文学的研究。王瑞来《史学史上一个罕见的特例——陈桱〈通鉴续编〉编纂隐衷发覆》（《历史教学（下半月刊）》第7期）剖析了陈桱《通鉴续编》的一个编纂隐衷，即通过史书，向壁虚造，来显扬先祖，指出著史需要严肃地维护历史叙述的纯洁性。曲柄睿、何孟、骆扬、成运楼、屈畅、许洪冲分别探讨了前四史人物列传的编纂、魏晋南北朝时期别传的史学价值、编年史《春秋》《左传》的史学价值、魏晋迄隋唐间史表长期隐没的原因、《南齐书》的体例特色、清修“续三通”史论“臣等谨按”的功用。曲柄睿著《整齐世传——前四史人物列传编纂研究》（中华书局）一书，以前四史人物列传编纂为研究对象，采用列传文献结构和文本写作原则相结合的方式考察了列传兴起至成熟的全过程。该书通过列传编纂这一命题，考察了前四史形成的现实基础及其中蕴含的史学思想乃至文学意识，反思了汉宋间史学发展的情况及史学与社会政治的互动，进而揭示出了汉宋史学发展的脉络，及其背后的深层历史动因。总之，该书通过对列传范式确立、应用及其影响的梳理，对早期史学发展的情况作了全面的考察，明晰了史学逐渐独立、史学意识逐渐完整的过程，学术价值突出。何孟《魏晋南北朝时期别传的史学价值》（《史学史研究》第4期）认为魏晋南北朝时期的别传作为门阀政治要求和意识形态鲜活生动的历史记录，体现了史学之真与史学之趣相统一的历史叙事风格。骆扬《编年与叙事——从〈春秋〉〈左传〉看中国早期史学的发展演变》（《廊坊师范学院学报（社会科学版）》第1期）指出《春秋》的编年记录体现了将历史发展视作连续与断裂之统一的理解，《左传》凸显了历史的整体相关性，从而构成了一个可以为人们所理解的过程。成运楼《史表隐退问题新论——从本纪的编年化到世家谱牒的兴起》（《人文杂志》第6期）认为魏晋迄隋唐间的史表“真空”，实际上是正史本纪编年化和世家谱牒文化盛行双重作用的结果。屈畅《〈南齐书〉体例新探》（《史学理论与史学史学刊》第1期）指出《南齐书》的体例在断限、编次、叙事方法上带有萧子显鲜明的个人特色。许洪冲《清修“续三通”中“臣等谨按”功用刍议》（《史学史研究》第3期）认为“续三通”馆臣按语具有考证史实与经世致用的双重作用。唐旭东、王皓和杨盈分别考察了《史记》《宋史·交趾传》的史源问题，唐旭东《论〈史记〉处理〈尚书·金縢〉类史料的得失》（《中国传记评论》第1期）分析了《史记》处理和使用《尚书·金縢》类史料的得失，指出《史记》处理《尚书·金縢》及其相关史料的优点在于使《金縢》的历史性色彩大为增强，缺点是仍使《金縢》保留了一些传奇性的内容，甚至出现一些前后无法照应的低级错误。王皓、杨盈《〈宋史·交趾传〉史源及史实考辨》(《温州大学学报（社会科学版)》第6期）探讨了《宋史·交趾传》的史料来源问题，指出《宋史·交趾传》的史源在时间上存在一定差异。此外，理清《宋史·交趾传》史料的来源，有益于订正其内容上的一些讹误。刘全志、王灿、李德锋分别探究了《左传》《通鉴纲目》《批选〈史记〉〈汉书〉》的成书过程。刘全志《出土文献视域下的〈左传〉成书过程》(《北京师范大学学报（社会科学版)》第4期）指出《左传》编者对春秋史“事语”的择取和加工方法，除了“割裂文本”“整合文本”，还重在连缀文本、修饰文本。同时，《左传》的成书历程也是春秋史的书写主体由史官群体经诸子百家转移到儒家学者的过程。王灿《论〈通鉴纲目〉以〈春秋〉变〈通鉴〉》(《宋史研究论丛》第1期）认为《通鉴纲目》吸收了《春秋》的体例和褒贬之法，又以《通鉴》为最重要的史料基础和文本依据。李德锋、鞠星《论明中叶唐顺之批选〈史记〉〈汉书〉》(《廊坊师范学院学报（社会科学版)》第1期）指出唐顺之批选《史记》《汉书》的学术行为，在文字训诂、史事考实以及经世致用和“异端”史学思想方面表现出一些新的变化，从而成为明中后期相关史学思潮的有机组成部分。李传印、韩艳娇《魏晋南北朝时期家传的叙事特征》(《史学史研究》第1期）探讨了魏晋南北朝时期家传的叙事特征，指出魏晋南北朝时期家传重视家族历史的族源叙事，在叙事方法上淡化了《春秋》笔法，叙事多颂谀溢美。

对官方修史活动的研究，集中在对史馆、史料、体例、修史过程、修史与政治的关系、史观的研究。刘骏勃《清代特开史馆与相关机构的工作往来——以续文献通考馆和三通馆为例》(《史学理论与史学史学刊》第1期）以续文献通考馆和三通馆为例探讨了清代特开史馆与相关机构的工作往来情况，指出续文献通考馆和三通馆与各相关机构的密切配合促成了多部重要典志史著作纂修工作的顺利完成。唐雯、王志跃分别探讨了《旧唐书》中晚唐人物列传、《明世宗实录》的史料问题。唐雯《〈旧唐书〉中晚唐人物列传史源辨析——以〈顺宗实录〉八传为中心》(《中华文史论丛》第2期）认为《旧唐书》本传的史料来源，除了《顺宗实录》传记外，还糅入了大量其他材料，如传主的其他类传记文献、实录的编年部分中与传主有关的内容，后者可能是本传中增入材料的主要来源。王志跃《〈明世宗实录〉史料价值考论》(《史学史研究》第3期）指出《明世宗实录》的史料价值主要体现在史料记载的丰富性、史料记载的珍稀性、史料记载的准确性、成为后世大量官私史籍之史源四个方面。李南晖《唐国史“史例”发微》(《古典文献研究》第1期）考察了《唐国史》的史例，认为作为《唐国史》史例的《唐书叙例目录》并不刻意追求《春秋》褒贬义例，而更关注集体撰作的整一性、史料安排的合理性。这种义例思想反映了盛唐史官对历史编纂方法的重视，从实践层面呼应了刘知幾《史通》提出的理论主张。张立敏《论明史馆开局与康熙博学鸿词科的关系》(《晋阳学刊》第5期) 分析了明史馆开局与博学鸿词科的关系，认为明史馆开局是一种历史偶然现象，一些清朝官员企图用修纂《明史》的难度来削弱康熙帝对考试录用人才的器重。虽然倡议者的初衷偏离了康熙博学鸿词科的宗旨，但明史馆的开局客观上却有助于康熙博学鸿词科意图的实现。苗润博《元修〈辽史〉契丹早期史观解构》(《中山大学学报（社会科学版)》第4期) 以元修《辽史》中的《世表》《营卫志·部族上》为文本依据，考察了元修《辽史》关于契丹早期史记载中隐含的编纂因素与叙述框架，指出元朝史官对不同文献系统的材料进行杂糅、拼接，这种核心工作方法的内在逻辑是站在后来人的立场上加以追溯、归纳，将契丹原本多元复杂的衍变轨迹简单化约为一元线性的发展脉络，忽略了不同时代、不同主体的历史叙述可能存在的根本性矛盾。时培磊、纪海龙《〈明武宗实录〉文臣传编纂探析》(《史学史研究》第2期) 从史源、编纂方法、人物评价三个方面考察了《明武宗实录》文臣传的编纂事宜，指出明朝实录的纂修，对于民间史学活动起到了促进作用。

幕府学术活动方面，李金华贡献突出，2022年推出了三篇文章：《乾嘉幕府的学术成就及其局限性》(《廊坊师范学院学报（社会科学版)》第1期)、《清代京师幕府的繁荣及学术贡献探析》(《北京劳动保障职业学院学报》第2期) 和《幕府史学活动与清初学术文化发展》(《史学理论与史学史学刊》第1期)。这三篇文章均着眼于幕府的学术成就和学术价值。第一篇文章指出乾嘉幕府中许多学术活动对乾嘉时期的学术发展具有极大的推动作用，但是乾嘉幕府以不触动官方的政治立场为原则的学术态度，使其学术活动缺少思想的开放性与独立性，也极大地限制甚至阻碍了新文化的产生与传入。第二篇文章认为京师幕府为官方修书项目提供了人力支持，为士人的学术交流搭建了广阔的平台，还在协助官方完成修书项目的过程中，促进了私家学术的繁盛，对有清一朝的学术发展产生了深远影响。第三篇文章指出幕府作为官方与私家开展学术合作的平台，在编纂方志、撰修明史、整理古籍文献等方面对清初学术发展产生了极大推动作用。幕府与官方、私家共同推动了清代学术文化走向繁荣。

对史家史学活动的研究，学界围绕史学思想、史学成就、学脉传承、史学影响四个方面，从不同的侧重点对顾炎武、孙奇逢、晚明复社学者张溥和张采、章学诚、崔述、梁启超、顾颉刚、王国维、柳诒徵、刘咸炘、尹达诸人进行了深入研究，包括周文玖《顾炎武的史学成就及史学思想》(《人文天下》第1期)、黄爱平《明末清初北方大儒孙奇逢史学探研》(《内蒙古师范大学学报（哲学社会科学版)》第2期)、陈其泰《章学诚学术成就析论》(《学术研究》第6期)、李燕《崔述〈考信录〉及其近代学术影响》(《学术界》第4期)、刘开军《从〈新史学〉到〈三十自述〉：1902年梁启超的器与道》(《四川师范大学学报（社会科学版）》第3期）、杨志远《历史的镜像：梁启超“新史学”的多元想象》（《四川师范大学学报（社会科学版）》第3期）、张峰《开出一派“新考证学”——梁启超“新史学”对民国新历史考证学派的影响》（《四川师范大学学报（社会科学版）》第3期）、李政君《顾颉刚古史考辨旨趣》（《中国社会科学报》9月19日）、汤莹《化腐朽为神奇：顾颉刚“伪书移置说”的建立及其反响》（《史学月刊》第10期）、宁腾飞《诸子学研究与顾颉刚的疑古辨伪学》（《天津社会科学》第1期）、孙闻博《“二重证据法”与王国维的史学实践》（《中国史研究动态》第2期）、任慧峰《柳诒徵的以礼释史及其现代意义——以〈国史要义〉为中心》（《孔子研究》第2期）、刘开军《衣钵相授：刘咸炘与弟子们的学术养成》（《史学史研究》第3期）。

顾炎武、孙奇逢、章学诚、崔述映入了学界的眼帘。周文玖《顾炎武的史学成就及史学思想》（《人文天下》第1期）考察了顾炎武的史学成就与史学思想，指出顾炎武的史学特色是强调史学的经世功能，提出“引古筹今”“鉴往训今”的史学价值论，并对如何撰史提出自己的见解。顾炎武的史学思想突出地表现为对历史盛衰的思考，他通过总结历史，认为“治乱之关必在人心风俗”，主张应顺势进行社会变革。黄爱平《明末清初北方大儒孙奇逢史学探研》（《内蒙古师范大学学报（哲学社会科学版）》第2期）考察了孙奇逢的史学宗旨、思想主张及史学特色，指出孙奇逢将以史经世、以史明道作为治学宗旨，其史学著述鲜明地体现出倡导实学、砥砺躬行，重视道统、崇尚节义，摒弃门户、主张和通的思想主张，也突出地反映了其重视当代史、地方史、学术史和人物史的特色。朱冶《晚明张溥等编刊名臣经世类史著及其影响》（《苏州科技大学学报（社会科学版）》第3期）考察了晚明复社学者张溥等编刊名臣经世类史著的过程及影响，指出张溥删节重刊明初《历代名臣奏议》，张采评阅重刊朱熹《宋名臣言行录》，与陈子龙编纂《明经世文编》相辅相成，丰富了复社经世文献整理的体系脉络。张溥等重编重刊的名臣经世类史著，在清代中国以及东亚诸国广泛流传，对后世史观、史论和史学编纂皆有影响。陈其泰《章学诚学术成就析论》（《学术研究》第6期）分析了章学诚的学术成就和学术地位，指出章学诚对传统学术精华予以继承和发展，同时其学术主张又反映出社会的需要，他以鲜明的批判性思维体现出强烈的使命意识和担当精神。李燕《崔述〈考信录〉及其近代学术影响》（《学术界》第4期）考察了崔述《考信录》的成书过程、崔述的时代境遇及治学特点，指出《考信录》的成书反映了崔述思想的演变及其与时代的若干关联，此书于20世纪上半期经由顾颉刚、胡适等人的推阐，进而与“层累地造成古史”说发生关联，对近代学术流变产生深远影响。

2022年正值梁启超《新史学》发表120周年，《四川师范大学学报（社会科学版）》第3期特邀刘开军、杨志远、张峰三位作者撰文，于新时代中反思新史学，探讨作为史学作品的《新史学》和已成为一种符号的“新史学”在近现代史学发展历程中的作用、意蕴及其多重面向。刘开军《从〈新史学〉到〈三十自述〉：1902 年梁启超的器与道》以《新史学》《三十自述》为文本依据，分析了梁启超的治学理路，指出 1902 年，梁启超激烈批判旧史学，非议帝王政治，其中有理想、有行动，这些都是形而下之“器”。驱使他发出这些言论并不断付诸实践的，是他心中无法抹去的国民责任，或曰天职，这才是他平生所怀抱的“道”。1902 年之后，梁启超手中之器屡变，心中之道却始终不改。杨志远《历史的镜像：梁启超“新史学”的多元想象》考察了梁启超学术思想及史学观念的发展演变过程，指出梁启超采进化主义观点对传统史学的批判、对史学定义的游移与多变性以及向传统史学的复归等表现，表明他作为中国近代思想的拓荒者，其史学的种种观念，开启了中国近代史学的多元想象。张峰《开出一派“新考证学”——梁启超“新史学”对民国新历史考证学派的影响》探讨了梁启超“新史学”对民国新历史考证学派的影响，指出梁启超对胡适、顾颉刚、傅斯年等新历史考证学派个人治学和该学派学术发展均产生了重要影响。梁启超倡导的“新史学”与新历史考证学，均以西方新学理为利器，并从中国传统学术中提取“科学”资源，借此推动中国传统史学的近代转型。

顾颉刚史学研究的成果较多。徐国利《民国时期顾颉刚学术价值观的转向及与经世致用观的离合》（《史学月刊》第 4 期）考察了民国时期顾颉刚学术价值观的转向及与传统经世观之间复杂的离合关系，指出顾颉刚不同时期对传统经世致用观始终没有背离的根源在于儒家经国济世传统和实践理性精神在顾颉刚学术价值观的历史阐释中发挥了至关重要的作用。李政君《顾颉刚古史考辨旨趣》（《中国社会科学报》9 月 19 日）通过反思学界对顾颉刚古史考辨的诸多批评而探讨了顾颉刚古史考辨的旨趣，指出顾颉刚考辨古史的核心旨趣是“解释‘古史’的构成”，即解释旧有中国古史学说、古史观念是如何被后人特别是战国秦汉间人因应“时势”需要逐步构建而成，揭示其中有不少说法其实是后世史实投射到上古观念的结果。顾颉刚的诉求是通过上古“伪史”透视中古“真史”。汤莹《化腐朽为神奇：顾颉刚“伪书移置说”的建立及其反响》（《史学月刊》第 10 期）考察了顾颉刚“伪书移置说”的建立及其反响，指出在自觉接受欧阳修、胡应麟、梁启超、杨鸿烈、钱玄同等人“移置”观点和顾颉刚本人更加注重以“历史的眼光”与“平等的眼光”审视“伪书”双重因素的作用下，顾颉刚提出了“伪书移置说”。此说提出之后，深化了学界对“伪书”的认识，推进了近代古书考辨工作的开展。宁腾飞《诸子学研究与顾颉刚的疑古辨伪学》（《天津社会科学》第 1 期）考察了顾颉刚诸子学研究与疑古辨伪学之间的关系，指出顾颉刚不仅重视诸子学研究，而且注意诸子学研究与疑古辨伪学之间的联系。顾颉刚的诸子学研究思路深受胡适与康有为的影响，注重从历史演进法和诸子托古论的角度思考问题，且其诸子学研究并非就诸子论诸子，而是从诸子入手审视旧有的古史观念。张守广《顾颉刚在民国时期方志编纂领域的开拓——以北碚志为中心》（《地域文化研究》第 5 期）考察了顾颉刚在民国北碚志编修方面的开拓与贡献，指出顾颉刚将表、图、专志、文征等归类成编的编排架构，邀请众多科研机构和科研人员参与编修，运用现代科学方法进行研究，提倡科学论文的文体形式，使北碚志的编纂在民国方志编纂领域呈现出了一种有创有因的独特文化景观。王红霞《顾颉刚中西融合的史学思想探析》（《理论与史学》第8辑）从接受西学、中西比较、中西交流等方面探讨了顾颉刚中西融合的史学思想，指出顾颉刚在中西史学孰优孰劣的对比中艰难地挣扎，中西融合的“推手”过程显得十分艰难，但足以看出他自觉地为推动中国近代史学演进作出的努力。

史家王国维、柳诒徵、刘咸炘、尹达也受到了学界的关注。孙闻博《“二重证据法”与王国维的史学实践》（《中国史研究动态》第2期）结合王国维的史学实践剖析了“二重证据法”的内涵，并探讨了此法于今日应如何运用的问题，指出王国维“二重证据法”适用于更广阔的研究领域，它所论意在扩充史料，且其与考古学关系密切。今日处理“二重证据”，应重视史料的物质性、边界范围，始终注意“二重”的层次与界限把握。任慧峰《柳诒徵的以礼释史及其现代意义——以〈国史要义〉为中心》（《孔子研究》第2期）以《国史要义》为中心剖析了柳诒徵以礼释史的治史特征及现代意义，指出在《国史要义》一书中，柳诒徵从史官职掌的政学背景、史书编撰的书法义例、正史各体的核心精神三个方面阐释了其“史出于礼”的观点。针对梁启超等人提出的正史弊端，柳诒徵揭示了礼中所蕴含的现代法律思想、平等精神与有助于延续国统的作用，对传统史学作了创造性转化。对于林毓生归纳的五四知识分子“借思想、文化以解决问题的方法”的弊端，柳诒徵对礼的制度性的强调与阐发也提供了可行的补救之道。张凯、刘开军分别考察了刘咸炘的史学观、刘咸炘与弟子们的学术赓续问题。张凯《以人事为学：刘咸炘与中国史学的近代转承》（《天府新论》第5期）指出刘咸炘认为史学的广义就是人事学，进而以“察势观风”为史识准绳，以“史有子意”为史家宗旨，落实即事明理的人事学，倡导以纪传体编纂传统创新史体。在近代中西学术交汇的语境中，刘咸炘立足固有学术传统、会通古今中西的旨趣与方法，或可在中国传统史学与现代学术体系之间建立有机关联，为时下突破分科之学、建立中国学术本位开辟新路径。刘开军《衣钵相授：刘咸炘与弟子们的学术养成》（《史学史研究》第3期）认为刘咸炘为弟子们规划选题，批点习作，指示治学法门，弟子们贯彻其“察势观风”之治学宗旨，钻研学术。后来，由于刘咸炘的突然病故和刘氏弟子学术训练存在体制缺陷，导致刘咸炘弟子大多消失于现代学术史叙事中。谢保成《尹达先生与历史研究所史学史学科建设——纪念尹达先生诞辰115周年》（《理论与史学》第8辑）从历史研究所史学史研究室成立时间、尹达先生指导史学史研究生的独特之处、《中国史学发展史》编写前后、《马克思主义与中国历史学的发展》成文经过、尹达对史学理论、史学史学科的贡献、筹备史学史学会的点滴往事几个方面总结了尹达先生对历史研究所史学史学科建设的突出贡献，回顾了尹达先生之后史学史研究室的学术发展情况，订补了《尹达史学论著选集》、《尹达集》以及《尹达学术评传》的一些讹漏，并附上了自身的史学史研究历程，为我们进一步深入了解尹达先生的人生与学术提供了助益。

四、史学理论及史学史学科研究拓展的深入思考

史学理论与史学史学科虽然是一门年轻的学科，但经过几代研究者的勤奋耕耘，已经在既有的研究框架结构内创造了众多优秀成果。学科要保持旺盛的生命力，就要进一步思考未来的发展问题。2022 年多位学者关注此问题，既有整体性的思考，也有局部视角的探索。

吴英《构建具有中国特色的史学理论学科体系和话语体系的思考》（《江海学刊》第 1 期）讨论了如何构建具有中国特色的史学理论学科体系和话语体系的问题，指出要建设具有中国特色的史学理论学科体系和话语体系，则需要在唯物史观新的解释体系的构建、力戒教条主义、处理好史学理论与史学史和历史理论与史学理论两对关系等方面着力。李勇《"史学史是思想史"沉思》（《史林》第 4 期）从探讨史学史与思想史的关系入手考察了史学史将来的发展问题，认为思想史研究的路数值得参考和吸纳，是史学史研究再出发的一个表征。汪高鑫《多重视角下的中国古代史学史研究》（《史学理论研究》第 3 期）讨论了新时期中国古代史学史研究的方向问题，指出考察中国古代史学史，必须有包含政治史视角、四部学视角、多民族视角、中西比较视角在内的大历史视角。陈其泰《拓展历史编纂学研究之方法论思考》（《北京行政学院学报》第 1 期）从方法论角度考察了中国历史编纂学研究的拓展问题，认为要从贯彻发展观点、确立整体观念、贯彻"历史主义"的观点和方法、运用比较研究方法四条途径入手去拓展中国历史编纂学的研究。刘家和《"编年史"在中西史学传统中含义的异同》（《史学月刊》第 3 期）以中西史学比较的视角分析了"编年史"在中西史学传统中含义的异同，指出西方的编年史与中国的编年史是很不同的，它们分别指对历史的看法问题和体裁问题，作为历史研究者，在遇到中国的名词与西方的名词相同时，要注意加以区分。谢贵安《清代史学的近代择受及重构论析》（《中国高校社会科学》第 4 期）以"知识考古学"的视角考察论述了清代史学在近代的择受与重构问题，指出在传统史学的近代重构中，分别出现了同时期清代史学的近代重构和清代史学与其他朝代史学的重构两种现象。重构后的概念成为近现代史学史上的常识，而这种常识的形成，就是近代史学转型中融合中西、整合古今的新知识体系的建构过程。

综上所述，2022 年中国史学理论与史学史的研究成绩显著。学者们对正统论、"大一统"、中华民族历史文化认同等历史理论问题的研究，追本溯源，系统梳理；对于中国古史分期和社会性质、通史家风、史学功用、史家修养、史学方法、史学批评等史学理论问题，立足已有视角，更加注重研究的细化；对于史学思想、历史编纂学、官方修史活动、幕府学

术活动、史家的史学活动等史学史内容，进一步从材料、论题和内容等层面进行拓展深化；对中国史学理论与史学史学科的未来发展方向进行了新的探索，这些努力对于增强学科的学术生命力与推动学术研究走向世界意义重大。当然，2022 年度的中国史学理论与史学史研究仍存在一些不足，相比于中国史学史研究来说，中国历史理论与史学理论的研究还比较薄弱，真正体现中国特色、中国风格、中国气派的理论成果太少，未来还需注重从自身内部挖掘理论资源，总结并阐扬中国优秀的史学遗产。此外，在贯通性研究、大历史观的研究方面，学界还需不断开拓。

学术动态

学术会议信息

5th International Scientific Conference "Preservation and Development of Languages and Cultures of the Indigenous Peoples in Siberia"

2022 年 5 月 18—20 日，为纪念杰出的东方学家和突厥学家尼古剌·卡塔诺夫（Nikolay Katanov）诞辰 160 周年，第五届国际科学会议"西伯利亚民族语言和文化保护发展"（5th International Scientific Conference "Preservationand Development of Languagesand Cultures of the Indigenous Peoples in Siberia" Dedicatedto the 160th Anniversary of the Outstanding Orientalist and Turkologist N. F. Katanov），在俄罗斯联邦哈卡斯共和国阿巴坎卡塔诺夫哈卡斯国立大学，以线上线下相结合的方式举行，参会语言为俄语和英语。会议的主办方为俄罗斯联邦教育和科学部（Ministry of Education and Science of the Russian Federation），卡塔诺夫哈卡斯国立大学（N. F. Katanov Khakass State University），哈卡斯语言文学和历史研究所（Khakass ResearchInstitute for Language，Literature，and History），哈卡斯共和国教育科学部（Ministry of Education and Science of the Republic of Khakassia），哈卡斯共和国国家和领土政策部（Ministry of National and Territorial Policy of the Republic of Khakassia）和哈卡斯共和国文化部（Ministry of Culture of the Republic of Khakassia）。来自俄罗斯科学院考古研究所、语言研究所，中国社会科学院古代史研究所，俄罗斯友谊大学，哈卡斯国立大学，克里米亚共和国，喀山大学，东北联邦大学，戈尔诺·阿尔泰国立大学，西伯利亚大学，哈卡斯语言文学和历史研究所，乌拉尔联邦大学，德国吉森大学，图瓦国立大学等高校和科研机构的 100 多名学者提交了会议论文。会上有 8 位学者进行主题发言，内容涉及突厥语起源、早期突厥语系文字、突厥学演技研究现状、学校语言教育、西伯利亚史诗情节构建模式、卡塔诺夫的学术贡献等。之后会议分为语言、文化、民族、民俗、文学、历史、教育等七个分会场，对西伯利亚人群的古代语言、民族历史等议题进行讨论。中国社会科学院古代史研究所的李锦绣研究员和贾衣肯研究员在线上参加此次会议，分别作了与黠戛斯、吉尔吉斯相关的主题发言。

（李鸣飞）

“赓续传统求实创新”复旦大学中国历史地理研究所建所40周年大会

2022年6月11—12日，由复旦大学中国历史地理研究中心举办的“赓续传统求实创新”复旦大学中国历史地理研究所建所40周年大会在线上线下同时举行。复旦大学中国历史地理研究所于1982年成立，中国历史地理学的主要奠基人和开创者之一谭其骧先生任所长。建所40年以来，复旦大学中国历史地理研究所不忘初心，面向国家需求，顺应学科发展，求实创新，赓续奋进。2022年举行了所庆系列活动，首先，举行了系列学术报告作为所庆大会的序幕，报告主题体现了历史地理学近年重要的研究取向和热点问题，即“地理环境与经济社会”、“自然地理与灾害研究”、“社会人群与区域历史地理”以及“历史政区与地理信息研究”。6月11日、12日，“建所40周年庆祝大会”由庆典仪式、学术大会和所史展览三部分组成。学术大会分组学术报告16场，涵盖了历史地理研究的主要分支，报告也代表了不少领域的最新研究成果。包括“历史自然地理研究”“历史社会经济研究”“地图史研究”“历史文献与史地研究”“军事地理与边疆研究”“历史经济地理研究”“交通历史与聚落考古”“城市史研究”“生态环境史研究”“历史人群与国家社会”“历史文化地理研究”“GIS技术与时空数据分析”“学术思想史”“学科建设与发展”。参会学者视野广阔、史料扎实、技术方法多样，论证严密，为历史地理学学科发展和学术创新做出了多层面的思考。

（成赛男）

中国民族古文字文献与历史文化学术研讨会

2022年6月12日，由中国民族古文字研究会，内蒙古民族大学，中国社会科学院民族学与人类学研究所民族文字文献研究室，中国社会科学院古代史研究所宋辽西夏金史研究室、元史研究室，内蒙古大学蒙古学学院主办，内蒙古民族大学文学与新闻传播学院承办的“中国民族古文字文献与历史文化学术研讨会”在线上顺利召开。此次会议吸引了来自国内外30余所高校、研究机构的上百名学者参会。与会专家学者紧紧围绕“中国民族古文字文献与历史文化”这一主题，就契丹文、西夏文、女真文、回鹘文、八思巴文、蒙古文、满文、藏文、察合台文、彝文、纳西东巴文、南方新发现少数民族文字等数十种民族古文字文献进行了深入讨论。研究内容涉及各种民族古文字文献的本体研究，以及相关碑刻文献所反映的从北魏到清代的政治、历史、地理、宗教、语言等多个领域，许多民族古文字文献资料为首次刊布，显示了此次研讨会的学术水准。

（张晓慧）

“知识的生产、交流与媒介”工作坊

2022年6月17—18日，由中山大学历史学系、中山大学东南亚研究所、《亚洲史研究》编辑部联合主办的“知识的生产、交流与媒介”工作坊通过线下线上相结合的方式举办。此期工作坊以知识为切入点，试图从历史、思想、文学、语言、哲学等不同层面理解与探讨“知域”和“地域”复合视域下的“亚洲”。中山大学历史学系滨下武志教授作工作坊主旨报告，他的报告题目是《亚细亚知识再思考——知识的空间：地域与知域》。报告从“亚细亚”的词源切入，并以地图为材料介绍希腊、罗马、波斯版图中的“亚细亚”，说明亚细亚概念在人群移动和东西方的交流中逐步构建的过程。滨下武志认为，在目前的陆地亚细亚之外，宜加入海洋的维度，即应关注两者相结合的亚细亚。最后，滨下武志提出了“地理亚细亚”与“思想亚细亚”的关系，即“地域”与“知域”之间的联系。第一场报告的主题为“古代东亚的知识与信息交流”。金庆浩《汉晋时期知识、情报的交流及东亚秩序》指出战国到魏晋时期书籍普及率的大幅增长；魏晋时期，纸张逐渐取代竹简成为主要的书写材料，这进一步扩大了书籍普及的空间范围，这种书籍的普及不仅限于中国内部，还传播至周边各国。戴卫红《三至九世纪东亚知识的交流与大写数字的使用》梳理了三至九世纪东亚范围内的出土简牍、纸本文书以及金石碑刻中出现的大写数字，分析大写数字在古代中国、日本和百济新罗社会中的使用情况，以此反映知识在东亚的传播和使用。第二场报告的主题为“书籍的秩序”。郑墡谟《论高丽对宋的书籍外交》探讨了高丽“书籍外交”政策的发展过程和文化影响。杨洋《东亚理学接受中的图像因素——基于〈四书章图〉的文献学考察》对《四书章图》在东亚地区的流传脉络进行了考述。李恒恩《朝鲜王朝前期地理知识的获取和编制——以地理志与类书的考察为中心》介绍了朝鲜前期官方修撰全国地理志的过程。第三场报告的主题为“文书、抄本的流通与使用”。李智《从词汇文献看苏美尔人的驿站与信使》以出土泥板文献为材料，介绍了古代西亚两河流域苏美尔人的词汇文献。钱艾琳《书以载文：以瓦绥提〈玛卡梅库法篇〉为例》探讨了造纸术传入阿拉伯世界之后的影响。朱玫、陈宛钰《高丽末朝鲜初期“告身”的文书体式变迁与行政运作》分析文书的体式变化与行政运作流程，探究“告身”对王朝行政与统治的作用。第四场报告的主题为“文化交互与知识传播”，杜雨晴以“多重文化交互：《会同四教》与18世纪越南天主教的跨宗教对话”为题，程方毅以“从‘克拉肯’到‘巨型乌贼’——‘邪恶章鱼’知识的形成与流变”为题，杨培娜、宋恩泽以“明治时期日本对华水产调查”为题分别进行了报告。第五场报告的主题是“东亚知识的近代形成”，孙成俊以“大韩帝国时期媒体中的梁启超文本变异——以《罗兰夫人传》三种译本为中心”为题，顾春以“由《大同书》与《星界想游记》的关联说引发的思考”为题，朱坤容以“从宗教到伦理：和辻哲郎的道元研究”为题分别进行了报告。第六场报告的主题是“话语建构与知识生产”，曹寅以“想象中的基建：殖民主义和民族主义话语中的滇缅铁路”为题，白云天以“阿拉伯文史著对于‘奥斯曼征服’的层累建构”为题，吴耀庭以“隐蔽战线的知识生产：冷战初期澳大利亚秘密情报局的印尼研究”为题分别进行了报告。

（戴卫红　刘　卓　章泽玮）

故宫学学术研讨会

2022 年 6 月 18—19 日，由故宫博物院主办，故宫博物院故宫学研究所承办，中国社会科学院大学故宫学研究中心协办的 2022 年故宫学学术研讨会在北京举行。故宫博物院院长王旭东、中国社会科学院大学校长张政文、故宫博物院原院长郑欣淼先后致辞。故宫博物院副院长赵国英主持开幕式。会议主要内容有：一是对故宫学内涵的研究进行了深入探索；二是将宫廷史研究延伸到政治史、文化史、军事史、外交史等领域；三是以紫禁城建筑为核心，拓展到各个历史时期的古建筑；四是将历史研究观照现实，与我们当前的国家政策相结合。王旭东表示，故宫体现出的中华民族卓越创造力及其蕴含的多元文化价值，需要持续不断地进行深入研究；提炼其中的有益元素，为新时代中国特色社会主义文化建设以及人类命运共同体构建提供文化养分。张政文表示，要从铸牢中华民族共同体意识的高度研究故宫学，站在构建中国特色哲学社会科学学科体系、学术体系、话语体系、人才培养体系的高度来研究和审视故宫学。在题为“故宫的价值与故宫学”的主旨报告中，郑欣淼表示，故宫学的重要特点是学理性与实践性的结合。在中国语境和全球视野下对故宫价值进行解读，是故宫学发展的内在动力。要着眼于中国历史文化背景，重视提升故宫学的国际话语权。中国社会科学院大学故宫学研究中心学术委员会主任吴十洲详细考察了乾隆三十七年修整扩建宁寿宫的用铜情形，对该工程用铜预算、备料及结算进行了盘点，并对宫中所设的铜器种类及冶铸铜器的工艺过程进行了初步探讨。中国社会科学院古代史研究所研究员解扬以杨慎代祀蜀地为例对明代代祀进行了阐述。中国社会科学院大学故宫学研究中心主任刘强表示，从光绪朝后期慈禧太后懿旨的发布，可以看出这一时期她对一些“新问题”的看重。这为后世研究光绪朝后期清廷最高权力运转方式提供了重要线索。来自故宫博物院、中国社会科学院、北京大学等 28 家单位的 50 余名学者，围绕故宫学理论、故宫古建筑、故宫院藏文物、宫廷历史文化遗存等话题展开交流。

（王士皓）

“一带一路”沿线世界文化遗产的传承互动与可持续发展：第六届新疆北庭学研讨会

2022 年 7 月 5—7 日，“一带一路”沿线世界文化遗产的传承互动与可持续发展：第六届新疆北庭学研讨会，在厦门大学以线上线下相结合的形式召开。此次会议由厦门市人民政府、厦门大学、新疆维吾尔自治区文化和旅游厅（文物局）、昌吉回族自治州人民政府主办，厦门市鼓浪屿－万石山风景名胜区管理委员会、厦门市文学艺术界联合会、新疆维吾尔自治区文博院、昌吉回族自治州党委宣传部、昌吉州文学艺术界联合会、昌吉州文化体育广播电视和旅游局、厦门大学社会科学研究处、厦门大学人文学院、昌吉回族自治州吉木萨尔县人民政府、中国社会科学院考古研究所边疆民族考古研究室承办。来自中国社会科学院、中国文化遗产研究院、国际古迹遗址理事会、福建省考古研究院、新疆社会科学院、厦门大学、新疆大学等国内科研机构、高校以及文博系统的80多位专家学者参会。中央民族大学边疆考古研究院特聘教授魏坚，中国社会科学院考古研究所研究员刘建国、郭物和新疆文博院龟兹学术部研究馆员赵莉分别以“唐朝墩古城遗址考古发现的启示”“石窟遗址周边环境的三维重建与成图”“新疆北庭故城西大寺现状调查”为题作了主旨发言。魏坚教授和郭物研究员的发言，分别从唐朝墩遗址的发掘和北庭遗址学术体系，探讨了中华民族多元一体格局的形成过程，刘建国研究员和赵莉研究员则探讨了数字技术与文化遗产保护研究，对考古学研究的推动。两天的会议一共有30位专家学者发表了各自的研究，包括地区文化多元性，尤其是北庭地区历史发展、人文社会、文学艺术等多方面内容，体现了北庭学丰富的内涵。考古资料汇报是会议的重要内容，包括吉木萨尔的北庭故城、奇台，吐鲁番吐峪沟，甘肃吐谷浑的王墓，这些都反映了最新考古材料对北庭学的支撑。多学科交叉是研讨会的亮点，三维重建、金属成分分析、纺织技术，甚至互联网等新方法、新技术都在会议上有所呈现。这些交叉学科的研究范式，让考古资料发出了更多声音，让考古学问题得到更深入的解释。例如北庭地区唐代的金属带具的材料分析，不仅仅是一个对黄铜金属带具的个案研究，透过黄铜的研究过程，它表现的是古代文化，包括冶炼技术在中西方之间的交流和应用，反映的是东西方文化之间的交流。文献学研究一直是北庭学研究的重要内容，会议上的文献学研究推动了北庭都护府时期的新认识。文化遗产保护与研究也是会议一个非常重要的内容。其他包括佛寺遗址研究、壁画材料研究等都将北庭和周围地区联系起来，反映东西文化交流的生动历程。

（李鸣飞）

《明清宫藏丝绸之路档案图典》出版发布会

2022年7月20日，由中国第一历史档案馆、中国社会科学院古代史研究所、国家图书馆出版社共同主办的《明清宫藏丝绸之路档案图典》发布座谈会在北京举行。中国社会科学院副院长、党组副书记，中国历史研究院院长、党委书记高翔，中央档案馆副馆长、国家档案局副局长魏洪涛，国家图书馆馆长、国家古籍保护中心主任熊远明，国家清史编纂委员会副主任朱诚如出席发布会并讲话。中国第一历史档案馆馆长孙森林主持发布会。高翔、魏洪涛向“明清宫藏丝绸之路档案的整理与研究”课题组成员颁发课题证书。高翔指出，丝绸之路是联系东方与西方、贯通亚非欧及拉美许多国家和地区的交流通道，积淀了以和平合作、开放包容、互学互鉴、互利共赢为核心的丝绸之路精神。高翔强调，明清时期，曾经维系东西方交流发展的丝绸之路具有了新的特点和要素，产生了新的角色和业态。这一时期，世界正经历着从古典向现代国际秩序的转换、正努力维护和平，值得我们对其进行深入研究并予以借鉴。只有尊重历史，才能创造值得尊重的未来。会上发布的《明清宫藏丝绸之路档案图典》由中国历史研究院和中国第一历史档案馆共同编纂，中国社会科学院古代史研究所鱼宏亮与中国第一历史档案馆原副馆长李国荣担任总主编，是国家社会科学基金重点项目“明清宫藏丝绸之路档案的整理与研究”的阶段性研究成果。该项目目前已被列为中国历史研究院重大学术项目、国家出版基金资助项目。该书对中国第一历史档案馆馆藏7万余件涉及明清时期丝绸之路历史的珍贵档案进行甄选考证，梳理重要历史节点和相关史实，配以相关舆图、文物、历史图片及典籍记载，对明清时期的丝绸之路进行了全面的历史阐释。课题组将明清时期丝绸之路分为八条线路，每条线路分为一卷，全书共八卷。与会专家学者表示，《明清宫藏丝绸之路档案图典》通过对明清两朝中央政府所藏丝绸之路档案的系统整理和深入挖掘，阐释了这一时期中国与丝绸之路沿线国家的贸易往来和文化交流实况，从档案文献角度揭示了“一带一路”倡议的历史文化内涵。这些资料表明，明清时期，丝绸之路并没有中断，而是实实在在地一直在延续和伸展。会议认为明清丝绸之路档案研究的一系列成果具有档案资源的原始性、学术研究的创新性、课题开发的时代性，必将有力推动丝绸之路历史的研究。来自中国社会科学院、故宫博物院、北京大学、清华大学等科研院所和高校的专家学者参加了会议。

（王士皓）

民间文献研究中心成立大会暨民间文献研究的理论与方法研讨会

2022年7月20日，由中国社会科学院古代史研究所、凯里学院主办，古代史所古代社会史研究室、中国社会科学院徽学研究中心、凯里学院期刊社、凯里学院民族研究院、贵州原生态民族文化研究中心共同承办的民间文献研究中心成立大会暨民间文献研究的理论与方法研讨会在贵州凯里学院举行。上午，由古代史所与凯里学院共同建立的“民间文献研究中心”揭牌仪式在凯里学院举行，古代史所副所长邬文玲、凯里学院党委副书记余晓林、中山大学教授张应强、西南民族大学教授杨正文等先后致辞，揭牌仪式由凯里学院副校长李斌主持。“民间文献研究中心”建立于2021年9月，其目标是为了进一步推动民间文献及区域社会史的相关研究。在致辞中，古代史所与凯里学院相关领导均表示，将以“民间文献研究中心”的成立为契机，加强双方的合作交流，推动相关学科体系的建设。揭牌仪式过后，双方于凯里学院图书馆召开了题为“民间文献研究的理论与方法”的学术研讨会。会上，学者们结合自身研究民间文献、田野调查的经验，畅谈什么是民间文献、如何整理研究民间文献、民间文献与田野调查的关系等问题。来自不同高校及科研单位的专家学者，一致表示以后可以就相关领域研究加强合作交流。7 月 20 日下午至 24 日，古代史所、凯里学院相关同志一行共 10 人在黔东南地区进行了田野考察。考察组先后前往台江县施洞镇，天柱县远口村、抱塘村、三门塘村，锦屏县文书楼、文斗村、平鳌村、隆里所村，从江县增冲村等地进行调研。

（王正华）

契丹小字发现 100 周年暨第五届契丹学国际学术研讨会

2022 年 7 月 21—24 日，由内蒙古大学主办，赤峰学院、赤峰文博院、通辽博物馆、赤峰市巴林右旗人民政府、巴林左旗人民政府协办，内蒙古大学蒙古学学院承办的契丹小字发现 100 周年暨第五届契丹学国际学术研讨会在巴林右旗和巴林左旗召开。契丹人以汉字为蓝本设计出了契丹大字和契丹小字，作为官方文字使用长达 270 余年。此后逐渐成为一种死文字无人能识别。1922 年 6 月 21 日，《兴宗皇帝哀册》和《仁懿皇后哀册》的发现使得契丹小字在数百年后重见天日，识读契丹文字成为语言文字学界和历史学界的重要议题。契丹文字的创制体现了各民族交往交流交融的生动事实，为铸牢中华民族共同体意识提供了坚实依据。来自 8 个国家、20 余所高校和科研院所的 150 余名专家学者参加了此次学术研讨会，围绕契丹语言文字研究、辽金西夏历史文化研究和辽金元西夏文物与文献研究等多方面议题展开线上、线下学术研讨，回顾总结了契丹学百年学术史、探讨展望学术发展前景。此次国际学术研讨会的召开，对于深化契丹文字研究、提升契丹学的国际影响力，起到了积极促进的作用。

（王　申）

2022 年中国元史研究会年会

2022 年 7 月 30—31 日，因疫情耽误两年之久的“中国元史研究会年会”以网络会议的形式在线召开。开幕式上，南京大学刘迎胜教授致辞，强调元史研究的世界性，主张在研究中参阅、借鉴与批判地接受他国学者的研究，不因立场有差别而妖魔化观点不同的学者的成果，从中汲取有益的养分，促进与提高自己的研究，本是科学研究的应有之义。域外学者的成果有无借鉴意义，主要还是要看其学术性，这是中国元史学界形成的优良传统。现代中国元史研究，在继承乾嘉学术的基础上，需要广为吸纳世界人文科学的研究方法与优秀成果，植根于中国这块土地，从而形成了自己的风格，和世界同行一起与时俱进。刘迎胜教授的致辞，得到与会学者的一致认同，也为未来的元史研究指明了方向。此次会议有160余名元史学者线上参会，发表论文约150篇，结合新发现与整理的多语种文献、摩崖石刻、碑刻、纸背文书等多种史料，在延续实证传统的同时，亦有不少新研究与探索。与会学者分为五组，就元代政治与制度、元代民族与军事、元代经济社会与家族、元代考古文化与习俗以及元代碑刻文书与多语种文献的议题进行了热烈讨论。会后进行了常务理事会换届选举，选出新会长及新一届理事会成员。

（张晓慧）

守正与创新——纪念史念海先生诞辰110周年暨2022年中国历史地理学术研讨会

2022年7月30—31日，由中国地理学会历史地理专业委员会与陕西师范大学西北历史环境与经济社会发展研究院共同主办的守正与创新——纪念史念海先生诞辰110周年暨2022年中国历史地理学术研讨会在陕西师范大学召开。

来自全国各地高等院校、科研机构的220余位专家学者参加了此次会议，以纪念我国现代历史地理学的开创者之一——史念海先生，并回顾与展望历史地理学的发展。围绕会议主题设置13个分主题，具体涉及历史政区/政治地理、历史自然地理、历史军事地理、历史文化地理、历史交通地理、历史城市地理、环境史、地理名物考证研究、民族与边疆历史地理、史念海先生与中国历史地理学等。此次研讨会的报告体现了“承前启后，守正创新”之意，共计156场报告，是历史地理学界的空前盛会，在缅怀老一辈学者风骨和学术成就的同时，体现出历史地理学日益壮大、积极发展的势头，是历史地理学科发展历程中的又一重要节点。

（成赛男）

第八届中国文字发展论坛

2022年8月4日，第八届中国文字发展论坛在北京举办，国内专家学者再次聚焦古文字研究。论坛由中国文字博物馆、中国文字学会、中国古文字研究会、中国考古学会夏商考古专业委员会、清华大学出土文献研究与保护中心、复旦大学出土文献与古文字研究中心、安徽大学汉字发展与应用研究中心等单位共同主办。论坛以“甲骨文等古文字及新出土文献研究”为主题，来自文字学、考古学、甲骨学等多学科60余位国内顶级专家，围绕甲骨文、金文、战国文字与秦汉简帛、古文字与人工智能等多个专题进行深入研讨。会议采用线上线下相结合的方式进行。

在上午和下午举办的两场线上线下的学术交流会中，刘一曼、刘钊、黄天树等22位专家分别就考古学与甲骨学相融合、甲骨文字释读、殷商考古、商代思想文化、人工智能技术在古文字研究方面的应用、简牍文字研究等方面内容进行了学术研讨，特别对古文字研究的新发现、新成果进行了交流探讨，其中新的研究成果主要有：第一，文献资料发现和研究方面，殷墟小屯宫庙区考古发掘的新发现、安徽大学藏战国竹简二的整理新进展、故宫所藏甲骨研究的新突破等，将为今后的学术研究提供新材料。第二，文字学与其他学科的交叉研究，包括从考古学的角度对甲骨学、古文字学、早商文字研究进行了新探索；对人工智能在古文字研究方面的应用进行了新阐述，将为今后古文字研究提供新思路。第三，甲骨学及商代史研究方面，建议设立一个新的甲骨学研究分支——甲骨占卜学，并明确了其研究内容；从变体角度阐述了甲骨文两系说；从卜辞刻写预留区和闲置区为切入点，明确殷墟甲骨刻写预留区的学术意义；以盘庚迁殷与商代思想文化重构为研究对象，以“礼”与“祀”为观察视角，梳理了夏商周三代思想文化脉络等，将为赓续甲骨绝学提供新的可行空间和研究路径。第四，古文字的考释及研究方面，对“譗”字、“士”字、“夬”字进行的释读研究成果，将为后来的研究者提供新借鉴。此次论坛受到社会公众的广泛关注，新华网发布的第八届中国文字发展论坛预热新闻的点击量达到了122.3万人次。

论坛同时在中央媒体、河南省媒体和安阳市媒体等30余家新闻媒体进行线上直播，在线人数突破218万人次，其中腾讯网在线人数135.87万人次、搜狐网在线人数29.2万人次、安阳融媒客户端在线人数32万人次。国内各高校师生、社会公众通过网络了解古文字研究发展最新情况，学习古文字专业知识，为文字文化爱好者提供了学习机会和条件。

第八届中国文字发展论坛得到30多家单位的60多位专家支持，收到提交的论文、发言提纲约40篇。该届论坛群英荟萃，众多学者以扎实的研究根基挖掘中华文明精华，形成丰富的学术研究成果，推动中华优秀传统文化传承创新，是展示近年来古文字研究成果的一次盛会。

（刘　源）

理论、方法、前景：敦煌十六国北朝石窟研究论坛

2022年8月6—8日，敦煌研究院主办了“理论、方法、前景：敦煌十六国北朝石窟研究论坛”，近20位中青年学者围绕十六国北朝时期的石窟图像和历史文献发表了最新的学术研究成果。刘屹《乐僔与法良的禅法》探讨了修行方式与石窟营建空间的关联问题，推想了四五世纪敦煌石窟开凿的实际情况。沙武田《借鉴墓葬：敦煌石窟空间的几点思考》

对诸多瘗窟、舍利塔、影窟等的功能提出了新的看法。于向东《北魏敦煌、云冈石窟图像构成的差异》认为北魏敦煌和云冈石窟在题材内容、图像组合与设计思想方面存在差异，反映出两地主流禅法、义学思想不尽相同。张同标《敦煌早期佛塔型制源流考》认为敦煌早期佛塔可能起源于西汉神仙好楼居的高层楼阁。韦正《河西早期石窟的年代与相关问题》探讨了河西早期石窟的断代问题，指出石窟在河西的传播并不一定是由西到东，还应存在跳跃或迂回现象。陈粟裕《佛塔内外：2 至 4 世纪时西域南道佛塔与佛寺图像的转化》展现了西域南道佛寺图像从佛塔为中心到佛像为中心的转化。孙晓峰《莫高窟第 275 窟菩萨宝冠模制造像及相关问题》探讨了莫高窟第 275 窟的开凿年代。张小刚《肃北五个庙石窟北朝遗迹考述》介绍了五个庙石窟保留的部分北朝遗迹现状、壁画内容及特点。赵燕林《隋代敦煌壁画中的疏、密二体“维摩变”》指出莫高窟“维摩诘像”和“维摩变”存在“疏”“密”二体的绘画形式。王云《照其本也——早期佛教美术中的莲花意象研究》指出莲花为佛法的象征，光明是其根本意涵，与婆罗门教、琐罗亚斯德教的莲花光明意象相似。樊雪崧《莫高窟第 285 窟沙弥守戒自杀故事画新辨》将莫高窟第 285 窟主室南壁中层东端故事重新定名为沙弥守戒自杀故事画，并对故事情节和叙事顺序进行了讨论。张建宇《4－6 世纪中国丝路沿线的多佛组合与空间配置》指出在多佛研究中，佛组合数量越少，情况越为复杂。张元林的《从图像解读到“语境构建”之思考——以莫高窟第 254 窟、第 428 窟为例》探讨了从单个图像解读延伸至“语境构建”的综合性研究的思路及其结论的“客观性”和“真实性”问题。郑弌的《再释莫高窟第 428 窟西壁“金刚宝座塔”及洞窟空间语义》探讨了莫高窟第 428 窟的图像秩序与层组性。张南南的《以戒为尊，十方同证——莫高窟第 275 窟与戒法关系推测》认为莫高窟第 275 窟初始期具有统一规划，有明确实践目的，为与菩萨戒相关之场所。殷博的《敦煌莫高窟须摩提女故事画寻微》认为敦煌须摩提女故事画应主要根据阿含部派思想中的《增一阿含经》绘制。

（戴卫红　刘　卓　章泽玮）

中国中古文化史研究的新思路研讨会

2022 年 8 月 8—19 日，浙江大学人文高研院举办了中国中古文化史研究的新思路研讨会。中国中古时期因其基础文献的特殊性，形成了有别于其他断代研究的学术传统。在此传统下，中古史研究既积累了相当的成果，也遭遇了发展的瓶颈。就文化史研究而言，中古文化史研究明显不如宋元明清领域活跃，但书籍史、物质文化、地方知识等经典文化史话题所需要依据的原始文献，中古时期并非不具备。此次研讨会计划梳理近年西方文化史研究的课题与观点，讨论这些课题与观点可以给中国中古时期文化史研究提供启发，寻找中古文化史研究的新思路。研究坊第一场由邓玮光领读彼得·伯克的《什么是文化史》，他认为根据伯克梳理的脉络，可以将文化史理解成一门先从现象中抽象出符号、再围绕符号进行阐释的学科，其关键就在于所建构符号的普遍性与适用性。研究坊第二场由陆帅领读阿部谨也的《花衣魔笛手》，他对该书的结构、内容、核心观点及写作思路进行介绍与分析，认为该书在方法层面的主要特征，是将传说性的文本引入史学研究中，并在此过程中综合利用了手抄本、壁画、雕塑、碑刻等实物资料。研究坊第三场由南京大学于溯老师领读雅克·勒高夫的《历史与记忆》，她介绍了勒高夫对记忆的历史做出的分期，指出了文学对于记忆史研究的重要性，并提出了若干值得进一步思考的观点。研究坊第四场由张兢兢领读希安·琼斯的《族属的考古》，他介绍了该书的写作背景和主要观点，认为该书对“分类—溯源”的传统民族史范式形成了冲击。之后，张兢兢作了题为“从‘客观实体’到‘观念书写’：中古南方民族史研究的反思”的报告，认为中古南方的族类既不是客观的政治、文化特征所能界定，也不是主观认同形成的单一族群，而是存乎于作为“他者”的华夏的主观意识之中。研究坊第五场由张今领读罗伯特·达恩顿的《拉莫莱特之吻》，他认为面对中古史史料现状，研究者的选择自然要迥异于西方阅读史研究，能利用的材料大量囤聚在读者环节，图书生产及销售几乎是不可能阐明的事情，利用出土敦煌卷子有限度地讨论书籍抄写及其形制似乎是力所能及的极限，要想在对宋代以前的历史考察中企及达恩顿理想的阅读史研究境界，还需要研究者共同用力，开拓思路。

（戴卫红　刘　卓　章泽玮）

敦煌多民族文化的交往交流交融学术研讨会

2022 年 8 月 10 — 13 日，由敦煌研究院主办，敦煌研究院人文研究部与国家民委重点项目“敦煌历史文化中的各民族交往交流交融研究”课题组承办的敦煌多民族文化的交往交流交融学术研讨会在敦煌莫高窟召开。敦煌研究院人文研究部部长杨富学研究员主持会议开幕式，介绍了会议缘起与诸位代表，并对所有到场来宾表示热烈的欢迎。敦煌研究院院长苏伯民研究员致开幕式欢迎词，希望此次会议将有助于促进各位专家学者更广泛、更深入地交流各自领域的研究进展和实践经验，共同推动我国少数民族历史文化的研究。西北师范大学李并成教授代表与会专家学者致辞，认为此次盛会旨在持续落实习近平总书记讲话精神，共同挖掘探讨敦煌多民族历史文化的内涵，推动古代丝绸之路与敦煌地区多元文明的交往交流交融，繁荣新时代敦煌学事业，具有很重要的学术意义。此次会议汇聚了来自中国社会科学院、北京大学、中国人民大学、陕西师范大学、西北师范大学、西北民族大学、西安博物院、西安市文物保护考古研究院、甘肃省文物考古研究所、敦煌研究院以及蒙古国立大学、日本神奈川大学等 30 多个单位的 60 余位专家学者与会。此次会议共收到参会论文 70 余篇，其中 50 余篇文章在大会中作出详细报告，从石窟壁画艺术、碑刻、出土文献、传世文献、丝路历史文化等方面进行深入探讨研究。敦煌研究院人文研究部部长杨富学研究员主持会议闭幕式，指出此次会议和考察活动安排紧凑、形式多样、内容丰富，圆满地完成了大会的全部议程，达到了组织此次会议的初衷和目的，并且希望通过此次会议的圆满举办，学界涌现更多、更好的成果，共同推进历史上敦煌多民族文化交往交流交融的进一步研究。

（赵　洋）

出土文献与隋唐史研究的新视野学术研讨会

2022 年 8 月 10 日，中国唐史学会第十三届理事会第三次会议暨出土文献与隋唐史研究的新视野学术研讨会在西北大学历史学院召开，此次会议由中国唐史学会和西北大学历史学院共同主办。会议开幕式由中国唐史学会秘书长拜根兴教授主持，西北大学党委副书记吕建荣、历史学院陈峰教授、中国唐史学会会长杜文玉教授分别代表西北大学、历史学院及中国唐史学会致辞。吕建荣在致辞中指出，唐史学会在举办高水平学术研讨、进一步推动我国隋唐史学术研究、沟通海内外隋唐史学界学术交流、培养中青年学术人才、推动隋唐史学术成果产出等方面，做出了突出贡献。此次会议共有来自浙江大学、武汉大学、中山大学、南开大学、山东大学、厦门大学、中央民族大学、陕西师范大学、南京师范大学、首都师范大学、福建师范大学、河南大学、山西大学、河北省社会科学院及西北大学历史学院等教学科研单位的近 40 位学者参加，共收到会议论文 33 篇。与会学者围绕“出土文献与隋唐史研究的新视野”这一会议主题，分别从隋唐的社会经济、民族交融与宗教文化、传世文本的流变、行政及经济制度、唐代政治史的新探索、隋唐墓志新材料的解读等 6 个方面，对近年来隋唐史研究的核心议题进行深入讨论，取得了重要的进展。

（赵　洋）

草原生态文化与中华文明传承发展学术研讨会

2022 年 8 月 10—13 日，由中国社会科学院古代史研究所、内蒙古社会科学院、呼伦贝尔学院联合主办，古代史研究所古代文化史研究室、内蒙古社会科学院历史研究所、呼伦贝尔学院科技处承办的草原生态文化与中华文明传承发展学术研讨会在呼伦贝尔市举行。古代史研究所党委书记赵笑洁，党委委员、科研处处长陈时龙，党委委员、古代文化史研究室主任刘中玉以及来自内蒙古社会科学院、内蒙古政协文史资料委员会、呼伦贝尔学院的 30 余位专家领导出席会议。会上，学者就草原生态文化构建、北方文物与文化、形象史学方法论等议题进行论述，来自古代史研究所的汪润、宋学立、安子毓、张勇、刘明杉、黄若然等人围绕草原民族生态保护文化及其传承、北方古代民族族源及中华民族共同体、草原与中原的商贸及军事关系、草原文艺的创作和传播等问题作出陈述，另有内蒙古社会科学院、内蒙古政协文史资料委员会、呼伦贝尔学院、呼伦贝尔发改委经济社会研究院等单位的30余位学者发言，现场展开了热烈讨论。此次研讨会深化了草原生态文化与中华文明传承发展互动关系的研究，推进了草原文化参与中华文明传承发展体系构造的理论阐释；同时，为中国社会科学院古代史研究所、内蒙古社会科学院、呼伦贝尔学院三方建立更紧密的交流合作奠定了良好的学术基础。

（黄若然）

首届闽东契约精神与乡村治理学术研讨会暨第五届闽浙赣区域史研究工作坊

2022年8月11日，由暨南大学文学院、宁德市文化和旅游局主办的首届闽东契约精神与乡村治理学术研讨会暨第五届闽浙赣区域史研究工作坊在宁德举行。与会学者围绕区域史研究、民间文书研究的基本方法与路径展开研讨。此次会议的基础是暨南大学历史学系周正庆教授学术团队与宁德市展开校地合作，开展有关闽东文书的研究，推动闽东区域史研究发展。来自北京大学、清华大学、中国人民大学、浙江大学、中山大学、复旦大学、厦门大学、南开大学、武汉大学、华东师范大学、吉林大学、香港中文大学、澳门科技大学等高校与科研机构的近百名专家学者齐聚一堂，共同探讨区域史研究以及民间文书整理与研究。

在大会开幕式上，专家学者们围绕区域史研究、民间文书研究的基本方法与路径展开学术研讨。厦门大学教授郑振满高度评价闽东文书的发现、收集与整理，指出闽东文书是闽东先民开发闽东与畲汉融合的见证，同时，闽东文书研究具有深远的现实意义，如弘扬契约精神、深化乡村治理等。北京大学教授赵世瑜立足自身对江南、江西、北京等地的田野调查与研究，围绕“区域史空间定位问题”展开讨论，认为对区域史的研究要深入细腻，以突破对该区域历史空间定位的传统认知，使区域历史研究在新的历史叙事中占有一席之地。中山大学教授刘志伟以霞浦文书、屏南文书与摩尼教研究为例，强调对民间文书的研究要超出一般性的描述历史现象，将其放在地域社会发展脉络中来把握。南开大学教授常建华作了题为“清乾隆时期福建的社会经济与生活——以刑科题本为基本资料”的主题报告，利用乾隆朝刑科题本资料，探讨了乾隆时期福建的人口婚姻家庭等问题。香港中文大学教授科大卫结合自身关于清代秘密社会、明清宗族的研究，指出历史人类学研究要回到历史现场，对于某个区域的研究要重视该区域的独特性。安徽师范大学教授李琳琦认为，运用以契约文书为中心的民间文献从事中国史研究已成为一种学术潮流，并形成了中国当代历史学的一个重要流派，而在对契约文书的研究中，要加强整体研究、比较研究，并以契约文书所揭示的精神价值赋能新农村建设和乡村治理。

与会学者围绕“闽东契约文书研究”“国家法与地方法”“明清时期的地方社会治理”

等议题展开讨论。中山大学教授黄国信通过对明末文学家冯梦龙任寿宁知县时所作方志《寿宁待志》的研究论述了明末州县的政治运作；清华大学教授阿风从多年从事契约文书研究的经验出发，强调契约研究要从长时段、整体性研究入手；厦门大学教授林枫回顾了自1980年以来的明清契约文书研究，指出如今契约文书收集、整理进入快速发展阶段，在从事契约文书研究时应注重不同区域的比较研究。

（解　扬）

《安徽大学藏战国竹简（二）》新书发布会

2022年8月19日，《安徽大学藏战国竹简（二）》新书发布会在安徽大学磬苑校区隆重举行。会议由安徽大学主办，安徽大学汉字发展与应用研究中心承办。会议由安徽大学党委常委、副校长程雁雷主持。安徽大学校长匡光力致辞，汉字发展与应用研究中心主任徐在国介绍安大简（二）的整理情况，中西书局社长秦志华介绍《安徽大学藏战国竹简（二）》的出版情况。吉林大学原副校长、中国古文字研究会会长吴振武教授发言，指出《仲尼曰》对我们了解孔子思想在当时的传播和《论语》一书的形成有重要价值。浙江大学文化遗产研究院原院长、中国美术学院汉字文化研究所所长曹锦炎教授发言，对安大简（二）的出版表示祝贺，对简文注释的严谨态度很是赞赏。国家文物鉴定委员会委员、中国钱币博物馆原馆长、郑州大学特聘教授黄锡全先生发言，高度评价了《安徽大学藏战国竹简（二）》两篇文献的整理情况，并提出自己的看法。中国文字学会会长、清华大学出土文献研究与保护中心主任黄德宽教授发言，就《安徽大学藏战国竹简（二）》所收《仲尼曰》《曹沫之陈》两篇简文的文献价值做了重要论述。教育部语言文字信息管理司田立新司长发表讲话，对安徽大学藏战国竹简的整理和研究工作给予了充分肯定，并对该校承担的“古文字工程”建设工作提出了更高期望。来自清华大学、北京大学、吉林大学、复旦大学、浙江大学、中山大学、武汉大学、山东大学、湖南大学、郑州大学、西南大学、北京师范大学、华东师范大学、中国美术学院、北京语言大学、首都师范大学、福建师范大学、贵州师范大学、河北大学、中国社会科学院历史研究所、中国社会科学院语言研究所、中国文化遗产研究院、故宫博物院等高校、科研单位的专家学者在线上参加了此次新书发布会。

（于天宇）

丝绸之路与文明互鉴国际论坛暨中国中外关系史学会2022年年会

2022年8月20日，丝绸之路与文明互鉴国际论坛暨中国中外关系史学会2022年年会，在嘉峪关市以线上线下相结合的形式举办。会议由中国中外关系史学会、西北师范大学中亚研究院、中国历史研究院田澍工作室主办，由西北师范大学历史文化学院、西北师范大学简牍研究院、嘉峪关长城博物馆承办。来自中国社会科学院古代史研究所、北京大学、暨南大学、厦门大学、南开大学、兰州大学、希腊雅典大学、吉尔吉斯国立民族大学、甘肃省社会科学院、嘉峪关丝路（长城）研究院等国内外科研院所及高校的专家学者共80余人参会。与会专家围绕"'一带一路'与嘉峪关建关650周年""河西走廊与中亚文明""海陆丝绸之路互动"等议题展开学术研讨。中国中外关系史学会会长、中国社会科学院古代史研究所万明研究员回顾了中国中外关系史学会自1981年成立以来40年的辉煌历程，认为嘉峪关是丝绸之路文明交流的历史见证。此次论坛围绕丝绸之路与文明互鉴的主题展开，对探究古代中外文明的交流、互鉴，传承和弘扬丝绸之路精神，必将产生积极影响。吉尔吉斯国立民族大学校长卡纳特教授指出，丝绸之路是东西方古代文明交流的走廊，丝绸之路文明是人类优秀的历史文化遗产，具有独特价值。吉尔吉斯国立民族大学与西北师范大学将合力共建"吉中'一带一路'研究中心"，继续推进双方的科学研究和人文交流，助推人类命运共同体的构建。西北师范大学副校长、中国历史研究院田澍工作室首席专家田澍教授认为，"一带一路"是古代丝绸之路的当代表达，要铸就中华文化新辉煌，就要以更加博大的胸怀，博采众长，积极主动地学习、借鉴世界一切优秀文明成果。只有深入研究古代丝绸之路文明互鉴的历史内涵和深刻意义，进一步加强中外关系的研究，才能为中国历史学的学科体系、学术体系和话语体系的构建做出积极的贡献。北京大学荣新江教授在大会总结时认为，中国中外关系史学会是目前国内最活跃的学术团体之一，40年来学术成果丰硕。此次论坛在丝绸之路研究、嘉峪关与中外文化交流、河西走廊与中亚文明等相关议题讨论中，提出了许多新见解，且取得了预期效果，并对今后中外关系史研究、丝绸之路研究提出了具有建设性的指导意见。

（李鸣飞）

区域·族群·国家：新文科时代的历史人类学学术研讨会

2022年8月21—24日，由《学术月刊》编辑部、江西师范大学历史文化与旅游学院以及厦门大学历史系联合举办，江西省汉代文化研究中心协办的区域·族群·国家：新文科时代的历史人类学学术研讨会在江西南昌举行。"新文科"追求学科融合，提倡从分科治学走向学科交叉，甚至走向一些新生的文科门类。以历史学为本位的历史人类学以民间文献为依托，强调民间文献与其他文献以及文献与田野的结合，其在方法和视野上必然是多学科、跨学科的融合。历史人类学虽从个案、微观史出发，但追求总体史的书写。因此，学者们需要走出舒适区，不断开拓历史人类学研究的新领地。作为关键词的区域、族群与国家在主旨发言中频频出现，郑振满、常建华、赵世瑜、刘志伟和梁洪生五位学者从不同角度对如何深入理解区域、族群、国家提出新见。

（解　扬）

古代河西走廊的地缘与社会学术研讨会

2022年8月21日，由中国社会科学院古代史研究所、中共武威市委、武威市人民政府主办，中国社会科学院古代史研究所古代社会史研究室、历史地理研究室、古代通史研究室，以及中共武威市委宣传部、武威市凉州文化研究院承办的古代河西走廊的地缘与社会学术研讨会在甘肃省武威市召开，线上和线下近50位专家学者参加会议。在学术研讨会开幕式上，武威市委书记柳鹏致辞，对中国社会科学院古代史研究所的大力支持和与会专家的到来表示感谢。中国社会科学院古代史研究所所长卜宪群在学术研讨会致辞中表示，党和国家十分重视中国历史的“鉴古知今”作用，也十分关心中国史学科的发展建设。过去五年间，古代史研究所与武威市人民政府合作共建凉州文化研究基地工作取得显著成绩和长足进展。通过广泛的学术交流与文化宣传，武威市的历史文化内涵得到多层面的挖掘，参与研究和讨论的专家学者逐年增多。也希望借此次研讨会的召开，促进学界对河西走廊、武威市历史文化各个领域的关注，为武威市提供文化支撑。与会专家学者围绕河西走廊与早期文化交流，河西走廊的佛教传播与学术发展，历史时期河西走廊水资源开发与利用，河西走廊乡村社会的治理与秩序，河西走廊的人文、自然地理格局、变迁与社会应对，西北地域概念的生成与演变，官方档案与民间文献的发现与利用，武威地区的历史文献研究，武威文化资源的挖掘、开发、利用等主题，开展线上线下研讨。专家们表示，河西走廊地区是多民族交汇的地方，是丝绸之路的重要通道，在中国历史上一直具有极为重要的战略地位。以武威市为区域历史研究的突破口，放眼整个中国历史进程，以及中国与世界的交流过程，为今后深化河西走廊的研究拓宽了道路。

（汪　润）

两宋历史与王安石学术研讨会暨中国宋史研究会第十九届年会

2022年8月24—25日，由中国宋史研究会、抚州市人民政府、南昌大学主办，抚州市社科联、抚州王安石国际研究中心、南昌大学谷霁光人文高等研究院、南昌大学档案馆、江西省宋史研究会承办的两宋历史与王安石学术研讨会暨中国宋史研究会第十九届年会在抚州市举行。来自全国各地的百余名宋史专家学者齐聚抚州，围绕“两宋历史与王安石”和诸多宋史研究的前沿领域展开了热烈的讨论。浙江大学李华瑞教授、江西省博物馆党委书记徐长青作大会主题报告。会议共分为八个分论坛：王安石研究分论坛总论王安石变法的“失败”与“探路”；思想与学术分论坛则以两宋独特的文化为讨论的重点；史学与文献分论坛探寻教育路径、传承史学文化；地方与国家分论坛辨析两宋社会大变革的原委；政治与制度分论坛延展对宋代政治制度史的认识；军事和边疆分论坛论及宋代军事和边疆政策的得与失；财政与经济分论坛聚焦宋代财政政策与乡民生活；士人与社会分论坛探求宋代士人的真实精神世界。此次宋史研究会年会还选举产生了新一届理事会，浙江大学李华瑞教授成为新一任宋史研究会会长。

（王　申）

出土文献与秦汉法治青年学术论坛

出土文献与秦汉法治青年学术论坛（线上）于2022年9月17日在北京顺利举办。会议由中国法律史学会法律古籍整理专业委员会主办，中国政法大学法律古籍整理研究所承办，来自中国政法大学、中国社会科学院、中国艺术研究院、清华大学、北京师范大学、南开大学、武汉大学、湖南大学、香港中文大学、海德堡大学、大连海事大学、西北大学、西南大学、华东政法大学、首都师范大学等高校和研究机构的20余位青年学者及校内外师生60余人线上参加会议。会议开幕式由刘自稳主持，中国政法大学法律古籍整理研究所所长李雪梅教授为开幕式致辞。会议共分为四场学术讨论，22位与会学者进行了精彩的论文报告，各位评议人就汇报内容做出了针对性点评。第一场学术研讨由中国社会科学院古代史研究所张欣主持，第二场学术研讨由西南大学历史文化学院苏俊林主持，第三场学术研讨由中国社会科学院古代史研究所王彬主持，第四场学术研讨由清华大学出土文献研究与保护中心郭伟涛主持。会议闭幕式上，中国政法大学法律古籍整理研究所刘自稳对此次会议进行了总结。刘自稳指出与会学者具有不同的学术背景，充分体现了中国法制史研究历史学与法学交叉学科的属性。论文主题充分诠释了“大法制”的概念，虽以出土文献为主，但不局限于出土文献，各种性质的材料都得到充分的关注与讨论，体现了当前秦汉法制史研究的特色。

（于天宇）

汉传佛教制度与亚洲法律学术研讨会

2022年9月24—25日，清华大学哲学系、清华大学道德与宗教研究院主办了汉传佛教制度与亚洲法律学术研讨会，邀请了16位专家学者，分六场在线上、线下同时举行。会议聚焦于佛教史、亚洲史、法律史等重要议题，重新审视了汉传佛教制度与亚洲法律的关涉，关注佛教在亚洲的深层次影响。例如，孙英刚以“唐代长安寺院的戒律与寺院饮食”为题，将信仰和戒律这两个因素纳入对中古社会史的研究中，从佛教戒律、寺院生活、宗教想象、灵验感通故事等信仰背景出发，探讨城市生活、剖析了唐代长安寺院中戒律的演变和寺院的饮食特征。此外，孙英刚还提出了关于“两个长安”的看法：“两个部分拼接的长安，才是最真实的长安。”即除了具体的物理空间，长安居民还相信自己生活于六道轮回世界，这一看法更深入地勾勒出当时的思想背景和社会文化。何蓉分享了论文《汉传佛教影响下的所有权观念与实践——以北魏洛阳的寺院建设为案例》，从外在产权制度建构的角度，来论述布施行为如何影响到佛教，并讨论了内戒与王典对寺院在数量和位置上的规制，以及神圣所有权对舍宅为寺的促进作用。段玉明分享了论文《从僧人到僧团：汉唐佛教僧众组织跟踪》，区分了“僧团”“教团”“寺团”三个概念，随后在“从僧人到僧团”“从寺团到教团”“从讲系教团到宗派教团”三个层面，论述了僧众组织的形成与发展，以及他们给所处时代的社会经济和政治带来的影响。

（戴卫红　刘　卓　章泽玮）

长安与世界：历史记忆与文明进步国际学术研讨会

2022 年 9 月 24—25 日，陕西师范大学历史文化学院、陕西师范大学国际长安学研究院、陕西省历史学学会联合举办的长安与世界：历史记忆与文明进步国际学术研讨会在陕西师范大学长安校区召开。会议以线上线下相结合的形式进行。陕西师范大学校长助理周正朝出席开幕式并致辞，肯定了国际长安学研究院立足历史起点、当代情怀和世界眼光的建设定位，指出国际长安学具有显著的学术价值和现实意义。来自日本中央大学、土耳其中东科技大学、北京大学、中国社会科学院等 24 所高校和科研机构的 60 余位专家学者参加此次会议。主题报告环节，刘庆柱、葛承雍、妹尾达彦、王子今等专家学者围绕长安学理论体系建构与中外学术文化的互鉴融通展开研讨。专家们表示，长安属于中国，也属于全世界，研究长安，既要以历史为起点，又必须兼具当代人文情怀与世界眼光。陕西师范大学大历史学科为推进中国话语和中国叙事体系构建，打造融通中外的学术体系，以中国学术讲好中国故事所推出的“长安与世界”为主题的系列论坛具有理论和现实的双重意义。分组讨论中，与会学者就“长安历史记忆研究”“唐前长安研究”“隋唐长安研究”“长安墓志研究”等议题进行了专题研讨。为聚拢青年学术人才，培养长安学研究后备军，此次会议还特别推出“青年论坛”，校内外青年学者围绕学界热点和学术前沿问题进行了交流。

（赵　洋）

中国哲学视域下的汉代经学学术研讨会

2022 年 10 月 15—16 日，由清华大学哲学系和清华大学国学研究院联合主办的中国哲学视域下的汉代经学学术研讨会在清华大学成功召开。除主办方代表外，来自中国社会科学院、北京大学、中国人民大学、北京师范大学、复旦大学、同济大学、武汉大学、中山大学等单位的近 50 名学者参加会议。会议采取线上和线下相结合的方式，分 10 场进行，发表论文 44 篇。会议由丁四新教授召集，陈壁生教授代表哲学系致欢迎辞。15 日上午，共进行了两场研讨会，共发表论文 9 篇。第一场研讨会由陈壁生教授和赵金刚副教授主持，发表论文 4 篇。第二场研讨会由章伟文教授和陈壁生教授主持，发表论文 5 篇。15 日下午，共进行了三场研讨会，共发表论文 12 篇。第三场研讨会由任蜜林研究员和张丽丽博士主持，发表论文 4 篇。第四场研讨会由李畅然研究员和高海波副教授主持，发表论文 4 篇。第五场研讨会由徐建委副教授和孟庆楠副教授主持，发表论文 4 篇。16 日上午，共进行了两场研讨会，共发表论文 10 篇。第六场研讨会由王楷教授和李震助理教授主持，发表论文 5 篇。第七场研讨会由李若晖教授和郑博思博士后主持，发表论文 5 篇。16 日下午，共进行了三场研讨会，共发表论文 13 篇。第八场研讨会由北京体育大学人文学院陈石军讲师主持，发表论文 4 篇。第九场研讨会由温海明教授和张涛副研究员主持，发表论文 4 篇。第十场研讨会是博士生专场，由张馨予博士后主持、陈乔见教授点评，发表论文 5 篇。

（于天宇）

“形神之际”与“相像之间”：2022 年思想史视域下的中国宗教研究学术研讨会

2022 年 10 月 15 日，由清华大学人文学院哲学系、清华大学道德与宗教研究院共同主办的“形神之际”与“相像之间”：2022 年思想史视域下的中国宗教研究学术研讨会在清华大学召开。来自全国高校、科研院所、杂志社等单位的 20 余位专家学者参加了研讨，研讨会分四场进行。第一场研讨会，清华大学哲学系朱东华《景影之间与授受之应——景教名义再探》指出“景”的内涵不仅要立足于“光”“大”的信仰对象维度，也不能忽视“景仰”的信仰行为维度，并探讨“景”作为“影”的本义，以及“造景”“景通”的“神”哲学含义。华中科技大学哲学学院洪亮《“赛博格”与宗教哲学》介绍赛博格概念的形成、赛博朋克的场景，以及赛博格研究的医学社会学转向，并探讨赛博格相关概念与古典 Person 问题之间的关系。中央民族大学哲学与宗教学学院游斌《“骨中的骨，肉中的肉”——从“身－家”观念看中国化心性神学的建构》探讨“身心互寓”“由一个人造出另一个人”的人学观念。第二场研讨会，中国社会科学院世界宗教研究所周伟驰《世俗伦理的局限与超自然正义》论述中国宗教中的善恶之“报”、鬼神观不完善时存在的理论漏洞。清华大学哲学系旭彤《朋霍费尔身体观初探》以朋霍费尔为中心，论述作为自然生命、作为人之生存形式、作为手段和目的的身体生命观，并总结出朋霍费尔身体观的意义。中国社会科学院世界宗教研究所助理研究员王旭《福克斯以身体为核心的现象学人论兼论其对脑神经科学的批判》从身体问题的现实性、身体作为主体、对脑神经科学人之形象的批判三方面展开论述。第三场研讨会，清华大学哲学系赵金刚《太虚与道体——张载“太虚即气”的再诠释》揭示张载思想的基本特征。清华大学哲学系林静《张载的“形溃反原”说及其在儒教实践的意义》说明张载的“形溃反原”说并非如程朱所言近于佛教的轮回之说，反而是在儒家辟佛立场上反对轮回说。清华大学哲学系郭潇《王船山与本然性问题——以“大轮回”之争为中心》澄清程朱对张载批评的要义，分析王船山对张载的发挥在何种程度上避免了这种批评，同时考察他对程朱的反批评。清华大学哲学系闫雷雷《配义合道气浩然——论理在气先之定与理弱气强之势》分析朱子的心性论，并揭示此现象产生的根源以及人相应的对治之功。第四场研讨会，中山大学哲学系郑淑红《理气论视域中的形神观》论述人与物在宇宙大化中生死流转的四个阶段。中山大学哲学系张清江《何以“原鬼”？——重审韩愈〈原鬼〉书写的思想史意义》重审了《原鬼》的思想史价值。山东大学哲学与社会发展学院陈超的《风俗与世俗：〈夷夏论〉论衡所见佛教与经学的教化之别》指出经学“三才”与佛教“二谛”两种宇宙理解方式下真理观、教化观间的区别。

（陈冠华）

中国秦汉史研究会第十六届国际学术研讨会

2022 年 10 月 22—24 日，中国秦汉史研究会第十六届国际学术研讨会在广西桂林召开，来自海内外的 200 余位专家学者通过线上线下相结合的方式参加了会议。此次研讨会由中国秦汉史研究会主办，广西师范大学历史文化与旅游学院、广西历史学会承办。在 22 日上午举行的开幕式上，中国秦汉史研究会会长、中国社会科学院古代史研究所所长卜宪群研究员致开幕词，广西师范大学党委副书记、校长贺祖斌教授致欢迎辞，华中师范大学熊铁基教授、韩国成均馆大学东亚学术院院长金庆浩教授、河南大学李振宏教授，分别作为中国秦汉史研究会顾问代表、国外学者代表、国内学者代表致辞，开幕式由广西历史学会副会长、广西师范大学历史文化与旅游学院院长刘祥学教授主持。22—23 日是分组研讨环节。依据研讨主题，分为六个小组，与会专家学者以线下线上相结合的形式，围绕“秦汉政治史”“秦汉经济史、法律史”“秦汉历史地理、军事史、民族史、中外关系史”“秦汉考古文物、出土文献”“秦汉社会史、文化史”“秦汉思想史、文献”等问题，从多角度开展深入讨论。闭幕式由中国秦汉史研究会秘书长张欣和广西师范大学历史文化与旅游学院副院长徐毅教授主持。齐继伟、涂盛高、朱圣明、薛梦潇、孙兆华、秦铁柱六位先生分别代表各小组进行了精彩的总结报告。研讨会作出了以下几方面的学术贡献：第一，发掘新史料和新的研究领域，进一步呈现了秦汉历史的丰富多样性。第二，对文本和物质材料进行翔实探讨，辩驳陈说，补充旧知，提出新见，厘清了若干问题。第三，采用多元、多学科的研究视角，进一步推进了对秦汉法制、行政、思想文化、社会经济等领域的相关问题的研究和认识。第四，检讨研究现状，反思研究方法，探讨秦汉史学科基础理论，进一步指明了秦汉史的研究路径和方法。

（于天宇）

第十八届中国社会史学会年会暨中国历史上的移居与社会国际学术研讨会

2022年10月22—23日，由中国社会史学会、西北师范大学主办，中国社会科学院近代史研究所社会史研究中心、南开大学中国社会史研究中心、中山大学历史学系、武汉大学中国传统文化研究中心等10家单位协办的第十八届中国社会史学会年会暨中国历史上的移居与社会国际学术研讨会在线上召开。来自中国社会科学院、北京大学、清华大学、南开大学、复旦大学、四川大学、厦门大学、西北大学、西北师范大学、名古屋大学等国内外65所高校和科研机构的140余位专家学者参与线上讨论。开幕式由西北师范大学历史文化学院院长刘再聪教授主持，西北师范大学副校长田澍教授、中国社会史学会会长常建华教授、山西大学中国社会史研究中心主任行龙教授分别作开幕致辞。开幕式后，举行了“清中叶甘青宁地区的人口移居与社会生活——以乾嘉刑科题本为基本资料”（南开大学常建华教授）、“大变局前夜的新瘟疫——嘉道之际霍乱大流行探论”（南开大学余新忠教授）、“环境史与社会史”（山西大学行龙教授）、“与‘船（形）屋’故事的对话：以黎川洲湖村黄氏‘大夫第’为中心”（江西师范大学梁洪生教授）、“抗战时期国人西北寻根意识研究”（西北师范大学尚季芳教授）5场专题学术报告。而后，会议分为三个小组进行了分组（15场）研讨。此次学术会议共收到120余篇学术大作，内容涉及中国历史上的移民与移居、宗族与家族、中共政权建设、日常生活、医疗卫生、水利社会、边疆民族、乡村治理、灾害治理、匪患治理、城市变迁、商业贸易等问题。

（王正华）

古史系统与古史重建学术研讨会

2022年10月29—30日，由北京师范大学历史学院主办、李锐教授组织的古史系统与古史重建学术研讨会，以线上线下相结合的形式在北京召开，海内外多所高校和科研机构的40余名专家学者参加了会议。会议以主题演讲和分组讨论相结合的方式进行，得到线上许多研究者和爱好者的关注。

主题演讲环节，廖名春《〈周易·系辞下传〉“观象制器”段古史传说试释》据系辞讲述中华早期文明与中国早期历史的发展；蒋重跃《中国古代关于历史发展进程的思考》通过对古代历史发展进程观的历时性梳理，强调其对古史重建的重要意义；葛志毅《顾颉刚是致用史学的终结者与科学史学的建设者——兼论走出疑古时代的学术期望》肯定了顾颉刚的史学成就与时代意义；沈长云《谈顾颉刚的疑古主张并论古史系统的重建》则对疑古思想提出一分为二的评价，重新阐释了“三皇五帝”说。

分组讨论环节，第一组主要是夏商周古史、思想观念研究，有陈絜《浅谈卜辞地理的研究与商史重建问题》、刘源《历组卜辞“逆米帝秋”解读》、陈颖飞《遂公盨等铭“禹”金文与古史系统》、徐义华《商周之际的正统观念与古史重构》、杨博《先秦时期“中华”观念》、宁镇疆《由“卿事”的源流说〈厚父〉的性质及夏代的历史记忆》、张怀通《〈度邑〉与武王“征会”——兼论殷商周初的王政》、吴毅强《幽平之际史事及年代问题再思》等。第二组以春秋战国的古史、古文献研究为主题，有罗新慧《春秋时期的祖先崇拜与共同祖先的构建》、黄甜甜《战国时代“诗本事”中的历史记忆与古史建构——以〈蟋蟀〉两则“诗本事”为例的考察》、林志鹏《战国时期禅让说源流探论》、李学功《上博简〈容成氏〉古史叙事建构与思想旨趣探微》、李锐《战国古史系统研究（诸子篇）》等。李凯、程浩、周秦汉等重点关注了文献性质与成书问题；王玉彬、宋洪兵、张帆等则从诸子学出发对古史问题提出新见。第三组是秦汉史研究，有张朝阳、杨兆贵、王威威、葛觉智（Yegor Grebnev）等。第四组以近代史学之古史研究为主，有黄海烈、蔡卓、西山尚志等。第五组为外国史研究，成祖明、徐晓旭从比较视角考察中外古史系统的异同；而刘林海、王献华聚焦中亚历史，分别讨论了原始基督教的社会环境与苏美尔人的“中原”史学。

此次会议以跨学科比较与融合的形式，以古史系统为主题，深入探讨了中外古史之政治、经济、社会、思想文化等领域的问题，拓展了古史研究视野，契合了新时代古代文明研究的发展路径与现实诉求。

（刘　源）

碑之转身·中古中国石碑与石刻文化学术研讨会

2022 年 10 月 29—30 日，复旦大学历史学系主办了碑之转身·中古中国石碑与石刻文化学术研讨会，中日学者提交了 34 篇高水平的报告，为中古碑刻研究提供了许多新方法、新思路、新视角。在基调演讲中，窪添庆文《回顾北朝墓志研究之路》指出之所以要制作墓志，是活在世间的家人们希望死者在“冥界”能永远继续与之相称的生活方式，故将其刻在永远坚固的石头上，使之成为死者携带在身的文书。甘怀真《石刻与汉文行政：以好太王碑为例》利用好太王碑，探讨了四、五世纪之交的高句丽如何使用碑文以作为其汉文文书行政之用。陆扬《唐代天台佛教复兴运动与中日天台宗关系史新解：由一块碑铭引发的思考》对梁肃《修禅道场碑》作了深入考察，为理解湛然及其弟子所建立的宗教网络提供了具体解说，同时也澄清了大量日本佛教文献中有关这段历史的记载谬误，为理解唐代天台宗对日本天台宗形成的过程提供一个新的概观。陈尚君《〈陕西新见唐朝墓志〉新见文学史料发覆》借助墓志材料探讨了钱起涉章陵诗之作者归属、新见唐韩益《悼亡诗八首》、段瓌《十噫诗》等相关问题。此后，举行了 10 场报告会，与会学者发表了最新的碑刻研究成果。例如，孙正军的《近年来中古碑志研究的新动向》概述了近年碑志研究的五个新动向：谱系的发现及建构过程之探讨；碑志的历史书写与“异刻”研究；碑志的个体生命史研究；碑志的历史记忆研究；碑志的政治景观研究。于溯的《〈刘熊碑〉校证札记——〈隶释校证〉札记之一》分析了《隶释校证》的录文、校勘、碑板式样复原、笺跋方案。王煜、齐广《“皆食大仓”：汉代墓葬画像石题记文初探》指出汉代墓葬画像石题记文按内容可以分为表现建墓者、纪念墓主和综合前二者的三类，墓碑文本的形成，可能受到了画像石题记的影响。孙齐《大空王佛·恩重经·爷娘庙：中古鲁西南“亚文化”三题》考察了明清以前鲁西南地区三种富有特色的地域文化，相对于作为主文化的儒家文化，这些亚文化不与之发生冲突，但又在某种程度上与之相背离。永田拓治《东汉三国西晋时期石上人物叙述与人物传——写，读，留》探讨了后汉三国西晋期流行的墓碑、“耆旧传”“先贤传”这些人物叙述的历史性格。庞博《北魏前期中央曹署机构之统属关系新论——以石刻史料为线索》指出北魏前期中央曹署机构的组织架构呈现出“趋同性”与“扁平化”的特征，存在“双轨制”的职官系统与运作模式。魏斌、王兴振、李煜东都聚焦于《北周文王碑》，但三人视角各不相同，呈现出这一碑刻的多种面向。

（戴卫红　刘　卓　章泽玮）

第七届昆仑高峰论坛暨老子道学文化研究会 2022 年度年会

2022 年 10 月 29—30 日，第七届昆仑高峰论坛暨老子道学文化研究会 2022 年度年会在泉城济南举办。此次论坛由老子道学文化研究会、山东大学哲学与社会发展学院、南京大学道学与东方文化研究中心主办，山东大学犹太教与跨宗教研究中心、山东大学饶宗颐宗教与中国文化研究所承办。论坛延续往届的专题召集人模式，由南京大学哲学系李曙华教授以及山东大学哲学与社会发展学院陈坚、翟奎凤、郭武教授分别担任“当代科学与道家思想”“中国宗派佛教的思想与方法”“儒道融合研究”“道教在海外与海外道教研究”等 4 个专题的召集人。会议共收到论文 46 篇，另有论文涉及道教宗派、内丹养生、道教与天文学、道教与巫术等问题。中国社会科学院古代史研究所宋学立副研究员以及来自北京大学、复旦大学、中国人民大学等单位的 60 余位专家学者对老子道学文化及其影响展开热烈讨论。宋学立副研究员陈述《全真教与元明清社会的文化消费》，认为全真教的形象在元明清时期发生嬗变：全真道士的身份发生了由凡而仙的变化，在“正本清源”的旗号下演义、歪曲全真教史的情况不绝于书。这既是元明清文化消费接纳全真教的过程，亦是全真教深度融入中国文化传统的过程。民间化是全真教与三朝文化消费互动的一大走势。在闭幕式上，徐小跃会长为老子道学文化研究会新增补的理事、常务理事颁发聘书，郭武教授、何建明教授作出相关总结报告，会议圆满结束。

（黄若然）

《通典》与中国制度史学术工作坊

2022年11月5日，清华大学人文学院、日新书院举办了《通典》与中国制度史学术工作坊，20余位学者参会。在每一场学术报告之后，学者围绕《通典》与制度史研究，尤其是礼制研究相关问题进行了高密度的自由讨论与交流，提出了诸多有价值、有意义的学术见解。张国刚指出《通典》之类的典章制度著作之所以出现，与时代的需要、制度史的发展以及史学著作本身的发展有着密切的关系。吴丽娱指出《通典》的写作与杜佑本人的经历分不开，因此进一步的研究要从对杜佑本人的认识出发，站在唐朝学术的角度来对杜佑创作《通典》的内容方式特色做全面的理解。刘明《日本宫内厅藏北宋本〈通典〉鉴识》对日本宫内厅书陵部所藏北宋本《通典》的文物价值和文献价值进行了充分挖掘，从书衣、装订、钤印、鱼尾、叶次、字体以及版本争议等多个方面进行了考察。杨英《宾嘉之间：〈通典·礼〉对唐以前元会和朝聘礼的认识和编排》考察了三《礼》经文和秦汉“故事”中此二礼的内容，以及《通典》对它们性质的认识。侯旭东《青衣行酒亡天下？——“单于无北顾之怀，猃狁有南郊之祭”析论》从刘渊父子与汉赵国的多面性与复杂性出发，指出跳出20世纪初产生的民族史、事件史和制度史来重新思考，对于反思礼制研究的局限、现今流行的狭窄的政治概念，以及中国古代王朝建设和存续的机制，均不无启示。赵永磊《隋唐皇帝郊社祭礼再研究》认为奠玉帛为北周礼学家据《周礼》新创郊祀仪节，而隋唐郊社祭礼以奠玉帛、进熟仪节为主，在承袭北周旧制的基础上使其具体仪节更为完备周密，由此奠定隋唐以后皇帝郊社祭礼的基本范式。李明真《封建与官僚之间：〈宋书·礼志〉所载朝服印绶制度中的多元身份》关注《宋书·礼志》中对官员印绶、朝服、冠制、佩玉等制度的记载，认为《宋书·礼志》中的身份因素无法用一套统一体系囊括。赵悦的《晋在汉唐之间：试论〈通典〉汉晋唐太庙制度之书写与杜佑意旨》指出杜佑在《通典》中为汉至唐的庙制变迁划出了一条在“天子七庙”的大框架下，逐渐从“以主为数”走向“以世为数”的变革脉络，转折的关键点就在两晋。

（戴卫红　刘　卓　章泽玮）

第十三届中国中古史青年学者联谊会

2022年11月5—6日，厦门大学历史与文化遗产学院举办了第十三届中国中古史青年学者联谊会。此次联谊会共设“中古中国的物质文化世界”“地域、人群和信仰的互动”“文本与文献的构建”“中古中国制度的时空运作”四场专题汇报，一共有17篇论文发表，涵盖诸多学科热点，这为研究不同领域、不同方向的学者搭建了碰撞与交流的平台。在逐篇报告之后，学者们进行了集中讨论。胡鸿展望了中古史出现新材料、整理新材料的可能性，指出了重新释读传统文献中“旧题新论”的重要价值，也期待对零散石刻资料的系统整理和数据库化后带来的变化，更希望在对宗教文献、域外汉籍和其他语种文献的利用中，找到新视角与新问题。同时，他也指出在发掘新文献的同时，也需保持宏观意识，警惕对新材料的追求可能带来的碎片化趋向。此次参会的日本学者“以小见大”，通过微观研究回应宏观历史图景，是中古史研究中极为重要的。许凯翔分享了文献读书班集体讨论的经验，认为历史学与宗教、艺术等不同领域学者与视角的碰撞，是非常有益的经验。陈志远指出，中古史领域的文献有限，因此宗教等文献带来的专门问题与对“大历史”的回应，是加深对中古史认识的要义。小林文治将日本学者与中国学者的研究思路进行简单对比，认为其间存在着“中国史”与“东洋史”的差异，日本学者更倾向于从“东亚”的视角看中国。小林文治同样认为，新材料或不常见的材料，如石刻、典籍、文书，对推进中古史以及长时段历史的研究起到很大作用。屈涛站在世界史的视角下，指出中古史与欧洲“古代晚期”的相似性，如名士和圣徒的共性，时代自身失去旧秩序而生成新的社会结构的“时代格”的共性等。西方史学界对“古代晚期”的研究动向，如对多元的地域社会和人群的研究，对帝国边缘的关注等，都是值得中古史领域借鉴的。最后，与会学者就翻译、评议的一些技术性问题进行了讨论，对如何在线上会议中更好、更完善地传递信息，改善评议环节等方面提出了诸多建议。

（戴卫红　刘　卓　章泽玮）

第十一届中国古文献与传统文化国际学术研讨会

2022年11月5—6日，中国社会科学院古代史研究所、香港理工大学中国文化学系、北京师范大学历史学院古籍所联合举办了第十一届中国古文献与传统文化国际学术研讨会，境内外高校及科研机构共计50位学者与会。开幕式上，卜宪群指出20世纪初以来的史学发展，与不断挖掘历史文献、重新认识文献性质、创新文献解读方法密切相关。今天，历史文献的种类、内涵及外延已发生了不小变化，其研究不局限于史料内容的分析，还要考虑文献的物质载体、书写方式、生产流传等，要求历史学者不仅要具备传统的文献学知识，还要有整体综合的视野、深层的思考。会议期间，学者们围绕“古文献与历史书写”“简帛文献、敦煌文献、徽州文书与中国史研究”“中国古代文献学者及文献学史的研究”“民间历史文献与区域社会研究”等主题进行了研讨。报告精彩纷呈，既包含各个断代史，又涵盖了若干专门史，既有对宏观历史与文献发展的描绘，也有对区域社会及个体案例的钩沉，展现了各自研究领域的学术前沿概况。与本断代相关的报告有：钱久隆、朱德军《汉唐时期安定皇甫氏谱系书写与重构——以谱书、墓志为中心》，庄小霞《汉晋名刺、名谒简地名书写范式考述——由〈长沙尚德街东汉简牍〉184 号名刺简说起》，徐畅《再谈汉、吴简牍中的“长沙太守中部督邮书掾”》，戴卫红《中日韩出土九九表简牍及其基层社会的数学学习》。会议闭幕式上，刘琴丽、张振国分别就专题报告做评议，进一步从传统文献历史书写、出土文献研究、文书学研究、明清地方志研究、断代史文献运用特色等方面对参会专家的报告进行了总结。

（戴卫红　刘　卓　章泽玮）

使行录与东亚学术文化交流研讨会

2022 年 11 月 5—6 日，由北京大学中国语言文学系主办，北京大学历史学系、外国语学院协办的使行录与东亚学术文化交流研讨会在线上举行。此次会议云集来自两岸三地和日本、韩国、越南、美国、加拿大、新加坡等国高校和研究院所的专家学者，呈现出国际性、跨文化、多学科的特点。研讨会上，60 余位专家学者围绕“使行录学”理论与方法研究、使行录与东亚学术文化交流研究、使行录与东亚诸国关系史研究、使行录语言学相关问题与翻译研究等主题展开精彩的讨论交流。会议还吸引了国内外近 400 名关注使行录研究的专家与青年学子在线参会。北京大学中文系主任杜晓勤指出，使行录研究是多学科、国际性的重大学术主题，也是跨文化交流和学术研究的宝库。北大中文系、历史学系、外国语学院有一批学者长期关注并作出研究实绩，此次会议的倡导者漆永祥教授正是先行者和中坚力量。北京大学外国语学院院长陈明教授回顾了使行录研究起步和发展的历史，并指出此次研讨会论文集中所关注的问题不仅广泛涉及历史、文献、文化、文学、宗教、艺术文物等多个范畴，而且极为关注东亚使行录学的理论与方法研究，显示了这门新学问的生命力和可持续发展的趋势。北京大学外国语学院教授王邦维、南京大学文学院教授张伯伟、韩国东国大学中文系教授朴永焕、越南汉喃研究院教授丁克顺、原内蒙古师范大学图书馆教授邱瑞中、延边大学朝汉文学院教授金柄珉、浙江大学亚洲文明研究院教授王勇基、中国社会科学院古代研究所研究员李花子、北京大学历史学系教授王元周等 10 位学者进行了主题发言。主题发言既有“使行录学”的问题意识、研究方法、发展愿景等宏观角度，又有从具体文献出发，进行考证分析的代表性研究个案。会议设两个分会场分别讨论，在为期一天半的会议中，与会学者们基于多元文化视角和学科背景进行了热烈而富有启发性的探讨。在6日中午的闭幕式上，王元周教授在总结发言中表示，此次研讨会的热烈盛况也充分说明使行录研究大有可为，号召学界同仁共同为“使行录学”贡献力量。漆永祥教授表示，此次会议是国内外使行录研究相关成果的一次充分展示和交流，主题发言为使行录学术视野和理论方法指明了方向，报告论文新见迭出、内容全面、重点突出，整体讨论具有启发性。此次会议联络团结了使行录相关研究的学术力量，与会学者的国别视角多元、年龄结构合理。他期待未来各方研究力量能协调共进，共同推动“使行录学”走向规范与深入，期待“使行录学”为增进文化自信，推进东亚文明理解与互鉴做出更坚实的学术贡献。

（李鸣飞）

融合与创新——边海地图与边疆史地研究学术研讨会

2022年11月5—6日，复旦大学中国历史地理研究中心主办、中国测绘学会边海地图工作委员会协办的融合与创新——边海地图与边疆史地研究学术研讨会以线上形式召开。

来自中国内地、澳门地区，以及意大利、英国研究机构的50余名专家学者参与了此次研讨。分组报告由地图与疆界、地图与海疆、地图与陆疆、地图与应用、理论与技术、西南边疆六个主题组成。近年来，边海地图与边疆史地研究是学术研究中的热点，对国家与社会发展具有重要作用。此次研讨会视角广阔，涉及内容丰富，专题报告兼具宏大叙事与细微探索，研究方法兼具传统手段与创新方法，并在报告过程中展示了大量散布在世界各地的古旧地图，是一场难得的学术盛宴。值得一提的是，此次大会开创了边海地图工作委员会与高校合作办会的先例，为促进历史地图与古地图研究发展提供了借鉴。

（成赛男）

晚明宗教与出版文化工作坊

2022年11月6日，由南开大学历史学院、中外文明交叉科学中心共同主办的晚明宗教与出版文化工作坊开办。工作坊从书籍史切入，横跨文史学科，不拘儒释道耶，参加者来自复旦大学、东南大学、台湾大学、南开大学、美国南加州大学等国内外知名高校，充分体现出跨学科、跨文化等特色。南开大学历史学院院长余新忠教授主持开幕式并做引言。他提到，此次工作坊为历史学院“新荷青年史学工作坊”之四，“新荷”一词取自南开马蹄湖的莲花，喻指着怀有学术热情、具有创新精神的青年学者。学院将继续大力支持工作坊等活动的开展，为青年才俊搭建多样化的学术交流平台，在交流与讨论中拓宽视野、碰撞思想。此次工作坊是以“少数”和“边缘”为核心，探讨了一些较少为主流学界所关注的议题。

（解 扬）

传统与创新：第一届元明清宫廷史学术研讨会

2022年11月7—8日，传统与创新：第一届元明清宫廷史学术研讨会在故宫博物院召开。这次会议将元、明、清视为一个整体研究对象，不仅是超越了以往从永乐营建北京开始的明清宫廷史研究的限制，也打破了以明清两朝紫禁城为基本空间单元进行研究的限制，有助于审视两个北族王朝和汉人王朝三者间的连续性。

（解 扬）

第七届汉化·胡化·洋化：文化冲击下的冲突与交融国际学术研讨会

2022年11月11—12日，由台湾中正大学历史学系主办的第七届汉化·胡化·洋化：文化冲击下的冲突与交融国际学术研讨会在台湾中正大学文学院国际会议厅召开。此次会议通过线上、线下相结合的方式举行。会议邀请日本京都产业大学文化学部准教授中田美绘、韩国庆熙大学历史系教授及韩国古代史考古研究所所长姜仁旭、韩国东国大学佛教学术院研究员ROEKWAK（郭磊）、英国萨塞克斯大学教授兼萨塞克斯亚洲中心联合主任Maurizio Marinelli、上海同济大学建筑与城市规划学院教授Plácido González Martínez、首都师范大学历史学院教授兼院长刘屹、西北大学历史学院教授兼院长李军、台湾大学讲座教授陈弱水、台湾“中央”大学讲座教授汪荣祖等海内外著名学者，共发表22篇论文、举行1场综合座谈，还进行了2场主题演讲，分别为中央民族大学历史文化学院李鸿宾教授《唐朝胡汉互动与交融的三条线索：以墓志资料为中心》和台湾中正大学荣誉教授雷家骥《后赵“一国二制”与“天王”称号》。此次研讨会承袭历届“汉化·胡化·洋化”所讨论的议题，并由此延伸出四个论题，分别是“历史上民族的对立及交融”“文化冲突与涵化”“文化交流的媒介”“族群理论与研究方法”。希望透过这些论题的开展，引发学界更多的讨论，对于各族群之间的冲突与融合、民族与文化之间的形成与交融、社会面对外来观念之间的挑战与回应，有着更加多元化的探索与思考。

（赵 洋）

2022年杭州文史论坛暨“两宋社会——文化之韵”学术研讨会

2022年11月12—14日，2022年杭州文史论坛暨“两宋社会——文化之韵”学术研讨会在杭州召开，来自清华大学、北京大学、中国人民大学、河南大学、浙江大学、杭州师范大学，以及中国社会科学院、浙江省社会科学院等共19所高校和8家研究机构的专家学者通过线上、线下相结合的方式参与研讨。杭州文史论坛是杭州市政协主办的全国性大型学术论坛，自2010年创办以来，已连续举办12次。开幕式上，浙江大学历史学院教授陆敏珍、浙江省文物考古研究所副研究员李晖达、中国人民大学历史学院副教授邱靖嘉分别作了“仪式与政治：徽宗皇帝的葬礼”“两宋陵寝制度的传承与变革”“崇礼太子城遗址与金泰和宫兴废考”等主题发言。会议共分为八个分论坛，主题分别为宋代饮食文化与比较研究、宋代思想与艺术、宋代文献研究、宋代碑志研究、礼仪制度比较研究、宋代政治军事比较研究、宗教文化比较研究、宋代城市研究。此次学术研讨会对于梳理杭州历史文化脉络，深化宋韵文化等重点研究，加强杭州历史文化研究交流等起到了良好的带动作用。

（王　申）

明清江南儒学的演进及其近代转型——2022江南儒学研讨会

2022年11月12—13日，由复旦大学哲学学院、同济大学人文学院和复旦大学上海儒学院主办，青浦·复旦江南文化研究院和上海市儒学研究会协办的明清江南儒学的演进及其近代转型——2022江南儒学研讨会在上海举行。来自清华大学、复旦大学、同济大学、山东大学、浙江大学、华东师范大学、上海师范大学等20余所全国高校与研究所的50余位学者参与研讨。研讨共分7场。第一场主题为“两宋之际江南的朱子学与心学”，江苏社会科学院焦德明作了报告《结构与表达——朱子理气论的结构主义诠释初探》，山东人学姚莺歌作了报告《〈大学〉“非圣”：杨简对〈大学〉的心学诠释——兼论〈大学〉非圣说的流衍》，上海师范大学孙逸超作了报告《绍兴政局中的浙西道学群体与张九成的地位》，浙江农林大学邵海根作了报告《造化何在？吾心而已——张九成理本与心本的交融》，复旦大学毕梦曦作了报告《朱熹对二程不明归属语录的判断与诠释》，杭州师范大学申绪璐作了报告《杨时毗陵讲学》，上海市委党校唐青州作了报告《杨慈湖“克己复礼”诠释及其内在理路探析》。第二场主题为“阳明学与阳明后学”，上海财经大学陈焱作了报告《王阳明无法撇清近禅批评的因果探析》，上海财经大学浙江学院陈伟良作了报告《蔡汝楠“收摄凝聚”功夫系统初探》，清华大学叶乐扬作了报告《知觉与良知：再论王阳明思想中“知”的含义》，清华大学孔维鑫作了报告《王阳明“志”与“良知”关系新论——以“知与充与遏者，志也”为中心》，清华大学魏鹤立作了报告《阳明论象山“只是粗些”说检证——兼论阳明的格物学说》。第三场主题为“东林学派与明清之际的思想”，东南大学李健芸作了报告《从高攀龙的异学批判看其兼采朱王和归本朱子的思想立场》，华侨大学毛朝晖作了报告《刘宗周慎独哲学对〈大学〉〈中庸〉的综合》，上海师范大学张亦辰作了报告《管志道的乾元性体说：以顾管之辨为中心》，北京航空航天大学王硕作了报告《乾卦六龙诠释之争——以管志道、许孚远为中心》，清华大学高海波作了报告《高攀龙的格物说》，中国政法大学秦晋楠作了报告《焦竑“三教合一”思想再论》。第四场主题为“清初江南儒学的嬗变”，湖南大学吴旺海作了报告《清前期〈大学〉诠释分化与汉宋学术沟通——以胡渭、毛奇龄〈大学〉改本论学隐曲为中心》，河海大学韩雪作了报告《“非朱修王”与“经史兼备”：〈孟子师说〉中黄宗羲的学术转向》，南京大学王璐作了报告《晚明清初儒家静坐工夫发展脉络》，复旦大学苏杭作了报告《志心与八识：船山“正心”说新论》，上海交通大学孟少杰作了报告《朱泽澐的“透体”之学》，厦门大学申祖胜作了报告《陆世仪的“性善只在气质”说及其在理学史上的意义——以〈性善图说〉为中心》。第五场主题为“江南儒医、兵学及东亚”，扬州大学张申作了报告《明季江南兵学道德儒家化与清代的官学批评》，浙江师范大学金晓刚作了报告《儒学、医术与耶教：明清之际“小读书人”祝石的生活与思想世界》，浙江中医药大学徐晓聪作了报告《明代太医院医官的社集与身份——以周原己及其交游网络为例的探讨》，浙江大学柳旻定作了报告《从东亚观点看阮元和其仁学——以〈论语论仁论〉为中心》，浙江大学韩书安作了报告《“鸢飞鱼跃”：一个理学隐喻的诞生》，上海师范大学高瑞杰作了报告《普遍与殊异：朱王之别》。第六场主题为“清代江南的文献、书籍流动与学风”，同济大学刘昊作了报告《抄本流动与抄印转换：〈三鱼堂日记〉在江南的传抄与刊行》，复旦大学蔡纪风作了报告《〈明夷待访录〉在清代中后期的传抄、阅读和接受》，清华大学黄湛作了报告《是仲明与锡山会讲——兼论康乾之际的学风转移》，同济大学赵成杰作了报告《王昶藏书事迹考》，复旦大学郎嘉晨作了报告《戴震的四德——工夫论及其渊源》，清华大学王安琪作了报告《戴震扬州游幕及其与江南考据学者的交谊》。第七场主题为“近代江南儒学的转型”，清华大学赵金刚作了报告《欧游与新学——唐文治的欧美之行》，复旦大学卞楷文作了报告《刘熙载与〈持志塾言〉——兼论咸同士人的经世观》，上海师范大学方华康作了报告《近代江南士绅的经世观及其实践——以韩国钧为中心的考察》，江苏社会科学院孙钦香作了报告《论“实业儒学”的可能性及其意义——以张謇、荣德生为中心的考察》，华东师范大学孙光耀作了报告《传统孔庙学之“集大成”——清儒庞钟璐与〈文庙祀典考〉》。

（陈冠华）

第十五届唐代文化国际学术研讨会

2022 年 11 月 18—19 日，由中国唐代学会、台湾大学中国文学系、佛光大学历史学系主办的第十五届唐代文化国际学术研讨会在台湾大学及佛光大学举办。会议采用线上、线下相结合的方式举行。来自中国大陆、中国台湾、日本、新加坡、韩国的学者共 80 余人参加了此次研讨会。会议分成文学、历史、敦煌、青年学子论坛。与会学者穿越唐代文化，再回到当代，呼应文学核心意义；整合新观念和新方法；运用新史料产生新议题，聚焦唐代文化研究的未来性；增加青年学子论坛与问题多元性；对过去议题做深度与广度的提升。从唐代深厚文学涵养与历史文化及精彩敦煌文献，激荡出薪火相传的学术火花。台湾大学中国文学系教授康韵梅提到，此次会议非常圆满，参加实体会议的海内外学者，都能在情谊和学术上，彼此充分地互动与交流，在线参加的学者借由论文的发表和讨论，体现了“海内存知己，天涯若比邻”的深刻意涵。

（赵　洋）

2022 中国·衡水董仲舒与儒家思想国际研讨会暨中华孔子学会董仲舒研究专业委员会学术年会

2022 年 11 月 19—20 日，2022 中国·衡水董仲舒与儒家思想国际研讨会暨中华孔子学会董仲舒研究专业委员会学术年会在衡水隆重举行。会议由政协衡水市委员会、中华孔子学会董仲舒研究专业委员会、中国实学研究会、河北省董仲舒研究会、河北省董仲舒与传统文化研究中心、衡水学院共同主办，河北省董仲舒与传统文化研究中心秘书处、衡水学院董子学院（董仲舒研究院）、《衡水学院学报》编辑部、河北省董仲舒研究会秘书处承办，衡水学院科研处、上海交通大学董仲舒国际儒学研究院、韩国高丽大学董仲舒研究中心、河北大学燕赵哲学与文化研究中心、西安外事学院国学院协办。研讨会的主题为“董仲舒思想的现代借鉴”。此次会议采取线下和线上相结合的方式举行，来自美国、日本、韩国等国家的海外专家学者以及来自海峡两岸的专家学者共 120 多人参加了会议。近 2000 人通过网络直播进行观看。19 日上午，会议开幕式由衡水市政协党组书记、主席钮兴辉主持。开幕式之后，进行了第一场专家主旨演讲。上半场由中国人民大学李若晖教授主持。中山大学李宗桂教授、台湾政治大学名誉教授董金裕先生、山东大学黄玉顺教授、中国社科院马勇教授、四川师范大学黄开国教授分别做了主旨演讲。下半场由河北师范大学秦进才教授主持。四川大学文科讲席教授、北京师范大学教授李景林先生，复旦大学谢遐龄教授，北京大学干春松教授，日本北九州大学邓红教授，韩国高丽大学申昌镐教授分别做了主旨演讲。19 日下午，进行分组学术研讨。会议共收到论文 121 篇，涉及内容非常广泛，从经学、哲学、政治、董学史、文献文本、历史地位和现代价值等诸多层面，进行了全方位研究。既有精微细致的考证、逻辑严谨的分析，又有客观准确的评价、立足现实的应用。这充分体现出董学研究正在逐步走向多元化、深入化、细致化。根据论文主题，分组讨论共分为 12 场进行。在交流过程中，既有不同观点的交锋，又有开放视野的包容，很多文章的观点颇具启发意义，使董子思想的挖掘、研究、传承和弘扬达到了新的学术高度。20 日上午，进行了第二场专家主旨演讲，由扬州大学吴锋教授主持。中国人民大学黄朴民教授、美国芝加哥湖郡学院杨效斯（笑思）教授、清华大学丁四新教授、清华大学方朝晖教授、同济大学曾亦教授、中国人民大学韩星教授分别做了主旨演讲。16 场主旨演讲，每一场都是精彩的思想盛宴，充分展现了专家们高深的学术造诣以及董学研究永恒的学术魅力。专家们以新颖的研究视角、宏阔的研究视野、通脱的学术思考、严谨的学术态度、高远的学术情怀吸引了所有听众，既加深了与会者对董仲舒思想的理解，也让人们充分认识到了董仲舒思想的时代意义和现实价值。

（于天宇）

故事的旅行：中古叙事文学研讨会

2022 年 11 月 19—20 日，上海外国语大学文学研究院、宗教与文学研究中心举办了故事的旅行：中古叙事文学研讨会，来自全国 26 所高校的近 40 位专家学者参与会议。会议从宗教学、文献学、历史学、叙事学等角度研究中国古代叙事文学与周边文学之关系，增进了不同民族、国家间的文化交流与相互理解。此次研讨会共分为九场。在第一场“中古叙事文学与佛教文学”中，侯传文从佛陀形象、叙事特点等方面对禅宗灯录释迦牟尼佛传进行解析，体现了历史与文学相结合的叙事特点。王秀林指出佛教四生说以及汉译佛典中众多出生自带宝贝的故事极大可能影响了中土文学奇异出生方式的书写。陈特对冥祥《行状》与《续高僧传》《慈恩传》的相关关系，以及有关冥详（祥）《行状》的撰作时间作出了再考。黎俊溢展示了《光世音应验记》所记载的神异故事在志怪、应验、感通三个文本系统中呈现出的不同面貌。在第二场“汉魏南北朝文学与叙事”中，曹建国对纬书中涉及大禹材料的文本性质、产生时代等进行研讨，且关注了道教徒的谶书制作及其与纬书地位升降的关系。孙菱羲与许云和对“幢伎”的名称、形制及宗教义涵进行了考察，指出有些杂伎的策划和创制带有通过宗教艺术表演和睦诸番、联络外交的深刻用意。张德恒指出宋传文本忌讳叙及陶公在晋宋易代之际的真实政治态度，没有展现出完全真实的陶渊明形象。项裕荣指出正与陈寅恪先生考曹冲故事的结论相仿，《三国演义》虚构出的苦肉计源头或是《杂宝藏经》之“乌枭相怨”。此外，会议还设有“唐宋文学与叙事”“唐宋叙事文学与宗教”“中古叙事文学与印度文学”“中古叙事文学与俗文学”“中外文化交流”等主题。

（戴卫红　刘　卓　章泽玮）

纪念沈从文先生诞辰 120 周年国际学术研讨会

2022 年 11 月 19 日，由中国社会科学院古代史研究所、考古研究所主办，古代史研究所古代文化史研究室、考古研究所纺织考古部承办的纪念沈从文先生诞辰120周年国际学术研讨会以线上线下相结合的形式在北京召开。开幕式由中国社会科学院古代史研究所文化史研究室主任刘中玉副研究员主持。来自中国社会科学院古代史研究所、考古研究所，北京大学等单位以及中国国家博物馆、故宫博物院、中国艺术研究院、敦煌研究院等海内外30余家科研院所、考古文博研究机构的40余位学者共襄盛会。1978年，沈从文先生调任中国社会科学院历史研究所工作。1981年，他的服饰研究名著《中国古代服饰研究》出版，标志着服饰史乃至整个物质文化史开始形成了历史研究的一个新的学科方向，同时也在文字史料占据历史研究主流的时代，以大量图片直观明白地展现古代服饰的流变，开启了形象史学的先声。古代史所所长卜宪群指出，物质文化作为中华文明的重要组成部分，其传承发展对于我们国家和民族发展具有重要的意义。通过纪念沈从文先生诞辰120周年活动，可加强多学科的交流融合，推动中国古代服饰史、物质文化史以及形象史学研究的纵深发展。此次会议说明了服饰研究是中国古代物质文化研究的重要内容，使学界意识到应继续深入推进相关研究，向世界展现以中国纺织、服饰为代表的中国物质文化的靓丽风采和优秀特质。

（黄若然）

中国社会史研究学术论坛

2022年11月19—20日，为庆祝山西大学建校120周年暨中国社会史研究中心成立30周年，由山西大学社会史研究中心、中国社会科学院历史理论研究所、中国社会史学会、山西省历史学会联合主办的中国社会史研究学术论坛在山西大学以线上线下相结合的方式成功举办。该届论坛共有来自日本长崎县立大学、中国社会科学院、南京大学、南开大学、复旦大学、中国人民大学、上海交通大学、兰州大学、重庆大学、华中师范大学、首都师范大学、上海师范大学、湖北大学等国内外重点高校和科研机构的专家与会，提交论文39篇。论坛开幕式由行龙教授主持，山西大学校长黄桂田教授、中国社会科学院历史理论研究所所长夏春涛教授、中国社会史学会副会长兼秘书长余新忠教授分别致辞。该届论坛共设“主旨报告”和“专场报告”两个环节。主旨报告由山西大学副校长郝平教授主持，南京大学孙江教授、山西大学行龙教授、中国社会科学院当代中国研究所李文研究员、复旦大学安介生教授、青岛大学杜靖教授，分别围绕社会史学科发展史、理论和方法做了主旨发言。专场报告共分五场，重点围绕中国历史上的人口资源环境与社会变迁、中国革命史与抗日战争史、社会经济史、区域社会史等多方面议题展开。此次论坛论文题目选题新颖，内容丰富，反映了社会史的前沿研究方向以及美好的未来发展前景。

（王正华）

第三届南开大学史学理论及史学史跨文明视野下的中国史学与世界史学研究生学术论坛

2022 年 11 月 19 日，由南开大学历史学院、南开大学中外文明交叉科学中心、南开大学史学理论及史学史研究中心联合举办的第三届南开大学史学理论及史学史跨文明视野下的中国史学与世界史学研究生学术论坛顺利召开。此次论坛在线上举行。来自中国社会科学院大学、北京师范大学、华东师范大学、复旦大学、中国人民大学、北京大学、武汉大学、山东大学、河南大学、扬州大学、山西大学、天津师范大学、淮北师范大学、廊坊师范学院、天津社会科学院、南开大学等 30 余所高校和科研机构 80 余位师生参会。开幕式由南开大学史学理论及史学史研究中心副主任朱洪斌副教授主持。由南开大学历史学院院长余新忠教授、中国社会科学院历史理论研究所党委书记杨艳秋研究员、南开大学史学理论及史学史研究中心主任孙卫国教授分别致辞。大会主题演讲由南开大学史学理论及史学史研究中心姜胜利教授主持。北京师范大学资深教授瞿林东先生，华东师范大学历史系教授胡逢祥先生，南开大学历史学院荣誉教授、廊坊师范学院特聘教授乔治忠先生，分别作了精彩的主题演讲。瞿林东先生的演讲题目是《史学遗产与学术会通》，谈到了研究史学遗产的意义、推进学术会通研究、中国史学史分期、加强典制体史书研究诸问题。胡逢祥先生的演讲题目是《跨学科研究与中国史学的现代转型》。围绕该主题，胡先生讲了三个问题：第一，跨学科理念在中国现代史界的萌发与流播。第二，历史学与现代社会科学。第三，历史学与现代考古学及人类学。乔治忠先生的演讲题目是《郭沫若对中国远古史的顶级考释——以长篇论文〈释支干〉为例》。乔先生指出，《释支干》的结论，已经不能属于疑古，而是对远古传说进入历史的断然否定，无论从方法上还是从观点上看，都是对相关问题的顶级考释。主题演讲结束后，分论坛相继进行。此次论坛共设外国史学史、中国古代史学史、中国近现代史学史三组分论坛，每组分成三场进行。每场论坛均按照主持人主持、组内同学阐述论文观点、评议人进行点评三个步骤进行。分论坛结束后，大会闭幕式召开。闭幕式由南开大学历史学院崔岩副教授主持。南开大学历史学院刘斌、山东大学儒学高等研究院成运楼、北京师范大学历史学院吴昕璇三位同学，作为三组分论坛的召集人，分别报告了本组发言情况。南开大学史学理论及史学史研究中心副主任朱洪斌副教授进行闭幕致辞。

（孙广辉）

世界阳明学大会

2022 年是王阳明诞辰 550 周年。11 月 23 日，世界阳明学大会在浙江余姚和绍兴举行。大会以“人类命运共同体的文化共鸣”为主题，共同探讨、挖掘、弘扬阳明学的时代价值，不断推进阳明文化的创造性转化和创新性发展，进一步扩大阳明学影响力，打响阳明文化品牌。此次世界阳明学大会由浙江省人民政府主办，浙江省委宣传部、宁波市人民政府承办，中国历史研究院学术指导，中国明史学会支持。会议围绕王阳明的各个方面进行研究，与会学者普遍认为，在百年未有之大变局加速演进的大背景下，推动阳明学创造性转化、创新性发展，具有重要意义，尤其是阳明创立的“阳明心学”倡言“知行合一”“致良知”，不仅是中华优秀传统文化的精华，更广泛影响了海外的思想界、文化界。作为“阳明故里”，余姚充分汲取王阳明“知行合一”的思想精髓，深挖阳明文化当代价值，坚持把阳明文化浸润到文化强市建设的方方面面，推动阳明文化飞入寻常百姓家，滋养四明大地，努力为打造中国式现代化的县域样板注入强大、持久、深远的文化力量，彰显“阳明故里、心学圣地”的独特魅力。会上，各位学者分别以“人类命运共同体的文化共鸣”和“阳明心学与共同富裕”为主题，通过线上线下的方式相聚在一起，共同探讨阳明文化的历史意义、当代价值和世界影响。

（解　扬）

《清华大学藏战国竹简（拾贰）》成果发布会

2022 年 11 月 25 日，清华大学出土文献研究与保护中心、中西书局与“学堂在线”合作，以线上方式开启了《清华大学藏战国竹简（拾贰）》成果发布会的全球直播。包括海内外著名学者在内的近五十万人次线上观看了发布会。该书整理报告收录了一篇长篇战国竹书《参不韦》，主要内容是作为天帝使者的参不韦对夏代开国君主夏启的训诫，训诫的核心内容是“五刑则”，即五则、五行、五音、五色、五味，从而指导夏启设官建邦、修明刑罚、祭祀祝祷、治国理政。这篇竹书共 124 支简，内容完整，总字数近 3000 字，这是继清华简《系年》《五纪》之后，整理公布的又一篇超百支简的长篇竹书，是前所未见的先秦佚籍，对于研究先秦时期的思想、官制等具有重要意义。发布会由出土文献研究与保护中心副主任刘国忠教授主持，清华大学文科建设处处长杨永恒对清华简整理工作予以高度肯定。上海辞书出版社、中西书局社长秦志华介绍了《清华大学藏战国竹简（拾贰）》的编辑、出版情况。中心四位青年教师石小力、马楠、贾连翔、程浩对《参不韦》进行了解读。中心主任黄德宽教授介绍了《清华大学藏战国竹简（拾贰）》的研究整理情况，并回答了线上与会学者、记者的提问。“清华简”于 2008 年入藏清华大学，自 2011 年初发布第一辑研究成果以来，清华大学出土文献研究与保护中心以每年一册的速度推出清华简的整理报告。整理报告目前已顺利出版十二辑，整理团队也逐渐形成了老中青结合的学术梯队，整理工作的高效率、高质量得到学界广泛赞誉，也受到海外汉学界的高度重视。

（于天宇）

印度洋世界的文明交流与互鉴国际研讨会

2022 年 11 月 25 日，华东师范大学历史学系举办了印度洋世界的文明交流与互鉴国际研讨会，来自南非、坦桑尼亚、埃及、越南及中国的十余位学者参加了此次会议。会议分为上、下两场进行，紧密围绕着印度洋世界的文明交流和互鉴，以及如何搭建互惠共赢的学术平台展开。沐涛教授在致辞中介绍了华东师大历史学系在环印度洋相关研究上的深厚积淀，环印度洋地区的文明历史悠久，古中国、古印度、古埃及、古希腊以及东非的斯瓦希里文化都在此交融，从历史的角度研究环印度洋的文明彼此交流和影响的过程颇有价值。会议围绕“从非洲到中国”和“海洋上的流动”两个主题进行讨论。南非金山大学国际关系学院的 Dilip Menon 教授，关注各种要素的跨印度洋流动，他强调在全球变暖等现实背景下，海洋对于全球有着共同的重要影响，应加强合作研究，超越海陆二元对立视角。清华大学国际与地区研究院的熊星翰介绍了地理学思想及其对马达加斯加经济地理演进的影响。他指出，马达加斯加是世界第四大岛，拥有非洲国家中最长的海岸线，但其经济表现与之严重不符，是因为其地理条件与相应形成的地理思想这两种因素，共同制约了经济发展，马达加斯加需要一种新的地理思想来打破路径依赖。达累斯萨拉姆大学历史学系的 Andrea Kifyasi 介绍了后殖民时代中国对非医疗援助。他使用坦桑尼亚和中国档案馆及图书馆的文件、瑞士档案、口述史料，研究中国医疗援助对南南合作框架内坦桑尼亚卫生部门发展的影响。越南河内国立大学历史系的 Nguyen Thi Minh Nguyet 解释和比较了东南亚许多地方在西方文明影响下的城市模式。她介绍了近代早期东南亚城市模式的来源，认为自 16 世纪以来，东南亚城市受到不同殖民国家规划的影响，但每一个殖民地政府，在面对自己的殖民地内复杂而不同的社区时，都会做出相应的调整，反映在城市总体规划和居民政策上，每个城市都创造了不同版本的西化模式。浙江海洋大学历史学系的陈金龙，从上海对外援助的角度切入，探讨如何以印度洋作为平台进行研究。埃及爱兹哈尔大学的 Sameh Elmashaly 聚焦于“一带一路”背景下的中埃关系。他指出，从考古学的证据来看，埃及与中国长期在风俗、思想、工艺上相互借鉴，通过制瓷技术可以看出，伊斯兰典籍向中文的译介与埃及亦有很大关联。清华大学历史学系的曹寅从扬州出发，提出了印度洋世界中的缠绕的历史，他试图以“西洋布”和犹太人群体沿大运河分布为例，呈现一个传统中国城市的跨国缠绕，并分析印度洋远超出沿岸范围的影响。他强调，即便是中国古代城市的研究，也可以从扬州的东南亚风、阿拉伯风古建筑遗存中看到全球性的线索，从古代传统中发现跨国关联。同时，也应该在印度洋区域研究的基础上，进一步超越印度洋世界的边界限制，以缠绕为方法，以印度洋为方法，书写全球印度洋的历史。华东师范大学历史学系的刘伟才介绍了殖民时代桑给巴尔城在欧洲旅行家记述中的形象。他从旅行家的记述来看，当时的桑给巴尔城是如何成为印度洋上一个重要的国际节点的，通过旅行家的记载，探讨了东非与西非、南非的港口城市的差异，以此深入考察非洲殖民地地区的多样性。华东师范大学历史学系的朱明指出，印度洋周边的城市史研究存在殖民/后殖民、传统/现代化、国家建构三种模式，还可以从全球史的角度注重城市的联系和互动，进而将印度洋世界纳入全球框架进行研究。同时，还需重视港口与腹地、经济与生态、流散群体与文明交融等问题，加强历史学与地理学、人类学、国际关系学等的跨学科交流与合作，争取在区域国别研究方面有所突破。最后，由华东师范大学历史学系的 Timothy Baycroft 教授评议。他从自己对民族主义和边界的研究出发，认为此次会议涉及的两个重要边界，即海岸和海洋在产生区隔的同时也创造联系，另一个有趣的话题是海洋作为一种思想空间在人们的思维中扮演了怎样的角色。

（李鸣飞）

薪火传承——浙江省敦煌学与丝绸之路研究会第三届青年学者论坛

2022 年 11 月 26 日，由浙江省敦煌学与丝绸之路研究会主办、浙江农林大学文法学院中国语言文学学科承办的薪火传承——浙江省敦煌学与丝绸之路研究会第三届青年学者论坛在浙江举办。会议通过线上方式举行。开幕式由浙江农林大学文法学院储小昷教授主持。浙江农林大学文法学院党委书记朱红东出席开幕式并致辞，浙江省敦煌学与丝绸之路研究会会长、浙江大学刘进宝教授代表学会发表致辞。会议汇聚了来自浙江大学、浙江工业大学、浙江师范大学、浙江农林大学、杭州师范大学、宁波大学、绍兴文理学院和嘉兴学院等省内高校的 30 多位青年才俊，共收到论文 17 篇。此次会议的主题关键词为敦煌学、写本学，论文焦点除敦煌文献外，还涉及图像雕塑、语言文字、词汇训诂、写本装帧等多个热点领域。会议论文不仅具有丰富的研究方向、新颖的切入角度，还将文献梳理与实物考证相结合，观点鞭辟入里，引起了与会学者的热烈讨论。这也说明在老一辈学者的培养和熏陶下，一批批年富力强的敦煌学者正在逐渐成长起来。闭幕式上，浙江省敦煌学与丝绸之路研究会秘书长窦怀永副教授表示，青年学者论坛的目的是打造一个友好的交流平台，将研究敦煌学的年轻学者们聚集在一起，相互认识，深入切磋，同时也是希望更多的年轻人加入，展示各自的智慧结晶和独特观点，形成浙江省内研究敦煌的良好梯队，让敦煌学的交流沟通和发展创新不断继续，真正做到会议所倡导的“薪火传承”。储小昷教授作最后总结致辞，代表承办方表达了对与会代表的感谢，并祝贺此次会议胜利闭幕。

（赵　洋）

秦汉历史与考古的融合发展暨纪念陈直先生诞辰 120 周年国际学术研讨会

2022 年 11 月 26—27 日，由中国秦汉史研究会、西北大学历史学院合办的秦汉历史与考古的融合发展暨纪念陈直先生诞辰120周年国际学术研讨会以线上、线下相结合的方式在西北大学顺利召开。来自中国社会科学院、中国人民大学、南京大学、南京师范大学、苏州大学、西北大学、香港科技大学以及日本就实大学等66家机构的120余位学者参加了此次会议。西北大学副校长张远军在开幕式致辞中，首先回顾了陈直先生在西北大学执教的历史，高度肯定了陈直先生的贡献。他指出，陈直先生入职西大不仅使西大历史系的学科发展更为完善、师资力量更为壮大，而且使秦汉史研究和考古学研究成为西大历史系发展的特色方向，奠定了西大历史学、考古学两学科发展壮大的基础，同时为国家培养了诸多杰出人才。张远军副校长还向与会专家介绍了西北大学历史学、考古学的发展现状，希望学界一如既往地支持、关心西北大学的发展。出席开幕式并致辞的还有中国秦汉史研究会会长、中国社会科学院古代史研究所所长卜宪群研究员，西北大学历史学院陈峰教授，陈直先生的弟子周天游教授，陕西省考古研究院焦南峰研究员。大会设有主题发言、分组讨论等环节。南京师范大学晋文教授、中国社会科学院考古研究所徐龙国研究员、中国社会科学院古代史研究所赵凯研究员、中国社会科学院考古研究所刘瑞研究员分别做了主题发言。与会专家围绕“对陈直先生的追忆、纪念”“陈直先生学术研究”“秦汉史研究”“战国秦汉出土文献研究”“考古与文物研究”等主题分为四个小组进行了发言讨论。闭幕式上，史党社教授对会议进行了总结。他指出，通过此次会议使我们更加了解陈直先生其人、其文，陈直先生的精神风范在介绍和探讨中得到了继承和发扬，会议具有感情真切、学术含量高、青年学者多等特点，预示了秦汉史研究的未来大有可期。最后，中国秦汉史研究会臧知非副会长致闭幕词，宣布会议圆满结束。

（于天宇）

中国民族史学会辽金暨契丹女真史分会第十五届代表大会

2022年11月26日，由中国民族史学会辽金暨契丹女真史分会主办，内蒙古民族大学法学与历史学院承办的中国民族史学会辽金暨契丹女真史分会第十五届代表大会在线上召开。此次会议采取线上方式举行。来自中国社会科学院、西北大学、吉林大学、辽宁大学、齐齐哈尔大学、内蒙古民族大学等高校、科研院所、考古文博系统的辽金史领域的100余位专家、学者及研究人员参加了会议。会议开幕式由中国民族史学会辽金暨契丹女真史分会秘书长关树东主持，中国民族史学会副会长杨军教授、中国民族史学会辽金暨契丹女真史分会会长韩世明教授、辽金暨契丹女真史分会名誉会长齐心研究员、内蒙古民族大学法学与历史学院田明院长、齐齐哈尔大学历史学院吴丽华院长分别发言。会议主旨报告由华东师范大学古籍研究所研究员顾宏义主持，五位学者汇报。西北大学王善军教授《从佐命功臣群体看辽太祖的建国策略》论证了辽初佐命功臣的具体人数、身份构成，以及此群体任用背后所蕴含的辽太祖建国策略；齐齐哈尔大学李秀莲教授《守正与创新：还原契丹女真辽金历史在中华民族凝聚中的地位》从辽金契丹女真在中华民族形成凝聚中的时空地位、合力角色和辩证统一等方面论述了辽金两代在中华民族形成发展中的地位；辽宁大学齐伟教授《辽代石刻研究现状与前瞻》回顾、反思、展望了辽代石刻研究；黑龙江社会科学院苗霖霖副研究员《金朝女性墓志考论》指出金朝女性在社会中处于从属地位，其活动区域也主要局限于家庭范围；内蒙古民族大学郝素娟副教授《从入迁到外流：金末河南移民研究》关注金末河南移民入迁与外流并存的现象。此次代表大会还选举产生了新一届理事会，吉林大学韩世明教授成为新一任中国民族史学会辽金暨契丹女真史分会会长。

（王　申）

第十四届民间历史文献论坛

2022 年 11 月 26—28 日，由厦门大学历史系主办、厦门大学民间历史文献中心承办的第十四届民间历史文献论坛在厦门召开。开幕式由王日根教授主持，丁荷生、郑振满、钞晓鸿、宋怡明教授分别致辞。而后，会议共分八个场次展开学术讨论，分别是“文字下乡”“仪式传统”“家族文献”“赋役制度”“地方档案”“台湾地区”“闽浙皖地区”“民族地区”，最后圆桌讨论由郑振满教授主持。与会学者充分利用传世文献解读与田野调查相结合的历史人类学研究方法，注重对族谱、碑刻、契约文书、科仪书、日用类书等资料的挖掘利用，从自下而上的视角来关注老百姓的日常生活、制度的运行机制、地域社会的变迁等问题。区域史的视角仍然是此次论坛的一大亮点，区域史不是地方史，也不是王朝国家历史的地方版本，透过各个区域不同或相同节奏的发展历史，可以对“大历史”有更清楚的把握和多样的理解。学者们在讨论具体问题的过程中，就民间历史文献研究的方向、未来的发展等问题进行了相互交流，如何做好民间历史文献学的学科建设是学者们需要共同努力的方向。民间历史文献论坛每年一届，已坚持了十四届，与民间历史文献近年来愈来愈受到学者们的关注相同步，民间历史文献论坛也逐渐成为一个有明确方向性的“品牌”活动。

（王正华）

方以智哲学与明清思想转型学术工作坊

2022 年 11 月 27 日，由安徽大学方以智研究中心举办的方以智哲学与明清思想转型学术工作坊在安徽大学龙河校区问津楼举行。来自安徽大学、中国社会科学院大学、中国科学院、清华大学、中山大学、武汉大学、山东大学、广东省社会科学院、中共安徽省委政策研究室等高校、科研机构、出版单位、学术团体的二十余位专家学者与会，交流分享关于方以智哲学、学术思想、诗文、文献等方面的研究心得。方以智第十三世孙方无先生、安徽大学徽学与中国传统文化研究院党总支方平书记一同参与交流研讨。广东省社会科学院历史研究所邢益海研究员作了以“方以智哲学的古典性与现代性——从学术、思想、信仰以及比较维度看”为主题的学术报告。报告从自然、社会、人生的视角，思考方以智哲学在中国古典学术与思想史上的贡献和地位，进而探讨其“科学的、民主的、人本的”现代性价值。中国社会科学院大学周勤勤教授题为“方以智与宋明理学”的主题报告探析了方以智“公因反因说”的理学、家学渊源，认为此说是对程朱派“体用一原说”的新的发展，是方氏“三世之易”的精髓，在明末清初批判理学与王学末流穿凿附会、蹈空尚虚的潮流中具有重要意义。安徽大学方以智研究中心首席专家蒋国保教授作了题为“关于《密之先生杂志》的几个问题”的报告，主要讨论了《密之先生杂志》的性质、整理与学术思想价值，并指出《杂志》整理初稿已完成，目前正在修订，争取早日面世。中山大学哲学系张永义教授作了题为“《药地炮庄》中引用的王宣文字：辑录与分析”的主题报告。张教授指出，王宣作为方以智的老师对方以智的学术思想影响甚大。通过辑录和分析方以智《药地炮庄》引用王宣的文字，对我们了解王宣的生平、思想及其对方以智思想的影响具有重要意义。此次学术工作坊主题鲜明，报告精彩，讨论交流热烈而充分，参会专家学者中既包括从事方以智研究的资深学者，也有成果丰富、思维活跃的中青年学者，对推进方以智哲学及学术思想研究具有重要意义。

（王士皓）

东林学派与明清儒学学术研讨会

2022 年 12 月 3 日上午，由清华大学国学研究院、哲学系主办的东林学派与明清儒学学术研讨会在腾讯会议线上开幕。此次会议开幕式由清华大学人文学院哲学系丁四新教授主持，清华大学国学研究院院长陈来教授、清华大学哲学系主任唐文明教授、香港理工大学中国文化学系朱鸿林教授、复旦大学哲学学院吴震教授作为嘉宾致辞。清华大学国学研究院院长陈来教授回顾了学术史上对东林学派研究的特点及不足，他指出，东林学派重建理学正统的努力引领了对王学批判的潮流和中晚明的思想转折，抓住了阳明学的核心思想议题并关联了明末的三教思想关系的发展，促成了王学学者和反王学学者的深度论辩，这些对明代后期心性哲学的发展起到了重要作用，但是东林学还有很多具体的方面和细节需要我们再加以深入的研究。与会学者认为，目前对东林学派的研究已经取得了较为丰富的成果，但很多具体方面和细节仍有待深入开展，这需要我们在细致阅读文本的基础上，精准客观地阐释东林思想的丰富内涵，为推进东林学派的深入研究共同努力。高海波把此次会议集中归纳为四个部分，分别是“有”和“无”的范畴讨论，功夫论的讨论，中晚明易学问题的讨论以及政教和经史问题的讨论，指出中晚明学术内容十分复杂并且多元，各种思想交织在一起，需要大家的共同努力，从不同角度切入来展现其中的多维面向，为今后的研究提供参考。

（解　扬　陈冠华）

第八届国际妈祖文化学术研讨会

2022 年 12 月 3 日上午，第八届国际妈祖文化学术研讨会在莆田学院紫霄校区举行。中国社会科学院古代史研究所党委书记赵笑洁、中华全国台湾同胞联谊会专职副会长郑平、中国传媒大学校长张树庭、中国艺术人类学学会会长方李莉、台湾妈祖文化研究协会理事长蔡相煇、莆田学院党委书记翁若平等出席会议并分别致辞。开幕式上，还举行了“中国艺术人类学学会科研基地·莆田学院妈祖文化研究院”揭牌仪式。会议的主题是“妈祖文化研究——面向当代的理论与经验”，来自中国社会科学院古代史研究所以及日本、越南、新加坡、马来西亚等国家的 120 多位妈祖文化研究专家学者与会，围绕妈祖文化海外传播与“一带一路”建设研究、妈祖文化在港澳台区域的传承发展研究、妈祖文化在大陆区域传承发展研究、妈祖文化综论、妈祖文化创意产业研究、妈祖文献史料发掘与宫庙志编撰研究六大主题展开研讨，成果丰硕。研讨会还设置了论文评奖环节。其中《妈祖信仰与新加坡的发展历史》《妈祖文化在菲律宾的传播与交流研究》等 22 篇论文获评优秀论文。博大精深的妈祖文化既是中华优秀传统文化的有机组成部分，也是世界人民交往的重要文化纽带。此次会议展现出有关妈祖文化的研究的不少优秀成果，且说明这一议题尚有巨大的探讨空间。

（黄若然）

首届中国经济史研究：前沿与趋势国际学术研讨会

2022 年 12 月 3 日，由中国社会科学院经济研究所主办，中国社会科学院经济研究所体制改革研究室、《中国经济史研究》编辑部和中国经济史学会近代史分会联合承办的首届中国经济史研究：前沿与趋势国际学术研讨会在线上成功举行。来自海内外多所高等院校和研究单位的百余名专家学者和青年学子在线与会，围绕经济史研究前沿的理论和方法议题，展开了广泛而深入的探讨。开幕式由中国社会科学院经济研究所副研究员熊昌锟主持。中国社会科学院经济研究所副所长朱恒鹏研究员、中国经济史学会会长魏明孔研究员在开幕式上致辞。专家报告环节，共有四小节，由海内外 14 位资深学者作专题报告。专家报告第一节，由北京大学的李伯重教授、上海交通大学的曹树基教授、武汉大学的陈锋教授、美国加州大学洛杉矶分校的王国斌教授分别就经济史研究的概念辨析、方法论、进展与缺失、环境现实等问题进行专题报告。专家报告第二节，由中山大学的刘志伟教授、耶鲁大学的张泰苏教授、河北师范大学的戴建兵教授先后带来了关于财政史研究、经济合流/分流问题、日本对中国货币史的研究等主题的报告。专家报告第三节，由中国社会科学院封越健研究员、高超群研究员，香港岭南大学刘光临教授和上海财经大学燕红忠教授分别从国内经济史研究的早期成就、企业史、历史上的经济总量和经济周期测算以及货币发展史几个方面分享各自的最新研究。最后一节专题报告，由上海交通大学袁为鹏教授、武汉大学彭凯翔教授和牛津大学翟润卓博士围绕工商业账簿、明清时期金融组织及其演进、中西经济比较等问题进行了讨论。

（李一苇　沈　博）

如何构建中国历史学的自主知识体系年度工作会议

2022 年 12 月 3 日，中国社会科学院史学理论研究中心在北京召开年度工作会议，会议主题为“如何构建中国历史学的自主知识体系”。会议采取线上视频会议的方式举行。来自中国社会科学院历史理论研究所、中国社会科学院世界历史研究所、北京师范大学、中国人民大学、南开大学、首都师范大学、天津师范大学等多家高校和科研单位的 20 余位专家学者参加了此次会议。会议开幕式由中国社会科学院历史理论研究中心主任吴英研究员主持，历史理论研究所所长夏春涛研究员致辞。夏春涛所长首先代表历史理论研究所对会议的召开表示热烈祝贺，同时诚挚地欢迎各位专家学者与会。夏所长分析了构建中国特色哲学社会科学学科体系、学术体系、话语体系与构建中国社会科学的自主知识体系之间的关系，并阐述了建构自主知识体系的内涵及意义。随后庞卓恒、乔治忠、张越、左玉河、姜芃、江湄、邓京力、王旭东、张旭鹏、赵庆云、杨祥银、李友东、张艳茹、高希中、廉敏、曹小文、魏涛、朱露川、黄畅、张一博、吴英诸位学者围绕会议主题作了精彩的报告，并就构建中国历史学的自主知识体系、三大体系与自主知识体系的关系、史学理论学科的建设和发展等问题展开了热烈的讨论。会议的闭幕式由中国社会科学院历史理论研究所书记杨艳秋研究员做大会总结发言。杨艳秋研究员分析了此次会议召开的重要意义及史学理论学科建设和发展的方向问题。

（孙广辉）

陕西省司马迁研究会成立三十年庆祝大会暨《史记》与汉中历史文化学术研讨会

2022 年 12 月 8 日，由陕西省司马迁研究会与陕西理工大学联合主办，陕西理工大学人文学院与汉中汉文化研究院承办的陕西省司马迁研究会成立三十年庆祝大会暨《史记》与汉中历史文化学术研讨会在陕西理工大学隆重召开。陕西省社会科学界联合会主席甘晖，陕西理工大学党委书记赵晓林，陕西省司马迁研究会会长张新科，汉中市委宣传部副部长、市精神文明办主任宋瑜，陕西师范大学社科处处长柯西钢出席开幕式并致辞。此次会议以线下线上相结合的方式同步进行，来自省内外一百余位专家学者共襄盛会，庆祝陕西省司马迁研究会三十周年华诞，围绕《史记》与汉中历史文化进行交流研讨。主题报告阶段，陕西理工大学梁中效、山西大学文学院张建伟、渭南师范学院人文学院凌朝栋、延安大学文学与新闻传播学院刘向斌分别作了《〈史记〉与汉中》《西汉佞幸人物的多维审视》《我国台湾省〈史记〉选本编撰出版概况》《从“泗水捞鼎”文图关系看〈史记〉早期绘本的形成》主题报告。渭南师范学院人文学院曹强担任主持人，陕西师范大学文学院高益荣作了精彩评议。在下午的大会分组研讨阶段，专家学者围绕会议主题进行了充分的讨论交流，并提出论文存在的问题以及改进方法。小组讨论学术氛围浓厚，新见迭出。与会专家表示，小组讨论拓宽了研究视野，加强了校际交流，收获很大。闭幕式由陕西师范大学文学院副院长程世和教授主持。司马迁研究会副会长、秦始皇陵博物馆副院长田静在致辞中对此次学术研讨会的交流效果给予了高度肯定，并表达了对承办方——陕西理工大学人文学院精心筹办此次学术会议表示感谢，认为这是一次高质量的学术会议。此次研讨会展示了《史记》与汉中历史文化研究的最新成果，推进了司马迁《史记》研究领域的创新发展，也为陕西理工大学人文学科建设以及汉文化研究中心的发展起到了推动作用。

（于天宇）

礼学文本的成立、经典化与诠释研讨会

2022 年 12 月 10—11 日，由北京大学中国古文献研究中心、北京大学中文系中国古典学平台、北京大学人文学部主办的礼学文本的成立、经典化与诠释研讨会在线上举行。来自北京大学、清华大学、浙江大学、武汉大学、中国社会科学院、同济大学、华东师范大学、南京师范大学、东北师范大学、河南大学、郑州大学的 20 余位学者参加研讨。首先，浙江大学古籍研究所贾海生以“两见于文献与铭文的庙见之礼”为题，南京师范大学文学院王锷以“从《礼记・儒行》看先秦儒、士关系”为题，河南大学历史文化学院曹建墩以“《礼记》礼义阐释的结构与范式”为题，北京大学哲学系吴飞以“‘礼者天理之节文’评议——从文质论的角度看”为题，分别发表主题演讲。接着，研讨会分六场次进行。第一场探讨会，郑州大学文学院王勇作了报告《论神、主与王权的关系》，同济大学人文学院徐渊作了报告《从武威汉简〈仪礼〉再谈〈丧服〉〈服传〉的成书及古今文问题》，北京大学中文系杜以恒作了报告《武威汉简〈仪礼〉经学价值发覆——从简本〈仪礼〉的符号谈

起》。第二场研讨会，清华大学中国经学研究院张涛作了报告《论礼容应当归复汉初礼经传习脉络》，武汉大学文学院覃力维作了报告《大戴〈礼经〉家法的重构与诠释》，武汉大学中国传统文化研究中心朱明数作了报告《韦玄成“五庙而迭毁”说与西汉庙制变革》。第三场研讨会，清华大学历史系马楠作了报告《黄龙十二博士新考》，武汉大学中国传统文化研究中心范云飞作了报告《礼书乎？史志乎？——论〈通典〉礼议的文本来源与性质》，清华大学出土文献研究与保护中心李卿蔚作了报告《宋代礼图文献的研究价值及“以图释礼”的核心目的》。第四场研讨会，北京大学中国古代史研究中心李霖作了报告《重审〈三礼注〉与〈毛诗〉之关系》，东北师范大学文学院唐田恬作了报告《〈三礼目录〉清人辑本平议》，中国社会科学院文学研究所部同麟作了报告《〈礼记正义〉残抄本补校》。第五场研讨会，北京大学中文系高树伟作了报告《〈永乐大典〉引〈礼记〉辑考——兼议〈永乐大典〉“三礼”文献的辑佚参考系》，南京师范大学文学院侯婕作了报告《〈钦定礼记义疏〉文本纂修流程与性质再探——兼论杭世骏〈续礼记集说〉编纂缘由与实质》，南京师范大学文学院井超作了报告《阮刻本〈礼记注疏〉平议》。第六场研讨会，华东师范大学古籍研究所张文作了报告《〈抚本礼记郑注考异〉辨正》，北京大学中文系黄汉作了报告《〈礼记参订〉撰写始末考》，北京大学中文系朱瑞泽作了报告《〈三礼义宗〉辨体》。研讨会主题聚焦于礼学文本的成立、经典化与诠释，参会学者从不同角度对礼学文本加以讨论，既有对于礼义的深入阐发，又有对成说的质证与研究推进，还有新领域、新话题的开辟与新方法的探索，文献功夫扎实，角度新颖，胜义纷呈。

（陈冠华）

第二届新时代历史思潮研究学术研讨会

2022 年 12 月 10 日，由中国社会科学院历史理论研究所历史思潮研究室主办的第二届新时代历史思潮研究学术研讨会在北京召开。会议采用线上视频会议的形式，邀请多位专家学者相聚云端，共同为历史思潮学科的发展建言献策。来自中国社会科学院世界史研究所、古代史研究所，南开大学，北京师范大学，中国人民大学，山东大学，宁波大学等多所高校和科研单位的 20 余位专家学者参会。会议开幕式由历史思潮研究室负责人高希中副研究员主持，历史理论研究所党委书记杨艳秋研究员致辞。杨艳秋书记首先代表历史理论所向参会的诸位专家学者表示热烈欢迎，接着分析了当前学界历史思潮研究的现状，并阐明历史思潮研究室目前的工作内容及未来的研究突破点。在主题报告环节，于沛、乔治忠、汪高鑫、徐良高、李学功、王记录、钱茂伟、徐义华、朱洪斌、陈峰、廉敏、尤学工、姜萌、刘开军、徐歆毅、高希中、冯立、吴圣武 18 位专家学者围绕会议主题发表了精彩报告，随后大家就相关问题进行了热烈的讨论。会议闭幕式由历史理论研究所副所长左玉河研究员做总结发言。左玉河研究员感谢与会学者们围绕历史思潮问题从不同角度提出的真知灼见，以及为历史思潮研究室后续发展提供的宝贵意见。左玉河副所长在总结中着重强调历史思潮既要“走出去”，深刻理解古今中外的发展大势，又要回归自身，保持对学科核心问题的高度关注，并对历史思潮学科的发展提出了几点认识。

（孙广辉）

2022 年史学理论与史学史学术探讨会

2022 年 12 月 17—18 日，教育部人文社会科学重点研究基地北京师范大学史学理论与史学史研究中心暨北京师范大学铸牢中华民族共同体意识研究培育基地召开 2022 年史学理论与史学史学术研讨会。此次会议采用线上方式进行。来自高校、科研机构和学术杂志的 120 余位学者作为正式代表参加会议。大会开幕式由周文玖教授主持，北京师范大学史学理论与史学史研究中心主任杨共乐教授致欢迎辞。紧接着，北京师范大学资深教授刘家和先生，天津师范大学历史文化学院教授庞卓恒先生，北京师范大学资深教授瞿林东先生，华东师范大学历史学系教授胡逢祥先生及南开大学教授、廊坊师范学院特聘教授乔治忠先生先后作大会主题演讲，演讲的题目依次为《两种“二分法”和三种博弈（game)》《百年未有之大变局激起我们重新认识历史发展规律》《唯物史观与历史自信》《跨学科研究与中国史学的现代转型》《对马克思主义历史规律学说的理解要避免误区》。汪高鑫教授主持主题演讲环节，对每场演讲分别作了精彩总结。接下来，会议进行分组发言和讨论环节。会议共分中国古代史学、中国近现代史学、外国史学（一）、外国史学（二）四个分会场。在“中国古代史学”分会场，学者们围绕中国史学与中华民族共同体意识、历史理论与史学理论、历史撰述于历史编纂学、史家与史学等主题展开报告。在“中国近现代史学”分会场，学者们聚焦于中国马克思主义史学、新中国成立以来的史学、中国近现代史学思潮、史家与史学等方面。在“外国史学”两个分会场，学者们的讨论主要围绕中西史学比较、中国的外国史学科建设、西方古典与中世纪史学、西方重大史学理论命题、历史叙事等主题展开。会议的最后一个阶段是大会发言、小组总结及闭幕式。大会发言由向燕南教授主持。首都师范大学历史学院邹兆辰教授、华东师范大学历史学系邬国义教授、中国社会科学院大学阐释学高等研究院李红岩教授、中国人民大学历史学院牛润珍教授分别就历史学家为什么要有预见性、《民约论》的译本合编与资料汇辑、“读书必先识字”的文化意涵、唐代纪传体国史纂修历程等主题发表演讲，张越、蒋重跃二位教授作出了精彩评议。大会闭幕式由董立河教授主持，各分会场代表分别向与会者汇报总结了四个会场的讨论情况。最后杨共乐教授致闭幕词，并祝愿下一届会议能够与诸位学者线下相见。会议至此圆满结束。

（孙广辉）

文化、习俗与社会变迁：第三届华北区域史学术研讨会

2022 年 12 月 24—25 日，由山东大学历史文化学院、华北历史研究协作中心、南开大学中外文明交叉科学中心、天津社会科学院历史研究所、《史学月刊》编辑部、《历史教学》编辑部、《南开史学》编辑部共同主办的文化、习俗与社会变迁：第三届华北区域史学术研讨会在线上举行。华北区域史学术研讨会是由南开大学华北历史研究协作中心打造的系列性会议，旨在研究华北区域历史与现实的内在关系，为京津冀协同发展的国家战略贡献智力资源。此次会议开幕式由山东大学历史文化学院副院长代国玺教授主持，山东大学历史文化学院院长方辉教授、南开大学历史学院王先明教授、山东大学历史文化学院刘家峰教授致辞。方辉教授从山东大学历史学深厚的学术传统和积淀出发，提出华北区域史研究一直是学院重点关注的学术方向，希望与会的专家学者能够共同探讨，推进华北区域史研究的理论水平，为构建中国特色哲学社会科学三大体系作出新的更大贡献。王先明教授指出，三届华北区域史学术研讨会都指向华北区域这一研究空间，不同学科、不同高校和科研机构的学者们有共同的学术旨趣，资源聚合，共有、共治、共享、共利的学术事业平台正逐渐建立起来，相信华北区域史的研究一定会越来越好。此次研讨会共设十场分组讨论，论题涵盖华北区域的政治史、经济史、制度史、社会史、性别史、抗战史、慈善史等诸多领域。与会学者报告、讨论了华北地区古代、近代、现当代的政治与制度变迁、经济样态推移、社会文化更迭等具体学术议题。

（王正华）

重大学术工程及重大课题

国家社会科学基金立项名单

重点项目

甲骨单字考释史研究，王子杨，清华大学

殷墟甲骨“刮削重刻”现象及相关语料的排谱研究，王蕴智，河南大学

先秦诸子学论证思维综合研究，李巍，武汉大学

诸子学的社会法思想研究，李炳安，福州大学

战国秦汉衍生型文本的生成及其文学性研究，程苏东，北京大学

国家治理视阈中西北汉代官文书简牍形制研究，李迎春，西北师范大学

东汉士人活动及其文学书写互动研究，张振龙，信阳师范学院

汉唐思想演进与山水审美观念嬗变研究，汤凌云，湖南师范大学

中上古汉语词法句法的互动演变研究，周俊勋，四川大学

中古诗歌的历代阐释研究，陈斌，福建师范大学

中古时期天山廊道族群流动与中华民族共同体形成研究，张安福，上海大学

北朝碑铭韵文文献集成与研究，蔡丹君，中国人民大学

吐鲁番文书与唐代府兵个体生命史研究，吕博，武汉大学

唐代等级性制度安排与社会结构形态研究，刘玉峰，山东大学

杜甫年谱长编，胡可先，浙江大学

二程、朱熹的经典《易》诠释与理学思想话语体系建构研究，王新春，山东大学

东亚濂溪学诠释研究，王晚霞，天津科技大学

宋元明清时期华北燃料变革研究，赵九洲，青岛大学

明代北京佛教研究，何孝荣，南开大学

明代徽州家谱中的乡村史料整理与研究，徐彬，安徽师范大学

明代江南地区家谱文献的分类整理与专题研究，卞利，南开大学

明清时代的契约与契约社会研究，阿风，清华大学

明清家户法律主体制度及其社会治理效能研究，崔兰琴，浙江工商大学

明弘正复古思潮的文学史层累与还原研究，孙学堂，山东大学

文学地理学视域下明清陕西诗文总集研究，刘军华，陕西师范大学

明清汉语字词关系研究及数据库建设，殷晓杰，浙江师范大学
晚明清初华严宗文学文献整理与研究，李瑄，四川大学
韩藏两种稀见明朝与朝鲜外交文书誊录史料整理与研究，郑洁西，温州大学
由司法案例看清代前期江南地方政府的经济职能演变研究，邱澎生，上海交通大学
清代江苏县域政治研究（1644—1795），雷炳炎，湖南师范大学
清代乡村儒学研究，王胜军，贵州大学
《五礼通考·观象授时》与江永、戴震学术研究，李畅然，北京大学
历代中央政权与藏传佛教高僧往来信函整理与研究，朋毛才旦，青海师范大学
和亲历史文化与中华民族共同体意识研究，崔明德，烟台大学
国外所藏中国古代单幅“天下图”研究，龚缨晏，宁波大学
东北古代渔猎部族的航海传统研究，沈一民，兰州大学
古代西域驿站传播活动研究，张允，新疆大学
西南地区国家化进程与民族交融史研究，吴秋林，贵州民族大学
儒学传播与西南民族地区中华民族共同体意识形成研究，周永健，贵州民族大学
藏传佛教五大教派因明逻辑理论比较及中国化阐释研究，达哇，青海民族大学
国内外蒙古文古籍中历代班禅资料整理与研究，满达，内蒙古师范大学
中国少数民族天主教通史，孙浩然，云南民族大学
历代释家文论文献集成与综合研究，张勇，安徽师范大学
道情艺术源流研究，康保成，湖北大学
细石叶技术遗存基础信息采集与文化谱系研究，仪明洁，中国人民大学
广东台山新村沙丘遗址考古资料整理与研究，魏峻，复旦大学
城河城居址区出土资料整理与研究，彭小军，中国社会科学院考古研究所
安阳殷墟北辛庄发掘报告，岳洪彬，中国社会科学院考古研究所
三星堆祭祀区资料整理与研究，冉宏林，四川省文物考古研究院
新疆吐鲁番胜金店墓地考古发掘资料整理与研究，陈晓露，中国人民大学
战国秦汉时期东北族群的考古学研究，潘玲，西北大学
“云冈模式”影响下山西石窟寺及摩崖造像的考古调查与研究，武夏，山西大学
唐崖土司城址考古调查与发掘资料的整理与研究，刘辉，湖北大学

一般项目

殷墟卜辞词汇的分组类对比与甲骨分期断代校正研究，刘风华，郑州大学
无名类卜辞字体分类研究，马智忠，贵州师范学院

方伯与商周国家结构研究，杨永生，上海师范大学

商及西周王朝青铜原料来源的综合研究，易德生，湖北省社会科学院

商周时期北方地区出土资料与族群形态整合研究，王坤鹏，吉林大学

西周器铭所见族地名群组研究，朱继平，上海大学

东周五系金文比较研究，张俊成，曲阜师范大学

清华大学藏战国竹简所见东周人物人名用字及其族系诸问题研究，杨蒙生，北京语言大学

周代礼容程式文献整理与阐释研究，王竹波，华南农业大学

古文献所见周王朝会盟礼制研究，吴柱，山东大学

先秦哲学中的“同”观念研究，何繁，四川大学

《老子》出土文献整理研究与数据库建设，王晶，海南大学

出土简帛与黄老刑德思想研究，徐莹，河南大学

老庄道论与中国诗学隐喻研究，姜金元，中南财经政法大学

墨学的创造性转化与创新性发展研究，解启扬，中国政法大学

《孙子》文献整理与研究，李桂生，广西民族师范学院

中国儒学创新发展的内在机理、经验与启示研究，盛险峰，安徽大学

中国诗教思想源流研究，赵新，北京师范大学

先秦易学阐释研究，窦可阳，吉林大学

儒家礼学的情理向度研究，王苏，曲阜师范大学

儒家“自然法”思想研究，乔飞，河南大学

五经文本生成及经典价值研究，梁振杰，河南大学

《仪礼》今古文综合研究，张文，华东师范大学

《乐记》学史与诠释研究，成守勇，淮阴师范学院

《孟子》文献生成与中国早期文本经典化研究，李华，山东师范大学

圣经犹太律法与先秦儒家礼法比较研究，谢桂山，山东社会科学院

社会文化史视野下的先秦婚姻家庭研究，张淑一，华南师范大学

出土先秦《日书》所见礼俗史料的整理与研究，刘伟，通化师范学院

战国秦汉出土文献所见姓氏汇释与研究，刘杰，湖南大学

先秦两汉时期楚地方言词整理及其时空层次研究，谢荣娥，中南民族大学

出土简牍文献与秦汉县邑定位研究，马孟龙，复旦大学

秦汉封泥封检制度研究，徐卫民，西北大学

秦汉契约、惯例、法度之博弈研究，武航宇，沈阳师范大学

礼律视域下秦汉至隋唐时期妇女家庭身份地位变迁研究，孙玉荣，山东理工大学
公羊学视阈中的汉代察举奏议研究，韩维志，华中师范大学
汉代游艺与社会文明研究，宁江英，武警工程大学
大月氏、贵霜与汉代丝绸之路文化交流研究，米小强，敦煌研究院
《白虎通》汇校考证，邵红艳，曲阜师范大学
五一广场东汉简牍官文书复原研究，杨小亮，中国文化遗产研究院
长沙东汉简牍集释与疑难字词考证，刘玥，中国传媒大学
基于简牍的《汉律摭遗》修订与增补研究，丁义娟，河北科技师范学院
汉赋名物考释及研究，蒋晓光，华侨大学
汉魏六朝释氏文学编年史，高文强，武汉大学
汉唐佛教经典崇拜现象研究，李心苑，西北大学
魏晋在朝鲜半岛的郡县统治及兴衰研究，金洪培，延边大学
魏晋玄学中的自然与治道研究，孟庆楠，北京大学
魏晋南北朝文论与乐论的会通研究，胡红梅，湖南科技大学
魏晋重大事件与文学思潮走向研究，袁济喜，中国人民大学
魏晋南北朝新增字研究，李明龙，四川轻化工大学
范文澜《文心雕龙注》文本修订与学术研究，李平，安徽师范大学
晋唐时期法典体系构建的历史逻辑研究，邓长春，洛阳师范学院
南北朝时期南北语法差异研究，常志伟，周口师范学院
中古中国单层方形覆钵塔研究，王敏庆，中国社会科学院文学研究所
中古时期藏书官制嬗变研究，郭伟玲，浙江传媒学院
砖刻文献与中古地方社会研究，张剑光，上海师范大学
北魏正统议题与古代正统思想演变研究，刘璞宁，暨南大学
北魏语言规划研究，郭常艳，赣南师范大学
北朝墓志词汇研究及数据库建设，周阿根，南京林业大学
敦煌吐鲁番所出唐五代农业史料整理与研究，郝二旭，许昌学院
隋唐采木用材模式与林权争竞研究，贾志刚，西北大学
隋唐时期“丝绸之路”纹饰文化交流及华化研究，冯敏，宁夏师范学院
唐代地方官员的司法实践和社会治理研究，杨晓宜，上海师范大学
国家治理视域下唐宋赋役改革研究，田晓忠，云南大学
河东潞州碑刻墓志整理与唐宋地方社会群体变迁研究，张葳，天津师范大学
唐代经学的审美诠释研究，乔东义，安徽师范大学

唐代嘉礼研究，王博，中国社会科学院古代史研究所
千唐志斋所藏唐代墓志整理与研究，雷永强，河北工业大学
《礼记正义》生成演变研究，郜同麟，中国社会科学院文学研究所
李鼎祚《周易集解》整理与研究，唐琳，华中科技大学
唐代浙东政坛与浙东唐诗之路关系研究，余晓栋，浙江越秀外国语学院
盛唐诗歌的神话要素研究，邱晓，西北大学
历代唐卡所见各民族关系研究，王微，大连民族大学
唐宋时期中国传统史籍写刻演变研究，张宗品，陕西师范大学
唐宋佛教中国化背景下的尼众生活研究，石小英，云南师范大学
唐宋青原禅系与儒道佛融合史研究，刁罡华，江西科技师范大学
社会—语用视角下的唐宋禅录语法研究，田春来，广西大学
唐宋时期道家的自然观念及其与儒家、佛教思想的互动研究，肖平，湖南师范大学
唐宋词中的器物书写研究，杨吉华，复旦大学
唐宋词雅俗互动研究，何春环，中央民族大学
唐宋音义文献改订与中古语音演变研究，沈红宇，湖南文理学院
名物诗学建构视野下的唐宋诗名物研究，田苗，西北大学
唐宋宴乐制度与唐宋词书写形态研究，刘学，中南大学
朝鲜 15 世纪官撰唐宋诗文选集与中国文学关系研究，崔雄权，延边大学
唐元时代景教的东渐及其华化研究，殷小平，华南农业大学
域外文献《新撰字镜》疑难字词整理与研究，张翔，青海师范大学
宋代国家禳灾活动与社会治理研究，韦彦，廊坊师范学院
宋型律治的演进路径研究，贾文龙，河北大学
宋代货币比价研究，李金闯，河北大学
宋代家庭秩序与社会变迁研究，邵育欣，河北大学
宋代海洋开发与滨海社会形成研究，张宏利，渤海大学
宋以后中国传统农学的发展及现代转型研究，邱志诚，温州大学
宋代的官私教育与文体形态研究，郭庆财，山西师范大学
宋代诏令与文学制度研究，彭民权，江西省社会科学院
元祐文士题画诗研究，康倩，北京大学
两宋词人汇考，潘明福，湖州师范学院
南宋都城文学演进与临安形象生成研究，周剑之，北京师范大学
两宋书院与文学研究，叶文举，安徽师范大学

范成大与乾淳文官群体研究，刘蔚，江苏省社会科学院

考古材料所见宋代西北地区多民族文化交融研究，孙昌盛，北方民族大学

宋代《诗经》名物释义研究，易卫华，河北师范大学

宋代理学家祠祀信仰研究，张清江，中山大学

朱熹理学“物”的世界研究，胡荣明，上饶师范学院

朱熹著述历代序跋集成与研究，尹波，四川大学

基于儿童哲学的朱子蒙学研究，陈永宝，厦门大学

《易传》与宋明理学话语体系建构研究，翟奎凤，山东大学

《孟子》与宋代经学研究，周淑萍，陕西师范大学

《四书章句集注》“定本”之争与理学经典文本的书写史研究，王宇，浙江省社会科学院

宋明心学派之经学思想研究，刘玉敏，浙江师范大学

宋明理学“异端”观研究，胡长海，中南大学

宋明理学视域下中医学术中心南迁现象的研究，郑齐，中国中医科学院中医基础理论研究所

宋代乐府诗学研究，王福利，苏州大学

文图关系视域下的宋元诗画研究，周奕希，湖南第一师范学院

“交游文录”与宋季元初的文学生态研究，杨亿力，福建工程学院

10—14 世纪东亚汉文学与儒学交汇理路研究，李建军，台州学院

宋元以来民间说唱文献字形合流及其音义匹配研究，龚元华，广西大学

宋元以来民间文书新出字研究，储小旵，浙江农林大学

宋元禅宗灯录、赞颂和塔铭之人物书写研究，祁伟，陕西师范大学

宋辽金元墓志道教文献整理与研究，刘儒，广西大学

辽朝礼制研究，李月新，赤峰学院

辽金封赠制度研究，孙红梅，渤海大学

中华民族共同体视域下两宋与西夏、辽、金文学互动交融关系研究，郭艳华，北方民族大学

武威亥母寺新出土西夏文文献整理与研究，蒋超年，甘肃省文物考古研究所

金代西北军事防御、治理与边疆民族社会稳定研究，宁波，黑龙江科技大学

民族交融视阈下的金代六部职官群体研究，孙久龙，吉林大学

金元之际北方地区政治秩序变迁研究，王翠柏，安徽师范大学

金元以降河洛地区历史变迁与社会治理研究，户华为，光明日报社

金元古琴文献整理与研究，张艳辉，闽南师范大学
海洋文明共同体视野下靺鞨－女真东北亚海域活动研究，胡梧挺，黑龙江省社会科学院
高句丽与渤海宗教比较研究，张黎黎，哈尔滨师范大学
文书行政视阈下元朝的江南统治研究，于磊，南京大学
社会史视野下的元代马政研究，朱建路，河北师范大学
元代文人画论文献整理与研究，高林广，内蒙古师范大学
程端学“《春秋》三书”整理与研究，张立恩，西北师范大学
元朝大一统思想的宗教治理与民族关系研究，赵梅兰，呼和浩特民族学院
元代西域内迁少数民族族谱中的多民族交往交流交融研究，杨绍固，延安大学
元明清西南地区少数民族编户化进程研究，刘灵坪，云南大学
元明清时期西南地区的土、流职官体系研究，岳小国，三峡大学
察合台文《突厥蛮世系》的汉译与研究，陈浩，上海交通大学
《蒙古秘史》汉译本熟语翻译研究，赛音乌其拉图，内蒙古师范大学
13—14 世纪蒙汉合璧文献整理与研究，银花，内蒙古大学
13—14 世纪入元高丽士人群体文学活动研究，罗海燕，天津社会科学院
日藏元代赴日禅僧诗文整理与研究，王川，安徽农业大学
海外藏元代《全相平话五种》“文－图”关系及其文学史意义研究，李彦锋，西南大学
中华民族共同体意识视角下的明朝“大一统”思想与实践研究，邓云，山东工商学院
各民族交往交流交融视野下明代土流共治研究，颜丙震，贵州大学
明人边政蒙古类著述有关明蒙相互依存关系史料整理与研究，韩慧玲，内蒙古大学
明代官方朝鲜史编纂研究，吴德义，天津师范大学
明代知识转型与知识人社会研究，陈宝良，西南大学
明代东南沿海卫所管辖权与地方治理机制嬗变研究，郑榕，闽南师范大学
商业化变迁中的明代国家运行机制研究，常文相，中国社会科学院历史理论研究所
社会变迁下明代女性相关法律研究，王雪萍，福建师范大学
明代北直隶地方基层社会治理研究，李建武，廊坊师范学院
明代以来珠江流域亚洲象、华南虎消退的环境史研究，刘祥学，广西师范大学
明人著述总目研究，江曦，山东大学
明代《春秋》诠释史研究，刘俊，西安交通大学
明末清初儒家自然哲学转向研究，刘溪，山东师范大学
阳明心学美学与道家美学思想的比较研究，刘继平，贵阳学院
东林学派与阳明后学工夫论比较研究，李卓，天津社会科学院

明代书牍别集文献整理与研究，陈晨，南昌大学

明代“琴棋书画”的文学书写研究，袁宪泼，天津师范大学

明中叶吴中文人诗文书画的文献整理考辨与互动研究，邓晓东，南京师范大学

“真”的观念与明代文学演进研究，都轶伦，中国社会科学院文学研究所

多语种《诗镜》文本对勘与诗学研究，元成，内蒙古师范大学

比较文学视野下藏译《诗镜》与《文心雕龙》共通性价值研究，旦增格桑，拉萨师范高等专科学校

《钱注杜诗》疏证与研究，曾祥波，中国人民大学

憨山德清《梦游集》整理与研究，王彦明，江西师范大学

明代戏曲选本叙录与编刻形态研究，陈志勇，中山大学

理学与明清词学建构研究，薛青涛，河南师范大学

罗常培珍藏稿本韵书《声韵同然集》整理与研究，任文博，天津师范大学

匈牙利科学院所藏明代蒙古文珍稀文献整理与研究，朝鲁，内蒙古大学

西北地区新见明至民国时期汉文契约文书收集、整理与研究，马建民，北方民族大学

明末清初江右文人群体研究，龙野，南昌大学

明清闲赏美学思想研究，朱璟，杭州师范大学

明清浙江海防遗存调查与研究，祝太文，中国人民武装警察部队海警学院

信仰、市场与社会空间视野下的明清药王庙研究，冯玉荣，华中师范大学

明清御窑瓷器叙事研究，凌宇，景德镇陶瓷大学

明清以来经外奇穴文献整理与图文史料库建设研究，李宝金，北京中医药大学

明清稿抄本医疗文献的整理研究，张苇航，上海中医药大学

明清女性别集序跋辑录与女性诗学的承传新变研究，宋清秀，浙江师范大学

明清戏曲中的礼俗融变书写研究，丁淑梅，四川大学

明清经典小说与当代网络小说关系研究，胡晴，中国艺术研究院

明清时期中国小说西传与中国形象建构研究，陈婷婷，安徽大学

明清以来潮调戏文传承与演变研究，吴榕青，韩山师范学院

明清以来湖南契约文书搜集、整理与考释研究，唐智燕，湘潭大学

明清濒危西文漳州方言文献历史音韵比较研究，马睿哲，闽南师范大学

明清西南少数民族家族文学演进与文化融通研究，孙纪文，西南民族大学

明清西南边疆地区圣谕宣讲文书整理与研究，熊开万，昆明学院

明清时期土家族土司金石铭文搜集、整理与研究，瞿州莲，吉首大学

明清土流并治与滇黔地方社会治理研究，张洪滨，贵州大学

明清西南土司家训及其中华文化认同研究，李锦伟，铜仁学院

清代宫廷戏曲“导演”文献整理与研究，柯尊斌，西北大学

清初文人“游走”与文学世界建构研究，于金苗，黑龙江大学

清初诗文学案研究，杜广学，黑龙江大学

清代女性词学位相研究，乔玉钰，东南大学

清代乾隆时期宫廷玉器变革与创新历史研究，郭福祥，故宫博物院

清代宫廷司法研究，陈煜，中国政法大学

清代举人大挑与国家治理研究，王月，安徽师范大学

清代法律文本中的句式研究，张文，中国政法大学

清代州县衙门通详与命案审理研究，严丹，四川师范大学

清代茶业与长江中下游地区社会变迁研究，陈文华，湖北省社会科学院

清代两湖州县财政与社会治理研究，洪均，武汉大学

清代史志目录研究，韩李良，山西大学

清前期（1616—1644）新闻传播史研究，刘洋，辽宁大学

清代流言史料整理与研究，刘斌，沈阳体育学院

清代儒医的交游网络研究：以徐大椿为例，陈昱良，北京中医药大学

清代中医疫病学发展知识图谱构建研究，赵岩松，北京中医药大学

清代中国内陆水上救助事业研究，杨斌，湖南省社会科学院

清代海疆政策与环渤海地区沿海贸易发展变迁研究，李尹，中国海洋大学

清代边疆各民族国家法意识的发展与比较研究，文晖，中央民族大学

“康乾盛世”北部边疆治理体系建构及其当代意义研究，包特木尔巴根，内蒙古民族大学

国家治理视域下的清代新疆立法与司法实践研究，王东平，北京师范大学

清代新疆军事地理与边疆安全研究（1759—1884），刘志，中国社会科学院中国边疆研究所

库伦办事大臣研究，乌兰巴根，中国社会科学院中国边疆研究所

清朝治理西南边疆地区的教化策略研究，杨永福，遵义师范学院

清代以来海南黎汉地契的收集、整理与研究，高海燕，海南大学

清代邸报在西藏的传播与边疆治理研究，袁爱中，西藏民族大学

清代蒙古文政教史著作《金鬘》及其满蒙汉藏一统思想研究，风晓，呼和浩特民族学院

清代川藏交通与民族交往交流交融研究，张钦，西藏民族大学

清代乐律文献所见度量衡资料整理与研究，刘增强，内蒙古师范大学

先秦诸子典籍的清人批校本研究，冯坤，中国国家图书馆

清代江南棉布业秘籍《布经》抄本六种的整理与研究，王振忠，复旦大学

清儒辑注道教善书的文献、思想与社会价值综合研究，李冀，四川大学

清代古诗选本与汉魏六朝诗史建构研究，宋雪玲，浙江省社会科学院

清代直隶诗歌总集研究，周小艳，河北大学

清代两湖地方诗总集研究，李璇，湖南人文科技学院

四川清诗总集研究，王虎，四川农业大学

《古文渊鉴》与清初文学重建研究，章建文，池州学院

清代小说中的文论话语整理及价值研究，万润保，扬州大学

清代内阁档案所见演剧案件史料的整理与研究，王小岩，东北师范大学

清代少数民族汉语文创作戏曲的文献整理与研究，胡瑜，玉林师范学院

清代以来湘黔桂边区民族民间戏剧文化交融历程研究，向娟，怀化学院

清代格物致知学术体系的分化与近代物理学科的形成与嬗变研究，雷中行，内蒙古师范大学

《四库全书总目》乐府典籍提要的“乐府学”研究，王淑梅，江苏师范大学

《天方典礼》版本考证、校勘整理与研究，马少卿，西北民族大学

16—18 世纪东亚复古文学思潮的连动研究，薛欣欣，常州大学

16—19 世纪东亚药材贸易研究，王梓，暨南大学

17 世纪以来中国亚洲象生境区域人地关系演变研究，马颖娜，云南省社会科学院

17 世纪荷兰殖民统治台湾再研究（1624—1662），黄俊凌，厦门大学

俄罗斯旗人及其后裔研究，张建，中国社会科学院近代史研究所

中国古代历史理论基本命题研究，廉敏，中国社会科学院历史理论研究所

历史编纂学视野下的正史纪时与历史书写研究，牛继清，淮北师范大学

中华祭祀礼乐在东亚文化圈的传播与影响研究，古屿鑫，江西师范大学

中华瘟神信仰谱系与当代信仰实践研究，毕旭玲，上海社会科学院

中国古代政书中的制度文明传承发展研究，毛春伟，云南大学

文明多样性与交流互鉴问题的汉语哲学透视研究，吴根友，武汉大学

中国传统本草卫生防疫民俗的文献整理与时代价值研究，夏循礼，江西中医药大学

民间传统营造用尺收集、整理及其文化价值研究，刘成，同济大学

古代北方海洋史文献与文物资料整理研究及数据库建设，马光，山东大学

中国东南沿海疍民海洋文化遗产调查、整理与研究，周俊，燕山大学

全球史视野下的徽州茶商研究（1500—1949），康健，安徽师范大学

早期中国西南区系文化互动与大一统帝国形成研究，薛梦潇，武汉大学

边茶贸易与中华各民族的交往交流交融研究，刘志杨，中山大学

本草类中医古籍用字研究，马乾，西北大学

新发现的蒙古文医籍《钦定格体全录》整理研究，周太平，内蒙古大学

《尔雅》北宋前音注汇辑汇校汇考，瞿林江，陕西师范大学

基于数据库的《尔雅正义》与《尔雅义疏》比较研究，王其和，山东师范大学

大文学视域下的《大正藏》史传部研究，阳清，云南师范大学

基于现象学与阐释学的中国古典意象理论研究，冀志强，贵州财经大学

古代文论“玉石”象喻研究，唐启翠，上海交通大学

简帛书写与上古文学经典关系研究，张树国，杭州师范大学

目录学与中国古代小说观念研究，王伟，华中师范大学

诗歌文化与中国古代小说文体发展研究，邱昌员，赣南师范大学

“二史九书”小说文献整理与研究，尹策，河北大学

古代朝鲜半岛中国戏剧接受史研究，赵春宁，厦门大学

粟特祆教神祇图像的源流与东传研究，孙武军，西安建筑科技大学

北京内城宗教金石的整理研究与数据库建设，鞠熙，北京师范大学

山西民间信仰壁画调查与研究，侯慧明，山西师范大学

晋皖闽家族契约文书中的法律秩序研究，冯学伟，南开大学

历代闽本别集的编纂、刊刻与传播研究，金雷磊，三明学院

云冈学视域下石窟乐器流变及其科学社会史研究，贾争慧，山西大学

“潇湘八景”的美学意蕴研究，黄柏青，长沙学院

古代河湟民族走廊各民族共生关系研究，何威，河南大学

历史上河湟民族走廊民间信仰交融与中华民族共有精神家园建设研究，徐长菊，青海民族大学

湘黔边民间坛班科仪文书中的苗汉宗教文化交融研究，侯有德，吉首大学

道教与滇黔桂越边区民族宗教交融研究，杜树海，厦门大学

滇黔古代少数民族汉语诗文书写的中华认同研究，茶志高，云南民族大学

南岭走廊传统村落祠堂文物文献史料征编与研究，毛攀云，湖州学院

三星堆器物与早期美学研究，苏宁，四川省社会科学院

云南梵文塔砖铭文整理研究，黄原竟，大理大学

海南民族地区珍稀文献抢救集成与语言专题研究，冯青，海南师范大学

龙图像在贵州多民族地区的在地化研究，郎雅娟，贵州民族大学

民间契约文书中的畲汉民族关系研究，余厚洪，丽水学院

畲汉民族服饰艺术交流交融史证研究，闫晶，浙江农林大学

古壮字医药文献搜集、整理与研究，周祖亮，广西中医药大学

苗族服饰纹样谱系梳理与研究，邓启耀，广州美术学院

古苗疆走廊苗绣文化基因图谱研究及资源库建设，林坤，贵州师范大学

儒家经典《四书》汉满蒙文本互勘与民族文化交融研究，斯钦巴特尔，内蒙古大学

儒释道融合视域下晁迥哲学思想与文献整理研究，许宁，陕西师范大学

道教“二十四治”历史地理及其文物调查研究，蔡林波，华东师范大学

黄天道图形图像资料整理研究，梁景之，中国社会科学院民族学与人类学研究所

基于文化符号学的道教服饰研究，杨蓉，上海交通大学

中国“瑶传道教”神像画抢救性搜集、整理与研究，李生柱，贵州师范学院

湘中梅山地区民间道教文献整理研究，田艳，怀化学院

道教经籍在越南的传播及其影响研究，孙瑞雪，四川大学

陕西现藏佛教碑刻整理与研究，吴敏霞，陕西省社会科学院

宗教中国化视域下汉传佛乐“十方腔”腔系流变研究，陈芳，台州学院

佛教传播与敦煌文学文体研究，张慕华，中山大学

敦煌讲经文与东亚讲经文献研究，计晓云，浙江大学

敦煌汉藏翻译文献整理研究，卓玛才让，西北民族大学

敦煌佛教藏经写本卷帙系统研究，翁彪，陕西师范大学

敦煌藏经洞出土布帛画研究，党燕妮，敦煌研究院

敦煌吐鲁番出土古逸《金刚经》注疏的历史学研究，董大学，上海师范大学

说一切有部与中国佛教的形成与展开研究，王丽娜，国家图书馆

佛教中国化视野下的汉传佛教尊祖传统建构研究，曹振明，西北大学

吐鲁番出土文书虚词的共时与历时研究，曹利华，攀枝花学院

基于藏文历史文献中汉藏民族交往交流交融的中华民族共同体意识研究，索南东主，青海大学

西藏地方同内地交往交流交融的历史书写与铸牢中华民族共同体意识研究，陈沛杉，四川师范大学

文化交融视域下西藏吉祥图案整理与阐释研究，吕岩，西藏民族大学

交往交流交融视域下苯教藏文文献中的孔子形象研究，供邱泽仁，中央民族大学

藏族民间苯教与普米族韩规教比较研究，羊本才让，青海师范大学

吐蕃译师管·法成译著整理研究，杨本加，西北民族大学

西藏历史上的铜资源利用与铜器手工业研究，袁凯铮，中央民族大学

文昌帝君信仰藏文文献收集整理与研究，旦正加，青海师范大学

布达拉宫营造史与各民族建筑工艺交往交流交融研究，龙珠多杰，云南民族大学

敦煌古藏文历算文献整理研究，娘毛加，西北民族大学

果亲王允礼藏蒙古文古籍文献整理与研究，根泉，内蒙古师范大学

藏汉双语藏文古籍知识图谱构建研究，安波，中国社会科学院民族学与人类学研究所

基于语料库的《藏医药常用词典》（藏汉对照）编纂研究，贡却坚赞，青海大学

《番汉合时掌中珠》与藏羌彝走廊13种“西番”语对音整理暨数据库建设研究，熊永翔，云南师范大学

《〈中华大藏经〉之藏译〈解深密经注疏〉文献整理与研究》，才项多杰，青海师范大学

喜饶嘉措大师名著《龙树中论奥义略论·无畏狮子吼》翻译与研究，尕藏扎西，中共青海省委党校

青海省藏文古籍文献收集、整理与数字化研究，李继晓，青海师范大学

海外藏古藏文碑铭文献的收集整理与研究，索南东主，青海师范大学

中国北方地区家牛使役的起源研究，林明昊，上海交通大学

吉林省农安县五台山遗址发掘报告，王义学，吉林省文物考古研究所

动物考古学视角下辽西地区夏家店下层文化时期的生业研究，戴玲玲，辽宁师范大学

山东阳谷景阳岗龙山文化城址发掘资料整理与研究，李繁玲，山东省文物考古研究院

临淄粉庄墓地考古报告整理与综合研究，王子孟，山东省文物考古研究院

神通寺遗址考古资料整理与研究，唐仲明，山东大学

滕州岗上遗址考古发掘资料整理与研究，朱超，山东省文物考古研究院

泥河湾盆地油房遗址考古资料整理与研究，梅惠杰，河北师范大学

晋南豫西地区史前社会控制和早期文明形成研究，崔天兴，郑州大学

修武李固遗址考古发掘资料整理与研究，张立东，河南大学

南阳夏饷铺墓地考古发掘资料整理和研究，崔本信，南阳市文物考古研究所

淮河中下游地区9.0－5.0 ka BP农业发展时空演变的环境适应研究，罗武宏，中国科学技术大学

双墩文化出土刻画符号的考古学研究，张东，中国社会科学院考古研究所

安徽淮南寿州窑址发掘资料整理与研究，陈超，安徽省文物考古研究所

中华文明多元一体格局下的吴文化研究，许鹏飞，内蒙古大学

景德镇道塘里、铜锣山、凤凰山青白瓷窑址整理研究，张文江，江西省文物考古研究院

湖南永顺老司城遗址考古发掘资料整理与研究，张涛，湖南省文物考古研究所

四川邛崃龙兴寺遗址 1947—1948 年出土遗物整理研究，董华锋，四川大学

大足妙高山、舒成岩、峰山寺、普圣庙、陈家岩石窟考古报告，黄能迁，大足石刻研究院

云南建水窑考古发掘报告整理与研究，高宪平，北京大学

西藏象泉河流域早期金属时代珠饰生产、流通与文化互动研究，温睿，西北大学

新疆博尔塔拉河流域安德罗诺沃文化相关遗址考古年代学与生业经济研究，陈相龙，中国社会科学院考古研究所

新疆若羌黑山岭绿松石矿业遗址考古资料整理与研究，先怡衡，西北大学

敦煌石窟华严图像研究，王慧慧，敦煌研究院

基于铸铜遗存的江淮地区商代青铜手工业考古研究，刘思然，北京科技大学

商周时期人类铅摄入量和铅来源研究，张兴香，中国科学技术大学

山西襄汾陶寺北两周墓地出土人骨研究，张全超，吉林大学

河南信阳城阳城址 2015—2016 年战国楚墓发掘资料整理与研究，武志江，河南省文物考古研究院

秦文化墓葬的多元文化因素与社会变迁研究，张寅，陕西师范大学

以汉代图像材料为视角的建筑考古学研究，李亚利，吉林大学

徐州土山汉墓出土封泥的整理与研究，吕健，江苏师范大学

科技考古视角下的丝绸之路货币研究——以汉长安城铸币遗址和龟兹遗址为例，马丁，中国科学院大学

古 DNA 视角下汉代至隋唐长城地带东段多民族交融研究，李佳伟，山西大学

“海上丝绸之路”视角下北部湾地区唐代瓷器科技考古研究，汪常明，广西民族大学

河北崇礼太子城金代行宫遗址考古资料整理与研究，黄信，河北省文物考古研究院

考古学视角下的元代服饰研究，王春燕，内蒙古师范大学

天津张湾明代沉船遗址考古资料整理与研究，盛立双，天津市文化遗产保护中心（天津市文物管理中心、元明清天妃宫遗址博物馆）

布达拉宫馆藏大明永宣款造像整理与研究，班旦次仁，西藏自治区布达拉宫管理处

尼泊尔杜巴广场王宫建筑考古与古代中尼文化交流研究，王晶，中国文化遗产研究院

新疆吐鲁番三至十三世纪期间的植物利用与文化交流研究，蒋洪恩，中国科学院大学

安阳辛店铸铜遗址考古发掘报告（2018—2019），赵俊杰，安阳师范学院

荥阳娘娘寨 2005—2010 年田野考古发掘报告，张家强，浙大城市学院

炳灵寺石窟第 169 窟考古报告，曹学文，敦煌研究院

青龙镇遗址 2015 年考古发掘报告，王建文，上海博物馆

扬州蜀岗古代城址考古发掘报告（2014—2018），王睿，中国社会科学院考古研究所

青年项目

甲骨文所见地名体系的构建与研究，唐英杰，西南大学

商周之际西土政治地理结构变迁与民族关系研究，田国励，四川大学

清华简与商周伦理思想研究，付瑞珣，青海师范大学

德性认识论视角下的传统儒家致知思想研究，耿芳朝，山东理工大学

儒家政治哲学视域下的封建郡县之辨研究，陈佩辉，浙江大学

实践智慧视域中的儒家经权观研究，姜妮伶，中国社会科学院哲学研究所

儒家交往行为美学思想研究，曾仲权，江苏师范大学

经学视域下的“推类”理论研究，郎需瑞，南开大学

战国中后期名辩思潮研究，田宝祥，兰州大学

战国时期黄老道家的两种倾向研究，裴健智，西北大学

荀子礼治思想与秦汉社会治理传统研究，徐磊，贵州民族大学

先秦两汉石磬铭文搜集、整理与研究，王磊，清华大学

出土先秦秦汉文献所见货币史料整理与研究，梁鹤，中山大学

出土律令与秦代地方治安治理研究，王博凯，清华大学

古文书学视域下的里耶秦简整理与研究，刘自稳，中国政法大学

简牍所见秦区域治理之圈层理念研究，张韶光，河南师范大学

秦汉诏令文书整理与政治文化建构研究，丁佳伟，江苏师范大学

秦汉简牍诉讼史料汇释与研究，王安宇，中国政法大学

新出西北汉简地理史料的整理与研究，赵尔阳，清华大学

《太玄》文献整理与研究，沈相辉，北京大学

《论衡》与东汉士人的知识世界研究，马小菲，青岛大学

东汉河洛雅音的重建与历时比较研究，边田钢，浙江大学

汉唐历法改革视域下的经义诠释研究，马涛，湖南大学

汉唐外来植物本土化与各民族交往交流交融研究，李鑫鑫，贵州医科大学

接触视角下中古韵系层次与变异研究，许树妙，中山大学

中古时期“丝绸之路”沿线所出粟特语世俗文献的整理与研究，李万春，西安交通大学

中古高昌佛教与社会研究，张重洲，清华大学

中古总集观念演进与编纂互动研究，翟新明，湖南大学
魏晋南北朝文学文本的生成研究与相关文献整理，吴沂澐，北京师范大学
多民族交往交流交融视阈下的柔然碑刻整理与研究，袁刚，内蒙古师范大学
地名移动视域下的北朝民族融合研究，谢振华，山东大学
敦煌石窟与西夏佛教关系研究，杨冰华，内蒙古师范大学
敦煌习字杂写类文书与敦煌社会日常研究，裴长春，浙江师范大学
敦煌相书与古印度相书比较研究，杨刚，兰州大学
唐代的疏奏体系、运行与政治决策研究，李殷，上海师范大学
唐五代朝会礼制研究，黄晓巍，湖南大学
唐代“河湟防御圈”的形成与演变研究，张弘毅，宁波工程学院
唐代石刻文献所见唐蕃交往交融史研究，陈明迪，山东工商学院
唐代鸳鸯墓志整理与研究，杨琼，浙江大学
唐代王府制度与文学关系研究，郭发喜，洛阳师范学院
唐宋词纪事汇编考证，宋学达，华中农业大学
唐宋转型视域下的理学精神建构与诗境审美嬗变研究，马涛，东南大学
五代北宋河北守御问题研究，何天白，浙江大学
契丹文墓志整理与辽代家族网络研究，吴翔宇，吉林大学
宋朝官员称病的政治文化史研究，何强，兰州大学
宋代货币与国家财政体系建设研究，王申，中国社会科学院古代史研究所
宋代南岭地区基层社会变迁研究，程涛，海南师范大学
宋元时期敦煌民族多元文化及其交融研究，海霞，敦煌研究院
宋明之际物候历法认知体系的演进研究，王吉辰，内蒙古师范大学
宋明理学视域下的陶渊明接受研究，汪洋，贵州师范大学
朱子学中的法理研究，王小康，中南财经政法大学
宋代类书与诗学研究，胡健，安徽师范大学
宋诗自注研究，崔媞，复旦大学
幕府视域下的南宋文人与文学研究，商宇琦，浙江工商大学
南宋至清初稀见“学案”类文献的理学谱系研究，金晓刚，浙江师范大学
《广韵》疑难释义丛考，任立，西北师范大学
民族交往交流交融视域下的宋代西北蕃部研究，周永杰，宁夏大学
西夏文法律文献词汇所见多民族语言文化交融研究，孔祥辉，陕西师范大学
西夏告牒文书研究，田晓霈，暨南大学

元代州县财政与基层社会治理研究，孙朋朋，河南大学

纸背户籍所见元代差民体制研究，郑旭东，西北大学

元代江南两税制度的运行机制研究，曹猛，东北师范大学

元代《尚书》学研究，陈石军，北京体育大学

元代汉蒙民族饮食养生文化交互影响史证研究，高雅，中国中医科学院中国医史文献研究所

交往交流交融视域下的元代色目人石刻文献整理研究，刘志月，宁夏医科大学

《棘寺平反》的整理与元明法律变迁研究，陈佳臻，中国政法大学

明成祖“多封众建”与汉藏交往交流交融研究，杨天雪，四川省社会科学院

新见小黄册文书与明初乡村基层社会治理研究，耿洪利，武汉大学

社会转型视野下明代信用发展研究，邱永志，江西财经大学

上供物料征纳与明代财政体制变迁研究，胡宸，复旦大学

明代西南土司纷争与边疆治理研究，周妮，云南大学

明代《尚书》经义文整理与研究，王篤堃，合肥师范学院

《元史》纂修与版本研究，张良，北京大学

阳明学派四书学研究，冯宁宁，浙江科技学院

陆王思想同异研究，叶云，中南财经政法大学

知识社会史视野下明代私修本朝史研究，张赟冰，北京师范大学

明别集编纂与明代文学批评关系研究，杜欢，安徽大学

明代文论新变与画论领域关系研究，魏刚，西南交通大学

明代古文选本及其文章学建构研究，郑天熙，海南师范大学

明代文人戏曲历史书写的互文性研究，赵鹏程，辽宁大学

基于明成化说唱词话的明代吴语研究，徐多懿，长沙理工大学

晚明出版与诗学知识化研究，徐隆垚，复旦大学

明清黄海海域人群互动与秩序变迁研究，刘晶，上海社会科学院

明清域外疾病的传入、流行与社会应对研究，庞境怡，南京中医药大学

明清时期西南山地政治地理研究，赖锐，上海交通大学

明清艺术图像的博物文化研究，王钊，四川大学

明清至民国时期贵州政区地理研究与历史地图编绘，罗权，贵州师范大学

海外馆藏明清时期汉欧、欧汉手稿词典的发掘与整理研究，李睿，广东财经大学

国家治理视角下清代直隶慈善事业研究，刘素敏，河北师范大学

清代户部与国家财政治理研究，何永智，中央民族大学

故宫博物院藏康雍时期内府稿抄本整理与研究，杨国彭，故宫博物院

清代杂税制度与财政关系研究，段旭颖，北京工商大学

清代两淮盐业水利中的官僚博弈与国家社会治理研究，谢祺，华中师范大学

清代海域勘界与海疆形成研究，宋可达，中国社会科学院中国边疆研究所

清朝对东归土尔扈特等部管理的一体化进程研究，赵毅，新疆大学

清代新疆少数民族语言文献中的多民族交往交流交融研究，吴迪，新疆大学

清代西藏边境汉藏地名文献整理与应用研究，华尔么机，兰州大学

“番界”与清代台湾政区地理研究，郭满，福建师范大学

朝鲜与明清王朝情报交涉研究，丁晨楠，山东大学

“燕行文献”所见十八世纪清代东北边疆治理史料辑考，关儒茜，哈尔滨师范大学

清代礼学与理学的互通性研究，杨超，郑州大学

稀见惠栋《十三经注疏》批校本整理及其汉学思想新探研究，樊宁，华中师范大学

清代鼎甲策整理与研究，潘志刚，黄冈师范学院

清代流人文学编年与数字地图平台建设，朱春洁，广西大学

清前中期西南边疆战争的文学书写研究，袁鳞，苏州科技大学

清代文言小说的出版与传播研究，杜治伟，安徽大学

朝鲜王室谚文注音全译孤抄本《红楼梦》校勘与研究，杨攀，中山大学

近世东亚经学复古语境中的实学思想研究，廖海华，复旦大学

中国传统经济思想与中国特色社会主义政治经济学关系研究，李卫，上海社会科学院

历史气候变化对中国长期经济增长的影响研究，孙程九，南开大学

以古代国家间对等邦交为原型的中国传统外交研究，朱小略，复旦大学

中华一统格局下的京剧风神生成研究，袁睿，浙江工业大学

古代回回史料文献中回汉相互交融与依存关系研究，张少丹，西安外国语大学

中外军事医学伦理比较研究，李阳，海军军医大学

传统中国律典在近代欧洲的传播研究，马莎莎，中国政法大学

中国内地伊斯兰教礼仪制度变迁研究，马超，陕西师范大学

“伊儒会通”古籍形态演进与中华文化符号和中华民族形象研究，勉嘉铖，宁夏医科大学

中亚佛教与伊斯兰教交流史（7—18 世纪），谢志斌，西北大学

元前比丘尼碑志塔铭辑录与研究，陈瑞峰，浙江大学

犍陀罗文化与西域佛教传播研究，邹飞，海南师范大学

佛教中国化视域下的印光法师研究，王帅，中国社会科学院世界宗教研究所

出土文献与中国早期“相似文本”的生成研究，余建平，上海师范大学
中国化佛教节日文化研究，何莹，中国社会科学院社会学研究所
基于9－16世纪西南梵文碑铭文献的佛教史研究，张梦妍，苏州科技大学
17世纪托忒文佛教经典典籍《法华经》研究，美丽，中央民族大学
普林斯顿大学藏中文古籍研究，凌一鸣，天津师范大学
中国亡佚古医籍目录综合研究，葛政，中国中医科学院中医药信息研究所
藏蒙医药古籍《药名训诂》整理与利用研究，孟和乌力吉，内蒙古民族大学
汉字在越南的传播研究，刘正印，西南大学
黑龙江抚远亮子油库遗址考古资料的整理与综合研究，杨琳，黑龙江大学
凌家滩与红山社会复杂化比较研究，王文婧，厦门大学
中原地区新石器时代晚期人群迁徙的多种同位素研究，吴晓桐，中国科学技术大学
水帘洞遗址出土石制品的整理与研究，万晨晨，江苏师范大学
河南开封虎丘岗遗址发掘资料的整理与研究，郑龙龙，郑州大学
河南荥阳官庄遗址出土人骨的生物考古学研究，朱思媚，郑州大学
中国东南沿海史前人类个体生活史与生业演变的多稳定同位素研究，易冰，厦门大学
闽江流域建窑系黑釉瓷器的生产与行销研究，于戈，闽江学院
考古新发现与岭南－东南亚大陆旧新石器时代过渡研究，邓婉文，厦门大学
马鞍山遗址1997—1998年发掘资料整理与综合研究，冯玥，北京大学
六盘山地区旧石器晚期石器工业研究，李昱龙，宁夏回族自治区文物考古研究所
新疆早期铁器示踪与冶铁技术传播发展研究，张梦逸，西北大学
天山沿线史前晚期的文化交流与早期丝绸之路研究，孟琦，四川大学
柴达木盆地史前文化与聚落研究，向金辉，西北大学
长江中游地区夏商时期聚落分布与社会组织研究，邹秋实，武汉大学
周原遗址2013年度聚落结构考古调查资料整理与研究，郭士嘉，郑州大学
西周至春秋时期楚文化形成机制研究，魏凯，厦门大学
社会变革视域下的汉代官吏墓丧葬礼制研究，魏镇，北京师范大学
多元一体视域下北族王朝行国－城国发展演变的考古学研究，戎天佑，内蒙古大学
蒙古高原突厥、铁勒考古遗存资料整理与研究，徐弛，中国人民大学
隋唐统一视野下的墓葬文化变迁研究，徐斐宏，上海大学
汉晋西域城址与军政建置研究，达吾力江·叶尔哈力克，中国人民大学
山西宋元墓葬的考古学研究，郝军军，山西大学
北部湾地区宋代青白瓷生产与外销的考古学研究，吴双，广西师范大学

济南元代郭氏家族墓地考古发掘资料整理与研究，邢琪，济南市考古研究院

西部项目

战国竹简所见商史资料的整理与研究，曹娜，四川师范大学
周代贵族酒礼与国家柔性治理研究，景红艳，宝鸡文理学院
日藏《礼记》注、疏、音义类文献整理与研究，周泉根，海南师范大学
佛教《礼记》诠释文献的整理与研究，洪燕妮，云南师范大学
经学的分期分派研究，黄开国，四川师范大学
出土文献视域下的《老子》字义诠释与文本整理，吴文文，闽南师范大学
《鹖冠子》成书过程及其哲学思想研究，邓国均，贵州大学
《史记》的正义观研究，赵明，西南大学
秦汉王朝大一统进程中巴蜀地区的文化重构研究，杨丽华，四川省社会科学院
简牍所见汉匈间交往交流交融史料整理与研究，特日格乐，内蒙古工业大学
交往交流交融与汉族题材西南少数民族文学研究，张乡里，贵州民族大学
汉魏六朝政权与士人社会，权家玉，陕西师范大学
魏晋南北朝《诗经》学研究，陈海霞，西北农林科技大学
晋唐流传《张仲景方论》汇辑与考释，田永衍，河西学院
从敦煌遗物看回鹘与周边民族的交往交流交融，路虹，兰州城市学院
《广弘明集》整理与研究，刘林魁，宝鸡文理学院
李通玄著述整理、校释与研究，刘媛媛，四川省社会科学院
《唐诗鼓吹》汇校汇注汇评及研究，李天保，西北师范大学
北宋《尚书》学研究，刘畅，西南民族大学
北族政权治下的理学演进——以金元时期为中心，赵宇，四川大学
朱子学派礼图思想在东亚的传播与影响，王志阳，武夷学院
元代西域作家诗文文献整理与研究，宋晓云，新疆师范大学
明代文献中的辽金史料整理与研究，李浩楠，赤峰学院
南赣地方文献中王阳明史料的搜集、整理与研究，李晓方，赣南师范大学
明代宗教宝卷疑难字词考试研究，文俊威，东华理工大学
明清时期南洋华人民间信仰及其家国情怀研究，钟建华，闽南师范大学
明清以来雅砻江流域碑谱搜集、整理与研究，王玉琴，云南民族大学
明清时期西南地区土司朝贡与国家认同研究，蓝武，广西师范大学
明清凉山地区诗文整理与研究，花志红，西昌学院

清代西北竹枝词搜集、整理与研究，冉耀斌，西北师范大学

清诗选本对明治汉诗的影响研究，张彦萍，云南师范大学

清代新疆各民族中华民族共同体意识研究，张晓燕，新疆财经大学

边疆安全视域下乾隆时期清朝与中亚睦邻关系研究，张荣，西北师范大学

清代吐鲁番厅档案契约文书整理与研究，刘炳涛，西安石油大学

清代海疆政策与海南边疆治理研究，许淑杰，海南师范大学

清代前中期历算家群体及其社会互动研究（1644—1840），赵栓林，内蒙古师范大学

清代瑞安学派未刊稿抄本整理与研究，刘思文，贵州师范大学

康乾方志纂修与文学生态嬗变研究，唐爱明，西华师范大学

蒙古国藏清代满蒙文土地纠纷档案整理、翻译与研究，朝鲁孟格日勒，内蒙古大学

《额尔德尼吐希庙青史》的翻译、整理与研究，董晓荣，西北民族大学

中国古代耕桑礼研究，白坤，内蒙古大学

中国古代三国故事图像谱系研究，朱湘铭，赣南师范大学

中国四大古典文学名著蒙译本传播与译介研究，白玉荣，内蒙古民族大学

中国古典笑话在日本江户时期的流播与影响研究，孙虎堂，重庆文理学院

全国武侯祠（庙）碑记整理与研究，施霞，四川省社会科学院

汉译佛典人名研究，谭代龙，四川外国语大学

敦煌哲学研究，姜宗强，西北师范大学

敦煌法学之古藏文刑事法律规定的刑法解释研究，贡保华旦，西北民族大学

敦煌医药文献与传世文献的比较研究，彭馨，遵义医科大学

黄河上游宁蒙段历史上河道变迁研究，张多勇，北方民族大学

关中传统乡贤文化资料收集、整理与研究，王长坤，西安理工大学

陕西道教史，刘康乐，长安大学

四川道教碑刻文献搜集与整理，袁春霞，西南民族大学

云南古代神话图像与中华文化认同研究，段丽，大理大学

南岭走廊民间文书俗字整理与研究，陈才佳，贺州学院

桂湘黔三省交界地区侗族文书整理与研究，陈峥，桂林电子科技大学

海南岛疍民与陆居族群互动交融的历史及现状研究，管玉梅，三亚学院

历史时期甘青藏边地带的民间商贸与汉藏回蒙诸族经济生活依存关系研究，杜常顺，青海师范大学

西南茶马古道沿线赶马调中的民族交流交融史证研究，伍琼华，云南民族大学

青藏高原东部古代部落交往交流交融史料整理和研究，加羊达杰，青海省社会科学院

藏医名著《四部医典》中的文学治疗思想及当代价值研究，夏吾才旦，西藏大学
宗喀巴大师传记文献的整理与研究，更藏多杰，青海师范大学
藏传佛教僧传名著《第二世嘉木样传》的翻译与研究，仁增拉青旺姆，青海民族大学
面向藏族《格萨尔》史诗文本领域的知识图谱构建研究，多杰卓玛，西北民族大学
《江格尔》和谐思想及其当代价值研究，图雅，西北民族大学
《江格尔》史诗跨艺术创造性转化研究，乌力吉仓，河套学院
甘肃东部新出两周铜器整理与研究，马军霞，西北师范大学
战国秦汉时期滇中湖区农业生产变迁的植物考古学研究，杨薇，云南大学
古代竹林七贤图像意义变迁研究，王汉，重庆大学
麦积山石窟第五窟考古报告，董广强，敦煌研究院
交融与互鉴——新见吐蕃（吐谷浑）出土文物研究，朱建军，甘肃简牍博物馆
丝绸之路沿线所见金属下颌托组合覆面葬俗研究，马伟，西北大学

2022 年度国家社科基金冷门绝学研究专项学术立项名单

个人项目

甲骨卜辞所见商先公新证，章秀霞，郑州大学

殷墟背甲文例整理与研究，何会，山东师范大学

南京博物院藏明义士甲骨的整理与研究，孙亚冰，中国社会科学院古代史研究所

出土商周秦汉卜筮书的形态与谱系研究，于茀，哈尔滨师范大学

月相纪日法与西周王年及史料编年，黄怀信，曲阜师范大学

出土简帛与周代乐制、乐教研究，王敏光，南京财经大学

先秦关陇古族古国华夏化研究，陶兴华，西北师范大学

出土文献所见楚历新探索研究，吕传益，湖北省社会科学院

出土楚文字疑难字整理、研究及数据库建设，张峰，重庆大学

基于出土医学简帛的秦汉数术文献整理与思想溯源研究，谷建军，北京中医药大学

北大汉简《老子》校证，李若晖，中国人民大学

莽汉词典的编纂与莽语的跟踪调查研究，高永奇，苏州大学

清华简数术类文献整理与研究，石小力，清华大学

出土简牍与汉代西北边疆治理研究，郭伟涛，清华大学

汉魏六朝碑刻文字通例研究暨字形全谱编撰，何山，西南大学

敦煌古藏文语法研究，邵明园，中山大学

敦煌藏文大事纪年文书研究，黄维忠，中国人民大学

敦煌本《注维摩经》笺疏，何剑平，四川大学

德国藏吐鲁番文物的整理与研究，刘文锁，中山大学

基于新疆所出佉卢文书的鄯善国法律研究，张文晶，南京师范大学

宋本《历代地理指掌图》研究，黄义军，中央民族大学

辽金辞书音变资料整理及研究，魏现军，河南理工大学

明代汉语语音演变中的“篇韵组合”比较研究，王进安，福建师范大学

清代江南驻防八旗满文档案整理、翻译与研究，王刚，南京大学

清代琴谱集考，赵春婷，北京市社会科学院

《清太祖实录》满蒙汉文本对勘整理与研究，马子木，南开大学

王锡阐历算文献整理、校注与研究，褚龙飞，中国科学技术大学

康熙抄本《满汉合璧经筵讲章》整理与研究，禹平，吉林大学

基于地理信息技术的清代蒙古高原古地图整理研究，那顺达来，内蒙古师范大学

清代彝族毕摩经典译注文献《彝文账簿文书》语言学研究，普忠良，中国社会科学院民族学与人类学研究所

藏彝走廊生态文化藏文文献资料收集整理与研究，完德加，四川大学

18 世纪以来西方汉学家满文未刊手稿挖掘、整理与研究，王敌非，黑龙江大学

“陶瓷之路”视域下景德镇清代釉上彩瓷综合研究，张茂林，景德镇陶瓷大学

出土文献与礼乐文明研究，贾海生，浙江大学

出土文物与文献视野下的六博传统游戏研究，杨博，中国社会科学院古代史研究所

中国传统律学中的“定黄钟术”研究，史凯敏，安徽师范大学

道经特殊文字符号研究，忻丽丽，内蒙古大学

景教文献的叙利亚语背景思想研究，柳博赟，北京语言大学

丝绸之路外来眼科知识与技术的文化交融史研究，宋歌，中国中医科学院中国医史文献研究所

青金石之路和丝绸之路名物传播语文学考索，唐均，上海外国语大学

考古学视域下丝路南道历史地理资料整理研究，肖启荣，新疆大学

马祖地区历代地图整理与研究，费杰，复旦大学

凉山彝族苏尼口述文献的收集、翻译与研究，拉马文才，四川省社会科学院

石门坎苗文文献收集整理与研究，黄秀蓉，西南大学

逆向民族迁徙与民族“三交史”史料整理汇编：以俍兵俍人民间文献为中心，唐晓涛，广西民族大学

畲族“山哈书”抢救、整理与研究，洪艳，浙江音乐学院

基于深度学习的傣文贝叶经古籍图像智能识别与机器翻译研究，赵晶莹，大连民族大学

达斡尔族乌钦文献整理研究，吴刚，中国社会科学院民族文学研究所

藏医手抄本古籍《至尊南杰扎桑医书》整理与研究，华欠桑多，青海大学

传统医药视域下的纳西东巴经文献整理与知识编目，李志勇，中国中医科学院中药研究所

阿育吠陀医典梵藏对勘、汉译与研究，刘英华，中国中医科学院中国医史文献研究所

韩国古代碑刻文字整理与研究，刘元春，上海交通大学

日本所藏黎族古籍的整理、翻译和研究，李杰玲，海南师范大学

团队项目

北京师范大学元代文献整理研究团队，元代类书整理与研究，周少川，北京师范大学

武汉大学阳明学研究团队，钱绪山学派、龙溪学派与近溪学派文献整理及思想研究，张杰，武汉大学

复旦大学东亚海域史研究创新团队，16—17 世纪西人东来与多语种原始文献视域下东亚海域剧变研究，董少新，复旦大学

内蒙古师范大学口头传统与数字化应用团队，科尔沁史诗的数字化整理及活态生成机制研究，杨玉成，内蒙古师范大学

广西民族大学边疆学研究团队，京族历史文献整理与研究，王柏中，广西民族大学

贵州师范大学民族传统工艺研究团队，我国西南地区活态铜鼓文化传承的基因谱系研究，韦丹芳，贵州师范大学

内蒙古师范大学中国数学史研究团队，中国珠算典籍与算法体系研究，郭世荣，内蒙古师范大学

中国美术学院手工艺研究团队，中华传统手工艺术语整理诠释与图释研究，吕品田，中国美术学院

北京大学医药史研究团队，中国医学史视域下医药文化遗产资料挖掘整理研究，甄橙，北京大学

2022 年度国家社科基金后期资助项目立项名单

重点项目

殷墟王卜辞分类缀合研究，蒋玉斌，复旦大学
中西比较视角下的儒家思想研究，谢文郁，山东大学
《仪礼》新探，胡新生，山东大学
禅宗语用分析，聂清，上海科技大学
曾巩全集校注，李俊标，江苏师范大学
两宋之际《诗经》学研究，朱学博，重庆大学
元好问资料类编，胡传志，安徽师范大学
蒙元时期草原部众的统一与统合研究，曹金成，山东大学
元代童蒙教育研究，蔡春娟，中国社会科学院古代史研究所
明代京师银库研究，李义琼，浙江师范大学
徐渭集笺注，万德敬，曲阜师范大学
朝鲜时代汉文燕行文献研究，左江，深圳大学
乾嘉藏书四友年谱，刘鹏，中国国家图书馆
《滇南盐法图》的民俗学研究，朱霞，北京师范大学
词体韵律学实例研究：以秦巘《词系》为例，蔡国强，杭州师范大学
满族瓜尔佳氏萨满经籍翻译与研究，郭淑云，大连民族大学
温州学派的哲学精神世界，张立文，中国人民大学
中国禁毒史（五卷本），朱庆葆，江南大学
湖北随州叶家山墓地出土西周青铜器的科学分析及相关问题研究，郁永彬，景德镇陶瓷大学
新安沉船与东亚海上贸易及文化交流研究，范佳楠，四川大学
美国汉学中的中国艺术问题研究，吴佩炯，上海师范大学
中文图书日译总书目（1595—2016），田雁，南京大学

一般项目

人口统计学方法在大汶口文化墓地中的应用研究，宋先杰，河南大学

夏商周年代研究，张溯，山东省文物考古研究院
西周王畿地区的族姓交融研究，黄明磊，陕西师范大学
周代卫国考古学文化研究，陈康，郑州大学
西周早期青铜礼器研究，郭军涛，四川博物院
出土资料与东周时期商业发展研究，亓民帅，泰山学院
归藏易研究，史大丰，枣庄学院
乾坤凿度：《周易》“说卦”与“乾坤”的时空哲学研究，吴小锋，同济大学
《周易·说卦传》《序卦传》《杂卦传》集校集注集评与研究，顾明佳，东华理工大学
福建易学发展史，肖满省，福建师范大学
中日韩《易经》古注疏证，王毅，济南大学
先秦“象”范畴研究，张绍时，长沙学院
象思维与中医理论建构，姚春鹏，曲阜师范大学
《尚书·尧典》与华夏政治伦理的开端，朱赢，中国美术学院
口传时代与《左氏春秋》成书研究，葛刚岩，武汉大学
楚系简帛与楚地宗教信仰研究，郭成磊，信阳师范学院
郭店楚简道家文献综合研究，陈成吒，上海财经大学
先秦儒道两家“化”之观念及其思想政治教育启示研究，奚彦辉，贵州师范大学
先秦儒家修身之道的身体逻辑，张鸿，四川师范大学
孔子新证：一种基于生活史的思想探究，李军，浙江工商大学
出土文献与先秦天人思想研究，成富磊，东华大学
出土文献与齐史新研，李秀亮，山东师范大学
先秦“齐法家”之源流与思想发展研究，王进文，中南大学
先秦听觉思想研究，伍龙，上海师范大学
作为譬喻的“规矩”：以战国诸子的论说为线索，徐翔，中山大学
实质推理视域下先秦名道辩学研究，刘靖贤，中南大学
杨朱古今中外文献集成译注，刘震，江西省社会科学院
《列子》校释及研究，聂中庆，山东大学
庄子知论发微：以“雕琢复朴”隐喻为中心，张腾宇，上海应用技术大学
《战国策》汇评，朱泽宝，湖南大学
先秦两汉出土文献与《国语》新证，李聪，复旦大学
帛书《经法》等四篇集注，杜新宇，信阳师范学院
安徽出土金文辑证，孙合肥，烟台大学

秦农业经营与管理研究，刘鹏，扬州大学
简牍所见南楚地区秦制化进程研究，王朔，云南大学
出土文书与秦代地方治理研究，吴方基，嘉应学院
汉代官吏管理制度新探，蒋波，湘潭大学
秦汉国家整合的文化路径初探，崔建华，陕西师范大学
两汉国家祭祀与文学关系之研究，曲利丽，北京语言大学
汉晋伦常与文学研究，刘坤，周口师范学院
边疆经略视域下秦汉岭南与周边关系研究，冯小莉，河南师范大学
汉代岭南地区农业生产综合研究，龚世扬，广西民族大学
西安出土两汉铁器材质与制作技术研究，赵凤燕，西安半坡博物馆
出土简牍与秦汉特殊社会福利研究，冯闻文，江南大学
秦汉魏晋儒学与民间信仰研究，杨清虎，成都信息工程大学
长沙马王堆汉墓帛书《缪和》《昭力》综合研究，蔡卓，深圳大学
《淮南子》中的世界图景研究，孙迎智，北京化工大学
“惟德是辅”天命观视阈下的汉代治国之道研究，巴晓津，福建师范大学
秩序重建视角下董仲舒政治哲学研究，罗雪飞，中南财经政法大学
天数、人身与政制：董仲舒数哲学探究，王传林，曲阜师范大学
东汉史书校证，陶智，嘉兴学院
《诗经》孝行诗在汉代的阐释与接受研究，何海燕，湖北大学
《周礼》郑注汇校，孔祥军，扬州大学
思想史视域下的郑玄天命观研究，黄少微，中山大学
物之终始：以王弼《周易注》为中心的讨论，白辉洪，华中科技大学
庐山慧远研究，王友群，安徽师范大学
佛道关系与北朝政治研究，姜望来，武汉大学
身份与派系：北魏北齐政治史新探，廖基添，南京师范大学
南朝陵墓神道石刻的源与流，殷洁，南京大学
汉画天象图研究，曹阳，西安工程大学
基于图像的汉画舞蹈分类研究，刘建，北京舞蹈学院
南阳汉代画像石综合研究，卜友常，杭州师范大学
竹林七贤砖画与南朝绘画变革，王汉，重庆大学
“意”的演进与美学性格研究：以魏晋到明清画论为例，王赠怡，四川文理学院
汉魏六朝因果复句发展演变研究，李乃东，江苏海洋大学

汉魏乐府歌诗文本生成研究，岳洋峰，河北师范大学
十六国北朝文学纪事，胡大雷，广西师范大学
两潘（潘岳潘尼）年谱长编，王学军，南阳师范学院
陆机诗文经典化与六朝文学史的建构，黎思文，华南师范大学
邢子才集校注，杨化坤，安徽财经大学
永明至大历时代诗歌意法研究，付佳奥，西南大学
《十六国春秋》辑校，魏俊杰，衢州学院
《隋书·刑法志》译注，周东平，厦门大学
大唐内典录校证，富世平，嘉兴学院
隋唐时期丝绸之路交通与经济区研究，苏金花，中国社会科学院经济研究所
唐代渤海族研究，孙倩，长春师范大学
唐代葬仪研究，何月馨，中国妇女儿童博物馆
唐代长江流域丧葬习俗研究，陆晗昱，武汉大学
岭南香药与中古时代的气味，肖荣，深圳大学
中古墓志与多元一体的西北边疆研究，刘森垚，河西学院
中古石刻疑难字词考释与研究，周祥，福建师范大学
敦煌吐蕃历史文书文本标注与语法研究，格日杰布，中央民族大学
《经典释文》引音研究：兼论《切韵》音系的性质，王素敏，防灾科技学院
华严法界思想研究，杨小平，山东大学
回鹘文《金光明经》偈颂的语文学研究，张巧云，西南科技大学
禅宗文献词语释义研究，李家傲，岭南师范学院
赓续与过渡：中晚唐道教侧写，白照杰，上海社会科学院
道教文化与唐代诗歌关系研究，韩文涛，内蒙古大学
唐代制举策文研究，田子爽，西安财经大学
唐传奇考辨，李小龙，北京师范大学
唐明皇故事的文本演变与文化内涵研究，李春燕，江苏开放大学
唐太宗与七至十世纪书法的嬗变研究，赵辉，深圳大学
阿倍仲麻吕在唐任职与 8 世纪唐日关系的演进，张维薇，四川大学
重塑东亚秩序：十至十三世纪东亚“封贡—认同体系”研究，陈俊达，吉林大学
宋代衙前役法研究，董春林，四川师范大学
宋代书院研究，刘向培，青岛农业大学
宋代地方官员救荒失职与问责机制研究，金勇强，洛阳理工学院

北宋中下级统兵官述论，上官红伟，延安大学
河东裴氏谱系形成史论，刘丽，山西师范大学
新见出土宋代东南地区家族墓志考释举例，钱汝平，绍兴文理学院
格物与宣理：宋代绘画的理性精神研究，王冬松，华侨大学
《宣和画谱》绘画著录及递藏研究，肖伟，江苏开放大学
两宋至清初北宗禅研究，韩传强，滁州学院
宋至民国时期西游戏研究，周固成，江苏省文化艺术研究院
《正蒙》诠释史研究，魏涛，郑州大学
朱熹《家礼》庶民化研究，毛国民，广东外语外贸大学
朱熹《太极图说解》《通书注》研究，李丽珠，北京航空航天大学
朱熹对儒家义利观的解读及其展开研究，乐爱国，厦门大学
朱子《小学》在东亚的承传与创新研究，陈媛，山东大学
魏了翁文集整理研究，郭齐，四川大学
金代移民研究，郝素娟，内蒙古民族大学
探寻宋本：《史通》版本研究，刘占召，山东大学
朝鲜本《龙龛手鉴》点校整理，袁如诗，阜阳师范大学
城市与宋词：基于空间维度的定向考察，刘睿，衡水学院
北宋前期词调研究，姚逸超，浙大城市学院
宋代地理总志中的唐诗遗迹分析，段天姝，云南大学
宋代文言小说与科举制度，张会，重庆理工大学
宋代行记的文体形态及其文化意蕴，刘师健，湖南省社会科学院
北宋文人入蜀行迹与文学编年，严正道，西华师范大学
文彦博研究，申利，河南财政金融学院
曾几诗集校注，苏贤，衢州学院
政治文化视域下的王十朋诗文研究，周沛，廊坊师范学院
朱熹楚辞文献学考论，管仁杰，河南大学
五山诗僧北礀居简与南宋禅林文学演进，王宏芹，台州学院
宋金元易代中的词曲递变研究，刘芳，南京师范大学
同源异流：比较视域中的南宋与金代诗歌研究，李栋辉，西华师范大学
西夏文《亥年新法》译释与研究，梁松涛，河北大学
元代福建朱子学研究，顾海亮，南通大学
茨以载道：元代江南文人群体住居空间营构理法，田野，昆明理工大学

胡三省《通鉴音注》同义异读来源与性质研究，李福言，江西师范大学
日新盛德生生为易：任仁发绘画研究，李子儒，广州美术学院
明初以来贵州田氏宣慰司领地土流并治研究，杨曾辉，湘潭大学
京察制度化与中晚明政局研究，黄友灏，中山大学
明代官窑青花瓷画法研究，陈殿，北京师范大学
明代皇室礼仪服饰研究，温少华，故宫博物院
王士禛金石书画年谱长编，董家鸿，曲阜师范大学
历史文献学视域下的《明武宗实录》研究，纪海龙，廊坊师范学院
紫柏真可禅师年谱长编，王启元，复旦大学
阳明学的经典建构、学说互动与历史书写，刘勇，中山大学
晚明《庄子》佛学解，韩焕忠，苏州大学
陈确思想之开展与明清学术转型研究，王涵青，兰州大学
王船山《四书》学研究，陈明，中国社会科学院哲学研究所
明代诗学与《诗经》文学传统，马昕，中国社会科学院文学研究所
明前期的文化转型与文学转向研究，方宪，华中农业大学
明代江右诗学与诗歌研究，温世亮，汕头大学
论白沙心学与康海文学复古，陈胤，广西师范大学
百城烟水：木陈道忞及其文学世界，曹磊，福建师范大学
《朱用纯全集》整理与研究，陈于全，华中科技大学
海外稀见明别集整理与总目提要，李玉宝，上海师范大学
明代元集整理与元诗选本研究，钟彦飞，河南财经政法大学
乔宇诗文集校笺与研究，白建忠，内蒙古师范大学
《顾氏画谱》与晚画史知识的歧变研究，杜松，四川大学
知识学视阈下明代书目小说著录研究，温庆新，扬州大学
运河与卫所：明清漕运卫所体制演变研究，张程娟，苏州大学
明清贺兰山生态环境与区域变迁研究，徐冉，西安建筑科技大学
明清时期黔西北民族交往交流交融研究，郝彧，西南民族大学
明清时期洱海流域水环境与人地关系研究，徐安宁，山东师范大学
明清中国天文学在琉球的传播与影响研究，董煜宇，上海交通大学
清代北京城八旗居址与旗人社会关系的空间分布研究，赵寰熹，首都师范大学
清代宜兴善权寺案研究，陈波，南京财经大学
元明清山东方言词典，徐复岭，济宁学院

元明杜律选评本研究，汪欣欣，华南师范大学

明清间汉文西书的出版与流传研究，王申，南阳师范学院

明清文人经学与文学思想的互动研究，吴正岚，南京大学

明清嘉定文学研究，刘霞，浙江海洋大学

明清时期唐宋八大家批评史料汇编，付琼，浙江财经大学

“饮流斋”钞本明清传奇整理与研究，潘培忠，中山大学

士人文化与《三国演义》的文本建构：以士人形象为中心的考察，许中荣，信阳师范学院

互动、传承与衍变：明清戏曲与科举关系研究，杨骥，广州大学

吴瞻泰《杜诗提要》综合稽考与平议，赵睿才，山东大学

雍乾词坛唱和研究，李小雨，暨南大学

宿儒与文宗：方苞学术与文学研究，师雅惠，厦门大学

《四库全书总目》文人观研究，蔡智力，湖北大学

清儒王懋竑学术思想研究，陈峰，湖南大学

李馥年谱考略，张徐芳，厦门大学

李锴年谱考略，李杨，重庆工商大学

赵怀玉年谱长编，蓝士英，江苏理工学院

毛鸿宾集辑校，周广骞，聊城大学

清代篆刻理论研究，朱琪，南京晓庄学院

从满汉交融到西礼东渐：清朝国家礼制变迁研究，吴恩荣，肇庆学院

马戛尔尼使团来华礼品研究，刘玉，广西师范大学

清代北方曲本俗字考释与研究，李伟大，中山大学

瓷之大成：清代官窑制瓷体系研究，邹晓松，景德镇陶瓷大学

北京先农坛祭祀空间营造特征研究，马全宝，北京建筑大学

空间分析与特征诠释：清代南巡图像视角下的江南园林研究，许浩，南京林业大学

中国西瓜史研究，刘启振，南京农业大学

中国长城墙体建造技术研究，薛程，西北大学

中国古代通俗小说战争叙事研究，李远达，北京大学

古代通俗小说的文本标识与文体建构，叶楚炎，中央民族大学

中国古代世俗社会与人生镜像研究，程群，温州大学

古小说的乱世书写研究，赵爱华，华北水利水电大学

宁夏诗歌通史，段庆林，宁夏社会科学院

传统医学知识的历史空间建构研究，郑洪，浙江中医药大学
中国古典家具美学史，王耘，苏州大学
中国笺纸艺术史研究，王宇，江苏大学
中国古代辞书相关体育汉字整理与研究，张矛矛，中国矿业大学
名士文化研究，林朝霞，厦门理工学院
中国游牧民族骑射文化史研究，丛密林，广州大学
大运河漆工文化研究，李玫，扬州大学
中国古代科技典籍英译文献搜集、整理与研究（1736—1953），王烟朦，华中科技大学
刘泽华中国政治思想史的研究范式，王丁，南昌大学

2022 年国家社科基金优秀博士论文出版项目立项名单*

兴于诗：儒家诗教研究，黄子洵，南京师范大学，复旦大学，张汝伦

先秦汉语形容词的句法语义研究，雷瑭洵，北京大学，北京大学，孙玉文

秦汉官吏职务犯罪研究，舒哲岚，大连海事大学，中国政法大学，徐世虹

秦汉时期蓬莱神仙信仰的考古学综合研究，庞政，四川大学，四川大学，霍巍

魏晋南北朝佛教音乐美学思想研究，史一良，中央音乐学院，中央音乐学院，苗建华

六朝“异物志”与文学，郁冲聪，浙江财经大学，山东大学，李剑锋

唐宋时期巴蜀观音图像研究，邓新航，重庆师范大学，东南大学，汪小洋

以图释礼：宋代传世礼图所载礼器图研究，李卿蔚，清华大学，北京大学，刘玉才

身份与修辞：宋代骈文批评研究，陶熠，四川大学，复旦大学，王水照

窝阔台汗时代大蒙古国研究，陈希，北京大学，北京大学，党宝海

故都之氓：元代杭州文学社会研究，石勖言，河北师范大学，北京师范大学，魏崇武

王船山“生”的思想研究，刘昊，同济大学，清华大学，陈来

清嘉道时期的文献样态与文人表达，尧育飞，华中科技大学，南京大学，徐雁平

---

* 依次为博士论文名称、姓名、项目责任单位、博士毕业单位和指导教师。

国家社科基金中国历史研究院重大历史问题研究专项2022年度重大招标项目立项名单

中外文化交流视域下的唐元景教考古研究——以近年新疆地区的重大考古发现为中心，姚崇新，中山大学

考古学视野下中华民族共同体意识的形成与发展研究，黄锦前，新疆大学

五帝时代到夏代王权与国家形态研究，王震中，中国社会科学院历史学部

中国礼制文化与国家治理研究，赵克生，海南师范大学

中国历史上地方治理的实践及启示，苗书梅，河南大学

“中国之治”的历史根源及思想理念研究，杨艳秋，中国历史研究院历史理论研究所

中国古代宗教治理研究，杨维中，南京大学

稀见徽州文书数字化整理与研究，陈时龙，中国历史研究院古代史研究所

中国社会科学院经济研究所藏清代财政类钞档整理与研究，朱恒鹏，中国社会科学院经济研究所

中国古代边疆治理的实践及得失研究，马琦，云南大学

中国北方民族交往交流交融史研究，全荣，内蒙古师范大学

世界古代早期国家形态比较研究，徐松岩，西南大学

古代希腊政治制度研究，祝宏俊，南京大学

战后日本历史进程与国际影响力研究，杨伯江，中国社会科学院日本研究所

大国兴衰的历史逻辑、规律与国际秩序演进研究，刘德斌，吉林大学

西方历史理论发展史，吴英，中国历史研究院历史理论研究所

近代以来的科技进步与社会变迁研究，袁江洋，中国科学院大学

（甘子辉整理）

学科动态

推动“凉州学”构建的路径思考

张国才

武威市自古就是古代丝绸之路上的重要枢纽，在壮阔的历史发展进程中，独特的自然环境、特殊的地理位置，形成了在中国文化史上占有非常重要地位的凉州文化。近些年来，武威市开启了凉州文化挖掘、整理、研究、传承、弘扬的新征程，学术界对“凉州学”的研究日益引起人们的关注和重视。在“一带一路”建设的背景下，立足于现有研究成果的基础上，创建“凉州学”，不但是时代的要求，更是学科发展的必然，不仅具有一定的社会文化价值，而且对武威经济社会的发展具有重要的现实意义。

汉辟河西四郡，境内置武威郡隶属凉州刺史部，凉州之名自此始。公元220年，魏文帝置凉州，之后一直到西晋，姑臧（今武威市凉州区）均为凉州治所。“冲突与交融的剧烈碰撞和结合，造就了古凉州（今武威）与众不同的文明与文化，并因此形成了很多的符号，使其成为一个充满了符号感的城市。”在漫长的历史进程中，上起石器时代至周、秦，下迄明、清，极为丰富的历史文化遗产散落在武威的地上地下，既有汉族的，也有北方各个民族留存下来的实物或文字记录。由此形成了以汉唐文化、五凉文化、西夏文化和佛教文化、民俗文化等为重点的区域性特色文化——凉州文化。近两年，随着“一带一路”建设的深入推进，优秀传统文化、地域文化研究的兴盛，全国历史、文化等学界的专家学者对武威、河西走廊乃至西北历史文化研究的深入，凉州文化也日益引起学界的关注和重视。建立一门研究领域更集中、研究内容更深入的“凉州学”，既是时代发展的要求，也是学科建设的必然，不仅有利于学术研究的发展，而且具有一定的现实意义和时代价值。

一、构建凉州学的可行性

“凉州学”的提出，是由武威独特的地理单元和悠久的历史文化决定的，是在敦煌学、西夏学和丝绸之路研究等与武威历史、文化、地理等相关学科领域长期研究积累的基础上逐渐形成的，也是学术界对凉州文化研究积累和升华的结果。

（一）凉州历史文化的独特性

1. 深厚的历史积淀

考古材料表明，凉州文化源远流长，早在5000多年前，这里就有人类活动。周时为雍州之地，春秋以前为西戎占据，秦为月氏驻牧地。汉辟河西四郡，置凉州刺史部。西汉张骞出使西域开通丝绸之路后，凉州成为中西方文化交流的重要驿站和商埠重镇，有“天下要冲，国家藩卫”之誉，既是古代丝绸之路的交通咽喉，又是历史悠久的多民族交流交往交融走廊。三国时期，魏文帝曹丕复置凉州，州治姑臧。十六国时期，前凉、后凉、南凉、北凉以及隋末大凉政权都曾在凉州建都，使其成为当时具有全国意义上的三大政治、军事、文化据点之一。唐时先后为置凉州总管府、都督府、河西节度使治所，一度成为中国仅次于长安的通都大邑。西夏时为西夏辅郡，其地位仅次于都城兴庆府（今银川），史书称“当四冲地，车辙马迹，辐辏交会，日有数千”，显示了当时凉州的繁华。蒙元时期，蒙古皇子阔端与吐蕃宗教首领、藏传佛教高僧萨班在凉州白塔寺举行会盟，就吐蕃归附达成协议，西藏开始接受中央政府的管辖。明清以来，文化传承不辍，“文风甲于秦陇”。

2. 丰富的文化底蕴

凉州是汉魏大郡、五凉古都、隋唐重镇、西夏辅郡和元、明、清时期的富庶大邑，历史上被誉为“五凉京华、河西都会”。游牧文化与农耕文化在这里交汇，东方文化、西方文化在这里冲撞，多民族文化在这里荟萃，儒释道文化在这里融合，形成了特征鲜明而又恢宏博大的凉州文化。按照历史阶段和时间顺序划分，凉州文化主要有史前文化（马家窑文化、齐家文化、沙井文化）、汉文化、五凉文化、唐文化、西夏文化、明清文化等；按照文化形态及空间分布划分，凉州文化又可划分为丝路文化、天马文化、简牍文化、古都文化、佛教文化（包括石窟文化）、吐谷浑文化、乐舞文化、边塞文化（包括长城文化、凉州词文化、屯垦文化）、建筑文化、金石文化、著姓文化、匾额文化、葡萄酒文化、红色文化及民族民俗文化（包括农耕文化、民俗文化、饮食文化、非遗文化）；等等。就历史文化的整体价值和综合影响而言，凉州文化不仅是地理范围意义上的区域性文化，更是吸纳传导东方、西方优秀文化的枢纽型文化，是中华文化史上不可缺少的重要环节，是中华文化的重要组成部分。

（二）凉州文献遗物的多样性

1. 传世和出土文献比较丰富

二十四史和《资治通鉴》《读史方舆纪要》等传统文献中对凉州均有记载，特别是两汉书、新旧唐书和《晋书》《十六国春秋辑补》等对凉州的记载颇为丰富，不惜笔墨。五凉时期，涌现了大量写河西走廊历史、文化、政治、地理的史学著作，如索绥《凉春秋》、刘庆《凉记》、阚骃《十三州志》、刘昞《敦煌实录》《凉书》、张谘《凉记》、喻归《西河记》等，这些著述大部分散佚，没有流传下来，但北魏及之后的其他史家在编纂十六国史时大多以上述史著为底本，或者多有采用。至清代，史书著述更是不胜枚举，如张澍《凉州府志备考》、张玿美《五凉全志》、潘邑奎《武威耆旧传》等。另外，河西走廊出土的大量汉简、西夏文书、金石碑刻，以及敦煌文献，都为凉州学的构建提供了丰富的研究资料。同时，国家级非遗如河西宝卷、凉州贤孝、凉州攻鼓子、华锐藏族唐卡、华锐藏族民歌、土族格萨尔、民勤曲子戏等，亦是凉州文化辉煌灿烂的历史见证。

2. 文化遗迹星罗棋布

除武威文庙、武威雷台、武威鸠摩罗什寺、大云寺、海藏寺、白塔寺、天堂寺、天梯山石窟和东汉铜奔马、汉代简牍、西夏碑等闻名遐迩的文化遗迹、珍贵文物外，武威境内还有不少古城遗迹和营堡，如三岔堡城遗址、高沟堡城遗址、张义堡城遗址、满城、康乐城、锁阳城、上古城、双城、龙夷城、鸾鸟城、石头城、武兴城、白亭城、大斗城、交城、张义堡、上古城堡、南把截堡、西把截堡、炭山堡、永昌永宁堡、蔡旗堡、高沟堡、西营、南营、前营、上营、头墩营、邓马营等。这些古城古堡遗迹，有些虽有史料记载，但由于年代久远，遗址大都不存，有些建筑已不存在，但遗址依然可寻。

（三）凉州文化研究成果丰硕

“凉州学”的建构，是近代以来在敦煌学、西夏学和河西史地研究基础上不断积累发展的结果。2019 年 8 月 19—22 日，习近平总书记在甘肃考察时指出，要大力挖掘、传承、保护、弘扬传统文化，揭示蕴含其中的文化精神、文化胸怀，坚定文化自信。武威市提出了“文化兴”的战略，设立了凉州文化研究院等一批文化研究机构，出版了《凉州文化概览》《话说五凉》《五凉名儒》《武威金石志》《国家人文地理·武威》等一批凉州文化研究著作。中国社会科学院古代史研究所在武威市凉州文化研究院设立凉州文化研究基地，甘肃省社会科学院在武威市凉州文化研究院挂牌成立甘肃省社会科学院武威分院，西北师范大学挂牌设立凉州文化研究院。常态化举办的凉州文化论坛更是开启了凉州文化研究、阐释、传承、弘扬的新征程，加快了凉州文化开发、转化、利用的步伐。中国人民大学、浙江大学、兰州大学、西北师范大学、敦煌研究院、甘肃省社科联等高校、研究机构，以及卜宪群、楼劲等专家学者从古代文明、东西方文化等多角度共同探讨凉州文化，深入挖掘了武威丰厚的历史文化底蕴，就如何打响凉州文化品牌，提升凉州文化时代价值提出了宝贵的意见建议，为凉州学的学科构建与深入研究奠定了良好的基础。

二、凉州学及其体系构建

（一）凉州学的定义

“凉州学”是对古代凉州丰厚灿烂的历史文化以及以凉州为中心的河西走廊历史文化为对象，以历史为起点，依托于秦汉至明清时期，对以时空概念下河西乃至西北历史文化进行全面系统研究的一门综合性学科。

（二）研究范围和研究重点

构建和研究“凉州学”，是一个融通古今、面向未来、多学科互补、整体性和融合性很强的系统化工程。可以使凉州的历史文化研究以及以凉州为中心的河西走廊乃至西北的历史文化研究，有一个进行统摄、整合使之系统化的学科平台，有新的学术定位和学科生长点。其研究范围囊括政治、经济、军事、宗教、科技、历史、文学、思想、艺术、地理等方面，涉及历史学、考古学、地理学、经济学、文学、哲学等领域，主要聚焦于以下四个重点方向。

1. 凉州地理环境变迁

河西走廊地处中纬度，气候温和，四季分明，年温差大，光热丰富日照时间长，虽距海遥远，但南部雄伟高峻、常年积雪的祁连山构成了一座巨大的冰川水库，滔滔奔流的冰雪融水注入石羊河、黑河等河流，温度和水分条件的配合良好，为凉州农业、畜牧业发展提供了适宜条件，为凉州在历史上赢得了“凉州畜牧甲天下”“凉州不凉米粮川”等美誉。凉州作为丝绸之路上的重要节点城市，在十六国时期先后有多个民族在此建立政权。凉州厚重的文化底蕴，离不开当地独有的各种自然条件（草原、冰川、沙漠、绿洲、峡谷、平原）与人文地理要素组合。所谓“一方水土养一方人”，构建凉州学学科体系，就必须贯通古今凉州独特的地理环境。

2. 凉州历史文化演进及影响

这是“凉州学”学科研究的基础，立足于大历史观，既做凉州历史文化的回顾总结，又把凉州的现在、未来融为一体，把纵向的比较和横向的联系融为一体。从这个意义来讲，凉州学的研究，不同于凉州文化研究。从区域地理看，凉州处于我国古代蒙古文化圈、青藏文化圈的交汇地带。西出与东进即进入西域文化与中原文化之区域，南上北下分别穿越祁连山和走廊北山山地即步入青藏文化圈和蒙古文化圈腹地。武威作为凉州文化的核心，有丰富的文物馆藏和文化遗迹，为我们进一步传承和发展地方特色文化提供了翔实的史料和客观的依据。

3. 河西走廊社会经济发展研究

“一带一路”建设，既要充分发挥河西历史文化资源的丰富优势，又要利用河西走廊经济带的集群效应，提升河西走廊经济带生态支撑能力、经济实力、发展活力，提高河西走廊各城市一体化发展水平，彰显区域特色。因此，凉州学的研究重点还涉及城市学、社会学、建筑学、旅游学、生态学以及与城市社会产业发展相关的诸多学科。

4. 凉州未来发展战略研究

在鉴古知今的基础上，按照国家“十四五”文化产业发展规划，文化强省和市委第五次党代会作出的“文化兴”决策部署，对河西走廊城市群更好地融入“一带一路”建设，打造西北丝绸之路文化产业带，以及未来的发展提出系统性、科学性、前瞻性的咨政建议。

（三）学科属性

1. 地方学

凉州学具体研究以时空概念的“凉州”为对象，是时间和空间的综合体研究。研究应遵循“立足凉州、研究凉州、服务凉州”的宗旨，以凉州历史文化研究与河西走廊文化底蕴挖掘为重点研究方向，其研究成果具有区域性、综合性、系统性和应用性的特点，从而为武威经济社会发展提供理论依据和智力支持。

2. 城市文化学

河西走廊各城市建立的过程也是城市文化不断丰富的过程，传世和出土文献资料、历代故事传说、古代诗词歌赋（凉州词）等垒堆在一起，也是一座丰富的文化城市，丰富了当代人的历史想象与文化记忆。因此，将古代城市建筑的空间想象、人文地理的历史溯源、文学写作或流传的故事传说等结合起来，呈现出更具人文性、更具城市精神和内涵、更加错综复杂的城市景观，也是“凉州学”学科的属性之一。

3. 多学科的综合性

在对凉州的历史、文化等方面进行记述的基础上，将凉州作为一个整体，从政治、历史、文化、地理、社会、科技、经济等方面进行综合性研究。通过研究其各种组成要素的演变过程及其互相关系，探究凉州文化的发展变化规律，预测未来的发展趋势。通过对凉州的历史、现实、未来的多学科交叉、综合性研究，推动武威文化事业的繁荣，为武威高质量发展服务。

三、推动构建凉州学的路径建议

武威是一个既有足够历史长度，又有足够文化厚度的城市。凉州学地域特色鲜明，内涵博大，底蕴深厚，是中华文化的重要组成部分。形成完整的凉州学研究体系，创建以天马文化、五凉文化、西夏文化、佛教文化、民族民俗文化等为主要内容的“凉州学”，需要通过多种路径，将“凉州学”打造成知名的文明标志和文明符号。

（一）办好凉州学学术研讨会

一是坚持开放包容、交流互鉴的原则，定期邀请国内专家学者举办学术研讨会，既可以了解本领域及相近领域的学术前沿，掌握学术动态，还可分享研究成果，启发科研思路，丰富、发展当前研究，优化学术体系。二是要立足武威，面向河西乃至全国，主动谋划，搭建平台，拓宽合作，制定凉州学发展规划，分层举办省级、国家级、国际级的有关凉州学的学术研讨会，定期开展交流研讨，为专家学者搭建学术对话和思想交锋的高端平台。既可举办综合性的学术研讨会，又可举办专题性的学术研讨会。研讨会的方式灵活多样，既可以在线下举行，也可以在线上举行，还可以线上、线下同步举行。三是与国内科研院所、高等院校联合举办。加强沟通，与国内科研院所、高等院校建立常态化交流研讨机制。积极探索加强联合研讨、信息和成果共享等形式，不断提升凉州学学术研讨会的社会影响力。近年来，武威市与中国社会科学院古代史研究所深入广泛合作，共同举办了五次学术研讨会，对凉州文化进行科学研究，系统整理凉州文化内容，挖掘凉州文化内涵，探索凉州文化的价值，取得了显著成效。四是要积极创新合作模式，有效拓展学术交流新途径，精心策划系列学术会议，扩大合作范围，拓展合作对象，把凉州学学术研讨会办成在国内有一定影响力的学术盛会，吸引更多的专家学者投身到凉州学的研究之中。

（二）建立具有自身特色的学科体系

研究层面，初步可划分为四层，第一个层面即基础层面，是对以往“凉州学”基本资料的搜集、整理和利用，包括基本的传世文献资料和地上、地下文物考古资料，也包括以往学术界重要研究成果的汇编、总结。第二个层面即研究层面，重点开展对“凉州学”的综合性研究。第三个层面即理论层面，重点是“凉州学”学科建设的理论研究。第四个层面即人文层面，重点是凉州文化中蕴含的人文精神的研究。

学科设置，在广泛征求专家学者意见建议的基础上，借鉴以往研究成果，突出亮点，找准突破口，根据目前实际，以历史研究、文化研究为总括，具体以文献研究、金石研究、艺术研究、文学研究、传播研究为前期基本学科开展“凉州学”学科体系建设，架构上要偏重历史学，以历史学为主开展研究。

历史研究，对以古代凉州为中心的河西乃至西北历史及不同历史时期的政治制度、社会经济、环境变迁、文化艺术、民风民俗、科举教育、对外交流、社会生活等进行全方位综合研究。在历史学体系下逐步开展汉唐文化、五凉文化、西夏文化、明清文化和吐谷浑文化、民俗文化等研究。

文化研究，凉州自古就是东西方文化的交汇点和丝绸之路上的贸易重镇，形成于丝绸之路上的凉州文化是古代中西关系的历史见证，对于我们认识和理解多元丝路文明、中西友好交往的历史，意义尤其重大。重点聚焦文化学体系下的丝绸之路与凉州文化研究。

文献整理研究，改变对“凉州学”古籍文献整理和利用不足的现状，致力于“凉州学”历史文化资源的发掘整理与科学研究及人才培养工作，进一步推动新的学术领域的开拓和学科增长点的培育，在文献学体系下对凉州文献进行编纂与研究。

金石研究，河西乃至西北各个历史时期文献资料中出现和现存的金石、碑刻、匾额等资源众多，在现有金石作品搜集整理的基础上探索研究，有序开展凉州金石文化的研究阐释、辑佚编修，扩大研究的内涵和外延。

艺术研究，致力于“凉州学”相关的文化艺术学科研究，侧重于历史上与凉州有关的音乐、舞蹈（西凉乐舞）、书法、绘画及佛教文化中的雕塑、壁画研究，开展中外文化艺术交流，以弘扬凉州文化，继承和发展“凉州学”文化艺术，促进省内外“凉州学”文化艺术交流为宗旨，促进“凉州学”艺术精品力作的产生。

文学研究，凉州在几千年历史进程中，留下了大量的诗词歌赋等文学作品。近些年来，古典文学和地域文化研究相结合成为重要趋向。凉州历史悠久，孕育出了独领风骚、千古绝唱的凉州词（曲）。凉州词脍炙人口、代代诵读，在中国文学史上占有重要的地位，是中国古典文学宝库中的精华。凉州词是千年历史陶冶下的不朽遗存，是汉风唐韵洗礼过的文字精粹，是古城武威历史悠久灿烂的文化见证，彰显出独特的文化魅力，闪耀着绚丽的光芒，为我们发展文化旅游产业提供了宝贵的历史文化资源。针对河西走廊古代到近现代文学方面的研究，开展与“凉州学”相关的文学研究，并构建西部古代文学的体系。

（三）有组织地加大凉州学研究和宣传力度

以传播凉州文化为重点，围绕“凉州学”历史文化多媒体传播研究、“凉州学”推广基地建设、文化交流平台构建、“凉州学”专刊编辑、专家队伍建设及人才培养等开展工作。一是加大凉州学的研究力度。聘请相关领域专家学者，围绕“一带一路”建设、“丝绸之路”研究、生态环境治理、凉州文化挖掘等重大问题，组建文化产业领域智库和专家顾问团，发挥专家学者学术优势，为武威市乃至河西地区文化旅游产业重大决策和发展战略把脉会诊、传经送宝，提供咨询和论证。深挖凉州学丰富内涵，编撰出版一批有深度、有高度的学术成果，形成凉州学挖掘整理研究弘扬发展体系。联合科研院所、高等院校，面向全国创办发行《凉州学研究》杂志，提升刊物的影响力和知名度，打造有学术影响力的专业学术期刊。以学者互访、学习进修、人员培训、参与课题研究为主要内容，创建“学者工作室”，探索建立人才培养和科研育人常态化工作机制，推动凉州文化研究力量的壮大，促进研究水平的提高。二是加大凉州学的传播力度。创新凉州学宣传方式，主动联系国内主流媒体开展报道，与知名媒体联合制作凉州学宣传系列短视频节目，广泛利用新媒体宣传扩大凉州学的影响。利用敦煌文博会、丝绸之路国际文化旅游节、凉州文化论坛等节会推动凉州学的传承。常态化举办以凉州学为主题的凉州讲坛、凉州学学术研讨会、凉州学文化沙龙等活动，邀请国内知名专家学者进行专题讲座活动，扩大凉州学的影响力。

（四）以项目带动凉州学研究持续深化

一是组织编撰一批凉州学方面的文献资料。在武威市凉州文化研究院编纂的“凉州文化研究院文库”的基础上，继续在古籍文献、考古资料、凉州文化研究等方面，系统开展相关研究和整理，完成凉州学的系列性研究文献。二是进一步拓宽与国内科研院所、高等院校合作渠道，充分发挥专业机构科研、专业人才等方面的优势，积极主动融入科研院所、高等院校申请的国家级、省级文化项目，如国家社科基金中国历史研究院重大历史问题研究专项 2021 年度重大项目“河西走廊与中亚文明”等，从而推动凉州学研究创新、促进凉州学成果转化。三是依托武威市重大的文化项目，如建设凉州会盟纪念地、吐谷浑文化博物馆等，与国内科研院所、高等院校开展战略合作，拓展凉州学研究视野，推进研究深度，使科研院所、高等院校自身的人才优势、学术优势、智库资源与地方丰富的文化资源相结合，促进凉州学研究的创新发展。四是开展文化产业领域调查研究，借鉴国内文化产业发展成功案例，围绕武威市在文化旅游名市建设和华夏文明传承创新区建设、武威市文化旅游发展规划等方面，确定重大课题，深入推进“一带一路”建设，大力挖掘凉州学资源，助推文旅深度融合，为武威、河西乃至甘肃“一核三带”高质量发展提供强大学术支持和智力支撑，为地方政府决策提供咨询服务。

著作选介

【夏商周断代工程报告】

夏商周断代工程专家组编著《夏商周断代工程报告》，科学出版社2022年6月出版。“夏商周断代工程”是中国“九五”国家计划重点科技攻关项目，是我国第一个由人文社会科学与自然科学相结合、多学科交叉联合攻关的大型科学研究项目。“夏商周断代工程”的总目标是将夏、商、西周三个时期的年代学进一步科学化、量化，制定这一时期有科学依据的年表，为深入研究中国古代文明的起源和早期发展打下良好的基础。该书内容上分为“引言”、“西周年代学研究”、“武王克商年研究”、“商代后期的年代学研究”、“商代前期的年代学研究”、“夏代年代学研究”、“夏商周考古年代的^{14}C测定与研究”和“夏商周年表”等章节。关于西周年代学研究，“夏商周断代工程”（以下简称“工程”）以共和元年即公元前841年为出发点，其研究范围实际始于武王克商而终于厉王，对于共和以下年代只做了一些验证性工作，其研究目标是推定列王的年代，并对西周考古学文化序列进行精准的测年和研究，构建较为完善的西周金文历谱。其中关于武王克商年代，“工程”另作专题进行研究，将现有文献资料和丰镐遗址中以沣西97SCMH18为代表的重要考古发现相结合，依据武王克商年的天文资料推算可能方案。关于商代时期的年代学研究，“工程”分为前、后两部分进行分析。商代后期的研究主要依靠殷墟所出的资料以及文献中商后期王年的记载等信息整合得出，盘庚迁殷在公元前1300年，武王克商在公元前1046年，其间是商后期8世12王的大致年代。而商代前期的年代学研究，通过对文献所见商代积年以及郑州商城等重要商前期考古学文化的分期与测年进行分析，“工程”将商代始年初步估定为约公元前1600年。在夏代部分中，因材料相对于商周时期较为匮乏，“工程”主要就二里头文化和河南龙山文化晚期二地的夏文化遗存的发现进行了简要研究与测年，并从文献角度进行了大致推算，确定了夏商分界之年推定为公元前1600年，而夏代始年，则是依据文献中有关夏代积年记载的471年积年数，初步推测为公元前2071年。除了对夏商周年代学推断的分析，书中还简要就夏商周考古年代的^{14}C测定与研究进行了介绍，并附上测年数据资料，展现了当今考古学研究技术方法的改造与发展，也使得整个报告论证透明公开，便于学界后期研讨与引用。纵观全文，《夏商周断代工程报告》是对“工程”9大课题、44个专题研究的综合与总结，其完成了“工程”最初预定目标，是在《夏商周断代工程1996—2000年阶段成果报告：简本》的框架和结论的基础上编写修订而成的，较为全面系统地反映了“工程”的实施和研究过程、取得的成果和结题后的重要新进展。

（周昕妍）

【东周青铜乐钟制度研究】

张闻捷著《东周青铜乐钟制度研究》，厦门大学出版社2021年12月出版。礼乐制度是周王朝维系统治的重要工具与政治根基之一，在“礼乐并重”的治国原则下，乐器同样被赋予了极为重要的礼制地位。与各类青铜礼容器、车马舆服一样，编钟、编磬等金石之器亦成为贵族身份等级的物化标示，是全面认识周代社会与文化的又一重要媒介。全书共包括“东周青铜乐钟的年代学研究”、“周代乐钟的埋葬制度”、“葬钟陈列与周代乐悬制度”、“春秋晚期乐钟随葬制度的变革——以曾国、晋国为中心”、“者汈编钟与越国乐制”、“钟离君柏墓的礼乐器制度”、“沂水纪王崮春秋墓的礼乐器制度”、“王孙诰编钟的乐制与器主”、“由铭文论东周时期乐钟功能的变化——以行器为例”、“东周画像铜器上的乐悬考论”以及“附论汉代乐钟编列制度初探”等 11 部分。作者在书中建立了东周乐钟的年代学序列，进而探讨这一时期青铜乐钟制度的形成、发展和消亡过程，以及在不同地域间的编列制度差异，并尝试探索乐钟“葬制”与“庙制”的区别以及“乐悬制度”的具体面貌等诸问题，从考古学视角来考察东周时期的编钟音乐体系。关于东周青铜乐钟的年代学研究，作者结合类型学研究标准，分别按照中原地区晋系、南方楚系、山东地区、吴越系等几种地域系别进行分析研究。在周代乐钟的埋葬制度研究方面，作者在已确定的葬钟制度概念的理论基础上，分为西周和东周两个时期进行分析比较。而对于葬钟陈列与周代乐悬制度的分析，作者通过将《仪礼》等文献记载与周代墓葬中的相关发现互相印证，作简要介绍。随着时间推移，春秋晚期乐钟随葬制度相较于春秋早期乃至西周时期发生了重大变革。以曾国、晋国为代表，随葬编钟在配列方式、摆放形式以及制度内容上开始展现出明显不同的风格。据此，作者列举了者汈编钟、钟离君柏墓礼乐器、沂水纪王崮春秋墓礼乐器、王孙诰编钟等东周时期重要青铜礼乐器发现，通过逐一分析其乐器组合、等级、年代、国别等问题，研究其背后支撑的各国乐制及其文化因素。当然，作者对于东周青铜乐钟研究并未局限于乐钟本身，还广泛搜集了铭文、画像、铜器等资料，力求多角度讨论东周时期乐钟功能与制度的变化发展。书中最后附论章节，作者浅谈汉代乐钟编列制度，认为其源流与周代乐钟、乐悬制度发展有着密切关系。该书在力求全面收集、整理东周时期出土乐钟资料的基础上，结合三礼文献、金文及简牍等文字资料，采用综合研究与个案研究相结合的方法，对东周青铜乐钟制度研究进行了系统分析，对后续东周礼乐制度研究具有重要意义。

（周昕妍）

【越在外服：殷商西周时期的邦伯研究】

王坤鹏著《越在外服：殷商西周时期的邦伯研究》，商务印书馆 2022 年 8 月出版。该书研究了“邦伯”这一政治及社会组织在殷商、西周时期的发展，探讨了处于早期国家“外服”区域的邦伯被纳入中心王朝的过程，这也是早期国家统治区域不断开辟以及政治体制随之演变的过程。书中内容共分为七大部分，王坤鹏在“绪言”中主要就早期文明发展进程中的邦伯问题以及相关学术概念进行了简要阐释。关于殷商时期邦伯的基本情况，作者对商代甲骨刻辞中出现的“伯”的性质、称谓、数量等进行了比较全面的整理和考索，并在此基础上侧重论述伯与商王朝的关系问题。通过对卜辞等资料的分析，可发现多数邦伯都经历了商王朝的征服与诫敕，有斗争也有臣服，而在这一漫长过程中，邦伯作为一类政治团体已经成为商王朝政治结构的一部分。针对商代甲骨刻辞中的“方伯”概念以及殷商晚期方伯的政治影响的问题，作者对殷商晚期与商王朝政治及军事关系密切的夷方伯、周方伯等做了比较细致的研究。时间线发展到西周时期，在对这一阶段伯的性质与分布问题研究中，作者发现存在着不少一直称伯而未称侯的族邦，其具有较强的经济、军事实力以及政治影响力，且与当时宗周的关系十分复杂。而此类异族邦伯问题，主要表现在当时周人自身即有称伯的情况，周人之外的邦伯亦不在少数，这些邦伯与王朝中心的关系也常常处于不安定状态。由此作者推测西周时期封侯的目的之一也正是管控当地的土著邦伯。此外，作者还在书中对邦伯在西周王朝边域经营及文化交流等方面所起到的作用进行了系统分析，认为西周王朝的边域地区多存在一些邦伯势力，与周王朝对边域地区的经略以及周人的族群关系等问题有一定联系。该书所讨论的“邦”与“邦伯”，特指新石器时代末期在早期中国文化圈的范围内最早出现的一种区域性的社会与政治组织。从今天的考古发现来看，所谓“邦”一般是以城池为中心，统属城池周围的部分农地构成的一个小规模的政治体。夏商周三代王朝的形成就是建立在中心邦对其他诸邦加以服属的基础之上，其社会结构的特点是存在着数量众多的大大小小的邦国（或称方国、诸侯国等）。这些邦国实际上是三代王朝统治管理广大疆域的基本单位，它们具有一定的独立性，但又服从于中央王朝，文献中称这类邦及其首领为“伯”或“邦伯”。王坤鹏这部专门研究殷商和西周时期“邦伯”的著作，对于认识上古中国的社会结构具有重要的学术意义。他在书中提到了结论性认识，即“上古时期的中国，社会与政治融合发展的基础组织并非个人，而是大大小小的族邦”，并且指出了“邦伯在早期中国文明发展中所起到的基础作用”。

（周昕妍）

【西周王室赏赐礼制研究】

景红艳著《西周王室赏赐礼制研究》，中华书局2022年6月出版。该书是景红艳博士论文的修订本，其内容以传世文献为主要依据，结合金文材料和考古成果，分别从封建赏赐、册命赏赐、祭祀赏赐、军功赏赐、朝聘赏赐等五个方面入手，对各类赏赐礼的对象、主要内容、性质、基本特征、源流考辨以及在国家政治生活当中发挥的功能即政治意义进行了探究，不仅揭示了西周王室赏赐礼制的主要内容、其在国家政治生活中发挥的作用以及各类赏赐礼制之间的政治关系和作用，同时还对西周王室赏赐礼制产生、发展、衰微的历史轨迹及内在原因进行了探究。首先，作者对周初发展的封建赏赐进行了较为详细的分析，其经历了武王、成王和康王三个高峰阶段，内容相较于其他赏赐类型而言是最为厚重的。西周的封建赏赐择选众多类型的赏赐对象，如归顺的殷商贵族、周天子近亲和异姓功臣等，目的在于藩屏王室，稳固统治，奠定了以周天子为政治中心的封建制国家政体，同时为西周其他各类赏赐制度的实施提供了基础。而对于封建赏赐衍生发展而来的册命赏赐，通过对被册命者接受赏赐的历史记录的考释分析，作者发现，西周册命赏赐要举行隆重的册命仪式，使得册命及赏赐活动具有法律效力，也让册命赏赐本身更具有权威性和神圣性。它在捍卫和维护封建制国家政体的同时，又进一步缔造和构建了西周社会森严的政治等级制度。而在祭祀赏赐相关问题上，作者认为，它是对封建赏赐和册命赏赐的修复和补充，在维护封建制和等级制的同时，周天子通过祭祀赏赐促进统治阶级内部不同等级之间在政治上达到和同。其中，作者还详细分析了周王举行各类祭祀活动的原因，有以下四个方面：其一是效法天地，体现为政之道在于顺从阴阳之大义；其二统治者在政治、军事生活中实施“亲亲”之道的宗教手段；其三，体现为政之道在于施惠于民；其四是使祭祀赏赐更具有合法性。除以上三种赏赐类型外，军事赏赐也是西周赏赐礼制的重要组成部分，它是不断促进各类赏赐活动得以开展的原动力和外部保障力量。作者通过对金文材料的分析，简单介绍了军功赏赐的概况，西周时期周王室军功赏赐活动的发生主要与周初的平定叛乱活动、与鬼方的战争以及与东夷、淮夷的战争关系密切。而金文中接受此类赏赐的对象中，“师”官员占据了比较大的比重。作者对这一现象进行了深入研究，发现西周的“师”官大部分属于武职即军事长官，且“师”官在西周的对外战争中，往往担任主要统帅角色，这一发现为日后西周官制研究提供了参考。关于朝聘赏赐方面，作者认为，其作为对封建赏赐和册命赏赐的完善和补充，目的在于加强在统治阶级内部君臣上下之间和各级贵族横向之间的合作和联系，进一步巩固通过封建赏赐和册命赏赐而构建的统治秩序。其中依据礼书记述，朝聘赏赐可分为朝覲赏赐与诸侯聘问赏赐。其中朝覲赏赐，是指天子对朝覲侯氏进行物质赏赐以及政治册命；而诸侯聘问赏赐，是包含了友邦对聘宾、主国对聘宾以及聘君对聘宾等三种性质的赏赐礼制，具有较为森严的等级性，是一个较为成熟的多层次的礼物赏赐体系。此外，作者还探讨了赏赐礼制衰微的过程及原因：春秋时期，是中国社会开始发生剧烈变革的特殊历史时期，随着王室经济实力和政治威信的下降，周天子进行各类赏赐的能力也大为下降，赏赐次数减少，传统的赏赐制度难以为继；推进到战国时期，周天子在政治上彻底沦落，传统的赏赐制度失去了赖以生存的社会环境从而完全崩溃。书中对每一种赏赐礼制类型，都详细考察了其内容、特征、功能和意义，得到了具有总括性、规律性的认识，深化了对相应赏赐礼制的理解，并且还通过研究其变迁和衰微过程，从而展示了一个动态的历史发展过程。

（周昕妍）

【中国古代青铜器整理与研究·青铜觥卷】

张懋镕主编，张翀、刘莹莹著《中国古代青铜器整理与研究·青铜觥卷》，科学出版社 2022 年 9 月出版。该书搜集出土、传世青铜觥，资料截止时间为 2019 年 3 月。编者们采用类型学、文化因素分析以及统计等方法，对青铜觥器进行整理，在前人研究成果基础上，进行比较深入的综合研究。青铜觥最早见于安阳殷墟妇好墓中，时代在殷墟二期。青铜觥属于比较特殊的青铜器类，一般使用于等级较高的墓葬中，且多具有礼器性质。全书共分为八大部分，分别从研究史、类型学研究、年代学研究、区域研究、器类研究、组合器物、铭文以及纹饰研究开展对青铜觥的整理研究。在青铜觥研究史及其方法的论述中，编者梳理了自宋以来青铜觥研究史，特别区分了青铜觥在历代著录、研究中出现的与其他器类错用、混用现象。关于对青铜觥的类型学研究，根据青铜觥足部的变化和整体写实感的强弱，学者们将其分为二型：A 型为动物型觥，B 型为圈足觥。在觥类器物的演进史中，B 型的数量最多，持续的时间也比较长，基本存在于青铜觥的整个发展阶段。根据这类圈足觥的圈足变化，又可将其分为圆足和方足两个亚型。而所谓的角形觥，实际上是指兕觥的祖型。编者在处理这类形制觥器时，将其排除于其他觥器类型序列外，另辟一节专门论述，同时也涉及一些特殊形制的青铜“觥”器。对于青铜觥的年代学研究，编者对青铜觥进行分期研究，划分为三期五段。通过分期研究，发现殷墟四期是青铜觥发展的高峰，不仅数量最多，器物形制上也最为完备，整体器物精美、大气。西周早期后段开始，青铜觥数量锐减，开始走向衰落。不过，因为觥器出现时间跨度较短，分期不是重点，重要的是通过分期研究它的兴起、衰亡的内中动因。在青铜觥的区域研究方面，编者以出土物为主，并参考传世品中相对比较有确凿出土地的觥器加以整理，分为殷墟故地、三周地区、周边地区等不同的区域种类进行梳理。可能这些区域之间的地理范围有所重合，但更接近于当时的历史图景，也有助于考察区域的动态变化。关于青铜觥的器类研究方面，编者对觥类器形做出规定，辨析动物形觥与鸟兽尊、西周早中期出现的觥形尊以及与匜爵器物的混淆等问题。此外，编者在青铜觥的器形特点的基础上，还对青铜觥的功用问题进行讨论。对于出土铜觥的出土器物组合的针对性研究，通过考古信息的提取及其研判，特别是对不同时期器物组合的比较，编者总结出出土青铜觥的墓葬等级规律。在青铜觥的铭文研究方面，编者侧重于器物族徽研究，通过对有铭铜觥进行梳理，观察器物上的族徽来考察使用铜觥的族氏或家族。关于青铜觥的纹饰及造型这一重要研究方面，编者初步梳理了觥器纹饰发展概况，以图像与文字相结合的方式，尽可能将纹饰“立体”起来，以期探研当时人们的审美眼光和宗教信仰。以上可看出，编者在书中对青铜觥做了较为全面的整理，并进行了总结性论述。如铜觥逐渐消亡的原因，器物演进的技术问题，其发展与衰落跟历史背景、人们选择等人文因素之间的关系等一系列问题，编者们也在书中做了思考分析。“衰落”是一个永恒的话题，而反映到器物上，可否体现人及其政治的历史问题。

（周昕妍）

【寻找夏朝：夏代史与中国早期国家问题研究】

沈长云著《寻找夏朝：夏代史与中国早期国家问题研究》，中国社会科学出版社2022年8月出版。该书为沈长云先生研究夏朝历史的论文集结，总计收录35篇论文，都是作者多年来关于中国早期文明与夏史研究的积累与思考，大致分为“夏史研究的基本问题”、“夏的地域问题”、“禹治洪水问题”以及“有关理论研究”四部分。关于夏史研究的基本问题方面，收录了7篇文章，作者论述了夏朝在历史上的存在、夏代国家起源和“夏族”概念等基本问题。例如在《夏朝的存在是无法“抹杀”的》一文中，作者申明，“夏朝并非是后人想象的那样一种‘大一统’的国家，它应该是由夏后氏统治下的若干邦方亦即酋邦组成的早期国家”，并且从正面列举得出都邑遗址发现可以证实夏朝存在的结论。关于夏的地域问题，沈长云先生主要有6篇相关文章参与讨论。首先就禹都阳城的地望问题，在《夏后氏居于古河济之间考》文章中，作者提出了禹都阳城在大梁（今河南开封）之南的观点，并且依据考古学观察，认为夏朝分布地域主要在古河济之间。此外，作者还对相关“禹划九州”说的理解诸问题提出了不同意见，例如在《“九州”初谊及“禹划九州”说产生的历史背景》一文中，作者指出，“九州”是从“四域”的观念发展而来的，最初是一个笼统的国家疆域的概念，早期文献中的“九州”与“禹划九州”中的“九州”内涵不同，“禹划九州”的观念应该是战国时期各国普遍实行行政区划后才产生的，《禹贡》中九州的分布与魏惠王霸业的建立关系密切。而关于夏史的研究中必然绕不开的“禹治洪水”问题的研究，书中收录了6篇文章，都是沈长云先生关于大禹治水真相提出的几点思考与探讨。作者认为，禹治洪水为信史，洪水发生的地域可推定为兖州地区，并且依据《豳公盨》铭文，对疑古派主张“禹是天神而非人王”的说法提出质疑。其中，在《论大禹治水及其对中华文明进程的影响》一文中，作者对大禹治水问题做出了简要总结，认为其对于中华文明进程的影响无论是在物质层面还是精神层面都是深远的。在有关理论研究章节中，集中了沈长云先生15篇文章，其中包括作者对从理论上探讨早期国家的概念、中国早期国家的起源、国家形成的标志，以及中国早期国家的各项制度、社会结构和社会形态等问题的研究。此外，对于国外人类学理论和“酋邦”概念，沈长云先生也在文章中进行了相关探讨。例如在《酋邦、早期国家与中国古代国家起源及形成问题》中，作者认为，酋邦可以对应于我国古代文献所记载的“天下万邦”的“邦”，即今日治先秦史者经常提到的“族邦”，这样一种氏族结构不仅存在于中国前国家时期，也存在于国家刚产生后的一个阶段。夏史和夏文化研究是中国先秦史研究领域的重要组成部分，该书作为沈长云先生数十年夏史研究的总结，对夏代历史研究应具有一定的促进作用。

（周昕妍）

【夏商周文化与田野考古】

刘绪著《夏商周文化与田野考古》，上海古籍出版社2022年8月出版。该书收录刘绪先生相关论文26篇，其中按照夏文化研究、商文化研究、周文化研究以及田野考古与纵论等四部分进行了排序整理。刘绪先生长期从事夏商周考古，曾参与山西天马—曲村遗址、晋侯墓地、周原遗址等的发掘工作，拥有丰富的田野工作经验。书中在夏文化研究部分收录了4篇文章，有的从夏商文化关系的角度研究，如《从墓葬陶器分析二里头文化的性质及其二里冈期商文化的关系》《论卫怀地区的夏商文化》等文章，也有对于中国早期文明问题的思考，如《谈一个与早期文明相关的问题》等。在商文化研究部分，收录了8篇文章。刘绪先生对于商文化的研究角度是多样化的，其中主要着重于夏商文化分界问题与偃师商城西亳说的认识与思考。例如在《再论偃师商城是不准确的界标——兼答方酉生先生》一文中，刘绪先生对于偃师商城作为夏商分界界标的准确性进行了讨论，认为“就考古学文化而言，偃师商城里最早一段商文化不是商代最早的商文化，而且新都的始建和起用毕竟不是商代的起始。”关于周文化研究，从刘绪先生相关8篇文章可看到，作者就参与发掘的周原遗址、晋侯墓地等重要考古发现的相关问题展开了讨论。如《晋与晋文化的年代问题》一文，作者结合历史文献，对晋与晋文化的有关年代给以判定，认为晋国的存在始于叔虞终于桓公。又如《晋乎？卫乎？——琉璃阁大墓的国属》，文中对于琉璃阁大墓的时代、国属与墓主身份的推断，提出了琉璃阁大墓时代主要应属春秋晚期，属于晋之范氏，并由墓葬规模相关情况，确定琉璃阁大墓墓主，至少有两位是晋卿范子。此外，考虑到刘绪先生丰富的田野作业经历与考古学研究经验，在田野考古相关部分，收录了作者7篇文章，其内容主要是对于当今田野考古现象与方法提出了几点自己的思考。如在《田野考古中存在的几个问题》一文中，作者认为在探讨遗址的聚落变迁时，往往容易从宏观方面考虑，而由个别考古现象去复原聚落局部的场景则往往被忽略。除此之外，在田野考古发掘中，常常会遇到一些仅揭露出局部或遭受破坏的遗迹现象，有的容易理解，有的则颇费琢磨；有的看似平常，但却包含着特别的内容。面对这些问题，考古工作者需要认真思考，对它们进行合理的复原，才能较完整地再现聚落场景。刘绪先生以为，这是从事田野考古，探讨聚落结构与变迁不可缺少的内容，是对聚落变迁进行宏观探讨的基础，应该引起重视。该书展示了刘绪先生在夏商周考古与田野实践中的综合研究成果，所选论文也反映了刘绪先生以田野考古为基础的学术研究广度和深度，是当前夏商周考古前沿问题研究进展的缩影。

（周昕妍）

【晋侯晋都晋文化】

李伯谦著《晋侯晋都晋文化》，三晋出版社2022年8月出版。该书是一部论文合集，收录了李伯谦先生从1985年至2019年撰写的21篇与晋文化相关的文章，记录了他和团队在曲村—天马遗址的发掘过程，系统展现了对晋国历史变迁、晋国始封地、晋侯墓葬制度、铭文释读等方面的研究成果。论文的编次以首次发表的时间顺序为准，结构上采用考古发现研究与相关铭文考释相结合的方式，借此反映曲村—天马遗址以及晋侯墓地考古发掘的进度，以及李伯谦先生研究晋侯晋都晋文化的思路。曲村—天马遗址、北赵晋侯墓地的发现，揭开了2000多年前晋国的面纱，使晋文化的研究打开了新的历史格局。关于晋国历史变迁的研究，李伯谦先生对西周九位晋侯排序进行了详细分析，如《晋侯墓地墓主之再研究》、《晋侯墓地墓主推定之再思》和《晋侯墓地的新发现》等文章，验证了对9组19座晋侯夫妇墓的排序。在对晋国始封地所在的讨论中，作者在所撰的《晋国始封地考略》和《天马—曲村遗址发掘与晋国始封地的推定》等文章中，提出了曲村—天马遗址是西周初年叔虞封唐之唐，且在晋献公八年（公元前668年）始都绛以前晋国并未迁都的观点。此外李伯谦先生在铭文释读方面也有较为深入的研究，如《也谈杨姞壶铭文的释读》、《叔夨方鼎铭文考释》、《晋伯卣及其相关问题》、《㝬公簋与晋国早期历史若干问题的再认识》以及《𩧢马盘铭文与晋侯墓地排序》等文章，铭文研究对于理清晋国发展变迁、晋都地望问题具有重要意义。例如在《也谈杨姞壶铭文的释读》中，作者对杨姞壶铭的“杨姞”解释为姞姓杨国女子的自称，似较将其视为嫁于杨国的姞姓女子的称谓更为合乎情理。而关于《叔夨方鼎铭文考释》中的叔夨方鼎，通过释读发现铜鼎铭文中的王应是成王，叔夨则可能是晋国的始封君唐叔虞，由此可推断出这件方鼎是迄今所知唯一一件晋国第一代封君自作的铜器，具有重要的研究价值。该书除了论述晋侯晋都晋文化相关研究成果外，还包含了李伯谦先生关于考古工作的相关思考，例如《文化因素分析与晋文化研究》《回望曲村——山西晋文化墓地发掘历程》等文章。文中先生回顾了山西晋文化考古发展历程，结合各阶段考古发现梳理了半世纪以来学界关于晋文化研究的发展脉络，其中又强调了当今考古文化因素分析对于晋文化研究的重要性。李伯谦先生长期主持晋侯墓地的发掘，其研究论文涉及晋国始封地、西周九位晋侯排序、叔虞方鼎铭文考释、晋侯墓地随葬玉器及西周后期用玉观念的变化等，均为考古基础上的严谨之作，对研究晋国文化具有重要价值，该书是一部了解晋国史、研究晋文化的经典之作。

（周昕妍）

【甲骨与青铜的王朝】

朱凤瀚著《甲骨与青铜的王朝》，上海古籍出版社2022年1月出版。该书选取了朱凤瀚先生从1981年至2020年发表的文章80余篇，在一定程度上反映了作者治学的视野、旨趣、方法和取得的成就。全书分上、中、下三册，大致按照文章内容所涉及的历史时期划分。上册为商代部分，收录了《再读殷墟卜辞中的“衆”》等论文30篇（另附文1篇），其中有细致深入的字词考释。例如《说殷墟甲骨文中的“龙”字及相关诸字》，作者对甲骨文、金文等文献文字进行考释，将过去统通归为龙字的几个甲骨文字，确认只有“头有冠角、张口有齿、尾后卷上翘”的或其简体才是龙字。此外，上册也有从卜辞或殷金文史料出发，进行整体宏观的理论研究的文章，如在《殷墟卜辞所见商王室宗庙制度》一文中，作者根据殷墟卜辞所反映的商代晚期先王、先妣宗庙设置的原则，认为在商代晚期商王室已有了较完备的宗庙制度，在宗庙总体构成、设置原则及宗庙活动上，均体现出为强化王权与维护子姓贵族团结服务的特点，从而使宗庙制度成为巩固商王朝统治的重要政治制度。中册为西周部分，收录《〈召诰〉〈洛诰〉、何尊与成周》等39篇论文（另附文1篇），其中有的文章是通过对文献史料、铜器铭文以及清华简的释读分析进行对西周历史变迁中年代世系、家族形态以及政治制度等方面的研究。例如在《柞伯鼎与周公南征》中，朱凤瀚先生通过对柞伯鼎的年代判定以及铭文内容释读，提出了“诸侯之间在一定条件下形成的等级差异，且西周各诸侯国始终对于周王室担负有军事义务”的观点，且铭文中记载虢仲诰命柞伯时追溯周公曾“广伐南国”事迹，是西周金文中首次见到对于“周公南征”的表述，对于西周史研究具有极重要的价值。上、中册中众多文章都是综合运用了历史学、古文字学、历史文献学与考古学等学科的理论与方法，着重探讨了商和西周时期的社会结构、政治制度、家族形态、宗教观念、政治地理等方面的重要学术问题。这些文章集中反映了作者在先秦史与古文字方面的造诣，其所研究的范围涵盖了商至西周的发展规律。下册共收录17篇文章，另有1篇访谈文章，其区别于前两册，不仅局限于东周史研究，还涉及先秦方向通论。下册东周部分主要论及这一历史阶段社会阶层与社会组织的状况，如《论春秋时期的“新兴地主阶级”》、《春秋战国时期齐国行政组织与居民状况的变化》和《论春秋金文中冠以国名的“子”的身份》等文章；通论部分的文章则较宏观地论述了商周社会结构、宗教观念的演变等问题，也有对中国考古学与历史学的关系等方法论的思考，其中也涉及对夏文化考古学探讨的看法。这些文章所据除少量传世文献外，主要运用殷墟甲骨刻辞、青铜器铭文等古文字资料与考古发掘资料。《甲骨与青铜的王朝》是朱凤瀚先生首次出版文集，作者在著作中所提出的观点与见解，对于先秦史、古文字学乃至考古学研究都具有重要意义。

（周昕妍）

【商周史地发微】

王恩田著《商周史地发微》，商务印书馆2022年8月出版。此书为“王恩田先生学术文集”系列其中一本，此系列还有《先秦制度考论》和《古文字证史录》。该书辑录了王恩田先生在古史研究领域的相关文章共计79篇，内容以商周史为主体，但并不限于商周两代，时间上上起龙山文化，下至两汉。先生对于先秦古国的研究涉及面也很广，针对周、鲁、齐、晋、虢、秦、楚、燕、吴、宋、曾、纪、杞、莒、徐、郧、逢、薛、邛、滕、郳、费等国的史地问题，均有专门的文章论述。例如《纪、曩、莱为一国说》《从考古材料看楚灭杞国》《济阳刘台子夆器与周人灭逢》等，王恩田先生利用国族名铜器研究山东古国史，提出纪、曩、莱为一国的观点，阐述了杞分二国，徐国本土在山东，济阳夆器是周人王季一支征伐逢国的战利品，逢国不在济阳等论点。在考古方面，王恩田先生论证了周原遗址有西周早期的凤雏大室类型宗庙和西周晚期的云塘康宫类型宗庙，证明周原遗址应是周人的都城，而非周公采邑。例如《"成周"与西周铜器断代——兼说何尊与康王迁都》，作者分析，周人有三都二京，三都分别为：其一，周公庙的岐都，是周公亶父所建，由于岐山有周人最早的宗庙，故金文中称为"宗周"；其二，根据凤雏出土的商纣时期的四块庙号甲骨周原遗址的"周都"，应是文王所建；其三，洛阳的成周，是为周公旦与成王所建。酆、镐无宗庙，只能称京，京即大邑，不是都城。此外，在《鹿邑太清宫西周大墓与微子封宋》一文中提到的鹿邑太清宫所谓的"长子口"西周大墓，这是西周考古极其重要的考古发现。根据多方面论证，作者提出其名字释"长"是错误的，应该释为"微"，与西周早期分封的宋国始祖微子启有关。并且通过厘清长、微两字长期混淆的原因，作者还顺带解决了三晋私名印不见魏姓的问题。在古史研究方面，王恩田先生秉持"无证不信，无证不疑"的治学态度，认为信古与疑古是一对矛盾，因为对于史料都需要"考"，都需要"释"，都需要"融会贯通"，都需要核查，所以不存在"第三者"的"释古"。例如《齐鲁文化研究的史料问题》，作者指出中国古代文献浩如烟海，地下出土的文字材料层出不穷，近代考古学和民族学硕果累累，"不存在'文献不足征'的无米之虑"。此外，新石器时代的考古内容和汉代画像石的内容也收录于此，如《泰安大汶口汉画像石历史故事考》《龙山文化的渊源及其上限》等。整本书中作者运用古文字、考古材料与传世文献相结合的方法，旁征博引，慎思明辨，提出很多新观点。对于素来苦于文献匮乏的商周史研究，作者充分发挥考古学补史证史的作用，大大拓展了研究空间，体现了其恢宏的学术视野、精深的研究能力和厚实的史学理论功底。

（周昕妍）

【商周文字论集续编】

谢明文著《商周文字论集续编》，上海古籍出版社2022年7月出版。该书为《商周文字论集》的续编，收入作者近年发表的关于商周文字研究的论文33篇，内容包括甲骨、金文、楚竹书、秦汉文字等考释，以及传世文献字词的新证研究。在甲骨文字词考释方面，书中收录的相关文章有《甲骨文旧释“益”之字新释——兼“易”字新探》《甲骨文“冑”“奂”补释》等4篇。其中主要是对古文字的考释，例如《甲骨文旧释“益”之字新释——兼“易”字新探》，作者运用音韵学、字形和辞例分析，将“益”释作“皿”，且“益”与“易”可能是一字分化，即“益”字可能是由横置的“易”形分化而来。在铜器铭文字词考释方面，收录了18篇文章，有的文章是对铭文字词的隶定释读，如《牧簋“耤”字补说》，作者根据相关金文认为它应该读作“作”，并讨论了与之相关的铭文内容。有的文章是对铭文内容的重新释读，如《曾伯克父甘婁簠銘文小考》，作者在《商周青铜器铭文暨图像集成续编》的基础上，就两件曾伯克父簠铭文作了一些补充意见。在战国竹简字词考释方面，关于竹书的研究，该书主要收录了谢明文先生《读〈清华简（叁）〉札记二则》《清华简说字零札（二则）》以及《〈封许之命〉“總”补释》等三篇。文章多以札记形式发表，主要是作者对竹简文字进行的简单释读推论。如《读〈清华简（叁）〉札记二则》中，作者主要就《良臣》中“侖”字与《周公之琴舞》中“彝”字进行了释读，认为《良臣》篇中的原字“[illegible]”应释作“侖”而读作“管”，《周公之琴舞》中原字[illegible]应释作“彝”，根据简文文义“彝”似当如字读，训为“常”。此外，除对于不同载体形式的古文字的研究外，作者对于古文字的字形、字义和语法也颇有研究，常从古代语言文学角度，分析字形变化、字义发展以及语法结构，如《说夙及其相关之字》、《说“狄”》、《释徐州北洞山西汉楚王墓出土陶文“容”字与说古文字中的“㕣”字及相关之字》以及《释“鴉”》等。文中作者以《说文》为基础，整合文字所见的甲骨、铜器铭文等各类资料，辨析现有释读观点，提出自己的见解。此外，论集中还有关于对传世文献字词的新证研究，如《〈诗经·大雅·韩奕〉“淑旂綏章”新證》和《结合传世文献与出土文献谈谈“從”字的副词用法》。在《结合传世文献与出土文献谈谈“從”字的副词用法》一文中，作者通过梳理出土文献，发现“從”的副词用法很早就已经出现，其语义特点往往是强调一个动作紧跟着另一个动作而发生。该书收录的文章看似分散，实则涵盖了古文字众多研究领域，体现出谢明文先生在商周文字领域的深厚功底，为日后古文字释读与语言文字研究提供了众多独到见解。

（周昕妍）

【季旭昇学术论文集】

季旭昇著《季旭昇学术论文集》，花木兰出版社2022年出版。该书属于《中国语言文字研究辑刊》系列之一，共5册，收录了季旭昇先生多年来的学术论文共68篇。季旭昇先生一直致力于《诗经》及中国文字研究，著有专书《说文新证》《甲骨文字根研究》《诗经古义新证》等，同时对战国竹简研究造诣颇深，著有《上海博物馆藏战国楚竹书读本》以及《清华大学藏战国竹简读本》等书。该论文集中所收录的文章涉及领域广泛，所引材料种类丰富，其中战国竹书研究占较大部分。文集中有的文章重在对简文的释译，有的文章旨在与今本文献的互证，也有文章侧重于古文字中的易卦学研究，部分文章则是对古文字的释读考证。在战国竹书研究方面，季旭昇对郭店楚简、上海博物馆藏战国楚竹书以及清华简等材料进行过详细的研究。读简过程中，常常能遇到因竹简残断而不知其全篇所云的情况。季旭昇常采用今本文献与竹简原文相结合的方式，对简文中包含的字词义理、语句内涵以及背后体现的礼制内容进行了分析研究，中有所得而撰写相关文章，例如《读郭店楚墓竹简札记：卞、绝为弃作、民复季子》、《从楚简本与传世本谈〈礼记·缁衣·苟有车〉章的释读》、《〈上博三·恒先〉「意出于生，言出于意」说》、《〈清华叁·周公之琴舞·周公作多士儆毖〉小考》以及《〈清华柒·越公其事〉第四章「不称贷」、「无好」句考释》等。如《〈上博九·史蒥问于夫子〉释译及相关问题》一文，《上博九·史蒥问于夫子》记载了一位齐国敝吏之子史蒥向孔子请教的相关内容，其可以补充今人对儒家孔子的认识，但是由于竹简全部残断，释译具有难度。而季旭昇通过检讨此篇与《上博六·孔子见季桓子》某些简的拼接并对拼接后的释读进行讨论，得出了相关问题的某些新意见，在原有释读基础上有了新突破。再如《从楚简本与传世本谈〈礼记·缁衣·苟有车〉章的释读》一文中，作者将《郭店楚墓竹简》、《上海博物馆藏战国楚竹书（一）》与今本《礼记》相对照，拼合出合理通顺的原文，并进行了义理解释。论文集中关于易卦材料的研究搜录了5篇文章。古文字中有很多易卦材料，作者将其汇集整理，通过对这些易卦的解释，提出了自己的独到见解，如《清华肆〈筮法〉〈别卦〉卦名考：倝（干）名》、《古文字中的易卦（数字卦）材料》以及《易经占筮性质辨说》等。在古文字释读方面，季旭昇也有很多自己的理解与观点。对于字词的考释，作者不再局限于竹书，甲骨文、铜器铭文都是他考释文字引证的材料来源。例如《从战国楚简谈「息」字》文中，季旭昇从古文字材料分析指出，“息”字有两个来源，一个是甲骨文的“㝉”，根据甲骨文的字形及辞例，可推知其本义为鼻息、气息；第二个是“息”，根据《郭店》、《上博》、《中山王铜器》、荆门左冢漆梮等战国文字材料，可推知其本义为“嫉”。后来这两个来源糅合，保留的是甲骨文的词义——鼻息、气息、喘息、休息等。该书既有如易卦学、西周礼制等宏观层面的理论解释，又有对战国竹简、古文字等具体深入的引证考释，是一部重要的学术论著。

（周昕妍）

【徙封——西周封国政治地理的结构—过程】

于薇著《徙封——西周封国政治地理的结构—过程》，上海古籍出版社2022年12月出版。该书以于薇博士论文为基础，收集整理了与西周封国相关的文献、考古、古文字资料与研究成果，在对130多个封国进行通盘梳理的基础上，重点对西周26个封国地点移徙的徙封问题加以研究。全书从地理变迁和封国秩序两个角度入手，考察西周封国分布的阶段性变化，分析分封制时代血缘与地缘的复杂关系。同时，通过分区分期的研究方法，把握王朝政治疆域内各地理板块发展的节奏，尝试为理解西周历史进程提供一个基础的时空坐标系统，并尝试呈现西周封国空间格局对后世政治地理基本区域的奠定作用。徙封，是指诸侯国在始封之后受天子之命移徙。该书内容上共分为绪论、西周封国徙封现象的确认、东征前的封国地理格局、成王以后封国地理的动态过程、从徙封看西周王朝对封国的控制方式以及结语六部分。绪论部分，作者简要介绍了封国问题在西周史研究中的价值以及相关概念问题。周代不仅有大量的分封，而且有不少徙封，可以说正是分封和徙封构成了作为王朝骨干的分封之制。而过去学界对于分封的研究甚多，成果丰硕，但对徙封则关注不多。通过对宜侯夨簋、邢侯簋、《崧高》等众多资料的搜集和考释分析，作者确定了西周封国徙封现象的存在，且对徙封的过程性与制度性进行了分析。关于东征前的封国地理格局问题，作者从时间与空间两方面纵横分析，按照商代末年、克商之役、返回西土后三个时间阶段，将封国地理格局大致划分成了如周人关中故地、安阳殷王族区、郑州商遗民区、商丘旧族区、沁阳田猎区、晋南方国区、黄河（西—南河）两岸旧族区以及东方夷人区等区域。而关于成王以后封国地理的动态过程，作者也是按照王系顺序，将政局与封国格局相对应，在此基础上侧重于对小东地区、大东地区、畿南、南阳盆地等不同地域进行分析。例如在分析成康时期封国地理格局时，以三监叛乱为关键点，分析叛乱前后政局变化以及小东地区封国徙封与调整。此外，跳出西周封国问题，作者从徙封角度，审视分析西周王朝对封国的控制方式。在西周血缘基础上的封国分类原则与等级结构，通过文献记载与考古发现的比对，可以依稀总结出其徙封地理特征的血缘类型，这也反映出了西周封国政治中的血缘性与地缘性。此研究刻画了封国分类的血缘倾向、控制原则的多元化趋势与徙封空间过程的共振，展示出西周王朝“早期国家”向“成熟国家”过渡阶段的基本时代特性。书中绘有西周封国分期分布图，附有“西周封国简表”“西周封国徙封表”“西周庶姓封国表”“西周中后期汉淮流域国家简表”“《左传》重名地名表”“《左传》晋、楚地名表”等资料表，以及“近年来西周封国研究相关重要考古发现目录汇编”，亦具备一定资料性。

（周昕妍）

【青铜器与周史论丛】

韩巍著《青铜器与周史论丛》，上海古籍出版社2022年6月出版。该书收录了韩巍先生2007至2017年关于西周青铜器、金文和西周历史、考古研究方面的论文14篇（包括1篇未曾正式发表的会议论文）和书评1篇。该书内容主要在铜器断代、西周世族、西周政治制度以及考古新发现和西周史等几大方面展开论述。首先，在铜器断代研究方面，作者所做的重要学术突破，即为提出“恭王长年说”和“厉宣分界说”两个假说。关于西周恭王的在位年数，“夏商周断代工程”将恭王年数定为23年，于是西周中期凡纪年高于23年的铜器大多被放到穆王时。而书中《親簋年代及相关问题》一文，作者以親簋为突破口，从册命铭文的形式和演变规律出发，论证簋的年代应为恭王24年，而非学界主流意见所认定的穆王24年，进而认为纪年高于24年的廿七年裘衛簋和卅年虎簋盖，均应为恭王时器，恭王纪年至少在30年以上。《简论作册吴盉及相关铜器的年代》和《由新出青铜器再论“恭王长年说”——兼论西周中期后段青铜器的变化》两文，也继续深入论证这一观点。另外，作者在《册命铭文的变化与西周厉、宣铜器分界》一文中提出了“厉宣分界说”，即根据册命铭文中地点的变化来区分厉、宣两代铜器。作者发现西周册命铭文中凡地点在“周康某宫”或“周康宫某大室”者，其年代均在宣幽时期，目前所见有“周康昭宫”、“周康穆宫”（或“周康宫穆大室”）、“周康夷宫”（或“周康宫夷大室”）、“周康厉宫”四处；且目前所见此类铭文纪年均不早于宣王十六年，因此可利用这一标准来区分厉王和宣王铜器。文章还指出册命铭文在宣王后期又发生一些变化，比如出现两位史官，册命仪式最后增加“返入覲璋（圭）”仪节等。另外，作者在《单逑诸器铭文习语的时代特点和断代意义》一文中，还提出了关于西周晚期前段（夷厉）和后段（宣幽）的铭文在习惯用语方面有明显差别的发现。这两篇文章是韩巍从铭文内容和形式方面探索厉、宣铜器分界的重要尝试，但由于近十年来新出西周晚期后段的铜器册命铭文较少，使得这一假说无法得到进一步证实或证伪，还有待未来更多新材料的检验和进一步的工作。但无论是“恭王长年说”还是“厉宣分界说”，对于推动西周中晚期铜器断代研究都起到了积极作用。其次，关于西周世族研究方面，作者重点探讨了虢氏、益氏、单氏、南宫氏等家族的世系，进而对周代家族制度中一些关键问题提出新的见解。另外，对于西周世族的族姓来源，作者提出“周初赐姓说”这一假说，对深入理解西周王朝的族属构成以及姓氏的政治意义颇具启发性。再次，关于西周政治制度研究，作者以册命制度的产生和演变为线索，提出在恭王至厉王时期存在“册命体制”与“世族政治”共生的现象，从而为西周政治史研究搭建了一个整体框架。纵观全书，作者在研究方法上注重历史学与考古学的结合，强调铜器断代研究对于西周金文和历史研究的基础作用。在具体研究中，作者往往以关键铜器的断代为突破口，然后围绕人名称谓、家族世系、册命制度这几个核心问题，力图厘清金文中众多人物的关系，复原重要家族的世系，进而深入探究西周家族制度、政治制度的关键问题。这对于先秦史、考古学、古文字以及青铜器研究都有一定的参考价值。

（周昕妍）

【先秦乡里制度与早期文明】

李秀亮著《先秦乡里制度与早期文明》，商务印书馆2022年3月出版。该书在充分吸收前人研究成果的基础上，利用相关传世文献资料和新出土的青铜器铭文、简帛、陶文、玺印等古文字资料，对目前先秦乡里制度中的乡、里等最基层地域组织研究等诸项薄弱环节做深入考察。针对先秦乡里制度的内部结构形态，作者选择五个专题做重点论述：其一，乡里组织的结构与规模；其二，乡里组织的管理者；其三，乡里组织内的居民关系；其四，战国时期的“宗族里居”现象考察；其五，邻里关系研究。在以时间顺序梳理了先秦乡里制度产生、发展的演变过程外，该书还从横向的角度，对先秦乡里制度的几个因素做了具体解剖和分析，以期对其内部组织形态有更清晰的认识。关于乡里组织的结构和规模部分，乡里组织结构主要包括住宅邑落区、农业耕作区、山林薮泽副业区与公共墓葬区四大部分。一里的规模大约占地3万平方米，其中所包含的户数当以二十几户为基本形态，同时又时有不同程度的变动。关于乡里组织的管理者问题，乡里官吏的职官称谓在先秦时期虽都呈现多样化，但诸官吏之间已形成了上下级隶属关系，其本身的行政化已非常明显。作为国家行政官吏，乡里官吏的产生方式以乡举里选为主，有固定的选拔和任命流程，有一定的奖惩机制，有一定的职官俸禄。他们的社会职责从政治、经济、法律到社会公共事务等无所不包，内容繁杂。在探讨乡里组织内的居民关系问题中，作者发现，乡里居民在日常交往中，已形成了约定俗成的乡俗里规，如尊老敬长、死丧同恤、勤劳有为、尊贤重德、诚实尚信等。他们之间的居民关系主要包括互帮互助、患难与共的协作关系，婚嫁同乐、死丧同哀的亲密关系，生意买卖、债务往来的商业关系以及日常纠纷、冲突对峙的矛盾关系等四个方面。此外，通过对战国时期的“宗族里居”现象的探析，可以发现战国时期乡里组织虽然已普遍建立，但血缘宗族组织仍然以某种形式残留于世。战国时人仍有较强的血缘宗族观念，血缘宗族仍为战国时人身份界定的重要标识之一，在居民日常生活中仍然发挥着重要作用，甚至某些特殊职业仍然存在着较强的宗族里居行为。但与西周春秋时期的血缘大宗族相比，战国时期的宗族规模已非常有限，此时的宗族已成为乡里组织的附庸，它们只能以自己的方式散居在乡里组织之内，其社会地位已无法与乡里组织相抗衡。关于乡里居民“安土重迁”观念的研究中，作者深度分析了中国人心中从先秦时期就已存在的安土重迁思想，认为其产生的原因与农耕生产方式、统治阶级的刻意引导、诸子百家的大力宣传以及春秋战国时期的社会形势等息息相关。通过这几个方面的考察，该书有望让学界对先秦乡里制度的整体形态和特征有更清晰的认识。先秦时期是中国古代乡里制度的滥觞，加强对它的研究，弄清乡里制度的源头及早期发展轨迹，对于了解先秦时期的社会结构和政治变迁等具有重要的理论意义和学术价值。

（周昕妍）

【喜——一个秦吏和他的世界】

鲁西奇著《喜——一个秦吏和他的世界》，北京日报出版社 2022 年 7 月出版。喜，睡虎地十一号秦墓的主人。他生在秦始皇时代，比秦始皇嬴政大三岁，死于始皇帝完成统一中国大业之后四年，比秦始皇早死七年。他和秦始皇是同代人，从人到民，继而成为楚国故地的基层小吏。他有父母兄弟、妻子儿女。他的家族平稳地延续到了汉朝，社会地位和生活条件还略有提高。该书把零星的材料串联起来，试图拼接出一个作为人的喜，并在遥远、陌生的世界里找到喜。想象自己站在喜的位置上，凭借他的眼睛去看他所处的世界，并描述一个普通人或者说被统治对象直接面对的帝国统治机器：通过户籍制度、军功爵制、邻里的军事化编排，以及军政一体化的行政体系，将每一个黔首都固定在国家控制体系的特定位置上，使之从军应役、立功受爵、交纳租赋、互相伺察，有必要或有利时举报同伍、同里的邻居，但也在战场上生死与共，构成一种生存共同体。同时，该书力图呈现的是在秦始皇统一中国这一伟大历史进程中的一个卑微个体生命的若干面相，是伟大时代中以个人为中心的几幅剪影，是在总体格局相对稳定，而微观环境却在不断变动的历史结构中好不容易才可以发现的几处个体微粒：有的人将会贫穷鄙陋而孤单，有的人会生活困难，有的人将终身奔波、劳禄，有的人地位低下，一直要从事卑贱的劳动，有的人一直到老都要被人驱使笞辱，历尽波折。他们出生，他们受苦，他们死亡。该书拼接出秦人喜从自然人成为黔首，再到踏上为吏之途的历程；在历史中发现人，勾勒卑微个体生命的若干面相；描绘统一进程中秦人的身份和社会结构；从细节处理解施加于真实生活过的人身上的权力之网；考察郡县乡里中的秦政制，刻画庞大国家机器在基层的实际运作；揭示锐意东出、矢志一统天下的大秦帝国的另一面。

（于天宇）

【秦与“戎狄”文化的关系研究】

史党社著《秦与“戎狄”文化的关系研究》，上海古籍出版社 2022 年 10 月出版。秦人西周中期在西方兴起，经过长达 600 余年的发展，最终在公元前 3 世纪的后期，建立了统一的秦帝国。秦文化也经历了类似的兴衰过程，在此期间，它与比邻的“戎狄”文化发生了千丝万缕的联系，这种联系不但决定着秦文化的面貌，也一定程度上决定着秦人的族群属性和“性格”。此前对于秦与“戎狄”文化的关系，学术界并没有专门的研究论著。该书在适度的理论思考基础上，从考古资料出发，结合文献、古文字资料，利用已有的研究成果，从宏观与微观两个方面对二者的关系史作了初步的重构。

（于天宇）

【西汉列侯】

秦铁柱著《西汉列侯》，九州出版社 2022 年 2 月出版。该书从《汉书 · 列传》中所收录的数百位有影响的列侯中选择了 37 位具有代表性的人物进行阐述，包括功臣侯、丞相侯、外戚侯、恩泽侯等列侯类型，在纵横两个方面都做到了更大范围的贯通。从纵的方面来说，按照时间顺序对列侯展开论述，呈现了西汉王朝的权力重心由功臣侯到外戚侯、恩泽侯的转移历程。从横的方面来说，则重在论述列侯与汉高祖五年诏、白马之盟、汉匈和亲、列侯之国、削藩策、七国之乱、罢黜百家、讨伐匈奴、颁行推恩令、币制改革、抑摧豪强、盐铁会议、今古文之争、王莽改制等著名历史事件的关联，揭示、展现了西汉历史的全貌，凸显了面的展开与点的深入。该书既有惊心动魄的历史描写，又有鲜活生动的人物形象，兼具学术价值与历史价值。总的来看，该书结合西汉的时代特点，剖析诸多列侯的人生轨迹，展现他们的喜怒哀乐，评判他们的道德理想、行为准则和价值观念，力求还原真实的历史情景，让鲜活的历史人物重新站立在读者面前，并对他们尽可能做出全面、准确的历史定位。

（于天宇）

【青铜与竹简的世界：司马迁对历史的征服】

该书作者侯格睿是美国当代《史记》研究的重要学者之一，是北卡罗来纳大学艾塞维利分校的教授。1999 年，侯格睿的《青铜与竹简的世界：司马迁对历史的征服》由哥伦比亚大学出版社出版，成为其关于《史记》研究的代表性作品。该书出版后在美国汉学界有较广泛影响，被认为是与华兹生《司马迁：中国伟大的历史学家》、杜润德《朦胧的镜子：司马迁笔下的矛盾与冲突》齐名的当代美国《史记》研究重要成果之一。受该部著作宏大视野的吸引，中国史记研究会副会长、秘书长，北京史记研究会会长丁波对该书进行了翻译，由商务印书馆于 2022 年 4 月出版。侯著全书共八个章题，中译文字约 17 万字。全书内容展开分为三个层次，演示侯格睿阅读《史记》的方法。第一章，揭示司马迁为什么写历史，是第一个层次。第二、三、四章，揭示司马迁建构《史记》的微观世界，即“竹简世界”的“宇宙模型”是怎样搭建起来的，着重分析微观事例，是第二个层次。第五、六、七章，揭示司马迁对孔子形象的建构和对秦始皇的塑造，演示对儒家历史的探究，对儒家与秦始皇两个宏观事例的分析，是第三个层次。第八章是呼应第一章所作的补充和余论。侯著三个层次的内容，具体来看：第一章“历史的意义”，揭示司马迁写历史的动机。第八章着重说历史有什么用，是对写史动机的补充论述。侯著第二、三、四章，揭示司马迁怎样建构“微观世界”，也就是怎样创作《史记》的。第二章“表现世界”，指司马迁组装完成的模型世界，落实在竹简上，今天转换为印刷在纸上的书籍，呈现为五体结构。第三章、第四章是对第二章“表现世界”所呈现出的模型的阅读，也就是演示司马迁怎样选择历史碎片把它们组装起来的过程。第三章“历史之网”，是对一件事或一个人的阅读演示。第四章“事件的意义”，是对重大历史事件或历史过程的阅读演示。第五章“塑造世界”，对应第二章“表现世界”，是侯著设定的“解释原则”。第六、七章，对应第四、五章，是对“解释原则”的演示。第六章“圣人的历史”，是阅读《孔子世家》，探究儒家历史以及孔子形象的塑造。第七章“争夺世界”，是对秦始皇记载的解读。侯著展现了一种别开生面的思维方式，即探索司马迁作为一个历史学家的人格与风格。其学术价值在于其另类语言的穿透力与思维模式更加深刻，非常规语言可比。另外，更为重要的是，由凌空鸟瞰，把握《史记》全貌的阅读角度和演示司马迁创作过程的阅读方式组成的“侯著”阅读方法，指引了一条阅读《史记》的捷径。

（孙广辉）

【西汉经学与灾异思潮】

冯鹏著《西汉经学与灾异思潮》，中华书局2022年8月出版。该书系国家社科基金后期资助项目。全书除绪论和结语外，共分八章，从灾异思想的角度，采用思想研究和思潮研究相结合的方法深入探讨了西汉的经学。该书八章内容分别是：第一章“相关概念的界说”、第二章“先汉时期的灾异观念与灾异理论”、第三章“西汉经学灾异思想的创始、形态与特色”、第四章“西汉（春秋）学的灾异思想”、第五章“西汉（周易）经学的阴阳灾异化转向”、第六章“灾异思潮下的西汉（齐诗）翼氏学数术化转型”、第七章“从《洪范五行传》到《汉书·五行志》——西汉经学灾异说的体系化建构”、第八章“经学灾异思潮与西汉政治的互动”。全书对先汉时期的灾异观念与灾异理论，汉儒以经学言灾异的创始、形态与特色，经学灾异思想的代表人物、理论分支，及其与西汉学术、政治的互动等问题，作了尽可能全面的考察。作者指出，总的来说，人们对于天的信仰、对于异常自然变化的畏恐，以及由无知和畏恐而产生的天人相关思维与天人感应观念，造就了悠久的灾异论传统。这个传统虽然在春秋战国年间曾遭到部分理智清醒的学者（例如子产、孔子、荀子等人）的质疑和挑战，但它的影响力并没有发生实质性的削减。相反，在战国中后期的阴阳学派以及占星学家的著述中，灾异论的理论框架和学说系统一直处在不断发展完善的进程之中，并且逐渐成为一种得到普遍认可的知识论体系的重要构成部分。汉儒的灾异论创说，就是在接受这一知识论体系的基础上建立的。两者的不同在于，汉儒言灾异更倾向于从经典中找根据、依经典而作发挥。他们将以阴阳、五行为基础的宇宙观，以及天人感应等学说，与儒家传承的经文、经义两相附会，使阴阳学派天道与人道的关系理论成为古圣相传的微言和经典遮诠的隐语。在这个过程中，灾异论不仅获得了经典文本的加持，而且融汇了经典背后的圣人之意和儒家理想。换句话说，董仲舒们所建构的，已经是区别于过往的、儒学的灾异论了，或者也可以叫作灾异论的儒学传统。该书较为突出的一点是作者对于灾异思想的研究集中在西汉经学上，或者说，他以灾异思想为视角推进了学界对于西汉经学的研究。“灾异”是西汉经学思想的一个重要焦点和线索，从一定意义上说，不了解灾异思想也就不了解西汉经学。总体来看，该书对于西汉经学灾异思想的论述是全面的、系统的和深入的，文笔朴实、简练，通达、明白，富有问题意识，新见频出，这是一部近年来研究汉代经学思想不可多得的佳作。

（孙广辉）

【今注本二十四史·后汉书】

卜宪群、周天游主持校注《今注本二十四史·后汉书》，中国社会科学出版社2021年12月出版。该书系《今注本二十四史》第3期之第3种（总第16种），旨在对今本唐李贤等注《后汉书》做精密校勘的基础上，吸收历代（截至2021年）学者有关《后汉书》的研究成果，并充分补充考古和新发现的史料。今注本《后汉书》以国家图书馆藏两种北宋刻宋元递修本为底本，参校本为国图藏宋绍兴江南东路转运司刻宋元递修本（简称“绍兴本”）、元大德九年宁国路儒学刻明成化递修本（简称“大德本”）、清乾隆武英殿本（简称“殿本”），同时参考王先谦《后汉书集解》、中华点校本、周天游《八家后汉书辑注》。今注本《后汉书》本着“史家注史”的原则，对于人名、地名、职官、生僻字词典故及不易理解的名物、制度、现象，皆加以注释，具有三个明显的特点：其一，注重参考吸收前人特别是当代学者的研究成果。例如，“豪右”为《后汉书》常见的高频名词，与之相类者尚有“大姓”“豪强”“豪族”“强宗”“著姓”等，今注本《后汉书》将其释为汉代的一种社会身份，即豪门大族，言其特征有三，一是“无尺禄之奉”，即司马迁所谓“素封”，并非官吏或贵族；二是家资巨万，农、林、牧、副多种经营，属于“庶人之富者”；三是在社会上活动能量巨大，上可“交通王侯”，下则“武断乡曲”，即庶民之豪者。其二，注重借鉴简牍、铭刻及其他文物考古资料，以补史文之不足。例如，《后汉书·光武帝纪上》有“父后”一词，今注本《后汉书》先注以“后子，指继承父亲户主、爵位、财产的儿子”，又引张家山汉简《二年律令·置后律》关于后子继承爵位的律文“疾死置后者，彻侯后子为彻侯，其无嫡子，以孺子子、良人子。关内侯后子为关内侯。卿后子为公乘……其无嫡子，以下妻子、偏妻子”，提出“可见一般的‘父后’当指正妻所生的嫡长子”。其三，重要名物制度，往往依据出土文物及研究成果绘以线图，以图释史。例如《舆服志下》“冕冠”条，今注本《后汉书》于释义之外，据传唐代阎立本《历代帝王图》中东汉光武帝刘秀像绘图。

（于天宇）

【“孝宣情结”与东汉政治】

田丰著《“孝宣情结”与东汉政治》，上海古籍出版社2022年11月出版。纵观东汉一朝，其政治与“孝宣情结”皆有莫大关联。在“孝宣情结”的驱使下，东汉皇帝重构国家政治，拔高宣帝地位，如光武重新确立宣帝在汉家宗庙中的位置以颂扬其功，更换精明能干的太子以继承大业；以班固为代表的一批文士则综合前史塑造，以历史书写的形式固定了汉宣帝的中兴形象。明帝以降，东汉士人的"孝宣情结"也出现了分化的现象。皇帝身上，几乎看不到其对孝宣政治的认同和归属了，东汉初年由皇帝主导，君臣共尚的"孝宣情结"转为由中下层士人主导。东汉末年，仅见于中下层士人的"孝宣情结"则出现了明显的异变。汉宣帝中兴汉朝的幻景与汉朝难以复兴之现实的抵牾使得"孝宣情结"从对王朝的归属与对治道的认同走向了更加纯粹的治道认同与异象比附。"孝宣情结"，在该书中即指东汉士人对汉宣帝、宣帝朝辅臣及其所共同构成之政治的认同感与归属感。这一特殊政治文化，缘起于以中兴为名的东汉王朝对西汉良政的向往，由汉宣帝兼杂王霸的政治思想，以吏治建设为核心的政治实践，乃至历经层累、逐渐成形的宣帝中兴形象所共同推动。该书以东汉士人的"孝宣情结"为中心线索，剖析西汉孝宣政治的内核，梳理东汉士人政治思想与政治实践的流变，考察其人层累建构宣帝中兴形象的过程，以"孝宣情结"的缘起变化发展勾勒出东汉近两百年政治演进的轮廓。

（于天宇）

【三国军事地理与攻防战略】

宋杰著《三国军事地理与攻防战略》，中华书局2022年4月出版。该书是《三国兵争要地与攻守战略研究》作者宋杰先生推出的新著。该书收录了近年写作的六篇专题，分别探讨了曹操在赤壁之役后的战略防御部署，蜀汉刘备与诸葛亮统治时期最高军政机构的演变，蜀魏战争中的武都，孙策攻占江东的经过与作战方略，孙权统治时期都城、兵力部署与主攻方向的变化，汉末三国战争中的陆口与蒲圻，就当时经济区域、地形、水文及交通状况以及政治力量的分布态势对三国各方攻防路线与用兵策略所产生的制约影响作了深入考察。《曹操在赤壁之役后的战略防御部署》和《孙权统治时期兵力部署与主攻方向的改变》两文，将三国中魏、吴两国的战略思想清晰呈现，魏（曹操）之"战略防御拼经济"，以及吴（孙权）之"偏安一隅不进取"，也是三国鼎立局面能维持数十年的主要原因。战争世界里，战略思想为重，战略要冲也极具意义，书中《三国蜀魏战争中的武都》和《三国战争中的陆口与蒲圻》两文，以武都与阴平之于蜀汉、陆口与蒲圻之于吴国为例进行论证，充分印证了"天时不如地利"这句古语。

（于天宇）

【汉代壁画的艺术考古研究】

练春海著《汉代壁画的艺术考古研究》，科学出版社2022年4月出版。该书把对出土汉代壁画图像的综合考察与秦汉时期文献的梳理结合起来，用艺术考古研究的手法进行全面、系统的探讨。该书是对汉代壁画现有研究的全面梳理与系统总结，主要包括地上壁画文献的梳理、地下壁画的类型学研究以及壁画题材的类别、壁画的制作与工艺、壁画的功能等内容，并着重从如下几个方面展开对汉代壁画深入、系统的艺术考古学研究：从学理上界定汉代壁画概念，科学地划分汉代壁画的类型，有效地解读汉代壁画的题材与类别，以及梳理汉代壁画的制作工艺和图像处理手法在壁画绘制、观念传达方面的影响等，并对研究者相对忽略的汉代地上壁画、墓葬中的浮雕和纹饰以及壁画的修补和改动问题做了探究，最后对汉代壁画在墓葬中所具有的深层次功能做了全新的诠释。

（于天宇）

【历史记忆与考古发现】

李零主编《历史记忆与考古发现》，商务印书馆 2022 年 5 月出版。该书为北京大学人文社会科学研究院与商务印书馆合作的菊生论坛举办的“历史记忆与考古发现——秦汉祭祀遗址的发现与研究”研讨会论文集。全书结合文献（主要是《史记·封禅书》和《汉书·郊祀志》，偶尔也涉及《左传》）与考古发现（主要是山东和陕西，也旁及甘肃、宁夏和浙江），聚焦秦汉时期重要的祭祀遗址、仪轨及其政治意义（“国之大事，在祀与戎”）。这类祭祀设施的功能大致分为祭天地、祭五帝（青帝太昊、赤帝炎帝、黄帝、白帝少昊、黑帝颛顼）、祭山川（五岳四渎）、祭鬼神，由此组成一套完整的祭祀体系。对于官方正统的祭祀体系，考古学界的关注相对较少，所以该书可以算是一个开风气之先的文集，有较重要的学术价值。

（于天宇）

【汉家的日常】

侯旭东著《汉家的日常》，北京师范大学出版社 2022 年 5 月出版。该书在政治史、制度史之外另辟蹊径，立足关系思维，聚焦两汉时期上自朝廷，下至临湘侯国、西北边地的候官与各地传舍运作的日常形态，致力于揭示反复进行的事务中形成的不同位置的人与律令、制度、机构的错综关系，展示了国家日常运转与维持的内在逻辑与生动细节，也对涉及两汉乃至整个王朝时期的不少基本看法提出新认识，为作者倡导开展的日常统治研究提供了一系列精彩个案。收在该书中的 14 篇论文，是作者近二十年来从事历史上日常统治研究的主要成果，按照内容大致分为三编。上编的五篇围绕汉代传舍（当时官方设立的招待所）的使用展开。下编的八篇，内容庞杂，涉及朝廷到郡县、边塞候望系统中的候官，既有常见的问题，如皇帝与丞相的关系、刺史的作用、御史大夫的职掌、郡国到朝廷的上计等，也包含自下而上的陈请、儒生在描述皇帝所下文书中的心曲、朝廷与郡县官吏工作中抽调其他机构或下属机构的做法（给事）、候官的负责人候在外出巡视辖区（行塞）时如何安排代理者，以及这种安排的后果。外编只有一篇，讨论的是西晋末年匈奴贵族刘渊起兵问题，在他与晋廷共享的天下秩序下，他的经历与八王之乱的契机，如何被刘宣等所捕捉，推动刘渊走上反晋的道路。刘渊打着继承汉高祖的旗号，不妨亦放在汉朝的延长线上思考。天下秩序的雏形在汉代已出现，嵌入其中的“蛮夷”首领有意无意地利用它来建立自己的政权。“蛮夷”推翻中原王朝，开启了中国史上的新篇章。这篇尽管时段略有溢出，但是对于更完整地认识秦汉以降的王朝史，无疑是不可或缺的，同时，对于理解日常统治研究的可能性，也是有裨益的。文集所收的论文在探索具体问题的同时，也将一些既有的支配性论断和思路重新问题化，为创立新的解释充当前进的铺路石。要想建立更具说服力的解释，还需更多学者多方面的持久努力。不仅是对古代史上具体问题的研究，还包括对近代以来史学研究思路、方法与问题的反思，同样重要的是对人类思想学术、历史演进的系统剖析，以及对现实世界及其未来的感受和把握，并将四者相互融通，产生的解释才更有说服力且更具生命力。

（于天宇）

【汉代与孙吴国家基层管理手段比较研究：以出土简牍为中心】

张燕蕊著《汉代与孙吴国家基层管理手段比较研究：以出土简牍为中心》，华夏出版社2022年5月出版。随着近年来秦汉时期简牍的大量出土，秦汉史学界掀起了一股简牍研究的热潮，研究论文和专著不断问世，极大地推进了秦汉史研究的发展。以现今我们所能掌握的简牍资料来看，由于资料较前极大丰富，使研究较宏观问题以及进行一段时期之内的纵向或横向的比较都成为可能。因此，该书希望以此为目标，综合汉代及孙吴的大部分相关简牍，将它们进行各角度各层面的比较，以期对简牍中所反映的汉代至孙吴的社会状况进行更深层次的梳理。由于大量真实反映秦汉时期社会情况和经济发展的出土资料的出现，秦汉史研究者抓住时机，开始涉足经济史、社会史的研究。该书亦以此为方向，分析和比较秦汉时期国家对基层民众所采取的各类管理手段，以期展示其在较长时期之内的变化发展过程，并讨论其中所隐含的变化规律。受简牍资料内容的限制，该书准备讨论的国家基层管理制度主要集中在户籍制度、赋税制度和给贷制度，对这些制度的有效操控是一个国家得以正常运转的基础。其中非常重要的是对户籍的控制。国家对基层民众的控制采取的主要手段是严格户籍制度，因为对户籍的严格管理是进行有效的赋役征收的前提，这点自古以来即达成共识，如东汉末徐干所著《中论·民数》中讲述人口记录关系到国家盛衰强弱，称“民数周，为国之本也”。其次是赋税，赋税制度的顺利实施不但是国家控制其编户齐民的根本方法，也是提供充足的财富以保证国家机器正常运转的重要手段。而给贷制度施行的根本也是为了使民众更好地纳赋，归根结底都是为了使赋役的征收能够顺利运转起来。因此，对户籍、赋税和给贷等内容的研究是相辅相成的，它们的变化可以综合反映国家对基层管理手段的变化。

（于天宇）

【战国秦汉算术材料的跨学科研究】

衣抚生著《战国秦汉算术材料的跨学科研究》，光明日报出版社2022年5月出版。该书前两章研究出土算术文献的文本和思想内容。主要创新点：提出两种整理出土算术文献文本的新方法；证明清华简《算表》有开平方功能；为简牍性质问题提供新线索。第三章讨论学界判断算术文献成书年代的主流方法：该方法针对的是度量衡等时代信息最强的零星信息，但在一本已经定型的书中，这些信息恰恰是最容易被后代改动的，不能作为主要依据。在此基础上，作者提出新的解决思路。第四章研究数学与儒学的互动。第五章研究数学与史学的互动，主要是解决其中跟数学有关的疑难问题，比如讨论《史记》记载的孔子俸禄和《汉书》记载的汉代“提封田”（领土面积）。后两章是目前学术界较少关注的。

（于天宇）

【从未央宫到洛阳宫——两汉魏晋宫禁制度考论】

陈苏镇著《从未央宫到洛阳宫——两汉魏晋宫禁制度考论》，生活·读书·新知三联书店 2022 年 8 月出版。皇宫是中国古代最高权力机构所在，宫内的权力结构和政治运作与宫禁格局密切相关。两汉魏晋的皇宫包含宫中、殿中、禁中三个区域。该书以皇宫中最常见也最重要的殿式建筑开篇。三组文章分别探讨西汉未央宫、东汉南北宫、魏晋洛阳宫的形制格局、主要建筑、机构分布，揭示出其间幽微、隐显的演化脉络。宫中各种机构分布在不同区域，承担着不同事务。其权力大小和对最高决策过程的影响，往往取决于其所在区域和与皇帝的空间距离。皇帝身边的士人、外戚、宦官等势力间复杂的政治关系和权力争夺，与宫禁制度的变化有直接关系。该书充分利用最新考古研究成果和历史、经学文献中的相关资料，对上述问题进行了深入探讨，提出一系列新结论，系统揭示了该时期宫禁制度的演进线索，对考古和历史学者深入研究古代皇宫制度具有重要启示作用，对政治史、制度史等相关领域的研究也有参考价值。该书配图 20 幅，随文插入相关内容处，颇有助于对相关宫殿布局的认识。第一篇论文是《说殿》，介绍殿式建筑的布局。中国古代皇宫中的建筑有殿、台、阁、观等不同样式。其中，殿式建筑最常见也最重要，承担着皇帝生活起居及办公理政等基本功能。此类建筑通常被称为“某某殿”，是一个个独立的院落，由殿、室、房、箱、阶、庭等部分组成。殿是其中最大也最重要的空间。室在殿北正中。室两侧有房。殿两侧有箱。整个建筑坐落在台基之上，离地面有一定高度。这种建筑的最大特点是，大殿南边没有墙，只有轩栏一类安全设施，还有东、西两阶供人上下，颇似今天的舞台。殿前有内外两个庭院。内院称庭或中庭，其门称闺或閤或闼。外院有大门。了解殿式建筑的布局，对理解史籍中出现的相关记载和皇宫内部格局会有所帮助。第二至第十篇论文是该书的主体部分，依内容分为上、中、下三篇。上篇探讨西汉的未央宫，包括《“公车司马”考》《未央宫四殿考》《未央宫“殿中”考》。中篇探讨东汉的南北宫，包括《东汉的南宫和北宫》《东汉的“殿中”和“禁中”》《东汉的“东宫”和“西宫”》。下篇探讨魏晋的洛阳宫，包括《魏晋洛阳宫的形制与格局》《魏晋洛阳宫禁军制度的变迁》《魏晋洛阳宫中主要行政机构的分布》。

（于天宇）

【简帛学论稿】

蔡万进著《简帛学论稿》，商务印书馆2022年8月出版。该书是作者多年从事简帛研究的结晶之作，涉及云梦秦简、里耶秦简、张家山汉简、天长纪庄木牍、尹湾汉简等诸批重要简牍的专题研究，以及简帛学的学科分支、中国简帛学体系的构建、出土简帛整理的理论与实践、简帛学史的理论总结与研究等有关简帛学理论与学科建设问题的系列前沿思考。该书研究既专注于中国境内出土的简牍帛书资料，亦涉及中国以外世界其他国家出土简牍的整理研究与国际合作；既关注东亚范围内汉文简牍的出土，亦留意我国古代民族文字简牍的价值与意义，具体研究实践与理论凝练提升并重，立足中国与全球视野并举，基本代表和反映了作者各时期简帛研究所取得的阶段性成果、进展和认识，以及长期以来从事简帛研究的学术心路历程和思考努力，对推进当前我国简帛学的学科建设乃至国际简帛学体系的构建等具有一定的理论指导意义和学术价值。

（于天宇）

【Google 地球与秦汉长城】

邢义田著《Google 地球与秦汉长城》，三民书局2022年10月出版。该书为秦汉史重量级学者邢义田利用 Google 地球遥观秦汉所修筑之长城的研究成果。作者借 Google 地球，搭配前人的研究以及史书中的记载，考察出长城的经纬度，也找到许多以往研究及实地调查中未曾报道过的长城遗址，对今后的长城研究及考古发掘有所帮助。书中使用了许多经纬度数据、空照图、地形图，以及数百张 Google 地球的截图，以图像及数据，带领读者一探秦汉长城的遗迹。

（于天宇）

【十六国史新编：后秦史】

尹波涛著《十六国史新编：后秦史》，社会科学文献出版社2022年6月出版。后秦是淝水之战后羌人姚苌以关中地区为中心建立的割据政权。自公元384年四月姚苌在渭北马牧起兵，至417年八月东晋军队攻占长安、姚泓出降，后秦共历三主，存续34年。在极盛时期，后秦与北魏、东晋呈鼎足而立之势，在十六国后期具有重要地位。该书主要叙述后秦政权的历史，包括“建国前史”“建立与兴盛”“衰落与灭亡”及“政权结构”四个部分。其中“建国前史”主要论述姚氏的祖先记忆、姚氏集团的东迁西迁以及前秦治下的姚氏集团；“建立与兴盛”讲述从立国关陇至灭亡前秦，再到立国后向关东和河陇地区的扩张，以及后秦政权正统性的建构；后秦亦难逃由盛至衰，“衰落与灭亡”详论后秦河西失驭、大夏崛起、秦夏战争以及刘裕伐秦；最后“政权结构”论述后秦政权的堡壁、诸营与军镇以及后秦的“宗室的军事封建制”。该书在尽可能全面吸收先行研究成果的基础上，将通论与专论相结合，在叙述后秦兴衰的基本过程之外，对建立后秦政权的姚氏集团在前、后赵及前秦政权统治下的活动，后秦建构自身正统的事迹及其政权结构等专题开展了研究。在处理史料时，在关注其叙事真实性的同时，亦重视制作过程及目的。

（戴卫红　刘　卓　章泽玮）

【魏晋南朝官品与官资制度秩序研究】

周文俊著《魏晋南朝官品与官资制度秩序研究》，高等教育出版社 2022 年 9 月出版。其在作者的博士论文基础上修订而成，共分为六章，分别是“结构与建构：魏晋官品的制度建构及其记述原理”“品位与品级：魏晋南朝官品制度的性质及历史脉络”“文本与文献：中古时期官品史料与官制撰述”“官班与资位：梁代官班制度与魏晋南朝资位秩序”“官衔与官制：官资视角下的两晋南朝官衔与制度程序”“职位与官资：两晋南朝选制所涉职位资格运作”。该书从制度史角度梳理魏晋南朝时期官品与官资制度各自不同的渊源脉络，并考察相关运作秩序。研究尝试摆脱传统官品中心论的若干局限，从制度脉络与运作语境出发，系统辨析早期官品建构原理、体质渊源、文本形态、制度过程，同时考察以官班为代表的官资制度，重点关注其源流和王朝政治体制下的资位秩序及相关的运转情形。在其基础上探索魏晋南朝官僚等级管理制度内在的原理和规律，为理解该时期制度与政治文化提供一种新途径，并廓清了中古时期官僚行政及朝廷礼仪制度中一些原本混沌不清的史实。

（戴卫红　刘　卓　章泽玮）

【魏晋南北朝十二家《论语》注研究】

王云飞著《魏晋南北朝十二家〈论语〉注研究》，中国社会科学出版社 2021 年 12 月出版。魏晋南北朝《论语》注疏文本完整存世的只有三国魏何晏《论语集解》和南朝梁皇侃《论语义疏》，学界的研究热点也集中在此。但从魏晋时期发展过程来看，《论语集解》处于玄学刚刚开始的阶段，《论语义疏》则处于玄学接近尾声的阶段，真正具有更多玄学思想的恰恰是居于这两者中间的《论语》注残篇。该书选取了魏晋玄学影响下的十二家《论语》注残篇为研究对象，分析其中的玄学内容，揭示其发展规律，充分挖掘这些残篇在魏晋玄学乃至中国思想史中的重要价值和意义。

（戴卫红　刘　卓　章泽玮）

【嵇康传】

王晓毅著《嵇康传》，上海古籍出版社 2022 年 8 月出版，全书分为六章，单凭借章节题目，似乎已经将嵇康跌宕起伏的一生铺陈在我们面前：第一章“梦想”；第二章“求索”；第三章“彷徨”；第四章“避世”；第五章“愤起”；第六章“寂灭”。这六个词语仿佛已经叙尽嵇康缘起缘灭、上下求索的一生。作者以感同身受的视角，带我们走进魏晋这个禁锢与放纵并存、醉意与清醒共处的特殊时代。借助历史的朱痕墨迹，融知识、感悟、体验于一体，系统性地还原了嵇康的生命历程与思想道路。生命之矛盾、艰难与高贵，在简单的叙述中显露出来。同时，既写出了独立不群的嵇康，也写出了处在各种社会关系中的嵇康。对嵇康的朋友、敌人向秀、阮籍、吕安、钟会等人，虽着墨不多，却如透视般精神跃然。

（戴卫红　刘　卓　章泽玮）

【诚与真：陶渊明考论】

刘奕著《诚与真：陶渊明考论》，上海古籍出版社 2022 年 1 月出版。该书以精微细致的史料分析为基础，对陶渊明的生平、作品、思想品行、文学风貌进行了细致考论，论述精当，新见迭出。根据《高僧传》中将“陶渊明”与其他诸人之“名”并称，以及陶渊明《祭从弟敬远文》《悲从弟敬德》诗，可判断陶渊明确是本名渊明，字元亮；入宋后改名潜，而以渊明为字。东晋以来，朝廷保存了较为完整的谱牒资料。沈约所撰《宋书》当承刘宋学者何承天、徐爰所撰《国史》而来，《陶潜传》当出自何、徐诸人之手。然则无论是初撰的何、徐诸人，还是修订补撰的沈约，都有着充分的谱牒资料，其对陶渊明家世的叙述当是可信的。陶渊明起家官“祭酒”为祭酒从事史，而非位居州僚属之首、没有具体任务的别驾祭酒。因为祭酒从事史日常事务烦琐，陶渊明乃辞职。而由其所担任的这一起家官，亦可证其家世当为地方高门。征辟陶渊明者为王羲之之子王凝之，后来复曾征召陶氏为主簿，然为其所辞。陶渊明曾担任镇军参军，而李善注《文选》认为当时的镇军参军为刘裕，此说成为学界主流意见。刘裕以镇军将军义熙元年（405）三月改镇京口时，陶氏已任建威参军。然则其若担任刘裕参军，只能是元兴三年（404）至次年初刘裕初为镇军将军镇建康之时。然陶渊明有《始作镇军参军经曲阿》，而赴建康不必经曲阿，二者路线存在矛盾。该诗的安闲风格亦与元兴三年的惨烈战乱不合。元兴三年任刘裕咨议参军的王弘与陶渊明不相识。陶氏非事功之才，与刘裕用人之方亦不相合。综上，陶氏所任当非刘裕之镇军参军。由曲阿向东，或至京口，或至吴会，而京口的镇军将军只有刘裕一人。结合陶氏履历，其任镇军参军大概率在太元十九年（394）至隆安三年（399）。这一时期任会稽内史者为谢輶，而会稽内史向有获封镇军将军之惯例，《法苑珠林》则直接有“镇军将军輶”之记载，而陶渊明外祖父则与谢輶父祖辈存在交往，可见征辟陶渊明为镇军参军者实为谢輶。旧有关于陶渊明与刘裕交往关系问题实为伪问题。陶氏辞彭泽令当与烦琐而严苛的征税任务有关，其辞官是以完全领不到田禄为代价的。义熙末年征辟陶渊明的官职当为著作佐郎，当时著作郎一职已由徐广担任。陶诗《饮酒》其五中的“见南山”又作“望南山”，二者都是早期流传下来的文本，“望”借助《文选》在早期占据优势，而“见”字更合诗中平淡自然的意境，最终在宋以后胜出。陶诗《赠长沙公》中“三湘”一词，当与两汉时期湘江流域分属长沙、桂阳、零陵三郡有关。陶诗《赠羊长史》中的“左军”当非朱龄石，而是逯钦立提出的檀韶。

诗中提到羊松龄将路过商山，则到关中的路线当为经水路进武关道，而非陆路的潼关道。陶氏的两首《答庞参军诗》当作于元嘉二年冬，庞氏时为谢晦之参军。陶诗《与殷晋安别》中的殷晋安当为邓安生提出的殷隐。陶文《五柳先生传》当确为其出仕前的作品。作者认为，玄学对陶氏有很大影响，诚之以求真，力求表现“自我”是他的人生哲学。他与尘世保持距离，但并不离群索居，而是保持着恬淡的亲情、友情，其诗歌平和而富有力量，在尺度、节奏和风格方面皆有着鲜明的个性特征，其修辞能力有大过人之处。

（安子毓）

【六朝史丛札】

楼劲著《六朝史丛札》，南京大学出版社2022年3月出版。该书分上、中、下三编：上编“学术瞻顾”收录了14篇学术史短文，所论为魏晋南北朝时期总体特点及诸重要方面研究需要注意的问题；中编“专题缀拾”收录了10篇专题论文，所论多为六朝区域史和族群研究的相关问题，对各相关领域具有廓清基础前提的重要意义；下编“追思纪念”收录了纪念田余庆等7位先生的追悼文章，可供相关学术史研究参考。

（戴卫红　刘　卓　章泽玮）

【禅让与贰臣：南朝四史的政治论述与道德价值】

林郁迢著《禅让与贰臣：南朝四史的政治论述与道德价值》，辅仁大学出版社2022年4月出版。该书记载宋、齐、梁、陈四朝历史的四位史家沈约（441—513）、萧子显（487—537），以及姚察（533—606）、姚思廉（557—637）父子，他们分别为《宋书》、《南齐书》，以及《梁》、《陈》二书的作者。沈、萧、二姚四位史家皆有过身仕二朝，甚而三朝的履历，彼此间有着极为巧合的生命经验。毋庸置疑，传史活动其实是一位史家洞观当代，照见自己如何通过历史的心路历程，史家个人的经历往往会影响其历史叙述。因此，虽说四位史家皆为贰臣，但入仕新朝的过程却有其独殊性。这些贰臣史官究竟各自如何在南朝四史中诠释及评价贰臣行为，甚而如何记录政权转移、改朝换代，美其名谓之“禅代”的过程，这是一个值得探究的文史现象。

（戴卫红　刘　卓　章泽玮）

【南北朝墓葬礼制研究】

韦正著《南北朝墓葬礼制研究》，上海古籍出版社2022年8月出版。魏晋南北朝近四百年的历史中，社会严重动荡乃至停滞的时期是三国和东晋，南北朝反而是社会相对安定并有所发展的时期。南北朝社会均发展出不同于以往的形态和特质，促使南北朝墓葬礼制具有很强的独立性，并具备了相当完整的“生命史”。南北朝时期的墓葬礼制是在国家、门第、习俗和时变多重因素制约下形成的。战争、权力争夺、社会习俗的改革等因素，会给南北朝墓葬礼制带来比较突然的改变，这既加强了南北朝墓葬礼制内容的丰富与精彩，也给认识南北朝墓葬礼制的实质带来了困难。官僚制、贵族制，以及祖先崇拜思想和影响力日增的佛教思想，则是南北朝社会万变不离其宗的定海神针，南北朝墓葬礼制中不变或变化和缓的内容均与此密切相关。对南北朝墓葬礼制的探讨需要与之相应的研究和描述方式，利用而不满足于考古学分区分期研究，正面探讨南北朝墓葬礼制，不失为一个有益的尝试。该书分综论、分论，综论分南北，南论述刘宋墓葬礼制革新以及“齐梁新礼”下墓葬礼制，北则考察平城时代、洛阳时代及东魏北齐、西魏北周的墓葬礼制；分论中除了对南北墓葬礼制的详细论述外，又探讨了南北朝墓葬中的佛教因素。简言之，该书在考古学视角下，将南北朝墓葬礼制研究与其他学科的研究成果相结合，以此来探究汉唐之变的关键阶段——南北朝时期社会内部的自发调适在丧葬文化领域的表现。

（戴卫红　刘　卓　章泽玮）

【魏晋南北朝方镇年表新编（汉季魏晋卷）】

鲁力著《魏晋南北朝方镇年表新编（汉季魏晋卷）》，上海古籍出版社2022年12月出版。魏晋南北朝是一个大分裂时期，战争频仍，改朝换代频繁，各朝疆域变化不定，地方行政区划、地方行政制度及中央与地方的关系都颇为复杂，对这些问题的研究，在一定程度上有赖于方镇年表，前人在这方面已经做了大量的工作。在此基础上，该新编诸表于汉季（中平六年以后）及魏、西晋、东晋、宋、齐5朝大体沿袭万斯同的著作，对有明显脱误处作补充、修订，对各州重新排序，并一一查考史料出处，附于各州之后。于梁、陈、北魏、东魏、西魏、北齐、北周7朝则重新列表，体例上遵照万氏，将有都督、刺史等长官可考的州全部列入，并注明史料出处。对吴廷燮等所编诸表，则予以参照，择善而从。对有明显出入或脱误者，在按语中作出说明。该书为汉季魏晋卷。该新编诸表的史料来源以正史为主，其他如杂史、方志、文集、类书、碑刻等也尽量采集，对前人的研究成果作了大量补充、修订，使年表更加完善，利于研究者使用。

（戴卫红　刘　卓　章泽玮）

【魏晋南北朝将军制与都督制论稿】

张鹤泉著《魏晋南北朝将军制与都督制论稿》，长春出版社2022年10月出版。该书主要研究魏晋南北朝时期的将军制与都督制，主要考察了军号将军与州刺史、都督诸州军事、征讨都督的关系。由于军号将军（重号）可以“开府置佐”，所以州刺史领兵，必须要领有军号将军，进而设置州军府。与州刺史相同，都督诸州军事也要领有军号将军，以便组成都督府。征讨都督领有军号将军，则是组成征讨军指挥机构的必要条件。可以说，军号将军的设置，对征讨作战和镇戍地方起到重要的作用。同时，该书对征讨都督的产生、设置特点及在征讨作战中的作用做了深入的阐释，展示了征讨都督的发展脉络；并对征讨都督向东魏的征讨行台、向北周行军元帅、行军总管的演变做了详细的考证。这些研究为认识魏晋南北朝征讨制度的特点提供了启发性的学术意见。该书主要考察了魏晋南北朝时期的官制、礼制、区域、兵制等。作者对北魏时期的“道”、东魏北齐的“道”做了全面的考证，认为原来与征讨都督、巡视大使、行台相联系的“道”，至东魏北齐时，演变为地方最高军政区；作者对北魏、东魏北齐的开府仪同三司、特进作了考证，阐发了这些职官由荣誉官向隋唐文散官演变的过程；作者对北朝“三礼”学的传授、北朝僧人的素食风气做了阐释，展示了北方地区的文化特色；作者对两晋、南朝、北魏迎气祭祀礼做了开掘，并从这一视角透视南、北方礼制的演变特点。总之，该书所探讨的问题，为认识这一历史时期的发展特点，提出了一些具有启发性的意见。该书全面系统地考察了北朝封爵制度的特点及演变过程，对北魏前期封爵的等级、封爵的虚封特征、封爵等级与虚封地的关系、封爵封授范围的限定、王爵的继承问题做了深入的阐释。同时，该书对孝文帝改革后，实封爵的等级、王爵的封授、开国爵的封授、散爵的封授与限定、开国爵的食邑数量问题做了细致的考证；并且，对影响东魏北齐王爵封授的因素、北齐的“准例降爵”、开国爵的“别封”及散爵的封授做了深入的开掘，对西魏北周封爵等级的演变、封爵的封地、封爵的食邑问题做了细致的辨析。

（戴卫红　刘　卓　章泽玮）

【关羽：由凡入神的历史与想象】

荷兰学者田海著，王健、尹薇、闫爱萍、屈啸宇译《关羽：由凡入神的历史与想象》，新星出版社2022年3月出版。该书是对关羽崇拜的研究，也是对口头文化的研究。219年，关羽败走，后为吴军所俘，被杀，此后被尊为关公或关帝，成为不亚于观音的重要神祇，至今仍受民间敬奉。作者从时间和空间两个维度追溯了关公崇拜的历史性演变：从早期惨遭横死的恶鬼，到骁勇善战的护法恶魔、驱邪将军，及至后来的雨神、财神和文士之神，甚至全能救世主形象……在关羽的多重面相中，每种形象的形成和发展都有特定的历史环境，包括佛道教力量的介入、特定地方群体的参与、王权和国家力量的形塑等，但归根结底，关羽信仰兴起于口头文化，而非大多数研究主张的三国叙事传统。正如作者自己反复提到的，该书为“对口头文化在一个文字变得越来越重要的世界中如何保持巨大作用的研究”，作者结合大量史料和遗迹，甚至田野调查得来的一手资料，对背后的文化机制进行了详尽考察，也对其代表的中国传统文化与文脉进行了梳理，其中格外突出了口头信息交互在形象建构与传播中的作用。简言之，作者从时间和空间两个维度追溯了关公崇拜的历史性演变，指出关羽多重面相的形成和发展因为佛道教力量的介入、特定地方群体的参与、王权和国家力量的形塑等造成，关羽信仰兴起于口头文化，而非三国叙事传统。

（戴卫红　刘　卓　章泽玮）

【行走在汉唐之间】

齐东方著《行走在汉唐之间》，上海古籍出版社2022年11月出版。考古出土的各种文物不仅是学界内关注的热点，更是百姓津津乐道的话题，《行走在汉唐之间》为我们展示了考古发现的汉唐时期的玻璃、铜镜、钱币、贝壳形盒、铜器皿、马具、陶俑等文物。第一章向我们介绍了中国古代的玻璃，包括早期玻璃和隋代玻璃。又如，我们日常生活所熟知的镜子，在汉唐间发挥着什么样的作用，作者在第二章以“照人鉴形”为题，向我们展示了中国古代铜镜最基本的“照人”“鉴人”与奉赏功能，除此之外还能用作装饰与信物，用于预兆与辟邪，并作为宗教法器，可谓一器多用。第三章钱币，以西安何家村遗宝中的钱币为中心，探讨谁可以拥有这些钱币、非流通货币及其文化意义、外国货币与丝绸之路、早期钱币与珍品、具有货币职能的遗物，展示了货币的意义作用。在讲述钱币之后，便是另一种“金银瑰宝”贝壳，作者向我们展示了海外藏贝壳形银盒的年代、贝壳的利用与流传、贝壳盒的作用。在“似于生人：唐俑”章节，作者通过出土陶俑向我们展示了当时的商队、胡人与女性生活等。铜器皿章节，作者更是直接指出铜器“为兵不如铁、为器不如漆”，向我们展示唐代铜器皿的器物特征、实用对象的转移与新技术成就、铜器皿的制造与社会经济。马是中国古代重要的“交通工具”，与军事、生活息息相关，马具自然也十分重要，该书探讨了中国早期马镫的相关问题，以及日本藤之木古坟出土马具的文化渊源。除了上述七个视角，该书还通过吐鲁番阿斯塔那225号墓出土的部分文书、敦煌文书及敦煌石窟题名来研究吐谷浑余部，并探讨闽地文化。总之，该书通过考古出土文物以九个视角观察隐藏在文物背后的汉唐时期社会生活、精神世界和文化面貌，为我们提供了汉唐时期一个可视可触的立体世界，也为深入探讨汉唐时期的社会生活和精神面貌提供了丰富的实物资料。

（戴卫红　刘　卓　章泽玮）

【敦煌文書にみる民間文藝】

伊藤美重子著『敦煌文書にみる民間文藝』，日本汲古書院2022年1月出版。该书为伊藤美重子2018年同样在汲古書院出版的『敦煌文書にみる学校教育』的续作，同时也是她于1985年至2017年已发表但未收入『敦煌文書にみる学校教育』书中的与民间习俗、文学以及《说文解字》相关研究的论文汇编。其中民间习俗部分，主要以敦煌本《下女夫词》、驱傩文、敦煌的婚礼材料以及敦煌吉凶书仪所见凶仪为核心。民间文艺部分，包括了敦煌写本《伍子胥变文》、敦煌写本《王陵变文》、敦煌写本《丑女缘起》的介绍、性质讨论和经典来源。切韵·说文·类书部分，主要是对长孙讷言笺注本《切韵》残卷中的《说文》、《说文解字》佚文研究和类书引用《说文》的讨论。其中，第一部分主要是对敦煌文书中相关婚丧、驱傩资料的收集与著录。而第二部分的民间文艺则关注敦煌变文，具体来说，关于敦煌写本《伍子胥变文》，它是一部娱乐性很强的作品，情节简单易懂，有许多供观众欣赏的高潮迭起的设置。而多种多样的故事表演方式表明伍子胥的故事表演在当时很受欢迎。而变文作者在创作时可能在某种抄本的基础上进行加笔润色的增删，以不断丰富相关情节故事。关于敦煌写本《丑女缘起》，敦煌写本的丑女缘起是基于佛教因果报应思想而创作的，而通过细致观察不同写本之间场景描述的差异，可以看出，P. 3048《丑女缘起》包含了更多符合丑女感情的表达方式，通过对故事进行修改，在韵文中加入了更多表达丑女感情的内容，也更加注重丑女的痛苦，使观众容易产生共鸣。至于第三部分，则是希望从韵书《切韵》、类书《艺文类聚》和《杂抄》中发现《说文解字》的引用情况，并且以此展开对于《说文解字》佚文的研究。总而言之，虽然书中所收论文均为早年已发表论文，但此次结集出版，主题更加集中，内容也更加丰富，是未来我们讨论相关问题不可或缺的研究成果参考。

（赵　洋）

【唐修国史研究】

李南晖著《唐修国史研究》，中山大学出版社2022年4月出版。该书为国家社科基金重大招标项目“历代别集编纂及其文学观念研究”成果。唐国史包括两种官修史书：纪传体国史和编年体实录。从武德初至唐末，史馆史官专司修撰工作，笔耕不辍。几乎与李唐王朝相始终的国史修撰历程，不仅关乎唐代官方史书的编纂，更深刻反映了唐代政治史、思想史、文化史的诸多面相。该书即围绕唐国史的编纂展开，探讨制度建立、修撰经过、撰述机制、文本形态、传播方式、社会影响、文本流传等一系列问题，旨在理清唐国史的来龙去脉。该书讨论的唐代“国史”为狭义上的官修本朝史，包括编年体实录和纪传体国史。唐太宗出于皇权对史权全面掌控的目的，设立的史馆制度，不仅深刻影响了唐国史的编纂，也客观上培养了一批术业专攻、世业相承的史官群体。其中，唐实录“寓传记于编年”的体式特征源于荀悦《汉纪》，在其流通过程中，担负了为纪传体国史提供基本材料和框架的功用：编年部分融裁为本纪，名臣传部分改造成列传。唐修纪传体国史的正式名称应为《唐书》，其编修是典型的层类完成的代表，自著作郎姚思廉而起，其后历经数代史馆史官完成。唐初主要完成了五部国史，开元以后吴兢和韦述分别以个人之力带史职进行着国史修撰的工作，韦述所编《史例》一卷更是成为开天年间官修国史的准则，其后直至元和初年裴垍组织的最后一次大规模集体修撰，才最终形成了北宋唯一存世的一百三十卷唐国史定本。唐代的国史、实录修成之后，为把国史作为政治宣传的工具，终唐一代，国史的传抄与流布十分广泛。不过，宋代以后唐国史也不免消亡，《新唐书·艺文志》虽网罗了几乎全部唐国史著作，可限于务存一代著述的目的及体例，其中有一部分“不著录”图书则是根据唐代文献的记载著录，北宋时未必存世，故其未必能反映北宋时期书籍流通的实况。唐国史之外，还有所谓“偏记小说”。参与偏记小说创造的既有史家也有文士，其中史家门槛偏高，文人胃口偏大；史家把小说视为“杂质”以维护史书“文直事核”的实录精神，文人则试图提升小说文体的品位。根据现存《应送史馆事例》，唐人的史料意识已近包罗万象的整体历史观，这为偏记小说渗入国史留下制度化通道。但在编撰过程中，史家会对偏记小说进行适当的叙事调整，在国史中维持较为官方的叙述姿态，弱化私家传记的个性化、情绪化的表达。个性向共性折中，艺术向政治归化，这既是史传文体自身的规范，也是史家述作的意识形态自律。

（赵　洋）

【唐代皇帝行幸礼仪制度研究】

张琛著《唐代皇帝行幸礼仪制度研究》，上海三联书店2022年10月出版。该书为国家社科基金项目结项成果，也是基于著者的博士论文修改而成。以往学界对于唐代皇帝行幸礼的研究主要关注于以“巡狩礼典”为中心的单一礼仪，但在国家与社会的背景下，该书运用史料推演法探求潜在制度以及不成文规则条文中唐代皇帝行幸礼仪得以顺利进行的制度保障及其运作机制，重新审视了皇帝出行的制度设计与礼仪运作，对关涉的请行幸制度、行幸决定制度、驾行问起居制度、驾行迎谒制度、驾行太庙告祭制度、驾行夜警晨严制度、驾行警跸制度、驾行仪卫制度、驾行扈从制度、驾行献食制度、驾行供置制度等内容都进行了细致考究。同时，将唐代皇帝行幸礼仪分成卜日礼、驾行太庙告享礼、驾行问起居仪、驾行迎谒仪、銮驾出宫仪、銮驾还宫仪等若干单元进行逐一探讨，既还原礼仪形态又研究其实际运作。在将制度设计与礼仪运作两者结合后，也能实现唐代皇帝行幸礼仪制度在时间维度与空间维度的系统考察。就时间维度而言，举行皇帝行幸礼时，在实际运作中需要按顺序依次经历这些礼仪程式；就空间维度而言，这些制度设计则保障了皇帝行幸礼的顺利进行。而时空维度的礼仪运作和制度设计实则同国家治理密切相关，指向意识形态的传达，大致可归结为：礼治精神的传承、皇权至上的弥漫、德化天下的宣扬，以完成皇帝与民间的精神沟通。同时，唐代皇帝行幸礼作为中古时期典章制度的完善时期，是承继前代诸多行幸相关礼仪的集大成者，不过也经历唐前期与唐后期的礼仪制度改革，如驾行告庙礼由凶入吉等。最终，唐代驾行礼制也对五代宋的礼制产生了深远影响。总之，该书实现了皇帝行幸礼制度的系统研究，不仅助推了唐代皇帝行幸礼研究的不断深入与细化，也推动皇帝制度等相关论题的延展。

（赵　洋）

【唐帝国の滅亡と東部ユーラシア：藩鎮体制の通史的研究】

新见まどか著『唐帝国の滅亡と東部ユーラシア：藩鎮体制の通史的研究』，日本思文阁2022年12月出版。该书特别关注与安史之乱有关的藩镇，并希望揭示同一时期这些藩镇在中国内地以及东部欧亚地区的活动。序章“唐代藩镇研究の现状と课题”

介绍了唐代的藩镇体制及其相关研究成果，并概论全书的议题和结构。该书将唐代藩镇体制史划分为三部分。首先，第一部分是唐代藩镇体制的形成期，包括“代宗期における藩鎮婚姻集団の形成とその背景”“徳宗期における河北藩鎮をめぐる婚姻関係—ウイグルの王女と唐の公主”“平盧節度使の軍事・経済活動と海商・山地狩猟民”。对于与安史之乱有关的六个藩镇的婚姻关系作了分析，尤其认为成德节度使李宝臣作为安史之乱主谋安禄山的伪子，构成了以他为向心力的藩镇体制。还分析了在李宝臣死后，河北安史军系所属藩镇与朝廷之间的互动，特别集中于公主的出嫁问题上。其次，第二部分是唐代藩镇体制的变化期，包括“武宗期における藩鎮体制の变容—劉積の乱を中心に”和“僖宗期における藩鎮体制の崩壊—黄巣の乱と李克用の乱”，着重探讨刘稹治乱、黄巢起义和李克用叛乱对于藩镇体制变化的重要影响。再次，第三部分是唐代藩镇体制的终结期，包括“後梁の藩鎮体制と河北経略”“燕の興亡と沙陀・契丹の擡頭”和“成徳王氏政権の終焉と沙陀の後唐建国”，梳理了藩镇体制如何在五代梁唐时期走向终结的过程。最后，终章“唐帝国の滅亡と東部ユーラシア”提出一个很有意思的观点，即唐朝藩镇体制的发展和崩溃受到了东部欧亚大陆，特别是内陆草原世界局势的影响。一般传统上，人们认为唐朝的衰落是由于内部因素造成的，如均田制的崩溃和垄断制度的不利影响。然而，该书却认为唐朝的衰落与外部因素相关，如回鹘人以及半独立的安史军系藩镇等，他们的对抗性军事威胁消失密切相关。

（赵　洋）

【从张骞到马可·波罗——丝绸之路十八讲】

荣新江著《从张骞到马可·波罗——丝绸之路十八讲》，江西人民出版社 2022 年 11 月出版。该书作为一部图文并茂的丝绸之路简史，讨论重点放在“从张骞到马可·波罗”这个时段当中，是近年来整体研究解读丝绸之路的扛鼎之作。荣氏在 2001 年出版的《敦煌学十八讲》（后又再版，并有多种译本）影响深远，该书作为荣氏又一部十八讲的专著，同样也是一部“极具个性”的作品，即希望通过新材料、新问题等带来的新认知，在照顾每个时段东西交往的主要内容之外，更多地把作者自己若干年来研究中外关系史的一些收获融入其中，讲述一些其他的丝绸之路通史类著作中所没有的内容。全书以讲义的形式呈现，综合运用中外稀见历史文献、最新考古资料和权威科研成果，从月氏、斯基泰与丝绸之路前史讲起，涉及张骞“凿空”与汉代丝绸之路、佛法的传入与流行、纸对佛典在丝路上传播的贡献、丝绸之路也是一条“写本之路”、粟特商业活动与贸易网络、祆神东来与祆祠祭祀、中古波斯与中国、条条大路通长安、唐代长安的多元文化、《兰亭序》的西传与唐代西域的汉文明、从波斯胡寺到大秦景教、摩尼教入华及影响、唐代的“郑和”杨良瑶、中国与阿拉伯世界的交往、归义军与东西回鹘的贡献、葱岭东西的各政权、从蒙古西征到马可·波罗来华等十八个专题，时间上跨越先秦至元，涉及陆海及草原、西南丝路等，兼顾到了东来西往双向交流，材料丰富而多元，问题意识突出而强烈。21 世纪以来，随着国家“一带一路”倡议的提出和推进，丝绸之路研究也重新焕发了活力。该书不但阐述了丝绸之路在中外文明交流互鉴中的辉煌历史，大大突破了学界对丝绸之路内涵的理解，与欧美、日本等学界积极进行国际性学术对话，还能呈现出中华文化的深厚底蕴，挖掘了丝绸之路的丰富内涵和时代价值，对我们理解“一带一路”倡议的世界意义具有十分重要的积极作用。总之，作为以传播通识为主要目标的学术成果，全书思想精深、内容精湛，学术性、前沿性、权威性兼具，是一部丝绸之路研究的前沿与典范之作。

（赵　洋）

【中古祆教东传及其华化研究】

张小贵著《中古祆教东传及其华化研究》，上海古籍出版社 2022 年 11 月出版。该书为国家社科基金青年项目“中亚祆教及其入华史研究”成果，并受暨南大学高水平大学建设经费资助。古代中国所流行的火祆教，又称祆教、火教、拜火教等，源于波斯的琐罗亚斯德教。祆教经由中亚地区传入中国，其传播本身即带有“展转间接”传播的特色。该书广泛吸收国际伊朗学界有关研究成果，熟练使用中外关系史研究的理论与方法，注重对波斯琐罗亚斯德教元典的分析，在具体研究过程中努力将文献资料与考古资料相结合，从教主华名、祆庙与火坛、神祇崇拜、婚丧礼俗、华化表现等方面，对祆教东传过程及其华化表现进行了细致的分析，在前人研究基础上提出诸多重要的新解。如对于祆教“苏鲁支”语源来源的考订，以及霞浦抄本所见“苏鲁支”史实事迹的考释；敦煌地区发现的祆庙与古波斯神庙、中亚祆庙的关系；古伊朗文献中祆神伐迦（Baga）的考释，以及中古祆教半人半鸟形象的溯源；中古琐罗亚斯德教葬俗的传播与演变的梳理，以及祆教“犬视”及其在丝绸之路上的传播；从血祭看唐宋祆教的华化进程，祆教的传播始终离不开国家与地方、中央权力与民间信仰互动的历史大背景。书后还附有较为详细的中、日、西文参考文献目录，极便学界参考。继承陈垣等老一辈学者对于文化传播和华化的学术路径，探讨祆教东传及其在唐宋中国的华化，对于研究异质文明之融入中华传统文明，颇具典型的意义。此外，加强中亚历史文化研究不仅饶有学术旨趣，而且是加深睦邻关系，为建设有中国特色的社会主义创造有利周边环境的需要，因而亦具有重要的现实政治意义。而以祆教研究为个案，必将对深入认识中亚历史文化起到窥豹之效。

（赵　洋）

【出土文献与中国中古史研究】

张铭心著《出土文献与中国中古史研究》，广西师范大学出版社 2022 年 7 月出版。该书为作者中国中古史研究论文的结集。聚焦于出土文献与文物，对中古中国的碑形墓志、墓表、神道、墓砖书式、书法问题，墓砖墓志的出土时地问题、吐鲁番出土文书的总体性等学术议题提出了独到精当的见解。作者所利用之材料，出土文献与文物并重，除了上述学术议题，还涉及中古中国西北边疆历史的诸多学术议题。碑形墓志如《十六国时期碑形墓志源流考》，又如对北魏司马金龙墓志的研究《司马金龙墓葬出土碑形墓志源流考》；关于墓砖、墓表的考察有《高昌墓砖书式研究》《吐鲁番交河沟西墓地新出土高昌墓砖及相关问题》《吐鲁番出土且渠封戴墓表的性质以及无纪年高昌墓砖的年代问题》，并有对刑徒砖的专门讨论；吐鲁番文书的研究则有《中央民族大学藏吐鲁番出土文书初探》《敦煌吐鲁番学研究新资料》。作者学习日本学者充分占有材料、细致剖析材料的功夫，也不忘中国固有的宏观微观相结合的治学路数，他山之石与自家家法相结合，为我们展现了高质量的文献文物与中国中古史研究。

（戴卫红　刘　卓　章泽玮）

【波斯锦与锁子甲：中古中国与萨珊文明】

韩香著《波斯锦与锁子甲：中古中国与萨珊文明》，社会科学文献出版社 2022 年 9 月出版。该书利用多语种文献以及中西方考古文物资料，着重探讨了萨珊波斯与中国的互动关系，以及双方在文化交流与传播中存在的转译与适应等问题。所涉及的内容小到物品、物种等的交换与交流，大到技术、思想等方面的相互影响，力图修补中外文明交往史上这块模糊的“拼图”。该书主要是从五个专题加以论述：第一章主要论述萨珊波斯的历史文化以及与中国政治交往与交通情况，包括南北朝与隋唐时期萨珊波斯与中国的交往情况，以及中国与波斯之间的陆海交通情况；同时也对中国境内的波斯人活动情况做了较为详细的梳理，并分析指出，波斯及其文化影响也随着波斯人东来波及东方中国，这在唐代达到一个高潮。虽然在人数及文化传播上，他们比不上活跃在中古时期丝绸之路上的粟特人，但在泛海经商上，他们更有优势；在鉴宝识宝及医药技术上，他们更具有代表性；在宗教传播上，他们也更多地寻求到统治阶层的支持。因而在丝绸之路的文化交流与传播方面，作为西国胡人的代表，他们的作用与影响不可忽视。第二章主要探讨异域物品的输入与波斯文明的影响。重点讨论鸵鸟及鸵鸟卵如何传入中国，中古贡狮活动导致的驯狮现象与五方狮子舞等的出现，波斯锦与锁子甲等西亚文明对中国的影响及中古波斯贸易之大宗的香料与宝石，以及以枣椰等为代表的植物的交流等问题。这些物品有些是贡品，更有不少是贸易之物，它们的到来，丰富了中国人的物质文化生活，也推动了中古丝绸之路上的文化传播与交流。第三章探讨造型装饰艺术与游艺等与波斯文明的影响问题。包括玛瑙兽首杯与长杯等在丝绸之路上的传播与创新改造，以及其功能的转化；西亚联珠纹饰与中西文化之间的交流传播及对中国的影响；也根据中国境内零散收集的西亚风格印章资料探讨西亚印章及艺术的东传问题；此外，作为学界关注较多的马球运动的起源与传播情况，作者也针对国内外的研究成果进行了梳理和辩证，提出一些个人的看法。第四章讨论了中古外来宗教与波斯文明的影响。主要探讨中古时期在中原流行的袄教、景教、摩尼教等外来宗教与中西亚文明之间的关系，指出他们在传播过程中受到中亚文明的改造，但又多多少少与波斯文明有着扯不断的联系。另外也对三夷教等在中古中国发生的一些变化如三夷教徒入乡随俗，以及发生的文化转型等问题也进行了专门讨论。第五章主要探讨东方中国文明对中西亚文明的影响，主要包括丝绸、铁器、瓷器等的西传，中国出产的麝香及樟脑等对西亚社会的影响，另外也尝试梳理中古丝绸之路上的中国故事与中国元素。该书的终章，对中古时期波斯与中国文明交流的一些问题，如文化之间的转译以及文明交流的选择性、变异性及不对等性等也进行了一些思考。

（李鸣飞）

【五代的文武僧庶】

山口智哉、李宗翰、刘祥光、陈韵如编著《五代的文武僧庶》，广西师范大学出版社 2022 年 3 月出版。利用墓志碑铭发掘出的有效信息，是研究五代社会史不可或缺的史料。该书作为“五代在碑志”系列的第三种，以数量更为密集的墓志碑文来揭示、考察五代时期各阶级阶层的社会流动。多身份探讨，能为当前五代社会流动的变化提供另一视角的考察。故而，该书不但梳理和研究了传统统治阶级的文官武将生平，也将僧侣、平民作为研究主角，纠正以往以帝王将相作为传主的“失于一偏”的研究倾向和被忽视的个体，一窥当时的平民生活，来区别于正史通常以帝王将相作为传主的叙述视角，描绘更加立体的五代众生相，展现五代社会的实际样貌。具体而言，该书以“史学六问”“五鬼搬运”“数馒头”等科学方法，结合传统的史学方法找出史料真正的重点，自通常“无疑”处入手，以老吏断案的方式分析文本，从内容到形式都给予细致的分析，解读具有代表性的五代文人、武人、僧侣、平民等五代众生相的墓志碑铭，大体内容主要分为四编：格套下的文武僧庶；文官群像与社会流动；武官群像与文武交流；平民之社会流动，每小节针对一至三篇墓志展开细致释读与分析，如“唐末晋北商人”就专写张宗谏，“同源异路：中山王家两支后代的不同命运”则集合了以王廷胤、王处直、王处存为代表的三位王家以描绘武官群像。最终，书中总结认为恩荫、婚姻、家世仍是五代社会流动的重要条件；五代的阶级流动尽管较为活泼，但阶层流动有限，高级官衔和实权职位仍然掌握在少数家族手里；成就宋初向文治倾斜的，不单是皇帝或文人，整个五代武人团体的自我转型或对传统武风允文允武的追求，都是重要因素。总而言之，该书对五代及主导此时代的武人研究具有相当贡献，也对文武交流、社会阶层等变迁提出了很多创新见解，是深入阅读墓志铭的指南与典范。

（赵　洋）

【权力与正统：五代政治史论稿】

罗亮著《权力与正统：五代政治史论稿》，中国社会科学出版社2022年8月出版。该书为国家社科基金项目结项成果，也是基于著者的博士论文和博士后出站报告综合修改而成。五代国祚短促且政权更迭频繁，五代诸帝对于自身正统性有更加迫切的诉求。该书即以五代王朝更迭时发生的权力动荡和统治者对正统性的追求为线索，分析五代政权所面临的诸多政治问题及其应对策略，分别针对五代王朝国号制定、史传书写、张全义家族兴衰、后唐义儿与赐姓问题、后晋父事契丹、后周太祖家族仕宦与建国过程等具有代表性的专题展开了具体研究。绪论提出正统性问题并非一个孤立的论题，而是与当时政治、军事、文化等紧密结合：既要发掘五代各种事件、政策背后所包含的正统性的争夺，揭示正统性的重要意义；又要以正统性为主线，去分析当时所遇见的诸多问题，以加深对当时政治、军事、社会的理解。第一章“建国创号：五代国号诸问题研究”分析五代各政权在制定国号时所面临的复杂局面，国号不仅在空间上表示一个正确的地理起源，更可在时间上与此前王朝建立联系。有时可上应天命传统，有时则可下合群臣期待，甚至是政策风向之标志。第二章“五代正统性与司空图形象的重塑”则论证了《司空图传》只存在于两《唐书》和后梁实录当中，诸书对于司空图不同形象的书写既是五代、宋史官对于正统性的不同追求，同时形象的塑造和维持也依赖政治军事实力的延续。第三章“五代张全义家族与政权更替”利用今年洛阳出土的多方张全义家族墓志，对张氏家族的籍贯、谱系进行梳理，并由此折射出五代到宋初由战乱走向稳定的历史发展脉络。第四章“旧部与新臣：后唐义儿政治研究”对李克用诸义儿进行考订，梳理了他们在不同时代的际遇，反映了李克用、李存勖时代政治权利演进的轨迹。第五章“姓甚名谁：后唐‘同姓集团’考论”对后唐三类“同姓集团”进行考察，认为姓名的变动并非简单的赏赐或惩罚，其背后也体现着新旧势力不断博弈的过程。第六章“以谁为父：后晋与契丹关系新解”细致分析了辽太宗册立石敬瑭为帝的册文，指出石敬瑭父事契丹实际是在强调其正统性，颇有耳目一新之感。第七章“威望的力量：后周建国史探微”还对郭威家世、起家至建国的艰辛历程进行论述，认为当时中枢政局十分复杂：中书门下与枢密院之间博弈、文臣与武臣彼此仇视、皇帝与重臣权力争夺，诸般矛盾交织。此外，附录部分则讨论了“枯树复生”这一异象是如何被前蜀王建所利用，从而完成其建国时的政治宣传的。该书在正统性这一主线串联之下，力图通过对以上各专题的细致分析，揭示出五代中枢政局的权力变动以及历史发展脉络。

（赵　洋）

【墓葬中的礼与俗】

沈睿文著《墓葬中的礼与俗》，上海古籍出版社2022年8月出版。该书是教育部人文社会科学重点研究基地重大项目“中古时期丧葬的观念风俗与礼仪制度”以及“中古时期墓葬神煞研究”的成果，也是沈睿文多年来探究墓葬中礼与俗因素的研究成果集结。生死皆为人生大事，墓葬具体实践过程中礼仪与民俗往往也是当时国家制度与社会观念的反映。该书重点关注中古时期墓葬中的礼制与具体践行，首次系统辨析了唐宋地理官书《阴阳书》《图解校正地理新书》的成书与版本流传情况，揭示了中古墓葬神煞的组合与功能及其连续性，从图与像、墓葬形制、随葬器物等方面具体讨论中古时期墓葬中的礼制蕴含，分析不同政治生态、宗教信仰导致的葬礼差异。具体而言，唐宋时期的墓葬实践除国家规定的制度程式外，还有诸多方面会依据当时堪舆家所规定的制度来安排，特别是葬式、明器、择墓地和墓区建筑等都与堪舆术关系密切。因此，堪舆相关的地理书籍研究可以进一步了解古代社会丧葬行为，乃至社会各阶层的思想观念。该书对唐贞观年间吕才所编《阴阳书》和北宋初期王洙等人编修《图解校正地理新书》的编修、实践与流传等情况一一解明，尤其指出唐太宗令吕才编《阴阳书》意欲统一初唐时阴阳术的流行且混乱，但《阴阳书》反对具有深厚民间基础的五音姓利说，导致该举措对于民间的影响收效甚微，《阴阳书》也在宋代以后式微且慢慢散佚。宋代王洙《图解校正地理新书》则汇编诸种堪舆地理书，并重新恢复认可了五音姓利说的官方合法地位，故而对于宋及其后世的丧葬实践活动产生了重要影响。该书还对诸如中古时期墓葬神煞俑、李思摩墓甬道壁画、唐哀皇后墓所见陶礼器、唐墓屏风画和唐墓埋葬告身等墓葬中或随葬时实际使用过的各种葬品、图像进行了梳理，并分析背后所蕴含的丧葬礼仪形制等级、佛教信仰和非地方性知识。总的来看，该书虽然看似为考古学论著，但实际上开拓了以历史学、文献学的方法和理论来探究考古学的诸多制度、文化等背景问题，重新建构起中古时期墓葬的礼与俗的历史面貌，具有方法论的意义。

（赵　洋）

【在田野看见宋朝】

包伟民等著《在田野看见宋朝》，浙江古籍出版社 2022 年 8 月出版。该书是来自浙大城市学院、浙江省文物考古研究所、浙江大学历史学院、杭州市社会科学院、杭州师范大学、浙江省博物馆、华东师范大学等高校或科研单位的 14 位学者行走田野时面对历史遗迹、遗物生发的思考与讨论，除引言、后记外，共 16 篇文章。不同于学术论文式的研究，该书以散文随笔形式的文章集结而成，内容涉及宋代的建筑、人文美学、政治制度、经济发展、市民生活、自然风光、墓葬考古等诸多领域，涵盖了宋代生活的方方面面，反映了作者们古今结合的观察视角和田野考察与文献记载相对照的学术旨趣。包伟民在引言中指出，一方面，遗址遗物所传递的历史信息无一不零碎而且片面，找到它们既已出于偶然，例如该书所介绍的、关于南宋临安德寿宫的发掘就是如此；而考古发掘出来的遗址遗物，又毫无例外地不过是一些残垣片瓦，辛苦解读，常常不止于窥斑见豹，简直近乎瞎子摸象，才能揣摩出历史原貌的大概。另一方面，除去从那些文化层明确、未受任何后代扰动的遗址中发掘出来的文物之外，绝大多数遗址遗物都存在着一个不断层层堆积，从而造成历史信息混淆的情况。该书的诸位作者正是通过田野寻访，从另一个角度对宋代历史文化进行钩沉，不拘泥于史书的框架限定，直面现场。我国素来有“读万卷书，行万里路”的传统，除了在浩瀚的文献典籍中寻找历史外，走向田野，直接体悟、触摸、感知已经逝去的历史，往往能够获得不一样的人文体验，似乎能够拂去历史的尘埃，穿越时间，“看见”那些曾经鲜活的画面。这也是该书各篇作者们的共同立场，从田野中发现一些在文献资料中所缺少的历史信息，以求超越遗址遗物本身，读出与之相关的宋朝的人与事，并且试着以相对平易的文字来讲述。

（王　申）

【宋型国家历史的演进】

李华瑞著《宋型国家历史的演进》，商务印书馆2022年9月出版。该书的作者李华瑞教授近年来提出“宋型国家”这一学术概念，旨在于中国历史的长河中探寻宋代国家类型的鲜明特色及对中国政治、经济、文化的深刻影响。作者认为“宋型国家”呈现出“守内虚外”、奉行养兵政策和“崇文抑武”的士大夫政治这三大特征，有别于前、垂范于后，开元明清之先河。宋朝自始至终是一个不与游牧渔猎民族一争雄长的时代，以往认为宋朝的积弱很大原因是强调契丹族、女真族、蒙古族过于强大，其实不仅如此，而是有着非常深刻的社会历史文化原因。宋太祖以来形成的“守内虚外”是经唐后期五代至宋人形成的既定方针，是汉族政权主动的战略退却，为一争雄长的游牧渔猎民族进入中原共生共存提供了可能和机会。宋朝奉行养兵政策，豢养一支以募兵为主的庞大军队也是中国古代史上独一无二的。巨大的军费开支在国家财政支出中占据越来越多的份额，宋廷因而将人民生活的主要商品盐、茶、酒、矾、醋、矿冶、香料等统统专卖经营。研究宋代经济史有必要重新认识帝制国家财经政策亦即国家对经济发展的主导作用，以及市场繁荣背后的国家财经供需因素，以求更接近宋代历史发展的实际。作者从多个视角论证“宋型国家”概念的合理性，将宋朝置于秦汉至晚清的中国历史中予以定位，从10—13世纪诸多政权并存的历史中归纳总结宋朝历史的特点，具体包括：北宋前期政治，真宗、仁宗时期的社会矛盾与庆历新政，王安石变法，北宋政治变革时期的文化，北宋后期的社会改革及其灭亡，偏安江左的南宋政治，南宋社会的历史性转折，宋朝的“内忧”与社会保障，宋朝的积弱国势与对外战争，宋朝的农业、手工业及其区域特色，宋朝的商贸与城市，宋朝的货币与资本，宋朝的财计与民生，宋朝的宗教及民间信仰，宋朝的妇女与社会。

（王　申）

【宋代地方官僚制度探研】

苗书梅著《宋代地方官僚制度探研》，中国社会科学出版社2022年10月出版。该书是辑录作者多年研究成果的论文集，也是河南大学中国古代史研究丛书系列之一。该书考察了宋代地方管理制度，力图从中央与地方关系的视角，推进宋代地方政治制度及其运行情况、宋代地方治理在维护王朝统治中所发挥的作用及其时代特点等问题的基础性研讨。在深化宋史研究的同时，也为反思新时代地方治理提供重要历史参考。书中大部分篇章讨论宋代地方官僚的设置与职能，包括《宋代的“使院”“州院”试析》《论宋代的权摄官》《宋代知州及其职能》《宋代通判及其主要职能》《宋代州级属官体制初探》《宋代巡检初探》《宋代巡检再探》《宋代监当官初探》《从宋朝地方官僚体制看明州监当官设置的特殊性》《宋代军资库初探》。此外讨论了选任、考核地方官僚的制度，包括《宋代地方官任期制初论》《宋代定差法述论》《宋朝选人官阶等级及其改官制度》；对吏这一特殊群体的研究，包括《宋代州级公吏制度研究》《宋代县级公吏制度初论》；地方官僚所涉及的信息渠道研究，包括《朝见与朝辞——宋朝知州与皇帝直接交流方式初探》《南宋“便民五事”制度略论——南宋中央获取地方信息的渠道之一》；新史料对宋代地方官僚制度研究的作用，包括《墓志铭在宋代职官制度研究中的价值——以北宋元丰改制前的监当官为例》。

（王　申）

【欧阳修：十一世纪的新儒家】

刘子健（James T. C. Liu）著，刘云军、李思、王金焕译《欧阳修：十一世纪的新儒家》，重庆出版社2022年5月出版。原书 *Ou - yang Hsiu：An Eleventh - Century Neo - Confucianist* 系由斯坦福大学出版社（Stanford University Press）于1967年出版。该书共十二章。第一章“序章”，简略指出欧阳修作为新儒学早期政治和思想发展的先锋人物，发挥着关键作用，具有重要的研究价值。第二章“历史背景”，认为宋朝处于中国“新传统”发展阶段。尽管宋朝边疆危机不断，但是财政状况运行良好，农业、商业、长途贸易发达，城市繁荣。新儒学在旧儒学的大树上嫁接新枝，将新旧思想结合为一种富有活力且有效的传统，在宋代士大夫中缓慢发展。第三章“早期仕宦生涯”，提出欧阳修是新传统时期具有前瞻性的人物，中进士后与朋友们研究和探讨儒家经典、哲学、军事问题等，任官不久即卷入政争、党争。第四章“庆历新政”，认为欧阳修作为关键人物参与宋朝首次改革，上书条陈十事。第五章“朋党之争与谏言权”，写到欧阳修支持范仲淹的改革，并撰文反驳政敌的“朋党”指责，并主张增加言官的谏言权力。第六章“晚期仕宦”，描述庆历新政失败后，欧阳修被贬谪，在各地任职达十年之久，嘉祐六年，欧阳修被任命为参知政事，与韩琦、富弼共掌朝廷大权，但因树敌太多，欧阳修无法持久担任朝廷高官。第七章“经学大师”，论述欧阳修的治经方法：重视原始材料、重视逻辑推理、重“理”。第八章“史学家”，论述欧阳修的史学造诣，其修撰的《新唐书》《新五代史》文字典雅简洁，同时，体现出欧阳修对史料、书目、当代文献的重视，此外，欧阳修对史学的分支家谱学也有重要贡献。第九章“政治理论家”，分析欧阳修《朋党论》和《本论》对儒家政治思想的原创性贡献，以及欧阳修的行政经历使其深信机构改革和选贤任能的必要性，他主张为政要宽严相济。第十章“宋代文学大师”，概述欧阳修在诗歌、词牌、文赋、散文等文学领域中取得的伟大成就。第十一章“理性主义与宗教”，论述欧阳修推崇儒家的理性主义和现世原则，但也能包容部分非儒家的异端与非理性信仰，如佛教、民间宗教、祝祷等。欧阳修撰写了大量的宗教祝文，但他对民间宗教又有所怀疑。他称颂佛教的同时，也有严厉的批评。这体现了新儒家思想的矛盾冲突。第十二章“尾声”，指出以学派来归属欧阳修是后世新儒家视野狭窄的表现，欧阳修才华横溢，酷爱钻研，在政治、文学、经学、哲学、历史等领域不断探索且有所创举，这才是新儒家早期精神的体现。所以，该书认为欧阳修是十一世纪的新儒家。

（陈冠华）

【信息与权力：宋代的文书行政】

李全德著《信息与权力：宋代的文书行政》，社会科学文献出版社2022年5月出版。以文书御天下是中国古代国家官僚制度的显著特征，而不同时期信息沟通与处理机制的差异，也彰显出各自不同的时代性格和权力运作方式。由于经历了文书从书于竹帛到天下莫不用纸的划时代转变、雕版印刷术的推广与使用在宋代爆发性的增长，以及新儒学和士大夫政治的发展，宋代的文书行政所能达到的深度也就远超前代。该书关注宋代的文书、信息与中央决策机制中所体现的权力关系，以十余年来文书、信息视角的宋代政治史与制度史研究为基础，在传世文献之外，利用近年来新出之碑刻、墓志、天圣令、黑城文书、徐谓礼文书等新资料和传统金石书画资料，加之“今日观念”所带来的问题意识，展开论证。具体内容可分为以下三个层次：首先，第一、二章梳理宋代多渠道并存且相互竞争的信息沟通机制，进而分析文书处理机制，重点考察所谓“王言之制”成立之前的日常行政与决策行为。分为宋代信息渠道中的“言路”与“耳目”之喻、宋代君主的信息来源、宋代文书传递诸渠道及其关系、宋代政务信息的传播与控制等四个部分。其次，第三、四、五章从文书入手，以御笔为中心探究君主的日常行政，以批状、省札为中心审视宰相的日常行政，并以封驳为中心分析士大夫作为日常行政主体的政治参与。分为宋代的章奏处理、宋代御批的类型及其运行、徽宗时期的御笔手诏、南宋时期御笔概观、从堂帖到省札、《徐谓礼文书》所见南宋省札及其运用、宋代的批状、封驳制度与历史上君权的限制、北宋前期的封驳、给舍封驳的成立：以“书读”与“书行”为中心、从《徐谓礼文书》看南宋的封驳等十一个部分。最后，从中观察信息如何成为权力，文书如何体现制度，主体行为如何影响决策，勾勒出文书行政视角下的宋代士大夫政治的权力运作机制、政权性格与政治文化特色。此外，该书还附有《再谈天一阁藏明钞本〈天圣令·关市令〉之"副白"与"案记"》和《宋代文书行政中的"备申"》等两篇专题论文。

（王申）

【忧患：边事、党争与北宋政治】

林鹄著《忧患：边事、党争与北宋政治》，上海人民出版社2022年5月出版。该书对北宋政治史上一系列重大问题，如天书封祀、庆历增币、王安石罢相、神宗开边、元祐更化等，做出了新的阐释，在许多方面突破了既有研究对北宋政治的认识。该书的论述建立在对旧有史学观念反思的基础之上，注重人物性格、心态对政策决断及政治立场的影响，强调政治氛围和风气对于时人政治选择的作用，并透过政治过程，深入分析政治言论背后潜在的动机问题，揭示出多种偶然事件之间的关联及导致的可能后果和实际结局。该书共分九章。第一章指出北宋朝野上下对澶渊之盟十分满意，可以和开元之治媲美的盛世因此到来。宋真宗"天书封祀"在这样的氛围中举行。第二章讲述宋人的上述"幻觉"如何在三十年后因西夏建立、宋军对夏屡战屡败而破灭。此后，宋、辽、夏三者展开了多方博弈。宋人在经历西夏叛宋、庆历增币、辽夏战争等重大事件后，又大体回到了澶渊体制的稳定结构。澶渊体制不是宋辽两国均势长期延续的必然结果，而是宋辽双方政策制定者有时正确、有时错误的决策导致的偶然结果。第三至五章聚焦于宋神宗和王安石二人的关系和国家政策的新变化。王安石在宋神宗面前咄咄逼人，而宋神宗从来没有因此改变对王安石的信任与尊重，二人之间的分歧和矛盾主要体现在对待宋辽边界纠纷的态度上。宋神宗对于辽恐惧怯懦，对于西夏则自大轻敌，这影响了他的决策。第六章就司马光的政治设计与方诚峰商榷。第七章则以高太后与台谏为中心，梳理理解元祐政治的新线索，指出言官对元祐政治造成了致命伤害。第八、九两章分析在党争中形成的历史文本。作者特别重视政治过程的详细分析，强调从当时人的认识出发，去探索历史中的可能性、偶然性和不确定性。

（王　申）

【储蓄来生：宋代以来的寿生寄库信仰】

韦兵著《储蓄来生：宋代以来的寿生寄库信仰》，巴蜀书社2022年8月出版。唐宋之际，人们观念中的幽冥世界衍生出金融和信用功能，"寿生寄库"观念开始兴起，并成为10世纪以后中国人理解生命、疾病、死亡以及身后世界的一种新方式。寿生观念认为人来到世间得到生命是由于向冥司借用了寿生钱，以此为"资本"才在世间有衣禄。贵贱寿夭取决于带来世间寿生钱的多少，消耗到一定程度人就会生病，寿生钱用尽，人便会死亡。在寿生式冥府中，所有功德都被约化为烧纸钱和诵经两种形式，这是唐宋之际诞生的新观念。该书利用出土文献、造像碑刻结合传世文献，讨论了寿生寄库信仰的起源、流传与影响，辨析寿生寄库信仰对现实世界的种种反应投射，以及信仰中体现的平等、契约精神、个人主义等观念，力图从幽冥观念的变化中观察现实社会的变革。该书具体分为五章。第一章“寿生经典及源流考索”考察了佛教、道教的寿生经典，和用于举行寿生仪式的科仪文本，并从中探索了寿生信仰包含诸多观念要素的流行时期。第二章“折射与融合：寿生信仰诸要素的文化分析”，指出寿生信仰既有纵向历史发展变革的积淀，也包含南北农耕与草原地区的横向互动。唐宋以来货币经济的发展折射在寿生信仰中，而纸钱从掩埋到焚烧、寿生经典中宝树圣箭的“生命树”主题，则是草原文化融入的结果。第三章“共享的精神世界：从出土文献看十一十三世纪以来宋、金、西夏地区的寿生信仰”，分析近年刊布的出土寿生文献，探讨这一信仰在宋、金、西夏等多个政权内的流行状况。第四章“大足北宋寿生信仰造像：石篆山‘长寿王龛’考辨”，论证大足石篆山长寿王龛是迄今为止发现的唯一寿生信仰造像。第五章“寿生寄库信仰与《西游记》取经缘起”，讨论了取经缘起中关于寿生信仰的部分，分析这部分内容对理解《西游记》的作用，从而考察宋以后人们观念中幽冥世界的变化。作者认为冥府财库创造了一个数字世界，其中唯一的价值评判标准是被约化为数字的个人存贷冥钱数量。虚拟的冥钱和契约创造了一种“平等”的镜像，即使人世间的权力也必须向其低头。这样的冥府并不恐怖，而是提示了某些近代因素：保护私有财产、支持契约精神。

（王　申）

【朱熹的史学思想】

汤勤福著《朱熹的史学思想》，中国社会科学出版社2022年3月出版。该书是作者多年研究朱熹的一项重要成果。全书共八章，从朱熹史学思想形成的历史背景，以及朱熹的历史哲学、治史方法论、史著编纂思想、史学批评思想、朱熹史学思想在宋代史学上的地位及对日本、朝鲜半岛的影响等方面，对朱熹的史学思想进行了全面而深入的研究，另有三个附录，附录一除《朱熹年谱要略》外，收入了5篇相关论文；附录二为该书引用的书目；附录三是作者“博士学位论文”评议意见。朱熹史学思想是当时经济、政治、民族关系诸多因素共同影响下的产物，与两宋时期盛行的理学和重视鉴戒的史学有着密切的关系，同时也有史家学的影响。朱熹的历史哲学由三个层次组成，即回归天理纲常的历史决定论、注重时势变化的历史损益论、讲究心术本领的历史经世论。这种历史哲学与其格物致知的历史可知论是密不可分的。朱熹对治史态度的看法，是围绕着“明天理”而展开的。他提出先经后史的治史顺序说和劝善惩恶的治史价值论。在治史方法上，他强调由博返约，要求最终达到认识无所不在的天理的程度，以利自己的道德修养；他主张采取校勘、考证、辨伪、训诂等实证的治史方法。朱熹的史著编纂思想内容十分丰富。他强调辨明正统，作为史著编纂的纲领；提出史体互补的编著体例，这具有较大的价值；他继承前代进步史家提倡的秉笔直书的优良传统。该书还考证了朱熹亲撰《资治通鉴纲目》的过程，否定了宋末王柏提出的该书为赵师渊所撰的影响达700余年的观点，揭示了朱熹史著编纂思想演变的轨迹。史学批评是朱熹理学思想表现得最充分的方面。他评论史著既重义理又强调史实的正确与否；用道德标准去衡评史学人才，这对清代著名学者章学诚有较大的影响；对历史人物的评价上，首先采用义理标准，其次才是功业标准。朱熹史学思想具有浓厚的理学色彩，以天理论作为理论基石，构成一套“以理阐史，以史证理”的哲理性很强的理论体系，是宋代其他史家所不及的。在他去世后长达700余年的中国封建社会中，没有人能打破这一理论体系，并重新建立一套完整的史学理论去取代它。在朱熹被“圣人化”的过程中，其史学思想中的落后因素对后世产生了较大的影响，对日本等国也有一定影响。朱熹是南宋理学集大成的思想家，也是著名的史学家和文学家。在学术界，人们对朱熹的研究，大都重视其理学思想，而对其史学思想探讨甚少。该书结构宏大、论述精谨，填补了朱熹史学思想研究的空白，是一部颇为坚实的力作。

（孙广辉）

【宋代家礼】

陆敏珍著《宋代家礼》，中华书局2022年8月出版。该书将宋代家礼作为一种集体写作规范的历史场景来观察，探讨了这一时期书写者在家礼文本中的自我设定与书写时的立意、取径，叙述了宋代家礼文本的书写概况，分析了文本产生的历史语境、不同家礼文本的续写、更新与知识类型的变化，并以朱子《家礼》为个案，勾画了宋代以后家礼文本的经典化与知识的通俗化过程，以此说明后世对整个宋代书写者所创造的家礼知识的检验与实践。研究中结合了知识史、文化史、社会史等方法，既有对文字记载的精细分析，又有对图像的解读与阐释，为家礼研究提供了新的范例。作者的研究旨趣在于解释家礼文本生产，研究家礼书写者为何写、如何写、写了什么，文本书写的理据是什么，书写者在家礼文本社会化过程中如何调整写礼策略等问题。该书共分五章。第一章“文本生产：宋代家礼书写概况”讨论了“私家注礼”与“注私家礼”的区别与演化、文本编纂的惯例、文本编纂的理论。第二章“文本之外的语境：抵制、限制与自省”聚焦丧葬仪式中的异端，胡服、戎服与先王衣冠，关于礼之废失的讨论等三方面的内容。第三章“文本理据：家礼与《仪礼》”讨论了宋人如何处理《仪礼》与家礼的关系。第四章“文本竞争：《书仪》、《家礼》与日用类书”重在论析宋代各种礼仪文献之间的竞争与演进关系，分为从书仪到司马光《书仪》、从《书仪》到《家礼》、从朱子《家礼》到日用类书等三个方面。第五章“文本实践：宋代以后的朱子《家礼》”则考察为什么争议迭起的朱子

《家礼》会成为化民成俗、移风易俗的两方，并最终将前代的“家礼书写”寻绎为“《家礼》书写”，并分为书的历史、《家礼》文本的经典化和《家礼》知识的通俗化加以论述。

（王　申）

【政治与思想语境中的宋代《尚书》学】

刘力耘著《政治与思想语境中的宋代〈尚书〉学》，中国社会科学出版社2022年3月出版，属于中国社会科学院创新工程项目资助成果之一种。该书运用语境重建与文本分析相结合的研究方法，考察宋代（960—1276）《尚书》阐释的成因及意指，揭示《尚书》学在宋代政治思想、实践中发挥影响的方式及效果。全书从梳理、反思20世纪经学史入手，指出其非历史性的研究范式导致宋代《尚书》学的价值被忽视。该书细致分析宋代知识人理解和坚持的《尚书》在政治中的角色，再现他们在日常政治实践中“释放”《尚书》影响力的诸般途径。这有助于准确把握宋代《尚书》学的问题意识，历史地理解和呈现宋代《尚书》学。该书主体部分以专题的形式展开，考察《尚书》学之于两宋变法、中兴、灾异论和理学等重大政治实践、思想主题的回应与贡献，说明《尚书》在宋代普遍被视作“君主之轨范”，而《尚书》阐释多是种种因应时事又不乏思想渊源和逻辑性、创新性的“君主论”。其中，第一章“《尚书》学与熙宁新政”，聚焦北宋神宗熙宁时期，变法派（王安石）和反变法派（范纯仁）人物的《尚书》学，考察《尚书》学在二人政治思想及实践中的面貌及影响。第二章“《尚书》学与高、孝中兴”，聚焦南宋高宗、孝宗两朝，考察《尚书》学如何回应复仇、孝道、近习等与和战、中兴密切相关的时政话题。第三章“《尚书》学与士大夫灾异论”，以苏轼为切入点，考察其在不同的人生阶段对于灾异事应说的不同态度及其变化原因，辨析其灾异常数说，旁征时人的灾异论并检讨主流史料，通过重新梳理和认识宋代士大夫灾异论的特点及演变，在此政治思想的脉络下，来准确理解两宋《尚书》阐释中的灾异论。第四章“理学中的《尚书》学”，通过考察《尚书·大禹谟》“虞廷十六字”的阐释类型及演变，以此为例，展现《尚书》在理学的心性论，以及基于此的针对君主的修养工夫论的理论构建和运用中的角色。最后，归纳出若干种宋代士大夫、士人将基于现实判断的理想图景和行动指向寄予各自的《尚书》阐释中的方法。该书通过再现阐释过程和凸显阐释者的主体性，说明宋代《尚书》学并非经典研究的客观之学，其与前代阐释之间无论同抑或异的关系，均不适宜仅在单纯由阐释构成的脉络中理解和表述。宋代《尚书》学研究应当突破过去受文献辨伪、哲学史等研究范式的影响，更多地揭示其作为政治实践及其背后的思想逻辑的面向与价值。

（陈冠华）

【宋代文人的精神生活（960—1279）】

何复平（Mark Halperin）著，叶树勋、

单虹泽译《宋代文人的精神生活（960—1279）》，江苏人民出版社2022年1月出版，属于“海外中国研究丛书”的一种。原书 *Out of the Cloister: Literati Perspectives on Buddhism in Sung China, 960 – 1279* 系由哈佛大学出版社（Harvard University Press）于2006年出版，属于 *The Harvard East Asian Monographs* 丛书之一种。该书除引言、结论外，共五章。第一章“唐代的视域”主要考察晚唐时期的文人学士为寺院撰写的碑记文字，内容主要是关于寺院和僧人的，行文聚焦于高僧大德的行状，尤其是那些带有传奇色彩的故事，该章进而指出这些碑记具有一致的论调，不论是称引经文，还是驳斥排佛言论，都显示出唐代文士对佛教的虔诚。佛教在唐代文人生活中扮演着重要的角色。第二章“护持信仰”，则分析宋代文人撰写的与佛教相关的文章，揭示宋代文人既有与唐代前辈相类似的论点，但也有诸多差异。禅宗的兴起加剧了佛教内部的分歧，使得更多的士人透过撰写批判文章介入到佛教内部的教义辩论中，宋代士人扮演着佛教内部人的角色。当然，也不能忽视部分道学家对佛教的敌视。第三章“帝国与寺院”，主要考察佛教在中华帝国中的宗教地位。唐宋的寺院供奉战争亡灵，为皇帝的诞辰与忌日举办法会，收藏御书及皇帝的画像，朝廷与佛寺的复杂关系表明佛教已融入朝廷政治体系之中。第四章“不良的形象与美德的典范”，梳理了宋代文人对待佛教的两种截然不同的态度，一种将寺院及其赞助者视为美德的典范，一种把寺院、僧人及其依附人口视作腐败的反映。这些矛盾的态度甚至同时存在于同一位文人的作品集内，反映出僧人群体在文人内心的地位不断变化。第五章“个人生活”，讨论寺院作为文人家乡的地标式建筑，随着宋代文人地方意识的增强，寺院很容易成为召唤起人们的孝顺之德和怀旧之情的意象。该书考察分析唐宋变革时期中国文人学士对待佛教的看法所发生的重要变化：一方面，文士的佛教态度呈现出多样化表达，谴责与赞颂参半，另一方面，宋代文人相较于唐代文人，对待佛教的态度更为虔诚；认为这些变化源自于佛教与中国本土传统文化关系的变革，即禅宗的出现、僧伽制度的兴盛、宫廷赞助、文人群体的扩大及其自我意识的觉醒。因此，宋代佛教并非处于中国文化的边缘，而是逐渐融入士大夫的日常生活中，成为其中一部分。

（陈冠华）

【金朝社会形态演进的历史书写】

李秀莲著《金朝社会形态演进的历史书写》，中华书局2022年11月出版。该书以金朝建立者女真人的发展历程为主线，借助历史资料，沿着历史的脉络，还原历史。主要包括以下内容。第一章“‘金之先，出靺鞨氏’的历史渊源”揭示出女真人从勿吉到靺鞨的演变，以及“西海之别族”的历史根源，提出女真族源新观点。第二章“契丹‘因俗’统治下的女真部落”、第三章“女真完颜部把部落联合关系向联盟关系转化”、第四章“女真完颜部在‘鹰路’上与五国部角逐”再现女真完颜部由小到大的发展过程，打着为辽朝开通“鹰路”的旗号，发展壮大自己的势力，积聚与辽朝对抗的资本。第五章“女真完颜部部落联盟的发展与大金开国”讨论了女真建国过程中的多个重大历史事件，如完颜阿骨打率领在宁江州榷场贸易中被欺辱的女真人抢劫宁江州，并屠城。来流水誓师，同心协力击溃辽兵，揭开女真人反抗辽朝的序幕。阿骨打被撒改等推举为都勃极烈，又接受渤海文士的献策：称帝、建国。第六章“大金政权的酋邦属性与酋邦理论”从理论与历史的角度论述女真政权的性质，指出大金国建立在氏族部落社会之上，其政权就是高级部落联盟，或称之为酋邦。金太祖、太宗是联盟长而徒有皇帝之名。但皇帝的虚名又引发了女真社会的重大变革。第七章“金朝酋邦政权向国家秩序演进的艰难与曲折”、第八章“金朝国家秩序的建立与中夭”指出熙宗完颜亶酗酒妄杀，乱政至极；海陵王弑君夺位，终止乱政。海陵王确立中央集权，成为金朝真正拥有皇权第一人。为解决猛安谋克问题，海陵王发动对宋战争。作者最终指出，南征失败，猛安谋克作为氏族社会的残余使金朝社会停留在半酋邦、半国家状态。

（王　申）

【《金史》丛考】

陈晓伟著《〈金史〉丛考》，中华书局2022年11月出版。《金史》是探索金代历史问题最核心、最权威的史书，对其文献学研究构成金史领域的根基。自清代钱大昕《廿二史考异》直到近年来中华书局出版的点校本《金史》修订本，《金史》文献研究成果丰硕，然而仍存在一些重大问题值得反思。《〈金史〉丛考》从反思《金史》版本源流和纪传志表各部分的文献史源入手，针对《金史》原点校本和修订本的具体校勘案例，重审两次文献整理工作的得与失。全书分为绪论、版本再审、新本献疑、史文辑证、拾遗补阙、旧本正误六章，并试图从诸条校勘案例中总结经验方法。作者指出《金史》整理工作有两大值得反思的问题。第一是版本问题，作者认为整理《金史》必须以张元济《金史校勘记》为线索，将百衲本与现存至正初刻本残卷及洪武覆刻本彻底覆核。第二，需要在《金史》整理过程中充分关注整部书的纂修和史源问题。原点校本和新修订本未能充分关注上述问题，导致很多校勘将文献时间、层次扰乱、杂糅，忽略了制度变化的时代性。该书共分六章。第一章“版本再审”，以修订本《金史》所涉及的南监本与百衲本异文校为线索，通过举证典型案例重新评价南监本的版本价值。第二章“新本献疑”是该书的主体内容，逐条核对修订本《金史》的校勘记，则要辨析。第三章“史文辑证”举证关键史料补充论述原点校本和修订本《金史》中部分判断正确，但论述尚有不周之处的校勘记。第四章“拾遗补缺”补充完善了两种点校本漏校的条目。第五章“旧本正误”是作者整理《金史详校》和阅读修订本《金史》送审稿中发现的问题。第六章为结语，指出只有牢固树立文献源流意识，才能把握文献校勘的尺度和标准，彻底揭示问题的症结所在。该书属于中华书局“二十四史校订研究丛刊”。随着该书和同属该系列的苗润博《〈辽史〉探源》（中华书局，2020年6月）、邱靖嘉《〈金史〉纂修考》（中华书局，2017年11月），以及新修订版《辽史》《金史》的出版，学界近年来对于辽金史基本文献的整理和研究已达到了新的高度。

（王　申）

【《亡辽录》辑释与研究】

曹流著《〈亡辽录〉辑释与研究》，巴蜀书社2022年6月出版。该书为系统性讨论《亡辽录》的专著，分为上编《亡辽录》研究与下编《亡辽录》辑释两部分。研究编以辑释编为基础，选取《亡辽录》与《辽史·地理志》差异最大的地理建置为研究对象，分“地理建置之变——《亡辽录》与《辽史·地理志》所载刺史州异同探析”“史料采摭差异——以《亡辽录》与《辽史·地理志》所载节镇州异同为中心”“行政体制之变——从《亡辽录》与《辽史·地理志》的投下州异同看辽朝由行国入郡县”三个主题梳理了两书所载刺史、节镇、投下州之异同，考证了作者履历、两书记载可靠性、两书记载差异之因，提出了以史源学研究辽代地理之法，同时探究了契丹王朝的政治取径，以及背后所反映的北方民族建立的政权为加强中央集权所作的政体转变尝试。辑释编从重新确立底本、增加辑录内容、拓宽校勘广度、挖掘笺释深度四个方面为学界提供一个经过系统辑佚、校勘、笺释的《亡辽录》版本。作者按《三朝北盟会编》的卷次和时间顺序，分宣和四年十二月五日庚寅引《亡辽录》、宣和四年十二月六日辛卯引《亡辽录》、宣和五年六月五日丙戌引《亡辽录》、宣和五年九月六日乙卯引《亡辽录》、宣和七年正月二十三日乙未引《亡辽录》以及宣和七年正月二十三日乙未引《亡辽续录》六个部分整理点校。

（王　申）

【辽代部族军研究】

武文君著《辽代部族军研究》，黄山书社2022年3月出版。部族军是辽代最为重要的军队，部族军事体制历经太祖、太宗朝的改革与完善，最终于辽圣宗时期定型。该书以辽代部族军为研究对象，重点考察部族军的军事体制演变历程、部族军征发与分工、部族军管理机构及职官、部族镇戍军与行军等问题。该书共分五章。第一章“辽代部族军事体制的发展与演变”指出，契丹在建国之前的组织形式为部落联盟。遥辇氏统治时期，契丹军事体制表现为可汗——“二府”——大部落首领——小部落首领。建国前夕，“二府”之上出现于越一职，成为可汗之下的最高军政长官。辽朝建立之后，“二府”演变为实体机构北、南宰相府，于越逐渐成为荣誉衔。辽圣宗时期，部族军事体制定型，形成北枢密院——地方管理机构；北枢密院——特殊管理机构（大王府或节度使司）两种管理模式。部族兵员结构方面，历经辽太祖和辽圣宗的改革，辽朝将诸多游牧民族纳入部族范围，扩充部族军兵力。第二章“辽代部族军的征发及分配”认为，辽代文献中多次出现的乣军实际上是其常备军，部族乣军则是部族系统的常备军。部族军还具有宿卫职能。由于辽朝皇帝进行四时捺钵，以及考虑到捺钵地承载力的问题，宿卫部队兵力往往以辽帝为中心向外呈递增模式。征发自部族的宿卫军的发展具有阶段性特点，在其具有宿卫职能时期的兵力增长迅速，发展为部族形态之后的特征与部族趋同，并最终有了固定的镇戍地。第三章“辽代部族军的管理机构及职官”指出，北枢密院是部族军事体制管理的核心机构，与北枢密院直接对接的有地方管理机构、四大王府、隗乌古部节度使司、倒塌岭节度使司。北枢密院下一级的军事管理层级之间的地位存在差异，从高到低依次为：四大王府、地方管理机构、节度使司。辽朝统治者在下放一定权力的同时，也通过设立监察官、令部族长官定期回朝等多种形式加强对部族军的控制，以把握军队的绝对领导权。第四章“辽代部族军的镇戍”认为，部族镇戍军以契丹内地为中心，分三大镇戍区向外延伸，具有一定的层次性和“以夷制夷”的特点。受牧场影响，辽朝部族各镇戍区的兵力部署和戍地皆有一定限制，平均每一镇戍区的兵力控制在七万左右。第五章“辽代部族的行军”考察了《辽史·百官志》“北面行军官”条、部族行军的指挥体系和部族行军的编成与兵种。作者还总结了辽代部族军的概况和部族军事体制的特点，部族军事体制与部族改革的关系，并引申出辽代统治者的治边理念和疆域观。

（王　申）

【西夏监军司遗址及军事布局】

张多勇著《西夏监军司遗址及军事布局》，中华书局2022年9月出版。该书是作者多年研究的结晶，在研究历史文献的基础上，通过实地考察，有效建立起“文献”记载与地面“遗存”、地理“景观”之间的对应关系，并运用新技术绘制地图，展现出西夏军事布局的空间关系。西夏监军司是一套军政合一的管理制度。西夏在其二百多年的国家治理中，建立了以监军司为主体、以军事管制为特点的统治秩序。监军司处理军务、兼理民政，并以其为单元构筑军事防御线，西夏史研究材料有限，西夏监军司的驻地向有争议。该书对比分析了传世文献与出土文献所见监军司在数量与名称上的差异，寻找先后继承和对应关系；结合文献考证和野外实地踏勘，对西夏监军司进行全面的定位研究：先后在陕甘宁蒙毗邻地区行程60000多千米，考察古城遗址300多个，从中甄别出西夏古城60个，其中20多个西夏古城是首次发现，确定了西夏18个监军司的治所。进而对其周边堡寨组成的防御体系进行研究，绘制成图，在地图上标示出了西夏与北宋通过堡寨群的对峙形势。最后，该书还以西夏沿边城堡寨为中心，探索宋、夏的边防线和军事布局，并考证了西夏道路交通的十三条干线。该书学术贡献主要如下。其一，对宋夏之间的防御考察扎实、生动，总结出"堡寨群"防御线体系。"堡寨群"防御线是中国古代长城之外的又一军事防御设施，宋夏双方战争均采用"堡寨防御"，在对敌战争中采取"堡寨推进"的战术。"大为城寨，以据其地"是北宋边将范仲淹提出的御夏对策，是为了适应西夏步军"步拔子"，骑兵"铁鹞子"，善于在山峡小径行军、机动性强的战略调整。宋和西夏在黄土沟壑区所修筑的城、堡、寨的形制多为"依山傍水"，即城墙不仅在河流阶地上，还要沿山坡上山，将山的一边包进城内，其目的是在对方剽略时将牛羊等牲畜赶进城内，以达到坚壁清野的目的。其二，深入考察了西夏的军事布局结构。认为西夏的军事布局分为 6 个防区，共同组成一个雁型阵型：将京畿地区的银川平原作为大雁的躯体；将河西走廊地区作为右翼；陕北、鄂尔多斯作为左翼；西寿保泰监军司（今定西）和金汤、白豹、后桥两个凸出部位势同两爪，构成了铁钳攻势；黑水镇燕监军司（黑水城）、黑山威福监军司（新忽热）、北院监军司（高油房）构成燕尾。从历史军事地理角度分析了军事布局的结构和作用，有效地将实地考察与文献记载相结合，从实证角度考察西夏历史军事地理。

（成赛男）

【文献学与语文学视野下的蒙古史研究】

乌兰著《文献学与语文学视野下的蒙古史研究》，中国社会科学出版社 2021 年 12 月出版。该书收入论文数十篇，是乌兰近四十年潜心研究之成果的汇集，论文内容为蒙古文历史文献的文献学研究并涉及由此展开的多角度历史问题研究。蒙古文历史文献的文献学研究，主要涉及《元朝秘史》《蒙古源流》这两部最重要的蒙古史书。历史问题的研究，主要涉及对一些历史事件和历史人物的史实考证、对蒙古族源及其相关记载的追溯辨析、古代蒙古人的姓氏、古代蒙古人的历史观等方面的探讨。除此之外，书中还收录对国内外蒙古史研究概况的一些评介。全书分为七部分。第一部分收录了《元朝秘史》和《蒙古源流》二书的文献学研究论文。第二部分收录的论文是关于《元朝秘史》的词汇考释和学术史。第三部分是对《蒙古源流》部分内容的选译和注释。第四部分和第五部分就整理研究历史文献过程中发现的史实问题进行专门深入的研究。内容包括蒙古征服乞儿吉思史实的几个问题、关于达延汗史实方面几个有争论的问题、Dayan 与"大元"——关于达延汗的汗号、17 世纪蒙古文史书中的若干地名考、关于蒙古人的姓氏、《八旗满洲氏族通谱》蒙古姓氏考、关于月伦太后与朵颜山关系问题——应当合理挖掘利用历史文化资源、关于成吉思汗祖源的一些思考、成吉思汗去世及埋葬地问题再研究、蒙古国西部新发现汉文崖壁诗所涉史事考、释"庆元儒学洋山砂岸复业公据"中的八思巴文、印藏蒙一统传说故事的由来、关于成吉思汗"手握凝血"出生说、古代蒙古人历史编纂之特点——从《元朝秘史》到《蒙古源流》的变化、蒙古文历史文献中涉及"国"及其相关概念的一些表述方法。第六部分是关于

《元朝秘史》和蒙古史研究情况、蒙古史学家的介绍。第七部分是对蒙古史学家的访谈录。

（张晓慧）

【知止斋存稿】

周良霄著《知止斋存稿》，上海古籍出版社2022年8月出版。该书是元史学者周良霄的治学文集。全书分上下册，上册文章集中于蒙元史研究，下册文章涉及宋辽金史、明史及理学、农民战争的性质等诸多课题，为数十年史学研究成果之荟萃。书中有相当数量的文章为首次发表，如《〈辽史〉鞑靼辑考》《行纪笺注八种》等，对于相关文献与历史的研究具有很高的参考价值。上册的主要内容如下。首先是有关成吉思汗、忽必烈与蒙元初期政治的研究，包括关于成吉思汗、关于成吉思汗历史地位的几个问题、论忽必烈、李璮之乱与元初政治。其次是元代政治现象和制度研究，包括蒙古选汗仪制与元朝的皇位继承问题、元代投下分封制度初探、元代的皇权和相权、“阑遗”与“孛兰奚”、元末农民起义史料杂考。接下来是中西交流史研究，包括元和元以前中国的基督教、元代旅华的西方人、第一个访华的法国使者——威廉·卢不鲁克、金元时期中国的景教。民族与边疆研究及相关史料笺注包括札记二篇（色目说、南人与北人）、蒙古与蒙古山、金和南宋初有关蒙古史料之考证、鞑靼杂考、有关鞑靼族属的若干问题、《辽史》鞑靼辑考、行纪笺注数种（高居诲《于阗行纪》笺注、王延德《西州程记》笺注、耶律楚材《西游录》笺注、刘祁《北使记》笺注、刘郁《西使记》笺注、张德辉《纪行》笺注、周伯琦《扈从北行前纪》笺注、周伯琦《扈从北行后纪》笺注）、《元史》北方部族表、“海都遣使”小考。序言及其他包括《元史》序言、读《史集》第二卷札记——为纪念心恒师而作、《成吉思汗的继承者》序、邱树森著《元代文化史》序、元朝的统一在中国历史上的作用、阔里吉思墓考伪。下册收录有关宋辽金明史和其他方面的研究，包括王安石变法、辽史与西辽史、农民战争研究等议题。

（张晓慧）

【马可·波罗研究论文选粹（外文编）】

荣新江、党宝海编《马可·波罗研究论文选粹（外文编）》，中西书局2022年11月出版。北京大学国际汉学家研修基地“马可·波罗研究项目组”在会读、校注《马可·波罗行纪》过程中，选取外文研究著作中最优秀的论文，结出本集，代表了国际学者研究马可·波罗及其《行纪》各个方面的重要成果。选编者在翻译的基础上，对入选文章进行多轮核校，力图呈现最准确的版本。书稿共收录文章16篇如下。慕阿德、伯希和《〈马可·波罗寰宇记〉导言》，彼得·杰克逊《马可·波罗和他的〈行纪〉》，吴芳思《马可·波罗的读者：写本复杂性的问题》，大卫·雅各比《关于马可·波罗、他的近亲与他的旅行记的一些新看法》，高田英树《马可·波罗年次考》，爱宕松男《马可·波罗元朝滞留年代考》，慕阿德《马可·波罗对行在的描述》，高田英树《刺桐泉州——马可·波罗的东方》，何史谛《马可·波罗所记大黄、麝香鹤及其他物种》，田清波《马可·波罗所记 Natigay/Nacigay 一词考》，罗伊果《马可·波罗到过中国》，罗伊果《长老约翰和欧洲对东亚的发现》，菲利普·梅纳尔《马可·波罗与海——东方之船》，罗茂锐《大不里士与元代中国》，让·理查德《马可·波罗与西鞑靼——关于〈寰宇记〉被遗漏的章节》，拉纳比尔·查克拉瓦尔第《塔纳的马匹贸易及海盗活动——基于马可·波罗的情报》。内容主要涉及波罗家族的历史、波罗商队东行的原因、马可·波罗自身经历、旅行年代，以及有关《寰宇记》各种写本的论述，还有对其所记物种、地名等方面的考证，所记城市、地区的分析比照等。该书是对国际马可·波罗研究重要成果的回顾，可作为马可·波罗研究的入门图书，会对未来相关领域的研究有所推动。

（张晓慧）

【马可·波罗到过中国：货币、食盐、税收的新证据】

傅汉斯著，党宝海、马晓林、周思成译《马可·波罗到过中国：货币、食盐、税收的新证据》，北京大学出版社2022年2月出版。原书为 Hans Ulrich Vogel, *Marco Polo Was in China: New Evidence from Currencies, Salts and Revenues*, Leiden: Brill, 2012. 该书是德国汉学家傅汉斯就马可·波罗是否曾亲自到过元代中国这一经久不衰的学术论争而撰写的著作。书中对于马可·波罗之书真实性的质疑，针对英国汉学家吴芳思（Frances Wood）所撰《马可·波罗到过中国吗?》（*Did Marco Polo go to China?*）等书的观点，结合近年来学界马可·波罗研究的新进展，尤其是元代的纸币和贝币、食盐生产、杭州地区的税赋收入、元代行政地理等几个方面的研究成果，以坚实的证据得出结论：马可·波罗确实到过中国。全书分为八章。第一章“导论”，介绍了马可·波罗的经历和《马可·波罗行纪》的学术史。第二章“元代的纸币”，对比了《马可·波罗行纪》和其他中世纪欧洲、波斯或阿拉伯的著作家留下的关于元朝货币的记载，没有比马可·波罗更为详细全面的。第三章“云南和东南亚流通的贝币”，第四章“云南、土番的盐生产和盐币”，指出在钱币的制造和进口、形制、价值、兑换率、重量、面额、在公共和私人领域如何使用这些货币等方面，《马可·波罗行纪》与汉文史料高度一致。第五章“长芦和两淮的盐生产、盐税和盐贸易”，解释了马可·波罗未记载解州盐湖和四川井盐的原因。第六章“杭州及其辖区的赋税收入”，认为马可·波罗关于食盐垄断收益的数字、关于杭州地区其他税收项目的数字，具有合理性。第七章“元朝的行政地理区划”，认为马可·波罗关于元朝行政地理现象和国家结构的记载十分准确。第八章“结论”，指出马可·波罗的记述是以个人观察或他在中国当地获取的信息为基础的，马可·波罗关于货币、食盐和税收的记载，与通过辨析中国文献史料和历史遗物所获得的现代元史研究成果几乎完全一致，据此，质疑马可·波罗曾在中国长期留居尤其显得没有道理。书中收录了不少国内少见的马可·波罗原始文献材料，对于元代纸币、贝币、赋税等经济问题均有十分深入的研究。

（张晓慧）

【从演揲儿法中拯救历史：元代宫廷藏传密教史研究】

沈卫荣、安海燕著《从演揲儿法中拯救历史：元代宫廷藏传密教史研究》，中华书局2022年7月出版。13世纪初蒙古的崛起及其对欧亚广大地区的征服和统治，一方面改变了世界，另一方面也使蒙古民族脱离了自身原先的萨满信仰，皈依藏传佛教。然而长久以来，藏传佛教在元朝宫廷内外传播的详情却鲜为人知。由于种种历史原因，传统汉族士人既对藏传密教缺乏基本了解，同时又热衷将其情色/色情化，甚至相信野史，在正史中将藏传密教塑造为一种类似于房中术的“妖术”和“鬼教”。这种将藏传佛教乃至整个藏族社会严重萨满化、色情化的倾向一直延续到当代，甚至影响到西方世界。此书利用近年发现的大量汉译藏传密教文献，通过将其与相应的藏文、西夏文、畏兀儿文等民族语言文献进行文本对勘和深入研究，试图将“演揲儿法”等藏传佛教词语置于其本来的语言、历史、文化和宗教语境中来理解，恢复元朝宫廷所传藏传密教仪轨的真实面貌，阐释藏传佛教在元代中国的传播历史。第一章分析宗教和文学两种不同语境中的“秘密大喜乐禅定”，认为《元史》对“演揲儿法”和“秘密大喜乐禅定”的记载来自《庚申外史》，属于小说家者流，与事实相去甚远。在藏传佛教本身的宗教语境中，“演揲儿法”和“秘密大喜乐禅定”是成佛、成正等觉的一种涵指符号。第二章着眼于西夏汉译藏传密教仪轨中的“秘密大喜乐禅定”，分析了《依吉祥上乐轮方便智慧双运道玄义卷》，认为蒙古人信仰的藏传密教有很深的西夏背景。第三章考述了元廷“十六天魔舞”的源流，认为“十六天魔舞”最初出现于西夏，元初甚至元朝建立之前就已在蒙古信众中传播，是作为向佛本尊献供，令佛本尊欢喜的一种非常纯粹的宗教乐舞，与后人所传的在元末宫廷中出现的双修等性瑜伽修习无关。第四章考证了清《宫廷瑜伽》、西夏“道果机轮”及元代“演揲儿法”，认为“演揲儿”来源于西大僧所传的Yantra瑜伽修习法，元朝君臣练习“演揲儿法”的目的是调顺肢体、消除疾病。第五章研究西夏、蒙元时代的大黑天神崇拜与黑水城文献，分析了元代民间信仰藏传佛教者所借用来作为实修指南的仪轨文本，其粗糙、不完美正好显示了藏传密教的民间性和普遍性。最后从西番僧对蒙元王朝的政教影响、蒙古人接受藏传佛教的西夏背景，以及明朝在政教二道方面对元朝的继承这三个角度，总结了藏传佛教对西夏、元、明三代之政治和文化的影响。

（张晓慧）

【元代理学与社会】

朱军著《元代理学与社会》，巴蜀书社2022年1月出版，属于“儒释道博士论文丛书”（第22批）的一种。该书以社会与理学的关系为核心展开研究，既阐明理学在社会发展中的独特作用，又厘清当时社会对理学发展的影响，最终揭示元代社会与理学之间复杂而微妙的互动关系。全书共有五章。首先，元代理学的发展需要特定的政治和社会背景，第一章通过对成吉思汗、窝阔台、忽必烈以及元仁宗等蒙元帝王对理学表现出的“沉默—思考—崇尚”等不同态度，论述了蒙元帝王在意识到汉文化的重要价值后，在制定政策时倾向汉法，为理学的发展奠定了基础，尤其关注元仁宗推行科举，将程朱理学确立为官方学术。其次，在元代理学的传承和创新中，深谙学术的元代理学家是理学的重要媒介，第二章、第三章以“传承中创新”“会通中发展”为主题，通过对赵复、许衡、刘因、吴澄、刘埙等代表人物和北山学派、新安学派等区域学派的探讨，梳理了元代理学在宇宙生成论、心性修养论、认识论等义理层面的继承发扬，还涉及他们的社会治理思想、教育思想、道统观念，并总结出元代理学摒弃门户之见提出的“和会朱陆”思想。再次，立足元代独特的社会构成和多民族融合的社会格局，第四章以理学在少数民族士人中的传播为中心，以阔里吉思、耶律有尚、孛术鲁翀及保巴等人为中心，论述了少数民族士人学习汉文化以及汉儒对少数民族的文化改观促成了民族间的交往和融合，揭示了理学思想的流衍打破了民族的界限，作为民族交往的纽带，亦是共同的价值和信仰，它沟通各民族，实现多民族间的文化认同。从次，在思想史与社会史相结合的研究方法指导下，来源于社会生活的思想必将作用于社会实践。作为当时社会意识形态和思想文化的组成部分，元代理学影响着社会的诸多方面。第五章分别论述理学思想在科举政策制定、书院建设及乡村族规乡约订立中发挥的作用，并阐释了理学与文学、史学等其他思想文化的互动关系，揭示了元代理学思潮在政治、文化上的互动、关怀与实践表现。最后，该书认为元代理学并非如皮锡瑞所论“元人则墨守宋儒之书，而于注疏所得甚浅”，元代理学家为解决当时的民族矛盾与社会矛盾，在延续宋代理学特色的基础上，对理学进行了改造与创新。在义理层面，继承了宋代理学对天道性命的探讨，同时针对理学门派争斗的流弊提出主张思想会通的“和会”观念；实践层面，针对前代理学空疏不实的积弊，积极应用于实践，使经世致用的理学思想体现出其社会关怀及价值。义理层面与社会实践层面的改革与创新促使理学的官学化和社会化皆在元代完成。承上启下的元代理学是理学发展史乃至中国思想史上不可或缺的环节。

（陈冠华）

【元代政治文化新探】

李治安著《元代政治文化新探》，中国社会科学出版社2022年5月出版。该书收录了李治安近年来发表的元代政治文化相关论文。忽必烈建立的元王朝兼具蒙古帝国宗主和中原传统王朝系列成员的双重属性，其赖以支撑的政治文化蒙汉二元体制，既行汉法，又存蒙古旧俗。草原旧俗为代表的蒙古制度相当多地占据内核部分，汉法制度则往往居外围或从属位置。该书所收论文，从不同角度阐述上述问题，分为上编“蒙古草原俗遗留与元王朝政治文化的核心”和下编“蒙汉交融与中国社会嬗变”。内容包括朝廷奏闻决策、上都分省、怯薛预政、投下分封、“飞放”围猎、政区变迁、行省制、边疆控驭、江南籍没、官吏贪赃、冗官、汉人受蒙古文化影响等多种特色问题，阐明“内蒙外汉”命题，进而揭示元朝历史特点及其给后世中国社会带来的复杂政治文化遗产。与该书同时推出的，还有氏著《元史暨中古史新论》，人民出版社2022年4月出版，也是近年来发表论文的结集，与前者所收有部分重合。《元史暨中古史新论》是2013年出版的《元史暨中古史论稿》的续篇，大致包括四部分内容。第一部分元代军事政治制度，重点考订元中叶西北“过川”及“过川军”、元代川陕甘军队的征行与奥鲁、元后期怯薛内外“爱马”“各枝儿”、元江浙行省户籍制。第二部分元代政治文化，主要探讨蒙元帝国与十三至十四世纪的中国社会秩序、元代“内蒙外汉”二元政策、元吴澄八思巴字宣敕文书、元江南地区的籍没及其社会影响。第三部分中古南北整合与临民理政，着力阐述中古以来南北差异的整合发展与江南的角色功用、元至明前期的江南政策与社会发展、“唐宋变革”前后的江南角色与元明江南嬗变、秦汉以降编民耕战政策模式、中近古“士农工商”较自由发展政策模式。第四部分重点研究中古民族融汇问题，包括华夷秩序、大一统与文化多元，民族融汇与中国历史发展第二条基本线索论纲，多维度诠释中国古代史——以富民、农商与南北整合为重点，以及会通中外与中国话语。这两本专著合力论述了元朝如何影响中国历史中近古时段的面貌及走向。

（张晓慧）

【元代江南知识人与社会研究】

于磊著《元代江南知识人与社会研究》，上海古籍出版社2022年10月出版。该书是国家社科基金青年项目“元代江南知识人群体的社会史研究”的结项成果，也是2013年提交日本九州大学的博士论文『元代江南知識人の動向と実像』在问题意识上的深化和具体展开。经历宋元交替，元初知识人群体整体上并非如传统研究所简单认为的消沉、不合作甚至充满对新政权的抵抗，反而他们不论是在朝廷上还是在地方社会，皆展现了较为强烈的积极又活跃的认同倾向。元初江南知识人群体在地方上积极活动，对稳定宋元之际的社会秩序起到关键作用，并逐渐确立相关家族的地方影响。全书分为八章。序论部分概述了元代江南知识人研究诸课题，对日本学界元代江南社会研究进行了述评。第一章“初仕新朝：王积翁出使日本及其后”，论述了王积翁出使日本的由来、经过及其遇害，王都中及其家族的延续，王航冤狱事件，以及王积翁的后世评价。第二章“再造贰臣：方回贰臣形象再辨析”，论述了《癸辛杂识》之贺诗风波，方回与元初江南知识人，周密与方回的交恶，以及方回贰臣形象的定型化。第三章“徽州郑氏家族与地方社会秩序的构建”，论述了“徽州屠城危机”下双桥郑家族发展的机遇，从郑千龄的仕宦看郑氏家族的人际关系网，郑令君庙的建立与元朝的江南地方统治，并对郑氏兄弟的忠义及元明之际的郑氏家族做一总结。第四章“儒户承袭：族谱文书与元代的儒户承袭”，介绍了《休宁县儒学教谕刘文新袭儒户帖文》，论述了元代儒户及其承袭。第五章“职业转向：元代文集中的儒・医关系”，论述了地方三皇祭祀所见元代的儒・医关系，儒家知识人的医学转向，以及新型儒・医关系的构建。第六章“交游网络：石刻史料所见徽州郑玉的地域社会像”，分析了花山刻石、郑公钓台、黄山郑玉刻石等地方石刻材料。第七章“书写记忆：宋季常州守域及其元代的历史”，分析了元代史籍关于守城诸将的历史书写，以及《宋史・陈炤传》的纂修及相关问题。第八章“彰显忠义：余阙的表彰以及元明之际的忠义”，论述了元末对余阙的表彰及其背景，以及明代对余阙表彰活动的变化。

（张晓慧）

【蒙古帝国与伊斯兰世界：从征服到改宗的历史大变局】

彼得・杰克森著，廖素珊、王紫让译《蒙古帝国与伊斯兰世界：从征服到改宗的历史大变局》，广场出版社 2022 年 9 月出版。原书为 Peter Jackson, *The Mongols and the Islamic World: From Conquest to Conversion*, New Haven and London: Yale University Press, 2017. 该书回顾了蒙古人兴起的过程以及当时内亚与伊斯兰世界的状况，并探讨蒙古人如何在短时间内征服了广大的穆斯林领地，并且比较了蒙古征服中东期间与后来内战所造成的破坏规模，以及蒙古人如何让其穆斯林臣民接受其统治，后来蒙古人如何接纳伊斯兰教，以及蒙古统治对伊斯兰世界的影响等议题。首先，就蒙古对伊斯兰世界的征服而言，该书指出，蒙古军队不仅掌握了当时最先进的攻城器械，也擅长利用间谍、谣言与情报作战，屠城与残忍的杀戮手段，也往往具有威吓周边城市的战略目的。不过，即便我们对蒙古征服者采取同情的理解，也不该忽视征服战争所带来的破坏与人命的牺牲。其次，对于蒙古如何统治被征服地区，为了统治广大的疆域，蒙古大汗建立了广泛的驿站与交通系统，令跨大陆的贸易与技术、文化交流成为可能。许多学者也认定这段时期为蒙古治世，甚至视为“世界史的开端”。然而该书指出，帝国“分裂”可能比“治世”更接近历史的实像。1260 年后，由于汗位继承问题，蒙古分裂成四大汗国。汗国之间的内战，不仅延缓了经济复原的进程，也令陆路交通不时中断，并让贸易与文化交流局限在同属托雷家族统治的伊朗与中国。尽管如此，在伊朗地区，穆斯林学者在天文、医学与科学领域，仍然产出了可观的成果。再次，该书利用阿拉伯、波斯文献，聚焦于伊斯兰眼中的蒙古，蒙古帝国的统治者大量起用前朝的官僚阶级，包括西亚地区的穆斯林。这些穆斯林，如同元朝的汉人官僚，留下大量的史书纪录，成为日后研究蒙古帝国史重要的数据源。该书透过解读大量穆斯林留下的阿拉伯—波斯语文献，重建蒙古西征与帝国建立的过程，并进一步讨论蒙古汗国如何透过穆斯林藩属进行统治、蒙古君主与穆斯林文官的君臣关系，蒙古人皈依伊斯兰教的历史意义，以及蒙古人最终是否被伊斯兰“同化”，还是伊斯兰世界最终继承了蒙古帝国的政治遗产等问题。该书从穆斯林的文献视角，揭示了与汉文文献相当不同的蒙古帝国史的风景。

（张晓慧）

【蒙古世界】

梅天穆、迈克尔·霍普（Timothy May and Michael Hope）主编《蒙古世界》（*The Mongol World*），劳特利奇出版社 2022 年 5 月出版。在使用多种不同语言和跨多个学科进行研究的基础上，《蒙古世界》记录了蒙古统治如何塑造从 13 世纪到 15 世纪、从中欧到朝鲜半岛的欧亚历史轨迹。编写者考察大陆间的环境、经济和知识动向如何影响整个帝国，并在适当的情况下将区域政治、社会和宗教转变置于更广泛的蒙古帝国的背景下。因此，该书更多地讨论与蒙古人有关的问题，及其在被征服社会中的作用。除了蒙古帝国的形成、征服、行政和政治结构外，还考察了考古学和艺术史、家庭和王室、科学和探索以及宗教，从而更深入地了解帝国的社会历史——一个传统的王朝和政治历史经常忽略的方面。全书共分为三个单元、十二部分。第一单元征服与政权创建，第一部分成吉思汗与政权创建，第二部分蒙古征服，第三部分蒙古诸汗国，第四部分行政与政治结构，包括札撒，札鲁忽和札鲁忽赤，公主、通婚家族和军事，蒙古政权建立和帝国形成，怯薛，站赤系统（蒙古的通信、运输系统）。第二单元蒙古帝国社会史，第五部分统治家族，第六部分财政、贸易和经济，第七部分考古与艺术，第八部分宗教，第九部分科学与勘察，包括中国和蒙古世界的阿拉伯医药、地图学与勘测。第三单元世界历史中的蒙古人，第十部分被征服者眼中的蒙古人，包括元朝汉人、亚美尼亚人、高丽人、畏兀儿人、藏文史料、伊朗人、罗斯人、前往蒙古和中国的教皇和皇家使节所记蒙古人；第十一部分蒙古帝国的边界之外，包括蒙古人与马穆鲁克算端国、蒙古远征东南亚、南亚的蒙古人；第十二部分蒙古遗产。其中，最后一部分，由邱轶皓撰写《重新想象忽必烈以寻求合法性的叙述》一章，认为莫斯科的沙皇和帖木儿王朝的算端，借成吉思汗后裔具有的政治上的卡里斯玛，将成吉思汗作为伟大的蒙古遗产的独一无二的创造者。明朝皇帝通过重构或者说根据儒家原则汉化忽必烈的形象，来将自己王朝的合法性追溯到忽必烈身上。而且，在明朝的话语中，忽必烈的个人德行被移植到明朝皇帝的祖先上来。明朝皇帝与莫斯科的沙皇和帖木儿王朝的算端的不同之处在于，他切断了自己与成吉思汗之间的所有关联，但仍将明朝的合法性追溯到忽必烈统一“海内”的成就。他们将忽必烈的形象塑造成中国传统与蒙古遗产的结合，并将所有其他蒙元统治者排除在合法叙事之外。从 17 世纪开始，明朝皇帝朱棣是脱罕铁木儿的遗腹子的传奇轶事开始在中国和蒙古的史料中流传。这个故事表明，将个人的政治合法性追溯到忽必烈的卡里斯玛身上，这种方式仍然有效。此外，它还表明，即使在元朝灭亡 200 年后，忽必烈的形象仍继续引导着他的中国和草原后继者发挥自己的作用。

（张晓慧）

【十三世纪东西交流史研究】

海老泽哲雄《十三世纪东西交流史研究》，日本开文社 2022 年 5 月出版。欧亚大陆东西两端有史料记载以来交流非常有限，彼此之间信息少有了解。这一情况到 13 世纪发生改变，蒙古帝国崛起，军队西征至东欧，对欧洲造成了极大的影响。借此机会，罗马教皇和法国国王派出数批使节前往东方的蒙古一方，将蒙方的文件等有价值的情报带回了西欧。该书涉及使节报告、蒙古外交文件、蒙古官员与教皇使节的谈判，考证蒙古外交文件的真实性以及小亚细亚的属国与其宗主国蒙古的关系，是对 13 世纪蒙古与西欧关系的研究成果。全书分为十一章。第一章十三世纪的蒙古与西欧关系总论。第二章教皇使节加宾尼修道士与蒙古的外交态度。第三章加宾尼《蒙古报告书》与布里地亚（Bridia）《鞑靼报告书》。第四章贵由给教皇的回信——拉丁语译本与波斯语译本。第五章贵由给教皇的回信与教皇书信。第六章教皇使节与蒙古官员的交涉——以西蒙修道士的报告书为依据。第七章蒙古官员拜住给教皇的回信。第八章蒙古“奉天承运”的外交文书——给教皇和国王路易的三篇书信。第九章续论蒙古“奉天承运”的外交文书。第十章自称蒙古使节给路易九世的回信。第十一章西里西亚、亚美尼亚王国与蒙古的关系。

（张晓慧）

【志学斯邑：十二至十七世纪婺州士人之志业】

包弼德（Peter K. Bol）著《志学斯邑：十二至十七世纪婺州士人之志业》（*Localizing Learning: The Literati Enterprise in Wuzhou, 1100 - 1600*），哈佛大学出版社 2022 年 4 月出版。作为一部从区域视角撰写的宋元明思想史，《志学斯邑》展示了婺州士人的志业，如何涵盖了科举、理学、历史、经学、百科全书知识和文学写作，并追溯了关于道德修养、文化修养和政治服务的相对价值的争论是如何在当地展开的。研究的对象是从 12 世纪到 16 世纪的婺州（后来的金华）士人。宋元明士人创造了当地的学术传统，以此巩固他们的共同身份以及他们对道德、政治和文化领导地位的要求。通过对社会和亲属关系网络的定量分析，仔细阅读哲学和文学文本，探讨地方士人的志业如何建立。士人之志业这一主题，拓宽了研究者的视野，在思想史之外研究了文人在地方、区域和国家背景下的社会实践、亲属关系和交游。全书分为八章，围绕婺州士人，探讨了宋代的吕祖谦、科举、《群书考索》等著作、道学、元朝征服、交游网络、明代的复兴与分裂等话题。

（张晓慧）

【蒙古考古学概说】

白石典之著《蒙古考古学概说》『モンゴル考古学概説』，日本同成社2022年12月出版。该书介绍了从人类登场到蒙古帝国时代的蒙古考古学，展示了蒙古考古的研究现状，包括以下内容。第一章人类扩散的回廊，分为旧石器时代和新石器时代。第二章畜牧和骑乘的开始，分为青铜器时代和初期铁器时代。第三章最初的统一王朝，分为匈奴时代和鲜卑时代。第四章突厥系民族的兴亡，分为柔然时代、突厥时代和唐朝统治时期。第五章蒙古民族的勃兴，分为阻卜・契丹时代、从蒙古部族到大蒙古国、蒙古帝国时代。

（张晓慧）

【边疆史地十讲】

姚大力著《边疆史地十讲》，复旦大学出版社2022年7月出版。边疆史地研究是在继承晚清因边疆危机刺激而兴盛起来的“西北舆地之学”的基础上发育起来的。这一学术传统所关注的空间范围不仅涵盖广袤的边疆中国，也包括历史上曾与中国边疆发生密切交往的中国境外的方域山川、人事名物。该书选录的10篇论文，写作和发表的时间跨度长达20余年，或可反映姚大力在“考证旧闻，触发新意”方面的长期努力。第一讲匈奴帝国与汉匈关系的演化——早期北亚史札记，对匈奴人群起源的多样性与匈奴本部落的语言、游牧经济在蒙古高原生成的方式及其过程、匈奴帝国的政治结构、匈奴与汉地王朝如何在“试错”式的长期磨合中确立其相互关系的模式等重大问题进行了讨论。接下来讨论了中古时期的民族史，包括第二讲论拓跋鲜卑部的早期历史——读《魏书・序纪》、第三讲大月氏与吐火罗的关系——一个新假设、第四讲“吐蕃”一名的读音与来源。第五讲“大中国”的诞生——元王朝在中国历史上的定位，指出“华夏”孕育了“中国”，又被“中国”所超越，在这一过程中，元朝起了非常重要的作用。历史教科书对元朝统一中国的历史意义的强调还远未到位。第六讲元乡试如何确定上贡人选及其次第——读《三场文选》札记，利用了日本静嘉堂文库藏《新刊类编历举三场文选》，分析了元代乡试如何遴选出参加会试的人选并决定他们的等第名次，并强调了1313年科举改革在从两宋到元明科试形态转变中的区界性意义。第七讲《混一疆理历代国都之图》中的岛屿状南亚，认为《混一疆理历代国都之图》的底图《声教广被图》并不是对一副舶来世界地图的简单描摹而已，某种程度上体现着东方制图者对如何在一张地图上整合这些世界地理知识所获致的思考成果。第八讲腹地亚洲边疆与中国历史——读《中国的亚洲内陆边疆》札记、第九讲沟通欧亚的“瓶颈”——中西文化交流史上的新疆、第十讲马札尔人是西迁鞑靼部后人吗？——评《中国北方诸族的源流》，对相关学术研究进行了评述。

（张晓慧）

【明代庄学研究】

刘海涛著《明代庄学研究》，学苑出版社2022年2月出版。该书关注的对象是庄学史研究中最为薄弱的一个环节——明代庄学。该书在充分吸收学术界现有研究成果的基础上，针对学术界研究中的空白与不足，首先分别对明正德前、明正嘉时期、明隆庆后的庄学著述以及明人刊刻前人的《庄子》著述一一进行考论、辨伪与补遗。在此基础上，梳理出明代庄学发展嬗变的脉络，并对各个时期庄学发展的特色，如明正德前庄学衰落的原因、杨慎以及朱得之等人解《庄》显示出的庄学新变、隆庆后的庄学的全面繁荣、晚明三教融合背景下的“以佛解庄”以及明代庄学在清代的影响及其终结等问题进行了深入的考论。全书大体按照时间顺序展开，首先考辨了明代庄学著述，然后概述明代庄学研究。从第三章起，研究正德以前的庄学并分析其衰败的原因。第四章研究正德、嘉靖时期的庄子学研究，隆庆后期的庄子学研究等。

（解　扬）

【明代人口、经济及区域灾荒应对】

张民服、何欣峰著《明代人口、经济及区域灾荒应对》，人民出版社2022年2月出版。明代是我国历史上人口发展的一个重要时期，无论是人口数量、人口分布、人口比例、人口结构以及家庭规模等，均形成了鲜明特点。同时，这一时期又是我国古代经济发展的一个高峰期。该书从明代人口管理制度、人口政策、人口分布、人口分布对社会经济的影响、人口与区域经济、人口思想及其经济活动、区域灾荒应对等方面入手，研究明代人口与社会经济发展、与灾荒应对之间的关系，在人口史与经济史、灾荒史的结合上作了深入探讨，提出不少创新性观点。特别是就学术界研究较少的明代人口与经济发展的关系进行研究，分析其内在联系和相互影响，成为该书的特色之处。

（解　扬）

【丝绸之路上的明代中国与世界】

万明著《丝绸之路上的明代中国与世界》，中国社会科学出版社2022年3月出版。该书是一部从中外关系史角度以整体—全球双重视野和国家—社会双重主线思考论证的明代丝绸之路史，尝试再现14世纪末至17世纪中叶中国与世界大转折时代丝绸之路上中国与世界关系演化的历史轨迹及其国际关系体系构建。全书由整体篇、海上篇、文化篇组成，秉承中外文献结合考证的治史特色，对于明代中国与世界关系从陆海各条通道进行了侧重专题的论证和全面的整合研究，注重发掘明代中国历史发展的内在逻辑和中外关系的互动互鉴史实，归纳总结了明代整体丝绸之路在中国史乃至全球史的历史定位，阐明了明代中国对于全球人类命运共同体做出的历史性贡献。全书分整体篇、海上篇、文化篇。其中，整体篇大体依照时间顺序，首章为“明初傅安六次出使西域”，次章论“陈诚五使西域与丝路起始段的泾川”，第三章“郑和七下西洋与陆海丝绸之路的贯通”整体上呈现了明初洪永时期的海上丝绸之路建设的规模。第四章“亦失哈七上北海与明代永宁寺碑新探”，通过两座永宁寺碑，分析东北亚丝绸之路的开创问题。第五章“整体丝绸之路视野下的明代北京鼎建”将永乐迁都置于丝绸之路的视野下分析，为下一章讨论明代中国的国际秩序提供了佐证。构建了明代东、西洋路开通的架构之后，作者的分析视角逐步细化，分别谈了物产（第七章）、海外移民（第八章）、南方丝绸之路（第九章）、《禹贡》黑水考、《使琉球录》，最后以中国藏李朝档案孤本《朝鲜迎接天使都监都厅仪轨》作为东方丝绸之路的见证。海上篇，先后以郑和和印度洋为主。文化篇，侧重于物质文明交往的研究。全书整体上呈现了对海上丝绸之路多面与多点结合的研究。

（解　扬）

【明蓟镇长城营建史及军事防御体系】

王晓芬、苑鹏军、韩泽华著《明蓟镇长城营建史及军事防御体系》，科学出版社2022年3月出版。该书基于田野调查，收集文献，结合大量建筑结构与军事防御体系图解而成，是一部集知识性、学术性和可读性于一体、具有学术意义的科普读本，对正确理解长城概念、系统了解蓟镇长城营建历程、科学把握防御体系严密布局与战略理念、传承长城文化、传播中华文明具有重要意义和价值。该书对明蓟镇长城进行了较为系统详细的分析与阐释，内容涵盖了蓟镇长城的营建、主要关隘、建筑形制、主要战役、将帅以及军事防御体系等多个方面，集知识性、学术性和可读性于一体，对正确理解长城概念、系统了解蓟镇长城营建历程、科学把握防御体系布局、传承长城文化、传播中华文明具有重要意义和价值。

（解　扬）

【明代京畿士人家庭研究】

范喜茹著《明代京畿士人家庭研究》，社会科学文献出版社2022年6月出版。该书主要以明代京畿士人的传记资料为主体史料，以日常生活史的研究取向，将士人置于其日常所属的家庭生活空间中展开研究。明代科举鼎盛，科举入仕是明代士人一生生活的主轴，士人的父母、兄弟、子女、妻妾等家人也在士人的不同生命阶段的家庭生活中参与其中。该书着重研究明代士人在科举仕进生涯中，家庭日常生活的经营和维系，探讨在家庭生活中士人与父母、兄弟、子女、妻妾等家人的互动情境，旨在尽可能全面、丰富地呈现明代京畿士人家庭生活的具体样态，进而探究明代京畿士人家庭生活的时代性、阶层性特点。在章节安排上，体现了传统士大夫修身、齐家、治国、平天下的政治理想及其投射于社会生活的各个方面。首先，作者分析了明代士大夫的家庭生活理想，以京畿士人的生活和家训为对象，讨论了其群体特色。其次，在亲子部分，通过上下两个维度，分别研究了普通京畿士人教育后代和尊崇前代的主张，以对子嗣的养育、教育和对长辈的孝行为对比。再次，探讨了兄弟之间的相处之道，尤其是在面对矛盾时的处理。最后，分析了京畿士人的婚姻生活。该书以王崇简为例证分析京畿士人生活，对其代表性和分析的深度，读者会有不同看法，但该书从地域角度分析士人生活的研究思路值得留意。

（解　扬）

【王阳明传习录校笺】

黎业明撰《王阳明传习录校笺》，上海古籍出版社 2022 年 6 月出版。该书从文献整理与研究的角度，重新对《传习录》进行更为全面与深入的研究。作者认为，在陈荣捷《王阳明传习录详注集评》、邓艾民《传习录注疏》之后，相关研究的优秀成果便十分罕见。此次整理，以明隆庆六年谢廷杰刊本《王文成公全书》所收《传习录》为底本，以台北“国家图书馆”藏明刊本《传习录》等近二十个版本为校本，其中多个重要版本为首次使用，例如，嘉靖二十九年王畿刊刻本《阳明先生文录》所附《传习录》、嘉靖三十三年水西精舍刻本《传习录》、嘉靖三十三年钱錞刊刻本《传习录》、嘉靖三十六年胡宗宪刊本《阳明先生文录》所附《传习录》、隆庆年间郭朝宾杭州刊本《王文成公全书》等重要版本。全书在每条语录后分列“校勘”“笺疏”“集评”诸项，对异文、人物地理、典章制度等予以必要提示，订正了其他整理本的诸多讹误；对《传习录》的用典与引文，力求指出其最早最准确的出处；尤其是对前贤评论《传习录》之文字的大量引述，更是稀有难得，精彩纷呈。全书注重版本校勘、文献辨析、史学考证，力求做到言之成理、持之有故，使研究结果信实可靠。与之前同类著作相比，利用了多种珍贵版本，校勘更加精善；改正了过往整理本中存在的断句错误，句读更加准确；引证丰富，注释更加可靠。尤其值得注意的是，作者将《传习录》中的德章、子仁、国英、守衡、志道、于中、敷英以及邵端峰等相当多人物的生平都考证出来，这些人名（人物）在以往的《传习录》注释中多属于“不详”或被错误叙述。

（解　扬）

【明代锦衣卫制度研究】

张金奎著《明代锦衣卫制度研究》，中国社会科学出版社 2022 年 8 月出版。该书是目前第一部全面考察锦衣卫制度的专著，以明代锦衣卫制度为研究对象，对其确立过程、制度渊源、机构职能、内部群体、制度变革与消亡等内容做了较为系统、深入的探讨。全书主体部分共分为七章。第一章探究了锦衣卫制度的确立及其制度渊源，探讨了宋代皇城司制度，宋、金、元三朝仪鸾司制度、拱卫司制度、仪卫制度，蒙元怯薛制度、亲军卫制度的大体内容及其对锦衣卫制度的影响。第二、三、四章分别对锦衣卫的各项职能进行了考察，第二章重点分析锦衣卫的野战、储将、待袭职军官教育等相关军事职能。第三章重点在于学界长期关注的以秘密缉查为主要手段的监察职能和长期被诟病的司法职能，同时兼就相关的驾帖和精微批制度做了分析，指出锦衣卫的监察权是明朝监察体制的一部分，锦衣卫的司法权则仅限于逮捕、初审、羁押和行刑，没有判决权，且和元代怯薛制度有一定继承关系。第四章则是对诸如出使、宫廷服务、公房管理、带管工匠等锦衣卫其他琐碎职责的梳理。第五章分别考察了下辖侍卫将军、校尉、力士、勋卫、舍人等特定群体的管理制度、职能及其演变。第六章讨论了明代社会变迁中锦衣卫的应对与改革以及军官群体事实服务对象的改变，包括新增的城市管理职能、秘密缉查对象和范围的改变、带俸制度在新形势下的“包袱”式扩张、士大夫群体在接受子侄恩荫入卫上的妥协及应对，等等。第七章考察了明清易代之际南明各小朝廷锦衣卫的作为以及清初短暂存在的锦衣卫制度的消亡的过程及其在礼制上的“回归”。该书在总体上的结论是锦衣卫制度是多部门合并、整合的产物，是在中原传统典制基础上融合了北方民族多个制度文明因子的产物。它既是多民族融合国家历史发展进程中一项不能忽视的制度创造，也是明初特定政治生态的一个反映。

（解　扬）

【纶扉宦梦：黄景昉与晚明政局】

朱曦林著《纶扉宦梦：黄景昉与晚明政局》，中国社会科学出版社 2022 年 1 月出版。该书是中国社会科学院创新工程学术出版资助成果。作者在长期研究整理黄景昉存世著作的基础上，以黄景昉及其撰著为中心，从一个胜朝旧辅的视角，展现晚明纷繁丛脞的时局及其为挽救时艰所作的努力，由此透视明清鼎革之际的时势变迁，对于深化晚明政局研究颇具开拓性。黄景昉是“崇祯五十相”之一，他的仕宦经历自编修以至宰辅，与晚明政局的演进近乎相始终，是天启、崇祯朝诸多重要政治事件的亲历者、参与者，也是崇祯阁臣中少数得以“克保令名”者。同时，由于黄景昉长期任职于明廷中枢，并深受晚明经世史学、实证史学思潮的影响，其存世著作的记载对于进一步深入研究明清之际的政治史、制度史、史学史具有独特的史料价值。该书除“绪论”“结语”外，正文分为六章。第一章“檗谷黄氏家族与黄景昉的早年经历”，主要梳理黄氏家族的“向上流动”及由此形成的人际网络对黄景昉科考入仕所发挥的作用；第二章“晚明政局演进与黄景昉之仕宦生涯”，在还原考证黄景昉仕宦经历的同时，结合晚明时局的演进，集中反映黄景昉在政局中的调适及其亲历的晚明重要政治事件；第三章“崇祯朝政治文化与黄景昉的为政思想”，在考察崇祯庙堂政治变迁与阁权空间的基础上，围绕黄景昉的为政理想、事君思想和辅政实践，呈现作为士大夫、作为阁臣的黄景昉在施政空间上所能达到的边界；第四章“黄景昉的交游与著述”，对黄景昉从举业科考，到京中宦海，再到鼎革归隐的人际网络和往来情形作了全面梳理，并细致考察了黄景昉著作的存佚情况及存世著作的基本情况；第五章“晚明‘经世史学’思潮与《国史唯疑》的结撰”，在晚明经世思潮兴起的背景下，从版本、史源、编纂思想、史学思想等方面对《国史唯疑》进行了深入研究，指出该书是黄景昉面对晚明的社会危机，期望从本朝的历史经验中探求挽救时局之道的经世之作；第六章“甲申之变与‘宦梦’追忆”，围绕黄景昉的自述著作《宦梦录》，考察该书的成书时间、版本流传，并通过辩证书中的记载，指出该书在明清之际史事研究中所具有的独特史料价值。附录的檗谷黄氏家族世系表、黄景昉生平年表、黄景昉存世著作及其馆藏地、抄本《鹿鸠咏》整理，也为学界进一步研究提供了帮助。

（解　扬）

【明代哲学的本质】

冈田武彦著，焦堃译《明代哲学的本质》，山东人民出版社2022年1月出版，属于“日本阳明学研究名著译丛”之一种。原书『宋明哲学の本質（下）』系由木耳社于1984年出版，是已故日本著名中国思想史学者、前九州大学教授冈田武彦在明代思想研究方面部分代表成果的汇编。该书所讨论的对象为以王阳明门下各派别为中心的晚明儒学主要流派及其代表人物，涉及的思想家自王阳明之高足弟子王畿起，包括了今日所谓阳明后学，与阳明学派同时的湛若水之甘泉学派，继王、湛之后而起的东林学派，以及反对王、湛之学的批判派的部分代表人物。全书共十二章，第一至五章论阳明后学，第六章论止修学派代表人物李见罗（李材）的思想，第七、八两章论湛甘泉的思想及其门派，第九章论东林学，第十至十二章分论许敬庵（许孚远）、吴廷翰、郝楚望（郝敬）以及陈清澜（陈建）等被归为王学反对派的人物。对于阳明后学各派别，该书立足于王阳明思想中占据根本地位的本体工夫之论，提出阳明后学三派之分化源自对工夫的不同看法这一重要主张，进而说明各派之特点。而在由理性、主知、静穆的宋学到注重自然性情、主心、流动的明学之展开这一大背景下，该书又进一步尝试对明朝中期之后的各个思想派别进行定位和阐释。比如对于没有专门讨论的陈献章之学，该书认为其虽然启明代心学之端绪，但仍然具有重性、主静之宋学的特点。对于阳明后学中的三派，该书认为现成派虽将阳明思想中的本体工夫一元论发挥到了极致，但却也因为对情意之流动性的极端强调而失却心之本体，使得工夫无下手之处，带来了猖狂无忌惮、蔑视伦理道德的流弊；而归寂派、修证派则在不同程度上出现向宋学复归的倾向，其中归寂派持本体工夫二元论的立场，追求虚寂之本体，而修证派则在坚持本体工夫合一的前提下强调实地工夫。对于甘泉学派及东林学派，该书定位为吸取了王学之要素、又力矫王学之流弊的新朱子学派。这两派均坚持宋学中强调性理之严肃性的立场，同时又保留了王学以自家心体良知为学问之头脑、宗旨的特质。而在批判心学的诸人中，该书认为陈建恪守宋学之立场，将陆王之学均视作源自禅学的异端；而吴廷翰及郝敬则更进一步，以气为中心而提倡理气一元论，在此基础上对明学甚至宋学均展开了批判，而将人伦道德之日常实践置于中心位置。

（陈冠华）

【明代思想研究】

荒木见悟著，陈晓杰译《明代思想研究》，山东人民出版社2022年1月出版，属于“日本阳明学研究名著译丛”之一种。原书『明代思想研究：明代における儒教と佛教の交流』，系由创文社于1972年出版，属于“东洋学丛书”之一，是已故日本著名中国思想史学者、前九州大学教授荒木见悟在明代儒佛交流研究方面的总结之作。全书共十二章，通过发掘明代受冷遇的思想家，既有儒家人物，也有佛教人物，借此推动明代思想史解释范式的转换。第一章“作为思想家的宋濂”，宋濂生活于元末明初，接受的金华学派是“丧失原始风貌而变质”的朱子学；他虽强调朱子学道统，但不具有反异端的意识；他提倡的心学是以朱子学为支柱，并包容陆学、禅宗以及教相佛教。这些是作为思想家的宋濂的局限，但却是明初思潮动向的表征。第二章“陈白沙与太虚法师——围绕《法华大意》的若干问题”，以陈白沙与太虚法师的往来诗文，说明陈白沙与禅宗心交之深，以及与佛教的界限所在。进而，分析太虚《法华大意》特色，比较其与陈白沙思想的异同，揭示儒佛在主“静”思想上的一致性，这是明初思想动向的大势所趋。第三章“湛甘泉与王阳明——为什么甘泉学没有像阳明学那样得到发展”，追踪湛甘泉思想的来源、分析湛甘泉心学的性格，并比较湛甘泉与王阳明的理学思想差异，指出湛学为保持教旨的纯粹性与正统性而摒绝佛教，王学则汲取佛教而保持心学的活力，使其成为深入人心、动摇时代的原动力。第四章“禅僧玉芝法聚与阳明学派”，梳理禅僧玉芝法聚与阳明及其后学（董萝石、王龙溪、邓豁渠、王心斋、王东崖、蔡汝楠、徐文长等）学问交往的历史，指出明代儒佛思想交融的另一个方向：玉芝法聚将良知学说引入佛门。第五章“罗近溪的思想”，主要梳理罗近溪的思想经历，说明其折中王心斋、王龙溪的思想，根据明末乡村教化的实际情况，提出现成良知论，从“孝弟慈”出发，最后回归“孝弟慈”。第六章“管东溟——一位明末儒佛调和论者的思想构造”，分析管东溟的思想特色，良知论的内在处理方式，以及接受佛教思想的时代意义。第七章“明儒张阳和论——良知现成论的折射”，分析张阳和与其师王龙溪的师承与思想立场差异，指出张阳和思想的特色是以宋学规矩理解阳明学，分别理之顿悟与事之渐修，囿于万历朝的政局，张阳和的思想谨慎而有洁癖，“缺乏穿透时代潮流的魄力与预见力”。第八章“周海门的思想”，首先指出周海门师承王龙溪，而不应归入泰州学案，进而分析其“无善无恶论”的宗旨，梳理其与憨山德清、紫柏达观、湛然圆澄等佛教人物的交往情形，最后分析周海门的社会观以维护阶级秩序为前提，其思想史观则是以王学统摄朱子学，不拘泥儒佛界限。阳明学传至周海门，有其时代特色。第九章“明末儒佛调和论的性格”，概括出明末儒佛调和论的三种典型类型：（一）承认官僚机构或士农工商的阶层秩序，通过当下良知予以扫除之，并引入佛教明心见性说与儒家明德说合体，代表人物有杨起元、周汝登、焦竑等；（二）反抗官僚社会的伪善与暴横，跳入出世之世界，切断与俗世之联系，代表人物有李贽、邓豁渠等；（三）再度强化名教，纠正和恢复秩序，代表人物有管志道等。另外，阳明学的兴起与流行，促进了佛教的复兴。第十章“关于《四书湖南讲》”，考查《四书湖南讲》的版本、作者，分析在明末社会剧变背景之下其主张的顿悟渐修的思想立场。第十一章“明末禅僧湛然圆澄”，比较明末禅僧湛然圆澄与云栖袾宏、紫柏达观在禅林清规、社会活动及儒家思想的看法上的异同，指出湛然圆澄善于借良知学说鼓吹佛教的手法，但其复兴佛教的思想也有局限，即没有诉诸禅林自治与自戒，而期待皇权的指导与监督。第十二章“智旭的思想与阳明学——一个佛教心学者走过的道路”，分析禅僧智旭与阳明学的接触与分歧所在，阳明学在智旭的最初的思想生涯中起着决定性的作用，并最终因领悟“现前一念”的思想而与阳明学说分道扬镳。

（陈冠华）

【阳明学的位相】

荒木见悟著，焦堃、陈晓杰、廖明飞、申绪璐译《阳明学的位相》，江苏人民出版社 2022 年 7 月出版，属于“海外中国学研究丛书”之一种。原书『陽明学の位相』系由研文出版社于 1992 年出版，是已故日本著名中国思想史学者、九州大学前教授荒木见悟在阳明心学研究方面的总结之作。全书共有十章，结语、后记各一篇，论述王阳明及其后学等人思想特征的各个方面。十章分别为：第一章“陈白沙与王阳明”；第二章“心之哲学”；第三章“圣人与凡人”；第四章“顿悟与渐修”；第五章“知行合一”；第六章“性善论与无善无恶论”；第七章“阳明学与大慧禅”；第八章“拔本塞源论”；第九章“未发与已发”；第十章“乐学歌”。此外，结语“关于自然”，实质上也是一篇关于心学思想特质的专论。第一章辨析陈白沙与王阳明在思想上的谱系传承之关系，为明代心学思想廓清源流。陈、王两人之间的思想继承关系，在很长时期内都未能得到清晰的阐述。这一现象的形成，有陈白沙在明代地位不彰、白沙弟子湛若水与阳明之间的学术分歧，乃至王学一派有意维护王阳明的创立宗师地位等种种因素的作用。在详细剖析之后，明确地将明代心学思想定为来自“白沙—阳明”一系，亦同时分辨了湛若水与这一学术系谱在思想上的区隔。第二章总论心学之整体特质，以突出“心”之自觉这一从理学向心学转化的根本路径，为接下来分剖心学各个方面的特质及具体概念奠定基础、总纲。从第三章起，分论围绕圣凡之关系、顿悟渐修、知行合一、无善无恶、未发已发等论题而展开的心学体系之思想观念，其间皆以最具心学特色、最能彰显明代心学思想逻辑发展方向的人物、论述为眼目，努力推极心学思想的演化路径。书中所论心学思想，乃是以浙中王门的王畿、泰州学派的王艮等人所代表的王门之中的高蹈、超脱一路，或者说王学中的“左派”为主线，循其思维之理路而展开的。同时也考察了反对心学的一些人物、王门之中较为保守的修证等派别的思想立场，描绘出了心学之分化以及与其他思想派别并立的整体图景。此外，该书的另一突出特色是以禅学来论心学。书中随时随处摘引禅家之语，与心学相互参证，第七章更是以专章来论述阳明心学与大慧禅的关系。阳明心学在明代便已时时遭受“类禅”之诟病，而该书之考述实则从正面论证了心学与禅学在某些方面的相通之处，甚至令人感到禅学为心学的思想源头之一，不仅让人明了心学与禅学的某些特质，亦是对两者共通思想价值的肯定。

（陈冠华）

【彷徨歧路：明代小读书人的选择与困境】

张艺曦著《彷徨歧路：明代小读书人的选择与困境》，“国立”阳明交通大学出版社2022年6月出版，属于“历史与传记系列”丛书之一种。除了导论、结论，全书共九章，讨论十六至十七世纪发生在江西的阳明心学的发展与变动、文学复古运动与明末的制艺风潮。第一章“明中晚期思想文化风潮与士人活动”概论明中晚期的思想文化脉络与社会背景，指出当时社会经济发达，思想、文学、艺术活跃，各种文化风潮并起而多元竞逐交互激荡，社会上主要流行三股文化风潮：复古派诗社、心学讲会、制艺文社。第二章“《传习录》与古本《大学》的流行及其影响”，讨论明中期阳明心学流行，知名学者在各地举行讲学活动，在这过程中，讲学语录、小册子发挥的巨大作用，尤其是《传习录》与古本《大学》的流传，扮演着十分重要的角色。诸多小读书人、布衣处士、平民百姓都是透过阅读这几种书籍了解阳明学。第三章“阳明画像的流传及其作用”，讨论在《传习录》与古本《大学》之外，画像通过具象描绘圣人形象，也能吸引学术听众与信众。士人或百姓崇祀心学大师画像的行为甚至与儒学的宗教化有关联。第四章“飞升出世的期待：明代士人与龙沙谶”，梳理龙沙谶传说的演变，及其与其他民间信仰相结合在江西、南京地区流行的情形，以及晚明士人邹元标、管志道、潘士藻、屠隆、李鼎等对龙沙谶预言的热切追求，揭示了明代士人生活中非理性的一面。第五章“明代江西士人与净明道的交涉”，探讨元明时代江西地区许逊信仰的发展，以及儒学士人与净明道的关系，明中期阳明学发展，掀起了三教合一的潮流，随着《净明忠孝全书》刊刻，吸引了大批儒学人士，如罗大纮、朱试、李栻、王世贞、邹元标、孙慎行、黄汝亨、李鼎、熊人霖、黎元宽等，儒学士人对净明道的了解更多，交涉加深，说明明末三教合一潮流中道教也发挥了重要作用。第六章“诗文、制艺与经世：以李鼎为例”，主要探讨江西士人李鼎在经世武功、诗文社集，以及儒学与宗教著述等方面的活动，以此展现万历至明末江西一带社会风气的转变。第七章

“风潮递嬗下的地方小读书人：以涂伯昌为例”，讨论江西新城士人邓元锡与涂伯昌作为小读书人的生活及境遇，他们如何在心学与社集风潮席卷之下，取得习学与科考的心理平衡。第八章“明及清初地方小读书人的社集活动”，利用现存族谱资料考查江西金溪一群小读书人如车泰来、张应雷、聂良杞、黄宣、吴堂、陈画等的交游与社集活动，他们在心学与诗文学风潮交替下，从谈心论性转向制艺文章的过程。第九章“从一目十行、日诵万言看中国近世士人的博览强识之风”，主要讨论近世小读书人在科举压力的逼迫之下，如何发展出种种提升记诵能力的备考技能，如记忆训练法、读书法、读书日程的规划。

（陈冠华）

【生与死：明季士大夫的抉择】

何冠彪著《生与死：明季士大夫的抉择》，广西师范大学出版社 2022 年 7 月出版，属于“大学问·明清以来文史研究系列”丛书之一种，初版由台湾联经出版事业公司于 1997 年 10 月出版。该书全八章，附录一章。第一章“导论”，首先对“明季”“士大夫”“殉国”等关键词作了界定，接着追溯殉国观念的源流，最后引出全书主题：明末士大夫在殉国、起义、归隐、仕敌等问题上面临的艰难抉择。第二章“明季士大夫的殉国人数”，通过检索官私史料统计明季殉国的人数，参考时人的记述，指出明季殉国人数为历朝之冠。但书中也提示明季殉国士大夫占整个士大夫阶层的比例不高。第三章“明季士大夫殉国的原因”，明朝灭亡，是否殉国成为士大夫的思考焦点，殉身对象是国家还是君主也需要考虑。具体而言，明季士大夫殉国的原因多样：有人认为是仁义道德的表现，有人认为是职务的最后责任，有人因绝望而死，有人以死抵罪，有人借死免辱，有人固执夷夏大防，等等。第四章“明季士大夫在忠与孝之间的抉择”，自杀殉国的道德要求引发士大夫忠孝选择的道德困境，这是明清之际士大夫经常讨论的话题。有人认为尽忠比尽孝重要，有人认为尽孝重于尽忠，因此，明季士大夫的忠孝取舍的理据是灵活而复杂的。第五章“明清之际士大夫对须否殉国的争论”，在殉国的道德压力下，谁人当殉国与谁人不须殉国，也是明清之际士大夫讨论的问题，由此引发出一系列争论：人臣须否一律殉国，未出仕者须否殉国，有父母在堂者须否殉国，“守经”抑或“达权”，“生胜于死”抑或“死胜于生”，等等。第六章“明清之际士大夫对生死难易的比较”，主要讨论明季士大夫在殉国议题之下提出的新问题：生与死难易的比较、“慷慨”与“从容”难易的比较、“图功”与“殉节”难易的比较、“殉节”与“守节”难易的比较。第七章“明清之际士大夫对明季殉国者的评价”，一般而言，殉国者大多得到后人的广泛推崇与多方回护，认为他们的行为合乎忠孝极乎臣道。在此基础上，明清士人还根据殉国者临死的心志、殉国事迹的性质、殉国者的身份、殉国时间先后、殉国行为难易等标准对殉国者的类别与等第进行划分，甚至还出现了《石匮书后集》《南疆逸史》《皇明四朝成仁录》等划分殉国者门类的史籍。第八章“结论”，明清之际士大夫热衷于评论殉国者，但他们没有一贯始终的立场，这是一个不容忽视的文化现象。该书提出将殉国者分作积极进取与消极退缩两种类型，两者结果虽相同，都舍我忘家尽节而死，但是其象征意义对于明清士大夫却不同。积极进取的殉国者性格刚毅，不畏艰难险阻，有高度忍耐力；消极退缩的殉国者性格怯弱畏难。因此，两者殉国的意义即有所别。

（陈冠华）

【“天命”如何转移：清朝“大一统”观的形成与实践】

杨念群著《“天命”如何转移：清朝“大一统”观的形成与实践》，上海人民出版社2022年8月出版。这是中国人民大学清史研究所杨念群教授在学术上深耕几十年后，在清代政治史领域推出的一部力作。该书指出，清朝创造出了一种新型“正统观”。清朝以前的“正统观”基本上依赖单一的儒家道德教化观念，而清朝建立起了另一种对前朝正统观的补充性诠释框架，与其“二元理政”的治理模式相互配合。“大一统”正是正统论的首义，是王者获取“正统性”的思想与实践基础。围绕“大一统”在“观念”与“实践”两个方面的表现，该书一方面探究“大一统”观的产生与演变过程及其在清代展现出的独特历史形态，另一方面探讨“大一统”观在清代政治、社会与文化实践过程中到底如何发挥其作用和影响力。具体而言，该书绪论部分系统比较了“中国”“天下”与“大一统”的观念，第一章探讨了清朝以前的“正统论”及其与“大一统”之关系，第二章对清朝“大一统”观进行了再诠释，第三章指出清朝“正统观”的形成是在清朝“二元理政模式”与“大一统”思想内在张力中形成的，第四章到第七章分别从清帝的“教养观”与“学者型官僚”的基层治理模式、基层教化的转型、“大一统”观在近代中国的变异、清帝逊位与民初统治合法性的阙失等方面展开，余论部分则对政治史研究与中国传统核心观念的当代价值进行了深度剖析，并对近年来概念史研究中容易忽视的一些对中国人思维仍具支配作用的传统概念，进行了深度的诠释。

（王士皓）

【砚史：清初社会的工匠与士人】

［美］高彦颐（Dorothy，Ko）著、詹镇鹏译《砚史：清初社会的工匠与士人》，商务印书馆2022年5月出版。该书为 *The Social Life of Inkstones*：*Artisans and Scholars in Early Qing China*，2017，University of Washington Press 的中译本。高彦颐（Dorothy Ko），美国哥伦比亚大学巴纳德学院历史系教授、台湾“中研院”院士，其研究方向是古代晚期和近代的中国科技与性别/妇女史、物质文化史。高彦颐教授倾十余年之精力，聚焦书写用具兼文玩的砚台，以此切入清初工匠与士人之间、性别之间、身体经验与知识生成之间的互动等社会问题，通过文

献解读、田野调查、器物鉴赏、工艺过程描述、文人酬唱题铭、市场品牌营造，对以制砚名家顾二娘及其福州赞助人为中心的个案，做了细致深入的研究，堪称一部学术力作。而其自下而上、由表及里的观察与分析方法，也为物质文化领域的研究辟出一条新径。全书除“导言”和“结语”部分，共分五章。每一章都设置在不同的具体地方：紫禁城的造办活计处、位于广东肇庆山区黄岗村群旁的端坑、苏州及其他地区的商业制砚作坊（两个章节）和福建的藏砚家书斋。通过上述内容，书中呈现出清初在中国东南部呈现的一个现象，即手工艺人和士人不再是泾渭分明的两个团体，他们的技能和知识文化相互重叠。从这种“文—匠”交集中，我们或能观察到始于晚明的商业革命以及清初满人的统治对社会、技术和知识转型的深远影响。

（王士皓）

【同文之盛——《西域同文志》整理与研究】

乌云毕力格、张闶著《同文之盛——〈西域同文志〉整理与研究》，上海古籍出版社2022年8月出版。《西域同文志》成书于18世纪，是清朝乾隆年间纂修的一部满、汉、蒙、藏、托忒、察合台六种语言文字的辞书，记录西域史地、职官、家族等方面的内容，也是一部多语并备的关于西域史地、民族、人物的百科全书，共分二十四卷。《西域同文志》是在编纂《西域图志》《平定准噶尔方略》和续纂《大清一统志》西域部分的背景下，首先编纂整理西域地名、人名、官职名、区域行政地理沿革历史和各民族统治家族及宗教上层的世系与传承的资料，并标注地名、人名的各族不同语文的准确读音写法以及标准满汉译文。随着编纂的进行，这一工作渐渐凸显出规模浩大而意义非凡的特点，因此演变为一个独立的盛大文化工程。此书是乾隆年间清朝消灭准噶尔汗国，实现“一统无外”的结果，也是清朝推行多语文政治，促成“同文之盛”的产物。《西域同文志》主要有三个方面的属性和意义。首先，这是一部大型的多语言对照辞书。其次，这是一部西域历史地理著作。最后，这是一部有关卫拉特、回部和西藏贵族的家谱。相应地，它既是研究西域语言文字的绝佳资料库，又是考察西域历史地理变迁的详细资料集，还是梳理西域蒙藏回部各部贵族的家谱和高僧传承录。正是由于具有如此复合的属性，其在语言学、文献学、史料学等学科上都具有珍贵和独特的重要价值。《同文之盛——〈西域同文志〉整理与研究》以武英殿本为底本，汇校以英藏本、四库本等，加以全面整理和新编，以汉字字头为序，转写校勘满、蒙、藏、托忒、察合台文等文字，解释词义、史地信息等，并编写了六种文字的索引，具有重要的语言、文献和史料价值。

（王士皓）

【清代省级司法与国家治理研究】

魏淑民著《清代省级司法与国家治理研究》，社会科学文献出版社2022年8月出版。该书从中外国家治理中司法、行政、政治的内在逻辑出发，以元明清以来中国传统国家治理中承上启下的关键层级“省”为主体，以各省督抚大员为核心，聚焦展开清代省级司法与地方行政、君臣关系互动研究。通过地方行政和君臣关系视角，生动呈现清代国家治理实践中省级司法的丰富图景。清代省级督抚大员在司法实践中，往往基于地方行政大局，根据实际因时因地制宜酌量调整中央定例，并对具体而微的司法事宜做大而化之的处理，呈现出中央与地方关系的动态平衡过程、督抚大员与按察使的差异化行为特征；更有一些讲求经世致用之道的督抚，面对层出不穷的刑名问题努力探求正本清源之道，然而由于制度、时代局限难免心余力绌。从地方行政上行到君臣关系视角，更可发现清代皇帝与地方督抚之间君臣关系的复杂维度，而非“乾纲独断”的一般认识。该书上编集中剖析督抚等员处理自理词讼、徒流案件、死刑案件（选取覆审斩绞监候之秋审）的作为；下编基于地方行政和君臣关系的视角，围绕清代省级司法主题进行更为发散的探讨，包括各直省地方刑名与钱粮两项要务的交汇点，各省兼有立法与司法、行政三重意义的省例，清代不同阶段典型督抚大员在地方行政和当朝政治背景下的刑名思想，最后阐发空间政治背景下以直隶总督署代表的中国传统衙署法律文化及其现代意义。

（王士皓）

【乾嘉考据学新论】

漆永祥著《乾嘉考据学新论》，北京联合出版公司 2022 年 5 月出版。该书为乾嘉考据学研究的最新成果，内容涉及乾嘉考据学的方方面面。全书共 18 章及一个附录，内容依次为：第一章提出了关于乾嘉考据学的一些新论；第二章考察了中国传统经学研究方法——古书通例归纳法；第三章从科举功名、居官实绩与现实关怀几个方面探讨了乾嘉考据学家的事功之学；第四章考析了乾嘉考据学家与桐城派的关系；第五章以《汉学师承记》为研究对象分析了西学对乾嘉考据学的影响；第六章考察了清人藏书印的种类；第七章以《全宋诗》的编纂为例论述了《四库全书》的文献价值；第八章梳理了东吴三惠的著述成就；第九章分析了王欣夫先生《松崖读书记》的内容及文献价值；第十章以清代学者惠栋、戴震著述为例分析了古籍稿本的文本解读问题；第十一章探讨了戴震学术研究中的几个争议问题；第十二章考察了钱大昕的音韵学成就，兼论钱氏对少数民族语言汉译的研究问题；第十三章探讨了清代起居注官与钱大昕《讲筵日记》之间的关系；第十四章论述了段、顾之争对乾嘉校勘学的影响；第十五章考察了江藩《汉学师承记》研究中的几个问题；第十六章以赵之谦《论学丛札》为例考察了《汉学师承续记》的编纂问题；第十七章考察了《汉学师承记》之续纂、注释与翻译问题；第十八章重新探析了方东树《汉学商兑》的编纂及文献价值。附录为论文一篇，即：读书不谨的一次教训——关于拙文《俞樾〈古书疑义举例〉系袭江藩〈经解入门〉而成》之误。作者在《乾嘉考据学研究》的基础上，积三十余年之功，再著新论，无论是所讨论的专题，还是资料的搜求，都力图突破前贤，对旧说多有纠补，推陈出新。不仅对乾嘉考据学与宋学的关系，考据学家与桐城派之关系，考据学研究方法，《四库全书》的文献价值，清代藏书印与藏书的关系，还对惠栋、戴震、钱大昕及其学术，江藩《汉学师承记》、赵之谦《汉学师承续记》与方东树《汉学商兑》等，都进行了详细而深入的探讨，提出了一系列新见。尤其是从科举功名、居官实绩与现实关怀等方面，通过对200名考据学家的量化分析与研究，指出乾嘉考据学家在学术研究方面取得巨大成就的同时，对国家与社会也做出了不小的贡献，有着值得骄傲的"事功之学"，有着直面人生的态度与积极进取的用世精神。这些见解，均为作者多年研究的心得，对于弄清乾嘉考据学的起源、内容、特点与影响等，都有着积极的促进与推动作用。

（孙广辉）

【探索幽冥：乾嘉时期两部志怪中的知识实践】

王东杰著《探索幽冥：乾嘉时期两部志怪中的知识实践》，巴蜀书社2022年5月出版。乾嘉时期是中国志怪集出版的高峰时期，也是传统考据学的鼎盛时期，这两种文化现象间有何关联？志怪故事大都来自士大夫之间的闲谈，这使故事讲述者要不断地面对故事的真实性和可靠性的问题。无论他们是否相信鬼怪的存在，故事的讲述是严肃认真的，因此作者企图探究这属于考证学者的特殊癖好还是其时读书人中更普遍的立场。该书基于认知史的角度，化用"深描"这一观察世界的方法，借鉴心态史的做法而非叙事学进路，分析了清代学人与志怪小说之间的知识实践，力图通过深入分析来揭晓人事背后的"意义"。书中选取当时最有影响的两部志怪作品集，即纪昀《阅微草堂笔记》和袁枚《子不语》，将之放入更为广阔的时代心智氛围以检视三项主题：一、这些鬼怪故事怎样记述、传播灵异知识；二、它们怎样在更广泛意义上认知和界定"知识"的概念；三、鬼怪知识如何成为一种学术研讨的对象。全书分为四章，第一章借鉴了知识社会史和传媒人类学视角，展示鬼怪故事跨越地理空间、社会阶层和传媒介质，广泛传播的过程，以及口头、书面和印刷之传媒的变化对幽冥故事的传播所产生的影响；第二章和第三章具体分析鬼怪故事怎样成为一种知识探索的对象，包括对事件真伪的研判和对其原理的推究，这两章分别从信和疑的角度展开和从"事""理"关系入手；第四章从知识应用于实践角度切入，涉及志怪故事对知识和技术两面性的认知，以及志怪怎样被有意无意地用作教科书这两个议题。总体上，该书探讨了作为重要知识来源和知识探索对象的幽冥故事如何被士人获取、辨析、研讨和利用，借以重访乾嘉时期的知识疆域，揭示其中某些隐而不彰的面相，即志怪不仅是作为一个时代的记录而具有史料价值，且本身就曾被当作一种重要的知识来源和知识探索对象。通过把研究对象放入一个跨阶层社交脉络中，重建这些故事被传述的情境和路径，可见不同的交流方式影响了人们对故事内容的判断，而“讲故事”这种行为本身就是一种知识探索的过程，可供揭示一些看似毫不相干的事物之间的隐秘关联，借以开启重写近世中国心智历史的可能。

（黄若然）

【清代刻工与版刻字体】

郑幸著《清代刻工与版刻字体》，中华书局2022年3月出版。该书从版本、刻工的史料出发，与文化、艺术、经济史的研究相结合，对清代出版史的若干问题进行了探讨。由宋至明至清，刻本上历代题名刻工的数量急剧减少，其主要原因并不是文字狱的影响，而是单署刻工工头或刻字铺店主的“称籍式”“并提式”“称职式”题名开始流行。清中叶以后，刻工题名中还出现了“匠首”“董刊”“董工”“领刊”这样的用词。此外，不署姓名的“称店式”题名亦开始出现，这意味着刻字行业已逐渐从传统书坊业中分离开来，同时意味着刻工逐渐进入了较为稳定的雇佣关系。在刻书方面，江浙地区在道光以前有着绝对的优势，是刻工人数最多的地区。福建、安徽亦是老牌的刻书重镇，刻工较多。两湖、山东是清代后期兴起的刻书重镇，但有名的刻工较少。直隶与广东亦为后起，其书坊业比刻字业要更为兴盛。刻工从相对饱和的安徽流入江浙，从南方流入北京，而刻书者亦往往将刻书活动放在价格较为便宜的地区，如清中叶以后广东刻字工价甚廉，受到许多刻书者的青睐。中央刻书机构以内府为中心，其属下有直接管理的刻工，但更多的刻工则属于临时雇佣。地方刻书机构以官书局为中心，但多为委托书坊、刻字铺代刻。如金陵书局在工匠雇佣方面，就是基本上委托给了晚清著名书坊李光明庄。民间刻书方面，“承刻承印”的刻字店兴起，与传统书坊形成了由竞争而合作的关系。到了现代，负责书籍全部出版过程的书坊演变为出版社，而刻字店则成为专门负责排版与印刷的工厂。明代中晚期已活跃着一批带有家庭作坊主性质的刻工工头，并诞生出一批小型店铺。清代的刻工头领绝大多数都会逐渐发展成为刻字店主。最晚到乾隆年间，清代刻字业已经渐成气候，以独立、广泛开设刻字店的形势，改变了松散游工状态，并逐步实现了与传统刻、售一体的书坊业的分离。除了雇佣关系之外，出版者与刻工，尤其是刻工头领之间产生了许多交流与互动。如苏州地区的刻工名家穆大展，广泛邀请沈德潜、袁枚、王昶、钱大昕、王鸣盛等名流为其题画撰文。再如南京的学术良工刘文奎兄弟，通过默默为卢文弨、孙星衍、顾广圻等人刻书，承接了当时南京地区绝大多数的学术出版工作。版刻字体一般由出版者所指定或写工遵循固定的流行程式化书写，但在由书法名家担任非职业写样者时，则力求展现写样者个人独特的书写风格。清代刻版字体大略可分为“宋字”“软字”两类，而进一步细化则从“软字”中又可分出“欧字”。宋代时，两浙尤其是临安流行以欧阳询之楷书作为刻版字体，是为“欧字”。明代中叶开始，“欧字”逐渐程式化，变为更为流行的“宋字”，最终发展为现在的“宋体字”。清代，在官方的推动下，手写的楷体，亦即“软字”开始流行。但“软字”受当时流行的馆阁体影响，日益程式化，最终发展为现在的“楷体字”。清中叶以后，为了突破这种程式化的“软字”，出版者开始推行融合“宋字”特征的“仿宋欧字”，经民间刻书业的再改造，再经民国初年丁氏兄弟之定型，最终发展为现在的“仿宋体字”。此外，书中还罗列了苏州、南京、杭州三个刻书中心里有代表性的刻工与店铺。

（安子毓）

【清代的合同】

俞江著《清代的合同》，广西师范大学出版社 2022 年 2 月出版。古代合同文书是一个独立的文书种类，标准的合同文书，就是以一式多份的形式记录协商事项，由各方当事人共同署名画押，重叠并骑写文字，再分开由当事人各执一件的文书。辨别合同的要件有：一是外观要件，即半书；二是内容要件，即双方或多方当事人署名；三是格式要件之一，即题头出现“合同”“合议”“合墨”“合文”等词语；四是格式要件之二，即尾部出现“一样几纸，各执一纸”等用语。凡是拥有以上四项中任一项的契书，即为合同文书。凡是四项皆不具备的契书，则可判定为单契。古代合同的直接目的，就是为了维持长期信用关系。同时，合同又是一种无法由官方背书的信用文书，合同形制的标准化成了合同信用的重要保障。清代的合同关系不能完全用固定的类型去理解，应该以“定型”与“不定型”为标准，把清代合同分成两大类。按照特定事项和相对固定格式书写的合同，可归入定型合同，比如清代徽州的定型合同包括：财产类合同；纠纷调解、息讼和兴讼合同；公共事务类合同。所有偶见的、“一契多事”的和处于过渡形态中的“对书”合同，都归入不定型合同，可分为三种：偶见的、不确定事项类合同，“一契多事”类合同，对书合同即两件文书针对同一个事项，但文字不尽相同。该书是在《徽州合同文书汇编》的基础上完成的，全书共分七编，每编讨论一种合同大类，或两三种意义相近的合同种类：第一编为分家合同；第二编为家族合同，包括与坟产相关的合同；第三编是邀会合同，又名会书或会规等；第四编是管业合同，包括邻界合同、共业合同、换产合同和召租合同；第五编是调处合同，包括坟山纠纷等；第六编是禁约合同，包括民禁约或乡禁约等；第七编专门讨论应役合同。整体而言，该书从社会的基本单位家庭出发，再到同姓家庭的联合组织（如家族），异姓家族的联合组织（如会、禁约、里甲或保甲），系统展示了清代合同的面貌。

（王正华）

【壶政：清代宫廷女性研究】

毛立平、沈欣著《壶政：清代宫廷女性研究》，中国人民大学出版社 2022 年 8 月出版。近年来学界对清代宫廷的关注度不断增加，但研究不够深入，各类宫廷女性群体和规范其宫廷生活及等级的宫闱制度研究还有广阔空间。清代宫廷有三大特点：其一，清代“宫壶肃清”，相对安静与稳定，清代留给我们的是一部平淡而“无情”的宫史；其二，清代实行严格的“内外隔离”制度，外臣对于内廷之事无从知晓，自然无缘置喙；其三，清代宫廷为“旗人宫廷”，族群特征明显，但不少制度与明代密切相关，体现了联结与断裂的矛盾统一。该书力图对中国第一历史档案馆所藏清代宫廷史料进行较为系统的梳理，同时力图将官书的制度规定与档案所体现的制度实践结合起来考察，以揭开清代宫廷女性群体的神秘面纱，呈现她们的具体面貌、群体特征、相互关系、在宫廷上下和内外的流动，并探讨皇权的加强与衰落、日趋严格的宫闱制度、满人的民族特点和作为立国之本的八旗制度，对宫廷产生了怎样的影响，“壶化肃雍”的局面究竟是如何形成的，揭示在背后掌握着清代宫廷女性命运的无形之手。该书分为五编，按照宫廷女性的不同群体以及女性在宫廷中的生命历程这两条主线来建构该书的篇章。第一编“初入宫闱”，讨论清代独特的选秀制度及选秀女之于皇权和旗人女性本身的意义；第二编“宫壶肃清”，主要探讨清代的后妃制度和“宫壶肃清”的主要原因，包括稳定缓慢的晋封制度和严格的内外隔离制度；第三编“金枝玉叶”，讨论唯一一个降生在宫廷之内的女性群体——公主，通过考察公主的家庭关系，探讨公主的生命历程和生活状态，揭示皇权、制度和皇女身份给这些天之娇女所带来的人生困境；第四编“暮年生活”，讨论前朝后妃，即太后、太妃嫔等的宫廷生活，包括梳理太后及太妃嫔等的尊封制度及其发展变化，以及她们作为“未亡人”在宫廷的生活状态，清帝如何在“庆隆尊养”的同时，防止太后擅权等问题；第五编“承值侍应”，讨论宫廷女性仆从群体，包括宫女和各类嬷嬷妈妈的内外流动、上下流动、人员数量、等级差别、主仆关系等。

（王正华）

【法律与书商：商业出版与清代法律知识的传播】

张婷著、张田田译《法律与书商：商业出版与清代法律知识的传播》，社会科学文献出版社 2022 年 4 月出版。该书运用的核心文献有三：其一，清代已出版的法律书籍，包括 131 种不同版本的《大清律例》、65 种讼师秘本、15 种圣谕宣讲时涉及法律知识的宣讲底本以及许多官箴书；其二，清代法律出版行业文献，包括官刻和坊刻，如北京武英殿档案、晚清一些省级官书局的文献、藏书家回忆录等；其三，清代有关法律规范与法律知识的政策法规，例如诏书、奏疏、实录、则例等。该书结合书籍出版史和法律史的研究方法，挑战了前人诸如清代官方垄断准确的法律知识、官民对法律均缺乏深入了解等观点。以往关于传统中国法律制度的叙事认为传统中国司法体系是失败的，对于清代商业印刷革命对法律文化的影响也缺乏分析。该书深入而生动地分析了清代法律知识的商业出版与传播，及其对司法体系和法律文化的冲击。作者认为晚明以后商业书坊参与包括律典在内的法律书籍的编纂、印刷和销售，多数清代法律书籍为坊刻本，书坊和没有官职的编者（多数为幕友）在向官员提供最新版清律方面发挥了主导作用。法律知识的商业化还增强了私家律学著述和成案的司法权威性，这些内容与国家颁布的律例文本一起印刷在坊刻本清律中。同时，清政府围绕官员法律训练专门制定了行之有效的规则，尤其强调初仕州县官员的法律知识学习及训练。另外，商业出版革新也使得官员之外的群体更便于获取法律知识，讼师秘本这种通俗法律手册使法律大众化和庸俗化。除了文字传播，法律知识还通过口头传播，尤其是在圣谕宣讲时涉及大量民间常用的户律和刑律条款。得益于商业出版的清律、通俗化的法律书籍、圣谕宣讲，清代官民史无前例地通过文本、宣教等形式广泛接触了法令和刑律。一方面，法律知识信息尤其涉及刑罚的内容的传播能震慑百姓，官员将法律看成道德教化与预防犯罪的必要途径；另一方面，法律知识也有其力量和潜在风险性，也就是百姓熟知法律后，会操纵与滥用法律以达到个人目的。

（王正华）

【清代科举落第制度研究】

贺晓燕著《清代科举落第制度研究》，广东人民出版社2022年7月出版。该书系作者关于清代科举落第制度研究成果的系统性整理成果。科举落第问题与科举制度相伴而生，其形成与发展却远远滞后于科举制度的发展与创新。清代以前对落第士子的安抚与处置始终未形成完整的制度，只存在部分案例。直到清代，随着参加科举的人数增多，落第士子逐渐成为一个重要的社会问题，统治者为了更好地管理落第士子，制定了一套完善的政策，成为定制，官方史书、典籍皆有记载。该书引用了大量官方典籍和民间士子的相关记载，对清代科举落第政策进行了系统的梳理。该书第一章分三节介绍了唐、宋及辽、金、元、明时期的落第及相关政策。第二章主要考察清代推行落第制度的社会、政治背景。科举人数增加使得科举落第问题突出，制约了科举制的推行，清代统治者为此根据不同情况制定出一系列科举落地政策。第三章介绍清代科举落地制度中的一部分，即对落第者的关怀与抚慰政策，也即安抚政策，包括发领落卷、赏赐年老举人职衔、告给衣顶、赏下第举人回乡之盘费银等，这些虽然不能从根本上解决落第者的现实问题，但笼络了士人之心，吸引了广大读书人埋首科考，稳定了社会秩序。第四章介绍清代科举落第制度中的另一部分，即为落第者提供政治出路的实际性的政策，也即安置政策，包括明通榜、中正榜、挑誊录、举人大挑等，虽然政策针对的落第群体和能提供的官缺有限，但受益于这些政策的落第者的命运确实发生了根本性改变。该书关于清代科举制度落第政策的研究对当代的公务员考试制度、高考制度的改革与创新有历史借鉴意义。

（王正华）

【聚讼纷纭：清代的“健讼之风”话语及其表达性现实】

尤陈俊著《聚讼纷纭：清代的“健讼之风”话语及其表达性现实》，北京大学出版社2022年5月出版。宋代以来的中国民间是否“好讼”是法律史、社会史学界一直关注的重点，学者们先后讨论了古代的“厌讼”观念和“健讼”之风。该书并未纠结于“清代社会是否‘好讼’”这一问题，而是更侧重于研究清代的“健讼”话语本身，以及这种话语的现实功能。该书认为，清代的“健讼”话语诞生于基层政府较弱的受理词讼能力和民间不断扩大的诉讼需求这一结构性张力之中。对百姓“好讼”和“缠讼”、吏役在承办讼案过程中对当事人敲诈勒索、讼师唆讼和贪利的谴责，实际上是包括官员在内的精英阶层在无力以现有制度资源应对不断扩大的诉讼规模时，来为自己在这方面的治理“失败”所寻求的辩护，并承担着恐吓百姓和打压讼师的治理功能。该书正文共有九章：第一章反思了传统的法律文化研究和新兴法律社会史研究中的中国古代诉讼问题研究；第二章从“大传统”角度出发，考察儒家思想中克己、忠恕和中庸等因素对诉讼文化的影响；第三章检讨了学界关于清代“厌讼”和“健讼”两种观点；第四章是对清代诉讼费用的研究，清代诉讼费用确实不低，但不至于使当事人破产，官员制作和宣传费用高昂话语是为了劝导和恐吓民众不要轻易涉讼，以减轻自身负担，绅士如此做则是为了增强自己的权威和控制力；第五章展示了当事人各种减轻费用负担的手段；第六章揭示出清代“健讼之风”话语得以产生的根本结构性原因，亦即财政制约下的县级“一人政府”无力应对人口增长和社会经济复杂化导致的诉讼数量增加问题，“健讼”这一道德谴责，既是对制度资源匮乏之下官员实际施政表现的辩解，又带有压制民众提起诉讼的治理目的；第七章揭示出清代“健讼之风”的一个制度性原因是州县官的频繁更调，导致翻案和积案增加；第八章提出清代“讼师贪利”的形象主要是官方对该群体污名化的结果；第九章认为清代“讼师恶报”话语减少了其后备人员规模，向其施加了最低限度的“职业伦理”约束。

（王正华）

【边缘地带的行政治理：清代厅制再研究】

胡恒著《边缘地带的行政治理：清代厅制再研究》，社会科学文献出版社2022年5月出版。历史政区地理是历史地理学的传统与重心：从传统的沿革地理到政区地理以至于政治地理的演变，体现了学科的发展历程与研究视角的深入。清代的政区地理研究成果丰硕，然而，如何在个案基础上，从“空间角度整体把握王朝政治变迁的框架，换句话说，如何进一步从空间机制上理解清朝地方行政与国家治理，解读‘空间中的地方政治’，正日益成为一个重要的学术课题”，基于上述理念，该书将历史政区地理研究推向深入。对清朝而言，厅是最能够反映清代特色的政区建置。作为政区意义上的厅制源于明末，它缘起于同知和通判的分防并逐渐具有一定辖地，具有了一定的政区性质。入清以后厅制逐渐完善，到乾隆时正式形成，“府厅州县”开始连用，厅也成为清朝行政体系当中的正式一员，在法典和志书编纂中得到认可。清代的厅按其长官有同知厅和通判厅之分，按其头衔有抚民厅和理事厅之别，按其隶属关系可分为直隶厅和散厅两类。直隶厅为统县政区，与府、直隶州平级，散厅为县级政区。进入民国以后，厅不再作为政区意义而存在，而成为各类机构的名称，如交通厅、办公厅等，这一含义至今仍在使用。学界关于厅的设置、演变问题研究比较多，但以个案分析的方法理解厅难窥全貌。该书的主要特色如下，首先是从制度史的演进入手，对清代厅制作了全景式的贯通考察，并在厅制梳理的基础上，对五类具有代表性的厅进行个案分析。其次，将厅作为一种透视区域社会历史进程的工具，着力于阐释厅制与地方治理之间的关系，并从长时段历史进程的角度展现厅在中央王朝处理地方治理时的灵活性及过渡性角色。

（成赛男）

【再造土司：清代黔东南的社会治理及变迁】

卢树鑫著《再造土司：清代黔东南的社会治理及变迁》，社会科学文献出版社2022年5月出版。在王朝国家直接进入西南地区之前，当地“西南国家传统”和“无君长传统”并存。元明清中央王朝依靠土司制度间接治理西南边疆地区，清代“改土归流”改变了原本的治理模式，学界对土司制度、改土归流发生原因及地方社会变迁已有不少研究，但对土弁的性质、身份职能及其反映的“土流并治”的复杂过程缺乏明确的讨论。该书主要以清代贵州东南部“新疆六厅”为研究场域，综合运用了清代宫中档朱批奏折、军机处录副奏折、内阁汉文题本等档案以及《贵东书牍节钞》等资料，并前往当地进行多次田野调查，进而分析土弁的设立及其身份地位变迁与地方社会治理、人群互动的关系。全书主要有六章，基本按照时间顺序展开，并横向兼顾同时期云南、四川、湖南等地区的发展情形。第一章主要梳理雍乾之际黔东南苗疆的聚落分布和社会结构；第二章主要呈现清政府在黔东南苗疆的治理结构与施政实践；第三章概括性地介绍了清代土弁设立的制度背景与运作实践的总体清醒，并梳理“开辟”后黔东南苗疆不设土司治苗的讨论过程及地方史志记载的当地土弁的情况；第四章全面梳理苗疆土弁擅设的始末；第五章呈现苗疆土地开发与基层社会权力结构的嬗变；第六章叙述“咸同苗乱”后土弁权力的式微与苗疆基层社会秩序的重构。该书在实证的基础上指出，清代的土弁授职，从程序上应系由中央政府批准后由地方督抚佥给委牌委任，而非由中央政府颁给印信、号纸进行直接任命；在隶属关系上，土弁始终是以在官人役的身份归属地方流官政府任用，管理地方社会，形成“流土并治”的格局，但在运作实践中，地方督抚直至府厅州县官员，则在没有经中央政府批准的情况下擅自设立了大量的土弁人员以管理地方社会。

（王正华）

【契约与历史：清代台湾的垦荒与民番地权】

李文良著《契约与历史：清代台湾的垦荒与民番地权》，台大出版中心2022年2月出版。该书选录作者1991年以来近30年间发表的8篇论文，问题主要涉及清代台湾的农垦、地权和契约，由“民田与番地”“契约与历史”“边防与隘垦”三部分组成。垦荒作为一种制度，首先展现的就是国家的土地政策和税收管理，凡是无主荒地依法须向基层县官请准之后，才得以招佃垦殖，且在垦成之后陞科纳税、登载账册，成为民可自世其业的民田。研究垦荒制度的目的并不在于强调清朝统治台湾的制度性规范，而是试图理解国家治理与地方社会的互动发展。这是因为垦荒制度是在清初地方官员争夺土地与税收的环境下扩大发展，而移民社会则是在拓垦定居的过程中形成；清朝统治两百余年期间无疑是台湾最重要的移垦阶段，特别是适于农垦、人口聚集的西部平原，而这同时表示官府的行政管理成为重建与理解台湾社会的关键。垦荒与定居就涉及了土地的权利主张及其长期控制。国家制度及法规成为合法地权主张的源头，契约书写及租佃关系则是各关系人安排权利义务最为简便可行的界面，能弹性有效地因应随着国家政策而来的各种变动。该书在方法上将契约当成是一个清代台湾史的课题来提问，视为一个整体的文献类别与现象，来理解清代台湾出现大量土地契约文书的历史与社会意义。现存为数颇为庞大的契约，不仅曾是历史时期作为产权证明的重要文件，也是人们重建与理解地方历史的关键史料。作者因此期待，经由研究的进行可以了解现在人们普遍熟知的地方历史，是在怎样的结构与意识形态下产生，最终则是希望为台湾地方历史的全面改写，提供新的可能视角与方法。

（王正华）

【内外之间：清代的总管内务府大臣】

强光美著《内外之间：清代的总管内务府大臣》，社会科学文献出版社2022年5月出版。总管内务府大臣为清代特有之内廷机构——内务府的长官，其游走于内、外廷之间，在清代政治史上有着重要的历史地位。该书从员额、出身、任职背景、多重身份、行走班次、职掌范畴等方面勾勒出这一群体的基本特征，并从其历史迁延中管窥清代职官制度的整体发展趋向。该书还以内务府大臣为主线，围绕他们的职能权限、与户部的财政纠纷及清末内务府改革之争等议题，探究内、外廷之关系，揭示清代“家国之分”在理念和实践上的分野。总之，总管内务府是清代处理皇家事务的特殊机构，作为其最高长官的内务府大臣，又是清代中央官员的重要组成部分，在宫廷内外事务上都发挥着重要的作用。内务府大臣的出身、任前官职、兼职情况，无一不是清朝统治者政治制度设计的生动体现。内务府大臣职官为清代创设，体现出清代政治制度安排特殊性、创新性的一面。内务府大臣在不同层面上游走于内外廷之间，充分显示了清代家国一体的统治特色。当然，内务府大臣在职官设计上也有缺失。由于内务府管理体制的封闭性以及内务府大臣权力的高度集中，他们极易走上专擅和腐败的道路。特别是到晚清时期，随着清廷统治的江河日下，国家吏治不断腐败，具体到内务府机构，则是内务府大臣不可避免地陷入贪腐的深渊，进而自上而下地影响着整个内务府的风气。

（王士皓）

【清代以来黄河中游气候变化及其社会响应】

张健著《清代以来黄河中游气候变化及其社会响应》，中华书局2022年9月出版。该书是当前历史气候变化及其影响研究的最新成果，在史料处理与利用、区域历史气候序列重建、典型气候事件与社会响应的关系等方面取得了突破性进展。在全球变暖背景下，气候变化问题成为重要的学术与现实问题，研究历史气候变化及其社会应对具有学术和现实双重意义。重建历史时期全球气候和环境变化的详细历史，是理解全球气候变化规律的基石，也可以给未来气候变化预测提供学术支撑。而历史气候变化影响研究则着力于揭示气候变化与社会发展相互作用的过程与机理，以期对人类社会应对未来全球气候危机提供历史借鉴。该书通过系统搜集、梳理清代黄河中游现存档案、方志和文集等资料中存留的雨情、水情、灾情信息，建立了黄河历史气候－水文变化史料数据库。基于此重建了清代以来黄河中游旱涝等级（1644—2009年）、面降雨量变化序列（1765—2010年）；复原中小空间尺度上1689—1692年重大干旱、1819年极端降水、1929年气温变化等气候－水文事件的时空分异特征与区域社会响应等；进而对自然和社会等外部环境因子的作用力度进行诊断式分析，厘清单次灾害事件影响与区域社会之间的相互作用关系。与此同时，兼论清代黄河防汛报汛的制度运作方式及黄河河防管理、河工治理等内容，在一定程度上推进了历史地理、黄河水利史等交叉领域中相关学术问题的研究深度。研究揭示了清代以来黄河中游旱涝、降雨变化，极端干湿和冷暖事件的发生特征和规律，既是对全球视野下区域气候重建研究的积极响应，又为当前灾害风险管理和人类适应气候变化提供了历史借鉴，亦为预测未来数十年乃至百年尺度区域气候变化提供历史相似型。总之，该书综合多源史料，运用交叉学科研究方法，深化了对区域人地关系的认识，是历史气候变化与影响研究的优秀著作。

（成赛男）

【中国经史关系通史·清代民国卷】

王记录、李玉莉著《中国经史关系通史·清代民国卷》，福建人民出版社2022年9月出版。该书从学术发展的内在理路和社会存在的制约作用两个方面进行观照，纵向考察经史关系的演变发展过程，横向分析经史关系的纠结及其对当时学术观念的影响，以揭示传统经史之学的意蕴、本质以及由传统进入近代以后学术发展的真实面相。从清代到民国，经史关系的变化一波三折，错综复杂。经学固然对史学产生较大影响，但史学绝非完全被动地受制于经学潮流。在清代的学术发展中，史学的思想原则对汉学、宋学乃至今文经学等也都产生了一定的影响，在某种程度上起到了扭转学风的作用。及至民国时期，史学更是以全新的姿态出现，开始将经学纳入史学研究之中。乾嘉汉学家的经史考证，在将经典还原为历史文献方面起了至关重要的作用。经书在清儒的考证之下，都转化为史学的内容。经与史之间不可逾越的畛域，在经史考证之下已不复存在。于是，经书不断被人们当作寻常的历史材料来运用。可以这样说，当经学不能解决历史及现实问题时，总会出现史学的身影。

（王士皓）

【风俗与历史观：明清时代的中国与世界】

［日］岸本美绪著，梁敏玲、毛亦可等译《风俗与历史观：明清时代的中国与世界》，广西师范大学出版社 2022 年 7 月出版。岸本美绪是日本历史学家，以研究明清社会经济史著称。在东京大学取得文学硕士学位，先后在东京大学、御茶水女子大学任教，现为御茶水女子大学名誉教授、公益财团法人东洋文库研究员。主要著作有《清代中国的物价与经济波动》、《明清时代史的基本问题》（作者之一）、《明清交替与江南社会》等。该书收录的文章分为五部。第一部与“时代划分论”有关；第二部选取了日常的“风俗”；第三部以明末清初剧烈的变动期为中心，讨论国家意识与秩序问题；第四部是与所有权和审判相关的法制史论文；第五部则是以日本的中国史研究为中心的方法论文章。这些文章看似分散，但从作者的学问生活来看，它们就如同一个树干上生长出的枝叶，其中流淌着同根的问题关心：依据当时人的思考理路去理解明清时代的社会现象，以及将这些社会现象的变化放在广域性的视野下，用比较史的眼光进行把握。

（王士皓）

【明清思想史研究】

［日］山井涌著，陈威瑨译《明清思想史研究》，山东人民出版社 2022 年 1 月出版，属于“日本阳明学研究名著译丛”之一种。原书『明清思想史の研究』系由东京大学出版会于 1980 年出版，是已故日本著名中国思想史学者、前东京大学教授山井涌关于明清思想史研究的总结之作。全书除了“序说”，分为三大部分。“序说”回顾学界已有研究：宋学的形成、宋学的内容和宋学的演变，包括与明学的关系、与清学的关系等，提出宋学是宋代新兴地主官僚阶层的思想，其本质是“修养之学”，它表现为理、气、心、性的哲学。第一部分“性理学的各种问题”，讨论朱子学、阳明学和气的哲学。一、“朱子学与阳明学”，《朱子哲学中的“气”》从理气论、人性论和修养论三方面讨论朱子理气哲学中“气”的重要性，以纠正宋代之后思想家过分强调朱子哲学中说“理”的偏向；《朱子哲学中的“太极”》从朱子文字中“太极”一词的用例，指出朱子无法确切定义“太极”的概念；

《宋明哲学中的“性即理”与“心即理”》指出朱子“性即理”是指人的“本然之性”，是真正的“人性”，王阳明“心即理”是指心之本体是理，“性即理”表现出朱子学理论性、体系性、客观的性质，“心即理”表现出王学非体系性、非理论性、主观的、实践的特色；《“心即理”“知行合一”“致良知”的意义》揭示王阳明“心即理”“知行合一”“致良知”的概念是针对朱子学弊端而提出，这三者是从不同的面向用不同的说法说明同一事物，王阳明并无意于构建一套完整理论。二、“气的哲学”，《明清时代气的哲学》认为气的哲学是对朱子学的反动，赋予气高于理的哲学地位，并梳理出明清二十四位对“气”哲学有贡献的思想家的脉络，指出气的哲学的思想史意义；《明代气的哲学之成立——以湛若水为中心》《程延祚的气的哲学——以和戴震的比较为中心》则分别以明清两位思想家湛若水和程延祚为个案，说明气的哲学的成立与发展。第二部分“从明学到清学”，讨论经世致用之学的发展与明清思想人物。一、“经世致用之学”，《明末清初的经世致用之学》指出明代心学是以个人内心修养为中心的学问，明末社会危机加深，经世致用之学以批判以往学问无用的姿态出现，形成了三种经世形态：实践派、技术派、经学史学派；《从明学到清学的转换》以明末经世致用之学中的经学史学派的兴起，解释宋明理学转变为清代考证学的原因和过程；《明末清初的思想》进一步分析明末清初心学、经世致用之学、考证学三者的相互关系。二、“黄宗羲与顾炎武”，《黄宗羲的学问——从明学到清学之转移的一种面貌》分析黄宗羲的学问内容、思想背景和学问观，说明黄宗羲批判明代心学，主张经学史学，是明学向清学过渡的代表人物；《明夷待访录》《关于〈明儒学案〉的〈四库提要〉》则说明黄宗羲对经世致用之学的探求和对明代儒学史的思考；《顾炎武的学问观——从“明学到清学的转换”的观点出发》以清初考证学鼻祖顾炎武的学问观为例，进一步说明明学到清学的转换基础是经世致用的经世之学。第三部分“戴震研究”，是山井涌清学研究的重点。《戴震哲学中的“气”》分析戴震“气”哲学的渊源与理论特点，认为“气”哲学是考证学的背后支撑；《〈孟子字义疏证〉的性质》《从〈原善〉到〈孟子字义疏证〉——关于戴震的哲学著作》分析生活于考证学时代的戴震的哲学思想的特点：学问与生活相分离，哲学也与修养、工夫相分离，这是考证时代之哲学的性质。

（陈冠华）

【从《唐将书帖》看明清时代的南兵北将】

杨海英著《从〈唐将书帖〉看明清时代的南兵北将》，中国社会科学出版社2022年1月出版。《唐将书帖》是万历援朝战争期间，一批明朝东征将士写给朝鲜宣祖时期（1568—1608）著名相臣柳成龙的书信。该书的基本史料，包括中国、朝鲜、日本、琉球等不同国家的官私史料，如明朝、清朝和朝鲜的《实录》《琉球宝案》及中、日、朝三国的文书、档案、誊录、日记、谱牒、文集、碑刻、地方志等不同来源和背景的史料。该书分为上、中、下三篇。上篇三章内容是释读《唐将书帖》。通过考证《唐将书帖》的作者及涉及的相关人物、事件等线索，以期大致勾勒出这场战争的轮廓，为进一步分析研究明朝战略及作为战争主体的南兵北将提供一个参照系。中篇三章的内容是根据《唐将书帖》所提供的线索，探讨明朝的战略：从和谈、练兵和粮饷及善后工作三个角度切入。其中，第四章从战争前后期参与和谈的具体人物入手，探讨明朝战略前后期的特点，变与不变的主旨。第五章考察朝鲜王朝军队的训练师——梳理了东征军中60余位南兵将和南兵教师，揭示东征期间，明朝帮助朝鲜重建、训练王朝军队"三手军"的历史事实，探讨停战期间明朝的战略、变化及朝鲜的应对和改进。第六章考察东征后勤管理、海运及东征善后工作。下篇三章则立足于人物线索，具体考察南兵北将及其变迁轨迹。其中，第七章从南兵概述出发，探讨其类型、特点，并进一步通过吴惟忠、骆尚志的个案，关注朝鲜战场上"戚家军"及其消逝的身影。第八章探讨北将的概览、分类和特色。第九章是通过个案研究展示南兵北将的变迁史，并通过这些个案，还原东征过程中重要却被忽视的一些历史场景，揭示明清历史演变过程的一些肯綮和脉络，反映东征战争后南兵北将变迁的一些重要关节点。

（王士皓）

【世界想象：西学东渐与明清汉文地理文献】

邹振环著《世界想象：西学东渐与明清汉文地理文献》，中华书局2022年11月出版。16至19世纪的西学东渐，使中国社会进入一个独特的文化转型期。此间所形成的汉文西学地理文献，在中国社会和思想界激荡出对于世界的丰富人文想象。书中通过对利玛窦世界地图、艾儒略《职方外纪》等明清汉文西学地理文献的精细研究，展示出明清以来西方地理学和动植物知识在中国的传播以及中国知识人为会通中西所做的努力。在此基础上，特别留意在全球史的背景下，将这些议题放入中国与世界的坐标之中，尝试梳理出在西学东渐宏大而壮阔的历史画面之中，围绕明清地理文献所展开的中西文化之激烈碰撞和交融的复杂面向。该书将晚明至晚清的三百余年间视为一个完整的时间线索，将西学东渐与明清汉文地理文献的关联，放到16世纪大航海时代以来全球史的大背景下来进行考察。选取的个案包括利玛窦世界地图、艾儒略《职方外纪》、南怀仁《坤舆全图》、林则徐《四洲志》、徐继畬《瀛环志略》等，极具有代表性，围绕这些文本生动地勾勒出晚明以来中西文化之激烈碰撞和交融的复杂面向。该书深入地描述了晚明以来的中国人在面对西方传教士带来的各色地理文献，面对千奇百怪的大千世界和不可思议的动植物知识时，如何将其转化为关于世界"他者"和中国"自我"的想象。书中尤为关注地图文献，材料与角度新颖、文献考辨严谨，广泛吸收海内外最新学术研究成果，提出了颇多新见，在明清史、知识史、翻译史、地理学史等领域都具有独到的价值。同时，该书精心选取了西方传教士介绍动植物和各色地理知识时的多幅配图，激发读者的想象空间。

（王士皓）

【红夷大炮与明清战争】

黄一农著《红夷大炮与明清战争》，四川人民出版社 2022 年 7 月出版。红夷大炮的操作与铸造技术，是近代东方大陆文明向西方海洋文明学习的重要一课。该书首先探索 17 世纪初自闽粤沿海欧洲沉船上打捞的大炮，如何在天主教徒的努力下进入辽东战场，并在萨尔浒之役（1619）重创努尔哈赤；皇太极又如何起用降顺的汉人铸炮、操炮，并以汉人炮兵与满蒙步骑兵协同作战的卓越战术，迅速在中原攻城略地。此事不仅在中国引发了一场军事革命，更使清朝建立起亚洲强大的“火药帝国”。通过实地勘查散在世界各地的数百门明清红夷大炮，并结合庞杂的史料记述，该书尝试勾勒出这些西式火器的“文化传记”，重现其在中国两百多年间的演变过程和多样性。明清两朝所先后发展出的铁心铜体红夷大炮，不仅比铜炮更轻更省，且大幅强化了炮管的抗膛压能力，其品质曾在世界居领先地位。然而，即使是此独特的复合金属制法，在清朝定鼎之后的长期平和状态中也遭到遗忘，19 世纪时遂无力面对列强新一代火器的挑战。

（王士皓）

【生计与制度：明清闽粤滨海社会秩序】

杨培娜著《生计与制度：明清闽粤滨海社会秩序》，社会科学文献出版社 2022 年 9 月出版。在以陆地王朝为主要视角的中国古代国家叙事中，海洋生态以及滨海人群生计往往被忽视。尽管学界也从航海交通、海防、海外贸易等方面开展了诸多研究，但基本落脚点仍是将古代中国当作一个农业文明，而海洋只是连接陆地、从外部世界获取稀缺资源补给的通道。近年来，学界开始重视在海外活跃的人群的活动，但对沿海地域社会整合过程中的海洋因素和机制的研究，才刚刚起步。该书接续从社会经济史发展而来的海洋史和历史人类学的学术传统，结合滨海环境和人群生计特点，探讨 14 世纪中叶到 19 世纪初闽粤边海之地如何在多重力量冲突、妥协、共谋中逐渐消解对中央王朝的疏离状态，民间之俗与王朝之制在动态平衡的过程中推动滨海社会秩序的更新再造。在讨论中，作者重点围绕渔盐等生计方式和户籍、卫所等制度演变来讲述明清闽粤滨海社会秩序的变迁，讨论了基于陆地农耕社会的“画地为牢”体制与海洋人群流动的生计模式和生存状态之间的张力。正文共分为七个章节。第一章简述明初闽粤滨海地区被纳入明王朝政治版图及包括卫所、州县、盐场、河泊所在内的多重管理架构的建立；第二、三章主要勾勒闽粤滨海社会经济、军事及文化的重大转变，重点分析渔盐生产与海外贸易等出现的技术、税收和组织变化及其影响；第四章描述明清鼎革之际粤东三总兵与郑氏集团在漳潮沿海的拉锯战，讨论掩映在王朝“正统”之战下的濒海利益之争；第五、六章描述清代前中期闽粤沿海兵防体系的调整和裁斥卫所的影响；结论从“垄断—依附”社会结构和政治疏离感逐渐消解认识明清闽粤滨海社会秩序的演变历程。该书强调了以海为主的生产生存方式具有独特的节律和特质，主张将沿海地区视为一个包含了各种不同生计人群的活动区域，从水陆互动的观照下重新审视人与海、陆之间的关系。

（王正华）

【明清至民国五台山境域庙会与村落生活研究】

赵新平著《明清至民国五台山境域庙会与村落生活研究》，商务印书馆2022年9月出版。庙会是以庙宇为依托，集祭祀、商贸和娱乐于一体的综合性社会现象，是村落生活的重要组成部分。庙会的发展史，在一定程度上也可以说是一部中国社会的变迁史。学界以往研究对庙会与村落生活的双向影响不够深入，对庙会在村落历史中形成发展的过程缺乏历时性探究。就晋北地区而言，之前学者对五台山佛教影响庙会已有关注，但对具体的动态过程和村落民众的参与情况缺乏分析，而五台山境域的文献资料、口述资料和碑刻资料目前仍未系统整理和出版。该书将庙会纳入乡村生活史的视角加以分析，在广泛开展田野调查的基础上，运用了大量的碑刻、题记、村志、家谱等珍稀资料，借鉴民俗学、人类学、社会学、宗教学等相关学科理论，较系统地研究了明清至民国五台山境域庙宇在村落的空间分布特征，以及庙会与村落精神生活包括神灵信仰、仪式活动、庙会娱乐等内容，庙会与村落物质生活包括寺庙经济、修缮、经费管理、商品贸易等，庙会与村落社会生活包括传统节日、社会组织、社群关系、熟人社会，阐明了三组对象之间的内在联系，这对人们全方位了解神圣空间和世俗空间建构下的五台山境域村落生活图景，透视乡村生活的实态逻辑，探寻地方社会的变迁规律，以助推五台山境域乡村振兴提供有益参考。在学理层面上，该书的研究为当今乡村振兴战略的实施提供了一些思考。

（王正华）

【风说书的世界：东亚视域下的明清鼎革】

陈波著《风说书的世界：东亚视域下的明清鼎革》，上海古籍出版社2022年7月出版。所谓“风说书”，是江户时代日本的“唐通事”或“倚兰通词”对抵日商船进行问询后采录并上呈幕府的有关来船情况，以及世界各地重大事件的报告。根据被问询者国别，主要分为唐船风说书及荷兰风说书两大类，若进一步细分，还包括为数不多的朝鲜风说书、琉球风说书等。作为在闭关锁国时代的民间贸易流程中产生的特殊文献，“风说书”在当时属于机密文件，其本质可以说是古代日本政府特意搜集的海外情报，而尤以明清中国情报为主。明清之际的风说书，绝大部分被江户幕府儒官林春胜、林信笃父子二人收入《华夷变态》一书卷一至卷八之中，其中主要是通常所谓的“唐船风说书”，也收有少量荷兰风说书以及少量汉文文书。当时东亚范围的重大事件，往往不到数月便凭借风帆之便传至日本，就时效而言，不能不说史料价值极高。但问题是，在“明清鼎革”这样一个动荡的年代，这种类似国际新闻的口耳相传，也渗入了当时人们的复杂立场、情感甚至想象。明清鼎革，时间上起于顺治元年（1644），止于康熙二十三年（1683），这一历史阶段在中国的传统历史叙述中，可以说是清朝与明朝残余势力争夺天命攸归与牧民正统的殊死角力时期。即在当时的遗民看来，明清异代已非“改姓易号”的朝代更替，而无疑是“天崩地解”式的绝大变局。不仅仅导致中国内地复明势力与清政权长达数十年的殊死较量，也成为引发东亚国际秩序大震荡的主要契机。当时东亚诸国无一不对以中国为中心的“华夷秩序”发生程度不同的态度变化，并为因应变局，不遗余力地搜集中国情报，其中以日本与朝鲜表现得最为明显。关于明清易代，即便抱有强烈华夷观念的中国士人，仍习惯于用“鼎革”或者“革命”去描述这一政权更迭的历史过程。但在日本朱子学者笔下，则是所谓“华变于夷之态也”。朝鲜王朝的燕行记录中也有类似表述。显而易见，这两种历史叙事的立场差异极大。利用这些留存下来的“情报”文献，采取较为广域的东亚而非国别视角，对明清鼎革的历史进行研究，利用风说书考订史实之同时，探询这种异域风闻视野中的“华夷变态”，与中国史料所呈现的“明清鼎革”两种历史叙事之间的差异，以及这种差异之所以发生的历史脉络，可以拓展风说书研究的新路径。

（李鸣飞）

【历史政治地理对水患的响应：以明清时期的黄淮平原为中心】

段伟著《历史政治地理对水患的响应：以明清时期的黄淮平原为中心》，复旦大学出版社 2022 年 7 月出版。长期以来，学界极为关注自然灾害以及灾害的社会应对相关问题，取得了不少的成果。该书在前人研究基础上，又做了新的开拓性工作。对于水患的社会应对，大多数研究着眼于官府和民间力量参与的赋税蠲免、救荒赈济、水利兴修、城镇重建等方面，该书则转换视角，从政治地理的视角切入，探讨了前人较为忽视的政府通过政区调整手段来应对自然灾害的原因、过程和影响：一方面，通过考察自然灾害对中国古代政区的划界、治所的迁移、政区的新建和裁撤以及地名的改易，综合探讨了灾害对行政区划变迁的影响；另一方面，通过对典型案例的考察，重点讨论了明清时期水患与政区调整之间的互动关系。这样以局部反观整体、以个案推知全局，阐释了政治地理视角下自然灾害社会应对的规律、理论和研究方法，富有前沿性和启发性。该书共八部分。绪论详细梳理了中国灾荒史及灾害因素影响政区变化的学术研究状况。第一章系统阐述了明清时期自然灾害引发政区变迁的四种类型——政区之间重新划界、治所迁移、政区新建及裁撤与地名更改。第二、三章按照地域分别考察了明清时期苏北、鲁西两地的水患情况与治所迁移情况。通过对县治迁移情况时空分布的概括总结与对具体县份的个案梳理，作者描绘出一幅灾害时空图景：两地受水患影响发生的治所迁移均主要集中于明代；两地均以黄河决溢为核心水患威胁，明清时期黄河长时间夺淮入海，而自晚清黄河改道从山东入海后，苏北摆脱了受困于河的境遇，而鲁西仍在灾害的泥泞中蹒跚前行。第四章选取临淮县为个案，对政区及治所的新建与裁撤问题予以讨论，梳理了临淮县在明清时期作为隐形附郭且长期遭受水患的曲折经历。第五章讨论在水患影响下清代苏北地区集镇淹没、迁移与兴废现象的情况，以清河县王家营的迁移为例分析了水患对集镇的深刻影响。第六章分析苏皖鲁地区的水灾沉田现象，详细介绍了清政府对于沉田问题的制度因应，即实行“蠲免冬勘”与“永行豁免”两大管理政策。第七章主要探讨了常态、异常洪水与海水涨退影响下的县界争端与相关土地赋税问题。该书表明，水患是影响明清黄淮平原政区调整的重要因素，对其历史政治地理变化有实质性的影响；以政区调整作为政治地理响应自然灾害方式已是较为成熟的荒政模式。

（成赛男）

【明清以来美洲粮食作物经济地理研究】

李昕升著《明清以来美洲粮食作物经济地理研究》，中国社会科学出版社 2022 年 10 月出版。该书系同名国家社科基金（18CZS072）免检结项成果、中国社会科学院创新工程学术出版资助项目、全国博士后管理委员会资助项目，入选第十批“中国社会科学博士后文库”。该书研究对象为玉米、番薯，即典型美洲粮食作物。在“一带一路”视域下探究美洲粮食作物的经济地理意涵，考察其地域分异及规律，重新检视其对经济社会、科技文化的影响，回应当下美洲粮食作物发展的需要。具体而言，该书讨论了美洲粮食作物在中国的引种、推广、分布、变迁、影响等问题；重新把握人、物之间的关系，来呈现美洲粮食作物在日常生活中的价值和意义，对美洲粮食作物的历史与现实进行考察，重点关注其分布及变迁、时空差异和变化驱动力。根据粮食作物的自然社会两重性特征，深入探讨人与自然的复杂互动，揭示作物生命史和人类生命史之间的关系。该书的主要突破在于，认为美洲作物在中国的推广作为技术革新之一，是由人口增长决定的，不能倒因为果。实际上就全国而言，美洲粮食作物价值凸显的时间在 19 世纪中期之后，已经错过了人口激增的阶段，且其对人口压力的缓解主要在山地区域。即美洲作物并不是刺激人口增长的主要因素，而传统粮食作物在中国人口增长的问题上居功至伟。这也证明，反马尔萨斯理论的博赛拉普理论，即人口压力决定食物生产，更加符合传统中国国情。该书的贡献还在于，提出了“中国超稳定饮食结构”一说。该说是基于中国传统社会农耕文化的特质，认为由于中国传统农业高度发达，传统作物更有助于农业的稳产、高产，更加契合农业体制，更容易被饮食体系接纳，并更能引起文化上的共鸣。种种因素，最为重要的就是种植制度与饮食文化的嵌入，从而造就了这种极为稳定的饮食结构。总之，该书资料翔实，基础扎实，颇具创新。

（成赛男）

【明清黄河故道流路变迁研究】

孙涛著《明清黄河故道流路变迁研究》，上海教育出版社 2022 年 11 月出版。该书是“中国顶尖学科出版工程·复旦大学历史地理学科”系列丛书之一。在中华文明形成与发展的悠久历史中，黄河的作用与价值非常突出。历史时期黄河的改道、迁徙，黄河河道的维护、治理、理念、制度及黄河流域的社会经济发展都是学界关注的重点。此前，对黄河的研究主要蜕变于历史沿革地理，重点在于对河道的变迁进行考证。经谭其骧、邹逸麟、满志敏等前辈学者的推动，我国黄河研究取得了巨大突破，研究精度也大大提升。该书将地貌学原理应用到历史河流地貌研究中，并利用历史地理信息系统（HGIS）和遥感（RS）的技术，将历史时期河流地貌研究推进到河道内部的流路变迁层面，也就是使历史河道研究工作由“线”进入了“面”成为可能。该书通过复原明清时期多个时间断面上的黄河下游河道内流路位置，展示出黄河流路在固定河道内较长时期的变迁过程。在流路位置复原基础上，进一步揭示人工强烈干预下的黄河河道发育过程，从而为当代河流治理提供历史借鉴。该书主要学术贡献如下：其一，探索了利用河工资料和河道舆图等文献资料复原河流平面形态的方法。以河工地名信息记录较为丰富的黄河河工、河道舆图为基本史料，结合《行水金鉴》与《续行水金鉴》等相关治河典籍中的内容，详细梳理各时期沿河地区地名目录及清代河道厅汛设置情况，并与现代地名资料系统进行比对，对明清黄河故道的河流平面形态进行复原。尤其是采用资料信息最为系统的清嘉庆二十五年（1820）河道厅汛分界点的地理位置对黄河河道进行空间定位，大幅度提高了明清黄河故道的复原精度；其二，利用遥感、GIS 等研究技术手段提高研究精度：将黄河厅汛分界点作为定位控制点，再结合现代数字高程影像等多源数据以判断不同时期的黄河流路，复原出 1590 年、1675 年、1703 年、1750 年（江南河段）、1761 年（河南河段）、1780 年（江南河段）、1820 年等七个标准时间断面的黄河流路位置，清晰地呈现出明清时期黄河二百多年的变迁过程；其三，将自然地理理论基础与历史文献信息相结合，认为明清时期黄河演变过程中，虽已受到人为强烈干预，但主要仍受河流演变自然规律的制约，作者结合河流动力学理论，将其应用于舆图河道信息提取，从而提高了研究精度，这为历史河道变迁的认知研究开辟了新方法、新角度。

（成赛男）

【晚期帝制中国的科举文化史】

［美］本杰明·艾尔曼（Benjamin A. Elman）著，高远致、夏丽丽译《晚期帝制中国的科举文化史》，社会科学文献出版社 2022 年 8 月出版。该书为 *A Cultural His-*

tory of Civil Examinations of Late Imperial China，2000，The Regents of the University of California 的中文译本。葛兆光先生称该书是一部迟了二十年才译成中文出版的大著作。通过对横跨元明清三代、千余种科举相关史料的研究分析，该书探讨了 1315—1905 年作为晚期帝制中国历史上最为重要的科举制度的社会、政治、文化等多重面向。这些对科举制度的探讨修正了很多我们先前对于这一考试体系实际运作过程的看法，其中既有对科举作为政治和文化组织运作的分析，也有对科举在被现代改革者们无情废止后所产生的一系列无法预料之社会后果的反思，同时深入解读了科举作为一套历时久远、运作成熟的制度的历史意义。其中，尤为需要关注的是，科举并不只是一种考试制度，而是一种政治再生产、社会再生产和文化再生产。晚期帝制时代的科举是与唐宋时段以诗赋为主的科举考试的一次全方位决裂，它成功地使“道学”成为官员生活、文士文化中的国朝正统。1905 年后中国的教育改革和科举停废，与西式教育改良所确立的全新的国家目标息息相关，新的目标取代了清王朝固有权力阶层以政治、经济、文化再生产为目的的教育选拔体系，那种复制王朝权力结构、赋予士绅阶层以特权、伸张程朱经学正统的科举体系也就不复存在了。

（王士皓）

【晚期中华帝国的科举与选士】

［美］本杰明·艾尔曼著，刘倩译《晚期中华帝国的科举与选士》，香港中华书局 2022 年 1 月出版，属于“饶宗颐国学院汉学译丛”的一种。原书 *Civil Examinations and Meritocracy in Late Imperial China* 系由哈佛大学出版社（Harvard University Press）于 2013 年出版。全书分为三部分共八章。第一部分“成为主流：晚期帝国的‘道学’”有两章。第一章“明代皇权、文化政策与科举考试”，讨论“道学”理想，以及明清两代统治者、士大夫和士人对道学的利用。晚期帝国的意识形态和科举考试的正统学说，通过政治、道德、制度驯化了“道学”，元明以来的官员所秉承的社会习性、政治利益和道德价值，被王朝的学校教育和科举考试所形塑。第二章“从明到清：‘道学’标准与八股文”，认为官方知识的阐释群体、权威标准和制度控制，是科举考试的关键特征。科举竞争将绅士、军人和商人家庭整合为一个从文化上定义的科举功名持有者的身份群体，他们具有古典文化修养、通晓“道学”、撰写八股文，属于社会精英。第二部分“科举考试的意外后果”有三章。第三章“明清精英的流通”，讨论以非技术的道德和治国术为基础的古典教育如何实现中国精英的健康流动。科举考试成功从社会精英中选拔出一小部分官员为朝廷服务。第四章“晚期中华帝国的古典文化修养”，指出官学被纳入考试体制后，成为学生考试的中转站，真正承担古典教育作用的是宗族、家庭、寺庙等提供的私学。科举考试则是古典学问、士人声望、王朝权力和文化实践的仲裁者。第五章“焦虑、梦与考试生活”，通过士人著述、小说和民间故事，探究晚期

帝国的考试梦和大众传说。由于明清人口持续增长，科举录取名额有限，科举考试竞争压力加剧，导致士人精神焦虑，为缓解精神紧张，最后诉诸民间宗教和占卜等手段，由此产生大量神异故事。第三部分“调整科举考试，适应时代变化”有三章。第六章“皇权的局限”，讨论统治者和精英通过举业将社会政治秩序等同于道德政治教化时皇权的局限性。明清时期，科举录取不公、考官腐败和考生罢考等时有发生，出现改革科举的呼声，科举考场成为王朝政治利益、精英社会利益和“道学”文化理想的角力场。第七章“从明到清的策问”，根据现存乡试录分析明清时期策问在科举考试中的作用。十七至十八世纪，围绕“古学”的争论、经学正统的宋学与汉学之争，影响到了乡试和会试。策问的范围和内容的变化，反映了清代考据学的学术进展。第八章“清廷与太平天国的科目改革”，讨论十八世纪后半叶的科举考试改革。经过历次讨论和改革，清代官员在科举中恢复了诗歌和“论”的内容。太平天国运动后，科举制度改革更为激进，但已于事无补。古老的科举制度日渐被诟病，直至废止。

（陈冠华）

【中华帝国晚期的大众文化】

［美］罗友枝、黎安友、姜士彬（Evelyn S. Rawski，Andrew J. Nathan，David G. Johnson）主编，赵世玲译《中华帝国晚期的大众文化》，北京师范大学出版社 2022 年 5 月出版。该书为 *Popular Culture in Late Imperial China*，1985，The Regents of the University of California 的中译本。20 世纪 70 年代末，西方史学的研究取向发生了变化。年鉴学派史学家们放弃传统年鉴学派对经济、社会和变化的研究，不再支持总体史学，他们收编了人类学的研究方法，把注意力转向小老百姓的日常生活、社会边缘和公认价值的负面上，如巫师、离经叛道者等边缘人，到了 80 年代更转向了视个人为研究主体，以政治、饮食、服装、日常语言、身体等为研究主题的新文化史。该书便是这次史学“文化转向”所影响的产物，其主要目的之一，是将对非精英（non - elite）文化的研究纳入对传统中国学术讨论的主流。对精英（elite）人物的过分关注严重歪曲了我们对中国历史和文化的看法，只有靠对统治阶级之外的世界进行严肃认真的系统性研究，才能弥补这一缺陷。在帝国后期的非精英阶层中，已经有很多人不仅能够阅读，甚至可以写作。所有同大众文化研究直接相关的现存文献的作者和读者们，正是来自这个人数众多、形形色色的群体。大众文化囊括形形色色、为数众多的现象，从家庭建筑到对千年盛世的信奉，从灌溉技术到皮影戏。该书仅仅力图讨论，甚至仅仅力图涉及其中几种现象：第一，局限于帝制晚期（大约 1550—1920 年）；第二，集中讨论“价值体系及其交流传播”（values and their communication）。

（王士皓）

【中国思想：从孔夫子到庖丁】

［英］胡司德（Roel Sterckx）著，郭舒

佼译，刘梁剑校《中国思想：从孔夫子到庖丁》，上海文艺出版社2022年10月出版。原书 *Chinese Thought: From Confucius to Cook Ding* 系由鹈鹕出版社（Pelican Books）于2019年出版，属于鹈鹕丛书之一种。该书除前言，共九章。第一章“时空之中的中国”，主要是为“中国”这个概念提供时间与空间的背景，指出中国的古典时期对中国社会政治和思想发展产生深远影响，它们形塑了中国人看待世界的方式。第二章“大道及其道之种种”，解释说明“道”“气”“变”“化”“阴”“阳”“五行”等中国思想的基本概念与含义。“道”作为一切存在之物背后的引导原则、一切人和物循之而行的路径，它自我存在并不断更新。“气”是构成万物的基本物质，影响着人们行为的方方面面，气以各种形式和不同程度的一致性表现自身。“变”与“化”，宇宙是由不断变化的生命能量构成，变化定义了人类的生活和世界。“阴”“阳”是描述世界不断变化过程中的作用和阶段，把人和世界关联起来的关键。“五行”是用来解释世界上各种现象之间的相互关系。第三章“为政治之术”，认为中国早期思想多为精英主义的，以君主而非民众为中心，早期中国思想家对治理百姓之道和社会统治之法有诸多思考，因此，统治者、领导者和管理者的策略和技巧构成了中国思想的重要组成部分。第四章“个人与集体”，提出中国的思想家，儒家、墨家、道家等，都有一个共同的看法：没有他人，就没有自我；没有自我，就没有他人，人总是在与他人和他物的关系中成为人的。家庭是围绕着等级制度和习俗与义务建立的，是教导和学习“人”的角色意识的基础。第五章“循礼而行”，提出礼的本质在于礼之所行，即，礼通过活动本身创造自己的意义，礼结合了思想与行动，它不只是一套为了达到某种目的的习俗，而是人们行为不可分割的一部分，通过礼，人可成为更好的人。第六章“神灵与祖先”，它们是法律、礼仪之外的监察人类行为和人类社会的权威力量，祖先崇拜具有宗教或精神的维度。第七章“自然的世界”，认为古代多数中国哲学家在很大程度上是忽略自然的，他们对自然界的理解基于两个一般原则。第一，世间万物都是相互联系、相互关联、相互依存的，人类活动和自然界及宇宙相互影响。第二，因此，人类的工作是梳理和解释自然界与人的关系与关联，而不是把它们的构成部分独立出来进行分析。第八章“工作与财富”，认为中国思想家关心如何创造财富，以及哪种职业或劳动力对社会最有价值。中国古代围绕求利与物质生活的善恶展开过各种争论，中国人的财富观是有不同层次的，一个人的谋生手段处于种种不同的道德包裹之中。第九章“食而思”，以庖丁解牛的隐喻，说明中国思维运作的关键是维护整体的和谐与个体的完整之间的平衡：身、家、国、君主、帝王、天、宇宙、道。总之，中国思想主要以人为中心，以实践为导向，其所思考的是人们应该如何生活，如何建立与他人的联系，应当如何组织社会，以及如何让那些人们需要对其负责的人获得幸福。中国古代的思想家极少为学术论辩本身展开论辩，他们提出的大多数思想结晶都是为了指导生活、经验和实践，他们把生活经验置于理论知识之上。

（陈冠华）

【中国文化史学的历史与理论】

张昭军著《中国文化史学的历史与理论》，人民出版社2022年1月出版。中华民族复兴离不开中华文化复兴，而中国文化史实为改造及发展中华文化最为重要的资源。回顾和总结中国文化史研究的历史与理论，不仅可供借知今日文化史学之由来和现状，也可使人据以瞻望今后文化史研究之途程。然而，我国研究者长期依赖外来理论和方法，对本国成果缺少充分的总结。该著以“文化史学”为核心范畴，系统地梳理了近120年来文明史—文化史—新文化史的演进脉络，重点考察和反思了相关理论和研究方法。全书分为上、下两编。上编含九章史学史研究，分述了文化史学在中国的历程、文明史学的传入与变异、梁启超“新史学”从文明史、普遍史到文化专史的演进理路、以胡适《〈国学季刊〉发刊宣言》为中心来讨论“国故”如何整理成“文化史”、章太炎对中国史学现代性转换之“经者古史，史即新经”的思考、柳诒徵以礼为主脑的文化史研究、钱穆《国史大纲》之创写、改革开放40多年来的中国文化史研究以及近代文化史研究等问题，理清了文化史学的兴起、发展、沉寂、重兴的历史脉络，说明中国文化史学以梁启超《新史学》为兴起标志，滥觞于19世纪末20世纪初的“史界革命”。梁启超、胡适的贡献表现为引进、吸收和倡导西方现代史学的理念和方法，而章太炎、柳诒徵、钱穆等人的贡献在于阐扬中国文化的优势、特色和精神，达到固本创新。通过学术史的清理和理论的反思，可寻绎出中国文化史学的理路、风格和特色。下编含三章史学理论剖析，探讨文化史学是什么、文化史研究的三种取向、中国文化史学的过去与未来，提出以全球史的视野重写中国文化史、接续传统而“复古求解放”、植根生活实践地讲述普通人的故事，为中国文化史研究的未来之路做出展望。总体上，全书以问题为导向，对文化史领域的研究方法的总结与思考甚为精要，是近代以来文化史研究的学术史回顾集大成之作。书中大部分文章已在近五年间见于诸刊，对当下中国文化史研究所面临的困惑和问题作出了解答，为中国文化史学科建设提供了有效的参考意见。

（黄若然）

【众神的山川：《山海经》与上古地理、历史及神话的重建】

刘宗迪著《众神的山川：〈山海经〉与上古地理、历史及神话的重建》，商务印书馆2022年7月出版。该著是作者《山海经》研究“天书三部曲”系列的第二部。如果说第一部《失落的天书》探究的是《山海经》所蕴含的古代中国世界的时空观与宇宙观，那么这本《众神的山川》借助步步为营的地理考证，将《山海经》从“神话”的迷障中打捞出来，在实有的地图上找到那些山与川的位置。全书分为上、中、下三编，共十六章。上编属于知识形态学研究，基于对古代地理学生成机制的理解而流观山海图，概览《大荒经》《山经》和《东次三经》，强调《山海经》在志怪之余有异于正统郡县地理学的地理学价值，说明《山海经》地理知识的存在形态和表达方式；中编为本书的主体，通过考察山川与历史作出地理和历史研究，描述《大荒经》中的“四海”、《西次三经》《大荒西经》中的山川与神灵、《南山经》《东山经》的山川古道、《北山经》的山川薮泽、《北次三经》与洪水地理、《西山经》之泰山汉水、《中次三经》的九河之都、《中山经》的先秦史印记，以此考证《山海经》各篇所记山川地理的地域范围，以及《山海经》地理与中国古史传说尤其是夏、商历史记忆的关系；下编进行年代学研究，重构古史版图，描述了《山海经》的商代地域及其历史记忆，认为《大荒经》和《海外经》占图成于商代，《山经》成书于西周或春秋早期，并将泰山封禅、齐地八神、蓬莱仙人的观念与《山海经》所反映的宗教地理之间的关系作出钩稽，认为《山海经》地理学依托于其上的山川及相关的文化记忆借助传说故事而流传了下来。不过，随着天下一统政治局面的出现，齐鲁地区自古以来的文化中心地位和自成一体的空间格局一去不复返了。秦始皇建立统一的山川祀典，重构宗教地理空间，通过西移宗教地理中心以期实现其与政治地理中心的重合。总体上，作者尝试把被“神话”的《山海经》还原成一幅实在的山川地图，借助《山海经》地理空间的重建而钩沉出一段远古历史，使人重回历史曙光初启的“前华夏”世界。

（黄若然）

【亚洲史的研究方法——以近世东部亚洲海域为中心】

葛兆光著《亚洲史的研究方法——以近世东部亚洲海域为中心》，商务印书馆2022年10月出版。该书认为，应该跳出国别史的框架，对于亚洲，特别是近世东部亚洲海域的历史有一个整体的认识，把“亚洲”或“东部亚洲海域”作为中国史研究的视野和背景。将这种超越国别的历史背景作为研究视野，一些隐晦的线索和被遮盖的现象才得以揭露。这种区域史研究资料相对容易搜集，以之为基础，可以更好地建立“全球史”的角度、视野和研究方法。中国学界应从和自己相关的区域史开始，以“东部亚洲”或者“东海/南海”作为一个区域，充分研究环东海南海地区的互动和联系。在内容上，“宗教”、“艺术”与“文化交流史”应当是亚洲史研究的重心。同一个历史事件如果涉及某个区域内的多个国家，则需要超越国家或王朝的边界，使用多方面的史料才能弄清。同时，这种事件在不同国家所引起的不同后果亦需厘清。从战争、移民、贸易、文字、图像和宗教信仰层面来看，“东部亚洲”都有着紧密的联系，可以形成一个相对独立的历史事件。语言是研究这种跨国别区域史的基础，而物品、人物、书籍、事件则可作为亚洲史或东亚史的一般研究途径。在欧洲东方学与日本东洋学的影响下，近代中国也兴起了西域南海之学，这些研究可以视作“亚洲史”研究的前身。曾连接了东西方的蒙古大帝国崩溃后，东西方相对隔绝，对中国而言，“东部亚洲海域”成了历史重心。15 世纪之后，政治上的朝贡圈、经济上的贸易圈和文化上的知识圈使得环东海南海地区成了一个相对完足的历史世界。我们研究环东海南海海域，离不开丰富而复杂的域外汉文文献。日本、朝鲜、琉球、越南的汉文史料乃至朝鲜与日本之间交往的汉文通信史文献，如日本《华夷变态》《唐通事会所日录》《清俗纪闻》《通航日览》《善邻国宝记》《入明记》、朝鲜《韩国文集丛刊》《承政院日记》《同文汇考》《通文馆志》、琉球《历代宝案》、越南《大越史记全书》皆为重要史料。除此之外，亦当注意其他语言文字的资料。

（安子毓）

【神话与仪式：破解古代于阗氍毹上的文明密码】

段晴著《神话与仪式：破解古代于阗氍毹上的文明密码》，生活·读书·新知三联书店 2022 年 9 月出版。2007 年，在新疆和田洛普县山普拉发现了五块毛毯（氍毹）。其中第 3、4、5 号毯上各有一句话，其语言为于阗语。于阗之语言文化源自斯基泰人（塞种人），他们并非古代伊朗民族琐罗亚斯德教的信仰者，当时也不信仰印度佛教，而是保留了一种古老的宗教信仰，信奉源自古代两河流域的苏美尔长生女神伊楠娜。作者认为，1、2 号毛毯上的图像并非如一些前期研究所言，画的是印度教神话，而应是古代于阗塞人（斯基泰人）传承的神话，其内容受苏美尔、阿卡德、希腊等地神话的重要影响。图像分为若干层，每一层都有形象的是主人公吉尔伽美什，其整体主题是伊楠娜帮助吉尔伽美什实现从冥府救人的愿望。从苏美尔时代起，双蛇就是蛇神的标配，后来演化为希腊神灵赫尔墨斯。他来往于冥府和阳间之间，负责灵魂之引导。图像 A 层中围绕两蛇的神灵当即赫尔墨斯。图像 B 层中的三个于阗语字母为“冥洲”之意，结合吉尔伽美什手中的水仙花、男神头像上的冠冕、女神手中的麦束，可以判断 B 层的两个神灵为希腊神话中的冥王哈得斯和冥后佩尔塞弗涅。又，在希腊神话中，大工匠神赫菲斯托斯见其妻子爱神阿芙洛狄忒与战神阿瑞斯陷入爱河，便做了一张扯不破的罗网，将二人网住。据此，C 层中的老者当为赫菲斯托斯，其下方的女神当为其妻阿芙洛狄忒，而她对面的，当是阿瑞斯。1 号毯中，阿瑞斯头部有网状物；2 号毯中，老者右侧有表示横竖的线条，此当即是对前述神话的反映。由于印度史诗《梨俱吠陀》与希腊神话有亲缘关系，其中的大工匠神图阿湿斫对赫菲斯托斯形象的具体塑造当亦有影响。图像中，老者举着杯盏，给予了吉尔伽美什斧子等工具，此当与《梨俱吠陀》中因陀罗初到图阿湿斫家的情景相近。又，传说中，吉尔伽美什帮助伊楠娜夺回她花园中被妖怪盘踞的柽柳，并用树冠做了曲棍，用树根做了球，发明了曲棍球。而古代于阗即有柽柳崇拜，其王后头上戴的头饰当为“柽柳”，用以象征长生天女伊楠娜。此外，伊楠娜则曾经下冥界最后死而复生，在其下冥界之时，曾脱下了身上诸多服饰，包括青金石的丈量绳和丈量杖。据此，D层左侧的黄树当为波斯琐罗亚斯德教传说中的生命之树豪摩树，而右侧露出蛇头的树当为伊楠娜女神花园中的柽柳。而站立在两树下，手持蓝白相间青金石的丈量绳和丈量杖的女神则是苏美尔伟大的女神伊楠娜。E层手握曲棍的吉尔伽美什亦可证明这一点。至于3、4、5号毯上所写的文字，其意当为“萨波梅里，苏摩献给（你）”。“萨波”为官名，“梅里”为人名，当即玄奘《大唐西域记》所载献身于人祭的大臣。于阗人相信永生之水“苏摩”能使人死而复生，这五块氍毹当是用于人祭仪式的设施。

（安子毓）

【猛将还乡：洞庭东山的新江南史】

赵世瑜著《猛将还乡：洞庭东山的新江南史》，社会科学文献出版社2022年2月出版。该书是近年来江南史研究突破的力作。以往学界对江南史的研究多与中唐以后的圩田开发、蚕桑养殖、商业繁荣、市镇勃兴有关，进而扩展到江南的富豪社会和士绅文化。该书则另辟蹊径，尽管也做了不少田野调查，但并非从民间文献而是从现实世界的仪式活动为研究基础，以太湖东山的刘猛将信仰为切入点，扩及邻近的西山，乃至明清苏州府的吴县、吴江和常熟，以及松江府的青浦、上海和浙江湖州，关注水上人上岸成为定居人群的过程。作者提出，水上人上岸的过程是一个合伙制社会（partnership society）建构的过程，从“赘婿”问题切入，将传统上孤立地对商业问题或宗族问题的讨论整合起来，进而进入一个深层结构；由于生计模式的移动性和生活资源的单一性，水上人是天生的商人，他们在江南水乡的商业性市镇形成和发展过程中扮演了重要角色；水上人的社会是个离散社会（diaspora society），水上人上岸的历史过程是从离散社会到整合社会（integrated society）的过程，水上人的认同是在与岸上人的交往、冲突和整合过程中形成的，是在他者的态度中逐渐明晰的，也是在融入岸上社会的整合过程中逐渐淡化的；水上人的生活世界是以码头为中心的跨区域网络，在空间上是跳跃的。也就是说，该书试图对东太湖地区水上人上岸的过程及其对江南社会经济的影响加以梳理，特别讨论了这一过程中人们的能动行为，以及由此造成的社会结构变化及其内在逻辑，为江南地区农业聚落的形成、商业与市镇的繁荣和宗族建构等问题寻找一条新的解释路径。该书的探讨不仅有助于认识江南社会呈现出已知面貌的“所以然”，而且可以帮助我们了解中国社会不同区域发展道路的共性，因此该书的研究不仅是实证性的，更具有方法论层面的意义。

（王正华）

【中国土地制度史】

龙登高主编《中国土地制度史》（五卷

本），中国社会科学出版社 2022 年 2 月出版。该书是 2010 年度国家社科基金重大项目“中国土地制度变革史”（项目批准号：10ZD&078）的成果。全书共分五卷：卷一《地权制度与基层秩序》，龙登高、陈月圆、丁春燕著；卷二《良田择良耕：近世地权市场的要素配置机制》，赵亮著；卷三《地权市场的制度演化：1650—1950》，丁萌萌著；卷四《佃权新论：中国传统农地经营权制度研究》，何国卿、唐云建、魏星著；卷五《中国土地制度史研究文论》，马芳、王明编。该书汇集了清华大学龙登高教授团队十余年来的研究成果，以五卷百万字的篇幅梳理了中国土地制度的发展历程，系统展现了中国土地制度的制度逻辑与制度特征。作者近十余年专注于中国土地产权制度与地权市场的研究，在收集、挖掘和整理民间交易契约、法律文书、民国社会调查、土改统计数据等原始资料的基础上，已形成一批原创性成果，这为该书奠定了坚实的学术基础。《中国土地制度史》前四卷《地权制度与基层秩序》《良田择良耕：近世地权市场的要素配置机制》《地权市场的制度演化：1650—1950》《佃权新论：中国传统农地经营权制度研究》分别就租佃制度的经济效率、地权市场的制度演化、土地价格的形成机制、地权结构的多样化选择等问题展开具体论述，从不同视角揭示传统中国地权制度的结构特征与经济社会功能，系统阐释了中国土地制度发展、演化的内在逻辑，并以此为基础探讨了传统中国的产权制度与基层秩序，进一步拓展了土地制度的历史意义。第五卷《中国土地制度史研究文论》则精选学界经典论著与团队前沿成果。各卷既可单独阅读，同时也形成整体性框架，可分可合，自成一体，具有较高学术价值。该书立足于传统中国丰厚的历史遗产，系统总结了传统土地制度的特征；基于现代经济学的分析工具，能够较为清晰地阐释传统土地制度的运行逻辑与经济效率，进而有效破除以往的认识误区，为理解传统中国的社会经济制度提供坚实基础，亦能为当下土地制度改革提供独到启示。

（王正华）

【碌碌有为：微观历史视野下的中国社会与民众】

王笛著《碌碌有为：微观历史视野下的中国社会与民众》，中信出版集团 2022 年 10 月出版。该书是王笛继《袍哥——1940 年代川西乡村的暴力与秩序》之后的又一本微观史、社会史著作。微观史的特点是关注普通人、有故事和细节。该书尽管主要是从微观视角出发，但在方法上仍然是将微观与宏观相结合，用通俗生动的方式，从一个个普通人和家庭的故事，讲述近代中国社会的各个方面，探讨它们的特征以及所发生的演变，从不同的视角来观察中国人的生活，观察他们曾经存在的方式，展现人口的变迁、衣食住行、农村和城市的形成、秘密社会、风俗习惯、文人与教育、宗教信仰、法律与社会、宗族与家庭等，进而理解今天中国社会和中国人的生活。另外，该书还具备兼具学术深度和生动表达、多学科交叉的特点。该书分为上、下两卷。上卷“人、日常和文化”，聚焦中国人的日常生活与文化，涉及的问题有人们为什么会“以貌取人”，服饰是如何反映阶层和社会变迁的，厨房里的必需品与人们的环境和生活习惯有什么样的关系，古代的轿子、车、船有什么独特发展历程，从集市到城镇，这种流通与集散的网络是如何形成的，真实的“勾栏”“瓦舍”是我们以为的勾栏、瓦舍吗，古人为什么喜欢翻老皇历，“十里不同俗”，传统社区的人们是靠什么凝聚起来的，古代真的无“礼”寸步难行吗，下卷“家、群体和法律”，认为家族是中国传统社会的基石，宗族力量不容小觑，那宗族是一个使钱生钱的公司吗？在传统的儒家社会，法律的制定是从哪里出发的？传统社会的那些酷刑与刑具，是怎么发明出来的？除了庙堂，江湖上的三教九流、黑帮会社靠什么来管理？中国传统社会有“小升初、中考和高考”吗？“万般皆下品，唯有读书高”，文人们真的都“书画琴棋诗酒花”，诗意地栖居？该书通过一个个生动的故事回答了以上一个个牵涉个体日常生活的问题。

（王正华）

【瘟疫与人：历史的启示】

余新忠、夏明方主编《瘟疫与人：历史的启示》，商务印书馆 2022 年 4 月出版。该书主要由 10 篇文章组成，分别是赵现海《动荡年代：晚明瘟疫爆发与救治》，余新忠、徐旺《大变局前夜的新瘟疫：嘉道之际霍乱大流行》，杜丽红《千年未有之变局：清末鼠疫》，辛旭《黑死病：不间断的欧洲史 14—19 世纪》，简天天、张勇安《“天国之花”与美洲社会变迁》，郑洪《中国传统社会的瘟疫应对：以 1793 年英国马嘎尔尼使团见闻为中心》，邹翔《近代英国的鼠疫与公共卫生的兴起》，皮国立《当中国“初遇”大流感》，刘士永《公共卫生：走向中国现代性》以及余新忠《中国疫病应对的历史省思与启示》。该书成稿于疫情期间，涉及医疗史、中医与西医、公共卫生、慈善赈济、疾病污名化等诸多内容。毫无疑问，该书的写作受到 2003 年“非典”、2020 年“新冠”疫情的影响，中国医疗史、疾病史也在这种时代背景下逐渐发展起来。尽管书中每篇文章所讨论的具体内容有所差异，但目的都是希望对瘟疫历史的认识进行梳理、归纳和总结，从而为现实的防疫抗疫提供某些经验教训。将卫生现代性置于全球的范围内，我们可以发现正是对欧洲内部多次大规模流行的鼠疫、霍乱等急性传染病的创造性应对，才促进了欧洲现代性的诞生，中西道路的决定性分叉是在开辟欧洲新航路的 15 世纪末 16 世纪初。另外，从疫病的源头及其传播路径的考察可以发现，从蒙古征战之后形成的“疾病一体化”影响了全球历史的进程。通过瘟疫和瘟疫应对，进一步从中西之间灾害结构的不同以及由此导致的赈灾防疫分离的国家实践之中，来思考中西分流，可以理解近代中国公共卫生事业的艰难历程，对于当下中国公共卫生事业的成就和可待改进之处可以有更清晰的认识。

（王正华）

【里甲制度考略：一个中国基层财务组织简史】

汪士杰著、李其瑞校勘《里甲制度考略：一个中国基层财务组织简史》，商务印书馆2022年10月出版。里甲是中国古代一种基层社会行政组织，它不仅具有日常治安管理和维护基层社会秩序的作用，还是国家税赋劳役的财政组织系统。该书即是从长时段视角对里甲组织演变的研究，是民国时期关于乡里制度和基层治理研究最有代表性的著作之一。该书初刊于民国中央政治学校研究部编辑发行的《政治季刊》1941年3月第四卷第四期，而后由商务印书馆于1942年出版。近年国内亦有再版，比如1992年上海书店合订影印本、2009年中国人民大学出版社影印本、2018年法律出版社校勘本等，但仍存在合订使用不便、校勘仍有不足等问题，此次再版简体横排，对该书进行了全面审慎的勘校、订正与注解。除原文外，还挑选作者四篇著述作为附录，即《战时县地方财政问题》《两度办税的经过及其感想》《田赋酌征实物之研究》《今日我国法制上的悲喜剧》。该书通过大量的历史文献资料，解析了商周贡赋、春秋初税亩、两汉租赋、唐宋两税法、明代一条鞭法、清代摊丁入亩等各朝里甲制的特征及问题，全面论列了“里甲”的内涵、作用及“里甲”与“保甲”两种制度之异同，对里甲制度的讨论主要着眼于经济、税赋和役政方面，同时又关注到里甲对乡政的价值，对我国自先秦至民国里甲制度之变迁及基层治理之得失进行了全面系统的梳理与评价，是一部研究古代基层财政运作体制和运行方式的重要著作。该书虽为民国旧作，但书中不少观点至今仍有新意。比如学界一般认为里甲制度产生于明朝，但作者认为，早在商周时期，中国就开始施行了里甲制度，“‘里甲’制度在中国存在了几千年”。《周礼》所载“六乡六遂”是早期里甲制，随后，里甲制度经历了唐以前乡政与基层财务组织混合不分的第一期，五代至宋朝的乡职沦为官家之皂吏的过渡期。元朝乡政与催科已开始彼此划分，直至明代集历代赋役制度之大成，分编里甲并以黄册及鱼鳞册统之，开启了里甲制度的第三期，奠定了我国基层财务组织的格局。另外，这一研究对于当下中国的乡村社会治理仍具有重要的现实意义。

（王正华）

【裰织仙名：何仙姑信仰与广东增江流域地方社会（960—1864）】

廖小菁著《裰织仙名：何仙姑信仰与广东增江流域地方社会（960—1864）》，广东人民出版社2022年6月出版。该书是一项对地域社会文化和大传统之间的整体研究，也是一本典型的历史人类学著作。该书主体共有五章，分别是“罗浮神乡何女仙——明代之前增城的何氏女仙传说”“凤凰山下遗履井——明代的何仙姑故事与增城县城”“何七郎的子孙们——明清增江何姓社区的宗族建构”“何六西北做大王——甲寅之变与晚清信仰版图扩张”“神龛上的祖姑婆——泛珠三角地区的女性崇拜传统”。广州增城相传为“八仙”唯一女仙——“何仙姑”的故里。该书综合文献分析与田野调查，聚焦广东增江流域的何仙姑崇拜传统从宋代至清咸同时期的长期演变，借之揭示此一以女性形象为核心的传说话语和庙祀传统，如何在不同人群创造、选择与挪用的过程中，经历“下山”（在地化）与“出城”（庙祀版图扩张），同时渐次镶嵌进入地域社会的组织结构与文化肌理，反馈成为模塑社群历史记忆与族群关系的重要文化资源。何仙姑既是神明又为祖先的双重身份，是华南泛珠三角地域社会独特的现象。爬梳何仙姑信仰与增江地方社会相互构造的近千年历程，该书亦尝试比较分析中国南方不同地区的女性崇拜案例，展陈与何仙姑相似的女性角色——未婚无嫁之女性，如何在华南社会长时段演进历史中，以女仙、女儿、女祖先等身份，在多元的宗教话语、变迁的社会制度以及不同社群的文化操作下，逡巡往返于社会结构与文化象征体系的边陲与核心之间，展现出杂糅凡俗与神圣形象的丰富面貌与意义。作者透过何仙姑信仰在增城地方约八百年的历史，指出地方神明信仰不仅是国家认可的标准化过程，更重要的是地方社会不断挪用他们熟识的文化资源，在地方社会和大传统信仰协商的过程中，创造一套既为国家认可、整合于国家礼仪体系，同时不违地方过去生活样式的宗教文化。可以说，该书在民间信仰中的女性神祇、华南地方社会以及宗族组织研究等各方面都取得了一定的突破。

（王正华）

【伊朗细密画中的中国元素】

［伊朗］纳思霖·达斯坦（NasrinDastan）著《伊朗细密画中的中国元素》，大象出版社 2022 年 7 月出版。在以古代丝绸之路为纽带的亚欧文明中，波斯的细密画是在蒙古人建立的伊利汗国时结出的硕果。中国和波斯这两大文明之间新一轮的对话，留在了《史集》、《动物志》和《列王纪》等古抄本中，这些划时代的名著不仅用文字记录了一个新的世界文明的版图，而且还为之配上了精美的手绘插图。观察这些古本手绘可以发现，伊朗细密画中有很多中国绘画元素，有的可以直接指认，有的则貌离神合，有的又似非而是，该书作者伊朗学者纳思霖·达斯坦就伊朗细密画中的中国元素进行研究。该书共分为六章，分别介绍了伊朗细密画的历史背景、细密画中的中国元素、中国元素在伊朗细密画中的艺术表现、伊朗细密画中的中国人物形象、伊朗细密画中的中国建筑和伊朗细密画中的中国文化符号等内容。第一章主要介绍了伊朗伊利汗国时期细密画兴起的历史背景和《史集》一书的成书过程及不同版本。第二章主要介绍了伊斯兰教兴起之后伊朗绘画艺术的四种流派和蒙古伊利汗时期伊朗绘画研究及重要典籍。第三章对《史集》部分绘画作品及其创作方法进行分析，着重研究了伊利汗时期在拉施特丁艺术工坊的画家，及其绘制《史集》插图的方法，并分析了哈利里博士藏本中国历史部分的皇帝肖像。这一章还对菲尔多西《列王纪》的绘画传统、特点和不同钞本进行研究。第四章则分析了不同时期伊朗细密画的特征和中国绘画艺术的影响，包括札剌亦儿王朝、帖木儿时期及之后伊朗细密画的

创新。讨论伊朗细密画中的中国绘画元素，看似直接而简明，若一旦深入进去，问题就变得复杂起来。《史集》和《列王纪》都有若干版本，相互之间关系复杂，解决这些基本资料上的不确定性因素，收集各种年代的版本信息，甄别传世版本的优劣，区分各版本中书体特点和绘画风格，等等，就成了研究的基本前提。作者在图书版本、语言文字、绘画要素等多个领域里展开工作，从纷乱的线索中提取出有说服力的证据和观点。总体来说，该书对伊朗细密画中的中国绘画元素进行了分析研究，对于理解伊利汗国及之后的中伊文化交流具有重要意义。该书也为伊朗细密画的研究提供了新的视角和思路。尤其难得的是，这是一本由伊朗籍美术史学者用中文写成的著作，作者对伊朗绘画传统、版本目录和中国文化、艺术史都非常熟悉，使该书具有了独特的价值。

（李鸣飞）

【唐嘎——草原民族的“纹章”】

［法］雅罗斯拉夫·莱贝丁斯基著，王策译《唐嘎——草原民族的“纹章”》，故宫出版社 2022 年 7 月出版。“唐嘎（tamga）”是一个阿尔泰语借词，指一种非具象性标志。欧亚草原的游牧民族主要把它用作所有权的标记和“纹章”，在游牧民族的影响下，某些邻近的定居民族也受到影响，出现了与唐嘎相似的纹章系统。唐嘎历史悠久，在纪元之初即已出现，它们在蒙古地区一直沿用至今，稍早之前，部分中亚的突厥语民族也还在使用。由于使用唐嘎的人群分布的地域范围非常广，唐嘎使用的历史也延续很长，对草原及草原周边地区文明感兴趣的考古学家、历史学家、人类学家，甚至艺术史家，常常会关注和讨论唐嘎，但专门研究唐嘎的论著却少之又少。雅罗斯拉夫·莱贝丁斯基教授所著《唐嘎——草原民族的“纹章”》一书 2001 年由法国巴黎漫步出版社出版，该书试图为唐嘎提供一个总括性的认识，并就若干具体问题给予明确回答。全书总共分为四章。第一章对作为一种标志系统的唐嘎进行总体介绍，列举了各种资料来源，描述唐嘎所具有的共性特征。随后两章分别用来探讨古代伊朗语游牧民族的唐嘎，以及中世纪以后和近现代阿尔泰语游牧民族的唐嘎。这两章讨论了阿尔泰语民族唐嘎系统与伊朗语游牧民族的继承关系，认为后者可以称之为前者的遗产。最后一章研究各种与游牧世界有过接触的临近定居文明文化所使用的唐嘎，以及受到过唐嘎影响的标志系统，包括萨珊波斯的标志、欧洲定居“蛮族”中的萨尔马泰—阿兰式唐嘎、基辅罗塞尼亚大公们的“三叉戟”和“双叉戟”、中东欧纹章中与唐嘎相近的符号、北高加索民族的唐嘎和乌拉尔语民族的唐嘎等。使用唐嘎这一标志系统的历史极其漫长，并且一直延续到今天，因此对不同时代和不同文化区域的唐嘎系统进行对比很有意义。古代操伊朗语的游牧民族，如萨尔马泰（Sarmates）、阿兰（Alains）、塞人（Saces）等使用的唐嘎，就极有可能是后来操阿尔泰语（突厥语和蒙古语）的游牧民族所用唐嘎的原型。反之，也可以根据近现代中亚、蒙古

和北高加索地区使用唐嘎的情形，对古代的游牧民族唐嘎文化做一定程度上的推测。在翻译方面，我国以往通常将 tamga 翻译作马印、印记、印章等。该书译者认为意译很难将该词包含的多重含义表达出来，故采用音译，并遵循了法语的读音习惯。

（李鸣飞）

【重走天山路：东天山吐鲁番古道考察与研究】

巫新华著《重走天山路：东天山吐鲁番古道考察与研究》，广西师范大学出版社 2022 年 9 月出版。新疆中东部、天山东部盆地的吐鲁番是丝绸之路上历史悠久的重镇。随着历史的发展，一些曾经在东西方文化交流中发挥过重要交通作用的吐鲁番丝路古道已经湮没于历史中。该书以西域历史为背景，以天山腹地交通路线为地理依托，以著名历史人物和重大历史事件为主要线索，用探险考察的方法发掘这些失落的丝路古道，揭开作为东西方文化交流枢纽的吐鲁番地区真实的历史面貌，强调了西域十字路口重要的交通作用，再现古代丝绸之路重要路段的灿烂文明。全书分为六章。第一章首先明确丝绸之路的定义，提出“丝绸之路”指在人类文明的孕育、发展和形成过程中发挥了交流、互动作用，进而推动亚欧大陆各主要文明发展并起决定性作用的亚欧大陆东西方古代交通路线和相关地理文化区域，是亚欧大陆东西方文化交流之路的约定俗成之说，而古代新疆是地理上沟通或完成亚欧大陆东西方文化、政治、经济交流的唯一桥梁性地域。吐鲁番则正是古代中国经西域沟通西方，以及西方通达我国所必经之地。第二章介绍了吐鲁番盆地的自然地理条件和周边地区，包括东天山以北毗邻地区、哈密盆地、库鲁克塔格、焉耆盆地、库米什山间盆地和克孜勒塔格、觉罗塔格残余基底台原等地区的地理环境。第三章梳理吐鲁番盆地从秦汉时期开始的历史及其在欧亚交通上的重要性。第四章介绍吐鲁番地区保存至今的大量的古代城堡、居住遗址和烽燧戍堡遗址。由于城镇是古代交通枢纽，也是确定古代交通路线的主要坐标点，这一章详细介绍了古城、烽燧遗址的性质和准确的地理位置以及年代，对研究古代交通路线具有十分重要的意义。第五章根据古代文献，梳理吐鲁番盆地及周边地区的古交通道。第六章利用近现代文字记载和考察记录，讨论了现代交通道与古交通道的关系。该书的附录中有多幅地图，包括吐鲁番盆地古代遗址、遗迹分布图，吐鲁番古代烽燧警戒线路示意，吐鲁番区域内部古代交通路线图和现代旅行者行走的吐鲁番天山古道路线图，还附上了一些精彩的吐鲁番天山古道探险行记。作者曾亲自系统考察过吐鲁番以及相关区域的古城、烽燧、戍堡、驿站等古代遗址、遗迹，并用车行、徒步、骑马、骑驴等方式逐一考察了吐鲁番地区沟通外部地方几乎所有的在地理方面可能成为交通通道的山谷、达坂、沙漠、戈壁，曾在 1999 年 10 月由青岛出版社出版过《吐鲁番唐代交通路线的考察与研究》。此次作者加入近年来关于吐鲁番，乃至新疆古代交通、人文关系等诸多方面的思考，对该书进行修订和完善后出版，对于吐鲁番盆地和天山地区的历史地理、丝绸之路研究大有裨益。

（李鸣飞）

【丝路视域下拜占庭、中介民族与中国关系研究】

张爽、薛海波著《丝路视域下拜占庭、中介民族与中国关系研究》，中国社会科学出版社2022年9月出版。该书突破以往西方学者多注意丝路贸易中的罗马－拜占庭世界，而中日学者更多地关注丝路东段、注重研究丝路路线、地理、物产、种族的研究模式，将拜占庭、中介民族与中国关系放置在欧亚陆海交通的广阔场域中，按照地理位置由西到东的顺序，展开篇章设计和布局，采用实证分析方法，勾勒了张骞通西域欧亚丝路开通，至阿拉伯穆斯林势力兴起前的欧亚丝路贸易的实态。作者从对欧亚丝路沿线国家组织形式、民族共同体、经济形态入手，认为早期欧亚丝路贸易体系的形成，是欧亚大陆各主要国家和民族主导的经济区相互连接的结果。作者从拜占庭社会经济结构出发，对丝绸、丝绸贸易与拜占庭帝国政治合为一体的过程进行了详细考察。作者从丝路史视角，重新审视了对中古欧洲历史产生重要影响的蛮族大迁徙和波斯战争，指出蛮族与罗马－拜占庭战争和交往关系的本质，是欧亚丝路贸易体系西段中的物资分配和流动问题。在波斯战争中，拜占庭和波斯双方并不是要将对方彻底挤出丝路贸易，而是要在丝路贸易中居于主导地位，将重要的丝路贸易城市置于自身控制之下。该书在充分关注到4—6世纪驰骋在欧亚大陆上的嚈哒、柔然、突厥等中亚、漠北草原游牧民族共同体，在丝路贸易中段承担物资转运作用的同时，也看到他们在促使丝路两端的拜占庭、中国形成间接政治经济联系方面起到了相应的作用。作者认为，丝路沿线主要游牧民族是丝路贸易的支点，其争相竞起的过程，也是构建丝路贸易体系的过程；其谋取丝路利益的军事政治活动，直接将欧亚丝路上的中国、波斯、拜占庭等大国联结在一起。作者对丝路沿线游牧民族中介地位的研究定位，如中古欧亚游牧民族帝国的世界性影响、民族共同体的形成与崩溃，对扩宽中古欧亚丝路史各主要国家和民族研究的新领域具有一定学术价值。该书对同一历史时段，处于“乱世”的中古中国各商业和政治中心都市在丝路贸易中的积极作用进行了专题性考察，包括丝路要道上的枢纽城市高昌和丝路贸易网络中心城市姑臧、平城、洛阳、建康等在丝路贸易体系中的突出特点，有利于学界从世界史角度，发现和研究中古中国社会经济问题，中古中国在欧亚政治经济格局中所处的地位，及其与欧亚各主要国家和民族的经济联结。总之，该书是作者试图从世界史角度，宏观构建丝路史研究新理论的有益实践，对国家“一带一路”经济发展倡议具有一定参考价值。

（李鸣飞）

【丝绸之路与古代固原地区历史变迁研究】

李世荣著《丝绸之路与古代固原地区

历史变迁研究》，中国社会科学出版社2022年10月出版。丝绸之路是中国古代中原王朝联系西域的重要交通线，而固原是古丝绸之路上的重要城镇。该书以丝路重镇固原为研究对象，以丝绸之路的兴衰为研究视角，系统探究了古代固原地区行政区划沿革、军事地位嬗变、经济开发、民族大融合、文化交流与传承等方面的历史变迁轨迹。全书纵跨中国古代诸王朝，从先秦直至明清。汉朝张骞凿空西域后，历代王朝不断加强与西域的联系，相应的，丝绸之路至魏晋南北朝时期进一步发展，该书关于魏晋南北朝时期的章节将固原与丝绸之路相结合，来探究固原地区的历史变迁，此章分为两节，分别就固原地区政治、军事及社会展开论述，第一节分别从魏晋、十六国、南北朝三个时期讨论固原地区的军事与政治格局；第二节题目是“乱世潜流中的丝绸之路与魏晋南北朝时期固原地区社会发展”，首先介绍魏晋南北朝时期固原地区丝绸之路的概况，进而分别讨论丝绸之路对固原地区经济开发、民族融合和文化变迁的影响。简言之，该书以固原这一点为中心，将其置于丝绸之路的横线与历代王朝的纵线上，纵横相交，考察政治、经济、社会等不同层面，在此基础上全面论证了历代王朝经略西北边疆政策得与失的经验教训，阐释了古代固原地区由边地演变为腹地的历史过程。

（戴卫红　刘　卓　章泽玮）

【欧亚草原历史研究】

陈浩主编《欧亚草原历史研究》，商务印书馆2022年7月出版。该书是2018年在上海召开的“第七届中古欧亚草原国际学术研讨会”的中文版会议论文集，原书作为“乌拉尔阿尔泰学研究丛书”（Studia Uralo－Altaica）的第53辑，于2019年由塞格德大学出版。为了符合中文学界的表述，没有套用英文版的标题《游牧民族与定居人群之间的竞争性叙事》。除书名之外，与英文版相比，全书的结构也作了调整。英文版文集共收27篇文章，直接以作者姓氏的首字母为序编排。中文版则多收了1篇，全书分成六大板块，分别是考古、历史、文献、地理、宗教和文化，每一板块的篇幅在4—5篇文章之间不等。此外，书末还重新编制索引，并对专名标注了原文（除常见专名外）。“考古篇”的5篇文章中，有2篇侧重于理论探索，1篇讨论了游牧考古学中的族群和身份认同视角，1篇解构了《史记》中关于匈奴帝国的建国神话。另有2篇是通过考古资料讨论社会结构，分别是讨论匈人统治时期匈牙利平原上的社会分层和铁勒与唐朝的互惠和妥协关系。最后一篇的亮点在于利用科技的手段，探讨契丹遗址中的自然景观。“历史篇”的4篇文章中，有2篇聚焦于西方历史书写中游牧民族的形象。其中1篇讨论了蛮族的“希腊化”和希腊的“蛮族化”的双向历史进程，1篇从情感史的角度重构了历史书写中“他者”形象产生的具体语境。还有1篇通过《哥特史》的文本，剖析了欧洲知识界对游牧民族认知的继承和发展。最后一篇则从文献整理的角度，以数据库的形式梳理了自古典时代到中世纪欧亚游牧人群的肖像群。"文献篇"的5篇文章有一个共同特点，就是都利用胡语文献进行历史学的研究，包括粟特语、突厥语、穆斯林文献和汉蒙译语文献，考察的对象则包括创世传说、历史叙事竞争、Bükli的地望、马札尔人以及蒙古部族名称。"地理篇"的5篇文章，都是从地理志文献入手，或考察"斯基泰"和"中亚"的概念史，或揭橥地理文献中蕴含的宗教底色，或重构库曼尼亚和欧亚西部的商贸、交通路线图。"宗教篇"的4篇文章讨论了欧亚草原民族在不同历史时期与不同宗教发生交涉的历史，诸如游牧民族与"腾格里教"，蒙古人与基督教军事会，突厥语人群与伊斯兰教，以及金帐汗国内的一个不为人知的拉比派犹太教社区。"文化篇"的5篇文章分别从沐浴文化、投射技艺、蒙古旗纛、军事知识、贸易特点等不同侧面，丰富了我们对欧亚游牧世界的认知。在上海召开的这次会议让我们充分意识到，欧亚历史的研究亟须建立一个开放的、包容的全球学术共同体，让外国学者能够与中国学界进行广泛而深入的交流。

（李鸣飞）

【我命在我——道教科技史探索】

韩吉绍著《我命在我——道教科技史探索》，上海古籍出版社2022年10月出版。道教科技作为中国古代科学技术的重要支脉，在中国传统文化的发展演变过程中扮演了重要角色，深刻影响了中国人的日常生活、思想观念和价值追求。该书为作者十几年来探索道教科技史的部分成果汇编，分为六个部分，第一是学术史与综论，包括百年道教史学、《道藏》科技类道经说略、中国炼丹术研究之回顾及展望以及对概念、理论比较、仙道等八个炼丹术关键词的理解；第二是文献研究与整理，整理与研究对象是《抱朴子神仙金汋经》《金液还丹百问诀》等以及四件敦煌道经残片的考辨；第三是道教医药学，包括马王堆一号汉墓女尸铅汞中毒原因正误、医药化学家孙思邈、炼丹术与宋代医用丹方、从《红楼梦》看清代民间道教医疗风俗以及道教与沉香；第四是技术与设备，该章主要考察道教与镜、古代锡汞齐及其应用；第五是科学思想，将道家与现代科学联系在一起，探究炼丹术出现的思想背景以及为什么炼丹；第六是李约瑟研究。另外，该书在研究理路上，注重历史学、科技史和宗教学的跨学科交叉研究，对道教科技史的诸多问题的探讨都具有相当的前瞻性和创新性。

（戴卫红　刘　卓　章泽玮）

【丝绸之路上的中华文明】

荣新江主编《丝绸之路上的中华文明》，商务印书馆2022年3月出版。该书为北京大学国际汉学家研修基地"中华文明传播史研究丛刊"甲编第一种，也是北京大学国际汉学家研修基地主持的"中华文明传播史"项目、系列工作坊首批结集出版的成果。以汉唐之间丝绸之路上中国文化的西传为主要研究主题，在同题工作坊研讨会发表论文的基础上，经过修订，汇辑成书。中国文化在欧亚大陆的东端发生、发展起来，从很早的时候，就与中亚、南亚、东南亚，乃至西亚、欧洲、北非有着往来与交流。然而，现代学术研究大多数都是从西欧发生、发展，有关中西文化交往的历史最早都出自西方学者或来东方的传教士之手，他们依据自身的学术认知体系，自然而然地从自身文化的角度来观察中国文化，把其中与西方相似的物品与思想，用传播论来加以解说，主张“中国文化西来说”。第二次世界大战以后，包括中国在内的亚非国家独立自主地得到发展，一些西方开明人士开始认识到中国文化的特性与价值，中国学者也努力发掘中国文化各方面的成就，仅仅考古学的成果，就为今天重新认识中国文化提供了丰富的材料。因为中国考古学的成绩极为突出，尤其在最近40年中出土了大量的文物资料，展现了中国物质文化的种种面貌。与此同时，丝绸之路沿线的中亚地区，也向世界考古学者开放，中国学者开始进入中亚地区进行考古发掘，也了解了此前数十年来各地出土的丰富资料，这为我们认识国外出土的中国文物或带有中国文化因素的文物提供了宝贵的机会。因此这次专题工作坊的首要目标是发表陆上丝绸之路的考古学成果。该书的内容大致分三个方面：一是从考古的角度来研究丝路沿线出土文物和文献中有关中华文化西传的内涵，其中包括最新的中亚乌兹别克斯坦的考古发现，以及中国学者近年来对中亚地区的调查成果，还有简牍、漆器、纸张的研究。二是从文献的角度来研究汉语、汉文文献、中原的典章制度等沿丝路向东西方传播的情况，其中包括对新出土于阗语文书的最新解读。三是从学术史的角度探讨有关丝绸之路上保存的石刻、钱币以及其他中国文化遗迹的研究，充分发掘古今丝绸之路探险中的资料。这是在《中华文明传播史》的总体框架下，对早期丝绸之路上中国文化遗迹、遗物的深入探讨，是近年来有关丝绸之路研究的最新成果。所有论文都是首次发表，代表了国内外丝绸之路研究的较高水平。

（李鸣飞）

【古代丝绸之路的世界】

美国新泽西大学刘欣如教授主编《古代丝绸之路的世界》（*The World of the Ancient Silk Road*, Edited by Xinru Liu），英国Routledge出版社2022年9月出版。这是一本大型论文集，收录了中国、日本、英国、美国、意大利、德国、新西兰、哈萨克斯坦等国28位作者（其中中国学者12位）的32篇论文。该书旨在考察从中国到地中海的古代社会的商业和文化交往的发展过程，探讨丝绸之路上的人类迁徙、交流和跨文化交流，丝绸之路是横跨欧亚大陆及其他地区的复杂贸易路线网络，它涵盖了数千年的人类历史。书中所收录的论文从青铜时代早期人类社会对中亚的开发，欧亚大陆游牧社会的迁徙，马和骆驼的驯养，语言的传播和转化，各地商栈城市的出现，来展现丝绸之路基础设施的形成。与以往丝绸之路史研究注重交通路线或丝绸之路专题研究不同，该论文集将考古发现、历史分析和语言学研究整合成一部综合性著作，揭示了曾在这一广阔地区生活和工作的学者的不同观点，其中许多观点首次以英文出版。这部论文集结构宏大，内容丰富，参与的各国学者都是自己领域里的专家，不仅对本人的专题有精湛的论述，而且提供了翔实的参考书目，为各国学者探讨丝绸之路世界的指南，是2022年度中外学术界的一项重要成果。全书分为"青铜时期到史前时代的丝绸之路"（Landscape of the Silk Road: From the Bronze Age to the Beginning of Historical Records），"游牧文明和农业社会"（Pastoral Nomads and Agricultural Societies），"丝路贸易和丝路城市"（Silk Trade and Caravan Cities），"帝国与宗教"（Empires and Religions）四个部分。该书出版后受到学术界广泛关注。英国著名历史学家、牛津大学伍斯特学院高级研究员、牛津大学拜占庭研究中心主任彼得·弗兰科潘（Peter Frankopan）在其书评中写道："这是一部聚焦丝绸之路民族、文化和地区历史的杰作。每一篇论文都是一颗宝石，汇聚在一起，令人赏心悦目。"

（李鸣飞）

【胡天汉月方诸——阿尔泰学论稿初编】

唐均著《胡天汉月方诸——阿尔泰学论稿初编》，甘肃文化出版社2022年5月出版。该书是上海外国语大学全球文明史研究所丝绸之路历史语文学研究方向唐均教授的个人专题论文集，在敦煌研究院杨富学研究员所主编的"丝绸之路历史文化研究书系"第二辑中付梓刊行，其中包含了唐均教授2005—2017年在不同学术平台单独发表的中、英、法文文章共28篇，细分为学术论文23篇，书评1篇，序言1篇，分别译自英、俄文原文的论文译文3篇。这部论文集除了总序、自序、西文缩略语一览之外，根据内容大致分成五个板块：一是"契丹学"板块，包括7篇中文论文和3篇英文论文，集中研讨的是契丹大小字的某些个案问题，值得一提的是各有专文详论契丹文字记录十二地支中的"寅虎""卯兔""辰龙""午马""戌犬""亥猪"这6个生肖；二是"女真学及满学"板块，包含5篇中文论文、2篇英文论文和1篇法文论文，集中研讨的是女真及满洲语文中的某些词汇语法问题；三是"契丹学与女真学"板块，包含中英文论文各2篇，主要通过研讨在语言结构上相似、文字体系上直接承袭的契丹和女真文字记录材料，阐释相关的理论问题，其间有专文论及契丹文字记录十二地支中的"未羊"这一生肖；四是"突厥学与蒙古学"板块，包含2篇中文文章和1篇英文文章，主要是体现作者在研究以契丹、女真文字记录为主的语文材料中旁及的一些突厥和蒙古研究相关内容；五是"译文"板块，涉及3篇文章，主要内容关涉蒙古学和通古斯学研究的某些具体内容。源起内陆欧亚大陆中部阿尔泰山之名、基于阿尔泰语系而衍生出来的阿尔泰学，是对北亚、东亚这一圈富有语言、文化共性的民族进行综合性研究的一门"以地名学"。唐均教授研究阿尔泰学，是以契丹、女真方块字记录的文献材料为基础，主要利用语源学和审音勘同的方法进行，侧重于一些极具文化负载意义的关键词的民族文化内涵的挖掘，将其置于更为深广的阿尔泰学及丝绸之路民族文化交流的背景下加以考察，并不局限于契丹、女真研究本身的学术藩篱禁锢。该书所收论文，绝大部分都是立足于中古阿尔泰语民族母语文字记录、参照相关汉籍记载语汇进行的综合性研究。唐均教授将这些失传古老文字的记载内容，从跨语际、跨文化乃至“一带一路”的视阈做出阐发，在学术价值之外，亦具有相当的现实意义。

（李鸣飞）

【《欧亚译丛》第六辑】

余太山、李锦绣主编《欧亚译丛》第六辑，商务印书馆2022年11月出版。该辑共收译文16篇，研究内容涉及古代内亚考古调查，以及历史地理、社会、族群、史书、人物、文化与社会生活等诸多方面。其中，考古领域的译文共6篇，《阿石卡勒遗址丘：费尔干纳地区新发现的楚斯特文化遗迹》《对楚斯特居址进行的最新调查》《费尔干纳盆地楚斯特遗址中早期农耕文化的新数据》三文，比较集中地呈现出以往国内内亚考古学家很少关注的中亚青铜时代末期楚斯特文化的全貌；《古代游牧民族大型墓葬发掘与研究》《乌布苏南戈壁苏木境内发现的突厥石人》《图瓦西部毕其格惕格－哈牙村附近摩崖中文题记》三文，提供了关于蒙古高原古代考古遗存及其解读的最新学术动态。历史方面的论文，基本囊括了古代内亚核心地区的几个重要部落。《“单于”的称号与“匈奴单于庭”的位置》《古代突厥的社会结构》《突厥和粟特人》《关于amūk起源的几点思考》《库蛮人概述》《〈欧亚历史中的哈剌契丹〉结语》《朮兹札尼〈纳昔儿史话〉所记阿富汗和印度的蒙古将领》等七篇文章，主要聚焦于内亚盛极一时的匈奴、突厥、库蛮、哈剌契丹与蒙古等游牧部落的起源、迁徙地理、政治建制、社会结构与人物事迹等问题，为国内在这一领域的相关研究提供了重要参考。《元代〈辽史〉、〈金史〉、〈宋史〉三史的编纂过程》一文，以元朝后期纂修三部正史的时代背景为中心，探讨了元代官方史家对前朝正统性与合法性的定位与论证。《明代宫廷与蒙元遗产》一文，考察了具有内亚特质的蒙古习俗在明代宫廷的渗透与影响。此外，《渤海国城市的文化与日常生活》一文，则在历史学的研究视角下，又援引了一些考古学材料，描述出古代渤海国城市生活的一幅立体化图景，在研究方法与史料运用上推进了以往学界对这一主题的探讨。总体而言，这一辑所收考古学与历史学论文基本延续了《欧亚译丛》以往的办刊风格。无论外文原文的质量，还是汉译文章的水平，都非常可观，相信它的出版会对国内欧亚学领域的相关研究提供有益的参考。

（李鸣飞）

【长江三角洲海岸带历史地理考察研究】

吴俊范等著《长江三角洲海岸带历史地理考察研究》，科学出版社2022年8月出版。唐代以来长江三角洲地区一直是我国经济发展水平较高的地区，其海岸带环境的变迁，影响着整个区域的农业经济、土地利用、海洋资源开发、沿海港口发展、对外贸易等一系列社会经济重要领域。该书以扎实的史料分析为基础，结合自然科学理论和田野调查方法，全景式地描绘了长江三角洲海岸带历史地理环境变迁的过程。该书既有长江三角洲海岸带历史地理变迁的全面梳理，亦有针对各主要地貌区环境特征的翔实个案研究，尤其是对长江口、杭州湾、典型"淤涨型海岸"、舟山群岛的自然环境变化过程及人地关系图景进行了多视角的探究和阐发。全书分为四篇。第一篇共五章，是对长江三角洲海岸带地理环境变迁问题源流与知识谱系的梳理，将这些知识和成果归纳为五大问题，即河口海岸地理环境变迁问题、陆域感潮区地理环境变迁问题、港口地理环境变迁问题、区域气候变迁与自然灾害问题、海岛地理环境变迁问题。在对每一个问题的相关前期成果进行谱系化梳理之后，进一步指出深化研究的思路和方向。第二篇共三章，考察长江三角洲海岸带主要环境要素演变的历史脉络，并力求对其背后的人地关系实质和长期规律进行概括和总结。其中，着重概括的海岸带环境要素有长江口海岸线、陆域滨海的滩涂、海潮与江潮、沿江沙田、滨海聚落、海岛自然资源等。第三篇共八章，是长江三角洲海岸带各个亚区域环境变迁的案例研究。案例的选取均以突出该地理单元的环境典型性及相关主导生态因子为原则。纵观历史时期海岸线的变化，总是坍涨相循，但长江三角洲海岸线总体大势为向海推进，相对稳定的淤涨期能够更好地承载人类开发利用滨海土地和海洋资源的活动，淤涨型海岸是观察海陆交接带人地关系的良好舞台，因此，该部分案例尤为侧重长江三角洲向海推进过程中典型淤涨型平原（如奉贤平原、三北平原、常熟福山围垦区）及河口堆积沙洲（如崇明岛、横沙岛）的人类开发机制的研究，聚焦于陆地增长态势下人们如何开发和利用海洋资源，如何进行盐业、渔业和农业生产，以及如何创造出滨海水利灌溉系统等重要问题。第四篇共八章，呈现了基于田野勘察及实地访谈基础上的八篇考察报告，旨在进一步探索"历史与现实"真正互融互动的环境变迁研究方法，证明实地考察资料有助于更好地进行"由今溯古、由古推今"历史地理环境变迁的描述和分析。

（成赛男）

【南方丝绸之路研究丛书·历史地理卷】

陆韧著《南方丝绸之路研究丛书·历史地理卷》，安徽人民出版社2022年2月出版。该书是李昆声教授主编的"南方丝绸之路研究丛书"系列中的一本，是近年来历史交通地理领域南方丝绸之路研究的最前沿学术成果。该书将南方丝绸之路置于两千多年来中国统一多民族国家发展、对外商贸文化交流和世界历史发展的大背景下考察，以全球化和国际大区域的视野，全面阐述南方丝绸之路的发展历程，揭示自然地理和人文地理环境条件下，南方丝绸之路的开辟动因、因袭与变迁关系，探讨南方丝绸之路融入世界交通贸易体系的历史进程。该书具有以下特色。第一，南方丝绸之路的体系化书写。不同于以往“单一的西出缅甸至印度的道路”的历史回溯和复原，该书着力研究南方丝绸之路的内联外拓、有机辐射的道路体系化、贸易网络化特征。考论了南方丝绸之路是开辟于公元前4世纪，由张骞出使西域发现并首次记录的对外商贸交通线；秦汉时期，统一王朝开拓西南边疆的同时将“蜀身毒道”“进桑麋泠道”纳入国家管控，承担起中外交通重任；唐宋时期，以贯通太平洋与印度洋的“安南通天竺道”“大理买马道”为主干，相继拓展了多条出海通道，实现与海上丝绸之路的互联互通；元明清至近代，南方丝绸之路从交通干线“主动脉”延伸出覆盖中国西南与南亚、东南亚相关地区的“毛细血管”道路，形成通江达海、内联外达格局，深入融入世界交通贸易体系。第二，该书着力研究南方丝绸之路与其他丝路互联互通的历史进程。揭示南方丝绸之路的道路体系、商贸网络与海上丝绸之路互联互通，与北方丝绸之路相辅相成、相互补充，共同承担着中国对外交通的重任的历史事实。认为南方丝绸之路以地缘关系为基础，推动着中国与东南亚、南亚地区的交流，拓展了西南地区经济文化交流的发展空间，又发挥着不同于其他丝绸之路的特殊作用，是与北方丝绸之路、海上丝绸之路并列的中国对外交通系统。第三，全书以全球化眼光，揭示南方丝绸之路融入世界交通和贸易体系的重大意义。南方丝绸之路是中国与世界各地文明交流的产物；云南地处中印两大世界文明的交汇地带，实际充当了东亚中华文明与南亚次大陆印度文明交汇碰撞的大陆桥。提出南方丝绸之路“以西南边疆云南为节点的‘双扇形’空间格局”，高度概括和升华了南方丝绸之路的道路体系和中国与世界联通、贸易的格局，对于在当前“一带一路”倡议框架下深入思考云南面向南亚东南亚辐射中心地位、优化南部中国对外贸易体系、创建云南与南亚东南亚经济大开放大格局具有借鉴意义。

（成赛男）

【形塑地景与人文：9—20世纪浙江宁绍平原水利研究】

耿金著《形塑地景与人文：9—20世纪浙江宁绍平原水利研究》，社会科学文献出版社2022年6月出版。该书是国内首部从景观与文化塑造视角探讨水利史的著作，作者既重视对目前国内水利史研究路径的吸收与借鉴，又敢于打破范式的束缚，思考水利活动如何塑造一个地区的外在景观与内在文化；研究方法上结合了历史地理学、环境史、社会史、景观史等学科方法。水利在不同地区扮演不同的角色，对于地处钱塘江、杭州湾南岸的宁绍平原而言，水利从根本上影响着本地的经济、社会与文化发展，构建起了该区域的自然与人文骨架。宁绍平原整体上地势平坦，河网纵横，具有典型的江南水乡特点，但内部微地貌也有差异。该书将宁绍平原从内部划分为滨海平原、河网水乡平原、河口三角洲以及河谷平原几大分区，不同分区内的水文环境及水利问题存在根本差别，这种内部差异的发展奠定了平原内部文化的自我识别。全书主体为六章。第一章从方法论上探讨了中国水利史研究的基本路径，以及从景观塑造的角度开展中国水利史研究的必要性与可行性。继而讨论不同微地貌背景下的区域景观是如何在水利活动下完成形塑的。第二、三章集中讨论山阴会稽平原，揭示当地水利格局经历从鉴湖蓄水型水利系统，到海塘水利系统修筑后，内河水网调适中的堰闸水利系统的转变过程。此后，围绕三江闸外泥沙淤涨，河口三角洲逐步形成新的水沙关系，河口水利活动又经历新的自然 - 人文生态的动态调整与适应过程，也奠定此后曹娥江河口地貌景观形态。第四章讨论浦阳江河谷地区的水环境与水利互动。历史时期，该区域湖泊广布，浦阳江横贯其间。自宋代以来，当地围绕着湖泊圩田、江道治理开展水利活动，造就了当下浦阳江中游的湖田景观。第五章转向东北部的三北（上虞、余姚、慈溪三县北部）平原。自元代以后，平原沙地淤涨，特别是清代沙地淤涨速度加快，海塘推进加速，当地在开发新沙地过程中又构建起了新的海塘 - 河网型水利系统，水利工程的纵横布局塑造了滨海平原独特的水利景观格局。第六章用两个案例具体展示水利在当地文化建构上的重要意义。其一围绕湖泊灌溉与运河旱时分水济运的矛盾展开，这种矛盾直观上呈现的是县级官府与湖泊得利群体的矛盾，也隐含着灌溉不得利群体希望分水灌田的诉求。针对如何分水，双方围绕湖泊“水权”展开地方志的编纂与争斗，呈现出水利在地方文化构建中的核心作用。其二以宁绍平原流行的“梅梁”典故展开，梅梁传说先后出现在绍兴鉴湖区、宁波它山堰及慈溪梅澳湖中。该神话流传背后，掩藏着人们对这三种水利系统的依赖性。水利工程被赋予神性，本身是人愿望的表达。

（成赛男）

【江南寻城：上海卫所城市历史形态研究】

孙昌麒麟著《江南寻城：上海卫所城市历史形态研究》，上海书店出版社 2022 年 10 月出版。该书是关于上海地区卫所城市形态研究的历史城市地理论著。卫所城市是基于明代卫所制度而诞生的军事城市。今上海市域内共出现过金山卫（今金山）、青村所（今奉贤奉城）、南汇嘴所（今浦东惠南）、吴淞江所（今宝山）和宝山所（今浦东高桥北）5 座卫所城市。除宝山所坍入长江之外，其余 4 所都曾在清代转化为县级治所城市，并且构成现今上海城镇体系的重要一环。该书以上述 4 座卫所城市为研究对象，复原了它们在各历史时段的城市形态并绘制成图，进而归纳这些城市在形态上所呈现出的“厌水性”特征，讨论其由军事城市向普通城市演进的过程和动因。此外，书内还附设外编两章，分别对江苏常熟和安徽寿县安丰两座城市的历史形态等问题展开讨论。在论证过程中，该书借用了康泽恩城市历史形态学理论，同时结合中国历史文献资料的特点进行了一定的适域性修正，使之适配于中国传统城市形态的研究。具体而言，作者首先根据我国古代传统城市的特性采取了“要素提取法”，将研究对象的城市形态要素分解为城墙、河道、桥梁、街巷和建筑等5类关键地物。通过考证分析方志等文献资料，甄别比对传统舆图与大比例尺近现代实测地图，以及现场实勘地形地貌等方法，对上述5类地物进行精确定位，并用以复原城市历史形态。而后，在不同的空间尺度上观察城市形态演化过程，探讨4座卫所城市的功能和地位变化问题以及城市地块的开发进程和性质。最后，以上海市域内的卫所城市为主，归纳江南海防卫所城市形态的共性特征及与周边城市形态的差异，总结出江南海防卫所城市形态上呈现出疏离水系的“厌水性”特征。通过上述研究可清晰地看到，金山卫等卫所城市的形态在建城之初具备大量共性特征——城址极近海岸，方形城濠系统，街区以十字街为主干，规模有限。究其原因在于卫所城市是由国家统一建造并具备鲜明军事特色的人为规划城市，而非由经济活动引导形成。上海卫所城市形态又一大特征是地处江南水乡，却没有发达水系，表现出“厌水性”特征。“厌水性”特征是指城市形态演化过程不由水系主导，对外交通也不以水路为主。这个特性导致卫所城市游离于该区域城镇网络之外，影响后续发展。所以在后卫所时代，上海卫所城市形态发生两极分化：有向水乡地理环境适应，演化出“街水并行”街区的南汇嘴所和宝山所；也有不改变“厌水性”特征，最终逐渐没落，沦为一般市镇的金山卫和青村所。该书为理解城市发展史提供了新视角。

（成赛男）

【《地图学史》系列】

［美］约翰·布莱恩·哈利和［美］戴维·伍德沃德主编《地图学史》（*The History of Cartography*）第一卷《史前、古代和中世纪欧洲与地中海地区地图学史》，成一农、包甦、孙靖国译，卜宪群审译，中国社会科学出版社2022年出版。第二卷第一分册《伊斯兰和南亚传统社会的地图学》，包甦译，卜宪群审译；第二卷第二分册《传统东亚、东南亚地区地图学史》，黄义军译，卜宪群审译，中国社会科学出版社2022年出版。戴维·伍德沃德主编《地图学史》第三卷《欧洲文艺复兴时期的地图学史》第一分册，成一农译，卜宪群审译；第二分册，孙靖国译，卜宪群审译，中国社会科学出版社2021年12月出版。《地图学史》是目前世界地图学史领域最权威的著作。2020年，以卜宪群研究员为首席专家的国家社科基金重大项目“《地图学史》翻译工程”顺利结项，将此套丛书已经出版的前三卷翻译为中文，构成了完整的地图学史系列译本。《地图学史》学术价值主要如下：其一，学术观点权威。参与撰写的多是世界各国地图学史以及相关领域的优秀学者，两位主编皆是在世界地图学史领域具有广泛影响的学者。其二，覆盖范围广。在地理空间上，除了西方传统的古典世界地图学史外，该丛书涉及古代和中世纪时期世界上几乎所有地区的地图学史。其三，古地图收录丰富。丛书中收录了大量古地图，使得学界对于各类古代地图的留存情况以及收藏地能有更为全面的了解。其四，内容选题不但

经典，还包含了大量学术前沿讨论，具有较高的学术价值。该丛书中文版的译者团队多为从事地图学史前沿研究的专业学者，本着严谨的态度，其译文专业而考究，为国内历史地理、历史地图专业研究提供了世界性的学术参照。

（成赛男）

【复旦大学历史地理学术经典】

葛剑雄主编“中国顶尖学科出版工程（第一辑）·复旦大学历史地理学术经典”四种《谭其骧卷》《邹逸麟卷》《葛剑雄卷》《周振鹤卷》，上海教育出版社2022年11月出版。上海教育出版社策划的“中国顶尖学科出版工程”，旨在立足学科发展前沿，横向系统总结和展现我国顶尖学科在相关领域取得的成果，并以纵向的历史视角，为读者提供我国顶尖学科发展历程权威、全面的描述，让世人了解中国顶尖学科所取得的成果，展示其学术高度。该丛书是“中国顶尖学科出版工程（第一辑）·复旦大学历史地理学科”系列的第二部分，第一部分《论著总目》与《学科学术史》即将付梓。“学术经典”确定的标准，是在本人论著中水平最高和最具代表性的部分，具体内容由本人选定（谭其骧部分由葛剑雄选定）。复旦大学历史地理研究中心成立于1999年6月，其前身是成立于1957年，由我国历史地理学奠基人、著名历史地理学家和历史学家、已故中国科学院院士谭其骧创办的复旦大学历史系中国历史地理研究室。几十年以来，复旦大学历史地理研究中心薪火相传，坚守历史地理学优良传统，不断推陈出新，促进学科发展。该丛书的编写过程弥补了学科发展历程中的空缺，在形式上是学术出版的创新，拓展了主题出版的范围，展示了我国一流学科的标准，体现了学术出版的文化自信。“学术经典”系列汇集了四位国内公认的学科带头人，确保了学术的含量、内容的质量，充分展示了复旦大学历史地理学科的研究力度，以及达到的学术高度。总之，该丛书展现了复旦大学史地学科多年来发展的成果和经验总结，既有学术的深度，又体现了历史厚度，是一次关于学科成就和学科发展的集中性的表达。

（成赛男）

【政治、技术与环境：鱼鳞大石塘形成史的考察】

王大学著《政治、技术与环境：鱼鳞大石塘形成史的考察》，上海教育出版社2022年11月出版。海塘、运河与长城被并称为中国古代的三大公共工程，它们规模宏大、工程艰巨且征用的夫役众多。相较于运河和长城的丰富研究成果和现实重视程度，中国海塘历史与海塘文化遗产的研究均有更大的空间。该书是中国海塘史方面的最新探索，从政治、技术与环境互动交织的角度进行综合研究。在充分利用历史地理学、河口海岸动力学与环境史学的研究方法基础上，考察了两浙海塘技术与海塘型制变化的过程及其驱动力，尤其是康雍乾时期海塘修筑与王朝统治、乾隆南巡等宏观历史背景之间的关系，揭示了清代两浙鱼鳞大石塘的形成过程中政治运作、技术选择和环境变化等因素的互动，将中国海塘史的复原和研究推向了新高度，展示了历史文化—自然地理学在水利史、政治史研究中的重要性。该书探索了利用多学科背景研究古代大型公共水利工程的路径和方法。首先，在政治史层面，作者紧紧抓住了康雍乾时期海塘修筑与王朝统治宏观历史背景之间的关系，描绘出最高统治者海塘工程决策背后的重大政治事件的影响。例如，雍正朝石塘修筑经费来源与雍正乘机打击海宁陈家的关系、雍正强调“吏治、海塘乃第一要务”时与处理汪景祺、查嗣庭案和曾静案的关系。用诸多案例分析了在王朝统治下的塘工决策过程中列位臣工的反应以及其中所反映的做官艺术和伴君之道的政治修为高低。其次，在研究方法上充分体现了文理交叉的学科特点，认为在涉及古代大型公共水利工程的建设和制度等方面的问题时，技术与环境因素往往要让位于政治，塘工决策、建设与清朝中央政府在面对复杂政治局势下所做的全面考虑，以及人物斗争等要素相互糅合。边滩与河口变化的动力机制成为理解海塘工程自然与人文因素的重要环节。总之，通过对两浙鱼鳞大石塘形成史的考察，作者展示出多学科背景对研究此类问题的重要性，只有如此，才可能充分展示和理解制度、技术、环境和政治等因素的复杂交织和相互作用。

（成赛男）

【江淮关系与淮扬运河水文动态研究（10—16世纪）】

袁慧著《江淮关系与淮扬运河水文动态研究（10—16世纪）》，上海教育出版社2022年11月出版。该书是“中国顶尖学科出版工程·复旦大学历史地理学科”系列丛书之一。该书将淮扬运河的历史演变放到更为宏大的“江淮关系”时空框架内思考，以现代地理学理论为背景，结合历史文献、地图、考古等资料，采取跨学科方法研究。研究时段主要是宋至明代，探究淮扬运河堤岸闸坝体系形成过程中运河流向、水源和运湖关系等水文动态的演变历程，解读不同时期江、淮、运互动的内涵，揭示运河沿线河湖地貌和水环境演变的驱动机制。全书共九章，以淮扬运河与长江、淮河的互动展开，分三个阶段，即宋代以前江、淮一体阶段；宋代至明代中期江、淮分化阶段；明代后期淮水入江阶段。第一阶段探讨长江、淮河河口东迁背景下的运河水文动态，明确唐宋之交是运河水文的转折点，是江淮关系由一体走向分化的临界点。第二阶段探讨江、淮分化的大背景下，宋代至明中期运河堤岸闸坝体系的形成过程及其对运河沿岸河湖地貌和水利格局的影响。第三阶段探讨黄河扰动下运河水源、流向、堤岸闸坝体系的演变及淮水入江格局的构建过程。每个阶段并非孤立，而是层层递进、环环相扣。作者围绕江、淮、运的互动梳理区域水文系统演变的内在逻辑，将以往占据研究中心的“黄河”视作一种外力扰动，使江、淮、运交互区的研究区别于黄、运边缘区和淮河流域整体史研究，呈现地域的独特性。该书对研究区域内时间流动性与空间的独特性把握得非常到位：一是强调“变”，着力复原宋明时期淮扬运河的流向、水源、运湖关系等诸多转变；二是强调其“承上启下”的历史地位。作者指出，明后期黄河外力的扰动并不会直接带来淮水入江的局面，没有运堤闸坝体系，分泄南下的淮水只能在淮扬地区漫流入海。只有宋明运堤闸坝体系确立后，淮水入江格局才得以构建，由此奠定了明清以来乃至现代淮水入江的基础性结构；三是强调这一时期运河对河湖地貌演变和水利格局构建的里程碑式意义。宋明时期运河堤岸闸坝的发展，不仅影响了运河自身的水文动态和江淮关系，也使淮扬地区形成以运河为中心的水利调控，导致运河东、西两侧河湖地貌产生分异。总之，该书关注江淮关系构建过程中运河与其他水系的交互作用及其对周边水文生态的影响，其中蕴含的江、淮、运关系思辨，对当下河湖生态治理有一定的启示和借鉴意义。

（成赛男）

【中国古代历史理论】

瞿林东主编《中国古代历史理论》，人民出版社 2022 年 3 月出版。全书分上、中、下三卷，130 万字，上起先秦，下迄明清（1840 年前），以历史时代为纲，以重大历史问题为目，对中国古代历史理论作了系统梳理和深入研究。三卷各含九章，分别论述中国古代历史理论的产生与形成、丰富与发展、繁荣与嬗变，全面展现了中国古代历史理论的面貌和成就。上卷九章内容包括：“究天人之际”：中国古代历史观的核心、人在历史进程中的中心位置、古今之变与历史运动轨迹、地理条件与社会发展、早期的民族和民族观、国家观念与政治大一统思想、历代兴亡之辩与历史鉴戒思想、君主论的早期形态、评价历史人物的观念和方法。中卷九章内容包括：天人相分说的进一步发展：历史观中的自然与社会、朴素进化史观视野的扩大、地理条件对社会历史发展的影响、民族观与民族史观的变化和发展、关于国家起源和国家职能的新认识、“正朔”论及其理论意义、关于兴亡之故认识的进一步展开、君主论的深入及其多种形态、评价历史人物的理论和方法的发展。下卷九章内容包括：从天命人事之辩到天理人欲之辩、对“通古今之变”的理论认识、地理思想的发展及其对历史理论的丰富、历史观念与政治观念结合的“正统”论、民族观与民族史观的进一步发展、国家观的发展及其反映的历史意识、君主论与君主专制主义批判、历代治乱盛衰之故的理论反思、评价历史人物标准的变化及方法论的提升。该书既从横向上反映了中国古代历史理论内涵的丰富性，又从纵向上探究了中国古代历史理论演进的连续性，进而揭示其产生、发展、繁荣的基本规律，填补了历史学在理论研究领域的一个重要空白。对中国古代历史理论所阐述的三种主要存在形式——存在于历代正史之中，存在于各种文集、总集、文选、奏议、书信之中的独立的历史评论中，存在于历史评论的专书中——这一认识在全书中得到鲜明体现。各卷之内以若干专题论述的方式划分章节，这些专题是在整体掌握中国古代历史理论资料的基础上，经过逻辑分析归纳得出的。对古代的历史理论内容做出分类概括，这在史学界还是首次，具有很强的前沿性和创新性，学术价值和社会意义十分突出。进一步拓展了中国史学史研究的领域，彰显了中国古代历史理论的丰富、特点和魅力，对于加强当代中国史学在唯物史观指导下的历史理论建设具有重要的参考价值，对于彰显中国史学的中国特色、中国风格、中国气派也有重要的借鉴意义。

（孙广辉）

【中国经史关系通史（四卷）】

汪高鑫主编《中国经史关系通史》（四卷），福建人民出版社2022年9月出版。该书是“十四五”时期国家重点图书出版物出版专项规划项目、教育部人文社会科学重点研究基地重大项目。该书详细梳理了自先秦特别是汉代经学兴起以来至20世纪初经史关系发展演变的历史过程。第一卷“先秦两汉卷”，汪高鑫、马新月著，共九章，考察了先秦两汉时期的经史关系，内容包括五经的史学思想、汉初“过秦”思潮下的六经之论、《史记》与西汉的五经之学、《汉书》与董仲舒的今文经学、《汉书》与刘歆的古文经学、东汉史学的以易解史、东汉今古文经学的流变与史学。第二卷“魏晋南北朝隋唐卷”，李传印、吴海兰著，共十章，考察了魏晋南北朝隋唐时期的经史关系，内容包括魏晋南北朝经学与史学的分途和史学的升格、魏晋南北朝史学学科自立之路上的依经附圣、魏晋南北朝经学的玄化与史学的玄化倾向、魏晋南北朝经学的佛化及其对史学的影响、南北朝经学的分立与史学的异趣、隋代经学的合流与史学的融汇、唐初经学的统一与史学的总结、唐代中期的重经观念与史学、唐中后期新《春秋》学的兴起与史学、唐代后期的儒学新风与史学的变化。第三卷“宋元明卷”，汪高鑫、邓锐、李德锋著，共十章，分为正文和余论。正文考察了宋元明时期的经史关系，内容包括理学的勃兴与宋代史学的义理化倾向，史学对宋代理学形成和发展的作用，理学与宋代的历史编纂学，经学与宋代史学的发展，元代理学的官学化与义理化史学的发展，元代理学和史学的现实观照与反思，明代前期的理学与史学，阳明心学的兴起、价值及其史学表现，心学影响下中晚明史学的崛起，史学对阳明心学的影响；余论分析了“合汇朱陆”与史学发展的关系。第四卷“清代民国卷”，王记录、李玉莉著，共十三章，考察了清代、民国时期的经史关系，内容包括清初经学的汉宋兼采与尊经重史思潮，以史明道：清初的学术反思思潮与学术史编纂，黄宗羲的经学与史学，顾炎武的经史之学，王夫之贯通经史的思想，宋学、汉学及西学与康乾时期的官方史学，乾嘉汉学的兴盛与考证史学，乾嘉时期的经史关系论，章学诚的“六经皆史”说与史学变革论，晚清经学的转向与新史学的出现，经学与民国新历史考据学，经学与马克思主义史学，经学师承与史学流派的形成。该书各卷结合社会与学术文化变动，以开阔的眼光，在发展过程中把握经史关系，不仅从宏观上对其作出概括，亦注重对具体历史时期的经史关系和经史学思想与著作做出考察，加强经史关系研究的薄弱环节，“原始察终”，充分揭示经史关系的具体演变过程、发展脉络和基本规律，向世人展现了中国史学精神的深厚底蕴，阐明了中国史学在世界史学史上的地位。

（孙广辉）

【中国古代史书叙事的风格——从班荀二体到范袁二家】

朱露川著《中国古代史书叙事的风格——从班荀二体到范袁二家》，社会科学文献出版社2022年3月出版。该书系教育部人文社会科学研究青年基金项目“汉唐间史书叙事的方法及其成就研究”（20YJC770048）成果，由北京师范大学历史学院青年教师发展资助项目北京师范大学历史学院双一流学科建设经费资助出版。全书除引言、结语、附录外，共分六章，以中国史学上一组彼此关联又各具特色的皇朝史——《汉书》《汉纪》《后汉纪》《后汉书》作为研究对象，深入考察了中国古代史书叙事的风格。全书以关于“叙事”概念在中国史学上的生成、演变及其具体阐释的考察作为首章，由此将其他章节的论述放在中国古代史学理论话语体系的场域中展开。第二章“述者相效：变动中相联系的叙事格局”，从中国古代史学理论家提出的“二体”论及其史学根源出发，纵向上考察从《汉书》到《汉纪》，从《汉纪》到《后汉纪》，再从《后汉纪》到《后汉书》叙事的辩证发展线索。第三章“裁成汉典：皇朝史书事体要的确立”，从中国古代史学话语体系中“书事”、“采撰”与“载文”三个概念谈起，考察“两汉书”与“两汉纪”这四部相互关联的皇朝史如何确立主题、采择史料，进而“裁成汉典”，从历史撰述之实践与理论反思相结合的角度，揭示出中国古代史家抽绎、凝练叙事理论话语的具体路径，以及中国史学有关史书叙事原则之认知主流的形成过程。第四章“观其名迹：历史中的人如何‘走进’历史叙述”和第五章“‘述序事理’：史家主体意识的积极彰显”，分别立足于中国古代史学“重人事”的思想传统和“善（述）序事理”的叙事传统，进一步说明了班、荀、袁、范四家著述在采撰、书事上的重点。第六章“美的追寻：皇朝史叙事的审美品格”，从中国史学的审美自觉出发，考察了“两汉书”与“两汉纪”的审美表现，以及汉唐间史书叙事的寻美之路。其中，“文约事丰”“论辩多美”等史学审美原则的建立，尤其能够表明叙事实践之开展与叙事理论之形成的相互关联。该书是关于中国史书叙事风格研究比较深入、全面的一部著作。从有关史学遗产的创造性继承和创新性发展来看，该书是当前对刘知幾所说“班荀二体”和“范袁二家”之所以然的最详尽的诠释，多有启示意义和借鉴价值。同时，该书对“两汉书”与“两汉纪”在叙事方面的分析、论述，涉及中国古代史书叙事的诸多方面，反映了作者鲜明的探索意识，以及对开拓中国史学史研究领域的深入思考与学术勇气。

（孙广辉）

【整齐世传：前四史人物列传编纂研究】

曲柄睿著《整齐世传：前四史人物列传编纂研究》，中华书局2022年12月出版。该书系国家社科基金后期资助项目。全书除绪论和结论外，共分六章，以前四史人物列传编纂为研究对象，以汇传之外的人物列传部分为研究视角，采用列传文献结构和文本写作原则相结合的方式考察了列传兴起至成熟的全过程。该书首先关注的问题是列传范式如何建立。在《史记》创立的时代，传的作用是解经，其主体内容是人物的对话和事件。司马迁之所以将人作为列传基本单元，主要是为了系统表现他的天人观，因应一种不同于先秦儒学的学术体系。正是以人叙传的出现，才使得列传和此前的经传区别开来。列传和经传的对立，成为探索列传范式建立时面临的基本矛盾。该书第一章即从《史记》出发，探讨先秦至汉代的社会环境与学术风气如何催发司马迁的撰述。该书关注的第二个问题是不同史家如何利用列传范式表达自己不尽一致的学术意图。前四史都选择纪传体，且保持基本稳定之列传结构的现象，表明列传范式有非常强的包容性。变化的史家和相对稳定的史学体裁，构成理解列传范式的实践时的另一个矛盾。该书第二章立足于司马迁撰述《史记》，班固撰述《汉书》和刘向、扬雄的传记创作，探讨列传范式的初步形成、正式确立和早期变化的情况。该书关注的第三个问题是列传范式中的要素如何因应时代特色做出调整。不同的史家会在列传编纂上做出自己特有的调适，呈现出他们的思考和时代的深度关联。该书第三章、第四章、第五章，详细讨论陈寿《三国志》、范晔《后汉书》和其他诸家《后汉书》的撰述过程，显示史学与时代的互动。该书关注的第四个问题是列传之外的传记文献如何受到列传范式的影响，又如何与史传相互影响。该书的第六章思考汉代出现的准传记文本郡国书和别传的产生原因及演变情形，说明列传范式在正史之外的作用和意义。该书力求在西汉至刘宋间政治、社会、思想文化发展的视域下，考察前四史列传编纂范式的形成；借由列传编纂范式的延续与变革，讨论史家意图的流转变化；观照列传编纂范式限定下的史传与其他文献的互动与整合。通过列传编纂这一命题，考察前四史形成的现实基础及其中蕴含的史学思想乃至文学意识，反思汉宋间史学发展的情况及史学与社会政治的互动，进而揭示汉宋史学发展的脉络，及其背后的深层历史动因。总之，该书通过对列传范式确立、应用及其影响的梳理，能够对早期史学发展的情况作全面的考察，明晰史学逐渐独立、史学意识逐渐完整的过程。

（孙广辉）

【共同书写的历史：藏文史籍的中原历史记叙研究】

石硕、曾现江、黄博等著《共同书写的历史：藏文史籍的中原历史记叙研究》，四川人民出版社 2022 年 3 月出版。该书系中华民族共同体意识研究丛书，为教育部人文社会科学重点研究基地重大项目结项成果，由四川大学铸牢中华民族共同体意识研究基地资助出版。全书除绪论外，共分六章，系统梳理和解读了藏文史籍中有关中原历史的叙述与描写。六章内容分别为：第一章梳理藏文史籍对先秦史实的记载，包括藏文史籍有关“三皇”“五帝”“三王”即夏商周三代、元明藏史的旃檀佛像流传史的记载；第二章梳理藏文史籍所记秦至唐初史实，包括藏文史籍关于秦至唐初的王统、中原早期佛教史的记载；第三章梳理藏文史籍对唐宋史实的记载，包括藏文史籍对唐五代两宋王统世系、唐宋政治人物、初唐佛教人物、唐宋时期中原与周边民族关系的记载；第四章梳理藏文史籍所记元朝史实，包括藏文史籍对元王朝王统、元朝人物、元代宗教、元朝与西藏地方关系的记载；第五章梳理藏文史籍对明朝史实的记载，包括藏文史籍对明朝王统、朱元璋、明朝与西藏地方关系的记载；第六章梳理藏文史籍对清代中原史实的记载，包括藏文史籍有关清代中原地区王统历史的记载、藏文史籍有关清代中原地区宗教文化发展情况的记载、藏文史籍有关清代中原风土人情与地理的记载、族际关系中的“满”和“汉”、藏文“汉”的内涵以及清代藏史所反映出的满、汉关系。该书对藏文史籍中对先秦到清代中原的记载进行系统的、全面的清理，在此基础上，梳理藏族中原观的形成与演变历史，分析其中深刻的文化内涵，揭示古代藏汉等民族之间深层次的内在关系。这是响应当今铸牢中华民族共同体意识，即从中华民族的整体格局与视野来开展我国民族研究的典范之作，对于进一步认识藏族古代史学写作的某些基本特点与规律，从而推动藏族史学史、藏族文化史的深入研究，对于认识与理解汉藏关系史，深化汉藏关系史、中原历史及相关史实的研究均具有重要意义，更为突出的是，为进一步认识藏族的中原知识的来源、中原认知及其中华民族意识的形成发展提供了一个新的观察视角。

（孙广辉）

【纬书的思想世界】

任蜜林著《纬书的思想世界》，中国社会科学出版社 2022 年 1 月出版。该书隶属“经史传统与中国哲学文库”，该文库受到“中国社会科学院登峰战略中国哲学优势学科”经费资助。全书除绪论和附录外，共分十章，根据现存纬书资料，按照中国传统哲学“推天道以明人事”的基本架构，对纬书的宇宙元气论、阴阳五行说、天人关系说、礼乐刑德思想、伦理观、历史观、圣人观等主要内容作系统研究和综合分析，展现了纬书丰富多彩的思想世界。具体来说，宇宙元气论是纬书思想的形而上学基础，也是纬书其他思想得以展开的根据。在纬书作者看来，宇宙万物皆从无形之气中生出，这种无形之气就是元气。元气又源于太一，太一在纬书中又有主宰之神的含义。因此，纬书的宇宙观最终从元气论走向神创论。阴阳、五行是元气的重要内容，也是元气生成万物的中间环节，因此，在宇宙元气论之后继之以阴阳五行思想。礼乐观、伦理观、历史观、圣人观等都属于人类社会方面的内容。天人关系说则反映了纬书作者对于天人之间相互关系的思考。最后在圣人观中分析了纬书“为汉立法”的思想宗旨，即证明汉代统治合法性的最终目的。在写作方法上，该书在前人研究的基础上，以问题为中心处理纬书思想，不局限于个别材料，而从整个汉代政治、文化背景方面来考察纬书的源流、形成，以期对此问题作出更为合理的解答。在资料方面，日本学者安居香山、中村璋八主编的《重修纬书集成》是目前最为权威、完备的纬书辑资料。此书收罗全面，基本上包括了目前中国和日本所存的纬书资料，但在标点和校勘上还有些错误。因此该书在使用《重修纬书集成》的基础上还参照了孙瑴、殷元正、赵在翰、黄爽、乔松年、马国翰等人的相关著作，并且在标点上有时根据己意重新加以断句。在研究范围上，该书研究以纬为主，一些明显预言性的谶语则不包含在内。该书指出，在地位上，纬虽然在东汉有着重要地位，甚至居于经学之上，被称作“内学”，但是到了东汉以后，谶纬的地位日趋下降，最终被当作“异端”而屡次遭到统治者的禁毁；在影响上，纬书对当时的社会、政治、文化思想及后世的阴阳术数仍产生了重要影响；在评价上，纬书中有很多有价值的内容，如配经、天人、述史、助文等，其不但反映了当时人们对经学思想的探讨，也反映了人们对自然科学的可贵探索。因此，我们对于纬书要一分为二地看待，取其精华，去其糟粕。

（孙广辉）

论文观点摘编

【王震中《夷夏互化融合说》(《中国社会科学》第1期)】

文章是在20世纪30年代傅斯年先生提出的“夷夏东西说”的基础上，根据中原与海岱地区的文明起源与早期发展的相关史实，结合王震中先生先前所提出的“中国古代国家形态结构的演进历程是由万邦林立的单一制的都邑邦国走向多元一体复合制的夏商西周王朝国家”这一观点，论证夷夏互化融合及其与华夏民族形成的关系。文中围绕“夷夏互化融合说”这一观点，进行夷夏关系概念溯源。经过分析发现，夷与夏在地理分布上，诚如傅斯年先生所言，分处东与西两个方位，且这种格局形成于夏代之前，并一直持续于夏商以后。在夷夏关系中，既有东西对峙，也有互动互化。而夷夏的交流融合则开始于夏代之前的五帝时代，持续于夏商以后。顺着这一时间线索，结合传世文献与考古材料，可以发现夷夏互化融合的过程，从五帝时代开始，经历夏商西周，一直到春秋战国。这种互化融合主要有两种方式：一种方式是一方的一小部分族群通过迁徙方式嵌入到另一方之中，最后融合变化为对方；另一种方式是双方乃至多方在各自扩张中相遇相撞，甚至发生战争冲突，最后在某种形式，如联盟或联合体、单一制国家或复合制国家等诸如此类的“政治统一体”内融合，发展成为“你中有我、我中有你”的互化结果。简单来说，从五帝时代到春秋战国时期，夷夏关系所经历的互化融合，既有由一方迁徙到另一方而呈现出嵌入融合的“嵌入式”，也有经过战争冲撞或兼并而融合的方式。无论哪一种融合，都并不仅仅是单向同化，而是每每相互的。如此推导，可得出夷夏互化融合的最终结果是，华夏民族像滚雪球似的越滚越大，海岱东夷则越来越少，到秦汉时期海岱东夷已消失，完全融入华夏之中。

（刘承坤）

【陈絜、田秋棉《商周宗亲组织的结构与形态》(《中国社会科学》第4期)】

先秦宗亲组织结构问题一直是上古史研究的核心，文章对于商周宗亲组织的结构形态与宗亲组织的日常运作问题，提出了独到见解。讨论商周宗亲组织结构，关键在于亚族（即分族）、小子室家与宗氏三者间的关系辨析。亚族是具有独立性和实体性的亲族团体，与母族仅血缘上有一定联系，受母族的控制甚微，有自己的居邑、族墓地、赀财、祭祀体系以及作为族体标识符号的氏名，其本身就是宗氏组织。小子室家是以小子为家长的小型家户组织，在饮居、生产和经济方面相对独立，但缺乏祭祀权，且无独立的氏名，虽是宗氏组织的有机组成部分，却与亚族有本质区别。商周宗氏组织是由子、小子及各自的家庭成员组成的内部结构简单而固定的团体，广义概念上还包括从宗氏中别族而生的众亚族。发展到周代，宗亲组织甚至出现“天下同姓‘万宗’均为宗亲”的姓族概念，但这样的亲缘组织不具有实体性，社会功能也随着宗亲规模的扩大而递降。理清三者概念与关系后，结合对何尊、盠驹尊等金文材料的释读分析，便可得出商周时期宗亲组织的动态发展认知：实体性的宗亲组织，是指以族长所在的个体家庭为核心或主干，加上若干个在经济上具有较强独立性的“小子室家”，共同组成的有共同祭祀体系与族体法权标识符号（族名）的社会亲族团体，即文献所讲的宗氏。随着时间的推移，原先经济上具有较强独立性的小子室家，因人口数量增多、血缘关系渐疏等因素，在作为家长的小子获得官职与足够的土地后，可能会别族而另立新氏，转化成亚族。宗氏内会不断有新的小子室家产生，亚族之内同样也会形成自己的小子室家。文章最后以小见大，对于当今学界中先秦社会形态研究现状进行了反思与总结，认为研究应在宏观理论的观照下，从基本材料与概念入手，细致论述商周宗亲结构与基本形态等核心问题，凝练其中的中国元素，以期为中国上古文明进程与社会形态演进研究提供原创性与基础性的学术养分。

（刘承坤）

【严志斌《关于殷墟的“族邑”问题与“工坊区模式”》（《中国国家博物馆馆刊》第10期）】

作者严志斌先生在文中，对于前人提出的殷都“族邑”模式，提出了不同思考，并从殷墟族居形态和殷人人群组织关系两个方面进行论证。关于殷都族居形态，通过将殷墟地区外以丙、嬰、戎、冀、史、卷、息等族为绝对主体的族墓地出土的族铭和葬俗，与殷墟内相应族群的墓葬发现进行对比分析，可看出，以上所列族群的本家大宗皆在殷都之外。虽然族群在殷墟也有人群存留，但只有核心家庭的规模，并无独立的邑落。关于殷都人群组织关系问题，以殷墟西部孝民屯墓地为例，将其中各组墓地墓葬情况进行分类整理，从墓葬空间聚集状态、墓向、葬品组合三个角度，分析墓葬间相互关系。鉴于墓地中墓葬头向等葬俗的区别与随葬品风格特征的差别，可发现其可能还包含有非商系的居民之墓，故认为孝民屯墓地存在多个核心家庭或扩展家庭一级的族群，总体上而言属于公共墓地。基于以上论述，严志斌先生认为前人所说的“族邑模式”，对认识殷都布局的适用性有所局限，并提出了殷墟“工坊区模式”观点。多年的考古工作揭示，殷墟的手工业作坊遗址规模庞大、类型多样、分布密集。作坊等操作链类遗存与居址、墓地等生活类遗存往往共存，形成了7个居住、生产与埋葬等共存于同区域的考古情境，是当时基层社会组织“工、居、葬合一”的体现，此种聚落形态可称为“工业作坊区模式”。在此种模式基础上，我们再探殷墟工业作坊区范围内的较大规模的墓葬，及其复杂的居民族群成分，即可理解殷墟作为晚商都城区别于其他次一级聚落的重要特征，即在商王族（包括多子族）控制下有更多的超血缘关系的人群在殷都从事手工业生产活动。

（刘承坤）

【唐英杰、邹芙都《晚商“畿内田猎区”考论》（《历史研究》第1期）】

田猎是商王及贵族的经常性活动，甲骨

学中所谓“田猎区”，是指商王（贵族）习惯性田猎地的总和，即运用“卜辞地名系联法”系联而成的田猎地网络。文章从卜辞内证出发，参考王畿区域与商代黄河流路，运用“卜辞地名系联法”与“文献对照法”，通过卜辞地名系联与文献对照，考证出一组近王都（大邑商）田猎地与近河田猎地的分布，并以这些地望相对明确的定点，系联其他田猎地，从而构建出一个以黄河为中心的田猎地分布网络。

相对于地名的变迁，先秦时期黄河的流路相对稳定，可作为研究商代地名的参照，故从卜辞内证出发，结合黄河流路，参考商代王畿范围，再将有关商代地名与文献地名对照，以期所得结论可能更符合历史事实。其中，通过对材料的整理研究，发现柚是靠近商王都“大邑商”的田猎地，多数近河田猎地可与二者系联；柚、粪、黎、鲧等是滨河田猎地，敦、襄、协、就、向等地靠近黄河。选取它们为定点，卜辞中出现频率较高的敦、𡵨、𨓭、𣪕、光、訮、羌、徫等地，是可与其中一地或多地进行干支系联或同版系联的田猎地，且这些地点均位于商代黄河内侧。襄、协、就、向等也是滨河田猎地，大、杪、𥁕、梌、凡、家、宫、盂、𢦏、丧、鸡、淒、斿、𤔲等地，皆为可与其中一地或多地系联的田猎地，相关地点分布在商代黄河外侧，即今河南省滑县、内黄县东部、濮阳市等区域。文中以近王都、近河田猎地为定点，通过卜辞地名系联，多数出现频率较高的田猎地可系联在一起，形成一个较大的田猎地点分布网络。这个由商王（贵族）习惯性田猎地系联出的地名分布网络，可近似地看作一个“田猎区”，因其地处王畿腹地，故将其称为“畿内田猎区”。

（刘承坤）

【朱凤瀚《酒务头墓地与“天黽獻”器群》（《中国国家博物馆馆刊》第10期）】

朱凤瀚先生结合2017至2018年考古新发掘的山西运城闻喜县酒务头墓地出土的“匽”器，以及近年通过追缴与著录所见的“天黽獻”氏所作器群，对该墓地的族属及若干相关问题进行探讨。酒务头墓地位于山西省运城市闻喜县河底镇酒务头村西北200米处，因墓地被盗，山西省考古研究院联合运城市、闻喜县文物部门于2017年6月至2018年12月对酒务头墓地进行抢救性发掘，收获丰富，共发现“甲”字形大墓5座（M1－M5）、长方形中小型墓7座（M6－M12）、车马坑6个以及灰坑5个，出土青铜器、陶器、玉器、石器、骨器等600余件（组）。其中5座“甲”字形大墓中仅M1未被盗，且墓中多出带铭铜器，器物上多有氏名“匜”（或作“匽”）。但由于M1并不是最大的“甲”字形墓，匽氏器并不能反映整个墓地所属族氏的全貌，且在追缴回来的出土于酒务头墓地的青铜器中，另发现了多件“天黽”氏器。在这些铜器中，皆铭有“天黽獻”或“天黽獻亞”氏名。朱凤瀚先生将这类“天黽獻”器物按铭文不同格式分类，具体讨论了有关诸器的形制特征及其所属年代，进一步探讨了这些“天黽獻”器出土于酒务头墓地的可能。通过分析 M1 器组与“天黽獻”器群中各器类的形制、同铭器的组合，结论是酒务头墓地可能是“天黽獻”氏（或其分支）上层贵族的墓地，年代在殷墟文化三、四期，M1 下限则可能晚至周初。文中指出，这个商人大族“天黽”氏或曾担任商王朝拱卫西部边域的军事职责，驻守于运城盆地，与临汾、晋中盆地其他商人族属共同构成商王国西部边域的屏藩。在西周初年，作为商遗民的天黽分支獻氏的宗子，曾被周王册命为侯，因其居于獻，故命为“獻侯”，但族属的最终居住地尚未可知，应与酒务头的“天黽獻”氏有密切关系。酒务头墓地应该主要是所属族群的上层即族长与其近亲的墓地。这对深度认识酒务头墓地的内涵有重要的学术意义。

（刘承坤）

【刘源《商末至西周早期赐贝研究——兼论册命制度的历史渊源》（《历史研究》第 5 期）】

所谓赐贝，是指商代与西周早期金文史料反映的礼仪活动，学界多将之视为赏赐，较少从政治角度予以解读和认识。文章结合商周金文材料释读，进一步分析赐贝在商代及西周早期王朝政治活动中的广泛性、规律性及政治功能，进而论证赐贝与册命的内在联系。从商末帝辛至西周穆王之世，赐贝在商周王朝政治中发挥着确立君臣等级与统属关系、维护政治秩序的作用。商代赐贝的主体多以商王为主，对象多为如作册、小臣、寝、宰、戍等陪同的近臣，未见外服诸侯，赐贝场合或背景多为宴飨、王室祭祀、巡省地方或征伐方国等大型典礼和行动。此外，殷金文关于赐贝的材料，不仅限于商王赐贝，还有不同受赏者将王所赐之贝分赐臣下或宗嗣的事例，如常见的子（宗族长）赐小子（分支族长）贝，官员与贵族向小子和臣下的赐贝等。殷周鼎革，赐贝为周王室继承和发展，周天子仍为最主要的主持者，赐贝对象范围扩大至外服诸侯，赐贝数目增大，亦出现一并赐予车、马等其他物品的情况，仪式内容也逐渐丰富和程式化。至西周恭王时期，赐贝日渐式微，册命接续而起。册命的政治功能与赐贝相同，仪式内容、文书结构也与西周赐贝相关要素的发展趋势相对应。从政治性赏赐的实际过程看，在一定程度上说，赐贝和册命很可能就是同一种仪式在殷周时期逐渐发展的两种形态，赐贝可视为册命制度的渊源之一。而赐贝到册命的沿袭和转变，进一步证实了西周早期继承殷制的历史现象，也说明了殷周制度变革并未发生于殷周之际，而是经过西周早期和穆王时代的漫长历史铺垫，从量变到质变。周王朝在西周中期完成了对殷文化之扬弃，发生制度变革，即以吸收殷制为基础，包括维护天子权威，封建同姓异姓诸侯，完善内服官制（有司、史、师三系架构），怀柔殷遗贵族等方面，最终建立以册命为特色的贵族宗法统治秩序。

（刘承坤）

【韩巍《今天的铜器断代研究本质上是考古学研究——兼论新材料能否挑战“康宫说”》（《中国史研究动态》第 3 期）】

文章梳理了郭沫若先生提出“标准器

断代法”和“系联法”至今90年间学界关于西周铜器断代方面的研究，并进行了反思。“标准器断代法”和“系联法”，是指以“标准器”为出发点和联络站，以铭文中包含的人名地名、事件作为线索，辗转系联，找出相互关联的一组铜器，若干器组联系到一起，形成规模更大的器群，而由标准器确定整个器群的年代范围。陈梦家在此方法框架中，加强了对共出成组器物的重视，以及从考古学角度对器类、组合、器型、纹饰的关注。此法具有相当大的合理性，但也不可否认其存在较为明显的局限性，尤其是在确定标准器和系联线索的问题上，随时可能有主观臆断的陷阱。其中，唐兰先生依据“标准器断代法”和“系联法”所提出的“康宫说”，可作为典型案例进行分析思考。唐兰先生抓住“康宫”“昭王伐楚”等断代界标，将郭沫若、陈梦家定于成、康时期的一大批铜器拉完到昭、穆时期。“康宫说”在发展中得到了不断更新的考古发现的验证。但是也有一些看似“反证”的新材料，例如曾公畭编钟铭文，“康宫说”的反对者与支持者对铭文中“伯适”接受周王册命的叙述提出了不同的见解。但无论是支持抑或反对“康宫说”这些学者对曾公畭钟铭的理解都存在一定偏差，即把铭文对历史的追述看成“实录”。而实际上，钟铭的撰写距离早期曾国始封已有约四百年，其纪实性很可能发生了变形、扭曲。另外，也有可能是春秋中期的曾国贵族将自己熟悉的“康宫”“尹氏”及规范化的册命仪式移植到了西周早期。如此看来，在西周考古发现与研究中，“标准器断代法”和“系联法”虽仍不失为有效研究方法，但其重要性已让位于考古学方法。学者须在考古学“分期”的基础上，运用“标准器断代法”和“系联法”，对青铜器进行更为精确的“断代”，同时利用铜器铭文去揭示考古学方法不易发现的特殊现象。

（刘承坤）

【王巍、赵辉《“中华文明探源工程”及其主要收获》（《中国史研究》第4期）】

该文是对中华文明探源工程的宗旨、思路和方法及主要成果的概括性介绍。中华文明探源工程的宗旨是在充分吸取前人研究成果的基础上，对中华文明起源与早期发展过程进行多角度、多层次、全方位的综合研究，总结早期中华文明发展道路的特点及其在人类文明发展史上的地位和贡献，增强文化自信。考古学与古史传说和历史文献学相结合、考古学与各种自然科学有机结合，是探源工程的显著特点。探源工程围绕公元前3500年到公元前1500年期间的浙江余杭良渚、山西襄汾陶寺、陕西神木石峁、河南偃师二里头四处都邑性遗址和黄河流域、长江流域、辽河流域的其他二十个左右的中心性遗址实施重点发掘，并对这些遗址周边的聚落群开展大规模考古调查，在此基础上，对各个区域的文明化进程、环境背景、生业形态、社会分化、相互交流、中华文明多元一体格局的形成过程、模式与机制、道路与特点进行多学科综合研究。根据中国的材料，兼顾其他古老文明，提出了从考古发现角度判断进入文明社会的新标准；提出距今5300年前，一些文化和社会发展较快的地区已经出现了早期国家，跨入了古国文明的阶段。并且此时，黄河中下游、长江中下游和辽河流域等地各具特色的区域文明，通过彼此的交流互动，逐渐形成了一些相同的文化基因；中原地区华夏文明既接收周围地区先进文化因素的汇聚，也对周围广大地区具有强大的辐射力；与域外其他文明之间的交流互鉴，也促进了中华文明的发展。

（刘承坤）

【刘义峰《微史家族世系新议》（《中国史研究》第2期）】

作者将墙盘铭文与一式𤼈钟铭文相对照，得到微史家族世系为“高祖—微史烈祖—乙祖—亚祖祖辛（高祖辛公）—文考乙公（文祖乙公）—史墙（皇考丁公）—𤼈”。学界将他们的日名进行比对，得出结论，陕西扶风庄白一号窖藏出土青铜铭文中的折、丰分别对应亚祖祖辛、文考乙公；折、丰、墙、𤼈为连续四代。即“高祖—微史烈祖—乙祖—折—丰—墙—𤼈”。这一判断对西周铜器断代有重要影响。但是学界对折为亚祖祖辛的判断可能有误。据折尊、折方彝、折觥铭文记载，王命令作册折转赐望土予相侯。这对于个人及家族来说，无疑是荣宠之事。而墙盘铭文中史墙对亚祖祖辛的颂词，只突出了其使家宅人丁充盈和执掌祭天的威仪这两点，而没有记载出使东国、赐土相侯这样的大事。如果折为亚祖祖辛，极不合情理。作册折可能并非亚祖祖辛。而墙盘铭文对乙祖事迹的记载与作册折相匹配。其中“逑匹厥辟，远猷腹心”之语，与作册折奉周王之命前往东土，赐望土予相侯的事迹完全对应。如果作册折为乙祖，那么其父为父乙，父子日名相同。这种情况是存在的，鸟纹三戈的铭文，以及《礼记·大学》所引“汤之盘铭”都记载了父子两代甚至三代日名相同的情况。因此，微史家族的世系重新排序为“高祖—微史烈祖—折—亚祖祖辛（高祖辛公）—丰—墙—𤼈”。这一重新排序，对西周铜器断代有重要意义。从相关器物的形制、纹饰和品类的对比来看，也可以验证作册折为乙祖这一结论。

（刘承坤）

【赵庆淼、周颖昳《况盆铭文与周伐淮夷的史地背景》（《考古》第5期）】

山西翼城大河口M6096出土的况盆铭文，记载了周厉王二年应国征伐“淮南夷”的史实。“淮南夷”与“淮夷”“南夷”所指相同，是居住在淮水流域的部族，只不过“淮夷”“南淮夷”的名称在西周晚期全面盛行，而“淮南夷”之名仅在局部范围一度使用，最终湮没。应国征伐“淮南夷”的具体地点“为山”，不应是一些学者认定的安徽霍山，而可对应《左传》所见楚国北境之蔿地，在今方城山与桐柏山之间的泌水上游附近。应国在地缘上介于王朝腹地和边域之间，是西周王朝经营南土所依靠的重要支撑力量。从穆王时期开始，淮水流域的异族势力不断壮大，成为王朝南部边域的主要敌人。穆王时期，周、夷势力一度于淮河上游以北地带反复争夺，表明当时中原王朝对这一区域尚未实现强有力的控制。而西周中叶至晚期厉、宣之世，周伐淮夷的战争前沿，总体呈现自汝、颍地区向淮河中下游渐次推进之势，淮夷集团的势力范围总体呈现收缩的迹象，周人逐渐对淮河上游及汝、颍地区实现有效控制。厉王初年的“为山之役”或在其间起到关键作用。西周统治者对东南边域所采取的经营方略显出成效，而淮夷族群也逐步被纳入中原王朝主导的多元一体格局中。周、夷势力在淮水流域的盈缩消长，不仅反映出区域政治地理格局的变动，同时也是早期国家边疆治理下民族与文化融合进程的缩影。

（刘承坤）

【周博《西周金文“五邑”及其相关问题》（《中国史研究》2021年第4期）】

西周金文常见“五邑”一词，均出现于册命文书中，往往加缀职官。“五邑”指岐周东边鄙野上的五个邑，应处在广义周原与狭义周原（即岐周）之间的地带。其职官或职事任命均直接来自周王，受周王统管，具有特殊的政治地位。从考古学观察来看，岐周东鄙的西周聚落遗址大致沿河流分布，“五邑”所在的“东鄙”处在美阳河东流域、漆水河西岸的可能性较大，并且“五邑”职官如守堰、走马、驭人之设置基本符合了岐周东鄙浅水河谷、隰地多水的地貌特点及存在牧场的实际情况。通过对聚落遗址性质的分析，岐周东鄙既有“五邑”这样的王朝公邑，也存在伯吉父、师盉、仲枏父等贵族的私家采邑。漆水河的交通和军事地位较为重要，当年迁岐的太王即依遵漆水河到达周原，而漆水河西岸的好畤河村也是战略要地。“五邑”东濒漆水河，其设置当有扼守漆水河，保卫岐周的目的。周王朝通过加强“五邑”的管理和防务，保证了岐周的安定。

（刘承坤）

【左勇《从仲爯父簋铭看周代宗法》（《考古与文物》第1期）】

仲爯父簋乙簋盖铭、器铭的首句有差别。盖铭首句“南申伯大宰仲爯父厥辞”，器铭首句“仲爯父大宰南申厥辞”。除语序不同外，盖铭多出“伯”字值得注意。对于盖铭首句，多数读者断为“南申伯/大宰/仲爯父”，但断为“南申/伯大宰/仲爯父”更为合理，“伯大宰”应该连续，此断法可以得到辞例支持。“伯大宰”中的“伯”指宗法身份，而非职官。但不能将伯大宰之伯理解为排行，而应理解为宗族长。若受客观条件限制，嫡长子不能顺利继统，宗法制并不排斥排行为仲、叔、季者代替。非嫡长子成为族长后，亦用“伯”表明其宗子身份。仲爯父虽然排行为仲，但他成为新任宗子，自称“伯”，表示其族长身份。“伯”既表示宗子身份，就与邦名南申、官称大宰、排行仲均无联系，因此可以任意删去，因此器铭可比盖铭少去“伯”字。由此可见，周代宗法制的实际施行情况较为复杂，族长并不总是由嫡长子担任，嫡长子继承制与历史实际存在较大差距。对此，金文中有很多例证。例如根据逨盘铭文，在单公之后的六任宗子中，称伯者仅一位，即仅有一任宗子由嫡长子担任。嫡长子继承制不能顺利施行的原因，一是受客观条件的限制，诸如正妻不能生育、嫡长子先天缺陷、多病早夭等，二是由于围绕继承权的政治斗争。

（刘承坤）

【朱凤瀚《论所谓昭穆制》（《中国社会科学》第1期）】

在主要取材于春秋列国史书、约成书于战国早中期之际的《左传》《国语》中，“昭穆”一词的含义，相当于同姓的男性亲属成员的世次、辈分。将“昭”“穆”分开讲，以“甲之昭”“乙之穆”形式使用，“昭”“穆”皆指“甲”“乙”的子辈，仅是一种文辞对应式的修辞方法。合起来，“昭穆”一词指男性亲属成员之间的上下辈分关系，不限于上下两代。从现有传世文献和西周金文看，“昭穆”一词没有见于西周的确切证据。礼书中约成于战国中期以后的篇章与汉人注释，虽仍保留有“昭穆”作辈分讲的初义，但是已将“昭穆”引申为一种制度，将“昭穆”解释为每个男性宗族成员固定的表示辈分的名次或身份，隔代轮回，即所谓昭穆制，并相应地释为宗庙、墓葬的排列规则与祭祀时用尸之制。这种所谓昭穆制已与“昭穆”初义不尽合，并且在迄今所见金文及考古发掘、调查资料中得不到确切的证明，应视为战国中期至汉代时儒家缘于其强化礼治、伦理观念以维系社会政治秩序及宗法等级秩序之理念，对“昭穆”之义做的引申与演绎。

（刘承坤）

【杨博《战国秦汉简帛所见的文献校理与典籍文明》（《中国社会科学》第9期）】

简帛所见的文献校理技能丰富多样。典籍文献的“同篇异制”“同卷异文”“复本多见”，简牍文书的钩校、合计、题示等文献校理形式以至汉初律典分门、别类、序次的整理，均显示出刘向等校理群书的现实渊源。自名为“录”的木楬，是从既存文献中提炼信息制作而成的二次文献，部分具有典籍“目录”的性质，其目的是简单、快捷地获取信息的全貌。“录而奏之”，仅表示刘向等将原本与正文一体的篇题抽出，重新用单枚木牍或简册抄写，使典籍主题全貌得以一目了然。“目”是相关典籍篇名、次序之集合。“条其篇目”“撮其指意”是前后递进的两个步骤。序次是典籍校理的最重要工序，也是真正意义上之“目录”出现的关键。《周公之琴舞》“去其重”的处理方式即除其重复，定著为若干篇的工作程序；而海昏房中简更有凝练诸章主题、章节内容序次的校理情况。篇目序列的固定与广泛接受是典籍文本序列规范化的基础，海昏简本《诗》提供了鲜明样板。战国秦汉简帛所见“目”“录”诸种形态，特别是海昏简牍中不仅有“录”有“目”，甚至有明确“以篇称”的“目录”，三者同墓共出，体现出早期典籍文明中文献发展、演变的多样性。直至刘向、刘歆父子“总群书”之后，融合集篇、序次与交代“叙”的目录，对形成“定于一”的典籍概念影响深远。总之，出土战国秦汉简帛典籍为了解刘向校书之前的文献校理情况提供了实物资料，揭示出汉籍文明的优厚底蕴。

（刘承坤）

【黄德宽《清华简〈三不韦〉“𡙇明”解——兼说金文中的“𢍰明”》（《出土文献》第4期）】

学界此前对清华简《三不韦》篇“𡙇明”一词中“𡙇”字的解读有较大分歧，或认为释“熊”，或认为释“赢”，这种分歧的产生，涉及对“赢”“能”的源流演变和字际关系的判断。“赢”和“能”各有来源，二字形体原本分别明显，春秋战国时期，“赢”讹变出从“大”从“能”的字形。因此，《三不韦》简文中这个从“大”从“能”的字形，应释为“赢”。在楚文字中，“赢”可用作“畲”“盈”“熊”，或作“熊”的声符。“赢”的讹省之形与“能”相同，楚文字中“罷”和“羆”所从的“能”，实际上是“赢”的讹省之形，在这两个字的构形中都作为声符。《三不韦》“赢明”一词，与典籍中的“钦明”，以及西周金文中长期未获破解的“𢍰明”相当，它们是同一古成语的不同写法，意为“敬慎黾勉”。新近关于“𢍰”字构形的一些新说应不足信，旧释“𢍰”依然可信。“𢍰”与“慎”构成异文关系，“赢”“𢍰”“慎”都可读为侵部（或东部）相关字，这些用字现象可能体现了一定的时代和地域差异。

（刘承坤）

【晁福林《论中华民族形成过程中的国家认同》（《北京师范大学学报（社会科学版）》第5期）】

伟大的中华民族源远流长，其滥觞、起源、初步发展直到形成，经历了五帝时代和夏商周三代至少3000年的长时段。这个时段可以称为中华民族的起源和形成期。中华民族起源和形成期的社会结构经历了由“天下万国”到“天下一家”的发展历程。“天下一家”局面的出现，即是天下邦国、部落“国家认同”的结果，亦为诸族的进一步交流、交往乃至融汇提供了政治空间，提供了稳定而安全的社会环境。“国家认同”包括了对于中央权力和对于夏商周三代王朝的认可与服从，这是诸氏族、部落列为中华民族一员的必要条件。其他方面的认同，虽然也重要，但却不是必要的条件。总之，只要承认中心权力，服从中央王朝，诸氏族、部落皆属于中华民族大家庭，而不论其是否有共同的先祖。在上古中国的历史发展中，自“中心权力”出现以降，直到周代臻至完善的“服”制，是中华民族形成的制度保证。从中心权力和中央王朝的角度看，“服”制是让天下诸族、诸邦国服从。“服”制展现了中心权力和中央王朝强大的凝聚力及其对于天下诸族所产生的吸引力。从天下诸族、诸邦国的角度看，将自己纳入“服”制，就是对中心权力和中央王朝的认可与服从。从另一个方面看，“服”制还体现了中央王朝的普遍影响。秦汉以后，社会政治局面有所变化，入主中原的各少数族每视自己建立的政权为“华夏正统”，并以发达的经济和高度的文化凝聚、融汇诸族，中华民族的这一历史进程，早在五帝时期和夏商周三代就已开其端倪，并且屡获成功的经验，足为后世法。

（孙广辉）

【刘正寅《中国历史上华夏认同的演进与升华》（《历史研究》第3期）】

中华民族共同体是在中国统一多民族国家历史长河中逐渐形成的，并在中国各民族共同发展中不断巩固与壮大。中华民族先民们经过夏、商、西周时期的交融发展，于春秋战国时期逐渐形成一个稳定的华夏民族共同体。随着夷、夏杂居局面的结束和华夏民族共同体的稳定，出现了华夏（又作“中国”）居中、“戎夷”分布四方的“五方之民”的观念。“五方之民”共“天下”的观念与战国时期诸侯兼并的统一趋势，促进了大一统思想的发展，为秦汉大一统政治格局奠定了思想基础。随着秦汉统一多民族国家的确立与发展，华夏民族进一步吸收、融合边疆民族，发展成为人数众多的汉民族，中华民族的凝聚核心作用进一步强化。此后虽经魏晋南北朝政权分立，但各民族交往交流交融继续发展，内迁各族以华夏正统自居，积极学习汉文化，中华民族整体性和向心力日渐增强，迎来了隋唐更大规模的统一。唐王朝的空前统一与繁荣促进了大一统政治下的各民族交流与融合，加强了各民族的华夏认同。辽宋夏金多民族政权并立背景下各民族进一步交融发展，中华民族文化的内在统一性加强，华夏认同已超越了族类语言、习俗的认同，上升为更高层次的政治与文化认同，成为中华各民族共同的认同，从而使中华整体意识得到升华。元朝规模空前的大统一促进了中华各民族间的大交流、大融合，强化了华夏认同与中华整体意识。历经明、清时期各民族的交融发展，华夏升华为中华民族共同体的认同，成为中华民族和全中国人民的共同身份标志。中华民族共同体意识日渐清晰，并在近代各族人民反对列强入侵的救亡图存的民族解放斗争中得到进一步升华，化为凝聚中华民族的强大精神力量。

（孙广辉）

【陈其泰《贯通古今　交光映衬——司马迁如何出色地实现“通古今之变”》（《史学理论研究》第4期）】

《史记》是中华文化的瑰宝，是传统史学的优秀楷模，而且至今仍然具有活跃的生命力。这在人类文化史上是罕有其比的。司马迁突破了先秦史学用编年体裁单线条记述历史的局限，以雄伟的气魄创立了五体结构的著史体系，同时将华夏民族祖先发达的历史思维推向了空前的高度，提出“通古今之变”的光辉思想，作为著史的宗旨。那么司马迁在《史记》多层面、立体式著史体系中，是如何成功地实现“通古今之变”的著史宗旨的？通过深入探讨，可以作出明确的回答：一是司马迁高瞻远瞩，凭借本纪的纲领性记载，做到包举大端、通古今，不仅总揽全局，总结了几千年盛衰兴亡之故，而且勇于打破常例、解决难题，成功地再现客观历史的真相，善于运用对比手法，总结历史风云人物的功过。二是十篇史表的设置匠心独运，与本纪共同起到全书纲领的作用，提挈历史的大事件、大关节点，用列表的方法直观地显示历史大势，并且用各篇的序精彩地概括各个历史阶段的特点。三是多层面配合，以记载典章制度和反映社会情状的八书，以及生动记载人物事迹的众多列传，为本纪凸显的历史主线作重要补充，交光映衬，使全书各部分脉络紧密相连，因此取得了光彩夺目的成就，既展现了恢宏壮阔的历史大势，又做到历史叙事丰富生动，人物形象鲜明感人。司马迁的历史思想蕴涵着超越时空的真理性价值。我们要大力发扬司马迁开创的优良传统，在史著中既要突显历史的大趋势，又要写出历史活动的丰富多样和生动性，有效地克服历史研究的主观随意性和“碎片化”倾向，有效地改进历史叙事单调乏味的现象，并且要认真发掘《史记》的思想精华，为新时代史学理论体系建设增添助力。

（孙广辉）

【沈冬梅《新考古学视野下的茶叶文明起源研究》（《农业考古》第2期）】

20世纪后半期以来，贵州、浙江等地零星出土与茶相关的化石、植物种子、树根等遗存，对于茶树原产地和茶叶利用起源的研究起到重大推动作用。对于它们的考古发掘与深入研究，则还基于20世纪60年代欧美兴起的新考古学。新考古学以文化过程研究为核心，关注历史上的人类社会如何不断适应变化的自然和文化环境，将人类的物质文化视为人类适应新环境的特殊手段。环境考古结合文化生态学的阐释是新考古学的一项重要特征。新考古学的研究重点，在于对出土物进行合理的解释。新考古学涉及自然、人文、社会诸领域的众多学科，科技手段如浮选法的发明和发展，以及光学和电子显微镜的相继利用等，使得微型植物、病虫等遗存的发现、分析、鉴定得以展开，这极大地拓展了学界对于考古自身的深入和对于发现物的研究。20世纪70年代以来，浙江新石器时代上山文化、跨湖桥文化、河姆渡文化多处文化遗址发现出土多项植物遗存，它们在时间上具有较好的连续性，地域上存在着一定的内在联系，为浙江地区史前文化遗址的时空变化研究提供了可能，也为茶叶文明起源研究提供了考古物质前提。该文基于新考古学理论，对浙江跨湖桥、河姆渡、田螺山等新石器遗址出土的多种植物遗存进行综合研究分析与解释，认为这些地区因为族群的繁衍，扩大了对生存资源，特别是食物的需求，先民在采集狩猎的同时将野生动物驯化为家畜饲养，将野生稻成功进行驯化和种植，由此而产生环境、疾病等新问题，如环境和水源污染特别是人类与动物共同感染病毒而带来的疾病等问题，为应对这些问题的挑战，先民们开始寻找中药，发现利用茶叶，并开始有意识地在聚落房屋边种植茶树，是应对所遇到新问题的解决方案之一。而这些努力与发现，开启了人类利用茶叶文明的历史进程，有利于此后中华民族的发展，进而也有利于近世以来世界的发展。

（安子毓）

【韩鼎《饕餮纹渊源研究》(《形象史学》冬之卷，第 24 辑)】

该文从名称、形式、形象特征三个方面对饕餮纹的渊源进行了讨论。名称渊源：作为纹饰名称，“饕餮纹”源自宋代，是宋代学者主观地将“饕餮”之名强加给商周铜器兽形纹饰的结果。这种兽形纹饰与文献中名为“饕餮”的凶族无关。而“兽面纹”一名也不够准确，因此，不妨继续使用“饕餮纹”这一名称，但仅作为纹饰代号。形式渊源：饕餮纹的表现形式为“正视的兽面 + 分裂的下颚 + 左右分列侧视的躯体”。后两者分别来自垂直方向和水平方向的剖展表现。所谓“剖展”，是将兽形按一定方向剖分为二（保留兽面），再将其于平面上对称展开的表现模式。两种剖展模式在石峁石雕中都有体现，而水平方向的剖展其祖形可追溯至良渚文化玉琮棱面神像的平面化。形象特征渊源：这方面的研究应以早期饕餮纹为基础。早期饕餮纹可分为萌芽阶段、成熟阶段，综合两者可将其形象特征概括为十个方面：T 形冠、内卷纹、二元目纹、二元角纹、分歧身尾、旋目、⌒ 形口、菱形额饰、羽纹、分裂下颚等。通过逐一的溯源探索，可以确定它们均源于龙山时代的神面纹传统，龙山时代以来的神面纹是饕餮纹的直接来源。而龙山时代神面纹的形成受到了良渚文化神人兽面纹的影响，因此，仅从图案层面来看，良渚神人兽面纹在一定程度上可视为饕餮纹的祖形（良渚的神人兽面纹也是吸收多地更早的纹饰因素而形成的）。基于对饕餮纹渊源的讨论，可以看到，从良渚文化综合之前多文化纹饰特征创造出神人兽面纹，到龙山时代以来多文化共享神面纹，再到早商时期早期饕餮纹的形成，这一演变过程体现了区域文明间历时性的传承与共时性的互动。龙山时代各文化神面纹的“共性”和“个性”源自不同文化对共享纹饰的吸收与创新。相对于反映“世俗”生活的陶器，体现“神圣”性的神面纹则更多地表现出与精神领域的相关性。因此，透过形式层面的“多元一体”，神面纹到饕餮纹的演变过程还体现了不同区域文化心理认同层面的“一体化”，正是这种观念上的“一体”构成了中华文化早期共同体的心理特质。

（安子毓）

【陈侃理《秦汉里吏与基层统治》(《历史研究》第 1 期)】

战国秦的基层社会统治，借助民间自治秩序，任用聚落中自然产生的领袖人物为里吏，辅助官僚行政体系施政。但随着吞并六国的战争趋于白热化，秦在统一前夕调整里吏选任原则，选用无爵或低爵平民担任典、老，将基层社会中原有领袖人物排除在里吏群体之外。这种做法实践了战国末年法家的“强国弱民”思想，旨在最大限度地从基层社会调取资源，强化中央集权，推进兼并战争，镇压民众反抗。然而，由于里的行政建制仍然基于自然聚落，原有社会秩序仍然顽强存在，与新的基层统治政策发生激烈冲突。这种冲突在东方六国故地尤为剧烈，表现为乡里父老纷纷支持反秦战争，加速了秦的灭亡。汉初吸取亡秦之诫，调整基层社会统治政策，设置三老、孝、悌、力田，扶植、利用社会领袖。但由于废除了里老一职，而设在县乡的三老官属人数有限，影响力无法遍及里中每家每户，新政犹有缺失。西汉中期，循吏政治在儒家思想影响下兴起，重视在地方行政中推行教化。汉宣帝时，颍川太守黄霸率先在里中增设“父老”，并在主政朝廷时迅速向全国推广，形成通制。然而里父老普遍设置以后，承担的事务却超出原定的教化，转向户籍、赋税、治安方面，结果负担加重而望实俱损，难免趋于差役化和卑微化。东汉前期，基层社会中已经有殷实中产人家结成互助组织，集资买田，出借给担任父老者，补偿其损失。与此同时，真正有实力的家族又设法逃避担任里吏，而追求郡县右职，力争进入全国性官场，通过在官僚体系中占据高位来提升和维系社会地位。里吏与社会领袖事实上已然分离，国家将社会领袖纳入官僚体系末端辅助行政的政策彻底失败。相反，社会领袖借助从官僚体系中获得的政治地位，更加牢固地控制了地方。这是汉晋之际政治、社会结构最显著的变化之一。

（于天宇）

【凌文超《秦汉注籍身份异同论——以簿籍分类为前提》（《中国史研究》第1期）】

秦汉时期，各类文书簿籍登录的身份，即使名称相同，在不同性质的文书簿籍中，甚至男女之间，也可能存在一些差异。质言之，廪食身份偏重于自然属性，以年龄为界；户籍身份偏重于社会属性，以婚姻、傅籍为准。以往学界对秦汉身份制管理的理解存在一些偏差，究其原因，主要在于将“卒家属廪名籍”“家属符”“户口簿籍”等不同簿籍中性质迥异的身份交互并叠在一起进行研究，从而认为“小”之下分为“使”与“未使”两个阶段，“大”在年15岁以上，“小”为未成年人，“大”为成年人等。这些认识既不够准确，也存在一些矛盾。有鉴于此，在今后秦汉身份制管理的研究中，在定性各类身份之前，对簿籍进行整理、分类是非常必要的。可以说，辨析文书的性质是讨论身份制准确内涵的基本前提。秦汉时期设计的身份类别纷繁芜杂，且多有重合，这给身份制管理带来诸多不便。官吏在具体行政当中，逐渐有意识地对身份注籍的形式加以调适，最突出的表现是，在户口簿籍中男子大多登记其爵制身份，后来又日益重视课役身份的登记，人口集计也不再分“小”“大”男女，赋役身份及其统计却日益多见。不过，婚姻影响的户籍身份“小”“大”之分仍然顽强地维持下来。随着汉魏赋役制度的不断调整，户籍身份与课役身份等不断融合，逐渐衍生出“丁中身份”。西晋以后，“丁中制”发展成为各类身份制管理的基准，这与秦汉时期的情况大不相同。即使如此，秦汉注籍身份之异同，作为身份管理的传统，也仍然影响到西晋以后男、女丁中身份的设计和注籍。因此，研究西晋以后的丁中身份，以及各类文书中登录的身份，也仍然需要切实区分文书的性质，辨析注籍身份的异同。

（于天宇）

【单印飞《秦至汉初县行政机构设置辨析》（《中国史研究》第 1 期）】

出土简牍为秦至汉初县行政机构设置研究提供了丰富的新材料，学者们以此为基础进行了深入的探讨并取得了丰硕的成果。学者们指出秦至汉初的县行政机构主要分为县廷内的曹和县廷外的官。该文在此基础之上，首先对县廷内的曹进行了考察。目前的材料显示，县廷内设有户曹、仓曹、司空曹、尉曹、金布、狱曹、吏曹、令曹、覆曹、旁曹、譓曹、左曹，可能还设有右曹、中曹、兵曹、厩曹等，但是这有待新材料的验证。目前所见的中曹、兵曹、厩曹是郡泰守府内设的机构，爵曹是郡尉府内设的机构。车曹虽然也称曹，但是它和县廷中的列曹性质不同，不是县廷列曹之一，而是库下的次级机构。输曹词义不明，难以表明县已设输曹。常见的“主×”仅仅是指负责某事者，不宜将其等同于县廷内固定的行政机构。其次，对县廷外的官进行了考察。官有狭义、广义之分。狭义之官指县内管理某方面事务的官啬夫所负责的机构或衙署，犹如今日之政府组成部门。广义之官泛指官府、官署。目前的材料显示，县廷外设有司空、仓、少内、畜官、厩、库、田、田官、尉、司马、乡、亭、传舍、厨、市等独立官署。其中，司空、仓、少内、畜官、厩、库、田、田官等即所谓的狭义之官。尉、乡、司马、亭并非狭义之官。传舍、厨、市是否为狭义之官尚难定论。发弩、船官、皂可能分别是尉、司空、厩下的次级机构。此外，狱史所负责的狱是县廷内的狱曹而非县廷外的官，漆园可能只是田的管理对象而非官。通过辨析我们还可以得出以下两点认识：其一，称曹者并非都是县廷内的列曹，称啬夫者未必都是官啬夫；其二，县行政机构中存在层级之分。

（于天宇）

【孙家洲《秦二世继位“迷案”新考》（《史学集刊》第 1 期）】

围绕着秦二世继位“合法性”问题，文章从三个方面展开讨论。一是对《秦二世元年文书》的文本加以梳理式解读；二是对秦二世滥杀宗室的现象和成因从不同层面加以分析；三是对秦汉之际的一则“佚文”加以发掘并讨论其史料价值，结合对相关传世文献的关联性分析，揭示出秦末三个不同的社会阶层所知晓的“沙丘之变”的内涵与《史记》的记载相一致。我们把上述三段史料合在一起观察，即当事人秦二世与赵高之间“不可告人”的密语、辩士智者的游说之文、底层民众的“民间传闻”，其背后的内涵都指向了同一个方向：秦二世得位不正，而且这种政治秘闻在社会各阶层都有传说。来自朝廷的高压，并不能真正制止流言的传播。这就使得秦二世匆忙公布于天下的诏书，其内涵的真实性越发值得怀疑。总之，直接影响秦朝短祚而亡的“沙丘之变”之历史真相，尽管现在有湖南益阳兔子山所见《秦二世元年文书》和北京大学所藏西汉竹书《赵正书》的异文出现，但《史记》的纪事框架依然不能轻言“改写”。无论是从全面梳理传世文献和出土文献的关联性，还是从对相关事件的深度政治性分析，以及对秦汉间一则“佚文”的史料解析，都可以导向一个共同的方向：司马迁所论秦二世继位出于阴谋篡夺之说，应该是符合史实的。

（于天宇）

【臧知非《秦汉宗族政策与基层社会治理——兼论商鞅变法离散宗族的历史内涵》（《史学集刊》第1期）】

宗族血缘关系与地缘关系合一、国家与社会合一，是中国传统社会的结构特点，宗族关系与国家权力在基层行政运行中的辩证属性，是基层社会秩序变迁的重要因素，其功能发挥因时而异，取决于多种因素。梳理分析这一问题，是考察中国古代社会控制、治理理念、治理模式的重要方面。秦汉是中国统一王朝建立和大发展时期，是历代统一王朝基层社会治理理念、模式的奠基时期，宗族力量与国家力量经历了分与合、合与分的历史过程，直接影响着基层社会秩序与统一国家建立、分裂的历史变迁。商鞅变法制定的离散宗族政策是认识这一历史过程的基础，准确把握商鞅变法离散宗族的历史精神、制度内涵和历史意义，不仅关乎对商鞅变法基本原则的认识，也是认识秦汉社会结构变迁的需要，也是把握历代国家权力与基层社会治理的基础。封建统治的本质决定了宗族豪强必然成为王朝统治的基础，宗族血缘关系必然成为统治权力的组成部分。随着社会矛盾的演变，国家难以发挥其正常的组织生产、维持秩序的功能，贫弱之家不得不依附于宗族，宗主凭借血缘关系控制宗族成员和贫弱之家，将宗人、宗亲、乡党组成私人武装，保护私人财产和维护社会治安的同时，救恤九族，扶助乡党，保持一方秩序的稳定，成为王朝统治力量的补充。但是，就国家治理而言，宗族势力发展是双刃剑，既可以维护国家统治，也可以销蚀国家统治。宗族势力的扩大本身就刮削国家税源和役源，其维护社会秩序，可以保障本集团利益，当国家统治能满足其利益需求时，宗族势力自然是维护国家统治的一部分力量；当其利益难以得到有效满足时，宗族大姓就会成为国家统治的异己力量：或者置国家危难于不顾，或者重新寻找政治代表，成为王朝崩溃的内部动因之一。

（于天宇）

【符奎《闾里化与自然性：秦汉聚落形态的演变》（《中国史研究》第2期）】

秦聚落形态的闾里化是商鞅变法推行什伍制度的结果，并伴随着疆域的扩大而逐渐扩展。不可否认，秦疆域范围内分散型聚落与闾里化聚落共存具有一定的普遍性，这必然导致全国范围内考古发现的聚落在结构形态上具有明显的区域性特征。商鞅变法后的基层社会政策对秦的历史产生了深刻影响，如秦亡的原因是复杂多样的，但其中很重要的一条就是随着疆域的扩大，秦的基层社会控制策略没有根据情况的变化进行适当的调整。六国灭亡之后，秦原本相对单一的地区经济与文化面貌出现了多元化特征，不同地区的自然环境与风俗习惯各不相同。

然而，统一后的秦帝国，在法家思想的指导下，依然试图通过强大的官僚制建立单一的法治与吏治国家，这就形成了秦帝国基层社会控制政策单一化与基层社会的地理环境、经济水平、风俗习惯等多元化客观存在之间的矛盾。在这一矛盾的作用下，秦政与秦制的权力结构模式在基层社会的推广必然遇到地方的抵制，最终导致了帝国的倾覆。鉴于秦政与秦制导致帝国速亡的教训，汉帝国对基层社会控制体系进行了调整，更多地注重和利用乡里原有社会秩序，如宗法血缘关系等，在秦亡后迅速地重建了乡里社会秩序，稳定了帝国的统治基础。在儒家思想统治地位确立以后，乡里社会原有的宗法血缘关系在国家政治生活中的作用越来越明显。国家在基层社会行政权力的收缩，导致西汉以后县政重要性的凸显及乡级机构组织功能的式微。这就不可避免地弱化了行政因素对聚落形态的影响，一定程度上促使聚落在形成过程中出现了符合自身规律的自然性发展，从而使聚落表现出多样化特征。

（于天宇）

【卜宪群《秦汉乡里社会演变与国家治理的历史考察》（《中国社会科学》第3期）】

秦汉国家在四百多年的历史进程中，为巩固加强大一统中央集权和治国安邦，创设了内涵十分丰富的乡里制度与治理体系。其中既积累了很多经验，也留下了深刻教训。首先，在乡里治理上注重国家权力与乡里秩序相结合。战国以来的中央集权化发展道路，促进了以乡里为基础的地方行政制度与治理体系的快速发展，国家权力延伸到乡里。秦的统一，更使以秦为标准的乡里制度与治理体系整齐划一，遍及全国。但战国历史影响的遗存与秦的急政暴政，造成国家权力与乡里社会的严重对立。但这种对立并不是中央集权下的乡里行政制度所致。六国政治势力与六国故国意识的顽强存在，秦对乡里民众烦苛的赋税徭役，造成了秦政权与乡里社会的严重对立。汉代统治者“察盛衰之理，审权势之宜，去就有序，变化有时”，在总结历史教训的基础上，采用郡国并行和因俗而治的地方行政制度与治理体系，化解战国历史的影响；注重乡里原有共同体组织的自治功能，如三老、里父老参与治理，同时，注重构建以爵制为基础的乡里社会秩序，官员选拔上注重“乡论”，等等，使国家权力与乡里秩序有了较好的结合，发挥出国家与社会双方面的治理功能，塑造出中国历史上乡里治理的不少辉煌时期。但秦汉乡里不是自治社会，乡里基层组织设置与吏员任用制度的完善，以及以户籍与流动管控为代表的国家权力行使，深刻说明乡里是受统一中央集权领导下的权力机构。在国家权力深入乡里社会的同时，又注重改造乡里社会秩序。秦汉国家不是简单地控制着乡里社会，而是积极推动改造乡里社会秩序。如政治上不断迁徙打击各种扰乱乡里的社会势力，经济上防控土地兼并、扶持自耕农生产，意识形态上以儒家思想改造乡里社会风尚，社会治理上重视依法治民、以德化民，等等，都在一定时期、一定阶段发挥出积极作用。特别是察举制将选官用人与儒家思想相结合，在重塑乡里社会秩序上意义重大。为了在察举中脱颖而出，乡里民众注重人格的自我塑造完善，注重道德品质的自我修养提高，自觉保持与国家主流意识形态一致，在一定程度上实现了国家与乡里社会在政治层面和思想道德文化层面的成功对接。

（于天宇）

【孙闻博《令史与秦及汉初的县乡行政》（《河北学刊》第 3 期）】

秦及汉初，县乡行政呈现为县廷与作为诸官之一的乡之间的政务往来，我们称作“廷—官”模式。这一界定侧重制度架构层面的解析，所关注的是县制的基本结构与功能。然当“廷—官”模式进入实际运作层面时，令史在县乡行政中发挥着重要作用。一方面，令史居于县廷之内，“直”曹审计乡官事务；另一方面，令史又常被外派至乡，监督县下的物资出入、商品买卖与业务处理。此为“内—外”视角。在此基础上，令史还直接参与乡官事务。户籍的编造与使用，户籍副本的呈县保管与再使用，背后都有令史的活动身影。而为了维持乡官的正常运转，令史甚至可以因故代理乡部啬夫。秦及汉初的县，不仅通过廷内、廷外差遣令史，实现县廷与乡官政务的有效连接，而且赋予了令史审计、监督、参与、代理等诸多职任。仔细观察，“审计—监督—参与—代理”呈现出令史在乡务中由居上审核，到亲临监督，再到参与处理，再到代理主官的自上而下、自外及内的动态表现。令史对包括乡政在内的县下事务的参与，全面且深入。又因令史所为，代表县廷意志，背后伸张的乃是县廷权力，由此强化了县廷对下属诸乡的行政控制。而令史在县乡行政中的活跃，又为理解西汉中期“掾”的出现提供了启示。

（于天宇）

【杨振红《战国后期几场重要的战役与秦南阳郡的设立——兼论〈史记〉与〈战国策〉的关系及史料价值》（《中国史研究》第 4 期）】

《史记》关于秦楚之争及南阳之战这一时期史事的记载大部分依据各国国史，但也有选择地吸收了《战国策》等书的内容。班固曾评价说：“故司马迁据《左氏》《国语》，采《世本》《战国策》，述《楚汉春秋》，接其后事，讫于（大）〔天〕汉。其言秦汉，详矣。至于采经摭传，分散数家之事，甚多疏略，或有抵牾。”采择《战国策》无疑丰富了记载的内容。例如，《史记·楚世家》关于秦楚蓝田之战时，“韩、魏闻楚之困，乃南袭楚，至于邓”的记载，以及《屈原列传》“魏闻之，袭楚至邓”的记载，均应本于《战国策·秦策四》“秦取楚汉中章”：“秦取楚汉中，再战于蓝田，大败楚军。韩、魏闻楚之困，乃南袭至邓，楚王引归。”但不容忽视的是，也造成了一些抵牾混乱。如前所论，《史记·韩世家》关于华阳之战的记载，基本照录《战国策·韩策三》“赵魏攻华阳章”，而与源于

《秦记》的《史记·秦本纪》等其他九篇记载存在很大差异。通过辨析可以发现，以《战国策》为底本的《韩世家》关于华阳之战发生的原因、对战双方、战场等的记载大多是错误的。这种情况并非偶见。例如，《史记·楚世家》所载“（楚怀王）二十六年，齐、韩、魏为楚负其从亲而合于秦，三国共伐楚”事，正如杨宽所推测，当本于《战国策·秦策四》“秦取楚汉中章”。该章在“秦取楚汉中，再战于蓝田，大败楚军。韩、魏闻楚之困，乃南袭至邓，楚王引归”之后，紧接着写道：“后三国谋攻楚，恐秦之救也。”这应当就是《楚世家》所载楚怀王二十六年三国伐楚的出处。然而，这段记载文脉不通。该章开头说秦夺取了楚的汉中，秦楚又战于蓝田，秦军大败楚军。韩、魏两国趁楚空虚，南袭楚南阳至邓，迫使楚军从蓝田撤回。至此，话锋突转，转入三国谋攻楚之事，却没有交代三国是哪三国？为什么要攻楚？为什么在秦夺取楚汉中、在蓝田大败楚军之后，还担心秦会救楚？这不能不让人对此章的真实性产生怀疑。

（于天宇）

【徐畅《东汉三国长沙临湘县的辖乡与分部——兼论县下分部的治理方式与县廷属吏构成》（《中国史研究》第4期）】

秦汉国家在地方统治中推行郡县制，而在县以下诉诸分部的治理手段。除由县（或郡）派出属吏驻于固有地域单元，形成诸如乡部、亭部等管理系统外，县廷事务的办理多采用在界内依方位派出直属吏巡行的模式。对县下分部，学界以往的认识停留在廷掾“监乡五部”的制度史层面，而固定片区简牍文献的密集发现，为解剖麻雀式观察县下治理场景提供可能。该文即依据出土汉、吴简牍对长沙郡首县临湘辖乡与分部情况进行的研究，先借助统计手段，考证东汉、三国临湘辖乡的数量和名称、乡部属吏的设置；继而考察县下方位部的划分。在方位部执役之吏，服务于县的性质凸显，以往多被归于诸曹吏，实应属外部吏，与门下吏、诸曹吏构成分立的县廷属吏格局。该文对县下分部及县廷属吏构成的研究，是建立在长沙出土多批简牍基础上的，资料本身的性质，决定了这一研究的地域拘于荆南一隅，时间限定于东汉和帝之后至三国孙吴；各批次资料所属机构与记载内容的差别，也提示出将汉、吴进行对比研究的“危险性”。但我们相信，缝合差别，求同存异地梳理东汉至三国长沙临湘地方的治理方式及其变化，将有助于在“郡县—乡里”行政模式之外，更进一步地理解帝制中国早期在县以下的治理逻辑与制度设计。

（于天宇）

【邹水杰《从虎溪山汉简〈计簿〉看汉初县属啬夫的分化》（《史学月刊》第4期）】

虎溪山汉简《计簿》记载了汉文帝后元年之前某年沅陵侯国的总体情况，其中记载有六个乡和少内、库及唯□等县属机构的吏员配备。张家山汉简《秩律》规定县属诸官为“有秩”的等级，而沅陵侯国下属诸官啬夫则全部为“斗食啬夫”，松柏汉简中也出现了标明级别的“西乡有秩啬夫”，说明汉文帝之时，县属啬夫分化成了“有秩啬夫”和“斗食啬夫”。这是汉代官秩体系的重大变化。汉文帝时期在保留有秩啬夫的同时，将小县诸官和小乡的啬夫降为斗食，符合从汉初开始县级秩等向下延伸的趋势，也使得县廷确立了对廷外诸官的政治强势。虎溪山汉墓是第一代沅陵侯吴阳之墓，其下葬年代为汉文帝后元年。虎溪山汉简所载沅陵侯国《计簿》中记载下辖六乡和少内等诸官机构的长官均为“斗食啬夫”。分析《计簿》所载可知，汉文帝六年至后元年（公元前174年至公元前163年）之间，文帝为加强集权，理顺高低秩级的管辖关系，针对县属官吏进行了秩级改革，将小县的诸官啬夫和小乡啬夫降为“斗食”之秩，使得县属诸官和乡的啬夫分化为“有秩啬夫”和“斗食啬夫”两个等级。与秦及《二年律令》时代县属诸官啬夫全为有秩相比，县下属吏秩级发生了向下的延伸，与县长吏的秩级拉开了差距。这种变化趋势与中央朝廷对地方政治强势的发展方向一致，县廷同样确立了对廷外诸官的政治强势，具有相对独立行政权的诸官逐渐被在廷的诸曹掾史取代，乡里权力更趋向于向县廷集中。

（于天宇）

【晋文《汉民族的形成及其民族意识》（《中国社会科学院大学学报》第4期）】

秦汉鼎革后，“秦人”逐渐演变为“汉人”。在两汉四百多年的大一统时期，从中原华夏到周边各族都越来越多地产生了认同意识。这集中反映在《史记》《汉书》对我国古史起源的记载中。它使得炎帝和黄帝成为中华民族认同的共同先祖，既标志着各民族的更加融合，汉民族已初步形成，同时更铸就了民族团结和国家统一的巨大凝聚力。秦灭六国、统一“诸夏”，华夏族因此而改称“秦人”。但由于秦朝二世而亡，“秦人”还未能成为华夏族的普遍称谓。在两汉四百多年的大一统时期，“汉人”便逐渐取代诸夏或华夏之称，成为民族共同体的一个固定和普遍称谓。秦汉时期的文化认同意识，还使得炎帝和黄帝成为中华民族认同的共同先祖，这标志着各民族的进一步融合，汉民族已初步形成，并铸就了民族团结和国家统一的巨大凝聚力。而“华夷之辨”则形成文化、生产方式和血缘三方面的判断标准，其民族意义和“群”的差别备受关注。在以夏变夷的总方针下，汉代胡汉一家的思想及实践亦具有巩固统一和推广汉化的作用。

（于天宇）

【王子今《论墨学技术理念与秦文化的关系——以“连弩”为标本》（《史学月刊》第5期）】

秦始皇出巡海上，曾经亲自以“连弩”“射杀”成为求仙障碍的海上“巨鱼”。秦军统一战争进程中高度重视“弩”的功用，“连弩”很可能已用于实战。汉代军事史可见名将出战使用“连弩”的明确战例。《墨子·备高临》有关“连弩”形制的文字，是“连弩”考察的重要信息。其发射方式，似与一般的“弩”不同，而与后来《三国志》所见攻城用“发石连弩”近似。墨学之“秦墨”的社会存在和文化影响，可以通过有关“连弩”的考察从一个侧面有所了解和说明。《墨子》“连弩”论说体现的技术追求和科学理念，可以从实用主义视角予以认识。这一文化倾向的揭示，也有益于对秦文化的正确理解和全面说明。秦始皇海上出行的故事中可见以“连弩”“射杀”海上“巨鱼”的情节。秦军重视“弩”，“连弩”很可能已用于实战。《汉书·艺文志》有“《望远连弩射法具》十五篇”，应是有关“连弩射法”的军事教程或训练条令。汉代军事史也有使用“连弩”的战例。《墨子·备高临》说到“连弩”形制，似与一般的“射兵”不同。《墨子》“连弩”说体现的技术追求和科学理念的实用主义倾向值得注意。这种倾向与秦文化基本风格的一致性，也有必要深入考论并详尽说明。

（于天宇）

【钟良灿《家国之间：秦汉时期的私家奴婢》（《史学月刊》第5期）】

秦汉时期私家奴婢半人半物的性质导致其处于主家与国家之间，不同于唐以后的完全私家化。也正因如此，秦汉政权既要保证主人对私家奴婢的所有权，又要对其进行一定的限制。从秦律立法精神看，秦政权对私家奴婢的介入已经反映出秦国家权力对家内秩序与家庭伦理的渗透之势逐渐强化。汉初由于百废待兴，官方实行“无为而治”，使得家长对奴婢的绝对权力有所加强。武帝之后，因兼并之风盛行，奴婢数量急剧膨胀，实际地位也开始逐渐下降。主家多操生杀大权，国家控制人口逐步下降，对奴婢生命权的制度性保障也逐渐成为虚设。此后，限奴之说时隐时现，其制度设计甚至一度成为现实，然而却未能解决这一社会问题。其根源仍在于这一时期私家奴婢的“物”的一面逐渐得以强化，而“人”的一面逐渐淡化。因此，政府在解决奴婢问题时，就不得不考量主家的利益。西汉后期的改革以及王莽新政的失败，原因即在于没有充分认识到这一问题的严重性。东汉之初，政府能比较顺利地解决奴婢问题，是因其重拾法律制度武器，在不触动主家对私家奴婢“物”的占有这一前提下，尽量以法律手段保障私家奴婢“人”的基本权利。随着国家对社会、地方控制的减弱，这样的法律保障也逐渐失效，奴婢“物”的一面再度强化，“人”的一面无可挽回地走向没落。魏晋以后，奴婢“物”化开始加剧，至唐代正式固定下来。“奴婢虽贱”，“本帝王良民”，汉末徐幹的言论，道出了秦汉政权对于私家奴婢在户籍控制、律法管理、诏令戒敕等方面苦心经营的主要原因。因秦汉时期私家奴婢处于主家与国家之间，其“物”的固化并未完成，因此成为国家与主家争夺的对象。从秦汉社会国家编户化进程角度看，奴婢的编户化与反编户化，直接影响着国家控制的编户齐民的数量和质量，因此为政府所重视。汉武帝以后的私家奴婢数量巨大，主要为迫于生计、由编户齐民转化而来者。私家奴婢作为依附人口，是一种反编户化的存在，其数量的膨胀对国家编户化进程而言是一个巨大的挑战。奴婢的再编户化，是国家编户化推进的结果，反映的是国家权力的扩张和下渗。因此，奴婢的编户化与反编户化进程，与国家权力的扩张与收缩息息相关。它直接反映出秦汉政权的稳固或动荡，成为编户齐民时代的一个重要标尺。

（于天宇）

【陈侃理《如何定位秦代——两汉正统观的形成与确立》（《史学月刊》第2期）】

包含唯一性、连续性、正当性三个标准的王朝正统观念，是在两汉时期逐渐形成和确立的。汉代的正统观主要表现在对秦的历史定位上，在守冢安排、纪年以及帝王称谓的变化中呈现出从无到有、从无意识到有意识的发展过程。汉初朝廷和地方的统治者承认秦始皇的皇帝称号，认为其地位高于六国之君，但他们还没有明确的正统观念，并不将继承秦朝当作汉朝法统的来源。由于秦始皇曾统一天下，汉朝上溯历史不得不采用秦的纪年，一定程度上表现出秦汉相承的史观。秦二世的历史地位则明显低于秦始皇，不被承认为天下之主，甚至纪年也遭到抹杀。从称谓的变化来看，胡亥作为皇帝的正当性长期受到质疑，但秦始皇的历史地位在西汉中期得到加强，从西汉后期开始已经相当稳固。五德终始说并未被秦和汉初的朝廷所采用，秦用水德之说是汉儒为支持革除秦政的主张而构拟出来的。汉廷在太初改历时定汉为土德，才正式承认秦为水德，确立起秦汉相承的王朝统绪。然而，战国的五德终始说是一种自然周期，无关道义。儒学兴起以后，政治的道义观念强化，暴秦竟以水德居于正统，让人难以接受。汉越秦而上承周的史观长期存在，并且在朝廷立二王之后的举措中表现出来。西汉末年，刘歆创立基于五行相生的新五德终始说，改汉德为火，上承周之木德，而将水德之秦排入闰位，扫除出五德正统。这就明白地在五德统绪之上加入了正当性标准，使正义和统治一道，成为“正统”的基本要素，奠定了正统观在后世的基本形态。总之，两汉的秦史正统观大致经历过从无意识到有意识的过程，也经历过从客观上接受、主观上否定到政治上接受、道义上否定的过程。模糊的期运统绪意识逐渐转变为清晰的正统观念，其内涵也由简单而丰富，最终以新五德终始说的形式，在中国古代的思想史和政治文化史上产生了深远的影响。

（孙广辉）

【高中正《文本传流与变异：两汉今古文〈尚书〉新论》（《“中央研究院”历史语言研究所集刊》第93本第1分）】

《尚书》今古文问题头绪纷繁复杂，历来是《尚书》学研究的重点。今、古文《尚书》是来自战国晚期不同流传系统的两种书类文献选本，而汉初的《尚书》亦有“别本”存在，而不是只有今、古两端。根据目前已掌握的战国文字形体特点及区系划分信息，通过分析今、古文《尚书》异文所呈现的早期文本在战国秦汉间的传抄情况，可知今文《尚书》的底本经过了六国文字的转抄，经历了六国文字写定为隶书的过程，其底本很可能是齐系文字抄本；而古文《尚书》的底本文字也有齐系文字的特征，应为鲁地抄本。《莽诰》拟自今文《尚书》，其中引文与今本之歧可与今文《尚书》源自齐系文字抄本互证。今文《尚书》分立的欧阳、大、小夏侯三家及古文《尚书》，在两汉之时通过经师或抄手传声、读说以及转抄等手段“制造”异文。今、古四家，在汉代存在多样化的异本。其中反映东汉时官本欧阳《尚书》面貌的熹平石经，保留了部分早期写本的用字特征。利用熹平石经《尚书》残石存留的部分校勘记，对今文三家内部差异及与《史记》引《尚书》的异同进行分析，可知大夏侯本跟《史记》往往相合，而欧阳及小夏侯偶或同于古文《尚书》。这一现象可与今、古文《尚书》在汉初的交涉融合等现象相印证，与过去“汉人师法谨严、今文某家最为醇正”的认知有所差异。战国秦汉间历时的用字变化与共时的地域或国别差异，均会对一种文献的转写产生影响，新产生的文本，既可能保留底本的一些痕迹，也会呈现新的时代特质。利用文本对读及异文分析等手段，对此类现象进行揭示，应在今后探讨两汉经书传授甚至经学史研究中引起重视。

（陈冠华　张倩茹）

【程苏东《郑玄经学体系中的〈洪范五行传〉注》（《文史》第二辑）】

郑玄《洪范五行传》注通过考求异文、易字增字为训等训释方法，以及对五宫星官、“六天说”等谶纬、数术知识的适度援引，为《洪范五行传》建构出了一套“失政—神怒—变异”的致灾机制和“改政—共御—神不怒—销祸”的禳救机制，体现了他“结构取义”的解经思路。作为两汉《洪范》五行学的殿军，郑注《洪范五行传》对刘向、刘歆《传论》以及《汉书·五行志》有所承袭，可见其在注释《传》文前曾全面收集两汉《洪范五行传》故说，融会贯通，提出个性化阐释，与他注释群经的程序基本一致。同时，郑玄对《洪范五行传》的系统化、经学化建构并不仅停留在训诂层面，也体现在阐释《洪范五行传》的致灾机制上。在《洪范五行传》术数色彩最浓厚的“共御”部分，郑玄的笺注同样体现出了经学化的诠释思路，通过对“共御”之术的礼学化阐释将其纳入儒家礼制之中，并与其在“三礼”注中构建的礼学体系形成互证。此外，郑注在充分依托《传》文自身结构的基础上，大量援引“六艺”经传，强化了《洪范五行传》与“六艺”经传之间的知识关联。郑玄对《五行传》的阐释虽多有迂曲，但整体上可谓精巧细密，极大提升了汉代《洪范》五行学的系统化和经学化水平。

（陈冠华　张倩茹）

【潘玲、谭文妤《呼伦贝尔鲜卑遗存中的西来文化因素——兼谈两汉时期的“草原丝绸之路”》（《考古》第5期）】

中国呼伦贝尔地区南部及与其毗邻的俄罗斯赤塔地区位于欧亚草原东缘，是最早的鲜卑遗存分布区。这里的鲜卑遗存虽然与匈奴文化有较多相似之处，但是在陶器、动物纹牌饰、墓葬形制等方面有明显的自身特征。通过对比分析可知，呼伦贝尔地区的早期鲜卑遗存中，包含多种来自米努辛斯克盆地和图瓦地区乃至阿尔泰地区的文化因素。呼伦贝尔南部及毗邻地区鲜卑遗存中包含四类来自南西伯利亚地区的文化因素，包括夹金箔玻璃珠、腹部近倒三角形的高圈足铜鍑、鍑形陶罐，以及由装饰飞马纹、奔马纹的牌饰和回首鹿纹带饰组成的铜腰带具，这四类均为来自南西伯利亚米努辛斯克盆地、图瓦等地的文化因素。南西伯利亚向呼伦贝尔一带的文化传播早在西汉早中期已经出现，西汉晚期至东汉早期为文化传播的主要时段。这一时间范围与匈奴政权存在的年代基本重合。匈奴周边一直存在未被其彻底征服的族群。根据文献记载可知，虽然匈奴以北的丁零、鬲昆、薪犁等在西汉初年被匈奴征服，但是它们没有全部灭亡。南西伯利亚的图瓦地区和米努辛斯克盆地以及阿尔泰地区位于匈奴北面偏西处，这里向呼伦贝尔地区的文化传播，最有可能是丁零或坚昆等族群受到匈奴的打击，少数人群向相对安全的鲜卑居住区东迁的结果。南西伯利亚与呼伦贝尔及毗邻地区的文化交流传播路线，可视为两汉时期的“草原丝绸之路”。

（李鸣飞）

【宋杰《三国的庐江战局与江北孤镇皖城》（《史学集刊》第 5 期）】

在汉末三国的兵争要地当中，皖城地区的情况相当特殊。它地处江淮之间的水陆通道，另有通往寻阳的道路联络荆扬两地，下游的皖口又控扼长江航线，因而军事地位相当重要，南北交战双方对它进行了激烈的反复争夺，都想占据皖城作为进攻敌境的出发阵地。另一方面，由于受前述地理因素的限制，皖城易攻难守，所以被各方更替占领，屡次改变归属。魏吴两国都不愿意该地被敌人所掌控，但彼此的策略却有所差异。孙吴的态度十分明确，就是坚决不让敌对势力控制皖水流域，借此来避免长江航运受到威胁。为达到这一战略目的，孙策、孙权先后出动主力，消灭了刘勋、李术和朱光，又在太和二年集中兵力击退曹休的入侵，竭尽全力使皖城掌握在自己的手中。直到吴国灭亡前夕，皖城地区还是保留在其境域之内。对于曹魏政权来说，皖城与扬州后方距离较远，即使攻占了该地，也难以在那里留驻重兵、转运给养，因而很难实现在此长期固守的战略目的。尤其是在建安十七年曹操内迁江北民众之后，将防线收缩到合肥、六安一带。“淮南滨江屯候，皆彻兵远徙，徐、泗、江、淮之地，不居者各数百里”。皖城孤悬于国境的形势愈发严重。太和二年石亭之役，曹休遭到惨败之后，魏国基本放弃了过去进占皖城并屯田据守的作战策略，默认了孙吴控制该地的现实。在江淮之间形成空旷地带的局面下，曹魏、西晋无力据守远离寿春后方的皖城。不过，如果皖城只有吴国的少量边防警戒部队，对魏国领土没有构成入侵的严重威胁，曹魏可以采取置之不理的态度。若是吴国在皖城屯驻重兵，垦田积谷，以此地作为侵掠庐江和淮南的前线兵站，这就是魏国所不能容忍的了，必须要出兵予以清除，以保证寿春、合肥一带主要防线侧翼的安全。前述司马懿进兵舒县，是由于诸葛恪屡次侵袭六安，“远遣斥候，观相径要，欲图寿春”，所以要消除这个隐患。诸葛恪撤走柴桑后，尽管皖城唾手可得，魏军也没有进据占领，而是选择了退兵。西晋建国后仍然奉行上述策略。咸宁四年，“吴人大佃皖城，图为边害”。扬州都督王浑即令刺史应绰攻占该地，焚毁缴获的粮草和船只。他在完成作战任务后也率众撤退，亦未留驻在那里。

（于天宇）

【张翼《三国蜀汉铸币与财政问题——基于出土钱币的视角》（《魏晋南北朝隋唐史资料》第45辑）】

考古资料发现蜀汉钱币在孙吴辖区流通很广，但蜀汉境内却没有发现孙吴钱币的行用迹象，针对这一“蜀钱吴用”的奇怪迹象，该文提出了三种可能的原因。一是蜀汉铸钱较之孙吴有明显的技术优势。虽然蜀汉和孙吴都有铜矿，但从铸币技术看，两者有巨大差距。成都小通巷出土的“太平百钱”铜母范表明蜀汉铸钱沿袭了王莽以来成熟的一范多钱工艺。而孙吴时期铸币遗址中发现了较多铸废的钱币，这意味着孙吴时期的铸币技术可能尚不成熟，铸钱的效率和良品率都不是特别理想。二是部分蜀汉钱币可能是专门用于对外贸易的货币。从考古发现看，直一、直百、定平一百等蜀汉钱币，大多出土于孙吴境内，蜀汉本土极少发现。从蜀汉钱币的传播范围看，不仅在邻近的荆州以及孙吴的首都建业一带多有出土，甚至连相对边远的广西、广东等地区都有发现。对于蜀汉而言，输出金属钱币，既能采购孙吴的物资，也利于巩固两国联盟，具有重要的战略意义。三是吴蜀之间的货币交流在蜀汉晚期有所减弱，但蜀钱在吴地流通延续时间很长。从孙吴时期的纪年墓看，孙吴前期（227—249）的纪年墓均发现较多蜀汉钱币，而250年以后的纪年墓中蜀汉钱币数量和占比明显减少。其原因可能是由于蜀汉末年国力下降，导致铸币数量和贸易输出减少。但从考古记录看，蜀汉钱币在东晋时期孙吴旧地的墓葬和窖藏仍然时有出现，这表明蜀汉钱币在原孙吴辖区的沉淀量依然很大。

（戴卫红　刘　卓　章泽玮）

【李磊《后赵政权建构中的路线冲突与政治危机——兼论十六国建政与延祚的内在困境》（《社会科学战线》2021年第12期）】

石勒驾崩后，石虎便掌握了朝政。其最初的规划是以石弘为过渡，最终以禅让方式合法地取得政权。但石虎最终放弃赵魏禅让的方案，采用了直接废黜君主、居摄天王位的模式。这是因为石虎已经决意诛杀石勒后嗣，不愿因礼遇石弘而造成政治上的被动。更现实的原因则是石虎已经平定关中石生、洛阳石朗等忠于石勒的势力，并完成对襄国朝廷的全面控制，扫除石勒的政治影响力，故而不再顾忌与石勒、石弘间的正统相授问题。在石勒病重前，石虎本已失去宿卫兵权，他之所以能够在石勒病重期间控制内朝，在石勒死后发动政变，并扫除关中、洛阳势力，与石勒“十八骑”等元从势力的支持有关。自定都襄国后，石勒在“以马上取天下”之外，开始考虑“以玄默治之”。石勒称赵王后，经由门阀制度建设，使士族在后赵政权内取得了政治权益，不少原西晋官僚得以与石勒元从同列。石勒虽对石虎有所防范，但“天下未平”“兵难未已”的外部处境迫使石勒必须继续“以马上取天下”，这成为石虎势力的生存空间。石虎也将自己视作定都襄国后“以马上取天下”路线的继承者。这样，在后赵统治阶级内部形成了以石弘、程遐、徐光为一方，以石虎为另一方的斗争格局。可以说，“以马上取天下”与“以玄默治之”两条政治路线的冲突是后赵出现政治危机的根本原因，但这并非后赵的特有现象，而是十六国政权遇到的普遍问题。当政权建构发展到一定阶段，“以玄默治之”便被提上日程，但战争环境仍然需要延续“以马上取天下”的路线。围绕这两条路线，形成了彼此对立的两个集团。政治理念、权势分配方面的冲突，严重影响政权的稳定。这是造成十六国政权大多国祚短促的重要原因。

（戴卫红　刘　卓　章泽玮）

【刘军《〈墨香阁藏北朝墓志〉所见元魏士族起家制度考论》（《东方论坛》第2期）】

就元魏仕进起家制度而言，《墨香阁藏北朝墓志》乃不可多得的剖析样本，书中志主遍布士族各个层位，起家内容囊括制度的方方面面，极具代表性和说服力，堪称制度整体的缩微。这种集成化研究的难点在于切入口的选择，该文在两个方面尝试突破：一是探讨起家职级与家世门第的对应关系，以体现贵族制社会阀阅流品的原则；二是结合太和新、旧品令对起家官的理论换算值和声望效力值进行量化分析，找到各级士族起家的确切层位，进而推导起家官品与门品的对应规律。具体结论是：以旧令为标尺，超品贵胄主要以四品以上官起家，一品膏腴主要以五品官起家，二品四姓主要以六品官起家，起家官品与门品大致保持四级间距；以新令为标尺，士族三大层级在正六至从七品间交互重叠，超品贵胄的下限为从七品，一品膏腴的下限为正八品，二品四姓的下限为从八品，因为新令是扭曲错位的，故无法在门品与起家官品间搭建齐整的比例对应关系，只能以边缘位置概略式地判断彼此的高下。若论前者，毫无疑问证实宫崎市定著名论断之成立，也说明自身是魏晋惯例之正常延续，并为后世荫叙制度奠定了基础，起到承上启下的枢纽作用。总之，植根新语境、嫁接新体系、变换新视角、运用新方法、获取新认知，目前来看乃《墨志》等珍贵出土文献的理想归宿。

（戴卫红　刘　卓　章泽玮）

【董文强《中华民族共同体视域下的北朝黄帝祖源记忆建构与认同》（《西北民族大学学报（哲学社会科学版）》第5期）】

北朝黄帝祖源记忆的建构，是中华民族

共同体历史演进中多元民族互动与凝聚为一体的具体表现，是中华民族共同体意识发展阶段的历史见证。北魏政治体对黄帝祖源身份的认同经历了曲折与复杂的历程，由最初汉人士族的个体行为，发展到北魏政治体主动认同的政治活动，再进一步建构为北魏政治体国家层面的法统依据。此后，北齐延续了北魏的黄帝祖源记忆。而北周宇文氏为了与北齐争夺正统，采用了区别于北齐所承继的黄帝祖源记忆形式。北朝诸多墓志对黄帝祖源的普遍追述反映出北朝政权虽经数次更迭，但黄帝祖源记忆的共享却一直没有间断，是黄帝祖源记忆由早期的典范走向普遍性的最好说明，亦即边疆与中原各族持续互动融合的有力表征。以华夏先祖为祖源建构，本质上是通过血缘与文化的共享来促进不同民族的融合，这种融合直接促进了内迁北族成员对华夏身份的高度认同。在北魏衰亡后，墓志中仍不厌其烦地书写黄帝祖源记忆，表明其已超越北魏政治体早期单纯的政权合法性与正统性需求的层面，成为边疆与中原各族融为一体的认同符号。而北朝晚期以来，社会层面对黄帝祖源的普遍认同，在一定程度上能够化解和消弭边疆诸族的冲击与挑战，由此带动了四裔各族更进一步的融合与凝聚。经过北魏政治体的整合与引导，北朝黄帝祖源记忆最终建构为以华夏先祖为主体的“一体化”聚合。一体化的历史进程是整个社会的融合与同步发展的过程，实质上是对“大一统”思想认同的结果，亦即将四裔诸族一并纳入王朝体系，重新建构起合乎“王者无外”和“天下一家”理念的统治格局。这种“大一统”认同下的一体化建构，成为统合游牧与农耕、边疆与中原、边缘与中心的强力纽带，必然又一次推动边疆与中原各族的融合；对中华民族共同体统一多民族国家的形成与发展，对中华文化的绵延不断，起到了基础性、根本性的历史作用。

（戴卫红　刘　卓　章泽玮）

【张文平《北魏六镇新论》(《魏晋南北朝隋唐史资料》第 45 辑)】

综合辨析北魏王朝北疆军事防御体系的发展演变过程，可归纳为四个阶段：太武帝拓跋焘在位期间（424—452），六镇的防御体系趋于成型；献文帝拓跋弘于“女水之战”后，又进行了一些局部强化的工作；到孝文帝拓跋宏太和年间（477—499），柔然已难以对北魏王朝形成实质性威胁，于是裁撤了部分不临边的军镇，迁都洛阳也是在这个大背景之下实施的；孝文帝迁都洛阳以后，推行汉化，六镇地位逐渐下降。6 世纪初年，源怀镇抚六镇，六镇军备显示出衰败的迹象，源怀于六镇间“筑城置戍”，但已难以挽回大势。最终“六镇之乱”爆发，终结了北魏历史。对六镇的研究，必须以《魏书》相关记载为准，把《魏书》记载与考古成果相结合，方可得出较为确切的结论，但同时也要注意不能强行为史料记载寻找考古证据。《水经注》也是研究六镇的第一手史料，但《水经注》中讹误较多，对于具体问题须具体分析，如《水经注》记载百年前的参合陂之战，将参合陂误植于参合陉（今乌兰察布市凉城县西北石匣子沟）。《北齐书》《周书》之中也有一些史料可供参考，二书对六镇人籍贯的追溯往往以改镇为州后的州郡为准，由此作为切入点可以了解一些六镇改镇为州的情况；但有的记载存在夸大现象，准确程度不高。至于唐宋时期的史料，已属于研究北魏历史的第二手史料，仅具参考价值，沈垚《六镇释》以唐宋史料为主要依据对六镇的考释，即犯了史料学上的错误。

（戴卫红　刘　卓　章泽玮）

【薛海波《河北大族与东魏建立新论》（《社会科学战线》第6期）】

孝文帝改革后士族化、汉化是中国北方社会发展的趋势，与这一趋势相背离，即使军事力量强大、部落组织有力，也摆脱不了集团盛极而衰、崩溃速亡的结局，葛荣和尔朱氏集团就是明证。高欢及所率领六镇豪帅能得到河北大族的支持，能消灭尔朱氏，战胜孝武帝和胡汉门阀挑战，建立东魏的原因，就在于脱胎于葛荣六镇集团、尔朱荣集团的高欢改弦易辙认可门阀制，实现了与河北大族军事和政治的联合。因此，东魏是继承孝文帝汉化改革成果的汉化政权。北魏末六镇暴动及尔朱氏部落的崛起专权，沉重打击了孝文帝所建森严的门阀体制，在高欢六镇豪帅承认门阀制条件下，失去军权、执政权的北魏宗室和胡汉门阀士族转变为具有文化优势、社会影响力的中央化文官。门阀士族集中的邺都朝廷，主要是处理国家日常行政，处于晋阳霸府九州军士的武力威慑之下。因此，东魏乃至北齐门阀制是处于晋阳九州军士威胁之下的浮萍式门阀制。这使东魏形成了以军领政的政体，东魏北齐的政争也主要围绕军权展开，所谓文武之争、胡汉之争应是表象。受游牧经济形态、应对西魏军事、缓和六镇镇民河北暴动后尖锐的胡汉矛盾等因素影响，在东魏北齐鲜卑化的六镇镇民并没有深入到河北，而是集中在晋阳等地保持部落体制转变为九州军士。这使东魏建立后很难从河北征发徭役和物资，以至于东魏“百官绝禄”。总之，东魏存在军政分离、高度发达的门阀制与浓厚胡族部落色彩的军户制分离、核心军事区与经济中心区分离等结构性缺陷。这些缺陷并没有随高欢子高洋代魏建齐而弥补，相反上述三大结构性缺陷彼此作用，导致北齐内乱不断，最终由强变弱，被北周所灭。因此，东魏建立之初实际上就隐含了日后强而被灭的历史宿命。

（戴卫红　刘　卓　章泽玮）

【陈侃理《弃市新探——兼谈汉晋间死刑的变迁》（《文史》第一辑）】

弃市是秦汉法定死刑中最常用的基准刑罚，其处刑方式旧有斩首、绞首二说，聚讼不决。传世文献中的证据显示，秦汉弃市之法使用刀刃，但不导致身首分离，应是以锋刃割颈而致死。新近公布的益阳兔子山秦牍将弃市的处死方式记作“刑杀”，其中的“刑”字从“开”不从“井”。此字在秦及汉初简帛中的用法与表示罪刑的“荆”字泾渭分明，在《说文》中则与“刭”互训，是分化出来表示“割颈”的专字。由此可确证秦汉弃市的处死方式。以弃市割颈说为基础，还可重新认识魏晋时期死刑趋于宽简的变化，将之概括为“弃市改绞、斩首入律、腰斩出刑”：首先，腰斩被移出常刑之外，而枭首成为死刑的最高等级；其次，弃市从割颈演变为不流血的绞颈；最后，增加斩首，补充绞颈与枭首之间的空档。可见，斩首和绞杀这两种后世最常用的法定死刑，都是在汉魏之际才引入正律的。这是中国古代刑罚制度史上的一个关键性变革。从总体上看，秦汉魏晋的死刑等级划分尤其注重身体的完整程度，与同时期的欧洲有明显差异，或许要从身体、灵魂、生死等观念中去寻找原因。

（戴卫红　刘　卓　章泽玮）

【刘凯《杂祀、天象与皇权：东晋哀帝欲行“洪/鸿祀”考》（《中国史研究》第4期）】

该文主要考察了东晋哀帝“洪/鸿祀”事件，东晋哀帝隆和元年因“天文失度”欲行“洪/鸿祀”，遭臣下谏止，未果而终。“洪/鸿祀”当作“洪祀”，典出《尚书大传·洪范五行传》，意即大祀，万民有过，天降六沴，天子以格祀之礼大祀五精帝求得谅宥。因经典依据、具体仪注与先代故事缺位，“洪祀”至东晋时已为杂祀，唐修《晋书·哀帝纪》“史臣曰”强化了杂祀色彩。《通典》杜佑注可证中唐时人对“洪祀”的理解已偏离原典，转变为与鸿雁相关联的“鸿祀”。“天文失度”当指隆和元年十二月戊午朔日食，太史禳祈则指合朔救日礼。升平五年、隆和元年灾异指向，哀帝十二月日食诏及“桓公入石头”童谣，源头皆指向桓温僭逾。哀帝正是以日食为契机，借口合朔救日无效，欲行“洪祀”，意在表明桓温为灾异源头，而他则作为万民代表祭祀五精帝，求取谅宥的同时可端正承统，稳固元、明、成帝再至己的中兴正统谱系。在此意义上，“冀以免咎”实是哀帝欲颉颃权臣，维护积弱皇权的真实心态写照。无果而终后哀帝方回归下诏救日礼，后改元兴宁，并亲行宣示皇权的籍田礼。

（戴卫红　刘　卓　章泽玮）

【陈志远《中山七帝寺兴废考——解读〈隋重修七帝寺碑〉》（《世界宗教研究》第3期）】

定州中山七帝寺的命运沉浮，生动地见证了北朝后期至隋初重佛与抑佛的政策摇摆。中山是北魏控御太行山以东地区的重镇，太和年间僧晕发起为七位先帝造立大像，是孝文帝庙制改革的直接后果。魏齐禅代之际，高欢的晋阳霸府也设置了七帝寺，并不限于中山一地。东魏孝静帝逊位后封中山王，元氏七庙神主存放于寺中，中山七帝寺与元魏宗庙建立了最密切的关联。随着孝敬帝被杀，神主被毁，此地蜕变为地方寺院。经历了周武法难，寺院经像毁圮，僧人只能通过两位俗家的下级官员赎买旧寺的土地，并推立二人为俗寺主。《七帝寺碑》云：“忽蒙敕旨，大县别听立僧尼两寺，安憙令裴世元，王、刘二尉等以七帝旧所像殿俱兴，遂申州表省，置为县寺。”根据立碑年代可以推测，敕旨颁布的时间当在开皇五年左右。北魏时期煊赫一时的七帝寺，最终成为隋代许可的县级寺院。七帝寺所存五件石刻，其中所展现出的独特佛教实践，诸如为先帝造大像，为七庙祈福，引《涅槃经》典故叙述灭法恶王，俗人担任寺主，都可以结合印度佛教研究的新进展加以考察，而不仅仅以诸如北方特色、佛教的世俗化等习惯的思路加以解释。

（戴卫红　刘　卓　章泽玮）

【刘可维《汉晋葬仪中吉凶卤簿的形成与变迁》(《魏晋南北朝隋唐史资料》第45辑)】

该文考察了汉晋时期葬仪所见吉凶卤簿的形成与礼制化过程。吉凶卤簿的礼制基础可以追溯至儒家凶礼记载的乘、道、槀三车，以及承载棺柩的柩车。然而，儒家凶礼中，三车与柩车并未处于对等的礼制地位，其葬仪是以柩车为中心展开的。西汉时期，在现实的丧葬场合中开始使用辒辌车。辒辌车最初由辒车与辌车构成，其中辌车用于载柩，而辒车则被比定为吉驾。由此形成最初形态的吉凶车驾。在西汉制度的基础上，东汉皇帝的送葬礼仪已明确由吉凶两部卤簿并列构成，其中的吉驾卤簿还对应于皇帝所行最高等级吉礼的标准。随着吉凶卤簿的确立，汉魏时期直到官员阶层的丧葬礼仪也开始分吉凶两部，并且形成了相应的等级制度。在汉魏制度基础上，西晋致力于全面构筑本朝的统治体制。在编纂晋礼之际，西晋朝廷内部对于是否继承汉魏故事中的吉凶卤簿产生过较大分歧。荀顗以吉驾卤簿违背古礼为由，在最初编纂的“新礼”中废除了吉驾卤簿。实际上，这一礼制规定在一定程度上又回归到儒家礼典记载的以柩车为中心的丧葬礼仪。然而，继汉魏以来的传统，西晋在现实层面中已广泛将送葬仪式分为吉凶两部，并形成了具体的执行标准。面对荀顗“新礼”与现实的脱节，挚虞主张应对“新礼”进行修订，在最终颁布的“新礼”中保留了吉驾卤簿。西晋朝围绕吉凶卤簿的争论，展现出当时在礼制观念上并未取得统一。不过，正是基于这种争论，进一步明确了吉凶卤簿的礼制基础与执行规范，由此奠定了中古时期丧葬礼仪的基本模式。

（戴卫红　刘　卓　章泽玮）

【周杨《礼乐文化视角下北魏王朝的华夏化——以墓葬中具有音乐内容的文物为中心》(《故宫博物院院刊》第9期)】

北魏墓葬所见具有音乐内容的文物，在整体上以墓室壁画、葬具图像、陶俑及器物装饰等形式表现。按照音乐性质不同，大致可将其归纳为“鼓吹乐组合”、“燕乐组合”和“百戏组合”三类，分别用以表现音乐的政治、社会和娱乐功能。从基本题材形式来看，它们其实是汉魏墓葬图像传统中“车马出行”与“宴饮庖厨”两类题材与音乐元素的嫁接与整合。三类组合的发展经历了平城时代前期、平城时代后期与洛阳时代三个阶段，分别呈现出“戎华兼采”“胡汉并流”“整合重建”三种阶段性特点。在每一个阶段中，其表现形式、音乐组合、人物的性别及服饰等内容均有所差别。其中，在前两个阶段中，三类组合经历了由壁画向陶俑组合的转变，并逐渐表现出更加鲜明的符号化特点。在第三个阶段中，鼓吹乐组合中的鲜卑化因素被进一步剔除，人物衣冠表现出华夏化特征，“燕乐组合”与“百戏组合”也发生了分离，音乐组合进一步重整。这些转变背后皆有现实礼制建设作为推动力，在一定程度上表现出符号秩序的重建，其实质是北魏王朝在文化和制度上向华夏传统的回归，及其融入华夏的历史走向。

（戴卫红　刘　卓　章泽玮）

【石硕《胡入中华：“中华”一词的产生及开放性特点——东晋南北朝至隋唐胡汉融合与“中华”词意嬗变》（《清华大学学报（哲学社会科学版）》第4期）】

东晋南北朝至隋唐是中国历史上一个大的民族融合时期，正是在这一时期，产生了一个浓缩中国文化特质且对后世影响深远的词语——“中华”。“中华”一词始见于西晋末，是“胡人”大举入据背景下，中原士人为把中原的政治与文化同“胡人”相区分而产生的自我称谓，故“中华”乃胡汉互动的产物。但入唐以后，“中华”一词被广泛使用，不仅成为唐朝的别称，也成为中国名号。这意味着当初为与“胡人”相区分而产生的“中华”称谓及概念已发生根本变化——成为胡汉融合体的一个统称。“中华”始于胡汉区分，却终于胡汉的融合。所以产生这样的结果，根本原因在于“中华”一词并不是一个狭义的“汉人”概念，而是一个较宽泛的文化概念，它的边界开放而模糊，既不对胡族设限，胡族对其也无明显的抵触与排斥。“中”是中国。“华”则是一个与“衣冠”相类、具有喻指“文化之美”和“文明之高”的象征词语，这使“中华”概念具有极大的包容度和开放性。因此，“中华”并非族别称谓，亦非“华夏”之义，而是较宽泛的文化概念。入唐以后，“中华”一词作为唐朝别称与中国名号被广泛使用的事实，清楚地告诉我们，“中华”概念的实质是“华夷融合”。这是后来“中华”所指称的共同体得以不断扩大的原因。

（戴卫红　刘　卓　章泽玮）

【霍巍《梁元帝〈职贡图〉与“西戎”诸国》（《民族研究》第4期）】

梁元帝《职贡图》给后世留下了极其丰富的历史信息。首先，是在南北朝特殊的历史背景之下，南朝的“天下”和“国家”观仍然保持了秦汉以来统一多民族国家的正统史观，对于“中国”的认知仍是以南朝作为中原王朝的正朔所在，维系了以“中国”为中心的“大一统”观念。同时，又以秦汉以来的“朝贡”制度为主要手段，通过对域外或边疆古代民族首领和使节的接待礼仪和列位方式，来体现“天下秩序”或“藩臣之礼”。即使是在北朝强敌形成巨大压力的局势之下，南梁政权仍然通过绘制《职贡图》，力图维持其大一统的中心地位。其次，为了维系这个“世界主体”或“中心”的地位，就必须保持中西交通，尤其是与西域各国的友好关系。但在地理区位上，政治中心位于长江下游的南朝与北朝相比，明显处于劣势，与西域之间远隔万里长江水道，所以必须采取各种措施巩固其对长江上游和中游的控制，才能保持与西域各国的畅通。因此，梁元帝在《职贡图》序言当中所表现出的对于长江上游的特别关注，应有其战略深意。再次，正是基于这样的战略考虑，在梁元帝《职贡图》中，将长江上游、甘青地区的部分“西戎”以及长江中游一带荆楚的部分“诸蛮”，也都列入与海南、东夷、西北诸戎中的西域诸国同等重要的地位加以对待，这并不只是单纯地为了夸耀其治国“政绩”，而是旨在通过对川西北高原、甘青一带“西戎”和长江中游“诸蛮”之间的掌控、交往和互动，建立起以长江上游益州、中游荆州为重镇的战略性交通网络，以服务于南朝总体性的国家策略。

（戴卫红　刘　卓　章泽玮）

【胡胜源《帝纪微言：〈魏书〉北魏末诸帝的书写与东魏北齐正统性的建构》（《文史哲》第1期）】

《魏书》对尔朱氏所立的孝庄帝、元晔、节闵帝及高氏拥立的元朗、孝武帝有不同的书写。同为尔朱氏所立，元晔却不预《本纪》；元朗虽被列入帝序，“史臣曰”却刻意淡化其存在，转而凸显节闵帝与孝武帝，但《废出三帝纪》却在他们及元朗的帝号后附加王号，并称节闵帝、孝武帝之死乃“天下所弃”，此举不仅富含褒贬，也与高欢拥戴孝庄帝、高欢与高乾兄弟为报君父之仇于信都“举义”、孝武帝入关、高欢改立孝静帝等事密切相关。因高欢本属尔朱荣势力的“拥帝派”，又以为君父报仇之名与高乾兄弟合作“举义”，孝庄帝的历史地位便不容否定，高欢为此不得不废节闵帝改立孝武帝。孝武帝入关，高欢以“臣宁负陛下，不负社稷”改立新君，更令孝静帝认孝明帝为父，使“高祖有祀”，强化统治正当性。《魏书》沿袭高欢基调，批孝庄帝让“高祖不祀”，称节闵帝“雅道居多”、孝武帝“悖德为甚”，将节闵帝等三帝之帝号、王号并举，建构北魏孝明帝—东魏孝静帝—北齐文宣帝的君位继承，便有创造东魏北齐承袭孝文帝国统的目的，暗藏提高东魏北齐正统性的用心。由此，也能一窥《魏书》高度推崇孝文帝的原因以及孝文国统对北朝末期政治演变的影响。

（戴卫红　刘　卓　章泽玮）

【楼劲《魏晋南北朝儒学的发展》（《历史研究》第3期）】

经过重新审视、评判，形成于20世纪初、在学界长期存在并产生相当影响力的“魏晋南北朝儒学衰落”的说法并不能成立。根据古文经学兴盛象征的经学发展、玄学发展状况所象征的儒学前沿课题和对不同思想理论的兼容并蓄能力、儒学常识化所象征的儒学社会化程度提高等一系列历史事实，魏晋南北朝儒学承接了两汉儒学的发展趋势，发扬了两汉儒家基于现实进行解经阐义的经学传统，在一定程度上扩展了儒学的主干、基础、作用和影响，展现出了儒学随时代变化而不断发展的图景。东汉时期，经学开始成为学童课程，象征儒学走向普及，这一现象在魏晋南北朝时期并未断绝，南北朝士人普遍自幼习五经，这种倾向同样适用于当时的庶民阶层。魏晋南北朝时期，古文经学发展迅猛、新说纷纭，经传注疏作品汗牛充栋，出现了一大批不墨守师法家法、兼通五经的经学家，这意味着儒学仍然保留巨大的理论活力与学术影响。同时，南朝与北朝经学也出现了在竞争中相互吸收、相互融合的趋势。魏晋南北朝思想的一大特色是玄学的兴起，但玄学本质上仍是士人对儒学体系，对名教秩序等问题的讨论和思考，其旨在于批判、纠正名教秩序之弊，并兼采诸家学说，重新阐解五经，进而由此扩展至天地万物之理等问题。

（陈冠华　张倩茹）

【江向东《佛教因果学说的中国化——以〈弘明集〉与〈广弘明集〉为中心的研究》（《西南民族大学学报（人文社会科学版）》第5期）】

汉代印度佛教传入中国，至魏晋南北朝时期，佛教及其理论逐渐中国化，初步形成了不同于印度母胎的中国佛教哲学因果学说。中国佛教哲学因果学说是印度佛教哲学因果理论与中国古代本土主流思想学派融合汇通，中、印文化“嫁接”的新成果。深入分析梁僧祐《弘明集》和唐道宣《广弘明集》，可以揭示中国佛教哲学因果学说发展的三个阶段。第一阶段，“被动适应阶段”。佛教初入汉地，特别强调“因果报应”与中国本土“福善祸淫”思想之相通，在“报应”与“生死”问题上，往往引孔、老之书以力证佛教与儒、道二家思想相一致。可见，佛教中国化，多采取有利于佛教传布的“折中方案”或“诠释策略”，即两汉时期是依附于黄老之学，魏晋时期则依附于玄学而传播。第二阶段，“主动调适阶段”。南北朝时期慧远提出“三世报应说”，深化了“善恶报应”的理论，“业有三报，一曰现报，二曰生报，三曰后报。现报者，善恶始于此身，即此身受；生报者，来生便受；后报者，或经二生、三生、百生、千生，然后乃受。受之无主，必由于心；心无定司，感事而应；应有迟速，故报有先后；先后虽异，咸随所遇而为对；对有强弱，故轻重不同。斯乃自然之赏罚，三报之大略也”。这体现出中国佛教不再主要依附儒、道等中国本土思想学派而立说，但“三世报应说”仍未彻底脱离中国本土思想。第三阶段，“调适完成阶段”。李师政在“三世报应说”基础上提出“因缘果报说”，对“业报”“因缘”“业”“命”等概念作出专门解释，“命系于业，业起于人，人禀命以穷通，命随业而厚薄。厚薄之命，莫非由己”，标志着其“因缘果报说”之理论建构的最终完成。在此过程中，可以看出中国佛教的自主性与自信心在逐步增强，为中国本土佛教宗派的创立准备了理论基础。

（陈冠华）

【林梅村《龟兹五铢钱——兼论公元前5世纪至7世纪丝绸之路流通货币》(《故宫博物院院刊》第2期)】

龟兹五铢钱是丝绸之路北道流通的一种铜币，铸有汉文和婆罗谜文两种铭文，但是背面婆罗谜文尚未解读。在新疆轮台、库车、巴楚古城址及佛寺遗址出土了数以万计的龟兹五铢钱，主要流通于汉唐时期龟兹王国（今新疆阿克苏地区）。我们最近发现，龟兹五铢钱两个婆罗谜文符号中，一个符号为婆罗谜文（mudrā“戳记”）一词的缩写mu（=于阗塞语mura“铜钱”），另一个符号则为婆罗谜文数字“50”。作为东方泱泱大国，中国货币在历史上对西域货币产生过重大影响，如汉佉二体钱、龟兹五铢钱、粟特方孔铜钱、高昌吉利钱、回鹘日月光金铜钱、突骑施钱、回鹘方孔铜钱，以及伊利汗国发行的波斯纸钞。其中龟兹五铢钱是丝绸之路北道龟兹王国铸造的，亦称“汉龟二体钱”。但龟兹文是一种用来拼写吐火罗语B方言的婆罗谜文变体文字，目前所见龟兹文壁画题记和佛经写卷皆不早于南北朝，而龟兹五铢钱的产生时代不晚于三国时期。换言之，龟兹五铢钱创建时龟兹文尚未产生。因此，我们不能称其为“汉龟二体钱”，也不能用龟兹语解读钱币背面婆罗谜文符号。龟兹五铢钱铸有汉文和婆罗谜文两种文字，那么这种双语钱币产生年代应当在婆罗谜文传入龟兹国之后。佛教和婆罗谜文传入龟兹王国当在东汉末年，不晚于三国曹魏时期，而龟兹五铢钱的产生年代亦在这个时期。从南北朝至唐初丝绸之路流通的西域货币看，龟兹国的金钱、银钱和小铜钱分别为罗马金币、萨珊波斯银币和龟兹五铢钱。新疆文物考古研究所考古队在发掘库车苏巴什佛寺遗址时，发现唐代钱币与龟兹五铢钱共存于同一初唐文化层，说明7世纪初龟兹五铢钱仍在丝绸之路北道流行。

（李鸣飞）

【陈丽萍《再议唐“十王宅制”》(《中国史研究》第1期)】

文章认为，“十王宅制”的确立是唐代宗室管理制度的分水岭，其管理方式对唐代宗室群体有深远影响。出阁制度作为一种唐代宗室管理制度，近支宗室从宫廷迁出，继而就藩地方，体现宗室价值，协助王朝治理。唐初高祖诸子的不出阁引发了宫廷秽闻和通谋作乱，因此从太宗朝始，近支宗室基本遵循赐宅、开府与就藩为主要标志的出阁制度，并在高宗至睿宗朝都得到了大致贯彻。至玄宗朝，“非位”继承的不稳定和不自信，令玄宗在开元初对各种政治隐患极为在意，宗室皇亲的权力和交游等遭到大幅收缩与严密监控，出阁制逐渐形同虚设。继而以群居（即“十王宅制”）、虚开府、遥领为要素的“不出阁制”开始创建，至开元二十三年完全确立，与出阁制并行，区别在于适用的宗室群体不同。其中“十王宅制”作为“不出阁制”的基础，应在开元十五年左右建成，因之后有六王迁入，又名“十六王宅”，还有别称“十王宅”“十王院”“六王宅”“内邸”“内第”“藩邸”等，与大明宫临近并在运行管理上仰赖既有的宫廷制度，而位于兴宁坊内的“百孙院”，同样因功能类似、管理模式接近而被时人混同。“十王宅”乃至“百孙院”的建成，对玄宗子孙实现了全封闭式监管，唐代（玄宗以后）近支宗室的命运以及他们与王朝之间的关系得到改变。这也直接或间接导致近支宗室的整体地位下降，婚嫁成为难题乃至积弊，宗室生活环境不断恶化，命运跌宕不测。所以，“十王宅制”既是玄宗扩充皇权后的产物，也是宗室群体难以融入国家体制的注解。

（赵　洋）

【游自勇《“弃常为妖”：中古正史〈五行志〉的灾异书写》（《历史研究》第2期）】

文章认为，中古正史《五行志》能够集中反映中国古代官方意识形态中的天人感应思想，是研究灾异理论及其实践的基本资料。目前学界对《五行志》的研究取向大体分为三种：一是思想史、史学史，相关研究集中在开山之作汉志上；二是社会史，主体是灾害史的研究路径；三是文化史，常见的是对《五行志》所记某类现象的专题研究。以上三种取向各有侧重，但志书文本的动态形成过程始终未成为讨论焦点。中古正史《五行志》大致采取了三种灾异书写策略。第一种是从灾异到灾异，即无论来源是何种史料，均明确显示属于灾异。第二种书写策略是从祥瑞到灾异，即在时人的一般观念中视为祥瑞的现象或事物，《五行志》编纂者却将之归入灾异。第三种书写策略是从无定性到灾异，即史料来源中并未明确显示是灾异，史家在编纂《五行志》时将其看作灾异。史家为《五行志》量身定制的独特叙述框架及灾异书写策略，其目的是要构建一套专属的话语体系。“弃常为妖”是对灾异本质的精准概括，也是《五行志》灾异书写遵循的基本原则。灾异的书写也分为三步，首先将灾异视为反常的“妖”，其次认识和解说“妖”，再次“变妖为常”。不管何种异象，也无论前人如何记录，史家只要遵循《五行志》书写逻辑，按照固定书写模式，都可以将之转化成灾异文本，实现从“弃常为妖”到“变妖为常”的价值判断转变。这一转变过程也是《五行志》文本生成过程的展现。此过程背后，史家通过对灾异解释话语权力的掌控，以反常之道来表达正常的政治诉求，以塑造理想的君臣关系。中古《五行志》的灾异书写就是史家理想中的治道表述。

（赵　洋）

【刘子凡《重塑“瀚海”——唐代瀚海军的设立与古代“瀚海”内涵的转变》（《中国史研究》第2期）】

文章认为，“瀚海”是中国古代自汉代一直沿用到清代的重要边疆地理概念。汉代以来的文献中不断提到“瀚海”，但关于其具体所指却有着戏剧化的差异，近代以来对于“瀚海”的研究更是众说纷纭。其实，唐代以征行瀚海之意在北庭设立瀚海军，在汉唐时期传统的漠北“瀚海”概念之外，又重塑了一个专指瀚海军的西域“瀚海”。后人不知其制度渊源而以西域大沙海比附，从而造成了“瀚海”从水体向沙漠的转变。而以北庭瀚海军的设立和影响为核心，阐释“瀚海”的内涵从湖泊被重新塑造为戈壁沙漠的历史过程：汉唐时期的“瀚海”地理景观都是指漠北的大型湖泊；武周时期曾以征伐瀚海为名筹备瀚海道行军，此后在北庭设立名为瀚海军的军镇，由此分化出了特指瀚海军的西域“瀚海”；明代将西域“瀚海”与西域的大沙海混同；清代又在此基础上将“瀚海”定为蒙古戈壁沙漠，最终形成了“瀚海”内涵的转变。纵观重塑“瀚海”内涵的历史过程，可以看到制度因素对古人认知世界的影响可能会比我们此前想象的更加深入，或者说制度变迁也应当成为观察中国古代思想文化演进的重要载体。

（赵　洋）

【张萌萌、曹虹《庙学之间：论唐代孔庙碑的时空结构》（《民俗研究》第2期）】

文章认为，在传统中国，“礼”所代表的国家制度的规约性与“俗”所代表的民间生活的自发性之间存在显著张力和互动，唐代孔庙碑则是凝结了国家之“礼”与民间之“俗”的特殊文化载体。孔庙碑，即立于孔庙的石碑，多用以记叙建筑营构、夸耀官员功业、助力地方教化等。唐代孔庙碑的兴盛离不开孔庙建设的发展。有唐一代对建庙祀孔也多有反复的制度推进，故而依托地方学校建立，形成校内建置圣庙、庙内举行学礼的“庙学制”，并深刻影响了唐代孔庙碑的外在形制与文体风貌。唐代孔庙碑还进一步强化唐代孔庙圣俗相融的文化特性，尤其在雍肃俨然甚至略有封闭的孔庙中，庙碑的位置与形制显豁，刻满文字的庙碑立于庙门，现实空间与概念空间叠加，士人百姓借由场景观看领略庙碑的文化意蕴。由此，碑文不仅塑造了士人心中的理想空间，也显现了大众文化与精英文化的混杂，从而推行孔庙教化功用，推进地方社会文教发展。同时，唐代孔庙和庙碑的特色还在于，孔庙虽是儒教圣域，但也被庶民文化赋予了神祠色彩。百姓因心中的先验图式和既有经验而对礼仪活动产生异于官方期待的理解，“君子以为文，而百姓以为神”。文本空间与现实空间的叠加、祭祀仪式的举行，加剧了孔庙的圣俗二重特性。唐代孔庙建设还经历了从依学设庙到重庙轻学，甚至庙存学废的转变。这也反映在庙碑文本中，尤其是叙事模式的变更，伴随营葺缘由的变化，地方官员的主观选择以及学官职能变迁，碑文对建设主体、资金来源的描述也一并变化。及至宋代，以“学”为指归，宋代庙碑的重点又从庙到学转移，宋人对唐代存庙废学表示的不满，并对唐代孔庙神祠特性进行剥离，这也昭示出唐宋思想学术领域时代论题的变化，即学者不再相信凭借仪制践履便能维持国家统治，而是转入对道德性命的思考，士人信仰由多元归于正统。

（赵　洋）

【段晴《吕珎胡书——对中国国家图书馆藏西域文书BH1－17于阗语文书的释读》（《西域研究》第2期）】

文章认为中国国家图书馆藏编号BH1－

17 于阗语文书（简称吕珎胡书），出自 782 年到 784 年，亦即郭昕镇守安西的时期。郭昕镇守安西的时期，历经唐朝与回鹘交恶、吐蕃占领关陇等一系列事件，以至于与唐王朝的中央长时间断绝往来，长时期得不到来自中原的补给。以差科制度获得补给，也成为当时安西镇军能够长期坚守的保障。差科作为唐代税制，其内涵不能与于阗语指代“差科”的 hira 一词完整吻合。吕珎由于接受过很好的于阗语书写训练，不仅善胡书，又通晓汉语文字，所以他能正确领会安西镇守军最高指挥官的意图，领会媲摩守捉镇守军的指令，领会作为制度的“差科”所应有的手续，故而吕珎胡书的主要内容就在于向当地于阗人解释差科的含义，并命令杰谢人派出力役等。将该文书所有内容翻译成汉语，针对文书中出现的人名、地名进行分析，并对文书的词句逐行注释后，可以发现吕珎胡书涉及安西四镇的最高首领，涉及唐代于阗王国的重要地望，包括镇守军的守捉媲摩，以及杰谢，即现在距离策勒县以北约 90 公里之处的丹丹乌里克。文书所涉及的人物、事件层次分明，为揭示 8 世纪后 20 年唐朝镇守军的供给机制、与当地社会的关系等提供了重要的文献。

（赵　洋）

【毕波《粟特人在于阗——以中国人民大学藏粟特语文书为中心》（《中国人民大学学报》第 1 期）】

粟特人是生活在中亚阿姆河和锡尔河之间的“河中地”、操印欧语系东伊朗语支的一个古代民族。从公元 3 世纪到 9 世纪，继贵霜商人而起的粟特人活跃于从粟特本土到中国以及周边的广大区域，成为亚洲内陆丝绸之路贸易的主要承担者，其卓越的商业能力正是他们于北朝末年在中国北方崛起的重要原因。不止于此，粟特人还在促进不同政权之间政治沟通、跨地域宗教传播和文化交流方面扮演了重要角色。21 世纪初在新疆和田地区发现了一批粟特语材料，分别入藏中国人民大学博物馆、中国国家图书馆和新疆维吾尔自治区博物馆，成为深入考察粟特人在于阗活动的宝贵一手资料。人大藏这批新发现粟特语文书共 13 件，无论从数量还是从文书所含历史信息来说，可谓近年来关于粟特人最重要的一组发现。这批纸文书，其中 4 件为经济文书，6 件为书信（仅 1 件比较完整），其余 3 件因残损严重、难以识别，性质待定。这组文书可能写于 8 世纪末左右，即唐帝国在于阗统治的尾声。这组文书的具体出土地点尚不清楚，但推测在和田麻札塔格、丹丹乌里克和老达玛沟等地。人大藏粟特语文献，尽管数量有限，却蕴含了丰富的历史信息，不仅是了解活跃在中古于阗社会的粟特人的贸易活动、商业网络的第一手珍贵文献，还提供了观察唐朝制度和文化在西域绿洲王国的影响的特殊视角，深化了我们对于阗社会不同族群之间交流互动的认识。

（李鸣飞）

【沈琛《再论吐蕃与景教、摩尼教的联系》（《敦煌研究》第 3 期）】

通过对景教东方教会牧首提摩太一世

（Timothy I，780—823 年在位）的两封提及吐蕃的叙利亚语书信（41、47 号），敦煌藏文 P. t. 351《占卜书》中包含的赞颂夷数迷师诃（Ishimyishiha，即耶稣）的内容，拉达克唐泽（Tangtse）附近的粟特文景教十字架摩崖石刻以及洞噶（Domkhar）的藏文十字架式佛塔石刻题记，敦煌藏文文书 P. t. 1182 与 P. t. 1676 上所绘的十字架，赤松德赞所撰的《正语量略集》（bKa’ yang dag pa’ i tshad ma las mdobtus pa）中包含的反对摩尼教的内容等有关吐蕃与景教、摩尼教联系的 5 组史料的性质、年代与真伪进行重新检视，可知，拉达克的十字架可以确定是出自于粟特人之手，敦煌藏文文献上的十字架可能是吐蕃统治时期由汉人写经生所画，并不能确认是吐蕃人信仰了景教或摩尼教。P. t. 1676 上的图案并非十字架，而是属于涂鸦。景教牧首提摩太一世的书信中提到的吐蕃的大主教有可能是派驻于吐蕃的新占领地区，如粟特人活动密集的敦煌、勃律和拉达克等地。藏文景教占卜书是在 10 世纪写成，也不一定是出自于吐蕃人之手。赤松德赞在《正语略集量》中贬斥摩尼教的内容可以证明吐蕃王室已经对于摩尼教的教义有充分的了解。摩尼教的知识传入吐蕃的渠道主要有东西二途，一是从西方拉达克一线由粟特商人和使节带入吐蕃，一是从东方的敦煌一带传入吐蕃。吐蕃统治敦煌之后，敦煌文献能够提供给吐蕃更直接和丰富的异域宗教的相关知识。由此可见，有关摩尼教与景教的知识虽然传入了吐蕃宫廷，但这两种宗教似乎没能在吐蕃腹地获得实质性的传播。

（李鸣飞）

【张铁山《敦煌研究院旧藏三件回鹘文“阿毗达磨论藏”残片研究》（《敦煌学辑刊》第 2 期）】

阿毗达磨为梵语 abhidharma 的音译，原指有关教法之研究，后广至经、律二藏之论述，皆称为阿毗达磨。阿毗达磨藏是佛教论藏的典籍，在佛典中占有重要地位，并曾被译为回鹘文。敦煌研究院旧藏的回鹘文文献中有数件属于此类典籍的残片，其中两件已经刊布。此次经过识读，又发现三件。第一件破损严重，书写年代不清，可能为宋元时代，经过识读，可以判断是《阿毗达磨俱舍论》第三卷残片。第二件残损严重，贝叶式，无年代记载，但带有明显的元代回鹘文特征，内容为《阿毗达磨显宗论》第一卷残片。第三件为两面书写，一面为汉义《胜天王般若波罗蜜经》第七卷中内容，残余 4 行，一面为回鹘文《俱舍论颂疏论本》第一卷的内容，残损 8 行。这三件回鹘文阿毗达磨论藏残片，虽残损严重，但经过识读，可获得这样的信息：1. 这些残片均译自汉文本，且文中夹写有汉字。这说明汉文化特别是汉族佛教文化对回鹘文化产生了巨大的影响。2. 回鹘文译文多采用的是摘译，选择其中的某些词句进行翻译。由此推测，这也许是回鹘佛僧的读书笔记或重要词句摘要。

（李鸣飞）

【陈肯《敕勒与铁勒族名新证》(《欧亚学刊》新11辑)】

作为回纥的前身，以及在突厥统治之下的主要部落集团，隋唐时期的铁勒族通常被认为是由魏晋南北朝时期的敕勒族发展演化而来。可是，在从“敕勒”到“铁勒”的族名嬗变关系上，严格的对音分析遇到了极大的困难，因“敕”与“铁”的古声分别收于不同的塞音 -k 和 -t，故很难令人相信“敕勒”与“铁勒”对应的胡语原文是同一个词。2009 年在蒙古国出土的唐《仆固乙突墓志》中明确提到，墓主出自“铁勤之别部”，这里的“铁勤”正对应传世载籍中的“铁勒”，于是便不得不令人怀疑，史书中的“铁勒”其实是“铁勤”的讹写。大量证据表明，众多提到族名“铁勒”的初唐时期的碑铭、墓志以及出土文书等无一例外，统统都写作“铁勤”；同时，两次提到族名“敕勒”的初唐《于孝显碑》也均写作“敕勤”，这就越来越接近证实一个新的假说：族名“敕勒”与“铁勒”中的“勒”字其实是“勤”字的错误写法，这一对族名的正确汉译形式应当是“敕勤”与“铁勤”。从这一复原出发，便能容易地对“敕勤”与“铁勤”的胡语原文进行构拟，也能轻松地对这两种汉译形式产生和演变的机理进行解释。基于前贤的相关研究成果可以推测，族名“敕勤”与“铁勤”的语源是鲜卑语 * terigin，意为“车，大车”，该词是鲜卑、柔然等古蒙古语族群对古突厥语族群丁零中部分人群的他称，其进入汉语的意译形式即“高车”。“敕勤”（* tʻrjək - giən）是上古汉语的音译形式，其中既有复辅音，又有辅音连缀；“铁勤”（* tʻiet - gĭən）则是中古汉语的音译形式，采用了“辅音 + 元音 + 辅音”的普通音节形式来对音。音译名从“敕勤”改为“铁勤”，一方面反映了古汉语从晚期上古音到早期中古音的演变，另一方面也折射了北朝后期各集团的分化重组所引发政治中心的迁移以及由此导致的汉语通语标准音的裂变。职是之故，北朝民歌《敕勒歌》理应更正为《敕勤歌》；而“敕勒”来自“平原”čol 的转写、“铁勒”来自“突厥”türk 的转写等假说均不再成立。铁勒与突厥在族名和族源上各不相同，两者不容混淆。

（李鸣飞）

【庆昭蓉、荣新江《唐代碛西“税粮”制度钩沉》(《西域研究》第2期)】

文章指出，隋唐典籍罕见“税粮”一语，塔里木盆地周边遗址出土唐代胡汉文书却屡有发现，特别是近年中国国家图书馆、中国人民大学博物馆征集的和田出土汉文文书中，含有涉及税粮的多篇账簿。这些新出汉文文书凡是带有年款或易于使用人名、内容考订者，均属唐大历至贞元年间记录，纪年最晚者为贞元六年，为税粮制度的运作情况提供了丰富资料。根据这些文书得知，在中央政府没有支持的情况下，安西节度使辖下的地区利用税粮制度解决镇守军人粮、马料供给，后者也称之为“税料”。于阗王国作为唐朝羁縻性质的毗沙都督府，利用州、乡、村各级地方行政部门，征集税粮，转交给镇守军。这个征税系统不断往地方扎根，负责税粮征收的镇守军将官越来越接近于阗胡人百姓，而不是始终通过于阗王府固有的税收系统。对于于阗百姓来说，税粮的负担相当沉重，镇守军设置专征官来督促欠税，地方叱半等官吏协助完成。作为税粮不济的补充，也采用了以钱折纳的措施。但整体看来，税粮具有比较明显的地税色彩。除了“税料”以及折耗，疑似作为“税粮”附加税的还有“脚钱”。这些有关税粮的账簿、草稿以及双语粮食税简与税抄的存在，揭示了8世纪后期碛西镇守军方面尽管人力有所紧缺，仍然维持了相当严密的行政制度，殊为难能。

（赵　洋）

【唐雯《〈旧唐书〉中晚唐人物列传史源辨析——以〈顺宗实录〉八传为中心》（《中华文史论丛》第2期）】

文章指出，学界往往认为《旧唐书》中代宗朝之前的本纪承袭韦述等所编国史，之后则来源于各朝实录，文宗之后依靠贾纬所作《唐年补录》及五代时期搜集到的各类材料。但《顺宗实录》详本作为《旧唐书》史源之一，与《顺宗实录》相关联的诸人传记也出自五代史臣，《册府元龟》中有详细系年的唐代文字更是大概率引自唐实录，故而将《顺宗实录》中八篇传记与相应《旧唐书》本传逐一比对之后，可见《旧传》与《顺录》本传之间关系颇为密切，由此我们可以发现五代史臣所做的工作远超乎我们的想象。其中，四篇《旧传》与《顺录》本传重合度较高；三篇《旧传》在主体上整体吸收了详本《顺传》，但仍从各朝实录的编年部分中选择了不少与传主相关的材料作了补充；《旧唐书·陆贽传》则非常巧妙地糅合了《顺录》本传和权德舆《集序》，以此为基础形成了全篇的架构，然后据《德宗实录》和陆贽文集增入长篇奏议以及其他论议国事的内容，并根据《德宗实录》中的时间线整合了《旧传》叙事的先后顺序。在编修《旧唐书》时，五代史臣们所利用的材料十分丰富，对于传记的书写也并非单纯抄撮现成的《实录》本传，而是在别择的基础上增入材料，并进行相当有效的整合工作。

（赵　洋）

【朱丽双、荣新江《出土文书所见唐代于阗的农业与种植》（《中国经济史研究》第3期）】

文章认为，于阗的农业生产由来已久，但前期相关文献史料较少记载，入唐以后的资料则相对增加，尤其是和田地区出土的于阗语和汉语文书的全面释读和刊布，为我们深入认识于阗的农业种植提供了最为直接的证据，能使我们得以更加全面地了解于阗农业生产的状况。目前所知，于阗地区的主要粮食作物包括小麦、青麦、粟、糜，其中小麦是于阗人种植的主要粮食作物，是主要的食用粮食；青麦也是主要粮食，尤其是普通百姓的食物，同时还是马、牛等牲畜的饲料；粟是于阗大量种植的作物；糜虽也是于阗人的粮食之一，但比重似不如小麦、青麦和粟。这四种收成构成了于阗人纳税的主要来源。《梁书》和《隋书》虽说于阗农作物中有稻，但目前所见出土文书中涉及稻米的很少，只有5件汉文文书提到稻米，但基本都来自和田河西岸的麻札塔格遗址，说明这一带因为靠近和田河，曾种植水稻。于阗的主要经济作物有桑、麻、棉。至少在5—6世纪，于阗已经有蚕桑生产，从《大唐西域记》和出土文书看，生产颇具规模。麻也在于阗普遍种植，成为主要交税物品。此外还种植油麻（芝麻）。棉又被称作白氎（緤），是于阗人的日常服装用料。从农业的角度来看出土文书，能够真切地了解唐朝于阗地区的农业种植情况，甚至物产的比重，以及于阗王国范围内不同区域的不同情况。而随着唐朝势力进入安西四镇地区，水利设施的进一步完善，于阗的农业进入了一个比较兴盛的时代。

（赵　洋）

【耿元骊《结社相资：唐五代宋初乡村生存秩序的自我维系》（《河北学刊》第3期）】

文章认为，通过敦煌吐鲁番社邑文书和房山石经刻石中的结社记载，从乡民百姓日常生活行为出发，考察乡村百姓内部自我维系的生存秩序与机制，理解乡村社会运行的制度基础。社邑的组织建构基本上仿官僚体制而形成。在立社之初会商量形成的“社条”，是根本性的约束文本，同时“具条分明”，基本秩序要求是“长幼有差”。一般情况下，社以录事为主，其与社官、社长共同构成了社的管理机构。后两者大多是荣誉性的，实际事务操办者都是录事。随着组织机构建立，也有自己的公共积累“义聚”，社邑就必然要有保障组织运行的体制机制。而社邑的日常运转，也完全是模仿基层官僚体制，采用文书行政的方式来保证其程序完整性。至于社邑的作用，主要体现在乡民生活中三个方面：丧葬、生产、情感需求，亦即关乎唐代乡里百姓的生命轮回与日常轨迹。而在青黄不接之时，也只有社邑义聚才有能力调剂有无，众人才可以互济谋生。在处罚方面，作为没有暴力机构为后盾的结义型组织，社邑不仅能对犯条者执行决杖肉刑，还经常罚酒、罚物。由此可见，社邑的日常运转良好，有着自身强有力的执行机制，而这大概与他们以佛教为信仰基底有很大关系。毕竟社邑日常行动中有相当大一部分活动，是以举行宗教活动为主要目标。据此，也可知中古时期的乡村社会里以血缘关系为基本集合体的社会细胞构造未完全成型，下层人群还没有非常明显地以亲属关系为天然纽带，尚未以宗族血缘方式构成乡村社会底层结构。

（赵　洋）

【雷闻《隋唐时期的聚众之禁——中古国家与宗教仪式关系之一侧面》（《文史哲》第4期）】

文章认为，信仰与仪式作为所有宗教最重要的核心因素，利用宗教仪式聚众进而对抗官府的场景就会时有发生，中古时期国家对于宗教性聚众有着诸多限制。隋唐时期合法的聚众须由官府主导，其场合分别为国家礼仪中的“聚众”、在“市”处决死囚和一些特殊场合。汉隋间国家对于各种形式的“聚众”则采取严厉管控措施，尤其随着南北朝至隋佛教的盛行，聚众举行仪式的场合越来越多，统治者对于此类宗教性聚众所怀抱的疑惧之心也日益严重，隋代聚众之禁成为所谓“国式”。隋唐的僧团对此也有清醒的认识，这也成为天台大师智者大师遗恨之一。唐代继承了隋朝的聚众之禁。由《永徽留司格》《神龙散颁刑部格》和开元三年《户部格》的相关法律规定，以及唐前期诸多诏敕对于聚众的限制，可知唐前期对于各种宗教聚集活动的相关禁令和限制措施相继出台，地方官府也有切实执行。唐代中后期，国家的聚众之禁更加严重，对于僧道非时聚会、俗讲和念佛社邑等方面采取更为严格的限制措施。在结束魏晋南北朝数百年割据局面后，隋唐聚众之禁也日趋严格，这与隋唐王朝重建中央集权国家秩序有着密切关系，设置还对日本的律令产生深远影响。

（赵　洋）

【孟彦弘《隋朝的禅让、统一与所谓“正统论”——从史事看思想》（《历史教学（下半月刊）》第4期）】

文章认为，通过具体的史事，可以审视思想是否落到了实处。在史书叙述或所谓历史书写中，如何处理同时存在的各政权，即判定政权的正统性、合法性，是一个非常重要的现实政治问题。至迟在战国出现的系统的历运，即所谓“五德始终”的政治学说，往往被用以解决此类现实政治问题。但“五德始终说”跟正统论、合法性虽有时互为表里，终究还是有所区别。至杨隋之时，对借由五德始终来彰显本朝天命所归已不积极，与十六国北朝的热衷情形很不相同。从为前代修史的态度来看，杨隋对南朝、对前代，甚至对与自己并时存在的王朝，都不视之为僭伪，如许善心续撰的《梁史》就完全将梁视为一个正统王朝。所以，如果以后代王朝修前朝史，即表示承认其法统的正统性，则隋王朝对此前的王朝，无论是北朝的北魏、北齐、北周，还是南朝的梁、陈，都被视作正统王朝。所以，对于结束南北分裂局面、实现统一的杨隋王朝而言，所谓“正统”并非一个重要的问题，即便杨坚也自认为成功禅让、登上帝位，确实存在种种偶然性，而非天命所归，对所谓“合法性”也并不强调。所以，正统论既非政治上的现实问题，在观念上也并无实际的价值和意义。关于正统的争论，只是编撰编年体史书的一个“技术问题”。为强调正统而谈正统论，几近文字游戏。隋及唐前期，正是此前流行的政治神秘主义结束的时期。而所谓“合法性”，大概是现代学者提出的问题，至少在隋统一之后，这就不成问题。

（赵　洋）

【黄正建《唐代的两种格及其演变》（《史学月刊》第5期）】

文章认为，唐代存在两种不同的格：一种是对制敕的整理汇编，性质是“禁违正邪”；另一种是具有某种实施规则或标准的格，性质偏重于“百官有司之所常行之事”。前者的编纂到唐后期、五代逐渐让位于格后敕和编敕，后者则在唐后期依然频繁地编纂，并一直持续到五代。两种唐格还可分为制敕编辑类和非制敕编辑类。制敕编辑类格的体例有多种：有不带“敕”、不带年月日的，有带“敕”而不带年月日的，也有带“敕”、带年月日的，还有带“敕旨”且带年月日的，但似以不带“敕”、不带年月日居多。非制敕编辑类格的体例，只能根据李德裕所引的“军功格”和《唐摭言》所引举格推测，主要采用将相关规则或标准逐条呈现的形式。如果非制敕编辑类格体例果如推测所言，那么被定名为《开元兵部选格》的敦煌文书 P. 4978 就并非选格，而是某类法典的集合。至于唐后期对两种格的编撰，除了刘俊文提到的《贞元格》《开成格》外，还有《元和格》与《大和格》，说明至少在唐宪宗元和年间与唐文宗大和年间都曾编纂过格典。同时，史籍中明确记载的对非制敕编辑类格的编纂有 10 次之多。而且循资格、长定格也属于非制敕编辑类格，从唐到五代一直在使用，并不断被修订。至于宋代，随着专制皇权的不断加强，“敕”的法典地位显著提高，令、格、式或者消亡，或者整合成各种事务性的规范与规则，与“敕”相关联的制敕编辑类格逐渐消失，非制敕编辑类格一支独大。这种变化也成为“律令格式”体系乃至整个中华法系变化的一个显著特征。

（赵　洋）

【孙英刚《中古政治史上的月光童子》（《中国史研究》第 1 期）】

魏晋南北朝隋唐时期，有关月光童子（Candraprabha - kumāra）将出于中土为转轮王（Cakravartin）的观念非常流行，对这一时期的政治理念和政治运作都产生了重要的影响，在中古政治史上留下了很深的痕迹。从公元 3 世纪开始，月光童子就从佛传故事中一个并不显眼的角色，逐渐成为带有谶言性质的政治宗教符号。北齐、隋代、武周的君主利用这一思想进行政治宣传，如隋文帝即直接利用经书宣称自己为月光童子之转世。南北朝时期的民众，尤其是冀州民众造反时，亦多利用这一信仰，甚至根据这一信仰编造伪经进行鼓动。以前的研究着重探寻月光童子的思想和信仰源头。其实月光童子本身并不重要，他只是佛本行故事中一个劝阻父王迫害佛陀的儿童，与佛本生故事中佛陀的前世月光王并非一人。月光童子变得重要起来，是因为故事中佛陀预言他将转生中土做大国王，因而他被和中原连接在了一起，也和佛教中代表世俗王权的转轮王的信仰连在了一起。这一传说有其早期的域外根源，并不完全是中土的伪造。此外，月光童子信仰的流行还与其被融入弥勒下生信仰有关。月光童子和弥勒的关系，是转轮王与佛的关系，一个代表世俗王权，一个代表宗教权威，共同成为当时民众追求救世主的新希望。从根本性质上说，月光童子转世于中土为转轮王的预言，是转轮王信仰结合了中古时期中国本土具体情况，发展出来的一套适应中土政治要求的新说法。

（安子毓）

【刘喆、李梅田《五代社会变革下的丧葬礼俗研究》(《文物》第 5 期)】

文章认为，在社会变革的背景下，丧葬观念和表现形式发生变化，为维持国家行政系统的有效运转，实用主义思潮开始盛行，五代时期的葬俗礼俗也随之发生变化。首先，传统认为经济因素导致五代墓葬寒陋的看法当是一种误解，但五代因袭唐制，丧葬活动的各环节与唐朝大体一致，依然承袭唐后期以来盛行厚葬的历史趋势，五代丧、祭活动盛大和奢侈丝毫不弱于唐代，只是由于丧葬观念的变化和现实因素的影响，营葬热情衰退，丧葬活动的重心发生转移，丧、祭等丧葬活动的外化形式逐渐受到重视，丧葬活动中的视觉性内容——“送终之礼”更加得到重视。其次，在唐末中古时期门阀大族遭到毁灭性打击的背景下，五代时期的社会阶层发生了剧烈的变动，大量中下层出身者跻身统治阶层行列，促使丧葬礼俗发生流动。就纵向而言，原属中下阶层文化的某些行为或观念对旧有的、门阀大族主导下的礼法秩序形成冲击，唐宋之际社会结构由家族向家庭转化导致丧服制度变化；就横向而言，五代战乱频繁，人口发生大规模跨区域流动，为丧葬礼俗在空间上的横向流动创造了条件。进而，五代时期的丧葬礼俗呈现出相互渗透、相互融合的特点：北方游牧民族葬俗与汉族传统葬俗的融合以及儒、释、道三教的合流。这是五代丧葬活动日趋自由化的表现，也是唐代以来三教合流的必然结果。所以，五代丧葬礼俗承唐启宋，构成了“唐宋之变”的重要环节。

（赵　洋）

【余欣《物质性·仪式性·艺术表现：经巾在中古佛道二教中的信仰实践》(《世界宗教研究》第 6 期)】

文章认为，将仪式性器物视为物象原境、文本记录、宗教体验、情感记忆和文化镜像的“统一场”，考察知识建构与物质形态、仪式行为、使用实践之间的关系，能够建立器用结构与知识体系、社会生活、时代气质的关联，进而发掘“知识—信仰”传统生成与构造的深层内涵。《国清百录》所收施物牒曾载晋王杨广施“五色斑罗经巾二枚”，这是迄今所见经巾最早作为供养具施入寺院的记载。然而经巾当非滥觞于隋，南朝佛教已多有斋会、讲经法会，“五色斑罗经巾”只能表明其形制已趋繁复化和程式化。根据敦煌寺院常住什物点检历，经巾大概有四种典型样态，图案则以织物原有图案和几何纹样为主外，亦有千佛以及天仙、宝女、文殊、普贤组合绣像。此外，道教关于受持道经的量度和仪轨的规定，也有助于理解同时代佛教的做法，依据道经《太上太霄琅书》卷七《受经营十事诀》的规定，经巾的用途为包裹收纳于经箱中的卷帙、铺设经案上承托经卷、覆盖经卷上构成“天覆地载”组合。同时，经巾以垂直或斜相交于经案平面进行铺设并不是以平行于经案平面，构成多重空间，在图像和质感之外，呈现出“器物空间艺术”。敦煌文书 S. 4536

《施经巾发愿文》还阐释了经巾所具有的仪式性的性质和功能：其施入供养有特定程序，有专门的施经巾疏、发愿文等模式化仪式性文本存在；施入供养有特定场合，仅在特殊法会上施入特定场所；在唱导、转经仪式中或由特定等级、形制的经巾承担不同的功能；在转经、忏念等仪式性表演中，经巾与经帙、经案、经函等藉经具的整体配合。而经巾的配借还呈现了民生宗教与地缘政治交织的特性：法事是各个阶层为维护共同福祉达成的“合致行为”；仪式中僧界重要人物的角色尤为引人注目；造经巾的目的有内外区分，呈现出“结构”的内在性。

（赵　洋）

【姜锡东《宋代生产力的发展水平》（《中国社会科学》第 7 期）】

探讨社会历史的发展变革，应该首先研究生产力发展状况这个根基性问题。宋代人的识字率较高，在生产技术和生产对象、生产工具方面，至少有 45 项发展，其中农业至少有 15 项，手工业至少有 30 项。如金属冶炼方面，石砌竖炉被应用，鼓风器普遍使用木扇，灌钢冶炼法与冷锻技术广泛使用，钢刃熟铁工具空前普及；再如水转翻车等大量水利排灌工具被发明。宋代生产力整体发展水平超过前代，但也存在不少局限性。制约宋代生产力进一步发展的瓶颈有 7 项，明清时期只有农业技术和热兵器 2 项超过宋代，其余 5 项没有重大突破。明清虽然在生产力总量、在技术上，特别是在种植作物引进上超过宋代，但因生产工具没有重大突破，甚至在重要工具上倒退，人口剧增，导致人均生产率和发展质量低于宋代，整个社会陷入停滞和保守状态。这种总量发展而质量“不发展”甚至倒退的局面，在清代农业上表现得尤为典型。无论与以前各朝代还是与后来的明清相比较，宋代的生产力发展水平都处在最高峰。这一时期，中国成为当时全球最先进发达地区，是全球最高峰，丝织品、茶叶、瓷器、图书、水运仪象台和热兵器等名列前茅。宋代社会的发展，明清的停滞，欧洲的崛起，第一位的原因是生产力发展水平的高低。

（安子毓）

【李华瑞《宋代的财经政策与社会经济》（《中国社会科学》第 7 期）】

宋代的工商税收大大超过农业税，为历代所不及。宋朝政府以工商税收为主体，善于利用市场关系和商品经济的规律和特点进行经营，积极刺激消费并带有明显功利色彩的财经政策是促成这一现象的主要原因之一。具体政策和思想理念包括：第一，推行以工商税收为主的财经政策。表现为宋初继承和发展唐中叶以来的财经政策、确立以专利征商为主的财经政策、货币化理财成为北宋中期以后财经的首要议程等三方面。第二，攫取专卖利润的最大化。宋统治者懂得把政治利益绝对化会损害经济利益，他们转而从经营、核算、成本、利润等方面来抓具体的经济利益，从经济利益中去体现“最大的政治”。第三，实施积极鼓励消费的财经政策。第四，功利思想对宋代财经政策产生了重要影响。在上述政策和政治经济理念的主导下，统治者为追逐巨额财利，利用国家权力，调动各种资源，实行专卖制度和征商制度，能动地反作用于商品货币经济发展，扩大市场交换规模，推动当时的商品经济高度发展。宋代的财经政策显示出帝制国家干预经济的独特优势，这也是宋代商品货币经济繁荣有别于其他朝代的特质所在。

（王　申）

【包伟民《“乡役论”与乡里制的演变》（《中国社会科学》第7期）】

马端临认为乡守里胥由于在帝制前期为官员，唐宋而后改为从民户差发的役人，故此役人不胜诛求之苛，这一“乡役论”并不完全符合历史事实。秦汉以来乡为地域性的类政区单位，乡守为低级官员，到隋代乡改为逐级团并人户而成的联户单位，乡守也变成了从民户差发的役人。在里胥这一层级，则从来都是从民户差发充任。以资产为宗的两税新制之行，也深刻影响了基层行政。从唐到北宋中期，由于乡里（管）单位规模过大等原因，作为基层行政最重要的催科事务大多由上户或充代之人掌控，相比于州县役，乡役尚未成为主要难题。随着熙丰新法的推行，在都保范围内组建百户规模的催科单位，差雇大保长等充任户长以催科，政府权力进一步深入基层，催科等行政负担被分摊至多数中户乃至下户。及至南宋，“官督虚籍之赋，民苦破家之役”的局面遂愈发严重，因此影响了后世的里甲制度。总之，马端临出生于官宦之家，其父马廷鸾曾官至右丞相兼枢密使，贵为宰辅，后来却以与权臣贾似道不合，家势衰落。马端临以荫入仕，入元后隐居，其父亲去世后曾出任地方书院山长、儒学教授，沉沦下僚。长期乡居、营生不易，使得他的个人情感基本站在了同情贫民下户的立场，因此才针对“民苦破家之役”的现实，发出“盖后世之任户役者也，曷尝凌暴之至此极乎”这一愤慨之论。

（王　申）

【曹家齐《宋代的交通形势与制度》（《中国社会科学》第7期）】

10—13世纪，世界各地间的联系与互动空前加强，在中国出现多政权对峙与冲突之同时，欧亚之间亦增进了经济与文化交流。在此形势下，内部与外部条件的交互作用，形成各地历史变化的重要动因。有必要将宋代交通问题置于国际政治格局与宋朝内部诸因素交互作用下予以考量。从整体上看，宋代交通重心先是东移，继而南移，并形成以京城为中心、连接边防重地的物资运输网络，以及偏重海上的对外交通形势，是国际政治格局与宋朝内部诸因素联动的结果。其中，受募兵制及军事驻防形势制约的财政需求，又导致征商规模的扩大，从而促进内外商业交通的发展，而这一需求，又正与欧亚国际局势，特别是十字军东征事件相因应，使宋朝出现空前的海上交通与贸易发达的局面。与此同时，国际国内复杂的形势，又导致宋代在中国历史上空前的信息沟通需求和信息增量。为控制庞大的信息流通，宋代因而出现了前所未有的多种信息渠道和新的信息传递制度。其中最为突出的是驿传制度的新格局、传递人员军事化及允许官员私书利用驿传传送等。内外联动视野下，不仅可以显现宋代交通的整体形势和制度特征的深层次动因，同样可以看到宋代交通发展的历史实态。宋代交通管理的制度保守性及地区之差异，同样可见内外因素联动的影响。

（王　申）

【陈峰《宋太祖时期以史经世的考察》（《历史研究》第 4 期）】

宋朝建国后，面对唐末以来统治秩序涣散瓦解、社会剧烈动荡的严峻形势，尤其是五代王朝无不短命的结局，宋太祖君臣不能不加以深刻反思，以免重蹈覆辙。赵匡胤在位期间，高度关注以往的历史，长期保持读史的习惯，并先后下令编修了《周世宗实录》《唐会要》《五代会要》和《五代史》等史籍，意在从中了解前代治乱兴衰之源，以便引以为戒。君臣间常讨论往昔留下的各种教训，涉及面相当广泛，官员也往往以此提醒皇帝。由此而制定的各项政策和制度，多着眼于解决遗存的积弊，所谓“以防弊之政，为立国之法”。宋太祖统治集团主要反思的内容包括：第一，将帅掌握军队，致使皇帝兵权旁落，因此武力因素超强干预政治与社会，造成政权难以稳定。第二，藩镇控制地方，削弱了中央权威。第三，文武关系严重失衡，武将跋扈，文官受压。第四，法制败坏，军人目无法纪、官吏徇私断案。第五，传统君臣伦理观念沦丧。第六，因五代时期许多帝王昏聩，产生了后妃、外戚、宦官甚至伶人干政的现象，不仅朝政遭受干扰，甚至直接导致王朝覆灭。宋太祖朝对历史教训的高度重视与汲取，不仅使统治者保持了清醒的头脑，更重要的是为施政提供了有益的借鉴和启示，从而使得各项拨乱反正举措顺利展开，并且最终收到显著的成效。宋太祖时代就此走出了五代循环战乱的历史迷途，既奠定了两宋王朝发展的牢固基业，亦对后嗣君臣产生了深远的影响。

（王　申）

【戴建国《南宋中后期的土地清查和地籍攒造》（《历史研究》第 1 期）】

土地清查是国家对土地行使管理职责的重要体现，旨在强化赋税征收。南宋政府在经界基础上，因时制宜，对赋税征收方式作了进一步调整，积极推行“以亩起敷”之制。“以亩起敷”反映了自唐两税法以来赋税征收由繁入简的发展趋势，其后明代“一条鞭法”的实施正是这一趋势发展的结果。南宋中后期较大规模的土地清查主要有两次，分别为中期始于嘉定十五年的经界和后期始于景定五年的经界推排。嘉定经界以丈量土地法为主；景定经界推排则因国力孱弱、财政紧张，采取变通措施，改为户主自实法，同时以结甲纠举配合。以常熟县为代表的经界法逐块丈量田亩，登记业主、税赋信息，制成核田簿，绘图编号制成鱼鳞图，复经类姓簿类析，再汇总为物力簿，构成一套完整的土地清查作业程序，具有典型意义。鱼鳞图册功效明显，但受多种因素影响，亦存在局限性。南宋中后期的土地清查是对绍兴经界法的创新、完善和发展，土地簿籍制度分类更趋优化完善，体系日臻成熟，更具管理实效，反映了唐以降国家控制从以户为中心向户、地并重发展的态势。南宋经界法所创立的制度，给后世留下了宝贵遗产，历经时代变迁，持续发挥着积极的历史作用，深刻影响了元明清田赋制度。

（王　申）

【江湄《正统、道统与华夷之辨——论南宋的“中国”认同及其历史意义》（《中国哲学史》第3期）】

受到“唐宋变革论”的影响，很多中外学者从华夷之辨的视角，将宋代尤其是南宋的“中国”认同看成是种族、文化、国家合一的近代国族意识，并在这个意义上理解南宋“中国”认同的历史意义。但是，要真正了解南宋的“中国”认同，必须把华夷之辨和正统论、道统论结合起来加以考察，那样一来，我们就会发现，南宋人的“中国”认同与近代国族观念、民族主义有着极大的不同。南宋“中国”认同的建构有三个相关的思想脉络，一是正统论，一是道统论，一是华夷之辨。面对契丹辽朝和女真金朝的威胁，宋朝尤其是南宋的“华夷之辨”，强烈激发了汉族士民在政治和文化上的认同意识，严华夷之辨是“宋型文化”的突出特点，是这一时期具有标志性的思想观念。南宋诸儒的蜀汉正统论虽有着不同的思想诉求和面貌，但他们持蜀汉正统论无疑都是捍卫和论证本朝之正统。南宋时期，蜀汉正统论逐渐与华夷之辨结合起来。蜀汉正统论所强调的“顺逆之理”“义利之辨”，与具有族裔民族主义色彩的“华夷之辨”结合起来赋予南宋王朝以正当性、合法性，极大强化了汉族士民对南宋国家的政治－文化认同。宋儒发明“道学”，“道统”在宋，这意味着，只有宋儒才自觉意识到并真正掌握了达到理想政治和社会的根本原理、正确方法，也就是说，南宋虽避处江南，失去中原，但却掌握着中国文明根本的形上之理，掌握着中国文明的精神命脉。“道统”在南宋，这才是南宋之为唯一的、真正的“中国”更为根本的理由。如果把正统论和道统论，与华夷之辨放在一起看，我们就能明白，宋代思想家并没有产生出现代的“国族意识”，而是构建出了一套以道统、正统双线整合天下、整合中国文明的思想体系，给出了一套继承汉朝“大一统”而有所变化的“中国”原理，为新的“大一统”准备了思想条件。

（孙广辉）

【谢辉《蜀中二李的易学与史学》（《史学史研究》第2期）】

尽管李焘和李心传都对《周易》进行过研究，但史学家仍是其主要身份，易学在其学术体系中并不占主要地位。尽管如此，易学与蜀中二李的史学，仍有着密不可分的关系。李焘二十余岁即有能力作《巽岩记》，可见其很早就对易学有比较深入的理解。其后虽然在史学方面用力较勤，但至少在绍兴十几年至二十几年，还有易学论著问世，并没有废《易》不讲，因此其易学与史学呈现出交融互通的态势。其对《易传》中所载三皇五帝与后世一些易学家生平的考证，是在易学研究中融入史学。其在论述史事时引《易》为证，则是在史学研究中融入易学。其治《易》强调应物之用，而治史也重视史学的现实关怀。无论是治史还是治《易》，都主张要有自己的心得，不满足于简单的步趋前人。史学与易学研究过程中，都既要将可相互印证的材料合而观之，汇诸说于一，又要将不同来源的材料分而观之，明其歧异。李心传的治学路径为先史后经，其在史学研究中形成的一系列思想和方法，如以治史经世的立场，广泛搜集资料以建构研究基础的做法，利用资料时主张有主有次，重视早出的材料和一手资料，注重考查资料的源流关系，以及提倡以叙事明褒贬、尽量少加入个人点评的态度，都延续到了其易学研究之中，以史法治《易》的特色更加明显一些。但通过易学研究，李心传对程朱易学有了更加深入的认识，这也对其后来研究道学历史有所助益。总之，二李的学术研究思路或不尽相同，但对《周易》的关注则是一致的。这在一定程度上反映出理学背景下的宋代易学的巨大影响力，也与宋代史学的义理化倾向有关。宋代义理化史学基于天人一理的观念，将探明“天理”、贯通天人作为历史研究的重要任务。而《周易》作为兼备天地人三才之道的圣人之书，自然会引起史学家的兴趣。蜀中二李的治史而兼治易，即是这种易史关系在学术实践中的具体体现。

（孙广辉）

【方震华《运数与南宋亡国论述》（《汉学研究》第 3 期）】

元灭南宋后，社会上出现了诸多从“天意”或“运数”的角度解释南宋亡国原因的论述。这些论述掺杂了报应、谶纬、术数、灾异和预言的成分，强调一国之兴衰自有定数，非人力所能改变。在传统中国，魏晋南北朝时期就出现了以“运数”来解释重大历史事件或政权更迭的做法，唐代佛教思想盛行，为政权兴衰提供了“佛力”解释。决定政权兴衰的因素究竟是天命还是人事，在宋代之前已形成长期的争议。北宋时，出现了天命与人事兼顾的双轨论述，不同的文本各有偏重，官方史书强调北宋立国乃承受天命，部分民间论述则侧重人事。到南宋晚期，天意、命定之说在民间流行，但天命、运数的讨论很少带有佛教的色彩，这可能是理学盛行的结果。而南宋速亡，促使人们更加倾向于寻求天意或定数的解释。于是，异象、谶文、报应的说法层出不穷，比如“过唐不及汉”的预言，又比如《宋季三朝政要》《宋季朝事实》等书籍也采用报应观来解释南宋灭亡。到了元代，元朝君臣以运数、报应之说宣扬灭宋的合理性，官修《宋史》更将南宋时南方流行的描述宋亡的谶文、预言文献改写入《五行志》内，用以证成南宋衰亡是天意。官方的政治宣传与民间对宋朝兴衰的历史解释交互影响，共同促成天命、运数决定兴亡之说在元代的流传，共同形塑对南宋历史的解释。

（陈冠华）

【陈晓伟《试探辽朝佛庆二重体制说》（《世界宗教研究》第9期）】

中国佛教史历来存在二月初八、四月初八佛诞日的分歧。前人大多认为辽朝也奉行两种佛诞日，以体现蕃、汉各自特色的社会文化传统，所谓二重体制说据此提出。其实上述说法的根源出自不同的文献系统，一为《辽史》佛诞二月八日说，一为《契丹国志》佛诞四月八日说。从史源学角度进行通盘分析，前者的《岁时杂仪》是据后者的《岁时杂记》改编而成，敷衍成篇，《岁时杂记》则根源于武珪《燕北杂记》。《燕北杂记》记载四月八日京府及诸州行城为乐，无疑是权威可靠的，并且有应历十五年《重修范阳白带山云居寺碑》、寿昌四年《易州兴国寺太子诞圣邑碑》等多种辽代石刻文献为证。上述石刻文献或明确称四月初八为佛诞日，或记述该佛诞日举行的各项佛教活动。元朝官方明文规定，于二月八日在京城迎佛，其中要数高良河畔西镇国寺和大护国仁王寺两地的庆典游艺最为隆重，场面热闹非凡。至正初年，史官撰修《辽史》改编《契丹国志》时，便将“四月八日”篡改作“二月八日”。元朝史官的这一臆改，结果凭空横生出另外一个佛诞日。辽朝佛庆二重体制说纯属虚构。

（王　申）

【姚大力《契丹早期历史再讨论》（《学术月刊》第12期）】

辽代史料稀少，其种类和丰富程度均对辽史研究形成限制。鉴于此，如何从有限史料中解读出丰富信息，立体地解读史料就是研究中的关键。近十年来中国辽史研究的一大进展，就是对辽史史源的探索，已经从北宋有关契丹记载的来源问题，转移到全方位的对元修《辽史》的文本构成和史源学分析。而对元修《辽史》的史源学探讨，把对《辽史》中各种相关记载的辨析与释读提高到一个全新认识层面。据此把后来称为“迭剌/律”的辽宗室所在部落关于自身的历史记忆，与活动在他们以南、自北魏起始的中原王朝正史记录中契丹人“基本核心”的史迹重加整合，从而揭示出契丹部在7世纪中叶已攘夺奚人位于潢水流域的衙帐；辽皇室所在部是以奚人乙室活附属部落的身份，于8世纪中叶加入契丹主体的政治军事活动里去的；契丹遥辇部在大贺氏时代曾移牧老哈河，故该河在辽代记忆中又因遥辇之名而称北也里没里；而辽宗室所在部则因于9世纪下半叶驻牧东遥里水，遂以地为号而名迭剌。总之，该文充分利用历史水文地理研究进展与考古勘察成果，在充分认识历史自然地理变迁背景的基础上，基于元修《辽史》的文本解读，丰富和深化了学界对早期契丹历史的认识。

（成赛男）

【邱靖嘉《"超越北南"：从中枢体制看辽代官制的特性》(《历史研究》第3期)】

学界一般认为辽代实行契、汉双轨的北、南面官制度，该制度是辽朝二元政治的突出表现。实际上，辽朝宰辅的职衔构成复杂、排序严谨，他们大多身兼北、南枢密院与中书（政事）省长官，决策与行政合一。这种中枢体制可称之为"中书枢密院体制"，是对晚唐五代以来中枢官制发展的继承与创新。辽中书（政事）省除议政外也有其专属职掌：其一，南面汉官的铨选除授；其二，草拟制诰；其三，掌礼仪。辽朝的确存在以北、南枢密院为首分别管理部族与汉人事务的两套行政机关系统，但在日常中枢决策层面则是由皇帝与以北、南院枢密使兼中书（政事）令为首的宰辅群体共同"参决大政"，表现出"超越北南"的特征。辽朝所谓"官分南、北，以国制治契丹，以汉制待汉人"只是单就负责实务的职事官而言，此外无论是"国官（契丹官）"，还是"汉官"，都共享一套品秩阶序、官勋爵禄的虚衔系统。辽代中后期的中枢辅政机制是辽朝在效仿中原官僚制度基础上，融入了契丹部族制度因素，进行了"因俗而治"的创新性改造和调适，形成了以中原政治文化的制度框架和运作模式为底色的北、南面官制度，为中国古代各民族之间的交往交流交融提供了制度例证。

（王　申）

【王善军《女真贵种与金代政治文明的演变》(《中国社会科学》第6期)】

在人类进入文明社会的早期阶段，政治等级结构中明显表现出血缘群体现象。金朝建国以前，随着女真社会血缘与地缘的相互结合，逐渐形成了以按出虎水完颜部为核心的世婚集团。世为婚姻的诸部长之家，形成女真社会的特权阶层，构成了女真贵种的主要来源。早在金朝建国前，这一群体内部就已出现了不同程度的层级分化，与完颜姓族存有世婚关系的姓族，也因与完颜部亲疏不一，内部出现了层级差异。女真贵种内部的分化与差异，成为金朝女真族政治等级形成的基础，形成了金朝政治等级结构的雏形。随着国家的建立，金朝统治者对传统的世婚习惯进行制度化、定型化调整，不仅明确了完颜姓族的三个等级，而且女真后族群体最终也以两大集团（传统后族、新兴后族）、三个等级（皇后本家或尚公主家族为一等；尚亲王之女家族为二等；金建国后未与帝王、亲王联姻的家族为三等）的形式呈现于世。由此，姓族等级演变为金朝政治等级结构中的主体内容，并成为统治者集中皇权的重要制度，这是女真民族走向政治文明的重要标识。这种颇具特色的政治等级结构，随着金朝中后期贵种家族的泛化和民族融合的深化，逐渐走向松动失序，但讫至金末，其对金王朝维护女真民族的统治地位，仍然起着重要作用。

（王　申）

【董新林、康鹏、汪盈《辽太祖纪功碑初步整理与研究》(《隋唐辽宋金元史论丛》第12辑)】

2007年夏，中国社会科学院考古研究

所内蒙古第二工作队与内蒙古文物考古研究所联合组成的辽祖陵考古队在对龟趺山基址的抢救性发掘中，清理出千余块石刻残片。残碑应为辽太祖纪功碑，遗址为纪功碑碑楼。碑文正面为契丹文，背面为汉文。据推测，辽太祖纪功碑碑身宽约 2.1 米、厚 0.45 米、高 3.675 米以上，通高应大于 5.735 米，形制为当时比较流行的龟趺螭首碑。通过文字缀合与考察传世文献记载，辽太祖纪功碑应立于天显二年八月二十四日，毁于天庆十年五月。整理者将残存的汉字石片分为四组：第一组残石为纪功碑起首部分，大致讲述碑刻撰者、颂圣之华章、太祖名讳、降生神迹以及太祖家事。第二组残石主要介绍 901—916 年太祖的功绩，兼及应天皇后家族世系。第三组残石主要介绍 917—926 年太祖的功绩与太祖薨逝之事。第四组残石为碑文结尾部分，大致是总结太祖功绩的辞藻、铭文以及立碑日期。整理者对契丹大字残石中的国号、年号、帝后之号等政治名号做了初步释读和研究。辽太祖纪功碑涉及辽朝开国、建元等一系列重大历史事件，对于辽朝国号、东丹国国号、神册年号、天赞年号以及天赞三年诏书、帝后二族出身等问题都有重要的史料价值；其所载太祖功绩几乎可以与《辽史·太祖纪》逐年一一对应，这表明辽初的修史制度已较为成熟，后世修史当有文本上的依据，而不是仅凭口耳相传。辽太祖纪功碑以契、汉双语言书写，说明辽朝的修史制度存在契、汉两套书写系统。

（王　申）

【苗润博《民族记忆抑或家族标识？——契丹漆水郡望探赜》(《中国史研究》第 2 期)】

辽金时期耶律氏的郡望多在漆水。但历代皆无漆水郡或漆水县之设，遍检辽代文献也始终无法找到以“漆水”为名的河流。因此，漆水的具体所指一直是辽史学界的未解之谜。既有研究习惯于将此视作全体耶律氏乃至整个契丹民族的共同郡望，进而希望在契丹早期的活动范围中寻觅其踪迹，这一思路可能存在方向性的问题。全面排比史料可知，辽朝以漆水为郡望者皆系皇室成员，而当时耶律氏的实际涵盖范围则远不止于此。漆水这一郡望并非所有耶律氏契丹人的集体记忆，而只是专属于辽最高统治家族的身份标识。漆水很可能是辽庆州附近黑水（河）之雅称，承载了阿保机家族对其先祖加入契丹集团以前迁徙轨迹的起源记忆，是辽建国以后增进皇族认同、标举内外之别的重要手段。从地理条件判断，阿保机家族的先祖从其发源地庆州黑山北部出发，或许正是顺黑水河而下至于潢水上游地区，后来才融入契丹集团并最终建立辽朝。黑水在阿保机家族发展史中充当从龙兴之地走向创业之所的联结和纽带，占据重要地位。辽朝郡望的最初设计者可能是出于文辞雅驯的考虑，对黑水这一稍显俚俗的名称进行了同义美化，易“黑”为“漆”，使得郡望名称与实际地望产生了距离，这也是后世研究者在当时地理记载中难觅其踪迹的根由所在。

（王　申）

【张良《〈元史〉列传部分二次纂修考实》（《文献》第6期）】

《元史》洪武刻本传记部分版心除门目、叶数、刻工、字数等常规项目之外，多见性质不明的数目字；卷首亦存在总卷数与实际卷次“错位”的情况。上述版刻现象具有体系性，绝非手民误植。由于洪武初刻本存世有限，这一情况始终得不到应有重视。21世纪初，分藏于北京大学、京都大学的两部洪武配南监本重新为人所知，上述版刻规律方昭示于外。廓清其性质，有助于离析《元史》列传初修六十三卷及续补三十六卷的分野，并还原各自面貌。洪武本卷数标记错位自成系统，且与初修本列传次序密切相关。这一套不同于今本的卷数标记方式仅见于初修六十三卷当中，其首卷的总卷次为一百一十四。通计洪武二年、三年两次所修纪、志、表总数，恰为113卷，与初修部分列传前后衔接。这一套总卷数标记方式与列传初修六十三卷次序互为表里，其形成时间又应在纪、志、表续修工作完成之后。当本纪、志、表二次增补接近完成的时候，列传续修尚未展开。史臣但以纪、志、表百一十三卷为基础，接续现成的六十三卷列传，这才有了残存在洪武本当中并迥异于今本的卷数排布方式。而列传增补的情况要更加复杂，无法简单叠加于六十三卷之后，而需时时面对卷秩扩展及次序改易等问题，因此，这一套卷数排比方案很快就废弃了，从侧面印证了宋濂“合前后二书，复厘分而附丽之”的说法，最终修成全书二百一十卷，绝非两次纂修卷数简单叠加。这些卷数标识之所以最终还保留在洪武刻本中，是因为在《元史》纂修尚未结束的时候，雕版工作业已开始。明初《元史》分两次纂修，并不见得符合预先规划，而是与朱元璋求成心态以及同北元对峙的政治形势不无关系。《元史》纂修质量向为世人所讥，一传重出、一人多传比比皆是。在区分初修、续纂文本，还原其形成本末基础上，围绕列传部分史源的讨论可以更为系统深入。

（张晓慧）

【李春圆《元代的官府房贷及其历史定位》（《“中央研究院”历史语言研究所集刊》第93本第1分）】

长时段比较视野观照下的元代史细部研究能够阐明十三至十四世纪中国历史的变迁机制，进而沟通唐宋与明清，建立对帝制中国后期的通贯性认识，因而沿这一思路针对官府借贷进行个案研究。元代史料将当时的官府放贷区分为专门面向斡脱商人的“斡脱钱”和一般官府机构的“规运”。但从服务对象看，“斡脱钱”和一般“规运”中的皇家佛寺赞助钱本都服务于皇室，而其他各级官署的放贷则多用于官署开支与社会公共事业，两者的功能角色有很大区别。唐宋的官府放贷是作为官僚体制的一环，主要为支持政务、民生而逐渐发展起来，到宋代已形成专业的经营机构和较完备的政策。元代的官府放贷表现出“蒙汉二元性”的不均衡榫合，渊源自草原商业、宗教传统的“斡脱钱”、皇寺赞助钱的规模膨大；同时元代国家制度供给的消极性导致支持政务、民生的官府放贷比前代大幅萎缩，并表现出“整体无组织”的面貌。明代早期，在政治变革与文化复古的背景下，放贷活动被彻底地清除出了正式的国家体制。但到清代，在早期满洲社会传统的影响下，官府放贷活动重新活跃起来。早期满洲与蒙古之间共享的若干文化元素，使得清、元两代的官府放贷活动表现出相当的共通性。

（张晓慧）

【陈新元《灭乞里氏只儿哈郎家族史事考略——元代色目家臣政治地位之一斑》（《中国边疆史地研究》第 1 期）】

灭乞里部是蒙元时期活动于哈密、巴里坤等地的色目部族，只儿哈郎家族则是唯一见诸元代史籍记载的一个源自灭乞里部的家族。文章通过对波斯文和汉文史料的钩沉和排比，大致掌握了灭乞里氏只儿哈郎家族隐而不显的活动轨迹，也增添了一些对元代上层灭乞里人生存状况的了解。该家族崛起和活跃于元朝的事例，为以往关于灭乞里部的宏观性研究提供了一个具体而鲜活的观察视角，同时也显示出灭乞里人不单是一个边疆部族，还曾在中原地区的政治进程中发挥过自己的影响。只儿哈郎家族的存续，构成了灭乞里部绵延数百年的历史上重要且有趣的一页。当然，在元代族群色彩浓厚的政治格局中，只儿哈郎家族不仅是灭乞里人的代表，而且更应当被视为色目政治权贵群体的一员。对比来看，灭乞里氏一族很早就进入权力核心圈之中，并且深度参与治国理政的现象，可以说与畏吾、唐兀、钦察等族裔的色目贵族享有的待遇并无二致，相当典型地反映了色目权贵作为蒙古统治者治理天下的主要助手的角色，也一定程度上体现了元朝政权普世和包容的特点。不过，尽管只儿哈郎家族世居高位、权势隆盛，但说到底其仍然是一个依附于皇权的内廷家臣世家，其成员所获得的权力和地位全部源自他们汗室世袭奴仆的身份，与汉族王朝统治下的科第官僚世家有着本质的区别。只有认识到这一点，才能对元代蒙古、色目贵族的政治地位有更为深刻的理解。

（张晓慧）

【张帆《圈层与模块：元代蒙古、色目两大集团的不同构造》（《西部蒙古论坛》第 1 期）】

元代的蒙古集团，或蒙古人这个群体的内部结构，呈现出一种“圈层式”结构，这种结构在一个族群形成之初较为常见。在蒙古崛起的时期，漠北草原上还同时存在着克烈、乃蛮、塔塔儿、蔑儿乞、斡亦剌等大的部族集团。蒙古汗国是由蒙古部族集团建立的，蒙古部族集团的人在其中自然居于核心地位，其他集团在被征服过程中逐渐向核心贴合。而蒙古部族集团内部，又以成吉思汗家族为核心，其他氏族、部落依附于外围。这样，就形成了一种包含核心、外围与边缘的圈层式结构。过去史学界普遍认为元朝存在“四等人制”。其实“四等人”的表述今天看来并不完全准确，称“四圈人”或许更恰当一些。与其说是高低上下的差别，不如说是核心与边缘的差别。正如元末明初人叶子奇在《草木子》中所概括，元朝是“内北国而外中国，内北人而外南人”。因此元朝社会也可以视作一个大范围的圈层组织。关于元代的色目集团，其构成方式与蒙古集团完全不同，显示出一种“模块”式结构，而非“圈层”式结构。第一，构成色目人的诸多模块，大小悬殊，不宜同等看待。重要的是搞清楚有哪些大模块，这样色目人的轮廓就出来了。第二，大模块以外的小模块十分细碎，数量难以落实，也没必要完全落实。“色目人到底一共有多少种人”这样的问题，是不会有答案的。第三，不宜把“回回人”简单视为色目人当中的一大模块，而应视为大模块的补充概念。回回人是元代色目人当中的重要组成部分，为什么十大模块里没有回回人呢？这是因为回回人作为一个概念，其性质并不是部族或地域概念，而主要是文化或宗教概念。色目人中的各种人群都是原生概念，在当地就存在，回回人则是次生概念，当地没有，是被汉人叫出来的。因此，应当把回回人作为色目人十大模块的补充概念。从宋代到元代，“回回”概念的使用十分复杂、混乱，到元朝中后期，基本形成了一个相对稳定的理解，那就是花剌子模人、波斯人、阿拉伯人三部分，再加上塔里木盆地南侧的回鹘人。这些人籍贯分散，语言各异，是伊斯兰教信仰将他们组结为一个文化共同体。

（张晓慧）

【杜立晖《元代孤老钱粮放支流程及数量——以中国国家图书馆藏〈魏书〉纸背文献为中心》（《文史》第二辑）】

学界之前通过黑水城文献，对元代施行的收养、救济弱势群体的孤老养济制度，仅有初步了解。中国国家图书馆藏公文纸本《魏书》纸背元代文献中，新见元代孤老“该支”“散过”（或作“支过”）钱粮文书40余件，记载了元代孤老养济制度运行的诸多细节，据此可推进相关制度研究。在孤老钱粮的放支方面，文书所载内容尤为丰富，可以结合传世典籍与黑水城文献来研究。元代孤老钱粮的放支存在司县申报“该支”钱粮数目至路总管府——路总管府牒呈廉访司审查——司县“散过”钱粮并呈报路总管府——路总管府牒呈廉访司照验等多项步骤。元政府在中前期规定的孤老钱粮放支标准，到元后期依然施行不辍，孤老“口粮”的放支数量有元一代变化不大。在烧柴放支的过程中，出现了由放支“实物”向放支“货币”转变的趋势。“添支钞”的放支一直执行大德三年的标准。“就用”钱粮，是指死亡孤老遗下但还可继续使用的钱粮；对该类钱粮的再利用，在一定程度上减少了孤老“该支”钱粮的数量。文书中关于孤老钱粮放支中“就用”钱粮的记载，不仅可补传世文献之缺，更可进一步认识元代孤老钱粮的来源渠道及钱粮放支的真实状态。

（张晓慧）

【胡小鹏《元代族群认知的演变——以“色目人”为中心》(《西北师大学报(社会科学版)》第6期)】

随着历史研究的进展，时代思潮的变化，元朝是否存在“四等人制”遭到质疑，其切入点之一就是分析“色目人”分类模糊不清的原因，进而指出元代族群分类的非压迫性。蒙古国前四汗时期，用蒙古语“合里”（qari irgen）指称蒙古帝国治下的所有非蒙古人，反映的是蒙古人我族与他者两分的族群认知。在汉地，该词被译写为“色目”。元世祖至元以后，由于“各依本俗”治理原则下的统治对象主要是汉地的汉语人群，需要将土著汉语人群与外来族群相区别，“合里”（色目）中遂排除了汉语人群，逐渐演化为西域诸国人的专称。在这一过程中，在原有的蒙古人对“合里”（色目）的他者认知之外，又产生了汉语人群对“色目”的他者认知。两种认知既有重叠，又有区别，元朝中期以后，后一种认知成为主流认知。换言之，色目人概念是他者认知的产物。在蒙古人的他者认知中，色目既指所有非蒙古人，在某些场合下，又将土著汉语人群排除在外。在故金疆域内汉语人群的他者认知中，色目人指非蒙古人的外来者。在故宋疆域内土著居民的他者认知中，广义的色目指所有的北方人（外来人），狭义的色目指蒙古人、汉人之外的外来者。在具体的认知实践中，三者的边界又有一定的模糊性。

（张晓慧）

【李治安《元太宗朝汉军万户整编新探》(《历史研究》第4期)】

元太宗窝阔台时期，汉军万户设置经历了自丛杂猥多到正规的演进，在以刘黑马万户为首的东部主体和西路分支内，相继实施了“宣命”等整编及定制。考察太宗朝汉军诸万户设置，需重视朝觐“宣命”等整编及其引发的根本性变化。凡获“宣命”“宣差”者，即为蒙廷正规汉军万户。厘清“宣命”整编且兼顾奥鲁，就能洞悉太宗朝汉军万户设置真相。“三万户”“七万户”“九万户”等汉军上层建置由此逐渐正规化，并为元朝汉军制度的完善开辟了路径。总体看，以汉军万户“宣命”为核心的正规整编，是元太宗终结木华黎国王经略汉地和蒙廷集权的组成部分，也是来自汉法、蒙古法两股力量交互作用的结果。一方面，隐含着耶律楚材“设万户总军”，“若树置官吏，必自朝命”，“凡建官立法，任贤使能”等诸多努力。另一方面，还能看到大蒙古国“唯以万户统军旅”制度向汉军系统的移用，右丞相镇海“亲写”畏兀儿体蒙古文，必以此为验，“无此则不成文书”，以及蒙古新汗更换那颜牌符惯例与“宣命”定制的邂逅。这表明此时汉军万户“宣命”整编已然是蒙古、汉地二要素的交融体，某种意义上可折射蒙古游牧君主集权与“汉法”因素的早期混合，也是在耶律楚材辅佐助推下“汉法”开始融入蒙廷政治的表征之一。后者或可视为30年后忽必烈“附会汉法”（包括针对汉军的罢黜世侯、兵民分治等）奠定元王朝蒙、汉二元体制的先声。

（张晓慧）

【耿元骊《宋末元初湖州乡村的建置、人口与生计——基于〈元代湖州路户籍文书〉的考察》(《首都师范大学学报（社会科学版）》第5期)】

传世文献中关于宋元个体乡民记载极其缺乏，也很难看到初始形成状态的公文、记录等资料。元代公文纸印本《增修互注礼部韵略》纸背有湖州路基层户籍文书，经整理已公开出版。《文书》提供了宋元之际的第一手官府公文书，也是有如此丰富细节且在一定范围内具有相对批量规模的乡民百姓人口、房屋、土地等原初数据首次披露。这批文书包括900户，近3000人，有着完整人丁事产记录，大部分人都由宋入元，其家庭主业在宋时即已定型，反映了其家户在宋末的生产生活情况。通过对全部数据综合探讨，以统计归纳方式，展开微观层面的计量与核算，讨论了安吉州（湖州路）乡村建置，给出了性别比、年龄比、户内平均人口、生育率、户有土地数量种类、住房类型等统计数字，分析了乡民居住之所与谋生之业。这些基本都是第一次能依据原初记录数据进行统计分析，而非从传世文献所记录总和数据逆推计算，各种比例或者数字基本都是第一次得到相对翔实准确的数据。通过《文书》中诸多记录，还可以考察宋元官府如何治理乡村，如何用“数目字”来管理乡村，更可以据之分析湖州乡村百姓人口、住居、谋生之道等各类情况。从这些细微到不能再细微的记录中，可以推算、核实真实的宋元乡村世界。观察、思考、分析这些第一手原始记录，对于理解乡民所处社会（社区）的基本环境，重构和讨论宋元乡民百姓日常生活史有着很大的学术价值。总的看来，《文书》中各类数据仍有进一步深入分析挖掘的必要性。

（张晓慧）

【聂鸿音《元明时期京畿地区的党项方言岛》(《宁夏社会科学》第4期)】

14世纪到16世纪初的西夏文字资料证明在当时的北京和河北保定存在两个“党项方言岛”，方言使用者是被蒙元王朝征调至京畿地区驻防的党项军户后裔。这种方言与周边官话的显著区别在于没有任何辅音韵尾，也没有元音韵尾i和u。元明时期京畿一带两个党项方言岛的发展是不均衡的。源出河西的党项方音在保定的资料里得到了比较完好的保存，但在北京的资料里发生了变化，明显表现出了向官话靠拢的趋势。如果把元代的居庸关《造塔功德记》和明代的《高王观世音经》发愿文归入同一个发展序列，则可以认为北京党项方言的鼻韵尾经历了一个从无到有的变异过程，其间还有一个模糊不清的阶段——党项人只有在重读音节才能读出鼻韵尾，而且在m、n、ŋ三个鼻韵尾之间会出现混乱。出现这一现象的原因是北京集中了一批在中央政府为官的党项贵族，他们会主动学习当朝蒙古和汉人的语言，只是有些人的发音不够准确。党项贵族对强势文化的依附心理促使其本身的文化传统走向衰亡，最终导致了党项方言岛的消失。保定的党项方言在三百年间相对稳定，是因为那里久已形成了具有一定规模的党项人聚落。当建造经幢的时候，明朝政府禁止色目人内部通婚的法令还未颁行，居民与官话使用者的接触较少，封闭的生活环境更有利于传统文化的保存。

（张晓慧）

【付马《航海家亦黑迷失的母语誓愿——泉州〈一百大寺看经记〉碑上的回鹘文题记》（《海交史研究》第3期）】

元代航海家亦黑迷失在泉州所立的《一百大寺看经记》碑上有两行回鹘文题记，系其本人以母语所发誓愿，可与汉文碑文相互发明。学界过去主要借助清人录文及现存两块残碑了解汉文碑文的内容，尚未对回鹘文题记开展研究。国家图书馆藏《圣安寺亦黑施钞看经记》拓本正是此碑分裂前所制完整拓片，保留回鹘文题记的完整内容，一直未被学界重视。据此首次转写、释读回鹘文题记，揭示出亦黑迷失以母语所记誓愿与汉文碑文的书写的不同；并结合对泉州当地藏碑块实物的调查，给出汉文碑文的最新校录文。亦黑迷失以母语所发的誓愿是将布施一百大寺看读的功德回向以自己和以母、父为首的众生，重点在为自己求得佛果，而全然不见回向蒙元统治家族的内容。这与汉文碑文的书写重点有着本质的区别。汉文碑文系“钦奉圣旨立碑”配套的碑文，是展示给朝廷和世人的官方文字书写，必须清楚表达一百大寺看经之功德回向皇家的排他性，以彰显施主亦黑迷失的政治表现。而回鹘文题刻则是他作为佛教信徒用母语表达的迫切心声。先学曾钩稽亦黑迷失相关史料，指出其极力保护佛寺，积极布施佛寺的写经、刻经活动，论证亦黑迷失是虔诚的佛教徒。延祐三年，他以一己之力出巨资一万锭钞布施一百大寺，完成罕见的功德。他希望能够借此实现自己最真挚的愿望，因此在功德记最后用两行小字刻下以母语表达的誓愿，以示其虔诚、迫切之心。

（张晓慧）

【苗润博《元修〈辽史〉契丹早期史观解构》（《中山大学学报（社会科学版）》第4期）】

元修《辽史》关于契丹早期史的记载，不仅限于抄撮旧文、敷衍成篇，更是对契丹历史的重构，其间隐含的编纂因素与叙述框架值得深入剖析。对《世表》《营卫志》所见早期史叙述中的关键榫卯之处加以逐一拆解，可以发现元朝史官构建的契丹早期史有两个最为重要的环节，其一是辽朝文献所记遥辇时代与中原文献所记大贺时代的对接，其二是辽朝文献中的始祖奇首可汗与中原文献契丹初现的北魏时期的对接。第一个对接在陈大任《辽史》当已露出端倪，元朝史官直接继承并全面扩展；第二个对接则在元人修《世表》时尚未显现，至增纂《营卫志》时方才完成。前者是支撑整套叙述的核心，而后者则为这条脉络找到了源头，至于宇文与契丹的对接完成了族群谱系的勾连，遥辇可汗与中原文献的对应则是细部的补充。这样的建构过程，不仅在具体细节上漏洞百出，更可能在基本方向上存在巨大偏差，对后人产生了诸多误导，某种意义上已经成为研究契丹早期史所必须打破的桎梏。金元史官重构契丹早期史的核心方法是对不同文献系统的材料进行杂糅、拼接，对龃龉不合者加以弥缝、调和，对“旁逸斜出”者加以删削、修剪，从而形成一套看似整饬的历史叙述。这种重构方法的内在逻辑是站在后来人的立场上进行追溯、归纳，将契丹集团原本多元复杂的衍变轨迹简单化约为一元线性的发展脉络，忽略了不同时代、不同主体所作的历史叙述可能存在的根本性矛盾。今天的研究者往往对《辽史》所见契丹早期史料不加批判即予利用，当然与材料的紧缺、方法的失当有关，但更深层次的根源恐怕还在于思维方式的契合——不同时代的线性史观或显或隐，可能会有各种变体与包装，但其核心理路似乎从未改易。走出元修《辽史》的契丹史观，应当成为辽金史研究开辟新局的必由之路。

（张晓慧）

【党宝海《阔里吉思家族与元末政治》（《清华元史》第七辑）】

阔里吉思是河北沽源县梳妆楼墓葬的主人，受到学界关注。元末重臣阔里吉思、他的儿子汪家奴和孙子桑哥失里，是元末最活跃的上层政治人物，也是当时几次重大政治斗争的积极参与者。这一家族是怯薛官世家。汪家奴在平定唐其势之变后被委以重任，并参与了脱脱罢黜伯颜的密谋。至正初年，桑哥失里登上政治舞台，与其父参与到哈麻等人的合谋当中，罢免脱脱。汪家奴升任元朝最高行政长官中书右丞相，桑哥失里升任中书平章政事。主导脱脱罢官的哈麻、雪雪兄弟和汪家奴父子之间出现了新一轮权力斗争，汪家奴父子取得胜利。桑哥失里早卒后，汪家奴继续保持他的禄位，在元末政坛地位显赫。通过一一辑考阔里吉思祖孙三人事迹，可以看出元朝后期，进入政治高层的通道进一步被君主的近侍集团所控制。阔里吉思祖孙三人凭借与武宗、明宗、顺帝三代帝王密切的私人关系与忠诚，积累了深厚的政治资本，始终站在上述帝王的阵营，党同伐异，在元朝后期的高层政治斗争中处于不败之地。元顺帝得以即位是元文宗的皇后、功臣集团决策失误的结果，他能够真正掌控的政治资源相当有限。对顺帝而言，侍奉父祖、克效厥忠的阔里吉思家族是为数不多的他能够真正信任的臣下。元朝中后期，统治上层以政治利益为中心，分化为多个政治集团，争权夺利的斗争成为国家政治生活的主题，元朝日渐走向衰亡。

（张晓慧）

【王瑞来《屠城了无痕——以宋末抗元事件为中心的史籍记载与历史真实例论》（《河北大学学报（哲学社会科学版）》第5期）】

南宋王朝崖山覆亡之后一个月，元军在各地仍然遭到宋朝军民不同程度的抵抗，在江西南安也发生了激战。激烈抵抗的结局，各种方志的记载是遭到了残暴屠城，《宋史翼》也如是援引，而《元史》的记载却是“不戮一人”。截然相反的记载，孰是孰非？当时人与当地人笔下的南安事件，显示出南安屠城确属事实。追溯史源，《元史》的记载取自姚燧的一篇神道碑。神道碑将确曾发生的屠杀变得了无痕迹。姚燧是元代拥有深厚道学渊源的文坛大家，神道碑的记载也被取信。颠倒事实，固非信史，除了受寓目资料的误导外，仁爱止戈当或为姚燧改写旧事之主观动机。无论如何，改写的事实进入主流史籍，对后世影响极大，明清文献以及清代几部新修元史均蹈袭其说。此件个案，引发研究之际如何追寻历史真实的思考，对碑志载笔的警觉和对方志史料的关注也被再度提示。

（张晓慧）

【郑鹏《元代县级司法运作：时间、空间与参与者》（《湖北社会科学》第 9 期）】

延续“简约治理”的同时，元代县级司法运作有一些新变化。在元代县衙中，厅事—典史幕—吏舍构成了核心政务空间，这正是元代县级政府正官—首领官—吏员三级结构的体现。相比路级政府专设推官掌刑，元代县级政府没有专门的司法官员，在圆署制下，其基本运作模式为群官集体决策、首领官总领案牍、吏员具体执行。元代圆署制度虽很大程度上源自草原集体议事习俗，但在中原王朝亦早有渊源。不过相比元代，唐、宋时期的集议联署制度尚有许多局限性。唐、宋时期聚问基本局限于徒以上重刑案件，而元代则推广至一切大小公事。宋代虽规定州、县皆须实行集议制，但其中县一级不仅相关制度建立晚于州，其实施状况亦不理想，尤其对县一级是否实行“通签连书”亦没有明确规定。概言之，元代圆署制相比前代，适用范围大大扩展、执行力度大大加强。在圆署制下，元代县级司法中形成了官员之间的权力制衡，特别是由于双长官制度和首领官制度，县尹的专决权受到很大限制。这一机制有利于防止专断造成的司法失误，但互相掣肘造成的效率低下也在所难免。与此同时，吏员却由“职簿书”得以“舞文法”。在元代县级司法运作体制中，虽由群官圆议做最后决策，但拟决之权却在吏员。借助于对文书运作的操控、官吏之间的信息失衡、在案件审理中的不当介入以及与地方社会的特殊关系，吏员很大程度上左右了司法运作，官员被架空，圆议联署也形同虚设。从宋代起，吏权便有明显上升的趋势，而元代圆署制下吏员的制度角色为其提供了更大的施展空间。至明初，朱元璋将“谋由吏出”视为“胡元之弊”，要求官员“所任之事，各必躬亲理之”。而随着双长官制的取消和首领官第二中枢地位的丧失，主官负责制再次建立起来。

（张晓慧）

【洪丽珠《杀虎与当熊：元代胡烈妇救夫叙事的流变》（《文史》第二辑）】

胡烈妇为《元史》列女之一，和击豹活父的建德王氏女合传，史传内容颇简，并不特别突出。因事件发生时间较早，故顺序位居第四，史传内容对之前三位贞烈女着墨更多。史传全文仅约八十字，虽曰“烈妇”，却有义之行、无烈之实。不过，胡妇因杀虎救夫而脍炙于元代南、北士人之口，是少见入史之前具有丰富传世资料的元代列女。由于事迹流布于庙堂江湖之间，文图并茂，故事在复述中流变，使其承载的叙事功能远比列女史传的内在意义与外在形式更加多元。叙事方向大致可归纳为三类：第一类为政治正确的诠释，像徐世隆、王恽等出身北方、仕宦经历较为接近庙堂者，主要在宋元对峙和南宋亡国的背景下，强调胡氏的义烈，彰显国朝人伦淳厚，才出此祥瑞之征，应当成为列女典范。第二类着重伦理纲常的发扬，将胡氏杀虎救夫与冯媛当熊保君并列，通常以地方人士为主，尤其是江南地区的士人，像谢应芳，甚而添加饶娥杀蛟，完整为君、父、夫三纲的论述。第三类则从百姓的角度控诉政虐，尤其南宋遗士以颂扬胡烈妇为表，军兴戍役之害为里，批判苛政猛于虎。当故事成为正史的一部分，这些叙事空间随之消散，胡烈妇的讨论也趋于冷寂，明清士人偶尔提及，反倒是因对元人传世相关画作的兴趣，而非故事本身的吸引力。

（张晓慧）

【王启发《元代吴澄对〈礼记·内则〉篇的改编及相关问题》（《湖南大学学报（社会科学版）》第6期）】

元代儒者吴澄撰经学著作《礼记纂言》，对《礼记》诸篇章多有改编和调整。比较《礼记纂言·内则》和《礼记·内则》文本内容和章句结构，分析其四十余处改动的细节，可知吴澄改编《礼记·内则》的思路虽前承郑玄和孔颖达的提示，但更多是受朱熹礼学的影响和对朱熹礼学的回应。当中也有吴澄自身的礼学意识和感觉的作用，比如，他按照以类相从的原则用“记父子之礼”“记男女之礼”“记饮食之礼”“记老老之礼”对《内则》进行归类，并删除其中与《王制》篇重复的段落，体现的是吴澄的礼学认识和见解。吴澄梳理《内则》篇中各章次之间衔接上的逻辑关系，意在细致入微地体会和把握古人在记述家庭乃至王朝的涉及父子、男女、饮食、养老等诸多礼仪的内容与道德规范，使传经问道有所依据，其对经典的改编与调整展现了一个学儒的学究式的执着，因此，吴撰《礼记纂言·内则》的改编具有特别的经学史意义。

（陈冠华）

【陈佳臻《三皇庙、儒医合流与元代儒家道统建构》（《中国史研究》第1期）】

三皇庙始见于元代，是祭祀上古三皇——伏羲、神农、黄帝的场所。元代三皇庙的出现和兴盛绝非偶然，而是儒家与医家各自理论发展的结果，也是三皇信仰本身发展的产物，同样是儒医合流的产物。三皇庙兴盛的背后隐含着儒家、医家在各自独立发展时又相互交汇的要素，这种合流产生了重大影响，甚至引起了元代儒家道统新的建构和进一步完善。元代以前，主流的儒学理论体系并没有形成三皇的圣人具象，也没有将之纳入道统，但医家已经确认三皇具象为伏羲、神农、黄帝，当时政府又积极支持推动三皇庙的建设，促成了三皇庙的蓬勃发展与元代三皇信仰的兴盛。这样一来，儒家理论体系就不得不被动地接受这一版本的三皇形象，并尝试在自己的理论体系中完成自洽：第一步是从儒家自己的典籍中找到符合“伏羲、神农、黄帝”这种三皇形象的依据，第二步是解释儒家长期未将三皇形象具象化的原因，第三步是重新将三皇具象纳入儒家的道统中。从思想史角度而言，儒家道统的进一步构建在三皇具象问题上与医家理论产生了交汇点，这一交汇点促成了儒医合流。儒医合流，指儒家和医家学说在各自理论发展过程中产生了一些交汇点，这些交汇点既能为医家学说运用，也能为儒家学说服务，最终促使儒学和医学在理论上进行一定程度的共享。在元代，儒医合流被推向了新高度，突出体现在“三皇”这个文化形象的确立及其被赋予的儒学与医学含义，它既成为儒家学说完善自身发展的要素，也成为医家完善自身理论建设的要素。在这些因素的共同作用下，三皇庙在元代逐渐兴起，并蓬勃发展。

（陈冠华）

【钟翀《今存〈永乐大典〉之宋元城市图渊源考辨》（《社会科学战线》第10期）】

成书于明永乐六年（1408）的《永乐大典》，其地理文献的征引多采自宋元或明初方志，其中汇集了大量城市古地图，惜此书之大部既已散佚，其中的城市古地图存世者寥寥。《永乐大典》今存残卷之中收录了“（汀州）郡城”图、“建武军图”及“安南国图”“潮州路城图”这四种颇有研究价值的宋元城市地图。究其原因，与其采择各种地理文献、摹录其中城市地图之时所表现出来的编例特点相关：如此类城市古地图一般以《大典》之府州附图的形式出现，而《大典》的府州地理编纂，是以永乐初的建置为单位，设立沿革、至到、城郭等多个细目辑录各类地志予以编排的；其常用的参考资料，除若干全国地理总志之外，往往重点征引该府州的数种方志，通常会优先选取明初由政令推动各府州编纂的“图经志”，同时也会选取数种前代方志作为记述该府州史地沿革的主要材料；此类府州地理的撰辑，其首卷通常绘有一套该府州的地图，其中的地图大多自该府州既编方志摹录而来，一般会优先采用明初新志之图来表现现状，在明初之志舆图未备的情况下，也可能部分采录宋元等前代方志中的古地图来使舆图部分保持完整，这就是《大典》留下了一些宋元城市地图的原因所在。通过对这些地图图式与内容表现的综合考察，详细考订成图年代，同时利用图、文合勘手段，深入辨析《永乐大典》所引相关宋元志书及其记载，查证这四种地图的摹录底本与图源文献，并据此归纳《永乐大典》之地志编例与地图采录原则。在此基础上，对于历来争议较多的《永乐大典》所收洛阳城地图进行多角度探讨，确认此图当源于元《河南志》。

（成赛男）

【马渊昌也《余祐の『性書』作成の意図について——『性即理』否定と『理の哲学』への志向》（《余祐〈性书〉的写作意图——“性即理”的否定与“理本论”理想》）（《中国—社会と文化》第37号）】

清道光《鄱阳县志》中收录明代余祐

《性书序》一文，据之可讨论余祐《性书》的写作意图。余祐是明代著名朱子学者胡居仁的弟子，活跃于弘治、正德时期，《明儒学案》评论其学“墨守敬斋（即胡居仁）”。余祐写作《性书》是为了强调理的超越地位，他拒绝将现实界的多重表象与作为本体的理相混淆。明代中期以后，将气视为本体的气本论思想盛行，余祐正是通过《性书》对这一思想进行批评与反驳。根据《性书序》，余祐认为《性书》的主要内容是对“性即理”这一理学观念的否定。性一旦脱离本体而进入现象界，就会具备多样性，与理这一本体概念并不能重合。针对余祐的观点，同一时期有多位学者提出了反对意见，其中以杨廉《复余子积书》与魏校《复余子积论性书》最有代表性，他们认为余祐的谬误之处集中体现为将理气判然二分。根据魏校《复余子积论性书》，余祐在《性书》中也花费了相当篇幅对太极图进行解释。余祐对于理、气、性等概念及其关系的看法承袭自其师胡居仁，也是对明代中期之前朱子学理论的继承和强化。与之相应，明代中期以后，以罗钦顺为代表的朱子学者强化了气的本体意义，他们通过重新解读“理一分殊”将理气视为一体，显然是对此前朱子学理气二分立场的反对。

（张倩茹　陈冠华）

【胡铁球《明代比限制度的流变》（《社会科学》第3期）】

“两税”期限制始于唐，至迟至后晋，“两税三限制”已有明文规定，宋代沿袭发展，夏税、秋税各立三限交纳，一般根据各地农作物的收获季节和交纳地点的道路远近不同而确立不同的“三限”期限，金仿宋，元承宋、金。与“两税三限制”相配套的是较为严密的查核赋税完欠的册籍制度，对没有依限完成的官员和民户进行相应惩罚。同时，这一时期出现了半限、展限、程限等一系列期限制度，即一大限又分三小限，此制度为明清所沿袭并改造。明初沿袭前朝“两税三限制”，但其考核对象并非地方官，而是负责两税输纳的粮长、里长、大户，普通纳户方面，由粮长、里长自设期限，进行追比。成化至嘉靖初期，周忱改革后地方政府逐渐成为征收赋役唯一的责任方，无序的赋役“追比”造成社会经济混乱，赋役货币化逐渐成为主流，这些使得地方官员开始积极地自立“比限”，将中央的“两税三限制”复制到对基层民众的赋役征收中。嘉靖中期至万历初期，条鞭法迅速在全国推广，加耗加饷导致地方赋役负担加重，官员赋役完欠考核压力越来越大，各地设限愈来愈密，在南方，以“三限”“六限”“十限”等最为普遍；在北方，则以“三限”“四限”为主。这一时期的票单制度实践开始活跃，地方上的比限制度逐渐开始健全。万历十年以后，各地所立限数，更多转向四限和十限制。按季分限的四限制南北皆有，在北方尤为流行；十限制首先盛行于南方，其中在江西、南直隶、浙江一带尤为集中，后逐渐推广于全国，在明晚期最为流行。各地在这一时期自觉建立比限制度，并推出新的票单册籍制度，比簿得到了广泛推行。由于各地期限是地方官员自行制度，并无中央政府的硬性要求，因此征收期限甚至分限制的执行都受到官员更替变动的影响。明末中央政府财政紧张、征收效果差，开始学习地方分限征收办法，把地方用于“征收”环节的比限经验移植到了“解纳”环节，开始定为十限解纳，后又改为四限解纳。比限制度与赋役制度、考核制度有着紧密关系，赋役货币化、条鞭法的推行是地方政府推行比限制度的基础，而考核官员倾向于“赋役完欠”这一项，则成为地方设比限的助推器。

（王正华）

【曹树基《“田亩饱和度”与明代闽赣粤三省毗邻区的人口迁移》（《清华大学学报（哲学社会科学版）》第1期）】

“田亩饱和度”是一种工具性概念，指的是同一区域历史时期纳税田亩与1949年纳税田亩的数量之比，可以用来测量重大事件对于区域人口、土地资源的影响，并借此评估当地政府的赋役政策。这一工具性概念还可以用来测量人口流动的推力与拉力，解释区域之间人口流动的成因与效果。利用“事件、资源与赋役”为分析框架，以“田亩饱和度”作为分析工具，以地方志中的赋役类数据作为主要分析对象，测量闽粤赣三省五县人口流动的推力与拉力，借此重新解释明代闽粤赣三省各区域社会变动、经济发展与政府之间的关系，获得对于各区域社会经济变迁的新认识。结果表明：“田亩饱和度”的高低形成移民推力与拉力的具体指标，可视为区域性人口迁入和迁出的驱动力；在数据基本可靠的洪武时期，人均5亩既是一个农家耕种的指标，也是一个农家生活小康的指标，更是政府有效征收田赋的指标。因此，土地清丈数据可作为人口估算的新途径；各地方志中明代田赋数据的变动，不仅反映了事件对于人口、经济，以及政府的田赋征收带来的影响，也反映了县级政府与上级政府之间的博弈。此外，研究发现明代存在黄册户口与田赋实征册户口两套数据。在洪武以后南方大多数地区，黄册户口转变为派役单位，而田赋实征册户口则是纳税户口；户名之下，依亩计税。明代闽赣粤三省山区中的所谓“化外之民”，其中绝大多数只是不列入黄册却见于田赋实征册的不承担徭役的纯粹的纳税者，且一直处于政府的管辖之下。因此，主要针对异籍者的税役均等与税役一体化，才是明代一条鞭法改革的目的所在。

（成赛男）

【解扬《从行政整合到政治整合——明代荐举及地方实践》（《历史研究》第1期）】

明初荐举盛极一时，后成为祖制，被赋予了在有明一代推行的合法性。此后，荐举弊端渐生，但作为选拔人才的手段之一，仍与吏部铨选并行。明中叶，荐举权逐渐从京官群体收束于吏部，各地贤良的推荐与任用逐渐制度化。明后期，地方主动荐举的例子渐多，这是明初以来朝廷通过行政手段，自上而下整合地方政治、文化资源的结果。荐举从朝廷主导转为地方政府主动，说明中央政府整合地方资源，经历了从行政整合到政治整合的过程。其间，皇权作为维系国家存在与政府运行，以及保持地方政府向心力的根本动力，始终是实现政治整合的主要力量。荐举在明代的发展历程，大概经历了三个阶段。第一阶段，荐举以非制度性的祖制面貌出现，主事者权责不明，朱元璋为了招揽人才，多次在全国范围内鼓励荐举，推动各地官员为国荐贤。第二阶段，到了明中叶，随着国家机构发展成熟，依托制度合法性的吏部将依托祖制的京官荐举之权逐步收束，全面接管对荐举的考核，各地贤良的推举和任用逐渐规范化，并且被纳入制度化的轨道，即使是地方名儒也要参加既定的考核流程，在认定之后才能题请任命。第三阶段，到了明后期，即使没有皇帝的征召敕令，各地政府与官员为了表明当地文教事业兴盛、社会风俗纯善，也积极举荐贤良，在职权范围内表现出相当大的主动性，呈现了一种与明初皇帝自上而下的征召全然不同的行政运作方向。据此，明代通过荐举实现了对地方政治、文化资源整合手段的转变，呈现出从行政整合到政治整合的发展历程。以荐举为媒介，明代皇权形成了对地方资源的整合，是以对其中两个重要特点的认定为前提：其一，荐举是作为祖制存在的，而非定制，其在选拔人才上的重要性与影响力，也始终未能超过吏部铨选。这决定了荐举既有在后世实践的合法性，也决定了它必然要经过制度约束的过程，才能与国家制度完善的方向契合而免遭淘汰。因此，在这一过程中，行政整合便成为必然环节，以皇帝为代表的中央政府必须通过完善吏部在荐举之后任官环节上的权责，实现对地方资源的整合。但行政整合只是制度完善的一个必经步骤，尚不足以全面激发地方上寻求整合的主动性，这就要求有强大的向心力实现政治整合。其二，皇权作为维系国家存在和政府运作的根本动力，必须始终在国家政治生活中发挥决定性作用，否则地方政府便有可能在转变为荐举的主动方，甚至在左右朝政上拥有更大的影响力后，进而对中央政府乃至皇帝造成威胁。明代之所以未曾发生过类似的危险状况，除了选任制度在吏部发展成熟之后变得不可挑战外，其根本原因在于皇权始终是政治整合的主导力量，在国家政治生活中起着决定性作用。明代荐举之途发端自太祖，在后世也必然以在位皇帝为终点，在受皇帝认可后，受荐之人才能得以任命。因此，作为明代荐举根本动力的皇权，才是实现行政权力与政治动员结合的根本要素。由此反观晚明，即使天灾人祸频发，政府缺官不补，仍然在相当长的一段时期内保持了社会稳定。

（张金奎）

【黄谋军《明代官籍再探》（《中国史研究》第1期）】

明代官籍作为一种带有酬功性质的身份户类，来源较为多元，从户籍来源看，民籍、军籍、匠籍（文思院）、医籍（太医院）等都有因某种功绩改为官籍的可能，尤以军籍为主体，军功为主流；从分布上看，卫所、州县、特殊机构都存在官籍群体，以卫所武官家庭为大宗。明代民、军、匠、医等籍向官籍的转化演变，揭示了各户籍群体身份地位的流动轨迹，并成为探测明代政治与社会结构变迁的重要窗口。另外，官籍在家庭内部共享的有限性，导致一个家庭内部出现多种户籍共存，如官籍与民籍、官籍与军籍等，这与“户”所涵盖的范围密切相关，抑或是缘于官籍并非强制性的役籍类型，因此在家族内部的户籍分配上可以按照实际利益需要进行相应选择。在中国传统社会，官户所对应群体的身份含义曾历经差异悬殊的演化过程，显现出由贱民阶层向权贵阶层转变的总体趋势。隋、唐、金、元等朝，官户一般指称地位卑微的贱民阶层，宋、清等朝则多指代地位尊崇的品官之家。明代官籍与宋、清等朝官户所代指的品官之家既有共性又相区分。明代官籍是世籍世役制度下的产物，以亲人为官与身份世袭为前提，其“户”所涵盖的范围相对更广且更具绵延性。明代官籍一词还因其自身含义的丰富性，在不同语境下所表达的意义有所不同，既有贯址层面的含义，亦有役籍或户类层面的含义。自清代以来，官籍一词的含义模糊，清人多将明代科举文献中士子所报官籍理解为“随官在任应试者”“寄籍”等贯址层面的含义，这是忽略明代户籍管理“民以籍分”“以籍定役”制度的结果。

（解　扬）

【王浩远《明代北镇医巫闾山崇祀考述》（《中国边疆史地研究》第 1 期）】

以明代医巫闾山为研究对象，考察明廷及辽东都司崇祀医巫闾山的基本情况，探讨医巫闾山于明代的特殊地位与文化内涵。医巫闾山崇祀源远流长，尤其是自辽、金、元三朝以来，建庙、加封活动持续不断，神山信仰在辽东地区契丹、女真、蒙古各族民众中影响深远。明代在全面继承前代崇祀活动的同时，也不断强调医巫闾山“利我边民”“群氓托之以宁”的护佑、教化之能，增强辽东诸族对明廷统治的认同。除此之外，明代崇祀北镇医巫闾山还具有两个特殊意义：其一，医巫闾山控御辽东，具有突出的战略地位。医巫闾山的战略地位又与驿路交通紧密联系。自京师出山海关，沿辽西走廊一路东北行进，必须抵达医巫闾山山脚下的广宁城之后，方能折而东南，行至海州卫，继续北上即可到达辽东都司所在地辽阳城。建于医巫闾山的北镇庙便成为明廷对辽东实施有效统治的象征。其二，京师地处古幽州，北镇为幽州镇山，地位特殊，独受尊崇。藩篱与镇山双重因素的共同作用，进一步凸显了明代崇祀北镇医巫闾山的独特内涵。

（解　扬）

【梁曼容《贫困的贵族：明代下层宗室的阶层固化与特权异化》（《中国史研究》第 2 期）】

明代中期以后，下层宗室的贫困成为一个突出的社会现象。下层宗室所拥有的贵族身份已难以保证其经济待遇与社会地位，显示出“贵富分离”与“贵而不尊”的情形。宗室贫困现象，呈现从罪宗到贫宗日益增多、以无名封宗室为主体、宗口多的地区与边地王府更为严峻的特征。作为固化的阶层，宗室对皇权形成空前紧密的政治和经济依附关系，客观上不得不沦落为明代国家的寄生性人群。靖难之后，宗室被无偿供养的经济特权逐渐衍生出诸多禁忌与限制。随着宗室人口增多，下层宗室的岁禄时常难以兑现；加之藩禁对四民之业的禁绝，下层宗室所拥有的特权反成桎梏。因此，明代下层宗室的贫困是该人群身份、阶层属性与权利状况共同造就的结构性贫困。相较于庶民、士绅、外戚和勋臣等其他人群，宗室身份更为稳固，阶层封闭性更强，内部等级秩序亦更为严明，显示出十分浓厚的阶层固化特征。这导致宗室客观上沦落为明代国家的寄生性人群，无论在政治上还是经济上均对皇权形成一种空前紧密的依附关系。宗室经济待遇高低直接取决于与皇帝血缘关系的远近。随着宗室繁衍，下层宗室与皇帝的血缘关系日薄，他们所能享受到的经济利益也就日少。在靖难之后，随着宗藩体制整体衰落，宗室被无偿供养的经济特权逐渐衍生出诸多禁忌与限制。藩禁政策，本意是削弱宗藩势力，却矫枉过正，杜绝了宗室参与生产劳动和经济交换与分配的可能，事实上剥夺了宗室自我谋生的权利。对于只能被动仰仗宗禄为生的下层宗室而言，当财政左支右绌、宗禄不支时，这种以丧失谋生权利为代价的经济特权在某种意义上就意味着生计的断绝，即特权的异化。于是，贫困的贵族这样一个悖论产生了。因此，明代下层宗室的贫困，不仅仅是通常学界所认为的宗口膨胀与财政困境所致，而且是该人群身份、阶层属性与权利状况共同造就的一种结构性贫困，并非简单靠宗禄补给就可以从根本上解决。万历朝开禁主要针对的是将军、中尉以下的宗室，虽然实施时间不久，却有着深远的意义。这表明明代僵化的社会结构，已经难以维系庞大的宗室人口，朝廷不得不大幅缩小特权人群的范围，原先封闭且固化的贵族阶层，在下层宗室这一人群身上有了一定程度的松动。

（解　扬）

【时培磊、纪海龙《〈明武宗实录〉文臣传编纂探析》(《史学史研究》第2期)】

《明武宗实录》文臣传是记载和评述明朝文官的重要官方文献。在史料来源方面，明朝在编纂实录时，需广泛搜集史料，其渠道主要有中央各部调取和地方征集两种。特别是在编纂大臣传记时，更加需要地方提供民间文献资料。虽然编纂文臣传时所依据的材料大多随着时间流逝而湮灭无存，但通过与存世史料比对，仍可推知其史料来源有以下几类。一是墓志碑铭。墓志碑铭记述传主履历颇详，故而在修纂实录人物传时，多采择此类资料。从《明武宗实录》文臣传来看，墓志碑铭是重要史料来源之一。二是私人传记。自传主去世到实录立传，其间往往相隔数年。传主生前之亲友私下为逝者撰写的传记，往往也成为实录采择对象。三是地方志。地方志乃一方之全史，其中对于当地显宦人物必有传记载其事迹。明代方志纂修较为盛行，一些地方志的人物传便成为史官编纂《明武宗实录》文臣传的重要史料来源。在史源材料的处理上，史官在史料编辑环节往往采用增补史料、回避特定材料、阐幽订误等方法，使得文臣传在行文方面比史源材料更为端方谨严。在人物评价方面，就《明武宗实录》文臣传而言，其人物的评价受到史源性材料的重要影响，但又不主一家之言，力求公允。史源材料的撰写者，对传主多有回护乃至溢美之词，而站在国家立场的实录修纂人员，一般不用虑及于此，因而，所下论断往往力求允当。《明武宗实录》在编纂时，已注意到私家史料对实录本传编纂可能带来负面的影响，故而在人物评价环节力求更加审慎公允。透过文臣传的编纂可知，实录的纂修，使得地方史、家史有机会进入国史，客观上刺激了地方志及家乘的编纂热情。

（孙广辉）

【唐佳红《明代驾帖制度考论》（《安徽史学》第 5 期）】

明代驾帖源于“敕谕”，为皇帝所出诏令的替代品，代表着在各种公私事务中皆得便宜处置的至高无上特权。正统以后，厂卫权力膨胀，驾帖也成为厂卫提人缉事的专用文帖。朝臣试图利用制度化措施来限制驾帖的使用范围，却以失败告终，以致明代后期驾帖成为皇帝或宦官掌控司法的工具。驾帖具有平衡特刑机构与法司的司法权及皇帝越权专制刑狱的双重功能，文官集团对驾帖的限制实际上侵犯了皇权，反映了皇帝、厂卫与文官集团三方之间复杂的政治关系和明代社会的司法生态。驾帖在明代厂卫刑事事务中扮演重要角色，成为锦衣卫奉旨拿人的代名词。锦衣卫奉驾帖捕人，参与刑事之始，是在成祖靖难以后。永乐时内官出使、分镇成为常态，是以驾帖开始用于内官差遣采办、出使、巡查等事务。内官承行旨意，防检较甚。明代驾帖的设计，一为皇权的制度延伸，表达的是皇权意志。这是驾帖“私”的因素；一为司法权的平衡维制，是明初皇帝针对锦衣卫的关防之制，又经过历代朝臣不断法制化、规范化，这是驾帖“公”的因素。驾帖所具有的这两种性质，取决于皇帝的态度和皇权意志。在明代中后期，由于宦官得势和皇帝有意识地袒护，法司在与厂卫的博弈中落败，驾帖已经起不到平衡二者的作用，反而成为内监和厂卫济私自肥的工具。将驾帖进行法制化，以作为限制厂卫权力的制度措施，但在皇权肆意表达的背景下，驾帖反而逐渐演变为皇权合法控制国家司法的工具，驾帖的中旨化，便是最具说服力的证据。晚明公共政治意识的兴起，掀起了对驾帖合法性的批评，驾帖所具有的“公”的色彩渐渐为明臣所重，他们试图借此将旗校内官差遣纳入国家行政体系之内，这是对锦衣卫参与司法的制度规范。驾帖的中旨化，体现了制度规范对皇权“法外用刑”的约束是有限的，宦官等近臣更得借此分享皇权，以私夺公。

（解　扬）

【杜洪涛《洪熙梗化：奴儿干都司史事发覆》（《史林》第 5 期）】

洪熙元年的奴儿干叛乱是中国边疆史的重大事件，奴儿干都司的历史可以由此分成前后两个不同的时期。在叛乱之前，都司是设在奴儿干的常驻军政机构，其运作机制由镇抚、岁贡两个系统共同维系；在叛乱之后，都司逐渐演变成位于辽东的附属机构。尤其是奴儿干都司官军在宣德八年撤离奴儿干后，都司原属的羁縻卫所并没有脱离明朝的统治，而是直接隶属于明廷。都司官军参与树立的永宁寺碑更是在当地社会产生了深远的历史影响。这种影响超越了明清易代，一直延续到近现代俄罗斯殖民时期。在吉列迷等当地族群的心中，永宁寺碑不但是国家在场的物化象征，而且是素著灵异的崇拜对象。通过崇拜仪式与建碑传说，数百年来，永宁寺碑维系了当地人的中国认同与隶属中国的历史记忆。考察奴儿干动乱的社会动因，讨论这次动乱的历史过程，探析明廷的重建计划及都司转型，不但可以重构都司历史的发展脉络，而且有助于理解明初黑龙江下游等地的区域社会。

（解　扬）

【任建敏《广西“古田大征”之议与明后期南部边疆政策的转变》（《中国边疆史地研究》第 2 期）】

隆万之际，在高拱、张居正等阁臣的决策下，明朝尽量不介入西南地区土司之间的纷争，而着眼于西南流官管理地区的内部稳定，呈现“重内轻外”的特点。广西古田“僮乱”成为这一政策走向的关键性转折点。围绕古田是征是抚，大征之后如何善后等问题，内阁、兵部、两广军门、广西军政当局乃至广西籍士大夫都参与到这一讨论之中。其结果是，明代中叶对于广西流官地区“改流为土”的顾虑与争议，在古田善后中得到解决，并创造了以州县、卫所与土司共存的“古田模式”。以“古田大征”及善后为标志，两广山区瑶人与僮人聚居地带实现了此后数百年的大体安宁，小范围的动乱虽然不能彻底根除，但已经不再具备明前中期的浩大声势，客观上也促进了明后期两广山区地带的社会稳定与民族融合。

（解　扬）

【曾现江、张凯强《明朝隆庆三年西番朝贡制度改革：天下理想与经济理性兼顾》（《西南民族大学学报（人文社会科学版）》第 9 期）】

朝贡制度是明朝西番治理的核心，然厚赏来使，尤其是对朝贡遣使按员给赏，导致违例进贡，特别是遣使过多过滥的现象屡禁不绝，相应推高了治理成本。隆庆三年的改革，涉及贡期、赏额、贡额，以及对冒名进贡者的惩处等方面，在将西番朝贡遣使的人员限额提高约十倍甚至百倍的同时，着重以大幅减少进京贡使数量和限制近边番僧的朝贡规模等途径来达到节省开支的目的。经此改革，西番违例进贡事件大为减少，进京贡使的限额规定得到较好执行，贡使总人数大幅下降，明朝相关的人力物力财力支出得到节省，在一定程度上实现了西番治理的天下理想与经济理性的兼顾。改革取得积极成效的原因，一是较强的针对性策略，二是提高了地方官员的权责，三是较好地解决了西番贡使在边关驻留期间的管理问题。

（解　扬）

【董建民《壬辰战争中明朝的粮草海运开通考》(《历史档案》第2期)】

壬辰战争时期，明朝的粮草海运作为粮草转运的重要组成部分，其开通是一个动态变化的过程。早在战争初期，经略宋应昌就积极筹划海运粮草至辽东、朝鲜，设法筹措运粮船只。在宋应昌的努力下，粮草海运已初见成效，大量的粮草转运至朝鲜义州存贮，但因朝鲜境内粮草转运存在诸多问题，致使朝鲜前线粮草始终缺乏。战争后期，经略邢玠通过酌定海运、增天津海运等提议积极筹划粮草海运，督饷侍郎张养蒙通过筹集海运船只、加强海运管理等举措积极实践粮草海运，并对战争初期粮草海运暴露出来的问题进行改进。如增开天津海运以减轻辽东、山东两地粮草转运压力，海运粮草直达朝鲜广梁等地交卸以摆脱朝鲜转输不利的困境，构建以两总兵、五把总、各分运官为核心的粮草海运管理体系防范海运弊端等。在邢玠、张养蒙的积极筹划与实践下，战争后期粮草海运的成效较战争初期有较大幅度的提升，对于缓解前线明军粮草不足起到了重要作用。从壬辰战争期间的粮草海运过程可以看到，明朝对于援朝御倭战争的后勤供应非常重视，并且一直寻求跨国海运直达战争前线的最经济有效方式。壬辰战争时期的粮草海运过程，不仅显示了明朝对于保障朝鲜安全的坚强决心，而且也说明其与朝鲜军政合作的不断改善。

（解　扬）

【秦博《正统、景泰北京保卫战前后军功封爵史事新论》(《史林》第5期)】

明景泰帝“监国”与登极之初的一段时间内，一批将领凭借御外安内的功绩受赏封爵，跻身朝中勋臣的行列，这也是继洪武“开国”与永乐“靖难”之后以军功册封勋爵人数较多的时期。当时勋爵册封作为国家最高军功嘉奖制度的基本原则没有大的改变，但复杂的战事与动荡的政局也会影响朝廷的册封策略。如大将石亨、杨洪二人在北京保卫战前未立大功的情况下就已经分别被加授武清伯、昌平伯爵位，这可视为特殊的战时激封。再如明廷册封大同、宣府守将时，依据战略形势的变化不再以斩获数量作为主要量功标准。又如景泰初期，南北功臣的勋阶、诰券等封爵待遇被普遍迟授，此可谓明代封爵机制的一时异变。上举这些明代封爵制度的变化迄今未被学界所重视，实乃明代政治制度史研究之不足。此外，各类史籍中有关石亨、杨洪封爵前后事迹的记载存在矛盾与不实的说法，也需要通过封爵制度的考论加以辨析。景帝监国与登极初期封爵制度出现的变化，是明廷为应对“土木之变”后全国紧迫战争形势而做出的适时调整，可谓封爵制度在重大战事影响下衍生出的特殊模式，反映出明代军功封爵制度具有的变通性。在正统、景泰两朝相交之际，明朝与瓦剌的战势十分严峻，在这种情况下，景帝临战加封曾久守大同、宣府的名将石亨、杨洪为伯爵，激励他们率军抵抗瓦剌入犯，保卫京师与边镇，虽然打破了以往战后计功封赏的原则，但却是朝廷处于危难之时所采取的必要的非常规激赏。嗣后，明廷册封北边大同、宣府守将时，也不拘泥于斩俘瓦剌的数量，而是将他们的坚守之功视为北京保卫战大功的一部分，这也符合景泰之初遏制瓦剌频繁袭扰的战略需要。景泰朝南北战事倥偬，致使当时北抗瓦剌、南平内乱的各路大功将领封爵后通常只先加升爵名，暂不领享封号、勋阶、铁券等勋爵待遇，同样体现了封爵制度在战时特殊状态下的权宜之策。另外需要指出的是，明代史籍中辗转因袭且影响深远的所谓“土木之变”后“石亨坐系”以及石亨因于谦保举被赦免封爵的说法，或明显失实，或待进一步考证，而不应完全视作信史。

（解　扬）

【刘晶《万历援朝战争期间东北亚地区地理知识的获取、传递与呈现：以〈华夷沿海图〉为中心的考察》（《历史地理研究》第2期）】

万历援朝战争（1592—1598）是16世纪末在东亚影响深远的重要历史事件，与之相关的《华夷沿海图》的编纂，在地图学研究中的学术意义亦值得探讨。以往学界多关注万历援朝战争期间的战事进展、后勤保障、情报搜集，乃至明人的战略思想，但对于在以上各个环节中起到重要作用的地理知识的研究似嫌不足。探讨明朝如何凭借跨国战争的发生及与朝鲜的密切接触丰富和精细对东北亚地区的地理认知，以及相关知识如何与明廷政治决策、外交交涉与边疆经略产生互动，可在区域史视域中考察16世纪末东北亚的历史发展和知识交流。通过综合分析中朝文献，重点发掘朝鲜王朝实录和地理书籍等资料，可以发现，16世纪末的万历援朝战争极大促进了中国与朝鲜之间的军事协作、政治互动与知识交流。《华夷沿海图》及相关地理论述对中国北部与朝鲜沿海形势详加说明，是当时两国间地理知识交流大为增强的证明。明朝东征经略宋应昌主持创作该图时，除了既往知识和经验积累外，还融汇了自己在朝鲜的见闻，对特定地理信息的选择与处理也有的放矢。因此，《华夷沿海图》有很强的时效性和准确性，其作者对特定地理信息的选择与处理背后有着深刻的内涵。作为联络明朝与朝鲜政府的媒介，以宋应昌为代表、经理朝鲜事务的明朝官员在获取异国知识并向明廷传递的过程中，有着强烈的主观意图。记录釜山倭户就是宋应昌传递政治理念中的一环。对这一细微信息的传递与解读，甚至可能成为影响封贡议和、宗藩关系的重要因素。此外，宋应昌对当地地理知识的了解不断加深，对釜山地理位置的确认更为直接地决定了他对战争中朝鲜立场的判断。由以上可见，即使看似微小的信息的呈现与解读也能成为表达政治立场、阐明军事思想的有效工具。回到《华夷沿海图》及其组成部分《朝鲜图》文本本身，其所呈现的地理信息侧重点能反映出明朝经略海疆思想的转变：在万历援朝战争推动下，明朝高级官员开始高度关注朝鲜，16世纪末的海疆防御焦点开始转向渤海与北部黄海海域，且对该地区的防御部署有着超越国界范围的整体规划，《华夷沿海图》正是这一思想的产物。

（成赛男）

【蒋宏达《“崇祯二十四年黄册”新证》（《史林》第4期）】

从梁方仲到何炳棣、韦庆远，再到葛剑雄，几代学人都认为“崇祯二十四年黄册”是“预定遥度”，进而将其当作明末赋役黄册失实的铁证。顺治十二年吏部副理官马腾升首先提出明末黄册“预定遥度”问题，而后因明清公文的装叙结构，保存在了福建巡抚朱克简、户部尚书孙廷铨等人题本中。但这个观点其实是清朝官员对明代黄册格式、攒造过程生疏引发的误解，明代黄册攒造需预先为十甲人户编定十年轮役当差的顺序，即“编次格眼”，清朝官员即是混淆了法定的造册年份（崇祯十五年）和预编的轮役年份（崇祯二十四年）。这从另一方面也说明，尽管当时时局动荡，明朝最后一届黄册大造（至少在部分地区）已经完成。上海社会科学院历史研究所图书资料室藏有一件浙江严州府遂安县十二都二图黄册抄本，是由崇祯十五年大造黄册衍生出来的里甲赋役文书。从其中一些反常年份记录和仅有“旧管”的特殊格式来看，这件文书应是明清鼎革之初，即遂安县顺治四年为重整赋役、重编册籍而进行抄录的。为了表示公允，已完成轮役的第一至第五甲被后移到了第六至第十甲的位置。这证明明末黄册在清初仍被继续沿用，明清鼎革以后，随着基层轮役惯例的延续、赋役文书的传承，明末黄册不同程度地融进了清初的赋役体系。

（王正华）

【王蔚慈《三教一道论之伏流——从明儒王道思想中见老子学与儒学交涉的思想史意义》（《汉学研究》第4期）】

王道是明正德、嘉靖年间出入儒、道二家的思想人物。王道的思想经历过前后两期的转变。前期为应举至嘉靖年间，在理学竞逐的风潮之下，转益理学各家学说，从朱子、王阳明，到湛若水。后期则以嘉靖十三年为转折，王道经历了多次生离死别和疾病折磨之后，由理学转出，进而逐渐批判朱、王学说。王道的学思历程与思想转折的关键是与老子学说的接触与汲取。王道撰述的《老子亿》与《文录》借助《中庸》《易传》《太极图说》发明《老子》道化创生说，从本体论与工夫论两方面化解时人对老子异端的质疑，强化老子对儒学世教的肯定，以证成老子与圣人之学相辅相成。王道认为，老子与孔子同圣，道旨一源，“老子之道，上与羲皇尧舜，下与箕子孔子吻合无间”；老子“道生一，一生二”与周敦颐“无极而太极，太极动而生阳”相契合；孔子“克己复礼归仁”，实即老子“致虚守静”。王道的转变招致昔日师友湛若水和魏校的不满与批评。王道提出“三教圣人本同一道，但随地阐明之耳”，以大道一体之观包纳三教，建立三教一道的会通之学。王道由儒转道，透过对道家思想的诠释，开辟了一条儒道互渗的思想进路，揭示在阳明心学谱系外尚有一支建基于宇宙道化论之上的思想脉络。

（陈冠华）

【焦堃《宋应昌朝鲜讲学活动考——阳明心学在域外的一次“外王”实践》（《文史哲》第1期）】

万历朝鲜之役期间，作为经略入朝指挥作战的宋应昌曾试图向朝鲜国内传播自己信奉的阳明心学思想，却因为朝鲜方面的强烈抵触而以失败告终；而导致这一结果的，在很大程度上是双方在政治上的对立。万历朝鲜之役爆发后，信奉阳明心学的宋应昌被明廷任命为首任经略，作为明军的最高指挥官入朝指挥作战。在朝鲜期间，除负责统筹军务外，宋应昌还积极试图向朝鲜方面传播阳明心学。他要求朝鲜派出李廷龟等官员来到自己的驻地，与之讲学长达数月，并且还曾在公文中与当时的朝鲜国王宣祖论学。综观宋应昌在朝鲜的讲学活动，除了出于学术目的外，其背后还存在着非常明显的政治动机。如其在给朝鲜宣祖的公文中以心学思想来论述“明德”“亲民”等，其背景是宣祖在明军帮助其收复失地后下令处死投降日本的本国民众，而宋应昌则希望宣祖停止这一做法并妥善安置降民，以免为明军的作战带来不必要的障碍。而宋应昌将朝鲜世子光海君的讲官李廷龟等人召至幕下讲学，则是因为光海君在战争期间表现出色，与宣祖形成了鲜明对比，因此宋应昌对其评价颇高，并希望李廷龟等人能够以心学思想教育光海君，以期其将来成长为优秀的国君，带领朝鲜实现中兴。然而，宣祖君臣对于宋应昌传播阳明心学的举动，始终抱有强烈的拒斥心理。这其中的原因，除了朝鲜历来尊奉程朱之学外，更在于宋应昌与朝鲜君臣在和战方针、粮草供应等问题上的激烈矛盾。宋应昌在明军推进受挫之后，由最初的主战逐渐转向主和，并开始推进与日本方面的和谈。对此朝鲜方面感到难以接受，千方百计试图加以阻止，导致双方关系逐渐恶化。而朝鲜供应明军粮草不利甚至以虚假的军需物资情报欺骗明军向前推进等做法，更是激化了双方之间的矛盾。在这种情况下，朝鲜朝廷上下都对宋应昌极为不满，自然不可能接受其试图传播的学术思想。

（陈冠华）

【谢晓东《明中晚期士人的训蒙理念、实践与多元思想竞逐——以〈小学〉的改本与注本为中心》（《汉学研究》第3期）】

宋元至明初士人的训蒙理念与实践多遵照朱熹倡导的“小学”工夫，但随着明中晚期思想版图的分裂，阳明学与甘泉学在训蒙的理念和实践层面较明前期呈现出多元的面貌。在朱熹的思想体系中，“小学”是以洒扫应对、爱亲敬长为主要内容，以修身养性为目的的训蒙工夫。他搜罗经史子集，抄录出386个条目，汇成《小学》一书。然而，随着多元思想并起，明代中晚期士人的训蒙理念以及对待《小学》文本的态度均出现了不同于以往的变化。阳明学者认为孩童自幼便知爱亲敬长的观点以及对“良知”的提倡均削弱了阅读《小学》的必要性，这也是导致明中晚期《小学》边缘化的原因之一。但是，《小学》边缘化的原因并不限于此，同属理学传统而立场相对温和的阳明学者面对这一现实，也尝试从“良知”的角度改变《小学》边缘化的处境。面对阳明学的冲击以及《小学》边缘化的现实，明中晚期的程朱学者努力捍卫“小学”工夫在训蒙领域的正当性，并对《小学》文本进行了不同于前贤的改动。湛若水所编《古文小学》虽因其特殊的政治目的导致编写初衷和文本呈现之间有自相矛盾之处，但从思想史的角度看，《古文小学》既是对朱熹《小学》的挑战，也是对阳明学所信奉“良知”学的反驳。对中晚明《小学》与训蒙理念与实践的讨论，有助于丰富我们对中晚明多元复杂思想世界的认知。

（陈冠华）

【肖清和《儒学的“另一面”：文翔凤与晚明儒学宗教化研究》（《中国文化研究所学报》第75期）】

晚明清初儒学思想界兴起了一种敬天思潮，突出人格神特征的“天”在道德他律方面的作用，以此建构宗教化的儒学思想体系。晚明理学家文翔凤即为一例。梳理文翔凤的生平事迹，与老师、同学、官绅、文士、门生的交往，借此分析其儒学宗教化的思想体系。文翔凤的儒学宗教化思想，首先来自其深受传统儒家天人感应思想和佛道及民间宗教影响的父亲文在中，其次有术数、梦占、祥瑞、谶纬的影响。文翔凤虽未直接受西学与西教的影响，但与友教、反教人士颇有往来，如傅山、韩霖、佟国器、冯应京、熊明遇、李日华、章潢、焦竑、黄汝亨、叶向高、李维桢、钱谦益、余懋孳、王象春、顾起元等。文翔凤批判天主教对儒家道统的危害，认为天主教的教义和祭天礼仪有僭越之嫌，担心天主教入华导致夷狄变乱道统，继而变乱治统，导致夷狄入主中原。文翔凤思想的内容主要包括：（1）知天、事天、尊天与畏天。作为伦理上最高规范的天，具有人格神的特征。（2）尊孔。孔子为圣人之典范，圣人是事天的典范，因此，认孔子为上帝的代身。（3）辟佛。同时，批判阳明心学和程朱理学，认为它们不足以抵御佛教思想的侵蚀。（4）辟大主教。建立具有等级区别的神职体系，最高者为孔子，其次为文王，又把儒家信徒划分为圣人、仁人、大贤、中贤、小贤，把是否事天区分为天之元子、贵子、爱子、支子、孽子、叛子。文翔凤将思想付诸行动，模仿佛教道场建立圣场，把其主政的学宫更名为尊天堂，制定尊天堂会规，要求诸生“礼先圣”。文翔凤凭着思想与实践建构出一套以天（帝）为至高神，以神鬼、精神为不灭实体，以天堂、地狱为实有的宗教体系，试图提升儒家道德的效力，以抵消佛道教、民间宗教以及天主教的竞争。但其儒学宗教化带有过强的复古、批判与宗教色彩，难以为主流士大夫所认可和接受。

（陈冠华）

【赵令志《明末女真卫所衰落与建州女真的崛起——以穆昆塔坦档所载敕书为中心》(《历史研究》第2期)】

《满文老档》太祖朝第79—81册题名为mukūn tatan be ejehe dangse，汉译本名为《族籍档》或《族档》，考诸《满文老档》原本及各译本，将mukūn理解为宗族之“族”是错误的，应译为“行伙”，有临时结成的“团”“帮”“队”等之意，tatan的含义为商队下面的“伙”。此3册档案所记与族籍无关，而是记录万历三十八年努尔哈赤分配兼并哈达时所得363道开原南关（即广顺关）敕书和1道“汗家买取的敕书”的档案，译作与朝贡、贸易相关的“团伙档”或“帮伙档”更为准确。这批敕书按三个贸易mukūn分配，分别以努尔哈赤、努尔哈赤长子褚英、努尔哈赤同母弟舒尔哈齐为首。3个mukūn的划分，并不囿于宗族关系，而是注重人数均衡以分配财富，其组成或与旗分有一定关系。mukūn tatan be ejehe dangse所载均为诰命敕书，其作为授官凭证，用途颇广，凡入边贸易、赴京进贡、具奏事务，必出示敕书，经边官验放，放准入朝。明中叶对女真各部朝贡实行定额，每道敕书每年只准一人入边。女真各部通过抢夺、购买和迫使其他卫所官员归附等方式争夺敕书，这也是女真各部兼并统一的过程。海西女真卫所官员的1000道敕书，逐渐被哈达、叶赫两部掌控。明末女真敕书作为官凭功能消失，作为入边朝贡贸易和领取额赏的凭证功能越发突出，是否掌握敕书，关乎能否到指定关榷进行贸易，敕书成为女真人相互掠夺的主要财富之一。敕书内容及功能变迁体现了明末女真卫所的衰落，明后期女真卫所官员职级抬升，但其实权被剥夺。敕书承袭及归属的变化，表明女真社会进入了大肆兼并阶段。努尔哈赤在掌控建州女真500道敕书基础上，又把控了兼并哈达部所得开原南关敕书，并入边进行朝贡贸易。其积极维护与明朝朝贡贸易的首要目的，已不再是政治归属，而变成了获取经济利益，进而发展自身力量，以便迅速促进建州女真的崛起。

（王正华）

【韦兰海、王懿冰《爱新觉罗家族早期谱系的构建与明末建州女真部统治权的重新整合》(《清史研究》第5期)】

基于此前对史料的长期研究，史学界认为爱新觉罗家族与建州女真早期首领孟特穆之间的直系谱系继承关系存在疑问，而与觉尔察氏之间存在晚近同源关系。生物人类学（父系Y染色体）的高精度分析显示，爱新觉罗家族与福陵觉尔察氏共享在努尔哈赤出生之前200多年（约合7代人）的生物学父系祖先。考察明代末期相关关键人物的活动历史，进行人类学阐释，认为爱新觉罗家族早期谱系的构建很可能是有坚实依据的，可能是母系联姻或（及）养子的后裔，符合古今普遍接受的宗法制度。其原因是在从部落向国家转变过程中，用新方式对旧的部落组织和离散的统治权进行重新整合，最终构建对建州三卫及相关人群的完整统治权。对上述人群进行更详细的研究，将能为爱新觉罗家族的早期起源提供更清晰的图景，并能为自远古以来东北地区通古斯语人群部落（包括女真－满诸部）的起源和演变的相关研究提供证据。

（王士皓）

【王记录《经学与黄宗羲的史书编纂观》（《史学理论与史学史学刊》第1期）】

黄宗羲一生，出入经史，撰写了大量具有颇高学术价值和思想价值的史学著作。也就是在诸多史书的编纂过程中，黄宗羲形成了自己的史书编纂观，而这种史书编纂观，又明显与他的经学见解紧密相关，打上了明显的经学的烙印。他坚持正统论，把“明夷夏之防”当作史书编纂首先要考虑的问题，猛烈批判了《晋书》《新五代史》《宋史》《元史》等书写篡逆政权和少数民族历史的作史之法。黄宗羲深明《春秋》大义，对“异族”入主中原痛心疾首。他力主在史书编纂时严夷夏之防，“内诸夏而外夷狄”，在当时的历史条件下，是可以理解的。但他欲将正统论融入史书编纂，借以贬低少数民族政权的历史地位，也是应该批判的。黄宗羲认为每位学者的学术思想和治学理念都是汲取了诸多学者的思想后形成的，学派归属相当复杂，如果硬要区分彼此，很容易措置失当。而且，他认为历代正史均有“儒林传”，以人系学，学术授受明晰，元人在《宋史》中创设“道学传”，另搞一套，违背了史书编纂的原则，纯属“陋举”。通过检讨宋明学术发展的实际，梳理以往史书编纂的得失，黄宗羲断然否定了《明史》设立“理学传”的合理性。面对明清之际复杂的历史和思想命题，黄宗羲从“一本万殊”的观念出发，特别推崇“一致百虑，殊途同归”的为学之道，极力反对学术定于一尊，强调学术发展的多样化和多元化。基于对学术宗旨的特殊关注，《明儒学案》选择以“学案体”的编纂形式，打破既有的理学框架，既非由王返朱，亦非在理学谱系中争立正统，而是尝试着通过对诸多学派、案主学术宗旨的揭示，将视野转到既有的理学格局之外，倡导学术平等，会和程朱陆王，存异求同，提倡新的学风。

（孙广辉）

【屈宁《再论明末清初史学思想的嬗变》（《史学理论研究》第2期）】

明末清初史学思想的嬗变主要表现为：经史关系上，从经先史后转向经史并重，史学的独立性大为增强；史学逻辑和方法上，从以道统事、理在事外转向因事见道、借事言理，从重视史书书法转向重视历史事实，并随着对“事”之考证的深入，进而表现出对历史文本本身的关注；历史认识上，从凿空生义转向知人论世。无论是以经为体、以史为用的经史观，还是历史实证主义的方法，以及知人论世的历史认识论，都根植于当时理学衰颓的学术背景之下，都体现出对理学末流重行轻知、重义理阐释而轻事实建构等学术偏颇的纠正，从而将文本之实与致用之实紧密结合起来，史学由此获得前所未有的独立的学术属性。此时史学的独立属性不仅表现为先有史学而后有经学、不通史学则经学乃至一切学问皆无以致用等观点逐渐成为共识；还表现为，随着历史考证的深入，史家开始由认识历史臻于认识史学，从探求历史之真过渡到对历史文本生成过程的思考。表面上看，无论是经史并重、以事实为先，还是知人论世，皆是中国古代史学的题中应有之义，清初史家在重拾这些传统和方法的同时，又赋予其新的时代内涵。同样是经史并重，但史学之独立性和重要性大为增强，史学专门化的趋势更为显著，各种带有总结性的史学专书层出不穷，传统史学的各种“旧领土”开始“一一划归各科学之专门”；同样是重历史考证，但史料方法论的缜密自然带动了对历史文本背后之思想倾向的认知；至于知人论世，原本多限于读书方法论，至此则上升为一种普遍的历史认识论。凡此种种，又在一定程度上超出了传统史学的范畴，呈现出某种“嬗变”的迹象，不仅意味着史学思想的解放和史学逻辑的纠正，还孕育着近代史学的某些重要元素。

（孙广辉）

【曾龙生《再论清代“经世之学”的演变——以明遗民魏禧及其弟子梁份为中心》(《台大历史学报》第68期)】

魏禧是清初重要明遗民群体“易堂九子”中的核心人物。考察魏禧和他的弟子梁份所探讨的经世之学，可知清代经世之学发生了重大的变化：从清初致用于“后世”（即“复明之世”）的恢复和重塑故国之学，演变为清中后期致用于“现世”（即“清朝之世”）的治国理政之学。这一演变早在17世纪后期已开始发生，而不是现今学界主流观点认为的直到18世纪才出现。该演变的决定性因素，也不是清朝统治者“治道合一”观的政治文化实践等，而是发生于康熙时期的“三藩之乱”（1673—1681）。“三藩之乱”对魏禧、梁份等明遗民的影响极为深远，不仅使他们对清朝统治者的态度出现重大变化，而且使其探讨的经世之学意涵也开始发生转变。在康熙初年，魏禧逐渐形成“隐而复出”的观念，随即开始提倡并探讨经世之学。“三藩之乱”后，魏禧的政治认同逐渐发生转变，渐渐放弃了复明的希望，其弟子梁份继承乃师所讨论的“经世之学”也从光复明朝转向了辅佐清朝，“经世之学”所关注的焦点也从抽象意义的“天下”转向了具体意义的“地方”。“三藩之乱”平息后，梁份更是站在清廷立场上写出《秦边纪略》等著作，为清朝的军事防务出谋划策。清代经世之学的演变，标志着清朝统治合法性在明遗民心目中的确立，也标志着清初的结束和清中叶的开始，明遗民开始从志在恢复和重塑故国的清初进入辅佐清朝统治的清中叶。该文通过这些讨论展现了清代学术与政治之间复杂的互动关系，在一定意义上也深化了我们对清初至清中叶一系列转变及其历史过程的认识。

（陈冠华）

【顾嘉晨《『船山遺書』の版本目録についての再考察——日本所蔵資料を手掛かりに》（《〈船山遗书〉版本目录的再考察——以日本收藏资料为线索》）（《中国哲学研究》第32卷）】

该文试图在《船山遗书》版本信息的基础上分析各版本之间的差异及其形成原因，讨论《船山遗书》相对准确的卷数，结合王夫之著作刊刻的背景和历史语境，尝试对《船山遗书》的刊刻、出版信息进行补充说明，并以此为线索观察时代思想及其变迁在王夫之著作当中的体现。王夫之的著作早在清初已有刊行，却并未在全国范围内流通，而是仅见于湖南地区。从清末至今，王夫之著作开始大规模刊刻出版，主要有5个版本，分别是道光二十二年（1842）守遗经书屋本、同治四年（1865）金陵本、光绪十三年（1887）衡阳补刻本、民国二十二年（1933）太平洋书店本与1983年岳麓书社本。历史上，王夫之著作的刊刻往往受到当时政治环境的强烈影响，并常常伴随政治目的。其中最为典型的是，鸦片战争之后，国内民族意识再次觉醒并逐渐高涨，章太炎将王夫之视为民族主义先师，认为曾国藩大力促成《船山遗书》刊行是出于对镇压太平天国运动的悔恨。从王夫之著作数次出版的历史背景中，不仅可以看到清初以来学界对王夫之思想理解与评价的变化，也可以窥见王夫之著作刊行时社会思潮之一隅。

（张倩茹　陈冠华）

【李金华、乔治忠《幕府史学活动与清初学术文化发展》（《史学理论与史学史学刊》第1期）】

清初，统治官僚阶层沿袭前朝遗风，上至朝廷命臣下至地方官员，开设幕府的现象极为普遍。清初幕府的功能也承袭以往，士人除了处理政事外，亦协助幕主编书校书、整理古籍文献。随着朝廷对文化事业的倡导，很多官员甚至开设专门的学术幕府。而作为朝廷命臣的幕主，在建设地方文化及完成朝廷下达的学术任务的过程中，以幕府为媒介，将官方与私家的政治与学术观点相调和，从而使官方与私家在学术文化建设中形成良好互动的局面。具体来说，编修方志虽属官方文化事业，但历朝历代皆有地方官员为了保证修志质量，对于方志的编修人员，除任用一些俗吏外，经常聘请名儒精心结撰或参订商榷。清初地方官员聘请的修志士人有三种类型：一是乡贤，二是精于地理之学或博学好古之士，三是有学识的在职官员。以幕府为平台，官方与私家编修志书的活动助推了清代史地学之发展与繁荣。谷应泰《明史纪事本末》的成功，说明清初乃至有清一朝幕府的史学活动不再局限于修方志或地理著述。清代中后期幕府的史学活动逐渐丰富与繁荣。这种幕府组织修书的模式为官修《明史》的人员组织提供了成功的范例。很多史学大家都以幕府为枢纽，直接或者间接地参与《明史》的编纂。《明史》编修的成功，是官方与私家共同努力的结果，而在幕府内外，官方与私家形成了相对和谐的互动关系，在交流与碰撞中，取得了史学观念的统一，幕府为私家史学与官方史学互动搭建了平台。清朝很多地方大臣挑起文化重建的重任，他们招揽人才，开设幕府，借幕宾之力搜讨资料、编辑校注文献，开展古籍整理活动，成为加快文化重建进程的主要力量。同时，清朝官方借助幕府，与私家展开合作，也成为文化整理的一种主要形式。幕府成为清初古籍整理与学术清理等文化重建活动的重要力量。总之，幕府作为朝廷命臣主持、民间士人参加的学术团体，组织编书、校书、整理古籍活动，充分发挥官方与私家文化合作的平台作用，与官方、私家共同推动清代学术文化走向繁荣。

（孙广辉）

【林存阳、周轩《雪钞露纂融经史　裒辑四部续前书——桥川时雄的“四库学”研究》（《清史论丛》第1辑）】

清代乾隆朝官方主持的大型政治文化工程——《四库全书》，其编纂在中国政治史、文化史、学术史上具有多重意义，也在中外学术文化交流中引发了一定反响。早在《四库全书》纂修期间，朝鲜燕行使已对此密切关注，日本和越南也先后将与之相关的信息及纂修过程中衍生出的《四库全书总目》《四库全书简明目录》等典籍传回本国，推动了该国图书目录学、文献学以及对中国传统学术研究的进一步发展。更重要的是，各国学者在此过程中对《四库全书》的注目与研究，既对“四库学”概念的提出起到了先导作用，也赋予“四库学”以世界性的色彩。民国时期，日本政府以返还中国“庚子赔款”的名义创立“东方文化事业总委员会”，将续修《四库全书》列为主要研究项目之一。此后续修进程虽经历曲折，但在中日学者的共同努力下，最终仍纂成《续修四库全书总目提要》。其间，日本学者桥川时雄既作为主事者负责其事，又针对乾隆朝《四库全书》纂修一事进行了较为细致的研究。其所撰写的《〈四库全书〉编纂考》一书，不仅强调纂修《四库全书》的积极意义与清高宗在其中发挥的重要作用，还重视以“内因”为主、“外因”为辅来分析修书缘起等。在此基础上，他又将自己的研究成果与续修提要项目结合，将二者作为关联的整体加以审视，试图构建一个更为宏大的《四库全书》研究体系。

（王士皓）

【袁法周《清乾嘉〈汉书〉研究的总成绩与检讨》（《河北学刊》第2期）】

清乾嘉时期的《汉书》研究，是乾嘉学术乃至整个清代学术重要的组成部分。清乾嘉是考据学发轫的时期，以校勘训释为主要特点的《汉书》研究在多层面上取得了前所未有的成绩。就基本研究内容而言，清乾嘉《汉书》研究主要体现为对《汉书》的纪、表、志、传四方面内容的研究和史汉异同的研究两大方面。相应地，产生了大量相关专门论著与大量文集笔记。专门性论著集中体现为对《汉书》的通释性研究和志表的校正及有关史汉异同的研究。文集笔记中的相关成果大致可以分为通论、纪、表、志、传、史汉异同等六个方面。可以说，清乾嘉《汉书》研究在前人的基础上注重纵横结合、通断比较，坚守中有突破，综合中有创新。乾嘉诸儒的《汉书》研究以考据入史学，既援经入史，又以史证经。具体来说，一方面，对《汉书》的研究基本上都涵盖了校讹、订误、补阙、整齐事实四个方面，这种针对专史专书的整理研究可以说是乾嘉考据史学的具体实践和表现形式，《汉书》研究及其成果是典型代表之一。另一方面，乾嘉《汉书》研究呈现出集历代校勘训释之大成的多元化、多样性应用。涉及注、考、音义、解题、校雠及诸如史论、商権、答问、杂说乃至每日课业中的手札条辨等评点和议论。在乾嘉诸儒的《汉书》研究中可辨析出“援经入史”和“以史证经”两种不同的态度和倾向。这两种不同的态度和倾向，表明在经学与史学之间存在一种张力，经学与史学在进行积极互补渗透的同时，又朝着双方相反的方向发展，凸显出各自秉有的特质和规律。这种张力在《汉书》的撰写和历代学者的研究过程中便已经存在，且在不断强化的同时也在彼此分离。准确地讲，此乃史学始终努力谋求自由、独立发展的路径。以乾嘉《汉书》研究为代表的对于中国古代史籍的全面整理和研究是整个清代学术“荣经陋史”现象下的特异。对于清乾嘉《汉书》研究面貌、特征与成绩进行严谨科学的梳理辨析，有助于对清代学术乃至整个中国史学史研究有一个更为深入的认识与理解，并提供一定借鉴。

（孙广辉）

【陈玉芳《重新解读清中前期欧洲来华使团与外交礼仪之争》（《史学集刊》第6期）】

清中前期，葡萄牙、荷兰、沙俄和英国使团陆续来华。其间，葡、俄、英使臣均与清朝发生过礼仪争执和冲突，主要体现在国书格式和内容与清朝典制不符，使臣觐见皇帝时拒行跪拜礼，使臣坚持亲自呈递国书和方物，以及拒绝被称为“贡使”等方面。清朝在面对欧洲来华使团对既有外交礼仪的挑战时，有不同程度的妥协和变通，有时面对不同国家使臣挑起的同一礼仪问题，反应也不同。虽然历次礼仪之争的内容和激烈程度不同，但综合来看，礼仪问题却并非清朝答应或拒绝使团要求的主要原因。清朝拒绝葡、荷、英使臣的要求，却与俄国使臣开展各项谈判并对其诉求做出积极回应，从表面看，这是区别对待西欧各国与俄国使臣的要求，但根本上均是出于消除对统治威胁的考量。

（王士皓）

【李伯重《信息收集与国家治理：清代的荒政信息收集系统》（《首都师范大学学报（社会科学版）》第1期）】

“安民恤民”是中国古代历朝统治者国家治理的重要工作之一，其中“凶年”救济即救灾是恤民工作的重点。近代以前，交通运输手段落后，要进行有效的救灾工作，必须有一套行之有效的制度，而这个制度又离不开信息的收集。因此信息收集就成为国家治理的重要工作。清代将粮价奏报与雨泽奏报系统共同组成荒政信息收集系统，从而建立起完备的信息收集系统。通过不断改进，到18世纪，这个系统成为当时世界上最庞大、最有效和最完备的民生福利信息收集系统。这个系统使得清代国家有能力建立一个巨大而复杂的赈灾机构，从而在广阔的范围内影响人民的生活福利。在很长的一段时间内，这个机构运作得相当有效，大大减轻了自然灾害对普通人民的打击。这个系统最大的缺点是没有专设机构或人员执行经常的查核工作，因此在不同时期的执行中存在诸多问题。但尽管如此，在当时的条件下，这个信息收集系统发挥了非常重要的作用。当时其他国家所做的救灾工作，从规模和效果上都很难与中国相比。因此我们可以下结论说：在清代前半期，有效的信息收集系统是达到较好的国家治理的关键之一。

（王士皓）

【王正华《合与分：清代乡村土地交易中的典与活卖》（《中国经济史研究》第5期）】

典与活卖概念分别于宋代及明中叶发展较为成熟，至清代形成合流。对于清朝政府及官员而言，典与活卖二者不同，但于普通百姓而言，活卖与典没有什么差别。清末典契税重新征收，加剧了二者的模糊性。民国对典与活卖概念的理解与运用延续了清朝，一些学者和官员引入西方经济学、法学理论，在面对典与活卖时往往显得无所适从，经常互相矛盾。当代学者与民国之人面临着同样的困境，产生了两种截然相反的观点。将产权转移视为一种动态的过程，从税契、推收过割与完粮来重新审视，可以得出以下结论：活卖契均须缴纳契税，但逃税情况严重，典契税自乾隆二十四年取消之后，仍有收税现象，目的是增加税收；地方政府为了保证赋税征收，根据不同情况要求典契过割与否，活卖亦有不过割情况，缘由不单单是交易双方逃避契税，亦和逃避赋税相关，而清朝土地按户征税，产不出户、税在本户时，自然也无须过割；税粮问题往往在交易时由双方商议而定，缴纳方式多样。根据清中期律例，活卖回赎期限分为两种，一种由交易双方自行约定，一种没有约定者则为30年。民人典当期限以三五年至10年为界，但若没有特殊约定，10年之后，出典人仍有回赎权。民间实际交易中典与活卖定回赎期限与不定回赎期限者均可见到，且以不定期限最为常见。清朝力图限制典与活卖的模糊性，区分典与活卖、规定回赎年限，但效果不佳。典与活卖“合与分”的背后与王朝国家的赋役制度、中间团体等密切相关。

（王正华）

【钟焓《历史人类学视角下的清代蒙藏关系再思考——兼论所谓“西藏佛教世界”共同体的成立性问题》（《文史哲》第2期）】

在国外清史学界及其相关领域中，存在着放大藏传佛教（Tibetan Buddhism）对清朝政治进程所起作用的思路倾向。除了学术自身的因素以外，这还与20世纪50年代以后，藏传佛教在西方社会的迅速传播与广受信众追捧的社会大环境密切相关。近年来国外某些藏学研究者以藏族与蒙古族具有共同宗教信仰为由，提出所谓“西藏佛教世界”共同体的理论假说。然而，通过引入历史人类学的观察视角以分析发掘民间口碑材料中承载的历史信息，再将之与传世文献提供的历史背景结合互证，所得出的结论足以揭示上述理论模式实际上无法解释蒙藏民族在清代经历的复杂历史进程。可以说，决定历史局势走向的力量往往还是来自现实政治环境下的族群因素及其各自具有的不同历史传统。从上述观点出发，那种声称蒙藏族群共处于一个统一的“西藏佛教世界”下的理论模式实际上是步入历史解释的误区，因为单纯依靠一种想象虚构的“宗教共同体”终究无法解释蒙藏地区在清代所经历的复杂历史进程。

（王士皓）

【强光美《合璧书写的演变与清朝的国家认同》（《历史档案》第3期）】

提倡使用多民族文字的合璧书写是清朝语言文字政策的显著特征。以往学者对于不同类型的合璧文献，如图书、公文、匾额、碑刻等进行了较为系统的整理、考订与探究，并在此基础上阐释了“合璧”所具有的“同文”“共时性”等政治内涵。但上述讨论并没有对合璧书写的演变作历史性的探讨，尤其对有清一代合璧书写的发展脉络未进行系统梳理，对不同历史阶段合璧体系内部文字的种类变化、地位消长及其背后折射出的清朝政权性质和国家认同变迁也缺乏针对性的分析。作为统一多民族国家治理的重要手段和关键环节，合璧书写在有清一代经历了由入关前满蒙汉三体并书，到入关初调整为满汉合璧为主，再到清中期满、蒙、汉、藏、托忒、察合台六体合璧格局奠定，直至嘉道以后整体式微的演变过程。这一动态演变恰恰与清朝国家认同的萌芽、重构、确立以及稳固趋势相一致，其实质是随着“中国认同”不断强化、巩固和自觉，清朝逐步完成了“中国化”进程，并以多民族语文合璧书写为纽带，最终建立起新的“同文”秩序和大一统格局。合璧书写已经内化为清朝统一多民族国家治理的重要手段和关键环节，同时也是彰显其国家认同的重要风向标。

（王士皓）

【刘凤云《由钱粮亏空看康雍乾时期财政制度创设中的因果关系——兼论清朝官僚政治的制度缺陷》（《史学集刊》第1期）】

在对清前期钱粮亏空案的考察中，可以看到“挪用”与“垫支”、“摊捐俸工银”与“摊捐养廉银”，以及“蠲免”与“捐纳”等制度之间的关联性。由“挪用”到“垫支”的支出行为发生由非法到合法的转变时，并没有解决难以归款的问题。而由“摊捐俸工”到“摊捐养廉”，说明财政体制上存在着公私的制度缺陷，虽一定程度上填补了不断增大的财政缺口，却产生了官员低俸甚至是无俸的政治风险。此外，“蠲免”在被誉为造福于百姓的惠政加以推行的同时，被蠲免的直省因无征赋税不得不以备受诟病的“捐纳”“挪垫”“捐输”等作为解决财政短缺的途径。以上制度与措施之间有着互为因果的关系，诸问题都指向了清朝低存留的财政体制，这成为清朝国家难以解决的政治隐患。

（王士皓）

【杜家骥《清代职业等级对人们等级地位的影响及相关问题——以贱业贱役为中心的考察》(《历史教学（下半月刊)》第5期)】

中国古代职业具有等级性，影响乃至决定人们的社会等级地位。官方以士农工商四民为良，娼、优、隶卒等为贱，社会身份地位低于良民，其“贱”之关键，又在于所从事职业行为的性质，即是否属贱业、贱役，所以堕民乐户等即使已除豁贱籍为良，若操原来贱业，仍属贱民，良民操贱业也同样为贱者；隶卒衙役中也有不属贱役而非贱民者，衙役是否为“贱”者，也取决于其“职”事是否为“贱役”，文章揭示官方将衙役中定为“贱役”的诸役名目，论述其职事行为、性质、特点及定其为“贱役”的原因。中国古代因职而贱者尤其是执贱业的娼妓等，职业低贱卑污而为社会一般民众鄙视，官方也有贱视政策，最重要的是本身及子孙不得考、捐入仕为官，以此不得齐同于四民之良。但在等级身份地位上，其与奴婢之贱者又是有区别的。法律中，贱者范畴为有人身隶属之奴婢等，即“因身而贱”者。其“因职而贱”者，在法律中不作“贱”者，他们在刑事命案中的判处，是以良人适用律量刑，高于因身而贱的奴婢等。但这并不表明其法律身份完全等同于良人，由于对其无专条律文，因而与良人之间的非命案刑事，法司掌握不一，判处中有考量其贱之因素的案例，也有作良人对待的。仅因职而贱者正因为没有人身隶属，也不像奴婢那样被家主买卖、役使，因而有这方面的人身自由。凡此，体现了因职而贱者，似处在四民良人之下又在奴婢之上的社会等级地位。

（王士皓）

【陈章《清代“北五省”与“南五省”地理概念探源》(《中国史研究》第1期)】

“北五省”和“南五省”两词在清代史料中皆有零星记载，关注者寥寥，研究相对匮乏。“南五省”一词之记载较“北五省”更为稀缺，故学界对此概念似从未留意，存在较大误区。“北五省”当源自“北皿”，“南五省”则来自“南皿”，北皿、南皿所辖省份分别于康熙年间、乾隆六年的最终定型，为“北五省”“南五省”两词在官修史料中的出现提供制度依托。两词因科举而生，亦因之而废。随着晚清废科举，南北分闱不复存在，“北五省”与“南五省”亦逐渐成为历史名词。民国时期“北五省”与“南五省”两词逐渐消失的这一历史现象或有诸多复杂因素介入，然其肇因当不难理解，即便短期内偶有沿用，最终依然不可避免地走向消亡。

（王士皓）

【王开玺《“三山五园”说新辨》(《安徽史学》第3期)】

“三山五园”这一历史名词的具体指代，在史学界本来并无太大的疑问与分歧。近年有学者提出新见解，认为其中的“五园”，应是专指“圆明五园”，且不可“把三山与其相对应的三座园林作重复计算”。这一“新说”，颇有值得商讨之处。其实，三山五园，不但有狭义与广义之别，且有其史料及图绘画作的依据。从目前所发现的历史文献资料或图片资料来看，称“五园三山”者居多。就此而言，我们称之为“五园三山”，较为合适准确。但是，也有相关的图片资料表述为“三山五园”。同时，考虑到我国语言中“三山五岳”，“三皇五帝”的语言习惯，也可以称之为“三山五园”。无论是“五园三山”，还是“三山五园”，其历史内涵并无差异，也不会造成某些歧义误解，因此，每个人都可以根据自己的习惯，或当时的具体情境，来表述这一历史概念。

（王士皓）

【萧凌波《清代中期直隶灾后跨省赈粮调度的定量重建与特征分析》(《清史研究》第1期)】

作为中国传统社会的最后一个王朝，清代荒政集历代之大成，并有进一步的完善与发展。在各类救荒措施中，蠲免和赈济居于主导地位，而调粟（通过粮食调拨救济灾民）的规模和效率又在相当程度上决定了赈济的效果。清代调粟规模很大，既有灾后紧急调运，也有预先调拨储备；既有省内协济，也有跨省调运。清代直隶灾后由朝廷主导下的跨省赈粮调度活动，在时间上集中在清中期（以乾隆朝最为突出），在空间上偏重中部的近畿一带，尽管受惠的百姓数量放在全国只占很小一部分，但在当时的历史条件下仍显难能可贵，其在国力最强盛的乾隆朝前期趋于顶峰，乾隆末期至嘉道年间走向衰落，在一定程度上也是清王朝兴衰历程的缩影。基于历史文献资料，提取清代中期（1723—1850）直隶灾后朝廷组织的跨省赈粮调度相关记载，对逐年赈粮数量进行定量重建。结合同期水旱灾害强度，对其反映的政府救灾力度的总体变化趋势及时空分布特征进行分析，并进一步讨论其影响因素。结果显示，赈粮调度在雍正朝还并非常规赈灾措施，至乾隆朝成为常态，数量上达到顶峰，至嘉道时期则显著衰落；在空间上更偏重于直隶中部的近畿一带，南部则相对易被忽视。当其兴盛之时，在直隶灾后赈济中发挥的作用不可替代，其演变过程在一定程度上既是清王朝兴衰历程的缩影，亦受到各方面因素（如皇帝意志、灾害强度、区位条件、仓储状况、荒政效率等）的综合作用。从中总结的历史经验教训，也可作为当前防灾实践的参考：如直隶救灾中折色逐渐取代本色这种救灾手段的转变，很大程度上是政府因治理能力不断下降而逐步缩减救灾职能的结果。而清代中期直隶的大规模跨区域赈粮调度，有强烈的政治色彩，如没有长效机制的保障，难以持续运行。

（成赛男）

【张俊峰、白如镜《清以来山西沿黄市镇的历史、景观和地域社会——以晋西碛口镇为中心的考察》（《中国经济史研究》第5期）】

清代以降，依托晋商的兴盛，大批商人往来于晋陕宁蒙地区从事长途贩运贸易，黄河水上运道在其中发挥着关键作用，山西黄河沿岸的众多水路码头凭借其区位优势，渐趋发展成为商业重镇。这些市镇依河而存，由此产生了独特的发展路径、经济模式、景观环境和社会关系网络，对于其历史的解读无疑是透视沿黄流域经济和社会内核的重要窗口。然而，与当前山西市镇研究的薄弱状况相一致，学界围绕该类市镇的讨论仅仅停留在概略介绍它们的发展历程及商业规模等方面，至于更为翔确的聚落史实还原和有深度的微观个案研究仍十分欠缺。实际上，市镇并非一个仅有店铺、集场、商贩等要素的贸易中心，而是各色人群和景观所结成的不断发展变化的复杂地理实体，其背后存在不同时空上的复杂历史过程。应追求市镇“整体史”的学术理念，尝试从多角度再现其总体性的聚落发展和社会变迁过程。以碛口镇为例，通过对方志、族谱、碑刻、文集、社会调查等资料以及口述史料的收集与解读，勾勒该镇自清代以来的聚落演进历程为主线，将环境、商业、景观、人群、社会等要素融入特定的时空维度下进行探讨，动态地展现传统时期一个山西沿黄市镇的复杂历史全景。康熙末年，在河套地区开发与蒙粮内运的社会经济背景下，碛口凭借其优越的地理区位条件开始兴起，逐步发展成为一个沟通华北与西北两大经济区的综合型商运码头。民国时期，伴随着晋蒙黄河水运的衰退，东西双向性质的晋陕货物集散成为其主要商贸形式。不同于多数脱胎于乡村聚落的市镇，碛口自兴起之初就呈现出纯粹的商业景观形态，镇城空间沿黄河与湫水河岸线性展开，最终定型为“五街区”形制。鉴于其经济地位，从咸丰初年通判衙门和厘税局的相继设置开始，地方政府对碛口直接的行政与经济管控从未中断，但没有从根本上改变其以商人家族为主导的社会运行秩序。民国初期，商人群体通过成立商会实现了内部权力关系的整合，并在复杂的地方权力体系中占据着重要地位。

（成赛男）

【常建华《清乾嘉刑科题本所见两湖地区宗族及其纠纷》（《史林》第2期）】

清朝乾嘉刑科题本中的土地债务类资料，涉及宗族因经济问题发生的纠纷，揭示出湖南、湖北地区宗族内部矛盾与经济问题，借助这些资料，我们可以了解到当地宗族的形态与特色。两湖地区从事宗族活动的一般农民，在宗族建设活动中受经济限制。穷困族人计较经济利益得失，有时做出损坏宗族公益的事情。宗族祭祖形式主要是清明墓祭，宗族致力于其费用与管理，有的是届时由族人摊派款项，有的拥有祖遗祭田，诸房轮管，提供祭费。有的宗族筹办公有经济，为公祠设置祭费，致力于祠祭祖先。宗族内部结构并非均质化的，共同体内部存在房之间的利益之争。祖坟面临不断增长的族人下葬，往往因添葬产生矛盾，也因涉及风水问题导致纠纷。“户族”是族权的主要承担者，核心是族长。族长是宗族的首领，需要处理族人纠纷矛盾、组织修谱、帮助官府处理诉讼等。户首、户长是政府控制下的职役性质人员。“户族”控制着乡村社区，官府借助其维护统治。在聚族而居的情形下，户首、户长与族长有时会合二为一，更增强了“户族”的控制力，反映出族长代表的族权。族长管理宗族，处理宗族事务，调节宗族纠纷，是官府依靠的社会力量。有的族长欺压族人，族权成为其谋求私利的工具。

（王正华）

【张小也《法律与社会变迁：清代坟山争讼的历史考察》（《南国学术》第 2 期）】

学界以往对清代坟山争讼的研究主要聚焦于民事纠纷与司法审判的特点，关注坟山与土地权利之间的民事习惯、官府审理此类案件的依据与原则，背后是对清代民间社会与法律制度的结构性认识。我们转换视角，将清代坟山争讼的历史背景作为研究对象，揭示制度与观念发生的变化，可以增强理解清代坟山争讼的历史感。第一，唐宋时期关于墓田的法律规定分别存于律、令、敕等法律形式中，随着法律体系由律令制转为律例制，这些规定在明清时期的法典中地位下降、不为官员所知甚至已经消失，但它们又逐渐转化为有关坟茔与土地权利之间关系的民事习惯，具有明显的区域性特征。因此，官员在司法审判中极少从法律中寻找依据，而是致力于了解并适用这些区域性的民间习惯。第二，宋代以后，社会阶层的流动性增强、移民生活环境变化等原因，使得祖先坟地的风水在社会观念中越来越重要，加之风水阴阳之术的传播和普及，人们择地而葬的行为普遍存在，到了清代，已经发展成为一种严重的社会现象。围绕坟山风水与土地权利之间的关系，人们也建立起了系统的区域性民间习惯。这些习惯既是发生纠纷的根源，也是诉讼时支持两造权利的证据。第三，明清时期由宗族而非寺庙自行承担祭祖，由被祭祀者“后人”而非官府、书院来祭祀先贤，使得坟山归属趋于单一化，纠纷也主要发生于不同宗族之间。

（王正华）

【李花子《朝鲜王朝〈西北界图〉考——兼论与清朝舆图、志书的关系》（《清华大学学报（哲学社会科学版）》第 4 期）】

韩国学者裴佑晟考证《西北界图》的制作年代，认为制图上限是《古今图书集成》输入朝鲜的乾隆四十二年（1777 年），这一说法值得商榷。《古今图书集成》和《康熙分府图》虽然都是《康熙皇舆全览》的小叶版，但二者有差别。作为《西北界图》的图源，前者缺少了“乌苏里江图”和“鸭绿江图”，而后者满足了图源条件，既包括这两幅图，又不包括“黑龙江图”，笔者发现《西北界图》的“黑龙江图”参考的是乾隆元年的《盛京通志》。《西北界图》的朝鲜图的图源是郑尚骥的《东国地图》和朝鲜官撰《海东地图》。考虑到中国图源传入朝鲜的时间及朝鲜图源的制作年代，《西北界图》的制作年代应为1750—1776年。《西北界图》的笔体粗糙、色彩单调，图上文字错误百出，不具有官撰地图的特性，因此判断是私撰地图。从内容上看，《西北界图》属于朝鲜“彼我”类关防图，既包括中国地图，也包括朝鲜地图，是将中朝两国陆海相邻区的地图组合在了一起。该图不但标注了中朝两国毗邻区的城市、道路、镇堡、驿站、柳条边边门及烽燧等信息，还用题记记录了鸭绿江边的所谓“贼路”（女真、后金及清的侵袭路线）信息，凸显了朝鲜士人对清防备意识，也为该图增添了关防色彩。这诚然与朝鲜王朝吸取“丙子下城”（1636）的历史教训，不断强调“阴雨之备”和“内修外攘”有关，也是包括《西北界图》在内的朝鲜“彼我”类地图不断被创制的原因。而到了其后的朝鲜正祖时期（1776—1800年），随着“北学运动”兴起，清朝成为学习的对象而不是防备的对象。《西北界图》名副其实是一个界图，图上不仅用点线标注了中朝两国边界，还标出了穆克登碑址，反映了康熙五十一年（1712年）穆克登定界的结果。但由于受到双方图源的影响，特别是受到中方图源《康熙分府图》（“鸭绿江图”和“盛京全图”）的影响，穆克登碑址被错误地标在了小白山附近，从而与实际碑址天池东南麓产生了距离。

（李鸣飞）

【白壮壮、崔建新《清代以来鄂尔多斯高原的沙漠化及其驱动机制》（《中国历史地理论丛》第2期）】

土地荒漠化是当今世界面临的最大环境—社会经济问题之一，而沙漠化作为荒漠化的主要类型，严重威胁着全球生态环境与人类可持续发展。自历史时期以来，鄂尔多斯高原经历了不同阶段的沙漠化过程。学界对上述区域不同历史阶段沙漠化过程的研究，形成了气候变化主导说、人类活动主导说以及气候与人类活动共同影响说，且各有支持者。出现这些争议的主要原因之一是对历史时期沙漠化研究的量化分析成果较少，现代沙漠化研究方法没有恰当地引入历史时期沙漠化研究中。利用收集整理的历史资料，结合现代沙漠化模型进行定量分析，不仅有益于突破目前历史时期沙漠化研究的瓶颈，澄清学界有关鄂尔多斯高原历史时期沙漠化问题的分歧，也能为现代沙漠化治理政策的制定提供借鉴。采用多元线性逐步回归分析法，筛选自然和人类活动等驱动因子，建立沙漠化面积计算模型。在此基础上，将收集的历史文献资料代入模型，进而反推历史时期鄂尔多斯高原沙漠化的面积。再结合植被净第一生产力模型反演纯自然状态下该区域沙漠的潜在变动，其后将两种模型结果综合，即可分析历史时期沙漠化过程及驱动力机制。研究结果表明：1650—1920年鄂尔多斯高原沙漠化面积在波动中缓慢增加，1920—1945年沙漠化面积在波动中逐渐降低，1945—2000年沙漠化面积呈现急剧增长趋势，2000 年以后鄂尔多斯高原沙漠化趋势开始发生明显逆转。就驱动机制而言，认为气候变化与人类活动在清代以来鄂尔多斯高原沙漠化不同阶段发挥了不同作用。1650—1805 年、1912—1948 年、2001—2015 年气候变化在该区域沙漠化过程中起了主导作用；1805—1911 年、1949—2000 年人类活动对沙漠化影响更为显著。就研究意义而言，将现代模型引入历史时期的做法，不仅为探讨历史时期半干旱地区景观变化与气候变化、人类活动之间关系提供了定量化的途径，也为地表景观变动与人类活动间关系提供了历史借鉴。但对于复杂的沙漠化机制来说，线性回归模型的解释相对简单，仍需要进行模型优化，以解释其复杂机制。

（成赛男）

【孙景超《德藏晚清吉林〈蜂蜜山招垦四至地图〉考释》（《历史地理研究》第 1 期）】

古地图是重要的史料，以图补史、以图证史及图史互证的学术价值正日益受到学术界的关注，相关研究成果日益增多。此外，地图与历史的关系一直是学界讨论的热点。作为史料的古地图，其价值已被学界普遍认可，但不应仅限于此。作为固定载体存在的古地图，是不断发展变化的动态历史过程的反映；作为静态存在的古地图，可视为动态历史的特定时期断面。近年来学界对古地图的研究进展巨大，在研究方法和内容上已不限于对图幅内容的考证（包括年代、作者、绘制方法、图中地物及反映的具体历史事件、收藏及流传情况等），开始转向更为综合、多元的研究，“将地图放置在其绘制的背景和文化中去看待，希望能将古地图和地图学史的研究与历史学、文学、社会学、思想史、宗教等领域的研究结合起来”。由此产生的研究路径转变以及多学科综合研究正在成为学界共识，也成为地图研究的新的学科增长点。大规模的移民实边与政区设置，是晚清东北地区历史进程的两个突出特点，相对于内地而言，边疆地区各类文献资料比较匮乏，地图资料的挖掘与使用显得更加重要。清代后期以来，在东北区域历史发展中，移民实边与政区设置是极其重要的内容，但利用古地图来揭示这一历史进程的研究尚不多见。德国普鲁士文化遗产图书馆所藏 18 幅晚清吉林地图，是研究晚清吉林地区历史地理的宝贵资料。其中的《蜂蜜山招垦四至地图》是一幅以蜂蜜山为中心的珍贵地图，以晚清时期蜂蜜山附近及穆稜河流域为中心，详细描绘了该地区的山峰、河流、湖泊、聚落及交通线等地物，具有重要的区域史料价值。通过对一系列古地图的相关考察，基本可以还原清代吉林东部地区地物从模糊到清晰，政区从无到有的历史发展进程，而《蜂蜜山招垦四至地图》正反映了清末从移民招垦到政区设置过程中的关键场景，为深刻理解这一历史进程提供了极好的切入点。通过静态的地图解读历史断面，结合地图之外动态的宏观历史背景，有助于更加深刻地理解晚清吉林边疆地区的历史进程。

（成赛男）

【王振忠《18世纪唐通事眼中的中日贸易与长崎社会——新见抄本〈琼浦闲谈〉研究》(《学术月刊》第5期)】

从1604年(明万历三十二年,日本庆长九年)江户幕府开始在长崎任命唐通事,迄至1867年(清同治六年,日本庆应三年)废止唐通事制度的264年中,唐通事始终在中日贸易与文化交流中充当着重要角色。在日本的江户时代,因长崎贸易之繁盛,历史上形成了诸多唐通事教科书,也就是培养长崎翻译、贸易和外交人才的汉文课本,现在一般将之统称为"通事书"。日本东北大学附属图书馆收藏的《琼浦闲谈》,是一册迄今尚未受到学界关注的珍稀抄本。该书成于唐通事之手,成书于1768年(清乾隆三十三年,日本明和五年),生动地状摹了18世纪的中日贸易与长崎社会实态。通过仔细对比可知,较之其他几种同时期的"通事书",《琼浦闲谈》有一些特别的描述,尤其是其对諏访神社(九使庙)的记录,具有独特的史料价值,这引发了我们对于中国文化传播异域的进一步思考。在日本九州一带,因各种异域文化在此汇聚,故而出现了不少民间信仰的杂糅。以往在中日文化交流的相关研究中,学界关注较多的是儒家圣堂(孔庙)、妈祖信仰和黄檗文化传入日本的情况。通过对《琼浦闲谈》的研究,应充分重视活跃于长崎的福州府属人群之乡土背景。具体说来,江户时代在长崎的不同人群之信仰彼此交融,既有中国人对日本神明之借用,又有中国各类信仰崇拜移植日本的更多例子。除了人们习知的儒家圣堂(孔庙)、妈祖信仰、佛教黄檗文化之外,道教系统之"九使"信仰在长崎的影响亦值得特别关注。"九使"由原乡福清的荒洞蟒神到东亚海域史上舍生取义之林姓神明,"九使"信仰从福州府属庶民之"九使诞"俗以及府城倡门邪神崇拜再到融入长崎盛大的諏访神事活动,其间的嬗变轨迹,彰显了东亚海域跨文化风俗传播的复杂性与丰富内涵。透过对福州府土神"九使"与长崎諏访神社信仰之渊源等的分析,可以管窥传统时代中国文化的传播及其相关影响。

(李鸣飞)

【郑任钊《〈春秋正辞〉的成书与清代公羊学的开山》(《湖南大学学报(社会科学版)》第3期)】

对清代公羊学始于庄存与《春秋正辞》,还是孔广森《春秋公羊通义》,学界一直有争议。考察《春秋正辞》与《春秋公羊通义》孰先孰后,不宜由刊刻时间进行简单判断。之所以会产生孰为清代公羊学开山的问题,根源在于《春秋正辞》的撰成时间未能明确。《春秋正辞》刊刻时间较晚,其成书却很早,在乾隆二十四年之前应已具备一定规模,在乾隆三四十年代应已成稿,其内容主旨与乾隆皇帝这个时段对《春秋》的表述亦有不少契合之处。《春秋正辞》撰著时间要早于《春秋公羊通义》,其刊刻的一再推延一方面是因为庄存与感到与当时的学术氛围不合而秘不示人,另一方面则与该书始终未能完成修订有关。从学术渊源上讲，庄存与确曾为孔广森讲授《春秋》，而且孔广森认为庄存与所言确实讲明了《春秋》微旨，对其经说表示信服。可以认为，孔广森对公羊学的研习受到了庄存与的影响，清代公羊学正是沿着庄存与《春秋正辞》开出的方向发展的，其复兴的路径是由庄存与发其端，再经刘逢禄全面发明公羊大义，至道光年间刘逢禄弟子龚自珍、魏源引公羊义讥切时政，至晚清康有为以公羊学说作为变法改制的理论基础，使公羊学在历史上再度写下了辉煌的篇章。孔广森的公羊学虽另走一途，其源头实亦出自庄存与。因此，无论从撰著时间还是从学术渊源上来讲，清代公羊学的开山之作当属庄存与的《春秋正辞》。

（陈冠华）

【黄圣修《光绪朝的〈儒林传〉纂修——以〈儒林传〉存三十二卷本为中心的讨论》（《台湾师大历史学报》第67期）】

过去对清国史馆《儒林传》的讨论，多将焦点放在阮元《儒林传稿》，对其他稿本则较少关注。以“《儒林传》存三十二卷本”为例，该稿虽是台北故宫仅存三种完整《儒林传》之一，却尠受注意。透过比对其他稿本和史料，显示该稿是以缪荃孙光绪十四年缴交的传稿为基础，在叶昌炽、恽毓鼎等馆臣修改下，调整增补传目人物完成的。稿中所夹大量修改签条，则说明该稿在光绪三十一年续修《儒林传》时，曾被取出作为修改底稿使用。透过对传稿的分析，首先可以看出晚清国史馆的运作，与盛清时期有着显著差异。相较于过去皇权对史馆的控制，晚清时期的史馆总裁官与地方督抚对传稿纂修有了更大的影响力，让国史纂修的“钦定”意义，变得更加复杂。其次，出于不同纂修官对清学发展的理解差异与外部学术环境变化，传稿的体例拟定与传文内容也出现了相应的调整。缪荃孙虽然在学术立场上与阮元相近，却不采用阮元以年相次的方式排序人物，而是参考《明史·儒林传》，以汉宋学术立场分卷，并根据当时的学术环境，对传文内容进行了调整。最后，发现旧有的《儒林传》体例架构，实不足以应付乾嘉以后汉学新学科的蓬勃发展，以至于在人物收录安排上，常陷入左支右绌的窘境。从整体来看，“《儒林传》存三十二卷本”纂修过程所引发的诸多争议，展现了传统纪传体正史在晚清的挣扎，以及当时的学者对此困境的思考。

（陈冠华）

【吴滔《在免差与应役之间：明清南岭山地瑶长瑶目制之缘起及其运作》（《史学集刊》第1期）】

通过十年对以湖南江永县为中心的南岭山地田野考察，围绕在该县西南境扶灵、古调、清溪、勾蓝等“熟瑶”村落实施并贯穿数百年的瑶长瑶目制，作者发现，瑶长瑶目制既不同于广西、云贵等地广泛存在的土司制度，也与粤北地区排瑶组织有所差异，而要将其置于当地历史发展脉络中加以审视，才能追溯瑶长瑶目制的制度缘起。作者在王毓铨、刘志伟等人的研究基础上，认为前者指出田赋在性质上也属于一种差役，而不是现代国家的赋税。后者进一步将国家与编户齐民之间的人身依附关系视为一种资源供应关系，认为编户缴纳田赋，实际是为王朝国家种田，本质上也是一种役。在此意义上，瑶人一旦以垦耕把隘名义由“化外”进入“化内”，即便享有“纳粮免差”特权，亦难逃王朝国家的人身支配。他们心目中纯粹意义上的优免权从来就没有存在过。明中叶以后，随着一条鞭法改革深入，田赋中徭役成分逐渐税粮化，很多开支都被摊派到粮额之上。尤其是地方官府行政运作资源，也按照田、粮随时派征，这不仅强化了“配户当差”的制度性基础，也完成了赋役征派由“当差”到“钱粮”的关键性转变。此后，随着地银、丁银乃至匠银合并入地丁银，原本要亲身应差的役目更加抽象化，进言之，作为正项附加费来征收的税粮，逐渐分不清其中哪些属于“粮”，哪些属于“差”了。永明县熟瑶群体一向坚守的“蠲免杂税”及“纳粮不差”原则，除了成为他们所编撰各种文本中“孤芳自赏”的历史记忆之外，已找不到现实中实际对应性。在一定意义上，瑶长瑶目制与其说是土司制度或者排瑶那样的半自治性组织，不如说是熟瑶群体为应付各种正项附加税而“发明”出来的某种赋役单元。正是为了处理种种与输纳地丁银的相关事宜，南岭山地熟瑶群体借助瑶长瑶目制，制定了稳定而规范的税粮输纳安排顺序，并将这段难忘的历史线索以“瑶长瑶目册”的形式保留至今。

（解　扬）

【赵轶峰《明清史的大时代特征与明清史研究基本问题》（《清华大学学报（哲学社会科学版）》第5期）】

明清中国处于人类历史深刻转变的“大时代”，中国自身历史主题与全球历史变迁主题交融纠结，呈现空前复杂局面。研究这样一个特殊时代的历史，现代性发生、帝制时代收结、中华文明内聚运动构成基本问题系列。现代性起源研究需对现代性本身做清晰界定，清理各种“中心主义”，呈现明清现代性发展的表现与特点，探索现代性与中国文化传统的关系。帝制收结研究需厘清明清国家体制功能与政治文化特征，阐释经济体制与发展水平，呈现社会组织方式与生活情态，评析时人价值与信仰方式及知识状况，解释该时代“盛世”之含义。中华文明内聚运动研究需考察该时代中华文明的空间布局与结构、藩封体制、族裔认同、国家整合，以及前述各项的交错关系。基于明清史学科特性，相关研究应注重实证考察，积极借鉴社会科学而不追求社会科学化，宏观与微观研究并重。作为已经国际化的一个学术领域，明清史研究需承担理解当下人类处境的部分责任，为重新审视当下时代人类社会基本制度之合理性基础、局限与潜能提供一些历史经验资源。

（王士皓）

【顾玥《家庭、情感与身份对抗：疾病与疾痛分析模式下的明清女性病患》（《历史教学（下半月刊）》第2期）】

疾病与疾痛的分析模式可以揭示患者与

医者认知上的差异性，而这种差异性在中国古代医学理论知识产生时就已确立。通过运用这种分析模式对明清时期女性病患进行研究，可以发现女性与家人之间的情感互动对她们的疾痛经验有极大的影响。由于缺乏社会生活，家庭生活几乎决定了中国古代女性的人际关系，构建着她们的生命故事并左右着疾痛的意义。不仅如此，作为长期被医疗知识边缘化的群体，明清时期女性在面对疾病时，相对于医学理论她们会更注重疼痛、情感、精神上的病痛体验，而善于解决疾病表征的非学术性医学常常可以更好地回应女性病患的需求，女性也因此对其产生了某种身份认同，并在家庭医疗决策层面与儒医所代表的学术性医学产生身份对抗。

（王士皓）

【卜凡《“釜底之水”：明清时期文安洼的水患与治理》（《历史地理研究》第 3 期）】

河北文安、大城两县境内的文安洼，地处大清河、子牙河水系下游，地势低洼，“形如釜底”，导致积水难以泄出，历史时期常发生严重的洪涝灾害。历史时期文安洼由于自身环境的恶劣与缺乏区域性的协调治理，水患频频发生，给当地群众造成了深重的苦难，严重阻碍了冀中地区的社会经济发展。明清文安洼的具体构成、水患来源，是历史海河水系演变研究的重要内容，而明清时期文安洼水患治理的得失也为现代冀中湖淀区的治理和农业发展提供借鉴。在复原明清时期文安洼湖泊群、分析文安洼积水主要来源的基础上，通过明清文安洼水患治理的措施及其成效，探析文安洼水患难以治理的环境与社会因素，为研究历史时期海河流域灾害与水利治理研究提供新的视角。明清时期文安县通过修筑堤防、开凿引河、营田种稻等多种措施治理文安洼，但水患仍频。文安洼水患难以治理的原因，既包括文安洼区域本身低洼的地形与大清河、子牙河下游流域淤高等环境因素，也包括文安县与周边州县之间治水利益的矛盾及文安县自身的治理乏术、乏力等社会因素。由于现代气候的变化和水利治理，文安洼过去常发生积涝灾害的局面已经有所改观。但是，现代文安洼堤防的防渗作用仍较差，京津冀地区夏季暴雨对海河流域造成的威胁仍较大，文安洼的蓄洪防洪形势依然严峻。如何充分吸取历史时期文安洼治水经验与教训，合理利用海河流域平原湖沼、湿地防灾减灾，处理好冀中地区经济发展、生态保护和水利建设的关系，仍然是需要深刻思考的问题。

（成赛男）

【李坤《明清时期中国社会对欧洲产品的早期消费》（《国际汉学》第 2 期）】

明末至 19 世纪初是中国社会消费欧洲产品的早期阶段。当时，欧洲产品的奇巧特征正好迎合了上层社会尚奇巧之风，上层社会使用欧洲产品满足多种需要，主要有赠予需要、社会形象需要、时尚需要、娱乐需要、实用需要，上层社会存在消费欧洲产品的多样化动机，推动了欧洲产品的消费和传播。很多研究强调明清社会排斥、贬低欧洲产品，但对消费欧洲产品的当事人及其消费动机关注不够。事实上明清上层社会的消费文化具有开放性，在欧洲产品消费的早期阶段，上层社会就追捧欧洲产品，上层社会的消费领域就存在促进欧洲产品传播的动力。消费视角有助于全面、深入了解欧洲产品在明清社会的际遇。对于明清社会欧洲产品消费者的角色，以往也存在刻板印象，常常认为他们只是把玩或收藏西洋奇巧、珍玩的奢侈消费者，事实上，他们同时也是消费创新者。所谓消费创新者，即社会上首先采用新产品的消费者群体。明清上层社会追捧和消费钟表、眼镜、玻璃制品等欧洲产品，出现用钟表替代传统计时工具，用玻璃窗替代纸面窗和纱窗，用玻璃镜替代铜镜的现象，作为一种事后之见，这是时代的趋势，但明清上层社会的欧洲产品消费行为确有消费创新的特征。他们作为首先使用欧洲产品的消费者群体，推动着中国的物质文明和消费文化变迁，如今，这几种当初来自欧洲的产品在我们的日常生活中已无处不在了。

（王士皓）

【李天纲《守山阁学人群体的崛起与明清“西学”的延续性：以〈几何原本〉为例》（《北京大学学报（哲学社会科学版）》第6期）】

一般以为明末利玛窦、徐光启引进“西学”以后，“利徐之学”在清代曾经中断，似乎只在“鸦片战争”以后，晚至“戊戌”时期的康、梁一辈学者，才重新开始“西学”启蒙运动。然而，清中叶以降江南地区学术传承脉络证明，以钱熙祚、顾观光、张文虎、李善兰为核心的学者群体在1837年即通过抄录、校勘、刊刻“守山阁丛书”，研究和传承明末耶稣会士翻译的天文、地理、数学等著作，并为战后之“西学”复兴做了铺垫。“守山阁丛书”及一系列包含“西学”书目之丛书的刊刻与发行，证明江南地区的乾嘉学者有一种内在和纯学术的热情。如同笛卡尔、帕斯卡哲学提倡“几何学精神”一样，李善兰、伟烈亚力续译《几何原本》（1858）后九卷，接续利玛窦、徐光启的“所以然”的“metaphysical study”，表现了“西学”启蒙运动的延续性。自19世纪30年代起，“守山阁丛书”刊刻实践，以及与之相关的墨海书馆、江南制造局、京师同文馆、广方言馆译书活动，是一种延续性事业，更是“戊戌变法”中“西学”宣传运动的基础。总之，“守山阁丛书”学人群体的学术自觉，并不能以“冲击—反应论”的模式来解释，而需要某种形式的“内在理路”来说明。

（王士皓）

【龚俊文、陈业新《历史景观地理视角下的明清福建临水夫人信仰研究——以祠庙为中心》（《中国农史》第6期）】

宋代以降，福建临水夫人历经从人到巫、由巫为神的造神过程，其信仰文化随着祠庙景观的构建而不断传播。明清时期，福建临水夫人祠庙数量持续增长，地域分布特征显著：明代祠庙增势较缓，空间布局分散；清代前期祠庙增速尤快，闽东地区最为密集，形成以福州古田为中心的集聚式分布格局，并在清代后期逐渐向东北方向延伸。祠庙景观格局折射出信仰分布特征，除了特殊的地理环境以外，基于文化习俗与婚育状况的功利需求，家族组织对信仰文化的地域认同，人口变化与区域流动造成的信仰迁移扩散，以及畲民在环境胁迫下对汉族信仰文化的接纳融合，均为影响明清福建临水夫人信仰景观变迁的重要因素。

（成赛男）

【杨松涛《16—18 世纪中国与英格兰乡村治理比较》（《史学理论研究》第 4 期）】

从历史比较视野来考察 16—18 世纪的中国与英格兰乡村治理，学界需要分清“州县以上地区”和“州县以下地区”两个层次。以中国的州县与英格兰的郡这两个处于同一层级的单位作为比较对象，虽然它们的官员，即中国州县官和英格兰治安法官，在权力构成和运作上存在很大差异，但是在他们以下，即深入乡村地区，中英两国都是由当地村民通过担任各种职务来管理本地，在中国就是乡保、甲长和牌头，在英格兰就是百户区警役和堂区警役。这些乡村首领在出身、选任方式、承担职能等方面十分相似，同时，他们都会受到各自上级官员的控制。过去学者们开展历史比较研究时，贯彻的是求异思路，即着重于探究两者的不同；今后可尝试求取中西之同，会发现别有一番景象。

（王士皓）

【谢贵安《清代史学的近代择受及重构论析》（《中国高校社会科学》第 4 期）】

近代学者根据时代的需要，选择相应的清代史学内容，加以重新组合和建构，形成了晚清民国时期重要的学术现象。在近代史学体系的形成过程中，除了大量引进西方史学观念和理论外，中国学者还根据西方近代史学理论和方法，选择与之相似或接近的中国传统史学因子加以同类组合和重构，以应对西方史学的冲击，建立拥有更多中国因素的史学新体系。清代史学（中叶以前）由于与近代相接，拥有较多的近代因子而获得晚清民国学者更多的重视，出现了较多史学因素的重构现象。近代史学不是简单地将传统史学移植过来或承袭下来，而是根据时代的需要进行重新组合和建构，形成新的史学体系。在传统史学的近代重构中，出现了两种现象，一种是同时代史学的重构，另一种是跨时代史学的重构。从“清初三大儒”“乾嘉三大考史家”到“章崔南北二星”，都是清代同时期史学重构的结果；章学诚与唐代刘知幾、宋代郑樵的“史学理论”三人组合，则是清代与其他朝代跨代重构的结晶。在中国传统因素驱动和西方史学强烈刺激、影响的双重作用下，清代史学完成了在近代的择受和重构过程。重构后的概念已经成为近现代史学史上的常识，但通过“知识考古学”的分析，得知它们起初并未构成这样的知识体系。这种“常识”的形成，本身就是近代史学转型中融合中西、整合古今的新知识体系的建构过程。

（孙广辉）

【赵世瑜《乱世下的乡村世界和无法挣脱的梦魇——影印稿本〈退想斋日记〉弁言》(《民俗研究》第2期)】

《退想斋日记》200册与山西图书馆所藏稿本43册两种不同说法的原因是，刘大鹏最初可能计划一年一册，后改为一季一册，一年四册，而后装订散掉，后来收藏单位按年统计为一册，除去遗失6年的日记，被视为43册。刘大鹏生活节俭，日记用纸为赤桥当地生产的粗糙、廉价草纸。刘大鹏写日记与明清时期的功过格传统、太平天国前后的社会情态、曾国藩对理学的倡导和以身实践等密切相关。与功过格不同的是，《退想斋日记》是一部道德日记加乡土笔记，其中的道德日记也与刘大鹏本人的生活哲学紧密相连。刘大鹏自号梦醒子，日记中又常记录做梦情景，理解刘大鹏的“梦”便尤为重要。在光绪十九年刘大鹏乡试落第之前，日记中多有备考的读书笔记和反省己过的道德行为记录，落第之后，日记内容开始与身边生活世界更为紧密，反映到梦境中同样如此。日记中刘大鹏将梦与真实世界均视为“梦”，所谓在“梦中梦梦”体现了他对多重梦境的认识，日记对生活世界的记录自然也是对梦境的记录，而他对“梦醒”持悲观的态度。进入民国，他与其他当时中国人的认知是同样的，当时的中国社会和中国人需要被“唤醒”，但用什么唤醒和如何唤醒，观点各有不同。理解《退想斋日记》这一文本，需要放下现有的叙事框架，而应沉浸文本之中，从个人体验出发，同时保持客观、开放的态度。日记记录了他所经历的国事、世事、家事、身事，且将心事寄托梦境，可谓一部“心史”，这与日记中记录的生活史内容充满了张力。对于刘大鹏个人而言，相对保守的政治、文化立场与他生活的“乱世下的乡村世界”，在个体身上出现了复杂交织甚至矛盾冲突的现象。

（王正华）

【冯尔康《社会史从“社会生活”到“日常生活”研究的学术意义——读常建华教授“日常生活”论文感想》(《河北师范大学学报（哲学社会科学版)》第1期)】

近年来，社会史研究从“社会生活”到“日常生活”是重要的学术转向，常建华在此方面用力颇多。从社会生活到日常生活，是从重视不排斥个人的群体生活，深入个人的日常生活，反复出现而又互相迥异的日常化生活，关注每一个具体的人的生活，每一个鲜活的人的生存状态及其生命历程。日常生活史研究借鉴文化史、历史人类学、地域史研究成果，而日常生活又是这些领域不可或缺的部分。日常生活史研究应当与“制度”相结合，即讲求日常生活与历史变动、非日常生活的关联。常建华提出如何对待“制度与生活”“生活与制度”两个概念问题，他认为前一概念“会给人重视制度实践及自上而下的感觉”，不如选择后一概念，即“以‘日常生活’探讨为主，追寻自下而上看历史的社会史”。常氏提倡以人为中心的日常生活研究，综合非日常生活，与制度、社会变动相联系，令“小历史”

与“大历史”并呈，并提出了利用生活史、“日常生活”书写历史的新视角。在日常生活史研究基础上，还可更进一步，即进行“个性化日常生活史”的研究。中国有集体主义的社会传统、民族性，这也影响到学术研究的视角，导致以往的社会史研究主要关注群体，对于个体、个性缺乏关注。在现今时代条件下，将中国人个性化生活汇入世界史研究中，加强中外日常生活、个性生活比较研究是十分必要的。

（王正华）

【邓燕《历史、文化与民族：20 世纪前期中国文化史的兴起》（《史学理论研究》第 1 期）】

19 世纪西方“新史学”将广义的文化纳入研究视野，从文化学的角度阐述历史，并促成 20 世纪中国文化史研究的新、旧两度勃兴。尽管文化史的概念、方法已备受关注，但时代语境与其兴起、内涵、特征的关系缺乏专门论述。在 20 世纪初，西方“文化”概念成为整理传统中国历史遗产的重要概念工具。在中西文化竞争下，国人注重区分物质文化和精神文化，并编纂文化史有意展现传统中国的文化成就，相较于文化的时代性更侧重于发挥文化的民族性，这透露出国人隐秘的文化争胜意识。“文化”与“历史”结合，逐渐成为历史叙事的核心概念。文化史在史学研究的对象、价值判断、时代分期、研究方法等方面发展出自身特征，亦反映出西方文明史、文化史在理论和实践方面对中国“新史学”的影响。文化史在实践中注重对民族历史生活的呈现，表现出民族史的特征，叙述特定群体或民族社会生活的方方面面，揭示群体的精神内核。在西学东渐、传统文化权威失坠的情况下，文化史让历史、文化与民族在历史叙事中相结合，其书写满足了国人整理传统文化遗产的现实需要，释放了多元化的历史阐释需求，构建起一种彰显社会凝聚力的叙事。这些都说明中国文化史研究将阐释过去、理解当下与期待未来紧密结合，“文化史热”是国人历史意识高涨的体现。一方面，“文化”表现了一个民族的自我意识，文化史将文化的各个要素进行有效整合，关注作为整体的中国民族文化的演进，叙述文化的变革与承续、间断与连续，是对传统文化积累和成就的总结；另一方面，20 世纪前期中国传统文化正处在变迁大势中，文化史的研究和思考是映射近代中国文化转型复杂性的多棱镜。总体上，该文通过考察 20 世纪前期中国知识分子思考历史、文化与民族前途等问题的过程，揭示出在新旧、中西碰撞下，“文化”概念对 20 世纪前期史学实践的影响，考察国人如何认识和应对“过去的产物”，论证了文化史的兴起与历史、社会思想的互动。

（黄若然）

【杨华《二十年来新文化史在中国大陆的传播、影响及实践》（《史学月刊》第 4 期）】

20 世纪 70 年代，西方新文化史风靡学界。在年鉴学派的研究热潮、后现代的传播滞后以及社会文化史的吸纳隔膜等影响下，新文化史在大陆出现较晚。1999 年是其传入大陆的节点，虽姗姗来迟但激荡回旋，勒华拉杜里的《蒙塔尤》是这一时期的经典之作；进入 21 世纪，新文化史被大量译介，2012 年是分界点并迎来热潮，彼得·伯克、娜塔莉·戴维斯、罗伯特·达恩顿、林·亨特、罗杰·夏蒂埃、卡洛·金兹伯格、阿兰·科尔班等人的著作产生较大影响；同时，大陆学者积极开展新文化史实践，杨豫、李宏图、周兵、王晴佳、梁景和、张仲民、王笛、俞金尧、李剑鸣、余新忠等学者用力较深，使学界在城市史、医疗卫生史与身体史、书籍史与阅读史、表象史与记忆史等领域取得丰硕成果；2012—2020 年，大陆学界对新文化史的态度从褒扬转为省思，以碎片化为核心产生讨论分歧。大陆新文化史的实践把“人”带回到历史研究中，为史学研究注入新的元素，拓展出微观、大众文化、女性与城市史研究等新视角，发展了意义、建构与医疗卫生史、身体史研究等新观念，开辟传播、接受与书籍史、阅读史研究等新路径，发掘象征、符号与表象史、记忆史研究等新方法。但主要问题是理论和方法缺乏原创性，研究碎片化，缺乏微观史的经典之作，存在泛文化现象及单一文化决定论。未来的新文化史研究应当具备全球视野，并跳出单一文化决定论的视域限制以加强跨学科合作。

（黄若然）

【王晴佳《性别史和情感史的交融：情感有否性别差异的历史分析》（《史学集刊》第 3 期）】

性别史和情感史大约同时在 20 世纪末兴起，成为当今世界史坛引人瞩目的新流派。从西方史学发展的角度着眼，性别史和情感史的勃兴有着密切的关联，即同样面临着研究对象的历史性问题，一方面受到历史书写传统对史家视野的限制，另一方面因身体和生理的属性长期不被视为历史研究的对象。从情感表达的性别差异着手，史家揭示了性别构成的社会性和历史性，情感和性别于是成为历史研究的对象。性别构成的历史演变揭示，男女之间的关系反映了一种普遍和深入的权力关系，在近代社会表现尤为明显。性别史和情感史的联手，既呈现了情感表露和性别建构的历史阶段特性，也质疑和修正了通常意义上的历史分期观念，进而批评了 18 世纪启蒙运动所认定的历史进步观念。这有助于突破欧洲近代二元论哲学思维，检讨以理性主义为前提的近代史学遗产，与兰克史学为代表的近代史学传统形成了一种对立关系。总之，性别史、情感史及与之相关的身体史、家庭史、儿童史等学派的兴盛，挑战了近代史学的“宏大叙事”，将历史研究的重心从社会沿革、国家建构等方面逐步转移到对人本身（身体、情感、心理、生理、性行为等）的认知，从“由内而外”的角度探究人的自身将涉及历史研究中更为根本的问题，因为人与人之间的情感、身体的交流和互动及家庭、子女和社会的关系贯穿了人类历史的始终。

（黄若然）

【杨巨平《犍陀罗艺术中的“希腊神”及其在中国的演化——一项基于图像的初步考察》(《西域研究》第1期)】

丝绸之路开通之后，外来神开始传入中国。其中一些有可能源自希腊，或可与希腊神灵相认同。亚历山大东征，把希腊的神以及希腊神人同形同性的宗教观念带到了中亚、印度，带来了犍陀罗艺术。他的后继者及希腊—马其顿人的后裔在此地存在长达三个多世纪，使得希腊神被当地的佛教人士所熟悉，从而欣然接纳了他们，并根据其原来的属性、功能和外形做了一定或很大程度的改造，使他们摇身一变成了佛教中的神灵。这些希腊神主要是以佛教人物的形象与犍陀罗艺术一道进入中国的。为了使其适应新的依存环境，中国的佛教徒或艺术家对他们的形象进行了本土化改造，其结果就是随着佛教的汉化，这些“希腊神”也最终融入了中国的传统文化之中。由于文献资料严重缺乏，以图像为基础的考察或可有助于对这些希腊神从地中海到印度再到中国演变过程的认识。如太阳神阿波罗的形象对佛陀形象的塑造当有重要影响；大力士赫拉克勒斯则演变为佛教中的护法金刚形象，进而成为中国民间墓葬中的护墓武士俑；胜利女神尼科的形象则演化为印度神话中水和云的女精灵阿普萨拉，亦即中国人所熟知的“飞天”；泰坦神之一的阿特拉斯则演化为墓葬中的力士形象；泰坦神族中的太阳神赫利俄斯则与印度太阳神苏利耶融合传入了中国。

（安子毓）

【池文汇、胡晓《中国步摇源流考辨及形态复原——兼与“步摇西来说”商榷》(《形象史学》春之卷，第21辑)】

关于中国步摇的起源，当前学界盛行“西来说”，认为它源自中亚的摇叶金冠。但是，这一说法在传播的时间线路、两者的结构比较、名物对应方面都难以成立。该文通过文物、文献的穷尽式梳理，厘清了步摇作为中国本土首饰的独立源流和演化脉络，辨明了其与中亚摇叶金冠的本质区别，并根据文物复原了汉代步摇的佩戴形象。文章通过《后汉书·舆服志》中后妃首饰序列的解析，以及文物比对，发现“假髻（巾帼）、步摇、簪珥”是汉晋南北朝女性首服的固定搭配，拟称“步摇套件”，史书亦称“簂步摇”。长沙马王堆一号汉墓棺中出土了完整的“假髻、步摇、簪珥”三构件，并有同墓出土的帛画和八里台汉墓壁画作为参照，足以复原步摇套件的真实形象。其形象与中亚摇叶金冠相去甚远。《女史图》从结构、要素来看，中国女性步摇的核心要素是金花，而非金叶；结构上是一支簪，后发展为花枝形首饰（如甘肃武威红花村出土的汉代一雀七花步摇），用时插入假髻，并以簪珥固定。中亚摇叶金冠的核心要素是金叶，结构上是一个宽带为圈的冠，一圈纵向排列金树，用时置于头顶。两者结构差异巨大。从时间、线路来看，中国步摇的文献最早出现于战国后期，文物最早为公元217年，均早于公元前2世纪的萨马尔泰女王墓金冠和公元1世纪的席巴尔甘6号大月氏墓金冠。鲜卑步摇文物迟至东晋才出现，史书明确记载慕容氏先祖的步摇冠来自燕地汉族男子冠饰。匈奴金头饰及朝鲜半岛金冠也都是受到汉式步摇文化的深刻影响而产生的。而“步摇西来说”认为，步摇来自中亚的摇叶金冠，是公元前后成型，向东横跨欧亚大陆，通过草原民族传到中国和朝鲜半岛，谬之甚远。从名物、性质方面来看，“步摇”在中国文献中是特指名词，其性质是首饰，而不是冠。汉代所谓“步摇冠”是指步摇装饰的男子漆纱冠，三燕“步摇冠”是指步摇装饰的鲜卑帽，有文物图像为证。中亚摇叶金冠并无“步摇”相关的记载，且与汉式步摇结构差异较大，称为“步摇冠”欠妥。中国步摇有着独立的起源、别具特色的构式以及完整的传承序列。“假髻、步摇、簪珥”的三构件体系，沿袭了周代的“副、笄、六珈”，蕴含了深厚久远的历史文化。“假髻（巾帼）、步摇、簪珥”的套件形式，在后世演进为花树博鬓、雀钗双鬟两大系统，又经明代以来的翟冠、狄髻、凤钗、戏曲冠饰以及西南少数民族银冠等传承至今，可见中国步摇无与伦比的生命力。

（安子毓）

【科大卫、郑振满、刘志伟、赵世瑜《从区域中探寻中国历史：问题意识与资料方法》（笔谈）（《江西师范大学学报（哲学社会科学版）》第1期）】

这组笔谈由科大卫、郑振满、刘志伟、赵世瑜四人于2021年8月17—18日在由江西师范大学组织承办的第四届闽浙赣区域社会史研究工作坊上的主旨发言整理而成。科大卫《统一模式书写背后蕴含不同的历史进程》以宗族制度、国家地方互动二者为切入点，特别关注神与祖先、文字、宗教和税收的问题，以华南、徽州、江南、浙南等地的历史为例，提醒我们注意相似文献背后不同的历史进程。郑振满《从日常生活的文字传统解读民间文献》认为，区域史研究应从“找资料”转为“读文献”，我们应该尽可能地从日常生活中，从民间社会的文字传统来理解我们面对的各种各样的文献资料，即全面了解民间文献的不同类型、历史源流与社会语境，尤其是关注民间文献与经史传统的关系，深入探讨文字传统对区域历史的影响。刘志伟《在区域史研究中认识国家历史》以19世纪后期尤其是19世纪末20世纪初国家社会结构转型为例，解释了聚焦民众生活的区域史对王朝国家历史认识的重要性。赵世瑜《在辽东体会明清更迭》以在辽东的田野调查为例，试图将辽东放置在更多元开放的空间中去理解满人南下，“满洲性”、“辽东性”与“内亚性”的关系等问题。

（王正华）

【刘永华《田野调查与区域社会史研究：一个基于个人的观察》（《公共管理评论》第3期）】

近年来，受人类学、社会学等学科启发，田野调查近年来逐渐成为历史研究的一种方法。那么史学工作者如何开展田野调查？田野调查对区域社会史研究有何意义？如何处理文献与田野的关系？作者从自身对于闽西四保的多次田野实践出发，认为历史学的田野调查过程结合了文献搜集、口述访谈和实地考察。在田野中，除了“问”之外，还要“听”和“看”，即参与观察。对同一地域，需要开展一定时间长的、多次的田野调查，不断回访，才可能有比较全面的把握。就区域社会史研究而言，田野调查的重要性主要体现在三个层面：一是史料搜集；二是史料解读；三是历史过程重建。田野中搜集的史料大致有文献、口述史料与遗迹遗存。不同类型的史料，有助于我们更好地理解地域社会实态以及地域社会与王朝国家的关系。除了这些有别于传世文献的资料之外，田野调查过程中，我们还能掌握相关的“文本生成信息”与“文本关联信息”。“文本生成信息”是指某个文本的生成、流传、使用相关的一系列事实；“文本关联信息”是指来自同一地区不同文本之间的内在关联，可以从不同侧面展现整体的、立体的地域社会。另外，田野调查还有助于获得普通人的视野。最后，对一地域深度的田野调查，可以为重建、回溯历史过程提供一个起点，即从当下的社会结构出发去理解它的形成与演变脉络，这需要利用非文献类信息及其文字形态（田野笔记）。当然，田野调查并没有固定的模式，田野调查是历史学的研究方法之一，不宜拔高，也不容忽视。

（王正华）

【鲁西奇《父老：中国古代乡村的“长老”及其权力》（《北京大学学报（哲学社会科学版）》第3期）】

费孝通曾提出“长老统治”概念，但未做明晰界定，将之放入传统中国乡村历史进程中，可以发现长老的含义、权力及其来源、教化权力与其他权力关系、“长老统治”的实质等问题十分复杂。在中国古代乡村社会中，与官府相配合发挥统治作用的“长老”，包括秦汉时期的县乡三老、里父老，唐代的乡耆老、老人、父老，宋代的父老、耆老，明清时期的里耆宿、里老人、乡约等，多由官府选择年高而有道德且具备一定经济条件的父老充任。历代由官府选任的三老、父老、耆老、老人等，均以教化为其基本职责，受命传布王朝国家的礼教，亦参与调解民间纠纷、编排户口、征发赋役。古代乡村社会的权力格局，主要由乡吏里胥、长老、富豪乡绅等三方构成：乡吏里胥代表官府，行使以户口编排、赋役征发和治安为中心的行政权力；长老受官府委托，掌握教化权力；富豪乡绅占有财富和资源，和官府相配合，行使经济权力和社会权力。王朝国家统治下乡村社会中的长老权力，有别于家庭与“共同体”中的长老权力，主要来自王朝国家的授予或委托，根本上乃是源自官府的统治权力，是王朝国家统治权力的组成部分。所谓“长老统治”也是王朝国家统治体系的一部分，并非一种相对独立的统治类型。

（王正华）

【杜正贞《中国传统产权实践中的“界”——区域史视野下的山林川泽产权研究》（《近代史研究》第5期）】

“界”是中国传统产权实践及其研究中

最基础的核心概念之一。产权之界是人们在土地山林川泽上确立、宣示排他性权利的结果，对资源所在空间边界的划定是普遍存在的最基础的确权维度，当然这并不意味着对界线内资源的完全拥有，但“界”的出现无意明确、宣示了某种排他性的权利。近年来中国史学研究涉及人们对各种类型资源尤其是以往关注较少的非田土类资源即山林川泽的竞争中，逐步建立起权利边界的过程，比如对鄱阳湖、两湖湖区和东南山区的研究。从中可以看到，不同类型资源的权利形态、权利边界建立过程、边界形态既有相似之处，又有差异。比如山场与水域确权都存在从公共资源到私占、从无界到有界的发展过程；附着于其上的权利具备多重性；产权、产界的出现和确权大都多少与国家赋役制度相关；定界困难，界址之争频繁等。但在不同的区域实践中，又有具体的差别。政区之界与土地山林川泽的产权之界关系密切，政区以“山川形便”为划界原则之一，政区之界的明确、调整，在很多时候正是山林川泽资源开发，尤其是民众确权之争的结果。明清时期的制度使民众的确权实践与官府的行政管辖权相关联，这不仅表现为民众对诉讼衙门的策略性选择，也表现为业主的户籍归属、产业登记、赋役征缴和确权之间的密切关系。在迄今为止的研究中，不论是两湖的湖泊、南方的近海，还是东南、东北或西南的山场森林，除了区别不同的产业类型之外，我们还进行了很多“区域”的分类，水域产权历史的研究都指向了明初开始普遍建立的河泊所制度，而山场的产权秩序形成则各不相同。产权演生发展的区域性差异还来自资源的开发进程、利用方式的不同，受到市场、贸易路线、地方社会关系和权力结构、文字使用和传统观念等多种因素的制约。从历史上人们的确权实践出发，将此置于多样的区域历史进程和社会关系网络中加以考察，才可能对建立基于中国历史经验的产权理论有所帮助。

（王正华）

【张俊峰《中国水利社会史研究的空间、类型与趋势》（《史学理论研究》第4期）】

自20世纪以来的中国水利史研究经历了水利工程、水利技术史到水利社会史再到对水的历史的综合研究。当下学界采用不同标准对水利社会类型进行划分。目前我国北方地区呈现给学界的水利社会类型主要包括山西的“泉域社会”、山西“四社五村”的节水社会、新疆锡伯营的“旗屯水利社会”、甘肃河西走廊的“坝区社会”、内蒙古河套地区的“河域型水利社会”和万家沟的“小流域社会”等。南方区域地理环境的碎片化和多样性，导致其水利社会类型多样，既有山地丘陵区的小型水利灌区，也有平原或沿海区域的大型水利灌区，水利设施的类型和功能多样。未来中国水利社会史研究的学术创新，可从理论、视角、方法、史料四个方面着手。第一，水利社会史研究要有重大理论关切和理论创新。具体包括正面回应魏特夫的治水国家说和东方专制主义，反思和超越日本学界的水利共同体论，明确水利社会与水域社会的区别和联系，重视环境史、景观史研究。第二，水利社会史研究期待视角转换和内容创新。包括研究类型与空间上的扩展，比如各种水利类型的划分，从乡村到城市的转换等；研究内容上从生产性用水扩展到消费性用水；研究范围上从水利史到水害史等。第三，水利社会史研究的学术理念与方法创新。包括将整体史、长时段、自下而上与自上而下相结合继续作为当前和今后水利社会史研究一以贯之的学术理念，灵活运用个案研究与专题研究的方法，重视田野调查。第四，水利社会史研究的资料发掘与学术创新。既要重视新史料尤其是民间水利史料的发掘利用，也要加强对史料的甄别和整理。近期，“以水为中心”的观点被提出。就水利社会史研究中的“以水为中心”而言，实际上是以灌溉水利为中心，灌溉水利在以农业为主的传统社会发展中具有某种中心地位或关键作用，这一点有坚实的学术基础。就水的社会史研究中的“以水为中心”而言，已经不是要强调水的中心地位，而是将水作为观察问题的一个视角，研究与水有关的一切事物和现象。从水的角度和立场出发去观察中国社会，不仅是可能的，而且是必要的；当然，土地和水对于认识中国社会，均具有相当重要的意义，不可厚此薄彼。

（王正华）

【郭永钦、申斌《中国赋役史中的理念、制度与技术——从“均平”角度的重新审视》(《南京大学学报（哲学·人文科学·社会科学)》第5期)】

揭示传统中国观念、制度、技术的内在关联性，是丰富、深化制度史研究的有效路径。“均平”这一古代中国的关键性政治理念，影响着统治者、士人、民众的思想认知，体现在财产分配、赋役征发等诸多制度环节中，甚至渗透到了服务于赋役核算的算学技术层面。均平与平均不同，古代中国绝对平均主义不但事实上从未实行过，也非民众的真正诉求。传统思想中的“均”并非指财富一律平等，而是以各安其分为前提，有差等的均平。该理念从分配角度说，是财富的分配与社会身份相适应；从汲取角度说，是赋役征发与被征收者的身份地位和财产情况相适应。传统社会贯彻均平理念的方式有两个大的变化，一是重心从晋唐时期的财产分配制度向唐两税法以降的赋役征发制度转移，二是从追求理论最合理的制度逐渐向致力实践中防弊的制度转变。与此相应，传统算学也发展出与实践均平观念相对应的计算技术：秦汉时期已有按差等的比例系数进行分配运算的“衰分”问题，至迟在宋代进一步发展出“鼠尾”法，这些都是明清以后均平计算的原始雏形。按比例分配“均平”方案的使用范围不局限于官府的制度设计，也会体现于民间实践当中。渗透于算学这类技术性知识中的理念因素，随着实践性知识而被民间广泛采用，形塑了民众对“平等”的文化认知。

（王正华）

【王彦辉、高智敏、王晓欣、黄忠鑫《笔谈：中国古代户籍制度研究的新进展》(《中国史研究动态》第6期)】

王彦辉《瓶颈与突围：战国秦汉户籍

制度研究的新进展》认为户籍制度研究对揭示秦至清专制制度的本质、管理方式的演变及其僵而不死的影响等尤为重要。自21世纪以来，大量秦汉简牍户籍类资料的披露，推动了学界对战国秦汉户籍制度研究的深入。学界基本认为中国古代的户籍制度形成于战国。自户籍制度确立以后，以户为单位编制的各种用途的簿籍有多种，涉及人口信息的就分为“宅园户籍”和“年细籍”。由于里耶户籍简是目前所见最早的官府档案，因此格外引人关注。长沙尚德街东汉简公布后，学界得以窥见汉代户籍登记的样貌。在户籍的编造与上计程序研究方面，由于获得吴简的补充或佐证，学界大体认为里吏负责人口调查，乡部负责户籍类簿籍的编造，一式两份，正本藏乡，副本上报县廷。秦献公十年的“为户籍相伍”的“户籍”应当是包括户籍和田籍在内的广义的“户籍”。至迟到东汉建安年间，户籍与年籍已经合并。“户籍”这个概念在历史上应当区分为广义和狭义两种义项，广义上是指以户为单位分事类编造的各种籍，狭义上仅指户内的家口信息。就战国秦汉时期而论，在案户比民的基础上进行户口统计就成为各级政府行政的重中之重。其中奴婢是以人的身分登记于民户的户籍，但奴婢是否统计到地方和国家的户口数之中，还有待进一步讨论。

高智敏《发展与变革：魏晋户籍的身分制特征》认为，与秦汉时期编户齐民体制相比，魏晋是一个身分制突显的时代，这一变化显著地体现于户籍制度上，即由秦汉的编户齐民制演变为职役身分制。孙吴时的吏民即编户民，而非“吏”（吏户）与“民”（民户）的合称，但这并不能否认吏户的存在，一里之内既有民户，也有吏户等。秦汉户籍资料中不见“吏”“卒”等身分性标示，孙吴政权下郡县所辖吏民包含普通民户、吏户、军户三大类，他们皆杂居县内，并不是按其身分集中居住管理，三者承担义务不同。蜀汉户籍制度情况不详，应承两汉旧制，曹魏则有兵户“士家”。魏晋嬗代后，在郡县行政系统管控下存在多种身分人户户籍，主要包含民户、吏户、兵户三种。曹魏、孙吴、西晋各政权郡县行政系统下吏、兵、民等身分性的分化，反映在户籍登载上，就是户主姓名前被标注了各种职役身分；进而以各种职役身分有多少户体现于各层级的户籍统计上。魏晋户籍中民户、吏户、兵户等按照身分的划分，只是承担职役不同，并不存在良贱之别，他们都是“吏民”“正户”“黄簿民”，是编户民在魏晋时期新局面下的进一步析分。到了东晋南朝时期，兵户、吏户由于役使更甚，社会地位进一步降低。十六国时期，进入中原的北方部族主要采取部落兵制，但一些政权如西凉，也实行和魏晋一样的职役身分户籍制。随着孝文帝时期实行均田制、三长制等一系列汉化改革，检括户口，编订籍账，在乡里制、均田制、租调制基础上，编户齐民体制得以建立。杨隋改革西魏北周而来的府兵制，身分性的兵户不复存在，魏晋以来户籍制度的身分性特征才得以消解。

王晓欣《继承与异变：元代及其前后

朝代户籍文书及制度演变的再思考》认为宋代户籍账簿繁多，且财产账簿日益从汉唐的户籍账簿形态中分离，但应仍存在唐以前那种登载家口意义上的基本民籍。辽夏金的户籍调查和管理体系有两个特点，一是民族贵族体制下的户类设置，二是为征收分派税役而设置的户籍管理体制。元代户籍变化有六点需要注意：从秦汉形成至唐的民户户籍登录的基本格式，在元也基本延续；历代户籍基本功能是管理户口，征发赋税徭役；元代在税这条线上继承了宋的框架，但在役法上，元代出现了最大的变化，中国史上第一次服役的主体由丁变成了户，户役按不同职业、民族、宗教、文化固定为世袭的不下百种的诸色户计，由于户籍以役为主，区分财产主客意义不大，故元代户籍不再区分主客户，元代统治者并不看重对户籍的定期更新登记；户役和固化诸色户计的出现与草原民族政治社会形态有关；成吉思汗建立的千户制、怯薛制、分封制三大草原制度，都针对人口的控制和管理，没有一项涉及财产；元湖州路户籍文书中的“营生”标注，元官府户籍条画和公文中未见。而后，明代的户役制度完全沿袭了元代。

黄忠鑫《视角的变换：民间文献与明清户籍制度研究的推进》认为相当数量的民间文献成为明清户籍研究的基本史料，与官方典章文献、档案（包括公文纸背文书）相配合，大致包括了户籍制度演变的主要过程及绝大多数的户籍类型。民间社会保存户籍文书，抄录户籍信息，客观上保存了户籍文书的样式原貌、户籍编排的重要环节等，但又带有较强的主观因素，丢弃对己不利的文书证据，不完整而有所侧重地誊抄有关内容，都需要在利用民间文献时仔细辨明，将所有材料放置于具体的时空环境下进行解读，这样才能更为深入地展开探索。族谱、碑刻、诉讼案卷、契约文书等还有户籍信息的大量记载，如赋役合同中有一些条款关于黄册、保甲册等册籍的攒造、户役在家族内部的分配约定等，对于认识户籍文书的制造过程、各种类型户籍文书的性质等问题颇有助益。

（王正华）

【于沛《大历史观视域下的文明史书写》（《史学理论研究》第1期）】

文明史是当代史学的首要课题，但“文明”这一概念的歧义性，决定了人们对“文明史研究”的理论、原则和方法的认识同样也会歧义纷呈。如果要做一个基础说明，首先，“文明史”是人类社会发展过程中取得的一系列物质和精神文化成果的历史，而非仅仅是启蒙运动时期出现“文明”概念之后才有的一种历史。因此文明史是涵盖社会实践的一个非常广泛的概念，欧洲文明不是唯一的人类文明。近年来，“大历史”在西方史坛盛行一时，西方史学家的大历史，是将自然史与人类史结合为一种单一且宏大的历史叙述。当代中国历史科学站在一个新的历史起点上，立足中国、关怀人类，从历史长河、时代大潮、时代风云的内在关联中，从历史逻辑、实践逻辑、理论逻辑的辩证结合中，探究历史规律的“大历史观”应运而生。这样的“大历史观”，与大卫·克里斯蒂安、黄仁宇等人的“大历史”截然不同。当代中国历史学科的“大历史观”是以唯物史观为理论基础，无论“对人类历史发展的考察”，还是从中得出的“最一般的结果的概括”，都赋予其时代的、民族的和学科发展的新内容，而不仅仅是历史认识领域时空的扩大或延长。大历史观把客体当作人的感性活动，当作实践去理解，而不是超然于主体之外的纯粹的客体，这将充分实现认识主体在历史认识中的作用。历史认识的过程，是认识主体对客体的一种观念的反映关系。历史认识不是一成不变地再现历史、机械地重构历史，而是主体对客体辩证的能动的反映。这在文明史研究中尤其具有重要意义。人类文明丰富多彩、平等包容，其历史的整体性、连续性和发展性的辩证统一，表明它的“历史—现实—未来”是一个相互依存、互为因果的“大”的有机整体，作为不以人的意志为转移的历史规律的内容之一，这一有机体同样存在着内在的规律性运动。我们的文明史研究要从“现在”出发，不脱离对中国和世界的现实思考，对现实思考的深度，决定了历史认识可以达到的深度，没有现实因素的历史认识，是不完整的历史认识。坚持“历史—现实—未来”的辩证统一，是实现文明史研究科学功能和社会功能的必然途径。基于“大历史观”的文明史书写，要自觉坚持历史认识主体的科学性、时代性和民族性的辩证统一，这直接决定历史认识主体意识的实现程度。这对彻底摒弃文明史研究中的“欧洲中心主义”、“历史虚无主义”和“客观主义”等错误观念，具有重要的现实意义。

（李鸣飞）

【吴小安《试论中国的区域国别研究：路径选择与专业书写》（《史学理论研究》第2期）】

中国学界长期以来把引进、翻译国外人文社会科学重要成果当作研究本身，中国的对外研究习惯以单一的、教科书式的叙述和“列国志”式的普及为主，缺乏双向的、系列多元的深入专题研究，中外学科训练、话语权、研究水平和对话交流仍然处于严重不对称、不平衡的状态。中国区域国别研究的重磅推出表明了一个结构性的转变：以前我们一直向外面的世界学习，如今则需要开始真正地走出去做研究，不仅我们的学人要走出去，进行深入研究和向外发声，我们的学术成果也要获得国际学术界的认可。在研究方面，中国周边地区（包括海洋边界）、“一带一路”沿线地区、欧美等西方发达地区这三大板块，应该是中国区域国别研究的关注重点。中国的区域国别研究要摆脱译介与原创成果的不平衡、不对称，国际与国内研究被接受程度的不平衡、不对称。中国的区域国别研究主要是以中文为书写语言、以服务中国国家战略目标为目的，是中国风格、中国学派、中国模式的学术研究。在学科建设上，不仅要学好语言，也要精通外国文化与社会历史，同时强调将学科的分析与研究作为学生培养和学科建设的重要环节。

从国家政治层面看，以前是意识形态问题，现在主要是社会与文化问题，尤其是关于中国学派、中国风格和中国模式的标识问题。在实际研究中，作为学术范式的区域国别研究，既不是“列国志”，也不是智库与报刊文章。这些诚然可以是区域国别研究的初级产品或副产品，却不能视为区域国别研究的主流。

（李鸣飞）

【葛兆光《作为一个历史世界——蒙古时代之后的东部亚洲海域》（《文史哲》第4期）】

有关东部亚洲海域的新文献新资料，近年来不断出现。无论是《顺风相送》还是《塞尔登地图》，都显示了16—17世纪东部亚洲海域之间的互相联系。我们可以想象那个时代的人特别是从事海上贸易的人，他们眼中的环东海南海海域，无疑是联系密切的一个世界。换句话说，就是在惯常所说的“东海”与“南海”之间，或者东北亚和东南亚之间，并没有一道鸿沟。北起库页岛和日本海，南到爪哇和帝汶，大海和航道是连贯的。长崎也好，琉球也好，泉州也好，马六甲也好，只不过是“驿站”而不是“界碑”。而环东海南海海域周边的各国，无论是大陆还是岛屿，也是一个互相往来的贸易世界，更是一个彼此相关的历史世界。蒙古时代之后，亚洲东部海域或环东海南海区域由于政治联系、商贸往来和知识传播这三个因素的影响，可以作为一个相对完足的历史世界进行研究。由于蒙古时代之后，特别是自15世纪起中国与西部世界相对隔绝，原本蒙古时代连成一片的欧亚大陆又成为“东是东，西是西”。恰好大航海时代后的全球交通上，海路逐渐超越陆路，因此，“东部亚洲海域”尽管也有海禁与倭寇、壬辰之役、明清易代、大航海后西人东来等扰动，但在19世纪中叶西方的根本冲击之前，它仍然勉强维持了大体稳定的政治、经济与文化秩序，而从这一秩序的形成、动荡与瓦解过程中，正可以看到东部亚洲海域从传统到近代的历史过程。之所以要把环东海南海作为一个历史世界进行研究，不仅是为了回应和补充传统历史学界的“东亚”研究范式，以及新近流行的“中央欧亚”或“东部欧亚”研究思路，也是试图打破东北亚和东南亚研究之间的鸿沟，以更大的联系的视野，改变这一区域历史研究的局限。

（李鸣飞）

【Zoltan Maroti《匈人、阿瓦尔人和征服（时期）的匈牙利人的基因起源》（《当代生物学》第32期）（The Genetic Origin of Huns，Avars，and Conquering Hungarians，*Current Biology*，32，Elsevier Inc）】

匈奴人、阿瓦尔人及征服时期的匈牙利人，均为在5世纪到9世纪之间，分三次迁徙，陆续抵达喀尔巴阡盆地的游牧部落联盟。根据现存的各种历史资料，人们一直倾向于认为，这三个游牧部落联盟均来自亚洲地区，尽管他们的确切起源以及他们与其他古代和现代人口的关系一直存在争议。最近，Zoltan Maroti等匈牙利、瑞典、土耳其、罗马尼亚等国家的24位学者共同对来自中亚、蒙古和中国的数百个古代基因组进行了分析，旨在从中确定上述群体的推定源种群。研究团队对9个匈奴人、143个阿瓦尔人和113个匈牙利征服时期的样本进行了测序，并确定了三个核心人群，也就是说每个时期都没有最近欧洲血统的移民。研究结果表明，匈奴人和阿瓦尔人的“移民核心”很可能起源于现代蒙古，正如一些历史学家所提出的那样，他们的起源可以追溯到亚洲的匈奴人。另外，被征服的匈牙利人的“移民核心”来自早期的曼西人、早期萨尔马提亚人和晚期匈奴人的后裔。研究团队还提出，青铜时代出现了一个共同的“原始乌戈尔”基因库，来自梅若夫卡人（Mezhovskaya）和恩加纳桑人（Nganasan）的混合体，该基因库支持遗传学和语言学数据。此外，研究团队在许多阿瓦尔和匈牙利征服时期的遗传异常值中检测到与匈奴相关的共同血统，表明这些连续的游牧群体之间存在遗传联系。除了移民核心群体外，研究团队发现每个时期的大多数人是拥有“欧洲本土”血统的当地居民。

（李鸣飞）

【邵会秋、杨建华《前丝绸之路亚洲草原的文化交往——以金属器为视角的考古学研究》（《故宫博物院院刊》第6期）】

丝绸之路是东西方人群和文化交往的古老通道，但从考古学材料看，早在丝绸之路开通之前，欧亚草原与中国北方地区就已经有了几千年的文化交往，这条早于丝绸之路的草原通道被我们称为“草原金属之路”。在草原金属之路上，金属器以其轻便易携、质地坚固等特点，成为早期东西方文化交流的最重要的证据。将中国北方和新疆地区发现的金属器与欧亚草原东部地区出土的同类器进行比较研究，即可揭示出公元前1千纪中国北方地区与广阔的欧亚草原之间的文化联系和互动。通过对中国北方与蒙古和外贝加尔地区，中国北方与米努辛斯克地区和图瓦地区，中国北方与阿尔泰地区，中国北方与天山七河地区出土的早期金属器进行比较，可以看出前丝绸之路亚洲草原的文化交往大致可以划分为四个阶段。第一阶段为公元前9世纪至公元前7世纪（西周中晚期到春秋早期），中国北方的夏家店上层文化与早期石板墓文化在武器、工具和装饰品等各种铜器上的相似性，凸显了二者间关系的密切，表明中国北方地区与蒙古和外贝加尔地区人群可能存在着贸易或迁徙等深层次的交流。第二阶段为公元前7世纪至公元前5世纪（春秋中晚期），图瓦和米努辛斯克盆地作为早期游牧文化的中心，其代表金属器存在由西向东传播的趋势，中国北方地区的同类器少量见于西北部，形制也较晚，应该是图瓦和米努辛斯克等地影响的结果。第三阶段为公元前5世纪（春秋末期到战国早期），这个时期各地铁器更加普及，器物形制也趋向统一，文化交往进一步加强。第四阶段为公元前4世纪之后（战国中期以后），以巴泽雷克文化为代表的阿尔泰地区游牧部落异军突起，其装饰性器物从阿尔泰经蒙古强烈影响到中国北方地区。同时中国北方地区的虎形装饰也通过这条路线影响到了阿尔泰地区，因此这也是一条双向交流的通道。战国晚期之后，来自天山七河地区的影响到达了甘宁地区，这条路线也就是后来的汉唐丝绸之路。因此中国北方地区与草原东部和中部地区的文化交往有很大不同，与草原东部地区的相互作用是南北向的路线，这是匈奴联盟形成的基础；与草原中部地区的交流是东西向的，从图瓦、萨彦—阿尔泰到天山，最终孕育出了丝绸之路。

（李鸣飞）

【罗萨妮·马伽丽迪（Roxani Margariti）《岛屿之海：岛屿、岛国和印度洋的历史》［《海洋史研究》第十八辑（印度洋史专辑）］】

在某些时间段里，印度洋世界可以被描述为“岛屿之海”，即由地埋岛屿和地缘政治岛屿组成的地理历史实体，特别是10世纪以来海上贸易不断扩大的时代，它以独立、自治或半自治社群的形成为特征，在贸易和其他网络的衔接中发挥了重要作用。在这些社群中，很多是以地理岛屿为基础的，因此研究其发展、岛屿陆地和海洋空间的使用，以及与其他岛屿和非岛屿社群的联系，使我们对这一地区的历史有更充分的了解。岛屿性塑造了印度洋世界的所有主要联结模式：远距离贸易的行为、人类移民的流动、知识网络的形成以及朝圣的实践。岛屿性的概念只有在相互作用的概念框架中才能被理解，而且这对于理解10世纪至13世纪印度洋世界的联系至关重要。在岛屿概念下，印度洋分为四部分：大洋水域本身、非洲海岸、亚洲海岸和散布在整个大洋中的岛屿。其中岛屿既不是非洲的，也不是亚洲的，它们完全依赖于大海，并被海洋所塑造。尽管岛屿从这种史学观念中脱颖而出，成为典型的海洋世界，但我们并没有详细而全面地阐述不同的印度洋岛屿和岛群在整个区域研究中所发挥的作用，专门针对印度洋岛屿的研究很少。现有的关于印度洋岛屿历史的文献涉及四大主题：第一，殖民遭遇的史学探索；第二，描写、绘图和想象的问题；第三，将离散区域整合到印度洋范围之内；第四，这些区域历史之间的联系，无论是海洋区域还是大陆区域。而红海、波斯湾甚至阿拉伯海的沿海岛屿通常被置而不论。11世纪到13世纪是地中海和印度洋世界之间联系日深的时期，也是西印度洋沿岸地区宗教、种族、语言、职业群体及身份之间发生接触的时期。作为个案研究，达赫拉克岛在一个更大、更强的国家势力范围内进进出出，这表明了印度洋权力结构中更为普遍的趋势，也提供了一个例子，说明对岛屿实体的关注如何反映该地区长期以来的地缘政治动态。

（李鸣飞）

【陈巍《丝路上的“食铁鸟”：鸵鸟食性传说的跨文化研究》（《全球史评论》第1期）】

鸵鸟是古丝路沿线跨文化交流中的代表性物种。这种生物因体形巨大而被视为奇禽异兽，在古代世界跨文化交流中扮演的角色，为中外学者注目已逾百年。在其引人注目的物质性之外，关于鸵鸟来食不拒、吞炭吞铁，乃至以肚炼铁的传说，也在希伯来、伊斯兰地区、基督教欧洲、中国等广泛地域内不同文化之间传播，关于鸵鸟炼铁的肯定性、立等可成的高效性、多次重复饲喂可得到更优质产品的可改进性等观念，成为这些传说的共同特征。此传说除受中世纪炼铁技术发展程度不一、各文化中广泛缺乏优质钢铁的社会经济因素影响外，物质转化等炼金术思想也为其存在和演变提供了更深层次的语境。通过分析得到关于鸵鸟食性传说的各层面语境，可对该传说在各地呈现相似性和特异性提供解释。

（李鸣飞）

【华林甫、胡存璐《中国历代政区分等及其现实意义》（《中国行政管理》第3期）】

行政区划是国家权力在空间的投影。中国历代政区实行分等制度。政区分等从秦汉产生，一直延续到1949年，具有两千多年的悠久历史。它作为中国历史上政区管理一项行之有效的制度，在地方社会管理与官员选任方面曾起过不可或缺的重要作用。分等对象主要是统县政区和县级政区，分等标准呈现出由单一指标向综合指标发展的大势，其中户口数一直是政区分等的重要指标，提高首都与边疆的政区等第是常用做法，从唐宋开始进行等第动态调整，清朝认识到等第要保持总量平衡。不同历史时期所实施的政区分等制度具有历史文化的借鉴价值。我国当前政区情况复杂，不同市、县在各方面差异较大，存在行政层级设置、行政级别和行政隶属关系繁复交叉、作为政区通名的“市”在行政层级上指代不清、城市型政区与地域型政区如何合理并存等问题。面对这些问题，在维持现有政区层级的前提下，中国历史上的政区分等制度也许可以提供新的改革思路。目前学术界对于历史上政区等第的研究，不同学科背景的学者分别从历史学、地理学、行政管理、政治学等多个领域进行探讨，在视角、方法上各有侧重。然而，历史学者专注于分等制度沿革的复原，缺少现实关怀，而地理学等领域的论著对中国历代政区分等与划分标准等史实的认识存在一些偏差，以至于未能准确地理解历史时期的政区分等制度。秉承古为今用原则，从中国历代政区分等制度的史实、标准、特征等方面进行讨论，把握历史发展规律。据此提出地级市可分四至五等，县级政区可统一分为上、中、初三等的建议，以期继承政区分等的优良传统，在把握历史发展规律的基础上，为当前中国政区改革提供借鉴思路。

（成赛男）

【杨伟兵《中国土司历史地理与西南边疆民族史研究》（《思想战线》第5期）】

土司制度是我国历史上中原王朝对少数民族地区实行的一种特殊管理制度，曾广泛分布于西南等边疆、边地民族地区。其在历史上的实施，以西南地区最为广泛，这使得西南地区成为我国民族史和边疆史地研究的主要对象之一。然而，受学科来源、资料体系、研究认识和手法局限等影响，虽然当前土司研究能持续产出成果，学术和社会影响不断扩大，但不仅在学术研究理论与方法的创见上仍属有限，而且对土司名实、性质等传统问题的认识仍存在较多争议。长期以来，土司研究重其名实、性质、职分、世系等讨论，对其置废、分布，特别是长官驻地、辖境范围等历史地理状况研究较少。基于从事《清史·地理志》编撰和《清史地图集》编绘工作积累的经验和认识，推进土司历史地理研究可弥补学术界在土司驻地、建制、管理层级和辖境范围等方面上考察的不足，也是从更高、更深视域的疆土管理等中央与地方关系审视土司制度的需要。一方面，当前和未来一段时间里仍需在前人研究基础上，对土司制度及演变做出准确的制度史上的清晰梳理，尤其需要在官方政章制令中寻找原始记录。另一方面，需要在实证上做出新的探讨，这方面近些年正积极开展土司历史地理的研究不失为有价值的实践之一。土司历史地理研究的展开，是当前西南历史政治地理研究最具创新性的领域之一，其研究不仅具有前述西南边疆民族史研究的“边疆性”和“民族性”特点，也能继承和发展历史地理学时空俱尽的实证优势。具体而言，可以采取“世袭职授查其沿革，政体建置考其地理”，纵横经纬结合的历史地理研究方法，并在一手档案资料基础上重视制度史与实际运作的过程讨论，积极开展土司历史地理研究乃至编绘土司历史地图，全景式展示土司演变状况，对民族史、边疆学和地方治理等边疆民族史研究的多学科建构起到推动作用。

（成赛男）

【王加华《形式即意义：重农、劝农传统与中国古代耕织图绘制》（《开放时代》第 3 期）】

传统中国以农为本，在此基础上产生了强烈的重农、劝农传统，体系化耕织图的绘制就是一种重要表现与形式。耕织图，是以农事耕作与丝棉纺织等为主题的绘画图像。耕织图的创绘在我国有着非常悠久的历史，最早可追溯到战国时期的采桑纹铜壶，此后历经秦汉、隋唐，到南宋最终形成体系化的耕织图样式，元、明、清代则一直延续下来。此前对中国历史上劝农的研究主要集中在劝农的内容、形式、仪式、官制等制度层面，以及重农、劝农的作用、意义及其多方面表现等。主要是基于制度层面的讨论，对劝农传统背后所反映的政治运作逻辑、传统中国社会性质等问题关注不够；另外，亦较多基于法令法规、仪式活动等面向展开讨论，从图像层面进行论述的几乎付之阙如。以南宋以来体系化耕织图的创绘、刊刻及相关“运行”为具体主题，分析传统中国重农、劝农实践的实质及其背后所反映的政治运作逻辑与礼制社会建构等更为深层次的问题。从耕织图绘制的模式与传播途径来看，它并没有真正深入民间，因此没有发挥多少推广先进农业生产技术与劝导民众的实际作用。对统治者来说，其关注的重点并非在于耕织图能否发挥实效，而在于耕织图创作与刊刻这一行为本身，也就是说形式本身即意义所在，且这一意义更多表现为象征性、教化性，其目的是表达当政者重农、劝农的理念，以营造他们心中各安其位、各安其业、社会和谐、国家安治的理想社会秩序。包括耕织图创作在内的劝农实践，深刻体现出古代中国的礼治传统与象征性政治运作。

（成赛男）

【霍仁龙、任柳《基于 GIS 的南方丝绸之路国内段交通路线网络重建研究》（《地理研究》第 4 期）】

南方丝绸之路交通路线网络的重建与研究，有利于深化历史时期中国西南边疆各区域之间和中国与东南亚、南亚等地区之间经济贸易发展和文化交流与合作的认识。南方丝绸之路是一个纵横交错的、多元立体的交通网络，由于数据资料和技术手段的限制，现有对于不同时期南方丝绸之路交通路线网络演变的数字化重建，尤其是历史交通路线网络的“高精度”复原与研究还较为薄弱。利用历史文献资料、历史地理学等研究成果、田野调查资料、当代交通和遥感影像数据、DEM 数据等，复原汉晋、唐宋、元、明清四个时期南方丝绸之路国内段的交通路线网络，分析影响古代西南山区交通路线走向的人文和自然因素，对比研究古代交通里程与实测距离之间的比例关系。结果显示：第一，南方丝绸之路川滇间的交通网络格局在汉晋时期即已基本形成，两千年来相对较为稳定；云南内部和经云南出境的交通路线网络呈现出更加多元化的趋势。第二，南方丝绸之路交通路线网络总体格局的演变是古代中国中央王朝对西南边疆地区的管控力度、中国与境外地区的交往程度、中国区域经济发展格局变化等因素综合作用的结果。第三，在古代交通工具和道路开辟技术有限的情况下，自然地理环境尤其是较大的山脉、河流，对交通路线的具体走向、路况及通行条件均有重要的影响。在影响南方丝绸之路交通路线具体走向的自然因素中，海拔 2200 m、坡度 20°是限制古代山区交通路线发展的重要阈值。第四，古代文献中记载的交通节点间的里程数与实测距离之间的比例关系是历史交通地理研究中重要且未能解决的问题，尤其是在西南山区，由于地形的原因，更加剧了两者之间比例关系的复杂性。通过对唐宋时期和明清时期南方丝绸之路部分主干道的研究发现，文献中所记载的道路里程与实测距离之间存在着一定的偏差，值约为 20%，即历史时期西南山区 1 古代里可换算为实测距离 0.45km。总体来说，海拔高度和坡度因素对古代交通里程与实测距离的偏差值大小无显著影响。

（成赛男）

【潘威、白江涛、夏翠娟、刘其恩《基于 TGIS 的专项历史地名库设计与搭建——以“数字历史黄河”地名库为例》（《数字人文研究》第 1 期）】

历史地名是构建时空框架的基础要素，历史学、地理学等学科都在努力推进计算机环境下的历史地名数据管理。其中，历史地理学对历史地名信息管理方式提升的需求更为强烈：历史地名作为构建时空坐标框架的依据，针对其的信息管理方案是历史地理信息化的基础。黄河在历史时期的变化相关研究尤其需要信息化手段的支持，包括水文环境、河流地貌、管理方式、生态系统等领域，都迫切需要一套适用于黄河研究的地名数据及管理方案，而目前在历史地名信息存储和图形表达方面，主要存在着地名时态信息不规范和缺失的问题。将时空框架和大数据技术引入历史地名数据库中，可为历史地名信息系统的开发提供一种基于时空框架和时态地理信息系统（TGIS）的思路与方法，为历史地名信息的更新和维护提供大数据支撑，探索出一种基于现代信息化技术的历史地名信息维护手段和传播方式。在此思想指导下构建的“数字历史黄河”（DHYR）地名库，搭建了适用于黄河史研究的历史地名信息管理系统，为黄河历史环境与管理的时空过程可视化提供了重要基础，也为下一步清代河务档案的深度挖掘提供了空间定位标准，为历史学中非政区地名的信息化管埋路径提供了借鉴。DHYR 历史地名库的设计提供了有针对性的时空分析工具和基于互联网环境的历史地名更新机制，为政区和聚落地名之外的水利地名等其他类型历史地名的信息化管理提供了参考。

（成赛男）

【汪高鑫《多重视角下的中国古代史学史研究》（《史学理论研究》第 3 期）】

新时期的中国史学史研究，应该在前人认识的基础上，进一步解放思想，开阔视野，不断拓展中国史学史研究的新领域，推进中国史学史学科的新发展。以大历史视角为指导，中国古代史学史研究应从四个方面做出努力。一是政治史视角，从王朝更替与以史为鉴、王朝建立与神意史观、政治危机与以史资政和国家统一与大一统观四种政治现象，系统考察史学与王朝政治的联动关系。当然，史学与王朝政治的联动关系不仅表现在这些方面，但这四者之间的联动关系无疑是最为密切的。二是四部学视角，古代中国学术虽存在经史子集四部分类，然而四部之间的关系却非常密切。经学与史学的关系，其实是一种同源异流的关系。子学与史学的关系，即时代思潮或时代哲学与史学的相互影响。文学与史学的关系，具体表现在历史著作中的语言表述、文学作品中的史学要素两个方面。三是多民族视角，中国多民族国家的历史，是由传统史学的多民族国家历史记录构建的。由于历史与文化的原因，传统史学关于多民族国家历史的记述，汉文史籍占据了主导地位，作者也绝人部分属于汉族。同时也应该看到，传统史学的历史记述还有另外一个面相，那就是视各民族为统一整体，重视多民族历史的记述。中国少数民族史学史的研究虽取得了不少成就，但与对汉文典籍的史学史研究相比，与中国少数民族在史学上所取得的实际成就相比，这样的研究成果还显得比较单薄，整体水平有待提高。四是中西比较视角，研究中国历史需要有世界史、全球史的视野，同样，研究中国史学史也必须要有中外比较的视野。中西史学在学术地位、历史编纂传统、历史记述的范围、史学求真理念、史学功用认识、学科特点等方面存在不同之处，要通过比较的方法，力求能够在一个更广阔的视域下来考察古代中外史学的发展及其规律，进而揭示中国古代史学史的民族特点。

（孙广辉）

【周文玖《论中国史学的垂范精神》（《史学理论与史学史学刊》第1期）】

垂范精神体现了中国史学的高洁气质和崇高追求，是中国历代史家独立人格在学术上的反映，表现为史家以史明志的著述目的、以史立言的治学旨趣、以史立德的职业操守。史家纂修史著，不仅记载历史上立德、立功、立言之杰出人物，而且把自己对此三个方面的认识融入历史的记述之中，以垂范后世。具体来说，在以史明志方面，孔子修《春秋》，寓褒善贬恶于历史叙述之中，以表明尊王道复礼义治乱世的远大政治志向。司马迁撰《史记》的志向是辨天人、通古今，立史家之言。魏源编著《海国图志》表达了他“师夷长技以制夷”的志向。在以史立言方面，孔子修《春秋》开修史立言之先河。他所立之言，首先就是“正名”。孔子“正名”的目的，是强调周代礼义在社会生活中的重要性。刘知幾《史通》总揽此前历代之史，对修史机制、史著编纂方法以及史学思想，做了具有批判性的总结，实现了立史学之言的宗旨。龚自珍强调“尊史”，倡导治史必为致用，治史必通古今究利病，他为社会变革立言，开启一代学术新风。在以史立德方面，《左传》记载了春秋中期晋国太史董狐，以及齐国太史和南史氏的事迹。他们秉持“书法不隐”而记事的高尚史德，为历代史家所颂扬。唐代史家刘知幾继承且发展了先秦史学“书法不隐”的传统，提出了“直书”概念。刘知幾认为，直书是史家高尚品德的表现，是史家人生价值的体现，史家要有“宁为兰摧玉折、不作瓦砾长存”的精神。章学诚的《文史通义》在刘知幾“史才三长”论的基础上，提出了“史德”概念，把以史立德的传统思想发展到新的阶段。他的“史德即心术”论，把史家的品德修养与对历史之真的认识统一起来，达到中国传统史学理论的最高峰。总之，垂范精神将史家外化的社会志向和内在的品德修养融为一体，决定了中国史学具有经邦济世、激扬正气、陶冶情操、启迪智慧的功用和旨趣高远、气象宏大的特色。

（孙广辉）

【廉敏《“历史理论”一词在中国语境中的使用及其意义》（《史学理论研究》第6期）】

“历史理论”一词在中国语境中的使用仍存在混乱情形，潜在地制约着中国历史理论研究的发展。通过历史地考察中国语境中“历史理论”一词的运用，我们可以形成这样一些结论性认识。首先，汉语“历史理论”一词在中国语境中的使用随着时代的推移而有所变化。当西方出现历史理论研究的现象及潮流时，当时中国的知识分子未能注意到西方世界的有关思想动态；马克思创立新的历史观后不久，对马克思历史理论的研究、宣传与实践由此展开，中国诞生了早期的马克思主义史学；新中国成立后，马克思主义的历史理论被树立为真正的历史科学而得以在全国范围推行；改革开放之后，历史理论在一定程度上脱离了历史研究实践。其次，汉语“历史理论”在中国语境中大体产生的五种含义与用法可能并行于一时，其使用程度或频率会因时代变化与社会需求不同而存在差异，但归根结底皆与西方“history”一词的双重含义有着深刻联系。再次，汉语“历史理论”隐含中国古汉语基础。宋明时期出现的双声合成词“历史”与“理论”，为弥缝中国传统史学与中国现代史学提供了一座语言桥梁。这座桥梁的一头通往以“史”为核心、以“理”为要论的中国传统史学，另一头则通往以“历史”为基础、以“理论”为高标的现代史学。最后，汉语“历史理论”与西方的“theory of history”同中有异，这主要表现在各自语境中的发展方向、接轨、文化内涵三方面。总之，在中国语境中，“历史理论”既是一个学术专有名词，更是一个具有重大社会实践意义的思想概念；既指导着史学理论研究，又与史学理论研究相区别；既是一个外来的概念，又日益丰富着中国历史文化的内涵。

（孙广辉）

新出考古材料与文献整理

【银雀山汉墓简牍集成（贰）、（叁）】

山东博物馆、中国文化遗产研究院主编《银雀山汉墓简牍集成（贰）、（叁）》，文物出版社2021年12月出版。《银雀山汉墓简牍集成（贰）》收录《孙膑兵法》，包括《擒庞涓》《见威王》《威王问》《陈忌问垒》《篡卒》《月战》《八阵》《地葆》《执备》《病情》《行篡》《杀士》《延气》《官一》《无教法》《强兵》十六篇，均为佚文。出土竹简经过再整理，其中仍有缺简，共计223个简号。全书分图版、释文注释和附录三大部分。图版收录彩色影像、红外线影像、摹本和彩色放大影像。释文注释部分以篇为单位，分解题、释文和注释。附录包括孙膑资料辑录、竹简整理信息表、复原信息示意图以及参考文献。《银雀山汉墓简牍集成（叁）》内容是《尉缭子》，包括《治谈》《守权》《将理》《原官》《兵劝》五篇内容。五篇竹书残损严重，经过再次整理，共编联缀合成竹简60支，无一完整，且仍有缺简。其中《治谈》28支，《守权》8支，《将理》7支，《原官》5支，《兵劝》12支。全书分图版、释文注释和附录三大部分。图版收录彩色影像、红外线影像、摹本和彩色放大影像。释文注释部分以篇为单位，分解题、释文和注释。附录包括竹简本传世本文本比较表、竹简整理信息表、编联示意图以及参考文献。1972年银雀山汉简出土，其中包括《孙子兵法》《孙膑兵法》《六韬》《尉缭子》等兵书，《晏子》等古籍，以及西汉武帝时的《七年视日》等。这一大批竹简的发现，特别是失传了近两千年的《孙膑兵法》古佚书的发现，引起了国内外学者的广泛注意。银雀山汉简提供了丰富的古代文献，是研究秦汉史及中国古代思想史以及秦汉书籍形态珍贵的第一手资料，而且对古文字学科的发展起了重大促进作用。这批简牍经过整理研究，先后出版了精装本《银雀山汉墓竹简（壹）》（1985年）和《银雀山汉墓竹简（贰）》（2010年）。整理成果的公布，在当时是轰动学术界的一件大事，而计划出版的第三辑一直没有面世。之前整理组对银雀山汉墓简牍的整理虽然完结，但并未全部出版。山东博物馆、中国文化遗产研究院组织人员使用了新的技术手段，采集了简牍的高清彩色影像和红外线扫描影像。此次再整理，公布全部资料，包括简牍的彩色正、背影像，红外线正、背影像，摹本和彩色放大影像。这是银雀山汉墓简牍出土以来，竹简保护、整理及研究成果的集中展示。

（于天宇）

【岳麓书院藏秦简（柒）】

陈松长主编《岳麓书院藏秦简（柒）》，上海辞书出版社2022年1月出版。是书为岳麓书院所收藏秦简的第七个分卷，也是最后一卷。全书收录各类简约400枚。主体部分为岳麓秦简有关律令的图版、释文、注释等，部分内容可与已公布的一些秦汉令文对读互证，具有补史、证史之重要价值。此外，前六卷漏收、误收的简牍在该卷中都予以说明，一些无法拼合编联的散简作为附录全部予以刊布，使研究者对这批秦简有全面、整体的认识。《岳麓书院藏秦简（壹—柒）》的完整公布，可以使广大研究者从整体上理解和把握这批简牍资料，必将刷新对秦代文明的再认识，为深入研究秦史奠定基础。如果从2010年第一卷出版算起，这一批秦简的整理出版经过了十几个寒暑，可谓不易。

（于天宇）

【安徽大学藏战国竹简（二）】

安徽大学汉字发展与应用研究中心编，黄德宽、徐在国主编《安徽大学藏战国竹简（二）》，中西书局2022年4月出版。《安徽大学藏战国竹简（二）》收录《仲尼曰》《曹沫之陈》两篇文献。该辑包括竹简原大图版、放大图版，释文注释，以及“附录”（包括“《仲尼曰》与相关文献对照”“上博简《曹沫之陈》编联释文”“上博简《曹沫之陈》摹本”）、字形表、竹简信息表等。《仲尼曰》竹简保存完好，书法精美。由13支完简组成，简长43厘米，宽0.6厘米，两道编绳。原无篇题，不分章。简文顶格书写，首尾不留白。1—7号简背有编号，7、8、12号简背有抄写者练习写的字，应与正文内容无关。简文所记孔子的言论共25条，见于今本《论语》者有8条，另有一些可与《礼记》《大戴礼记》《孔丛子》等传世文献对照，但文字不尽相同。《仲尼曰》可能摘抄自《论语》在战国时的编定本。简本的发现，对研究《论语》的成书、流传、文本的发展变化以及孔子思想等问题均具有重要意义。《曹沫之陈》原有46支简，实存44支，缺2支。简长48.5厘米，宽0.6厘米，三道编绳。简首尾留白，15号简顶格书写。简背有划痕、文字。简文记载鲁庄公与曹沫的对话，内容涉及当时的军事、政治观念，是一篇十分重要的兵学文献。另外，简文可与之前公布的上博简《曹沫之陈》对读，能够帮助解决上博简本的诸多编连问题，复原出一篇较完整的文献。两个文本的异文也很丰富，对研究语言文字相关问题具有重要价值。附录部分有上博简《曹沫之陈》摹本，摹写精美，不失真。安大简的出土是先秦珍稀文献的一次重大发现，为古代经学史、思想史、楚史、文学史和语言文字研究提供了新的宝贵资料，对中国古代文明研究具有重大的价值。

（于天宇）

【清华大学藏战国竹简（拾贰）】

清华大学出土文献研究与保护中心编，黄德宽主编《清华大学藏战国竹简（拾贰）》，中西书局2022年10月出版。该辑整理报告收录了一篇长篇战国竹书《参不韦》，主要内容是作为天帝使者的参不韦对夏代开国君主夏启的训诫，训诫的核心内容是“五刑则”，即五则、五行、五音、五色、五味，从而指导夏启设官建邦、修明刑罚、祭祀祝祷、治国理政。这篇竹书共124支简，内容完整，总字数近3000字，是继清华简《系年》《五纪》之后，整理公布的又一篇超百支简的长篇竹书，是前所未见的先秦佚籍，对于研究先秦时期的思想、官制等具有重要意义。参不韦，即“三不违”，不见于文献记载，其身份为天帝的使者，受天帝的委派来指导夏启治理国家。启是大禹的儿子，是中国第一个王朝——夏朝的第一位君主。简文通过拟托参不韦向夏启传授天帝之命的形式，陈述作者对人君建邦治政的理念。简文以远古洪水泛滥、导致天下混乱开篇，与《尚书·洪范》和清华简《五纪》类似。天帝于是创制“五刑则”来治理洪水，五刑则的顺利实行，成功抑制了洪水。天帝因而命令参不韦将“五刑则”授予夏启，指导其治理邦家。五刑则是《参不韦》的核心思想，其具体内容包括五则、五行、五音、五色、五味等五个方面，其中，五则又称“五德”，即礼、义、爱、仁、忠，五行即金、木、水、火、土，五音即宫、商、角、徵、羽，五色即青、赤、白、黑、黄，五味即苦、甘、酸、咸、辛，属于战国时期流行的阴阳五行思想。《参不韦》论述“五刑则”的重点在于将其与职官系统相配，并具体规定了每个职官的职责，以此来指导夏启治理国政。如简文以“五行”与职官“司工、司马、征徒”相配，“征徒”一职未见于传世文献记载，据简文可知即对应文献的“司徒”，这丰富了我们对先秦官制的认识。

（于天宇）

【乌程汉简】

中国美术学院汉字文化研究所编，曹锦炎、石连坤、周同祥、鲍强主编《乌程汉简》，上海书画出版社 2022 年 10 月出版。近 350 枚简牍，包含篆书、古隶、汉隶、章草、今草等多种书体、风格，是久违的两汉时期书法新见资料，从各个角度展现珍贵的社会、历史信息，证史补史、释诂训字，是浙江地区填补空白性的重要文献资料。其中，古隶占比高达五分之一，书风与云梦睡虎地秦简、里耶秦简和汉初文景时期的银雀山汉简非常相似，具有这一时期典型的书写特征。各种汉隶书风的简牍，数量约占四分之一。草书多集中在信牍之中，笔势较之草书起源阶段的居延汉简更加连贯，符合快速书写的需要。而这两批简牍之间的章草笔意，具有非常高的重合性。《乌程汉简》中另有部分草书简牍，与魏晋时期的楼兰残纸十分相似，用笔已脱去章草的遗韵，显示出今草的发展过程。《乌程汉简》与同时期三种书体的演变，有着非常重要的相互印证关系，对研究浙江地区汉代书法乃至整个汉代书风演变，有着十分重要的意义，是两汉书体演变过程中第一手的、大体量的绝佳实物资料。《乌程汉简》中最早的一枚纪年简来自公元前 172 年。其内容为“八年庚□朔甲□”，与西汉江陵高台十八号墓出土“十年十月丙子朔庚子”、西汉马王堆三号墓出土“十二年二月乙巳朔戊辰”在书法风格和简文形式上都极为接近。因江陵高台汉墓、马王堆汉墓均为汉文帝时期墓葬，专家推断，此“八年”为汉文帝八年，即公元前 172 年。而最晚一枚的纪年简为东汉安帝永宁元年，即公元 120 年。从最早到最晚，二者时间跨度为 293 年，超越了其他已整理完毕的各类纪年简牍的时间跨度，为目前已知最长。《乌程汉简》中有不少字体势纵长，与里耶秦简非常相似，属于古隶，专家据此推测，这些简或早于汉文帝八年，时间可能上溯秦末；通过对《乌程汉简》纪年与地名的整体分析，可确定这批简的主体年代约在东汉永建四年（129），乌程改属吴郡之前。其中一枚“吴库”简，是在乌程改属吴郡之后，结合书法风格分析，与长沙走马楼吴简风格相似，专家推测时间下限晚至汉末三国。因此，《乌程汉简》的时间跨度为秦末至汉末三国，大约超过400年。

（于天宇）

【云冈石窟山顶佛教寺院遗址发掘报告】

云冈研究院、山西省考古研究所、大同市考古研究所联合编著《云冈石窟山顶佛教寺院遗址发掘报告》（全三册），文物出版社2021年12月出版。全书共计30余万字，绘制线图及拓片近3000张，编排图版500余幅。同时，为了全面展示云冈石窟山顶历史面貌，报告中还收录了1993年云冈石窟山顶东部佛教建筑遗址的考古发掘报告。该书的出版是云冈考古的第一部完整田野考古发掘报告，是“云冈学”研究的重要基础材料，是“努力建设中国特色、中国风格、中国气派的考古学”的重大成果，更是践行云冈研究院科研立院的具体表现，极大地丰富了我们对中国古代早期皇家石窟寺的认识，有助于了解北魏前期云冈寺院的布局范围和中国古代佛教寺院结构的演变，对于打造“云冈学”这一学术高地意义重大。

（戴卫红　刘　卓　章泽玮）

【磁县北朝墓群出土碑志集释】

马忠理等主编《磁县北朝墓群出土碑志集释》，文物出版社2021年12月出版。该书收录八十余方墓志，有若干方属于首次刊布，另外该书所收录的墓志均附带清晰图版，便于与释文对照研究。司马纂夫人垣南姿墓志为首次刊布志石两侧的拓片和文字，向我们展示了垣南姿的亲属关系。磁县位于今河北邯郸市，旧属东魏北齐都城邺城，其埋葬者多为东魏北齐皇亲国戚、功臣勋贵，该书将之汇于一卷之内，便于研究东魏北齐统治集团，同时较为集中地收录了东魏北齐皇族女系的墓志，对于研究东魏北齐皇室婚姻有较大帮助。除了墓志的汇编与整理，每篇墓志前均有题解，不但向读者介绍了该墓志的出土地点、辗转流传，还总结了墓志的研究情况，便于读者参研。

（戴卫红　刘　卓　章泽玮）

【楼兰考古调查与发掘报告】

侯灿编著《楼兰考古调查与发掘报告》，凤凰出版社2022年3月出版。1980年3月，楼兰考古队进军楼兰，对古城进行了一次全方位的考察与发掘，这是一场规模空前的沙漠考古，填补了我国科研工作者以往没能进入楼兰古城遗迹进行考古发掘的空白，并且纠正了既往学者的一些认识。具体来说，此次考古调查与发掘的主要内容与收获包括：寻找城墙遗迹，重新勘定了古城的确切位置；发现了城内由西北流向东南的古水道遗迹，对城市的用水问题与结构布局有了新的认识；着重考察清理了城中的佛塔与房屋遗址，采集到许多细石器文化标本与魏晋时期的文物，特别是出土了60多枚汉文木简文书；发掘了城郊的平台墓地和孤台墓地，确定墓葬的时代是两汉时期。这些发现丰富了人们对于楼兰王国的史前文化时期、两汉时代与魏晋时期的历史认识。

（戴卫红　刘　卓　章泽玮）

【南朝气韵：六朝石刻碑帖讲演录】

南京大学博物馆编著，程章灿、张学锋、童岭解说《南朝气韵：六朝石刻碑帖讲演录》，凤凰出版社2022年出版。该书收录南朝陵墓石刻中仍存文字的拓片，主要涉及萧梁王侯墓前的石刻遗存，反映了南朝特有的时代风貌与艺术神韵；同时收录了汉代至唐代重要的碑拓，如汉代《校官碑》、三国吴《天发神谶碑》、南朝《爨宝子碑》《爨龙颜碑》《瘗鹤铭》、唐代《明征君碑》等，反映了石刻文献发展的连续性，彰显了南朝“继汉开唐”的历史地位。南京大学程章灿、张学锋、童岭三位教授结合自身研究专长，从古代文学、考古学、历史学等领域切入，对石刻拓片背后的历史故事、政治生态、社会文化土壤等深层因素予以发掘和展现，使读者可以深入了解六朝历史，感受六朝文化。

（戴卫红　刘　卓　章泽玮）

【凉州金石录】

郑炳林主编，魏迎春、马振颖编著《凉州金石录》，甘肃文化出版社2022年出版。该书收录了甘肃武威本地现存碑铭和武威之外出土的武威相关碑铭，辑得各类碑铭总计450余方，时间跨度从汉至民国，是目前收录武威金石文化最全面、最系统的文史参考书。《凉州金石录》一书以时间为脉络，加有配图、释录、校注，武威本地金石碑铭按地域划分为凉州、民勤、古浪、天祝编。全书分上下两部。上部收录了今武威本地出土及现存的金石文献近190方，包括武威市博物馆、武威市考古所、文庙、大云寺、民勤圣容寺、古浪县博物馆、天祝博物馆等处保存的碑刻，以及其他保存野外的碑刻，是目前所能见到的收录武威本地碑刻最全的图书。下部的碑志文献主要辑录自现已出版的碑志类图籍，如《北京图书馆藏中国历代石刻拓本汇编》《隋唐五代墓志汇编》《唐代墓志铭汇编附考》等，共辑得金石260余方。收录对象包括两部分，一是郡望或籍贯为武威的人物碑志，二是曾在武威实际任职者的碑志。

（戴卫红　刘　卓　章泽玮）

【虎丘黑松林墓地】

苏州市考古研究所、苏州博物馆编著《虎丘黑松林墓地》，文物出版社2022年9月出版。虎丘黑松林位于江苏省苏州市姑苏区，虎丘路东，桐泾北路西，苏州建设交通高等职业技术学校（虎丘校区）北，即今留园派出所一带。黑松林系一座土墩，因土墩上松林繁茂，被当地人称为“黑松林”。该书分三章，第一章概述发掘经过和资料整理，第二章为墓葬，分别介绍黑松林所发现的汉、六朝、宋、明以及不明年代的墓葬，

第三章为结语，分别论述墓葬年代、“周公墩”与“吴天墩”、六朝墓中的“砖台”与“砖榻”。

（戴卫红　刘　卓　章泽玮）

【南涅水石刻艺术】

山西省考古研究院、沁县文物馆编著《南涅水石刻艺术》，文物出版社2022年出版。南涅水造像时代不同，风格各异。该书主要从北魏、东魏、北齐、隋唐（含北周风格）四个主要时期来介绍南涅水石刻造像的艺术风格。除此之外，作者还选取南涅水石刻体现的佛教故事、佛教人物、装饰图案及雕造与窖藏几个方面，向读者介绍南涅水石刻造像的艺术。全书彩色印刷，精美的图片与简洁的文字说明相得益彰，给读者以视觉的享受。该书择其精华简要介绍南涅水石刻的艺术内涵。石造像蕴含了深刻的文化内涵，其优美的造像形象具有典型的艺术价值。沁县南涅水相对偏僻的地理位置使它远离了战火的破坏，得以保存下来的南涅水石造像集中地表现了佛教造像中国化过程中的诸多特点，可以说是反映佛教造像变化过程的典型标本。南涅水石刻由一批四面造像石、单体造像、组合造像、碑碣组成。四面造像石又有不同大小的尺寸，可以组合成一组组高低不同的塔形石雕。它的组合原本类似云冈石刻的中心塔柱，而今塔檐已损坏殆尽，只剩四面造像的石体，失去了往日的风采。但这些精雕细琢的造像石，依然述说着当年的辉煌。精美的造型、精致的造像、和谐的造像组合表达出了造像者的祈求愿望，演绎出善男信女们的悲欢离合，也给我们留下了无限的遐想。南涅水单体石雕造像与造像石组合、叠垒的办法，克服了开窟造像所引发的种种困难和问题。南涅水石刻像群的石料大都是在附近山曲村石料场采集的黄白砂岩，单体造像高大者有255厘米，小的不足30厘米。造像塔塔体的四方柱形石料，最大边长80厘米左右。石料的利用率大大提高，造价成本降低，适应了各阶层不同经济能力者的需求。这种灵活多样的造像形式，对该地区持续不断的礼佛活动，产生了一定的推动作用。在甘肃、宁夏、陕西等地这种形式的造像塔也有发现，造像精致，不过数量有限，可以看出这种形式的普及性和广泛性。然而充分地利用这种造像形式，达到如此大的规模，延续如此长的时间，在全国范围内绝无仅有。

（戴卫红　刘　卓　章泽玮）

【五至十世纪统万城、夏州城考古发现与研究】

邢福来、侯甬坚主编，陕西省考古研究院编著《五至十世纪统万城、夏州城考古发现与研究》，三秦出版社2022年12月出版，分《考古编》《研究编》《图版编》三部分，共四册。内容主要由四部分组成：第一部分为大夏国都统万城的发现与确认，对统万城遗址地理位置、保存现状、统万城的建造、废弃及历史沿革，以及如何确定其为统万城进行了阐述，并回顾了大夏国都统万城遗址自道光年间重新发现的过程，以及20世纪70年代戴应新先生做的调查、测绘及试掘和2005年后统万城遗址作为国家大遗址保护项目以来的大量考古工作。第二部分分门别类地介绍2002年以后的考古发现，资料属首次公布，主要有对永安台及西城西南隅台的基础清理，发现护城壕，清理西城及瓮城，清理西城南垣外马面、东城大型夯土建筑基址、西梁及察干纥台祭祀台遗址，周边墓葬的调查及清理。第三部分是发掘者通过对大量发掘资料的整理，形成几点新认识，主要是对统万城城市规划的探讨、对东城建造年代的推定、对统万城防御体系的复原，对统万城周边墓葬布局及时代的研究。第四部分为综合研究，主要有统万城周围地理环境研究、河流研究、统万城及周边出土与丝路有关的文物研究、统万城出土动物骨骼研究、统万城周边墓葬出土人类骨骼种族研究、统万城申遗历程及亟待解决的难题。

（戴卫红　刘　卓　章泽玮）

【吐鲁番出土文书补编】

朱雷著、新疆维吾尔自治区博物馆编《吐鲁番出土文书补编》，巴蜀书社2022年4月出版。该书为武汉大学朱雷先生和新疆维吾尔自治区博物馆2017年社科基金重点项目“吐鲁番出土文书补编”的项目成果，这是继唐长孺先生整理《吐鲁番出土文书》和荣新江等整理《新获吐鲁番出土文献》之后，又一系统整理新疆维吾尔自治区博物馆所藏吐鲁番出土文书的最新成果。此次整理所收录的文书，大多是当年唐长孺先生整理《吐鲁番出土文书》时因种种原因遗漏的新疆维吾尔自治区博物馆未经刊布的吐鲁番出土文书残片，集中出土于阿斯塔那墓葬区。至此，该博物馆所藏吐鲁番出土文书已基本全面公布完毕。针对这批文书，全书遵循唐长孺先生制定的整理体例，朱雷先生进行了拍照、编号、拼接、释读、定名、解题、注释等，同时也附带改正一些过去释文、定名失误之处，最后采用高清图版与录文对照形式进行排版。由于这批吐鲁番出土文书为《吐鲁番出土文书》漏出所得，所以这批文书的总体数量不多，体量并不大，而且大多以细碎残片为主，但不少能与《吐鲁番出土文书》中收录的文书进行缀合，所以这批首次公布的文书高清彩色图片和高质量的识读成果，不仅是对唐长孺先生《吐鲁番出土文书》最重要的补充成果，同时也为学界对十六国至唐代的行政、法律、交通、民风、劳役、民族、经济和丧葬等诸方面研究提供一批新材料，对于全面理解中国中古时期的历史，尤其是对中古时期西域社会文化以及丝绸之路沿线的历史研究，具有重要的学术价值。如该书收录的一批民间契约文书，涉及买卖、夏佃和雇佣等。其中还有不少民间书信文书，对于我们了解当时的社会生活与风土民情也有不少贡献。此外，也有一些客馆文书、劳役文书和丧葬衣物疏文书等，都是重要的补充。这批文书还具有较高的汉语史价值，对我们研究中古汉语的名物词，中古时期西北汉语的语音、词汇、语法以及汉字风貌都有参考价值。同时为了保证原貌以及体现朱雷先生的整理工作历程，该书也附上了朱雷先生整理的全部手稿。

（赵　洋）

【陕西新见唐朝墓志】

刘文、杜镇编著《陕西新见唐朝墓志》，三秦出版社2022年2月出版。作为唐代政治、经济和文化中心，陕西地区历年来已出土不少唐人墓志，《陕西新见唐朝墓志》则集中刊布了近20年来陕西地区最新出土的最具有价值的一批唐朝墓志。具体而言，该书总共甄选汇编了唐朝墓志拓本223种，作者扫描拓片，标点断句，校勘录文，编写图表说明，按照时间先后顺序编排，上涉唐武德六年（623），下至唐广明元年（880），力求为学界提供准确的一手研究资料。该书以“新见”为名，在于书中收录的绝大多数墓志均属首次公开发表，如《大唐左监门率韦（恽）府君之志》《大唐故中书舍人鸿胪少卿东阳郡开国公杜府君夫人襄武郡君韦氏（苕华）墓志铭并序》等一批韦氏家族新墓志被《长安凤栖原韦氏家族墓地墓志辑考》所失收，这又将为研究韦氏家族世系提供更多新材料。该书还收有不少唐代重要历史人物的墓志，其中《唐故大同军防御使金紫光禄大夫检校吏部尚书兼御史大夫上柱国武威郡开国伯食邑七百户段公（文楚）墓志铭并序》的志主段文楚在两《唐书》、两《五代史》和《资治通鉴》等书中具有事迹记载，但诸书却都未立传详述其生平和家族世系，此墓志的刊布极大地订补了两《唐书》、两《五代史》和《资治通鉴》等史书的遗漏或不足，填补了历史的空白。此外，该书所收部分墓志为唐代名人所撰，如初唐四杰之一杨炯所撰《大周故绛蒲歧播四州司马安养县开国伯上官公墓志铭并序》、柳公权撰《唐故朝议郎守兴元少尹上骑尉昌黎韩府君墓志铭并序》、颜真卿撰《唐故朝议郎陈留郡开封县令李府君墓志铭并序》等，均能补充《全唐文》之遗漏。从书法欣赏角度，该书所收墓志的书体风格更是多样，楷书、小篆、隶书和飞白皆具，能全面展现唐代书法艺术的精美。总而言之，该书对研究唐朝的政治、军事、经济、外交、民族、皇权、书法等领域，对探讨唐代社会生活、婚姻家庭、士族门阀、丧葬礼俗、宗教思想、人才流动、民族关系、文化艺术等各个方面具有很好的参考作用。

（赵　洋）

【敦煌蒙书校释与研究·语对卷】

王三庆著《敦煌蒙书校释与研究·语对卷》，文物出版社2022年6月出版。该书为“敦煌蒙书校释与研究”系列丛书之一。首先该书总论为金滢坤撰写，长编大论“敦煌蒙书概念及其与家训、类书的关系”“敦煌蒙书编撰的继承与创新”以及“敦煌蒙书的学术价值”，为整套丛书定下宏大的基调。该书正文部分则分为上编“《语对》校释篇”和下编“《语对》研究篇”。其中上编主要对《语对》进行整理、校释、注解，为下编深入研究作基础性的整理、校勘工作。下编在上编整理基础之上，考订该书的作者、成书的时代背景，并以此研究唐五代童蒙教育活动以及童蒙教育理念，分析社会变迁对童蒙文化的影响，补证传世典籍中散佚的内容和流传情况，还原历史，探讨童蒙文化对广大社会底层百姓的生产、经商及生活、习俗、信仰的影响。具体而言，王三庆先生数十年来对于敦煌类书、蒙书有许多细致研究，他指出《语对》是唐代中叶所编著的一部小型类书，作者不详，也无书名，历来被称为“古类书”。全书共三十九类，然而根据抄写行款及编制内容，在《文笔》之后当分出一类。上编则从童蒙初学角度，以伯二五二四号为底本，用斯二五八八号＋伯四六三六号＋伯四八七〇号＋斯七九号为甲本、斯七八号为乙本参校，在《讲座敦煌》之《敦煌类书》和《敦煌本古类书〈语对〉研究》的基础上，予以重新迻录，并详加校注。下编则从《语对》的定位以及功能方面，并同《类林》和《文场秀句》两种类书进行比较，认为《语对》一书就其体制定位，是类书成熟之后的私家著作。《语对》既是中唐以来西北一地编录的类书，以当时的人力、物力、财力及时间而言，无法与现存的唐代四大类书相比拟，只能就当地可及的流传文献中加以取资，因此敦煌文献中现存两部盛唐作品《类林》和《文场秀句》都是《语对》编纂时重要的参考材料。

（赵　洋）

【五代十国墓志汇编】

仇鹿鸣、夏婧辑校《五代十国墓志汇编》，上海古籍出版社2022年8月出版。五代十国墓志此前未有完备的汇编之作，数量也普遍被低估，该书作为“历代碑志汇编”丛书的一种，上承周绍良先生的《唐代墓志汇编》《唐代墓志汇编续集》，不仅弥补了五代十国墓志没有完整校录的遗憾，也为五代十国时期的文史研究提供基本史料，极具文献价值与学术价值。该书共辑录2021年12月以前出土的五代十国墓志共四百二十余方，十国墓志收录的下限以各国灭亡时间为准，上涉后梁开平元年（907年），下至北宋端拱二年（989年）。具体而言，书中所辑墓志均按照五代十国各政权分别编次，各政权下以志主最终落葬先后顺序依次排列，卒葬时间不详者编列于相应政权的最后：五代部分以各朝年号编号，十国部分则以国号编号。为便于学者研究，书末附录部分还辑录了卒于五代但葬埋时间入宋的墓志与入辽或入宋的五代十国重要人物及其直系亲属墓志共四十余方。此外，部分五代十国墓志并不收入该书，如志石残泐过甚，致使无法录文以及只剩残篇断简的墓志都不收入该书，历代总集、别集、方志、敦煌文书等文献中的五代十国墓志，也因不属出土文献范畴，或已有专门整理与研究，不收入该书，仅附存目于书后。因此，该书虽然能够代表现阶段五代十国墓志整理的阶段性成果，为学界集中研究五代十国的历史提供了翔实的出土史料，但就部分五代十国时期的墓志而言，仍需要读者自行搜检，如《敦煌碑铭赞辑释》这类论著。而且该书承续周绍良先生《唐代墓志汇编》的基本体例，全书只有录文而无图版，对于墓志出土地等情况也缺少说明，实际利用时仍有不太方便之处。不过，瑕不掩瑜，该书在前人工作的基础上，广泛调查金石著作、考古报告、石刻图录、地方文献等，搜罗完备，剔除伪志误收，部分资料系首次刊布或整理；录文尽可能据较清晰的拓本予以校录，并于每篇后标注辑录出处，使之成为学界可以信用的版本。为便于读者使用，该书据志主姓名另拟志题并编制目录，书后附有完整的人名索引。

（赵　洋）

【大唐创业起居注笺证（附壶关录）】

仇鹿鸣笺证《大唐创业起居注笺证（附壶关录）》，中华书局2022年8月出版。唐初温大雅所撰《大唐创业起居注》三卷，是目前存世最早的起居注，记载了李渊隋大业十三年（617）五月从太原起兵到义宁二年（618）正式受禅建唐三百五十七日的历史经过。温大雅曾任李渊大将军府记室参军，多预机密，其所撰《大唐创业起居注》不但详细记录了李渊起兵经过，还包含了起兵、称帝时的祥瑞符谶，与李密、突厥的交涉，以及禅让前后的表章诏书等，是目前关于李唐建国最重要的第一手史料。该书点校本曾在1983年由上海古籍出版社出版，点校者为李季平、李锡厚二位先生。长期以来，唐史学界皆使用该点校本展开研究。不过，囿于时代所限，如今看来，该书仍有进一步校释的空间。此次笺证《大唐创业起居注》，是以《秘册汇函》本为底本，通校《学津讨原》本、善耕顾氏文房抄本、黄丕烈校本、吴翌凤抄本、《藕香零拾》本，参校《通鉴考异》引《创业注》，并参考《隋书》《旧唐书》《册府元龟》等史籍，笺证中注释人物、地理、史事。其后所附《壶关录》，为唐韩昱所撰，是记载李密事迹的杂史，保存了李密、祖君彦、徐鸿客等人的事迹，以及以李密名义发布的檄州郡文、与唐高祖往来书信等文字多篇，内容与《大唐创业起居注》多可相互发明。故此次以张宗祥校刻涵芬楼《说郛》一百卷本为底本，校以国图藏明弘治十三年抄本《说郛》，并利用多种文献作他校和辑佚。此次对于两书最新的整理与笺证，无疑为唐史研究学者提供了更新更准确的史料支持。

（赵　洋）

【隋唐僧尼碑志塔铭集录】

介永强编《隋唐僧尼碑志塔铭集录》，上海古籍出版社2022年8月出版。该书为国家社科基金项目“隋唐僧尼碑志塔铭整理与研究”成果，亦属“历代碑志汇编”系列。隋唐时期，社会各阶层竞相为死者在墓地刊石树碑。受此风气影响，佛教僧尼们也不能免俗，故也留下不少僧尼塔铭。这些塔铭主要记载姓名、法号、世系、生卒年月、埋葬时间和地点、出家修行活动以及平生其他事迹等，述略其道行，颂扬其功德。该书旨在为相关研究提供丰富而准确的原始文献，通过广泛查阅传世文献中的金石著作、唐人别集和总集，以及出土文献中的隋唐石刻资料，以2020年为截止时间，一共集得391篇隋唐僧尼（含居士）碑志塔铭

（包括坟幢等），并逐一进行了校勘考订，力求准确、可靠。僧尼碑志塔铭在整个隋唐出土文献和传世文献中占比虽小，但其作为原始文献，真实性强，可信度高，史料价值无可替代。不仅可以用来纠正佛教史传因材料取舍不当、考证辨析不精、传抄翻刻不慎等原因导致的种种错讹，同时，摒弃其中因果报应之说、剔除其中灵验神异之事，还可以借由这些珍贵史料推动隋唐佛教的专题研究和综合研究，透视隋唐佛教社会文化的真实面相。具体而言，如逸出《续高僧传》和《宋高僧传》记载的僧人事迹描写，可以填补隋唐僧尼传记的空白，可以进一步完善隋唐时期禅宗史的书写；碑志塔铭中的内容还能佐证唐代佛教存在所谓“宗派”之分，并有许多关于宗派师承和法统谱系的记载；而且碑志塔铭中所记载的隋唐佛教徒的各种修行活动，也能反映出佛教传播和发展的真实状况。总之，隋唐僧尼碑志塔铭有助于解决以往因资料不足而未能深入探究的问题，有助于推进隋唐佛教研究的广度和深度，值得我们充分利用。虽然限于各方面条件，出土石刻文献中的僧尼碑志塔铭，该书只作录文，未附图版。不过，所有录文来源和依据在每篇文末均已详细交代，利用者可以径自对照核查。

（赵　洋）

【和田出土唐代于阗汉语文书】

荣新江编著《和田出土唐代于阗汉语文书》，中华书局2022年9月出版。与敦煌吐鲁番文献相比，和田地区出土的汉文文书大多零散且收藏地十分散乱，总体整理的工作较难展开。尽管如此，出土和田地区的这批文书仍是我们研究唐朝安西四镇时期的于阗镇与于阗王国的第一手材料。作者历经数十年满世界搜寻以及为时一年的校录整理，最终在该书汇集了目前已知海内外散藏的和田出土唐代于阗汉语文书363件，内容为包括典籍和文书在内的非佛教文献，涉及经济、军事、宗教、文化等多方面内容，时间横跨唐代开元至贞元末年，对于我们研究唐朝势力进入西域地区的历史，以及于阗王国的文化面貌，都具有其他史料无法取代的特殊价值。全书收录的唐代于阗汉语文书主要分为八组：一是英国梵文学者霍恩雷的收集品，主要为英国驻列城、拉达克、吉尔吉特的政治代表戈德福雷和后来的英国驻喀什总领事马继业提供；二是英国学者斯坦因的收集品，主要由斯坦因三次中亚探险所获汉语文书构成，其文书大多有比较确切的出土情况，不仅数量在该书占据最大篇幅，也最具学术价值；三是瑞典人斯文·赫定的收集品，是其先后四次到中亚考察挖掘和购买所得；四是俄国地区的收集品，主要以俄国圣彼得堡东方学研究所藏品为主，大多可能是当年俄国驻喀什总领事彼得罗夫斯基从和田地区购买所得；五是德国吐鲁番探险队收集品，主要是德国东方考古学者勒柯克从英国总领事马继业手里所得；六是摩拉维亚教派传教士弗兰克的收集品，主要是弗兰克长期在西藏地区传教和研习藏学时，曾从喀什经叶城到和田旅行，从当地居民手中购得；七是日本大谷探险队的收集品，主要是日本京都西本愿寺宗主大谷光瑞派遣的三次中亚探险队所获；八是最近二三十年来散藏于中国公私的和田出土汉文文书，其中吐鲁番博物馆的藏品，已在《新获吐鲁番出土文献》中整理收入。对以上八组和田出土的汉文文书，作者在充分核查原件的基础上，对每件文书加以拟题、校录，并在解题中交代其时代、性质及文书特征，梳理出详尽的学术史回顾。书后附有人名地名索引及于阗文书编号索引。作为一部集大成式的奠基之作，该书定会有力地推动基于"于阗文书"而展开的对于于阗史乃至西域史的研究。

（赵 洋）

【千唐志斋碑铭全集】

陈振濂主编《千唐志斋碑铭全集》，朝华出版社 2022 年 10 月出版。清末为修陇海铁路，在邙山挖掘出的大量碑刻无人问津，其后由张钫将军与于右任商议抢救碑刻：魏碑三百方归于右任保管，新中国成立后保存在西安碑林博物馆；唐碑则归张钫保管，藏于千唐志斋，最后所有碑铭都被收藏于千唐志斋博物馆。该书全集 16 卷，收录了千唐志斋博物馆收藏的全部志文碑刻拓本，全部碑志及名家墨迹石刻近 2000 种。其中主要以唐代墓志为主，所藏唐志上起武德、贞观，历盛唐、中唐以迄晚唐，其中包括武则天的改元，安禄山的僭号，还有三件自撰墓志铭，无不尽备。这些墓志未经后世史家编纂时筛选删改，记载着形形色色的人物及其社会活动，牵涉整个社会史、官制史、文化史、民俗史、生活史与物质技术史，是研究唐史唐志不可或缺的稀见原始资料，被誉为一部完备的"石刻唐书"，具有稀缺性、独占性，起着证史、纠史、补史的重要作用，具有极高的文献价值、历史价值。同时，这批碑铭除了是一批重要的历史文献，其文学、书法艺术价值也极高，如颇具虞风的唐名相狄仁杰所书相州刺史袁公瑜墓志，神似褚体的画家李凑所书顺节夫人李氏墓志，唐诗人王昌龄所书陈颐墓志，以及著作郎李昂为其叔叔所撰唐名书法家李北海墓志，等等。所以这批碑铭也被誉为一部"石刻唐书""唐代书法演变史"，堪谓中华民族宝贵的文化遗产，弥足珍罕。此前，吴钢主编《全唐文补遗·千唐志斋新藏专辑》等书虽也有收录部分千唐志斋碑铭的录文，而相较以前出版的千唐藏志各版本，此次收录的藏志是迄今为止最全的，所涉及的碑铭时间跨度更是最久，更加重要的是拓片都是高清处理，极为便于学者释读。

（赵 洋）

【辽祖陵——2003—2010 年考古调查发掘报告】

董新林等著《辽祖陵——2003—2010 年考古调查发掘报告》，文物出版社 2022 年 3 月出版。该书是中国学者进行科学考古发掘的关于辽代帝陵的第一部考古学专刊，刊发了中国社会科学院考古研究所内蒙古第二工作队于 2003—2004 年对辽祖陵遗址考古调查试掘的资料；重点发表了中国社会科学院考古研究所内蒙古第二工作队和内蒙古自治区文物考古研究所联合组成的辽祖陵考古队于2007—2010年在辽祖陵遗址进行考古调查测绘、试掘和发掘的全部资料，并对相关问题做了初步探讨。该书共分六章。第一章介绍了辽祖陵地理区位和自然环境，所属地域的历史沿革；辽祖陵的发现和研究历程；考古工作缘起、学术目标、考古工作综述等；以及考古报告的基本框架和编写概况。第二章重点介绍了辽祖陵陵园内的重要陵墓。主要有对辽太祖陵及其玄宫的考古调查和试掘资料；一号陪葬墓和二号丛葬墓的发掘资料等。第三章重点介绍辽祖陵陵园内的重要建筑基址。主要有黑龙门址、甲组建筑基址和四号建筑基址的发掘资料，以及二号、三号建筑基址的试掘资料等，以及对陵园内排水设施等的考察，陵园山脊石墙的考察等。第四章重点介绍辽祖陵陵园外重要建筑基址的发掘和调查资料。对龟趺山建筑基址进行了考古发掘；陵园外调查还发现了二、四、五号建筑基址；并对陵区的鹊台和陵园外的神道遗存进行了考古调查。此外，还简述了辽祖陵陪葬墓区和砖瓦窑的情况。第五章对辽祖陵奉陵邑祖州城的测绘和调查资料进行了概述。第六章是在前面详细刊发资料的基础上，对辽祖陵遗址出土的瓦当、瓷器进行了初步的研究，以期建立辽代帝陵遗物的分期；同时对辽太祖纪功碑楼出土的汉字和契丹大字碑片进行了释读，以期获得更多的史料信息。最后对辽祖陵陵寝遗存的构成，辽祖陵陵园布局，以及辽祖陵的陵寝制度进行了初步的探讨。该书按考古单位详尽、全面地公布了所有考古资料，为学术界研究辽代帝陵提供了重要的基础素材。考古新资料弥补了《辽史》关于辽祖陵记载的不足，丰富了辽祖陵的“史料”，为研究辽代陵寝制度，乃至中国古代陵寝制度提供了重要资料。

（王　申）

【党项与西夏碑刻题记】

杜建录、邓文韬主编《党项与西夏碑刻题记》，三秦出版社2022年8月出版。自南北朝时期登上历史舞台，到明代中期以后不再见诸史乘，党项民族在中国历史舞台上活跃近千年之久，并建立了与宋辽金并立190年的西夏王国，创造了辉煌的物质文明与精神文明。目前，除传世文献与出土文书之外，碑刻题记是党项史与西夏史研究最为重要的史料依据，对其予以全面整理有较高的学术价值。该书所定义的“党项与西夏碑刻题记”涵盖四类碑石文献共116种，并分为上、下两册。上册中，第一类是早期党项碑刻题记，包括唐朝中期的内迁党项首领墓志以及唐末、五代、宋初定难军政权人物或其他党项人的墓志铭与题记；第二类是西夏碑刻题记，即1038年西夏建国以后直到1227年西夏灭国以前时间段内西夏境内的所有碑刻题记。下册中，第三类是宋金境内党项人碑刻题记，指定居于北宋与金朝陕西路境内的党项人留下的碑刻题记；第四类是西夏遗民石刻，为1227年西夏灭亡后，事涉西夏国民及其后裔在全国范围活动的碑刻题记。碑刻的形制用途包括神道碑、墓志铭、墓碑、功德碑、敕令碑、划界碑、道行碑、塔铭碑、经幢等各类碑刻，以及镌刻于石崖、石窟、石塔、石壁、石牌坊等石质材料上的文字与图像等。该书主要收录目前所能见到的碑石或拓片，校以历代金石著作所收之录文；原碑或拓片不存，而仅在传世文献中留存录文或记录者，则不予收录。每种碑刻文献都以拟题、叙录、图版、录文、疏证、校勘的形式加以整理。该书的出版，为研究了解党项与西夏历史集中提供了珍贵资料，一定程度上弥补了传世文献不足造成的史料缺失。

（王　申）

【钓鱼城遗址考古报告集】

重庆市文物考古研究院、钓鱼城古战场遗址博物馆编著《钓鱼城遗址考古报告集》，科学出版社 2021 年 12 月出版。该书为钓鱼城遗址第一部田野考古报告集，全面介绍了 2004—2019 年钓鱼城遗址田野考古发现、收获和认识。内容包括：收录遗址概述、东城半岛文物调查报告、钓鱼城外城园路工程项目文物调查报告、古地道遗址发掘简报、石照县衙遗址试发掘简报、南一字城遗址发掘简报、九口锅遗址发掘简报、范家堰遗址发掘简报、范家堰遗址 2017 年出土植物遗存初步分析、重庆出土南宋球形火雷的初步研究、以考古为支撑的文物保护与展示利用——钓鱼城范家堰南宋衙署遗址的实践经验、合川钓鱼城城防设施的考古学观察、钓鱼城遗址考古大事记。该书作为钓鱼城遗址田野考古的阶段性成果和总结，为钓鱼城历史文化、宋元（蒙）战争史、古代城址考古、古代建筑考古、科学技术史研究以及文化遗产保护和利用提供了较为重要的资料，为钓鱼城大遗址保护、国家考古遗址公园建设和世界文化遗产申报工作提供资料支撑。

（张晓慧）

【泉州城遗址考古发掘报告】

中国社会科学院考古研究所、福建博物院、福建省考古研究所、泉州市海上丝绸之路申遗中心编《泉州城遗址考古发掘报告》，科学出版社 2022 年 11 月出版。报告整理了泉州南外宗正司遗址 2020 年、泉州市舶司遗址 2019—2021 年考古调查发掘的成果，介绍了清理出来的建筑遗存、水沟等遗迹以及出土器物标本。泉州南外宗正司遗址 2020 年的考古发现，主要是南宋时期的池岸木桩、沿岸道路及建筑基址，出土了“官”字砖、脊兽和兽首饰件、兽面纹和莲花纹瓦当等官署建筑构件，瓦当纹样与杭州、洛阳等地宋代重要官式建筑遗址上发现的瓦当纹样相近。泉州南外宗正司遗址出土的陶瓷器数量大、品种多，说明该处曾居住有一定数量的人群。从出土陶瓷器的窑口可以看出，它们多以周边窑址的产品为主，这从侧面也说明泉州及其周边地区陶瓷手工业是当地的重要产业。出土的著名窑口瓷器，反映出其使用者较高的社会与经济地位。泉州市舶司遗址的考古工作，在泉州市马坂巷、水沟巷、竹巷、水门巷一带，发现了大量铺砖地面和石墙、石墩、石构、鹅卵石铺面等宋元时期建筑遗存，出土了瓦当、脊兽、砖等建筑构件和越窑、龙泉窑、景德镇窑等较高档陶瓷器。遗址出土了戳印有"（监）造市舶亭蒲（寿）（庚）"与"……舶亭蒲（寿）……"的文字砖。上述遗存（尤其是"文字砖"）从时空两方面进一步确认了该遗存为宋元时期泉州市舶司遗址，其分布范围如下：西南依竹街，东北到马坂巷西侧道路和马坂巷之间，东南至水门巷，西北靠三堡沟。

（张晓慧）

【陕西出土蒙元时期墓志】

樊波主编《陕西出土蒙元时期墓志》，陕西人民美术出版社 2022 年 4 月出版。该书对陕西境内出土的蒙元时期墓志进行了全面系统的整理研究，收集并展示了这一时期的墓志 88 方（多为首次披露），是迄今为止对陕西出土蒙元时期墓志进行的最全面的一次整理和出版。墓志内容涉及蒙元时期陕西重要家族和一些重大历史事件，其中，墓志最早刊刻时间为蒙古定宗三年（1248），最晚至元惠宗至正二十年（1360），历史跨度从蒙古族建立元朝的前夕，到元朝逐渐衰亡的末期，故有较高的学术研究价值。尤其是考古部门科学发掘出土的墓志，其墓主姓名及身份明确，解读这些墓志内容为研究这一时期墓葬资料提供了重要的参考。体例借鉴近年碑刻图书出版惯例，每方墓志独立成篇，依次著录卒葬时间、行款书体、撰书人名、志文首题、志盖标题、形制纹饰、出土时地、存佚状况、主要著录等内容，之后插入图版，标点录文，在收录拓本同时增加墓志的高清照片。墓志的内容以记载、赞颂志主生平事迹为主，记录了当时以志主及其家族为中心的生活日常、婚姻葬俗、居住地区属等信息，多角度展现了蒙元时期陕西地区的社会状况，丰富了陕西地方史和蒙元史研究的资料。

（张晓慧）

【散见宋金元墓志地券辑录三编】

周峰编《散见宋金元墓志地券辑录三编》，台湾花木兰文化事业有限公司 2022 年 3 月出版。该书为《散见宋金元墓志地券辑录》《散见宋金元墓志地券辑录二编》的续编，共收录宋金元三代的墓志、地券 102 种，其中宋代 80 种，金代 3 种，元代 19 种。每种墓志地券内容包括两部分：拓本或照片、录文。拓本及照片绝大部分来源于网络且未公开发表过。墓主大部分为名不见经传的普通百姓，为了解宋金元时期民众的生活提供了第一手的宝贵数据。

（张晓慧）

【胡长孺集】

胡长孺著，程峤志整理《胡长孺集》，上海古籍出版社 2022 年 11 月出版。元代文人胡长孺的诗文在元末汇编为《石塘文集》50 卷，但久已佚失。明朱存理《珊瑚木难》收胡长孺诗文 14 篇，称出于陶宗仪《文钞》。清顾嗣立《元诗选》二集收有《石塘稿》，存诗 17 首，主要辑录自蒋易《皇元风雅》及若干宋元书画题跋。这是两种辑录胡长孺诗文较多的文献。此外，永康《大后胡氏宗谱》亦保存有若干不见于他处的诗文及《石塘先生行状》《主簿石塘先生德政碑》两篇传记文字。除《石塘稿》外，朱存理《珊瑚木难》所引及《大后胡氏宗谱》有相当数量的作品未被《全元文》《全元诗》所吸收，因而具有很高的文献价值。除上述三种文献外，整理者又广泛搜集宋元文集、方志、书画、金石、科举与宗谱文献，共辑得诗 33 首，文 41 篇，编成《内编》。其中诗 8 首为《全元诗》失收、文 27 篇为《全元文》失收。附见存目 12，传疑 3，力求全面总结胡长孺著作的辑佚成就。即如见于《全元文》《全元诗》的篇章，也做了文字的补充与校正。又据宋元文集体例，搜集他人所作酬赠、挽章、功德碑与传记，编成《外编》。书末附录收有胡长孺之家世、生平、著作与门人的相关资料及年表、征引文献。

（张晓慧）

【元刊杂剧三十种】

关汉卿等撰《元刊杂剧三十种》，凤凰出版社 2022 年 7 月出版。《元刊杂剧三十种》是现存元代杂剧的唯一元刊本，保留了元刊杂剧的原始样貌，兼具文献价值和版本价值。30 种杂剧包括《李太白贬夜郎》《严子陵垂钓七里滩》《楚昭王者下船》等，其中不见于后世流传的孤本有 14 种，丰富了元杂剧的剧目和题材内容，为文学史、戏剧史研究提供了宝贵资料。另 16 种与明清刊本比对，文本差异较大，版本的异同为研究古典剧目内容与形式的演变、明清人对元杂剧的改编提供了可供比勘的对象。该书是首次原本影印出版，相对黑白珂罗版影印，像素更高，色彩真实，细节清晰，保留了更多的元本面貌，便于学界利用。

（张晓慧）

【宋元水利文献七种】

单锷、魏岘等著，张宗品整理《宋元水利文献七种》，湖南科学技术出版社 2022 年 5 月出版。该书为中国科学院自然科学史研究所《中国科技典籍选刊》之一，选取宋元时期较为珍稀的 7 种水利文献，便于读者了解这一时期南北水利技术的演进。7 种文献分别为《四明它山水利备览》《太史郭公传》《河防通议》《河防记》《长安志图·泾渠图说》《吴中水利书》《治河图略》。书中影印存世善本，同时当页排印标点释文，并加校勘及注释，方便学术研究及阅读。书前撰学术性导言，书后附索引及研究论著目录。

（张晓慧）

【圣武亲征录：成吉思汗战纪】

［法］伯希和、韩百诗注，尹磊译，魏曙光校《圣武亲征录：成吉思汗战纪》，上海古籍出版社 2022 年 9 月出版。原书名为“Histoire des Campagnes de Gengis Khan, traduit et annoté par Paul Pelliot et Louis Hambis”（Leiden：Brill，1951）。《圣武亲征录》是一部由不知名撰人所作的蒙古史著作，对成吉思汗早年事迹及统一蒙古各部、向西发动军事征讨、南下攻金和窝阔台汗灭金等均有记载，虽较《蒙古秘史》简略，但有些记事

可补《元朝秘史》《元史》之阙，因而具有较高的史料价值。此书历来有多种版本，但影响最大的应是伯希和、韩百诗译注本，是蒙元史研究领域的一部经典之作。在伯希和本人的著作中，堪与《马可波罗注》比肩；其学术重要性不下于巴托尔德《蒙古入侵时期的突厥斯坦》。伯希和逝世时，全书的注释工作并未完成。其弟子韩百诗对遗稿进行了整理出版。书中除将《圣武亲征录》译为法文之外，还对《圣武亲征录》进行了详细的注释，涉及蒙古史、中亚史、藏学、伊朗学、历史地理学、音韵学、宗教史等各方面。因其为法文译注，国内利用不便，学者曾经在20世纪80年代翻译部分内容，刊载在《蒙古史研究参考资料》上，此次由尹磊将全书翻译为中文。

（张晓慧）

【清代会试文献集成】

龚延明主编《清代会试文献集成（全一百册）》，国家图书馆出版社2022年5月出版。清代科举考试分三级：乡试、会试、殿试。各直、省举行乡试后，取得举人科名者于次年赴京师礼部贡院参加会试，因会试时间是农历二月，在春天，因此别称“春闱”“春榜”。会试由礼部主持，属全国性统考，故又称“礼闱”，逢辰、戌、丑、未年举行，中试者为贡士。会试第一名称“会元”。该书汇集清代会试文献98种，包括会试录、题名录、同年录、同年齿录、考官录等，涉文科、武科、翻译科等，依会试举行时间排序，旨在反映清代会试考试的真实面貌，为清代人物和科举研究提供重要的基础文献。《会试录》主要内容有“前序”、考试官、场务官、录取贡士名单、三场试题与前几名录取贡士的试卷及考官批语、“后序”等，跟一般的名录相比，其特别之处在于包含的内容极其丰富，比如考生姓名、字、号、排行、出生年月日时辰、籍贯、考取时的身份、历次考试的名次，还包括其直系和旁系亲属的履历或身份介绍。因此它不仅是同榜考取者的履历汇编，而且是同榜考取者家庭及家族成员履历的汇编，集年谱、家谱、族谱等特质于一身，是清代科举史的原始档案文献，具有十分重要的价值。

（王士皓）

【清代文集人物传记资料汇编】

程仁桃主编《清代文集人物传记资料汇编》，国家图书馆出版社2022年1月出版。清代诗文之盛远超前代。据不完全统计，今存各种清代诗文集，数量多达4万多种。为广泛、深入使用清代文集中的资料，国家图书馆出版社出版《清代文集人物传记资料汇编》一书，这是继《碑传集》三编等之后，又一部大型清代人物传记资料汇编。《清代文集人物传记资料汇编》依据王重民、杨殿珣所编《清代文集篇目分类索引》，精选411种清代名人文集中的7111篇传记资料汇编而成，共涉及人物6700余人，收罗广泛，包括在清代政治、经济、文化、军事等领域有重要影响者，如于成龙、毛奇龄、阎若璩、翁方纲、姚鼐、洪亮吉、阮元、李鸿章、曾国藩等。此外，还收录部分释道人物以及宋、明时期忠义之士的传记资料。所收人物传记资料，系影印出版，每篇都标注版本，大体以传主姓氏笔画为序编排。该书共118册，第1册为总目录，第118册为《传主姓氏笔画索引》和《著者姓氏笔画索引》。该书只收录清代男性传记资料，《清代女性传记资料汇编》将另行出版。该书具有重要的学术价值。人物传记资料著录人物字号、籍贯、家世渊源、师承关系、生平经历等，通过收录的传记资料，可以考察人物的生活状况、思想状况，进而帮助透视整个时代。《清代文集人物传记资料汇编》一书的出版可为清代政治史、思想史、学术史、文化史、文学史等的研究，提供珍贵史料，推进清代文史研究的深入。

（王士皓）

【张文达藏稀见清代科举文献汇编】

陈维昭、张文达主编《张文达藏稀见清代科举文献汇编》，广西师范大学出版社2022年7月出版。《张文达藏稀见清代科举文献汇编》收录张文达所藏稀见清代科举文献一千余份，主要分为四部分：科举史文献、科举录文献、朱卷文献及制艺选集与理论文献，具体包括童生亲供单、乡试题纸、科举浮票、朝考捷报、题名录、会试录、乡试录、同年齿录、朝考卷、殿试卷、会试（武会试）卷、乡试（武乡试）卷、同门朱卷，以及清代八股文选集和理论专著、科举文选和批评文献等。这批文献均为学界难得一睹的稀见文献，有些甚至迄今未见著录。另外还有大量名人贤达的相关科举材料，如北京大学两位校长朱益藩、蔡元培的朝考卷。该书无论是对清代科举制度研究、科举人物传记研究，还是对清代各种科举文体的历史流变研究、各省的府县考试文体研究、清代历史文化研究等，都有着重要的史料价值。

（王士皓）

【顾宪成全集】

顾宪成撰，王学伟编校《顾宪成全集》（上、中、下），上海古籍出版社2022年10月出版。顾宪成（1550—1612），字叔时，号泾阳，明朝著名思想家，东林学派的创始人之一，著述蔚为大观。2011年王立人主编的《无锡文库》第四辑大量收录了顾宪成存世著作的善本和抄本，《顾宪成全集》在此基础上，补充了失收的《四书讲义》《荆溪商语》二种，删削了《无锡文库》第四辑重印的页面和补全了漏印的页面若干，使《全集》臻于完善。《顾宪成全集》收录的内容，及各本所依据的底本和参校本如下：《小心斋札记》（十八卷），卷一至卷十二，以美国国会图书馆藏明万历三十六年刻本《小心斋札记》为底本；卷十三至十八，以复旦大学图书馆藏清康熙三十七年刻本《顾文端公遗书》为底本。《虞山商语》（上、中、下）、《东林会约》（一卷）、《东林商语》（上、下）、《经正堂商语》（一卷）、《昆陵商语》（一卷）、《志矩堂商语》（一卷）、《仁文商语》（一卷）、《南岳商语》（一卷）、《当下绎》（一卷）、《还经录》（一卷）、《桩言》（一卷）、《自反录》

（一卷）、《证性编》（六卷）、《顾文端公年谱》（上、下），以清康熙三十七年刻本《顾文端公遗书》为底本。《荆溪商语》（一卷），以台湾“国家”图书馆藏万历间刻《顾端文公集》为底本。《大学重订》（一卷）、《大学通考》（上、中、下）、《大学质言》（一卷），以《无锡文库》第四辑影印清曹楝亭藏明抄本为底本。《大学意》（一卷）、《中庸意》（上、下），以《无锡文库》第四辑影印复旦大学图书馆藏清抄本为底本，以美国哈佛汉和图书馆藏清康熙间张纯修序刻本《顾泾阳先生学庸意》为底本。《大学说》（一卷）、《中庸说》（一卷）、《语孟说略》（上、下），以《无锡文库》第四辑影印复旦大学图书馆藏清抄本为底本。《四书讲义》（一卷），以清同治甲戌虞山顾氏校刊《小石山房丛书》本为底本。《泾皋藏稿》（二十二卷），以《无锡文库》第四辑影印明万历刻本为底本。顾宪成制艺文章辑佚，以中国国家图书馆藏陈名夏编《国朝大家制义》明末刻本为底本。“附录”部分则主要收录后世所写有关顾宪成的传记、序文，以及上海图书馆藏玉鉴堂《无锡先哲遗书》钞本顾贞观、顾政均所辑《泾皋渊源录》（八卷）。

（陈冠华）

【朱柏庐全集】

朱柏庐撰，昆山市文体广电和旅游局编《朱柏庐全集》（全三册），上海人民出版社2022年8月出版。朱用纯（1627—1698），字致一，号柏庐，生活于明清之际，朱氏为昆山世族，诗礼传家，朱用纯之父抵抗清兵失败，投河殉国，朱用纯为此弃绝功名，隐居著述、授徒。《朱柏庐全集》是在全面调查搜集朱用纯的著述版本的基础上，按传统经、史、子、集四部分类法编排，将各类著述编入《全集》内。《朱柏庐全集》收录有朱用纯的著述七种：《删补蔡虚斋先生易经蒙引》（存六卷）、《朱柏庐先生大学讲义》（一卷）、《朱柏庐先生中庸讲义》（上、下）、《朱柏庐先生编年毋欺录》（上、中、下）、《治家格言》、《愧讷集》（十二卷，附录二卷）、《柏庐外集》（四卷），另附《朱柏庐先生诗文·附录》一种。其中，《删补蔡虚斋先生易经蒙引》由陈居渊校点，现存六卷，为朱柏庐手抄本，可视为明代儒者蔡清《易经蒙引》的简编本。《朱柏庐先生大学讲义》《朱柏庐先生中庸讲义》由刘军校点，以清乾隆刻本为底本，以徐椿钞本、江苏书局清光绪二年刻本和民国十七年俞世德堂铅印本《太昆先哲遗书·学庸讲义》为校本点校。《朱柏庐先生编年毋欺录》又名《朱孝定先生编年毋欺录》三卷、补遗一卷、附一卷，是朱用纯自撰，后经金吴澜补编，李祖荣、孙福康校编，今由王广成校点，以北京图书馆藏光绪六年刻本为底本，以《毋欺录》道光二十二年刻本、清同治八年石印本玉山朱氏遗书刻本为校本点校。《治家格言》由王广成校点，以乾隆四年陈宏谋辑《五种遗规》收录的《朱子治家格言》为底本，以台湾广文书局1980年影印朱用纯撰、戴翊清释义《治家格言释义》为校本。《愧讷集》由景军校点，根据

《愧讷集》现存四个版本：清雍正三年严心斋刻本、清光绪八年津河广仁堂刻本、民国十八年昆山保管祠堂委员会木活字本、民国二十三年昆山图书馆刻本，以上海图书馆藏清雍正三年严心斋刻本为底本，以津河广仁堂刻本、昆山保管祠堂委员会木活字本为校本点校。《柏庐外集》由张鑫龙校点，以清光绪八年津河广仁堂刻本为底本，以民国二十四年昆山图书馆《昆山先哲遗书》本校本点校。《朱柏庐先生诗文·附录》收录朱用纯的佚文、佚诗、佚词，《附录》收录朱用纯同时代人关于他的诗文，以及后世关于他及其著作的品评文章。

（陈冠华）

【黄淳耀全集】

黄淳耀撰，上海市嘉定区地方志办公室编，陶继明点校《黄淳耀全集》（上、下册），上海古籍出版社2022年8月出版。黄淳耀（1605—1645），字蕴生，号陶庵，又号水镜居士，生活于明末清初，是一位著名的抗清志士，也是明末“嘉定文派”的代表人物，著述颇丰，版本系统复杂。《黄淳耀全集》由两大部分组成，第一部分是《陶菴集》，第二部分是附录。《陶菴集》共二十五卷，依次分为：卷一论辨议（十二篇）、卷二序跋（四十篇）、卷三表策制艺（六十四篇）、卷四启书（三十七通）、卷五传祭文哀辞（十四篇）、卷六杂著（十四篇）、卷七《史记》评论（六十二篇）、卷八吾师录（三十二则）、卷九自监录一（一百六十七则）、卷十自监录二（十二则）、卷十一自监录三（三十七则）、卷十二自监录四（四十二则）、卷十三甲申日记、卷十四繇已录、卷十五拟古乐府（二十八首）、卷十六和陶诗（一百零三首）、卷十七四言古诗（三首）、卷十八五言古诗（七十二首）、卷十九七言古诗（三十一首）、卷二十五言律诗（一百零二首）、卷二十一七言律诗（八十七首）、卷二十二五言排律（六首）、卷二十三五言绝句（八首）、卷二十四六言绝句（六首）、卷二十五七言绝句（八十二首）。《陶菴集》以清光绪五年己卯刻《黄忠节公陶菴集》为底本，参校康熙十五年丙辰刻《陶菴集》、康熙四十二年癸未刻《黄蕴生先生陶菴全集》、乾隆二十六年辛巳刻《黄陶菴先生全集》和四库全书本。附录有：一、序跋，二、诸家评述，三、《陶菴先生年谱》，四、《山左笔谈》。其中，《陶菴先生年谱》为清乾隆年间陈树德所撰思远堂刻本，经光绪五年宋道南重订；《山左笔谈》所用的版本为商务印书馆“丛书集成”本。该集篇目大体按写作时间先后顺序编排，新增入作品，均标注来源。

（陈冠华）

【古乐苑】

梅鼎祚编《古乐苑》，张耕点校，中华书局2022年1月出版。梅鼎祚（1549—1615），字禹金，号胜乐道人，宣城（今安徽省宣城市）人，明代文学家、戏曲家。《古乐苑》是其所编纂的一部唐以前乐府诗总集。郭茂倩《乐府诗集》虽为乐府学中的经典，却也有误漏与不足。该著继元左克明《古乐府》、明杨慎《风雅逸篇》和冯惟讷《诗纪》对《乐府诗集》的指摘与修正后，对《乐府诗集》作出较全面的覆盖和补正，可看作《乐府诗集》的深度整理本。全书共五十七卷，包括前卷一卷，正编五十二卷，衍录四卷。各诗的补正主要涉及：一、题解。据原文完整引用，文字更为准确，除郭氏引书外还利用了多种典籍，以及后代学者如宋郑樵，元刘履、左克明、杨维桢，明王世贞、杨慎、冯惟讷等研究成果，有主名者详叙爵里，虽收录略嫌芜杂，但资料丰富，解说详洽，可补郭茂倩《乐府诗集》之缺，为治乐府者所必需；二、正文部分。将本为诗题（非乐府类）却被郭氏误收入乐府者标注题下，将本应列入正文却误入附录的乐府诗予以改正，新辑出的乐府诗各随类别补入，凡典籍中所载乐府诗题、句、字、作者有异者，两存之并加以注明；三、大量增补杂歌谣辞，大量增补并重编琴曲歌辞；四、增编上古歌辞，仙、鬼歌曲辞；五、增编附录（衍录），包括历代乐府诗作者小传及历代明贤有关乐府的论述。末辑录《古今乐录》，南朝陈释智匠编撰，是研究汉魏六朝乐府诗的一部重要著作。此次点校整理《古乐苑》，以明万历刻本为底本，清四库本为校本；《古今乐录》以《汉魏遗书抄》嘉庆三年（1798）刻本为底本，《玉函山房辑佚书》光绪九年（1883）刻本为校本。《古今乐录》是后人辑本，且内容较少，故附于《古乐苑》之后。凡避讳字及底本明显误字者，径予改正，不出校记；底本误漏可据校本补正者，据校本补正，并在校记中说明；底本与校本文字虽异而可两存者，在校记中说明。乐府涉及礼制、音乐、文学等众多领域，整理者在点校过程中参考诸多学术意见。二书均系首次整理，尤其《古乐苑》对《乐府诗集》的整理全面细致，对今天研习乐府诗以及正确利用和重新整理《乐府诗集》有较高的参考价值。

（黄若然）

【王阳明军事著作校注】

王守仁编撰《王阳明军事著作校注》，苏成爱校注，中华书局2022年11月出版。明代大儒王阳明是中国历史上屈指可数的实现“三不朽”理想的人物，其思想与军事兼通。阳明心学注重“致良知”，注重求之于人的内心，对军事学的影响巨大。今所见《王阳明评注武经七书》的版本有二，一是明天启元年（1621）序、茅震东考订朱墨套印本（茅本），二是明末申用懋序、据茅本重刻墨印本刻本（申本），三是今澳大利亚国家图书馆藏清刻本。该著是对相关的兵学文献的校勘和注释，分为上编、下编。上编为《王阳明评注武经七书》，是王阳明对《孙子》《吴子》《司马法》《尉缭子》《六韬》《三略》《李卫公问对》七部兵学著作的简要批注。此次整理以美国亚利桑那大学图书馆藏茅本为底本，以明代申用懋刻本为校本，以《续古逸丛书》所收静嘉堂本《武经七书》、文渊阁《四库全书》所收《武经七书》等为对校本，在校订文字是非、异同基础上，对王阳明批注的文字加了必要的注释；下编为《兵志》，是王阳明从

《左传》《国语》《战国策》《越绝书》《吴越春秋》《史记》六部文献中搜集的战例的汇编。此次整理所据底本为上海图书馆藏明刻本。底本中的批语作为单独一栏放在经文之上，今悉移植于相应的经文之后，原书经文的批注符号亦移录。原书中偶有标明“梅林曰”的胡宗宪批语，可以看作古人给王注作的注释，今照录，但一般不加注释。整理者除了校订文字、训释文意，还为每个选段编了序号，拟了标题，考订了相关事件发生的时间，使成书方便实用。阳明军事学和阳明哲学相通，其军事学要义可概括为“修已心”和“功敌心”，“修已心”包括道德和认识两方面，即修成不妄动的良知之心和与“行”合一的良知之心；“功敌心”包括单纯攻敌之心和在战争中攻敌之心，即“不战而屈人之兵”和在必战而胜之战中攻心克敌。该著对阳明学研究、哲学研究、军事学研究都具有重要的意义，尤其《评注武经七书》是王阳明46岁以后完成的作品，作为中晚年之作，其价值不容小觑。

（黄若然）

【中国金银器】

扬之水著《中国金银器》（共五卷），生活·读书·新知三联书店2022年8月出版。中国古代金银器研究是伴随现代考古学而生的一门新兴学科。传世文献和出土文物所展示的金银器史不同，前者显示了数量颇多的名目和使用甚巨的数目，但很少提供具体形象材料；后者发现的实物名目及其数量虽只是载籍的冰山一角，却以形象示人，提供了造型与纹饰的直观实例。在这个由沈从文开启的研究传统中，作者通过融“物”入“文”入“史”的书写，赋予金银器生命的气息。该著是我国首部完整展示金银器在工艺美术领域流变的鸿篇巨制，贯穿三代文明初兴至清末四千年，将历代出土的金银器皿与金银首饰逐一考证解说，唤醒历史中沉睡的奢华世界。全书为精装五卷，中式翻身，内括九十万字，图逾四千幅。各卷着眼于造型与纹饰，究心于美术和工艺、审美与生活的关系，依历史朝代和器物功用，于两千页篇幅内将金银器这一西风东渐之物在华夏之邦的落地、嬗变、融合直至自生光华的过程，以真实可见的图像影写一一作注：卷一呈列先秦两汉魏晋南北朝；卷二讲解隋唐五代辽；卷三分陈两宋金元；卷四宣明；卷五详清，并附录极具资料价值的图片来源总览。二十年来，作者走访各地文博考古机构，所观金银器数千件，结合文学和图像进行考据定名，探究设计理念与风格的演变轨迹。这部廿年来耕耘不辍的心血之作，除珍贵的学术和史料价值之外，书中的图片和文字也极富审美价值，启卷之际，仿若亲临一条通古接今的步道，可见流散于历史时空中的斑斑璀璨，亦可聆听古代载籍中的娓娓解说。该书从名物研究的角度考校中国古代金银器，为器物定名以及揭示不同时代的名称变化乃其第一义。征引古辞书、俗语文献、器物铭文，因尽量保留原文，不一律改作今之通行用字以及简体字，特别是涉及器物名称的特殊用字以及有古今之异者。此外，铭刻中的人名亦不强行改作简体字。援引器物铭文，有拓片可见者，从拓片（依原字照录）；无，则迻录所引著述之录文。作者多年来致力于中国古代金银器的系统性研究，图文互见，可以说是其一贯追求的研究方法与呈现形式，将沉睡于书典中的名目与往昔埋于地下而今重见天日的器物或重建联结，或直观再现，这也是名物研究的要义所在。

（黄若然）

【汉书五行志校疏】

梅军校疏《汉书五行志校疏》，中华书局2022年3月出版。该书在吸收前辈学者研究成果的基础上，对今本《汉书·五行志》及《颜师古注》作了较全面的校勘与疏解。该书以中华再造善本丛书影印中国国家图书馆藏北宋刻递修本汉书（旧称景祐本）为底本，这是存世最早、错误最少的《汉书》与颜注合刻本。参校南宋庆元年间建安刘元起家塾刻本、南宋嘉定年间蔡琪家塾刻本、元至元年间白鹭洲书院刻本、元大德年间太平路儒学刻明成化、正德递修本、明嘉靖年间广东崇正书院刻本、明嘉靖年间崇阳汪文盛刻本、明万历年间北京国子监刻本、明崇祯年间琴川毛晋汲古阁刻本、清乾隆年间武英殿刻本、清同治年间金陵书局刻本、清光绪年间长沙王先谦虚受堂刻补注本、1962年北京中华书局点校本等12个版本进行校勘。同时，对于汉晋至唐宋转引五行志的书籍，如《汉纪》《三辅黄图》《古今注》《搜神记》《北堂书钞》《初学记》《白氏六帖事类集》《开元占经》《太平御览》《记纂渊海》等，亦颇为留意。从《太平御览》卷八百八十《咎征部七·地震中》发现《汉书·五行志下之上》第二十六条至第三十二条有较连续的脱文，合计126字。同时，该书对《五行志》分段标点，纠正前人之误。以颜师古注为基础，引用诸家注释，对其中的错误之处亦加以辩证。此外，该书还对《汉书·五行志》及颜师古注所载史实进行考订，改正了其中的错误之处。

（安子毓）

【宋刻《汉书》庆元本研究】

王勇著《宋刻〈汉书〉庆元本研究》，中华书局2022年4月出版。庆元本字体美观，印刷精湛，卷帙完整，传承有绪，以宋祁校本为基础，充分吸收前人校勘成果，保留了大量其他宋刻本未见的前人校语，具有重要的版本研究价值，并对后来的明南北监本、清武英殿本都产生了深远的影响。该书主要是以历代史志和公私著录为线索，以出土文献与敦煌残卷为参考，以宋庆元年间刘元起家塾刻本为主要研究对象，采用版本校勘的方法，进一步厘清现存宋刻庆元本之间的相互关系，比较其文字异同，深入剖析庆元本与其他版本之间的内在关系，分析其版本价值，指出庆元本的底本——宋祁校本——与景祐本属于不同的版本系统，二者各有所长。在此基础上，该书对庆元本与景祐本进行了全面校勘，通过分析异文，进一步肯定了庆元本在宋刻本中的地位和价值。又取部分清武英殿本与庆元本对勘，说明了庆元本与武英殿本属于同一系统，而殿本刊刻质量不如庆元本。再以前述校勘成果比勘中华书局点校本，补正了点校本的一些不足之处。此外，该书还对庆元本所附校语进行了考证，肯定了其价值。该书评价了庆元本对于后世的影响，亦弥补前人研究的缺憾与不足，力求为《汉书》版本的深入研究打下良好基础。

（安子毓）

【兰溪鱼鳞图册合集】

胡铁球、李义敏、张涌泉主编《兰溪鱼鳞图册合集》，浙江大学出版社 2021 年 12 月出版。合集共 250 册，是张涌泉教授总主编的“浙江鱼鳞图册集成”中的一种，收录高清图片 20.3 万余幅，叙录 149 篇，前言 7 万余字。合集完整、系统地搜罗整理了同治时期兰溪县攒造的鱼鳞图册官册，对光绪时期、民国时期的补造情况进行了梳理，同时搜罗了部分散落民间的民册。鱼鳞册是官府为派征赋役而攒造的土地登记册籍，因所绘图形排列状若鱼鳞而得名，它是宋元以来最重要的地籍档案。遗憾的是，因战火和时代变迁，学界现今发现的鱼鳞图册大都零散而不完整，所属时间不同，所在地域各异，很难构成同一时期一个县域较为完整系统的资料。所幸现属兰溪市财政局与兰溪市档案馆共同保管的 746 册兰溪县鱼鳞图册（完整为 820 册），约 10 万叶，几乎是清代同治时期较完整的一个县的地籍资料，其系统性是十分罕见的。册中详细登记了田土字号、业主、田地图形、土地类型、面积、等级、四至、坐落、变更等信息。另外，这批鱼鳞图册中还有大量的批注、夹条、印章等信息。这批鱼鳞图册是研究地权分配、赋役制度、基层组织、宗族社会、税额税负等问题最有价值的第一手原始档案资料。合集是世界上第一次系统出版的以县为单位的完整的鱼鳞图册，也是我国地方档案文献整理的标志性成果，大量未经刊行、长期深藏的兰溪鱼鳞册首次公开出版，填补了大宗鱼鳞册出版的空白。

（王正华）

【八旗档案文献汇编】

哈斯巴根主编《八旗档案文献汇编》（第 1 辑，全 3 册），社会科学文献出版社 2022 年 5 月出版。此次公布的是一部分中国国家图书馆馆藏满文档案文献，作为丛书第一部分《八旗档案文献汇编》的第一辑。此次影印出版的档案文献分为两大类，即印轴档案和《钦定拣放佐领则例》。印轴档案还可以分为佐领印轴和族长印轴。中国国家图书馆收藏印轴档案共 45 件，分别为佐领印轴 26 件、族长印轴 19 件。佐领印轴涉及的佐领类型有世管佐领、轮管佐领、勋旧佐领等。这次是选择其中品相较好的 24 件。据考证，《钦定拣放佐领则例》（共 2 卷）是乾隆初年的法令性文件。以上两类档案文献从未公开出版过。通过公布这批满文档案，学界可以了解清代八旗牛录的编立年代和历代佐领之间的亲属关系以及氏族等内容。印轴档案清楚地记录了清乾隆初期牛录内部各个宗族的原驻地（所属部落）、姓氏及其人丁等情况。通过研究《钦定拣放佐领则例》可以断定，该则例以及乾隆三十年在该则例基础上精简而成的《六条例》，是清代补放勋旧、优异世管、世管佐领时所依据的章程。以上这些，都是影印公布这批档案文献的学术价值所在。

（王正华）

【福建民间契约文书】

郑振满主编《福建民间契约文书》，福建人民出版社2022年11月出版，共11卷，50册。《福建民间契约文书》是《八闽文库》“专题汇编”第二种。厦门大学民间历史文献研究中心近年组织田野调查，在福建多地搜访到大量递藏源流清晰、系统性与归户性强的契约文书，堪称近年来中国社会经济史料调查中的重要发现。此次出版的五十册，为经过系统整理的首批成果，分十一卷收录福建永泰等地民间契约文书两万三千余件，涵盖契约、账簿、阄书、诉状、收据、税单、人情簿、科仪书等，种类丰富，保存完整，内容关联性强，皆系首次整理出版。编者整理时依据“属地”“归户”“归物”的原则分组，组内以年代排序，并拟定标题及编号，以系统反映契约文书的历史面貌及原始保存状态。全书彩色影印，归类有序，编排谨严，拟题切实，颇便研究使用。作为记录中国东南地区民间日常生活生产状况、反映明清以来福建社会经济变迁的原始材料，该批契约文书不仅为探讨聚落形态、族群关系、山区开发、土地经营、文化传承等提供厚实可靠的史料，也有助于研究者进入历史情境，还原历史细节，拓展历史学、人类学、社会学等学科研究的广度与深度。

（王正华）

【赣南民间文书】

朱忠飞、温春香编著《赣南民间文书》（第1辑·全10册），广西师范大学出版社2022年5月出版。其收录赣南广昌、石城、赣县、会昌、上犹、兴国、信丰、大余等8个县区3000余件民间文书，包括契约、账簿、分关、谱牒、合同、执照、票据、账单、命书、科仪本、诉状文书、日用杂书等类型。账簿会书102册、分关文书9册、族谱6部、粮册归户册5册，契式簿3册。契约文书主要涉及各种不动产的买卖、典当、租赁、继承，此外还有各种纳税执照、管业凭证、收除同票、合同、婚书等历史文献资料。账簿主要有会簿、租簿、祭簿、流水账、人情簿等，此外还有涉及修谱、演戏等活动的账簿。该辑文书时间跨度长达360多年，最早的文书立于明崇祯四年（1631），最晚则为1995年，其中以清代至民国年间文书为主。该辑文书具有良好的归户性和系统性，提升了民间契约文书的史料价值。该辑文书依据“属地”和“归户”的原则进行编纂，即所有资料先按地区编排，同一地区则按户编排，在同一户中再按文类和年代编排。为了便于检索和引用，每一资料皆有拟题和编号，逐一标注其时间、当事人与标的物。编者尤其着重通过契箱、袋子或包契纸等线索，重建原有的资料系统。在整理的过程中，同一包契纸内的文书放在一起排序，不打乱文书原本的顺序。

为了确认契约文书的归属地和当事人，编者利用地图、地方志、地名志，结合田野调查，针对文书中所涉及地名进行一一考证，还原文书生产和使用的地理空间，达到归户目的。编者为每户文书撰写了相关村落、家族及现存文书简介，并配有实地拍摄的图片。这些来自田野调查的背景资料，有助于引导读者回到历史现场，在具体的历史情境中解读民间契约文书。此外，该辑文书涉及大量清代赣南山区人群流动、山区开发的内容，为研究客家提供了第一手的珍贵史料。通过解读民间契约文书，可以深入考察赣南历史上的社会经济形态，探讨赣南土地革命的起源。另外，上犹县寺下乡新华村横旦吴氏文书中还有涉及太平天国运动的内容。

（王正华）

【南岭文书】

刘永红、吴声军、陈才佳主编《南岭文书》（第一辑），广西师范大学出版社2022年7月出版。其收录了贺州民族文化博物馆收藏的契约文书，以区域为单位，以文书本身产生和形成的时间顺序编排，主要收录了南岭山脉的骑田岭、萌渚岭、都庞岭、越城岭等核心区域，包括广西的灌阳县、恭城瑶族自治县、富川瑶族自治县、钟山县、昭平县、八步区、平桂区，湖南的江华瑶族自治县、江永县、道县、宁远县、蓝山县、临武县、宜章县，广东的怀集县、连山壮族瑶族自治县、连南瑶族自治县等地的民间契约文书5360份，文书的内容丰富，涉及农田、水塘、房产、地基、园土、山场、竹木、坟茔、粪坑、猪牛栏、农具、车辆、牛马等日常生产生活资料等。该书所收录的文书有着多民族多族群文化的特色，且没有出现大量流失的状况，保持了良好的归户性和原始性的特点，对学术研究有着极高的史料价值，对南岭走廊经济史研究，南岭地区族群、家庭、村落史及族群关系研究有重要文献价值。

（王正华）

【莲都文书】

杨国安、赵士第、彭昊博编著《莲都文书》，广西师范大学出版社2022年11月出版。该书辑录青年收藏家彭昊博先生所藏浙江省丽水市、温州市契约文书共4000余件。时间上起明嘉靖十九年（1540），下至公元1991年，以清至民国时期文书为主。编著者以村落为单位进行整理，并做归户处理。在归户的前提下按时间排序，并采取扫描影印原契加题名著录的形式，尽量保存文书原貌，方便读者阅读使用。该书共收录40余户归户文书，从文书类型上看，有土地典当契、土地买卖契、土地找价契、土地置换契、收字、凭帖、房屋买卖契、合约、分关书、借贷契约、账单、易知由单、科仪文书、宗教文书、婚姻文书、科举文书、族谱、账簿、收粮簿、杂字书、契式、对联本、畲族唱本等多种，类型丰富多样。从地域分布来看，多数属于丽水市莲都区文书，此外还有与莲都区接壤的青田县、松阳县，及周边的永嘉县、庆元县、泰顺县等地的零星文书，因地域相似且有其参考价值，故统一命名为“莲都文书”。莲都文书是浙南地区农家生产、生活、家族活动的真实写照，从中可以一窥莲都地区的民间社会状况和民众生活百态。它的发现及影印出版丰富了现有的文书研究，扩充了文书数量，既可为明清以来浙南地区社会史、经济史、地方史提供第一手宝贵资料，还可与徽州、福建等地区的文书做比较研究，具有较高的学术价值。

（王正华）

【天海斋藏福建家族契约文书】

王涛编校《天海斋藏福建家族契约文书》（第一辑），贵阳人民出版社 2022 年 7 月出版。王涛（堂号天海斋）用 10 余年时间，以个人之力，搜集 2 万余叶福建家族契约文书原件，为目前可见的福建契约文书的最大个人藏家，用力颇勤。拟分辑出版 100 册的《天海斋藏福建家族契约文书》所收入的万余件契约文书系首次公开。上起明嘉靖四十四年（1565），下至 21 世纪初叶，时间跨度 400 余年，分布于福建省全境（目前以闽东为主）。此批契约文书具有集中性、归户性、系统性、私藏性、时间跨度长、种类丰富、首次公开等特点，为经济学、法学、历史学、文献学、民族学、历史地理学、档案学等学科提供了真实可靠的一手材料，对保护文化遗存，促进乡村振兴有积极的促进作用。2021 年《天海斋藏福建家族契约文书（第一辑）》（全 4 册）入选国家古籍整理出版资助项目，收录三户契约文书，合计 892 件，图片共 1013 张，俱分布于宁德市屏南县棠口镇。

（王正华）

【安徽师范大学馆藏千年徽州契约文书集萃】

李琳琦主编《安徽师范大学馆藏千年徽州契约文书集萃》，安徽师范大学出版社 2014 年出版，2022 年重印。两宋以后，徽州便以文风昌盛，人才辈出著称，被誉为“程朱阙里”“东南邹鲁”和“文献之邦”。在长期崇儒重教传统和徽商发展的共同作用下，徽州人在复杂的社会经济和日常生活中制作了大量文书档案。因为徽州“居万山环绕中”，兵燹罕至，且徽州人契约意识浓厚，徽州文书被大量保存下来。因数量众多、类别齐全、形式多样、时间连续不断，徽州文书档案异常珍贵。加之文书档案多是地方政府或基层民众在社会经济活动中直接形成的原始文字记录，具有原始性、真实性与具体性，是了解和剖析传统社会基层社会状况的第一手资料，故徽州文书具有极高的史料价值，被誉为是继甲骨文、汉晋竹简、敦煌文书和明清档案之后中国历史文化的“第五大发现”。安徽师范大学是全国最早的徽州文书收藏单位之一。早在 20 世纪 50 年代，学校便通过当时的屯溪古籍书店收购了一批徽州文书。这批文书数量有数千件（册）、类别有数十种，其内容多涉及明清时期徽州经济与社会关系，其中不乏在年代、内容、款式上稀见的文书档案，具有极高的研究价值。在此后数十年中，学校又陆续收集了数千件（册）徽州民间文书档案。

在收集过程中，学校专门组织人力进行整理与研究，李琳琦教授所编《安徽师范大学馆藏千年徽州契约文书集萃》（以下简称《集萃》）就是一项具有代表性的整理成果。《集萃》所收录的文书，是从20世纪50年代收集的徽州契约文书中精选出来的。为保持文书档案的原始面貌，《集萃》对选出的文书采取影印方式处理，在影印过程中也未对文书簿册的原有顺序进行调整及删改或添加任何内容。但依据文书产生时间、内容、性质等信息，对部分契约文书进行了命名，以方便研究者利用。《集萃》收录的文书在时间跨度上，上自明中期，下至晚清，地域覆盖徽州一府六县。从内容来看，多为基层民众的经济活动。其中第一册收录了祁门县的两份田契录，分别为《明清祁门奇峰郑氏录一公祠本都山地田契录》和《明清祁门奇峰郑氏源一公祠十二都山地田契录》。第二册收录两份清康熙和同治时期的诉讼案卷，即清康熙三十四年歙县吴济美等控方祖儿、方明甫等斩龙盗葬案，清同治元年黟县商人吴敬修控丁云藻等阻茶放行案。第三册、第四册收录的是清雍正、乾隆、嘉庆、道光、咸丰年间祁门县二十二都二图四甲王鼎盛户实征册底（推收文册、便查清册、归位总册、一贯底册、实征粮册）。第五册收录的是明嘉靖间祁门县六都程氏膳契簿（原名《西源契簿》）、清雍正至乾隆年间休宁县十五都戴永昌户编审册、清光绪年间祁门县十五都一图保甲册、清光绪年间绩溪县南乡九都保甲册，共四本。第六册收录的是清乾隆至光绪年间休宁县易知由单、清同治至光绪年间绩溪县五都花户完纳钱粮执照，共两本。第七、八、九、十册收录的是清顺治六年歙县二十七都二图诗字号鱼鳞图册，共两本。《集萃》所收录的这部分徽州契约文书，类型多样，内容丰富，多具有连续性和完整性特点，为我们了解明清中央政府的社会经济政策在基层社会的具体实践情况，以及为综合研究明清时期的社会实态提供了宝贵的第一手资料。

（梁仁志）

【陕西碑刻文献萃编】

吴敏霞等编著《陕西碑刻文献萃编》（全8册），中华书局2022年3月出版。吴敏霞认为，“古代对陕西碑刻文献的著录，只占陕西古代碑刻文献中的极小部分，与全面研究陕西碑刻文献差距极大”。目前尚无全面收录陕西碑刻文献的成果问世，对宋代以后陕西碑刻文献研究重视不够，文献准确性有待进一步提高。该书收录陕西境内出土并现藏于陕西的代表性碑刻，计838种，采用图文对照的方式对其进行整理。碑刻按时代先后排序，上起东汉，下迄明清，对研究历史、文字、书法、艺术等均有较大的价值。每一方碑都著录有高清的图像、说明以及完整的释文，共计图版一千余幅，配有放大的细节图，辅以按语以及必要的校勘记。碑刻说明中则记录有碑的刻立时间、材质形制、书体、纹饰、流传存藏等，对读者了解该碑具有十分重要的作用。

（王正华）

【侗族地区碑刻（三江卷）】

广西壮族自治区少数民族古籍保护研究中心、三江侗族自治县人民政府编，梁良主编的《侗族地区碑刻（三江卷）》，广西教育出版社2022年11月出版。“不读款不识侗”，“款”，是指历史上被侗族视为本民族法规的“款”。款碑侗语称 bial jinl，岩石之意。最初款碑只是无字无图案的石头，它象征款会议定的事像石头一样稳固，不能更改，永世长存。所以，召开款会又称为 laos bial laos jinl，进岩进石之意。不知多少年后，随着中原文化的传入，款碑逐步演化为刻有文字（汉字）的石碑，其上有经过议定的款规款约，也有和款相关的其他重要内容。本书收录广西三江侗族自治县境内现存的130通碑，最早的一通是崇祯八年（1635年）的《怀远县斗江回龙庵题名碑记》，最晚的一通则是民国三十三年（1944年）的《丹洲乡中心校经费来源志碑》。

（王正华）

【荣禄年谱长编】

王刚编著《荣禄年谱长编》，上海交通大学出版社2022年12月出版。荣禄（1836—1903），字仲华，号略园，别号田舍主人。早年曾任步军统领、户部左侍郎、内务府大臣、西安将军等职，甲午战争时期派督办军务处大臣、总理衙门大臣，与闻机要。戊戌政变后入值军机处并节制北洋各军。庚子事变后，在西安行在中枢中，任领班军机大臣，是《辛丑条约》谈判及“清末新政”开端时期之政府首脑。荣禄属慈禧太后亲信重臣，其女指婚于醇亲王载沣，其外孙溥仪被立为皇帝。该书是以中国第一历史档案馆藏荣禄折件、台北“故宫博物院”藏荣禄传资料、中国社会科学院近代史研究所藏《荣禄存札》及《荣禄存各处稟稿》、清华大学图书馆藏《荣禄函稿底本》为主干资料，同时搜罗散见于时人日记、函札、笔记、年谱及报刊上的零碎素材，编撰而成的首部荣禄年谱长编之作，累计百余万字。资料之取舍、编排，除反映荣禄之生平行述外，亦考虑作为史料集供学界利用。

（王正华）

【明清黄河文献丛编】

吴漫主编，王博副主编《明清黄河文献丛编（全一百册）》，国家图书馆出版社2022年8月出版。《明清黄河文献丛编》由郑州大学吴漫教授主编，是国家社会科学基金重大项目“明清时期黄河治理工程文献的整理研究与数据库”的重要成果之一，也是近百年来收录、汇编明清治黄文献最系统、最丰富的大型丛书。黄河是中华民族的母亲河，然而，历史时期黄河的多次改道、迁徙也给国家和人民造成了巨大的灾难，对黄河河道的治理是中国历朝历代的国之大事。明清时期产生的大量黄河治理文献不但是我国历史水利文献的重要构成部分，更是中华民族在生产生活实践中形成的宝贵遗产。该丛书编者首次提出“明清黄河治理文献”的概念，对一百余种明清黄河治理文献进行全面、系统地整理汇编，并撰写提要。该丛书的主要意义有三：其一，抢救性地保护了一批黄河治理的历史文献。尤其是大量未经整理的档案、稿本、抄本、舆图、奏报、谕旨、文书等珍稀文献，部分孤本单帙甚至面临着散佚、损毁、失传的可能。因此，丛书的出版具有抢救性保护文献的重要意义。其二，系统的文献汇编整理，为学界进一步研究黄河治理问题提供了便利。该套丛书所收录的相关文献内容广博、体例丰富，是一次关于黄河治理史料的系统整理，为黄河水利史、社会史等研究提供了很大的便利，为系统阐释黄河文化及其蕴含的时代新义提供全面的文献支撑。其三，传承、发扬了中华民族黄河文化遗产。对历史时期黄河治理文献的整理，可展示出黄河流域人地相互作用关系的多元价值，同时让黄河文化遗产得到保护、传承和发展，让传统文化在新时代生态文明建设的时代背景下焕发生机。

（成赛男）

【中国地方志集成·水志专辑】

上海书店出版社编《中国地方志集成·水志专辑（全26册）》，上海书店出版社2022年出版。该书由上海书店出版社编辑，是大型经典方志丛书“中国地方志集成”的专门类志书辑之一种，是了解和研究中国各地水文地理、河道、湖泊源流、沿革变迁等方面的重要参考资料。遴选全国各地与河流、山川、湖泊等主体相关的旧方志，以资料丰富、系统完整和实用性为原则，同时权衡地区分布和版本价值，尽量选用版本珍贵、书品较好的志书底本编辑而成。全书共分26册，汇编明清至民国的水志110余种，其中如《长江图说》《山东黄河全省图说》《龙潭小志》《九鲤湖志》《湖山便览》《曹娥江志》等都是首次影印出版，具有较高的史料价值。编纂特点如下：其一，选编主题上，突出“水志”特色，避免与其他大部头水利志书重复。考虑到水利志书多已编集成专题丛刊出版，该书选收志书以自然河川、湖泊志为主，除了部分运河志书，一般水利志书不予收录；其二，选收年代以明清、民国时期为主，版本类型多样，包含各种刻本、抄本、稿本和铅印本；其三，图书编排顺序上，先将黄河、长江等流经数省的水志冠在全书之首，后按现行的行政区域将各省、自治区、直辖市范围内的河流集中编排。凡黄河、长江、淮河、永定河、通惠河、汉江、西湖、太湖、玄武湖、洞庭湖、趵突泉等著名河川、湖泽均有收录。作为地方志的支系，水志是一部百科全书式的地方文献，对于河流、湖泽分布区域内环境变迁、人文历史、社会风俗、经济物产和市镇状况均有记载，因其涉及范围广泛，在诸多方面可弥补一般地方史志及其他著述不足。此外，从体系上而言，该书可与《中国地方志集成·山志专辑》合璧，为世人了解我国河山情形提供丰富的历史文化资源。同时，该书对当今名山与湖泊风景区的开发规划与利用也有重要的借鉴意义。

（成赛男）

【近代环境史资料汇编】

周琼、施磊主编《近代环境史资料汇编（全60册）》，国家图书馆出版社2022年12月出版。该书是2017年度国家社会科学基金重大项目“中国西南少数民族灾害文化数据库建设”的阶段性成果，以影印的方式将海内外所藏中国近代环境史资料进行了系统整理出版。近代环境史是中国环境史研究中最薄弱的时段，其中的关键原因在于史料的繁杂、分散及其选择、分类与真伪考量等问题。近年，中国环境史学科蓬勃发展，相应的，环境史史料学的构建也在逐步完善。主编周琼教授在环境史领域深耕多年，指出如何在中国传统史料学的基础上，探索出一个既能表现跨学科特点又能奠定新学科研究基础的发展方向，真正展现“新文科”的内涵和特色，是中国环境史史料学建构和发展必须关注和解决的问题。该书的出版为探索中国环境史史料学的构建提供了样本。该书按照环境要素将搜集的资料分为气候环境史数据、农业环境史数据、工矿业环境史数据、森林环境史数据、水域环境史数据、疾病环境史数据、灾害环境史数据、动植物环境史数据、交通环境史数据、城乡环境史数据、环境思想史数据等10余个大类，收录文献以中文图书、报刊等为主，补充其他典型性、权威性的数据。丛书围绕民国时期图书、报纸和期刊爬梳环境史资料以形成丛编，该书为第一编气候环境篇。目前收录图书125种、期刊15种，集中收录了民国时期近40年的气候环境资料，包括气候数据、学术资料和调查报告以及当时学者对气候与农业、气候与军事、气候与文化等关系认知的资料。该书所收资料以中国国家图书馆馆藏文献为主，集中度高、系统性强，按照不同的特点和主题，分为全国气候统计资料、各地气候统计资料、气候环境关联性数据、气候环境治理数据和气候环境著述五类。在支撑环境史研究的同时，能够为科学技术史、气象科技史、历史气候等领域提供资料数据，充分体现了环境史与多学科交叉的学术特点，文献价值突出。

（成赛男）

学　人

朱绍侯（1926—2022）

朱绍侯，河南大学历史文化学院教授，著名历史学家。1926 年 11 月 21 日出生于辽宁省新民市。1946 年考入辽宁省立沈阳师范专科学校，1948 年考入东北大学教育系，1949 年转入东北师范大学历史系，1954 年毕业于东北师范大学研究部。此后到河南大学任教，曾任河南大学历史系主任、教授、硕士研究生导师，1985 年任河南大学出版社总编辑等职。曾任中国史学会理事、中国秦汉史研究会副会长、顾问，中国魏晋南北朝史学会常务理事、河南省社会科学联合会委员、河南史学会会长、河南省地方史志编委会编委、河南省文物管理委员会委员、河南省古籍整理领导小组副组长、《史学月刊》编辑部主任、《今注本二十四史》编委等。1992 年享受国务院政府特殊津贴。2012 年被评为“中华文化人物”。2022 年 7 月 23 日因病在开封逝世。

朱绍侯先生主要从事中国古代史的教学与研究，主攻秦汉魏晋南北朝及中国农民战争史，是国内史学界研究中国古代军功爵制度、户籍制度、治安制度的开拓者之一。已出版的专著有《军功爵制试探》、《军功爵制研究》、《军功爵制考论》、《秦汉土地制度与阶级关系》、《魏晋南北朝土地制度与阶级关系》、《雏飞集》、《汉元帝成帝传》（合著）。主编的著作有《中国古代史》（上中下）、《中国古代史教程》（上下）、《中国古代史研究入门》、《中国古代民族关系史研究》、《中国古代治安制度史》、《昏君传》（上下）、《中外历史人物传·中国古代史卷》、《中国历代宰相传略》等。发表论文 200 余篇。其著作颇有创新性与独到见解，在国内外均产生了一定影响，尤其是由他主编的《中国古代史》使用率覆盖了全国 60% 以上的高校历史院系，影响了无数历史学子。主编的《今注本二十四史·宋书》从 1995 年正式开笔，历经 20 余年的艰苦努力，终于在 2020 年 7 月完成并出版。期间，他带领团队对《宋书》一百卷进行全面整理，严格落实“史家校史”“史家注史”的原则，全书注释，篇幅为《宋书》原文字数的 3 倍有余。作为一项开创性的工作，今注本《宋书》填补了传统二十四史中后二十史无注的空白，为中华传统文化的守护、普及、传播作出了重要贡献。

（于天宇）

钮仲勋（1928—2022）

钮仲勋，本名钮先鎧。历史地理学家，地理学史、地图史和水利史学家，边疆史地学者。原籍浙江绍兴，江西九江钮氏“忠孝传先则，诗书喻后昆”的“先”字辈。1953 年本科毕业于复旦大学历史系。1957 年考入中国科学院地理研究所，师从复旦大学谭其骧教授。在地理研究所历任助理研究员、副研究员、研究员，研究生导师。2022 年 5 月 16 日因病逝世，享年 94 岁。

钮仲勋先生是历史地理学界第二代开拓者的代表。在艰难时代筚路蓝缕，结合国家任务，检阅中缅、中老、中越历史边界档案，探索古地图与边疆历史地理、古代天文大地测量、古代对西亚和域外地理认识等史地难题；开拓研究山西吕梁、河北承德围场、湖北郧西等地农牧开发与植被变迁、新疆水利开发史、黄河水利史、魏晋南北朝时期工矿业发展等历史地理内容；面对有关黄河源头考察史、中西交通史航海史、长沙马王堆地图等很多史地新问题，勤于学习，触类旁通，提出新见解，多有新建树。先生以历史地理学为基础，发挥科学院地理所的集体优势，与黄盛璋先生、文焕然先生一起，以历史地理组（史棣祖）集体及个人形式，参加边界边疆历史地理研究、西沙南沙历史地理研究，为权威报刊撰写社论，为维护我国领土和领海主权做出贡献。积极参加国家重大集体任务，参与《中国自然地理·历史自然地理》和《中国古代地图集》的编写工作。数十年甘于奉献，笔耕不辍，从事基础资料收集和整理不署名报告的工作，打通从历史地理学和地理学史向相邻学科协同发展的实践通道，填补了许多认识空白，提炼出具有学者个性的认识论方法论，为学科建设和团队发展做出具有时代特征的显著贡献。

钮仲勋先生曾任中国地理学会历史地理专业委员会副主任，中国水利学会水利史专业委员会副主任，《历史地理》副主编。主要著述有《我国古代对中亚的地理考察和认识》《中国边疆地理》《地理学史研究》《黄河变迁与水利开发》。参加合著《中国古代地理学史》《中国古代地图集》《边界历史地理研究论丛》等集体成果。多年为《自然科学年鉴》和《中国史研究动态》编写“历史地理学进展综述”。把握学科最新动态，推荐学术同仁最新成果，为《欧洲收藏部分中文古地图叙录》等很多著述撰写书评。同时为《地理知识》撰写史地文稿，在《河北日报》等报刊发表科普文章，向社会转播史地知识。

（王　均）

王戎笙（1929—2022）

王戎笙，湖北汉川人。1952年9月至1955年8月在中国人民大学研究生班学习，毕业后留校任助教。1956年8月至1989年11月在中国社会科学院（前身为中国科学院哲学社会科学学部）历史研究所清史研究室工作，历任研究实习员、助理研究员、副研究员、研究员，清史研究室主任，历史所学术委员会委员。其中，1958年至1967年任郭沫若同志秘书。1982年3月至1983年3月在美国密西根大学访问研究。早年研究秦汉史，20世纪60年代起转攻太平天国史与中国农民战争史。在秦汉史、明清史、史学理论、中国近现代史学史、郭沫若研究、台湾地区史学研究、中国考试史等方面发表专题论文150余篇，主要有《清代前期历史上的几个问题》《顺治遗诏与清初权力斗争》《清初档案确证李自成死于湖北通山》《清代前期科举取士的兴废之争》等。1983年起主持“六五”（跨“七五”）国家重点项目10卷本《清代全史》，由辽宁人民出版社出版，获中国社会科学院1977—1991年优秀科研成果奖、1994年第八届中国图书奖、1999年首届郭沫若中国历史学奖三等奖。1996年起主持中国社会科学院重点项目“李自成结局研究”课题组，撰写了课题组研究报告《李自成结局问题的由来和发展》，于1998年10月由辽宁人民出版社出版了《李自成结局研究》一书。1992年起享受国务院政府特殊津贴。王戎笙先生晚年依然积极从事学术研究，出版了《明清史事管窥》（故宫出版社2013年）、《中国何以落后挨打——问责康雍乾》（社会科学文献出版社2017年）等著作。

（王士皓）

祝总斌（1930—2022）

祝总斌先生出生于1930年1月，江苏苏州人。少年时曾随家人居于湖北武汉，就读安多小学、广雅中学和市立一中。后移居北方，先后在中正大学（沈阳）、华北文法学院（北平）和哈尔滨外国语专科学校学习。1949年转入华北人民革命大学（北京），后留校任教。1953年调入中央政法干部学校任教。1954年调入北京大学法律系，1972年转入历史系。历任讲师（1959年）、副教授（1979年）、教授（1986年），博士生导师，曾任中国古代史教研室主任、历史系副主任，享受国务院政府特殊津贴。1998年离休。2022年7月8日因病去世，享年93岁。

祝总斌先生长期从事秦汉魏晋南北朝史、中国古代政治制度史、中国古代法制史的教学与研究。他的学术专长主要在政治制度史和法制史领域，代表作是专著《两汉魏晋南北朝宰相制度研究》。此书1990年由中国社会科学出版社出版，1998年由该出版社收入“社会科学文库”再版，2007年又由北京大学出版社出了第三版，是相关专业学生和研究者的必读书。他在《历史研究》《中国史研究》《文史》等各种重要史学刊物发表论文数十篇，其中大部分收入《材不材斋文集：中国古代史研究》、《材不材斋文集：中国古代政治制度研究》和《材不材斋史学丛稿》三部论文集。北京大学出版社又从中精选部分论文，分为两册，一册名为《门阀时代：魏晋南北朝的政治与制度》，另一册名为《君臣之际：中国古代国家的权力结构》，于2023年出版。

祝总斌先生治学勤谨，涉猎广泛，除其专业领域外，在目录学、文献学、音韵学、历史地理等方面也都下过功夫，对思想史、文学史也有深入研究，由此形成宽广的学术视野和深厚的学术功底。他研究问题坚持论从史出，从史料的解读和考证入手，先在史实层面力求有所发现和突破，然后进行分析归纳和理论概括，故常能提出既新颖独到又言之有据的学术见解。他的研究成果，特别是对宰相制度和门阀制度的论述，全面、扎实、深入，常常能在一些重要问题上质疑成说，并提出有力证据推陈出新，因而受到学界的普遍重视。

祝总斌先生在教学方面也做出了重要贡献，开设过《中国古代史》《中国古代政治制度史》《中国古代史学史》《中国古代法制史》《魏晋南北朝史》等本科生课程，以及《魏晋南北朝史料学》《两汉魏晋南北朝宰相制度研究》等研究生课程，并先后指导硕士和博士研究生数十名。他的课深入浅出，条理清晰，深受学生欢迎。他对学生要求严格，同时注重因材施教，充分尊重学生自己的学术兴趣，鼓励他们发挥所长，去做自己想做的课题。他指导研究生，以耐心细致著称。史料研读课是研究生的重要基础课，是对研究生进行学术训练的重要环节。他在这门课上花费了许多时间和精力。特别是在两周一次的讨论课上，他要回答学生遇到的各种问题。当需要查阅工具书时，他便亲自到书架上找出相关书籍，并迅速翻到有关内容，和学生一起讨论。他给研究生讲授史料课，每次都将要讲的书，特别是学生不易借阅的线装书，从图书馆借出并带到课堂，下课后让学生带回宿舍去翻阅。学生们在他身边，不仅学到了专业知识和治学方法，也被他的治学态度所感染。

祝总斌先生将自己的一生奉献给了中国古代史的研究和教学工作。他平易近人，温厚谦逊，深受学生爱戴、同仁称道。在长达60多年的学术生涯中，他不仅撰写了一百多万字的科研论著，还培养了一批学术新人，其中一部分已成长为中国古代史领域的重要学者，活跃在教学与科研第一线。

（陈苏镇）

郑克晟（1931—2022）

郑克晟，祖籍福建长乐，生于北京，著名明清史专家。1951年至1955年就读于北京大学历史系。毕业后至中国科学院历史研究所（今中国社会科学院古代史研究所）工作，1963年调至南开大学历史系。历任中国科学院历史研究所研究实习员、助理研究员，南开大学历史系（历史研究所）讲师、副教授、教授。1989—1994任南开大学古籍与文化研究所所长、全国高校古籍整理委员会委员。曾参加中华书局《明史》点校工作，专著有《明代政争探源》（天津古籍出版社，1988年初版；故宫出版社，2014年修订版）、《明清史探实》（中国社会科学出版社，2011年）、《明清政争与人物探实》（中华书局，2021年）、《从未名湖到新开湖：郑克晟师友杂忆》（中华书局，2022年）等，合著《中国古代史史料学》（陈高华、陈智超编，北京出版社，1983年；天津古籍出版社，2006年；中华书局，2016年）、《明清史资料》（郑天挺主编，天津人民出版社，1980年）、《清史》（郑天挺主编，副主编之一，天津人民出版社，1989年、2011年；上海人民出版社，2020年，另有香港版、台湾版）、《郑天挺学记》（吴廷璆、陈生玺、冯尔康、郑克晟编，生活·读书·新知三联书店，1991年）。发表学术论文百余篇。

郑克晟先生尤长于明代政治史研究，其政治史研究注重探讨社会经济、思想文化与政治史的关联，跳出就政治论政治之局限。《明代政争探源》一书试图为明代近300年间的政治斗争史探寻其社会经济根源，从而解剖整个明代政治史，将诸如明初江南士人对元朝的怀念、明初苏松重赋问题、建文改革、靖难之役、明成祖迁都北京、明代各类庄田、大礼议、万历北方水田、耶稣会士来华、南明党争等问题，联系起来考察，指出这些问题都为南北地主集团党争所左右。同时全面分析明代的各类庄田，指出庄田是北方地主集团的经济基础，从而将经济与政治联系起来考察。既考察南北地主的地域因素，更注重随着利益与地位的转换，地主身份出现变异，而背后的皇权与士绅权力的斗争，是掌控一切的关键。同时，对于明代江南重赋问题，独辟蹊径，除苏松地区外，广泛考察了南昌、袁州、瑞州、陕西宁州等地，进行了系统的剖析，指出这些地区的自然、经济社会条件大相径庭，但有相同的历史背景，在元末明初都为朱元璋的敌对势力所占领，与明军相抗衡，因而遭到朱元璋重赋政策的惩罚，重赋的原因实乃朱元璋对这些地区的政治迫害，对这一聚讼纷纭数百年的问题提出了一个较为圆满合理的解释。

郑克晟先生生于书香门第，系郑天挺先生哲嗣，阅历丰富，接触到很多老一辈学者，交游甚广，博闻强识，熟悉学林掌故。《从未名湖到新开湖：郑克晟师友杂忆》系其回忆文集，内容包括回忆郑天挺等老一辈史学家的生平、交游和学术成就，以及他本人读书治学的经历等。全书图文并茂，一定层面上反映了20世纪中国学术生态，并可补一些学者的生平事迹，生动真实，趣味横生。

（孙卫国）

邓自燊（1932—2022）

邓自燊，曾用名邓自欣，历史地理学家，中国社会科学院古代史研究所副研究员。1932年3月出生于四川江安，四川大学历史系毕业，于1958年9月来中国社会科学院历史研究所历史地理研究室工作，1992年退休，2022年12月在北京逝世。

邓自燊先生长期投身于大型集体项目工作，其中最重要的是《中国史稿地图集》《中国地名语源辞典》《中华人民共和国国家地图集》《中国历史地名大辞典》等集体项目工作。个人著述主要是《新疆人民抗俄斗争简述》（中华书局1979年12月），参著成果还有《古代中越关系史料选编》、《中国的寺庙》、《中国大百科全书》、《中国历史大辞典》（秦汉史、清史、历史地理部分）、《四川历史词典》、《资治通鉴大辞典》、《中国百科大辞典》、《历代名人与江安》等。

邓自燊先生长期从事历史地理、地名学研究，为《中国历史地名大辞典》（中国社会科学出版社2005年出版）副主编。该书由中国社会科学院历史研究所历史地理研究室主持，历时20余年而成，是一部大型的权威工具书，荣获郭沫若史学奖和首届政府图书奖。全书共六万余词条，包括古国、都邑、各级政区、山川、泽薮、津梁、关隘、城镇、堡寨、交通道路、水利工程及与重大历史事件和人物有关的地名。引征广博，还注意吸取最新研究成果，是我国历史地名学的集大成者。此外，《中国史稿地图集》由郭沫若先生主持编绘，邓自燊先生作为历史地理研究室的一员，承担了相应工作。该书1995年被评为全国高校优秀教材一等奖，内容丰富，制图精良，是中国现代历史地图学的重要成就，在学界利用颇多，也得到了良好的社会反响。

（成赛男）

郑汝中（1932—2022）

郑汝中，敦煌研究院原音乐舞蹈研究室主任、副研究馆员，1932年8月出生于北京，1944年1月参加革命，同年进入陕甘宁边区师范学校学习，1947年3月至1952年12月在北京家中养病，1953年1月在国家重工业部建工局建材部工作，1956年9月至1986年3月先后在合肥师范学院、安徽师范大学艺术系担任教员，1986年4月调入敦煌研究院音乐舞蹈研究室工作，1988年任敦煌研究院副研究馆员，1993年8月离休。2022年12月30日在上海病逝，享年90岁。

郑汝中先生治学精勤，涉猎颇广，毕生致力于乐舞史、书法艺术的研究，主要著作有《琵琶指镜》（学艺出版社，1995年）、《中国飞天艺术》（安徽美术出版社，2000年）、《敦煌石窟全集·音乐画卷》（香港商务印书馆，2002年）、《敦煌石窟全集·飞天画卷》（香港商务印书馆，2002年）、《敦煌壁画乐舞研究》（甘肃教育出版社，2002年）、《佛国的天籁之音》（上海人民出版社，2007年）、《解读敦煌·飞翔的精灵》（华东师范大学出版社，2016年）、《陇上学人文存·郑汝中卷》（甘肃人民出版社，2016年）等。书法集有《雪墨书影》（安徽美术出版社，1994年）、《敦煌写卷书法精选》（安徽美术出版社，1994年）、《敦煌写卷行草书法集》（甘肃人民美术出版社，2000年）、《郑汝中书法集》（甘肃人民美术出版社，2004年）等。发表《“敦煌音乐”中的若干问题》《敦煌壁画乐器研究》《榆林第3窟千手观音经变乐器图》等论文30余篇。郑汝中先生的论著涉及面广、创新性强、问题意识多，他对壁画中的乐器图像及琵琶缘起等问题有独到见解，其成果为传统文化的守正创新及敦煌学研究拓宽了领域，奠定了基础，具有一定的现实意义和学术价值。敦煌研究院任职期间，他主持仿制敦煌壁画乐器项目，制成仿古乐器35种、60余件，制作纪录片《探索发现——敦煌乐器》（上、下），被誉为敦煌乐器的“复活人”。

（杨富学）

关友惠（1932—2022）

关友惠，山西临猗人，敦煌研究院美术研究所副研究员、原所长，中国美术家协会会员、甘肃省美术家协会副主席。1932年10月2日出生于山西省临猗县，2022年7月10日因病逝世，享年90岁。1949年3月考入西北军政大学艺术学院学习。1953年毕业于西北艺术学院美术系，同年9月到敦煌文物研究所从事壁画临摹研究工作。1962年调入文物研究所考古组，担任石窟分期和测绘的工作；1980年从考古研究室调回美术研究室，任副主任；1984年起任敦煌研究院美术研究所所长，直至1990年。

从20世纪50年代起，在极其艰苦的条件下，关友惠通过不懈努力，勤学苦练，潜心探索古代壁画艺术的技法和艺术特点，对莫高窟各个时期的壁画风格和技法了然于心，其艺术作品客观准确地还原出敦煌壁画不同时期的艺术风格。由于其扎实的临摹功底，曾多次受邀参加各大石窟及墓葬的壁画临摹工作。关友惠的作品笔法生动且凝练，线条沉着含蓄，形神兼备，得到海内外广大观众的一致好评和赞誉。

在担任敦煌研究院美术研究所所长期间，关友惠率领所内工作人员潜心研究古代壁画艺术，并多次主持或参与筹备国内外壁画展览，他的诸多作品也曾随“敦煌艺术展”赴日本、法国、印度等国家展出，参加了1985—1986年的日本《中国画展》、1988年的日本《敦煌·西夏王国展》。

长期从事敦煌壁画的临摹工作，在敦煌图案方面成果卓著，独立或合作临摹壁画160多幅，临摹代表作有17窟《近事女》、156窟《张议潮统军出行图》、323窟《张骞出使出域图》、257窟《沙弥守戒自杀缘品故事》、172窟《观无量寿经变》（合作）等，大部分作品都达到了甲级水平。20世纪70年代应邀临摹陕西唐代章怀太子墓和懿德太子墓墓室壁画、新疆库木吐喇石窟壁画、酒泉丁家闸魏晋墓壁画。

在临摹与创作之外，关友惠还积极投身于敦煌石窟艺术研究，发表《莫高窟220窟新发现的复壁壁画》《莫高窟隋代图案初探》《敦煌宋西夏石窟壁画装饰风格及其相关的问题》《敦煌莫高窟北朝洞窟的分期》《莫高窟隋代石窟的分期》等论文20余篇；出版《敦煌壁画白描精粹·敦煌图案》（甘肃人民美术出版社，1996年）、《敦煌石窟全集·图案卷》（上下册，商务印书馆香港有限公司，2003年）、《中国敦煌壁画全集》第8卷《晚唐卷》（天津人民美术出版社，2001年）等著作5部。

（杨富学）

吴宗国（1934—2022）

吴宗国，1934年出生于南京市，籍贯江苏如皋。1953年毕业于南京师范学院附中，同年考入北京大学历史学系。1958年7月毕业后留校任教，担任汪篯教授的助手。1983年任副教授，1990年任教授，1995年开始招收博士生，曾任中国古代史教研室主任，历史学系学位委员会委员、学术委员会委员，享受国务院政府特殊津贴，1999年6月退休。曾兼任北京大学中国古代史研究中心研究员，《中国大百科全书》第二版中国历史学科隋唐五代史分支主编，点校本“二十四史”及《清史稿》修订工程审定委员，唐研究基金会从书学术委员，中国唐史学会理事，北京历史学会理事，中国人民大学唐宋史研究中心顾问等。

吴宗国教授毕生致力于中国古代史的教学与研究，尤其在隋唐五代史方面取得了重要成就。他的学术起点是担任汪篯教授的中国古代史课程助教及协助编写《中国史纲要》隋唐五代部分，因此奠定了鲜明的通史意识，树立了明确的以教学带动科研的学术路向。他参与了翦伯赞主编的《中国史纲要》第一版的撰写，后来主持修订了这部经典教材《中国史纲要（增订本）》（上下册），2021年获教材领域的最高荣誉“全国优秀教材奖”（首届）一等奖。

从1980年代开始，吴宗国教授长期开设本科生的通史课及隋唐史、中国古代政治制度史等课程，受到历届学生的好评，曾获北京大学教学优秀奖，为北京大学历史学系本科人才培养做出了杰出贡献。在研究生教学中，他首次在系内开设“中国古代史研究”课程，打破断代隔阂，贯通古今脉络，指导学生形成对历史发展的整体认识，培养了大批从事中国古代史教学研究的优秀人才。

吴宗国教授在隋唐五代史和中国古代政治制度史研究方面造诣深厚，成就斐然。著有《北京史（隋唐部分）》、《唐代科举制度研究》、《隋唐五代简史》、《唐太宗与贞观之治》、《唐玄宗》（修订重印后改名为《盛唐之子》）、《中古社会变迁与隋唐史研究》、《说不尽的盛唐》等，主持编著《中国古代官僚政治制度研究》《盛唐政治制度研究》《中国封建王朝兴亡史（隋唐卷）》《中国大百科全书·中国历史·隋唐五代史》等。

吴宗国教授尽心从教，潜心治学，方法科学，风格鲜明。他在中古政治体制、隋唐政治与社会演变、唐朝的历史地位、唐代科举制度等众多研究领域做出了具有开创性的研究，许多论述广为征引，并进入大学本科甚至中学的历史教学之中，影响深远。

（刘后滨）

周九香（1935—2022）

周九香，秦汉史研究专家，四川大学历史文化学院教授。1935 年 12 月 9 日出生，籍贯四川省崇庆县（今崇州市）。1953 年考入四川大学历史系，1957 年毕业后留校任教，1960 年晋升讲师，1985 年晋升副教授，1995 年晋升教授，1996 年光荣退休。

周九香先生执教 40 年，长期从事中国古代史的教学和研究，先后主讲了《中国古代史》《秦汉史》《史学概论》等课程，教学认真负责，深入浅出，学贯中西，以史启智，深受各界学生爱戴。一生从事秦汉史和四川地方史的研究，在秦汉史、都江堰水利史、郭沫若研究等领域多有建树，生前出版了《郭沫若论与九香随吟》等著作，并在《中国史研究》《史学史研究》《四川大学学报》等刊物上发表论文多篇。主要论文有《西汉前期四川地区巩固新兴封建制的斗争——兼论汉武帝对西南边疆的开发》《都江堰历史和现实若干问题的思考》《也从〈老子〉说“春熙”》《雍正时期项诚对成都金河治理的方案》《王勃生前无蜀州》《江渎崇拜与西蜀文明》《城隍祭祀与崇州城隍庙会》等。退休后仍积极致力于地方历史文化研究和弘扬，出版有《（民国）崇庆县志校注》《（民国）大邑县志校注》等。

周九香先生生前曾担任四川大学历史系中国古代史教研室主任，并担任中国秦汉史研究会第一、二、三届理事，中国郭沫若研究会第三届理事，四川省郭沫若研究会常务理事，四川省水利史研究会副主任等，为学科建设和史学专业发展作出了重要贡献，深受学界赞誉。周九香先生是德高望重的师者，同时也是勤奋创新的学者，为人师表，严于律己。政治上拥护党的各项方针政策，热爱中国共产党，热爱社会主义祖国，在大是大非面前立场坚定，旗帜鲜明，始终与党中央保持高度一致。耄耋之年依然不忘关心学校的发展和学院的建设，一生勤勤恳恳，兢兢业业，周九香先生为教学事业奋斗终生的学者精神值得每一位教育和科研工作者学习践行并传承发扬。

（于天宇）

齐陈骏（1936—2022）

齐陈骏，著名历史学家、敦煌学家。祖籍浙江上虞，1936年出生于天台。1957年毕业于复旦大学历史系，分配至兰州大学历史系工作，1978年为副教授，1986年为教授。1979年在兰州大学开创敦煌学研究，担任敦煌学研究小组、研究室、研究所负责人，《敦煌学辑刊》主编。2000年退休，2002年受聘为绍兴文理学院兼职教授。2022年因病在绍兴逝世。

齐陈骏长期从事魏晋南北朝隋唐史、敦煌吐鲁番学、西北史地等方面的教学和研究。在兰州大学开设《中国古代史》《历史文献学概论》《汉唐职官制度》《敦煌学概论》《河西史》等课程，指导20名博、硕士研究生，为西部教育事业做贡献，培养了一批人才。早在20世纪50年代末，齐陈骏就开始发表隋唐史论文，尤其是在《历史研究》1965年第1期发表论文《试论隋和唐初的政权》，受到日本《东方学报》《剑桥中国隋唐史》的评介，在国内外学界产生了较大影响。改革开放以后，齐陈骏到武汉大学历史系跟随唐长孺、陈仲安先生进修学习。1979年在兰州大学创办敦煌学研究小组，1980年创办大陆第一家敦煌学刊物《敦煌学辑刊》。1981年考察丝绸之路，近两个月行程万余里，积极投身于西北史地研究。从1982年起，近10年间派遣兰州大学敦煌学青年教师赴北京大学、北京师范大学、复旦大学、杭州大学、英国图书馆、日本东洋文库及苏联科学院东方研究所进修或调查敦煌吐鲁番文献，为兰大敦煌学培养了人才。1983年获得历史文献学（敦煌学）硕士学位点授权，《敦煌学辑刊》正式获准创刊，主力参办中国敦煌吐鲁番学成立大会。1998年获历史文献学（含：敦煌学、古文字学）博士学位点授权，被聘为博士生导师。1999年兰州大学敦煌学研究所入选首批教育部人文社会科学重点研究基地。齐陈骏为兰州大学敦煌学事业的发展作出了开创性的贡献。曾任中国民主同盟中央委员会委员、甘肃省政协委员、中国敦煌吐鲁番学会副秘书长、甘肃敦煌学学会副会长等，获国务院政府特殊津贴。

齐陈骏从研究魏晋南北朝隋唐史起家，在《历史研究》《中国史研究》等刊物上发表学术论文；20世纪80年代起陆续出版《河西史研究》、《五凉史略》（合著）、《古代西北屯田开发史》（合著）、《西北通史（第二卷）》、《枳室史稿》、《陇上学人文存·齐陈骏卷》、《敦煌学与古代西部文化》等著作，担任《中国敦煌学百年文库·地理卷》主编、《中华人民共和国地名词典·甘肃省》副主编，发表论文60余篇，主要倾情于敦煌学、西北史地研究，为西北历史文化研究作出一定贡献。主持承担教育部基地重大项目“敦煌官文书与唐五代地方行政制度研究”，五卷本《西北通史》荣获甘肃省哲学社会科学优秀成果一等奖。

（冯培红）

黎虎（1936—2022）

黎虎教授祖籍广东省兴宁市，1936年8月25日生于北京。1959年毕业于北京师范大学历史学系（2006年改为历史学院）并留校任教，历任讲师、副教授、教授，博士研究生导师，享受国务院特殊津贴。曾先后担任中国魏晋南北朝史学会秘书长、副会长、顾问，《中国大百科全书》第二版“三国两晋南北朝”分卷主编，河南师范大学、包头师范学院、扬州大学等高校兼职教授，日本大阪市立大学客座教授。2022年7月6日因病逝世于北京，享年86岁。

黎虎教授长期从事中国古代史教学科研工作。为学术研究和教书育人鞠躬尽瘁，成就斐然，在国际国内学术界声名远扬，蔚然成家。共出版学术专著6部、主编学术著作2部，发表学术论文50余篇，其中多篇论文发表于《历史研究》《中国史研究》《文史哲》等重要学术期刊。八十高龄以后仍然笔耕不辍，屡有新作，老骥伏枥，乐在其中。

黎虎教授在先秦秦汉史、魏晋南北朝史、隋唐五代史、民族史等领域取得突出成就。他早年曾致力于先秦史研究与教学，出版《夏商周史话》（北京出版社，1984年），并发表相关论文。后来他转入秦汉魏晋南北朝隋唐史研究，对这一历史时期展开全方位的探讨，内容广泛涉及政治、经济、地理、人口、社会、军事、外交、民族、文化等诸多方面。在此期间，黎虎教授发表了一系列颇具影响力的论文。这些论文往往发前人所未发，视角独特，观点新颖，论证严密，有力推动了秦汉魏晋南北朝隋唐史研究的深入发展。后来这些论文大部分被收入论文集《魏晋南北朝史论》（学苑出版社，1999年）、《先秦汉唐史论》（北京师范大学出版社，2016年）。此外还出版了《汉唐饮食文化史》（北京师范大学出版社，1998年），对汉唐时期饮食文化、社会生活作了深入系统研究。

黎虎教授为中国古代外交制度史研究作出了开创性、奠基性的重要贡献。他先后出版《汉唐外交制度史》（兰州大学出版社，1998年）、《汉代外交体制研究》（商务印书馆，2014年）两部专著，并围绕该主题发表了系列论文。《汉唐外交制度史》一书对汉唐时期的外交决策制度、管理制度进行了系统整理和研究，第一次将我国古代外交制度作为一门独立学科提出并加以全面系统的论述，弥补了中国古代史研究领域的空白。该书由季羡林先生题名，祝总斌、吴宗国两位先生作序，出版后获得学界高度评价，2019年由中国社会科学出版社再版。《汉代外交体制研究》一书全面、系统阐述了汉代外交制度，揭示了对后世影响深远的诸多外交制度和原则问题。该书与前书《汉唐外交制度史》共同开辟了中国古代外交体制研究先河，构建了“中国古典外交制度”新学科的理论体系，奠定了中国古代外交史研究的学科基础。此外，黎虎教授对长沙走马楼三国吴简“吏民”问题、中国古史分期暨社会性质问题进行新探索，发表了系列论文，提出独树一帜的新观点。他还花费大量精力和时间，对黎昔非先生与《独立评论》的相关史料进行了学术史整理和研究，主编出版了《黎昔非与〈独立评论〉》（学苑出版社，2002 年）、《黎昔非的学术与人生》（学苑出版社，2022 年），进一步丰富了中国近现代文化史研究。

黎虎教授潜心教学，勤勉敬业，孜孜不倦，桃李满园，为中国古代史教学科研和国际学术交流、人才培养作出了重要贡献。他长期坚持在教学一线，为本科生和研究生授课，亲自指导、培养了三十余名硕士、博士和博士后，不少学生已经成为学术界各个研究领域的科研教学骨干力量。部分学生是来自韩国、日本的留学生。他们学成归国后，在相应研究领域崭露头脚。2005 年 11 月，黎虎教授应邀对日本进行学术访问，期间与京都大学、大阪市立大学师生及日本唐代史研究会学者进行学术交流，应邀会见了堀敏一、谷川道雄、中村圭尔、金子修一等日本学界著名历史学家，促进了中日两国的学术交流。

（彭丰文）

彭邦炯（1938—2022）

彭邦炯，中国社会科学院古代史研究所研究员，甲骨学家、历史学家。曾任甲骨学殷商史研究中心副主任，美国加州大学中国中心“先秦战争与外交研究”课题顾问，江苏甲骨学会学术委员会高级顾问。1938 年 2 月生于四川省南充市，1958 年就读于四川大学历史系，1963 年 9 月进入历史研究所工作，1979 年 3 月被评为助理研究员，1988 年 7 月晋升副研究员，1996 年 8 月晋升研究员，1985 年 4 月加入中国共产党。2022 年 2 月 21 日在北京精诚博爱医院因病去世，享年 84 周岁。

彭邦炯 1973 年加入胡厚宣负责的《甲骨文合集》编辑组，协助桂琼英进行甲骨拼合工作，具体完成如下任务。其一是核对桂琼英所用材料来源，注明是否已有别人缀合。其二是将未贴拼的散片拼缀贴在毛边纸上。其三据著录号和摹本找到拓片进行核对，再拼缀粘贴在白纸上。其四按著录书出版先后集中抄录成《拼合总表》，此表后来整合到《甲骨文合集材料来源》中。彭邦炯统计桂琼英共拼缀甲骨 2000 多版，其成就远远超过任何一位学者的缀合数量。1982 年《甲骨文合集》全部出版后，彭邦炯还参与集体撰写的《甲骨文合集释文》工作。1999 年甲骨文发现一百年之际，彭邦炯、谢济、马季凡共同编著《甲骨文合集补编》，收录甲骨 13450 片。

彭邦炯在甲骨学领域的主要著作是《甲骨文农业资料考辨与研究》，此书 1997 年由吉林文史出版社印行，广泛搜集相关卜辞材料，加以细致精审的考释，做了全面系统的研究。2008 年出版《甲骨文医学资料释文考辨与研究》，由人民卫生出版社印行，搜集 865 片殷商生育、疾病卜辞，逐字逐句写出释文，进行深入探讨，旨在复原商代医学发展的全貌。考释甲骨文字的成果，主要收录在《契文释录》一书中，2017 年由上海书店印行。在殷商史领域的代表作是《商史探微》，1988 年由重庆出版社印行，是对商代史综合研究的专著，涉及政治、经济、军事、文化、科学、艺术诸多方面，探讨了商王朝五次迁都的原因及众人阶级属性等问题。史学论文结集为《古国族与古史探研——彭邦炯学术论文选集》一书。在目录学方面，出版《中国古籍知识启蒙》，1992 年由知识出版社印行。又著有《百川汇海——古代类书与丛书》，2001 年由台湾万卷楼印行。

彭邦炯参与多项国家重要学术任务，如《中国国家大地图集·历史地图卷》《中国历史大辞典·先秦史》《中国大百科全书·历史卷》《中国大百科全书·考古卷》《早期奴隶制比较研究》等集体项目。与谢济合著《战国史话》，1982 年由青年出版社印行，后来多次再版，在普及历史知识方面有很大贡献。

（李金玲　刘　源）

施建中（1940—2022）

施建中，隋唐史知名学者，北京师范大学历史学院教授，中国唐史学会会员。2022 年 12 月 17 日去世。施建中教授 1940 年出生于江苏省无锡市，1959 年考入北京师范大学历史系，毕业后留校任教，先后担任助教、讲师、副教授、教授，博士生导师。1997 年起担任中国古代史教研室主任。2000 年作为主要负责人创建北京师范大学文物博物馆，创办考古与博物馆学专业，并担任考古与博物馆学教研室主任。2004 年 10 月退休。2013 年受聘为海南琼州学院住校教授，主持创建了南海文化博物馆。

施建中教授先后开设中国古代史（隋唐至明清）、隋唐史、《资治通鉴》研读、中国古代史专题、中国古代史专业理论、隋唐五代史史料学等课程，培养了包括日、韩留学生在内共 30 多位硕士、博士研究生。

施建中教授长期从事隋唐五代史的研究，其治学与二陈史学颇有渊源。1962 年北师大校庆 60 周年之际，因学习优异，他被推选与陈垣校长、历史系白寿彝主任、中国古代史教研室杨钊主任、北京师范大学附中教师杨子坤合影，校报《师大教学》登出这幅“五世同堂”照片，并发专文介绍其学习和读书情况，寓意北师大史学的代际传承。20 世纪 80 年代初，他开始隋唐史的研究，就教于陈寅恪先生的高足、北京大学历史系王永兴先生，二人保持了长达 30 年的师生情谊。90 年代初，赵光贤先生为传承陈垣校长的“史源学”，不顾 80 岁高龄，开设此课，施建中教授全程协助，得以深刻领会“史源学”的要义。他将二陈史学的精义贯穿于隋唐史、《资治通鉴》研读的课程中，并主编高校历史教材《中国古代史》下册（北京师范大学出版社，1996 年），广受好评，奠定了二十多年来北京师范大学版中国古代史一系列教材的基础。

施建中教授十分注重史学的经世功能，这是其治史的一大特点。他参加了赵禄祥主编的《国史镜鉴·爱国篇》（北京出版社，1993 年）的撰写；与夫人隋淑芬教授合著《自强不息的史诗——改革与进取》（浙江人民出版社，1994年），阐扬了中国历史上历代改革家的事迹。他的专著《隋文帝评传》（广西教育出版社，1996年），是国内较早对隋文帝进行全面评述的著作，突出了隋文帝改革进取的功绩。他精研《贞观政要》、《资治通鉴》，长期为外校、国家机关讲授中国古代历史人物、中国古代历史文化、唐太宗治国思想等。晚年主编《正说唐朝二百九十年》（中国国际广播出版社，2007年），系统总结了其对唐朝历史的认识。

除此外，合作点校《金圣叹选批唐诗六百首》（北京出版社，1989年），合著《中国古代奇童传》（笔名施昀，中国广播电视出版社，1991年），合编《北京师范大学文物博物馆藏品选》（北京师范大学出版社，2002年）等。

（游自勇）

卫家雄（1941—2022）

卫家雄，中国社会科学院古代史研究所副研究员，历史地理学家。1941年7月出生于广东广州，1960年秋考入复旦大学历史地理专业，1965年毕业后来所工作，主要从事历史地理学、地名学、方志学等领域的研究。兼任《中国地方志通讯》常务责任编辑，并参加新编地方志的草创工作。2001年退休，2022年3月逝世。

卫家雄先生先后参加多个大型集体项目，如《中国史稿地图集》《中华人民共和国国家地图集（古代战争图组）》《中国历史地名大辞典》等。独著成果有《方志史话》（社会科学文献出版社，2011年），主编或合著了《中国古代史常识·历史地理部分》（中国青年出版社，1981年）、《银色巨龙——长江》（中国大百科全书出版社，1998年）、《保定旅游文化》（方志出版社，2005年）等著作。论文发表有《略论方志地理志》、《三峡历史地理丛考》、《明清闽台风俗通义》《外贸名城——广州》等。

卫家雄先生所参加的集体项目大都是国家级、院级重大课题，其中不少项目是历史地理学学科发展历程中具有节点性意义的成果。其中《中华人民共和国国家历史地图集》是国家层面的大型科研项目，规模宏大、内容繁复，凝聚了我国几代学者的治学心力，2012年已由中国社会科学出版社出版第一册。卫家雄先生所参与的主要是其中古代战争图组的工作。卫家雄先生参与的《中国历史地名大辞典》（中国社会科学出版社，2005年）是我国历史地名领域的权威工具书。而卫家雄先生主编的《中国古代史常识·历史地理部分》（中国青年出版社，1981年）则在20世纪80年代流传较广，为我国历史地理学的普及起到重要作用。

卫家雄先生除了长期从事历史地名学研究，还对我国新方志编纂工作进行理论思考，并在科学研究的基础上，做了不少历史学的大众普及工作。所著《方志史话》（社会科学文献出版社，2011年）介绍了方志的名称、由来及发展历程，思路清晰，观点鲜明，是方志学概论性著作。卫家雄、华林甫著《银色巨龙——长江》（中国大百科全书出版社，1998 年）一书，介绍了长江的源流、河道的历史自然地理变化及沿线城镇和风景名胜，后由中国大百科全书出版社在 2000 年以《中华文明史话：长江史话》为名再版，推动了我国长江历史自然与人文地理的普及。

（成赛男）

陈庆英（1941—2022）

陈庆英，著名藏学家、民族史学家。原籍广东台山，1941 年 10 月 21 日生于四川南充。1958 年随家迁居青海，读书期间始学藏文。1965 年毕业于青海师范学院物理系。此后，任教于德令哈中学、海西州民族师范学校。1981 年毕业于中央民族学院民族语文系古藏文专业，获硕士学位。同年，任职于中央民族学院藏族研究所。1984 年调至青海省社会科学院藏学研究所，1987 年任所长，1988 年任研究员。1993 年调至中国藏学研究中心历史宗教研究所，任所长、研究员。2000 年至 2004 年任重组后的历史研究所所长。2006 年起兼任中央民族大学藏学研究院、西南民族大学民族研究院博士生导师。2009 年退休。其间，1995 年至 1996 年任台湾政治大学民族学系客座教授，1999 年任美国哈佛大学燕京学社访问学者，2004 年任台湾佛光人文社会学院宗教学系客座教授。2022 年 4 月 11 日因病在成都逝世。

陈庆英长期从事藏文文献以及西藏历史、宗教和文化等方面的研究，成就卓著。他的学术研究以严谨、平允和贯通著称，囊括吐蕃历史、西夏藏传佛教、蒙藏关系、明清西藏历史，以及藏文史籍、藏传佛教寺院、藏族部落、活佛转世制度等诸多领域。其中，元代、清代西藏研究成果最丰，创见尤多。著有《蒙藏民族关系史略》《元朝帝师八思巴》《元以来西藏地方与中央政府关系研究》《达赖喇嘛转世制度》等学术专著，以及《流年乾坤：西藏历史述略》《阿古顿巴的故事》等普及读物。撰有《一份敦煌吐蕃驿递文书》《〈大乘要道密集〉与西夏王朝的藏传佛教》《夏鲁的元朝帝师法旨》《江孜法王的家族与白居寺的兴建》《章嘉・若必多吉与乾隆皇帝》《关于〈汉藏史籍〉的作者》《汉文“西藏”一词的来历简说》等一百余篇论文。部分论文收入《陈庆英藏学论文集》。他积极致力于藏文史籍的整理和翻译，孜孜不懈，甘为人梯。译注《王统世系明鉴》《汉藏史集》《红史》《章嘉国师若必多吉传》《萨迦世系史》《蒙古佛教史》《五世达赖喇嘛传》等古典藏文史籍，以及《论西藏政教合一制度》《西藏通史・松石宝串》等现代藏文论著。校订《印度佛教史》《觉囊派教法史》《朗氏家族史》《至尊宗喀巴大师传》等汉译藏文史籍。他长期投身于集体项目，编译多种基础资料，善于合作，不计名利。主持塔尔寺藏文文献和历史文物的编目与研究、青海藏族社会历史研究、达赖喇嘛转世系统的历史与现状研究、《西藏通史》等基础课题，主编或合编《中国藏族部落》《青海藏传佛教寺院碑刻译释》《西藏地方是中国不可分割的一部分・史料选辑》《西藏历史文化辞典》《藏族研究译文集》等基础资料。相关著作获中国社会科学院优秀科研成果奖、国家图书奖等多项荣誉。此外，他还承担了大量的编辑、评审、调研等工作。

陈庆英是当代中国最优秀的藏学家之一，他与业师王尧教授一道，为中国藏学在20世纪80年代以来的兴起和发展作出了突出贡献，发挥了开拓史料、承前启后的重要作用。他襟怀坦荡，潜心治学，待人亲和，提携后辈，应邀在中央民族大学、中国人民大学等高校开设《敦煌吐蕃历史文书》《郎坚巴传》等藏文史籍研读课程，培养了一大批藏学、民族史领域的青年学子。他的学术业绩，受到了学界的高度肯定。1987年被授予国家级有突出贡献中青年专家称号，1989年被授予青海省劳动模范称号，1990年被授予青海省优秀专家称号，1991年起享受国务院政府特殊津贴，2018年被授予中国藏学研究珠峰奖荣誉奖。退休以后，他还担任《中国藏学》顾问委员会委员、中国历史研究院咨询委员会委员。

（任小波）

吕文郁（1943—2022）

吕文郁，祖籍山东蓬莱，生于吉林九台。1964年就读于吉林大学中文系，毕业后在三线军工企业工作十年。1980年重回吉林大学，师从著名历史学家金景芳先生学习先秦史，1983年获历史学硕士学位，1988年获历史学博士学位。吉林大学古籍研究所教授、博士生导师，四川大学古籍所兼职教授，深圳大学特聘教授，兼任中国范蠡研究会顾问，中国先秦史学会常务理事、副秘书长，中国孔子基金会学术委员会委员，北京大学《儒藏》精华编编纂委员会委员，香港孔教学院院董等职。

吕文郁先生长期致力于周代政治制度史、先秦诸子学和中国古代思想文化史等方面的研究。代表学术专著有《周代采邑制度研究》（文津出版社，1995年，获台湾地区最高学术奖——金鼎奖提名；2006年社会科学文献出版社增订版更名为《周代的采邑制度》）、《春秋战国文化志》（入选中华文化通志丛书，上海人民出版社，1998年，荣获第四届国家图书奖特别荣誉奖；2007年东方出版中心再版，更名为《春秋战国文化史》；2018年新世界出版社再版）、《孔子新传》（与金景芳先生、吕绍纲教授合著，湖南出版社，1991年；2006年长春出版社再版；2020年新世界出版社典藏版）、《先秦诸子蠡测》（科学出版社，2018年）、《金景芳先生编年事辑》（中华书局，2018年）等。主编有《四库大辞典》（与李学勤先生合作主编，吉林大学出版社，1996年）、《20世纪中国学术大典》之《历史卷》《考古卷》《博物馆学卷》（副主编，福建教育出版社，2005年）、北京大学《儒藏》精华编《尚书》类著作等。先后在《历史研究》《社会科学战线》等期刊发表学术论文80余篇。先生治学严谨笃重，著述丰厚，于周代政治体制和思想文化研究卓有创见，在先秦诸子研究方面已形成体大精深的思想体系，更为先秦史研究作出了突出贡献。

吕文郁先生勤勉不懈地搜集、整理和出版乃师金景芳先生的论著遗稿，先后编辑《金景芳学述》（浙江人民出版社，1998年）、《金景芳学术文化随笔》（中国青年出版社，2000年），主持整理《金景芳先秦思想史讲义》（天津古籍出版社，2007年）、发表《尚书戈春》等遗著，主持整理出版《金景芳全集》（与舒大刚教授合作主编，上海古籍出版社，2015年），编著出版《金景芳先生编年事辑》，为接续学术薪火、传承弘扬金老的学术思想奠定了坚实基础。

（黄海烈）

周生春（1947—2022）

周生春，浙江大学教授，历史学家。2022年7月20日因病于上海逝世。

周生春教授，祖籍江苏淮安，1947年8月29日出生于江苏省苏州市。1978年考入杭州大学历史系，师从陈乐素、徐规先生攻读宋史方向的硕士研究生；1983年进入北京大学，师从北京大学邓广铭先生治宋史，并于1986年获得博士学位；其后治学从教于浙江大学，期间先后任教于浙江大学哲学系、哲学社会科学系、经济学院、公共管理学院。1999年、2003年两赴美国哈佛大学做访问学者，2007—2008年赴美国普林斯顿大学做访问学者；曾担任“日本学术振兴会”特聘专家、杭州古都文化研究会名誉会长、浙江大学行政管理与公共政策研究所所长、浙江大学区域社会经济史研究中心主任，是浙江大学儒商与东亚文明研究中心及“浙江大学晨兴文化中国人才计划”之主要创办者。

周生春教授的学术研究主要集中在文献学、宋代经济史和中国古代思想史等领域，著述颇丰，先后发表《李白与碎叶》（《历史研究》1978年第7期）、《论宋代浙西、江东水利田的异同及利弊》（《文史》第43辑，1997年）、《帛书〈老子〉道论试探》（《哲学研究》1992年第6期）、《四库宋代方志提要补正》（《文献》1995年第2期）、《论〈华海师全〉的史料价值和申贤的历史地位》（《中国学术》第19、20辑，2005年）、《中国历史上的农本工商末思想与政府政策的嬗变》（《浙江大学学报》2004年第2期）、《论孔子为学的历程及其思想的演变》（《哲学研究》2003年第6期）、《宋元图书的刻印、销售价与市场》（《浙江大学学报》2010年第1期）、《历史上的儒商与儒商精神》（《中国经济史研究》2010年第4期）等学术论文50余篇，编、撰《吴越春秋辑校汇考》（中华书局，2019年）、《〈老子〉注评》（凤凰出版社，2007年）、《经典会读·孟子》（浙江大学出版社，2012年）等著作10余部。

周生春教授一生致力于学术研究与教育，兢兢业业，以启蒙新学为己任，引导学生以中国传统优秀思想为内核，开拓其视野、拔擢其精神，为浙江大学与社会培养了一批批优秀的本、硕、博人才。

（王申）

段晴（1953—2022）

段晴，北京大学外国语学院南亚学系教

授，北京大学博雅讲席教授，祖籍山西霍县，于 1953 年 5 月生于一个军人家庭，2022 年 3 月于北京逝世。

段晴于 1971 年进入北京大学，就读于西语系德语专业。1974 年毕业后被分配至北京出版社工作。1978 年全国高校恢复研究生招生，段晴成为“文革”后第一批研究生，进入北京大学与中国社会科学院合办的南亚研究所，师从季羡林，专攻印度学，于 1982 年获得硕士学位，同年赴德国汉堡大学攻读博士学位，师从埃墨利克（R. E. Emmerick），主攻伊朗学，副科为印度学和藏学，指导教师分别为维茨勒（A. Wezler）和施密特豪森（L. Schmithausen）。1987 年归国后任教于南亚研究所，后进入北京大学东方语言文学系，于 2000 年获聘教授。2004—2019 年任北京大学梵文贝叶经与佛教文献研究所主任。2017 年获聘北京大学博雅讲席教授。

梵语功底是段晴一生治学的基础。1996 年，段晴和钱文忠在季羡林中译油印本的基础上，参考原著最新版，翻译完成了施坦茨勒（A. F. Stenzler）所著《梵文基础读本》（北京大学出版社）。2001 年，段晴出版了我国首部梵语传统语法的研究专著——《波你尼语法入门——Sārasiddhāntakaumudī〈月光疏精粹〉述解》（北京大学出版社）。从 2002 年开始，与朱庆之、万金川等合作，致力于推动汉译佛经的梵汉对勘研究。在多方合作努力之下，汉语史与梵语研究的结合成为跨学科学术研究的一个范例。在这一领域，段晴发表了《西域语趣——读〈正法华经〉、〈妙法莲华经〉随笔》《悉昙“字本”说缘》《字里行间——汉译佛经所反映的梵文隐性现象》等一系列文章。

我国西藏存有大量来自印度的梵文写本（又称梵文贝叶经），文献价值极高，而长期以来受限于各种条件，我国的相关研究工作一直没有规模性展开。2004 年 10 月，王邦维和段晴联名向北京大学提交报告，申请建立“梵文贝叶经及佛教文献研究室”（后更名为研究所），当即获得批准，由段晴担任主任。2008 年 10 月，段晴召集了北京藏学大会分会场——北京大学“梵文写本研讨会”，会议结束后，段晴与斯坦因凯勒（E. Stainkellner）、克拉瑟（H. Krasser）联合主编了会议论文集《中国的梵文写本》（中国藏学出版社，2009 年）。在段晴的主持和统筹之下，梵文贝叶经与佛教文献研究所开始出版“梵文贝叶经与佛教文献系列丛书”和“梵藏汉佛典丛书”（中西书局）。

段晴非常重视巴利语的教学与研究，于 2008 年在北大恢复开设了中断多年的巴利语课程，2009 年代表北大与泰国法胜大学签署了合作意向书，正式启动了北大—法胜巴利佛典汉译项目。在段晴的主持下，首部汉译《长部》（中西书局）于 2012 年出版，包含 34 部经篇约 40 万字，2021 年《中部》（中西书局）出版，包含 152 部经约 70 万字。

2011 年，在北大创建犍陀罗语教学课程，并迅速组建起我国唯一一支佉卢文文书研究团队。2013 年，带领团队完成了中国国家图书馆藏品中所有梵文残叶和佉卢文文书的释读和整理研究，成果结集为《中国国家图书馆藏西域文书——梵文、佉卢文卷》一书（段晴、张志清主编，中西书局），获得了第七届教育部高等学校科学研究优秀成果二等奖。2016年，她与才洛太合作发表了《青海藏医药文化博物馆藏佉卢文尺牍》（中西书局）一书。

21世纪初，我国陆续出现了一大批原出自新疆和田地区的写本文书，既有佛教典籍，也有世俗文书，涉及于阗语、梵语、犍陀罗语、藏语、据史德语、吐火罗语、犹太波斯语等多种语言，数量在700件以上，分别入藏中国国家图书馆、中国人民大学博物馆以及新疆文博单位。段晴是我国首位同时接受过印度学和中古伊朗语学专业科班训练的学者，能够辨认和释读西域文书之中的大多数语言文字。从2006年首次接触这批新获文书开始，段晴迎来了她的学术迸发期，至2022年3月去世，16年间段晴共发表相关专著5部，中文论文（含非第一作者）80余篇，英文论文20余篇，研究涉及梵文、佉卢文、于阗文、据史德语、粟特语、叙利亚语等文书领域。2009年，北京大学东方文学研究中心与中国国家图书馆古籍馆联合立项，名称为“丝绸之路的文学与文化交流——新出于阗语及梵文文献研究”，由段晴任首席专家，对国图新入藏的西域文书做全面释读整理。2012年，段晴领衔申报国家社会科学基金重大项目“新疆丝路南道所遗存非汉语文书释读与研究”。2020年，段晴带领北京大学胡语文书研究团队申报国家社会科学基金冷门绝学项目“敦煌藏经洞及和田地区出土于阗语文书释读与研究”，均获准立项。

于阗语文献研究领域是段晴着力最多同时也是贡献最大的一个学术领域。早期的研究多收录于《于阗·佛教·古卷》（中西书局）一书。之后，段晴全力投入于阗语出土文献的释读工作中。2015年发表的《中国国家图书馆藏西域文书——于阗语卷（一）》（中西书局）一书获得了第十四届北京市哲学社会科学优秀成果一等奖。《新疆博物馆新获文书研究》（刘绍刚、侯世新主编，中华书局，2013年）一书中包括数篇段晴对于阗语残叶所作的解读与研究。2019年发表《于阗语无垢净光大陀罗尼经》（中西书局）一书。此外，段晴还曾发表一系列中英文论文，释读刊布了二十余件纸质或木质的于阗语世俗文书，首次破译了于阗语中的“蚕”“茧”“丝”“桑”“纸”“锦”等一系列词汇，取得令国际学界瞩目的学术成果。

在语言文字研究的多年积累之下，段晴开始从人文角度去关注和还原这些文书所展示的社会文化情境，发表了《萨迦牟云的家园——以尼雅29号遗址出土佉卢文书观鄯善王国的家族与社会》《裴捺的人生轨迹》等文章。对于学术研究背后鲜活的文化和生命，段晴倾注了极大关切。她曾多次带领项目团队深入我国新疆、甘肃等地以及巴基斯坦、印度尼西亚、泰国等国家进行实地教学与考察。在“唐仲英基金会”资助下，段晴于2016年开展了公益项目“新疆地区民间文化的调查与传扬”，在石河子大学举办了“首届新疆民间文化高级研修班”，并多次组织田野考察。为表彰她的突出贡献，2021 年 10 月伊朗大使馆授予段晴“杰出伊朗学家”称号。

2010 年，新疆和田的山普拉（也称山普鲁）乡出土了五块产于约 6 世纪的栽绒毯，其上有色彩鲜艳的图案和于阗文字。从 2012 年开始，段晴发表一系列中英文论文，作出了惊人的论断，确定了毛毯名称为《大唐西域记》所载的于阗特产——氍毹，毛毯图案所反映的则是两河流域史诗《吉尔伽美什》的故事框架。2021 年，段晴在病中将相关论文结集成书，题为《神话与仪式——破解古代于阗氍毹上的文明密码》（生活·读书·新知三联书店）。

段晴长期耕耘在印度学与西域文献研究领域，正值高产之际而天不假年，身后留存了不少尚待整理的重要遗稿著作，其中包括于阗语《佛本生赞》和《赞巴斯特之书》的完整汉译。

段晴先生继承季羡林、金克木先生传来印度学事业的薪火，以过人的精力和毅力，驻守在以梵文为核心的印度学阵地，同时在梵文贝叶经、巴利佛典以及西域多语文献与多元文明等多个领域开疆扩土，带出了一支过硬的研究队伍，产出一系列有国际影响力的学术成果，改变了整个学科的面貌和布局，继绝扶倾，厥功至伟。

（叶少勇　李晓楠）

刘祥学（1967—2022）

刘祥学，瑶族，广西师范大学历史文化与旅游学院教授、博士研究生导师，知名历史学者、历史地理学者。曾任广西师范大学历史文化与旅游学院院长、历史地理研究所所长，兼任中国明史学会理事、中国地理学会历史地理专业委员会委员、中国史学会历史地理研究会理事、中国民族史学会理事、中国环境科学学会环境史专业委员会理事、广西历史学会副会长、广西历史教育专业委员会理事长。2022 年 11 月 12 日凌晨因突发疾病在桂林逝世。

刘祥学教授 1967 年 7 月生于广西桂林市平乐县，1989 年 6 月毕业于中央民族学院历史系历史学专业，获学士学位；1992 年 7 月毕业于中央民族学院中国民族史专业，获硕士学位；1992 年 7 月起在广西师范大学历史系任教；2005 年 9 月至 2008 年 6 月复旦大学历史地理研究中心在职学习，获博士学位；2006 年 12 月晋升教授，2011 年成为广西新世纪十百千人才第二层次人选，2016 年获国务院政府特殊津贴。

刘祥学教授主要从事明代史、民族史、中国南方边疆历史地理研究，著述丰硕，成就卓然，在国内外学术界具有较高的影响力。先后主持承担了国家社会科学基金项目 2 项、国家自然科学基金项目 2 项；出版学术著作《明朝民族政策演变史》《走向和谐：广西民族关系发展的历史地理学研究》《壮族地区人地关系过程中的环境适应研究》《广西简史》《广西通史·宋元卷》《极简广西史》《明清以来珠江中上游山地的人类活动与环境效应》，主编《广西通史》（十卷本）、《中学历史课程与教学论新编》，参编《桂林通史》《广西历史地图集》等多部著作；在《历史研究》《中国史研究》《民族研究》《历史地理》《中国历史地理论丛》《历史地理研究》等各类刊物发表学术论文80余篇，其中多篇文章被《新华文摘》、人大报刊复印资料等刊物全文转载；先后荣获广西社会科学优秀成果奖一等奖3项、二等奖1项、三等奖5项，国家民委社会科学研究优秀成果奖二等奖1项。

刘祥学教授胸怀教育强国、守边报国理念。从教30年来，他始终奋战在教育教学改革一线，主讲《史学概论》《中国古代史》《中国古代史专题》《史料学》等本科、硕士课程，善于因材施教、培育英才，指导了40余名硕、博士研究生。他始终心系学术、锐意创新，融明史、民族史与历史地理研究为一体，深耕边疆历史地理研究，研究内容涵盖民族地理、民族关系、政治史、环境史、交通地理、河流历史、军事地理、经济地理、土司历史、地名学、地理认知与边疆形象等主题；努力探索文理交叉综合的研究方法，从历史地理视角阐释岭南民族与环境适应的互动关系，探究南方地理认知与边疆形象的嬗变历程，在岭南历史地理、历史民族地理、南方环境史等研究领域取得了突出成就。他在担任学院领导期间，为广西师范大学成功获批世界史一级学科博士学位授权点作出了重要贡献，积极推动了该校中国史、历史地理学科建设，促进了广西历史学科人才培养与基础教育发展，提升了广西历史学科在全国范围的学术影响。

（江田祥）

国外研究动态

2021—2022 年韩国先秦、秦汉简牍研究综述

金钟希*

一、选定标准

本文主要介绍了 2021—2022 年在韩国公开的先秦至秦汉时期简牍研究成果。因为旨在介绍韩国学术界的简牍研究情况，故在本文中设定了以下选定标准：在选择学术论文方面，本文主要挑选了在韩国发表且尚未在中国介绍过的论文，或者由主要在韩国学术界活动的学者发表的有关简牍的论文。对于学位论文，在文中包括了韩国学者在国内外获得的学位论文。根据这些选择标准，尽管面临新冠疫情的特殊情况，但简牍研究依然稳步进行，共发表了 43 篇研究论文，其中 3 篇是译注论文。在研究书籍方面出版了 3 种书，一共有 7 本。在学位论文方面，国内硕士学位有 3 篇，国内博士学位有 1 篇，国外博士学位有 2 篇。本文将首先介绍书籍的内容，然后依次介绍学术论文和学位论文的内容。

二、研究书籍

尹在硕主编的《中国木简总览（上）（下）》[①]。该书是韩国庆北大学 HK + 项目团队负责人尹在硕编着，作为庆北大学 HK + 项目“东亚记载文化的源流与智识网络研究”的一部分出版。该书的对象是自 1900 年以来在中国出土的木简资料，概述了各地的出土情况并具体提到了木简的内容。到目前为止，中国出土的木简估计有 50 万枚，时间跨度从公元前 4 世纪的战国时期到 3—4 世纪的三国魏晋时期。出土地点非常多样，有些还被大学和博物馆收藏。因此，HK + 事业团整理了关于中国木简的所有信息。也就是说，中国木简团队整理了战国时期的 36 种木简，秦简的 10 种，汉简的 113 种，三国、魏晋、南北朝、隋唐、西夏、元明清时期的木简 94 种，以及大学博物馆收藏的木简 21 种，共计 274 种木简。在此过程中，他们收集并整理了木简的首次发掘报告、正式刻板、石文出版物以及相关的研究成果等必要的资料。

---

* 金钟希，韩国庆北大学人文学术院 HK + 事业团研究教授。

① 윤재석편저,《중국목간총람(상)(하)》, 주류성, 2022년; 尹在硕主编:《中国木简总览（上）（下）》，周留城 2022 年版。

任仲赫《古代中国的统治机制及其设计者（一）（二）（三）（四）》是任仲赫教授在退休后，对过去发表的论文进行修订和增补，并加入了新的研究成果出版的①。第一卷讨论了秦汉的统治思想。从商鞅的蓝图到三国时期魏朝，都包含了帝国的统治思想。这里揭示了商鞅变法的意义、秦帝国的统治思想、秦朝与楚朝的文化融合，以及汉朝如何继承秦朝的法律，并在中期后引入儒家思想，还阐述了魏朝法律的特点。第二卷分析了秦汉时期的刑罚制度和身份制度。这里详细分析了赎刑、耐刑的特点，刑徒的差别待遇，庶民、士伍的身份特征，以及文帝的刑法改革。作者从各个方面分析了享有减免优惠的有功之臣，并指出了军功爵位是使人们从伤害身体的肉刑中解脱出来的安全装置。此外，作者提到，在秦代，所有的人民都分为有功之臣、无功之臣和徒隶（刑徒），然后根据“二年律令”，无论是有功之臣还是犯人，军公爵的身份都归结为的士伍。秦汉时期有三个无爵者的层次（公卒、士伍、庶人），但他们的性质是不同的。这表明了与军功、爵位相联系的精细的身份制度的构建。在第三卷中，作者详细地阐述了二十等级的军功爵制和土地制度之间的关系。他证明这里存在一种机制：在土地继承过程中，降低儿子的爵位，以此收回相应的土地归国家所有。此外，作者还分析了秦始皇三十一年（前216年）“自实田”的意义，同时也揭示了当时的土地制度是国有制还是私有制。通过这一研究，他认为秦汉的土地制度既具有国有性质，也具有私有性质。第四卷讲述了秦汉时期律令的概念。即皇帝的诏书如何转变为律和令的立法化过程，以及律和令之间的差异等问题，进行了详细的分析。特别是他以《岳麓书院藏秦简》为主要资料，认为律在制定时，制定时间和制定者的信息被删除，但是令的信息保留了下来，大部分可以确认是秦始皇时期。通过这些研究，作者指出了秦汉的统治骨架由商鞅—秦始皇—汉高祖—萧何四人传承下来，其统治形态中，军功爵的身份制度、刑罚制度、土地制度三者相互联系。

金珍佑《东亚古代“孝”的诞生——“孝”的文明化过程》分析了从商周时期到魏晋南北朝时期“孝”的文明化过程②。虽然“文明化过程”是诺贝尔特·埃利亚斯（Norbert Elias）提出的理念，但由于其含糊不清的一面，所以他将其细分为思想化、法制化、制度化、意识形态化、社会化和宗教化等，以此设立更明确的标准。在此基础上，第一章和第二章探讨了从先历时代到商周时期“孝”的观念是如何形成的。也就是说，他从原始宗教的祖先崇拜中寻找“孝”的起源，通过“孝”的字义，推断了奉养和祭祀的含义。同时，他审查甲骨文和周代金文的资料，主张在西周时期，“孝”包含了基于血缘秩序的政治秩序的

① 임중혁,《고대중국의통치매커니즘과그설계자들（1）（2）（3）（4）》, 경인문화사, 2021 年；任仲赫《古代中国的统治机制及其设计者（一）（二）（三）（四）》，景仁文化社 2021 年版。

② 김진우《동아시아고대효의탄생—효의문명화과정》, 평사리, 2021 年：金珍佑：《东亚古代“孝”的诞生——“孝”的文明化过程》，平沙里 2021 年版。

服从的观念。第三章，他以春秋战国时期的诸子百家为中心，探讨了“孝”的思想。他认为这是“孝”的思想化过程，“孝”的价值在适应政治社会秩序的同时，逐渐被系统化和抽象化。第四章，作者考察秦汉初期，随着中央集权的绝对君主权力的确立，“孝”被法制化和制度化的过程。第五章，作者确认汉朝的统治理念“以孝治天下”在何时被接受（“孝”的意识形态化过程）。接着，他进一步探究了这样的孝道意识形态如何在社会基层传播以及如何规范日常生活（“孝”的社会化过程），并考察了将神秘色彩赋予“孝”的宗教化过程。第六章，作者整理了魏晋南北朝时期与“孝”相关的争论。然后作者指出，文明化的“孝”导致了虚礼和虚伪，与新的思潮，如玄学或佛教相互影响，“孝”的国家意识形态虽然减弱，但符合门阀世家们的利益的孝的社会化仍在继续。他还指出，在孝的文明化过程中，从国家权力到社会，再从社会到国家，都显示出纵向的文明化趋势。在空间上，他指出，从中心到边缘，经历了横向的扩散过程。

三、研究论文

方国花《关于〈里耶秦简〉中的“钥”与“牡”的研究》以里耶秦简中出现的“钥”和“牡”为中心，对战国时期的锁具进行了研究①。在文中参考日本的实例，将“钥”视为铁制环状钥匙，“牡”视为门闩。以“钥”后的“有柯”作为线索来进行这样的解读。在这里，“有”用于表示与前面记录的“铁钥”一体化的部件，“柯”意为手柄或者柄。除了带木柄的铁制锁具之外，其他的锁具都是环形铁制钥匙，所以把“钥”解读为一种可以从外面开启和关闭门闩的钥匙。里耶城遗址中出土的铁制环形物品就符合这个解释。

方允美《秦汉时代治狱程序与时点——以论、决、断为中心》以“论”“决”“断”为中心考察法律用词的特征②。“论”“决”“断”这三个词在法律文献中并不完全相同，它们代表了判决阶段的不同阶段。“论”代表整个判决阶段，“决”代表定罪和量刑的结果，“断”代表刑事审判的最后阶段。虽然通常情况下，一个官府会完成整个刑事审判过程，但在特定情况下，比如新法规的颁布或特赦，判决过程会被分为“论”“决”“断”三个阶段。这种分化增强了刑事审判的严谨性，但同时也可能导致监狱滞留的情况。

金秉俊《司马迁的批判性〈论语〉阅读及其叙事 —— 以〈学而篇〉“有子曰”为例》

---

① 방국화,《里耶秦簡에보이는‘籥’·‘牡’에관한연구》,《동서인문》19，경북대학교인문학술원, 2022年；方国花《关于〈里耶秦简〉中的“钥”与“牡”的研究》,《东西人文》第19辑，庆北大学人文学术院，2022年。

② 방윤미,《秦漢시대治獄절차와시점－論·決·斷을중심으로 －》,《중국고중세사연구》57，중국고중세사학회, 2020年；方允美:《秦汉时代治狱程序与时点 —— 以论、决、断为中心》,《中国古中世史学研究》第57辑，中国古中世史学会, 2020年。

专注于《论语·学而》中的“有子曰”，并进行了深入的考察①。《论语·学而》中三次出现“有子曰”的内容，过去被认为是孔子的弟子有若的话，但有很多疑问。考虑战国到汉代与有子相关的资料，这些疑问更大。在通假字的分化过程中，“有子曰”可能被理解为“又子曰”。汉代名儒可能也将“有子曰”读作“孔子曰”。但现行版本仍为“有子曰”，说明当时很多人将其认为是有子的话。在这混乱中，司马迁《史记·仲尼弟子列传 》以独特方式处理，既表达对“有子曰”的疑问，又如实介绍当时流行的读法，并对其可信度提出质疑。

金垌吾《里耶秦简所见守官与假吏》根据里耶秦简分析了“守官”和“假吏”的关系②。据判断，“守官”一般指临时代理，不少有相关责任人“守官”前后官职的记录。通常“守官”以县的长吏和啬夫为对象，而守丞与守啬夫的对象则多为啬夫与令史。在守啬夫的情况中，也存在着现有啬夫的佐、史借令史地位进行守官的事例。进行县内“守官”时，存在一定的操作标准，综合考虑当事人的任职履历和秩级。传世文献史料中，晋升为“真官”的情况描述较少。但由于晋升和从其他郡县移任的可能性，不能完全排除试署的可能性。与“守官”相比，“假吏”适用对象范围更广，不限于相对高级的官和相对低级的吏。简牍中还存在“假吏”与真官并存、有其特定职务的事例。这种情况可能是，真官在任职期间由于某种原因无法履行某特定职务，因此选任“假吏”代行。此外，守官可继承真官的大部分职权，而假吏仅继承少数特定职权，这也是二者的重要差异之一。作者认为，里耶秦简中出现的“守官”和“假吏”大多是在属吏不足的情况下出现的。但同时，这两者也暴露了秦统一天下后地方行政体系存在的问题。此外，同一名吏在较短时间内多次在不同官署担任“守官”，显示了行政业务在专门性和效率性上的局限性。真官和“守官”之间交接不彻底的问题也随着“守官”的设置而出现。综上所述，里耶秦简中与地方行政相关的记载反映了秦国式的支配体制已经在边境的小县得以贯彻。

金垌吾《秦代戍卒的类型及其运用—— 以〈里耶秦简〉的分析为中心》讨论了秦迁陵县的各种类型的服役戍卒，包括屯戍、守卒、冗戍、罚戍、赀戍、“吏以卒戍”和适戍，以及因无力偿还财产而选择戍役的人③。屯戍是因军务需要召集的戍卒；守卒则是按年轮换服

① 김병준, 司 馬 遷 의비판적《 論 語 》읽기와그서사 — 學 而 篇 ‘ 有 子 曰 ’ 의사례, 대동문화연구117(서울성균관대학교대동문화연구원, 2022)；金秉俊：《司马迁的批判性〈论语〉阅读及其叙事 —— 以〈学而篇〉“有子曰”为例》，《大东文化研究》第 117 辑，成均馆大学大东文化研究院，2022 年。

② 김동오,《에보이는守官의유형과假吏의의미》,《중국고중세사연구》59, 중국고중세사학회, 2021 年；金垌吾：《里耶秦简所见守官与假吏》，《中国古中世史研究》第 59 辑，中国古中世史学会，2021 年。

③ 김동오,《秦 代 戍 卒 의유형과운용 －〈 里 耶 秦 簡 〉 분석을중심으로 －》, 《중국고중세사연구》62, 중국고중세사학회, 2021 年；金垌吾：《秦代戍卒的类型及其运用——以〈里耶秦简〉的分析为中心》，《中国古中世史研究》第 62 辑 ，中国古中世史学会，2021 年。

役（服一个月）的戍卒；冗戍是自愿长期工作的戍卒；罚戍、赀戍和“吏以卒戍”是因犯罪被判处戍边刑的人，其服役时间和方式会因犯罪级别和身份而异；适戍是为了将谪民迁移到边境并参与防御的戍卒，其目的在于迁移人口和开发边境地区。居赀赎债是因贫困无法偿还财产而选择戍役的人。戍卒在长吏的带领下被转运到服役地点，通过身份确认和体检确定他们是否胜任戍役。他们的主要职责是军事防御，但在县尉和田官的管理下，也需要耕作屯田与公田，或者从事徒隶的劳役。新出土的岳麓秦简等资料揭示了帝国对占领地实施军事和行政统治的意图，并对戍卒的服役地点进行了分配。从戍卒的出生地和服役时间分析，本论文就发现，在占领初期，来自南郡、巴郡等秦故地的屯戍者是迁陵县戍卒的主要部分。但从秦始皇三十二年开始，来自泗川郡城父县的更戍成为新的主力。这可能意味着秦帝国开始对岭南的远征，并由于与南越的战争，调整了迁陵县的军事部署。

金垌吾《秦代的田租征收——以里耶秦简中的田租记录为例》利用里耶秦简作为主要的研究材料，探讨了当时的田租方式及其意义①。里耶秦简是秦代最早、最完整的田租记录，记录了秦始皇三十五年（前 212 年）的迁陵县田租情况。秦代田租是由乡吏进行调查并通知黔首税率。在缴纳田租时，由县廷派遣的令史等监督人员会到场并在缴纳后分发租券作为凭证。田租主要以农作物实物缴纳，但记录时会换算为粟。记录完成后，粮食会运到仓并向县廷报告。县廷再整理各官府的统计报告，并填写田租记录上报中央。在秦代，征税会划定一定的面积作为税田，但因土地可以买卖、继承和分配，所以在汉代被废除。田租的税率通常为十税一，但也有为十二税一，可能因地域而异。秦汉间田租征收记录的研究，虽然有新出土的资料使许多部分变得更清晰，但仍有许多模糊之处，例如秦与汉以后的田租记录的继承与变化。

金垌吾《秦汉初刍稾税与户赋的探讨》探讨了秦汉初关于刍稾税、户刍、户赋等部分税役的几个问题②。首先，在秦汉的法律中，“石”作为重量和容量的单位同时使用，但根据文献和简牍资料，它更多地被用作容量单位。通过里耶秦简中的刍稾志，可以发现秦代对黔首征收的刍稾税都是用钱支付的。此外，户刍是每年十月按户征收的 1 石粟作为户赋的部分，同样用钱支付。但在凤凰山汉简中，又可以发现汉代征收实物的事实。这也可能是因为实物根据饲养县中牛马所必需的量来征收，而余额则用钱缴纳。通过对比资料，发现秦代和汉代的刍稾税和户刍在征收上有所变化。尽管汉初照搬了秦代每户每年 1 石的户刍规定，

---

① 김동오,《秦代의田租 징수耶秦簡 田租記錄 분석을중심으로 –》,《동양사학연구》157, 동양사학회, 2021 年；金垌吾：《秦代的田租征收——以里耶秦简中的田租记录为例》，《东洋史学研究》第 157 辑 ，东洋史学会，2021 年。

② 김동오,《秦・漢初芻稾稅와戶賦에대한검토》《중국고중세사연구》64, 중국고중세사학회, 2022 年；金垌吾《秦汉初刍稾税与户赋的探讨》，《中国古中世史研究》第 64 辑 ，中国古中世史学会，2021 年。

但在减轻田租的措施影响下，粟秩税逐渐减少，每亩只征收不到1石。户赋是一种按户征收钱或实物的税，其存在是随着出土资料的公开而得到确认。在秦简中，仅出现了5月缴纳16钱的户赋和10月缴纳1石粟的户粟。但这里的户赋应当被看成是以户为征收单位的各种税的总称，除了5月的户赋和10月的户刍之外还包括其他税目。最后，根据相关资料，可以推测秦代户赋每户每年大约缴纳200钱。到了汉代，这种户赋可能被改为按口征收，并被算赋所继承。

金龙潒《以悬泉置鸡出入簿为中心的汉代肉食的变化》通过分析《鸡出入簿》来考察汉代肉食的特征①。《鸡出入簿》是记录了公元前62年悬泉置一年间鸡的进出和购买情况的账簿。该年悬泉置共收入88只鸡，57只来自上级官府效谷县，31只是直接购买的。账簿中，全年88只鸡只有19只的出库记录，这些鸡都被提供给了皇帝以下的高级管理人员和他们的随员。《鸡出入簿》显示了当时的官府有应对鸡的消费需求的能力，并通过民间购买补充了一部分需求。全年88只鸡中，69只鸡的消费情况并未明确记录，这些鸡可能被用于祭祀，也可能被提供给了汉朝和外国的使节团。这个记录反映了当时悬泉置的官府和民间都能够按照规定和需求提供所需的畜牧产品，尤其是民间购买的鸡占总数的35%，说明当时的畜牧业已经发展到一定程度，可以辅助官府满足基本需求。

金龙潒《秦统一战国与构建国家祭祀》探究围绕着历代君主和自然神两个基本轴心，秦国的国家祭祀在扩张、迁都和统一的过程中逐渐扩大和重组②。在统一后，通过增加两条大河和选取各区域的名山，秦国准备了关外山川祭祀。与此同时，先帝和天极的极庙出现在最顶端，规划为咸阳外的新中心，并辅以咸阳周围的12座山川祭祀。这是模仿了天极和十二次分野。但这种国家祭祀只反映了秦的成长过程和战国时代的遗产，没有展现出统一的视野。秦统一天下后实行了郡县制，但仍然没有摆脱战国时代的统治结构。这种限制导致了强制的优势政策，导致秦的寿命很短。汉帝国接手了这个任务，克服了战国遗留的问题，在统一的原则下重组天下。即西汉末期的国家祭祀改革，设立了郊祀、五岳四渎等，东汉以后，宗庙统一，包括所有先帝的神位，以高祖为中心。汉帝国的国家祭祀在儒家经典的坚实基础上进行，克服了秦的国家祭祀的局限，并成为后世王朝的基础。

金龙潒《秦汉时期的牲畜·肉类管理与官制的变化》分析了负责管理家畜和肉类的官

① 김용찬，《懸泉置鷄出入簿를중심으로본漢代肉食의변화》，《중국고중세사연구》61，중국고중세사학회，2021年；金龙潒《以悬泉置鸡出入簿为中心的汉代肉食的变化》，《中国古中世史研究》第61辑，中国古中世史学会，2021年。

② 김용찬《秦의戰國統一과國家祭祀구축》，《중국고중세사연구》65，중국고중세사학회，2022；金龙潒《秦统一战国与构建国家祭祀》，《中国古中世史研究》第65辑，中国古中世史学会，2022年。

府是如何演变的①。在秦汉更替时期，仓负责的工作中，大型家畜的饲养和管理工作被苑和厩接管，县和道官中也建立了仓和厩。秦代仓和厩由内史管理，接替了太仓的职务，统一后，“中地区”的仓和厩由内史负责，郡地区的仓和厩由郡守负责。从秦汉更替到西汉中期，由内史全权负责的中地区县道官的生产活动，经过左右内史，传承给京兆尹和左凤翊，太仓和太仓治粟，以及都官中的大型仓，全部成为治粟内史的管辖范围。这使得治粟内史的管辖范围扩大，通过大农令，传承给大司农。于是，负责“中地区”生产活动的内史，其职责被分为治粟内史，这是一个中央官员，其职责跨越了郡和诸侯国的边界，扩展到了全国，以及负责中地区县都官的地方官员左右内史。为了覆盖包括郡国在内的全国所有物资，西汉的大司农变成了一个庞大的机构，仅长吏就拥有近 350 人。相比之下，后汉的大司农非常简单。这样的变化与西汉中期之后的社会情况有关，即民间的家畜和肉类生产发展起来，其消费也普遍化，因此不再需要官府出面生产和供应这些物资。负责公共家畜饲养和管理的太仆规模也大幅缩小。两汉更替时期，与祭品生产相关的多个机构被缩小或废除，这是对社会“变化”的应对，而不是国家权力下降或者“放弃”的原因。

金庆浩《探索湖南简帛与古典学研究的新可能性——以长沙马王堆汉墓帛书为中心》通过湖南长沙马王堆汉墓出土的帛书，对传统经籍提供了新的理解②。例如，《老子》证明了尽管现行版本的编排顺序为“道德经”，但原本的顺序应为“德道经”。同时，马王堆 3 号墓出土的《战国纵横家书》纠正了《史记·苏秦列传》中关于苏秦的相关记录和年代的错误，具有重要的历史价值。传统的古典学研究主要关注“纸”上记录的文献，但 20 世纪以来，如《老子》等“地下”的出土文献被发掘和整理，古典学研究的方法也应相应改变。古典学基于文献学和文字学，其研究从特定时代和该时代的重要问题的关联性出发。因此，该文在此基础上关注马王堆帛书的字体变化、与文献资料的关联性以及叙述的差异，并提出新的解读。进而该文指出 21 世纪从地下出土的竹简、木简和帛书上记录的古典在构建现代古典学研究中起到重要作用。同时，由于中国、日本和韩国这些东亚地区共享“汉字”，这些地区的古典学研究是在“东亚”这个共同的文明土壤中发展起来的学问，我们需要探索简帛等新出土资料出现所带来的新的研究方法的可能性。因此，新的古典学研究和成果需要解决“古典”这个传统文化和解读“现在”问题意识的问题，才能实现未来导向的古典学的发展和进步。

---

① 김용찬,《秦·漢의가축·육류관리와官制의변화》,《동서인문》19，경북대학교인문학술원, 2022 年；金龙溁《秦汉时期的牲畜·肉类管理与官制的变化》,《东西人文》第 19 辑，庆北大学人文学术院，2022 年。

② 김경호,《湖南簡帛과古典學研究의새로운가능성모색 – 長沙馬王堆漢墓帛書를중심으로 –》《동서인문》17，경북대학교인문학술원, 2021 年；金庆浩:《探索湖南简帛与古典学研究的新可能性——以长沙马王堆汉墓帛书为中心》,《东西人文》第 17 辑 ，庆北大学人文学术院，2021 年。

金庆浩《西汉时期往来西域疆界的使者—— 以〈敦煌悬泉置汉简〉为中心》以西汉时期西域为中心，探讨了使者的作用及其意义①。汉朝通过派遣使者以统治西域和与西域的国家进行交往，但这方面的研究仍有讨论空间。该论文根据《敦煌悬泉置汉简》和其他史料，提出将西汉与西域的关系分为和亲和统治两个阶段。特别是长罗侯常惠和解忧公以及冯嫽主对于汉朝与乌孙关系的发展有重要贡献。同时，简文显示了西域各阶层人民积极主动与汉朝的交往，这说明了汉朝的民族政策得到了西域各国的支持。尽管汉朝和西域的关注点不同，汉朝更注重政治外交，西域更关心经济交流，但这种相互矛盾的利害关系却为西域地区的交流与沟通奠定了基础。

金锡珍《战国楚简〈系年〉的史学史的性质—— 通过先秦出土、传世史类记录的文献学考察》研究论述了新发现的战国史书《系年》的史学史特点②。首先，文章概括了《系年》的形态和内容，以及其作为历史记录的整体特性。接着，将 69 篇战国楚简历史类文献分为“纪年类型、谱牒类型、档案类型、故事类型”，并将《系年》的特性推断为“主题式纪年类型”。其次，通过分析从商代至战国的出土历史类记录，并在历史结构要素变成文化的通时性过程中，探讨了《系年》所见的历史记录特点。最后，将先秦传世历史文献分为“记言要素”和“记事要素”，并通过比较分析，推断了《系年》的历史学特点。该研究推测，《系年》是追求从文句单位的历史信息存储文件，转变到段落单位的主题式重构文件，即从文书性质的历史记录，转变到书册性质的历史记录的新式历史文献。

金锡珍《战国时期史书和记录文化的一面——楚简〈系年〉的主要信息与其意义》探索了新发现的战国史书《系年》的形态、内容和学术价值③。《系年》包括“历史类”的记录，这些记录提供了 580 余个历史要素的信息，如“时间”“空间”“人物”“事件”等，这使得《系年》成为珍贵的历史资料源。研究发现，《系年》试图通过利用历史资料的编辑和重构，形成一种“主题式史书”的历史记录新类型。从形态方面来看，《系年》采用的是“方便携带且大容量的竹简”（尖端竹简记录媒体）这种形式，这种形式具有高性价比的特点，反映出公元前 4 世纪至公元前 3 世纪的楚国地区的文字和记录文化样态。同时，《系

① 김경호,《前漢時期西域境界를왕래한使者들—『敦煌懸泉置漢簡』기사를중심으로—》《중국고중세사연구》61, 중국고중세사학회, 2021 年；金庆浩：《西汉时期往来西域疆界的使者——以〈敦煌悬泉置汉简〉为中心》,《中国古中世史研究》第 61 辑，中国古中世史学会，2021 年。

② 김석진,《戰國楚簡『繫年』의史學史적성격—先秦출토·전래역사류기록의문헌학적고찰을통해—》,《동양사학연구》161, 동양사학회, 2022 年 .；金锡珍：《战国楚简〈系年〉的史学史的性质——通过先秦出土、传世史类记录的文献学考察》,《东洋史学研究》第 161 辑 ，东洋史学会，2022 年。

③ 김석진,《戰國時代역사서와기록문화의一面—楚簡『繫年』의주요정보와의미—》, 《중국고중세사연구》66, 중국고중세사학회, 2022 年；金锡珍：《战国时期史书和记录文化的一面—— 楚简〈系年〉的主要信息与其意义》,《中国古中世史学研究》第 66 辑，中国古中世史学会，2022 年。

年》的字构、造字法的特点，以及书风的一致性，揭示了从商代以来的文字传承痕迹和文字使用范围的多样化特性。尽管如此，留下的《系年》提供了在战国中、后期的楚系文字文化范围之内，被一个人或同一个制造群体最终抄写的可能性。此外，《系年》的用字样态，如拼写法所发现的异体字现象，显示了当时的口述文化和背诵文化的背景，也反映了战国时期与汉代的用字法之间的显著差异。

金珍佑《遗忘的记忆、消失的历史、以及被铭刻的历史—— 以〈清华简·系年〉〈北大简·赵正书〉与〈史记〉的比较为中心》关注了战国时期的《清华大学藏战国竹简·系年》和汉代的《北京大学藏西汉竹书·赵正书》①。这些新出土的文献与《史记》的相关内容有所不同，作者尝试找出《史记》的编撰目的和选材标准。研究发现，《清华简·系年》记录的西周灭亡至东迁的历史过程与《史记》本纪的编撰初衷不符，可能被删减。而《北大简·赵正书》包含将秦始皇看作“王”的反秦情绪，和《史记》中的“秦—楚—汉”本纪系统不符。综上，司马迁在《史记》中可能是为了展现汉朝的“大一统”思想，整合了从历史和时间上超越秦朝，追溯至六国的统一帝国的新系统，建立了从上古时代黄帝开始的“本纪”与“年表”。在此过程中，司马迁重新审视了西周灭亡的时间，并剔除了缺乏正统性的“携惠王”部分。还有，为了构建“秦—楚—汉”的历史轨迹，他没有采用正统的“二世皇帝”记录，而是在秦始皇的纪录之后引入了二世皇帝，然后直接过渡到项羽的故事。

金珍佑《秦汉初官修大事记类记录物的书写和流行——以〈荆州胡家草场汉简·岁纪〉为中心》主要讨论了中国古代记录的传统②。在秦朝统一后，只有秦的记录被保留下来。直到最近，在中国湖北省荆州市胡家草场出土的“岁记”吸引了人们的注意，这份记载可能是纯粹的官方记录。该文章比较公开的“岁记”与《史记》《睡虎地秦简·叶书》等后，发现大体上三者的记录没有大的差异，证明我们可以信赖《史记》对秦汉初期历史的记录。从“岁记”可以看出，随着时间的推移，记录变得越来越简洁，而近期的记录更为详细。特别是元年的记录，基本格式是“时号 + 纪年 + 立 + 在位年数 + 生 + 继任君主 + 大事”。此外，所有秦汉初期的大事记载都从秦昭襄王元年开始，这可能表明原始的“秦记”从秦孝公元年开始被切割并重新制作。这可能说明记录的目的是要突出秦皇家新世系的合法性和正

---

① 김진우,《잊혀진기억, 사라진역사들, 그리고각인된하나의역사 –『清華簡』繫年·『北大簡』趙正書와『史記』의비교를중심으로》,《중국고중세사연구》59, 중국고중세사학회, 2021；金珍佑：《遗忘的记忆、消失的历史、以及被铭刻的历史—— 以〈清华简·系年〉〈北大简·赵正书〉与〈史记〉的比较为中心》,《中国古中世史研究》第 59 辑 ，中国古中世史学会，2021。

② 김진우,《秦·漢初官修大事記類記錄物의書寫와流行 – 荊州胡家草場漢簡·歲紀를중심으로 –》,《중국사연구》136, 중국사학회, 2022；金珍佑：《秦汉初官修大事记类记录物的书写和流行——以〈荆州胡家草场汉简·岁纪〉为中心》,《中国史研究》第 136 辑，中国史学会，2022 年。

统性。随着时间和空间的距离拉大，最初的中央权威记录的影响力逐渐减弱，转写本变得更为自由，因此可以看到各种由不同叙述主体创作的大事记载流传开来。

金钟希《从秦汉劾书的功能看治狱程序与司法活动——以劾阶段前后司法程序的比较为中心》以“劾”为中心，研究了相关的法律文件和司法活动①。在中国古代，“劾”是正式开始“治狱”程序的标志，劾文书是开始治狱的重要载体。劾阶段后的一系列司法程序被正式纳入“治狱”的范畴。“告”（告诉·告发）虽然也是开始治狱的因素，但不是正式开始治狱的标志。治狱机关先判断“告”的受理与否，而正式受理爰书（“告”文书）后，才正式开始治狱。此外，文章还重点探讨了“劾”阶段前的调查活动，包括“诊”、“讯”和“问”，它们的性质在劾阶段前后有所不同。在这之后，文章比较了劾文书和鞫文书，讨论了劾书在判罪过程中的重要性。文章最后指出，随着调查和搜查活动的日益重视，劾书内容的增加也是自然而然的结果。总的来说，这篇文章通过研究劾书，揭示了司法程序、司法活动和法律文件的各个方面都受到了官僚机构变化的影响。

金钟希《董仲舒对〈论语〉的活用及其意义——以对〈天人三策〉的分析为中心》依据既有研究对董仲舒的《天人三策》进行了分析，可以确认部分内容可能受到了后世的修订或补充②。研究发现，董仲舒所撰写的部分要比后世改写的部分更多地引用了《论语》内容。与此相对，在《天人三策》所引用《春秋》中一半左右有可能是由后世添加的。由此可以推断，董仲舒在《天人三策》中的主要思想基础是《论语》。董仲舒广泛引用了《论语》内容，因为他认为《论语》的思想可以帮助年幼的武帝理解政策内容。在董仲舒的理论中，他强调道德治理，引入了灾异概念，并提出以夏商周为参考的改制建议。该篇文章还指出，董仲舒及其弟子们通过在政策和理论中广泛引用《论语》，提高了《论语》在政治理论中的地位。这一趋势在当时的官僚群体和知识阶层中持续产生影响，而且对《论语》的理解成为选拔人才的重要标准之一。最后，尽管《论语》并非五经之一，但由于董仲舒的学术影响力和其在制度上的支持，朝廷在石渠阁会议前后对《论语》进行了系统整理，这体现了当时社会对《论语》的高度重视。

金钟希《“论语”木简的摘录与变形——以东亚三国（韩、中、日）的“论语”木简的比较为中心》以“论语”的摘录为线索，详细考察了韩、中、日三国的“论语”木简

---

① 김종희,《秦漢代劾書의기능을통해본治獄절차와사법활동—劾단계전후사법절차의비교를중심으로—》,《중국고중세사연구》62, 중국고중세사학회, 2021 年；金钟希：《从秦汉劾书的功能看治狱程序与司法活动——以劾阶段前后司法程序的比较为中心》,《中国古中世史研究》第 62 辑，中国古中世史学会，2021 年。

② 김종희,《董仲舒의『論語』활용과그의미—天人三策분석을중심으로—》,《중국고중세사연구》65, 중국고중세사학회, 2022 年；金钟希：《董仲舒对〈论语〉的活用及其意义——以对〈天人三策〉的分析为中心》,《中国古中世史研究》第 65 辑，2022 年。

文化[①]。海昏侯墓的西汉时期《论语》木牍摘录了《论语》的部分内容，其内容很可能属于齐论类。当时的“古论”“鲁论”“齐论”是以特定版本（或抄写本）为正本形成的范畴概念。西汉时期各种版本的共存暗示《论语》的校订阶段尚未完成，并且大量的摘录存在。《论语》的摘录也在韩国和日本发现的木简中有所发现。尤其是随着纸张的逐渐普及，记录在木简中的《论语》往往不是全文，而是摘录的比例更大。《论语》被记录在木简的形式和用途也各不相同，通过这一点，我们可以读出各地特有的《论语》木简文化。例如，在韩国发现了记录《公冶长》篇的木觚，作者推测《公冶长》篇被用作表现其权威和用作处理人事指南的特性，通过木觚来展示权威。在日本也有记录《公冶长》篇的木简，但日本的《公冶长》篇多用于习字，通过木简展示权威的性质不强。此外，日本更重视《论语》的思想内容而不是崇拜孔子个人，因此在寺庙中也发现了与《论语》相关的木简。另外，随着时间的推移，《论语》木简的规范化趋于松散，但文本的重要性却呈现出相反的趋势，即变得更加重要。

琴载元《家传的简牍文件——再论睡虎地秦简法律文书性格》重新考虑睡虎地秦简的法律文件性质，区分了官方传播的“公共传播”和由官方给私人或私人间进行的“私人传播”，并以此为基础，重新考察了睡虎地秦简作为法律文书的性质[②]。分析结果显示，睡虎地秦简属于私人传播，而这法律文书的形成年代与墓葬的形成年代并不完全相同，可能在秦帝国时期，其文书在官方中已经失效。尤其《秦律十八种》和《法律答问》可能是墓主“喜”的父亲收藏后传给“喜”的。这种传承是建立在家学传统的基础上，当这些文档不再被所有家人需要的时候（秦始皇三十年），它们就被废弃并随葬。对家人仍然有用的法律文件（例如秦帝国时期的法律文书）则会继续传写并传给他们。

琴载元《西汉前期南郡的地域性与郡县统治的展开》分析了前汉时期以南郡为研究对象的关外郡的特性[③]。汉朝早期便计划在南郡地区废除项羽时期的封邑制，并推行郡县制，这必然考虑到了秦朝郡县统治的影响。同时，南郡百姓中从军者相较于其他地区的赐爵将会受到限制。南郡参与反秦起义的人数极少，在楚汉战争时也没有被汉军征召。另外，在南郡的军事功能上，由于其地理位置位于江南与江淮之间，作为交通枢纽，汉朝廷必然需要对这个区域进行直接控制。因此，朝廷直接控制南郡，将郡县制推广到江南和江淮地区。这一初

---

① 김종희,《『論語』木簡의摘錄과變形 – 동아시아삼국（韓・中・日）『論語』木簡의비교를중심으로 –》,《木簡과文字》28, 한국목간학회, 2022；金钟希：《“论语”木简的摘录与变形——以东亚三国（韩、中、日）的“论语”木简的比较为中心》,《木简与文字》第28辑，韩国木简学会，2022年。

② 금재원,《家傳하는簡牘문서—睡虎地秦簡법률문서성격의재고—》,《중국고중세사연구》60, 중국고중세사학회, 2021年；琴载元：《家传的简牍文件——再论睡虎地秦简法律文书性格》,《中国古中世史研究》第60辑，中国古中世史学会，2021年。

③ 금재원《前漢前期南郡의지역성과郡縣통치의전개》《중국사연구》135，중국사학회, 2021年；琴载元：《西汉前期南郡地域个性和郡县統治的展开》,《中国史研究》第135辑，中国史学会，2021年。

期的决策导致 长沙国内经过洞庭湖水道达到沅水及酉水水路交通被切断，增强了汉朝廷的直接控制力。再者，位于汉水以东的安陆城在楚时期是一个大型县城，秦朝占领后并未废止，直至前汉早期仍然使用。这种情况在武帝元狩二年（公元前 121 年）设立江夏郡后开始改变。大约在此期间，郡与国的对峙局面结束，南郡的变化特性也随之消失。这种南郡的长期现象表明，秦汉帝国的郡县统治并非单一地由中央推行。

琴载元《前汉文法吏的表象——李斯和贾谊、晁错 ，其他后裔》以北京大学藏的西汉竹书《赵正书》中李斯的形象为起点进行分析。与过去的“奸臣”形象不同，李斯在这里被描绘为承继秦始皇遗志，并忠诚侍奉两代皇帝的人①。《赵正书》的主题是，如果君主不听取像李斯这样的“忠臣”的谏言，反而逼迫他们，施行暴政，将会导致国家灭亡。这个观点在西汉特定时期或地区中广泛存在，也就是说，人们更倾向于接受“忠臣”李斯而非“奸臣”李斯的形象。文章还指出，李斯从忠臣转变为奸臣的过程与西汉中央政治的变迁密切相关。作为秦帝国的丞相，李斯代表的是一种“以吏为师”的文法吏形象，在西汉时期与他类似的人物包括贾谊和晁错。他们都是“文”与“法”集于一身的人才，曾受到皇帝的宠爱并进入中央政权，但最终都遭遇了挫折和悲剧。在皇帝统治体制日渐强化的过程中，与中央权力角逐的文法吏在思想上受到了磨损，多数人丧失了“文”，成为只追求“法”的酷吏。文法吏在思想上的退步，成为政论主导权转向齐鲁地区儒家思想的契机。这里的儒家学者通过与李斯的荀子学派相对立的“反秦”立场，获得了进入汉中央政治的机会，同时也保持了与皇帝权力一定的距离，以维持思想的纯粹性。在此过程中，他们避开了李斯，将贾谊作为自己的儒家形象的代表进行观念化。总的来说，独尊儒术时代的到来，是秦制的“以吏为师”式官学的失败，以及皇帝权力体制思想滞后的副作用。在此过程中，关于李斯的记录被丢弃和扭曲，现在甚至连真实和虚假都无法分辨。

琴载元《秦汉墓葬出土简牍文书类型分类试论——以南郡管辖区域出土事例为主》主要通过研究中国出土简牍中，只在墓葬中出土的类型，提出了一种既归纳又分类的研究方法②。研究对象主要限定在秦汉时期南郡地区墓葬出土的简牍。基于南郡的地域特性，该论文对背景信息和文字信息进行了筛选和分类。通过地理信息、墓葬规格及随葬遗物布局等发掘信息为基础，进行了与简牍中记载的文字信息的匹配性比较分析。以张家山 247 墓的汉简

① 금재원《前漢文法吏의表象—李斯와賈誼，晁错，그외의후예들—》，《동양사학연구》158，동양사학회，2022 年；琴载元：《西汉文法吏的表象——李斯和贾谊、晁错，其他后裔》，《东洋史学研究》第 158 辑，东洋史学会，2022 年。

② 금재원《秦漢墓葬出土簡牘文書 유형분류의시론적고찰 — 南郡 관할지역내출토사례를중심으로 —》，《동양사학연구》160, 동양사학회, 2022 年；琴载元：《秦汉墓葬出土简牍文书类型分类试论——以南郡管辖区域出土事例为主》，《东洋史学研究》第 160 辑 ，东洋史学会，2022 年。

为例，它距离江陵县城西南方向5公里以上，出土于当时长江流路以南的地方，这与长江以北地区江陵县一带出土的其他简牍有显著区别。实际上，这些差异在简牍的文字信息中也有一定程度的反映。另外，《二年律令》和《奏谳书》中对墓主个人履历的描绘各有不同，《奏谳书》反映了墓主过去的实际履历，《二年律令》则反映了墓主及其家人对来世寻求复职的期望。《奏谳书》可以说是墓主生前职务的记录，而《二年律令》则体现了接近最新法律令的制作环境、郡县制深入融合的乡村文化，以及通过血缘、地缘结成的官僚社群合作关系的墓主所属社会的文书。在目前的秦汉史研究中，存在夸大解释的现象，主要是因为作为主要史料的简牍的背景信息，即日常机制被忽视了。简牍的文字信息应与其使用的时间和空间、个人倾向或其所属的社会、文化特性等相结合，才能具有实证价值。

琴载元《简牍时代〈史记〉写本的源流与传承过程》主要对《史记》的传承历程进行了深入研究①。《史记》的传承史本身就是贯穿了两千多年的东亚记录文化的通史。其传承载体从最早的简牍，到纸卷时代的写本，再到印刷术发明后的版本，直至现代数据多媒体时代的电子本，各个阶段都有所体现。现存的《史记》实物中，印刷术发明后的版本占据绝大多数，而之前的写本仅有极少数被保存下来。尽管已经发现了纸质写本，但目前还未发现过简牍写本实物。这种实物的缺乏也影响了我们对于《史记》的全面认知。该文通过作者长期以简牍为研究对象的经验，假设简牍《史记》写本的固有特性，并试图建立其体制和传承的概念。同时，通过考证简牍时代的地下出土简牍，重新思考地上的传统文献，扩大了“二重证据法”的应用范围。《史记》最初经司马迁之手，由名山本和京师本制作而成。《史记》写本中的源流是司马迁能够意识到的范围内直接转写的，但在司马迁死后，《史记》的流传过程中开始与间接或部分转写的写本混杂在一起，产生了各种《史记》的变型。简牍时代因为经历了“流动传承”的写本时代，所有对简牍《史记》写本有必要从这种“转写”的角度重新确立概念。《史记》的不完整部分可以通过不同写本的对校进行部分校勘。从转写路径来看，《汉书》属于与传世《史记》版本的不同支流，由于一直通过直接转写传承下来，《汉书》在一定程度上比传世本《史记》更能忠实反映《史记》的原本内容。

吴峻锡《秦代舍人的存在形态与新型人际结合形态》探讨了“舍人”的出现和其意义②。春秋中期，周朝的宗法制和氏族秩序开始解体，引发了社会集团的崩溃和各大权贵家

---

① 금재원《簡牘시대『史記』寫本의원류와傳承과정》,《중국고중세사연구》63，중국고중세사학회, 2022 年；琴载元：《简牍时代〈史记〉写本的源流与传承过程》，《中国古中世史研究》第63辑，中国古中世史学会，2022 年。

② 오준석，《秦代‘舍人’의존재형태와인적네트워크》《중국고중세사연구》59，중국고중세사학회, 2021 年；吴峻锡：《秦代舍人的存在形态与新型人际结合形态》，《中国古中世史研究》第59辑，中国古中世史学会，2021 年。

庭的消失。掌握权力的家族通过创建私人集团来保护和扩大自己的权力，从而出现了战国时代的“宾客”和“舍人”。这也反映了氏族制秩序崩溃后出现的新的社会组织形式。尽管秦政府试图控制这些舍人集团，但在秦末反秦起义中，这些集团仍起着核心作用。

吴峻锡《通过秦汉田律看秦汉时期的法律体系》主要探讨了正律和旁律的存在，以及它们之间的关系，特别是田律的特点及其是否属于旁律①。2006 年在湖北省云梦县发掘的睡虎地 77 号汉墓中出土了看似是西汉文帝时期的律典，其中包含 39 种律名，其中 15 律为“□律”，其余 24 律为“旁律”。这些律典分为三卷，第一卷与睡虎地 77 号汉简的“□律”相对应，第二卷和第三卷分别为“旁律甲”和“旁律乙”。“田律”属于汉代律典体系中的旁律，并在睡虎地秦简、岳麓秦简、张家山汉简等已公开的秦汉律令简牍中均有出现，被确认为较早制定的旁律。田律中的律文主要是规定发生在田野地区的各种事项。旁律并不是一次性形成的，而是根据需要收集与特定领域相关的条文。因此，在正律以刑法为中心的部分固定后，旁律会根据需要收集相关条文，这就可能导致与其他领域重复的条文的出现。

吴峻锡《中国简牍文书的形制与规格》详细讨论了简牍文书的形式和规格②。首先，战国时期的楚简可能并没有明确的长度标准，到了秦汉时代才开始以 1 尺为基准制定长度规定。但是，用于陪葬或个人收藏的简牍并未严格遵循这个规格。其次，尽管简牍越长，一般来说使用者的身份和文件的重要性就越高，但也有特例。如《论语》简这类文件，由于强调便携性，其长度就相对较短，这与文件内容的重要性或文件拥有者的身份无关。最后，根据最近公开的岳麓秦简，秦代开始对简牍的长度、宽度、厚度进行规格化，例如根据宽度将简牍文件区分为“牒”（1—2 行）、“牍”（3—5 行）、“疏”（6 行以上）。但是，对于超过 6 行的“疏”，这并不是指简牍的种类，而是指采取分节叙述的方式。

吴峻锡《秦汉迁律的建立与废止》探讨了秦汉时代的迁律③。迁律在西汉初期至文帝时期存在，但具体内容未知。然而，通过汉代的收律，我们推断迁律可能包含了与迁刑执行相关的各项条款，如包含迁徙家庭成员的规定，迁徙目标区域，以及在迁徙地逃跑或犯其他罪行的处罚规定等。关于秦代是否存在迁律仍然不确定。但通过查看睡虎地秦简和岳麓秦简中可能列入迁律的律令条款，我们推断秦代可能存在迁律，即使不存在，相关条款也被汉代的迁律继承。另外，西汉文帝的刑法改革导致六刑被废止，劳役刑的刑期大幅减少，迁刑的内

① 오준석,《秦漢田律을통해본秦漢代의律典체계》《역사와세계》60，2021 年；吴峻锡：《通过秦汉田律看秦汉时期的法律体系》,《历史与世界》第 60 辑 ，晓原史学会，2021 年。

② 오준석,《嶽麓秦簡을통해본簡牘文書의형태와규격》,《중국사연구》136，중국사학회, 2022 年；吴峻锡：《中国简牍文书的形製与规格》,《中国史研究》第 136 辑 ，中国史学会，2022 年。

③ 오준석,《秦漢遷律의성립과폐지》,《중국사연구》141，중국사학회, 2022 年；吴峻锡：《秦汉迁律的建立与废止》,《中国史研究》第 141 辑 ，中国史学会，2022 年。

容和刑罚等级必然发生变化，从而导致规定相关内容的迁律被废止。这一过程证实，秦汉时代狱律下的律目会随着时代的变化定期增加或废止。

李成珪《秦帝国的新地统治策》探讨了秦朝如何透过官僚体制来统治新征服的领土，并解决了由此引发的一系列问题[①]。过去学界忽视了一个重大问题，即如何确保“新地”有地方管理人员。广大的“新地”的郡县统治需要大量的官僚，但旧有的地方官吏对秦法和文字并不熟悉，而且无法派出足够的秦朝官吏去“新地”。该文利用新出土的简牍资料，探讨了秦朝如何解决这个前所未有的“官僚国家的官僚短缺”问题。为了解决这一问题，秦朝采取了各种方法，包括任命无资格者和激励冗佐、均佐、新地吏等。尽管我们作出了各种努力，但“官僚短缺”的问题并未得到大幅改善，由于空缺或长期出差等原因，官吏的任职缺席率达到了 50%，必须采取代行制度。在我们研究的洞庭郡迁陵县，虽然数据非常不完整，但仍可看出长吏的约 70%，有秩吏的约 60% 是由代行制度维持的。长吏由官啬夫或令史代行，官啬夫由令史代行。令史是县内史系列中的小吏，他们不被固定派往特定部门，而是直接向县令报告，负责文件的起草和出纳，并随时被派往需要的行政现场。在迁陵县的 103 位令员中，有 28 位是令史，这种高比重的令史组织是县行政的代行制度能够相对顺利运作的关键。这种令史组织是汉代以后看不到的秦县特点，推测是为了在统一前后解决官僚短缺问题而采取的代行制度。总的来说，秦朝并未能大幅解决“官僚短缺”的问题，但在防止行政空白方面取得了一定的成功。

李癸昊《汉代河西地区的生态环境和农耕生产的开展》详细分析了汉代河西地区的生态环境，特别是从农业的特点和生产力的角度进行了研究[②]。河西地区在汉朝设立四郡后，成为边境的军事据点，同时也形成了其特有的社会结构。这主要得益于屯田的经营以及物资的流入和流通。在这个过程中，之前居住在这个地区的民族的经验起到了重要的作用。在这样的基础上，这个地区逐渐成为汉帝国的一部分。河西地区在具备适合耕种屯田的环境条件的同时，通过积极开垦农地和扩大畜牧业、制造业等产业，实现了物资的自给自足，形成了完整的社会经济环境。因此，这个地区在保持地区特性的同时，也保持了其社会经济的完整性，成为汉帝国的一部分。

李周炫《西汉中期“外地居民”之出现与其含义——以西北出土汉简里的“客子”“客

① 李成珪，《秦帝國의‘新地’統治策》，《학술원논문집(인문·사회과학편)》61－1，2022 年；李成珪：《秦帝国的新地統治策》，《学术院论文集（人文·社会科学篇）》第 61－1 辑，2022 年。

② 이계호，《漢代河西지역의생태환경과農耕생산의전개》，《중국고중세사연구》66，중국고중세사학회，2022 年；李癸昊：《汉代河西地区的生态环境和农耕生产的开展》，《中国古中世史研究》第 66 辑，中国古中世史学会，2022 年。

田”为中心》以“客”为线索，讨论了自西汉中期开始的流动性扩大现象①。作者认为这主要源于汉帝国通行政策的变化。在这一时期，大量的“客子”“客民”的出现和“客田”现象的兴起，显示出异地长期居住和迁移成为可能。而长期离开原籍或在原籍以外的地区另设一个户籍，这与汉初法律规定的原则存在相当大的差距。特别是在西汉中后期，官府甚至制作了特殊的“客子户籍”。这些变化不仅体现了人们逐渐实现的移动欲望，也展示了汉帝国相比过去更大的开放性。文章进一步指出，这种流动性的增加和观念的变化，可能始于西汉宣帝时期或更早，并在西汉中期至东汉期间，由于阶段性规制的放松，社会整体流动性得到了增强。

李周炫《秦汉时期商业活动的形式及其意义》利用最近出土的法律资料，围绕空间、主体和税收三个要素，研究了秦汉帝国如何理解和管理商业行为②。首先，虽然市场是官方规定的商业活动场所，秦汉帝国也通过设立专门的市场管理机构进行控制，但实际上，市场之外的商业活动也广泛存在。然而，由于非市场商业活动的增加可能导致百姓过于倾向于商业而忽视农业，或者可能破坏市场秩序，所以秦帝国只在有限的范围内允许这些活动。其次，商业行为的主体可以划分为商人、民众和官府。同时，虽然百姓也可以在乡里进行有限的商业活动，甚至他们可以在其他地方进行买卖，但这并不意味着他们与专业的商人相同。另外，官府的商业行为不仅仅追求利润，也包含了对民间工业的控制和确保物品的顺利采购等多重目标，这与一般的商业行为有所区别。最后，秦汉时期的商业活动税收以市租的形式征收，主要用于供应皇帝的私人费用。然而，最近出土的资料显示，市租可能是根据销售商品的种类，而不是销售额来进行定期一次性计算的。总的来说，尽管秦汉帝国试图尊重并保留市场制度，并试图应对一些实际存在的特殊情况，但这种灵活性是在不损害现有市场制度的前提下，以及在能够解决物资流通问题的范围内进行调整的。

林炳德《秦汉律的耐刑与司寇》主要探讨了秦汉法律中耐刑与司寇的处罚规定及其性质③。虽然对于城旦舂、鬼薪白粲和奴隶臣妾的处罚规定和性质已经有了明确的理解，但对于司寇的处罚规定和性质的理解则相对较少。特别是对于“耐之”“当耐”的“耐”的含义，是否指的是隶臣妾、司寇，或者耐为候，一直存在争议。通过分析成为奴隶臣妾的处罚

---

① 이주현,《前漢 중기 ‘타지거주자［客］’ 의출현과그의미 – 漢簡의客子，客田 을단서로 –》《중국고중세사연구》59, 중국고중세사학회, 2021 年；李周炫：《西汉中期“外地居民”之出现与其含义——以西北出土汉简里的“客子”“客田”为中心》,《中国古中世史研究》第 59 辑，中国古中世史学会，2021 年。

② 이주현《진（秦）·한（漢）시기상업활동의형태와그의미》,《중국학보》95, 한국중국학회, 2021 年；李周炫：《秦汉时期商业活动的形式及其意义》,《中国学报》第 95 辑，韩国中国学会，2021 年。

③ 임병덕,《漢의耐刑과司寇》《중국사연구》134, 중국사학회, 2021；林炳德：《秦汉律的耐刑与司寇》,《中国史研究》第 134 辑，中国史学会，2021 年。

案例，作者认为，私人犯罪可能导致成为“耐为隶臣妾”，而与公务相关的处罚，尤其是与官吏相关的处罚可能导致成为“耐为司寇”。即，“耐为司寇”是与公务相关的处罚，“耐为隶臣妾”是与公务无关的其他一般犯罪的处罚。此外，作者还对长期存在争议的司寇和“作如司寇”的性质进行了新的解读，认为“作如司寇”应该解读为“作事之，如司寇然”（城旦司寇、舂司寇、城旦舂司寇等）。

林炳德《汉文帝刑制改革与刑罚制度的变化——以〈荆州胡家草场西汉简牍〉资料为中心》主要围绕汉文帝刑制改革后的“荆州胡家草场西汉简牍”，对刑罚制度史进行了重新审视①。研究认为关于城旦舂的臣瓒的解释是错误的，而冨谷至的观点是正确的。即在《汉书·刑法志》“诸当完者，完为城旦舂”的“完”，无须修改为“髡”。同时，通过对胡家草场西汉简的案例审查，作者认为文帝的刑制改革并非赎刑或罚金刑被劳役刑吸收，而是劳役刑的一部分变为赎刑或罚金刑，从而增加了赎刑和罚金刑的比重。这是为了通过扩大赎刑和罚金刑来增加国家财政收入。例如《二年律令》中的“笞五十”在胡家草场西汉简中变为罚金一两，以及《二年律令》中的“耐为隶臣妾”在胡家草场西汉简中变为罚金十二两的案例。这反映出刑制改革试图更有效地利用官方劳动力的意义。

尹龙九《平壤出土的〈论语〉竹简的系统与性质》探讨了关于平壤《论语》竹简的问题②。西汉时期有三种已出土的实物册书版本的《论语》。它们是1973年在河北定州中山怀王刘修的墓中出土的定州简《论语》，1990年在朝鲜平壤乐浪区域贞柏洞364号木棺墓中出土的平壤简，以及2011年在江西南昌海昏侯刘贺的墓中出土的海昏简《论语》。它们显示了西汉成、元帝时期《论语》的实际情况，因此受到了高度关注并进行了研究。特别是对于定州简《论语》的文本形态和系统的争论代表了此类研究。然而，一致的观点仍难以找到。在2009年平壤简和2016年海昏简公布后，对于西汉后期《论语》的文本和汇集过程的讨论正在多元化地展开。现在的观点认为，应根据出土资料的分析来解释，而不是单一地应用东汉时期和以后整理的所谓《论语》“三论”的系统论。基于这一立场，论文比较并检查了平壤简《论语》竹简的形象、写作样态、异文标记等基础问题，以及定州简和海昏简的相关问题。

尹在硕《秦汉代的算术教育和“九九表”木简》探讨了秦汉时期初级算术教育的一部

① 임병덕，《漢文帝 刑制改革과刑罰制度의變化 –〈荊州胡家草場西漢簡牘〉자료를중심으로》，《동서인문》18，경북대학교인문학술원, 2022年；林炳德：《汉文帝刑制改革与刑罚制度的变化——以〈荆州胡家草场西汉简牍〉资料为中心》，《东西人文》第18辑，庆北大学人文学术院，2022年。

② 윤용구《평양출토竹簡『論語』의계통과성격》，《木簡과文字》27，한국목간학회, 2022年；尹龙九：《平壤出土的〈论语〉竹简的系统与性质》，《木简与文字》第27辑，韩国木简学会，2022年。

分，即九九表的内容、记录方式以及表达方式的变化①。在古代中国，算术教育从六岁开始在家庭中进行，然后在八岁或十岁时进入小学，学习九九表和各种实用的计算方法。这种计算教育以学习或记忆九九表为起点。通过分析秦汉时期的九九表木简，作者发现，秦代的九九表的内容和记录方式已经被确定下来。当时的九九表从九乘开始，到二乘结束，有时甚至用分数表示乘法。到了东汉时期，一乘开始进入九九表的体系。到了4世纪左右，一乘完全稳定在九九表体系内。此外，到了东汉时期，“字”和“而”等表达方式的变化也开始显现，这种变化在魏晋和唐宋时期的九九表中得到了继承。

俞敞渊《秦代县吏的运用与“新地”统治》主要研究了秦代郡县官吏的任命方式以及统一后特殊的运行状况②。文章分析了《置吏律》和守官、新地吏、冗吏等制度，旨在区分普遍和特殊情况。县官的官佐、官史主要从本地人中选取，需要有识字能力或爵位。秦县的佐史可以通过斗食吏晋升为有秩吏，或者被县令推荐。秦代的守官制度是对《置吏律》的补充，发挥了县吏升迁或补缺的作用。秦朝统一后，领土扩张和新设郡县导致原有官员任命制度无法应对需求。因此，秦朝设立了新地吏处罚规定。新地吏被派遣到新地的刑罚，类似于边境服役。另外，无法缴纳罚款的官员降级为冗吏，并派遣到新地偿还罚款。如果达到相应的工作时间，可能返回故乡，或者一些冗吏可能会再次被任命为新地县的佐史。

赵容俊《周家台秦简所见之医疗巫术考察》讨论了周家台秦简中所见的医疗巫术的主要内容，特别聚焦在占卜问病和祝由巫术这两个重要特征，包括当时流行的五行原理的应用③。首先，关于“占卜问病”的情况，在周家台秦简《日书》篇中，特别是在二十八宿占的内容中，多次见到巫者问病卜灾的事实。但尚未全面应用五行原理进行占卜问病，因此可以说它尚未完全确立后代医家的五行观念。其次，关于“祝由巫术”，从周家台秦简《病方》及其他篇章中可以了解到，巫者曾用各种念诵咒语、“禹步三”等巫术性语言和肢体动作的方式，即执行“祝由”的方式，以乞求神灵去除病魔。尽管这种巫术性的医疗行为可能无法实质性地解决问题，但在一定程度上可能有安慰病人心理的效果。

赵容俊《孔家坡汉简〈日书〉篇中可见的巫术医疗行为考察》考察孔家坡竹稿中日书

① 윤재석《秦漢代의算學教育과 ‘구구단’木簡》,《동서인문》19，경북대학교인문학술원, 2022年；尹再硕：《秦汉代的算术教育和“九九表”木简》,《东西人文》第19辑，庆北大学人文学术院，2022年。

② 유창연《秦代縣吏의運用과‘新地’統治》,《중국고중세사연구》65，중국고중세사학회，2022年；俞敞渊：《秦代县吏的运用与“新地”统治》,《中国古中世史研究》第65辑，中国古中世史学会，2022年。

③ 조용준，《周家臺秦簡에보이는샤머니즘적의료활동고찰》，《중국고중세사연구》59，중국고중세사학회, 2021年；赵容俊：《周家台秦简所见之医疗巫术考察》，《中国古中世史研究》第59辑，中国古中世史学会，2021年。

上所见的巫术性医疗活动，并与汉代传世文献及其他地下文献进行对照，研究其特点①。通过《日书》篇，该文可以确认萨满通过占卜的方式来诊断疾病的原因并判断病情的变化。即使在专业医生出现之后，这种通过占卜来诊断疾病等巫术医疗活动仍然保持其影响力，并在中国历代官方的医疗组织中持续存在。这说明了通过占卜来诊断疾病的巫术医疗行为是中国古代医学的重要部分。此外，阴阳和五行概念的范围和渗透是相当广泛的，并深深植根于中国的文化历史。因此，阴阳五行观念在中国文化的形成中占有不可忽视的地位，对中国文化的各个方面都产生了深远的影响。

四、注释、考释论文

李苏和《“龙岗秦简”第11～22简、第68简、第181简研究》尝试解读了龙岗秦简第11—22简、第68简和第181简的内容②。这14张竹简主要记录了与禁苑有关的秦法律——秦苑律的内容。秦苑律的执行非常严格，任何涉及违反禁苑出入规定的行为，都会受到严重的刑罚。通过解读工作，对秦代的社会、法律、语言和文字进行了更深入的理解。同时，该文还对已有研究进行了补充和修正，进一步深化了对秦简的理解和研究。

李苏和《利用形近字比较分析进行的岳麓书院藏秦简的考释和文字研究》是关于岳麓秦简释文和文字的研究③。即利用形近字比较分析的结果，对岳麓秦简进行了新的考释和文字研究。形近易混现象是由于两个字的字形相似，容易被混淆使用，秦文字资料中因形近易混而出现的作者误记现象并不少见。不仅如此，对秦文字资料中形近字的明确理解尚未实现，因此岳麓秦简的整理者在编写释文时也常常出错。文章通过对岳麓秦简中“专”和“叀”、“夬”和“史”这两对形近字的字形分析，找出了岳麓秦简作者的误记或释文作者的考释错误，并进行了校释。

李苏和《通过对形近字“易”与“昜”、“内”与“宂”的字形分析进行的岳麓书院藏秦简的校释和文字研究》主要分析了岳麓秦简中“易”与“昜”、“内”与“宂”这两对形

---

① 조용준,《공가파（孔家坡）한간（漢簡）「일서（日書）」편에보이는주술적의료활동고찰》《연세의사학》24－1, 연세대학교의학사연구소, 2021 年；赵容俊：《孔家坡汉简〈日书〉篇中可见的巫术医疗行为考察》，《延世医史学》第24－1辑，延世大学医史研究所，2021年。

② 이소화,《『龍崗秦簡』第11～22簡，第68簡，第181簡 연구》,《中國學》77, 대한중국학회, 2021年；李苏和：《“龙岗秦简”第11～22简、第68简、第181简研究》，《中国学》第77辑，大韩中国学会，2021年。

③ 이소화, 《形近字비교분석을활용한 嶽麓書院藏秦簡 考釋과문자연구》, 《中國言語研究》94, 한국중국언어학회, 2021年；李苏和：《利用形近字比较分析进行的岳麓书院藏秦简的考释和文字研究》，《中国言语研究》第94辑，韩国中国语言学会，2022年。

近字的字形，通过这些分析找出岳麓秦简抄写者的误记或释文作者的考释错误①。进而对相关简文进行了校释，并附上了韩语翻译以帮助准确理解这些简文。秦简中的“易”与“昜”字形非常相似，但可以通过日和勿之间的一横的有无来区分，其中“易”没有中间的一横，而“昜”有一横。而“内”由“入”与“宀”组成，“宂”由“人”与“宀”组成。在秦文字中，“入”与“人”的字形经常被混用，因此“内”与“宂”在秦简中也被相似地使用。该文根据这些字形特点进行了分析，并进行了一些文字的修正和校释。

申世利《〈清华大学藏战国竹简（柒）·赵简子〉注解》对《清华大学藏战国简（柒）》中的《赵简子》进行了解读和分析，并对古代文献中出现的《赵简子》进行了重新审视②。文章还探讨了出土文献中语言文字的特点。这个注解篇分为两部分。前部分是范献子对赵简子的真言，后部分则是赵简子和成述的问答。范献子和赵简子都是晋国历史中的重要人物，都曾经担任过卿。成述也是晋国的大夫，在《左传》和《说苑》中有所提及。全篇的前部分揭示了范献子和赵简子在政治上的微妙对立关系。后部分的一部分通过赵简子和成述的问答，描述了清廉、奢侈、礼和“国家的正理”之间的辩证关系。

沈载勋《战国史书类文献的原型清华简〈子犯子余〉译注》是对清华简《子犯子余》卷七的注释翻译③。《子犯子余》由两部分组成。第一部分以秦穆公对晋文公重耳的流放提出的讽刺性问题开始。重耳的两位追随者子犯和子余反驳了这些问题，分别强调了重耳的义气和他的臣民的公正。第二部分是蹇叔对秦穆公和重耳关于公众情绪和圣人之道的问题的回答。蹇叔强调了统治者在国家兴衰中的正确角色。作为一种轶事式的叙述，《子犯子余》反映了战国时期期待的理想统治者和臣民。

苏东燮、朴载福《汤王和伊尹的新故事：清华简〈汤在啻门〉的译注》对清华大学藏战国竹简（五）中收录的《汤在啻门》进行了解释和翻译④。由21片竹简构成的《汤在啻

---

① 이소화,《形近字‘昜와易’·‘内와宂’의자형분석을통한 岳麓书院藏秦简 校释과문자연구》,《中国言语研究》102, 한국중국언어학회, 2022年；李苏和：《通过对形近字“昜”与“易”、“内”与“宂”的字形分析进行的岳麓书院藏秦简的校释和文字研究》,《中国言语研究》第102辑，韩国中国语言学会，2022年。

② 신세리,《『清華大學藏戰國竹簡（柒）·趙簡子』注解》,《중국인문과학》79, 중국인문학회, 2021年；申世利：《〈清华大学藏战国竹简（柒）·赵简子〉注解》,《中国人文科学》第79辑，中国人文学会，2021年。

③ 심재훈,《전국시대사서류문헌의원형 – 청화간『子犯子餘』역주 –》,《중국고중세사연구》59, 중국고중세사학회, 2021年；沈载勋：《战国史书类文献的原型清华简〈子犯子余〉译注》,《中国古中世史研究》第59辑，中国古中世史学会，2021年。

④ 소동섭·박재복,《湯王과伊尹의새로운이야기: 清華簡『湯在啻門』의역주》,《동양고전연구》80, 동양고전학회, 2020年；苏东燮、朴载福：《汤王和伊尹的新故事：清华简〈汤在啻门〉的译注》,《东洋古典研究》第80辑，东洋古典学会，2020年。

门》是一篇以汤王和伊尹的问答形式展现的文献。《汤在啻门》的内容可以概括为：汤王向伊尹求取关于先帝对成人、成国、成地、成天的良言，伊尹则以教诲性的内容进行回答。与清华简中收录的其他四篇伊尹故事（《尹至》《尹诰》《赤鹄之集汤之屋》《汤处于汤丘》）不同，《汤在啻门》的内容在传统文献中几乎没有提及，并能确认各种战国思想的特征。论文注意到，《汤在啻门》与马王堆帛书《黄帝四经》《管子》等相比，黄老学的特征并未明显表现出来。因此，论文提出了将《汤在啻门》视为部分吸收了黄老学讨论的文献，而不是将其定位为早期黄老学的文献。

五、学位论文

（一）博士学位论文

吴贞银《算数知识与秦汉小吏事务处理研究——以九九表、算筹、刻齿和田地丈量为中心》探讨了从春秋时期到帝制时代，统治者如何利用算术作为管理手段强化国家统治，并重点研究了“小吏”在日常事务处理中如何应用算术和相应的算术工具[①]。研究内容包括了九九表、算筹、刻齿、田地测量等算术项目。第二章研究了九九表这种基础算术知识和工具的应用情况。小吏学习九九表的主要目的是掌握基础的四则运算知识，以便进行各种统计工作和参与文书行政。而且九九表可能是小吏学习算术符号“凡”和数字记录的一种方式。因此，九九表对小吏来说是极为重要且实用的算术文本。第三章探讨了算筹——古代中国人进行算术计算的最重要工具。算筹本身包含了“数”的双重含义，并在春秋时期后为了高效计算复杂数字而被强调其计算工具的特性。小吏一直使用算筹，而国家强调其算术能力，因此，算筹逐渐成为小吏的象征。第四章研究了刻齿，这是小吏在文书行政中经常接触的一种数字表达方式。刻齿简单易懂，能确保物品的实际数量与记录的数字相符，提高了文档的证据性。汉代以后，刻齿简的使用和制作都变得更为简化和高效，其应用范围和用户群体也更加广泛，这体现了古代中国行政效率的提高和社会的发展。第五章则关注了小吏执行的重要的算术相关任务之一——丈田。对于丈田的方式，作者提出了三种可能性：使用步弓测量、使用绳子测量和步行测量。小吏可能会根据当地的地理特征和每个村庄的情况，灵活运用这三种丈田方法。总之，该研究从具体工具和任务出发，详细研究了古代中国小吏如何利用基本的算术知识和工具进行日常工作，并通过这些工具和任务揭示了算术在古代中国社会和治理中的重要作用。

金锡珍《从历史文书到历史书册——清华简〈系年〉的译注与其性质研究》对清华简

① 吴贞银：《算数知识与秦汉小吏事务处理研究——以九九表、算筹、刻齿和田地丈量为中心》，博士学位论文，清华大学，2022年。

中的《系年》进行了翻译，并基于此探讨了这个文本的文献学特性和历史学特点[①]。论文构建了一种坚实且有用的方法论，然后解读和翻译了《系年》。在此过程中，分析该文本的文献学特征，并进一步考察这个历史文本在古代中国史学史中的地位。论文将这两步研究分为“第一部分：《系年》的文献特性和历史学特点”和“第二部分：《系年》的解读方法和翻译”。第一部分第一章“《系年》的主要信息和学术意义”概述了2011年公布的文献的物理形态和文本内容，并描述了其研究意义。第二章“《系年》的文献学特性”强调了该文献在先秦－秦汉历史文献中的独特性和孤立性。第三章“《系年》的历史学特性”分析了《系年》与战国初年历史文献以及先秦出土、传世历史文献的关系。通过第一部分第一章到第三章的分析，最后在“小结”中最终概述了《系年》的身份。首先，从历史学角度，这部历史文献被认为是新型历史书，它从储存句子单位的历史信息转变为基于段落单位的主题性重构物，即从文书性历史记录转变为书册性历史记录。其次，从文献学角度，这部竹简历史书可能具有一种“开放”的文本特性，其外形和内容中的不完整和开放的因素以及修正和补充的痕迹表明它具有“进行”和“未完成”的特点。第二部分描述了《系年》的解读方法和翻译，这是一个基础研究任务，旨在尽可能完整地实现文本的形式和内容，并集中其信息。第一章“先秦古文字资料基础研究的动向”概述了全球先秦时期古文字资料基础研究的动态。第二章“系年解读和翻译的方法论”提出了具体的先秦古文字文献解读和翻译方法论。第三章“历史书系年的外形和内容翻译”根据前述方法论，为全体系年提供了详细的翻译。在最后的“小结”中，总结了《系年》基础研究的想法，并再三强调了在历史研究中“必须通过资料说话”的观念以及基础研究的重要性。

金钟希《秦汉地方司法运作与官制演变——以官府的集权化现象为中心》讨论了古代中国皇帝权力集中的体制，它主要体现在政治权力由属官向长官的集中，以及由地方向中央的集中[②]。首先，在县级，秦代通过狱史控制外部属官的生产和管理，两汉时期史系统属吏的增加强化了县廷的监视功能。县廷——尤其是县令作为县内中枢其权力得以进一步加强，其通过中枢机构或其属吏加强监视的倾向在治狱等司法活动中得到反映。例如，劾书作为正式开始治狱的文书，制作过程越来越严密，同时增加与监视有关的词语，这些说明在司法活动中监视更加被重视。都官廷设有狱史来监督属官，但西汉初失去治狱权，东汉被吸收于太守府。其次，郡级中，秦代的郡守府有较多权限，西汉时通过加强郡守府的司法权力和亲民

① 김석진,《역사문서에서역사책으로－ 清華簡「繫年」의역주와성격고찰－》, 단국대학교사학과박사학위논문, 2022年；金锡珍：《从历史文书到历史书册——清华简〈系年〉的译注与其性质研究》，博士学位论文，檀国大学，2022年。

② 金钟希：《秦汉地方司法运作与官制演变——以官府的集权化现象为中心》，博士学位论文，北京大学，2021年。

性，以节省治狱费用、迅速处理狱案。而郡尉和郡监的权限逐渐被太守府吸收。覆狱是上级官重新审查旧有狱案并再制作狱案的活动，它是监察的一环。秦代的“疑狱上谳”到汉代被定名为“奏谳”，在司法运作上有别于覆狱。值得关注的是，随着地方行政的集权，处理覆狱的官员、具体方式多样化，并趋向于迅速解决相关问题。乡啬夫组织在“部”的多层空间统治下管理平民，秦代主要侧重监视，汉代则开始承担起教化和调解诉讼的功能。但由于乡官腐败等原因，县对乡部的依赖逐渐下降，这反映出县廷中心的集权现象。文章最后探讨了地方行政为何会进行集权。一方面，这是为了更有效地实施上级机构的管制；另一方面，也是为了应对自然村落增加等权力松弛的问题。但这种集权化的成功与否，实际上取决于皇帝及中央朝廷的实际控制力。

（二）硕士学位论文

安志恩《统一秦时期司空的性质与新地统治》主要探讨了秦朝如何通过郡县制和司空来有效地管理并运用人力资源①。秦朝统一后，为了保持新领地的行政稳定，需要在各地区有效地部署实务人员和管理劳动力，这在秦朝建立的体系中尤为重要。司空是起源于西周的官职，负责土木和犯人管理，其在春秋战国时期开始拥有更具体的职权。到了战国秦期间，特别是在战场上，司空开始承担更多的职责。秦朝统一后，县司空的劳动力管理职责得到了进一步加强，他们负责管理的劳动力包括被强制劳动的人和兵士，以及交通运输工具，如马和船只。这种劳动力管理和资源运用的变化，反映了秦朝在不同时期的国家运营方式。

王琦《西汉时期河西屯田和生态环境保护政策——以〈敦煌悬泉月令诏条〉为中心》考察了汉初以来对抗匈奴并巩固边疆，实行屯田政策和移民实边政策的过程②。随后，为了强化中央集权，汉武帝在河西地区设立了四个郡。然而，这些行动对生态环境产生了负面影响。在面对日益严重的环境问题时，汉朝颁布了“月令诏条”以法令的形式保护生态环境。文章从植物资源、动物资源、土木工程、水利工程、空气和矿产资源等六个方面介绍了这些生态环境保护政策。

俞敞渊《秦代县吏的任用和“新地”经营》探讨了秦代郡县制的任用制度的特征，并强调了县吏任用在郡县治理中的重要性③。通过分析秦代的《置吏律》和守官制度，作者发现了它们在县吏任用的补缺和晋升中的关键作用。但随着秦帝国的扩张，现有任用规定无法

---

① 안지은《통일秦시기司空의성격과新地통치》, 성균관대학교사학과석사학위논문, 2021 年；安志恩：《统一秦时期司空的性质与新地统治》，硕士学位论文，成均馆大学，2021 年。

② 王琦，《前漢時期 하서둔전과생태환경보호정책 –『敦煌懸泉月令詔條』를중심으로》, 성균관대학교석사학위논문, 2021 年；王琦：《西汉时期河西屯田和生态环境保护政策——以〈敦煌悬泉月令诏条〉为中心》，硕士学位论文，成均馆大学，2021 年。

③ 유창연,《秦代 縣吏의任用과‘新地’經營》, 경북대학교사학과석사학위논문, 2021 年；俞敞渊：《秦代县吏的任用和“新地”经营》，硕士学位论文，庆北大学，2021 年。

满足需求，秦朝推出了新地吏和冗吏的派遣规定，尽管这与现有任用原则相矛盾。这种新的做法旨在将故地的风俗、法制等迁移到新地，显示出秦代新地治理的特性。

六、总结

2021 年和 2022 年，尽管面临严峻的新冠肺炎疫情，韩国学界的先秦秦汉简牍学研究依然活跃进行。这不仅得益于新出土的材料，同时也受益于新的研究视角和方法论的应用，使得研究领域变得更为多元化。例如，他们将简牍和传世文献进行了数据化处理，以便更好地了解职官的历任情况，或者追踪特定经典的使用情况。在此过程中，还进行了传世文献与简牍的交叉验证。简牍研究的重心已经从行政法制史和社会经济领域向地理、环境、数学、医疗、祭祀、文献学、文字学等领域进一步拓展，相关研究的发表无疑令人振奋。有研究提出了纵观秦汉历史的论述和趋势，也有研究关注了简牍本身的形态和格式，并进行了细致的分析。虽然 2021 年和 2022 年的译注或校释主要集中在清华大学藏战国竹简和岳麓书院藏秦简上，但随着当前对各种简牍的解读在进行中，预计作为译注论文发表的简牍种类将会进一步增加。另外，2021 年和 2022 年发表的研究书籍使韩国的简牍学研究成果更容易被公众接触，这无疑具有重大意义。人们可以一目了然地了解各地的简牍出土情况和总体特征，对秦汉时期法制和社会特性的理解也得到了提高。更值得一提的是，从各个研究成果来看，新进学者的表现十分突出。在韩国，先秦、秦汉历史的研究属于外国史的领域，但新进学者们不懈努力取得的研究成果将极大地帮助我们加深对中国历史的理解，并对整个学界产生积极影响。因此，借此机会，应向中国学界介绍这些学者的研究成果。笔者期待未来两国能够通过更加活跃的交流，共享研究成果，从而共同提高研究水平。

大事记

1 月

1 月 24 日，《中国古代史年鉴 2020》新书发布会在京召开。中国社会科学院古代史研究所所长、《中国古代史年鉴》主编卜宪群代表编纂方致辞，中国社会科学出版社社长赵剑英代表出版方致辞。会议由古代史研究所副所长邬文玲主持。中国社会科学院历史理论研究所党委书记、副所长杨艳秋、中国社会科学院考古研究所《中国考古学年鉴》执行主编庞小霞、中国人民大学历史学院院长黄兴涛、清华大学历史学系主任仲伟民、中央民族大学历史文化学院院长彭勇、首都师范大学历史学院院长刘屹、《光明日报》（理论版）主编户华为、中国历史研究院《历史研究》编辑高智敏分别对年鉴的时效性、权威性、前沿性、编纂体例、学术评价、选文标准、栏目设置、选稿范围、约稿事宜、运行机制、宣传推介等方面发表观点和看法。中国社会科学院古代史研究所党委书记赵笑洁在会议总结时表示，《中国古代史年鉴 2020》发布是一个开始，今后将认真吸取各位专家学者的有益建议，在全国史学界的帮助下，一定能够使年鉴越办越好，一定能够为繁荣发展中国古代史研究作出应有的贡献。《中国古代史年鉴 2020》由中国社会科学院古代史研究所编纂，中国社会科学出版社 2021 年 12 月出版。

2 月

2 月 15 日，教育部公布 147 所大学双一流学科名单，除北京大学、清华大学自主确定建设学科并自行公布外，中国人民大学、北京师范大学、复旦大学的中国史学科被列入双一流学科名单。

2 月 21 日，《中国社会科学报》发表中国社会科学杂志社史学部撰写的《2021 年中国史研究发展报告》，分先秦史、秦汉魏晋南北朝隋唐五代史、宋元明清史、中国近代史、中华人民共和国史五个部分介绍 2021 年相关研究成果。

2 月 24 日，中国社会科学院古代史研究所陈智超研究员主持的国家社会科学基金重大项目“宋会要辑稿”课题结项会议在中国历史研究院举行。

3 月

3 月 7 日，2022 年国家出版基金资助项目评审结果公示。获得资助的名单中，与中国古代史相关的有《中国会计通史》《中国考古学百年史（1921—2021）》《新世纪中国考古新发现（2011—2020）》《出土文献与华夏早期文明》《中华文明的印迹（第二辑）》《辽代石刻所见辽朝史事研究》《新疆石窟考古全记录（第一辑）》《益阳兔子山简牍 · 九号井发掘报告》《上博楚竹书哲学文献研究》《长沙马王堆一号汉墓古尸保护》《盛京城考古与清朝历史文化研究丛书》《图碑证史：金元以来山陕水利社会新探》《中国青铜器全集续编（第二批）》《敦煌藏文文献分类整理与研究》《敦煌古藏文文献释读与研究——对中古时期于阗历史的解读》《吐鲁番出土文书补编》《良渚文化玉器全集》《环南海历史地理研究（全五卷)》《鄂尔多斯高原历史地理研究》《甘肃省文物建筑测绘图集（全六卷)》《中国人口经济史》《中国经学史》《中国图书馆学史》《中国古代乡村治理研究丛书（第一辑)》《西周金文地名集证》《秦统一再研究丛书》《宋代科举史》《明代长城史》《中国传统史学与社会(五册)》《多卷本中国茶史》《中亚与丝路文明研究（8册)》《中国老学通史》《“经学与理学”丛书》《礼制之上——北京老城历代营建礼序辨析》《尧风舜雨：元大都规划思想与古代中国》《蜀道交通文明研究丛书（第一辑)》《黑龙江原住民女真历史文化遗产系列丛书（第二辑)》《南诏大理国兴衰史》《丝绸之路历史文化研究书系（第3辑)》《中国古代文体学发展史》《东亚唐诗选本丛刊（第一辑)》《明清黄河文献丛编（全一百册)》《复旦大学图书馆藏古籍稿抄本珍本（第二辑)》《明清武术典籍珍本辑释》《明清孤本法律文献丛刊》《唐大诏令集系年校笺（第一辑)》《国家图书馆藏金文全集》《历算全书》《温县盟书释读》《五代十国文献丛书》《甲骨文金文考释与研究》《清代古典戏曲叙录》《清人著述总目》《增订清人诗文集总目提要》《中国音乐史图典（中英文对照版)》《先秦乐制史》《天地同和——中国古代乐器博览》《明清俗曲音乐文献辑要与译释（3卷)》《中国戏曲碑刻集成》《清代戏曲音乐史（上、下册)》《黄河流域戏曲文物图典》《脉望馆古今杂剧校注》《中国素描史》《瞿昙寺寺庙壁画全集（1—3卷)》《瞿昙寺壁画——汉藏艺术融合样本研究》《五台山文化遗产·精品壁画与塑像》《上海博物馆藏碑帖珍本丛刊（第三辑)》《魏楷体系研究（上、中、下)》《天工巧匠——中华传统工艺集成》《中国古陶瓷鉴定研究》《中国出土彩陶全集》《中国金银器》《古今醴瓷》《蜀师砖砚汇考及图文著录》《中国大科学工程史》《燕赵中医学术流派研究丛书》《〈营造法式注释〉补疏（上编、下编)》。

3月31日，由中国文物报社、中国考古学会主办的2021年度全国十大考古新发现揭晓。四川稻城皮洛遗址、河南南阳黄山遗址、湖南澧县鸡叫城遗址、山东滕州岗上遗址、四川广汉三星堆遗址祭祀区、湖北云梦郑家湖墓地、陕西西安江村大墓、甘肃武威唐代吐谷浑王族墓葬群、新疆尉犁克亚克都克烽燧遗址、安徽凤阳中都遗址等10个项目入选。湖北云梦郑家湖墓地出土了一批珍贵的文字材料、罕见的葬具绘画及精美的漆木器，展示了秦文化与楚文化的融合；陕西西安江村大墓确定了汉文帝霸陵的准确位置，否定了“凤凰嘴”为汉文帝霸陵的传统认识，解决了西汉十一陵的名位问题；新疆尉犁克亚克库都克烽燧遗址为唐代“沙堆烽”故址，出土了一批唐代文书资料；以慕容智为代表的甘肃武威唐代吐谷浑王族墓葬群，出土了包括墓志、丝织品在内的各类文物千余件；安徽凤阳明中都遗址的考古发现，较为完整地揭露出明中都前朝区宫殿基址及部分附属建筑的布局，体现了对元代宫殿制度、规划思想的继承与创新。

4月

4月22日，郭沫若与中国共产党国际学术研讨会暨中国郭沫若研究会第五届青年论坛在北京召开。

4 月，湖北图书馆编《鄂东王氏未刊稿丛编》由国家图书馆出版社出版，共 42 册。《鄂东王氏未刊稿丛编》主要收录湖北省图书馆珍藏的清代王家璧收集、批校的明、清两代鄂东王氏家族未刊的稿本和钞本。鄂东王氏为黄州望族，明清时期有进士王麟、王济、王廷陈、王廷瞻、王一鸣、王追骐、王封濚、王封湑、王家璧等十七人。丛书收录了明代王同轨、王一鸣、清人王家璧等人的著作，对于探讨鄂东文化研究具有重要的史料价值。

5 月

5 月 18—20 日，“西伯利亚民族语言和文化保护发展，纪念杰出的东方学家和突厥学家尼古剌·卡塔诺夫（Nikolay Katanov）诞辰 160 周年，第五届国际科学会议”（5thInternational Scientific Conference “Preservation and Development of Languages and Cultures of the Indigenous Peoplesin Siberia” Dedicated to the 160th Anniversary of the Outstanding Orientalist and Turkologist N. F. Katanov），在俄罗斯联邦哈卡斯共和国阿巴坎卡塔诺夫哈卡斯国立大学召开。

5 月 24 日，中国社会科学院古代史研究所与日本奈良文化财研究所通过在线视频方式，举行友好合作协议签署仪式。古代史研究所与奈良文化财研究所签署合作协议，将增进简牍文字文化的共同研究，使古代史研究所简牍学研究的国际合作进入新的发展阶段，对双方学术交流、人才培养具有重要意义。

6 月

6 月 11—12 日，由复旦大学中国历史地理研究中心举办，“赓续传统求实创新”复旦大学中国历史地理研究所建所 40 周年大会在线上线下同步举行。

6 月 12 日，中国民族古文字研究会，内蒙古民族大学，中国社会科学院民族学与人类学研究所民族文字文献研究室，中国社会科学院古代史研究所宋辽西夏金史研究室、元史研究室，内蒙古大学蒙古学学院主办，内蒙古民族大学文学与新闻传播学院承办的中国民族古文字文献与历史文化学术研讨会在线上召开。

6 月 18—19 日，由故宫博物院主办、故宫博物院故宫学研究所承办，中国社会科学院大学故宫学研究中心协办的 2022 年故宫学学术研讨会在北京举行。

6 月 29 日，《中国史研究动态》主编、商务印书馆出版的《中国史研究历程》出版座谈会在商务印书馆召开。

7 月

7 月 5—7 日，“一带一路”沿线世界文化遗产的传承互动与可持续发展：第六届新疆北庭学研讨会，在厦门大学以线上线下相结合的形式召开。

7 月 20 日，由中国社会科学院古代史研究所与凯里学院共同建立的“民间文献研究中心”揭牌仪式在凯里学院举行。

7月20日，由中国第一历史档案馆、中国社会科学院古代史研究所、国家图书馆出版社共同主办的《明清宫藏丝绸之路档案图典》发布座谈会在北京举行。

7月20—24日，由中国社会科学院古代史研究所、凯里学院主办，古代史所古代社会史研究室、中国社会科学院徽学研究中心、凯里学院期刊社、凯里学院民族研究院、贵州原生态民族文化研究中心共同承办的“民间文献研究中心成立大会暨民间文献研究的理论与方法研讨会”在黔东南地区举行。

7月21—24日，由内蒙古大学主办，赤峰学院、赤峰文博院、通辽博物馆、赤峰市巴林右旗人民政府、巴林左旗人民政府协办，内蒙古大学蒙古学学院承办的契丹小字发现100周年暨第五届契丹学国际学术研讨会在巴林右旗和巴林左旗召开。

7月30日，由南开大学历史学院举办的第十三届全国史学新秀奖论文评选活动在参赛论文213篇中评选出一等奖2名，二等奖11名，三等奖17名。南开大学宋伯雄《唐后期家庙碑所见官僚家族的政治表达》、厦门大学郭婧仪《古印度“ksana”的起源与流变》获一等奖。

7月30—31日，中国元史研究会年会在线上召开。

7月30—31日，由中国地理学会历史地理专业委员会与陕西师范大学西北历史环境与经济社会发展研究院共同主办的守正与创新——纪念史念海先生诞辰110周年暨2022年中国历史地理学术研讨会在陕西师范大学召开。

8月

8月6—8日，由敦煌研究院主办的“理论、方法、前景：敦煌十六国北朝石窟研究论坛”在敦煌召开。

8月10日，中国唐史学会第十三届理事会第三次会议暨出土文献与隋唐史研究的新视野学术研讨会在西北大学历史学院召开，此次会议由中国唐史学会和西北大学历史学院共同主办。

8月10—13日，由敦煌研究院主办，敦煌研究院人文研究部与国家民委重点项目“敦煌历史文化中的各民族交往交流交融研究”课题组承办的敦煌多民族文化的交往交流交融学术研讨会在敦煌莫高窟召开。

8月10—13日，由中国社会科学院古代史研究所、内蒙古社会科学院、呼伦贝尔学院联合主办，古代史研究所古代文化史研究室、内蒙古社会科学院历史研究所、呼伦贝尔学院科技处承办的草原生态文化与中华文明传承发展学术研讨会在呼伦贝尔市举行。

8月11日，由暨南大学文学院、宁德市文化和旅游局主办的首届闽东契约精神与乡村治理学术研讨会暨第五届闽浙赣区域史研究工作坊在宁德举行。

8 月 19 日，《安徽大学藏战国竹简（二）》新书发布会在安徽大学磬苑校区隆重举行。会议由安徽大学主办，安徽大学汉字发展与应用研究中心承办。

8 月 20 日，丝绸之路与文明互鉴国际论坛暨中国中外关系史学会 2022 年年会，在嘉峪关市以线上线下相结合的形式召开。

8 月 21 日，由中国社会科学院古代史研究所、中共武威市委、武威市人民政府主办，中国社会科学院古代史研究所古代社会史研究室、历史地理研究室、古代通史研究室，以及中共武威市委宣传部、武威市凉州文化研究院承办的古代河西走廊的地缘与社会学术研讨会在甘肃省武威市召开。

8 月 21—24 日，由《学术月刊》编辑部、江西师范大学历史文化与旅游学院以及厦门大学历史系联合举办，江西省汉代文化研究中心协办的“区域 · 族群 · 国家：新文科时代的历史人类学”学术研讨会在江西南昌举行。

8 月 24—25 日，由中国宋史研究会、抚州市人民政府、南昌大学主办，抚州王安石国际研究中心、南昌大学谷霁光人文高等研究院、南昌大学档案馆承办的两宋历史与王安石学术研讨会暨中国宋史研究会第十九届年会在抚州市举行。浙江大学敦和讲席教授李华瑞任中国宋史研究会会长。

8 月 25 日，由中国社会科学院古代史研究所主办，西北大学历史学院承办的第三届中国文化研究国际论坛以线上线下相结合的方式举行。此次论坛的主题是“中国古代的制度与社会”，来自中国社会科学院古代史研究所、西北大学、北京大学、北京师范大学、南开大学、中山大学、厦门大学、山东大学、武汉大学、苏州大学、南京师范大学等国内高校和科研机构，以及日本中央大学、东京大学、早稻田大学等国外高校的 40 余位学者共同与会。

8 月 25 日，由中国元史研究会举办的元代历史与北方民族文化国际学术研讨会暨 2022 年元史研究会年会举行。会议期间召开了中国元史研究会换届大会。南开大学历史学院刘晓教授当选为会长。

8 月 26 日，南京大学历史学院明史研究中心成立。

9 月

9 月 13 日，全国哲学社会科学工作办公室公示了 2022 年国家社科基金年度项目和青年项目立项名单，及 2022 年国家社会科学基金西部项目立项名单，共计 5183 个项目拟获立项。

9 月 16 日，中国中外关系史学会第十届理事会换届会员代表大会线上举行，兰州大学敦煌学研究所郑炳林教授当选为中国中外关系史学会新一届理事会会长。

9 月 24—25 日，陕西师范大学历史文化学院、陕西师范大学国际长安学研究院、陕西省历史学学会联合举办的“长安与世界：历史记忆与文明进步”国际学术研讨会在陕西师范大学长安校区召开。

10 月

10 月 15 日，由清华大学人文学院哲学系、清华大学道德与宗教研究院共同主办的"'形神之际'与'相像之间'：2022 年思想史视域下的中国宗教研究"学术研讨会在清华大学召开。

10 月 15—16 日，由清华大学哲学系和清华大学国学研究院联合主办的中国哲学视域下的汉代经学学术研讨会在清华大学蒙民伟人文楼召开。

10 月 22—23 日，由中国社会史学会、西北师范大学主办，中国社会科学院近代史研究所社会史研究中心、南开大学中国社会史研究中心、中山大学历史学系、武汉大学中国传统文化研究中心等 10 家单位协办的第十八届中国社会史学会年会暨中国历史上的移居与社会国际学术研讨会在线上召开。

10 月 22—24 日，由中国秦汉史研究会主办，广西师范大学历史文化与旅游学院、广西历史学会承办的中国秦汉史研究会第十六届国际学术研讨会在广西桂林召开。来自海内外各高等院校、科研机构、文物考古所及博物馆等学术单位的 200 余位专家学者与会。

10 月，《浦江文献集成》由学苑出版社出版。《浦江文献集成》根据浙江省金华市浦江县近千年历史遗籍编撰而成，历时六年，共收书 850 种，分文人文集、家族文献、志书档案、戏曲弹词、学人论著等五大板块，共 286 册，为县域层面首次提供了地域文献整理与出版的有益思路与实践经验。

11 月

11 月 5—6 日，中国社会科学院古代史研究所、香港理工大学中国文化学系、北京师范大学历史学院古籍所联合举办了第十一届中国古文献与传统文化国际学术研讨会，境内外高校及科研机构共计 50 位学者与会。

11 月 7—8 日，"传统与创新：第一届元明清宫廷史学术研讨会"在故宫博物院召开。

11 月 12—13 日，由复旦大学哲学学院、同济大学人文学院和复旦大学上海儒学院主办，青浦·复旦江南文化研究院和上海市儒学研究会协办的明清江南儒学的演进及其近代转型——2022 江南儒学研讨会在上海举行。

11 月 19 日，由中国社会科学院古代史研究所、考古研究所主办，古代史研究所古代文化史研究室、考古研究所纺织考古部承办的纪念沈从文先生诞辰 120 周年国际学术研讨会以线上线下相结合的形式在京召开。

11 月 19—20 日，为庆祝山西大学建校 120 周年暨中国社会史研究中心成立 30 周年，由山西大学社会史研究中心、中国社会科学院历史理论研究所、中国社会史学会、山西省历史学会联合主办的中国社会史研究学术论坛在山西大学以线上线下相结合的方式成功举办。

11 月 25 日，2022 年度国家社科基金冷门绝学研究专项学术立项名单公示，12 个学术团队项目和 63 个个人项目获立项。

11 月 25 日，清华大学出土文献研究与保护中心、中西书局与“学堂在线”合作，以线上方式开启了《清华大学藏战国竹简（拾贰）》成果发布会的全球直播。包括海内外著名学者在内的近五十万人次线上观看了发布会。

11 月 25 日，华东师范大学历史学系举办了印度洋世界的文明交流与互鉴国际研讨会，来自南非、坦桑尼亚、埃及、越南及中国的十余位学者参加了此次会议。

11 月 26 日，由中国民族史学会辽金暨契丹女真史分会主办，内蒙古民族大学法学与历史学院承办的中国民族史学会辽金暨契丹女真史分会第十五届代表大会在线上召开。

11 月 26—27 日，由中国秦汉史研究会、西北大学历史学院合办的秦汉历史与考古的融合发展暨纪念陈直先生诞辰 120 周年国际学术研讨会以线上线下相结合的方式在西北大学顺利召开。

11 月 26—28 日，由厦门大学历史系主办、厦门大学民间历史文献中心承办的第十四届民间历史文献论坛在厦门召开。

11 月 29 日，2022 年度国家社科基金后期资助暨优秀博士论文出版项目立项名单公示，一千余项研究成果获国家社科基金后期资助，69 篇优秀博士论文获资助出版。

11 月 30 日，全国哲学社会科学工作办公室公示国家社科基金中国历史研究院重大历史问题研究专项 2022 年度重大招标项目立项名单，包括“中外文化交流视域下的唐元景教考古研究——以近年新疆地区的重大考古发现为中心”在内的 18 项研究项目获批立项。

12 月

12 月 3 日，第八届（2022）国际妈祖文化学术研讨会在莆田学院紫霄校区举行。

12 月 3 日，由中国社会科学院经济研究所主办，中国社会科学院经济研究所体制改革研究室、《中国经济史研究》编辑部和中国经济史学会近代史分会联合承办的首届“中国经济史研究：前沿与趋势”国际学术研讨会在线上成功举行。

12 月 10—11 日，由北京大学中国古文献研究中心、北京大学中文系中国古典学平台、北京大学人文学部主办的“礼学文本的成立、经典化与诠释”学术研讨会在线上举行。

12 月 17—18 日，教育部人文社会科学重点研究基地北京师范大学史学理论与史学史研究中心暨北京师范大学铸牢中华民族共同体意识研究培育基地召开 2022 年史学理论与史学史学术研讨会，此次会议采用线上方式举行。

12 月 30 日，中国人民大学书报资料中心、《光明日报》理论部、《学术月刊》编辑部联合发布 2022 年度中国十大学术热点，“两个结合”与马克思主义中国化时代化、秦汉基层社会研究等被列入十大热点。